Hans-Günter Buchholz

Ugarit, Zypern und Ägäis

Kulturbeziehungen im zweiten Jahrtausend v.Chr.

Alter Orient und Altes Testament

Veröffentlichungen zur Kultur und Geschichte des Alten Orients
und des Alten Testaments

Band 261

Herausgeber

Manfried Dietrich • Oswald Loretz

1999

Ugarit-Verlag

Münster

Ugarit, Zypern und Ägäis

Kulturbeziehungen im zweiten Jahrtausend v.Chr.

Hans-Günter Buchholz

1999

Ugarit-Verlag

Münster

Die Deutsche Bibliothek - CIP-Einheitsaufnahme

Buchholz, Hans-Günter:
Ugarit, Zypern und Ägäis : Kulturbeziehungen im zweiten
Jahrtausend v.Chr. / Hans-Günter Buchholz. - Münster : Ugarit-Verl.,
1999
  (Alter Orient und Altes Testament ; Bd. 261)
  ISBN 3-927120-38-3

© 1999 Ugarit-Verlag, Münster

Herstellung: Weihert-Druck GmbH, Darmstadt

Printed in Germany

ISBN 3-927120-38-3

Printed on acid-free paper

Vorwort der Herausgeber
der Akten des Europäischen Kolloquiums
UGARIT. EIN OSTMEDITERRANES KULTURZENTRUM IM ALTEN ORIENT
(11.-12. Februar 1993)

H.-G. BUCHHOLZ hielt am 12. Februar 1993 den Vortrag *Die Beziehungen Ugarits zu Zypern und zur Ägäis* als Beitrag zum EUROPÄISCHEN KOLLOQUIUM UGARIT. EIN OSTMEDITERRANES KULTURZENTRUM IM ALTEN ORIENT (11.-12. Februar 1993) anläßlich des dreißigjährigen Bestehens der Ugarit-Forschungsstelle an der Westfälischen Wilhelms-Universität. Er überraschte alle Teilnehmerinnen und Teilnehmer nicht nur mit einem erlebnisreichen Bericht über seine Tätigkeit als Ausgräber in Ugarit unter C.F.A. Schaeffer, sondern auch mit umfangreichem Bildmaterial, das sowohl seine seit Jahrzehnten erlangten Forschungsergebnisse beleuchtete, als auch zu zukünftigen Forschungen anregte. Als wir im Laufe des Jahres 1994 die Kolloquiumsakten für den Druck zusammenstellten, bat uns H.-G. Buchholz, mit seinem Beitrag noch etwas Geduld zu haben, weil es ihm sehr schwer falle, das breite Thema auf einen — noch so ausführlichen — Beitrag eines Sammelbandes zu konzentrieren. Bei einer Begegnung mit ihm in demselben Jahr überzeugten wir uns davon, daß sein bis dahin ausgearbeiteter Text für den Kolloquiumsband *UGARIT - Ein ostmediterranes Kulturzentrum im Alten Orient. Ergebnisse und Perspektiven der Forschung* zu umfangreich war und nur in einer eigenen Monographie richtig gewürdigt werden könnte. Darum entschieden wir, die uns bis dahin zugesandten, zumeist stark erweiterten Manuskripte der Kolloquiums-Vorträge ohne den Beitrag von H.-G. Buchholz als Band 1 der Akten zu publizieren [1] und den Beitrag von H.-G. Buchholz als Band 2 derselben anzukündigen [2].

Der Entschluß, den Kolloquiums-Beitrag von H.-G. Buchholz als eine eigenständige Monographie zu veröffentlichen, gab dem Autor freie Hand für eine noch gründlichere Ausarbeitung der vielseitigen Themen und die Ausgestaltung eines Werkes, das eine Zäsur in der Forschungsgeschichte des ostmediterranen und levantinischen Kulturkreises darstellt: H.-G. Buchholz besitzt wie kaum ein zweiter Forscher umfangreiche Sammlungen zum Thema der Kulturkontakte im ostmediterranen Raum und genießt eine weltweite Anerkennung für seine Forschungsarbeiten auf dem Gebiet der Kultur- und Geistesgeschichte eines Raumes, dessen Bedeutung im Sinne des Diktums *Ex oriente lux* heute deutlicher als je zuvor erkannt ist.

---

[1] ABHANDLUNGEN ZUR LITERATUR ALT-SYRIEN-PALÄSTINAS Bd. 7/1, Münster 1995.

[2] Der Band war zunächst als Band 7/2 der Serie ABHANDLUNGEN ZUR LITERATUR ALT-SYRIEN-PALÄSTINAS, ab 1997 als Band 261 der Serie ALTER ORIENT UND ALTES TESTAMENT mit dem Erscheinungsjahr 1999 geplant.

Als Herausgeber der Akten des Ugarit-Kolloquiums 1993, die mit dem vorliegenden Werk vollständig sind, hatten wir die große Freude, zahlreiche und intensive Gespräche mit H.-G. Buchholz zu führen. Diese Zusammenarbeit hat uns zweierlei verdeutlicht:

H.-G. Buchholz ist uns zum einen durch sein umfassendes und ins Detail führende Wissen auf dem Gebiet der Ägäis-Forschung wiederholt zum Ansporn für eigene Arbeiten in der Ugaritistik und Levante-Forschung geworden; zudem war es eine besondere Erfahrung, einige Arbeitsmechanismen seiner Wissenschaftswerkstatt kennenzulernen, die uns vor Augen führten, wie er die vielen Themen seines Werkes stets auf dem neuesten Kenntnisstand hält und wie er tiefschürfend bei allen deren Tragweite auslotet.

Zum anderen hat uns H.-G. Buchholz mit seinem Verständnis und seiner Weitsicht beeindruckt, mit denen er die Grenzen akzeptierte, die wir als Herausgeber sowohl im Blick auf die Gestaltung des Werkes als auch im Blick auf den Erscheinungstermin festsetzten: So können wir — mit der Hilfestellung fleißiger junger Mitarbeiterinnen und Mitarbeitern — unsere Absicht verwirklichen, das Werk als eine Zusammenfassung seines Forschens vor der Vollendung seines 80. Lebensjahres am 24.12.1999 und als die heute gültige Quintessenz seines Wissens über die Kulturbeziehungen im östlichen Mittelmeerraum noch 1999 der Öffentlichkeit vorzustellen.

Münster, im September 1999   *Manfried Dietrich*
                                                          Oswald Loretz

Im Gedenken an Olivier Masson
und Jacques-Claude Courtois

Vorwort des Autors

Zur Genese dieses Buches haben die Herausgeber in ihrem Vorwort das Erforderliche gesagt. Es liegt mir am Herzen ihnen, den Herren M. Dietrich und O. Loretz, und ihren Helfern für Geduld und Nachsicht, mit der sie sich in allen Phasen des Entstehens und Drucks um mein Manuskript und die zugehörigen Abbildungen gekümmert haben, vielmals zu danken. Besonders möchte ich mich bei Herrn Dr.h.c. Malcolm Wiener/New York für sein großes Interesse bedanken, das er spontan zum Ausdruck brachte, indem er mit einem finanziellen Beitrag die Voraussetzungen für eine großzügige Bildausstattung dieses Buches überhaupt erst schuf.

Mit Sachinformationen, Detailauskünften und Photos haben mich stets die beiden, denen ich dieses Buch widme, bedacht, in ähnlicher Weise die ebenfalls von uns gegangenen W. Helck und K. Nikolaou wie schließlich die Kollegen und Freunde P. Åström, G. Bass, M. und T. Dothan, P. Flourentzos, M. Heltzer, G. Korres, R. Merrillees, G. Neumann, I. Nikolaou und D. Sürenhagen. Auch den bewährten Helfern in Gießen/Langgöns/Leihgestern möchte ich danken: Frau Ch. Sandner-Behringer für Schreibarbeiten und das Überprüfen von Zitaten, den Architekten Herrn R. Seidl und Frau A. Langsdorf für ihre sorgfältige und stets bereitwillige Mitarbeit als Zeichner.

Olivier Masson und Jacques-Claude Courtois verkörpern für mich eine seit Ende der 50er Jahre währende Archäologenfreundschaft, die aufs engste mit den Ausgrabungsstätten Ras Schamra und Enkomi verbunden war. M. Sznycer hat 1998 auf einer Veranstaltung des British Museum zum Gedächtnis des ersteren in bewegenden Worten seiner wissenschaftlichen Leistung gedacht, und J. Lagarce, der 1963 sein Debüt in Ras Schamra gab, schrieb 1991 einen nicht minder bewegenden Nachruf auf J.-C. Courtois (in: Centre d'Études Chypriotes, Cahier 15). Der Verstorbene hatte sich wie kaum ein anderer französischer Forscher seiner Generation ausgrabend die prähistorische Weite von den Westalpen bis Afghanistan erschlossen und dann die berufliche Mitte in Nordsyrien/Zypern gefunden. Unvergeßlich wird mir bleiben, wie er mir 1963 in Enkomi, wenige Wochen nach Auffindung des 'Gottes auf dem Barren', dessen Fundlage erläuterte. Ein für sich sprechendes Zeugnis unserer beiden Zusammenarbeit ist sein schöner Beitrag "Enkomi und Ras Schamra, zwei Außenposten der mykenischen Kultur" in meinem Buch "Ägäische Bronzezeit" (1987).

C.F.A. Schaeffer ermöglichte mir die mehrfache Teilnahme an seinen Ausgrabungen an den genannten Stätten. Mit diesem Buch möchte ich auch dafür
meinen späten Dank abstatten. Sein Lebenswerk hat P. Amiet in einem Nachruf
gewürdigt (Archéologia 175, 1983, 14ff.). Ohne ständige Anschauung der betreffenden archäologischen Gegenstände und ohne eine lebendige Vorstellung ihrer
Auffindung würde ich das gewählte Thema meines Buches für verfehlt halten. So
mußten die Einladungen von A. Erkanal (1991) und von G. Bass (1997) zum
Studium der neuen bedeutenden Fundstätte Panaztepe bzw. der Uluburun-Funde als
seltene Glücksfälle gelten in einer Kette von meiner Teilnahme an K. Bittels
Grabung in Boğazköy (1952), der ersten Forschungsreise nach Zypern (1952) —
der unendlich viele folgten — und solchen mit F. Schachermeyr während der 60er
Jahre in Thessalien, auf den griechischen Inseln und in der Peloponnes bis hin zu
Besuchen von Grabungsstätten und Museen in Israel, im Libanon, in Jordanien und
in Ägypten (Tell el Daba, 1999) während der 70er bis 90er Jahre. M. Bietak, sein
hilfsbereiter Vertreter J. Dorner, Frau N. Marinatos und sämtliche Mitarbeiter ge-
währten mir bereitwilligst Einblick in das für die Kretaforschung hochbedeutsame
Fundmaterial von Tell el Daba.

Über tausend Einzelobjekte, große Objektgruppen und Mengen an Detail-Daten
haben in Katalogen, Tabellen, Karten, Plänen, Photos und Zeichnungen — letztere
auf weit über hundert Tableaus zusammengestellt — dank der Großzügigkeit der
Herausgeber in diesem Buch Platz gefunden. Der Verfasser legt Wert darauf, daß
sie als wesentlicher Teil der Quellenbasis und als Argumentationsgrundlage verstanden werden, nicht als bloße Illustrationen. In etlichen Fällen handelt es sich um
Erstveröffentlichungen, neue Rekonstruktionen oder Ergänzungen, in anderen Fällen
geht es um Zusammenstellungen von Bekanntem und weniger Bekanntem, im Sinne
einer neuen Sicht der Dinge. Doch besteht kein Grund, Altbewährtes zu verschweigen oder so zu tun, als ob das vorliegende Buch den Zweck verfolgt, bzw. imstande
wäre, den Pionieren und späteren Mitforschern in unserer Wissenschaft seit dem
vorigen Jahrhundert ihre Verdienste zu schmälern, ihre Leistungen und Ergebnisse
als überholt und wertlos zu erklären und ihre Namen zu verschweigen. Dies gilt es
zu betonen, insoweit es zunehmend als 'modern' angesehen wird, in allem der
Letzte zu sein, wobei das bloß zeitlich Neuste unreflektiert mit dem inhaltlich
Neuen gleichgesetzt wird.

Ich meine kaum hervorheben zu müssen — da dies meine Anmerkungen und
Titelzusammenstellungen in der Bibliographie bekunden —, daß sich die deutsche
Forschung nicht der produktiven Teilhabe an der Aufhellung der archäologisch-
historischen Verhältnisse, insoweit sie Gegenstand meines hier vorgelegten Buches
sind, zu schämen braucht. Daß sich bei flüchtigem Hinsehen Defizite zu ergeben
scheinen, führe ich hauptsächlich auf wiederum 'moderne' Neigungen zurück, die
deutschsprachige Literatur zu Gunsten der englisch-sprachigen zu vernachlässigen.
Ich fürchte allerdings, daß sich dies jedoch hauptsächlich aus den mangelnden
Sprachkenntnissen der betreffenden Verfasser herleitet.

Derartige Beobachtungen schließen natürlich die Erkenntnis nicht aus, daß in der Tat Fächerverständnis und Organisation der Universitäten in Deutschland, ja, des Forschungswesens bezüglich der angesprochenen Bereiche überhaupt, unseren wissenschaftlichen Nachwuchs nicht eben ermutigen, inhaltlich, räumlich und im methodischen Ansatz übergreifende Gebiete zu studieren: Innerhalb der herkömmlichen Achäologien liegen sie nämlich außerhalb oder am Rande der prähistorischen, klassischen wie der vorderasiatischen Altertumskunde. Und dies muß gesagt werden, obwohl wir längst gelernt haben, Kontaktzonen wichtiger zu nehmen als homogene Kulturräume und Übergangszeiten/'Dunkle Zwischenzeiten' ebenso wichtig wie 'klassische' Höhepunkte/'Sternstunden' der Geschichte.

Ständig neue Funde bewirken, daß die Archäologie in hohem Maße eine Wissenschaft des dauernden Wandels blieb. Das gilt besonders für die Erforschung der ägäischen Bronzezeit, insofern während des vergangenen halben Jahrhunderts ein gewaltiger Stoffzuwachs zu verzeichnen war. Daraus ergaben sich zahlreiche neue Probleme: Die Entzifferung von Linear B, die griechische Lesung dieser Schrift des zweitenden Jahrtausends, veranlaßte beispielsweise die Archäologie zu einer modifizierten Sicht der ethnischen Verhältnisse in Hellas während der genannten Epoche. Fragen nach dem bronzezeitlichen Fernhandel, dem Aufkommen und der Perfektion von Metall verarbeitenden Handwerken, nach der geistigen Welt jener Zeit und ihrer Eigenständigkeit, bzw. ihrer Abhängigkeit vom Orient und von Ägypten nahmen in den letzten Dezennien ebenso einen hervorragenden Platz in der Forschung ein wie das Bemühen um die Abgrenzung der minoisch-kretischen gegen die festländisch-helladische Struktur in der bildenden Kunst. Veränderte Gewichtungen lassen sich schließlich auch im Verständnis komplexer hochkultureller Erscheinungen auf europäischem Boden im Zusammenhang und Vergleich mit der Region des östlichen Mittelmeers verzeichnen. Damit hängen Fragen nach immer neuen Wellen einer Art 'Orientalisierung' und/oder aber der Kontinuität zwischen altägäischer Gesittung und der des Zeitalters Homers zusammen. Dabei ist zum besseren historischen Verständnis u.a. mit modernen Analogien wie dem Begriff von Renaissancen gearbeitet worden. Meistens ging es um die Formierung ägäischer Kulturen, doch häufig erwies sich der ägäische Raum als Durchgangsstation, weshalb der Blick stets auch in Richtung auf das zentrale und westliche Mittelmeer wie ebenfalls auf das Schwarzmeer- und Donaugebiet zu richten war.

Ich stand bei Beginn vor der Schwierigkeit der Organisation eines riesigen, uneinheitlichen Materials und hatte zu entscheiden, ob ich es konsequent chronologisch oder regional-geographisch — sozusagen an den Seewegen entlang — ordnen wollte oder systematisch nach Sachgruppen. Ich entschied mich für das letztere und nahm die Notwendigkeit zu Querverweisen, eventuellen Wiederholungen und Disproportionierungen, zu einer Mischung von eigener Detailforschung und zusammenfassendem Referat — von gelegentlichen Pasagen, die den Charakter von Literaturberichten aufweisen — in Kauf. Der historische Aspekt an sich kam m.E. nicht zu kurz, auch wenn er nicht immer linear hervorsticht. Im 'Schlußwort' soll er jedenfalls stärker zur Geltung kommen.

Die Behandlung materieller Hinterlassenschaften im kulturhistorischen Sinn
setzt während der Arbeit ständig eine Quellenbewertung/-gewichtung voraus. Von
den grundlegenden Rohstoffen ausgehend, habe ich die Betrachtung auf die stärker
Geistiges spiegelnden Fakten zugeführt (Schrift, Mythos, Kult, Ikonographie).
Gelegentlich sind dabei Äußerungen zitiert, welche nicht oder nicht uneingeschränkt
meinen Einsichten entsprechen. Dem Leser geben sie Gelegenheit zur eigenen
Meinungsbildung. Auch soll nach Nietzsche der Historiker die Kraft haben, das
Allbekannte zum Niegehörten umzustempeln. Daß ich mich darum bemüht habe,
wird dem aufmerksamen Leser vielleicht nicht entgehen.

Zur Jahrtausendwende, am Ende eines Forschungsjahrhunderts, an dessen
zweiter Hälfte ich teilhaben durfte, muß mein Buch nun erweisen, ob die Zeit reif
ist für den Versuch einer Synthese, welche davon überzeugen soll, daß entscheidende Anstöße zum Werden von Hochkulturen in Europa, von Europa als Ganzem,
bereits im zweiten vorchristlichen Jahrtausend stattfanden. Die archäologischen
Befunde selber sollen die enge wechselseitige Verflechtung eines intensiven Gebens
und Nehmens in beiden Richtungen bezeugen. Kontaktzonen und Wege zwischen
den Kulturräumen müssen sichtbar werden: Sie ergaben sich während der Hochbronzezeit, teils als Vorgaben der Natur, des Meeres und bestimmter Rohstoffquellen, teils in frei gewählter oder zufälliger Konstellation. Beschleunigungen und
Verlangsamungen von Vorgängen wie Schwerpunktverlagerungen versuche ich
ebenso zu erfassen wie regionale Brennpunkte und weite Gebiete des betrachteten
Großraumes, die im Windschatten der Geschichte lagen.

Ohne Frage wäre eine weitere Zusammenfassung zu wünschen, die Ugarit in
einen östlichen Zusammenhang stellt und erkennen läßt, in wie hohem Maß unser
Ort Mittler zwischen Ost und West gewesen ist.

Es sei den folgenden Seiten ein Goethewort zum West-östlichen Divan vorangestellt: "Wer sich selbst und andre kennt, wird auch hier erkennen: Orient und
Okzident sind nicht mehr zu trennen".

Langgöns, Frühjahr 1999   H.-G. B.

Inhalt

Kapitel 1

Die bronzezeitliche Küstenregion Syriens als Umwelt- und Wirtschaftsfaktor in der Bronzezeit

Wer sich der nordsyrischen Küste von See her nähert, ist vom intensiven Grün dieser Landschaft überrascht und begreift, daß sie seit der Bronzezeit mediterrane Europäer mächtig angezogen haben muß, glich sie doch vielen Küstenregionen in Hellas und Zypern. Abgesehen von Lorbeer, Terebinthe, Zypresse, Tamariske, Wachholder und anderen Baumarten in niederen Lagen, haben wir uns die heute wieder mit Aleppokiefern aufgeforsteten Höhen des Mons Casius (Abb. 1b, 1728 m) mit regelrechtem Urwald bedeckt vorzustellen. Der aus dem gemäßigten Klima Griechenlands vertraute (Abb. 70g.h; 73c.f; 76g), an Stämmen kletternde Efeu kam und kommt heute am feuchten Westhang des genannten Bergmassivs vor (Abb. 1a). Wildwachsend findet man ihn u.a. auch im oberen Galiläa [1].

Fachkollegen — unter denen mir H. de Contenson während der Kampagnen 1961 bis 1963 zum Freunde wurde — werteten archäobotanische Indizien der Jungsteinzeit, die in Ras Schamra bezeugt ist, für die Erstellung einer Vegetationskarte der syrisch-libanesischen Küstenregion und des unmittelbaren Hinterlandes aus (Abb. 1c) [2]. Sie läßt in den klimatisch außerordentlich gesunden mittleren Höhen bis 1000 m einen nahezu lückenlosen Zedern-Kieferngürtel erkennen, in Höhen um 1200 m ausgedehnte Eichenwälder. Jesaja nennt "Zedern auf dem Libanon" und "Eichen in Basan" in einem Atemzug (2,13), und nach Hosea (4,13) opfert man "auf den Höhen der Berge unter Eiche, Pappel und Terebinthe" [3].

---

[1] Hierzu und zur antiken Vegetation der behandelten Gebiete vgl. M. Zohary, Pflanzen der Bibel (2. Aufl., 1986) passim, S. 121 zu Efeu; ferner M.B. Rowton, The Woodlands of Ancient Western Asia, in: JNES 26, 1967, 261ff.; M. Liverani, Variazioni climatiche e fluttuazioni demografiche nella storia Siriana, in: Oriens Antiquus 7, 1968, 77ff.

[2] Um 8000 v.Chr., nach W.J. van Liere - H. de Contenson, Holocene Environment and Early Settlement in the Levant, in: AAS 14, 1964, 125ff.; s. P.J. Riis, Tell Sukas III (1974) 88 Abb. 223. Vgl. J.L. Bintliff, Climatic Change, Archaeology and Quaternary Science in the Eastern Mediterranean, in: A. Harding, Climatic Change in Later Prehistory (1982) 143.

[3] Bestimmung der Baumnamen nach Zohary a.O. 108f.; zur Bedeutung der Eiche unter den Waldbäumen Zyperns im Altertum s. H.-G. Buchholz, Archäologische Holzfunde aus Tamassos, in: APA 20, 1988, 75ff. — Eine Vorstellung vom "Zedernwald im Libanongebirge" während des 18. Jahrhunderts vermittelt eine Radierung nach L.-F. Cassas' Zeichnung in Paris, Bibl. de l'Arsenal, s. Wallraf-Richartz-Mus./Köln, Ausstellung 1994, 174f. Nr. 91 mit Abb.

Bereits im zweiten Jahrtausend leitete sich der Wohlstand der behandelten Küstenregion wenigstens teilweise aus dem Holzexport her. Raubbau dürfte in leichter erreichbaren Gebirgslagen schon seit der Bronzezeit zu regionalen Veränderungen im Landschaftsbild geführt haben: "Heulet ihr Eichen Basans, denn der feste Wald ist umgehauen" (Sacharja 11,2).

Der dichte Bergwald bot anders als die offene Savanne des weiteren Hinterlandes für Könige und Adel Ugarits und anderer Städte Jagdgründe, in denen es beispielsweise keine Möglichkeit für Hetzjagden in schnellen Wagen gab. Wenn das Bildthema dieses aus ägyptischen, assyrischen und späteren griechischen Darstellungen bekannten fürstlichen Tuns in Ugarit (Abb. 4b) oder Zypern (Abb. 4d) Nachahmung fand, dann handelte es sich um Wunsch- oder bloße Repräsentationsbilder, die wohl nur wenig der unmittelbaren Jagdwirklichkeit entsprachen. Damit ist freilich nicht ausgeschlossen, daß Ugariter gelegentlich weiter entfernt von ihrer Heimat, etwa im offenen Land in Richtung auf Aleppo zu, an Verfolgungsjagden auf schnelle Steppentiere teilnahmen. Die Texte geben jedenfalls Auskunft darüber, daß es in Ugarit Streitwagenkrieger gab. Übungsgelände ist für sie im näheren Stadtbereich vorauszusetzen. Auf Zypern reichte indessen die alte Streitwagentradition bis ins 7. Jh. v.Chr. hinab; man denke an die Wagengräber von Salamis und Tamassos oder an Darstellungen auf kyprophönikischen Metallschalen, wie in Abbildung 100a wiedergegeben. Die weite Mittelebene der Insel (s. die Karte, Abb. 16a) stellt ein geradezu ideales Gelände für Wagenfahrten und -rennen dar. Sinnvoll repräsentiert sich jedoch ein ugaritischer König in seinem Siegelring als Jäger zu Fuß mit der Stoßlanze, allerdings auch er wieder als Held, der im Nahkampf den riesigen gefährlichen Löwen besiegt (Abb. 2b) [4].

Wie entwickelt die Jagd in Ugarit war, zeigt das Bild auf einem 1990 ausgegrabenen Randstück eines Gefäßes der syrischen bemalten Gattung vom Beginn des 12. Jhs. v.Chr. (Fund-Nr. RS 90-5312; M. Yon, in: Cyprus in the 11th Cent.B.C. [1994] 193f. Abb. 4a). Dargestellt ist ein Jäger mit umgürtetem Schwert und langem, erhobenem Speer in der Rechten. Mit der Linken greift er an das Geweih eines Hirsches, von dessen Kopf ein Riemen zum Gürtel des Jägers führt. Der Speer ist keineswegs auf das Tier gerichtet, sondern ragt waagerecht über dessen Kopf hinweg auf ein anderes Ziel. Es besteht demnach kein Zweifel daran, daß wir es mit einer später auch sonst in der alten Welt bekannten Jagdart zu tun haben, die unter Nutzung zahmer "Lockhirsche" stattfand und die bisher im bronzezeitlichen Syrien völlig unbekannt war.

Anstelle schneller Antilopen und Gazellen bot der Wald, insbesondere der Bergwald am Mons Casius, Wildrindern (Uren) und Bären, Hirschen und Damwild Schutz und Lebensraum. Mit dem Verschwinden des syrischen Waldes starben diese starken Tiere ebenfalls aus. Doch schon auf einem ägyptischen Relief des Alten Reiches, das von der syrischen Expedition des Sahure (5. Dyn.) berichtet, ist

---

[4] C.F.A. Schaeffer, Ugaritica III (1956) 78 Abb. 100; R.M. Boehmer, Baghdader Mitteilungen 13, 1982, 37 Abb. 9,31 und S. 40 Anm. 20 Nr. 31.

a

b

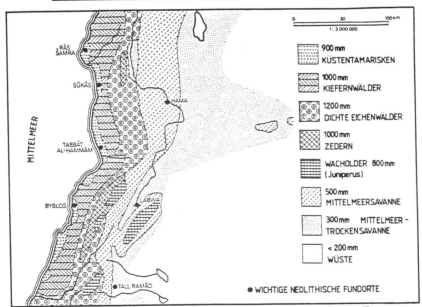

c

Abb. 1 a-c. Vegetation an der nordsyrischen Mittelmeerküste: a Mit Efeu
berankter Laubbaum am feuchten Westhang des Mons Casius. — b Der
heilige Berg im Hintergrund und davor aufgeforstete Berglandschaft (Aleppokiefern). — c Waldgebiete in prähistorischer Zeit

ein gefangener syrischer Bär am Strick zu sehen [5]. Aus dem Bereich reiner Spekulation half uns allerdings neben Darstellungen vom Jagdwild, beispielsweise von
gefleckten Damhirschen (Abb. 64h.i), oder Geweihstangen unter den Tierresten, die
in Ras Schamra ausgegraben worden sind, der gewaltige Reißzahn eines ausge-
wachsenen Bären von 8,5 cm Länge (Abb. 2d) [6]. Ebenso gehörte auf Zypern und
in Kilikien der Braunbär mindestens noch in archaischer Zeit zu den Wildtieren der
Berge (Abb. 2a und c) [7].

Ferner war dort und in Nordsyrien das Wildschwein, ein Tier des feuchten
Dickichts und Waldes, zu Hause. Es wurde wie das Hausschwein von Steppen-
bewohnern, Schaf- und Ziegenhirten, meist als unrein angesehen, aber nicht so von
den Ugaritern. Denn zu den bedeutendsten Objekten des 14. Jhs. v.Chr. unter den
archäologischen Funden gehört eine Zeremonialaxt aus Eisen, deren plastisch
geformte Schäftung die Gestalt einer Wildeber-Protome aufweist (Abb. 87a.b).
Auch dieses Tier zählte mithin zur edlen Jagdbeute und scheint wie bei den Mykenern in Hellas wegen seiner kämpferischen Kraft hochgeachtet gewesen zu sein [8].
Vegetation und Fauna der Feuchtgebiete am unteren Orontes haben wir uns ähnlich
wie im Bereich von Flußmündungen in Kilikien vorzustellen, wo im Schilfgürtel
und benachbarten Urwald Biber, Sumpfluchs, Ur und Elefant zu Hause waren (A.
von den Driesch, Tierknochen vom Sirkeli Höyük, in: IstMitt 46, 1996, 27ff.).

Während meiner Mitwirkung an den Ausgrabungen in Ras Schamra habe ich
anfallende Tierreste sorgfältig gesammelt, soweit nötig, präpariert, signiert und
registriert. Es hätte daraus der großen Menge nach eine Grundlagenstudie über die
bronzezeitliche Tierwelt Nordsyriens werden können, doch leider ist dieses Material
unbearbeitet verschollen. Ich erinnere mich an Geweihreste von Dam- und Rotwild,
an Übergrößen mancher Knochen, die von meinen syro-arabischen Arbeitern dem
Kamel zugewiesen wurden, ferner an Schaf-, Ziegen-, Hasen-, Kleinsäuger- und
Schlangenüberreste sowie Fischgräten. Unter diesem Material befanden sich Knochen, Zähne, Hornzapfen und vollständige Gehörne von mindestens zwei grundver-
schiedenen Rinderrassen. Mir fehlte damals die Fähigkeit zur Bestimmung von

---

[5] W.St. Smith, Interconnections in the Ancient Near East (1965) Taf. 7.8. — Zur Darstellung
des syrischen Bären auch AfO 8, 1932/33, 45ff. und L. Keimer, ebd. 17, 1954-56, 336ff.

[6] H.-G. Buchholz, Zum Bären in Syrien und Griechenland, in: APA 5/6, 1974/75, 175ff.
(hieraus unsere Abb. 2a und d). Bärenknochen fanden sich auch im Ausgrabungsmaterial des
Tell Akko (Bären der Wälder des Karmelgebirges; unpubliziert, 1985 bestimmt durch G.
Nobis, Bonn), ferner H. Schmöckel, Bemerkungen zur Großfauna Altmesopotamiens, in: Jb.
für kleinasiat. Forschung 2, 1965, 437.

[7] Unsere Abb. 2 c (Inv.-Nr. 1944/X-30/18) nach einem Photo des verstorbenen M. Morkra-
mer (1985). — Bär im Hethitischen: KBo VI 29 II 28-31, dazu J. Puhvel, Homer and Hittite,
in: Innsbrucker Beiträge zur Sprachwissenschaft 47 (1991) 29. — Quellen zur Bärenjagd im
Altertum bei H.-G. Buchholz und Mitarbeitern, Jagd und Fischfang, in: Archaeologia
Homerica, Lieferung J (1973) 43f. — Zu jagdbaren Tieren Zyperns, s. G. Nobis - H.-G.
Buchholz, Tierreste aus Tamassos, in: APA 7/8, 1976/77, 271ff.

[8] Nachweise zur Eberjagd: Buchholz und Mitarb. a.O. J 30ff. — Wildschweinjagd auf
Zypern: a.O. J 33 Abb. 5.

Haustier- und Wildformen; doch das Vorhandensein der letzteren ist keineswegs auszuschließen.

Allerdings habe ich mich später unter verschiedenen Aspekten mit Wild- und Zuchtrindern beschäftigt, unter symbol- und schmuckgeschichtlichen, wirtschafts-historischen und archäozoologischen Gesichtspunkten, insbesondere bezüglich überregionaler Zusammenhänge:

1) Zur Frage Gegenstand-Schriftzeichen, in: Kadmos 1, 1962, 65-70 (Zypern, Rinderkopfmotiv).

2) Steinerne Dreifußschalen des ägäischen Kulturkreises und ihre Beziehungen zum Osten, in: JdI 78, 1963, 1-77 (u.a. syrische Steinschalen mit plastischen Kälberköpfen und ihre Funktion). Diese Studie ist auf weites Interesse gesto-ßen, s. die Lit. in H.-G. Buchholz, Bibliographie anläßlich seines 70. Geburts-tages am 24.12.1989 (1992) 63ff. Nr. 17.

3) Jagd und Fischfang, in meiner Archaeologia Homerica, Lieferung J (1973) 71-72. 104-105; dazu Bibliographie 87ff. Nr. 83a.

4) Afrikanische Felsbilder und maltesische Reliefs, in: APA 7/8, 1976/77, 243-247 (Rinderdarstellungen).

5) Tierreste aus Tamassos, Zypern, gemeinsam mit G. Nobis, in: APA 7/8, 1976/77, 271-300.

6) Der Trichtinger Ring, Kolloquium anläßlich des 70. Geburtstages von Dr.Dr.h.c. K. Bittel am 9.7.1977 in Heidenheim (1978) 52-56 (hauptsächlich Kälber- und Rinderkopfsymbolik).

7) Kälbersymbolik, in: APA 11/12, 1980/81, 55-78.

8) Zusammenfassung von Älterem und Neuerem zu den kretischen Stierspielen durch S. Laser in meiner Archaeologia Homerica, Lieferung T (1987) 75ff.; zum Rind als Haustier: W. Richter, ebenda, Lieferung H (1968) 44-53.

9) Spätbronzezeitliche Ohrringe Zyperns in Gestalt von Rinderköpfen und ihr Auftreten in Griechenland, in: APA 18, 1986, 117-155.

10) Wildstiere und Hausbullen im Duell, eine Interpretation künstlerischer Dar-stellungen vom Paläolithikum bis zur klassischen Antike, in: Tier und Museum, Mitteilungen der Gesellschaft der Freunde und Förderer des Museums A. König/Bonn, 3, 1992, 41-47.

11) Kämpfende Stiere, in: Aspects of Art and Iconography, Anatolia and its Neigh-bours, Studies in Honor of N. Özgüç (1993) 91-106.

Auf die in diesen Schriften enthaltenen Belege ist ohne Nachweis im einzelnen hier zurückgegriffen worden: Wenn Hirten ihre Herden gegen Raubtiere verteidigen, fallen begrifflich Kampf und Jagd zusammen, vor allem jedoch sind schutzbedürfti-ge Rinder stets Zuchtprodukte. Der Kampf des heldenhaften Hirten für seine Tiere ist ikonographisch seit frühsumerischer Zeit voll greifbar [9]. Grundsätzlich läßt die

---

[9] Beispielsweise I. Seibert, Hirt - Herde - König (1969) 61 Abb. 50 (Hirt verteidigt kalbende Kuh gegen einen Löwen).

Jagd auf den Ur (Bos primigenius) auf Gründe für den Jagd- oder Kampfeinsatz
schließen, die weniger der Fleischbeschaffung oder der Abwendung von Schaden
an Saat und Pflanzung dienen, als vielmehr dem Messen der Kräfte mit einem der
gewaltigsten, geradezu göttlichen Tiere. Manche Tierkampfbilder zeigen den Ur als
ebenbürtigen Gegner des Löwen (Abb. 92d.j [10]). Auf der bereits genannten Goldschale aus Ras Schamra (Abb. 4b) sind zwei Wildbullen, eine -kuh, ein kleiner
Wildesel und eine Wildziege in schneller Flucht zu sehen [11].

Wildtiere mögen sich unter günstigen Bedingungen, beispielsweise im ge-
büsch- und baumreichen Feuchtland des mittleren palästinensischen Küstenstreifens,
derartig vermehrt haben, daß sie zur Plage wurden. Im Bereich der Orontesmündung dürften die Umweltbedingungen ähnlich gewesen sein [12]. Die durch Straton
von Sidon überlieferte Gründungssage der Vorläufersiedlung der späteren Stadt
Caesarea besagt jedenfalls, daß diese Gründung erst nach der Bekämpfung der
wilden Stiere möglich wurde.

Die ursprüngliche, steinzeitliche Form der gefährlichen Jagd, die weiterlebte,
war die zu Fuß, so wie es in einzigartiger Weise das Relief einer Elfenbeinbüchse
zeigt (Abb. 3c), die in einem spätminoischen Grab auf Kreta entdeckt worden
ist [13]. Selbst in der späteren griechischen Vasenmalerei war die Wildstierjagd
nicht anders vorstellbar als zu Fuß [14]. Das minoische Bild (Abb. 3c) gibt das
gereizte, aus dem Dickicht hervorbrechende Tier muskulös und gewaltig wieder, die
Jäger eher grazil-wendig, unheroisch. Der Ur nimmt einen von ihnen auf die

---

[10] Abb. 92 d: Rollsiegel aus Zypern, s. E. Zwierlein-Diehl, Antike Gemmen in Deutschen
Sammlungen II. Staatl. Museen, Antikenabt. Berlin (1969) Taf. 17,66. 66a (Inv.-Nr. FG
130). — Abb. 92 j: Perati, Attika, Grab 1, Mitanni-Rollsiegel des 14. Jhs. v.Chr., Nachweis
unten Anm. 1140. — Abb. 94 b.c: Jungrind, dem Löwen unterlegen, Goldband aus einem
Grab mit mykenischer Keramik in Hierokepos, Zypern, s. K. Nikolaou, AJA 77, 1963, 432;
H.-G. Buchholz, AA 1974, 389 Abb. 49 a.b. — Abb. 64 a: Löwin schlägt zusammenbre-
chendes Wildrind, kypro-mykenischer Elfenbeinkamm aus Megiddo.

[11] Paris, Louvre, C.F.A. Schaeffer, Syria 14, 1934, 124ff.; ders., Ugaritica II (1949) 1ff. Taf.
1 und 7; S. Herbordt, APA 18, 1986, 91ff., bes. 108f. Abb. 18 (warum Plural? Es handelt
sich nur um eine einzige Wildziege, Capride; das Geschlecht ist entgegen der Feststellung,
es sei männlich, nicht angegeben, auch ist Ugaritica II nicht 1940, so a.O. 93 Abb. 2,
sondern 1949 erschienen); P. Matthiae, Propyläen-Kunstgeschichte XIV (1975) 486f. Farbtaf.
50; K. Galling, Bibl. Reallexikon (2. Aufl., 1977) 151 Abb. 40.

[12] Zu den Lebensbedingungen vgl. M. Hilzheimer, Die Wildrinder im alten Mesopotamien,
in: MAOG 2, 1926, Heft 2. — Es ist allerdings an der Mittelmeerküste nicht mit dem
Auftreten des Wasserbüffels der tropischen Sumpfwälder zu rechnen, zu diesen: R.M.
Boehmer, ZfA 64, 1975, 1ff.

[13] Herakleion, Arch. Mus., aus Knossos-Katsamba, vgl. H.-G. Buchholz und Mitarb., Jagd
und Fischfang, in: ArchHom, Lieferung J (1973) 76f. Anm. 261 (Lit.) Abb. 21 d; ferner J.M.
Blázquez, Minoens et Mycéniens, in: Acta Mycenaea. Proceedings of the 5th Int. Colloquium on Mycenaean Studies, Salamanca 1970 (1972) 398ff. Taf. 1a.b; A. Sakellariou, Arch
Ephem 130, 1991, 55 Abb. 11; G. Nobis, Tier und Museum 4, 1993, 118 Abb. 5.

[14] K. Schauenburg, Jagddarstellungen in der griechischen Vasenmalerei (1969) 14.

Abb. 2 a-d. Bären- und Löwenjagd: a Mann mit Pfeil und Bogen und Bären, Relief in Karatepe. — b Heroische Löwenjagd, Siegel des Königs Niqmad von Ugarit. — c Mit braunen Streifen bemalte Bärenterrakotta, Nikosia, Cyprus Museum (unpubliziert). — d Reißzahn eines Bären aus Ras Schamra

Hörner, der nun im Überschlag über den Rücken des Tieres große Geschicklichkeit zum unbeschadeten Überleben entwickeln muß. Dieses Bild zeigt an, daß sich akrobatische Stierspiele ursprünglich aus dem Jagdritual entwickelt haben. Unsere Abbildungen 5 g und i geben Stiere aus minoischen Sprungszenen wieder [15], welche gelegentlich sogar Eingang in die Bilderwelt syrischer Rollsiegelschneider fanden (Abb. 92e).

Ob man die Bildkomposition an einem spätminoischen Sarkophag aus Armenoi bei Rhethymon [16] als unbeholfen und mißverständlich bezeichnet oder nicht, eins bleibt gewiß: Gemeint ist eine Jagd auf Rinder, deren große Speere im Rücken stecken. Weil sie Kälber haben, die nach dem Euter drängen, müssen es Kühe sein, nicht Stiere, und wenn es sich um Tötung und nicht um das bloße Einfangen handelt, können sie nicht Zuchttiere, sondern müssen sie Wildrinder, Ure, sein.

Auch auf einem oft abgebildeten Fund aus einem Grab des 13. Jhs. v.Chr. in Kition, Zypern, einem Trichterrhyton mykenischer Form aus blauer Fayence mit gelben und braunen, schwarz konturierten figürlichen Bildzonen findet sich die Jagd zu Fuß dargestellt, hier mit Schwert und Lasso in der Verfolgung von Jungstieren, wobei es ums Fangen, nicht ums Töten ging [17]. Material und Form, Bildinhalte und Stil lassen eine enge Symbiose ägäischer und östlicher Kulturelemente erkennen.

Nimmt man Fang- und Stellnetz hinzu, in das hinein das Wildrind getrieben wurde (Abb. 3d.e, Detail eines der goldenen Vapheiobecher und mykenisches Siegel aus Pylos-Routsi) [18], so begegnen wir im Osten auf einer mykenischen Scherbe aus Enkomi demselben Motiv [19]. Im ägäischen Raum tritt gegen Mitte des zweiten Jahrtausends diese Form der Jagd unvermittelt auf, jedenfalls für uns im Bildrepertoir greifbar, während sie im Orient auf eine lange Tradition zurück-

---

[15] Abb. 5 g: rundplastische minoische Bronze, London, Brit. Mus., Inv.-Nr. 1966.3-28.1; s. A. Evans, PM II 651 Abb. 416; III 221 Abb. 155; V. Müller, PZ 19, 1928, 315. 317 Abb. 4,1; Ch. Long, The Ayia Triadha Sarcophagus (1974) Taf. 23,66; S. Laser, Sport und Spiel, in: H.-G. Buchholz, ArchHom, Lieferung T (1987) 75ff. ("zum sogenannten kretischen Stierspiel"), bes. 77 Abb. 29 c. — Abb. 5 i: Knossos, Wandfresko (um 1500 v.Chr.), s. Müller a.O. Abb. 4,5; H.-G. Buchholz, Altägäis und Altkypros (1971) 81 Nr. 1054 (Lit.) Abb. 1054. Vgl. ferner J.G. Younger, Bronze Age Representations of Aegean Bull-Leaping, in: AJA 80, 1976, 125ff.

[16] Aus Grab 11; Chania, Arch.Mus., Inv.-Nr. 1707, s. J. Tzedakis, AAA 4, 1971, 217 Abb. 4, Farbtaf. 3,3; zuletzt: W. Pötscher, Aspekte und Probleme der minoischen Religion (1990) 32 Abb. 3.

[17] H.-G. Buchholz - V. Karageorghis, Altägäis und Altkypros (1971) 157 Nr. 1671 mit Abb. 1671 a.b und Farb-Abb. 1671 c.d (Details) nach S. 160; V. Karageorghis, Propyläen-Kunstgeschichte XIV (1975) 526 Nr. 59 Farbtaf. 59; S. Herbordt, APA 18, 1986, 106f. Abb. 15 a.b

[18] Athen, Nat.-Mus.; vgl. H.-G. Buchholz und Mitarb. a.O. (oben Anm. 13) J 104f. Anm. 455-457, Abb. 37 a.b. — Ferner Siegelabruck aus Hagia Triada, in Herakleion, Arch.Mus., s. A. Evans, PM IV 574 Abb. 55,3.

[19] E. Vermeule - V. Karageorghis, Mycenaean Pictorial Vase Painting (1982) Nr. IV 35.

geht: Das schnell aufstellbare und veränderbare Netz ersetzte den festgebauten Fangpferch mit schleusenförmigem Eingang, wo hinein das Wild getrieben wurde [20].

Das Wildrind (der Ur) ist als Jagdtier durch entsprechende Knochenfunde u.a. in Mesopotamien [21], Westanatolien (Demircihüyük) [22], Ungarn und Bulgarien [23], in Nordgriechenland (Kastanos), Thessalien (Pevkakia), Messenien (Pylos), Kreta (Knossos) [24], sowie in Karthago und Westeuropa [25] nachgewiesen worden.

Wiederum ein einprägsames Bildmotiv, antithetisch aufeinander zu orientierte Wildbullen, wie auf einer Goldschale des 13. Jhs. v.Chr. aus Ras Schamra (Abb. 4a) [26], durchlief die Kulturphasen vom reinen Jägertum über das Hirtendasein zur Vorstellungswelt des bäuerlichen Viehzüchters. Entsprechend weit reichen künstlerische Wiedergaben vom Zweikampf wilder Bullen (z.B. Kreta, Lasithi-Ebene, Abb. 5d [27]; Lachisch, Abb. 4c [28]) bis hin zum relativ zahmen Miteinander (my-

---

[20] Schon auf Rollsiegeln des 4. Jts. v.Chr. dargestellt, z.B. auf einer antiken Abrollung aus Susa, s. L. Legrain, MDP 16, 1921, Nr. 195. — Generell A. Salonen, Jagd und Jagdtiere im alten Mesopotamien (1976) passim.

[21] M.R. Behm-Blancke, Das Tierbild in der altmesopotamischen Rundplastik (1979) 23. 46ff. (Exkurs: Wisent) und Lit.-Verz. — In Jerusalem, Israel-Museum, ist das Gehörn eines Boviden aus dem mittleren Jordantal ausgestellt; Alter: eine Million Jahre; Spannweite: 1,85 m; vielleicht identisch mit dem "Ur" aus diesem Gebiet bei G. Fohrer im Hiobkommentar (s. unten Anm. 58).

[22] M. Korfmann, IstMitt 27/28, 1977/78, 56; H.-G. Buchholz, PZ 69, 1994, 104.

[23] J. Dombay, Die Siedlung und das Gräberfeld in Zengővárkony (1960) 202 Taf. 1,5a.b (änneolithisch, Ungarn); G. Nobis, Studia praehistorica (Sofia) 9, 1989, 37ff. Tabelle 2 und S. 43 (neolith., Orčarovo-Gorata).

[24] G. Nobis, Der Minotaurus von Knossos auf Kreta im Lichte moderner archäozoologischer Forschung, in: Tier und Museum 2, 1990, 15ff.; 3, 1993, 109ff.; P.O. Persson, Ure in Chania auf Kreta, ebd. 121ff.

[25] G. Nobis mündlich (Karthago) und J.M. Coles - A.F. Harding, The Bronze Age in Europe (1979) 243 (Westeuropa); P. und D. Brothwell, Manna und Hirse (Deutsch, 1984) Taf. 22 (frühe Bronzezeit, Cambridgeshire, England).

[26] Aleppo, Arch.Mus., Inv.-Nr. 4572, aus dem Baalstempel (1933), Dm 18,8 cm, s. C.F.A. Schaeffer, Ugaritica II (1949) 1ff. Taf. 2-5.8; E. Strommenger - M. Hirmer, Fünf Jahrtausende Mesopotamien (1962) 94 Abb. 176-178 Farbtaf. 33. 34; W.St. Smith, Interconnections in the Ancient Near East (1965) 44. 105 Taf. 48; A. Moortgat, Die Kunst des Alten Mesopotamien (1967) Taf. 234; Ausstellungskatalog Berlin-Aachen-Tübingen-Frankfurt: Land des Baal. Syrien, Forum der Völker und Kulturen (1982/83) Frontispiz und S. 118f. (farbige Detailaufn.), S. 152 Nr. 146; S. Herbordt, APA 18, 1986, 92f. Abb. 1.2; S. 107; A. Caubet, Acts of the Int. Arch. Symposium "Cyprus between the Orient and the Occident", Nikosia 1985 (1986) 300ff. Taf. 21,6.

[27] Gravur auf der Klinge eines Bronzedolches, New York, Metrop.Mus., Inv.-Nr. 26.31.499, s. C.R. Long, The Lasithi Dagger, in: AJA 82, 1978, 35ff., bes. S. 42 (the fighting bulls).

kenische Kraterscherbe aus Ras Schamra: Abb. 3a) und sportlichen Kräftemessen
(Abb. 92c) [29]. Reflexe dieser Entwicklung, die ich in früheren Studien zu skizzie-
ren suchte (oben S. 5 Nr. 10 und 11), finden sich in Vorderasien, Ägypten und der
Ägäis (mykenische Scherbe aus der Argolis, Abb. 3b [30]). Häufig ist es in einer
stark abstrahierend stilisierenden Vasenmalerei wie der späthelladischen unmöglich
(vgl. Abb. 5h mit 46f [31]), wilde Stiere von zahmen zu unterscheiden. Das trifft
nicht minder auf kyprische Stiergefäße der Gattung "Basering" zu (Abb. 5a-c [32]),
die als Importe auch in Ras Schamra [33] und im ägäischen Raum (Rhodos) [34]
vertreten sind. Es handelt sich um Spendegefäße, um im Kult benutzte Rhyta. Das
Beispiel aus einem Grab [35] mit mykenischer Keramik in Tamassos besitzt einen

---

[28] Jerusalem, Rockefeller-Mus., Inv.-Nr. 36.1836, Elfenbeinpyxis aus der jüngsten Phase des
"Fosse-Tempels" (1325-1200 v.Chr.), s. O. Tufnell und Mitarb., Lachisch II (1940) 24. 62
Taf. 18 a; C. Decamps de Mertzenfeld, Inventaire Commenté des Ivoires Phéniciens (1954)
20f. 556 Nr. 17; Herbordt a.O. 109 Abb. 19. — Vgl. auch ein hethit. Elfenbeinrelief des
14./13. Jhs. v.Chr. aus Megiddo in Chicago mit kämpfenden Wildstieren am unteren Rand:
G. Loud, The Megiddo Ivories (OIP 52, 1939) 10; ders., Hittites at Megiddo?, in: Mélanges
Syriens à M.R. Dussaud (1939) 557f.; H.Th. Bossert, Altsyrien (1951) Abb. 1115; W.
Orthmann, Propyläen-Kunstgeschichte XIV (1975) 436 Nr. 372a, Abb. 372a.

[29] Nachweise zu der mykenischen Scherbe aus Ras Schamra und dem bronzezeitlichen
Pithosfragment aus Enkomi (1934, Cyprus Mus.) mit Zylinderabrollung des ägyptisch
beeinflußten Bildes eines sportlichen Kampfes zweier Zuchtbullen (rechts ist der Besitzer des
rechten Bullen zu ergänzen), s. meine Studie oben S. 5 Nr. 11.

[30] Å. Åkerström, Berbati II (1987) Taf. 30,1; weitere Nachweise in meiner Arbeit Nr. 11 und
bereits S. Immerwahr, The Protome Painter and some Contemporaries, in: AJA 60, 1956,
137ff.; J.L. Benson, Observations on Mycenaean Vase-Painters, in: AJA 65, 1961, 338ff.,
dort typengleiche Stierprotome mit verschränkten Hörnern: Taf. 101,3; 102,10.

[31] Eine sehr nützliche Analyse hat unlängst E. Rystedt vorgelegt: On Mycenaean Pictorial
Bulls, in: Kypriakai Spoudai 1990/91, 157ff. Taf. 29-31.

[32] Abb. 5 a.c: unpubliziertes Exemplar in Stuttgart, Württemb. Landesmus., wohl aus
Rhodos. — Abb. 5 b: Tamassos, Grab unter dem Herakleidioskloster, s. V. Karageorghis,
RDAC 1965, 11ff. 18 Nr. 51 Taf. 4,51.

[33] Zu derselben keramischen Gattung gehörig, wie beschrieben bei R. Amiran, Ancient
Pottery of the Holy Land (1963/1969) 172f.; z.B. in: Land des Baal a.O. (oben Anm. 26)
110 Farbabb. 127; S. 139 Nr. 127, mit Lit. (aus Grab 3464, "Sud-Acropole"; Damaskus,
Nat.-Mus., Inv.-Nr. Š 6883/RS 61.24.435), auch als Importe in Alalach, Tell Kazel und Tel
Mor.

[34] Rhodos, Arch.Mus., Inv.-Nr. 2895 und 12799, SH III A, s. C. Lambrou-Phillipson,
Hellenorientalia, the Near Eastern Presence in the Bronze Age Aegean (1990) 389 Nr. 582.
583 Taf. 41, sowie P. Åström, Relations between Cyprus and the Dodecanese in the Bronze
Age, in: Archaeology in the Dodecanese (Kopenhagen, 1988) 76ff. und neuerdings: P.
Misch, Die Askoi in der Bronzezeit (1992) 156 Abb. 131.

[35] Oben Anm. 32 zu Abb. 5 b. — Mit einer Öse zur Aufnahme eines metallenen Nasenrings
versehen ist ein weiteres Exemplar, s. Kunstwerke der Antike, Münzen und Medaillen,
Auktionskatalog XVIII (1958) 19 Nr. 76. — Stier am Nasenring bereits im Bild eines

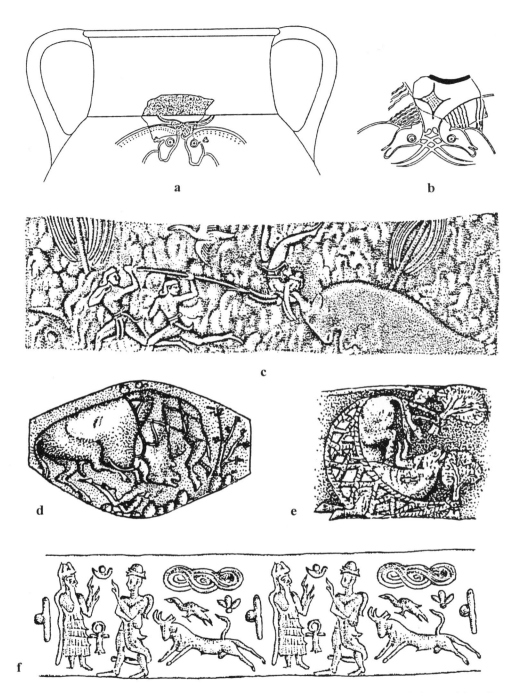

Abb. 3 a-f. Wildstiere: a.b Zweikampf auf mykenischen Vasen aus Ras Schamra (a) und Berbati/Argolis (b). — c-e Jagd mit und ohne Fangnetz, auf Elfenbeinpyxis aus Knossos-Katsamba (c), Siegel aus Pylos (d) und Goldbecher aus Vapheio bei Sparta (e). — f Stier des Sturm- und Wetter-Gottes auf syrischem Rollsiegel aus Hagia Irini/Zypern

kupfernen Nasenring, es war mithin als Haustier gedacht. Aus Ras Schamra und dem hethitischen Kulturkreis [36] sind Stierkopfrhyta, ebenfalls in der Funktion als Kultgefäße bekannt; in ägyptischen Tributszenen sind sie dargestellt (Abb. 18b) [37].

In Ägypten war es neben dem Apisstier die Kuh, welcher Verehrung entgegengebracht wurde [38]. Es handelt sich um Vorstellungen, die mit dem Rind ohne Ansehung des Geschlechts verknüpft waren und teilweise bis in die Neuzeit weiterwirkten [39]. Wiederum wurden Kulturkreisgrenzen überschritten: Wer den Stier verehrte, verehrte in aller Regel auch das Muttertier. Ich erinnere an den Aufsatz von V. Scheil "Ištar sous le symbole de la vache" [40]. Von zoologisch unerfahrenen Archäologen wegen ihrer Größe als männlich bezeichnete Gehörne von Opferrindern [41] erwiesen sich bei der Nachprüfung durch den Fachmann (G. Nobis) als weiblichen Tieren zugehörig, so im Heiligtum des "Gottes auf dem Barren" in Enkomi auf Zypern (Abb. 107a) und in den bronzezeitlichen Tempeln von Kition.

bichromen Kraters (um 1500 v.Chr.) aus Tell Nagila, nördlich Beerscheba, s. R. Amiran - A. Eitan, Archaeology 18, 1965, 122f. Farbabb. 19.

[36] Rinderkopf-Rhyton, Ton, aus Boğazköy, s. P. Neve, AA 1984, 346 Abb. 19; zu Stierrhyta ferner M. Weippert, ZDPV 77, 1961, 99f. — Zu kultischen Stierbecken mit einzelnen oder doppelten Rinderköpfen aus Anatolien u.a. in der Sammlung Borowski, Toronto, und in Karlsruhe, Badisches Landesmuseum, Inv.-Nr. 8679, unpubliziert (H 9,5 cm, L 19,5 cm, Br 11,3) gehört auch das monumentale hethitische "Stierbecken" von Dohuz bei Kirşehir mit zwei Rinderköpfen (L 2,85 m, Br 1,85 m, H 1,20 m), s. G. Bartsch, AfO 9, 1933, 50ff.; H.-G. Güterbock, IstMitt 19/20, 1969/70, 93ff. Taf. 13 a.b; 14 a-c. — An einer herausragenden Stellung des Rindes in der hethitischen Religion kann kein Zweifel bestehen, so trifft man z.B. auf eine Stierfigur in einem Heiligtum, dargestellt auf einem Relief (1400-1200 v.Chr.) aus Alaca Höyük, in Ankara, Arch.Mus., s. W. Orthmann, Propyläen-Kunstgeschichte XIV (1975) 427f. Abb. 345 b.

[37] Unsere Abb. 18 b nach St. Alexiou, Das Wesen des minoischen Handels, in: H.-G. Buchholz, Ägäische Bronzezeit (1987) 153 Abb. 37 (mit weiteren Nachweisen). — Zur Funktion und Geschichte der antiken Rhyta bereits F.W. von Bissing, AA 1923/24, 106ff.

[38] Hathor, Nut, Neith, vgl. A. Erman, Die ägyptische Religion (1909) 16; E. Hornung, Der ägyptische Mythos von der Himmelskuh (1982); zum gesamten Komplex: E. Otto, Beiträge zur Geschichte der Stierkulte in Ägypten (1938).

[39] H.G. Mukarovsky, Das "Sonnenrind" der Fulbe, in: Wiener Zeitschr. für die Kunde des Morgenlandes 54, 1957, 130ff.; Ch. v. Graffenried, Das Jahr des Stieres, ein Opferritual der Zulgo und Gemjek in Nordkamerun (1984); G. Frazer, Folk-Lore in the Old Testament (1923) 360ff.

[40] RT 20, 1898, 62ff.; ferner P. Matthiae, Il Motivo della Vacca che allata nell'Iconografia del Vicino Oriente Antico, in: Rivista degli Studi Orientali 36, 1961, 1ff.

[41] V. Karageorghis, BCH 87, 1963, 372 Abb. 68 b (Enkomi); ders., Harvard Theol. Review 64, 1971, 261ff. 270 Abb. 8.9 (Kition).

Man erinnere sich, daß seit Homer herausragende Frauen — allen voran die Göttin Hera — als βοῶπις ("kuhäugig") bezeichnet wurden [42], daß es eigentlich der Göttin Rinder waren, die den Wagen ihrer Priesterin in der argivischen Sage von Kleobis und Biton zogen, daß auf der Säule der Hera in Kroton keine menschengestaltige Göttin, vielmehr eine Kuh aus Gold zu sehen war [43], daß schließlich Erd- und Muttergottheiten zugleich Schutzherrinnen des den Boden bestellenden Rinderpaares vor dem Pflug waren [44]. Kyprische Goldohrringe der späteren Bronzezeit in Kuhkopf-Gestalt, die auch Hellas erreichten, sind demnach als Herasymbole anzusehen (Zypern: Abb. 65a-h; Perati und Tiryns: Abb. 65m.n) [45]. Bei einem Frühjahrsfest für Herakles auf Kos, der den Namen der Göttin trägt, waren die Festteilnehmerinnen als Kühe verkleidet (Ovid, Metamorphosen VII 364).

Ich kann es mir nicht versagen, ein in diesem Zusammenhang gänzlich unbeachtetes, aber doch einzigartiges Denkmal, ein Bronzerelief des 7. Jhs. v.Chr. aus Milet, hinzuzustellen [46]: Ein Weltenbaum, auf dem zwei Adler wachen, besitzt dort, wo sich die Krone aus dem Stamm entwickelt, zwei Kuhzitzen, an denen zwei Kälber oder Jungstiere saugen. Der Baum mit den Zitzen ist die Muttergöttin, wahrlich kosmisch konzipiert als Vertreterin des nährenden, pflanzlich-animalischen Weltganzen! Zahlreiche altorientalische Bilder lassen erkennen, daß der Säugeakt Kindschaft erzeugt, also das Saugen von Menschen an der Brust von Göttinnen Gotteskindschaft. So sagt in einem neusumerischen Hymnos die Muttergöttin: "Ich bin die heilige Kuh" [47]; von Ischtar hören wir, daß ihre vier (nicht zwei) Brüste am Munde des Königs Assurbanipal lagen [48].

In vielen Sprachen existiert für das junge Rind (Jungstier, Kalb) ein eigenes Wort, so im Griechischen: "Poris", "Moschos", "Etalon" [49]. Im Hethitischen

---

[42] W. Beck, LfgrE II (1991) 91f.; auch die kuhäugige Hesperethousa bei Hesiod, Fragment 360 (Merkelbach); dazu Sp. Marinatos, Atti e Memorie del 1. Congr. di Micenologia, Rom 1968, Band I, 283; M.P. Nilsson, Minoan-Mycenaean Religion (2. Aufl., 1968) 501.

[43] Cicero, De Divinatione I 24,48, dazu E. Maaß, JdI 22, 1907, 19.

[44] Rinder zum Pflügen in einem Text aus Mašat, s. S. Alp, Aspects of Art and Iconography, Anatolia and its Neighbours, Studies in Honor of N. Özgüç (1993) 19f.; vgl. D.J. Pullen, Ox and Plow in the Early Bronze Age Aegean, in: AJA 96, 1992, 45ff.

[45] Vgl. hierzu meine S. 5 Nr. 9 genannte Studie, mit Nachweisen.

[46] G. Kleiner, Alt-Milet (1966) 19 Abb. 16, Taf. 12,17.

[47] Nachweis bei A. Jeremias, Handbuch der altorientalischen Geisteskultur (2. Aufl., 1929) 337; vgl. H.-G. Buchholz, APA 18, 1986, 152f. (mit weiteren Nachweisen).

[48] E. Ebeling, Keilschrifttexte aus Assur religiösen Inhalts Nr. 196; J. Hehn, Die biblische und babylonische Gottesidee (1913) 301ff.; Buchholz a.O. Anm. 90. 91; H. Ringgren, Die Religionen des Alten Orients (1979) 163f. 222 (Ugarit).

[49] Vgl. hierzu H. Frisk, Griechisches Etymologisches Wörterbuch II (1973) 259 s.v. μόσχος; 580 s.v. πόρις/πόρτις. Ἔταλον, "Jährling", entspricht lat. *vitulus*, "Kalb"; s. auch A.H.W. Curtis, Some Observations on 'Bull'-Terminology in the Ugaritic Texts and the Old Testament, in: A.S. van der Woude, In Quest of the Past, Studies in

bezeichnet "*Tešubbi ḫupiti*" das Stierkalb des Wettergottes Teschup [50]. Auf einem nach Zypern exportierten syrischen Rollsiegel ist ein solcher Jungstier im erregten Galopp, mit erhobenem Schwanz dargestellt (Abb. 3f) [51]. Denselben Erregungszustand mit ähnlicher Schwanzhaltung finden wir bei dem bereits besprochenen Altstier des Stiersprung-Freskos von Knossos wieder (Abb. 5i), desgleichen bei den beiden Kälbchen in den Armen von Opferern auf der Hauptseite des Hagia Triada-Sarkophags (Abb. 5f [52]) und schließlich weit im Osten auch auf dem mittelassyrischen Rollsiegel des Babu-aḫa-iddina (13. Jh. v.Chr., Abb. 5e [53]). Mindestens im Bild des genannten minoischen Sarkophags entsprechen Größe der Tiere, Situation und Opferzweck nicht der Körperhaltung dieser Kälber: Sie muß ihre ikonographische Festlegung anderswo, mit unterschiedlicher künstlerischer Sinngebung erfahren haben.

Ganz anders wirkt etwa der ausgewachsene Urstier mit zum Stoß gesenktem Kopf hinter seinem Herrn, dem über Berge stürmenden Wettergott, auf einem mehrfach behandelten Rollsiegel der Hyksoszeit aus Tell el Daba im östlichen Nildelta [54]. So wie er in seiner Formgebung ein Fremdling in Ägypten war, so wesentlich später literarisch auch der "Jungstier der Anat", als welcher Ramses II. inschriftlich angesprochen wurde [55].

Israelite Religion, Literature and Prophetism, Papers read at the joint British-Dutch Old Testament Conference, Elspeet 1988.

[50] Dazu D. Sürenhagen, MDOG 118, 1986, 186 Anm. 6.

[51] Hagia Irini, Bucht von Morphou, Grab 3,88, s. P.E. Pecorella, Studi Ciprioti e Rapporti di Scavo 1, 1971, 51 Abb. 13. 14; ders., Le Tombe dell'Età del Bronzo Tardo della Necropoli a Mare di Ayia Irini (1977) 34 Abb. 76.

[52] Herakleion, Arch.Mus., s. Ch. Long, The Ayia Triadha Sarcophagus (1974) Abb. 17 und 52 (mit älterer Lit.); bereits A. Evans, PM II 650 Abb. 414.

[53] Berlin, Staatl.Mus., Vorderasiat. Mus., Inv.-Nr. VAT 8980.8981, s. A. Moortgat, ZfA 13, 1942, 81 Abb. 68; H. Freydank, Forschungen und Berichte 16, 1974, 7f. Taf. 1,2-4; R.M. Boehmer, Propyläen-Kunstgeschichte XIV (1975) 351f. Abb. 104 k. Quellenlage und Datierung übersichtlich zusammengefaßt und um die Liste der Sekundärlit. ergänzt: P. Machinist, Royal Administration in Middle Assyria, the Case of Babu-aha-iddina (mir nur als Manuscript bekannt); vgl. außerdem R.-B. Wartke, MDOG 124, 1992, 124 Abb. 19 und die dort genannte Literatur. — Zu den Fernverbindungen bes. H. Otten, Ein Brief aus Ḫattuša an Bâbu-aḫu-iddina, in: AfO 19, 1959/60, 39ff.

[54] Nach E. Porada: 18. Jh. v.Chr., s. AJA 88, 1984, 485ff. Abb. 1. Diese Umzeichnung wiederholt von F.E. Brenk, The Herakles Myth and the Literary Texts Relating to the Myth of Ninurta, in: La Transizione dal Miceneo all'Alto Arcaismo; Kolloqium Rom 1988 (1991) 507ff. 510 Abb. 1; M. Bietak, Der Ursprung des Ba'al Zephon-Kultes in Ägypten, in: Echo, Beiträge zur Archäologie des mediterranen und alpinen Raumes; Festschrift für J.B. Trentini (1990) 37ff. Abb. 2.

[55] Nachweise im einzelnen bei R. Stadelmann, Syrisch-Palästinensische Gottheiten in Ägypten (1967) 91ff. ("Du erhebst Dich als Jungstier, um Ägypten zu schützen"). - Vgl. noch A. Weigall, A Silver Figurine of a Cretan Bull, in: JEA 4, 1917, 187.

Abb. 4 a–d. Wildstiere im Zweikampf und in Jagdbildern: a.b Goldschalen aus Ras Schamra. — c Detail einer Elfenbeinpyxis aus Lachisch. — d Relief an einem Elfenbein- kästchen aus Enkomi/Zypern im British Museum

Ob es sich um mykenische Rinderfigürchen in Ras Schamra (Abb. 47b) oder Tell Sukas handelt [56], um den "Gott auf dem Stier" der Hethiter — bezeugt u.a. durch einen winzigen Bronzeanhänger im Akademischen Kunstmuseum, Bonn (Abb. 16c) —, ob um "goldene Kälber" im Alten Testament (2. Mose 32; 5. Mose 9,21; 1. Könige 12,28; F.C. Fensham, The Burning of the Golden Calf and Ugarit, in: IEJ 16, 1966, 191ff. und L.E. Stager, Biblical Archaeol. Rev. 17, Heft 2, 1991, 24ff.; S.R. Wolff, AJA 95, 1991, 507 Abb. 17, Askalon) oder um eine bronzene Stierfigur aus einem galiläischen Höhlenheiligtum der Zeit der Richter [57], stets geht es um die gewaltige, ungebändigte, geradezu als göttlich erlebte Kraft des Wildstiers. Einen Überblick über das theriomorphe Kultbild, und ebenso über das anthropomorphe, in Mesopotamien, Ugarit und Israel bietet ein neueres Buch von M. Dietrich und O. Loretz: "Jahwe und seine Aschera" (1992).

Als *r'm* (*rum*, im AT *r^e'ēm*) wird der Wildstier — Tier des Waldes und Gebirges — in den ugaritischen Texten erwähnt [58]. El, der Schöpfergott, ist dem Namen nach der sanfte Zuchtbulle des Städters [59], doch hat er gleichzeitig als Herr des Mons Casius (Abb. 1b) ältere Glaubensvorstellungen schweifender Jäger und früher Rinderzüchternomaden bewahrt [60]. Desgleichen wird von Baal und Mut

---

[56] G. Ploug, Sukas II (1973) Taf. 2,31-36.

[57] A. Mazar, Bronze Bull found in Israelite "High Place" from the Time of the Judges, in: Biblical Archaeology Review 9, 1983, Nr. 5, 34ff. Dazu R. Wenning-E. Zenger, ZDPV 102, 1986, 75ff. Außerdem zum Thema "Gott und Stier" auch M. Weippert, ZDPV 77, 1961, 93ff. Vgl. M. Dijstra in Kolloquium Münster 1993 (1995), Band I 66f.

[58] Alttestamentliche und sonstige Belege bei J.J. Stamm, Hebräisches und aramäisches Lexikon IV (3. Aufl., 1990) 1085 und G. Fohrer, Das Buch Hiob, Kommentar zum AT 16 (2. Aufl., 1988) 513f. — Der Wildstier (*r'm*) ist sprachlich vom Hausstier (*tarr, thor*, griech. ταῦρος) unterschieden. Freundliche Hinweise verdanke ich D. Conrad, Marburg. — Fachausdrücke für das Opfertier (Kalb, hebräisch *'egel*; junger Bulle, aramäisch *par tūrīn*; großer Bulle, aramäisch *tūrā rabbā*) sind kommentiert von A. Hultgård, The Burnt-Offering in Early Jewish Religion, in: T. Linders - G. Nordquist, Gifts to the Gods, Proceedings of the Uppsala Symposium 1985 (1987) 83ff. — Interessant im größeren Zusammenhang: B. Bergquist, Bronze Age Koine in the Eastern Mediterranean? A Study of Animal Sacrifice in the Ancient Near East, in: Proceedings of the Int. Conference organized by the Katholieke Universiteit Leuven 1991 (1993) 11ff.

[59] Stellen bei J. Pritchard, The Ancient Near Eastern Texts (1955) 129 b, auch sonst häufig. Der Hausstier war nicht schlechthin und immer friedfertig; denn sonst wären Verfügungen gegen wildgewordene Stiere unnötig, zu diesen vgl. A. Van Selms, The Goring Ox in Babylonian and Biblical Law, in: Symbolae ad Studia Orientis Pertinentes F. Hrozný Dedicatae IV (1950) 321ff.

[60] M.H. Pope, El in the Ugaritic Texts (1955); W. Fauth, Das Kasion-Gebirge und Zeus Kasios; die antike Tradition und ihre vorderorientalischen Grundlagen, in: UF 22, 1990, 105ff. Vgl. zum Namen N. Wyatt in Kolloquium Münster 1993 (1995), Band I 213ff. und unten Anm. 169; neuerdings auch M. Dietrich-O. Loretz, Wohnorte Els nach Ugarit- und Bibeltexten, in: UF 29, 1997, 123ff. — Zu Berggöttern/Götterbergen bes. G.L. Huxley, Oros Theos, in: LCM 3, 1978, 71f.

erzählt, daß sie "einander stießen wie Wildstiere"(KTU 1.6 VI 17-18) [61]. Eben dieses einprägsame Thema der Natur bezeugen Darstellungen wie unsere Abbildungen 3 a und b, 4 a und c (vgl. meine oben S. 5 Nr. 10 und 11 genannten Schriften), so daß man zu fragen geneigt ist, folgt hier das Bild der gehörten literarischen Ausprägung oder diese der bereits anschaubar gewordenen festen Bildform. Abhängigkeiten dieser Art, aber auch solche zwischen den Kulturräumen, sind kaum so eindeutig festzustellen, wie dies einer der vorzüglichsten Kenner mykenischer Ikonographie, A. Furumark, zu können meinte: Er hielt antithetische Bildkompositionen von Wildbullen im Zweikampf noch für eine rein mykenische Schöpfung [62], die ihrerseits nach Ägypten und Vorderasien ausstrahlte.

Ein in der Anthologia Palatina (VI 332) überliefertes Detail im Zusammenhang mit dem Partherkrieg des Kaisers Trajan verdient unsere Aufmerksamkeit: Er erreichte im Herbst 113 n.Chr. Antiochien und führte im Gepäck das vergoldete Horn eines Wildstiers (Auerochsen) aus der dakischen Kriegsbeute mit, das als Weihgabe für den Zeus Kasios bestimmt war. Die Berater des Kaisers müssen demnach bereits während der Kriegsvorbereitungen in Rom nicht allein über die militärischen Verhältnisse in Syrien informiert gewesen sein. Jedenfalls deutet die Gabe für den Gott auf dem Berg bei Antiochien an, daß dort kaiserzeitliche religiöse Vorstellungen wesentliche Merkmale ihres bronzezeitlichen Ursprungs bewahrt hatten.

Die Feuchtgebiete der Orontesmündung haben während der Bronzezeit Wildelephanten und Flußpferden Lebensraum geboten. Zur Herkunft der als Elfenbein gehandelten Stoßzähne beider Tierarten (Abb. 60a-c) s. unten S. 358ff. Zu Straußeneiern, die sowohl aus Syrien als auch aus Nordafrika nach Zypern und in die Ägäisländer gelangt sein können (Abb. 58a-c), s. unten S. 345ff. Auch wenn Ugarit am Handel mit solchen Naturprodukten beteiligt war, lebte der Laufvogel Strauß als ein Tier der Trockensteppe nur im Inneren des Landes, weitab von der Küste. Demnach muß Ugarit als Sammel- und Umschlagstelle für Güter des Hinterlandes eingestuft werden.

Zur nahrungsspendenden Umwelt Ras Schamras zählte besonders das Meer: Muscheln, Seeigel, Fischknochen, -gräten und -zähne (u.a. vom Hai) dokumentieren hier im Ausgrabungsbefund die Nutzung der See, ähnlich stellt sich der Anteil von

---

[61] Übersetzung nach A. Jirku, Ugaritica VI (1969) 305, auch J.F. Healey, Ausstellungskatalog "Land des Baal" (oben Anm. 26) 340; ferner Jirku a.O. 305 (Wildkuh); A.S. Kapelrud, Ugaritica VI, 321 und 328 (Baal), und Pritchard a.O. 141 b -142 a (Baal begattet als Wildstier seine Schwester Anat, die ein Stierkalb gebiert). Weiteres in E. Lipiński, UF 3, 1971, 81ff. und W. Culican, Opera Selecta (1986) 471ff.

[62] Mycenaean Pottery (1941) 440. 464. Doch vgl. auch Å. Åkerström, Berbati II (1987) 55: "Bulls and bull compositions, conequently, in Furumark's opinion, are an exclusively Aegean concern. As we shall see, reality looks different".

Fischen unter den Tierresten auch in Akko dar [63]. Fische gehörten außerdem zum beliebten Repertoire der Vasenmalerei (vgl. polychrome Keramik: Abb. 79d.g, aus Gezer und Zypern. — Mykenische Keramik: Abb. 75f; 95a-n; 96b, aus Ras Schamra, Minet el Beida, Naxos, Kreta und Attika).

Unter den Meerestieren gelangten Purpurmuscheln an der Levanteküste zu großer wirtschaftlicher Bedeutung. Deren Ausscheidungen ergaben Pigmente blauer und tiefroter Purpurtönung. Für ein einziges Gramm Purpur wurden achttausend Tiere benötigt. Deshalb waren Purpurstoffe extrem teuer. Der archäologische Nachweis derartiger Industrien erfolgte über die Auffindung von Muschelhaufen, so in Tyros, Sidon und Tell Ḥedar (Tel Mor), dem Hafen von Aschdod: Bei den Ugarit-Texten befindet sich eine Rechnung über zweitausend Schekel Purpurwolle aus diesem südpalästinensischen Küstenort. Dessen wirtschaftlicher Rang beruhte demnach auf seinem Textilhandel über See (s. J. Nougayrol, Le Palais Royal d'Ugarit VI [1979] Text 156; M. Dahood bei L.R. Fisher, The Claremont Ras Shamra Tablets, in: Analecta Orientalia 48, 1971, 31f.; M. Liverani, Il Talento di Ashdod, in: OA 11, 1972, 193ff.; H. Weippert, Asdod, in: K. Galling, Biblisches Reallexikon [2. Aufl., 1977] 13).

Jagd und Holznutzung gehörten zu den fürstlichen Vorrechten. Doch zu einem Bild der Umwelt rechnen neben Jagdgründen und Gebieten der Holzproduktion [64] auch Ödflächen, die als Weide genutzt wurden. Das Hinterland von Ugarit erzielte Honigerträge, insoweit für Bienenhonig nach M. Heltzer Preisangaben vorliegen [65]. Seine aufschlußreichen Zusammenstellungen gewähren ferner Einblick in Schafhaltung und die Fleisch-, Woll-, Garn- und Stoffproduktion [66], desgleichen

---

[63] Soweit der Fundstoff, z.B. aus Kition und Akko, von G. Nobis und Mitarbeitern analysiert worden ist, liegen druckfertige Manuskripte vor. — Vgl. auch E. Neufeld, Fabrication of Objects from Fish and Sea Animals in Ancient Israel, in: Journ. of the Anc. Near Eastern Soc. of Columbia Univ. 5, 1973, 309ff.; D. Reese, OpAth 15, 1984, 188ff. (Hai unter den archäologischen Funden der Ägäis und Zyperns).

[64] M. Heltzer, Goods, Prices and the Organization of Trade in Ugarit (1978) 7 Nr. 26; S. 36ff. Tabelle 1,9 (timber and reeds); S. 80. D. Baly, Geographisches Handbuch zur Bibel (Deutsch, 1966), bietet auch Klima-, Vegetations- und Landschaftskarten zu Nordwest-Syrien, z.B. 24ff. Abb. 4. 5; S. 28 ("nördl. Syrien"); S. 34ff. Abb. 7. 8.

[65] Heltzer a.O. 19 Nr. 1,10.

[66] Heltzer a.O. 21 Nr. 2,21.22; S. 23ff. Nr. 3,31; S. 113.

Erläuterungen zu Abb. 5 a-i: a-c Zypern, Stierrhyta, Ton, "Basering-Gattung" des 13. Jhs. v.Chr., in Stuttgart, Württembergisches Landesmuseum (a.c) und in Nikosia, Cyprus Museum, aus Tamassos (b). — d.f.g.i Kreta, Ritzzeichnung auf einem Bronzedolch der Zeit um 1500 v.Chr. aus der Lasithigrotte, in New York, Metropolitan Museum (d), Darstellung am Hagia Triada-Sarkophag in Herakleion, Arch.Mus. (f), bronzene Rundplastik im British Museum, Inv.-Nr. 1966/3-28/1 (g) und Wandfresko in Knossos (i). — e Rollsiegel aus Assur, 13. Jh. v.Chr., in Berlin, Vorderasiat. Museum. — h Darstellung an mykenischer Schüssel des 13. Jhs. v.Chr. aus Enkomi/Zypern, im British Museum

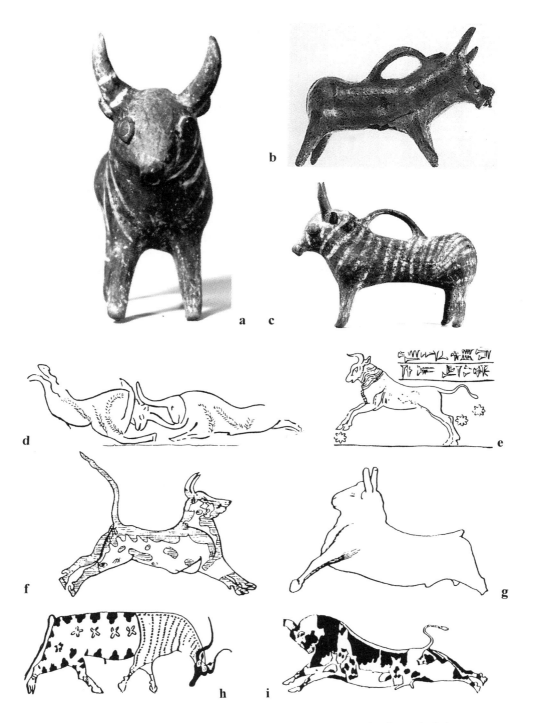

Abb. 5 a-i. Wild- und Zuchtstiere, Erläuterungen s. gegenüberliegende Seite

in Ziegen- (Abb. 61a, Detail der Komposition einer Göttin mit ihren beiden Ziegen) und Rinderhaltung und die sich daraus ergebende Erzeugung von Fleisch und Milch (Käse) [67]. Ich erinnere in diesem Zusammenhang an Heltzers Schrift "On the Ownership of Pasture Lands in Ugarit" [68] und zum Vergleich an "Evidence for Herdsmen and Animal Husbandry in the Nuzi Documents" von M.A. Morrison [69]. Es war abermals Heltzer, welcher die ugaritischen Tafeln auf Schafhirten und - scherer hin überprüfte und unter dem Aspekt der "Royal Agricultural Economy" behandelt hat [70].

So gewiß Jägertum ein Relikt aus grauer Vorzeit ist, so gewiß bildeten Hirten- und Bauerntum die Grundlage der spätbronzezeitlichen "Hochkultur" des urbanen Gefüges von Ugarit. Das gilt keineswegs allein für die Stadtkulturen des syrischen Küstenstreifens, sondern geht auf die Ursprünge der sumerischen Hochkultur zurück. So wies u.a. W. Nagel darauf hin, daß das Ursumerische Ausdrücke für Pflug und Pflüger, Saatfurche, Getreide, Müller und Ölpresse, für den Geflügelzüchter, Rindermäster und den Schäfer kannte [71]. Ebenso alt ist der Held, der seine Herden schützt, der "gute Hirte", welcher in der Königstitulatur noch bei Homer fortlebt, ja den Christen als Seins- und Sinnbild für den Herrn der Kirche bis heute gegenwärtig ist. Auf Zypern — dem Land unzähliger archaischer Bildnisse frommer Widderträger, von Urbildern des "guten Hirten" — wurden einige fürstliche Gräber der spätesten Bronzezeit ausgegraben, in denen sich als Szepter, also als Herrschaftssymbol, je eine nach Art der Hirtenstäbe gebogene bronzene Stabbekrönung befand [72]. So wissen wir denn, woher Homer die Formel "Hirte der Völker" genommen hat.

In einer agrarisch orientierten Wirtschaft kam den benachteiligten Gruppen an der Kontrolle des Bodens, was Besitz oder Nutzung angeht, — Königtum, Großgrundbesitzer, Lehensmannen, Freibauern, Pächter und Landsklaven — eine enorme Bedeutung für Produktionserfolge zu [73]. Unser Wissen davon ist begrenzt, wäh-

---

[67] Heltzer a.O. 20f. Nr. 2,20; S. 112.

[68] In: Studies in the History of the Jewish People and the Land of Israel, Haifa, III (1974) 9ff. (Hebr., mit englischer Zusammenfassung).

[69] In: Studies on the Civilization and Culture of Nuzi and the Hurrians in Honour of E.R. Lacheman on his 75th Birthday (1981) 257ff.

[70] M. Heltzer, The Internal Organization of the Kingdom of Ugarit (1982) 49ff.; M. Liverani, Economia delle fattorie palatine ugaritiche, in: Dialoghi di Archeologia N.S.1, 1979, 62ff. Hierzu E. Lipiński, in: Symposium Haifa 1985 (1988) 131ff.(zum 'Vorsteher der Schafhirten').

[71] BJbV 4, 1964, 3.

[72] Ich werde in der ArchHom, Kapitel "Würdezeichen" ausführlich hierauf eingehen. Einige kyprische Hirtenstab-Szepter bei: H.W. Catling, Cypriot Bronzework in the Mycenaean World (1964) 259f. Abb. 23,1.2; Taf. 47 a-e ("Objects of ceremonial use"), mit Nachweisen.

[73] R. Haase, Anmerkungen zum ugaritischen Immobilienkauf, in: ZfA 58, 1967, 196ff.; M. Heltzer, Mortgage of Land Property and Freeing from it in Ugarit, in: JESHO 19, 1976, 89ff.; ders., Zur Bedeutung des Ausdrucks "die ṣibbiru-Felder" in Ugarit, in: Orientalia

rend derselben Zeit auch in anderen nahöstlichen Ländern [74], in Anatolien [75] und im ägäischen Raum [76]. Zur Landwirtschaft Zyperns fließen unsere Quellen in der Spätbronzezeit besonders spärlich.

Das Küstengebiet um Ras Schamra, bei Lattakia und im südlich angrenzenden Raum um den Tell Sukas ist während der späten Bronzezeit nach Ausweis von archäologischen Oberflächenfunden relativ dicht besiedelt gewesen (Abb. 15, Karte) [77], wonach mit einer beachtlichen Zahl von Menschen gerechnet werden kann, die in der Landwirtschaft tätig waren. Ortsnamen von Typus Maqni gehen auf die aramäische Form *maqnā* zurück und bedeuten "durch Kauf erworbenes Feld, Weideland" [78]. Derartige Bezeichnungen weisen in die vorhellenistische Zeit, ob auch in die Bronzezeit, läßt sich noch nicht sicher sagen. Doch eine systematische Erfassung von Orts- und Flurnamen ist meines Wissens in dieser Gegend noch nicht

---

Lovaniensia Periodica 8, 1977, 47ff.; M. Liverani, Ville et Campagne dans la Royaume d'Ougarit, in: Societes and Languages of the Ancient Near East, Studies in Honour of I.M. Diakonoff (1982) 250ff.; ders., Communautés de Village et Palais Royal dans la Syrie du 2e Millenaire, in: JESHO 22, 1979, 146ff. - Beachte die Literatur bei M. Heltzer, Private Property in Ugarit, in: A. Archi, Circulation of Goods in Non-Palatial Context in the Ancient Near East (1984) 161ff. und das Kap. "Gesellschaft und Wirtschaft" in G. Wilhelm, Grundzüge der Geschichte und Kultur der Hurriter (1982) 59ff.

[74] J.N. Postgate, Land Tenure in the Middle Assyrian Period, in: Bullet. of the School of Oriental and African Studies 34, 1971, 496ff.; G. Wilhelm, Zur Rolle des Großgrundbesitzes in der hurritischen Gesellschaft, in: Revue Hittite et Asianique 36, 1978, 205ff.; C. Zaccagnini, The Price of Fields at Nuzi, in: JESHO 22, 1979, 1ff.; ders., The Rural Landscape of the Land of Arraphe, in: Quaderni di Geografia Storica 1 (1979); P. Steinkeller, The Renting of Fields in Early Mesopotamia and the Development of the Concept of Interest, in: JESHO 24, 1981, 113ff.

[75] R. Haase, Die ländliche Gemeinschaft im Hethiterreich, in: Recueil de la Societé J. Bodin pour l'Hist. Comparative des Institutions 41, 1983, 187ff.

[76] S. Deger-Jalkotzy, Landbesitz und Sozialstruktur im mykenischen Staat von Pylos, in: M. Heltzer - E. Lipinsky, Society and Economy in the Eastern Mediterranean, Proceedings of the Int. Symposium held at the Univ. of Haifa 1985 (1988) 31ff.

[77] Mehr als zweihundert Dörfer, nach systematischen Flurbegehungen von J.-Cl. Courtois, auch im Hinterland, bis hin zum Orontesgraben, s. Syria 40, 1963, 261ff. und Syria 50, 1973, 53ff.; P.J. Riis, Sukas I (1970) 9 Abb. 2 (Karte der Ǧabla-Ebene) und Ugaritica VI (1969) 440 Abb.3; zur Namenbestimmung einzelner Orte auch Ch. Virolleaud, Les Villes et les Corporations du Royaume d'Ugarit et Lettres et Documents Administratifs Provenant des Archives d'Ugarit, in: Syria 22, 1941, ferner M. Heltzer, The Rural Community in Ancient Ugarit (1976); G. Kopcke, Handel, in: H.-G. Buchholz, ArchHom, Lieferung M (1990) 95 Abb. 19 (Karte der Küste von Myriandros bis Tripolis); W.R. Garr, A Population Estimate of Ancient Ugarit, in: BASOR 266, 1987, 31ff.; W. van Soldt, The Borders of Ugarit, in: UF 29, 1997, 683ff.

[78] St. Wild, Libanesische Ortsnamen, Typologie und Deutung, in: Beiruter Texte und Studien 9, 1973, 169. Mehr zu Fluß- und Ortsnamen im ugaritischen Königtum bei P. Bordreuil in Kolloquium Münster 1993 (1995), Band I 1ff.; zu Topoi im Grenzbereich nach Alalach s. M. Dietrich - W. Mayer ebd. 28.

durchgeführt worden. Die Bergketten des Amanos und Mons Casius verlaufen von Nordosten nach Südwesten und erstrecken sich bei Ras Schamra bis ans Meer. So wie die Wasser der inländischen Senkungsgräben im Gebiet von Antiochien durch den unteren Orontes zum Meer durchbrechen, so endet ein anderes Tal auf der Südseite der Mons Casius-Kette im Raum von Ras Schamra, nördlich von Lattakia. Es ist als einziger natürlicher Durchbruch und Weg zur Küste, bzw. von ihr ins Hinterland, wichtig (Abb. 6 und 15). Ihm folgte die Fernstraße nach Osten, die sich mit der von der Orontesmündung kommenden Fernstraße vereinigte. In einem Wadi bei Ugarit wurde ein Steindamm (Brückenrest?) entdeckt, s. H. Weiss, AJA 95, 1991, 723f.

Eine gewisse Vorstellung über den Ablauf des Jahres gibt uns der ins 11. oder 10. Jh. v.Chr. gehörende "Bauernkalender von Gezer". Die landwirtschaftlichen Bedingungen dürften einige Jahrhunderte früher in Nordwestsyrien nicht wesentlich andere gewesen sein. Es heißt: Zwei Monate sind (Oliven)-Ernte, zwei Monate sind Säen (von Getreide), zwei Monate sind Spätsaat, ein Monat ist Flachsabhacken, ein Monat ist Ernten und Feiern, zwei Monate sind Reben zu schneiden, ein Monat ist Sommer-Obsternte [79].

Für künstliche Bewässerung gibt es hier keine Anzeichen. Dennoch wurden nach Aussage geschriebener Quellen Getreideerträge erzielt, die zur Ernährung der gesamten Bevölkerung und zum Export ausreichten. In diesen gingen allerdings auch Zulieferungen ein, beispielsweise solche aus Alalach [80]. Gleichzeitige "Hungerjahre", wie gegen Ende des Hethiterreiches um 1200 v.Chr. in Zentralanatolien, scheint es in Nordwest-Syrien jedenfalls nicht gegeben zu haben [81]. Wir hören von Emmer, Weizen und Gerste [82] und vermögen archäologisch den Acker- und Gartenbau lediglich aus der Existenz von Bronzehacken (Abb. 90a.c.e.i.j) und von Sichelklingen aus Feuerstein und Obsidian (Abb. 47d) abzuleiten, die in Ras Schamra ausgegraben worden sind. Derartige Steinklingen waren mit Hilfe von Pech in hölzernen Sicheln befestigt — der Rohstoff Obsidian wurde hauptsächlich aus Anatolien, aber auch von der Kykladeninsel Melos importiert [83].

---

[79] W.F. Albright, BASOR 92, 1943, 16ff.; G.E. Wright, Biblische Archäologie (Deutsch, 1958) 179ff.; S. Talmon, The Gezer Calendar and the Seasonal Cycle of Ancient Canaan, in: JAOS 83, 1963, 177ff.

[80] Die betreffenden Keilschrifturkunden sind nachgewiesen bei M. Heltzer, Goods, Prices and the Organization of Trade in Ugarit (1978) 99f., auch S. 6 Anm. 13.

[81] Zu jenen vgl. H. Klengel, "Hungerjahre" in Ḫatti, in: AoF 1, 1974, 165ff.

[82] Noch immer grundlegend: G. Dalman, Arbeit und Sitte in Palästina I-VII (1928-1942, Nachdruck: 1964 und 1971); A. Salonen, Agricultura Mesopotamica (1968) und in K. Galling, Biblisches Reallexikon (2. Aufl., 1977) 1ff. s.v. Ackerwirtschaft (K. Galling); S. 255f. s.v. Pflug (K. Galling und D. Irvin); S. 63f. s.v. Dreschen und Worfeln (H. Weippert). — Heltzer a.O. 17 Tabelle 1; S. 73. 86f. 99f.

[83] H.-G. Buchholz, Zur Herkunftsbestimmung von Obsidianen in Frühzeit und Antike, in: Mitteilungen der Berliner Ges. für Anthropologie, Ethnologie und Urgeschichte 1, 1967, 133ff. Zum Sichelglanz: A. Moundrea-Agraphioti, in: M.C. Cauvin, Traces d'Utilisation sur les Outils Néolithiques du Proche-Orient (1983) 199ff.

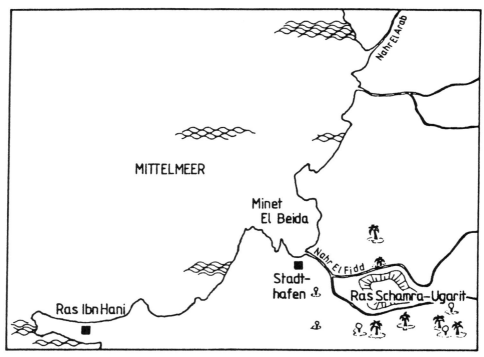

Abb. 6. Küstennahe Lage von Ras Schamra sowie Lage der bronzezeitlichen Hafenstadt
Minet el Beida und des Palastes von Ras Ibn Ḥani, vgl. A. Bounni, in: Symposium Larnaka
1989 (1991) 105 Abb. 1

Sie weisen sogenannten "Sichelglanz" auf, d.h. Benutzungsspuren in Form
abgelagerter Silikate, die aus den abgeschnittenen Getreidehalmen stammen. Derartige Sichelklingen haben nicht als steinzeitliche Relikte in bronzezeitlichen
Fundzusammenhängen zu gelten, sie gehörten vielmehr noch im zweiten Jahrtausend zur regelmäßigen Ausstattung einer jeden Wohneinheit in Ras Schamra.
Daraus muß geschlossen werden, daß es so etwas wie ein System von Ackerbürgern
gab. Mit anderen Worten: Neben den Bauern auf den Dörfern haben die Städter
ebenfalls Ackerbau für den Eigenbedarf betrieben.

Wie noch heute, bestand damals die Gefahr, daß die Getreidelieferungen ins
Ausland auch Schadtiere, wie Ratten und Mäuse, ferner alle möglichen Parasiten in
Gestalt von Insekten oder Krankheitserregern verschleppt werden konnten. Während
es noch keinem Archäozoologen gelungen ist, bronzzeitliche Ratten oder Mäuse des
ägäischen Gebietes genetisch mit syrischen oder kyprischen zu verbinden, scheint
unlängst der Nachweis geglückt zu sein, daß auf den Ägäisinseln allgemein fehlende, nunmehr auf Thera in gespeichertem Korn nachgewiesene Getreideschädlinge
auf Lieferungen aus der Levante zurückzuführen sind [84].

---

[84] Unveröffentlicht; freundliche Auskunft von Chr. Doumas/Athen (1994).

Nach weiteren ugaritischen Preisangaben ist mit dem Anbau von Sesam und anderen Gewürz- und Ölpflanzen zu rechnen [85]. Des weiteren ist aus dem Handel mit parfümiertem Öl zu schließen, daß wohlriechende Essenzen pflanzlich gewonnen wurden [86]. So eindrucksvolle Darstellungen vom Einbringen der Krokusblüten, wie auf Wandfresken in Akrotiri/Thera [87], fehlen uns allerdings von der Levanteküste. Auf die Folgerung, daß die Form bestimmter kyprischer "Basering-Flaschen" eigentlich von umgekehrten Mohnköpfen herzuleiten sei (Beispiele aus Ras Schamra: Abb. 42a-e, vgl. auch Abb. 78d.f), daß demnach in ihnen Mohnsaft/-Opium transportiert worden sei, gehe ich nicht weiter ein [88].

Doch es müssen auch noch Kulturpflanzen wie Flachs und Leinen in Betracht gezogen werden, weil Ugarit über eine große Flotte verfügte und Schiffe sich nicht ohne eine Segel-Industrie ausstatten lassen. Freilich könnte man sich darin — wie im Kupferbedarf — von Zypern abhängig gemacht haben, wo es in späterer Zeit nachweislich einen vorzüglich funktionierenden Großanbau von Faserpflanzen gab [89]. Schon im Altertum hieß es, daß Zypern der einzige Ort der Welt sei, an dem man wirklich alles, was man zu einem Schiff brauche, beieinander hätte. Schiffsseile, die in den Ugarit-Texten vorkommen [90], fertigte man jedenfalls nicht aus Wolle an.

Da unter den Produkten Ugarits Wein und Rosinen auftauchen [91], ist auf Weingärten zu schließen, die auch wirklich Gegenstand von Verträgen und anderem Schriftwechsel gewesen sind [92]. Der Anbau von Wein bedeutete die Festlegung von Flächen für diesen einen Zweck über viele Jahre hin. Solche Flächen standen für nichts anderes zur Verfügung; ebensowenig waren Feigen- und Obstpflanzungen, sowie Olivenhaine in ihrer landwirtschaftlichen Nutzung langfristig für anderes verwendbar. Die bedeutende Produktion von Olivenöl ist — angeregt durch einen Kongreß in Haifa, dessen Initiator M. Heltzer gewesen ist — mittels neuer bronzezeitlicher Funde von Ölpressen in Palästina und auf Zypern — wie sie aber schon

---

[85] Heltzer a.O. 18f. 27 Nr. 36; s. auch unten Anm. 87.

[86] Heltzer a.O. 27f.

[87] Sp. Marinatos, Excavations at Thera II (1976) mit zahlreichen Farbabb.; S. Laser, Medizin und Körperpflege, in: H.-G. Buchholz, ArchHom, Lieferung S (1983) 119ff. (Drogen und Gewürze zu mykenischer Zeit).

[88] R.S. Merrillees, Opium Trade in the Bronze Age Levant, in: Antiquity 36, 1962, 287ff.; weitere Lit. in Laser a.O. 128f. mit Abb. 13a-d (kypr. "Basering-Flaschen" aus Ras Schamra).

[89] T.B. Mitford, The Nymphaeum of Kafizin (1980) 256ff.278 s.v. λίνος. Vgl. E. Black-D. Samuel, What were Sails made of?, in: Mariner's Mirror 77, 1991, 217ff.

[90] Heltzer a.O. passim und S. 23 Nr. 30 (Flachs).

[91] Heltzer a.O. 19.

[92] Heltzer a.O. 86f.100. Vgl. auch M. Dietrich - O. Loretz, Die Weingärten des Gebietes von Alalaḫ im 15. Jh., in: UF 1, 1969, 37ff.; K. Galling, Biblisches Reallexikon (2. Aufl., 1977) 32ff. s.v. Baum- und Gartenkultur. Unlängst auch M. Heltzer, Vineyards and Wine in Ugarit, in: UF 22, 1991, 119ff.

Abb. 7 a.b. Palastbezirk von Ras Schamra mit Blick zum Meer, auf den modernen Hafen von Minet el Beida (b). Zur einstigen Begrünung s. J.-C. Margueron, in: M.
Carroll-Spillecke, Der Garten von der Antike bis zum Mittelalter (1992) 73 Abb. 22

lange aus Ras Schamra bekannt sind — in ein neues Licht gerückt [93].

Schließlich kommen auch Datteln unter ugaritischen Produkten vor [94]. Palmen gehörten und gehören zum Landschaftsbild, sogar im äußersten Süden von Zypern. In regelmäßigen Reihen angelegt, verlangten ihre Pflanzungen sorgsame Pflege. Palmengärten (vgl. Abb. 64d.f; 100h) stellten eine wichtige Variante des gepflegten Baumparks dar. Dieser aber führte seit persischer Zeit, wie die Tierparks persischer Fürsten, den Namen pairidaēza, griechisch "Para-deisos" [95]. Oder anders ausgedrückt: Es besteht durchaus die Wahrscheinlichkeit, daß die späteren "Paradiese" bronzezeitliche Vorläufer hatten, und dies nicht allein in dem "Garten Eden" des Zweistromlandes, sondern auch an der syrischen Mittelmeerküste.

Über negative Umweltfaktoren wissen wir wenig, es hat sie aber gewiß gegeben, etwa die "sieben Plagen", die Ägypten nach Aussage der Bibel heimsuchten [96]. Nimmt man beispielsweise den jährlichen Heuschreckenbericht der englischen Kolonial-Verwaltung Zyperns und unterstellt, daß die Verhältnisse denen Nordwest-Syriens in der Bronzezeit nicht gänzlich unähnlich gewesen sind, so erhält man einen Begriff von möglichen Heimsuchungen der Landwirtschaft.

Es muß in Betracht gezogen werden, daß küstennahe Sumpfgebiete in Kilikien und auf Zypern, außerdem an der Orontesmündung hochgradig malariagefährdet waren. Viele bronzezeitliche Feuchtlandschaften in Hellas und an der anatolischen Westküste, desgleichen am Golf von Tarent und auf Sizilien dürften nicht weniger unter Malaria gelitten haben. Hafen- und Handelsstädte wie Ugarit, Inseln wie Zypern waren für Epidemien besonders anfällig, die wegen der lebhaften auswärtigen Kontakte leicht eingeschleppt werden konnten. Aus den Amarnabriefen erfahren

---

[93] D. Eitam - M. Heltzer, Olive Oil in Antiquity, Israel and Neighbouring Countries from Neolithic to the Early Arab Period, Konferenz Haifa (1987). — Weitere Einzelheiten zu Ugarit bei Heltzer, Goods, Prices a.O. 8 Nr. 29; S. 18 Nr. 5.6. Zu einer Ölpresse in Ras Schamra: Ugaritica IV (1962) 418 Abb. 3 und S. 421 Abb.7; wiederholt in: Bible et Terre Sainte 68, Okt.-Nov. 1964, 17. — Allgemeines bei D. Kellermann, in: K. Galling a.O. 238ff. s.v. Öl und Ölzubereitung (Lit.). — L. Stager, The finest Olive Oil in Samaria, in: Journal of Semitic Studies 28, 1983, 241ff., dazu: J.L. Melena, Olive Oil and other Sorts of Oil in the Mycenaean Tablets, in: Minos 18, 1983, 89ff. — Ölpressen der Bronze- und Eisenzeit: O. Callot, Huileries Antiques de Syrie du Nord (1984); L. Stager, Production and Commerce in Temple Courtyards, an Olive Press in the Sacred Precinct at Tel Dan, in: BASOR 243, 1981, 95ff.; S. Hadjisavvas, Olive Oil Production in Ancient Cyprus, in: RDAC 1988, 111ff.; ders., The Kouklia Monoliths Revisited, in: RDAC 1991, 185ff.; ders., Olive Oil Processing in Cyprus from the Bronze Age to the Byzantine Period (SIMA 99, 1992).

[94] Heltzer, Goods, Prices a.O. 115 Anm. 2 und passim. Zu Palmen in der Vasenmalerei s. unten S. 558f.

[95] Xenophon, Anabasis I,4; hebräisch: pardēs; vgl. J. Delumeau, Une Histoire du Paradis; le Jardin des Délices (1992); T.S. Kawami, in: M. Carroll-Spillecke, Der Garten von der Antike bis zum Mittelalter (1992) 92ff. Abb. 34 (Luftbild der Einfriedung des sassanidischen Parks von Taq-i-Bostan).

[96] A.G. Galanopoulos, Die ägyptischen Plagen und der Auszug Israels aus geologischer Sicht, in: Das Altertum 10, 1964, 131ff.

a

b   c

Abb. 8 a-c. Zusammengestürzte Steintreppen: Erdbebenspuren in Akrotiri/Thera (a) und
in Ras Schamra (b.c)

wir, daß dem König von Alasia (Zypern) fast alle Bergleute durch eine Seuche dahingerafft worden waren. Deshalb kam die Kupferproduktion zeitweilig zum Erliegen. Auch an die "Pestgebete des Muršilis" wäre in solchen Zusammenhängen zu erinnern.

C.F.A. Schaeffer hat einen negativen Umweltfaktor geradezu zum prähistorischen Leitmotiv seiner chronologischen Ugarit-Interpretationen erhoben. Ich meine seine häufig belächelten Erdbebentheorien. Zu Beginn des Jahres 1995 erinnerte uns jedoch ein Seebeben vor der Küste von Paphos im Südwesten Zyperns (Abb. 16a, Zypernkarte) daran, daß diese Insel — desgleichen der kilikisch-nordwestsyrische Küstenstreifen — häufig von mehr oder weniger zerstörerischen Beben heimgesucht wurde und auch weiterhin wird [97].

Zwar hat die Bauweise Ugarits und Zyperns — wie übrigens ebenso des ägäischen Raumes — durch Verwendung von waagerecht eingezogenen Balkenlagen in Stein- und Lehmziegelmauern für erhöhte Elastizität gesorgt (Abb. 7 a.b, aufwendige Quaderbauweise, Palast in Ugarit) [98]; doch waren bei Erdbeben stets Treppenschächte mit ihren Einbauten besonders gefährdet: Bewegten sich die seitlichen Auflager schwerer steinerner Stufen, so stürzten diese wie Kartenhäuser in die Tiefe. Treppen in Fall-Lage, wie in einem bekannten Beispiel aus Akrotiri/-Thera (Abb. 8a) [99] entsprechen bei ähnlicher Konstruktion und gleicher Ursache abgestürzten Treppenstufen in Ras Schamra (Abb. 8b) [100].

[97] Im ausgehenden Mittelalter gab es Erdbeben auf Zypern in dreizehn von achtzig Jahren. — Tabellarisch habe ich in einem Beitrag zur Geschichte Zyperns, herausgegeben von der Stiftung Erzbischof Makarios III., Nikosia, antik überlieferte Erdbeben Zyperns denen im ägäischen Raum gegenübergestellt, vgl. bis zum Erscheinen N.N. Ambraseus, The Seismic History of Cyprus (1965). Ferner E.F. Weidner, Der Erdbebentext aus Nuzi, in: AfO 13, 1939-41, 231ff.

[98] In Abb. 7a (Blick nach Norden) kommen vorgeblendete Stützpfeiler hinzu. Die waagerechte, dunkelerdige Unterbrechung der gesamten Mauer und auch der Pfeiler weist auf eine verfaulte Balkenlage hin. Die betreffende Quadermauer besteht aus zwei Schalen, die mit Bruch- und Geröllsteinen hinterfüllt sind.

[99] St. Sinos, Beobachtungen zur Siedlung von Akrotiri auf Thera und ihrer Architektur, in: H.-G. Buchholz, Ägäische Bronzezeit (1987) 288ff. bes. 305f. Taf. 7 a (unsere Abb. 8a). Zum Zusammenhang zwischen Vulkanausbruch und Erdbeben s. M.H. Wiener-J.P. Allen, Separate Lives, the Ahmose Tempest Stela and the Theran Eruption, in: JNES 57, 1998, 1ff., bes. S. 22f.

[100] Den abgebildeten Treppentrakt habe ich 1961 im Bereich "Sud Acropole", Meßpunkt 3581 ausgegraben, s. Abb. 37, links oben. Zu Erdbeben: Vgl. T. Chandler, Date of the Earthquake at Ugarit, in: Syria 41, 1964, 181f.

Kapitel 2

Seefahrt

Die Küste Nordwestsyriens ist nicht sonderlich reich an natürlichen Häfen. Die Schutzlage der bronzezeitlichen Landeplätze von Sukas, Qalaat er Russ oder Ras Basit muß als mäßig bezeichnet werden (Abb. 15, Karte). Der Hafen von Ugarit nutzte eine runde Bucht, die so tief ins Land schneidet, daß sie Schutz gegen Nord- und Südstürme bietet (Abb. 6). Der Name dieses Hafens lautete im zweiten Jahrtausend Ma'hadu [101]. Die Lage der zugehörigen bronzezeitlichen Siedlung an der Bucht war durch das Bett des Nahr el Fidd (auch: Nahr el Feid) begünstigt, der zusammen mit einem Nebenfluß den Tell Ras Schamra fast ganz einschließt, vergleichbar der geographischen Situation des Tell Akko, nördlich Haifa.

Am Ras Ibn Hani sind die Hafenbedingungen bedeutend ungünstiger, und auch die östlich anschließende flache Bucht von Qebban scheidet als möglicher Schiffs-anlegeplatz der Bronzezeit ganz aus. Am heutigen Dorf Ibn Hani, zwischen der Bucht von Qebban und Minet el Beida gelegen, sah ich einige Fischerboote. Zu Beginn der 60er Jahre waren gerade die alten französischen Grabungsgebäude in Minet el Beida in ein militärisches Sperrgebiet geraten und durch neue an der Bucht von Qebban ersetzt worden. Unsere Abbildung 7b mit Blick vom ugariti-schen Palast nach Westen läßt das Hafenbecken von Minet el Beida als helle Zone erkennen, vom dunkleren offenen Meer durch eine moderne Mole getrennt [102].

Über bronzezeitliche Hafenanlagen — hier befanden sich Anlegeplätze für fremde Handelsschiffe und hier war der Standort der Heimatflotte, zugleich aber auch der Kriegshafen —: Kais, Lagerhäuser, Werften, Flottenarsenale, wissen wir buchstäblich nichts, jedenfalls nichts durch Vermittlung der Archäologie, während

---

[101] M.C. Astour, Ma'hadu, the Harbour of Ugarit, in: Journal of the Economic and Social History of the Orient 13, 1970, 113ff. — Der arabische Name "Minet el Beida" entspricht dem griechischen "Leukos Limen"; vgl. R. Dussaud, Topographie Historique de la Syrie Antique et Médiévale (1927) 417. — "Ras Schamra, Leukos Limen" hat R.A. Stucky sein Buch über den nachbronzezeitlichen Ort genannt (1983). — Eine Karte der Küste von Lattakia bis Minet el Beida bei A. Bounni in: Proceedings of an International Symposium "The Civilization of the Aegean and their Diffusion in Cyprus and the Eastern Mediterrane-an, 2000-600 B.C.", Larnaka 1989 (1990) 105 Abb. 1. Vgl. die Küstenbeschreibung in: Mediterranean Pilot V (4. Aufl., 1950, publ. by the Hydrographic Dept., British Admiralty) 192f.

[102] Minet el Beida wurde zu Anfang der 60er Jahre als Kriegshafen ausgebaut, der vor allem russischen U-Booten zugänglich war. Damit und mit der Loslösung Syriens aus der ägyptisch dominierten arabischen Republik hatte die damalige Erklärung des gesamten Gebietes, einschließlich des Dorfes Ibn Hani, zur Sperrzone zu tun. Das Minarett der Moschee von Ibn Hani diente als Beobachtungsposten syrischer Artillerie.

uns die antiken Häfen an Israels Küste immer genauer zur Kenntnis gelangen. In
Dor reicht sie ins zweite Jahrtausend zurück. Immerhin bezeugt die ugaritische
Berufsbezeichnung des Werftarbeiters, Schiffsbauers (ḥrš anyt) die Existenz entsprechender Werkstätten (zum Begriff ḥrš anyt s. S. Loewenstamm, in: The Journal
of Jewish Studies 10, 1959, 63ff.).

Daß im Hafen von Ugarit Kaianlagen existierten, darf deshalb als sicher gelten,
weil für die Mitte des 13. Jhs. v.Chr. ein Mann namens Rašapabu überliefert ist, der
den Titel eines "Kaiaufsehers" führt (akil kāri) [103].

Interessant wären Detailinformationen über die Anbindung der in Minet el
Beida zusammenlaufenden Seewege an die Fernstraßen ins Landesinnere wie auch
an Landwege in den Raum von Alalach und dem späteren Antiochien. Jedenfalls
ergibt sich nach Lage sämtlicher Quellen, daß wir es mit einem der größten,
bedeutendsten Umschlagplätze dieses Teils der Welt zu tun haben. Andererseits
spielten zu Zeiten der Segel-, der Küstenschiffahrt, periodische Winde und Meeresströmungen bei der Festlegung von Seewegen eine ungleich größere Rolle als heute.
Über Wind- und Strömungsverhältnisse gibt unsere Karte Auskunft (Abb. 9) [104].

Byblos war der bedeutendste In- und Exporthafen im mittleren Abschnitt der
Levanteküste, so wie Ugarit dies während des zweiten Jahrtausends im nördlichen
Abschnitt gewesen ist. Nach Zerstörung der Stadt bald nach 1200 v.Chr. fiel diese
Rolle dem Gebiet an der Orontes-Mündung zu. Hier entstand bald nach oder noch
im "Dunklen Zeitalter" das Emporion von Al Mina, "die wahrscheinlich bedeutend-
ste und früheste der neuen griechischen Ansiedlungen oder Handelsniederlassungen
im östlichen Mittelmeer, sie ist unsere beste und älteste Informationsquelle für die
Griechen in Übersee". Die historische Bedeutung dieser Gründung, die als kulturelle
und wirtschaftliche Mittlerin zwischen Asien und Europa wirkte und somit in dieser
Funktion Ras Schamra-Ugarit ablöste, hat John Boardman in den Kapiteln "Das
Abenteuer im Osten" und "Nordsyrien und die dahinterliegenden Reiche" in dem
Buch "Kolonien und Handel der Griechen" trefflich zusammengefaßt (zur Lage von
Al Mina s. die Karte, Abb. 15 Nr. 12) [105] und kürzlich G. Kopcke in den Kapi-
teln "Zur Rolle Zyperns im 'Dunklen Zeitalter'" und "Die geometrische Zeit (10.
bis 8. Jh. v.Chr.)" der Archaeologia Homerica erneut behandelt [106].

---

[103] J. Nougayrol, Ugaritica V (1968) 1ff. 20 Nr. 34,4 mit Anm. 2 und S. 340.

[104] Diese Karte habe ich für meinen Beitrag im Berliner Ausstellungskatalog "Land des Baal;
Syrien, Forum der Völker und Kulturen" (1982) 309 Abb. 52, angefertigt, danach in: H.-G.
Buchholz, Ägäische Bronzezeit (1987) 163 Abb. 42, s. auch ebenda 62f. Abb. 9 a.b. Zuletzt
nochmals ausführlich: E.K. Mantzourani - A.J. Theodorou, An Attempt to Delineate the Sea-
Routes between Crete and Cyprus during the Bronze Age, in: Proceedings ... Larnaka 1989
(s. Anm. 100) 39ff. Abb. 5-9 (Seekarten) und S. McGrail, Bronze Age Seafaring in the
Mediterranean, in: N.H. Gale, Bronze Age Trade in the Mediterranean (1991) 83ff.

[105] Deutsche Übersetzung von K.-E. und G. Felten (1981) 37ff., nach der englischen Origi-
nalausgabe "The Greeks Overseas, their Early Colonies and Trade" (Ausgaben 1963, 1973
und 1980).

[106] Handel, in: H.-G. Buchholz, ArchHom, Lieferung M (1990) 80ff. 90ff. 129ff. (sehr
umfangreiche Bibliographie zur Handelsgeschichte).

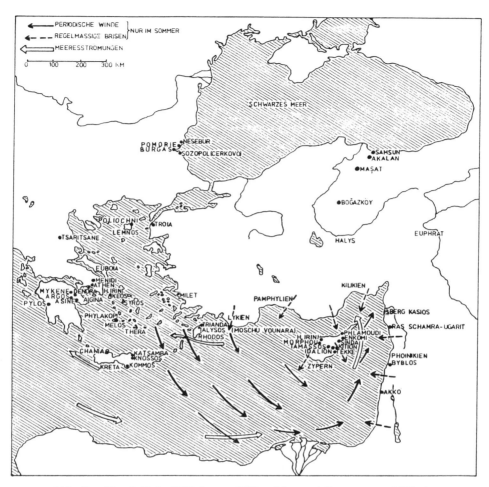

Abb. 9a. Das östliche Mittelmeer; Häfen, Meeresströmungen und Winde

Abb. 9b. Steinanker in Dor/Palästina

Neben Al Mina hat es kleinere griechische Handelsniederlassungen in Ras Basit, Ras Schamra und Tell Sukas gegeben [107]. Ich habe vor längerer Zeit eine Verbreitungskarte der griechischen Skyphoi mit dem Dekor hängender Halbkreise veröffentlicht [108]. Es gibt sie schon in der Epoche des Protogeometrischen Stils, sie reichen bis in die Zeit des voll entwickelten geometrischen Stils und können geradezu als "Leitfossilien" der frühgriechischen Seefahrt gelten. Man entdeckte sie ausschließlich in küstennahen Fundstätten. Diese umgeben wie Perlen das ägäische Meer und liegen konzentriert auf den Inseln der Kykladen und auf Euboia, im Osten auf Zypern, an der kilikischen und syrischen Küste. Mit einem solchen Fundstoff läßt sich überzeugend demonstrieren, daß frühgriechische Seefahrt recht genau den bronzezeitlichen Handelswegen folgte.

Zwischen Ugarit und Byblos bestanden enge Seeverbindungen, wie dies in einem Aufsatz über "Schiffshandel und Schiffsmiete" von M. Dietrich und O. Loretz dargelegt wurde [109]. Die Ägypter nannten ihre Hochseeschiffe "Byblosschiffe", woraus sich eine lebhafte Diskussion über die Abhängigkeit der ägyptischen Schiffahrt von der syrischen, oder umgekehrt, ergab [110]. Der Einwand T. Säve-Söderberghs, daß nach den Namenslisten von Seeleuten kaum Syrer in der ägyptischen Flotte vertreten wären, ist durch W. Helcks Zusammenstellung asiatischer Matrosen und Schiffszimmerleute widerlegt [111].

Der ägyptische Schiffsbau gehört nicht zu unserem Thema, doch wissen wir generell gerade aus ägyptischen Quellen und Funden viel über das ostmediterrane Seewesen des zweiten Jahrtausends [112]. Immerhin vermochten Hochseeschiffe

---

[107] Vgl. die Karte, Abb. 15; zu minoischen Beziehungen Al Minas s. St.B. Luce, AJA 43, 1939, 110ff.; zum Emporion von Ras Schamra bes. das oben in Anm. 101 genannte Buch von R.A. Stucky.

[108] Zu den Kleinfunden von Tell Halaf, in: BJbV 5, 1965, 215ff. 227 mit Abb. (Karte). Darauf beziehen sich J. Boardman, BSA Suppl. VI (1967) 118 Anm. 1; P.J. Riis, Sukas I (1970) 50 Anm. 143; S. 142ff. Anm. 566-573; S. 164 Anm. 661; G. Ploug, Sukas II (1973) 1 Anm. 52, ferner P. Courbin, Ras el Basit, Al Mina et Tell Sukas, in: RA 1974, 174ff.; P.J. Riis, Griechen in Phönizien, in: H.G. Niemeyer, Phönizier im Westen (1982) 237ff. — Zu dem Dekor hängender Halbkreise auch: F. Canciani, Enciclopedia dell'Arte Antica, Suppl. II (1971-1994) 736ff. s.v. Geometrica, mit Abb. 845 (Argolis, Skyphosfragment).

[109] UF 22, 1990, 89ff. (zu KTU 4.338: 10-18). - Zu personellen Verknüpfungen: A.F. Rainey, A Canaanite at Ugarit, in: IEJ 13, 1963, 43ff.

[110] Für die Priorität der Ägypter sprach sich aus: T. Säve-Söderbergh, The Navy of the 18th Egyptian Dynastie (1946) passim; vgl. auch J.M. Sasson, Canaanite Maritime Involvement in the 2nd Mill. B.C., in: JAOS 86, 1966, 126ff.; M. Dietrich-O. Loretz, Eine Matrosenliste aus Ugarit, in: UF 9, 1977, 332f.

[111] W. Helck, Die Beziehungen Ägyptens zu Vorderasien im 3. und 2. Jahrtausend v.Chr. (1962) 371ff. — Die Kontroverse hat klar und knapp skizziert: R. Stadelmann, Syrisch-Palästinensische Gottheiten in Ägypten (1967) 6f. Anm. 2; S. 35 Anm. 1.

[112] Beispielsweise H. Janssen, Two Ancient Egyptian Ship's Logs (1961); J. Hornell, The Sailing Ship in Ancient Egypt, in: Antiquity 17, 1943, 27ff.; B. Landström, Ships of the Pharaohs. 4000 Years of Egyptian Shipbuilding (1970, im gleichen Jahr auch in deutscher

(πλοῖα θαλάσσια) selbst wesentlich späterer Zeit weit in den Nil hineinzufahren [113]. Und ägäische Importfunde der Bronzezeit dürften zu annähernd hundert Prozent ihren Bestimmungsort im Nilland auf dem Umweg über Zypern und die Levante erreicht haben.

Im mittleren Teil der Levanteküste haben während des zweiten vorchristlichen Jahrtausends weitere Häfen wichtige, wenn auch mehr oder weniger begrenzte Funktionen ausgeübt. Ich denke dabei z.B. an Akko [114], Tell Abu Hawam/Haifa [115], Tel Nami [116] und Dor [117] (Abb. 9b, Steinanker in Dor).

Übersetzung); N. Jenkins, The Boat beneath the Pyramid, King Cheops' Royal Ship (1980); M.-C. De Graeve, The Ships of the Ancient Near East (c. 2000-500 B.C.), in: Orientalia Lovaniensia Analecta Nr. 8 (1981); E.W. Castle, Shipping and Trade in Ramesside Egypt, in: JESHO 35, 1992, 263ff.; A. Göttlicher, Die Schiffe im Alen Testament (1997).

[113] M. Rostovtzeff, in: Études dédiées à la Mémoire de A. Andréadès (1940) 367ff.; H. Whitehouse, AJA 89, 1985, 129ff. (römisches Wrack im Nil).

[114] In einem Text aus Ugarit ist von einem im Hafen von Akko ankernden Schiff die Rede, s. J.M. Sasson, JAOS 86, 1966, 137; E. Lipiński, Syria 44, 1967, 282ff. — Außer den maßgeblichen in der Literatur verstreuten Beobachtungen von M. Dothan und A. Raban vgl. auch die Zusammenfassung von M. Artzy, Akko, in: Mound and Sea, Akko and Caesarea Trading Centers (Hecht Museum, Haifa, 1986). — Der bronzezeitliche Hafen muß nicht deckungsgleich mit dem mittelalterlichen gewesen sein, vgl. zur Hafenchronologie: A. Flinder - E. Linder - E.T. Hall, Survey of the Ancient Harbour of Akko, in: Studies in the Archaeology and History of Ancient Israel in Honour of Moshe Dothan (1993) 199ff. 223 Abb. 12 (the development of the harbour). — Einen weiteren Überblick vermittelt H. Frost, Mediterranean Harbours and Ports of Call in the Bronze and Iron Ages, in: Recueil Societé Jean Bodin 32, 1974, 35ff. und Proto-Harbours of the East Mediterranean, Kongreßbericht Sozopol 1988, in: Thracia Pontica 4, 1991, 323ff; neuerdings: D. Arnaud, Les Ports de la "Phénicie" à la Fin de l'Âge du Bronze Récent d'après les Textes Cunéiformes de Syrie, in: SMEA 30, 1992, 179ff. und P. Xella, Ugarit et les Phéniciens, in Kolloquium Münster 1993 (1995), Band I 239ff. mit Lit.-Liste zur keilschriftlichen Nennung von Akko, Arwad, Beirut, Byblos, Sidon und Tyros. - In den letzten Jahren ist auch in griechischen Gewässern viel für die Hafenforschung getan worden, s. D. Blackman, Ancient Harbours in the Mediterranean, in: IJNA 2, 1982, 79ff. 185ff.; J.W. Shaw, Bronze Age Aegean Harbour-sites, in: Thera and the Aegean World III/1 (1990) 420ff. Bereits bei G. Karo, AA 1931, 297 ist zu lesen: "Die ungewöhnliche Enge des Hafens von Amnisos (Kreta, mit Schiffshäusern) läßt Schlüsse zu auf die Größe der Schiffe homerischer Zeit". — J. Schäfer, Amnisos (1992) 329ff. (Probleme der relativen Meeresspiegelveränderung), 345ff. (Hafen).

[115] J. Balensi - M. Artzi - M.D. Herrera, Tell Abu Hawam, in: Encyclopedia of Excavations in the Holy Land (1993) 7ff. und M. Artzy, The Anchors from Tell Abu Hawam, in: J. Balensi, Tell Abu Hawam (im Druck).

[116] M. Artzy, Fortress and Settlement, Anchorage System during the 2nd Millennium at Tel Nami, in: A. Raban - E. Linder, Cities in the Sea, First International Symposium on Harbours and Coastal Topography; Haifa 1986, 14ff.; M. Artzy, Anchorage Systems of the Second Millennium BC at Tel Nami, in: Tropis III, 3rd International Symposium on Ship Construction in Antiquity, Athen 1989 (im Druck); dies., The International Bronze Age Anchorage Site at Tel Nami, in: Biblical Archaeology Today, Proceedings of the Int. Congress Jerusalem 1990 (1994) 632ff.; dies., The Bronze Age Anchorage Site of Tel Nami,

Zurück zu unserem Ausgangspunkt Ras Schamra: Statt weiterer Ausführungen verweise ich auf die Dissertation von E. Linder: "The Maritime Texts of Ugarit, a Study in Late Bronze Age Shipping" (1970) [118].

Sozusagen vor der Haustür unseres nordsyrischen Haupthafens lag Alasia, die Insel Zypern (Abb. 16a). Was sich dazu aus den Amarnabriefen und dem Wenamun-Papyrus ergibt, ist so oft wiederholt worden, daß sich ein Eingehen darauf im Detail erübrigt. Der archäologisch faßbare Anteil Zyperns am Güteraustausch zwischen Ost und West — und umgekehrt — wird unsere gesamte Abhandlung durchziehen [119]. Archäologisch sind allerdings die wirklich bedeutenden Mengen in den Texten erwähnter Objekte des Seetransports (Sklaven [120], Holz, Getreide und andere landwirtschaftliche Produkte, Zucht- und Schlachtvieh, Stoffe, Salz, Honig, Gewürze und Räucherwerk) so gut wie nicht erfaßbar.

Die kartographische Darstellung der Meeresströmungen (Abb. 9a) weist auch einen Südnordstrom auf, der bei den in östlicher Verlängerung der kyprischen Karpassos-Halbinsel vorgelagerten Kleidi-Inseln (Abb. 15) nach Westen einschwenkt. Ihm vertrauten sich Schiffe im bronzezeitlichen Küstenverkehr an. Dies geschah hier allerdings nicht ohne Gefahr, denn Unterwasserforschungen haben bei den Kleidi-Inseln einen regelrechten antiken Schiffsfriedhof ergeben.

Von der Nordküste Zyperns aus überquerte der bronzezeitliche Seeverkehr die kilikische Meeresstraße. Der Haupthafen des zweiten Jahrtausends, von den Hethitern militärisch und merkantil genutzt, hieß Ura (Abb. 15, Karte). Er wurde seitens der Altertumsforschung lange vergeblich gesucht und recht unterschiedlich ange-

---

in: Qadmoniyot 24, 1991, 31ff. (Hebräisch). Weitere Lit. zum Ausgrabungsort in der Zusammenfassung von M. Artzy, Tel Nami, in: Encyclopedia of Excavations in the Holy Land (1993) 1095ff. und dies., Tel Nami, in: Encyclopedia of Near Eastern Archaeology (im Druck).

[117] A. Raban - M. Artzy, Dor Yam (Sea and Coastal Dor), in: IEJ 32, 1982, 145ff.; A. Raban, The Harbour of the Sea Peoples at Dor, in: Biblical Archaeologist 1987, 118ff.; ders., in: Symposium Haifa 1985 (1988) 272ff. mit Abb. 4-9.

[118] Brandeis University, U.S.A.; vgl. ferner F.C. Fensham, Shipwreck in Ugarit and Ancient Near Eastern Law Codes, in: OA 6, 1967, 221ff.; J.R. Ziskind, Sea Loans of Ugarit, in: JAOS 94, 1974, 134ff.; C. Lambrou-Phillipson, Ugarit, a Late Bronze Age Thalassocracy?, in: Orientalia 62, 1993, 163ff. und J.B. Pritchard, The Ancient Near East in Pictures (2. Aufl., 1969) 262f. Nr. 103-114 ("Boating, Shipping, and Fishing").

[119] Freilich werden auch wir uns, wie üblich, an die erhaltenen keramischen Funde und Luxusgüter (Elfenbein, Straußeneier, Schmuck aus Edelmetall, Fayence usw.) halten müssen. Beachte im übrigen die Bibliographie am Ende dieses Bandes.

[120] Das "Rauhe Kilikien" war im späteren Altertum ein Zentrum des Sklavenhandels (Strabo XIV 4,1ff. [668f.]). Zu Sklaven in Ugarit: M. Heltzer, Slaves, Slaveowning and the Role of Slavery in Ugarit in the 14./13. Cent. B.C., in: Vestnik Drevney Istorij 1968, 85ff. (Russisch mit englischer Zusammenfassung); ders., Lietuvos Aukstuju Mokyklu Mokslo Darbai Isotria 11, 1970, 259f. (Russisch); ders., Über die staatsrechtliche Regelung der Einfuhr ... von Sklaven, in: UF 8, 1976, 443ff. — Preisvergleich: D. Cross, Movable Property in the Nuzi Documents (1937) 23.44; dazu M. Heltzer, Goods, Prices and the Organization of Trade in Ugarit (1978) 15.92f. mit Anm. 6.20.33.46.55.72.85.

setzt. Wir wissen jetzt, daß dieser Ort im "Rauhen Kilikien" lag und daß die hochgelegene Stadt mit dem eigentlichen Hafen durch eine lange Treppe verbunden war [121]. Über diesen Hafen liefen in der Endzeit des Hethiterreiches ägyptische Getreidelieferungen, deren Verschiffung größtenteils in Ugarit erfolgte [122].

Die früheste ägyptische Erwähnung in einer Inschrift Amenemhets II. aus Memphis nennt Alasia/Zypern und Ura zusammen, woraus sich ergibt, daß sie benachbarte Stationen auf ein und demselben Seeweg gewesen sein müssen [123]. Unter anderem ist von einem Raubzug die Rede, der Ura und Alasia "zerhackt" hat. Beide Namen stehen in einem Festungsoval, waren mithin befestigt. Die Liste der Beute umfaßt 1554 Gefangene, außerdem Speere, Harpunen, Äxte, Sicheln, Messer, Meißel, Waagen und Gewichte, ferner Schmuck aus Gold und Silber, Amethyst und Malachit, Elfenbeinobjekte und Blei. Es ist freilich unmöglich, diese Beute nach den geplünderten Regionen, Zypern und Kilikien (Ura), säuberlich zu trennen.

Alasia und Ura werden in spätbronzezeitlichem Zusammenhang abermals gemeinsam in dem Papyrus "Anastasi IV" aufgeführt [124]: Lieferungen von Kühen stammen danach aus Alasia, von Hengsten aus dem Hethiterland, aus Alasia wurden nach Ägypten Kupfer und Zinn angeliefert wie schließlich verschiedene edle Ölsorten aus Alasia und Ura.

Über Funktion und Rechtsstellung des "Tamkars", des Im- und Exportkaufmanns in Ugarit, ist viel geschrieben worden. Mit der älteren Literatur hat sich M. Heltzer in den Kapiteln "General Problems of Organization of Trade in Ugarit: The Tamkars, their Organization and Function", "Activities of the Tamkars" und "Legal

---

[121] H. Otten, IstMitt 17, 1967, 55ff.; R.H. Beal, The Location of Cilician Ura, in: AnatStud 42, 1992, 65ff.; A. Lemaire, Ougarit, Oura et la Cilicie vers la Fin du 13e Siècle, in: UF 25, 1993, 227ff. und bereits G.F. del Monte - J. Tischler, Repertoire Geographique des Textes Cuneiformes 6: Orts- und Gewässernamen der hethitischen Texte (1978) 457ff. (Ura II).

[122] Vor dem 5. Jahr Merenptahs anzusetzen, so K.A. Kitchen, Ramesside Inscriptions IV 5,3. Zur Sache vgl. H. Klengel, Hungerjahr in Hatti, in: Altorientalische Forschungen 1, 1974, 165ff. — Für diesen Weg über Ura ins Landesinnere sprechen weitere in Ugarit gefundene Briefe: J. Nougayrol, Ugaritica V (1968) 105ff. Nr. 33.34, bes. S. 323f. Nr. 171; P.-R. Berger, UF 1, 1969, 217f. und G.A. Lehmann, Die mykenisch-frühgriechische Welt und der östliche Mittelmeerraum in der Zeit der "Seevölker"-Invasion um 1200 v.Chr. (1985) 25ff. mit Bibliographie; s. bereits P. Mertens, Völkerwanderungen im östlichen Mittelmeer am Ende des 2. Jahrtausends, in: Das Altertum 10, 1964, 3ff. — Zum Weg von Ura ins Landesinnere über den Gezbelpaß/Antitauros s. H. Ehringhaus, in: Echo, Festschrift für J.B. Trentini (1990) 105ff., ders., Das hethitische Felsrelief von Keben, in: Antike Welt 26, 1995, 215ff. (mit Karte) und Beal a.O. (vorige Anm.) 69.

[123] W. Helck, Ein Ausgreifen des MR in den zypriotischen Raum, in: GM 109, 1989, 27ff.; H. Altenmüller, SAK 18, 1991, 12ff. Zuletzt J.F. Quack, in: Ägypten und Levante 6, 1996/97, 79.

[124] Übersetzung von W. Helck bereits bei H.-G. Buchholz, in: Minoica, Festschrift zum 80. Geburtstag von J. Sundwall (1958) 115 Anm. 116 und H.-G. Buchholz, PZ 37, 1959, 22 mit Anm. 56. Zu Ortsnamen vom Typus Ura vgl. E. v. Schuler, Die Kaškäer (1965) 104.

Rights and Obligations of the Tamkars" auseinandergesetzt [125]. Beachtenswert ist, daß die strukturellen Gegebenheiten im Haupthafen des hethitischen Reiches, Ura, sich von denen in Ugarit — und wohl auch in Alasia — nicht unterschieden und hier höchstwahrscheinlich ugaritischem Vorbild zu danken waren [126]. Im Hinblick auf eine Gesamtanalyse der wirtschaftlichen Verhältnisse formulierte M. Heltzer: "We see that Ugarit during the period of the Late Bronze Age was one of the most developed commercial centers in Western Asia" [127]. Bei gleichem Recht hatten die Tamkars von Ura in Ugarit die Möglichkeit, Schuldner und deren Familien zu versklaven, allerdings konnten sie sich nicht in Kompensation deren Grund- und Landbesitz aneignen, weil der in solchen Fällen an den König Ugarits zurückfiel [128].

Fragen nach der geographischen Lage und internationalen Bedeutung von Ura sind für Alasia nicht minder von Bedeutung als für Ugarit. Daß nur Zypern als Ganzes — und nicht eine einzelne bronzezeitliche Stadt wie Enkomi oder Kition — mit Alasia zu identifizieren ist, haben W. Helck und ich in aufeinander abgestimmten Studien bekräftigt [129].

Allein in der kyprischen Bergbauregion von Tamassos — und nirgends sonst auf der ganzen Insel —, im Gebirge Taggata (Abb. 16a, Karte) [130] hat sich der bronzezeitliche Name Alasia im Beinamen des dort verehrten Apollon Alasiotas bis

---

[125] In seinem Buch "Goods, Prices and the Organization of Trade in Ugarit" (1978) 121-147. Zu Kaufleuten von Ura auch E. Neu in Kolloquium Münster 1993 (1995), Band I 118f.

[126] H.A. Hoffner, A Hittite Text in Epic Style about Merchants, in: JCS 22, 1968, 34ff. — Zur engen Verbindung der Handelsleute von Ura mit denen Ugarits s. bereits M. Liverani, Storia di Ugarit nell'Età degli Archivi Politici (1962) 80ff. und danach Heltzer a.O. (oben Anm. 125) 100. Vgl. ferner A.F. Rainey, Foreign Business Agents at Ugarit, in: IEJ 13, 1963, 313ff. und M.C. Astour, The Merchant Class of Ugarit, in: D.O. Edzard, 18. Rencontre Assyriol. Int., München 1970 (1972) 11ff.

[127] Heltzer a.O. 99. — Eine lesenswerte Ergänzung zu den handelshistorischen Beobachtungen stellt "Kaufmanns- und Handelssprachen im Alten Orient" dar: G. Steiner, Iraq 39, 1977, 11ff. und jetzt auch J. Sanmartín in Kolloquium Münster 1993 (1995), Band I 131ff.

[128] J. Nougayrol, Le Palais Royal d'Ugarit IV (1956) 103ff. Nr. 17,130, dazu M. Heltzer, Private Property in Ugarit, in: A. Archi, Circulation of Goods in Non-Palatial Context in the Ancient Near East (1984) 161ff. 165 mit Anm. 21.

[129] In meinem Buch "Ägäische Bronzezeit" (1987) 218ff. und 227ff. Zustimmung von O. Masson, Un Vieux Problème: Alasia = Chypre?, in: REG 103, 1990, 231ff.; D. Charpin, Une Mention d'Alašiya dans une Lettre de Mari, in: RevAssyr 84, 1990, 125ff. und zuletzt R. Merrillees, Centre d'Études Chypriotes, Cahier 23, 1995, Heft 1, 17ff. — Daß Zypern hieroglyphisch geschrieben in hellenistischer Zeit "Insel von Salamis" hieß, kann hier beiseite bleiben, Urkunden des ägyptischen Altertums II 131, dazu E. Grzybek, Der Name der Insel Zypern im Dekret von Kanopos, in: Société d'Égyptologie, Genève, Bulletin 1, 1979, 17ff.

[130] KBo IV 1, Rückseite 39f.

Abb. 10 a-f. Schiffsdarstellungen: a Ritzungen der Zeit um 1200 auf einem Stein in Enkomi. — b.d Gravur an einem "Seevölker-Altar" aus Tel Akko. — c Minoisches Schiff auf einem Bronzesiegel (SM IA) aus der Umgebung von Knossos im Ashmolean Museum/Oxford. — e Bild an mykenischer Hydria aus Enkomi im Medelhavmuseum/ Stockholm. — f Entladung von Schiffen und Wiegeszene, ägyptisches Grabgemälde des 14. Jhs. v.Chr. in Theben/Oberägypten

ins vierte Jahrhundert vor Christus erhalten [131].

Tamassos führt einen Namen altanatolischen Typs wie noch zwei weitere kyprische Orte (Ἀμαμασσός und Τεγησσός). Alle diese Namen weisen Endbetonung auf, wie die kleinasiatischen vom gleichen Typus. Tamassos ist aus dem Griechischen nicht erklärbar, findet aber, wie gesagt, mit seinem Suffix Anschluß an die große Gruppe der hethitisch-luwischen Namen Kleinasiens, die auf -as(s)a-, bzw. -assi- enden [132]. Formal sind sie ursprüngliche Adjektiva. Das Suffix drückt "Zugehörigkeit" aus, beispielsweise bezeichnet "Tarhuntassa" einen Ort, der dem hethitischen Wettergott Tarhunt- gehört oder unter seinem Schutz steht. Doch auch noch im ersten vorchristlichen Jahrtausend sind Ortsnamen dieses Bautyps im Bereich der "spät-luwischen Sprachen" bezeugt, so etwa Μωγαριασσός in Kappadokien, Ἁλικαρνασσός in Karien, Τραγαλασσός in Lykien, Κολυβρασσός in Pamphylien und Ταρβασσός in Pisidien [133]. Es läßt sich hieraus mithin weder ein früh/mittelbronzezeitliches Datum [134] für die Ankunft von Leuten, welche derartige Namen nach Zypern gebracht haben, noch ein späteres, etwa eins aus der Epoche des hethitischen Großreiches, mit absoluter Sicherheit gewinnen.

Alasia-Zypern liegt keiner Gegenküste so nahe wie der türkischen Südküste (s. das zu Ura Gesagte). Hethitische Quellen nennen das Gebirge "Taggata" (Abb. 16a, Karte), jedoch keinen größeren Ort, etwa eine "Hauptstadt" wie Enkomi. Sie sagen ferner ausdrücklich, daß man Kupfer aus Alasia, Marmor von Kanesch und Eisen vom Himmel bezieht [135]. Das kann nur bedeuten, daß der "Berg Taggata" identisch mit dem Bergbaugebiet von Alasia ist. Deshalb verdient höchste Beachtung,

---

[131] Im Heiligtum von Phrangissa bei Pera; s. Répertoire d'Épigraphie Semitique III (1916) 24ff. Nr. 1213; O. Masson, Inscriptions Chypriotes Syllabiques (1961) 226ff. Nr. 216; H.-G. Buchholz, Tamassos-Phrangissa, in: Centre d'Études Chypriotes, Cahier 16, Heft 2, 1991, 3ff. (Zur Auffindung der betreffenden Inschrift).

[132] Zu denjenigen aus keilschriftlichen Quellen vgl. E. Laroche, Notes de Toponymie Anatolienne, in: Μνήμης Χάριν, Gedenkschrift für P. Kretschmer II (1957) 1ff. — Verbreitungskarten dieses Namentyps bei F. Schachermeyr, Prähistorische Kulturen Griechenlands, in: RE XXII 2 (1954) 1350ff.; ders., Die ältesten Kulturen Griechenlands (1955) 264 Abb. 11; danach auch bei C. Renfrew, Problems in the General Correlation of Archaeological and Linguistic Strata in Prehistoric Greece, in: R.A. Crossland - A. Birchall, Bronze Age Migrations in the Aegean, Proceedings of the First Int. Colloquium on Aegean Prehistory, Sheffield 1970 (1973) 263ff.

[133] Vgl. L. Zgusta, Kleinasiatische Ortsnamen (Prag 1964) passim. Ich folge Auskünften von G. Neumann, Würzburg. Vgl. dessen Abhandlung "Untersuchungen zum Weiterleben hethitischen und luwischen Sprachgutes in hellenistischer und römischer Zeit" (1961).

[134] Mit einem möglichst frühen Datum wird deshalb gern argumentiert, weil die schwarze, braune und rote polierte Keramik Zyperns enge Beziehungen zu anatolischen Gattungen aufweist (vgl. unten Abb. 31a-e).

[135] Dazu schon F. Cornelius, Das Altertum 5, 1959, 7. Quellen: J. Siegelová, Kupfer und Bronze in Anatolien anhand der hethitischen Texte, in R.-B. Wartke, Handwerk und Technologie im Alten Orient, int. Tagung Berlin 1991 (1994) 119ff. Anm. 4.12.63.

bisher nirgendwo sonst auf der Insel als im Bereich der Kupferminen hethitische Objekte, dazu solche von erheblichem ideellen und Sachwert, entdeckt worden sind: Ein stark verriebenes, noch unpubliziertes Terrakottaköpfchen mit hoher hethitischer Göttermütze (erh. H 7,3 cm) im Cyprus Museum, Inv.-Nr. 1933/XII-8/1 (Abb. 16f) stammt aus Tamassos, weiterhin ein goldenes Siegel in Oxford ebenfalls aus Tamassos, Bereich "Lambertis" (Abb. 91c [136]) und neuerdings fand man bei den Kalavassos-Minen im bronzezeitlichen Palast von Hagios Demetrios den wohl sensationellsten hethitischen Fund Zyperns überhaupt: eine massiv gegossene hethitische Silberfigur von 6,2 cm Höhe (Abb. 16b) [137]. Sie stellt den Schwurgott Kurunta mit spitzer Göttermütze und Krummstab auf einem Hirsch stehend dar [138].

Am Rücken des Gottes befindet sich eine Öse, das Objekt wurde mithin als Anhänger getragen, war aber nicht bloßer Schmuck, sondern Amulett, eine Gabe von höchster Stelle im Hethiterreich und deshalb außerhalb von Boğazköy als Objekttypus so gut wie unbekannt. Es ist sicher kein Zufall, daß der einzige bisheri-

---

[136] Beschreibung und Bewertung s. dort.

[137] Aus Grab 12 (offenbar einem Kindergrab, dessen Publikation noch aussteht). Zu Abb. 16b s. D. Christou, BCH 117, 1993, 734f. Abb. 36. — In Hagios Demetrios fand sich neben Kyprischem, Ägyptischem und dem neuen hethitischen Objekt sehr viel mykenische Keramik, außerdem in Grab 11 (ebenfalls unpubliziert) ein Fingerring aus Edelmetall mit rechteckiger Platte, die unter einer waagerechten Trennlinie Ochsenkopf und Sonne aufweist, darüber vier Schriftzeichen (BCH 109, 1985, 930 Abb. 82a.b):

[138] Zum Hirschgott Runda (Uruwanda) vgl. die relieffierten Darstellungen auf dem silbernen Hirschrhyton der Schimmel-Sammlung, New York (O.W. Muscarella a.O. [s. unten, 1974] Nr. 123, mit Bibliographie, und [1978] Nr. 133). — R.M. Boehmer, Propyläen-Kunstgeschichte XIV (1975) 447 Nr. 375d mit Abb. (Siegel, Paris). — V. Haas, Hethitische Berggötter und hurritische Steindämonen (1982) 15ff.; H.G. Güterbock, Hethitische Götterbilder und Kultobjekte, in: Beiträge zur Altertumskunde Kleinasiens, Festschrift für K. Bittel (1983) 205. 207; F. Brein, Der Hirsch in der griechischen Frühzeit, Diss. Wien 1964 (1969) 72: "Die besondere Beliebtheit, der sich der Hirsch seit je in Zypern erfreut, ist wahrscheinlich durch Einflüsse aus Kleinasien zu erklären". — Zur Gattung hethitischer Anhänger mit Öse s. O.W. Muscarella, Ancient Art, the N. Schimmel Collection (1974) Nr. 125, (1978) Nr. 136 (Gold, thronende Göttin mit Kind, H 4,3 cm, mit Bibliographie); ferner (1974) Nr. 131 und (1978) Nr. 136 (Silber, thronende Göttin, H 3,2 cm); vgl. auch K. Bittel, Boğazköy II (1957) 30f. Taf. 27; ders., Die Hethiter (1976) 159 Abb. 167.168 (Paris und London); S. 161f. Abb. 170-173 (aus Çiftlik in Kayseri, aus Boğazköy und Alaca Höyük in Ankara, sowie Slg. N. Schimmel (s. zuvor); S. 166 Abb. 179.180 (Boğazköy und Ras Schamra, s. die folgende Anm.); desgl. bei W. Orthmann, Propyläen-Kunstgeschichte XIV (1975) Abb. 370 a-f. — Die Lesung des Namens dieses Schutzgottes geht bereits auf H.Th. Bossert, Ein hethitisches Königssiegel (IstForsch 17, 1944) zurück, s. H.G. Güterbock, Hethitische Götterdarstellungen und Götternamen, in: Belleten 7, 1943, 295ff. passim; E. Laroche, Syria 31, 1954, 107ff. (Untersuchung zum Hirschgott); H. Otten, Anatolia 4, 1959, 27ff. zu Nr. 32.

ge Fundort außerhalb des Hethiterreiches Ras Schamra-Ugarit ist [139]. Einem weiteren, nahezu unbekannten Stück dieser Art (Abb. 16c, Bronze, L 5 cm, Br 2,5 cm), dessen Fundort leider nicht feststeht, fehlt die Öse auf dem Rücken; es stellt einen hethitischen Wettergott, auf einem Jungstier stehend, dar [140].

Derartige Figürchen mit Rückenöse, am Band zu tragende Amulette, sind aus Zypern bisher nur in zwei Beispielen bekannt. In beiden Fällen sind sie nicht typisch hethitisch: Silberanhänger von knabenhaft männlicher Gestalt mit Bodenplatte und Öse, H 3,5cm, Gewicht 10 Gramm; Enkomi, Inv.-Nr. 4211 (Cl. Schaeffer, Enkomi-Alasia [1952] 132f. Taf. 25,4). - Stehendes syrisch-ägyptisierendes Figürchen des 12. Jhs. v.Chr. mit Bodenplatte (1,7×3,5cm), Öse und ägyptischer Doppelkrone, Enkomi 1949, im Cyprus Museum (ebd. 97ff. Abb. 36a-c Taf. 9a.b).

Schließlich mache ich noch auf ein hethitisches Bronzefigürchen im Cyprus-Museum (Inv.-Nr. 1944/II-17/1, Abb. 16d und e, erh. H etwa 12 cm, Schulterbreite 3,5 cm) aufmerksam. Es stellt einen mit Götterkrone und Schurz bekleideten, oberhalb der Knöchel und an den Armen gebrochenen Gott dar. Es handelt sich um einen Vollguß aus verlorener Form. Um den Hals trägt das Figürchen einen vorn offenen Wulstring, desleichen einen Gürtel oberhalb des Schurzes. Der Bauchnabel ist plastisch angegeben, die großen ovalen Augen sind in Kaltarbeit tief geritzt. Leider ist über Fundumstände und Datierung nichts bekannt. Das Objekt gelangte aus der Privatsammlung G. Petrakides/Larnaka in den Besitz des Museums.

Wenn der Großraum Alasia — südanatolische Küste — Ras Schamra/Ugarit auf Grund einer zufällig "dichteren" Quellenlage hauptsächlich als Operationsgebiet während der "Seevölker"-Unruhen in den Blick rückt, dann kann dies nicht unser Thema sein. Nach H.G. Güterbocks und H. Ottens Pionierarbeit auf diesem Sektor haben vor allem F. Schachermeyr und G.A. Lehmann in den Büchern "Die Levante im Zeitalter der Wanderungen vom 13. bis zum 11. Jh. v.Chr." (1982) und "Die mykenisch-frühgriechische Welt und der östliche Mittelmeerraum in der Zeit der 'Seevölker'-Invasion um 1200 v.Chr." (1985) die archäologischen und philologischen Fakten gesichtet und historisch ausgewertet.

---

[139] Cl. Schaeffer, Ugaritica III (1956) 94f. Abb. 113.114: Elektron, Br 2,7 cm, H 3,3 cm, Göttertrias auf gemeinsamer Basis, die mittlere Figur mit Stierkopf oder -maske, Inv.-Nr. 8.521, aus einem Wohnbezirk südwestlich des Baalstempels, 14. Jh. v.Chr.; auch in H.Th. Bossert, Altsyrien (1951) 41 Nr. 603/604 und K. Bittel, Die Hethiter (1976) 166 Abb. 180. — Funktional entsprechende Vorläufer existierten bereits gegen Mitte des 3. Jts.v.Chr., z.B. eine frühdynastische Dreiergruppe aus Gold mit Rückenöse im Louvre (H 3,2 cm), s. J. Boese, in: Propyläen-Kunstgeschichte XIV (1975) 211f. zu Taf. 122b.

[140] Bonn, Akad.Kunstmuseum, Inv.-Nr. C 654, s. Chr. Grunwald, BonnerJb 189, 1989, 520ff. Abb. 12 (danach unsere Abb. 16 c in Umzeichnung). Ikonographisch entspricht die Figur dem Wettergott auf dem Rollsiegel des Königs Ini-Teschup von Karkemisch (13. Jh. v.Chr., Schaeffer a.O. 26 Abb. 34.35; K. Bittel, Die Hethiter [1976] 167 Abb. 182). Doch anders als dieser reinhethitische Göttertypus weist der Gott der Bonner Gruppe formale Elemente eines nordwestsyrischen Reschef typus auf, vgl. O. Negbi, Canaanite Gods in Metal (1976) passim, und unten Lit. zu unseren Abb. 105 e-h; 107 b.c.

Abb. 11 a.b. Aus der Hand frei geformtes, unbemaltes Schiffsmodell, Ton (L 45 cm); Kazaphani/Nordzypern, Grab 2, Kammer 8 (um 1300 v.Chr.); Cyprus Museum

a

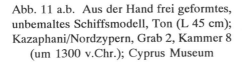

b

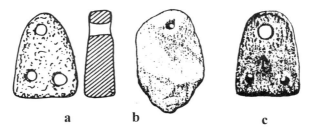

a   b   c

Abb. 12 a-c. Bronzezeitliche Steinanker: a Aus den Küstengewässern bei Ostia. — b Aus Akrotiri/Thera. — c Aus dem Salzsee bei Larnaka, mit kyprominoischem Schriftzeichen

Wie überreich der Meeresboden an archäologischen Möglichkeiten bei der
Erforschung von Schiffen, ihrer Ausstattung und Ladung ist, wird deutlich, wenn
man bedenkt, daß allein in einem Küstenstreifen südlich Haifa bei Athlit auf einer
Länge von nicht einmal zehn Kilometern bereits vor zwanzig Jahren hundertfünfzig
gesunkene Schiffe aller Zeiten geortet waren. Es mögen heute etwa zweihundert
sein. Vorzügliche Anschauung von den Ergebnissen der Forschung vermittelt das
Maritime Museum in Haifa.

"Realien" im Sinne von Seeverbindungen — und um diese geht es — sind
außer Häfen die Transportmittel samt Zubehör, also Schiffe und ihre Ausrüstung
(z.B. Anker). Auch auf diesem Sektor ist in jüngerer Zeit eine reiche Literatur
hervorgebracht worden, seitdem sich aus bloßer Hobbytaucherei eine anerkannte
Wissenschaft, die Unterwasserarchäologie, entwickelt hat [141].

Vom Aussehen der Schiffe, welchen enorme Leistungen auf ihren Fernfahrten
in den Westen zugemutet wurden, haben wir Kenntnis durch bildliche Darstellungen
(Abb. 10a-f), Nachbildungen (Abb. 11a.b) und in einem geringen Maß auch durch
bronzezeitliche Funde von Schiffsteilen (Gelidonya und Ulu Burun, Abb. 17). Wir
können uns kurz fassen, weil wir für ägyptische, levantinische [142], kyprische [143] und ägäische Schiffe über Einzelstudien verfügen [144].

---

[141] In welchem Maße sich eine Revolution vollzogen hat, ergibt ein Vergleich des Pionier-
werks von A. Köster "Das antike Seewesen" (1923) mit dem einschlägigen Schrifttum seit
den 60er Jahren; hier eine kleine Auswahl: G. Bass, Archäologie unter Wasser (2. Aufl.,
1967); ders., A History of Seafaring, based on Under Water Archaeology (1972); O. Höckmann, Antike Seefahrt (1985); L. Basch, Le Musée Imaginaire de la Marine Antique (1987);
A. Delivorrias, Griekenland en de Zee, Ausstellung Amsterdam 1987 (sehr reich augestatteter
Katalog); P. Baumann, Sternstunden der Schiffsarchäologie (1988). — Ferner Zeitschriften
wie The International Journal of Nautical Archaeology and Underwater Exploration. — INA-
Quarterly, Publikationsorgan des Institute of Nautical Archaeology, Texas. — C.M.S. News,
University Haifa und Sefunim, Publikationsorgan des Nationalen Maritimen Museums, Haifa.
— Seit 1989 auch Enalia, Annual of the Hellenic Institute of Marine Archaeology.

[142] Oben Anm. 110 und 112.

[143] K. Westerberg, Cypriote Ships from the Bronze Age to 500 B.C. (1983). — Hierzu die
fragmentarische Gravur eines Kahns mit Mast am Hals eines Gefäßes, s. P. Dikaios, Enkomi
IIIA (1969) Taf. 229,13.

[144] D. Gray, Seewesen, in: H.-G. Buchholz, ArchHom, Lieferung G (1974), mit umfangreicher Bibliographie, dabei einiges zum außergriechischen Seewesen. Ferner zu Resten von
Schiffsdarstellungen: L. Morgan, The Wall-Paintings of the North-East-Bastion at Ayia
Irini/Kea, in: Kea-Kythnos, Historia kai Archaiologia, Praktika tou Diethnous Symposiou
1994 (1998) 201ff., auch SMEA 39, 1997, 203 Abb. 12. Vgl. außerdem myk. Schiffsterra-
kotta aus Oropos/Attika (H.W. Catling, ArchRep 1978/79, 7f. Abb. 5). Eine der Pionierlei-
stungen: Sp. Marinatos, La Marine Créto-Mycénienne, in: BCH 57, 1933, 170ff.; vgl. ferner
L. Deroy, Les Noms du Marin et du Pilote en Mycénien, in: AntClass 32, 1963, 429ff.; M.
Guglielmi, Sulla Navigazione in Età Micenea, in: PP 26, 1971, 393ff.; sowie A. Göttlicher,
Materialien für ein Corpus der Schiffsmodelle im Altertum (1978) und neuerdings Chr. Kurt,
Seemännische Fachausdrücke bei Homer unter Berücksichtigung Hesiods und der Lyriker bis
Bakchylides (1980); M.C. Shaw, Ship Cabins of the Bronze Age Aegean, in: IJNA 11, 1982,

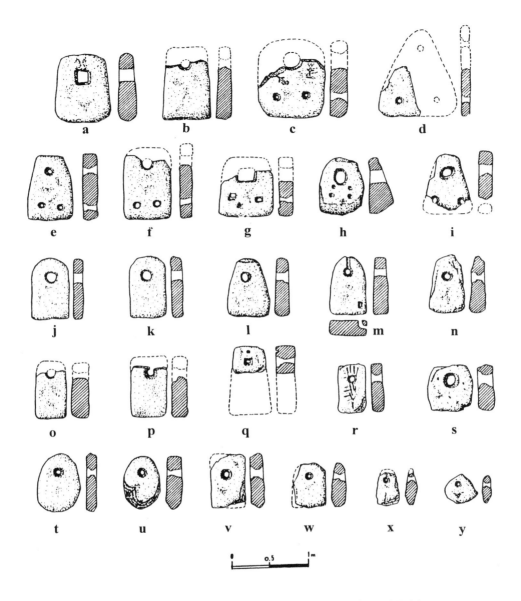

Abb. 13 a-y. Steinanker aus Ras Schamra und Minet el Beida

Es scheint so etwas wie eine internationale, von Zypern bis nach Kreta reichende Übereinstimmung in Bauprinzipien und Betakelung der Hochseeschiffe gegeben zu haben: Deutlich als behäbige Handelsschiffe sind Byblosfahrer gekennzeichnet, die in einem ägyptischen Bild beim Entladen dargestellt sind und deren Waren in Ägypten zum Aufkäufer gelangen, der sie wiegt (Abb. 10f) [145]. Ähnlich viel Raum für Kargo bieten mykenische Schiffe nach Darstellungen an einer SH III-Hydria aus Enkomi in Stockholm (Abb. 10e) [146].

Das minoische Schiff der Mitte des zweiten Jahrtausends auf einem Bronzesiegel aus der Umgebung von Knossos besticht den Betrachter trotz mangelnder Detailangaben durch die kompositionell hervorgerufene Bewegungsillusion mit seinem schraffierten, in die Bildfläche gedrehten, geblähten Segel (Abb. 10c [147]). Wer den enormen Bedarf von Stoffen für Segel in einer Epoche aufblühender Segelschiffahrt in Rechnung stellt, wird dem in östlichen und ägäischen Quellen auftretenden Flachs- und Leinenanbau größeren Stils mehr Beachtung schenken (vgl. z.B. M. Heltzers Untersuchungen zu Wirtschaftstexten aus Ugarit und auch E. Foster, The Flax Import at Pylos and Mycenaean Landholding, in: Minos 17/18, 1982, 67ff.; A.L.H. Robkin, The Agricultural Year, the Commodity SA and the Linen Industry of Mycenaean Pylos, in: AJA 83, 1979, 469ff.). Produktion von und Handel mit Erzeugnissen aus pflanzlichen Fasern lassen sich ihrer Menge nach nicht allein aus den Bedürfnissen nach Körperbekleidung verstehen und setzen meines Erachtens eine Art früh-industrieller Segelanfertigung voraus (s. auch oben Anm. 89).

Im östlichen Mittelmeergebiet sind linear ausgeführte Schiffsbilder der Bronzezeit nicht selten. Sie geben freilich in der im Gestein oft schwer erkennbaren flüchtigen Linienführung den Bauchcharakter solcher Schiffe und Boote nur ungenau wieder (z.B. Abb. 10a, Enkomi, um 1200 v.Chr.) [148], so auch an der Außenseite

---

53ff.; G. Bass, The Construction of a Seagoing Vessel of the Late Bronze Age, in: First Int. Symposium on Ship Construction in Antiquity (Piräus, 1985); S.E. Mark, Odyssey and Homeric Ship Construction, in: AJA 95, 1991, 441ff.; M. Wedde, Schiffe der ägäischen Bronzezeit, Diss. Mannheim 1992; L. Casson, Ships and Seafaring in Ancient Times (1994).

[145] 1. Hälfte des 14. Jhs. v.Chr. Abb. 10 f nach N. de Garis Davies - R.O. Faulkner, A Syrian Trading Venture to Egypt, in: JEA 33, 1947, 40ff. Abb. 8; s. auch G. Kopcke, Handel, in: H.-G. Buchholz, ArchHom, Lieferung M (1990) 123 Abb. 33.

[146] Vgl. D. Gray, Seewesen, in: H.-G. Buchholz, ArchHom, Lieferung G (1974) 20 Nr. 49, S. 46 Abb. 10 mit Lit. Der Aufbewahrungsort ist dort in Stockholm, Medelhavsmuseet zu ändern. — Weitere Lit. in P. Dikaios, Enkomi II (1971) 925 Anm. 789. In der Umzeichnung ziemlich verändert bei A.F. Harding, in: Orientalisch-ägäische Einflüsse in der europäischen Bronzezeit, Kolloquium RGZM, Mainz 1985 (1990) 140 Abb. 1,6.

[147] Oxford, Ashmolean Museum, Inv.-Nr. 1938,957, s. H.-G. Buchholz - V. Karageorghis, Altägäis und Altkypros (1971) 115 Nr. 1389 Abb. 39, mit weiterer Lit.

[148] Cl. Schaeffer, Enkomi-Alasia I (1952) 102 Abb. 38; Gray a.O. 20 Nr. 52, S. 53 Abb. 15a; Westerberg a.O. 17 Nr. 13, S. 87 Abb. 13; Harding a.O. 140 Abb. 1,4.

Abb. 14 a-f. Steinanker aus Ras Schamra und Minet el Beida

der Quader des Tempels 1 von Kition sowie ebenda im Tempel 4 [149] und an Felsen im Flußbett des Nahal Me'arot, der etwa drei Kilometer von Tel Nami entfernt aus dem Karmelgebirge tritt [150].

Vorerst einzigartig ist ein steinerner Altar mit Schiffsdarstellungen aus Akko (Abb. 10b.d) [151], einzigartig vor allem deshalb, weil er in einen "Seevölker-Horizont" der Fundstätte gehört und zwar offenbar auf einem Schiff Verwendung gefunden hatte. Von Michal Artzi, der die Veröffentlichung verdankt wird, sind die wiedergegebenen vier Schiffe als "Seevölkerschiffe" erkannt worden. Mit unserer zeichnerischen Standardisierung (Abb. 10b) haben wir die Schiffsteile zu erklären gesucht: 1 = Ruder, 2 = Steuerruder, 3 = Ruderpinne, 4 = Mast, 5 = Rechtecksegel, 6 = Wanten, 7 = fächerförmiger Vordersteven [152]. So oder ähnlich mögen auch die "Schiffe von Aḫḫijawa" ausgesehen haben, doch die Texte geben darüber keine Auskunft [153].

Eins der eindrucksvollsten tönernen Modelle ist das in Abbildung 11a.b wiedergegebene Schiff von fast einem halben Meter Länge [154]: Ein tüllenartiger Mastschuh im Inneren und die Lochreihen an den Rändern weisen auf eine vollständige Takelage aus Holz, Schnüren und Segelstoff hin. Die Proportionen dürften denen wirklicher bronzezeitlicher Schiffe des östlichen Mittelmeers entsprochen haben.

---

[149] Westerberg a.O. 17f. Nr. 14.15, S. 88 Abb. 14; L. Basch - M. Artzy, Ship Graffiti at Kition, in: Excavations at Kition V (1985) 322ff.

[150] M. Artzy, C.M.S. News, Univ. Haifa, August 1994, Nr. 21, mit Abb.

[151] Im Akko-Guide, vgl. weiterhin dies., Mariner's Mirror 70, 1984, 59ff.; dies., On Boats and Sea Peoples, in: BASOR 266, 1987, 75ff. Abb. 1 und 2; dies., Akko and the Boats of the Sea People, in: Studies in the Archaeology and History of Ancient Israel in Honour of Moshe Dothan (1993) 133ff. (Hebräisch); C.M.S. News, Univ. of Haifa, Report August 1994, Nr. 21, Zeichnung (danach unsere Abb. 10d).

[152] Als vorbildliches Modell habe ich W. zu Mondfeld ein frühgriechisches Schiff zeichnen und mit Erklärungen der Teile versehen sowie G. Jöhrens die nautischen Fachausdrücke für die Archaeologia Homerica zusammenstellen lassen, s. D. Gray, Seewesen (Lieferung G, 1974) 153ff. mit Abb. 29.

[153] S. Wachsmann, The Ships of the Sea Peoples, in: IJNA 10, 1931, 187ff. Hierzu auch unlängst G. Steiner, "Schiffe von Aḫḫijawa" oder "Kriegsschiffe" von Amurru im Šauškamuwa-Vertrag?, in: UF 21, 1989, 394ff., mit nahezu erschöpfenden Lit.-Hinweisen.

[154] Nikosia, Cyprus Museum, aus Grab 2, Kammer B (SH III A 2), zusammen mit einem Rollsiegel und mykenischer Keramik in größerer Anzahl, s. H.-G. Buchholz - V. Karageorghis, Altägäis und Altkypros (1971) Nr. 1719; H.-G. Buchholz, AA 1974, 380f. Abb. 43 a.b; Gray a.O. 19 Nr. C 46 Taf. 2 c.d; A. Göttlicher, Materialien zu einem Corpus der Schiffsmodelle im Altertum (1977) 37 Nr. 167 Taf. 12 (mit völlig falscher Datierung); K. Westerberg, Cypriote Ships from the Bronze Age to 500 B.C. (1983) 11f. Nr. 5, S. 80 Abb. 5a.b (mit Lit.); I. und K. Nikolaou, Kazaphani (1989) 53 Abb. 14 (Zeichnungen) Taf. 34,249/377. — Die Photovorlagen für unsere Abb. 11 a.b werden dem verstorbenen Ausgräber K. Nikolaou verdankt.

H. Frost, zur erfolgreichen Pioniergeneration der seriösen Unterwasserforscher zählend und mir seit gemeinsamen Tagen in Ras Schamra und Israel in den wissenschaftlichen Zielen verbunden, hat gelegentlich die Steinanker der Frühzeit als die Topfscherben der Unterwasserarchäologie bezeichnet. Sie wollte damit deutlich machen, daß an Keramikresten Gattungs-, eventuell ethnische und Epochenzuweisungen möglich sind, daß mit ihrer Hilfe Siedlungsdichte, archäologische Schichtenabfolgen und vieles mehr festzustellen ist. Sie vertritt die Meinung, daß ebenso dort, wo Schiffe fehlen, unendlich viel über deren Zeitstellung, Größe, ihre Typenzugehörigkeit, über ihre Routen, Häfen und ihre Herkunft auszusagen ist, wenn der Ankerexperte Anker als Schiffsrelikte sorgfälig erforscht. Sie darf auf diesem Gebiet als international führend gelten [155].

Es geht um Steinanker der Bronzezeit (Abb. 9b; 12a-c; 13a-y und 14a-f), denn Metall, besonders Blei, trat erst bedeutend später an die Stelle des leicht beschaffbaren Steinmaterials. Allerdings war gerade aus diesem Grund der Steinanker auch noch während der Eisenzeit — und wenn auch hauptsächlich in kleineren Formaten auf Schiffen von Kaikigröße — in Gebrauch. Ein einziges Loch am oberen Ende diente der Aufhängung (Abb. 12b; 13a.b.j-y; 14a.b.e), während unten zwei weitere, parallel angeordnete Löcher Holzpflöcke aufnahmen, die sich in den Meeresboden bohren konnten (Abb. 12a.c; 13c-i; 14c.f). Dieser Typus stellt mithin eine technische Verbesserung, für den Historiker eine "Entwicklung", dar [156]. Daß aber beide Typen nebeneinander auftreten, zeigt Abbildung 14f, eine Dokumentation von Weihungen im Vorhof des Baalstempels von Ras Schamra-Ugarit.

Besonders grob zugehauene Steine mit unregelmäßiger Kontur (z.B. Abb. 12b, Thera, um die Jahrtausendmitte [157]) sind in der Regel älter als geglättete, tra-

---

[155] H. Frost, The Stone-Anchors of Ugarit, in: Ugaritica VI (1969) 235ff. (danach unsere Abb. 13, in Auswahl); dies., The Stone-Anchors of Byblos, in: MelBeyrouth 45, 1969, 425ff.; dies., Bronze Age Stone-Anchors from the Eastern Mediterranean, Dating and Identification, in: The Mariner's Mirror 56, 1970, 377ff.; dies., Some Cypriot Stone Anchors from Land Sites and from the Sea, in: RDAC 1970, 14ff.; dies., Anchors, the Potsherds of Marine Archaeology, in: D. Blackman, Marine Archaeology, Colston Papers XXIII (1973) 397ff.; dies., Egypt and Stone Anchors, Some Recent Discoveries, in: The Mariner's Mirror 65, 1979, 137ff.; dies., On a Sacred Anchor, in: Archéologie au Levant, Recueil à la Mémoire de R. Saidah (1982) 161ff.; dies., The Kition Anchors, in: Excavations at Kition VI (1985) 281ff.; dies., Anchors Sacred and Profane, in: Ras Shamra-Ougarit VI (1991) 355ff.

[156] Zu diesem Ankertypus vgl. K. Nikolaou - H.W. Catling, Composite Anchors in Late Bronze Age Cyprus, in: Antiquity 42, 1968, 225ff. — Zu undatierten Steinankern aus dem Meer vor der kyprischen Westküste s. C. Giangrande-G. Richards-D. Kennet-J. Adams, RDAC 1987, 193 Abb. 7.

[157] Abb. 12b nach H.-G. Buchholz, Thera und das östliche Mittelmeer, in: Ägäische Bronzezeit (1987) 160f. mit Anm. 3 und Abb. 41; S. 162 mit Anm. 5 (Steinanker aus Kreta); dazu J.W. Shaw - H. Blitzer, Stone Weight Anchors from Kommos, in: IJNA 12, 1983, 91ff.; M. Tsipopoulos, ArchEphem 1989, 121ff. (Anker aus Sitias).

mige Platten (z.B. Abb. 13e.l.m.q [158]) bzw. flach-pyramidale Typen oder ähnliche
Formen. Anker des dritten Jahrtausends (FH II) wurden vor der Insel Dokos im
Golf von Hydra entdeckt [159]. Sie sind rund bis oval-dreieckig und weisen durchweg
einen unregelmäßigen, nachlässig bearbeiteten Umriß auf.

Es ist bereits versucht worden, petrographisch die Herkunft des verwendeten
Materials — überwiegend Kalkstein, der manchmal die bronzezeitlichen Meißel-
spuren aufweist — zu ermitteln (Zypern, Sinai usw., auch M.I. Bakr-A. Nibbi, A
Stone Anchor Workshop at Marsa Matruch, in: Discussions in Egyptology 29,
1994, 5ff.), zunächst allerdings mit nur begrenztem Erfolg. M. Heltzer hat einige
Textbeobachtungen zu dem Thema "Shipbuilding in Ugarit and its Organization"
zusammengestellt, Auskünfte über Anker fallen dabei aber ausgesprochen dürftig
aus [160].

Manche derartige Anker weisen eingemeißelte Glückssymbole und schrift-
ähnliche Zeichen auf, u.a. das ägyptische Lebenszeichen. Ein interessantes Beispiel
von der israelitischen Küste trägt eine eingemeißelte Doppelaxt [161]. Aus der Nähe von Hala Sultan Tekke/Zypern stammt ein Anker mit dem kyprominoischen
Silbenzeichen ↑ (Abb. 12 c) [162]. Ein weiterer Anker, ebenfalls von dort und

---

[158] In unserer Abb. 13 entsprechen folgende Buchstaben den Ziffern in Ugaritica VI Taf. 1,1-29: a = 2. - b = 3. - c = 5. - d = 23. - e = 10. - f = 8. - g = 6. - h = 9. - i = 7. - j = 27. - k = 28. - l = 12. - m = 11. - n = 4. - o = 1. - p = 19. - q = 24. - r = 18. - s = 26. -t = 20. - u = 14. - v = 25. - w = 16. - x = 21. - y = 15.

[159] Cyprus Museum, Inv.-Nr. 1967/VIII-9/1 (H 78 cm), weitere Anker und Fragmente: 1967/VIII-9/2a und 2b, sowie 1968/V-18/1, s. H.-G. Buchholz, AA 1974, 383 Abb. 46 (danach unsere Abb. 12c), S. 387 mit Lit.; N.K. Sandars, The Sea People (1978) 44 Abb.22; ferner: G. Papathanassopoulos und Mitarbeiter, in: Enalia, Annual 1990, Band 2, 1992, 4f. (Situationskarten), S. 17ff. Abb. 28-33 (Anker, Zeichnungen und Photos). — Spätbronze-zeitliche Steinanker vor Kap Iria/Argolis, s. J. Vechos, Enalia 4, 1992, Heft 3/4, 1996, 15ff. Abb. 1-3.

[160] M. Heltzer, The International Organization of the Kingdom of Ugarit (1982) 188ff.

[161] Beispielsweise Stücke aus Kfar Samir, s. E. Galili - J. Sharvit - M. Artzy, Reconsidering Byblian and Egyptian Stone Anchors Using Numeral Methods; New Finds from the Israeli Coast, in: IJNA 23, 1994, passim, Abb. 7; desgl. aus Megadim-Nord, mit Doppelaxtsymbol: Abb. 15b, nützliche Lit. am Ende der Abhandlung. Noch nicht erschienen ist: E. Galili - M. Artzy, Reconsidering Egyptian and Byblian Stone Anchors, New Finds from the Israeli Coast, in: Tropis IV, Acts of the 4th Int. Symposium on Ship Construction in Antiquity, Athen 1991. Zum Anker mit der Doppelaxt schon ausführlich: E. Galili - K. Raveh, Sefunim 7, 1988, 41ff. Abb. 2 und 3 (Zeichnungen des Ankers und der Fundlage), Taf. 5,5. — Dort gab es auf einem Ankerfragment Reste einer reliefierten menschlichen Gruppe (Abb. 5).

[162] Cyprus Museum, Inv.-Nr. 1967/VIII-9/1 (H 78 cm), weitere Anker und Fragmente: 1967/VIII-9/2a und 2b, sowie 1968/V-18/1, s. H.-G. Buchholz, AA 1974, 383 Abb. 46 (danach unsere Abb. 12 c), S. 387 mit Lit.; N.K. Sandars, The Sea People (1978) 44 Abb. 22; s. ferner P. Åström, An Inscribed Stone Anchor from Hala Sultan Tekke, in: Gedenk-schrift für K. Nikolaou, Archaeologia Cypria 2, 1990, 81ff., mit weiteren Ankerfunden. — Weitere Exemplare vom selben Ausgrabungsgebiet und seiner Umgebung: P. Åström, Hala Sultan Tekke I (1976) S. X Abb. 10; hierzu und allgemein: D.E. McCaslin, Stone Anchors

ebenfalls wie das vorige Beispiel mit drei Löchern versehen, aber im ganzen runder, typologisch früher, war in einer bronzezeitlichen Mauer verbaut. Das tief eingravierte Schriftzeichen weist mit der Spitze nach unten, wurde Schi/Sche gelesen und als Anfang eines Besitzernamens gedeutet. Es fehlt mir zunächst der Schlüssel zur Deutung derartiger Gravuren, doch glaube ich nicht, daß Besitzkennzeichnung notwendig war, während Magie mit Mitteln glücksverheißender Symbole an einer derartig lebenswichtigen Sache wie dem Anker durchaus einen Sinn ergeben würde. Für Altkreta ist die Frage nach der Heiligkeit von Schiffsankern ebenfalls gestellt worden: K. Davaras, Une Ancre minoenne sacrée? in: BCH 104, 1980, 47ff.

Wenn Ankersteine in Hausmauern verbaut waren (Ras Schamra, Abb. 14c.e, von mir lediglich zum Zwecke des Photographierens in die gezeigte Position gebracht) bzw. wenn sie in Gräbern beiderseits der Eingangsöffnung die Türlaibung bildeten (Ras Schamra [163]) oder die Schwelle von Tempeltüren (Kition) [164]: stets war der wesentliche Teil eines Schiffes, der das ganze Schiff vertreten konnte, glücksverheißend gegenwärtig. Der griechische Dichter Pindar bringt uns in seiner I. isthmischen Ode einen Schiffbruch nahe; wie hier der rettende Anker von großer Bedeutung ist, so spricht er in seiner VI. olympischen und auch in der VI. isthmischen Ode vom Ankerwerfen bei Sturm, desgleichen spielen Schiff und Anker in der IV. pythischen Ode dichterisch eine große Rolle. Es ist bekannt, daß es in griechischen Tempeln Schiffsweihungen gab, teilweise künstlich errichtet als gewaltige Marmoranatheme oder als Reliefs bis hin zu monumentaler Größe (Lindos/Rhodos). Sogar seetüchtige hölzerne Schiffe wurden der Gottheit dargeracht [165].

Gelobte man der Gottheit für einen erhofften Seesieg die Weihung der feindlichen Schiffe, so konnte dies pars pro toto mit den Aphlasta geschehen, mit schmükkenden und sinnbildlichen Schutzelementen am Hintersteven [166]. Wie das feindliche Schiff dem Gotte, der half, nach dem Sieg gehörte, so das eigene, wenn er den

---

in Antiquity, Coastal Settlements and Maritime Trade-Routes in the Eastern Mediterranean 1600 - 1050 B.C. (SIMA 61, 1980), Rezension: P.A. Gianfrotta, Gnomon 55, 1984, 336ff. — Zu Steinankern von der Ostspitze Zyperns: J.N. Green, Cape Andreas Expedition 1969, Oxford, the Research Laboratory for Archaeology; sowie aus dem Meer bei Maroni: Kongreß Nikosia 1995 (1997) 130 Abb. 24-27.

[163] Cl. Schaeffer, Remarques sur les Ancres en Pierre d'Ugarit, in: Ugaritica VII (1978) 371ff. — Vgl. einen Anker als Grabtür: J.-F. Salles, La Nécropole "K" de Byblos (1980) 96 Abb. 28,1 Taf. 6a; zu fragmentierten Steinankern in Gräbern des 11. Jhs. v.Chr. s. H. Frost, in: Palaepaphos-Skales (1983) 433f. Abb. 1a-c.

[164] V. Karageorghis, CRAI 1976, 241 Abb. 10 (Tempel 5); M. Demas - V. Karageorghis, Excavations at Kition V (1985) Taf. 83,3; 84,4; 85,2; 90,2; 91,1; 92,2-4.

[165] Im Heraion Samos ist durch eine erhaltene Basis die Weihung eines Schiffes aus Holz in natürlicher Größe überliefert, s. AA 1937, 271. Vgl. ferner AM 87, 1972, 106ff. 126 (Inschrift). — Schiffsweihungen für Poseidon: Thukydides II 84,4.

[166] D. Wachsmuth, Pompimos o Daimon, Untersuchung zu den antiken Sakralhandlungen bei Seereisen (1967) 82ff., mit erschöpfenden Lit.-Angaben. Neuerdings A. Göttlicher, Kultschiffe und Schiffskulte im Altertum (1992).

in seiner Not bei Unwetter auf See zu ihm betenden Schiffseigner glücklich errettet hatte. Die Religionsgeschichte kennt Fälle ganzer Schiffsweihungen, doch wiederum sehr häufig die ersatzweise Darbringung in Gestalt hölzerner oder tönerner Nachbildungen kleinen Formats [167] sowie pars pro toto Ankerweihungen statt ganzer Schiffe.

Dieser Brauch ist bereits aus dem Mittleren Reich, für die Zeit um 2000 v.Chr., bekannt: In Mersa Gawasis am Roten Meer fand man unter anderem einen Kalkstein mit eingemeißelter Inschrift, aus der hervorgeht, daß er als Dank für unbeschadete Heimkehr von einer Puntexpedition einer Gottheit gestiftet worden war [168].

Im 107. Psalm (Vers 23ff.) kommt ein Ausdruck für "Hafen" vor (*$m\bar{a}h\bar{o}z$), der in Palästina von der Spätbronze- bis in die arabische Zeit zur Bildung von meeresnahen Ortsnamen Verwendung fand (so M. Wüst, in: K. Galling, Biblisches Reallexikon [2. Aufl., 1977] 132f.). In der Lutherübersetzung steht statt "er brachte sie in den Hafen" "er brachte sie zu Lande nach ihrem Wunsch". Der Psalm bringt zum Ausdruck, was ein Schiffer früherer Zeiten in Seenot mit und ohne schützende Hand eines Gottes empfand:

"... Die mit Schiffen auf dem Meer fuhren und trieben ihren Handel in großen Wassern; die des Herrn Werke erfahren haben und seine Wunder im Meer, wenn er sprach und einen Sturmwind erregte, der die Wellen erhob, und sie gen Himmel fuhren und in den Abgrund fuhren, daß ihre Seele vor Angst verzagte, daß sie taumelten und wankten wie ein Trunkener und wußten keinen Rat mehr; die zum Herrn schrieen in ihrer Not, und er führte sie aus ihren Ängsten und stillte das Ungewitter, daß die Wellen sich legten und sie froh wurden, daß es still geworden war und er sie zu Lande brachte nach ihrem Wunsch: sie sollen dem Herrn danken für seine Güte und für seine Wunder ..."

Meine Ausführungen berühren die Verhältnisse in Ugarit insofern ganz direkt, als im Vorhof des Baalstempels Ankerweihungen — wenn auch bei der ersten Ausgrabung nicht als solche erkannt — aufgestellt sind (Abb. 14f). E. Porada hat in ihrer Behandlung des hier eingangs erwähnten Rollsiegels von Tell el Daba'a im östlichen Teil des Nildeltas den dargestellten Wettergott mit seinem Stier als einen

---

[167] Wenn nicht Grabbeigaben, sind die sogenannten tönernen Modellboote nichts anderes als Ersatzweihungen statt der wirklichen Schiffe, s. viele Beispiele und Lit. in: D. Gray, Seewesen, in: H.-G. Buchholz, ArchHom, Lieferung G (1974) 14ff. Taf. 1 a (Blei); 1 c.d. und 2 a-d, 3 a-c, 4 a-f (Ton). Das trifft bereits auf die Bronzezeit zu, s. C. Laviosa, ASAtene 47/48, 1969/70, 7ff. und G. Sakellarakes, ArchEphem 1971, 188ff. — Zu Weihgaben kleiner hölzerner Boote im Heraheiligtum von Samos: G. Kopcke, AM 82, 1967, 1 und H. Kyrieleis, AM 95, 1980, 89ff., bes. 92f.

[168] Ch. Haldane, The INA-Quarterly (Institute for Nautical Archaeology, Univ. of Texas) 21, 1994, Heft 3, 5 mit Abb. 4 (Steinanker ohne Inschrift). — Weiteres zu Ankern in Ägypten, einige aus Tempeln: A. Nibbi, IJNA 20, 1991, 185ff. (5 Steinanker aus Alexandrien).

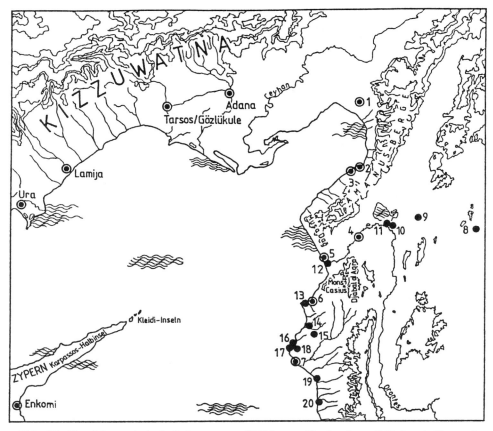

Abb. 15. Das Meeresdreieck Ostzypern — Kilikien — Nordsyrien mit Enkomi, Ura und Ugarit: 1 = Issos, 2 = Alexandreia/Iskanderum, 3 = Myriandros, 4 = Antiochia, 5 = Seleucia in Pieria, 6 = Posideion, 7 = Laodicea/Lattakia, 8 = Ebla/Tell Mardich, 9 = Çatal Hüyük, 10 = Alalach/Tell Atschana (kypr. und min.-myk. Keramik), 11 = Tell Tayinat, 12 = Al Mina (frühgriech. Emporion), 13 = Ras el Basit (kypr. und myk. Keramik), 14 = Tell Damate am Nahr Kandil, 15 = Tell Qafre am Nahr Kandil, 16 = Maʾhadu/Leukos Limen/Minet el Beida (kypr. und myk. Keramik), 17 = Diospolis/Ras Ibn Hani (kypr. und myk. Keramik), 18 = Ugarit/Ras Schamra (trojan., min.-myk. und kypr. Keramik), 19 = Qalaat er Russ (kypr. und myk. Keramik), 20 = Tell el Sukas (kypr. und myk. Keramik)
Vgl. die Karte bei H. Ehringhaus, Antike Welt 26, 1995, 215 Abb. 1.

Beschirmer der Schiffahrt identifiziert [169]. Der Sturm- und Wettergott ist derselbe Baal, dem in Ugarit die Ankerweihungen galten, "Baal Ṣaphon", "Herr des Nordens", dem späteren Zeus Kasios entsprechend, der bis in römische Zeit als Schirmherr der Seefahrt Verehrung fand. So hat beispielsweise noch in der Spätantike ein Kaufmann aus Korfu dem Gott nach Errettung aus Seenot ein komplettes hölzernes Schiff geweiht [170].

Es läßt sich leicht denken, daß von Schiffen, Schiffsschnäbeln oder Ankern, die in antiken Heiligtümern zu sehen waren, Mythen ihren Ausgang nahmen: So wurde ein solches Schiff in Athen zu dem des Theseus, ein anderes im Heiligtum der Artemis auf Euboia zu dem des Agamemnon und ein weiteres, in Korinth gezeigtes, zu dem der Argonauten. Anker, die im Zeustempel in Ankyra zu sehen waren, wurden als Weihung des Königs Midas verstanden [171].

---

[169] E. Porada, AJA 88, 1984, 485ff.; vgl. auch M. Bietak, in: Echo, Beiträge zur Archäologie des mediterranen und alpinen Raumes, J.B. Trentini zum 80. Geburtstag (1990) 42 Abb. 2; F.E. Brenk, in: La Tradizione dal Miceneo all'Alto Arcaismo, Kolloqium Rom 1988 (1991) 510 Abb. 1; B. Otto, König Minos und sein Volk (1997) 300. 302 Abb. 109. — Vgl. oben Anm. 60. Zu der bronzezeitlichen Verbindung zwischen dem Berg Kasios und dem östlichen Nildelta (Rollsiegel aus Tell el Daba) läßt sich eine spätere Parallele stellen: Apollodoros hat als Lokalität der Typhonsage den Berg Kasios bewahrt, und Eusthatios kennt in seinem Kommentar zu Dionys. Perieg. v. 248 einen zweiten Berg dieses Namens bei Pelusium östlich des Nildeltas (... τοῦ πρὸς τῶι Πηλουσίωι Κασίου), so bereits W. Porzig, Illujankas und Typhon, in: Kleinasiatische Forschungen 1, 1930, 379ff. — Zu dem gesamten Komplex neuerdings wieder: K. Koch, Ḥazzi-Ṣafôn-Kasion, die Geschichte eines Berges und seiner Gottheiten, in: Religionsgeschichtliche Beziehungen zwischen Kleinasien, Nordsyrien und dem Alten Testament, Internat. Symposium Hamburg 1990 (1993) 171ff., dort S. 212ff.: "Wandlung zum Gott der Seefahrt"; nach der älteren Auffassung nämlich erst im 1. Jahrtausend v.Chr., wogegen — wie wir zeigen konnten — bronzezeitliche Indizien für den Zusammenhang Berggott-Seefahrt, Baal von Ugarit-Seefahrt sprechen. In Kochs schöner Literaturzusammenstellung (S. 219ff.) sind von mir nicht zitierte Beiträge zum Thema, wie A. Adlers RE-Artikel "Kasios" oder O. Eißfeldts Aufsätze zum Zeus Kasios und Ba'al Ṣaphon wie schließlich P. Xella, Baal Safon in KTU 2,23, in: RSF 15, 1987, 111f., zu beachten. Vgl. ferner O. Kaiser, Die mythische Bedeutung des Meeres in Ägypten, Ugarit und Israel, 78. Beiheft zur Zeitschr. für die Alttestamentliche Wissenschaft (1959) und W. Helck, Ein Indiz früher Handelsfahrten syrischer Kaufleute, in: UF 2, 1970, 37; C. Kloos, *Yhwh's* Combat with the Sea, a Canaanite Tradition in the Religion of Ancient Israel (1986); G. Kettenbach, Einführung in die Schiffahrtmetaphorik der Bibel (1994).

[170] Procop, De Bello Gothico IV 22.

[171] Hierzu Nachweise in F. Pfister, Der Reliquienkult im Altertum (Nachdruck 1974) 335.

Kapitel 3

Seewege nach Westen

Das Hauptthema der hier unmittelbar angesprochenen Unterwasserforschung ist die Verbindung von der Levante und Zypern nach Europa oder umgekehrt, von der Ägäis aus gesehen. Der Geschichtswissenschaftler, Kultur- und Religionshistoriker, hat dabei die Übertragung von Erscheinungen seiner Fachgebiete im Auge, die Befruchtung des geistigen Lebens ("ex oriente lux"). Der Wirtschaftsfachmann ist stärker an dem, was archäologisch greifbar ist, am Handel, an den transportierten Gütern, den Transportmitteln und der Verteilerorganisation interessiert.

Schließlich beobachtet und denkt der Historiker der Macht in Kategorien der Kontrolle und Beherrschung von Meeren, Inseln, Küsten und Häfen. Deshalb waren nicht allein bronzezeitliche Thalassokratien, etwa Kretas oder der "Leleger", Themen der Forschung, sondern es wurde auch nach einer Thalassokratie Ugarits gefragt. [172]

Weil in der griechischen Bildüberlieferung die Darstellung von Schiffskämpfen erst in der Epoche des geometrischen Stils einsetzte [173], im Zeitalter Homers, war man außerstande, Aussagen über etwaige Seeschlachten der Mykener zu machen. Doch vor nicht langer Zeit, allerdings immer noch nicht veröffentlicht, wurden wir erstmals durch die Darstellung von Schiffskämpfen in der späthelladischen Vasenmalerei überrascht. Es handelt sich um Funde aus der Umgebung von Lamia, Mittelgriechenland.

Das Militärische — Seekrieg und Kämpfe von Flotten — ist jedoch weder im östlichen Mittelmeer noch sonstwo allein mit Mitteln der Archäologie aufzuhellen, sondern setzt hauptsächlich geschriebene Quellen voraus, die allerdings manchmal von bildlichen Darstellungen begleitet sind: Zu verweisen ist auf Reliefs des Tempels Ramses' III. in Medinet Habu [174]. Sie sind das bekannteste Beispiel einer Seeschlacht in bildlicher Dokumentation, im vorliegenden Fall der Ägypter gegen "Seevölker" im Nildelta.

---

[172] E. Linder, Ugarit, a Canaanite Thalassocracy, in: G.D. Young, Ugarit in Retrospect, Fifty Years of Ugarit and Ugaritic (1981) 31ff. Dazu von ägäischer Seite: F. Cassola, Tallassocrazia Cretese e Minoese, in: PP 12, 1957, 343ff.; R.J. Buck, The Minoan Thalassocracy Reexamined, in: Historia 11, 1962, 129ff. and R. Hägg-N. Marinatos (ed.), The Minoan Thalassocracy, Myth and Reality (1984). Zeitlich übergreifende Gesichtspunkte, mit Schwerpunkt in römischer Zeit, berücksichtigt: G.A. Rost, Vom Seewesen und Seehandel in der Antike, eine Studie aus maritim-militärischer Sicht (1968). Ferner F. Schachermeyr, Das östliche Mittelmeergebiet als geographische Einheit und Lebensgemeinschaft, in seinem Buch "Ägäis und Orient" (1967) 9ff.

[173] G. Ahlberg, Fighting on Land and Sea in Greek Geometric Art (1971).

[174] H.H. Nelson, The Naval Battle pictured at Medinet Habu, in: JEA 58, 1943, 268ff.; D. Gray, Seewesen, in: H.-G. Buchholz, ArchHom, Lieferung G (1974) Falttafel nach S. 88.

Daß sich auch das Ḫattireich als Landmacht gegen Ende seiner Geschichte genötigt sah, in den Seekrieg einzutreten, lehrt uns der Text KBo XII 38 III: "Ich (machte) mobil ... und das Meer (erreichte) ich schnell, ich Šuppiluliuma, der Großkönig. Und gegen mich stellten sich die Schiffe von Alašija [175] inmitten des Meeres dreimal zum Kampf. Ich vernichtete sie; die Schiffe aber ergriff ich, und mitten im Meere steckte ich sie in Brand."

Wie sich später die Kontinentalmacht Persien phönikischer, kyprischer und ionischer Flottenverbände bediente, so das Ḫattireich hauptsächlich der ugaritischen und weiterer Vasallenschiffe. Deshalb heißt es in einem Brief des letzten Königs von Ugarit: "Alle meine Truppen sind im Hethiterland stationiert und alle meine Schiffe befinden sich im Lande Lukka" [176]. Der Kleinstaat Ugarit hätte ohne Anweisung von höchster Stelle sicher versucht, ein überschaubares Seegebiet zu schützen, allerdings nach unserer heutigen Kenntnis der Machtverhältnisse kaum mit anderem als dem dann tatsächlich eingetretenen Endergebnis [177].

Der geographische Rahmen ist damit — wenigstens für das ausgehende 13. Jh. v.Chr. — deutlich: Wer Flottenverbände vor der lykischen Küste stationierte, wollte die pamphylische Bucht und das Rauhe Kilikien vor Zugriffen, die eindeutig von Westen her erwartet wurden, schützen und damit gleichzeitig den Seeweg zwischen Zypern-Alasia und dem lebenswichtigen kilikischen Hafen Ura. Da letzterer nicht ohne die Kontrolle über Alasia zu halten war, mußte bei Einbruch von Feinden in die Schutzzone — wie der oben zitierte Text aus Boğazköy es zeigt — die Meeresstraße zwischen dem Festland und der Insel Zypern in einem risikoreichen Seeunternehmen wieder freigekämpft werden.

Für das anatolische Großreich wie für den Satellitenstaat Ugarit stellten derartige Erfolgsmeldungen allerdings nur vorübergehende militärische Lösungen dar.

---

[175] Bei dieser anonymen Größe wird es sich um "Seevölker" handeln, die sich zunächst nur vorübergehend auf Zypern festgesetzt hatten.

[176] J. Nougayrol, CRAI 1960, 165f. Zu Lykien und seinen Bewohnern im 2. Jt. v.Chr. unlängst G. Steiner, Die historische Rolle der "LUKKA", in: Akten des 2. Int. Lykien-Symposiums, Wien 1990 (AkadWien-Denkschriften 231, 1993) 123ff.

[177] Es wären etwa Beobachtungen und Überlegungen zugrundezulegen, die anknüpfen an R.S. Hess, Late Bronze Age and Biblical Boundary Descriptions of the West Semite World, in: Proceedings of the Int. Symposium on Ugarit and the Bible, Manchester 1992 (1994) 123ff.

Erläuterungen zu Abb. 16a-f auf gegenüberliegender Seite: a Zypern/Alaschia in der Bronzezeit. — b Hethitisches Silberfigürchen des Schwurgottes Kurunta auf dem Hirsch (H 6,2cm); Palast von Kalavassos-Hagios Demetrios (s. a, Karte), Kindergrab 12 (Spätkypr. IIC). — c Hethitisches Bronzefigürchen des 13. Jhs. v.Chr. eines Gottes auf dem Stier aus Syrien; Bonn, Akademisches Kunstmuseum, Inv.-Nr. C654 (L 5 cm) — d und e Hethitischer Gott, Bronze; Zypern, Fundort unbekannt, Cyprus Museum, Inv.-Nr. 1944/II-17/1. — f Stark verriebener Terrakottakopf mit hethitischer Göttermütze; Tamassos, Cyprus Museum, Inv.-Nr. 1933/XII-8/1

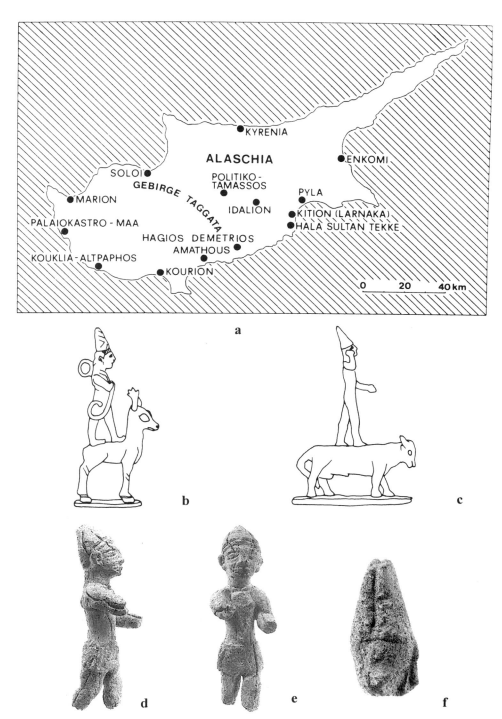

a

b

c

d

e

f

Abb. 16 a-f. Erläuterungen auf gegenüberliegender Seite

Doch unsere Aufgabe besteht nicht so sehr in der Darstellung dieser historischen Ereignisse als vielmehr in der Verdeutlichung der geographisch-strategischen Situation des betreffenden Teils des östlichen Mittelmeeres: der kilikisch-kyprischen Gewässer und der pamphylisch-lykischen Küste bis hin nach Karien und Rhodos-Kos. Mehr oder weniger in ständiger Sicht der anatolischen Südküste verlief hier der Westweg von Zypern auf den östlichen Zugang zum ägäischen Meer zu (Abb. 9 und 53, Karten) [178].

Westlich von Ura ist in hethitischen Texten Perge als Hafenort erwähnt (Parḫa), allerdings nicht als hethitischer Besitz, sondern als Eroberungsziel [179]. Es waren Schwammtaucher, die mit ihren Nachrichten über antike Wracks, Schiffsladungen und Anker auf konkrete Reste im Meeresboden aufmerksam machten. Es bildete sich ein zugegebenermaßen ungefähres, vielfach unzuverlässiges Bild von den frühen Seewegen und Häfen anhand derartiger Zufallsfunde, wie beispielsweise Kupferbarren des zweiten Jahrtausends aus dem Seegebiet vor Antalya (Abb. 53, Karte).

Hinweise solcher Art führten schließlich zur Entdeckung der beiden damals ältesten Hochseeschiffe des Mittelmeeres [180], des vom Kap Gelidonya im östlichen Bereich der lykischen Südküste und weiter westlich des von Ulu Burun, in der Nähe der Bucht von Kaš [181]. Wracks und Reste von Schiffsladungen aller Zeiten berechtigen in diesen Gegenden, von einem regelmäßig genutzten Seeweg zu sprechen, vergleichbar den bereits erwähnten "Schiffsfriedhöfen" bei Haifa [182] und bei den Kleidi-Inseln am Ostkap Zyperns.

Die sorgfältige Untersuchung dieser beiden Unterwasserfunde durch George Bass und seine Mitarbeiter hat ungeahnte Aufschlüsse über Seefahrt und -handel der Bronzezeit ergeben und zu weltweit anerkannten Verbesserungen der archäologischen Methodik geführt. Ich bin kein Taucher und insoweit ein Laie, doch hat Gelidonya für mich mit Ras Schamra zu tun, weil mich dort der damals noch völlig unbekannte G. Bass im Jahre 1961 aufsuchte, allerdings bei Cl. Schaeffer auf wenig Gegenliebe stieß und unverrichteter Sache wieder abreiste. Wir trafen uns wenig

---

[178] Vgl. im größeren Zusammenhang: A. Hackens-R. Holloway, Crossroads of the Mediterranean (1981).

[179] H. Otten, Die 1986 in Boğazköy gefundene Bronzetafel, in: Innsbrucker Beiträge zur Sprachwissenschaft 42 (1989) 18f. Zum hethitischen Besitzstand an der türkischen Südküste s. unten mein Schlußwort.

[180] Gemäß einer Pressemeldung ist ein im offenen Meer, im Ärmelkanal vor Dover gesunkenes Schiff des 13. Jhs. v.Chr. geortet worden, s. Antike Welt 25, 1994, 313.

[181] Eine Skizze der Hafenbucht von Kaš findet man in: J. Borchhardt-W. Wurster, AA 1974, 515 Abb. 1. — Zu den unveröffentlichten Versuchsgrabungen von F.J. Tritsch mit Funden des 2. Jts. v.Chr. in diesem Gebiet s. ebd. 538 Anm. 39.

[182] Dazu ferner: M. Artzy, Arethusa of the Tin-Ingot, BASOR 251, 1983, 59ff.; dieselbe, Merchandise and Merchantmen, on Ships and Shipping in the Late Bronze Age, in: 2. Kongreß Nikosia 1982 (1985) 135ff.; E. Galili-N. Shmueli-M. Artzy, Bronze Age Ship's Cargo of Copper and Tin, in: IJNA 15, 1986, 25ff.

später in Nikosia, sahen die Gelidonya-Fundkartei durch und vereinbarten, daß ich meine Barrenunterlagen zur Verfügung stellen sowie das Kapitel "Rollsiegel" für die Schlußpublikation verfassen würde.

Bis zur Auffindung dieser beiden Schiffe umfaßte unsere archäologische Kenntnis von Verbindungen zwischen der Ägäis — insbesondere Kreta — und dem östlichen Mittelmeer — insbesondere Ägypten — fast ausschließlich Keramik und Luxuswaren. Letztere erscheinen als kostbare Gaben in den Händen von Gesandten des Landes der Keftiu (Kreta) auf den Grabmalereien hochgestellter ägyptischer Beamter seit der Mitte des zweiten vorchristlichen Jahrtausends (Abb. 18 a.b) [183]. Man erkennt minoische Tierkopfrhyta und Gefäße aus edlem Metall mit kretischem Spiralmuster oder farbig eingelegten figürlichen Verzierungen, sogenannte "Vaphiobecher". Eigentlich hat die intensive Beschäftigung mit derartigen Luxuswaren — ohne deren Untersuchung man allerdings auch heute noch nicht auskommt (s. unten) — den Blick für das hauptsächliche Handelsgut eher verstellt als geöffnet. Allerdings nahmen Wunderwerke der Keftiu-Toreutik in der östlichen Vorstellung einen so hohen Rang ein, daß in der ugaritischen Mythologie der Gott der Künste und des Handwerks nirgend woanders als in Kaphtor seinen Ursprung haben konnte [184].

Was das Wrack am Kap Gelidonya angeht, hat es E. Linder nicht unrichtig mit einem "Seafaring Merchant-Smith from Ugarit" zusammengebracht [185]. Und H. Frost sichtete die verfügbaren Indizien um festzustellen, daß sämtliche bekannten Schiffe, welche Metallbarren geladen hatten, von Osten nach Westen segelten und

---

[183] Vgl. unser Lit.-Verzeichnis, 1. Abt.: Smith, Interconnections 1965, und 2. Abt.: Vercoutter 1956, sowie die Bibliographie in E.N. Davis, The Vaphio Cups and Aegean Gold and Silver Ware (1977) und R. Laffineur, Les Vases en Métal Precieux à l'Epoque Mycénienne (1977). — Zu einigen historischen Zusammenhängen schon T.E. Peet, The Egyptian Writing-Board BM 5647, Bearing Keftiu Names, in: Essays in Aegean Archaeology, Festschrift für Sir A. Evans (1927) 90ff., sowie in neuerer Zeit: J. Strange, Caphtor/Keftiu, a New Investigation (1980); dort S. 56ff. und 116ff. zu unserer Abb. 18a. Unsere Abb. 18b nach A. Evans, PM II 736ff. Abb. 471.

[184] C. Gordon, Crete in Ugaritic Tablets, in: Int. Kret. Symposium, Chania 1966, Band II (1968) 44f. Vgl. auch das Lit.-Verz. in F. Canciani, Bildkunst, in: H.-G. Buchholz, Arch-Hom, Lieferung N 2 (1984), sowie J. Wiesner, Olympos (1960) 51ff. zu Hephaistos. — M. Heltzer, Die Organisation des Handwerks (1992), ist auf derartige Zusammenhänge nicht eingegangen.

[185] E. Linder, A Seafaring Merchant-Smith from Ugarit and the Cape Gelidonya-Wreck, in: Nautical Archaeology 1 (März 1972) 163f. Zur Nationalitätsbestimmung zuletzt G. Bass, Evidence of Trade from Bronze Age Shipwrecks, in: Konferenz Oxford 1989 (1991) 69ff.; s. auch R. Giveon, Dating the Cape Gelidonya Shipwreck, in: AnatStud 35, 1985, 99ff. und H.W. Catling, The Date of the Cape Gelidonya ship and Cypriote Bronzework, in: RDAC 1986, 68ff. Zur Unterwasser-Nachlese am Kap Gelidonya s. M. Mellink, AJA 95, 1991, 137: Fragmente von Kupferbarren, Bronzegeräte, ein großes Bronzegewicht, kleine Gefäße.

nicht umgekehrt [186]. Zieht man allein die schriftähnlichen Zeichen an den Barren der Ladung des Gelidonya-Schiffes in Betracht (Abb. 55), so ergeben sich Übereinstimmungen mit Barrenzeichen aus Enkomi, Kreta, Mykene und Sardinien. Dies Ergebnis wäre bereits ein wertvoller Hinweis auf weitauseinanderliegende Punkte in dem Netz des Seeverkehrs um 1200 v.Chr. Doch erweist das Studium der zahlreichen an Bord befindlichen Gewichte von 3,5 Gramm bis zu einem Pfund (501 Gramm), daß wir nicht vom primitivsten Tauschhandel allein auszugehen haben, daß es vielmehr gelegentlich an Bord Güter gegeben haben muß, welche nach kleinsten Mengen, genau gewogen werden sollten. Diese Gewichte fanden ihre Entsprechungen in Ras Schamra und Palästina, teilweise in Enkomi und Ägypten und in wenigen Beispielen auf Kreta [187]. In der Ägäis wie auf Zypern nutzte man in der späten Bronzezeit runde Scheibengewichte aus leicht und genau justierbarem Blei (Abb. 58d-f, Thera).

Im vorliegenden Fall ist vom Schiff und seiner Ausrüstung, den Holzteilen (Eiche, Zypresse) [188], von Segel, Seilen, Ankern [189] usw. wenig oder nichts erhalten, wohl aber gewähren die Funde Einblick in die Reichhaltigkeit der Ladung (runde, stangen- oder vierzungenförmige Kupferbarren, gebrauchsfertiges landwirtschaftliches Gerät wie Picken, Hacken [190], Schaufel und Sichel aus Bronze) und den persönlichen Besitz von Kapitän und Mannschaft (Rollsiegel: Abb. 91g [191]; Skarabäen; Waffen, Messer und Schiffswerkzeug aus Bronze und Stein; Gefäße, Lampen, Matten und Körbe; Proviant). Einige wenige Axthacken, Querbeile, Meißel und Stichel werden zur Ausrüstung des Schiffszimmermanns und Segel-

---

[186] H. Frost, Mediterranean Harbours and Ports of Call in the Bronze and Iron Age, in: RecSocJean Bodin 32, 1974, 35ff.

[187] Vgl. G. Bass, The Weights, in: Cape Gelidonya, a Bronze Age Shipwreck (1967) 135ff. mit Verbreitungskarte: S. 140 Abb. 149. — Die Bedeutung metrologischer Forschungen zur Erkenntnis einer Handelskoine, in welche Ugarit eingebunden war, haben auch Cl. Schaeffer und J.-Cl. Courtois erkannt und intensiv daran gearbeitet. Vgl. M. Heltzer, Trade between Egypt and Western Asia; New Metrological Evidence, in: JESHO 37, 1994, 318ff., mit Lit. und ders., The 'Unification' of Weight and Measure Systems in Foreign Trade in the Eastern Mediterranean, in: Michmanim 9, 1996, 31ff.; ferner K.M. Petruso, Prolegomena to a Late Cypriot Metrology, in: AJA 88, 1984, 293ff.; N. Parise, Per un Studio de Sistema Ponderale Ugaritico, in: Dialoghi di Archeologia 4/5, 1970/71, 3ff.; ders., Mina di Ugarit, Mina di Karkemish, Mina di Khatti, in: Dialoghi di Archeologia N.S. 3, 1981, 160ff.; ders., in: C. Zaccagnini, Production and Consumption in the Ancient Near East (1989) 333ff., ferner unten Anm. 775-778.

[188] Bass a.O. 48 Abb. 45. 46; S. 50f. Abb. 51. 52; S. 168.

[189] Erst im Jahre 1994 wurde der erste Steinanker in Gelidonya entdeckt, der schwerer ist als alle Anker des Ulu-Burun-Schiffes; er wiegt 4,4 Zentner, s. INA-Quarterly 21, 1994, Heft 4, 21 Abb. 7.

[190] Abb. 90i mit kyprominoischem Schriftzeichen, vgl. Abb. 90j, Bronzehacke aus Enkomi, ebenfalls mit derartigen Zeichen. Ferner Cyprus Mus., Inv.-Nr. 1983/X-10/11, BCH 108, 1984, 900 und 903 Abb. 25: ⍂ .

[191] H.-G. Buchholz, in: G. Bass a.O. 148ff. Abb. 152-154 (danach unsere Abb. 91g).

flickers gehört haben, sofern sie nicht bereits zerbrochen an Bord gelangten, nämlich als Bronzeschrott, der reichlich angetroffen wurde. Da auch einige Rohgüsse
sowie Gußrückstände vorhanden waren, ist erkennbar, wozu man den Schrott
benötigte: Mit ihm wie auch mit den geringen Zinn- und Bleimengen an Bord —
gemessen an der Zahl von neunzig Kupferbarren unterschiedlicher Schwere viel zu
wenig, um Bronze im Idealverhältnis 1:10 herzustellen — sollte beim Guß einzelner
Objekte oder bei der Reparatur vorhandener Werkzeuge der Schmelzpunkt reguliert
werden, wie dies noch heute, verfeinert zwar, beim Glockenguß geschieht. Da bei
dem Schiffsfund auch Hammer- und Amboßsteine auftreten, scheint in der Tat so
gut wie sicher, daß an Bord in den Techniken des Bronzegießers, einschließlich der
nachfolgenden Kaltarbeit, repariert und wohl auch in kleinen Mengen zum Verkauf
oder Tausch nachgegossen wurde. Freilich fehlen Gußformen, Blasebälge und Holzkohle, doch ist zu bedenken, unter welchen Bedingungen überhaupt diese reichen
Unterwasserinformationen von G. Bass und seinen Mitarbeitern beschafft worden
sind. Knüppelholz und Reisig wurden in der Tat entdeckt. Es handelt sich um
Brennholz und vor allem um den abfedernden Schutz der empfindlichen Außen-
wand gegen die schwere Metalladung, die bei rauher See, in Bewegung geraten,
Schäden am Schiff verursachen konnte [192].

Eine so kostbare Ladung, wie die des beim Kap Gelidonya untergegangenen
Schiffes, vermochte zwar Fürsten in ihren Palästen zu beliefern (vgl. Abb. 60c),
mußte aber auch Vorsorge treffen, um Frischwasser, Schlachtvieh, pflanzliche
Nahrungsmittel, Brennholz, die zum Überleben nötigen Alltagsdinge, im Tausch zu
erwerben. Deshalb fand man auch ein paar Perlen an Bord und Tontöpfe verschiedener Größe und Qualität, sofern sie nicht zur Schiffsküche gehörten. Einige
Senkbleie zeigen an, daß man zur Ergänzung der Nahrung Fische fing. Das skizzierte Bild eines Schiffes und seiner Aufgaben im zweiten vorchristlichen Jahrtausend (um 1200 v.Chr.) findet nun eine unglaubliche Abrundung durch ein weiteres,
knapp zweihundert Jahre älteres Schiff, das unweit der Bucht von Kaš sank (Abb.
17) und in langjähriger, sehr verfeinerter Unterwasserarbeit wiederum von G. Bass
der Wissenschaft zugänglich gemacht wird.

Die hier in der zweiten Hälfte des 14. Jhs. v.Chr. verunglückten Seeleute haben
die schützende Bucht nicht mehr erreicht, vermochten auch nicht mehr ihre Anker
zu werfen, kenterten und sanken auf fünfzig Meter Tiefe ab (Abb. 17, unterer
Bildrand). Bug und Heck befinden sich somit in Schräglage mit acht Metern
Höhendifferenz (Abb. 17, 42 m Tiefe am oberen Bildrand) [193]. Bei der Wieder-

[192] Bass a.O. 49ff. Abb. 47. 48. 53, mit entsprechender neuer Deutung der Odysseestelle V
256f.; S. 168f. zur Bestimmung der Holzreste.

[193] Bis 1994 wurde die archäologisch untersuchte Fläche so erweitert, daß sie Tiefen von 41
bis 61 m erreichte, der in der Schräge, auf welcher die Ladung teilweise abrutschte, 33 m
entsprechen. Das Schiff dürfte wohl beträchtlich unter 30 m lang gewesen sein; s. C.M.
Pulak, INA-Quarterly 21, 1994, Heft 4, 14 Abb. 12; zuletzt: G. Bass, To Dive for the
Meaning of Words, in: INA-Quarterly 22, 1995, Heft 3, 21ff. und C. Pulak, In Poseidons
Reich (1995) 43ff. (mit eindrucksvollen Farbaufnahmen und einem Luftbild der Uluburun-
Halbinsel).

auffindung und archäologischen Untersuchung lag der Hauptteil der Ladung, Kupferbarren, noch in geordneten Reihen, der Stapelung an Bord entsprechend. In einem Teil des Großgefäße, sogenannten "Kanaanäischen Krügen" (Abb. 17, Mitte; Abb. 19e und i, oben) ruhten, vor Zerbruch sicher verpackt, u.a. "Whiteslip"-Schalen kyprischer Herkunft (Abb. 19 b.c.i).

An Bord führte man mindestens 23 Steinanker unterschiedlicher Größe und Schwere mit [194]. Bronzene Netznadeln und bleierne Netzbeschwerer (s. unten S. 242f.) zeigen an, daß man sich aus dem Meer mit Nahrung versorgte. Vom Schiff sind Teile des Kiels und der sonstigen Holzelemente erhalten [195]. Desgleichen wurde Reisig zur Abfederung schweren Ladegutes gegen die empfindliche Hülle des Fahrzeugs festgestellt und organisches Transportgut, wie Stoffe und pflanzliche Nahrungsmittel [196]. Der bronzezeitliche Weihrauchhandel aus dem Süden Arabiens läßt sich nur bis Syrien-Zypern wahrscheinlich machen [197], weiter westlich bleibt er vorerst Spekulation. Edelhölzer, die zu Schnitzzwecken in kleinen Mengen gehandelt wurden, sind vorerst mit einem über einen Meter langen Stück Ebenholz (*Darembergia melanoxylon*) und etlichen kleinen Fragmenten in Ulu Burun vertreten. Dieses seltene Holz auf eben diesem Seeweg muß als ein ganz außergewöhnlicher Fund betrachtet werden. Als hochgeschätzte Hölzer für Schnitzereien sind aus östlichen Schriftquellen Buchsbaum und Ebenholz bekannt [198].

---

[194] So M. Mellink, AJA 95, 1991, 137. Deren Lage im endgültigen Plan: INA-Quarterly 20, 1993, Heft 4, 6. Ein kleiner Kalksteinanker von 25,9 kg ebd. S. 9 Abb. 9; Unterwasserphoto von Ankern und Barren in situ: C. Pulak, AJA 92, 1988, 2 Abb. 1; S. Gülçur, Das bronzezeitliche Wrack von Uluburun bei Kaş, in: Antike Welt 26, 1995, 460 Abb. 22.

[195] Vgl. INA-Quarterly 20, 1993, Heft 4, 8 Abb. 4. 5; S. 10 Abb. 11; 21, 1994, Heft 4, 12 Abb. 7-9; Gülçur a.O. 453ff. Abb. 3 (Farbaufn.).

[196] C. Haldane, AJA 92, 1988, 11 Anm. 42: Vortrag "Archaeobotanical Remains from Four Shipwrecks of Turkey's Southern Shore"; ders., Direct Evidence for Organic Cargoes in the Late Bronze Age, in: World Archaeology 24, 1993, 348ff; G. Bass, INA-Quarterly 22, 1995, Heft 3, 21f. (zu homerisch ὕλη und Linear B *ki-ta-no*).

[197] M. Artzy, Incense, Camels and Collared Rim Jars, Desert Trade Routes and Maritime Outlets in the Second Millennium, in: OxfJournArch 13, 1994, 121ff.

[198] G. Bass und Mitarbeiter, AJA 93, 1989, 9 Abb. 17 und S. 26. — Zu den schriftl. Quellen: S.A.B. Mercer, Tell El-Amarna Tablets I (1939) 145. 147. 205; D.D. Luckenbill, Ancient Records of Assyria and Babylon II (1927) 100ff. (Möbel aus Buchsbaumholz; Tribut Zyperns). Zu ᵍⁱˢušu/ašu s. K. van Lerberghe, An Enigmatic Cylinder Seal mentioning the ušum-tree, in: M. Stol, On Trees, Mountains, and Millstones in the Ancient Near East (1979) 31ff. Weiteres bei H.-G. Buchholz in dessen Anm. (s. folgende Anm.) und ferner in unserem Lit.-Verz., 1. Abt., Markoe 1987. — Edle Holzarten, u.a. Ebenholz, auch im "Zwischenhandel" des selber holzarmen Zweistromlandes: J.A. Brinkman, Foreign Relations of Babylonia from 1600 to 625 B.C., in: AJA 76, 1972, 271ff., bes. 275 und 279. Vgl. außerdem Plinius, NH XII, VIII 17f.: "Als einzigen der in Indien heimischen Bäume hat Vergil den Ebenholzbaum gerühmt und dabei erklärt, daß er sonst nirgends wachse. Herodot wollte ihn lieber als einen Baum Äthiopiens verstanden wissen, indem er berichtet, daß die Äthiopier alle zwei Jahre zusammen mit Gold und Elfenbein hundert Stämme aus seinem Holze den

Abb. 17. Ladung des vor Ulu Burun bei Kasch an der türkischen Südküste untergegangenen bronzezeitlichen Schiffes. Es liegt am steil abfallenden Unterwasserkliff in 42 bis 50 Meter Tiefe, vgl. Abb. 19 b.c.e.i und Abb. 28

Erstere Holzart, die im Altertum auch auf Zypern vorkam [199], war ein zum Drechseln sehr geeignetes Material und hat deshalb im Griechischen die Bezeichnung für "Büchse" geliefert. Stielreste von Doppeläxten der Zeusgrotte auf Kreta waren aus dem Holz der Libanon-Zeder gefertigt, die heute auf der Insel nicht vorkommt [200].

Die Hauptladung dieses Schiffes umfaßte 450 größtenteils aus Kupfer bestehende Barren, eine bisher noch nirgends beobachteten Menge [201], nach den Berechnungen von G. Bass etwa 10 Tonnen Kupfer und 1 Tonne Zinn (Archaeology 51, 1998, Nr. 6, 48ff.). Davon waren bis zum Jahreswechsel 1995/96 180 Stück gereinigt und bearbeitet. Hier auch traf man zum ersten Male auf Teile von Zinnbarren [202], gegossen als Viertel vom "Vierzungentypus" der Kupferbarren. Das reichhaltige Repertoire an Bronzegeräten wird teils Handelsware, teils Bordwerkzeug gewesen sein ("Ärmchenbeile" [203], Sicheln, Hacken, Stichel und Meißel verschiedenen Typs [204]). Der Verbreitung und Datierung in den ostmediterranen Anliegerländern ist bereits C. Pulak nachgegangen [205].

---

persischen Königen an Stelle eines Tributs geliefert hätten. Es soll auch nicht übergangen werden, daß - nach der gleichen Mitteilung - die Äthiopier aus dem nämlichen Grund zwanzig große Elefantenzähne zu liefern pflegten." (vgl. Strabo 703 und 822).

[199] H.-G. Buchholz, Archäologische Holzfunde aus Tamassos, Zypern, in: APA 20, 1988, 89ff., mit Lit.

[200] F. Netolitzky, Bericht über den 6. Int. Kongreß für Archäologie, Berlin 1939 (1940) 155.

[201] Beispiele von "Kissenform" und "Vierzungenform": C. Pulak, AJA 92, 1988, 2 Abb. 1 (in situ); S. 7 Abb. 3; D. Haldane, INA-Quarterly 20, 1993, Heft 3, 9 mit Abb.; Gülçur a.O. 454 Abb. 4 (Farbaufn.) — Erweiterter Plan (Ergänzung zu unserer Abb. 17): INA-Quarterly 20, 1993, Heft 4, 6 und 21, 1994, Heft 4, 10 Abb. 4. — Weitere Lit. zu Ulu Burun in H.-G. Buchholz, Der Metallhandel des zweiten Jahrtausends im Mittelmeerraum, in: Symposium Haifa 1985 (1988) 187ff. 224 Anm. 72 Abb. 13 und 14a.b (danach unsere Abb. 17. 19e.i); außer der dort genannten Lit.: C. Pulak, The Bronze Age Shipwreck at Ulu Burun, 1985 Campaign, in: AJA 92, 1988, 1ff.; G. Bass-C. Pulak-D. Collon-J. Weinstein, Bronze Age Shipwreck at Ulu Burun, 1986 Campaign, in: AJA 93, 1989, 1ff; G. Bass, Evidence of Trade from Bronze Age Shipwrecks, in: Conference Rewley House, Oxford 1989 (1991) 69ff. (Gelidonya und Ulu Burun, mit umfangreicher Lit.-Liste); C. Pulak und Mitarbeiter, The Shipwreck at Uluburun, 1993 Excavation Campaign, in: INA-Quarterly 20, 1993, Heft 4, 4ff.; C. Pulak und Mitarb., 1994 Excavation at Uluburun, the Final Campaign, in: INA-Quarterly 21, 1994, Heft 4, 8ff.; R. Maddin, The Copper and Tin Ingots from the Kaş Shipwreck, in: Der Anschnitt, Beiheft 7 (1989) 99ff.

[202] C. Pulak, AJA 92, 1988, 9f. Abb. 4.5.

[203] Pulak a.O. 15 Abb. 11; G. Bass, AJA 90, 1986, 292 Abb. 32 Anm. 136. — Zu diesen, auch im Wrack vom Kap Gelidonya vorhanden, ihre Datierung und Verbreitung s. H.-G. Buchholz-H. Drescher, APA 19, 1987, 37ff.; S. 55ff. Abb. 12 a-h; 13.

[204] Pulak a.O. 18f. Abb. 15-18; INA-Quarterly 20, 1993, Heft 4, 10 Abb. 12 (mit Holzgriff). Tüllenmeißel wie auf dem Gelidonyaschiff scheinen in dem älteren Ulu Burun-Schiff zu fehlen; vgl. zu diesen: Buchholz-Drescher a.O. 47 Abb. 7 c; S. 66ff. Abb. 16 a.b; 17 a-d.

[205] Pulak a.O. 14ff., mit Lit.

Der handels- und technikgeschichtlich bedeutendste Teil der Ladung sind fast 200 'Glaskuchen', u.a. in einem Gefäßrest, und dicke, rundstabförmige Glasbarren, die wahrscheinlich aus Syrien stammen [206]. Sie bestätigen meine früher geäußerte Beobachtung, daß mykenisches Glas zunächst ausschließlich und später weiterhin sporadisch nicht im Lande selbst produziert wurde, vielmehr als Rohprodukt zu den vorderasiatischen, leicht umschmelzbaren Importen gehörte und in Griechenland in seine endgültige Form gebracht wurde (vgl. z.B. Abb. 59a [207]). Es kommen die Farben Braun ('Purpurglas'), Bernsteingelb, und das für mykenischen Glasschmuck so charakteristische intensive Blau vor. Die Analyse ergab als Farbstoff 'Ägyptisch-Blau' und Kobalt [208]. Der nicht nur zu massiven Schmuckelementen sondern auch zu allerlei Glasuren umschmelzbare Stoff war teuer und gehörte auf die Feinwaage. Mineralische Pigmente, die auf diesem oder ähnlichem Weg in die Ägäis gelangten, jedoch unter Wasser keine Chance besaßen, erhalten zu bleiben, werden im ganzen rar und deshalb teuer gewesen und sorgfältig gewogen worden sein [209]. Wie im Fall des Gelidonya-Schiffs, so ist auch hier die Internationalität und Mobilität beim Warenaustausch und bei der Bedienung von Märkten beeindruckend. Die metrologischen Voraussetzungen für An- und Verkauf waren an jeder Küste des östlichen Mittelmeeres und der Ägäis gegeben, indem man in allen "Near Eastern Standards" zu wiegen vermochte. Außer Serien von Feingewichten [210] führte man an Bord figürliche Bronzegewichte mit, wie wir sie aus Ägypten, Ras Schamra oder Zypern kennen und die mittels einer Bleifüllung genauestens justiert waren [211]. Im Schiff befanden sich außer zwei Rollsiegeln, einem goldenen Pokal und intakten Schmuckgegenständen, wie Goldamuletten und Bronzenadeln [212],

---

[206] H.-G. Buchholz, Ägäische Bronzezeit (1987) 160; INA-Quarterly 20, 1993, Heft 3, 10 mit Abb.; G. Bass, INA-Quarterly 22, 1995, Heft 3, 21 (*mêku* und *eḫlipakku* = "Rohglas").

[207] Mykenischer Schädel mit Glasdiadem aus einem Kammergrab bei Olympia, s. H.-G. Buchholz-V. Karageorghis, Altägäis und Altkypros (1971) 111 Nr. 1346; in den entsprechenden Formen ließ sich Gold- und Glasschmuck herstellen, a.O. 108ff. Abb. 36 und 37 und Abb. 458-462.

[208] Pulak a.O. 14, i.g. zwölf Glasbarren und zahlreiche Fragmente.

[209] H.-G. Buchholz, Ägäische Bronzezeit (1987) 176ff. ("Pigmente und fremde Motive in der Wandmalerei"), insbesondere zu "Ägyptisch-Blau". — Eine Löwenschale des frühen 1. Jts. v.Chr. aus Kinneret am See Genezareth soll in Gänze aus "Ägyptisch-Blau" bestehen. Das kann nur bedeuten, daß eine fayenceartige Masse mit diesem synthetischen Pigment gefärbt ist (zum Objekt: V. Fritz, ZDPV 102, 1986, 35f.).

[210] INA-Quarterly 21, 1994, Heft 4, 16 Abb. 15a-e.

[211] C. Pulak, AJA 92, 1988, 30ff. Abb. 37a-d und 38; zu solchen Gewichten aus Ras Schamra und Zypern vgl. J.-Cl. Courtois, Le Trésor de Poids de Kalavassos-Ayios Dhimitrios 1982, in: RDAC 1983, 117ff. Weitere Lit. bei M. Heltzer, Trade between Egypt and Western Asia, New Metrological Evidence, in: JESHO 37, 1994, 318ff.

[212] D. Collon, AJA 93, 1989, 12ff. mit Abb. 24-28 (Rollsiegel); G. Bass, AJA 90, 1986, 289 Abb. 24 (goldener Pokal); Pulak a.O. 29 Abb. 36 (bronzene Schmucknadel); ferner AJA 93, 1989, 4f. Abb. 3-6 (goldene Amulette und Halsanhänger). Ausführlich zu besagtem Goldpokal, s. Y.G. Lolos, Enalia 1, 1990, 8f. mit Abb. 1-3 und umfangreicher Bibliographie; zuletzt

silbernen Armreifen [213], Muschelringen [214] und Perlen aller Art [215], die weitgehend typengleich in Ras Schamra vorkommen, auch verbogenes Silber [216] und zerhacktes Gold [217]. Das deutet auf "Ware" bzw. prämonitäre "Zahlungsmittel" hin.

Elfenbein befand sich ebenfalls als Rohmaterial im Schiff, und zwar in mehr oder weniger großen abgesägten Teilen von Elefanten- und Flußpferdzähnen (Abb. 60a.b) [218]. Daß sich sehr oft hinter archäologischem Elfenbein der ägäischen Welt Flußpferdzahn verbirgt, wissen wir schon länger [219], aber noch nie war der Rohstoff "Elfenbein" beiderlei Ursprungs eng beieinander wie in Ulu Burun gefunden und sogleich erkannt worden.

S. Gülçur, Antike Welt 26, 1995, 453ff. Abb. 14 (Pokal), Abb. 22 und 23 (goldener Skarabäus und Amulettanhänger, Farbaufn.) und unten Anm. 229.

[213] Pulak a.O. 26 Abb. 29.

[214] G. Bass und Mitarbeiter, AJA 93, 1989, 11 Abb. 21; Pulak a.O. 27 Abb. 31a.b; INA-Quarterly 21, 1994, Heft 4, 11 Abb. 5. Sie kommen in Syrien, Zypern und im ägäischen Raum vor, s. D.S. Reese, Topshell-Rings in the Aegean Bronze Age, in: BSA 79, 1984, 237f.

[215] G. Bass, AJA 90, 1986, 286 (Bernsteinperlen, i.g. fast 30 Stück); Pulak a.O. 25 Abb. 27. 28 (Quarz und Halbedelstein); INA-Quarterly 21, 1994, Heft 4, 9 Abb. 2. 3. Amethyst-Perlen waren in mykenischen Gräbern des SHI/II relativ häufig, im SH III seltener. Nach Ansicht vieler Archäologen war der Rohstoff ägyptischer Herkunft, so referiert von D. Kaza-Papageorgiou, AM 100, 1985, 19 mit Anm. 71 und 72 (sie beruft sich auf Wace, Lorimer und Dickinson).

[216] Pulak a.O. 26 Abb. 30, schwer und dunkel patiniert; vielleicht eine Silber-Blei-Legierung.

[217] Pulak a.O. 27f. Abb. 32. 33 (Goldplättchen und Teil einer Fingerringplatte mit ägyptischen Hieroglyphen).

[218] Unsere Abb. 60 a.b nach G. Bass, AJA 90, 1986, 284f. Abb. 18 und 19 (beachte die dort angegebene Lit.); ders., AJA 93, 1989, 11 Abb. 20; C. Pulak, In Poseidons Reich (1995) 51 Abb. 14 (Farbaufn.) — Rohstücke, nicht ganze Zähne, u.a. auch im Tirynsschatz, s. G. Karo, AM 55, 1930, 138.

[219] Zuerst als Möglichkeit erkannt von A.W. Persson, The New Tombs at Dendra near Midea (1942) 145f.; hierzu H.-G. Buchholz, APA 16/17, 1984/85, 91ff. bes. Anm. 9 und die weitere zitierte Lit.; s. O. Krzyszkowska, Wealth and Prosperity in Pre-palatial Crete, the Case of Ivory, in: O. Krzyszkowska-L. Nixon, Minoan Society, Proceedings of the Cambridge Colloquium 1981 (1983) 163ff.; dies., Ivory-Carving in the Late Bronze Age Aegean, in: BICS 30, 1983, 187; dies., Ivory from Hippopotamus Tusk in the Aegean Bronze Age, in: Antiquity 58, 1984, 123ff.; dies., Ivory in the Aegean Bronze Age, Elephant or Hippopotamus Ivory?, in: BSA 83, 1988, 209ff. Vgl. A. Caubet-F. Poplin, Ras Schamra-Ougarit III (1987) 273ff. Vgl. ferner zum Nilpferd in Tell Sukas/Nordsyrien (3. Jt. v.Chr., vielleicht bis um 1000 v.Chr.): P.J. Riis, AfO 21, 1966, 195, zum Elefanten: G.D. Francis-M. Vickers, Ivory Tusks from Al Mina, in: OxfJournArch 2, 1983, 249f. Zur Terminologie: E. Laroche, Sur le Nom Grec de l'Ivoire, in: RPhil 39, 1965, 56ff. und Buchholz a.O. 93f. mit Anm. 11 und 12 (griechisch ἐλέφας sei von ugaritisch *lapha*, seinerseits Lehnwort unbekannter Quelle, abgeleitet).

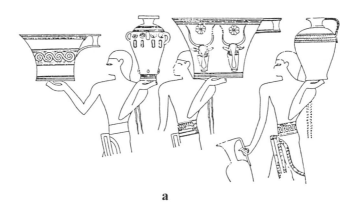

a

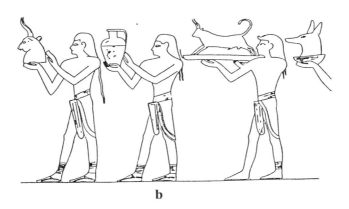

b

Abb. 18 a.b. Gesandte aus dem Lande Keftiu mit Gaben für
den Pharao: a Darstellung im Grabe des Senmut, eines Vertrauten der Königin Hatschepsut; Fertigstellung des Grabes
im 11. Regierungsjahr Thutmosis'III. (1494/93). — b Wenig
spätere Darstellung im Grabe des Amenuser, Vesirs desselben
Pharao und Onkels des Rechmire

午	⊿	ዋ	‡	×	⟩	⊹	σ
∃	∃	⊐	⊤	⊈	⋨	⊘	⟁
⊂	⌒	⊢	丘	⋥	⑇	⟨	⟩
⋀	⊟	⊔⊔	⟍	⊁	₸	⊔⊔	⋿

Abb. 18c. Kleine Auswahl von eingeschnittenen Zeichen an Keftiu- und Rundbarren des
Schiffsfundes von Ulu Burun (vgl. Abb. 55)

Wiederum mögen einige Fertigprodukte aus Elfenbein zum persönlichen Besitz des Kapitäns oder Steuermanns gehört haben; als Handelsware wären sie als wertvolle Einzelstücke zu bezeichnen: ein Szepter [220], ein figürlich gestalteter Gerätegriff [221], ein Löffel, dessen Stiel in einer geballten Faust endet [222], vor allem aber Reste von Schmuckdosen mit plastischem, zurückgewandtem Entenkopf [223], wie sie aus Lachisch, Megiddo, Sidon, Byblos, Tel Dan [224], Kamid el Loz [225], Ras Schamra [226] und Alalach [227] sowie als Importgut aus zahlreichen kretisch-mykenischen Grabungsorten in Hellas bekannt sind [228]. Was wir an Gegenständen ägyptischer Herkunft erwähnt haben, ist um einige Skarabäen und ein rechteckiges Steinamulett mit Hieroglyphen zu ergänzen [229]. Kyprisches haben wir mit den Kupferbarren angesprochen und auch mit "Basering"- und "Whiteslip"-Keramik der Insel (Abb. 19b.c.i) [230]; die keramische Handelsware war in großen Pithoi verpackt gewesen (Abb. 19e). Tönerne Wandarme (wie unsere Abb. 102a-c; 104a-k) kann man ebenfalls dem kyprischen Fundgut zurechnen, aber ohne sorgfältige Prüfung wäre die nordsyrische Herkunft ebenfalls möglich. Dasselbe gilt für einen bronzenen Dreizack, wofür es Parallelen sowohl in

---

[220] INA-Quarterly 21, 1994, Heft 4, 13 Abb. 10.

[221] In Form einer Akrobatin: ebd. 13 Abb. 11; typengleich, vielleicht sogar werkstattgleich mit einem Elfenbeingriff aus Kamid el Loz, s. Frühe Phöniker im Libanon, Ausstellungskatalog Bonn (1983) 114 Nr. 2, S. 85 (Farbabb.).

[222] INA-Quarterly 20, 1993, Heft 4, 9 Abb. 7 a.b. Vom Motiv her ist eine Elfenbeinnadel aus Gruft 45 (13. Jh. v.Chr.) in Assur zu vergleichen (Abb. 65q); aus gleichem Grab stammen unsere Abb. 64d.f; 100h.

[223] Ebd. 10 Abb. 10. Ein aus Ägypten wohlbekanntes Motiv: A. Herrmann, Das Motiv der Ente mit zurückgewendetem Kopfe im ägpytischen Kunstgewerbe, in: ZÄS 68, 1932, 86ff.

[224] A. Biran, Qadmoniot 4, 1971, Farbabb. nach S. 4 (Tel Dan). Zu den übrigen Fundorten Lit. bei R. Echt (s. folgende Anm.) 91 Anm. 11. Zu Megiddo außerdem: H. Müller-Karpe, Hdb. der Vorgeschichte IV (1980) Taf. 130,A19. Zu Byblos, Fundnr. 7168, ohne Deckel, s. J.-F. Salles, La Nécropole "K" de Byblos (1980) 96 Abb. 28,4 Taf. 21,5.

[225] R. Echt, in: Frühe Phöniker im Libanon, Ausstellung Bonn (1983) 82ff., mit Lit., S. 83 Abb. und S. 96 (Farbabb.); zuletzt W. Adler, Die spätbronzezeitlichen Pyxiden in Gestalt von Wasservögeln (1996); unten Anm. 1389-1395.

[226] Aleppo, Arch. Mus., Inv.-Nr. 4535, s. C.F.A. Schaeffer, Syria 13, 1932, Taf. 8,2; H.Th. Bossert, Altsyrien (1951) Nr. 669; Land des Baal, Syrien, Forum der Völker und Kulturen, Ausstellung Berlin (1982) 148f. Nr. 141 mit Abb.; auch unten Anm. 1390.

[227] Oben Anm. 224.

[228] Sämtliche ägäischen Funde sind zusammengestellt und als Miniaturschiffe erklärt von G. Sakellarakes, ArchEphem 110, 1971, 188ff.

[229] Skarabäen: C. Pulak, AJA 92, 1988, 28 Abb. 34; INA-Quarterly 21, 1994, Heft 4, 15 Abb. 13 a.b. — Amulett: Pulak a.O. 28f. Abb. 35.

[230] Pulak a.O. 13; INA-Quarterly 21, 1994, Heft 4, 8 Abb. 1 ("Milkbowls" in den Händen eines Tauchers unter Wasser).

Hala Sultan Tekke/Zypern als auch in Palästina und Ras Schamra (Abb. 82s) gibt [231]. Bei einem Fayencebecher in Form eines weiblichen Kopfes [232] fühlt man sich nach Enkomi versetzt, wo derartige Gefäße seit langem bestens bezeugt sind [233]. Etliche der bronzenen Geräte- und Dolchtypen sind sicher syrischer Herkunft [234], desgleichen tönerne Lampen [235].

Zu den weiteren sensationellen Entdeckungen in diesem Wrack gehört eine aus Buchsbaumholz bestehende Schrifttafel [236], eine auf den Schreibflächen ursprünglich mit Wachs überzogene, somit ständig für kurze Notizen wiederverwendbare Klapptafel, sowie ein Teil einer zweiten. Nach archäologischen Analogien konnten wir bisher derartiges nicht vor dem 8. Jh. v.Chr. erwarten und haben auch mit Blick auf "Buchführung" und "schnelle überschlägige Kalkulationen" Korrekturen an unseren Vorstellungen von den Händlern des zweiten Jahrtausends zwischen Ägäis und Zypern vorzunehmen.

Eine nicht geringe Überraschung stellt die ebenfalls aus Syrien stammende, bronzene, teilweise mit Goldfolie überzogene Figur einer Göttin dar [237]. Es handelt sich offensichtlich um die Schutzgottheit des Schiffes. Doch wir hätten in dieser Funktion wohl eher einen Baal erwartet? Gleichermaßen überrascht, daß die Schutzgottheiten der Metallurgie auf Zypern weiblich und männlich waren (Abb. 107b.d). Und in der späteren Antike wurden neben Poseidon, Zeus, sowie den göttlichen Zwillingen, Aphrodite, Artemis und weitere weibliche Gottheiten als Schutzherrinnen des Seewesens angerufen [238].

Kymbala aus Bronze waren in der Epoche des Ulu Burun-Schiffes nicht besonders weit verbreitet und eher selten. Sie stellen als im Kult verwendete

---

[231] INA-Quarterly 20, 1993, Heft 4, 11 Abb. 13 c.

[232] Pulak a.O. 32 Abb. 40.

[233] A.S. Murray-A.H. Smith-H.B. Walters, Excavations in Cyprus (1900) 33 Taf. 3. Vergleichbares ist aus Minet el Beida, Abu Hawam und Assur bekannt: H.Th. Bossert, Altsyrien (1951) Nr. 343. 653. 1084; L. Åström, Studies on the Arts and Crafts of the Late Cypriote Bronze Age (1967) 122f.

[234] Beispielsweise Pulak a.O. 20 Abb. 20; INA-Quarterly a.O. 12 Abb. 14.

[235] G. Bass, AJA 90, 1986, 285. 287 Abb. 22; Pulak a.O. 12f. Abb. 6.

[236] G. Bass und Mitarbeiter, AJA 93, 1989, 10 Abb. 19; R. Payton, The Uluburun Writing Board Set, in: AnatStud 41, 1991, 99ff. und D. Symington, Late Bronze Age Writing Boards from Anatolia and Syria, ebd. 111ff. Eine Holztafel, Teil eines weiteren Diptychons, wurde 1994 entdeckt: INA-Quarterly 21, 1994, Heft 4, 11 Abb. 6.

[237] INA-Quarterly 19, 1992, Heft 4, 10; 20, 1993, Heft 3, 7 mit Abb.; C. Pulak, In Poseidons Reich (1995) 53 Abb. 23 (Farbaufn.).

[238] D. Wachsmuth, Pompinos o Daimon, Untersuchungen zu den antiken Sakralhandlungen bei Seereisen (1967) 168 (Gottheiten des Ein- und Ausstiegs) und passim. — In christlicher Zeit tritt häufig die Panagia zum heiligen Nikolaos als Schiffspatronin.

Musikinstrumente eine anatolische Eigentümlichkeit dar [239].

Die wahre Internationalität, Vereinigung von Ost und West, auf einem Schiff, wie dem bei Ulu Burun untergegangenen, äußerte sich in der Existenz mykenischer Siegel [240] und mykenischer Keramik neben kyprischen, syrischen und ägyptischen Objekten an Bord (SH III A 2) [241]. Auch zwei mykenische Rasiermesser stellen sich als persönlicher Besitz von Männern auf diesem Schiff dar [242]. Weil Barttracht und Rasieren ethnisch gebunden waren und weil der Glaube an die dem Haar innewohnende Lebenskraft sich auf das Schermesser übertrug [243], wurde ein solches nicht einfach einem Fremden überlassen und deshalb sind als Besitzer "Mykener" zu vermuten, zumal sich unter den Waffen an Bord ein mykenisches Schwert befand und ein typologisch etwas älteres, das ein Produkt Kretas sein dürfte [244].

32 bronzene lanzettförmige Pfeilspitzen mit kantigem Dorn fügen sich durchaus in die späthelladische Typologie ein (Typus VII a) [245], kommen aber außerordentlich ähnlich im bronzezeitlichen Zypern und in der Levante vor. Den von C. Pulak benannten syrisch-palästinensischen Fundorten ist Ras Schamra hinzuzufügen [246].

Nicht unerwähnt soll unter dem halben Dutzend von Tüllenspeerspitzen eine relativ kleine Spitze (L 16 cm) bleiben, weil sie einem "balkanischen" Typus zuzurechnen ist, der sporadisch seit dem SH III A Griechenland erreichte, kenn-

---

[239] G. Bass, AJA 90, 1986, 290 Abb. 28. Zu weiteren Stücken, überwiegend aus Kleinasien: H.-G. Buchholz-H. Drescher, APA 19, 1987, 45 Abb. 6a.b; S. 63 Abb. 15b.c.g-i und S. 68 mit Literatur und K. Bittel, Cymbeln für Kybele, in: Festschrift für G. Wasmuth zum 80. Geburtstag (1968) 79ff.

[240] Bass a.O. 285 Abb. 20 Taf. 17,2 und INA-Quarterly 21, 1994, Heft 4, 16 Abb. 16. Außerdem zwei lentoïde Achate, poliert, ohne Bild: AJA 93, 1989, 6 Abb. 11 a.b.

[241] Bass a.O. 288 Abb. 23; S. 291 Abb. 29; S. 293 Abb. 34; C. Pulak, AJA 92, 1988, 13f. Abb. 8. 9.

[242] G. Bass, AJA 90, 1986, 293 Abb. 33; Pulak a.O. 15 Abb. 10.

[243] Aus Anatolien sind mit diesen nur vier Rasiermesser vorliegenden Typs bekannt, aus Panaztepe und Boğazköy, s. H.-G. Buchholz, JPR 8, 1994, 25 Abb. 3g und S. 28 mit Nachweisen. Vgl. Sp. Marinatos, Haar- und Barttracht, in: H.-G. Buchholz, ArchHom, Lieferung B (1967).

[244] Pulak a.O. 20ff. Abb. 21; INA-Quarterly 20, 1993, Heft 4, 11 Abb. 13 b. Variante des in Palästina gefundenen ägäischen Schwertes auf unserer Abb. 30z. Das minoische, schlecht erhaltene Kurzschwert: Pulak a.O. Abb. 22, mit weiterer Lit.

[245] H.-G. Buchholz, Der Pfeilglätter aus dem VI. Schachtgrab von Mykene und die helladischen Pfeilspitzen, in: JdI 77, 1962, 1ff. 11 Abb. 7 (Typentafel), S. 22 Abb. 13a-m.

[246] H.-G. Buchholz, Pfeilspitzen, weitere Beobachtungen, in: AA 1976, 1ff. bes. 3 und Abb. 2. 3; ders., ArchHom, Lieferung E: Kriegswesen, Teil 2 (1980) Taf. 26f.g.

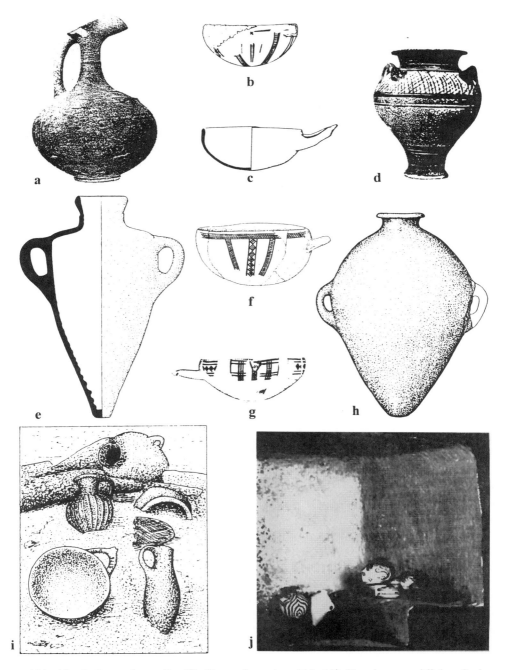

Abb. 19 a-j. Importkeramik: Ulu Burun (b.c.e.i, s. Abb. 17), Kos, bronzezeitliches Grab (a syrische Kanne, zusammen mit d, mykenischem Gefäß), Thera (f.h), Athen, Grab am Areopag (j), und Chania/Westkreta (g). — "Kanaanäische Vorratsgefäße" (e.h.i.j) und kyprische "Whiteslip-Keramik" (b.f.g.i)

zeichnend aber erst für das spätere 13. Jh.v.Chr. wurde [247]. Noch tiefer hinein in
den Schwarzmeer- und südrussischen Raum weist ein allerdings — gerade wegen
solcher Fernverbindungen äußerst ungewöhnlicher — Fund: Eine steinerne Zeremonialwaffe, eine Szepterbekrönung (Abb. 28a), worüber unten eingehender zu berichten sein wird.

Abschließend ist auf zahlreiche "Kanaanäische Pithoi" in Ulu Burun hinzuweisen (Abb. 19e; auch im Plan erkennbar: Abb. 17) [248]. Sie waren die "Contai-
ner", in welchen nicht allein Festes, wie Getreide oder andere pflanzliche Nahrungsmittel, Kiefernharz zur Konservierung von Wein, teerartige Stoffe und Mineralien
(Pigmente), sondern auch zerbrechliche Keramik wohlverpackt transportiert wurde.
Die frühere Ansicht, daß sie zur Aufnahme von Flüssigkeiten gedient hätten (Wein,
Öl, Wasser) ist wegen der relativen Weitmündigkeit dieser Pithoi und der damit
verbundenen Schwierigkeit bei der Abdichtung der Öffnung aufgegeben worden.
Für den Archäologen sind sie "Leitformen", mit deren Hilfe er die Wege des Fern-
handels verfolgen kann. Als Vorratsgefäße aus kyprisch-syrisch-palästinensischer
Produktion sind sie in der gesamten Levante wohlbekannt [249] und lassen sich in
ältere (Abb. 19h, Thera) [250] und jüngere Formenvarianten trennen (Abb. 19e, Ulu
Burun). Typen mit abgerundeter Schulter sind für die Zeit Amenophis' III. bildlich
bezeugt (Abb. 10f) und real in Tell el Amarna während der Regierung seines
Nachfolgers nachgewiesen [251], in Akrotiri auf Thera (s. oben) bereits etwas früher.

Unsere Abb. 19j zeigt ein Kammergrab am Areiopag in Athen, das auf Grund
der keramischen Beigaben in die Phase SH III A 1/2 datiert werden kann [252]. Der
ebenfalls der hier bestatteten Person (samt Inhalt) mitgegebene "Kanaanäische
Pithos" weist die stark abfallende, gerundete Schulter der älteren Formen, dabei
aber das schlank zugespitzte Unterteil des Ulu Burun-Beispiels auf. Tonanalysen
haben einen sicheren Herkunftsnachweis allerdings nicht erbringen können, doch
die Erzeugung auf Zypern liegt im Bereich des Wahrscheinlichen [253].

---

[247] INA-Quarterly 21, 1994, Heft 4, 15 Abb. 14. Vgl. O. Höckmann, in: H.-G. Buchholz,
ArchHom a.O. 299ff. Abb. 77g; ders., Lanze und Speer im spätminoischen und mykenischen
Griechenland, in: JbRGZM 27, 1980, 13ff. bes. 52ff. 64ff. (zur Herleitung aus dem Balkan-
Donau-Raum); zuletzt: P. Càssola Guida-M. Zucconi Galli Fonseca, Nuovi Studi sulle Armi
dei Micenei (1992) 37ff. 42 Gruppe K und S. 53f.

[248] Beispielsweise in situ unter Wasser: INA-Quarterly 20, 1993, Heft 4, 5 Abb. 2. Unsere
Abb. 19e nach G. Bass, IJNA 13, 1984, und AJA 90, 1986, 277 Abb. 7, s. H.-G. Buchholz,
Symposium Haifa 1985 (1988) 227 Abb. 14 a.

[249] R. Amiran, Ancient Pottery of the Holy Land (1969) 138ff. und unten Anm. 254.

[250] H.-G. Buchholz, Ägäische Bronzezeit (1987) 165f. Anm. 24 Nachweis Abb. 43c.

[251] Amiran a.O. 138f. Abb. 43,7.

[252] H.-G. Buchholz-V. Karageorghis, Altägäis und Altkypros (1971) 43 Abb. 17,183; Abb.
956a.b, mit Lit., s. auch Amiran a.O. 138f. Abb. 43,6 und S. 142 Abb. 132; P. Åström-R.E.
Jones, A Mycenaean Tomb and its Near Eastern Connections, in: OpAth 14, 1982, 7ff.

[253] R.E. Jones, Greek and Cypriot Pottery (1986) 571ff.

Daß Ras Schamra an der Produktion und Nutzung sämtlicher Typen, z.T. gleichzeitig nebeneinander, intensiv beteiligt gewesen ist, wissen wir bereits durch die 1932 erfolgte Veröffentlichung eines Bildes regelmäßiger Reihen solcher Pithoi, die zu mehr als achtzig in Minet el Beida aufgedeckt wurden [254]. Bei meinen Ausgrabungen am Hang der "Süd-Akropolis" von Ras Schamra stieß ich im Grab 4253 (Abb. 20c-f) und im Quadrat 50/150 Ost (vgl. Abb. 37, Plan) auf eine kleinere Ansammlung "Kanaanäischer Pithoi" (Abb. 20a.b), unter denen ältere voluminöse Formen neben Übergangstypen mit abgesetzter Schulter vertreten sind. Hier handelt es sich offenbar um ein Privathaus des 13. Jhs. v.Chr., in welchem ererbte Stücke aus dem 14. Jh. neben jüngeren weiter ihren Dienst taten.

Die außerordentliche Bedeutung der "Kanaanäischen Pithoi" für die Erforschung der Handelsbeziehungen in der zweiten Hälfte des 2. Jts. v.Chr. hatte bereits V. Grace erkannt, die darüber eine grundlegende Studie vorlegte [255]. E. Grumach bemerkte frühzeitig, daß viele dieser Pithoi Schriftzeichen aufweisen, deren systematische Untersuchung ebenfalls zur Aufhellung von raumübergreifenden Wirtschaftspraktiken beitragen könnte [256]. Außer in Athen, Menidi/Attika und Mykene [257] fanden sich Fragmente derartiger Pithoi mit mehr oder weniger tief eingeschnittenen Zeichen auch in der Unterburg von Tiryns (⚹ ⌣ , SH III B 2) [258]. Weitere Beispiele, desgleichen Scherben, überwiegend ohne Schrift, stammen aus Athen (SH III A) [259] und dem "Haus des Ölhändlers" in Mykene [260], vollständige Exemplare aus einem Kammergrab in Koukaki bei Athen und dem mykenischen Palast von Pylos (mit großem eingekratzten Schriftzeichen) [261], sowie aus

---

[254] C.F.A. Schaeffer, Syria 13, 1932, Taf. 3,3; ders., Ugaritica II (1949) Taf. 31,1; H.Th. Bossert, Altsyrien (1951) Abb. 753.

[255] V.R. Grace, The Canaanite Jar, in: The Aegean and the Near East, Studies presented to H. Goldman (1956) 80ff. Vgl. ferner P.J. Parr, The Origin of the Canaanite Jar, in: D.E. Strong, Archaeological Theorie and Practice, Essays presented to W.F. Grimes (1973) 173ff.; A. Zemer, Storage Jars in Ancient Sea Trade (Hebräisch und Englisch, 1978); A. Sagona, Levantine Storage Jars of the 13th to the 4th Century B.C., in: OpAth 14, 1982, 73ff.; A. Raban, The Commercial Jar in the Ancient Near East, Diss. Jerusalem 1980 (1983).

[256] E. Grumach, Bibliographie der kretisch-mykenischen Epigraphik (1963) 90f. Nr. 1 (Athen, Menidi, 3 Exempl. aus Mykene, zu den dortigen Funden von 1954 aus dem "Zitadellenhaus" sind A.J.B. Wace, JHS 75, 1955, Suppl. 25 und E.L. Bennett, The Mycenae Tablets II (1958) 76f. mit Abb. 601 nachzutragen); Grumach a.O. Suppl. I (1967) 27.

[257] "Kanaanäischer" Pithoshenkel mit eingeschnittener Schriftmarke (SH III B 2), s. K.A. Wardle, BSA 68, 1973, Taf. 59d.

[258] H.W. Catling, ArchRep 1983/84, 23f. Abb. 34.

[259] ArchRep 1986/87, 7.

[260] Scherben von mehreren "Kanaanäischen Pithoi", mündliche Information von E. Wace-French; diese Scherben fehlen in den bewundernswert vollständigen Listen von Å. Åkerström, More Canaanite Jars from Greece, in: OpAth 11, 1975, 185ff.

[261] A. Onasoglou, ArchDelt 34, 1979 (ausgeliefert: 1986), Taf. 12a (Attika); Åkerström a.O. 186f. Abb. 2. 4. 5 (Pylos).

dem böotischen Theben und aus Tsaritsane-Hasan Magoula/Thessalien [262]. Auch auf Kreta ist nun diese fremde keramische Gattung verstärkt nachzuweisen (in Kato Zakro an der Ostküste, Kommos an der Südküste und in Chania in Westkreta). Die mir derzeit bekannten Fundstellen in Hellas sind: Argos, Asine, Athen (mehrere Exemplare), Chania, Kato Zakro, Kommos, Koukaki, Menidi (4 Exemplare), Mykene (4 Exemplare und Scherben), Pylos, Theben/Böotien, Thera, Tiryns und Tsaritzsane/Thessalien.

Es wurde bereits darauf hingewiesen, daß auch Zypern-Alasia ebenso wie Ugarit der Wirtschafts- und Handelskoine angehörte, die sich archäologisch in Herstellung und Verbreitung von "Kanaanäischen Pithoi" ausdrückt. So seien Fundorte mit vollständigen Stücken und Scherben, teils auf der Insel gebrannt, teils importiert, hier angefügt [263]: Alassa, Arpera-Mosphilos, Enkomi (sehr zahlreiche Fragmente und vollständige Stücke), Hala Sultan Tekke (zahlreiche Fragmente), Kalavassos, Kalopsida, Kouklia, Maa (sehr zahlreiche Fragmente) [264], Myrtou Pigades (mehrere Stücke), Pendagia-Exomilia, Pyla-Vergi und Sinda.

An den Küsten der Insel Rhodos teilt sich der Seeweg und führt von dort einerseits nach Kreta, sowie andererseits vor der Westküste Kleinasiens nach Norden in Richtung auf Troia und die Dardanellen zu, schließlich über die Kykladen in Richtung auf Attika/Euböa und die Argolis zu (vgl. die Karten, Abb. 21. 25. 30b und 33a.b). So läßt sich Rhodos für die zuvor angesprochenen Dinge als die entscheidende Durchlaufstation, sozusagen als "Nadelöhr", erkennen. Lokales Gut war in Umschlaghäfen, wie es sie auf den Dodekanesinseln zahlreich gab, und in den Siedlungen und Friedhöfen in ihrer Nähe mit Importen vereinigt. Derartige "Vergesellschaftungen" sind auf Rhodos und Kos konzentriert anzutreffen. Hier fand man neben örtlich hergestellter Keramik gewaltige Mengen mykenischer Töpferware (Abb. 19d; 74a.c-f; 85f), sowie Importe aus Anatolien und Zypern (Abb. 74b), aus Syrien (Abb. 19a; 74g) und Ägypten. Punkte, an denen sich Kulturen begegneten, waren und sind lohnende Objekte archäologischer Forschung. Diese lag hier nach wechselvollen Anfängen türkisch-osmanischer Zeit bis zum zweiten Weltkrieg in den Händen italienischer Ausgräber. Als ein Beispiel ihrer erfolgrei-

---

[262] A.S. Arvanitopoullos, ArchPrakt 1914, 163. Hierzu und zum Gesamtkomplex weitere Nachweise in: H.-G. Buchholz, Ägäische Bronzezeit (1987) 166f. mit Anm. 24-27; vgl. außerdem Lambrou-Phillipson 1990, Taf. 32,259.262; 33,263.264.404.409; 34,475. 477.478; 35,476.518; 37,607.

[263] Lit. zum folgenden in: Åkerström a.O. 191 Anm. 22; Buchholz a.O. und außerdem in P. Åström, SCE IV 1 C 260f.; IV 1 D 748; ders., Problems of Definition of Local and Imported Fabrics of Late Cypriot "Canaanite" Ware, in: J.A. Barlow-D.L. Bolger-B. Kling, Cypriot Ceramics, Reading the Prehistoric Record (1991) 67ff., mit nahezu vollständigen Nachweisen bis zum Erscheinungsdatum. Zu einschlägigen Funden aus Hala Sultan Tekke nochmals P. Åström, in: Konferenz Oxford 1989 (1991) 149ff., mit P. Fischer ebd. 152ff. — Desgl. aus Kalavassos-Hagios Demetrios: RDAC 1991, 135 und BCH 109, 1985, 915ff. Abb. 62.

[264] Umfangreiche Dokumentation mit Tonanalysen: M. Hadjikosti, "Canaanite" Jars from Maa-Palaeokastro, in: Excavations at Maa-Palaeokastro (1988) 340ff.; s. V. Karageor-ghis, BCH 110, 1986, 852 Abb. 79.

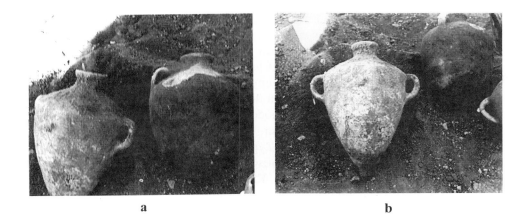

a   b

Abb. 20 a.b. Ras Schamra: "Kanaanäische Vorratsgefäße" in situ (s. Abb. 37; Meßpunkt
3669, Planquadrat 50)

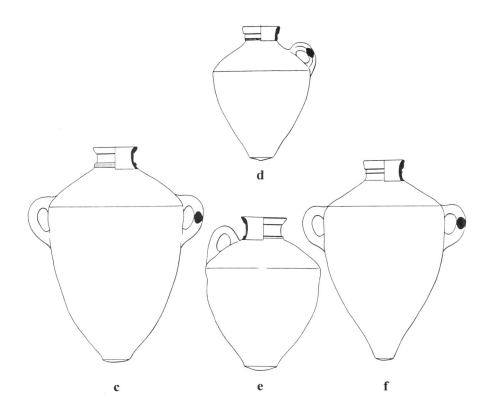

d

c   e   f

Abb. 20 c-f. Ras Schamra: Vorratsgefäße mit verstärkter Mündung aus dem Grab
4253/1963 (s. unten Abb. 40), Fund-Nr. 26.451/15. - 26.455/53. - 26.454/88. - 26.452/64

chen Tätigkeit nenne ich die Aufdeckung bronzezeitlicher Nekropolen auf der Insel
Kos. In einem der dortigen Gräber befand sich eine nordsyrische braun-monochro-
me Schnabelkanne (Abb. 19a) zusammen mit mykenischer Keramik der Zeitstufe
SH III A 2 (Abb. 19d, spätes 14. Jh. v.Chr.) [265].

Der bis jetzt greifbare früheste Zeitpunkt solcher Begegnungen von Ost und
West im Archipel des Dodekanes waren die Phasen SH I B / II A und auch II B /
III A 1: So fanden sich in Trianda/Rhodos (Stratum II B) eine glänzend braune
schlanke Flasche ("Spindle-bottle" der Gattung "Red Lustrous Ware", Abb.
74g) [266] — wie sie in Boğazköy, auf Zypern, in Ägypten und vor allem in Ras
Schamra auftreten [267] — und eine kyprische "Whiteslip I"-Scherbe (aus Stratum
II A, Abb. 74b) [268] mit mykenischer Keramik der ersten Hälfte des 15. Jhs.
v.Chr. (Abb. 74a.c-f) vereinigt [269].

Die Verbreitungskarten eines der ersten Forscher, der systematisch der zeitlichen Differenzierung mykenischen Fundgutes im Dodekanes nachgegangen ist, F.H.
Stubbings [270], und die später von R. Hope Simpson und O.T. Dickinson [271]

---

[265] Kos-Eleona, Grab 17/1943; Kos, Arch.Mus., Inv.-Nr. 376 und 367, s. L. Morricone,
ASAtene 27/28, 1965/66, 67ff. Abb. 40. 41; H.-G. Buchholz-V. Karageorghis, Altägäis und
Altkypros (1971) Nr. 957. 958 (danach unsere Abb. 19 a und d). Die Photovorlagen werden
dem Ausgräber verdankt, der sich 1952 in Athen meinen Rat, besonders was die Herkunft
der Kanne angeht, einholte. Mit K. Bittel neigte ich damals und so noch in "Altägäis" der
Ansicht zu, sie (west-)anatolisch zu nennen. Die Existenz von Glimmer im Ton gab den
Ausschlag, doch habe ich inzwischen öfter Glimmer in keramischen Erzeugnissen aus Ras
Schamra und Zypern beobachtet. Zu verweisen ist für die Form auf Kannen wie Syria 17,
1936, Taf. 19,3; H.Th. Bossert, Altsyrien (1951) Nr. 751 (allerdings müßte die hohe Datierung überprüft werden). — Ob eine typenähnliche Kanne aus Ulu Burun wirklich mykenisch
ist, wäre ebenfalls zu prüfen (zu dieser: G.F. Bass-C. Pulak-D. Collon-J. Weinstein, AJA 93,
1989, 12 Abb. 23).

[266] Grundlegend: A. Furumark, The Settlement at Jalysos and Aegean History, 1500-1400
B.C., in: OpArch 6, 1950, 150ff. Unsere Abb. 74g nach ebd. 175 Abb. 11,212 (von R. Seidl
zeichnerisch ergänzt). Weiteres unten S. 432ff.

[267] Ursprünglich in Nordwest-Syrien beheimatet, wurden "Spindlebottles" auch auswärts
erzeugt; zu einem Beispiel aus Ras Schamra in Aleppo, Arch.Mus. 4403: Land des Baal,
Ausstellungskatalog Berlin 1982, 138 Nr. 126.

[268] Furumark a.O. 165 Abb. 6,97 (danach unsere Abb. 74b). Weitere kyprische Keramik aus
Jalysos: A. Evans, PM IV 288f.

[269] Unsere Abb. 74 a.c-f nach Furumark a.O. 161 Abb. 4,49.55.62; S. 168 Abb. 8,128.

[270] F.H. Stubbings, Mycenaean Pottery from the Levant (1951) 5ff. Abb. 1. — Zu Mykeni-
schem aus Lindos bereits: Chr. Blinkenberg, Lindos I (1931) 68ff. Nr. 29-40. Zu weiteren
Inseln: E.M. Melas, The Islands of Karpathos, Saros and Kasos in the Neolithic and Bronze
Age (1985).

[271] A Gazetteer of Aegean Civilisation in the Bronze Age, Band I: The Mainland and Islands
(1979) 348ff. Karten 3-5. Siehe unsere Bibliographie, 1. Abschnitt: Buchholz 1974; Mee
1982 und die Lit. im 3. Abschnitt; u.a. auch E.M. Melas, Exploration in the Dodecanese,
New Prehistoric and Mycenaean Finds, in: BSA 83, 1988, 283ff. Als Stützpunkte zunächst

vervollständigten Karten zeigen, wie schwach sich die mykenische Frühphase mit etwa acht Fundplätzen (SH I-III A 1) in dem großen Insel- und Seegebiet zwischen Karpathos/Rhodos und der Südküste von Samos ausnimmt. Im Kontrast hierzu ist die Hauptphase (SH III A 2 und B) mit etwa vierzig Fundplätzen in demselben Gebiet vertreten. Im SH III C (vgl. hierzu die chronologische Tabelle, Abb. 86) sind es wiederum nur noch knapp zwanzig Stellen, von denen späte mykenische Keramik gemeldet worden ist. Auf Rhodos und Kos sind naturgemäß während der eigentlichen Phase intensiver Kontakte mit dem Osten, dem späten 14. und dem ganzen 13. Jh. v.Chr., auch kyprische Importe stärker vertreten als zuvor, so zahlreiche keramische Erzeugnisse der Gattungen "Whiteslip II" und "Basering II" (zu Beispielen dieser Gattungen aus anderen Fundorten s. Abb. 19b.c.i [Ulu Burun]; 19f [Thera, "unter dem Bimsstein", so bereits 1886 A. Furtwängler-G. Löschcke, Mykenische Vasen 22 Nr. 80 Taf.12]; 19g [Chania]; 40d.f-j [Ras Schamra]; 41a-e.h.j.k/n.l [Ras Schamra, "Whiteslip" I und II]; 41f.i [Tamassos]; g.m [Enkomi]; 42a-e [Ras Schamra, "Basering"]; 44e [Ras Schamra, "Basering"-Imitation]; 81 [Toumba tou Skourou, "Whiteslip" I und II, "Basering" I und II] [272]). Von besonderer Wichtigkeit sind zwei Stierrhyta der Gattung "Basering" aus Ialysos-Gräbern [273] (vergleichbar den nicht in Rhodos gefundenen Beispielen unserer Abb. 5a-c).

Rhodos erweist sich somit archäologisch fast immer als Durchlaufstation, viel seltener als Ausgangs- oder Endpunkt der Ausbreitung einer keramischen Spezies [274]. Beispielsweise ist die Insel im Kartenbild des Auftretens sogenannter bronzener "Ringmesser" der Endbronzezeit (Abb. 85f, Ialysos) ein Fundpunkt — und das heißt: eine Station — auf der Verbindungslinie zwischen Mitteleuropa und Zypern/Palästina.

Neben den großen Fernverbindungen hat es eine Netz innerägäischen Schiffsverkehrs gegeben, etwa nach Art des "Inselhüpfens" neuzeitlicher Kaikifahrer. Was Hesiod zu dieser Seefahrt sagt, wird ähnlich für die Bronzezeit gegolten haben. Auch die Flottenversammlung der Griechen unter Agamemon in Aulis (Ilias II 304) bekundet nach Jahreszeit und Ort nicht dichterische Willkür, sondern Beachtung der

---

der minoischen, dann der mykenischen Schiffahrt sind neben den großen und größeren Inseln Karpathos, Rhodos, Kos und Kalymnos auch kleinere nachgewiesen: Kasos, Syme und schließlich Telos, s. A. Sampson, AAA 13, 1980, 68ff.

[272] Nachweise zu den einzelnen Stücken s. jeweils am Ort, zu Ulu Burun Anm. 230, zu Toumba tou Skourou/Morphou/Zypern bei Abb. 81. Die Stücke aus Ras Schamra, Enkomi und Tamassos sind hier überwiegend erstveröffentlicht.

[273] A. Maiuri, Jalisos (1926) 163 Nr. 21 Abb. 90 (Grab 31); S. 91 Nr. 12 Abb. 100 (Grab 15), s. Blinkenberg a.O. 270 Anm. 1. — Zu weiteren Fremdfunden: H.W. Catling, A Late Cypriot Import in Rhodes, in: BSA 86, 1991, 1ff.

[274] Darauf ist ausdrücklich hinzuweisen, weil mykenische Produkte in der Levante und auch im Westen häufig als aus Rhodos stammend bezeichnet wurden. R.E. Jones, Greek and Cypriot Pottery (1986) versucht seit längerem, Herkunftsfragen mit naturwissenschaftlichen Methoden zu lösen, s. dort S. 290ff. zur Charakterisierung rhodischer Tone.

Gesetze des Meeres, Winds und Wetters. Derartige geographisch-natürliche Voraussetzungen ließen die Griechen das Meer als Weg empfinden (ὁδός, κέλευος, πόρος). Jedenfalls war es für sie kein trennendes Element, vielmehr verband es wie der Weg (εὐρύπορος, Ilias XV 381; Odyssee IV 432) Gestade mit Gestade [275].

Steinanker aus Kreta und Thera (Abb. 12b) führen zusammen mit zahlreichen Neufunden, seitdem es zunehmende Kontrollen von Unterwasseraktivitäten in Hellas gibt, zu einem Bild außerordentlicher Rührigkeit bronzezeitlicher und frühgriechischer Seeleute in nahezu allen Winkeln der Ägäis. Archäologisch zeigt beispielsweise die Verbreitung bestimmter Vasengattungen (im vorliegenden Fall des SH I/II) Verbindungen zwischen der Argolis, Aigina, Attika und den Kykladen an (Abb. 72). In der archäologisch greifbaren Fundverteilung bestimmter Elfenbeinschnitzereien (von Kämmen) zeichnen sich die Argolis und der mittlere Teil Kretas als Konzentrationzentren — also wohl als Herstellungsorte — ab, während in ägäischer Binnenschiffahrt erreichbare periphäre Fundpunkte Rhodos, Kos, Troja, den Golf von Volos und zahlreiche künstennahe Orte im Westen des Peloponnes umfassen (Abb. 63). Mit neuen Unterwasserfunden am Kap Iria der argivischen Halbinsel wird eine umfangreiche mykenische, u.a. aus Bügelkannen und kyprischen Pithoi bestehende Schiffsladung greifbar (s. Enalia 3, 1991, und In Poseidons Reich [1995] 59ff.), sowie Enalia 4, 1992, Heft 3/4, 1996, 13 Abb. 8.9.11; S. 21f. Abb. 4.5 [Bügelkannen], S. 19f. Abb. 1 und 2 [kyprische Großgefäße]; demnächst J. Vechos-J.G. Lolos, The Cypro-Mycenaean Wreck at Point Iria in the Argolic Gulf, in: Res Maritimae, Cyprus and the Eastern Mediteranean, Symposium CAARI/Nikosia 1994, Winter 1996/97 im Druck). P. Åström trug auf der Iria-Wrack-Konferenz 1998 (noch ungedruckt) die Hypothese vor, daß der Untergang mit der Flutwelle anläßlich eines schweren Erd- und Seebebens zu tun haben könne; denn das Datum gegen Ende von SH III B2 stimme mit gleichzeitigen Erdbebenanzeichen in Mykene, Tiryns, Midea und Dokos überein. In einer neuerlichen Zusammenfassung hat sich A.-L. Schallin bemüht, innerägäische See-Verbindungen und den mykenischen Einfluß auf die Inselwelt genauer zu umreißen: Islands under Influence. The Cyclades in the Late Bronze Age and the Nature of Mycenaean Presence (SIMA 111, 1993, mit der Rez. von E. Schofield, OpAth 21, 1996, 211f.).

Dank der schnellen Publikation der "Ortsnamenlisten aus dem Totentempel Amenophis III." (1966) durch den kürzlich verstorbenen E. Edel [276] hat sich längst die Ansicht gefestigt, daß die östliche Kenntnis des kretisch-ägäischen Raumes auf Itinerare von "Keftiu-Fahrern" jener frühen Epoche zurückgeht (um

---

[275] Zu den Komplexen "Meer als Weg", "nasse Straßen", Schiffsvergleich mit Pferd und Wagen, ambivalente Meeresvertrautheit/Meeresferne der Griechen s. D. Wachsmuth, Pompimos o Daimon (1967) 64ff. 78ff. 201f., mit reichen Literaturangaben; vgl. bereits A. Lesky, Thalatta, der Weg der Griechen zum Meer (1947). - Häfen: J.W. Shaw, Bronze Age Aegean Harbour Sites, in: Thera and the Aegean World III (1990) 420ff.

[276] Die Karten bei P. Faure, Kadmos 7, 1968, 138ff.; Buchholz, APA 1, 1970, 137ff. Abb. 1 und Buchholz 1974, 461 Abb. 91 veranschaulichen den ägäischen Teil der zugrundeliegenden Seeroute. — Lit. hierzu unten im Lit.-Verzeichnis: Edel 1966; Osing 1992.

1400 v.Chr.). Indizien über einen längeren Zeitraum hinweg, syrische und kyprische Fundobjekte Griechenlands — hauptsächlich Kupferbarren, Elfenbeinarbeiten und Rohelfenbein, Keramik und Rollsiegel — sind wiederholt zusammengestellt worden[277], u.a. von G. Cadogan, C. Lambrou-Phillipson, E. Mantzourani und A. Theodorou[278] wie auch gelegentlich von mir: Buchholz 1959, 1963, 1968, 1974, 1975 und 1978. Deshalb kann ich mir hier Wiederholungen ersparen. Allerdings treten laufend Neufunde hinzu[279].

---

[277] Vgl. im Lit.-Verz. bes. den 1. Abschnitt.

[278] E. Mantzourani-A. Theodorou, Symposium Larnaka 1989 (1991) 40 Abb. 2 (Verbreitungskarte kyprischer Importe auf Kreta). "From Crete to Knidos, a Minoan Sea Route via the Dodekanese" hieß ein Vortragsthema von I. Love (AJA 88, 1984).

[279] Beispielsweise: M. Popham, Two Cypriot Sherds from Crete, in: BSA 58, 1963, 89ff.; I. Tzedakes, Kongreß Nikosia 1969 (1972) 163ff. (kypr. Keramik in Westkreta, danach unsere Abb. 19g); H.W. Catling-J.A. MacGillivray, BSA 78, 1983, 1ff. (frühkypr. Vase, Knossos); C. Lambrou-Phillipson, Cypriot and Levantine Pottery from House "AD Center" at Pseira, in: Journal of Oriental and African Studies 2, 1990, 1ff. Zu einer kypro-levantinischen Feldflasche mit Füßen (typologisch einem Stück aus Minet el Beida ähnlich: H.Th. Bossert, Altsyrien Nr. 752), Pseira, Inv.-Nr. PS 618, s. Ph. Betancourt-E.S. Banou, in: R. Laffineur-L. Basch, Thalassa, Actes de la 3. Rencontre Égéenne de l'Univ. de Liège 1990 (1991) 110f. Taf. 27,PS 618 (Zeichnung). Ferner H.W. Catling, ArchRep 1982/83, 27, zu Tiryns: 'Whiteslip II'-Scherben in SH III B2-Schichten, zusammen mit dem Fragment eines kyprischen 'Wandarms'; hierzu ebenfalls Sp. Iakovides, AM 108, 1993,17f. (kyprische Scherben in SH III B-Schichten). — Kartierung der kyprischen "Whiteslip"-Keramik im ägäischen Raum bei W.-D. Niemeier, Crete, Egeo e Mediterraneo agli Inizi del Bronzo Tardo, in: Tagung Palermo 1984 (1986) 245ff. 265 Abb. 15.

Kapitel 4

Das mittlere und westliche Mittelmeer

Nur exkursorisch vermag ich hier auf die Ausdehnung der Fernfahrten levanti-
nisch-kyprischer und mykenischer Schiffer über die Ägäis hinaus nach Westen
einzugehen. Dies gehört nur insoweit zu unserem Thema, als deutlich werden muß,
daß Hellas einschließlich Kreta nicht das völlige Ende der bekannten Welt für den
ostmediterranen Menschen bedeutete, sondern auch nur wieder ein Durchgangsgebiet darstellte. Gewiß gehörte der ferne Westen nicht ins Weltbild eines jeden,
aber Seeleute und Prospektoren, "Welterkunder" und Händler gehörten zu den
Beteiligten und Betroffenen. In der Abbildung 21a, einer Karte des Jahres
1967 [280], hat F. Biancofiore mit den gestrichelten Linien bereits zu erkennen gegeben, daß er über Indizien für Fernfahrten aus dem Osten an Rhodos vorbei über
Stationen in Messenien und in der Umgebung der späteren Stadt Tarent wie auch
an der Ostküste Siziliens bis nach Sardinien und in die Adria hinein verfügte. Die
geschlossenen Linien bezeichnen bei Biancofiore Kontakte mykenischer Kerngebie-
te (Argolis/Attika) über Achaia [281] und die Ionischen Insel sowohl nach Tarent
als auch tief in die Adria hinein bis in Gebiete an der Pomündung, sowie die davon
abgezweigte Route nach Sizilien, den Liparischen Insel und Sardinien.

Vergleicht man die Karte (Abb. 21a) mit dem neuen Stand der Forschung, so
wird das ursprüngliche Bild weitgehend bestätigt und nunmehr auch zuverlässig
durch Funde belegt. Tonanalysen (R.E. Jones/Athen), beispielsweise von SH III B-
Keramik aus Ostsardinien, haben deren Herkunft aus dem Nordosten des Peloponnes
sicher erwiesen. Ebenfalls ostsardische Pithosfunde konnten mit gleichen
Methoden auf Zentralkreta und Zypern zurückgeführt werden. Mykenische Importe
im Raume Tarents stammen danach ebenfalls aus dem Peloponnes, jedoch andere
aus Rhodos. Und schließlich ergaben derartige Analysen unter den Funden der Insel
Vivara nicht nur lokale Imitationen, vielmehr auch einen starken Anteil an echter
mykenischer Importkeramik.

Der gelegentliche Zweifel an der Existenz mykenischen Einfuhrgutes im
Großraum Venedig scheint beseitigt, seitdem die wichtigen Funde aus Frattesina
und Torretta vorliegen (Abb. 23 Nr. 40 und 41). Außerdem haben sich die Fundstätten mit entsprechenden Importen an der apulischen Küste der Adria stark

---

[280] Aus Biancofiore 1967 habe ich diese Karte für meinen Bericht "Ägäische Funde und
Kultureinflüsse in den Randgebieten des Mittelmeers" (Buchholz 1974, 333 Abb. 9) um-
zeichnen lassen; s. ebenda 328ff. ausführlich zu Malta, dem Adriagebiet, Kalabrien und
Apulien, Sizilien, den Liparischen Inseln und Sardinien.

[281] Achaia war sowohl mykenisches Ausgangs- als auch Durchgangsgebiet, s. Th. Papa-
dopoulos-R.E. Jones, Rhodiaka in Achaea, in: OpAth 13, 1980, 225ff.

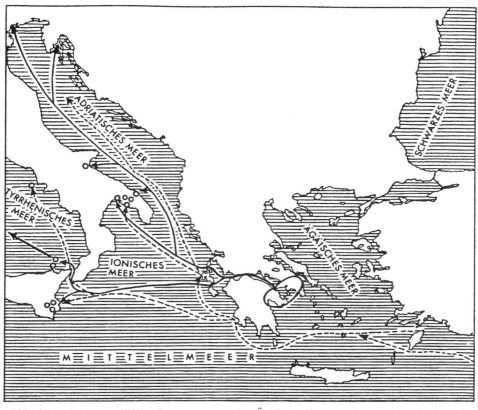

Abb. 21 a. Bronzezeitliche Seerouten von der Ägäis in die Ionische See, die Adria und
das Tyrrhenische Meer (nach den Liparischen Inseln, Vivara und Sardinien)

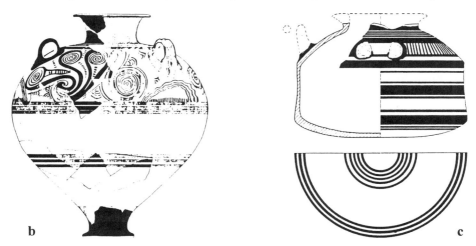

b

c

Abb. 21 b und c. SH III A-Dreihenkelgefäß aus Scoglio del Tonno / Tarent (b); SH III
A/B-Pyxis aus dem Nuraghen-Komplex Arrubiu-Orroli / Sardinien (c)

verdichtet, und die Kette ist mit Trezzano (Abb. 23 Nr. 3 a) nach Norden verlängert worden [282].

Allein in Termitito (Abb. 23 Nr. 13 a) sind über 600 bemalte mykenische Scherben des SH IIIB und C gefunden worden [283], und vielleicht ist dort inzwischen die Zahl Tausend überschritten. In die Hunderte gehen auch an anderen Orten die entsprechenden keramischen Funde. Unter Einschluß Sardiniens hat sich die Zahl sämtlicher Fundorte Italiens mit ostmittelmeerisch-ägäischer, hauptsächlich mykenischer Präsenz auf über fünfzig erhöht. Zu den in Abb. 23 aufgeführten Orten sind inzwischen nachzutragen: Capo Piccolo bei Kroton (SH I/II), sowie Francavilla Maritima (SH IIIB) und Torre Mordillo (SH IIIB/C). In Broglio di Trebisacce reichen nun die Importfunde vom Grauminyschen, SH IIIA bis C (R. Ridgway, ArchRep 1988/89, 145f. Abb. 22 und 23). So ist schon von der Quantität her ein kurzer Hinweis auf eine solche unerwartete Entwicklung archäologischer Forschung während der vergangenen dreißig Jahre unumgänglich [284]. Wenn vergleichsweise allein Syrien-Palästina mindestens das Dreifache an Fundorten mit ägäischem Einfuhrgut zu verzeichnen hat, außerdem Zypern-Kilikien-Ägypten eher mehr als weniger, wird allerdings die intensive Hinwendung der bronzezeitlichen Ägäiskulturen dem Osten entgegen und die eher zögerliche, am Ende lebhafte Hinwendung zum Westen hin recht deutlich.

Wenn Quantitäten historische Aussagen abzugewinnen sind, dann dürfte die hier wiederholte Tabelle interessant sein (Abb. 22 [285]); denn sie zeigt, daß bereits vor der Jahrtausendmitte ein Hafen auf dem italienischen Festland bei weitem die bedeutendste Anlaufstelle für mykenische Westfahrer gewesen ist: Porto Perone im Umfeld der späteren Stadt Tarent. Vom SM/SH I ab (z.B. Abb. 98d, Doppel-

---

[282] Die dalmatinische Seite der Adria ist auf der Karte (Abb. 23) vernachlässigt; vgl. dazu beispielsweise A.F. Harding, Illyrians, Italians and Mycenaeans, Trans-Adriatic Contacts during the Late Bronze Age, in: Studia Albanica 9, 1972, 215ff. und 1. Colloque des Etudes Illyriennes, Tirana 1972 (1976) 157ff. Th. Papadopoulos hat die Fundsituation der späten Bronzezeit im Epirus schön für meine "Ägäische Bronzezeit" (1987) 359ff. zusammengefaßt. Zu Frattesina weitere Hinweise bei P. Càssola Guida, Le Prospettive della Ricerca Protostorica in Friuli, in: Concordia e la X Regio (1997) 197ff. Anm. 5 und 6. — Weitere hierhergehörige Lit. in unserer Bibliographie, 5. Abteilung.

[283] D. Ridgway, ArchRep 28, 1981/82, 77 Abb. 28 (Mykenisches zusammen mit einem Pesciara-Dolch).

[284] Anstelle einer ausführlichen Darstellung sei auf den 4. Abschnitt unserer Bibliographie verwiesen. Dort fehlen u.a. mykenische Scherben aus Torre Castellucia nach B. Neutsch, AA 1956, 303. 305f. Abb. 75, sowie A. Gianetti, Ceramica micenea da Aquino, in: Magna Graecia 17, 1982, und R. Leighton, Mycenaean Pottery at Morgantina, in: AJA 17, 1984. — Berichte über zahlreiche mykenische Keramikfunde an drei Stellen der Insel Vivara im Golf von Neapel sind zu ergänzen durch: Vivara, Centro Commerciale Mediterraneo dell' Età del Bronzo I; gli Scavi dal 1976 al 1982 (Rom, 1991), II (1994); M. Marazzi-S. Tusa, Relazione Preliminare sui Lavori nell' Isola Vivara negli Anni 1986/87, in: Dialoghi di Archeologia 1991, 1ff. und Missione Archeologica di Vivara, Guida agli Scavi (Istituto Universitario Orientale di Napoli, 1996).

[285] Diese Tabelle (Abb. 22) nach Buchholz 1980 und 1987, 243 Abb. 69.

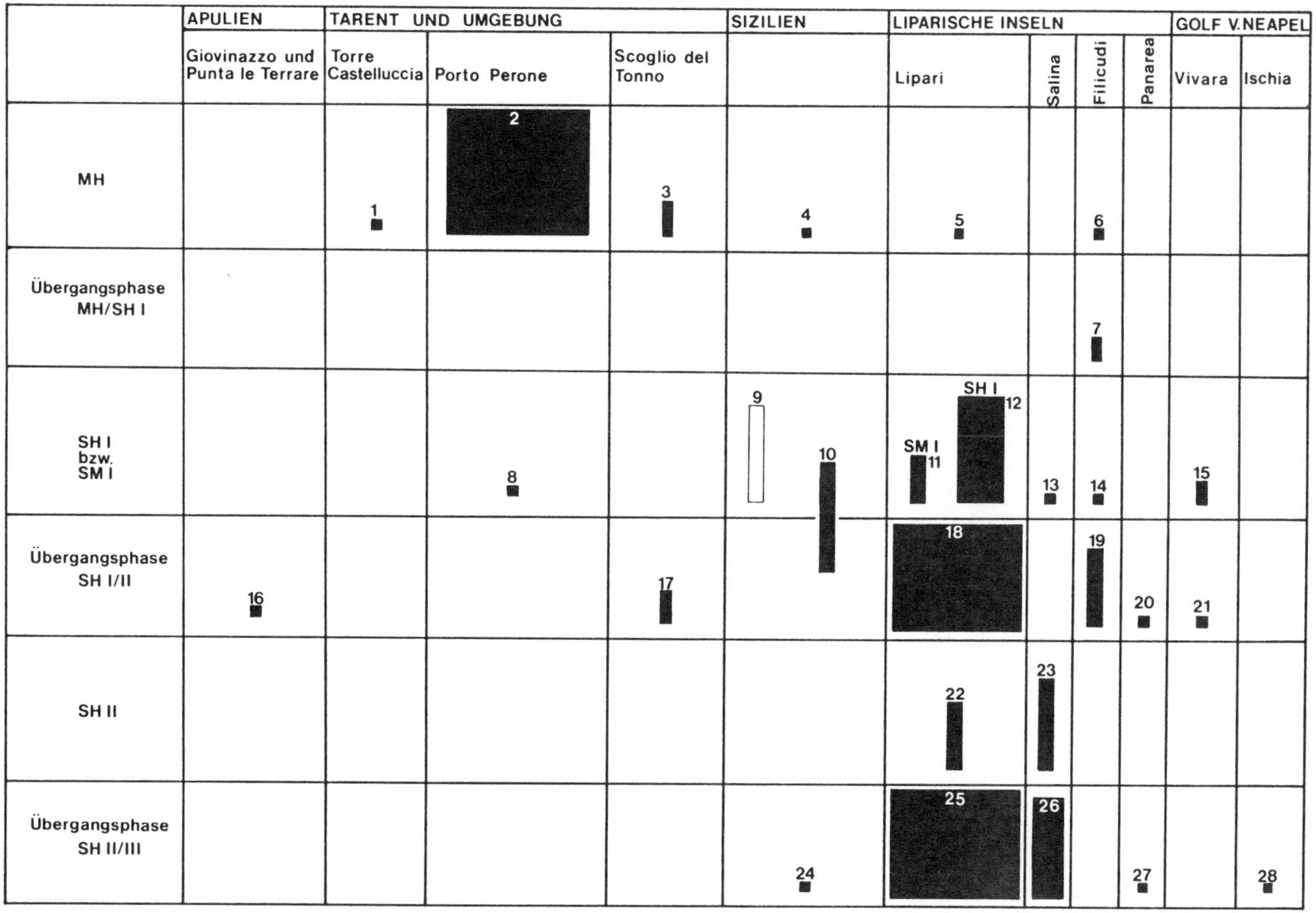

	APULIEN	TARENT UND UMGEBUNG			SIZILIEN	LIPARISCHE INSELN				GOLF V.NEAPEL	
	Giovinazzo und Punta le Terrare	Torre Castelluccia	Porto Perone	Scoglio del Tonno	Sizilien	Lipari	Salina	Filicudi	Panarea	Vivara	Ischia
MH		1	2	3	4	5		6			
Übergangsphase MH/SH I			8					7			
SH I bzw. SM I	16				9, 10	SM I 11 / SH I 12	13	14		15	
Übergangsphase SH I/II				17		18		19	20	21	
SH II					24	22	23				
Übergangsphase SH II/III						25	26		27		28

Abb. 22. Graphische Darstellung der Importschwerpunkte ägäischer und kyprischer bronzezeitlicher Fundobjekte im italienischen Westen (die Ziffern beziehen sich auf Nachweise im einzelnen in meinem Buch "Ägäische Bronzezeit", 1987, 237ff. Abb. 69)

axtscherbe aus Lipari, nach M. Cavalier-L. Vagnetti, SMEA 25, 1984, 143ff. Taf.
3,10) und dann durchgehend bis ans Ende der Bronzezeit nahm Lipari diese Stellung im Seeverkehr ein. Zu den regionalen Bezeichnungen der jeweiligen hier
angesprochenen archäologischen Epochen ist unsere Tabelle (Abb. 24) zu vergleichen. Als ein Beispiel qualitätvoller SH IIIA-Keramik bilde ich ein Dreihenkelgefäß aus Scoglio del Tonno ab (Abb. 21b, nach L. Vagnetti, Magna Grecia e
Mondo Miceneo [1982] Taf. 14,3), für Sardinien eine bei Nuraghengrabungen
gefundene SH IIIA/B-Pyxis (Abb. 21c, nach F. LoSchiavo-L. Vagnetti, in: Rendi-
conti, Accad.Naz. dei Lincei 390, 1993, 121ff.). Zu SH I/IIA-Keramik (Abb. 70 l)
auf der Insel Vivara im Golf von Neapel s. M. Marazzi-A. Lisandri, in: Traffici
Micenei nel Mediterraneo (1986) 147ff. Abb. 4.

Sieht man die Sache vom Westen her, so hatten Ostverbindungen ein langes
Vorspiel, wie beispielsweise in einer Schrift von R.R. Holloway ausgeführt: "Gaudo
and the East" [286]. Und hinter dem weit angelegten Beitrag von O. Höckmann zu
meiner "Ägäischen Bronzezeit" (1987) verbirgt sich unter dem Titel "Frühbronzezeitliche Kulturbeziehungen im Mittelmeergebiet unter besonderer Berücksichtigung
der Kykladen" (53ff.) eine Zusammenschau von Spanien bis zum Orient. Völlig
voraussetzungslos waren demnach die spätbronzezeitlichen Westbewegungen
jedenfalls nicht [287]. Grauminysches in der Gegend von Viterbo, also weit im
Norden der Apenninhalbinsel, läßt aufhorchen, wenn auch "eine Schwalbe noch
keinen Sommer macht" [288].

Es ist nicht allein mykenische Keramik, welche als Hauptindiz für die besprochenen Seeverbindungen in Anspruch genommen wird, sondern der archäologische
Fundstoff umfaßt Steinanker (Abb. 12a, vor der Küste von Ostia, weitere in Malta,
in den Gewässern von Brindisi und Palermo sowie in der Bucht von Neapel), große
kyprische und kretische Pithoi (Sardinien), kyprische "Basering"- und "Whiteslip"-

---

[286] 3. Jt. v.Chr., s. Journal of Field Archaeology 3, 1976, 143ff.; vgl. auch C. Renfrew - R.
Whitehouse, The Copper Age of Penninsular Italy and the Aegean, in: BSA 69, 1974, 343ff.
und den Aufsatz zur Gaudokultur und ihren auswärtigen Beziehungen von H. Riemann, in:
Mélanges Mansel, Türk Tarih Kurumu Yayinlari VII 60 (1974) 425ff. und zuletzt P. Åström,
Early Relations between the East Mediterranean and Italy, in: Munuscula Romana (1991)
9ff.

[287] Unberücksichtigt lasse ich den Seeweg entlang der nordafrikanischen Küste; es sind die
Ausgrabungen und mykenischen Funde von Marsa Matruch zu beachten, s. American
Research Center in Egypt, Newsletter 130, 1985, 3; D. White, Journal of the American
Research Center in Egypt 23, 1986, 51ff. und 26, 1989, 87ff.; L. Hulin, ebenda 115ff.; P.W.
Haider, Griechenland-Nordafrika, ihre Beziehungen zwischen 1500 und 600 v.Chr. (1988);
S. Stucchi, in: La Transizione dal Miceneo all'Alto Arcaismo. Kolloquium Rom 1988 (1991)
583ff. — Diese Wasserstraße zeichnet sich erst deutlicher in der Eisenzeit ab, s. C. Picard,
Les Itineraires Phéniciens de la Méditerranée, in: H.G. Niemeyer, Phönizier im Westen,
Symposium Köln 1979 (1982) 170 Abb. 1 (Karte).

[288] Florenz, Museo Fiorentino di Preistoria, aus der Grotta Nuova bei Viterbo, 1949; s. R.
Poggiani-Keller, RivScPreist 33, 1978, 216f. Abb. 1, S. 230f.

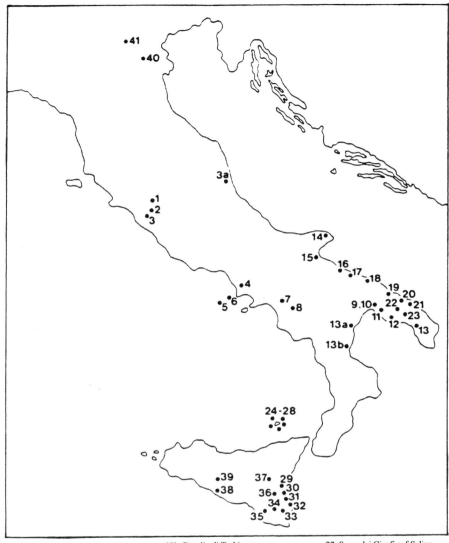

1 San Giovenale
2 Luni sul Mignone
3 Monte Rovello
3a Trezzano am Tronto
4 Cumae
5 Castiglione auf Ischia
6 Vivara
7 Paestum
8 Grotta di Polla
9 Tarent, Altstadt
10 Scoglio del Tonno bei Tarent
11 Porto Perone und Satyrion
12 Torre Castelluccia
13 Porto Cesareo (Scala di Furno)
13a Termitito

13b Broglio di Trebisacce
14 Grotta Manaccore
15 Coppa Nevigata
16 S. Maria in Colonna (Trani)
17 Giovinazzo
18 Bari
19 S. Sabina
20 Guaceto
21 Punta del Terrare (Brindisi)
22 S. Cosimo (Oria)
23 Avetrana
24 Akropolis von Lipari
25 Milazzese auf Panarea
26 Montagnola di Capo Graziano
    auf Filicudi

27 Serro dei Cianfi auf Salina
28 Portella auf Salina
29 Molinello di Augusta
30 Thapsos
31 Floridia
32 Matrensa
33 Cozzo del Pantano
34 Buscemi
35 Monte Sallia
36 Pantalica
37 Serra Orlando
38 Agrigent
39 Milena
40 Frattesina di Fratta Polesine
41 Torretta di Legnago

Abb. 23. Verbreitung mykenischer Keramik in Italien

Keramik (Sardinien und Unteritalien)[289], mykenische lentoïde Siegel mit dem
orientalisch-ägäischen Bildmotiv der Kuh mit saugendem Kalb (Kalabrien, SH III
A)[290], mykenische Idole aus Ton[291], die weibliche Gottheiten darstellen und
als religiöses Gut nicht einfach zur Handelsware zählten. Weiterhin gehören zum
importierten Fremdgut Schmuckstücke aus Glas, Fayence und Bernstein, auch
kleine Rädchen aus Blei und Knochen, welche vielleicht Haarnadeln bekrönten.

Als weitgereiste Besonderheit hat umgekehrt ein geschnitzter Kamm aus
Enkomi zu gelten (Abb. 64a[292]), der ein italienischer Fremdling auf Zypern ist.
Wie genau er sich ins italische Typenbild einfügt, zeigt Abbildung 64c. Ich nehme
diese Entdeckung für mich in Anspruch, die ein Nebenprodukt meiner mykenischen
Kammstudien darstellt[293]. L. Vagnetti griff sie sofort auf und hat sie mit genaue-
ren italischen Parallelen konfrontiert, als ich dies vermocht hätte[294].

Vor allem aber hat eine große Zahl von Kupferbarren auf Sardinien (vgl. die
Verbreitungskarte, Abb. 53 und ausführlicher unten S. 215ff.) und haben schrift-
ähnliche Zeichen, die sie tragen (Abb. 54), die Auffassung von engen metallurgischen Verbindungen zwischen Zypern/Ägäis und Sardinien bestärkt. Weiterhin
gehören zum importierten Fundgut im Westen kupferne und bronzene Gefäße,
Geräte und Waffen (besonders in Unteritalien und auf Sardinien); teils sind die
betreffenden Funde auch als lokale Weiterbildungen erkennbar, welche technisch
und formenkundlich auf Anregungen aus dem ägäischen Raum zurückzuführen sind.
Gewiß hatte der Drang der Leute aus dem Osten, beispielsweise von der Kupfer-
insel Zypern, nach Westen, nach Sardinien und Spanien — wo ebenfalls erste
archäologische Anzeichen einer mykenischen Präsenz registriert wurden —, von
Anbeginn an mit der Suche nach weiteren Metallquellen zu tun. Die einschlägige
Forschung nannte wiederholt ein solches Verhalten, auch in anderen kulturellen
Räumen und zu anderen Zeiten, "Metallhunger".

---

[289] F. Lo Schiavo-E. MacNamara-L. Vagnetti, BSR 53, 1985, 6f. Abb. 2,1-7; D. Ridgway,
ArchRep 1988/89, 130ff.

[290] Brit.Mus., Inv.-Nr. 1888/5-12/1; V.E.G. Kenna, CMS VII (1967) 199 Nr. 160; Buchholz
1974, 332 Abb. 8 und S. 336.

[291] Beispielsweise G. Säflund, Punta del Tonno, in: Dragma M.P. Nilsson (1939) 458ff.
466ff. mit Abb. 9-14; S. 460 Anm. 4 zur Frage, wie sich mykenische Idole zum normalen
Keramikexport verhalten.

[292] Enkomi, Grab 6 (frz. Grabung), s. Cl. Schaeffer, Missions en Chypre (1936) 81. 100
Abb. 41,5 rechts oben; ders., Stratigraphie Comparée (1948) Abb. 216,5; H.-G. Buchholz,
APA 16/17, 1984/85, 138 Abb. 43c (danach unsere Abb. 64a). Hierzu auch unten Anm.
1444-1446.

[293] Vgl. Ägäische Kämme, in: APA a.O. 91-142.

[294] Unsere Abb. 64c nach L. Vagnetti, in: Cyprus between the Orient and the Occident,
Symposium Nikosia 1985 (1986) 212 Abb. 4,1-4. Ein weiteres Beispiel bei R. Peroni, AA
1963, 368. 385f. Abb. 8,143 (aus Pianello di Genga in Ancona, Arch.Mus.; Knochen, als
"protovillanovazeitlich" bezeichnet).

Absolute Chronologie	Relative Chronologie	Mittleres Norditalien	Mittel- und Süditalien	Aiolische Inseln	Südöstliches Sizilien	Mykenische Keramik
18.-17. Jh.	Frühe Bronzezeit	Polada / Terramaren	Verschiedene Facies	C.Graziano I	Castelluccio	Mattmalerei (1600-1550)
16.-14. Jh.	Mittlere Bronzezeit	Peschiera	Apenninisch	C.Graziano II	Thapsos	SH I (1550-1500) / SH II(1500-1425) / SH III A (1425-1300)
13.-12. Jh.	Jüngere Bronzezeit		Subapenninisch	Milazzese di Panarea / Ausonisch I	Pantalica I	SH III B (1300-1230) / SH III C1 (1230-1075)
12.-11. Jh.	End-Bronzezeit		Protovillanova	Ausonisch II	Pantalica II ?	SH III C2 (1075-1025)

Abb. 24. Gliederung der Bronzezeit in Sizilien, Unter- und Mittelitalien; Konkordanz der mykenischen Keramikabfolge

Kapitel 5

Der Seeweg ins Schwarze Meer
Bemerkungen zu Mittel-, Osteuropa und zum Balkan

Für den Seeweg von Ras Schamra-Ugarit an Zypern vorbei nach Rhodos und Kos bedeutete das Ägäische Meer nicht allein eine Endstation, sondern häufig eine bloße Etappe, Kontaktzone für den weiteren Fernhandel. Das wurde soeben bezüglich des Westweges verdeutlicht, gilt aber ähnlich für die Wasserstraße in die nördliche Ägäis (Troja) und von dort ins Marmara- und Schwarze Meer (vgl. die Karten Abb. 9, 25, 26, 29 und 33a).

Archäologisch ist besonders die Küsten- und Inselwelt West-Kleinasiens als "Kontaktzone" zu bezeichnen. Nur gelegentlich lassen sich hier eindeutige Aussagen über See- und Handelswege, Kriegsunternehmen oder kretische und mykenische Kolonisationszüge machen. Dies ist besonders im Hinblick auf die Ausgrabungsbefunde in Milet und Troja wiederholt versucht worden [295]. Daß sich in der "Vergesellschaftung" lokaler, kretisch-mykenischer, anatolischer, kyprischer und syrischer Objekte auf den Inseln des Dodekanes derartige Kontakte im Ansatz fassen lassen, war oben bereits angedeutet (S. 72ff.) [296].

E.M. Melas fällt ein großes Verdienst zu, weil er sich der bronzezeitlichen Befunde in Karpathos, Saros und Kasos angenommen und uns diese in umfassender Dokumentation zugänglich gemacht hat [297]. Zur Geschichte Ioniens in mykenischer Zeit — insofern man, vom archäologischen Fundstoff ausgehend, überhaupt von einer solchen sprechen kann — ist u.a. auch die von Th. Schattner erwähnte Literatur zu vergleichen [298]. W. Voigtländer, der sich wiederholt zur Frage kre-

---

[295] Lit. bis 1974 in H.-G. Buchholz, Ägäische Funde und Kultureinflüsse in den Randgebieten des Mittelmeeres, in: AA 1974, 325ff. und ders., Eine hethitische Schwertweihung, in: JPR 8, 1994, 20ff. Weiteres unten in unserer Lit.-Liste, Abschnitt 3: Anatolien - Ägäis. Zu Milet in Linear B s. G. Steiner, LfgrE, 15. Lieferung (1993) 211f., mit Lit.

[296] Vgl. unsere Lit.-Liste, Abschnitt 3; ferner H.W. Catling, A Late Cypriot Import in Rhodes, in: BSA 86, 1991, 1ff.; M. Benzi, Rodi e la Civiltà Micenea (1992) mit der Rezension von P.E. Arias, in: PP 276, 1994, 237ff. — Zu C. Mee, Aegean Trade and Settlement in Anatolia, in: AnatStud 28, 1978, 121ff. und Rhodes in the Bronze Age (1982) teilweise ablehnend, jedenfalls kritisch: D. Willers, Museum Helveticum 4, 1987, 265.

[297] Melas 1985, s. Lit.-Liste, Abschnitt 3. Ferner ders., BSA 83, 1988, 283ff. und AnatStud 38, 1988, 109ff.

[298] Th. Schattner, Didyma, ein minoisch-mykenischer Fundplatz?, in: AA 1992, 369ff.371 Anm. 22. — Lit. ist mehrfach zusammengestellt in den Arbeiten von C. Mee, z.B. AnatStud 28, 1978, 126ff.; ders., in: Problems in Greek Prehistory; Papers presented at the Centenary of the British School of Archaeology in Athens, Manchester 1986 (1988) 306, sowie bei C. Özgünel, Belleten 47, 1983, 730.

tisch-mykenischer Präsenz in Milet äußerte, hat nun auch Entsprechendes in Teichioussa zwischen Milet und Didyma festgestellt (zur Lage: Abb. 33c) [299]. In Milet wurde Prähistorisches schon 1911 beobachtet [300]. Der frühverstorbene J.-Cl. Courtois — dem ich diesen, meinen Überblick gewidmet habe — führte besonders glimmerhaltige mykenische Tonsorten in Ras Schamra (z.B. Abb. 95a; 96a) auf Milet zurück [301]. Zu W.-D. Niemeiers neuen Funden in Milet gehören auch eine frühe kyprische 'White Slip I'-Scherbe (AA 1997, 234 Abb. 66, 'Proto-White Slip') und ein argivisches Tassenfragment mit Doppelaxtdekor wie auf meinen Abb. 71e-j und 72a. Die von mir mehrfach erwähnte SH IIIB2-Scherbe aus den alten Miletgrabungen mit der Darstellung einer hethitischen Hörnerkrone liegt in einer Neuaufnahme vor, s. B. und W.-D. Niemeier, AA 1997, 203ff. Abb. 3.

Im Gebiet um Smyrna und an der Hermos-Mündung (Panaztepe, Klazomenai, Limantepe, Ephesos), ebenso auf den vorgelagerten Inseln, tritt laufend neuer späthelladischer Fundstoff zu dem bereits bekannten Material hinzu (Abb. 33c) [302]. Hier auch möchte ich die Feststellung des ebenfalls viel zu früh von uns gegangenen M. Kümmel/Marburg anfügen: "In den Zehnjahres-Annalen Mursilis II. hat eine Insel vor der Küste Kleinasiens einen Platz im westlichen Kleinasien" [303].

Leider bleibt Dorak, eine küstennahe Fundstelle im nordwestlichen Anatolien, ein wissenschaftlich nicht verwendbares, umstrittenes Argument für das bereits frühbronzezeitliche Zusammentreffen von Funden und Formelementen der anatolischen Kulturen mit Ägyptischem, Vorderasiatischem und Kykladischem in dieser

---

[299] W. Voigtländer, AA 1986, 613ff. und 1988, 605ff.

[300] Th. Wiegand-M. Schede, AA 1911, 422 (Steinmauern, Keramik, Steinbeile). — Dieser Vorbericht ist häufig in der englischsprachigen Literatur völlig übersehen. Mit C. Weickerts Miletbericht ist dann allerdings erst der Zugang zum kretisch-mykenischen Fundstoff Milets in überzeugender Menge eröffnet (IstMitt 9/10, 1959/60). Vgl. bes. einschlägige Studien von W. Schiering, z.B. in: Milet-Kolloquium, Frankfurt am Main 1980, IstMitt, 30. Beiheft (1986) 11ff. (dort zitiert er seine älteren Arbeiten), einen Überblick lieferte F. Schachermeyr, unter dem Titel "Der kleinasiatische Küstensaum zwischen Mykenern und dem Hethiterreich", in: Φιλια Επη εις Γ.Ε. Μυλωναν I (1986) 99ff.

[301] In seinem instruktiven Beitrag "Enkomi und Ras Schamra, zwei Außenposten der mykenischen Kultur" zu meinem Buch Ägäische Bronzezeit (1987) 182ff.

[302] Vgl. meine Zusammenstellungen in Buchholz, Schwertweihung 1994. Dazu B. Jaeger-R. Krauss, Zwei Skarabäen aus der mykenischen Fundstelle Panaztepe, in: MDOG 122, 1990, 153ff. Neues bei M. Mellink, AJA 95, 1991, 137 und 97, 1993, 105. 120 (dort außer den genannten Orten noch Ulu Burun, Troja und Gavurtepe-Alaşehir). Limantepe (Klazomenai, Mykenisches und Grauminysches, Survey 1976 und Erkanals spätere Ausgrabungen), s. S. Mitchell, ArchRep 1984/85, 82f. Zu Kolophon s. L.B. Holland, Hesperia 13, 1944, 91ff. Zu Chios und Lesbos s. S. Hood, Mycenaeans in Chios, in: Chios, a Conference at the Homereion in Chios 1984 (1986) 169ff. und H.-G. Buchholz, Methymna, archäologische Beiträge zur Topographie und Geschichte von Nordlesbos (1975) 86ff.121ff. Noch unpubliziert sind mykenische Scherben aus Koukonisi auf Lemnos, s. unten Anm. 360.

[303] M. Kümmel, Historisch-chronologische Texte II (1985) 475 mit Anm. 31a; 33a.

Region [304]. Doch aus Troja und der Troas sind bekanntlich wiederholt mykeni-
sche und kyprische Importe, überwiegend Keramik, zusammengestellt und als
Indizien für Fernverbindungen gewertet worden. Die unerwartete Entdeckung
minoischer Siegelabdrücke bei Ausgrabungen in Samothrake lieferte Indizien für
Fernverbindungen (D. Matsas, Studia Troica 1, 1991, 159ff.); und nun verdient in
Troja eine mittelminoische Kanne als Import des 18. Jhs. v.Chr. höchste Beachtung
(Abb. 26a.b, nach M. Korfmann, Studia Troica 7, 1997, 33ff. Abb. 29-32). Sie
erhöht natürlich die Glaubwürdigkeit der Fundortangabe 'Troas' von Objekten wie
der minoischen Berliner 'Betenden', einer Bronzestatuette hoher Qualität (Altägäis
und Altkypros [1971] Abb. 1224, s. H.-G. Buchholz, Methymna [1975] 132 Anm.
328, weitere Lit.). Besondere Beachtung verdient hier ferner das Zusammengehen
von reichlich mykenischer mit kleineren Mengen minoischer und kyprischer Keramik. Kyprisches ist sogar im Bereich der späteren Stadt Byzanz festgestellt worden.
Im Gegenzug weisen einige graue nordwestanatolische Gefäße und Scherben des
14./13. Jhs. v.Chr., welche in Zypern (Abb. 76c) und Ras Schamra gefunden
worden sind, auf dieselben überregionalen Zusammenhänge [305].

M. Korfmann, derzeitiger Ausgräber von Schliemanns Hissarlik-Troja, verfolgt
ebenfalls — teilweise mit neuen Funden — Fernverbindungen des Raumes am
Eingang der Dardanellen, wie sie uns hier interessieren und seit langem interessiert
haben. So hat er während der Suche nach dem Hafen Trojas, des "windigen Ilion",
bei Prüfung von Anker- und Landeplätzen sein besonderes Augenmerk auch auf
Meeresströmungen und Winde gerichtet [306]. Entgegen geäußerten Ansichten der
früheren Forschung, daß es bronzezeitlichen Schiffen wegen der Gegenströmung in
den Dardanellen und im Bosporus kaum möglich gewesen sei, ins Schwarze Meer
vorzudringen [307], darf dies für bestimmte Jahreszeiten als widerlegt gelten. In der

---

[304] J. Mellaart, ILN vom 28.11.1959; dazu u.a. F. Schachermeyr, AA 1962, 331f.; K. Pear-
son-P. Connor, The Dorak Treasure Mystery: Was it a Robber's Plot or a Scholar's Vendet-
ta? Who are the Smugglers?, in: The Sunday Times Magazine, London, 6.11.1966, 66f. und
13.11.1966, 40ff.; dies., Die Dorak-Affäre; Schätze, Schmuggler, Journalisten (1968); D.
Gray, Seewesen, in: H.-G. Buchholz, ArchHom, Lieferung G (1974) 29 Nr. AA 5 und S. 39
Abb. 5; O. Höckmann, in: H.-G. Buchholz, Ägäische Bronzezeit (1987) 61 Anm. 57; S. 66
Anm. 81; S. 73 Anm. 147; S. 78 und 85.

[305] Byzanz: N. Firatli, Proceedings of the 10th Int. Congress of Classical Archaeology,
Ankara-Izmir 1973 (1978) 574 Abb. 5. — Zur nordwestanatolischen grauen Keramik in der
Levante s. Buchholz, Grey Trojan Ware 1970 (1973) und unten S. 428f. Vgl. auch Abb. 73e
aus Beşik-Tepe bei Troja.

[306] Vorberichte zu den Beşik-Tepe-Grabungen: M. Korfmann und Mitarbeiter, AA 1984,
165ff.; AA 1985, 157ff.; AA 1986, 303ff. Dort S. 345ff. ein Beitrag von J. Neumann, Wind
and Current Conditions in the Region of the "Windy Ilion".

[307] Vgl. R. Carpenter, The Greek Penetration of the Black Sea, in: AJA 52, 1948, 1ff. und
Historia 1, 1950, 153 (Kurzreferat); dazu auch K. Schefold, Orient, Hellas und Rom (1949)
80; vgl. ferner B.W. Labaree, How the Greeks Sailed into the Black Sea, in: AJA 61, 1951,
299ff.; A.J. Graham, The Date of the Greek Penetration of the Black Sea, in: BICS 5, 1958,
25ff.; M. Koromila, The Greeks in the Black Sea, from the Bronze Age to the Early Twentieth Century (1991); C. Doumas, Quelques Indications concernant les Contacts entre la Mer

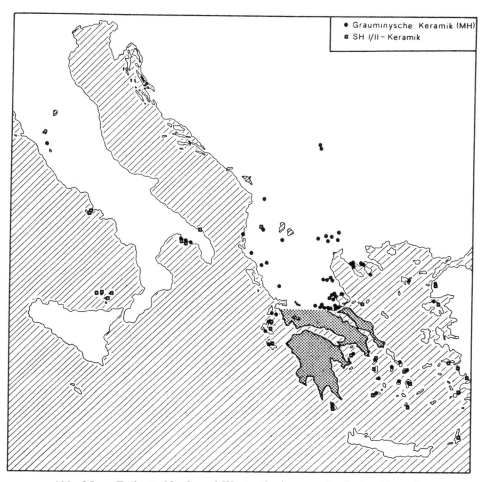

Abb. 25 a. Früheste Nord- und Westausbreitung mykenischer Keramik

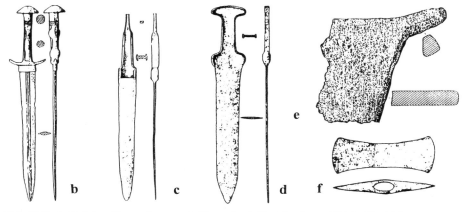

Abb. 25 b-f. Dolche, Barrenfragment, Doppelaxt, Hortfund von Iğdebağlari/Marmarameer
(oben, rechter Kartenrand)

Tat wird durch Fremdobjekte des zweiten vorchristlichen Jahrtausends an den
Küsten des Marmara- und Schwarzen Meeres ein solcher Seeverkehr vorausgesetzt.
Es ist dabei besonders an Steinanker und Metallbarren mediterraner Formen zu
denken, wie sie in dem soeben veröffentlichten Hortfund von Iğdebağlari bei
Eriklice vorkommen (Ecke eines Vierzungenbarrens, wie unten Abb. 54k und l),
bzw. Taucher in bulgarischen Gewässern orteten (Abb. 29, Karte) [308].

Das Schwarze Meer gehörte geographisch, klimatisch und ethnisch-historisch
zunächst durchaus einer völlig anderen Welt an als dem mediterranen Kreis. Seeleuten war diese Welt fremd und unheimlich (s. griechische Schiffermärchen,
Mythen von Kolchos, Jason und verwandten Gestalten). Immerhin darf es mit nur
fünfhundert Kilometern Süd-Nord-Erstreckung — einer Entfernung von Hamburg
bis Frankfurt — als überschaubar gelten. Die Ost-West-Ausdehnung beträgt 1100
Kilometer. Allerdings wäre es naiv und methodisch unzulässig, kolonialgriechisches
Vorgehen und klassisch-griechische Erfahrungen in diesem Raum einfach mit denen
fremder Seefahrer des zweiten Jahrtausends gleichzusetzen [309]. F. Schachermeyr
hat — nicht ausdrücklich hierfür — den Begriff der "Rückerinnerung" geprägt [310]; doch ist wohl mit Nachdruck darauf hinzuweisen, daß es gilt, Methoden zu vervollkommnen, die uns "Rückerinnerung" und "Rückprojizierung" zu
trennen lehren.

Unsere Bemerkungen zielen ebenso auf Orientalisches wie auf Griechisches im
Schwarzmeerraum, zumal manches dieser Art in Symbiose mit Griechischem oder

---

Egée et la Mer Noire avant la Colonisation Grecque, in: Thracia Pontica 4, 1991, 15ff.
(Kongreßbericht Sozopol 1988); vgl. auch R. Drews, The Earliest Greek Settlements in the
Black Sea, in: JHS 98, 1978, 18ff.; D.H. French, Mycenaeans in the Black Sea?, in: Thracia
Pontica, 1. Symposium Int., Sofia 1982, 19ff.

[308] Zum Hort von Iğdebağlari s. N.S. Harmankaya, in: Readings in Prehistory, Studies
presented to Halet Çambel (Türkisch, 1995) 217ff., bes. 232f. Abb. 17 (im Hort u.a. myk.
Dolche, Speerspitzen und Doppeläxte). — Zu Barrenfunden an der bulg. Küste s. B. Dimitrov, Underwater Research along the South Bulgarian Black Sea Coast in 1976 and 1977, in:
JNA 8, 1979, 70ff.; vgl. Buchholz 1981 (1983) 54 Anm. 47 und Abb. 10 (Karte, diese habe
ich wiederholt in Buchholz 1988, 205 Abb. 6, dazu S. 190 Anm. 6 und Nachweise ebd. 212
Anm. 54. — Vgl. noch einige Beiträge in: Relations Thraco-Helléniques; Actes du 14e
Symposium National de Thracologie, Bukarest 1992 (1994); J. Bouzek, BSA 89, 1994,
217ff. Abb. 1 (Verbreitungskarte).

[309] Natürlich gibt es Analogien, die sorgsam zu prüfen wären. Ein unentbehrliches Pionier-
werk, 1960 nachgedruckt, ist M. Ebert, Südrußland im Altertum (1921), s. dort die umfangreiche Bibliographie. Neuerdings lebt das deutsche Interesse wieder auf; konzentriert
sind in AA 1995 Aufsätze wie B. Böttger, Griechen am Don (S. 99ff.) oder D. Kacharava,
Greek Imports of Archaic and Classical Times in Colchis (63ff.). So gut wie nichts Bronzezeitliches findet sich in G.R. Tsetskhladze (ed.), The Greek Colonisation of the Black Sea
Area (1998).

[310] Vgl. sein Buch: Die griechische Rückerinnerung im Lichte neuer Forschungen (1983).

durch griechische Vermittlung hierher gelangte [311].

Bronzezeitliche Barren und Anker an den Küsten Bulgariens haben wir bereits erwähnt. Vereinzelte mykenische und kyprische Keramik des 13. Jhs. v.Chr. und ein töner kleiner Widder mit Linear A-Zeichen bilden neben bronzenen ägäischen Doppelaxttypen der Nordwest-Türkei [312] die Indizien ägäisch-kyprischer Präsenz im Schwarzmeerbereich Anatoliens (Akalan, Amisos/Samsun, Maşat) [313]. Von ägäischen Bronzerapieren im Kaukasus weiß ich nur vom Hörensagen, während sie recht vollständig auf dem Balkan in einer Studie erfaßt vorliegen [314]. Während erstere aber den Seeweg voraussetzen würden, können letztere ebensogut auf dem Landweg aus Hellas nach Norden gelangt sein. Für echt mykenische Formen legt die Verbreitungskarte von über fünfzig Exemplaren dies in Nordgriechenland und dem weiten Gebiet südlich der Donau zwischen Adria und Schwarzem Meer nahe (Abb. 26) [315]. Eine Ausnahme macht da hauptsächlich die Troas mit einer Konzentration von sieben Exemplaren.

Unsere Abbildung 25 zeigt, daß sich mykenische Keramik — grauminysche des MH und bemalte des SH I/II — nördlich des geschlossenen mykenischen Siedlungsraumes ebenfalls auf Landwegen in den Balkan verliert, jedenfalls nach Norden hin zunehmend ausdünnt. Die Herkunftsangabe 'Saloniki' gewinnt natürlich bei Zunahme bronzezeitlicher, kontrollierbarer Bodenfunde in und bei der Stadt an Glaubwürdigkeit: Ich verweise auf den mykenischen Goldring Gobineu (1867, "Grab bei Saloniki") und auf eine ebenfalls mykenische Gemme in Berlin (A. Furtwängler-G. Löschcke, Mykenische Vasen [1886] 84). Für die frühe, noch aus der ersten Hälfte des zweiten Jahrtausends stammende Keramik ist dann aber auch eine an die Meereswege gebundene Ausbreitung in Richtung auf wenige Schwerpunkte Italiens (Abb. 25, vgl. Abb. 22) und, wie besprochen, an die anatolische Westküste — einschließlich Troja — erkennbar.

Im epirotisch-dalmatinischen Raum ist die ägäische symmetrische Doppelaxt zu einem eigenständigen Typus weiterentwickelt worden, der ein ovales Schaftloch und

---

[311] Vgl. beispielsweise M.M. Kobylina, Divinités Orientales sur le Litoral Nord de la Mer Noire (1976) und bereits St. Przeworski, Europa und Asien, in: Reallexikon der Assyriologie II (1930) 486ff. Zum Weg religiöser Symbole über den Kaukasus s. unten S. 325f.

[312] Vgl. H.-G. Buchholz-H. Drescher, Einige frühe Metallgeräte aus Anatolien, in: APA 19, 1987, 37ff. und bereits Buchholz 1981 (1983).

[313] Nachweise bei Buchholz 1981 (1983) 129 Anm. 48.

[314] B. Hänsel, Bronzene Griffzungenschwerter aus Bulgarien, in: PZ 45, 1970, 26ff.; ders., PZ 48, 1973; J.M. Coles-A. Harding, The Bronze Age in Europe (1979) 392 Abb. 138,1; K. Kilian, Jahresbericht des Inst. für Vorgesch./FfM 1976, 117 Abb. 4; I. Panayotov, Thracia 5, 1980, 180 Karte 2; T. Bader, in: Orientalisch-Ägäische Einflüsse in der europäischen Bronzezeit, Kolloquium Mainz 1985 (1990) 197 Abb. 18-20; S. 200 Abb. 24 (Verbreitungskarte myken. Schwerter in ungar.-rumänischem Gebiet); ders., Die Schwerter in Rumänien, PBF IV 8 (1991); ferner J. Makkay, A Dagger of Mycenaean Type reprensented on a Bronze Age Urn from Dunaujvaros, in: ActaHung 23, 1971, 19ff.

[315] Abb. 26 nach Buchholz 1981 (1983) 112 Abb. 19, dort auch Erläuterung der Objektziffern. Meine Karte ist wiederholt von K. Kilian, in: Tagung Palermo 1984 (1986) 301 Abb. 11.

am oberen Austritt desselben einen Tüllenwulst zeigt (Abb. 27b.c) [316]. Die bis heute bekannte Verbreitung schließt Nordwest-Griechenland mit ein und weist einen Ableger im Gebiet von Nisch auf (Abb. 27a, Karte). Lediglich mit einem einzigen Stück ergeben sich auch Verbindungen an die Nordküste des Schwarzen Meeres (Kertsch [317]).

Als weitaus wichtiger für das Auftreten ägäischer-balkanischer Doppelaxtformen in Südrußland erweist sich ein schlanker Typus, der ebenfalls nördlich des mykenischen Siedlungsraumes entwickelt wurde und in Makedonien-Bulgarien seine Hauptverbreitung aufweist (Abb. 27a, Punktraster). Er ist oben und unten durch symmetrische Tüllenwulste gekennzeichnet, gelegentlich durch zusätzliche Zapfen, die sich zur Stabilisierung an den hölzernen Stiel anlegten. Nach dem ersten, mir bekannten Fundort, Kilindir am Vardar, nannte ich ihn "Kilindirtypus", dann nach einem bulgarischen Fundort im Plovdiv-Distrikt auch "Beguncitypus" [318]. Eben dieser Typus (Verbreitung, Abb. 27a) kommt sowohl in Bulgarien gemeinsam mit dem mykenischen "Standardtypus" vor (Verbreitung, Abb. 26) als auch in Kozorezowo am Ingul in der Ukraine [319]. Eine solche "Vergesellschaftung" kann nur bedeuten, daß das südrussische Gebiet im 13. Jh. v.Chr., um diese Zeit handelt es sich, von der Ägäis aus unter Berührung von Bulgarien erreicht wurde. Vermerkt sei, daß die Entwicklung einer in Schweden als Typus völlig isolierten schlanken bronzenen Doppelaxt mit symmetrischer Doppeltülle schwerlich ohne Kenntnis des balkanischen "Kilindirtypus" vorstellbar ist [320] und daß K. Randsborg Doppelaxtornamente auch in Dänemark beobachtet hat: "'Aegean' Bronzes in a Grave in Jutland" [321].

In denselben ungefähren Zeitzusammenhang gehört nun auch ein überaus seltener Fund im Ostseeraum, die Bronzefigur eines Kriegergottes vom "Reschef-

---

[316] Aufnahmen eines in Triest befindlichen Stückes (unsere Abb. 27b.c) verdanke ich Frau Dr. G. Bravar, dank der freundlichen Vermittlung von F. Canciani: Inv.-Nr. 9853/1901, aus "Dalmatien", L 20,6 cm, Br 7,5 cm. Ausführliche Behandlung dieses Typus: H.-G. Buchholz, Doppeläxte und die Frage der Balkanbeziehungen des ägäischen Kulturkreises (= Buchholz 1981 [1983] 43ff., bes. 80ff. Abb. 23a-d; 24a-g).

[317] New York, Metropolitan Mus., Inv.-Nr. 1643; G. Richter, Greek Etruscan and Roman Bronzes 431. 435; H.-G. Buchholz, PZ 38, 1960, 41 Anm. 16 und S. 51 Abb. 6c; A. Harding, PPS 41, 1975, 190. 193.

[318] Buchholz 1981 (1983) 91 ff. (Fundliste). Hierzu Saloniki, Arch. Mus., Inv.-Nr. KE 683, aus Saloniki-Toumba (SH, Bronze, L 22,5 cm), s. Makedonen, die Griechen des Nordens, Ausstellungskat. Hannover, Landesmus. (1994) 112 Nr. 54 mit Farbphoto.

[319] A.M. Tallgren, Eurasia Septentrionales Antiqua 2, 1926, 173 Abb. 97; H.-G. Buchholz, PZ 38, 1960, 42. 51 Abb. 6e; J. Deshayes, Les Outils de Bronze de l'Indus au Danube (1960) 258 Nr. 2074 Taf. 34,17; A. Harding, PPS 41, 1975, 193; vgl. auch die Verbreitungskarte bei P. Schauer, JbRGZM 32, 1985, 163 Abb. 34.

[320] H.-G. Buchholz, PZ 38, 1960, 40 Abb. 1a.b (Långkärra/Ronneby, in Stockholm, Histor.Mus., Inv.-Nr. 13414), s. bereits Fornvännen 3, 1908, 229ff. Abb. 74 und neuerdings wieder Schauer a.O. 160 mit Anm. 190 und s. 162 Abb. 32.

[321] K. Randsborg, Acta Archaeologica 38, 1967, 1ff.; weiterer doppelaxtförmiger Schmuck mit Nachweisen bei Schauer a.O. 163f. Abb. 34 (Verbreitungskarte), Abb. 36,9.10.

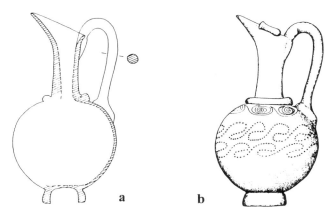

Abb. 26 a und b. Mittelminoische Kanne als Import in Troia-Unterstadt (1996), Stein-
kistengrab der Periode V

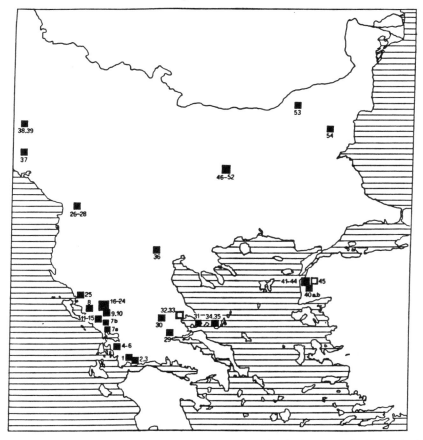

Abb. 26 c. Verbreitung von bronzenen Doppeläxten mykenischen Typs in Nordgriechenland und den Balkanländern

Typus" (Abb. 107c) aus Schernen bei Memel (zur Ortslage s. Abb. 29) [322]. Sie dürfte einen Punkt innerhalb eines weiträumigen Systems von "Straßen" bezeichnen, welche den großen Strömen folgten, wie dies im Titel einer Studie des Jahres 1877 angegeben ist: J.N. von Sadowski, Die Handelsstraßen der Griechen und Römer durch die Flußgebiete der Oder, Weichsel, des Dnjepr und Niemen an die Gestade des Baltischen Meeres (Nachdruck 1963). Nördlich des Schwarzen Meeres sind weitere "syro-hethitische Bronzen" bemerkt worden, die unsere Figur von Schernen (Abb. 107e) aus ihrer völligen Isolation heben, wenn sie echt, d.h. prähistorische Originale, wären [323].

In diesem Zusammenhang sei auf die Studien "Vorderasien und Osteuropa in ihren vorgeschichtlichen Handelsbeziehungen" von St. Przeworski und "Aegean Trade with Eastern Europe and its Consequences" von T. Sulimirski verwiesen [324].

Durch einen sensationellen Neufund im östlichen Mittelmeer verlängert sich die bisher gezogene Linie ägäischer Schwarzmeer-Schiffahrt bis Ulu Burun: Ein bisher noch nie in der Ägäis, an der Südküste der Türkei, auf Zypern oder gar an den Küsten der Levante ähnlich aufgetauchter Gegenstand liegt jetzt vor in einer prächtig gearbeiteten steinernen Zeremonialwaffe von 19,2 cm Länge, einem Würdezeichen größter Vollkommenheit (Abb. 28a) [325]. Das Objekt darf wegen der Lage seines Fundortes für die archäologische Forschung unter den Überraschungen des Schiffswracks von Ulu Burun einen besonderen Platz einnehmen. Ganz gewiß ist es nicht mittelmeerisch. Das auffallend harte, graugrün dichte Gestein mit

---

[322] W. LaBaume, Reallexikon der Vorgeschichte XI (1927/28) 228 s.v. Schernen; M. Ebert, Südrußland im Altertum (1921/1960) 79 Abb. 31; V. Müller, Frühe Plastik in Griechenland und Vorderasien (1929) 116f. Nr. 404 Taf. 41; P. Jacobsthal, Greek Pins (1956) 133. 213f.; Schauer a.O. 187 Abb. 65,1. Weitere Lit. bei H.-G. Buchholz, PZ 38, 1960, 43f. Anm. 22 und Ägäische Bronzezeit (1987) 512. Zuletzt: M. Heltzer, The 'Idol from Šernai' and the Question of Bronze Age Amber Provenance in the Eastern Mediterranean, in: Archaeologia Baltica 1995 (Wilna), 52ff.

[323] St. Przeworski, Reallexikon der Vorgeschichte XIII (1929) 159f. s.v. Syro-hethitische Bronzen aus Südrußland. — Wegen hoher Zinkanteile in der Bronze (also "Messing") höchst bemerkenswert (moderne Nachgüsse?).

[324] St. Przeworski, Klio 25, 1932, 21ff.; ders., La Pologne au 7. Congrès des Sciences Historiques, Warschau 1933, Band I, 75ff. und T. Sulimirski, Mélanges de Préhistoire, d'Archéocivilisation et d'Ethnologie, Festschrift für A. Varagnac (1971) 709ff. — Weiteres in der vergessenen Bibliographie von B.E. Moon, Mycenaean Civilization, Publications since 1935 (1957) 77 Nr. 27: Connections with the Non-Helladic Cultures of Europe; dies., Mycenaean Civilization, Publications 1956-1960 (1961) 130 Nr. 29: Links with the North.

[325] Fund-Nr. K2742. Es existiert bisher nur eine Vorveröffentlichung: J.C. Neville, Opportunities and Challenges in the Black Sea, in: INA-Quarterly 20, 1993, Heft 3, 12ff. mit Photo (danach unsere Abb. 28a). Dort ist jedoch der Fundort des Vergleichsstücks aus Drajna (de Jos/Muntenia, Walachei) in Dranja verschrieben. — Zuletzt: C. Pulak, In Poseidons Reich (1995) 52 Abb. 22 (Farbaufn.) mit Anm. 31 und 32; ders. in: Res Maritimae, Cyprus and the Eastern Mediterranean from Prehistory to Late Antiquity, Symposium Nikosia 1994 (1997) 254 Abb. 22.

weißen Einsprengseln und zahlreichen Glimmerpartikeln ("a dense fine-grained dark grey stone") dürfte sich petrographisch genau bestimmen und geologisch lokalisieren lassen. Bis wir dazu weiteres erfahren, kann zunächst nur der archäologische Vergleich eine vorläufige Zuordnung ermöglichen.

Typenbestimmende Merkmale sind die nicht auf ein Axtblatt, vielmehr auf einen Pickel zurückgehende schlanke Gesamtform mit der eingerollten Spitze und Parallelriefen in der Längsrichtung, der leicht aufgewulstete Ring, der das runde Schaftloch unten und oben umschließt (Dm 1,4 cm, L 5,9 cm) und ein tordiert geriefter pilzförmiger Nackenknauf. Bereits die Pickel- und keinesfalls Axtform und besonders die keineswegs steingerechte Einrollung machen klar, daß eine Metallform im Stein nachgebildet worden ist. Es wird demnach ein genaues Gegenstück aus Stein — in welchem Kulturkreis auch immer — kaum zu erwarten sein. Wohl aber besteht in Analogie zu den nordischen Fischschwanzdolchen oder sogenannten "Sichelschwertern" aus Feuerstein mit eingerollter Spitze begründete Aussicht, die metallenen Prototypen zu ermitteln.

Wenn, wie wir sagten, das Mittelmeer als Ursprungsgebiet ausscheidet, wird man, weil es sich um einen Schiffsfund handelt, nach Küsten fahnden, die jenes Schiff theoretisch erreicht haben könnte. Doch außerhalb der Säulen des Herakles wird niemand suchen wollen, deshalb bleiben das Marmara- und Schwarze Meer. In der Tat gibt es im Gebiet des Flusses Ingulec in der Ukraine, wie mir A. Häusler mitteilt [326], in Katakombengräbern der "Ingulec-Gruppe", prächtig verzierte Steinäxte, die dort der "mittleren Bronzezeit" zugerechnet werden. Ein charakteristisches Exemplar solcher Äxte besitzt einen durchaus vergleichbaren pilzförmigen, ritzverzierten Nackenknauf, der natürlich ebenso auf Metalltypen zurückgehen kann wie der des Ulu Burun-Szepters. Und damit wäre der typologische Vergleich bereits am Ende, denn bei den "Ingulec"-Äxten sind weder Pickelformen, noch Einrollungen zu bemerken, sie sind vielmehr im Lochbereich breit und außerdem schneidenbetont. Man vermag nicht einmal zu sagen, daß der reiche Dekor typische Metallmerkmale aufwiese.

H.-J. Hundt hat bereits vor längerer Zeit Zusammenhänge zwischen bronzenen vorderasiatischen Schaftlochäxten und solchen aus Ungarn gesucht [327]. In seiner Studie findet man in der Tat einige Stücke mit der geforderten pilzkopfförmigen Nackenbewehrung und dazu einer schlanken, pickelförmigen Klinge (aus Dunaújváros, ein zweites Stück aus Březno) [328]. Beide zeigen sie Wulstränder am Schaft-

---

[326] Ich habe ihm, dem Prähistoriker in Halle, und dem unlängst verstorbenen P. Calmeyer/Berlin für Hinweise auf einen Teil der hier nachfolgenden Objekte und Übersetzungshilfen bei russisch geschriebener Literatur zu danken. Zur behandelten Axt der Ingulec-Kultur, gefunden in einem Kurgan-Gräberfeld in Martan-Cu (Gruševoe) s. A.L. Nečitajlo, Svazi naselenija stepnoj Unkrainy i severnogo Kavkaza v épochu bronzy (1991) 93 Abb. 39,1 und bereits I.M. Šarafutdinova, Archeologija 33, 1980, 65 Abb. 5,6.

[327] H.-J. Hundt, Zu einigen vorderasiatischen Schaftlochäxten und ihrem Einfluß auf den donauländischen Guß von Bronzeäxten, in: JbRGZM 33, 1986, 131ff. — Ich danke in diesem wie in zahlreichen weiteren Fällen Dr. W. Ender/Gießen für zuverlässige und schnelle Hilfe beim Überprüfen von Zitaten.

[328] Hundt a.O. 141 Abb. 8,2 und 8,4.

loch, das eine Stück hat die Wulste zu Ansätzen von Tüllen nach oben und unten erweitert. Zweifellos sind hier mehrere der Typenmerkmale unseres Ulu Burun-Objektes wiederzufinden und obendrein die geforderte Vorlage in Metall. Doch das entscheidende Merkmal der Einrollung der Spitze fehlt.

Fast alle Kennzeichen, einschließlich der Einrollung, erfüllt ein schlanker Bronzepickel mit gerilltem Pilzkopf-Nacken, Faszettierungen in der Längsrichtung, und — alledings zu Tüllen ausgeformten — Umwulstungen der beiden Öffnungen des Schaftloches (Abb. 28b) [329]. Er gehört zu einem größeren Hortfund aus Drajna de Jos in der großen Walachei, nördlich von Bukarest. Bereits vor einem Jahrzehnt hat N. Sandars enge Zusammenhänge zwischen Schwertern und Speerspitzen aus diesem Hort mit mykenischen Waffen auf der Insel Kos gesehen, dem Ulu Burun-Wrack merklich näher gelegen [330]. Was die Einrollung des Pickels aus Drajna angeht, hat sie auf eine Gußform verwiesen, aus der eine solche Zeremonialwaffe gegossen werden konnte, der im übrigen nachträglich ein Nackenknauf aufgesetzt wurde; denn der dafür erforderliche Zapfen ist in der Gußform angelegt. Sie stammt, neben vielen weiteren, aus Pobit Kamuk bei Razgrad in Bulgarien [331]. Diese Gußform in Bulgarien, das Metallbeispiel aus Rumänien samt typenabhängigen, wenn auch nicht ganz nahestehenden Formen in Ungarn sowie schließlich Nachklänge in pilzförmiger Nackenbildung ukrainischer Steinformen lassen nunmehr erkennen, wo der Zeremonialpickel aus Ulu Burun (Abb. 28a) seinen Ursprung haben wird. Da er eine steinerne Nachbildung einer Metallform ist, wird man seine Erzeugung weniger bei Bronzegießern Bulgariens oder Rumäniens, sondern bei Fachleuten der Steinbearbeitung in eben diesen Gebieten bis hin in die nördlichen Randbereiche des Schwarzen Meeres suchen: Er ist nicht die einzige bekannte Umsetzung dieser Art, vielmehr wird im Archäologischen Nationalmuseum in Sofia ein Steinpickel mit ganz ähnlichen typologischen Eigenheiten, wie sie das Objekt aus Ulu Burun aufweist, aufbewahrt (ohne Inv.-Nr.). Er stammt aus Ljulin/Bezirk Jambol, und es erscheint lediglich seine Spitze etwas weniger stark eingerollt (Farbaufnahme in: Troja und Thrakien, Ausstellungskatalog Berlin-Sofia, 1981, 93 Nr. 523 Abb. 14).

[329] V. Dumitrescu, L'Art Préhistorique en Roumanie (1937) Taf. 13,3 (danach unsere Abb. 28b); M. Petrescu-Dimbovita, Depositele de Bronzuri din Romania (1977) 78f. Taf. 91; dies., PBF XVIII/1 (1978) Taf. 72,77; P. Schauer, Spuren orientalischen und ägäischen Einflusses im bronzezeitlichen nordischen Kreis, in: JbRGZM 32, 1985, 135.137 Abb. 9 ("Pickel", nicht "Axt" wie dort steht. Zur Unterscheidung s. Solyman a.O. [unten Anm. 332]), in vereinfachender Umzeichnung auch bei N. Sanders, North and South at the End of the Mycenaean Age, Aspects of an old Problem, in: OJA 2, 1983, 56 Abb. 12c.

[330] Vgl. Sandars a.O. 43ff., bes. 53ff. (The Langada 21 Spearhead and Drajna de Jos).

[331] Pobit Kamuk (auch Dikili Tasch), L der Gußform: 30 cm; s. B. Hänsel, Beiträge zur Regionalen und Chronologischen Gliederung der Älteren Hallstattzeit an der unteren Donau (1976) Taf. 1 und 2; danach Sandars a.O. 56 Abb. 12d; ferner E.N. Černych, Gornoe delo i metallurgija v drevnejšej Bolgarii (Russisch, 1978) 244 Abb. 67,7 (Zeichnung), S. 246 Abb. 69a.b (Photo).

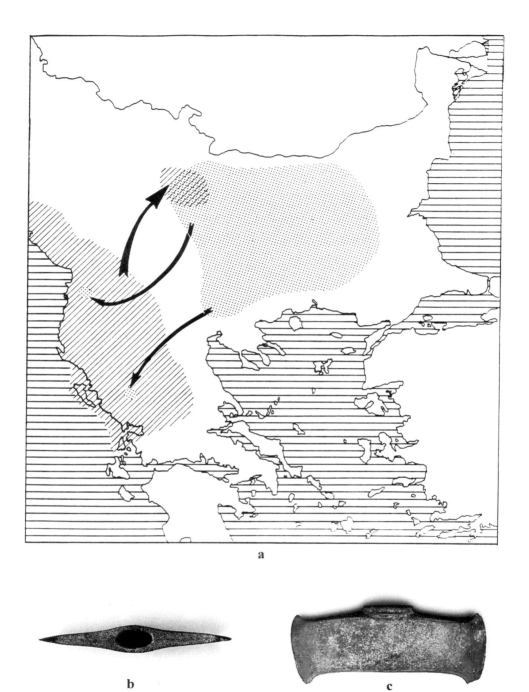

Abb. 27 a-c. Sondertypen der Doppelaxt in Dalmatien und den übrigen Balkangebieten: a Verbreitungsgebiete. — b.c Bronzene Doppelaxt dalmatisch-epirotischen Typs in Triest, Civici Musei di Storia ed Arte

Der Pickel gehört als wichtige und vornehme Waffe dem Ursprunge nach in den Alten Orient [332] ebenso wie die Einrollung seines Schlagteils. Bereits dort, nämlich in Persien, war die Metallform — mit anderer Nackenbewehrung — gegen Ende des dritten vorchristlichen Jahrhunderts voll entwickelt und auch durch Einrollung zur bloßen Zeremonialform, zum Würdezeichen, umgewandelt worden (Abb. 28c) [333]. Was also die ganze "Geschichte" des Bronzepickels mit Einrollung angeht, fehlen uns vorerst die Zwischenglieder, zeitlich und formal, zwischen den Frühformen des ausgehenden dritten Jahrtausends und Erzeugnissen um die Mitte des zweiten Jahrtausends. Doch N. Sandars hat bereits, im Hinblick auf den Hortfund von Drajna und die Gußform aus Pobit Kamuk, zum Ausdruck gebracht, daß wir es mit einer "mixture of older Middle Bronze Age forms and new Late Bronze Age ones" zu tun haben, und: "the shaft-hole battle-axes are an end-product left over from the Middle Bronze Age" [334].

Es müssen wirtschaftliche Gründe — "Metallhunger" wie für die Westfahrten, Zinnbedarf für die Schiffsreisen zu den Kassiteriden — auch im Hinblick auf sich abzeichnende, wenn zugegebenermaßen noch schemenhafte Seeverbindungen vom östlichen Mittelmeer durch Ägäis und Marmarameer ins Schwarze Meer und weiter bis zur Ostsee existiert haben. Neben Pelzen scheint vor allem der baltische Bernstein Begehrlichkeiten geweckt zu haben. Es handelt sich bekanntlich bei dem "Elektron" der Alten um einen magisch geladenen besonderen Stoff [335]. Und wie intensiv seit frühen Zeiten die Nordsüd-/Südnord-Verbindungen in weiten Teilen des behandelten Großraumes gewesen sind, hat auch die Namenskunde ergeben: H. Krahe, Vorgeschichtliche Sprachbeziehungen von den baltischen Ostseeländern bis zu den Gebieten um den Nordteil der Adria (AbhMainz 1957, Nr. 3).

Im Schiffswrack von Ulu Burun (Abb. 17), aus dem das beschriebene Steinszepter stammt (Abb. 28a), ist Bernstein, wenn auch nur in ganz geringer Menge,

---

[332] T. Solyman, Die Entstehung und Entwicklung der Götterwaffen im alten Mesopotamien und ihre Bedeutung (1968) 48f.101.

[333] New York, Metropolitan Mus., Inv.-Nr. 65.32 (L 12,5 cm), s. O.W. Muscarella, Bronze and Iron, Metrop.Mus., New York (1988) 237 Nr. 336 mit Abb. (danach unsere Abb. 78d). Dazu P. Calmeyer, Datierbare Bronzen aus Luristan und Kirmanshah (1969) 25f. mit Abb. 23 (aus Susa, in Teheran, Arch.Mus., Inv.-Nr. 860). Mit diesem Stück waren Calmeyer seinerzeit drei akkadzeitliche Pickel mit eingerolltem Schlagteil bekannt, bei Muscarella sind es fünf, immer noch eine sehr seltene Gruppe; z.T. auch bei H. Müller-Karpe, Handbuch der Vorgeschichte IV 3 (1980) Taf. 125 A 7.

[334] Sandars a.O. 57.

[335] S. Gutenbrunner, Germanische Frühzeit in den Berichten der Antike (1939) 37ff. ("Der Bernsteinhandel im Spiegel der griechischen Sage") 208 (Index: Bernstein); R. Wenskus, Pytheas und der Bernsteinhandel, in: Untersuchungen zu Handel und Verkehr der vor- und frühgeschichtlichen Zeit in Mittel- und Nordeuropa, AbhGöttingen, Phil.-hist. Klasse, 3. Folge, Nr. 143, 1985, 84ff. — Mit gänzlich anderem Ansatz zum Bernstein: B. Jacobs, Das Chvarnah, in: MDOG 119, 1987, 215ff.

gefunden worden [336]. Wie hoch geschätzt Bernstein im Bereich der mykenischen Kultur gewesen ist, bezeugen zahlreiche Funde [337]. Die "Bernsteinschieber von Kakovatos" und ihre Entsprechungen in Mitteleuropa und England ("Wessexkultur") haben die Forschung wiederholt beschäftigt [338].

C.W. Beck hat Herkunftsbestimmungen mykenischer und minoischer Bernsteinfunde zu seiner Lebensaufgabe gemacht und den baltischen Ursprung in vielen Fällen gesichert [339]. Instruktiv scheinen mir für einen Teil weiträumiger Zusam-

---

[336] G. Bass, AJA 90, 1986, 286; M. Mellink, AJA 97, 1993, 120; oben Anm. 215. — An sich gilt die Regel: Je weiter entfernt von den Seerouten, desto weniger Bernstein, z.B. in Zentralanatolien, s. R.M. Boehmer, Die Kleinfunde von Boğazköy (1972) 232. Auch im bronzezeitlichen Zypern ist die Zahl publizierter Bernsteinfunde gering, s. L. Åström, Studies on the Arts and Crafts of the Late Cypriote Bronze Age (1967) 84 (einige Perlen aus Enkomi-Gräbern); RDAC 1963, 5 (Kition, Grab 9). — M. Heltzer hat mir 1994 ein Manuskript mit dem Titel "On the Origin of the Near Eastern Archaeological Amber (Akkadian *elmešu*, Hebrew *ḥašmal*)" zugestellt, dessen Veröffentlichung abzuwarten bleibt, s. zuletzt ders., Archaeologia Baltica 1995 (Wilna) 52ff. und J.M. Todd, Baltic Amber in the Ancient Near East, in: Journal of Baltic Studies 16, 1985, 185ff. und 292ff.

[337] A.E. Werner, Report on Amber Beads from Aegean Sites, in: BSA 53/54, 1958/59, 261f.; A. Harding, Amber in Bronze Age Greece, in: Actes du 8. Congrès International des Sciences Préhistoriques et Protohistoriques, Belgrad 1971, Band III, 18ff.; A. Harding-H. Hughes-Brock, Amber in the Mycenaean World, in: BSA 69, 1974, 145ff. und Amber and the Mycenaens, in: Journal of Baltic Studies 16, 1985, 257ff.

[338] K. Müller, AM 34, 1909, 280 Abb. 3.4; s. G. v. Merhart, Germania 24, 1940, 99ff.; V. Milojcic, Neue Bernsteinschieber aus Griechenland, in: Germania 33, 1955, 316ff.; R. Hachmann, Bronzezeitliche Bernsteinschieber, in: Bayerische Vorgeschichtsblätter 22, 1957, 1ff.; A. Harding, British Amber Spacerplate Necklaces and their Relatives in Gold and Stone 53ff.; P. Schauer, JbRGZM 31, 1984, 156.158f. mit Abb. 20,2; 21 (Verbreitungskarte). — Zum Bernsteinschmuck von Upton Lovell/Wiltshire, s. H. Müller-Karpe, Jahresbericht des Inst. für Vorgesch./FfM 1977, 60 Abb. 47 und I. Kubach-Richter, ebd. 1978/79, 136. 165 Abb. 1,4. — Zu Wessex allgemein vgl. u.a. K. Branigan, Wessex and Mycenae, some evidence Revised, in: The Wiltshire Archaeological and Natural History Magazine 63, 1970, 89ff.; ders., Wessex and the Common Market, in: SMEA 15, 1972, 147ff.; H. McKerrell, On the Origins of British Faience Beades and some Aspects of the Wessex-Mycenae Relationship, in: PPS 38, 1972, 286ff.; S. Gerloff, The Early Bronze Age Daggers in Great Britain and a Reconsideration of the Wessex Culture, in: PBF VI 2 (1975); T. Watkins, Wessex without Cyprus, 'Cypriote Daggers' in Europe, in: J.W.S. Megaw (Herausg.), To Illustrate the Monuments, Essays on Archaeology presented to St. Piggott (1976) 136ff.; C.F.C. Hawkes, Zur Wessex-Kultur, in: Jahresbericht des Inst. für Vorgeschichte/FfM 1977 (1978) 193ff.; F. Lo Schiavo, Wessex, Sardegna, Cipro, in: Atti della 22. Riunione Scientifica Ist. Ital. Preist. e Protostoria 1978 (1980) 341ff.; A.F. Harding, The Wessex Connection, Developments and Perspectives, in: Kolloquium Mainz 1985 (1990) 139ff.; J. Bouzek, Late Bronze Age Greece and the Balkans, in: BSA 89, 1994, 228 Abb. 9 (Karte).

[339] O. Helm, Über die Herkunft des in alten Königsgräbern von Mykenae gefundenen Bernsteins und über den Bernsteinsäuregehalt verschiedener fossiler Harze, in: Schriften der naturforschenden Gesellschaft Danzig N.F. 6, 1885, 234ff., sodann in neuerer Zeit: C.W. Beck-C.A. Fellows-A.B. Adams, Analysis and Provenience of Minoan and Mycenaean

menhänge Vorkommen von "segmentierten Bernsteinperlen vom Tiryns-Typ" zu
sein; die Verbreitung reicht von Ras Schamra über Rhodos, Kreta, das helladische
Festland und einige Adriagebiete bis nach Unter- und Oberitalien, bzw. in umgekehrter Richtung. In unserer Karte (Abb. 29) sind Verbindungen wie der
"Schwarzmeer-Weichselweg", ferner mögliche "Wege" von Wessex bis Kreta, von
Helgoland über Süddeutschland/Böhmen durch die Adria nach Hellas eingetragen [340]. Dem Problem solcher Handelswege sind sogar Kongresse gewidmet worden [341]. R. Pittioni urteilte dabei zusammenfassend wie folgt: "Deshalb dürfte es
auch nicht wahrscheinlich sein, daß es eigene, der Verbreitung von Bernstein
gewidmete Verbindungslinien gegeben hat, die die Forschung immer wieder ohne
sachlichen Hintergrund als "Bernstein-Straßen" bezeichnete. Daß die von der Natur
gebotenen begehbaren Zonen ausgenützt worden sind, ist eine unwiderlegbare
Tatsache ..." [342]. Als beeindruckend muß die Bindung der Zeugnisse bronzezeitlicher Metallurgie an die Flußläufe bezeichnet werden, s. V.S. Bočkarev und A.M.
Leskov, Jung- und spätbronzezeitliche Gußformen im nördlichen Schwarzmeergebiet (PBF XIX 1 [1980] Taf. 20, Karte 1 und 2).

Amber; Kakovatos, in: Greek, Roman and Byzantine Studies 11, 1970, 5ff.; C.W. Beck,
Amber, in: Archaeology 23, 1970, 7ff.; C.W. Beck-G.C. Southard-A.B. Adams, Analysis and
Provenience of Minoan and Mycenaean Amber; Mycenae, in: Greek, Roman and Byzantine
Studies 13, 1972, 359ff.; C.W. Beck, The Provenience of Amber in Bronze Age Greece, in:
BSA 69, 1974, 170ff.; C.W. Beck-E. Sprincz, The Origins of the Bronze Age Amber Beads
of the Móra Ferenc Museum of Szeged, in: Archaeologiai Értesitö 108, 1981, 206ff.; C.W.
Beck-R. Rottländer, Struktur und Herkunftsbestimmung des Bernsteins, in: APA 16/17,
1984/85, 219ff. (Lit., auch APA 11/12, 1980/81, 20ff.). Neuerdings: I. Kuloff und Mitarb.,
Archaeometric Investigation of Iron Age Amber Artifacts from Bulgaria Using IR-Spec-
troscopy, in: 30. Symposium für Archäometrie, Athen 6.-9.11.1996.

[340] Unsere Abb. 29 nach J. Bouzek, Homerisches Griechenland (1969) 82 Abb. 30 und G.
Kopcke, Handel, in: H.-G. Buchholz, ArchHom, Lieferung M (1990) 44 Abb. 7 und neuerdings: A. Harding, in: Kolloquium Mainz 1985 (1990) 144 Abb. 5. F.-W. von Hase hat
ebenda 95 Abb. 13 in Anlehnung an Harding, Vagnetti und Matthäus ebenfalls eine Verbreitungskarte entwerfen lassen, u.a. mit den "segmentierten Bernsteinperlen vom Tiryns-
Typ". Umfassende Bibliographie in: D. Bohnsack-A.-B. Follmann, Hoops Reallexikon der
german. Altertumskunde II (1974) 288ff.

[341] Vgl. C.W. Beck, Der Bernsteinhandel, naturwissenschaftliche Gesichtspunkte, in: Nord-
Süd-Beziehungen; historische und kulturelle Zusammenhänge und Handelsbeziehungen die
europäischen Bernsteinstraßen entlang vom 1. Jt. v. u.Z. bis zum Ende der römischen
Kaiserzeit, Intern. Kolloquium Bozsok-Szombathely 1982 (Savaria, Bull. der Museen des
Komitats Vas 16, 1982, 11ff.). Zum Namen 'Mare Balticum' vgl. E. Norden, in: Festschrift
C.F. Lehmann-Haupt (1921) 182ff., unlängst U. Pfeiffer-Fronhert, Bronze Age Seafaring on
the Baltic, in: Chronos, Festschrift B. Hänsel (1997).

[342] R. Pittioni, Untersuchungen zu Handel und Verkehr der vor- und frühgeschichtlichen Zeit
in Mittel- und Nordeuropa I (AbhGöttingen, phil.-hist. Kl., 3. Folge Nr. 143, 1985, 178 und
Anm. 170), dort ältere Lit., dazu: T. Malinowski, Über den Bernsteinhandel zwischen den
südöstlichen baltischen Ufergebieten und dem Süden Europas in der frühen Eisenzeit, in: PZ
46, 1971, 102ff.; H. Lassen, Studia Troica 4, 1994, 127ff. (zu Bernstein und Bronzebeinrin-
gen in Pommern und Beşik-Tepe / Troia).

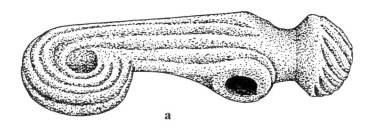

a

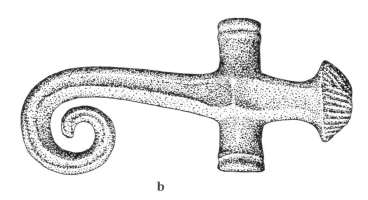

b

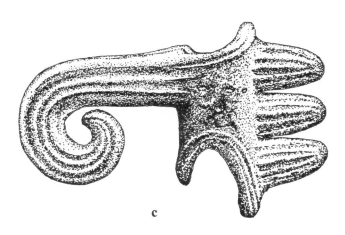

c

Abb. 28 a-c. Zeremonialwaffen: a Steinernes Pickelszepter aus
dem spätbronzezeitlichen Schiffswrack von Ulu Burun (s. Abb.
17). — b Bronzener Zeremonialpickel mit eingerolltem Schlagteil
aus dem Hortfund von Drajna/Walachei; Bukarest, Nationalmuseum. — c Bronzepickel des späten 3. Jahrtausends v.Chr. mit
eingerolltem Schlagteil und Nackenstacheln aus Persien; New
York, Metropolitan Museum, Inv.-Nr. 65.32 (zu a-c s. H.-G.
Buchholz, PZ 74, 1999, 72 Abb. 4a-c)

Obschon unübersehbar, kann die Präsenz bronzezeitlich-ägäischer Objekte, bzw. die Spiegelung mykenischen Formengutes im Donau-Karpaten-Raum — ähnlich wie in Bulgarien — als nicht übermäßig intensiv bezeichnet werden [343]. Bronzeschwerter und die Ornamentik der Knochenschnitzerei stehen dabei im Zentrum des Interesses. Ältere Literatur findet man in überwältigender Vollzähligkeit bei T. Bader in seinen "Bemerkungen über ägäische Einflüsse auf die alt- und mittelbronzezeitliche Entwicklung im Donau-Karpatenraum" [344]. Als bloß zufällige Konvergenz zwischen donauländischen und helladischen Produkten werden sich jedenfalls die Übereinstimmungen in deren Dekors nicht erklären lassen [345].

Als Antwort auf die Frage, welche Güter besagter Gebiete Mykener angelockt haben mögen, ist immer wieder zu lesen, daß wenn nicht alles, so doch das meiste in der helladischen Bronzezeit genutzte Gold aus Transylvanien stamme. Wenn auch unumstrittene Beweise fehlen, hat dieser Erklärungsversuch mangels eines besseren etwas für sich. Als Analogie bietet sich der Zugriff zum thrakischen Gold in der späteren griechischen Kolonisation an [346].

Die berühmte minoische Bronzetasse von Dohnsen in der Lüneburger Heide lasse ich beiseite, weil ich sie nach einer Ortsbesichtigung und Befragung einiger an dieser Entdeckung Beteiligter bald nach ihrem Bekanntwerden nicht mit gleicher Selbstverständlichkeit als autentischen Bodenfund einstufe wie dies E. Sprockhoff

---

[343] Vgl. bereits V.G. Childs, The Minoan Influence on the Danubian Bronze Age, in: Essays in Archaeology presented to Sir A Evans (1927) 1ff.; St. Foltiny, Mycenae and Transylvania, in: Hungarian Quarterly 3, 1962, 133ff.; St. Piggott, Mycenae and Barbarian Europe, an Outline Survey, in: Sbornik Narodniho Musea v Praze 20, 1966, 117ff.; B. Hänsel, Zur historischen Bedeutung der Theißzone um das 16. Jh. v.Chr., in: Jahresbericht des Instituts für Vorgeschichte, Frankfurt 1977 (1978) 87ff.; ders., Südosteuropa zwischen 1600 und 1000 v.Chr., in: Prähistorische Archäologie in Südosteuropa, Band I (1982) 1ff.

[344] T. Bader, in: Kolloquium Mainz 1985 (1990) 181ff.197 Abb. 18-21 (Schwerter); S. 200 Abb. 24 (Verbreitungskarte); S. 198 Abb. 22 (Karte: Bronzezeitl. Kulturkontakte zwischen dem Karpatenraum und der Ägäis).

[345] Vgl. beispielsweise H.-G. Buchholz-V. Karageorghis, Altägäis und Altkypros (1971) Abb. 506. 507 (Mykene) mit Stangenknebeln, Knochenszeptern, -zylindern und -scheiben wie bei Bader a.O. 187f. Abb. 7-12; S. 202 Abb. 26 (Knochenzylinder, Verbreitungskarte). Ferner H.-G. Hüttel, Altbronzezeitliche Pferdetrensen, in: Jahresbericht des Inst. für Vorgeschichte in FfM 1977, 65ff. Abb. 5-10 und A. Vulpe, ebd. 104 Abb. 2,1.

[346] So z.B. G. Korres/Athen in Vorträgen. Ich hatte ihm mit Unterstützung von U. Zwikker/Erlangen Analysen mykenischen Goldes ermöglicht. Doch ein sicherer Herkunftsnachweis, transylvanisches Gold betreffend, ist bisher nicht eindeutig gelungen. — Bezüglich der sich daraus ergebenden archäologischen Probleme vgl. z.B. J. Bouzek, Zu den altbronzezeitlichen Goldfunden, in: Jahresbericht des Instituts für Vorgeschichte der Universität Frankfurt a.M. 1977, 112ff. und B. Hardmeyer, Prähistorisches Gold Europas im 3. und 2. Jt. v. Chr. (1976) 129ff. (umfangreiche Lit.-Liste); A. Harding, in: Kolloquium Mainz 1985 (1990) 141 Abb. 2 (Karte, Lokalisation der wichtigsten natürlichen Vorkommen von Gold, Zinn, Bernstein und Kupfer). — Zum thrakischen Gold in späterer Zeit: V. Parker, AA 1994, 365ff. Ferner unten Anm. 826 und 832.

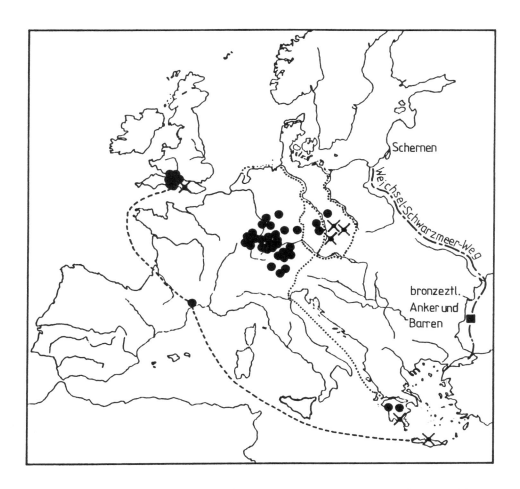

Abb. 29. Zum Bernsteinhandel: Verbindungen zwischen Ostsee und Schwarzem Meer,
Wessex-Kultur (im Süden Englands) und dem ägäischen Raum. Verbreitungsschwerpunkte
von "Bernsteinschiebern" (●) in Wessex, Mitteleuropa, Südfrankreich und auf der Peloponnes, sowie Bernsteinscheiben mit Goldfassung, bzw. böhmischem Bernsteinschmuck (X)
in Mitteleuropa, Südengland, in der Peloponnes und auf Kreta. Zu den in obiger Karte nicht
erfaßten "Tonperlen vom Typ Tiryns" s. H.-G. Buchholz, Ägäische Bronzezeit (1987) 269
Anm. 55 und die Verbreitungskarte in J. Bouzek, BSA 89, 1994, 229 Abb. 10, dazu
Ialysos/Rhodos, Grab 13/1871 (Brit.Mus., Inv.-Nr. 72/3-15, A. Furtwängler - G. Löschcke,
Mykenische Vasen [1886] 11 und 73 Taf. B17). Nicht kenntlich gemacht sind die "Kassiteriden" (Zinninseln) im äußersten Südwesten Großbritanniens. Überlandrouten vom Mittelmeer durch Frankreich nahmen ihren Ausgang von Küstenplätzen im Bereich der Rhone-
mündung. Literatur zum oft angefochtenen Begriff der "Bernsteinstraßen" bereits bei A.B.
Cook, Zeus II 493f. Anm. 2

tat [347]. Für Mitteleuropa bleibt dennoch einiges, das in den Rahmen "mykenisch-mitteleuropäischer Kulturbeziehungen" gehört [348].

Umgekehrt sind weiträumige Zusammenhänge zwischen Griffzungenschwertern Mitteleuropas ("Naue II") und Südosteuropa bis hin nach Zypern (Abb. 82 l-o, Enkomi) nicht mehr umstritten [349]. Lediglich stichwortartig weise ich hin auf "Lausitzer Goldschmuck in Tiryns" [350] oder auf einen weiteren "mitteleuropäischen Fremdling in Tiryns" [351]. Ringmesser der Urnenfelderzeit (12./11. Jh. v.Chr.) gehören typologisch-genetisch — für jedermann im Formenvergleich prüfbar — von Mitteleuropa bis Rhodos, Zypern und Palästina zusammen (Abb. 84 und 85).

[347] Ältere Lit. bei P. Schauer, Spuren orientalischen und ägäischen Einflusses im bronzezeitlichen Nordischen Kreis, in: JbRGZM 32, 1985, 171 Abb. 41 (Verbreitungskarte und Lage von Dohnsen); S. 172 Abb. 43 (Zeichnung der Dohnsen-Tasse und eines entsprechenden Exemplars aus Thera, nach H. Matthäus); bereits H.-G. Buchholz, PZ 38, 1960, 50ff.

[348] So der Titel eines Aufsatzes von St. Hiller, ÖJh 61, 1991/92, 1ff., den man mit "Oriental Elements in the Hallstatt Culture" ergänzen könnte (s. C. Hopkins, AJA 61, 1957, 333ff.). Vgl. ferner J. Bouzek, Die mykenischen und frühgriechischen Einflüsse in Mitteleuropa, in: Listy Filologické 88, 1965, 241ff.; ders., Aegean and Central Europe 1600-1300 B.C., in: PamátkyArch 57, 1966, 242ff.; J. Makkay, Remarks to the Archaeology of the Relations between Crete-Mycenae and Central Europe, in: SMEA 9, 1969, 91ff.; H. Müller-Karpe, Neue Forschungen zur Geschichte des 13. und 12. Jhs. in Zentraleuropa, in: Jahresbericht des Instituts für Vorgeschichte der Universität Frankfurt 1975, 7ff.; J. Bouzek, Östlicher Mittelmeerraum und Mitteleuropa, die bronzezeitlichen Beziehungen auf Grund der archäologischen Quellen, in: Mitteleuropäische Bronzezeit, herausg. von W. Coblenz und F. Horst (1978) 47ff.; J. Vladar-A. Bartonek, Zu den Beziehungen des ägäischen, balkanischen und karpatischen Raumes in der mittleren Bronzezeit und die kulturelle Ausstrahlung der ägäischen Schriften in die Nachbarländer, in: Slovenska Archeologia 25, 1977, 271ff.; J. Vladar, Zur Problematik osteuropäischer und südöstlicher Einflüsse in der Kulturentwicklung der Älteren Bronzezeit im Gebiet der Slowakei, in: Slovenska Archeologia 191, 1981, 217ff. — Von den Pionierarbeiten nenne ich H. Mötefindt, Eine Parallele zu den Bechern von Mykene und Vaphio, in: AA 1912, 99ff. und F. Matz, Die kretisch-mykenische Kultur und ihre alteuropäischen Beziehungen, in: ZfE 66, 1934, 424ff.

[349] H.W. Catling, Bronze Cut- und Thrust Swords in the Eastern Mediterranean, in: PPS 22, 1956, 102ff.; ders., A New Bronze Sword from Cyprus, in: Antiquity 35, 1961, 115ff.; H. Müller-Karpe, Zur spätbronzezeitlichen Bewaffnung in Mitteleuropa und Griechenland, in: Germania 40, 1962, 255ff.; N.K. Sandars, Later Aegean Bronze Swords, in: AJA 67, 1963, 117ff.; Hänsel a.O. (oben Anm. 314 und 343); St. Foltiny, Schwert, Dolch und Messer, in: H.-G. Buchholz, ArchHom, Lieferung E (1980) 247ff. bes. 263ff. Abb. 52-54 (Lit.); I. Kilian-Dirlmeier, Die Schwerter in Griechenland, Bulgarien und Albanien (PBF IV/12, 1994).

[350] So der Titel des Beitrags von Sp. Marinatos in: Theoria, Festschrift für W.-H. Schuchhardt (1960) 151ff. Vgl. unten Anm. 869.

[351] H.-G. Hüttel, JbRGZM 27, 1980, 159ff.

Exkurse zu den Kapiteln 3 bis 5

1. *Fernverbindungen vor der Mitte des zweiten Jahrtausends v.Chr.*

Die Kontakte von Ras Schamra und Zypern über See in den ägäischen Raum und von dort weiter nach Westen, bzw. nach Norden ins Schwarze Meer waren während der vier spätbronzezeitlichen Jahrhunderte von 1500 bis etwa 1100 v.Chr. mit deutlichen Höhepunkten, doch im ganzen durchgehend, rege. Dies sollte an dem bisher vorgeführten Fundstoff gezeigt werden und wird weiter unten anhand einzelner Objektgruppen erhärtet werden, an Waffen und Geräten, Metallbarren (Abb. 53-55.60), steinernen Mörsern (Abb. 66.67) und hauptsächlich an verschiedenen Keramikgattungen (Abb. 68-81.98).

Ein kurzer Blick auf das Vorspiel während der ersten Hälfte des zweiten Jahrtausends und im dritten Jahrtausend mag andeuten, daß sich der lebhafte Seeverkehr ab 1500 v.Chr. keineswegs etwa völlig voraussetzungslos in neuen Bahnen bewegte. Vielmehr zeigen ein frühminoisches Gefäß in Nordzypern (Abb. 69a) und Kamaresgefäße (um 1800 v.Chr.) ebenfalls in Zypern, sowie in Ras Schamra, Byblos und Ägypten (Abb. 69b.f) an, daß sich der spätere ägäische Seeverkehr in einem vorgezeichneten Rahmen bewegte. Auch frühbronzezeitliche ritzverzierte Knochenröhrchen (die ich hier nicht abgebildet habe [352]) entsprechen einander auf den Kykladen und in Syrien-Palästina so genau, daß eine gemeinsame kulturelle Wurzel, ja, die Verbringung von einer Region in die andere auf dem Seeweg überzeugend bereits für die Mitte des dritten Jahrtausends erschlossen werden kann.

Ohne vollständig sein zu wollen, weise ich auf ein Gefäß der Phase Frühkyprisch III in Knossos [353], auf einen kyprischen Krug der mittleren Bronzezeit in Kommos, ebenfalls auf Kreta [354], und drei Gefäße vom Typ Tell el-Yahudiya

---

[352] H.-G. Buchholz, Historische Zeitschrift 201, 1965, 383 (Ras Schamra, Qalaat-er-Rus, Qadesch, Hama); ders., Bemerkungen zu bronzezeitlichen Kulturbeziehungen im östlichen Mittelmeer, in: APA 1, 1970, 137ff.; H.-G. Buchholz-V. Karageorghis, Altägäis und Altkypros (1971) Nr. 500-505 (Leukas-Nidri, Poliochni, Syros, Naxos, Euboia); vgl. bes. J.B. Hennessy, The Foreign Relations of Palestine during the Early Bronze Age (1967) Taf. 77.

[353] H.-W. Catling-J.A. MacGillivray, BSA 78, 1983, 1ff. — Vgl. P. Warren, Knossos and its Foreign Relations in the Early Bronze Age, in: Acts of the 4th Int. Cretan Symposium, Herakleion 1976, Band I (1981) 628ff. — Einiges bei K. Branigan, The Foundations of Palatial Crete (1970); ders., Minoan Foreign Relations in Transition, in: Aegaeum 3, 1989, 65ff.

[354] P.J. Russell, Temple University Symposium 10, 1985, 42ff. — Zusammenfassungen und Behandlungen weiterer Fundstoffs: K. Branigan, Further Light on Prehistoric Relations between Crete and Byblos, in: AJA 71, 1967, 117ff.; ders., Crete, the Levant and Egypt in

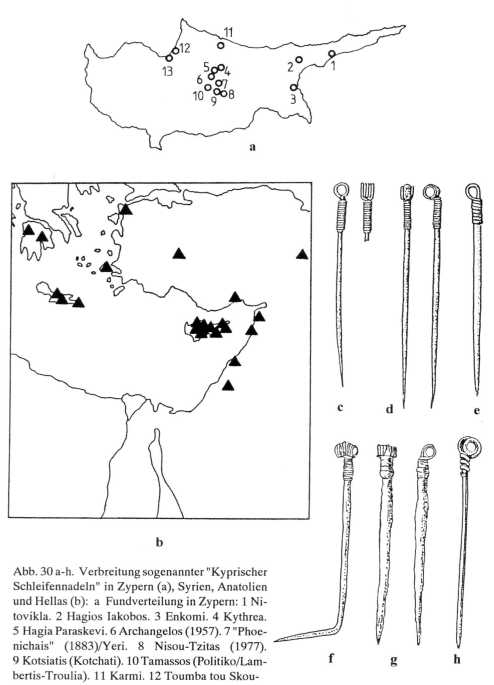

Abb. 30 a-h. Verbreitung sogenannter "Kyprischer Schleifennadeln" in Zypern (a), Syrien, Anatolien und Hellas (b): a Fundverteilung in Zypern: 1 Nitovikla. 2 Hagios Iakobos. 3 Enkomi. 4 Kythrea. 5 Hagia Paraskevi. 6 Archangelos (1957). 7 "Phoenichais" (1883)/Yeri. 8 Nisou-Tzitas (1977). 9 Kotsiatis (Kotchati). 10 Tamassos (Politiko/Lambertis-Troulia). 11 Karmi. 12 Toumba tou Skourou. 13 Pendagia. — c.d Tamassos; Nikosia, Cyprus Museum, und Wien, Antikensammlungen. — e Knossos (MM III/SM I). — f.g Toumba tou Skourou (amerikan. Ausgrabungen). — h Ras Schamra, Fundpunkt 55, Tiefe, 2,20 m

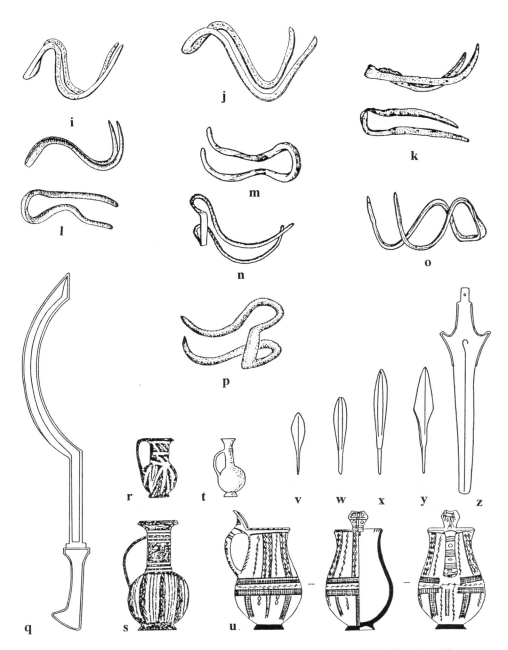

Abb. 30 i-z. Sogenannte "Fleischhaken" aus Kupfer oder Bronze: i.j Hortfund aus Plouguer-
neau/Finistère/Bretagne, Hortfund. — k Zypern; Genf, Musée d'Art et d'Histoire. — l und
m Tamassos (Politiko/Lambertis-Troulia); Cyprus Museum. — n Troja; Berlin, Mus.f.Vor-
und Frühgeschichte. — o Akko/Israel, sogenannter "Persischer Garten", Grabfund. —
p Gezer/Palästina, Grab 30. — q-z Zu p gehörige Beigaben, Auswahl: Ägypto-syrisches Sichelschwert (q), kyprische Keramik (r-u), mykenische Pfeilspitzen und Schwert, Bronze (v-z)

in Thera hin [355]. An den Übergang von MM III/SM I gehören schließlich Import-
scherben auf dem der kretischen Küste vorgelagerten Inselchen Pseira (C. Lambrou-
Philippson, Cypriot and Levantine Pottery from House A/D-Center at Pseira/Crete,
in: Journal of Oriental and African Studies 2, 1990, 1ff.).

Sämtliche externen Kontakte der Urbevölkerung Zyperns mußten notwendig
übers Meer gehen, auch solche ins nahegelegene Anatolien: Nach allgemeiner
Auffassung ist die Entwicklung der früh- und mittelbronzezeitlichen kyprischen
Keramik ("Ambelikou"-Keramik und "Rotpolierte Keramik") ohne Anstoß aus
Kleinasien nicht denkbar. Besonders mehr oder weniger bizarre Kürbis-/Kugel-
flaschen mit langen Schnabelmündung (Abb. 31a-c und e) [356] folgen in der
Formgebung anatolischen Anregungen.

In Fällen früher (gelegentlich auch späterer) Gefäßbemalung — Mattbraun auf
hellem Überzug — ist W. Noll bei seinen Untersuchungen auf eine "Mangan-
schwarztechnik" gestoßen, die zwar auch in Hellas vorkommt, jedoch intensiv in

---

the Early Second Millennium B.C., in: Kongreßakten Rethymnon 1971 (1973) 22ff.; O.
Negbi, Contacts between Byblos and Cyprus at the End of the 3rd Millennium B.C., in:
Levant 4, 1972, 98ff.; H. Klengel, Near Eastern Trade and the Emergence of Interaction with
Crete in the third Millennium, in: SMEA 24, 1984, 7ff.; M. Kosmopoulos, Die Ägäis und
der Orient in der Frühbronzezeit (II), in: Union Int. des Sciences Préhist. et Protohist., 10.
Congr. Mayence 1987 (1988).

[355] P. Åström, Acta of the First Int. Scientific Congress on the Volcano of Thera (1971)
415ff. — Ich gehe hier auf die unterschiedlich beantwortete Herkunftsfrage nicht ein
(Nildelta, Zypern). Als überholt gelten die Beobachtungen von H. Junker, Der nubische
Ursprung der sogenannten Tell el-Jahudiye-Vasen (Wien 1921). Vgl. R. Amiran, Ancient
Pottery of the Holy Land (2. Aufl., 1969) 116ff.; R.S. Merrillees, Some Notes on El-Yahudiya Ware, in: Levant 6, 1974, 193ff.; M. Artzy-F. Asaro, Origin of Tell el-Yahudiyah Ware
Found in Cyprus, in: RDAC 1979, 135ff.; M. Kaplan, The Origin and Distribution of Tell
el Yahudiyah Ware (SIMA 62, 1980). M. Bietak nimmt Differenzierungen vor, indem er
bestimmte Formen "Tell-el-Yahudiya Juglets of Delta Type" nennt: AJA 88, 1985, 484 Abb.
7. 8. Nicht nur in den Küstenorten Zyperns ist diese Gattung vertreten, sondern auch im
Zentrum der Insel (Tamassos: Nekropole auf dem Lambertishügel und am Dorfrand von
Politiko, unpubliziert). Vgl. unten Anm. 1628 und 1629.

[356] Anatolische Kontakte Zyperns reichen bis ins akeramische Neolithikum zurück, wie an
Obsidian-Importen zu erkennen ist; zu diesen: H.-G. Buchholz, AA 1971, 493ff. 502ff.; E.J.
Peltenburg, Studies presented in Memory of P. Dikaios (1979) 24ff. 36f. (Tabellen); ders.,
Ras Shamra IV C and the Prehistory of Cyprus, in: 2. Kongreß Nikosia 1982 (1985) 24ff.
Zu späteren Verbindungen s. M. Mellink, Anatolian Contacts with Chalcolithic Cyprus, in:
BASOR 282/283, 1991, 167ff. und P. Åström, Early Connections between Anatolia and
Cyprus, in: Anatolia and the Ancient Near East. Studies in Honor of T. Özgüç (1989) 15ff.
— Unsere Abb. 31a (Vounos, Grab 15/50) nach P. Dikaios, Archaeologia 88, 1940, Taf.
31,6 und Buchholz, Altägäis Nr. 1517. — Abb. 31b nach U. Gehrig, Antiken aus Berliner
Privatbesitz, Ausstellung 1975/76 (1975) Nr. 5. — Abb. 31c nach Photo von G. Jöhrens/DAI
Berlin, unpubliziert. — Abb. 31d und e nach Photos des verstorbenen M. Morkramer,
unpubliziert. — Abb. 31f unpubliziert, in meiner Sammlung, nach meiner Aufn. — Abb. 31g
Fundort unbekannt, in München, Staatl. Antikenslg., Inv.-Nr. 8035, unpubliziert (H 9 cm,
Dm 8,8 cm).

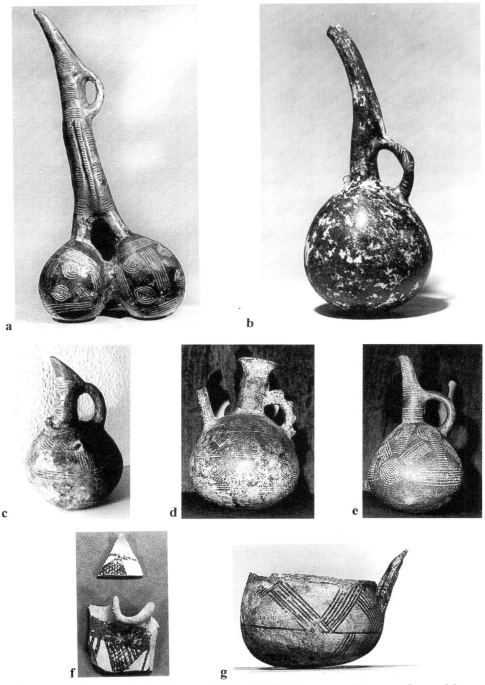

Abb. 31 a-g. Früh- und mittelbronzezeitliche Gefäße Zyperns: a Vounous, Cyprus Museum. — b.c Berliner Privatsammlungen. — d.e Sammlung v. Gilsa, Schloß Eisenbach bei
Lauterbach/Hessen. — f Enkomi; Privatslg. — g München, Antikensammlung

Zypern (Tamassos, Enkomi: Abb. 31f, vgl. auch Abb. 31g) und relativ frühzeitig in
Kleinasien nachzuweisen ist (Çatal Hüyük, ferner in Mersin, Alischar Hüyük und
Boğazköy) [357]. Diese Technik stellte eine Vervollkommnung gegenüber der all-
gemeinen "Eisenoxydmalerei" dar und ermöglichte im mittelbronzezeitlichen
Zypern Farbeffekte wie bei der "Red-on-Black"-, bzw. "Red-on-Red"-Keramik
(Abb. 32a-f) [358].

Noch nicht veröffentlichte Ausgrabungen in Palamari auf Skyros haben jüngst
für das Ende der Frühbronzezeit enge archäologische Zusammenhänge dieses Ortes
mit Poliochni auf Lemnos und Troja ergeben. Mit anderen Worten: Der Seeverkehr
war bereits in dieser frühen Epoche in der Nordägäis viel lebhafter, als wir es
bisher annehmen konnten. Im gesamten ägäischen Raum bezeugen zahlreiche
Siedlungen des dritten Jahrtausends in ihrer Orientierung aufs Meer — manchmal
mit deutlichen Hinweisen auf Hafenanlagen, Anlandeplätzen, daß ihre kulturelle
und wirtschaftliche Bedeutung und ihre ungewöhnliche Größe mit ihrer Rolle im
Seehandel zusammenhängen (Troja-Beşiktepe, Thermi/Lesbos, Poliochni/Lemnos,
Manika/Euböa). Vom Reichtum der Dorak-Gräber an Importobjekten war — sofern
dem mitgeteilten Befund Glauben geschenkt werden darf — bereits oben die
Rede [359]. Von großem Wert bei der Begründung süd-nördlicher Bewegungen ist
ein unlängst bei Ausgrabungen in Mikro Vouni/Samothrake zutagegetretener minoischer Siegelabdruck, der auf weitere derartige Indizien in der nördlichen Ägäis
hoffen läßt [360].

---

[357] W. Noll-R. Holm-L. Born, Manganschwarzmalerei, eine Technik der Ornamentierung
antiker Keramik, in: Berichte der deutschen keramischen Gesellschaft 50, 1973, 328ff.; W.
Noll, Antike Keramiken und ihre Pigmente (1991) 140f. Abb. 25 (Karte), ferner S. 122f.
(Tabellen), 247ff. — Zu späterer (phrygischer) Manganmalerei auch H.-G. Buchholz,
Phrygiaka, in: Beiträge zur Altertumskunde Kleinasiens; Festschrift für K. Bittel (1983)
139ff.

[358] Alle Vasen stammen aus Zypern, doch sind sämtliche Fundorte unbekannt. Abb. 32a und
f nach Buchholz, Altägäis Nr. 1538 und 1541 (Cyprus Mus., Inv.-Nr. A 960 und A 939). —
Abb. 32b nach U. Gehrig, Antiken aus Berliner Privatbesitz, Ausstellung 1975/76 (1975) Nr.
6. — Abb. 32c in Princeton/New Jersey, The Art Museum, Inv.-Nr. 39-99, aus Slg. Cesnola,
unpubliziert. — Abb. 32d in New York, Metrop. Mus., aus Slg. Cesnola, unpubliziert. —
Abb. 32e in Cambridge, Mus. of Archaeology and Ethnology, Inv.,-Nr. 51.2004D, unpubliziert. — Zu "Red-on-Black" and "Red-on-Red" vgl. P. Åström, MCBA 108ff. Abb. 31-36;
ders., Red-on-Black-Ware, in: OpAth 5, 1964, 59ff.79 Abb. 5 (Verbreitungskarte). — Zu
"Red-on-Black"-Importen in Palästina: P. Johnson, OpAth 14, 1982, 49ff.61 Abb. 6 und 8;
dazu AA 1925, 100 Abb. 2 (Gefäß in Dresden).

[359] Vgl. Anm. 304.

[360] D. Matsas, Samothrace and the Northeastern Aegean; the Minoan Connection, in: Studia
Troica 1, 1991, 159ff.; J. Davis, AJA 96, 1992, 705.723f., s. Verbreitungskarte bei I. Kilian-
Dirlmeier, Alt-Ägina IV/3 (1997) 117 Abb. 65, sowie oben Anm. 302 (zu Mykenischem auf
Lemnos ferner Ch. Boulotes, in: Poliochni e l'Antica Età del Bronzo nell' Egeo Setten-
trionale, Convegno Int., Athen 1996 [1997] 265 Abb. 28a-c [Koukonesi]; G. Messineo,
SMEA 39, 1997, 245 f. Abb. 4,1-5; 5 [Hephaistia]). — Importierte Keramik läßt die (vor-
übergehende?) Anwesenheit von Theräern oder kretischen Minoern auf Lemnos in der

Abb. 32 a-f. Mittelbronzezeitliche, mit Manganfarbe bemalte "Red-on-Black"-, bzw. "Red-on-Red"-Keramik Zyperns: a.f Cyprus Museum. — b Berliner Privatsammlung. — c Princeton/New Jersey, Universitätsmuseum. — d New York, Metropolitan Museum (Slg. Cesnola). — e Cambridge, Museum of Archaeology and Ethnology

Die planvolle Anlage und urbane Organisation von großen Städten wie Troja, Poliochni/Lemnos, Thermi und Manika sowie neuerdings auch Limantepe/Klazomenai (s. die Karte Abb. 33c) setzen die Berührung mit entsprechenden wohlorganisierten Städten des Orients voraus. Die in Abbildung 33b wiedergegebene, von A. Sampson, dem verdienstvollen Ausgräber in Manika, erstellte Karte Euboias macht eindrucksvoll die Siedlungskonzentration dieser Insel in Bereichen von Anlandungsmöglichkeiten deutlich. Es waren dies zur offenen Ägäis hin hauptsächlich nur zwei oder drei Buchten, während sich auf der dem Festland zugewandten Seite an der engsten Stelle der Meeresstraße eine Zusammenballung im Bereich der späteren Stadt Chalkis zeigt, das heißt bei der gewaltigen prähistorischen, teilweise unter Wasser liegenden Stadt Manika (als größerer Stern auf der Karte eingetragen, Abb. 33b). Sekundäre Landeplätze kamen bei den Orten Lefkandi und Eretria hinzu, die auch in späterer Zeit eigenständige Bedeutung als Hafenplätze besaßen.

Neuerdings sorgt ein seit 1975 unzureichend bekannter Unterwasserfund bei der Insel Dokos — zwischen Hydra und der argivischen Halbinsel gelegen — für den Nachweis der Seefahrt in der Mitte des dritten Jahrtausends (FH II): Aus der Ladung und Ausrüstung eines hier gesunkenen Schiffes wurden "Schnabeltassen" und weitere frühhelladische Gefäße anderer Form sowie Anker geborgen [361].

V. Nikolov glaubt Indizien für eine noch frühere Seefahrt — und sei es auf Flößen — in geographischen Bedingungen der Ägäis und der nach Norden anschließenden, an Flußtäler gebundenen steinzeitlichen Besiedlung gefunden zu haben (Abb. 33a) [362]. Sie berührt nach Osten hin jedenfalls die bulgarische Schwarzmeerküste nicht und ist eindeutig ägäisbezogen. Weitere Hinweise aus dem dritten und aus früheren Jahrtausenden — beispielsweise die bekannten Schriftdokumente aus Tartaria [363] oder eine frühe gelegentliche Übernahme des Rollsiegelge-

mittleren Bronzezeit erkennen; s. L. Bernabò Brea, Poliochni II (1976) 336ff. ("pozzo della piazza 106"); F. Schachermeyr, AA 1962, 304 (bis MH III/SH I). Beachte auch M.S. Hood, An Early Helladic III-Import at Knossos and Anatolian Connections, in: Mélanges de Préhistoire d'Archéo-Civilisation et d'Ethnologie offerts à A. Vargnac (1971) 427ff. sowie C. Renfrew, The Emergence of Civilization; the Cyclades and the Aegean in the third Millennium (1972).

[361] G. Papathanassopoulos-J. Vichos-N. Tsouchlos, Enalia 1, 1990, 10ff. und 2, 1992, 4ff.; dieselben, in: R. Laffineur-L. Basch, Thalassa, Actes de la 3. Rencontre Egéenne Int. de l'Univ. de Liège 1990 (1991) 147ff. Taf. 43b.c. Neuerdings zu Strömungen und Winden in der Nordägäis D.K. Papageorgiou, in: Poliochni e l'Antica Età del Bronzo nell'Egeo Settentrionale, Convegno Int., Athen 1996 (1997) 424ff.

[362] V. Nikolov, Beziehungen zwischen Vorderasien und Südosteuropa, in: APA 19, 1987, 7ff. Abb. 1 (danach unsere Karte, Abb. 33a); Ch. Agourides, Sea Routes and Navigation in the Third Millennium Aegean, in: OJA 16, 1997, 1ff. Zur Navigation bereits im mediterranen Neolithikum etwas Lit. bei K. Kuhlmann, Das Ammoneion (1988) 72 Anm. 457 und S. 113 Anm. 889.

[363] D.O. Edzard und E. Grumach, Hdb. der Archäologie (1969) 220. 258; J. Makkay, Orientalia 37, 1968, 272ff. (mit der älteren Lit.); ders., The Late Neolithic Tordos Group of Signs, in: Alba Regia 10, 1969, 9ff.; ders., Some Stratigraphical and Chronological Problems of the Tartaria Tablets, in: Mitteilungen des Archäologischen Inst. der Ungar. Akademie der

brauchs in den Balkanländern [364] wie schließlich archäologische Verknüpfungen der goldreichen Gräber von Varna [365] mit Hellas — lasse ich hier unerörtert [366].

Was weiträumige Seeverbindungen zwischen dem Orient und dem mediterranen Westen angeht, gibt es eine zusammenfassende Betrachtung unter Berücksichtigung des archäologischen Fundstoffs von O. Höckmann mit dem Titel "Frühbronzezeitliche Kulturbeziehungen im Mittelmeergebiet unter besonderer Berücksichtigung der Kykladen" [367]. Dort wird deutlich gemacht, wie stark "Urbanisation und Architektur" — Erscheinungen, auf die ich oben im mittel- und nordägäischen Raum aufmerksam gemacht habe — vorderasiatische Entwicklungen voraussetzen [368]. Vor mehr als einem halben Jahrhundert hat außerdem E. Assmann zu zeigen gesucht, daß es auf der Iberischen Halbinsel, dort wo Höckmann frühbronzezeitliche Kulturbeziehungen mit archäologischen Mitteln aufspürte, ein Stratum semitischer Ortsnamen gibt, die weder phönikisch noch arabisch sein können, mithin eine weit ältere Epoche repräsentieren: "Babylonische Kolonisation in dem vorgeschichtlichen Spanien". Zum akkadischen Reich, das sich in der zweiten Hälfte des dritten Jahrtausends unter Sargon bis ans Mittelmeer ("Obere Meer") erstreckte, sollen nach späteren Quellen auch zwei Länder "jenseits des Oberen Meers" gehört haben [369].

Wissenschaften 5, 1974/75, 13ff.; neuerdings ders. abschließend mit der gesamten älteren Literatur: A Tartariai Leletek (Ungarisch, 1990), vgl. außerdem H.-G. Buchholz, Die ägäischen Schriftsysteme (1971, Titel in unserer Lit.-Liste) 96 Abb. 8b.

[364] J. Makkay, Early Stamp Seals in South-East Europe (1984) 151f. Abb. 25,1-7; 26,1-7.

[365] Vgl. u.a. H.-J. Weisshaar, Varna und die ägäische Bronzezeit, in: Archäol. Korrespondenzblatt 12, 1982, 321ff.; J. Makkay, Tiszaszölös Treasure (1989) 47ff. u.ö. (Vergleichsmaterial).

[366] Ferner auch J. Vogel, Zur Frage der Kontakte zwischen der frühbronzezeitlichen Bevölkerung der polnischen Länder und dem ägäischen Kreise (Polnisch), in: Archeologia Polski 22, 1977, 97ff.

[367] In H.-G. Buchholz, Ägäische Bronzezeit (1987) 53ff.; 109ff. mit umfassender Bibliographie. — Und ferner zu weiteren frühen Ost-Westverbindungen: M.W. Prausnitz, Ay and the Chronology of Troy, in: Annual Report of the Inst. of Arch., London 11, 1955, 19ff.; G. Bass, Troy and Ur, in: Expedition 8, 1965, Nr. 4, 26ff.; ders., AJA 74, 1970, 335ff.; R. Amiran, Yaniktepe, Shengavit, and Khirbet-Kerak-Ware, in: AnatStud 15, 1966, 165ff.; J. Mellaart, Mesopotamian Relations with the West, Including Anatolia, in: H.J. Nissen-J. Renger (Herausgeber), Mesopotamien und seine Nachbarn. 25. Rencontre Assyriologique Int., Berlin 1978 (1982) 7ff.; P. Spanos-E. Strommenger, Zu den Beziehungen zwischen Nordwestanatolien und Nordsyrien im 3. Jt. v.Chr., in: Aspects of Art and Iconography, Anatolia and its Neighbours, Studies in Honor of N. Özgüç (1993) 573ff.

[368] Ägäische Bronzezeit 81ff. Zum angesprochenen Problem: P. de Miroschedji, L'Urbanisation de la Palestine à l'Age du Bronze Ancien. Actes du Colloque d'Emmaus 1986 (BAR, Int. Serie 527, 1989).

[369] E. Assmann, in: Janus, Festschrift zu C.F. Lehmann-Haupts 60. Geburtstage (1921) 1ff. Zum Akkad-Reich vgl. C.J. Gadd, The Dynasty of Agade and the Gutian Invasion (CAH, 3. Aufl. I/2 [1971] 425. 429).

Abb. 33 a. Keramische Indizien für Beziehungen zwischen Vorderasien und Südosteuropa im 7. und 6. Jahrtausend im ägäischen Meer (nach V. Nikolov); die Ziffern der Karte bedeuten: 3 = Sesklo, 4 = Servia, 5 = Nea Nikomedeia, 6 = Anzabegovo, 7 = Zelenikovo, 8 = Elešnica, 9 = Rakitovo, 10 = Kremenik (Sapareva Banja), 11 = St. Dimitrov, 12 = Nevestino, 13 = Gâlâbnik, 14 = Pernik, 15 = Slatina, 16 = Kremikovci, 17 = Čavdar, 18 = Kurilo, 19 = Tlačene, 20 = Gradešnica, 21 = Črnokalačka Bara, 22 = Tečić, 23 = Cîrcea, 24 = Starčevo, 25 = Gura Baciului, 26 = Szarvas, 27 = Endröd

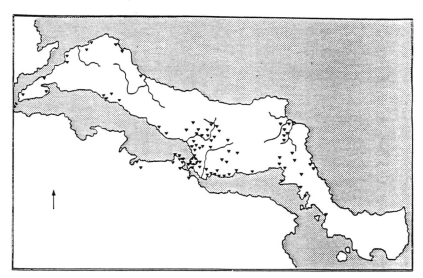

Abb. 33 b. Konzentrationsgebiete frühbronzezeitlicher Fundstellen auf Euboia
(nach A. Sampson)

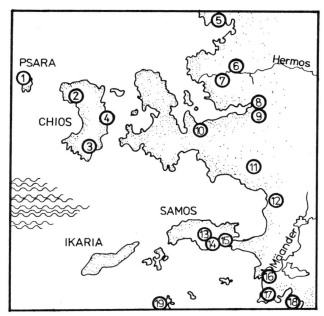

Abb. 33 c. Stätten mit SH I- bis IIIC-Funden: 1 Psara-Archontiki. — 2 Volissos-Leukathia.
— 3 Emporio. — 4 Chios-Stadt. — 5 Pitane (Phokaia). — 6 Larissa am Hermos. —
7 Panaztepe. — 8 Izmiar-Bayrakli (Alt-Smyrna). — 9 Izmir (Smyrna-Agora). — 10 Klazomenai (und Limantepe, Frühbronze). — 11 Kolophon. — 12 Ephesos. — 13 Myloi. —
14 Heraion. — 15 Tigani. — 16 Milet. — 17 Didyma. — 18 Akbük (Teichioussa, s. Anm.
299). — 19 Patmos

Mehrfach sind "Kyprische Schleifennadeln" (Abb. 30a-h) als Indiz für weiträumige Verbindungen jener Insel bis nach Mitteleuropa während des dritten Jahrtausends in Anspruch genommen worden. Doch es gibt auf Zypern keine einzige Schleifennadel, die vor das Jahr 2000 gehört hätte. Welche Schlüsse aus den vorliegenden Informationen gezogen werden können, welche nicht, muß im folgenden zu klären versucht werden:

Die Tatsache, daß derartige Gewandnadeln in Ras Schamra ausgegraben wurden (Abb. 30h) [370] — dort allerdings mit lediglich zwei Exemplaren eine seltene Trachteneigentümlichkeit bedeuten —, gibt Anlaß zu der Frage, welche kulturgeographischen Zusammehänge sie anzeigen. Das Problem ist nicht neu; es wurde vom Ausgräber Cl. Schaeffer zusammen mit "Ösenhalsringen" mehrfach behandelt [371]. K. Bittel bezeichnete derartige Nadeln als "eines der hervorragensten Verbindungsglieder zwischen dem frühbronzezeitlichen Mitteleuropa und dem östlichen Mittelmeer" [372]. Es ist hier nicht der Ort, das sehr weiträumige Problem neu aufzugreifen, zumal dies durch S. Gerloff 1993 erfolgt ist [373]. Es besteht auch in unserem generellen Zusammenhang kein Anlaß, Ursprungsfragen (Ägypten, Anatolien oder Nordsyrien) zu erörtern, weshalb in der Karte Abbildung 30b Belege des 4. Jahrtausends ebenso fehlen wie einige persische und vor allem die zahlrei-

---

[370] Abb. 30h nach J.-Cl. Courtois, in: Ugaritica IV (1962) 411 Abb. 51a, vgl. ebenda S. 333 Abb. 4,3 und S. 396; zur Fundlage s. S. 390 Abb. 49, Nr. 19, - 2,20 m (Frühbronzezeit III). Cl. Schaeffer, Syria 13, 1932, 19 Taf. 13,3; ders., Stratigraphie 360; Åström, MCBA 250 mit Anm. 14-16 (zu den schwankenden Datierungsansätzen zwischen 1900 und 1600 v.Chr.); P. Flourentzos, ArchRozhledy 30, 1978, 408ff. Abb. 1,8 (mittlere Bronzezeit); Gerloff 1993, 90 Nr. 26. Weitere Lit. in Anm. 373.

[371] "Porteurs de torques", in: Ugaritica II (1949) 49ff. und "Ex oriente ars", in: Ugaritica VII (1978) 475ff., vgl. dort bes. 532 Abb. 21 und S. 540 Abb. 25; ders. auch in Stratigraphie Comparée (vorige Anm.). — Ein schönes Beispiel derartiger Nadeln grub Schaeffers Schüler und späterer Assistent J.-Cl. Courtois im Kanton Freiburg/Schweiz aus, s. Gallia préhistoire 3, 1960, 61f. mit Abb. 14,3; zu einer weiteren vom Lechfeld in Augsburg, Maximiliansmus., Inv.-Nr. VF714/4 s. W. Hübener, Germania 35, 1957, 343 Nr. e Abb. 5,11.

[372] Einige Bemerkungen zu trojanischen Funden, in: E. Sprockhoff, Marburger Studien (1938) 9ff. bes. S. 16.

[373] In der Fundliste bei Gerloff 90f. ist ein Ordnungsprinzip nicht erkennbar. — Weitere einschlägige Literatur und benutzte Abkürzungen:

  Åström, MCBA, s. Abkürzungsverzeichnis am Ende meiner Abhandlung
  Bittel 1938, s. die vorige Anm.
  Catling, Bronzework, s. Abkürzungsverzeichnis
  Flourentzos 1978, s. Anm. 370
  Flourentzos 1986 = P. Flourentzos, Cyprus and Europe, possible Connections during the Bronze Age, in: Acts of the Int. Arch. Symposium "Cyprus between the Orient and the Occident", Nikosia 1985 (1986) 217ff.
  Gerloff 1993, s. Lit.-Verz., Gruppe 4
  KBH, s. Abkürzungsverzeichnis
  SCE (1934ff.), s. Abkürzungsverzeichnis
  Schaeffer, Stratigraphie, s. Abkürzungsverzeichnis

chen — auch späteren — südost-mittel-europäischen Belege [374]; sie sind Sache der einschlägigen prähistorischen Forschung.

Es bestünde allerdings eine künftige Aufgabe wohl darin, auch im Orient eine weitere Typendifferenzierung vorzunehmen und ebenfalls eher plump wirkende Schleifennadeln der ersten Jahrtausende in Hellas stärker in die Betrachtung einzubeziehen [375]. Die Feststellung schwacher oder fehlender Zinnwerte in derartigen Nadeln liefert indessen keine Gewähr für die Zuweisung an eine frühe Epoche [376], seitdem bekannt ist, daß sich während der mittleren Bronzezeit im östlichen Mittelmeergebiet Zinnverknappungen und ersatzweise eine stärkere Hinzufügung von Blei zu den Kupferlegierungen ergaben [377].

Zwischen den Urformen des vierten und frühen dritten Jahrtausends wie auch der entwickelten Frühbronzezeit (vordynastisches Ägypten, Amuq G und H, Tepe Sialk IV, Beycesultan XXXIV. — Megiddo, Byblos, Tarsos [undatiert], Taskun Mevkii II B, Tepe Hissar III B, Troja II [378]) und den Schleifennadeln aus der Zeit eben vor der Mitte des zweiten Jahrtausends bestehen beschreibbare Unterschiede und liegen vor allem im ostmediterranen Großraum in Bezug auf Schleifen-

---

[374] Vgl. Verbreitungskarten von P. Flourentzos 1978, 415ff. Abb. 3 und 4, wiederholt in: 1986, 217f. Abb. 1 und 2; jetzt danach Gerloff 1993, 65 Abb. 3.

[375] Ansatzweise seit langem machbar, s. P. Jacobsthal, Greek Pins (1956) 133f. Abb. 390.391.391a und zuletzt H. Philipp, Bronzeschmuck aus Olympia, OF XIII (1981) 93ff. mit Anm. 229, auch S. 88 (Datierungsschwierigkeiten); I. Kilian-Dirlmeier, Nadeln der frühhelladischen bis archaischen Zeit von der Peloponnes: PBF XIII 8 (1984). Auch Sonderformen — z.B. mehrfache Kopfwindungen, jedoch fehlende Schaftumwicklungen (W. Lamb, BSA 30, 1928/29, 1929/30, 36f. Abb. 12,1, aus Thermi/Lesbos) — wären zu berücksichtigen.

[376] M. Much, Die Kupferzeit in Europa (2. Aufl., 1893), s. unten Listen-Nr. 38.39; auch R. v. Lichtenberg, Beiträge zur ältesten Geschichte von Kypros, in: Mitt. der Vorderasiat. Gesellschaft 11, 1906, Heft 2. — Es enthalten zwei zeitlich kaum sehr weit auseinanderliegende Schleifennadeln aus Bornstedt/Kreis Sangershausen und Bautzen/Sachsen folgende Kupfer-Zinn-Relationen: 96,4 % zu 0,1 % und 88,5 % zu 11 %, d.h. es kommt fast reines Kupfer neben klassischer Bronze vor; vgl. H. Otto-W. Witter, Handbuch der ältesten vorgeschichtlichen Metallurgie in Mitteleuropa (1952) 142 Analysen-Nr. Z 542 (Bautzen) und S. 164 Analysen-Nr. Z 800 (Bornstedt). Bei Schleifennadeln des Alpengebietes ist das verwendete Kupfer bestimmten Bergwerken in der Nähe zuzuordnen, sie sind mithin nicht aus der Ferne importiert worden, vgl. H. Neuninger-R. Pittioni, Das Kupfer der Ossarner Metallgeräte, in: Archaeologia Austriaca 35, 1964, 96f.

[377] H.-G. Buchholz, Analysen prähistorischer Metallfunde aus Zypern und den Nachbarländern, in: BJbV 7, 1967, 189ff. 220 Abb. 6s-u; S. 247ff. Analysen-Nr. 261.310.317 (fast reines Kupfer: Schleifennadeln der Phasen "Amuq G und H", 3100-2500 v.Chr.).

[378] Gerloff 1993, 69ff. 88ff. Nr. 1-21. Dort Nr. 17: Neufund, Gold, aus Troja II g, Fund-Nr. E 415/590/1991, s. M. Korfmann, Studia Troica 2, 1992, 24ff. Abb. 20,5. Bei H. Schmidt, SS 254 Nr. 6404 ist nur der Nadelkopf abgebildet (desgl. bei N. Åberg, Bronzezeitliche und früheisenzeitliche Chronologie III [1932] 125ff. Abb. 225), die vollständige Nadel in Farbaufnahme jetzt bei M. Sieber, Troja (1994) 81 Abb. 109a.

nadeln fünfhundert fundlose oder mehr Jahre [379].

Sondert man im Osten Schleifennadeln des zweiten Jahrtausends aus, so wird offenbar, daß Ägypten nicht mehr an der Verbreitung teilhat. Ferner bringen es Palästina-Syrien und Anatolien nur auf etwa vier Fundorte (Abb. 30b: Megiddo, Ras Schamra, Kusura und Troja VI). Unter gut fünfhundert Nadeln aus Boğazköy-Hattuscha befindet sich nicht eine einzige Schleifennadel [380]. Im folgenden habe ich dagegen eine Liste von 40 Schleifennadeln allein aus Zypern zusammenstellen können (Abb. 30a, aus dreizehn identifizierten Fundorten). Mit großer Sicherheit läßt sich sagen, daß hiervon nicht ein einziges Stück in die Frühbronzezeit gehört: Von den kyprischen Schleifennadeln stammen immerhin 18 aus kontrollierten Grabungen, aus Bestattungen der Endphase der mittleren und des Übergangs zur späten Bronzezeit, d.h. der Zeit um 1600 v.Chr. oder wenig später [381]. Zehn weitere Exemplare sind mit an Sicherheit grenzender Wahrscheinlichkeit ebenfalls der mittleren Bronzezeit, allerdings ohne engere Festlegung auf einen Abschnitt derselben, zuzuweisen [382]:

2. Liste der Schleifennadeln Zyperns

1   Nitovikla (zur Lage s. Abb. 30a, Nr. 1), Grab 1, Objekt-Nr. 30 (Mittelkyprisch III/Übergang zur Spätbronzezeit): Beschreibung zuletzt bei Gerloff 1993, 90 Nr. 30 (L: 12,5 cm), nach E. Gjerstad, SCE I (1934) 409 Nr. 30 Taf. 43,1a; 69,2. — Ferner Bittel 1938, 14; Åström, MCBA 146 Nr. 21 und 24; S. 201; Catling, Bronzework 71; P. Flourentzos, ArchRozhledy 30, 1978, 409; ders., Cyprus and Europe, possible Connections during the Bronze Age, in: Acts of the Int. Arch. Symposium "Cyprus between the Orient and the Occident", Nikosia 1985 (1986) 217ff. Zur Zeitstellung des betreffenden Grabes nochmals ausführlich G. Hult, Nitovikla Reconsidered (1992) 43ff.

2   Hagios Iakobos (zur Lage s. Abb. 30a, Nr. 2), Grab 8, Objekt-Nr. 53c (Spätbronzezeit I A): Beschreibung zuletzt bei Gerloff 1993, 90 Nr. 31 (L: 9,6 cm), nach E. Gjerstad, SCE I 332 Nr. 53 Taf. 63,1. Ferner Bittel 1938, 14; Åström, MCBA 201 mit Anm. 14 (Übergangszeit von der mittleren zur späten Bronze-

---

[379] Allenfalls könnten Stücke aus Megiddo, Grab 1100 (Mittelbronze 1; Gerloff 1993, 90 Nr. 27) aus Ras Schamra (Mittelbronze 2 oder 3, beachte Schaeffers Schwanken in der Datierung; Lit. bei Gerloff 1993, Nr. 26) die Zeitlücke etwas verkürzen.

[380] R.M. Boehmer, Die Kleinfunde von Boğazköy (1972).

[381] Zu unterschiedlichen absoluten Zeitansätzen vgl. K.O. Eriksson, Late Cypriot I and Thera. Relative Chronology in the Eastern Mediterranean, in: Acta Cypria (Kongreß Göteborg 1991) III (1992) 152ff. 155 Tabelle 1. Eriksson läßt die spätkypr. Epoche um 1530 v.Chr. beginnen (S. 218).

[382] Was die Befunde auf Zypern angeht, bestätigt dieser größere Fundstoff die bereits von P. Åström und anderen ermittelten Daten (Spätes MKypr III/SpätKypr I A, 17. Jh. und Beginn des 16. Jhs. v.Chr.), s. MCBA 250f. und in meiner nachfolgenden Objekt-Liste die Lit. unter Nr. 1.2.14.21ff.26ff.

zeit, deshalb in: Lena Åström, Studies in the Arts and Crafts of the Late Cypriote Bronze Age [1967] 16 Nr. 4 und Abb. 62,24); Catling, Bronzework 71; Flourentzos a.O.

3.4 Enkomi (Cesnola: "Salamis"), kommentiert von Gerloff 1993, 91 Nr. 51 und 52. Trotz der großen Unzuverlässigkeit der Brüder Cesnola scheidet jedoch Kourion als möglicher Fundort aus. Bisher ist im Südwesten und Westen der Insel keine einzige Schleifennadel gefunden worden. A.P. di Cesnola, Salaminia (2. Aufl., 1884) 62 Abb. 76 und Taf. 4,9d nach S. 58. Ferner Bittel 1938, 13; P. Flourentzos, ArchRozhledy 30, 1978, 409 Abb. 17.18. Undatiert, vermutlich Übergang von der mittleren zur späten Bronzezeit, so Åström (MCBA 201), allerdings einschränkend: "this is speculation".

5 Kythrea (Abb. 30a, Nr. 4); Sydney, Nicholson Museum, Inv.-Nr. 47.50. Diese Nadel ist entgegen Gerloffs Bemerkung (a.O. 90 Nr. 28: "Form unbekannt") publiziert, nämlich abgebildet bei Åström, MCBA 145f. Abb. 12,28, s. dort S. X unter 12,28: "Courtesy of J.R. Stewart". Übergang von der mittleren zur späten Bronzezeit (um 1600 v.Chr.). Gerloff glaubt irrtümlich, Åströms Abbildung stelle eine der Nadeln aus Tamassos dar.

6 Hagia Paraskevi (Nikosia, s. Abb. 30a, Nr. 5), Grabfund vom Ende der mittleren Bronzezeit. Vgl. das zu Yeri (Listen-Nr. 9) Gesagte; KBH 456 Taf. 146, 3b und Gerloff a.O. 91 Nr. 50. Weitere Lit.: E. Gjerstad, Studies on Prehistoric Cyprus (1926) 226; Bittel 1938, 13; Åström, MCBA 201; Flourentzos a.O. 409 Abb. 1,16.

7.8 Archangelos, am Südwestrand von Nikosia (Abb. 30a, Nr. 6), Grabfund 1957 (MKypr III/SpKypr I); Cyprus Museum, Inv.-Nr. 1957/VII-27/1) und Privatsammlung Pavlos Neophytou/Nikosia, s. Flourentzos a.O. (1986) 219 Taf. 12,4.8; Gerloff 1993, 91 Nr. 45 (Grab-Nr. 3 ist verlesen! Bei Flourentzos steht: "drei Meilen westliche von Nikosia") und Nr. 46.

9 Yeri bei Nikosia (Abb. 30a, Nr. 7; vormals "Phoenichais 1883", s. CCM 10: "A bronze Age necropolis with Mycenaean Vases and native imitations. O.-R. in 1883 opened tombs for Sir C. Newton: contents in Brit. Mus."), Verbleib der betreffenden Schleifennadel ist unbekannt; s. KBH Taf. 146,3b links, jedoch Unterschrift: "1b-9b = Hagia Paraskevi" (s. unsere Liste, Nr. 5). Dasselbe Bild ohne Schleifennadel: Taf. 173,20 und 21. Zur Identität von Phoenichais und Yeri s. Åström, MCBA, Index.

10-12 Nisou-Perachorio (Abb. 30a, Nr. 8) Flurmark Tzitas (Chitas), Grab der Übergangszeit Mittelkypr./Spätkypr. I, 1977 untersucht vom Cyprus Survey unter Leitung von M. Loulloupis, Inv.-Nr. C.S. 2414/42.43.46 (drei Schleifennadeln); s. Flourentzos a.O. (1986) 219 Taf. 12,5-7; Gerloff 1993, 91 Nr. 47-49. Außer "White Painted Handmade"-Keramik auch "Whiteslip"- und "Basering"-Keramik unter den Funden.

13 Kotsiatis (Kotchati, Abb. 30a, Nr. 9); Nikosia, Cyprus Museum, Inv.-Nr. 1970/X-7/31: Unpublizierte bronzene Schleifennadel (L: 9,3 cm) aus unkontrollierter türkischer Ausgrabung.

14 Tamassos-Lambertis (Karte, Abb. 30a, Nr. 10), Grab 30/1889; Berlin, Staatl. Mus., Inv.-Nr. Misc. 8142/393 (Kriegsverlust), von A. Furtwängler inventarisiert als: "Nadel, oben in Draht auslaufend, der umwickelt ist" (ohne Maßangaben, ohne Skizze). Maße des ovalen Einkammergrabes: 2,50 x 3 m, Tiefe: 2,90 m, der Zugang besteht aus einem nach oben sich verengenden Schacht (1,25 x 1,75 m). Zu den Beigaben gehörten: mehrere Bronzeperlen, "die langgestreckte Muschelperlen aus Fayence nachahmen"; Knochenpfriem (Cyprus Museum); drei Hammersteine (Berlin, Misc. 8142/394-396), große Bronzepinzette mit Knochenknauf, L: 16 cm (Cambridge, Mus. of Arch. and Ethn., Inv.-Nr. Z 15152), "16 Stück bemalter Gefäße" (M. Ohnefalsch-Richter); Krug der Gattung "Black Slip" mit zylindrischem Hals und Kugelkörper (CCM 43 Nr. 125a), ein weiteres Gefäß derselben Gattung (Cambridge, Mus. of Arch. and Ethn., Inv.-Nr. 23.592). Ebendort, Inv.-Nr. 51.D.39, aus dem Fitzwilliam-Mus., Inv.-Nr. 92.42: Schale der Gattung "Protowhiteslip" (CVA Cambridge 2, Taf. 8,40; zur Datierung s. M.R. Popham, OpAth 4, 1962, 293 Nr. B 16), welche Benutzung des Grabes bis in die Zeit um 1600 v.Chr. bezeugt. — M. Ohnefalsch-Richter, ZfE 31, 1899, Verh. 334 Anm. 4; Bittel 1938, 13; Åström, MCBA 145f. Nr. 24; S. 201; Gerloff 1993, 91 Nr. 44 (mit z.T. irreführenden Angaben, vor allem existiert keine Zeichnung. Die Zahl der Kopfspiralen, Wicklungen und der Maßangabe sind nicht bezeugt).

15 Tamassos (Politiko, Flurmark Lambertis-Troulia); nicht sachgemäß gehobene Funde aus einem großen Grab der Phase Mittelkyprisch III; u.a. Schleifennadel, 5 Kopfwindungen, 14 Umwicklungen des Schaftes, L: 10,3 cm, bisher unpubliziert (s. Abb. 30c): Nikosia, Cyprus Mus., Inv.-Nr. 1941/I-18/1 Nr. 58d (umnumeriert aus Nr. 7, so noch bei H.W. Catling); s. Catling, Bronzework 71 Nr. 5,2.

16 Wahrscheinlich Tamassos (Politiko-Lambertis), von M. Ohnefalsch-Richter nach Wien verkauft, Antikensammlungen (im alten prähist. Verzeichnis Nr. 6090): Kupfer oder Bronze, 4 bis 5 Kopfwindungen, die mittleren oxydiert, 14 Umwicklungen des Schaftes, L: 11,4 cm; bisher unpubliziert (Abb. 30d).

17-19 Tamassos (gleichbedeutend mit Politiko-Lambertis): Drei Schleifennadeln ("pin, the head is formed by a spiral loop of the stem") unter den Beständen des Cyprus Museum vor 1899 (s. CCM 54 Nr. 598a-c), unpubliziert. Der Verweis auf KBH Taf. 146, 1a.b gilt lediglich dem Typ, bedeutet nicht, daß dort Stücke aus Tamassos abgebildet seien. Außer diesen drei Nummern enthält der Katalog von J.L. Myres und M. Ohnefalsch-Richter keine weiteren Schleifennadeln. Die Identität mit einigen der 1935 und seitdem neu numerierten Stücke (Metall = Met. 1362.1368.1369.4227; unsere Listen-Nr. 33-36) ist nicht gänzlich auszuschließen.

20 Karmi (Karte, Abb. 30a, Nr. 11), Grabkomplex (Mittelkypr. III/Spätkypr. I A), dabei dicke Schleifennadel mit 3 Kopfschleifen, 12 Windungen am Schaft, L: 12 cm; s. Catling, Bronzework 71 Nr. 5,1 Abb. 6,7; Flourentzos a.O. (1978) 411 Abb. 1,15 (fälschlich als aus "Politiko" stammend deklariert); Gerloff 1993, 91 Nr. 57; dort fälschlich Hinweis auf M. Ohnefalsch-Richter, der 1941 schon lange tot war.

21-25 Toumba tou Skourou (zur Lage: Abb. 30a, Nr. 12), Grab I, III und VI: 5 Schleifennadeln. Beschreibung in deutscher Übersetzung bei Gerloff 1993 (s. unten); Mittelkypr. III/Spätkypr. I A (Abb. 30f.g). — E. Vermeule, Toumba tou Skourou (1974) Abb. 51; E. Vermeule-F. Wolsky, Toumba tou Skourou (1990) 330 Abb. 118; Gerloff 1993, 71 Abb. 5,1a.b; S. 90f. Nr. 32-36.

26-32 Pendagia (zur Lage Abb. 30a, Nr. 13); aus Grab 1, 2 und 3 insgesamt 7 Schleifennadeln zusammen mit später Keramik der mittleren Bronzezeit und "Proto-White-Slip"- bzw. "White-Slip I"-Keramik, die in den Beginn der späten Bronzezeit weist. V. Karageorghis, Nouveaux Documents pour l'Étude du Bronze Récent à Chypre (1965) 40 Abb. 15,80.111.141; S. 58 Abb. 17,7.11.12; S. 62 Abb. 18,13; Gerloff 1993, 91 Nr. 37-43.

33 Zypern, Fundumstände unbekannt; Nikosia, Cyprus Museum, Inv.-Nr. Met. 1362, s. Buchholz-Karageorghis, Altägäis Abb. 1812; Flourentzos a.O. (1986) 219 Taf. 12,3; Gerloff 1993, 91 Nr. 56.

34 Zypern, Fundort unbekannt; Cyprus Museum, Inv.-Nr. Met. 1368; in der Ausstellung, laut Inventar-Eintragung: "Bronze pin, looped head, twisted wire below, plain, L: 8,7 cm"; intakt, der Nadelschaft ist kräftig, der dünn gehämmerte Draht fein; neun Schaft-, zwei Kopfwindungen; unpubliziert.

35 Zypern, Fundort unbekannt; Cyprus Museum, Inv.-Nr. Met. 1369; laut Inventar-Eintragung: "Bronze pin, plainshafted, the head is made of thin wire which is wound tightly round the upper shaft, L: 9,2 cm"; unpubliziert.

36 Zypern, Fundort unbekannt; Cyprus Museum, Inv.-Nr. 4227, s. Flourentzos a.O. (1986) 219 Taf. 12,2; Gerloff 1993, 91 Nr. 55.

37 Zypern, Fundort unbekannt; Cyprus Museum, Inv.-Nr. 1976/XII-31/1 (Geschenk): Bronze, L: 8 cm; unpubliziert.

38.39 Zypern, ohne Fundangaben, Verbleib unbekannt: Zwei Schleifennadeln, Beschreibung zuletzt bei Gerloff 1993, 91 Nr. 53.54; s. M. Much, Die Kupferzeit in Europa (1. Aufl. 1886, dort noch nicht erwähnt; 2. Aufl., 1893) 374 Abb. 110 und 111. Weitere Erwähnungen: M. Ohnefalsch-Richter, ZfE 1899, Verh. 334; Åström, MCBA 201. Es ist mir z.Zt. nicht möglich festzustellen, ob bei zwei skizzierten Schleifennadelköpfen Identität mit den von Much publizierten Stücken besteht: R. v. Lichtenberg, Beiträge zur ältesten Geschichte von

Kypros, in: Mitteilungen der Vorderasiatischen Gesellschaft 11, 1906, Heft 2, Taf. 2,186b; 19a.

40 Zypern, Fundort unbekannt; Verbleib unbekannt: Sehr spitz und leicht gebogen ("Säbelnadel"). Die sechs Windungen um den Schaft liegen nicht waagerecht, sondern die drei oberen verlaufen schräg nach hinten, die drei unteren schräg nach vorn. Von M. Siret Sir W.M. Flinders Petrie für dessen Buch "Tools and Weapons" ([1917] 52 Taf. 62 N 9) zur Verfügung gestellt (ohne weitere Quellenangaben).

Die üblichen Verbreitungskarten suggerieren eine Verbindungslinie von Zypern nach Kizzuwatna-Kilikien (Karte, Abb. 15) und dann über Land nach Kusura-Troja-Donauraum-Mitteleuropa [383], sie lassen Griechenland fundleer. Doch der Seeweg, an den — was Troja angeht — zuerst gedacht werden sollte (Karten, Abb. 9 und 33a), erscheint auch für die betrachtete Objektgruppe nicht abwegig, seitdem eine kyprische Schleifennadel der fraglichen Epoche in Knossos zutage kam (Abb. 30e) [384]. Frau Gerloff hat zutreffend einen weiteren, auch auf Zypern überaus seltenen, im oberen Teil gerippten und durchlochten, im unteren Teil abgeknickten Nadeltypus mit spitzem, kegelförmigem Kopf aus gleicher Zeit und gleichen Fundortes wie die Schleifennadeln unserer Liste Nr. 21 bis 25 mit einem Fund in der Schweiz (dort Bronzezeit A 2) zusammengebracht [385]. Wir treffen also lediglich auf die weit voneinander entfernten Endpunkte eines besonders in seinem östlichen Teil nicht wirklich nachweisbaren Verbindungsweges.

----

[383] Neue Verbreitungskarten: Flourentzos 1986 (oben Anm. 373) 415ff. Abb. 3 und 4; Gerloff 1993, 65 Abb. 3. — Bereits der Bearbeiter von H. Schliemanns Sammlung Trojanischer Altertümer, H. Schmidt, ist in ZfE 36, 1904, 608ff., bes. 625 unter dem programmatischen Titel "Troja-Mykene-Ungarn" u.a. anhand von Schleifennadeln weiträumigen Zusammenhängen nachgegangen, s. N. Åberg, Bronzezeitliche und Früheisenzeitliche Chronologie III (1932) 125f. mit Abb. 224. 225 (Troja). Bezüglich Südosteuropa vgl. neuerdings u.a. auch G. Schuhmacher-Matthäus, Studien zu bronzezeitlichen Schmucktrachten im Karpatenbecken (1985) passim; S. 28ff. Tabelle 10. 11; S. 46ff. Tabelle 25. 28; S. 37 Tabelle 39 Taf. 29,1.2 usw. mit Trennung von "kypr. Schleifennadeln" und "zierlichen Schleifennadeln". Ferner J.M. Coles-A.F. Harding, The Bronze Age in Europe (1979) 497 Abb. 146 (Sub-Karpaten-Region, späte Bronzezeit).

[384] H.W. Catling, in: M.R. Popham, The Minoan unexplored Mansion at Knossos (1984) 221.287 mit Anm. 168 Taf. 205,5b (danach unsere Abb. 30e). — Ein nicht typengleiches Exemplar der Zeit um 200 v.Chr. ebenda im Demeterheiligtum, s. N. Coldstream a.O. 147f. Nr. 126.

[385] In Toumba tou Skourou (zum Fundort: Abb. 81a.b) lag die betreffende Nadel ("toggle pin") im selben Grab III wie einige der Schleifennadeln, vgl. Gerloff 1993, 71 Abb. 5,1c (nach E. Vermeule-F. Wolsky, Toumba tou Skourou [1990]) und 2b. — "Toggle pins" mit konischem Kopf, jedoch geradem Schaft sind zeitgleich oder wenig später, s. P.E. Pecorella, Le Tombe dell'Eta' del Bronzo Tardo della Necropoli a Mare di Ayia Irini (1977) 49 Abb. 117,65; S. 89 Abb. 210,73.75.

Weil wir, wie bereits oben erwähnt, aus dem "Minoan unexplored Mansion" von Knossos mit der Schleifennadel Abbildung 30e einen Beleg besitzen [386], der ohne Benutzung des Seeweges an diesem Ort nicht vorstellbar ist, und außerdem im Bearbeiter H.W. Catling, einen in Zypern und auf Kreta gleichermaßen urteilskräftigen Archäologen, dürften am kyprischen Ursprung des Stücks kaum Zweifel aufkommen: Ein für Zentraleuropa nicht zuständiger Forscher wird sich unvoreingenommen auch hier — wie bei Dutzenden anderer Objektgruppen und ihrer Verbreitung — für eine Verbindung über See von Zypern nach Ras Schamra einerseits und Kreta andererseits einsetzen.

Somit gelangen Schleifennadeln [387] aus Palaikastro und der Psychrogrotte in ein neues Licht (Karte, Abb. 30b); denn in beiden Fällen ist eine Datierung in die Bronzezeit durchaus möglich [388].

Bekannten Schleifennadeln-Typen des zweiten Jahrtausends mit doppelter Kopfschlaufe entsprechen auch vier Exemplare im Museum Vathy auf Samos, welche wohl aus Tiğani oder dem Heraheiligtum stammen (Karte, Abb. 30b), wo es prähistorische Ablagerungen gibt [389]. Doch Näheres ist mir über diese vier Nadeln nicht bekannt, so sind sie für unser Problem zwar wichtig, aber zunächst unter Vorbehalt zu nutzen. Gut bronzezeitlich sehen auch einige Schleifennadeln — nicht alle — aus dem Zeusheiligtum in Olympia aus [390]. Dort sind zu den mittelhelladischen Apsidenhäusern der alten Dörpfeld-Grabungen zahlreiche weitere prähistorische Funde hinzugetreten [391]. Besonders bei Aufschüttungen mit Fremderde können sekundär auch Gegenstände wie unsere Schleifennadeln des zweiten

---

[386] Oben Anm. 384.

[387] P. Jacobsthal, Greek Pins (1956) 133f. Taf.-Abb. 391 (Psychro-Grotte); s. auch J. Boardman, The Cretan Collection in Oxford (1961) 33 Abb. 13,144.

[388] Bezüglich Praisos/Kreta (BSA 40, 1943, 58 Taf. 32,34) bin ich bei der Datierung weniger sicher und habe deshalb die beiden Orte auf unserer Karte (Abb. 30b) nicht vermerkt. — Zur Kultkontinuität in den kretischen Grotten von der Bronze- bis in die historische Zeit vgl. M.P. Nilsson, The Minoan-Mycenaean Religion (2. Aufl., 1968) 457ff. Dort auch Erörterung der möglichen Nichtgleichsetzung der Psychrogrotte mit der Diktäischen.

[389] V. Milojcic, Samos I (1961); Überblick: R. Hope Simpson-O.T.P.K. Dickinson, A Gazetteer of Aegean Civilisation in the Bronze Age (1979) 368f. Zu den Nadeln: H. Philipp, OF XIII (1981) 94 Anm. 229.

[390] Philipp a.O. Taf. 36,295.296.299-301 (mit doppelter Kopfschlaufe, 301: abgenickt, wie einige der von Gerloff 1993, 71 besonders behandelten Nadeln, z.B. aus Toumba tou Skourou [unsere Abb. 30f]). Vgl. weiterhin I. Kilian-Dirlmeier, Nadeln der frühhelladischen bis archaischen Zeit von der Peloponnes: PBF XIII 8 (1984) 281ff. — Die bei Jacobsthal a.O. Taf.-Abb. 391a gezeigte Nadel mit einfacher großer Ringschlaufe und Schaftumwicklung halte ich für archaisch.

[391] Vgl. H.-V. Herrmann, in: H.-G. Buchholz, Ägäische Bronzezeit (1987) 426ff. Dort (435 Abb. 113d-q) sind allerdings keine Schleifennadeln besprochen, jedoch ist auf Mykenisches unter den Schmuckformen aus Olympia hingewiesen.

Jahrtausends in spätere Zusammenhänge geraten sein [392].

Für Schleifennadeln aus Prosymna [393], diese bedeutende bronzezeitliche Fundstätte am Heraheiligtum von Argos (Karte, Abb. 30b), gelten derartige Beobachtungen und Überlegungen ebenso [394].

Der in unserer Abbildung 82k gezeigte, in Ras Schamra vertretene Nadeltyp mit symmetrischer Doppelvolute wurde als Zeitindikator über große Räume hinweg angesehen. Doch muß wohl in diesem Fall noch Differenzierungsarbeit geleistet werden, ohne welche Abgrenzungen der zugehörigen Formenvarianten innerhalb der Bronze- und Eisenzeit nicht möglich sind [395].

Bereits A. Götze erkannte einen Zusammenhang von "toggle pins" — in Troja seltenden Gewandnadeln — mit Funden Zyperns [396]. Der mit den kyprischen Verhältnissen vertraute Archäologe J.R. Stewart gelangte zu demselben Ergebnis und trat auch in diesem Fall mit guten Gründen für den Seeweg ein [397].

Eine wenig behandelte mittel- bis spätbronzezeitliche Objektgruppe — aus Kupfer oder Bronze bestehende, als doppelte S-Haken konzipierte und mit einem meist vierkantig gehämmerten, kurzen Verbindungsstück versehene, unscheinbare Fundgegenstände — ist auf Zypern häufiger als woanders (Abb. 30k-m, s. folgende Fundliste). Mancher wird sich wundern, daß ein Archäologe sie wichtig nimmt.

---

[392] Im einzelnen ist freilich dort, wo früher primäre und sekundäre Ablagerungen archäologisch nicht festgehalten wurden, nachträglich kaum noch Sicherheit zu gewinnen; man beachte z.B. "Kretisch-mykenische Siegel in griechischen Heiligtümern" (J. Sakellarakis, in: U. Jantzen, Neue Forschungen in griechischen Heiligtümern, Int. Symposion in Olympia 1974 [1976] 283ff.); St. Hiller, in: R. Hägg, The Greek Renaissance of the 8th Century B.C., Proceedings of the 2nd Int. Symposium at the Swed. Inst. in Athens 1981 (1983) 98f. (Mykenisches im Artemision von Delos); E. Thomas, Kretisch-mykenische Siegel in Gräbern geometrischer und orientalisierender Zeit, in: Forschungen zur ägäischen Vorgeschichte; das Ende der mykenischen Welt. Akten des int. Kolloquiums in Köln 1984 (1987) 231ff.

[393] C. Blegen, AJA 43, 1939, 439 Abb. 27, links oben (nach Philipp a.O. 93 Anm. 229: 2 Exemplare).

[394] In meiner Karte (Abb. 30b) sind *Delphi* (Zitat bei Philipp a.O. 94 Anm. 229), *Perachora* (schon bei Jacobsthal a.O. 133,2), *Mantinea* (ein wie Philipp a.O. Nr. 299 bronzezeitlich anmutendes Stück, s. ArchDelt, Chron. 18, 1963, Teil 1, Taf. 103), *Glanitsas* bei Olympia (unpubliziert, s. Philipp a.O.) nicht aufgenommen; doch bei genauer Nachprüfung könnte sich der bronzezeitliche Fundstoff wohl vermehren lassen. — Korinth und Tegea bleiben unerwähnt, weil die Stücke von dort unverkennbar spätes Gepräge (geometrische Epoche) verraten; i.g. 8 Exemplare, s. E. Østby und Mitarbeiter, OpAth 20, 1994, 121 Abb. 67.

[395] G. Childe, Liverpool Annals 23, 1936, 113ff.; für die jüngeren Erscheinungen bes. P. Jacobsthal, Greek Pins (1956) 126ff. Abb. 363ff.; K.R. Maxwell-Hyslop, Western Asiatic Jewellery (1971) 43 Abb. 26b (Gold, Alaca Hüyük); S. 55 Abb. 40a (Bronze, Troja).

[396] Troja II-V, Schmidt, SS 254 Nr. 6407. 6411. 6412; A. Götze, in: W. Dörpfeld, Troja und Ilion I (1902) 357 Abb. 295. — Zu "Toggle pins" im Orient vgl. die Lit. bei H. Weippert, Nadel, in: K. Galling, Biblisches Reallexikon (2. Aufl., 1977) 236f.

[397] Toggle Pins in Cyprus, in: Antiquity 14, 1940, 204ff. (mit weiterer Lit.). Nach Åström, MCBA 250f. mit Anm. 23 soll sich Stewart, was Schleifennadeln angeht, sogar für den umgekehrten Weg: Europa-Troja-Zypern ausgesprochen haben.

Doch abgesehen von ihrer Verbreitung, zu der wir gleich kommen, wurden derartige Doppelhaken nie in ärmeren Gräbern gefunden. Sie gehörten angesehenen Leuten, auf Zypern wie etwa auch in Akko oder Gezer (Abb. 30o.p). Besonders das betreffende Grab in Gezer hat unter Archäologen für Aufsehen gesorgt, weil es neben einem Sichelschwert, wie wir es auch aus Ras Schamra kennen, eines der im Orient sehr seltenen mykenischen Schwerter von in Hellas früher Form barg (Abb. 30z, Typ C, 15. Jh. v.Chr.) [398]. Dieses Grab zeigt nicht nur Wohlstand an, vielmehr außerdem enge Verbindungen zu Zypern ("Basering"- und "Whiteslip"-Keramik, Abb. 30r-u).

Wenn es sich bei den mittelbronzezeitlichen kyprischen Doppelhaken nicht um nebensächliche Grabbeigaben handelte, könnte ihre Deutung als Fleischhaken — so bereits im vorigen Jahrhundert vorgeschlagen — das Richtige treffen: Dem Toten wäre mit dem Haken die ihm zustehende Fleischportion mitgegeben worden, wie gelegentlich kostbare Kessel und schließlich Feuerbock und Bratspieß zur Fleischzubereitung als Privileg in Gräber von Häuptlingen gelangten. Es sei an die Schrift "Heiliges Geld" (1924) von Bernhard Laum erinnert, der den sakralen Ursprung des Geldes bei den Griechen im Opferfleisch als "Zahlungsmittel" suchte, dessen Rolle schließlich der Bratspieß, an dem es steckte, ganz übernahm ("Obelos") [399]. Der Fleischhaken gehörte zum Kochen im Kessel, der Obelos zum Braten. Der Fleischhaken späterer Epochen hieß κρέαγρα; umstritten ist, ob er mit dem homerischen "Pempobolon" gleichzusetzen sei [400]. Derartige Geräte sagen mithin etwas über die Art der Zubereitung des Opferfleisches aus: Μάγειρος bezeichnete zugleich den Fleischer (ursprünglich Opferschlächter) und Koch, nicht von vornherein den

---

[398] Nach R.A.S. Macalister, The Excavation of Gezer II (1912) Taf. 75,13; A. Evans, PM III (1930, Nachdr. 1964) 313 Abb. 202 und N.K. Sandars, The First Aegean Swords and their Ancestry, in: AJA 65, 1961, 17ff. (erh. L: 26,5 cm; SM I); vgl. St. Foltiny, in: H.-G. Buchholz, Archaeologia Homerica, Kriegswesen 2 (1980) E 254ff. — Zu dem Sichelschwert vgl. Y. Yadin, The Art of Warfare in Biblical Lands I (1963) 206f. Abb. a-d (Gezer, Ras Schamra, Ägypten, Assyrien); ferner H. Bonnet, Die Waffen der Völker des Alten Orients (1926, Nachdruck 1977) 85ff. Abb. 33-36; Land des Baal, Syrien — Forum der Völker und Kulturen, Ausstellungskatalog Berlin 1982, 143f. Nr. 136 mit Abb. (Ras Schamra, 15./14. Jh.v.Chr., L 57,7 cm, bereits: Cl. Schaeffer, Syria 17, 1936, 145 Taf. 18,2). — H. Müller-Karpe, Jahresbericht des Inst. für Vorgeschichte, Frankfurt/M. 1977, 41 Abb. 3 (Byblos). — Frühe Phöniker im Libanon, 20 Jahre deutsche Ausgrabungen in Kamid-el-Loz, Ausstellungskatalog Saarbrücken 1983, 147f. Nr. 73 und Farbabb. auf S. 116 (L 36,4 cm); ferner H. Weippert, in: K. Galling, Biblisches Reallexikon (2. Aufl., 1977) 57ff. s.v. Dolch und Schwert Abb. 17,19-22. — Zur Gattung und ihrem Eindringen in Ägypten seit dem Neuen Reich: W. Wolf, Die Bewaffnung des altägyptischen Heeres (1926, Nachdruck 1978) 101 zu Taf. 7,1-11; S. Schosske, in: W. Helck-E. Otto, Lexikon der Ägyptologie III (1980) 819ff.

[399] Zum Sakralrecht bei den Nahrungsmitteln als Grabbeigaben s. bereits E.F. Bruck, Totenteil und Seelgerät (2. Aufl., 1970) Index; vgl. ferner W. Pötscher, Die Zuteilung der Portionen in Mekone, in: Philologus 138, 1994, 159ff. — Unterschiedliche Funktionsvorschläge für die angesprochenen Haken: Biblical Archaeology Review 8, 1982, Heft 2, 36 und Heft 4, 16f.

[400] Abwägende Beurteilung mit der gesamten älteren Lit. bei U. Kron, JdI 86, 1971, 131ff.

"Brater". Ein solcher Koch war im kyprischen Kult Inhaber eines wichtigen Prie-
steramtes und der Gott Apollon führte dort selber den Beinamen
Μαγίριος [401].

Wo eine Kontrolle der Datierung derartiger Haken auf Zypern möglich ist —
in Lapithos: Mittelkyprisch I (Abb. 30m), in Tamassos: Mittelkyprisch III (Abb.
30l) — bewegen wir uns in der ersten Hälfte des zweiten Jahrtausends, in Palästina
(Gezer) bereits im 15. Jh. v.Chr. (Grab 30 [402], Abb. 30p-z) und in Akko im 14.
Jh. v.Chr. (Abb. 30o, zwei Haken, gemeinsam mit mykenischer Importkeramik) [403]. Die beiden Haken aus Akko, im Osten von derartigen Objekten die
jüngsten, sind im ganzen stärker gebogen, in dem verbindenden Teil kantiger,
eckiger von den Armen abgesetzt als die kyprischen und gleichen insofern mehr
dem Exemplar aus Troja (Abb. 30n) [404], das unter der Rubrik "VII.-IX. Siedlung"
geführt wird und somit nur unzureichend datiert ist.

Das gemeinsame Auftreten solcher Haken mit kyprischer und mykenischer
Keramik ist ebenso aufschlußreich wie das Vorkommen in Troja. Wiederum deutet
dies auf die Seeverbindung der nördlichen Ägäis mit dem östlichen Mittelmeer hin.
Neuerdings sind derartige Haken (Abb. 30i.j) weit entfernt — allerdings an einem
wichtigen Seewege — an der Küste der Bretagne gefunden worden. J. Briard (unten
Nr. 25.26) zeigt allerdings eine gewisse Unsicherheit, indem er bemerkt: "Que la
trouvaille de Plouguerneau soit vraiment armoricaine ou soit une importation
moderne de Chypre ou de Méditerranée orientale, un fait certain c'est que ces
objects sont authentiques".

Wären die Fundangaben über jeden Zweifel erhaben, dann würde sich eine
Verlängerung des bronzezeitlichen Seeweges vom östlichen Mittelmeer nach
Westen, hinaus vor die "Säulen des Herakles", bis an die Küsten der "Zinnländer"
("Kassiteriden") ergeben: Der Zinnbarren von Falmouth steht in diesem Zusammen-
hang zur Diskussion, desgleichen tun dies bronzene Doppeläxte in England, Fayen-
ceperlen und weiteres Fremdgut im Nordwesten Europas [405], wie besonders ein

---

[401] Syllabar-Inschriften aus Pyla, s. O. Masson, Les Inscriptions Chypriotes Syllabiques
(1961) 301ff. Nr. 304.305; dazu K. Latte, RE XIV 1 (1928) 394 s.v. Μάγειρος; H.
Frisk, Griechisches Etymologisches Wörterbuch II (1973) 156 s.v. μάγειρος; W.
Burkert, Rešep-Figuren, Apollon von Amyklai und die "Erfindung" des Opfers auf Zypern,
in: Grazer Beiträge 4, 1975. Zur Komplexität des blutigen Opfers vgl. T. Linders-G. Nordquist, Gifts to the Gods; Proceedings of the Uppsala Symposium 1985 (1987).

[402] Nachweis unter Nr. 22 der folgenden Liste (unsere Abb. 30p-z ohne einheitliche Maßrela-
tion).

[403] Nachweis unter Nr. 19 und 20.

[404] Nachweis unter Nr. 24. Unter den kyprischen Stücken ähnlich stark gebogen: CCM 54
Nr. 600 Taf. 3,600.

[405] Zinnbarren: unten Anm. 723, bes. Buchholz 1959, 23f. Abb. 10b (mit älterer Lit.),
zuletzt: A.F. Harding, Kolloquium Mainz 1985 (1990) 156f. Abb. 2. — Doppeläxte: Buchholz 1960, 53ff. Abb. 7 und 8 (mit älterer Lit.); C.F.C. Hawkes, Double Axe Testimonies,
in: Antiquity 48, 1974, 206ff.; vgl. auch St. Piggott, Mycenae and Barbarian Europe, an
Outline Survey, in: Sborník Praha (Historie) 20, 1966, 117ff. und die Lit. bei P. Schauer,

"Cypriot hook-tang weapon from Devon" [406]. Diese Waffe ist an die "kyprischen" Dolche aus der Bretagne und aus dem Hortfund von Ottana in Zentralsardinien anzuschließen [407] und findet sich eindrucksvoll auf einem mykenischen Krater des späteren 13. Jhs. v.Chr. in Ras Schamra wiedergegeben (Abb. 95a; 96a). Die realen Bronzewaffen dieser Art aus Ras Schamra — von C.F.A. Schaeffer nicht als Dolche, sondern als Lanzenspitzen gedeutet — sind allerdings viel gratiger konstruiert, stärker akzentuiert als die westlichen Belege und besitzen am Ende der umgebogenen Griffangel einen Knopf (Abb. 82a.b).

Zu den viel erörterten mittelmeerischen Beziehungen der Wessex-Kultur wird ein kurzes Wort im Zusammenhang mit der Bernsteinnutzung zu sagen sein (oben S. 98ff. mit Abb. 29).

Zu den beiden mykenischen Scherben (SH III A/B) aus Llanete de los Moros bei Montoro/Córdoba vermag ich mich nicht zu äußern, da die bekannt gewordenen Abbildungen zu einer Beurteilung nicht ausreichen [408].

Wie sich zeigt, endet unser Thema "Ras Schamra-Zypern-Ägäis" nicht an der Westküste Griechenlands. Die Wasserstraße in den fernen Westen führt über Stationen in Italien-Sizilien-Sardinien, die ihrerseits mit ihren Verbindungen zum Osten ein weites archäologisches Programm bilden (vgl. unsere Karten, Abb. 21.33.53) [409].

Spuren minoisch-mykenischen und orientalischen Einflusses im atlantischen Westeuropa, in: JbRGZM 31, 1984, 137ff.; desgl. zu Fayenceperlen, passim und 32, 1985, 193 Abb. 68 (Karte); bes. A.F. Harding, ArchRozhledy 23, 1971, 188ff.; A.F. Harding-S.E. Warren, Antiquity 47, 1973, 64ff.

[406] K. Branigan, DevonArchSoc 41, 1983, 125ff. — Doch vgl. zuvor T. Watkins, Wessex without Cyprus: "Cypriote Daggers" in Europe, in: J.W.S. Megaw (Hrsg.), To Illustrate the Monuments; Essays on Archaeology presented to St. Piggot (1976) 136ff. Vgl. noch P. Reinecke, Kyprische Dolche aus Mitteleuropa ?, in: Germania 17, 1933, 256ff. und die Karte bei J. Bouzek, in: Symposium Larnaka 1989 (1991) 67 Abb. 1. — Die Besonderheit der am Ende umgebogenen Dorne an Pfeilspitzen vom Übergang Hügelgräber-/Urnenfelderzeit (13. Jh.v.Chr.) ist im Zusammenhang mit kyprisch-anatolischen "hook-tang weapons" zu sehen: H. Luley-E. Treude, in: Ein Land macht Geschichte, Archäologie in Nordrhein-Westfalen (1995) 106, farbige Abbildung.

[407] F. Lo Schiavo, Wessex, Sardegna, Cipro, in: Atti della 22. Riunione Scientifica Ist. Ital. Preist. e Protostoria 1978 (1980) 341ff.; wiederholt von P. Schauer, JbRGZM 31, 1984, 173 Abb. 36; A.F. Harding, The Wessex Connection, Developments and Perspectives (s. Anm. 405) 151 Abb. 11 (im gleichen Werk von F.-W. v. Hase 101 Abb. 20 nochmals abgebildet).

[408] J.C.M. de la Cruz, Revista de Arqueología 8, 1987, 62ff.

[409] Außer der Lit. in Anm. 405 und 407, vgl. unsere Bibliographie S. 769ff. — Vieles ist ohne eigenes Zutun kompiliert, doch ragen L. Vagnettis Studien, meist Neues bietend, aus der Fülle des Schrifttums hervor. Weiterführende Lit. auch in dem Beitrag von F.-W. v. Hase, "Ägäische Importe im zentralen Mittelmeergebiet in späthelladischer Zeit", in: Kolloquium Mainz 1985 (1990) 80ff., einer Neuauflage seines entsprechenden Beitrags in meinem Buch "Ägäische Bronzezeit" (1987) 257ff. Einen besonderen Hinweis verdient die von H.-P. Gumtz zusammengestellte, umfangreiche Bibliographie bei G. Kopcke, Handel, in meiner Archaeologia Homerica, Kapitel M (1990) 129ff., bes. 140ff. (Zypern und der Westen; der ägäische Handel der Bronzezeit mit dem westl. Mittelmeer und Zentral- und Nordeuropa).

3. *Liste der Fleischhaken vom Typus Lapithos-Tamassos*

1-2   (Abb. 30m) Lapithos, Grab 50/1913 (Ausgrabungen: J.L. Myres und M. Markides): Kupfer, Mittelkypr. I, vgl. J.L. Myres, BSA 41, 1940-1945, 84 Abb. 6,50a.b Taf. 24,3/50; Catling, CBMW 65 Taf. 4,8 (danach unsere Abb.); J. Weinstein-Balthazar, Copper and Bronze Working in Early through Middle Bronze Age Cyprus (1990) 427 ("meat hook").

3-6   Lapithos, Grabfunde, Kupfer, wie 1 und 2, jedoch ist die Zuordnung zu bestimmten Gräbern nicht mehr möglich, desgleichen nicht eine etwaige teilweise Gleichsetzung mit Nr. 11-17. Die Kenntnis der Anzahl der in Lapithos gefundenen Stücke geht auf H.W. Catling zurück; u.a. Grab 804 A 26, s. E. Herscher, Lapithos-Brysi tou Barba, Diss. Univ. of Pennsylvania 1978, 103; Weinstein-Balthazar a.O.

7   Tamassos (Politiko-Lambertis), Grab 16/1889; Berlin, Staatliche Museen, Inv.-Nr. Misc 8142/33: Kupfer oder Bronze; L 8,6 cm; runder Querschnitt von 0,6 cm Dm; unpubliziert, Skizze im Eingangsinventar. Die Keramik dieses Grabes besteht hauptsächlich aus "Whitepainted IV" (III-V).

8   Tamassos; Cyprus Museum, Inv.-Nr. (alt) 600a, s. CCM 54 Nr. 600a; M. Ohnefalsch-Richter, ZfE 31, 1899, Verh. 336; S. 298 Abb. 20,15 (unzulängliches Photo); unpubliziert.

9   (Abb. 30 l) Wahrscheinlich Tamassos (Politiko-Lambertis), Grabnummer unbekannt; Cyprus Museum, Inv.-Nr. Met. 2198: Kupfer oder Bronze, L 8 cm; bisher unpubliziert.

10   Zypern, Fundort unbekannt; Cyprus Museum, Inv.-Nr. (alt) 600: Kupfer oder Bronze, kräftig gebogen, L 7 cm; gemäß Katalog: "common in later Bronze Age tombs", s. CCM 54 Nr. 660 Taf. 3,600. Entwickelter Typus wie in Akko, Troja und der Bretagne (Nr. 19.20.24-26).

11-17 Fundorte unbekannt, vielleicht sind einige dieser Stücke mit den fehlenden oder nicht mehr identifizierbaren aus Lapithos identisch; Cyprus Museum, Inv.-Nr. Met. 2199. 2200. 2201. 2202. 2203. 2204. 2205: Kupfer, L 4,2; 4,4; 5; 5,6; zweimal 6; 6,7 cm; sämtliche Stücke nicht veröffentlicht.

17a   Zypern, Fundort unbekannt, "aus Sammlung Ohnefalsch-Richter", im RGZM/Mainz, Inv.-Nr. A 91: "Fleischgabel, in der Mitte geknickter Doppelhaken", s. F. Behn, KatRGZM, Nr. 4 (1913) 97 Nr. 784.

18   (Abb. 30k) Zypern, Fundort unbekannt; Genf, Musée d'Art et l'Histoire, Inv.-Nr. P 796, angeblich von der Karpasia-Halbinsel (1896): Kupfer oder Bronze, weiteres bei P.S. de Jesus-G. Rapp-L. Vagnetti, SMEA 23, 1982, 12f. Nr. 12, 21 Abb. 2,12; Weinstein-Balthazar a.O. (unzulängliche Vorlage eines Teils des kyprischen Fundstoffs in Genf: E. Masson, AA 1976, 139ff.).

19-20   (Abb. 30o) Akko, Bereich des sogenannten "Persischen Gartens": Bronze, Fundbeschreibung und Einzelheiten in: S. Ben-Arieh-G. Edelstein, Tombs near the Persian Garden (Akko), Atiqot, engl. Serie XII (1977) 31. 39 Abb. 27,8 Taf. 18,2 (Haken aus dem Grabungsschnitt); S. 31 Taf. 7,9 (aus Grab B 3).

21   Megiddo, Grabfund; weiteres s. P.L.O. Guy, The Megiddo Tombs (1938) Taf. 127,5.

22   (Abb. 30p) Gezer, Grab 30 (Inhalt in Auswahl: Abb. 30p-z). Unter den Beigaben: kyprische Keramik, mykenische Pfeilspitzen und Schwert, Sichelschwert. Der Haken aus Kupfer oder Bronze ist nahezu so entwickelt wie die Stücke aus Akko (Nr. 19.20) und Troja (Nr. 24). R.A.S. Macalister, The Excavations of Gezer III (1912) Taf. 75,17; Schaeffer, Stratigraphie 98 Abb. 158 (Abb. wiederholt: J. Briard [s. Nr. 25.26] a.O. 131 Abb. 5).

23   Lachisch (Tell el Duweir): Kupfer oder Bronze; weiteres bei O. Tufnell-C.H. Inge-L. Harding, Lachisch II (1940) Taf. 27,36.

24   (Abb. 30n) Troja, Spätbronzezeit, genaue Schichtzuweisung nicht möglich; Berlin, Mus. für Vor- und Frühgeschichte: Bronze, L 19,5 cm; Br 8,2 cm. Von H. Schmidt (SS [1902] 262 Nr. 6581) wie folgt beschrieben: "Gerät aus Bronze in Form eines bandförmigen horizontalen Halters mit hakenförmigen, rückwärts gebogenen Enden", typologisch — und wohl auch zeitlich — den Stücken aus Akko (Nr. 19.20) nahestehend.

25-26   (Abb. 30i.j) Bretagne, wohl Plouguerneau, l'Aber Vracht/Finistère, Hortfund mit 2 Flachbeilen, 7 Bronzedolchen "chypriotes", sowie zwei Haken, der Größe nach (5 und 8 cm) zu den mittelbronzezeitlichen Stücken Zyperns gehörig, der Form nach zu den Stücken aus Troja und Akko (Nr. 19.20.24). J. Briard, in: Kolloquium RGZM 1985 (1990) 124ff.129ff. Abb. 4,3.4 (danach unsere Abb.) und J. Bousek, BSA 89, 1994, 227 Abb. 8,1-4).

Kapitel 6

Ras Schamra
zu einem unpublizierten Ausgrabungsgebiet
der Jahre 1961 bis 1963

Bis hierher wurden wir bei der Behandlung unseres Themas bis ins westliche Mittelmeer sowie ins Herz Europas und bis an die nördliche und nordwestliche Peripherie unseres Erdteils geführt. Jedenfalls war ich bestrebt deutlich werden zu lassen, daß die Linie "Ras Schamra-Zypern-Ägäis" Teil eines umfassenden Netzes war, das sich selbstverständlich ebenso nach Osten und Süden ausdehnte.

Erneut soll nun der Ausgangspunkt Ras Schamra/Ugarit ins Auge gefaßt werden. Ich fühle mich jedenfalls hier und jetzt verpflichtet, von den vor über dreißig Jahren (1961 bis 1963, vgl. Abb. 35a-c) [410] im südlichen Teil des Abschnitts "Südakropolis" ausgegrabenen Häusern wenigstens etwas mitzuteilen (vgl. den Plan, Abb. 34a.b, Sektion S-U/23/24), solange mir dies aus Altersgründen noch möglich ist.

Im Zusammenhang unseres Themas geht es auch darum, ob sich kyprische und ägäische Verbindungen allein oder hauptsächlich archäologisch in einem "ägäischen Quartier" — so bezeichnete Cl. Schaeffer eins der dem Meere zugewandten Wohnviertel Ras Schamras — fassen lassen oder ob dies ebenso bzw. mehr noch für den Palast und/oder verschiedene Tempel gilt. Zu fragen bleibt, ob vielleicht derartige Indizien — Funde ägäischer und kyprischer Herkunft — weithin in allen Grabungsabschnitten in den Bürgerhäusern gleichmäßig verteilt sind. Ich darf vorwegnehmen, daß in meinem Abschnitt — und dies wird für viele der früher ausgegrabenen Areale ähnlich gelten — der Befund durch Raubgrabungen außerordentlich gestört war. Deshalb gehörte die Klärung derartiger "Störungen", ihres Inhalts und ihrer Datierung zu den archäologischen Aufgaben vor Ort.

Trotz solcher Schädigungen in der Substanz ist mein Grabungsabschnitt (s. Plan, Abb. 37, Zustand 1961; im Jahre 1963 nach Osten und Westen erweitert) als fundreich zu bezeichnen. Ganz offensichtlich hatten es die Raubgräber auf Edelmetallobjekte abgesehen. In sechs nur teilweise ausgegrabenen Wohneinheiten, "Häu-

---

[410] Abb. 35a-c nach meinen Aufnahmen: a.b Cl. Schaeffer (mit Hut) spricht zur Mannschaft. Der rundliche, barhäuptige Mann links neben ihm ist der Restaurator Krimli aus Damaskus, der Jackettträger rechts mit weißem Bart und Kopftuch ist Schaeffers Adjutant "Tschawuk Arab" (1961). - c Tagesbeginn im Abschnitt "Sud Acropole", Blick nach Norden in Richtung auf den Baalstempel und das Bibliothekshaus des hurritischen Priesters (1963, s. Plan, Abb. 34b, BGP). Desgleichen entstanden 1961 das Photo von Cl. Schaeffer, H. de Contenson und mir, sowie 1963 das Photo von mir mit einheimischen Arbeitern im Planquadrat 42/43 des Nordsüd-Schnitts, "Südakropolis" (s. Abb. 37, Plan), die veröffentlicht sind in meiner Bibliographie (bearbeitet von H.-P. Gumtz, Ph. von Zabern/Mainz, 1992) Abb. 3 und 6.

sern", von denen die Hälfte tatsächlich nicht mehr als gerade angeschnitten war, gab es kaum Gold (einen Ohrring, etwas Blattgold), einen einzigen Silberbarren (Fundnr. 4304, Fundpunkt 243 Planquadrat West in 2,10 m Tiefe) und sehr wenig Bruchsilber und Silberschmuck (Ohrring, Fingerringe, Kopf einer silbernen Schmucknadel). Außer einem Bleibarren fand ich kein Blei; es konnten jedoch 84 Bronzen geborgen werden: Geräte wie Hacken, Sicheln, Beile, Hämmer, Messer, Stichel, Meißel, Nähnadeln, Spatulae, Pinzetten, Rasiermesser und Angelhaken, außerdem Waffen — Dolche (Abb. 39e), 21 Pfeilspitzen, Speer- und Lanzenspitzen — und sogar eine rundplastich gegossene Götterfigur [411]. Demnach fanden diese Dinge nicht das Interesse der Raubgräber oder wurden von ihnen nicht bemerkt. Das scheint sogar für unbedeutenden Schmuck zu gelten (einige Fayence-, Achat-, Bernsteinperlen und perforierte Muscheln sowie oben erwähnte silberne und außerdem kupferne Fingerringe). Unbeachtet hat man auch die zahlreichen Gewichte, hauptsächlich aus Stein gefertigt, an Ort und Stelle gelassen. Hierzu gehören ferner zwei Waagschalen aus Bronze (Fundnr. 4315/26.170 aus 145 Ost/-2,40 m), Anzeichen für händlerische Tätigkeiten in diesen Häusern.

Ferner ist nicht anzunehmen, daß Raubgräber ihr Interesse auf Keilschrifttafeln und Siegel gerichtet hätten. Deshalb sprechen lediglich fünf Keilschrifttafeln, bzw. Tafelfragmente, einmal mit einer Siegelabrollung, für geringen Schreibbedarf in solchen Bürgerhäusern. Immerhin traten — ebenfalls für Raubgräber ohne Wert — siebzehn Roll- und Stempelsiegel zutage [412].

So ergibt sich aus derartigen Beobachtungen, daß wir es nicht mit Verhaltensweisen neuer Zeit zu tun haben, weil heute praktisch alles verkauft werden kann, wenn es nur genügend Patina angesetzt hat. Die erkennbare Edelmetallsuche — wohl hauptsächlich eine gezielte Grabsuche — spricht entschieden für ein höheres Alter derartiger Beschädigungen ursprünglicher archäologischer Befunde.

Als Schichtenstörung kann man alle während der Besiedlungsdauer durch Menschenhand oder Naturgewalt verursachten nachträglichen Veränderungen jeweils tieferer Ablagerungen bezeichnen. Durch das Ausheben von Fundamentgräben, die Ausschachtung von Baugruben für Grabanlagen, die Schaffung von Brunnen und Abfallöchern wie schließlich auch durch Erdbeben verursachte Ver-

---

[411] Fundnr. 4438/26.244 aus 343 West, in 1,70 m Tiefe: Gottheit mit zylindrischem Kopfschmuck, gravierter Bordüre am Gewand, der rechte Arm ist angewinkelt, hält einen Becher, H 9,7 cm, gute Arbeit.

[412] Nur vier davon sind veröffentlicht: Fundnr. 3535/24.154 aus 43 in 2,40 m Tiefe und 3734/24.361 aus 150 in 3 m Tiefe, s. Cl. Schaeffer, Corpus des Cylindres-Sceaux de Ras Shamra-Ugarit et d'Enkomi (1983) 138 und 142; ferner Fundnr. 4360/26.40 aus 146 Ost/in 2 m Tiefe, s. Schaeffer a.O. 155, und 4454/26.301 aus 342 West/in 1,25 m Tiefe, ebd. 158. Vgl. zum Corpus die Rezension von R. Mayer-Opificius, UF 17, 1985, 415ff. — Wenn die Ausgräber in Ras Schamra archaische Griechen gewesen sind, könnte allerdings noch Interesse an bronzezeitlichen Siegeln, z.B. als Amulett, bestanden haben, s. I. Sakellarakis, Kretisch-mykenische Siegel in griechischen Heiligtümern, in: U. Jantzen, Neue Forschungen in griechischen Heiligtümern, Int. Symposion in Olympia 1974 anläßlich der Hundertjahrfeier der Abt. Athen (1976) 283ff.

änderungen können ältere Schichten in einem mehr oder weniger großen Umkreis in Mitleidenschaft gezogen worden sein. Die Folge ist eine Vermengung der im Erdreich enthaltenen Scherben und sonstigen Hinterlassenschaften, von Älterem mit Jüngerem. Beispiele für derartige Schichtenmischungen gibt es überall in Ras Schamra; auf sie wurde oben wiederholt hingewiesen.

Im folgenden soll jedoch allein über jene Störung berichtet werden, die dadurch entstanden, daß sich Raubgräber — nachdem die bronzezeitliche Siedlung verlassen worden war — des kostbaren Inhalts der Gräber zu bemächtigen suchten. Das Datum derartiger Eingriffe steht deshalb fest, weil in allen Fällen die im Schnitt erkennbaren Eintiefungen sämtliche Spätbronze-Schichten in Mitleidenschaft gezogen haben — und daß heißt, daß sie ausnahmslos nachbronzezeitlich sind. Andererseits kann es sich nicht — wie oben ausgeführt — um moderne Raub-grabungen handeln, denn die oberste Humusdecke ist nie betroffen. Cl. Schaeffer vertrat die Meinung, die Beraubung der Gräber sei bei Auflassung der Stadt oder unmittelbar danach erfolgt, also zu einem Zeitpunkt, als große Teile der Ansiedlung oberirdisch sichtbar waren und die Lage der Gräber noch bekannt gewesen war. In meinem Abschnitt (Abb. 34b und 37) gibt es aber eindeutige Indizien für die Tätigkeit von Raubgräbern in etwas späterer Zeit: In zwei Fällen wurde unten im Füllschutt der hinabgetriebenen Stollen griechisch-archaische Keramik angetroffen.

Eine solcher Störungen im Westteil eines großen Hofes — im Bereich des Planquadrats 44, bei den Meßpunkten 3719, 3674 und 3697 — ist eine trichter-förmige, oben rund-ovale Grube gewesen (Dm 5 bis 6 m, Tiefe 2,20 m, von der jetzigen Oberfläche aus gemessen). Sie war angefüllt mit großen Steinen, Erde und zerbrochener, überwiegend spätbronzezeitlicher Keramik der Phasen I bis III, darunter viel "Bichromes", kyprische "Basering"-Keramik und einige mykenische Scherben. Auch etliche formlose Bronzestücke (Draht und Blech) kamen hier vor. Nach der Regel, daß der jüngste Fund das Datum liefert, muß diese Störung in die Eisenzeit, wahrscheinlich ins 6. Jh. v.Chr., gesetzt werden; denn in 1,60 m Tiefe wurde ein eiserner Nagel (L 8,4 cm; Dm des Kopfes 2 cm) gefunden, in 2,20 m Tiefe ein Stück von der Basis eines griechisch-archaischen Gefäßes: von einem attischen, schwarzgefirnißten, vielleicht schwarzfigurigen Skyphos.

Eine weitere Störung, welche ich im Südwestteil des Planquadrats 147 West vorfand, war wohl bei der Suche nach einem vermuteten Grab entstanden. Die Sohle des oben mehrere Meter breit angelegten Stollens liegt 2,80 m unter der heutigen Oberfläche, im allgemeinen Niveau der sonstigen Gräber. Der Füllschutt des Stollens enthält zahlreiche menschliche Knochen — dabei einen Rückenwirbel mit deutlich erkennbarer Schnittfläche — und ein Gemisch mittelbronze- und spätbronzezeitlicher Keramikreste.

Einen merkwürdigen Befund ergab der Hof K südlich der unteren Gasse, der "Südgasse", welcher von dieser durch die dort gut im Plan erkennbare einzige Tür betreten werden konnte (Abb. 37, Planquadrat 149 West, Meßpunkte: 3625, 3637, 3644, 3650, 3678, 3699, 3731, 3768, 3789, 4253): Unter diesem Hof existierte in der Tat ein Familiengrab, von dem ein Deckstein schraffiert im Plan zu erkennen ist. Die übrigen Decksteine wurden bei der Ausraubung entfernt. Die Sondierungen durch Raubgräber werden wohl teils mittels Geräuschebeobachtungen beim Abklopfen unterirdischer Hohlräume, teils unter Benutzung langer Stangen erfolgt sein. Im Bereich unserer Meßpunkte 3625, 3650 und 3655 war von Schatzsuchern eine trichterförmige Grube mit einem oberen Dm von etwa 3,50 m angelegt worden. Sie reichte etwa 3,00 m in die Tiefe (Abb. 38a). Bei der Ausraubung der Grabanlage wurde die Keramik achtlos beiseite geworfen (Abb. 39d.e). Einige Bronzegegenstände blieben ebenfalls zurück, oder gelangten in den Füllschutt der entstandenen Grube, z.B. zwei Pfeilspitzen bei Planpunkt 3625. Der Füllschutt enthielt viele Keramikfragmente, welche teilweise von der Gebrauchskeramik aus den Schichten, welche die Raubgräber durchschnitten hatten, stammen. Da das Gebiet bis zum Planpunkt 3637 in Mitleidenschaft gezogen ist, kommen einem dort in 1,50 m Tiefe gefundenen Siegelzylinder und dem Fragment einer Keilschrifttafeln keine chronologische Bedeutung für die übrigen Funde in gleicher Tiefe zu. Für diese Raubgrabung ergab sich mit einer in 2 m Tiefe angetroffenen griechischen Scherbe des späten 6. Jhs. v.Chr. ein Datum post quem.

Schließlich gehört auch die Störung über der Treppe des Hofes N im Planquadrat 50 (s. Abb. 37), wegen mehrerer Bruchstücke spätarchaischer attischer Keramik im Füllschutt unmittelbar über der obersten Treppenstufe in dieselbe Zeit, in jene Epoche also, welche auf der "Südakropolis" durch völlig anders gebaute und anders ausgerichtete Mauerzüge, als es die bronzezeitlichen sind, bestens repräsentiert ist (Abb. 51a), desgleichen durch Fibeln, eiserne Gegenstände, phönikische Inschriften, griechische Keramik und Münzen. Man trieb an der betreffenden Stelle einen runden, trichterförmigen Stollen mit einem oberen Durchmesser von 2 m hinab. Dieser Tätigkeit fiel ein entsprechender Teil der Trennmauer zum Opfer, an welche besagte Treppe angelehnt ist. Das Steinmaterial der Mauer befand sich im Füllschutt. Auch wenn an dieser Stelle kein Grab liegt, ist klar, daß man ein solches suchte und offenbar mittels einer Sonde oder anderer geeigneter Mittel festgestellt zu haben glaubte. Tatsächlich konnte eine steinerne Treppenstufe, deren Ausdehnung bei der angewandten Technik nicht festzustellen war, mit dem Deckstein eines Grabes verwechselt werden. Als die Raubgräber die oberste Stufe der Treppe erreicht und den zur Wand hin gelegenen Teil in mühsamer Meißelarbeit entfernt hatten (Abb. 38b: Der Korb rechts im Bild befindet sich auf der obersten Stufe), stellten sie ihren Irrtum fest und ließen — gewiß tief enttäuscht — von der weiteren Arbeit ab. [413]

---

[413] Zu Funden des 7. Jhs. v.Chr. bis in den Hellenismus: R. Stucky, Ras Shamra/Leukos Limen. Die nach-ugaritische Besiedlung von Ras Shamra (1983).

904. — PLAN SCHÉMATIQUE DES CHANTIERS
DE FOUILLES DE 1929 A 1971
AVEC LOCALISATION DES PRINCIPAUX
MONUMENTS ET DÉCOUVERTES
(sigles par ordre alphabétique)

AB	Abécédaire d'Ugarit (petite tablette cunéiforme)	J 6
AC	Archives centrales, palais royal	L 7-8
AE	Archives est, palais royal	K 10
AG	Maison du devin Agptr, Sud Acropole	O 23
AO	Archives ouest, palais royal	J 6
APS	Archives du petit palais sud	M-N 6
ASI	Archives sud, internationales, PRU	M-N 7
ASO	Archives sud-ouest (salle 81, PRU)	M 6
AY	Statuette en bronze de la déesse Asherat Yam	P 19
BA	Stèle de Ba'al au foudre, Acropole	F 22
BAG	Chope inscrite à tête de lion (Bn Agptr)	N 23
BGP	Maison bibliothèque du grand prêtre	G 23-24
BPO	Bol et patère en or à décor mythologique	G 22
Co 1	Cour d'honneur I, et matrice du sceau de Muršili II, palais royal	K 6-7
Co 2	Cour II (jardin) avec portique est, PRU	J-K 8
Co 3	Cour III (jardin), avec sondage SoK, palais royal	L 9-10
Co 4	Cour IV (aux Archives centrales), palais royal	L 8
Co 5	Cour V (avec un bassin, et four à tablettes FT)	M 7
Co 6	Cour VI, palais royal	L 7
EM	Épée en bronze gravée du cartouche de Mineptah	K 13
FO	Forteresse protégeant le palais royal à l'ouest	I 4
FT	Four à cuire les tablettes cunéiformes (cour V du palais)	M 7
GM	Résidence présumée du gouverneur militaire	I 7-8
LA	Textes médico-magiques et *Lamaštu*	O 23
MA	Maison aux albâtres (1966-1973), à l'est du palais	L-M 11
MP	Maison à la bague hittite en or de Patilu-wa	L 24
MT	Maison aux tablettes « littéraires » (Sud Tell, 1959-1960)	S 18
NBM	Nécropole du Bronze moyen (IIe niveau), sur l'Acropole	F-G 23
OL	Oliphant ou cor en ivoire sculpté (déesse nue, sphinx)	L 9
OR	Trésor de quatre statuettes en bronze et or (El, Ba'al)	V 19
PH	Maison du prêtre hurrite aux modèles de foies	N-O 23
PN	Palais nord	H-I 8-9
PO	Poterne ouest (entrée de la forteresse)	J 4
PP	Place publique, quartier « Ville Sud »	R 18
PRU	Palais royal d'Ugarit	J.M 6-10
PS	Palais sud (ou petit Palais)	N-O 6-7
PT	Statuettes en argent (divinités porteurs de torques)	F 21
QP	Bâtiment dallé aux 4 piliers	G 6
RAP	Maison et archives de Rap'anu	J 14
RM	Résidence dite de la Reine Mère	F 7-8
RSL	Maisons et archives de Rašap'abu et du Lettré	L 13
SD	Stèle calcaire inscrite dédiée au dieu Dagon	H 25
SHO	Sanctuaire « hourrite » (1937), nord-ouest du tell	G-H 5-6
SN	Statue égyptienne de Šnoumit Nofr Hed	H 24
SoA	Sondage Bronze moyen (1959)	I 24
SoBA	Sondage étendu Bronze ancien (« Sud Acropole »)	P 23-24
SoC	Sondage à l'ouest du temple de Ba'al (1953-1960)	G 21

SoH	Sondage voisin de SoC à l'ouest du temple de Ba'al (1962-1976)	F 21
SoK	Sondage profond dans la cour III du palais (1954-1955)	L 9
SoSB	Sondage dit « Sud Bibliothèque » (1959)	H 24
TB	Temple de Ba'al, Acropole	F-G 22
TCM	Tablette chypro-minoenne RS 20.25 (quartier Rap'anu)	L 14
TD	Temple de Dagon, Acropole	G-H 25
TET	Tranchées dans le rebord oriental du Tell	Q 29
TF	Tombes d'un cimetière « Fer II » (époque perse hellénistique)	J 24

Abb. 34 a.b. Ras Schamra: Von J.-Cl. Courtois entworfener Plan der Ausgrabungsareale
(ohne die in jüngerer Zeit unter der Leitung von M. Yon neu erschlossenen Zonen)

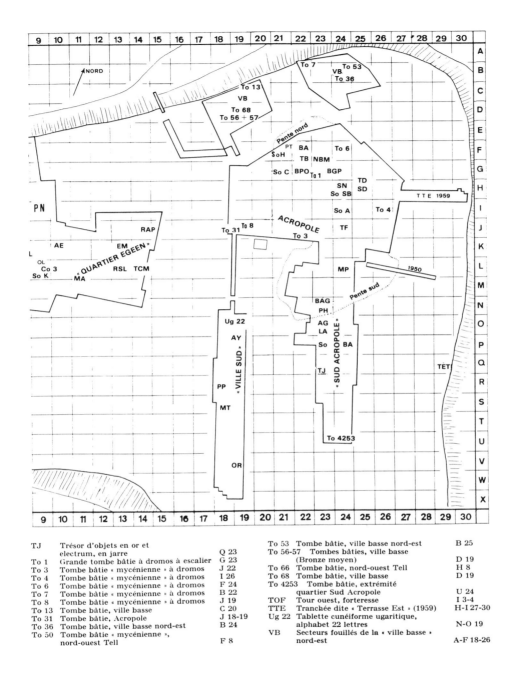

TJ	Trésor d'objets en or et electrum, en jarre	Q 23	To 53 Tombe bâtie, ville basse nord-est	B 25
To 1	Grande tombe bâtie à dromos à escalier	G 23	To 56-57 Tombes bâties, ville basse (Bronze moyen)	D 19
To 3	Tombe bâtie « mycénienne » à dromos	J 22	To 66 Tombe bâtie, nord-ouest Tell	H 8
To 4	Tombe bâtie « mycénienne » à dromos	I 26	To 68 Tombe bâtie, ville basse	D 19
To 6	Tombe bâtie « mycénienne » à dromos	F 24	To 4253 Tombe bâtie, extrémité	
To 7	Tombe bâtie « mycénienne » à dromos	B 22	quartier Sud Acropole	U 24
To 8	Tombe bâtie « mycénienne » à dromos	J 19	TOF Tour ouest, forteresse	I 3-4
To 13	Tombe bâtie, ville basse	C 20	TTE Tranchée dite « Terrasse Est » (1959)	H-I 27-30
To 31	Tombe bâtie, Acropole	J 18-19	Ug 22 Tablette cunéiforme ugaritique,	
To 36	Tombe bâtie, ville basse nord-est	B 24	alphabet 22 lettres	N-O 19
To 50	Tombe bâtie « mycénienne », nord-ouest Tell	F 8	VB Secteurs fouillés de la « ville basse » nord-est	A-F 18-26

Abb. 34 b. Vgl. auch Erläuterungen auf der linken Seite (a); eine neuere topgraphische
Skizze von M. Remisio gibt es in: RSO VI (1991)

1. *Stratigraphie*

Die Epoche, welcher die Raubgräber angehörten, heißt in der zuständigen Archäologie "persisch" und mündet in die "hellenistische" ein, so wie dies die Tabelle zeigt (Abb. 36 [414]). Dort ist zwischen 1185 und 550 v.Chr. eine Besiedlungslücke verzeichnet. Die Möglichkeiten, in die Tiefe zu graben, waren für die Plünderer auf die drei obersten bronzezeitlichen Schichten beschränkt ("Ugarit Recent" in Abb. 36). Streng horizontal verlaufende, säuberlich-schematisch dargestellte "Schichten" haben allerdings wenig mit der Ausgrabungswirklichkeit zu tun, sie entsprechen weder den "Bauphasen" (vgl. z.B. den Mauerauschnitt, Abb. 38b), noch der "Fußbodenabfolge", noch einem "Siedlungsraster" oder auch Veränderungen in der Straßenführung, am wenigsten historischen Abfolgen, weil sie am Grabungsbefund nicht ablesbar sind und allenfalls nachträglich rekonstruiert werden können. Es mag im Laufe der Geschichte da und dort in der Stadt gebrannt haben: Eine durchgehende wirkliche "Brandschicht" gibt es hingegen nicht.

Nach meinen Beobachtungen haben wir es mit einer (etwa 50 bis 100 cm) starken humosen Oberflächenschicht zu tun, die archäologisch wenig aussagt, zweitens gibt es darunter Füllschutt bis hinab zu den bronzezeitlichen Fußböden, deren Zahl allerdings — abhängig von Erneuerungen und Umbauten — zwischen zwei und einem Dutzend schwankt. Deshalb muß die Zählung von "versiegelten Schichten" und "Fußböden" — selbst in kurzem Abstand von Raum zu Raum bzw. Haus zu Haus — unterschiedlich ausfallen.

Da der hier vorgestellte Grabungsabschnitt am sanften, nach Süden abfallenden Hang der "Südakropolis" liegt (absolute Höhe: 31 m; Südende des Schnittes von 1961/63: 20 m; Gefälledifferenz: 11 m), schwemmen seit der Auflassung der Siedlung alljährliche Regengüsse Material von der Höhe ab. Auf diese Weise entstand die erwähnte humusreiche, braune Schicht. Sie enthält Fundstücke aus verschiedenen Epochen.

Spätestens von der römischen Kaiserzeit ab war die "Südakropolis" völlig unbesiedelt. Bei den eher ungewöhnlichen Oberflächenfunden handelt es sich um eine spätantike Kupfermünze (Fundstelle: über Raum C), um Scherben einer östlichen Terrasigellata-Gattung und mehrere frühbyzantinische, graue Keramikfragmente mit horizontaler Rippung (Fundstelle: über den Räumen A und I). Mittelalterliche Scherben von grüngelb glasierten Tellern fanden sich nur über dem Raum I und der Südgasse, ebendort lag auch eine türkische Tonpfeife.

Von besonderem Interesse sind phönikische und griechische Relikte, sie gehörten zu der bereits erwähnten archaischen Siedlung auf der "Südakropolis" (Abb. 51a). Es handelt sich — wie bei den bereits erwähnten Scherben in den "Störungen" — um Fragmente attisch-schwarzfiguriger und vereinzelt ostionischer Kera-

---

[414] Abb. 36 nach J.-Cl. Courtois, Ras Shamra, in: Supplement au Dictionnaire de la Bible IX, Faszikel 52/53, 1124-1295 Abb. 902. — Aus der sehr umfangreichen Literatur zur ägäischen Chronologie nenne ich an Neuerem: P. Warren-V. Hankey, Aegean Chronology (1989) und G. Walberg, Tell el Daba and Middle Minoan Chronology, in: Ägypten und Levante 2, 1991.

a

b

c

Abb. 35 a-c. Ras Schamra, Ausgrabungskampagnen 1961 und 1963, Erläuterungen s.
Anm. 410

mik, ferner um eine Bronzefibel. In einem Fall ist die Gefäßform, ein kleiner
Skyphos, zu erschließen. Die Fibel, am Punkt 3581 über der Treppe A (Plan, Abb.
37) ausgegraben, gehört einem in Nordsyrien zahlreich belegbaren Typus an [415].

Die archaischen, griechisch-phönikischen Funde — fünfzig Meter weiter
hügelaufwärts wurden zugehörige phönikische Inschriften des frühen 6. Jhs. v.Chr.
entdeckt — sind im Nordteil unseres Abschnitts konzentriert (hauptsächlich im
Bereich der Räume A und D). Relativ wenige Streufunde dieser Art enthielt die
Humusdecke über den Räumen G und H. Dort kam — 50 cm unter der Oberfläche
— ein hellenistisches Terrakottafragment minderer Qualität zutage, der Kopf eines
am Hals abgebrochenen Bärtigen.

Früh- und mittelbronzezeitliche Scherben sind nur ganz vereinzelt im Humus
der Oberfläche und im Schutt darunter beobachtet worden, während dort erwartungsgemäß spätbronzezeitliche Funde häufig waren: Beispielsweise bichrom
bemalte Scherben, auch kyprische "Basering"- und "Whiteslip"-Keramik (Abb. 41a-
e.h.j.k/n.l). Als sehr ungewöhnlich erwies sich das Vorkommen von mykenischer III
C-Keramik in geringer Menge. Ferner wurden einige Spinnwirtel aus Steatit und
Ton, Pfeilspitzen aus Bronze, sowie etwas Bronzedraht, Flint- und Obsidianklingen,
ferner Sichelsteine (Abb. 47d) sowie Mahlsteine, Gewichte und Lampenfragmente
geborgen. Auffallend häufig waren Schlackenstücke, die Hinweis auf metallurgische
Aktivitäten geben. Zu den interessanten Oberflächenfunden — mithin solchen aus
sekundärer Lagerung — zählten außerdem der Teil eines ägyptischen Alabastergefä-
ßes und Fragmente von mykenischen Tierterrakotten (Abb. 47b, ergänzt) und
weiblichen Idolen (wie Abb. 48; die dort wiedergegebenen Fragmente stammen
ausnahmslos aus größeren Tiefen). Zu ihrer chronologischen Einordnung ins 13. Jh.
v.Chr. vgl. Abbildung 49.

Weil ich wenigstens punktuell Einblicke in die Siedlungskontinuität gewinnen
wollte, grub ich hauptsächlich an zwei geeigneten Stellen bis in eine Tiefe von 5,40
m, gemessen ab der heutigen Oberfläche, hinab. Doch bevor ich darauf eingehe,
werde ich für die im Plan (Abb. 37) erkennbaren Räume Buchstaben von A bis P
einführen: A ist der Treppentrakt links oben im Plan, B der kleine Hof rechts
daneben, mit Ausgang zur Straße. Die Räume C und E schließen südlich an B an.
D liegt Wand an Wand südlich von A. Es folgt nach Süden hin der große Hof F,
an den im Plan nach unten die beiden Räume G und H anschließen. G ist nur zum
geringen Teil ausgegraben. Unter H liegt ein Grab mit drei Decksteinen. Die Räume
I und J folgen G und H im Plan nach unten und finden ihre ihre Begrenzung durch
die südliche West-Ost-Gasse. Weiter im Süden, jenseits dieser Gasse, haben wir es
mit dem Hof K und, im Plan rechts anschließend, mit den kleinen Räumen L und
M zu tun. Unser Plan endet vorläufig unten mit dem Hof N, welcher die bereits genannte Treppe aufweist (Abb. 38b, rechts), sowie mit den Raumeinheiten O und P.

---

[415] Fundnr. 24.212: L 4,1 cm, H 2 cm, glatter, knieförmig gebogener Bügel, Zierwulste an
beiden Enden, kleiner Nadelhalter, Nadel fehlt. Das Stück ist nicht von R. Stucky, Ras
Shamra/Leukos Limen (1983) erfaßt. Zu weiteren Fibeln aus Ras Schamra und ihrer Datierung (5./4. Jh. v.Chr.) s. dort 89ff. Nr. 30-68 Taf. 32. Zu der dort genannten Lit. vgl. weitere
Lit. bei H. Weippert, Fibel, in: K. Galling, Biblisches Reallexikon (2. Aufl., 1977) 82f.

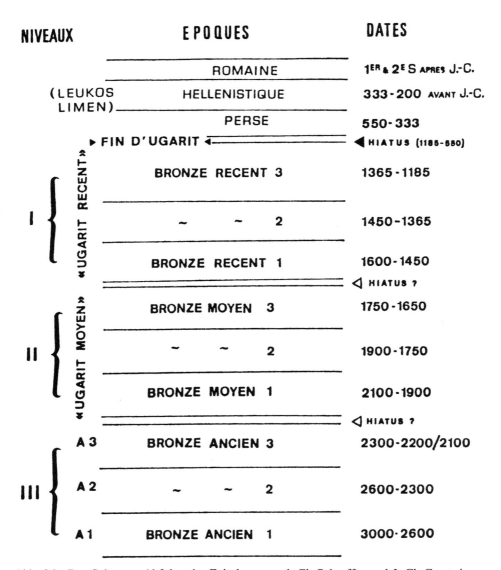

NIVEAUX	EPOQUES	DATES
	ROMAINE	1ER & 2E S APRES J.-C.
(LEUKOS LIMEN)	HELLENISTIQUE	333-200 AVANT J.-C.
	PERSE	550-333
FIN D'UGARIT		HIATUS (1185-550)
I « UGARIT RECENT »	BRONZE RECENT 3	1365-1185
	~ ~ 2	1450-1365
	BRONZE RECENT 1	1600-1450
		HIATUS ?
II « UGARIT MOYEN »	BRONZE MOYEN 3	1750-1650
	~ ~ 2	1900-1750
	BRONZE MOYEN 1	2100-1900
		HIATUS ?
III A 3	BRONZE ANCIEN 3	2300-2200/2100
A 2	~ ~ 2	2600-2300
A 1	BRONZE ANCIEN 1	3000-2600

Abb. 36. Ras Schamra, Abfolge der Zeitphasen nach Cl. Schaeffer und J.-Cl. Courtois

Grabungen bis in etwa 5,50 m Tiefe habe ich in C und F durchgeführt [416].

---

[416] Die 5,50 m-Marke entspricht an dieser Stelle keineswegs derjenigen in der Schnitt-zeichnung von einer der Tiefgrabungen von J.-Cl. Courtois und H. de Contenson, weil an der betreffenden Stelle die spätbronzezeitliche Besiedlung bereits so weit abgetragen war, daß der erste in die Tiefe gemessene Meter bereits in die Frühbronzezeit führt; vgl. "Sondage ouest, campagnes 1955-1960", in: Ras Shamra, Suppl. au Dictionnaire de la Bible IX, Fasc. 52/53, 1133/1134 Abb. 901.

Es wurde die Außenseite der Nordwand des Grabes in C-E (s. Plan, Abb. 37, bei Punkt 3626) in einer solchen Breite freigelegt, daß in den Schnittwänden "Profile" gut erkennbar wurden. Obschon der Bau eines Grabes bei Aushebung der Fundamentgrube Störungen der angeschnittenen Schichten verursachte, ließen sich im Nordteil von C stratigraphische Beobachtungen machen und daraus begrenzte chronologische Schlüsse ziehen: Unter zwei spätbronzezeitlichen Fußböden in 2,00 m und 2,30 m Tiefe befindet sich eine 95 cm starke einheitliche Ablagerung von graubrauner Farbe. Sie ist mit Steinen und Kalkstücken durchsetzt. In 3,25 m Tiefe folgt eine 20 bis 30 cm mächtige schwarzbraune, stark humushaltige Schicht, darunter wieder eine hellbraune, erdige von etwa 60 cm Mächtigkeit, die ihrerseits auf einer schwarzbraunen, mit organischen Stoffen angereicherten Ablagerung liegt. Letztere ist 30 cm stark. Ich habe noch etwa 10 cm in die nach unten anschließende Schicht hineingegraben und bei 4,50 m Tiefe diese Grabung abgebrochen. Fußbodenhorizonte sind in sämtlichen tiefen Schichten nicht festgestellt worden.

Es gab an dieser Stelle — vielleicht auf Grund der zu geringen Fläche der Grabung — keinen Hinweis auf Architektur, jedoch in der unmittelbar unter dem älteren der beiden Fußböden befindlichen mächtigen Schicht sehr viele, meist zerbrochene Tierknochen, Schlackenstücke, runde, vielleicht als Schleudersteine verwendete Kiesel (Dm 3,5 bis 4,5 cm), einen Mörserstößel und vor allem große Mengen grober Gebrauchskeramik. Viele Scherben zeigen Schwärzung durch Feuereinwirkung. Die feinere Keramik gehört vorwiegend den Phasen I und II der Spätbronzezeit an. In größeren Mengen waren in dieser Schichte Fragmente kyprischer "Basering"- und "Whiteslip I"-Keramik vertreten, außerdem einige bichrome Scherben der lokalen Spätbronzezeit I mit orangeroter oder leuchtend roter und kaffeebrauner Bemalung auf weißer oder hellgelber Grundierung (wie Abb. 43c und 44a [417]; zur Gattung vgl. 47c; 48a). Zu den seltenen "Irrläufern" an diesen Stellen gehörten ein "Spindlebottle"-Fragment und eine mykenische SH III A2-Scherbe. Ansonsten fehlten Vertreter der Zeitphase "Spätbronze III" hier völlig. Die Epoche "Mittelbronze" war schwach vertreten (z.B. mit Kannenhenkeln mit roten Horinzontalstreifen auf gelbem Tongrund und schräg gekerbten Schalenrändern, Abb. 43b). Nur sehr wenige frühbronzezeitliche Scherben kamen ebenfalls vor, z.B. drei Fragmente der Ḥirbet-Kerak-Keramik und Schalenbruchstücke einer handgemachten braunen Gattung mit Strichpolitur. Diese Mischung zeitbestimmender Keramik mit Anachronismen erklärt sich aus der Errichtung des Grabes während der Spätbronzezeit I und der damit verbundenen Störungen vorhandener älterer Ablagerungen.

Es sieht so aus, als sei die betreffende Stelle vor der Überbauung als Abfallplatz oder Viehferch genutzt worden.

Das schmale humushaltige Band unter der soeben beschriebenen Schicht war sehr fundarm. Die wenigen erfaßten Fragmente grober Gebrauchskeramik erlauben eine zeitliche Zuweisung nicht. Unmittelbar unter diesem kompakten Band folgte eine weitere Schicht von 60 cm Mächtigkeit. Sie hat reichere keramische Funde

---

[417] Dieses Fragment gehört zu den wenigen bisher aus diesem Abschnitt publizierten, s. J.-Cl. Courtois, Ugaritica VII (1978) 238f. Abb. 13,4.

Raumbezeichnungen:
Gasse

A   B

                      C

D   E

            F

G   H

I   J

        Gasse

                      L

K   M

        N

O   P

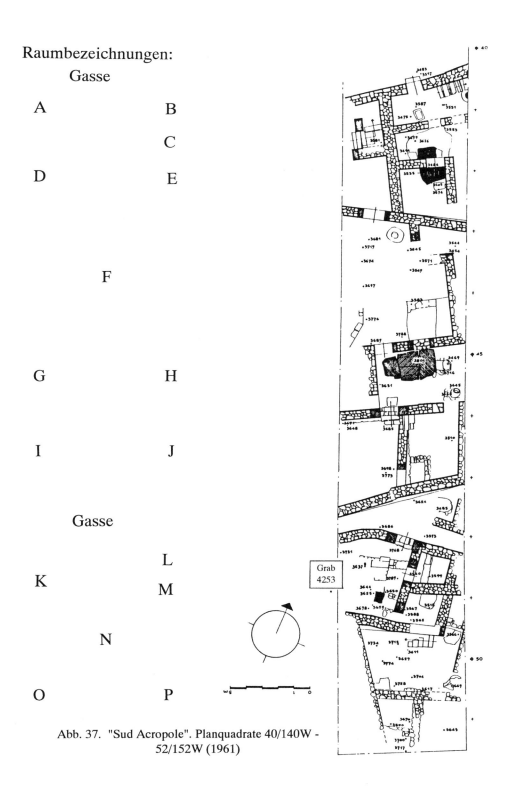

Grab
4253

Abb. 37. "Sud Acropole". Planquadrate 40/140W -
52/152W (1961)

ergeben: In ihr lag eine mittelbronzezeitliche Pithosbestattung (Punkt 3679). Spätbronzezeitliches fehlte hier völlig und auch frühbronzezeitliche Scherben — z.B.
Stücke mit Kammstrichmustern — traten kaum in Erscheinung. Die vorherrschende
Keramik der ersten Hälfte des 2. Jahrtausends ist mit Kannenfragmenten einer
schwarzen Politurgattung, ferner mit Kannen einer in lokaler Strichmanier kreuzweise bemalten Gattung und Kännchen der Art vertreten, die vertikale Wellenlinien
zwischen Strichgruppen zeigt. Scherben von größeren Vorratsgefäßen aus weiß-
grauem Ton mit horizontalen — geraden und gewellten — Parallelrillen kommen
hier ebenfalls vor. Die Gebrauchskeramik dieser Schicht weist verdickte, stark
unterschnittene Ränder auf. Hervorzuheben ist das Fragment eines dünnen, fein
gemagerten, klingend hart gebrannten, kaffeebraun zylindrischen Bechers (Dm 7
cm) mit weißer Mattmalerei. Es zeigt einen horizontalverlaufenden Dekor von
ineinandergehängten S-Schleifen. Schließlich erwähne ich ein importiertes Kännchen der kyprischen mittelbronzezeitlichen "Whitepainted" Gattung.

Die nur 30 cm starke Schicht unter der mittelbronzezeitlichen ähnelt in ihrer
schwarzbraunen Färbung wie auch in ihrer trennenden Funktion zwischen mächtige-
ren Schichten der bereits beschriebenen dunklen Ablagerung zwischen der mittleren
und der späten Bronzezeit. Auch in ihr fehlen charakteristische Funde. Es wurden
lediglich Knochenfragmente von Haustieren und sehr wenige Scherben grober
Gebrauchskeramik angetroffen.

In der nur noch angeschnittenen, vorerst tiefsten erreichten Schicht (in 4,40 bis
4,50 m Tiefe) fanden sich wiederum viele Keramikfragmente und Tierknochen. Für
diesen Horizont ist eine frühbronzezeitliche handgemachte Gattung mit Kamm- und
Besenstrichverzierung der Oberfläche bezeichnend. Häufig waren hier ferner
Schlüsselfragmente einer sehr feinen, ebenfalls handgemachten, klingend harten,
braunen Keramik mit Strichpolitur. Auch ein Bruchstück der Hirbet-Kerak-Ware
kam zutage. In dieser Schicht fand sich schließlich das Randfragment eines Gefäßes
einer örtlichen chalkolithischen grauen Gattung mit schwarzbrauner Bemalung auf
der Randlippe und an der Außenseite, dort mit flüchtigen horizontalen Wellenlinien.

Die Südostecke des Hofes F (s. Abb. 37, Plan) bot ebenfalls Raum für eine
Sondage. Dort grub ich in einem Quadrat von 2,60 m x 2,60 m bis in eine Tiefe
von 5,40 m hinab. Zwischen 1,90 m und 2,50 m waren hier übereinander drei
Haupterneuerungen des Hofestrichs von je 10 cm Stärke und ein gutes Dutzend
immer wieder erfolgter Glättungen durch Aufbringung jeweils dünnerer Estrich-
schichten feststellbar. Zwischen ihnen, jedenfalls über dem untersten Boden, war
kyprische "Basering I"-Keramik neben älteren Relikten "versiegelt" anzutreffen.
Unter den Estrichböden traf ich auf eine etwa 80 cm starke "Kulturschicht", welche
derjenigen in C — dort unmittelbar unter den beiden Fußböden gelegen — entsprach. Der Befund von C wurde in F teilweise dadurch bestätigt, daß eine von
Nordost nach Südwest verlaufende Steinlage in 3,30 m Tiefe bei Punkt 3583 zu
einer kompakten, 20 cm hohen, ebenfalls nach Süden abgesenkten Trennschicht
gehört. Sie dürfte der Rest einer Mauer sein, die anders orientiert war, als es die
spätbronzezeitlichen Mauerzüge sind. Im Profil hebt sich diese Schicht als humus-
reicher, schwarzbrauner Streifen ab. Der Höhe nach entspricht er dem Niveau der
Decksteine des Grabes im benachbarten Raum H und trennt die spätbronzezeitlichen Befunde von den tieferen mittelbronzezeitlichen.

a

b

Abb. 38 a.b. Fundstellen 3699 in den Planquadraten 149/150W - 249/250W (a) und 3611
in 50 (b), bei Grab 4253 im Plan Abb. 34

Diese untere, etwa 80 cm mächtige, aus brauner Erde bestehende Ablagerung ist mit großen Feldsteinen, kleinen Kieseln und Kalkstücken durchsetzt. Sie enthält zahlreiche Haustierknochen, Muscheln, Flintklingen, Reib- oder Mühlsteine und aus Scherben zurechtgeschlagene runde Spielmarken. Spätbronzezeitliche Funde wurden nicht angetroffen. Die vertretene Keramik ist in der Mehrheit mittelbronzezeitlich, teilweise bemalt oder auch unbemalt, weißgrau, mit eingetieften, horizontalen Wellenbändern verziert. Besonders erwähnenswert ist eine seltene mausgraue, ohne Scheibe hergestellte Gattung, die an den Übergang von der frühen zur mittleren Bronzezeit gehört (Abb. 43a). Es handelt sich um Fragmente hoher, steilwandiger Becher, manchmal mit einem in die Mündung einbindenden Wulsthenkel, manchmal mit kleiner spitzer Randtülle. Der Ton ist sehr glimmerreich und enthält etwas Graphit. Eine Untersuchung ergab: "Die Rauchung ist nicht entfernt so gut gelungen wie in der thessalischen neolithischen Keramik. Der Kohlenstoff ist in der Oberfläche gegenüber dem Scherbeninneren nur um einen Faktor 3 angereichert; daher der nur graue Farbton" [418]. Der in dieser Schicht auftretende Anteil an frühbronzezeitlichen Gattungen war gering: Es fanden sich beispielsweise mehrere Scherben einer handgemachten groben Art, die im Bruch grau, an der Innenseite rot erscheint und außen einen weißgrauen Überzug mit regelmäßigem Kamm-Muster trägt, ferner eine Scherbe der Ḥirbet-Kerak-Keramik.

Ein kompakter, dunkler Trennhorizont von nicht mehr als zehn bis zwölf Zentimetern Stärke isoliert die beschriebenen mittelbronzezeitlichen Ablagerungen von Älterem. Er muß als frühbronzezeitlich angesehen werden: Häufig ist Keramik mit kammverzierter Oberfläche. Gelegentlich tritt zum kleingliedrigen Kamm-Muster eine braune vertikale Streifenbemalung. Es handelt sich um eine am Ende der Frühbronzezeit aufkommende Zierweise. Scherben von handgemachten braunen Schalen, innen und außen mit Strichpolitur, weisen ebenso in diese Periode, wie eine vereinzelte Scherbe der Ḥirbet-Kerak-Gattung. Ferner tritt hier eine grobe, unverzierte Gattung mit Häckselmagerung auf. Unter den Funden dieser Schicht gab es einen geringen Prozentsatz an Mittelbronze-Material, darunter das Fragment einer tönernen, sehr hart gebrannten Tierplastik.

Unter dem schmalen frühbronzezeitlichen Band fand sich eine ältere, gut abgegrenzte, 1,10 m starke humusreiche Schicht von schwarzbrauner Färbung. Sie erwies sich als wenig fundreich. Eine Analyse der dort angetroffenen Keramik kann so wenig vorgelegt werden wie derjenigen aus einer in 5,40 m beginnenden, bisher tiefsten erreichten, aus gelbem fundarmen Sand bestehenden Schicht.

---

[418] Prof. W. Noll/Leverkusen, Brief vom 3.4.1977. Ostanatolien hatte keramisch bereits zuvor auf Nordsyrien eingewirkt, s. I.A. Todd, Anatolia and the Khirbet Kerak Problem, in: Orient and Occident. Essays presented to C.H. Gordon on the Occasion of his 65th Birthday (1973) 181ff.

2. *Bauten*

Vor dem über dreißig Meter hohen Tell ist weit weniger als die Hälfte ausgegraben, genauer gesagt: an der Oberfläche angeschnitten worden. Denn in Tiefgrabungen wurden bis zum gewachsenen Boden hinunter lediglich in Prozenten nicht mehr ausdrückbare winzige Flächen erreicht. In der spätbronzezeitlichen Topographie fehlt beispielsweise die genauere Kenntnis der Befestigungen und Tore mit den landseitigen Ausfallstraßen im Süden und Osten der Siedlung.

In der 200 m langen Nordsüdgrabung am Hang der Südakropolis sind in derselben Richtung führende Hauptstraßen nicht erfaßt, in meinem Abschnitt wohl aber zwei westöstlich verlaufende Straßen oder Gassen. Ihre Breite schwankt zwischen einem Meter und 2,50 m. Ihr Abstand von einander beträgt rund dreißig Meter, woraus sich die Größe mehrstöckiger Komplexe vom ugaritischen Hofhaustypus ergibt [419].

Das Schwellenniveau der beiden einzigen in unserem Abschnitt vorkommenden Hausportale (Abb. 37, B und K) muß dem Niveau der entsprechenden Gassen während der gesamten Benutzungszeit entsprochen haben. Sie weisen Durchlaßbreiten von einem Meter bis 1,20 m auf. Breiter ist nur die Tür zwischen Raum D und Hof F, sie mißt 1,40 m. Die übrigen Türen sind durchschnittlich 1 m breit. Der schmalste Durchlaß (etwa 60 cm) liegt zwischen Hof K und der Kammer M. Steinerne Schwellen sind die Regel, in einigen Fällen fehlen sie, so zwischen K und M sowie zwischen H und J. Dem Portal des Hofes B ist eine in die Gasse hineinragende Stufe vorgelagert.

Türöffnungen sind fast immer von mächtigen, glatt gearbeiteten, aufrechtstehenden Blöcken flankiert. Die größten rahmen die Tür D-F. Orthostaten fehlen am Portal des Hofes B, an der Tür zwischen den Räumen C und E sowie zwischen H und J. Bei Durchgängen an der Ecke eines Raumes genügte der Einbau eines einzigen Orthostaten in die durchbrochene Wand, vgl. Türen zwischen F und H, zwischen I und J und den Durchlaß zwischen K und M. Die Nordwand des Raumes H zeigt östlich der genannten Tür zwei vermauerte Orthostaten im Abstand der üblichen Türbreiten. Hier ist demnach ein älterer Durchgang geschlossen worden.

Man betrat die Häuser von den Gassen her über einen Hof (beispielsweise B oder K). Form und Größe solcher Höfe sind sehr unterschiedlich. Hof B ist querrechteckig, zwei Meter breit und etwa fünf Meter lang. Der westliche Teil des Hofes F steckt noch in der Erde. Freigelegt ist ein unregelmäßiges Viereck von 7 x 7,80 m. Es muß als das Zentrum eines bedeutenden Hauses angesehen werden. Hof K, ebenfalls noch nicht vollständig ausgegraben, weist ungefähr quadratische Form auf (5 x 5 m). Diese Höfe haben nicht unbeträchtliche Störungen erfahren, so

---

[419] Vgl. M. Yon und Mitarbeiter, Le Centre de la Ville Ras Shamra-Ougarit III (1985) 6 und 12: Übersichtspläne; Detailpläne: S. 14 Abb. 2, S. 28 Abb. 11, S. 62 Abb. 41, S. 90 Abb. 69, S. 111ff. Abb. 89ff.; Rekonstruktionszeichnungen: S. 124ff.; Gesamtplan: nach S. 128; s. auch meine Rezension in: ZfA 83, 1993, 293ff. — Ältere Voraussetzungen in: R. Eichmann, Aspekte prähistorischer Grundrißgestaltung in Vorderasien (Baghdader Forschungen 12, 1991); weitere Lit. bei H. Rösel, Haus, in: K. Galling, Biblisches Reallexikon (2. Aufl., 1977) 138ff.

daß vom Bodenbelag gewöhnlich nur bescheidene Reste blieben. Hof B, in jeder
Beziehung der am besten erhaltene, weist im Westteil die originale spätbronzezeitliche Kopfsteinpflasterung auf. In situ steht auf dem Pflaster ein rechteckiges, grob
ausgehauenes Steinbecken. Darauf fällt bei Eintritt durch das Hauptportal der Blick.
Links neben dem Eingang lehnt sich an die Innenseite der Nordwand des Hofes
eine Steintreppe, die zum oberen Stockwerk führte. Am östlichen Hofrand, neben
der Treppe, befindet sich der Brunnen des Hauses. Er entspricht einem ähnlichen
Brunnen in der Nordostecke des Hofes F.

Beide Brunnenanlagen sind rund. Die zylindrischen Schächte sind aus kopf-
großen Bruchsteinen ohne Bindemittel sorgfältig geschichtet. Den Rand bildet ein
aus einem Stück bestehender Steinring mit einer Öffnung von 40 cm Durchmesser.
In Hof B hat er die Höhe einer Treppenstufe und überragte den Fußboden um etwa
40 cm. Der obere Abschlußstein des Brunnens in Hof F ist bei gleichem Öffnungs-
durchmesser wesentlich größer, außen unregelmäßig rund, etwa 1,10 m breit, 40 cm
hoch und gestuft. Beide Brunnen sind noch nicht gereinigt, deshalb kennen wir ihre
Tiefe nicht. Der Brunnen in Hof F war nicht abgedeckt und bis zum Rand mit
Schutt gefüllt. Den Brunnen des Hofes B schützten zwei Steinplatten. Bis zu einer
Tiefe von etwa fünf Metern ist er leer.

In der Südwestecke des Raumes E fanden sich Reste einer senkrecht verlaufen-
den Rohrleitung. Erhalten sind zwei ineinandergesteckte zylindrische Tonröhren mit
einem Durchmesser von 20 cm, sowie Fragmente weiterer zugehöriger Leitungs-
elemente. An ihrem oberen Ende ist eine Henkelöse zum Festbinden angebracht. Es
handelt sich um eine Abflußleitung aus einem höheren Stockwerk [420].

Auf Hof N, unmittelbar südlich der obersten Treppenstufe (Abb. 38b, im Bild
bereits beseitigt; Punkt 3611) wurde ein aus Lehm bienenkorbartig aufgesetzter
Ofen in situ beobachtet (Dm etwa 60 cm, H etwa 80 bis 90 cm). Fragmente solcher
Öfen fanden sich außerdem in der südlichen Gasse und auf dem Hof F. In die
Gasse sind sie mit dem Füllschutt gelangt. Wahrscheinlich hatten Backöfen dieser
Art ihren Standort wegen des Rauchabzugs stets im offenen Hof. Eine zum Kochen
geeignete Brennstelle befand sich auf dem Hof F bei dem beschriebenen Brunnen.
Es handelt sich um eine flache, quadratische Steinplatte (etwa 50 x 50 cm), deren
Oberseite vom Brand geschwärzt ist [421]. Auf und neben ihr zeigen die Ablage-
rungen eine starke Vermengung mit Holzkohle. Im nahen Umkreis ist der Lehmbo-
den rot gebrannt. Keramikscherben dieses Bereichs weisen zweifache Brennung auf.
Unter den keramischen Funden kommen "Kohlebecken" und rechteckige, siebartig
durchlochte Tonplatten auf vier Füßen vor. Sie werden der Erhitzung von Wasser,
außerdem zur Erwärmung von Räumen gedient haben.

In unserem Grabungsabschnitt gibt es mindestens drei Treppen — in A (Abb.
8b.c), im Hof B und Raum N, vielleicht eine im Innenhof (Abb. 38b) —, die zu

---

[420] Vgl. zur Wasserversorgung Ugarits eine Studie von Y. Calvet und B. Geyer, in: M. Yon
a.O. (s. die vorige Anm.) 129ff. Die Beobachtungen reichen von der Lage und Beschaffenheit von Brunnen, der Art und Führung von Wasserleitungen sowie Abwasserrinnen, dem
Vorhandensein von Sammel- und Schöpfbecken bis hin zu den Kanalisationssystemen.

[421] Zu ähnlichen Feuerstellen vgl. M. Kellermann, Herd, in: K. Galling, Biblisches Reallexikon (2. Aufl., 1977) 146f.

Abb. 39 a-e. Basaltmörser mit vier Füßen (a.b) mit Öffnung nach unten über der Tür des Grabes in 149/249W. — c Eingang eines im Altertum beraubten Grabes im Planquadrat 46/146W, im Hintergrund (Punkt 3645) Pithos mit der Bestattung eines Kleinkindes. — d.e Funde bei Punkt 3699

nicht erhaltenen Obergeschossen hinaufführten. Die letzten beiden sind in den Maßen und in der Konstruktion sehr ähnlich und jeweils einseitig an eine Wand gelehnt. Die Stufen bestehen aus sorgfältig geglätteten Quadern von etwa 40 x 90 cm Trittfläche. Der Steigungswinkel ist bei den beiden Treppen in B und N gleich. A gehörte indessen zu einem prächtigeren Haus und zeigt — wie oben bereits ausgeführt — eine aufwendigere Konstruktion (dazu weiteres unten). In Hof B sind die Stufen — anscheinend durch Erschütterung (Erdbeben: vgl. Abb. 38b) — verrutscht und verkantet. Die Konstruktion ist aber nicht in sich zusammengefallen. Die nicht vollständig erhaltene Treppe in N befindet sich in situ. Teile der jetzigen beiden oberen Stufen sind — wie oben bereits bemerkt — herausgemeißelt und entfernt worden. Es handelt sich um eine Beschädigung durch Grabräuber, die im ursächlichen Zusammenhang mit der Entfernung eines 1,70 m langen Stückes der Nordmauer von Raum N steht.

Mitten im Hof K liegen mehrere sorgfältig bearbeitete Steinquader in Form und Größe von Treppenstufen. Hier sind erhebliche Schichtenstörungen beobachtet worden. Der ursprüngliche Verlauf der Treppe, zu der sie gehörten, läßt sich deshalb vorerst nicht feststellen.

Der Niveauausgleich zwischen den Räumen H und I durch vier Treppenstufen muß im Zusammenhang mit der Höherlegung der Fußböden in I und J, also mit einer nachträglichen Umbaumaßnahme, gesehen werden. Diese Treppe erreicht nämlich nicht nur das Schwellenniveau der Tür zwischen H und I, sondern übersteigt es um zwei weitere Stufen, bildet dann eine Kehre nach links und setzt sich in den beiden auf der Trennmauer zwischen I und J aufliegenden Stufen fort.

Einen massiven, turmartigen Treppentrakt benötigte man bei einer Aufstockung von mehr als einem Obergeschoß. Eine derartige Treppenanlage liegt in A vor (Abb. 8b.c [422]). Der Baubefund dürfte mit dem westlich anschließenden, noch nicht ausgegrabenen Teil klarer werden. Es handelt sich um eine massive Konstruktion mit Wandstärken von 70 cm, zur Gasse hin aus großen, regelmäßigen Quadern bestehend. Die Nordwand bildet mit der Häuserfront eine Flucht. Die Innenmaße dieses Treppenturms betragen etwa 3 m im Quadrat. Erhalten sind vier Stufen des untersten nach Osten führenden Aufstiegs. Auf der linken Kante der obersten Stufe liegt, rechtwinklig zu dieser, die einzige noch vorhandene Stufe des nächsten, nach links gewendeten Treppenzuges auf. Von dem daran anschließenden, abermals nach links in Gegenrichtung zum ersten Treppenteil geführten dritten Zug ist nur noch der Unterbau vorhanden, die Stufen fehlen. Da sich zwei weitere Steinstufen in Sturzlage am westlichen Grabungsrand neben der untersten jetzt noch in situ liegenden Stufe befinden, müssen sie von der vierten, wahrscheinlich fünften Treppenkehre stammen. Bei einer durchschnittlichen Stufenhöhe von 40 cm ergibt sich unter Annahme von vier Kehren eine Gesamthöhe von 6,40 m, von 8 m aber, wenn fünf Kehren zugrundegelegt werden [423].

---

[422] Vgl. oben Anm. 100.

[423] Vgl. die Lit. oben in Anm. 419. Über Stiegenhäuser in Alalach und Knossos knapp zusammenfassend: F. Schachermeyr, Anzeiger für die Altertumswissenschaft 10, 1957, 117 sowie G.E. Wright, Biblische Archäologie (1958) 185f. (obere Stockwerke wurden meist aus leichteren Ziegeln errichtet).

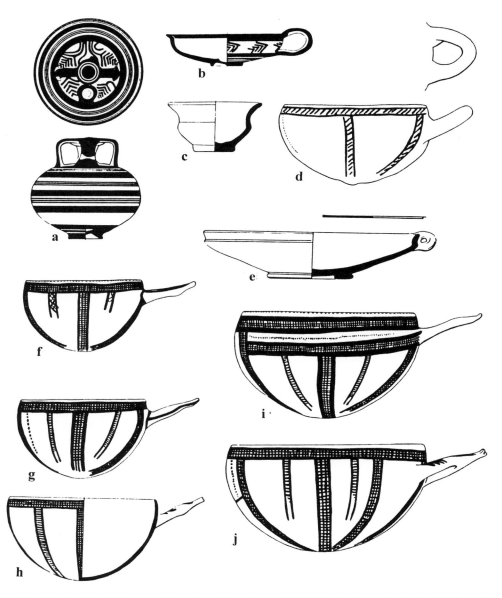

Abb. 40 a-j. Ras Schamra: Repräsentative Auswahl lokaler (c.e), mykenischer (a.b) und
kyprischer (d.f-j) Keramik aus dem Grab 4253 in den Planquadraten 149/249W

Abb. 40 k. Randfragment eines mykenischen Trichterrhytons (SH III A 2), Ras Schamra -
Südakropolis (345 West / 1963)

150

3. *Grabanlagen, Bestattungen*

Da in Ras Schamra jedes Privathaus sein Familiengrab [424] besaß, spricht die Verteilung der Gräber in unserem Abschnitt für die vorgeschlagene Definition von Höfen und Wohneinheiten. In der Raumgruppe B-C-E befindet sich, wie bereits erwähnt, ein Grab unter C-E. Das Grab des Komplexes F bis J liegt unter H. Zu den Räumen K-L-M gehört ein Grab unter K, von dem der Plan (Abb. 37) Teil eines Decksteins in Schraffur wiedergibt. Schließlich liegt an der Westwand des Hofraumes N ein Grab, das noch nicht im Plan eingezeichnet ist. Die Oberseite der Decksteine ist auf 3,30 m Tiefe eingemessen worden.

Die Störungen, die auf S. 130ff. beschrieben wurden, galten solchen Grabanlagen. Im Schnitt der "Südakropolis" existiert kaum ein Grab, das nicht ausgeraubt worden wäre.

In den Jahren 1961 und 1963 wurden drei der genannten Gräber in H, K und N untersucht: Das ausgeplünderte Grab in H ist ostwestlich orientiert, der Eingang liegt an der östlichen Schmalseite. Die Wände sind aus flachen Bruchsteinen ohne Bindemittel geschichtet. Das Grab ist mit drei etwa 30 cm dicken Steinplatten abgedeckt. Die langrechteckige Kammer mißt 1,30 x 2,80 m, der Dromos 0,70 x 1,30 m. Die innere Höhe der Kammer beträgt 1,40 m, die Höhe des Dromos etwa 1,00 m. Das Bodenniveau liegt 5,20 m unter der jetzigen Oberfläche.

Die Tür besteht aus einer unregelmäßig behauenen Steinplatte mit einem "Seelenloch" [425]. Raubgräber sind auf "normalem" Weg in die Kammer gelangt, sie haben den Türstein schräg nach Osten weggedrückt und die Keramik achtlos beiseite gestoßen und zum Teil zerstört. Nach den Funden reichte die Belegung bis ans Ende der Spätbronzezeit. Es kann auf eine Benutzung von mindestens dreihundert Jahren geschlossen werden. Zahlreiche mittelbronzezeitliche Scherben mögen aus Schichten stammen, die schon bei Anlage des Grabes gestört wurden. Die reguläre Belegung setzte in der Phase "Spätbronze I" ein.

Zu dem ebenfalls geplünderten Grab in K vgl. oben S. 133 und Abbildung 38a sowie 39d und e.

Das einzige in den fünfziger und frühen sechziger Jahren entdeckte, unberührte Grab war das in N (Abb. 37, Punkt 4253; Abb. 43e: freigelegte Deckplatten; den Einstieg an der Schmalseite hatte ich während der Grabungsarbeiten mit Holz ausfüttern lassen) [426]. Die Anlage war ebenso wie Grab H in "megalithischer"

---

[424] Zur Sitte der Bestattung im Hause vgl. S. Eitrem, Hermes und die Toten, in: Christiana Videnskabs-Selkabs Forhandlingar 1909, Nr. 5, S. 4ff.; zu Hausgräbern in Nordsyrien: E. Strommenger, Grabformen und Bestattungssitten im Zweistromland und in Syrien von der Vorgeschichte bis zur Mitte des 1. Jts. v.Chr., ungedr. Diss. Berlin 1954; weitere Lit. bei A. Kuschke, Grab, in: K. Galling, Biblisches Reallexikon (2. Aufl., 1977) 122ff.

[425] Zum "Seelenloch" u.a. A. Körte, Gordion, 5. Ergänzungsheft zum JdI (1904) 122 und ders., AM 24, 1899, 29.

[426] Grab 4253 (an den Beginn des 13. Jhs. v.Chr. gehörig) ist leider bis heute unpubliziert. Ich kontrollierte die Ausgrabung bis nach der Öffnung der Tür; dann übernahm Cl. Schaeffer persönlich die Kontrolle. Nur einen Teil der Keramik, den dankenswerter Weise Frau Liliane

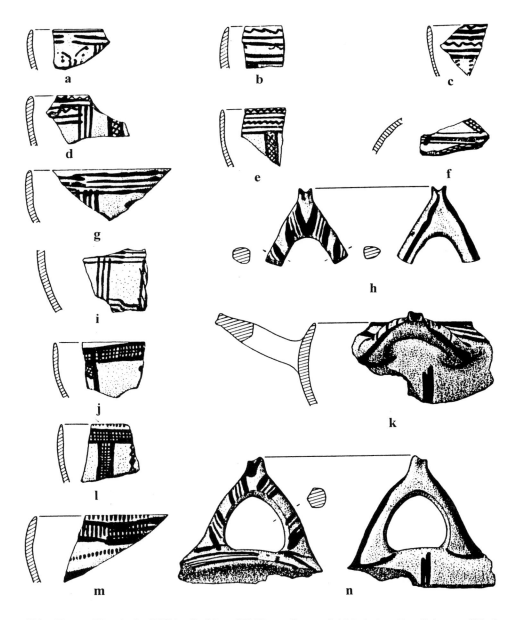

Abb. 41 a-n. Kyprische "Whiteslip" I und II-Keramik: a-e.h.j.k/n.l Aus Ras Schamra ("Sud Acropole", glimmerhaltiger Ton). — f.i Aus Tamassos/Zypern (Lambertis-Nekropole). — g.m Aus Enkomi/Zypern

Bauweise ausgeführt und von Süd nach Nord orientiert. Der Eingang befand sich an der südlichen Schmalseite; der Türstein verschloß den Zugang zur Kammer, so wie er hier nach der letzten erfolgten Totenbestattung hingestellt worden war. Auf seiner linken Ecke lag mit der Mündung nach unten eine kleine basaltene Reibschüssel mit vier kurzen Füßen (Abb. 39a.b [427]). In ihr gab es Spuren rötlichgelben Ockers. Zu den abschließenden Handlungen beim Bestattungszeremoniell hat demnach Ocker gehört, sei es, daß man den Toten oder gewisse Gegenstände oder Steine des Grabes bestrich. Dieser Brauch verbindet Ras Schamra mit Mykene, wo im Gräberrund B/Grab Gamma rotgelber Ocker entdeckt worden ist, s. M. Sakellariou, in: Φίλια ἔπη εἰς Γ.Ε. Μυλωνᾶν III (1989) 15ff. Farbreste und Reibschüssel hatten beim Grabe zu bleiben, durften keiner weiteren Verwendung in der Welt der Lebenden zugeführt werden.

Für jede Beerdigung in einem solchen Familiengrab mußte der Fußboden erneut aufgerissen und vor dem Türstein so weit aufgegraben werden, bis dieser sich bewegen ließ. Nach vollzogenem Ritual erfolgten die Schließung, Wiedereinfüllung der Erde und dann auch die Glättung und Benutzung des Bodens. In der Füllmasse vor dem Türsturz wurden demnach "archäologische Objekte" hin- und herbewegt. Ich erinnere mich beispielsweise an dieser Stelle an ein dreiseitig geschliffenes ägyptisches Steingewicht mit eingetiefter Pharaonenkartusche, weiterhin an Scherben der kyprischen keramischen Gattung "Red-on-Black" und an einen großen bronzenen Angelhaken zum Fangen von Hochseefischen (Länge 9 cm).

Die Leichen — ihre Anzahl ist mir unbekannt (s. Anm. 426) — lagen gestreckt mit dem Kopf im Osten. Knochen früherer Bestattungen waren an der Westwand zusammengebracht. Über die Situation der Beigaben mögen Cl. Schaeffers Notizen Auskunft geben. Ich erinnere mich daran, daß Bronzewaffen (Dolche, Speere) aus den Ritzen zwischen den Decksteinen und aus der Wand ragten (Abb. 43d).

Die Zahl der Objekte in diesem Grabe ist mir ebenfalls unbekannt. Allein die von Liliane Courtois gezeichneten Tongefäße (z.B. Abb. 70a-j) [428] beziffern sich auf 77 Vasen und zwei Lampen. Vorerst bleiben zahlreiche Steingefäße, dabei prächtige ägyptische Alabasterarbeiten, bronzene Waffen und Geräte, Körperschmuck, sowie Beigaben aus Elfenbein unpubliziert.

Courtois gezeichnet hatte, ließ er durch diese veröffentlichen: Ugaritica VI (1969) 121ff. Unsere Abb. 40 beruht auf S. 128 Abb. 6; danach H.-G. Buchholz, AA 1974, 405 Abb. 61a-j. Cl. Schaeffer ist kurz auf dieses Grab eingegangen in: AfO 21, 1966, 132f. Abb. 13-16 (nach diesen Archivbildern unsere Abb. 43d und e). — Intakte Gräber sind äußerst selten, s. N. Saliby, Une Tombe d'Ugarit découverte fortuitement en 1970, in: Collogue International des Etudes Ugaritiques, Lattaquié, 1979 (Annales Archéologiques Arabes Syriennes 29/30, 1979-1980, 105ff.).

[427] H.-G. Buchholz, Steinerne Dreifußschalen des ägäischen Kulturkreises und ihre Beziehungen zum Osten, in: JdI 78, 1963, 1ff. 25 Abb. 11e-f; S. 28ff. Kat.-Nr. C 154-158 Abb. 12a-e; 13m (weitere Stücke aus Ras Schamra). — Zum Brauch, Gefäße umgekehrt zu deponieren s. P. Åström, Inverted Vases in Old World Religion, in: JPR 1, 1987, 7ff.; 3/4, 1990, 52; 8, 1994, 77. — Über die Bedeutung des Ockers als "Farbe des Lebens" seit dem Paläolithikum existiert eine umfangreiche prähistorische Literatur.

[428] Vgl. oben Anm. 426.

Abb. 42 a-e. Kyprische "Basering"-Fläschchen aus Ras Schamra ("Sud Acropole"), ledrig-
braun mit plastischen Rippen (a.b.e) und matt-weißer Strichbemalung (c.d)

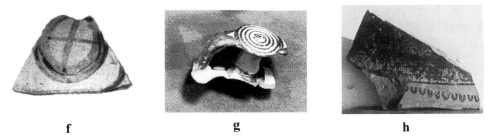

Abb. 42 f-h. SH III A/B-Fragmente aus Ras Schamra (1961)

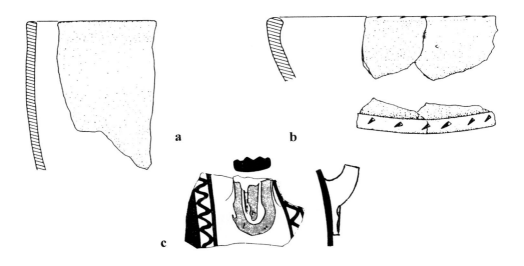

a   b

c

Abb. 43 a-c. Gefäßfragmente aus Ras Schamra ("Sud Acropole"): a Randfragment eines ohne Drehscheibe geformten, steilwandigen Topfes; mausgrauer, graphithaltiger Ton (RS 1961). — b Aneinander passende Fragmente einer auf der Scheibe gedrehten, ockerfarbigen Schüssel mit nach innen verbreitertem Rand, auf dem sich als Dekor tiefe Keileinstiche befinden (RS 1961/63). — c Henkelansatz eines in matten Farben schwarz und rot bemalten, bichromen Kraters aus dem Planquadrat 44/1961, in 3 Metern Tiefe (s. Abb. 44 a)

d   e

Abb. 43d und e. Ras Schamra, Hausgrab in Megalith-Bauweise, Punkt 4253/N: Blick von oben auf Deckplatten und den Einstieg im Süden (e), Detail im Inneren (d)

a

b

c

d   e

Abb. 44 a-e. Gefäßfragmente aus Ras Schamra ("Sud Acropole"): a Bichromes Kraterfragment (s. Abb. 43 c). — b Fragmente eines mykenischen Kraters mit Wagenszenen
(SH III A/B, aus Planquadrat 52/1961, Punkt 3643 (s. Plan, Abb. 37). — c Kleiner, ei-
förmiger Henkelkrug mit geschabtem spitz auslaufenden Unterteil ("shaved ware", RS
1961). — d.e Inv.-Nr. 24.612: Kleine, tongrundige Fußschale und Imitation einer kyprischen "Basering"-Schale mit "Wishbone"-Henkel

Unter den einheimischen Gefäßtypen gab es "kanaanäische Pithoi" (zur Gattung vgl. Abb. 19e.h; 20a-f), einige Kannen, viele Schalen und Schüsseln, dabei zahlreiche mit niedrigem oder hohem, konischem Fuß (wie Abb. 44d). Auffallend war die relativ große Anzahl importierter rotbraunpolierter "Spindlebottles" (zur Gattung vgl. Abb. 74g; neun Exemplare allein in diesem einen Grab [429]) und fünf kyprischer halbkugeliger Schalen vom Typus "Whiteslip II" (Abb. 40f-j), dreizehn kyprischer Flaschen der Gattung "Basering I und II" (wie Abb. 42a-e) sowie von fünf "Basering"-Tassen [430].

Die mykenische Keramik ist in diesem Grabe mit zwei Stücken des 13. Jhs. v.Chr. vertreten, einer Bügelkanne und einer Tasse (Abb. 40a.b). Das Interesse an fremder Töpferware war so groß, daß kyprische "Whiteslip"- und "Basering"-Schalen lokal imitiert wurden (Abb. 40d und 44e).

Die Menge des Importierten — 34 von 77 Gefäßen — ist so beeindruckend, der kyprische Anteil so groß, daß manche Gräber im kyprischen Enkomi kein wesentlich anderes Bild ergeben. Kyprisches "Whiteslip" ist in Ras Schamra den Funden aus Tamassos oder Enkomi häufig so ähnlich (Abb. 41a-h), daß nicht selten an "Werkstattgleichheit" gedacht werden darf.

Außerhalb der beschriebenen Familiengräber gab es Bestattungen in Großgefäßen [431]: Punkt 3679 (Abb. 37, Plan) im Nordostteil von C gibt die Fundstelle einer Embryobeisetzung an. Das Gefäß lag in 3,50 m Tiefe auf der Seite mit der Mündung nach Westen. Es handelte sich um einen schlanken, ovoïden Gebrauchspithos vom Typ der mittelbronzezeitlichen grauweißen Ware mit umlaufendem sechsstreifig gekämmten Wellenband auf der Schulter. Mündung und Henkel fehlen;

---

[429] Liliane Coutois a.O. 133 Abb. 9a-i. — Der Ursprung dieser Gattung ist umstritten. Sie ahmt zweifellos Metallgefäße nach: Im Hecht-Museum der Universität Haifa gibt es etwa 14 "Spindlebottles" aus Bronze. Unlängst wurde den tönernen Kopien ein kyprischer Ursprung gegeben, s. K. Eriksson, Red Lustrous Wheelmade Ware, a Product of Late Bronze Age Cyprus, in: J.A. Barlow-D.L. Bolger-B. Kling, Cypriot Ceramics (1991) 81ff.

[430] Courtois a.O. 130f. Abb. 7a-n; 8a-d.

[431] Pithosbestattungen sind in Syrien-Palästina mehrfach bezeugt, z.B. H. von der Osten, Svenska Syrien Expedition 1952/53 (1956) 42f. 49. 78; H. Hirsch, AfO 21, 1966, 198 (mittelbronzeztl. Kindesbestattung in einem Gefäß unter dem Fußboden eines Hauses in Tell Taannek). Bekannter sind sie in Kleinasien: T. Özgüç, Bestattungsbräuche im vorgeschichtlichen Anatolien, Veröffentlichung der Univ. Ankara 14, wissenschaftl. Reihe 5, 1948; vgl. auch K. Bittel, Prähistorische Forschung in Kleinasien (1934) 29 (Embryobestattung); allgemein: H. Sauer, RE, Suppl. IX (1962) 828ff. s.v. Pithos. — Hermes zaubert Seelen aus einem Pithos, Lekythos in Jena, s. J. Harrison, JHS 20, 1900, 99ff. Abb. 1; M.P. Nilsson, Geschichte der griechischen Religion I, 563 mit Taf. 33,3.4.

Erläuterungen zu Abb. 45 a-d auf der gegenüberliegenden Seite: a Kugelfläschchen mit Standbasis, wahrscheinlich aus Zypern, im Schloß Eisenbach bei Lauterbach/Hessen, Slg. v. Gilsa. — b.c Nach einer Scherbe aus Ras Schamra ("Sud Acropole", 150 Ost, - 2,40 m) ergänztes Kugelfläschchen wie a und Abb. 46 a.b — d Rekonstruktionszeichnung des Dekors einer großen Feldflasche aus Ras Schamra (Planquadrate 140 West und 143 Ost,
- 2,50 m)

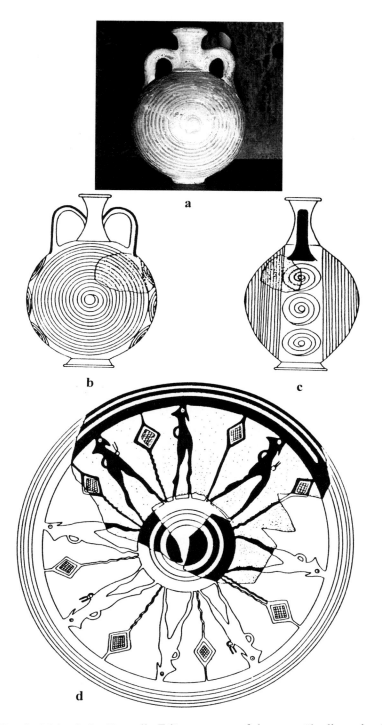

a

b

c

d

Abb. 45 a-d. Mykenische Keramik, Erläuterungen auf der gegenüberliegenden Seite

offenbar wurden sie abgeschlagen, als das Gefäß für die Bestattung hergerichtet wurde. Erhaltene Höhe: 60 cm, Dm des Bodens: 12 cm. Beigefäße fanden sich nicht in der Füllung; außer Knochenresten des Embryos gab es lediglich einige mittelbronzezeitliche Gefäßscherben.

Je eine Pithosbeisetzung befand sich nordöstlich und südöstlich vom Eingang des Grabes in H (Abb. 39a, rechts oben). Sie lagen in 3,40 m Tiefe auf der Seite, also etwa im Decksteinniveau des Hauptgrabes. Der Pithos im Nordost-Teil von H (ohne Punkt im Plan) enthielt die Reste eines Embryos, aber keine Beigefäße. Er lag auf der Seite mit der Mündung nach Norden. Der Rand ist abgeschlagen und die Öffnung mit einem flachen Stein bedeckt. Es handelte sich um ein schlankes, etwa 50 cm hohes, zweihenkliges Gefäß aus dem Beginn der Spätbronzezeit mit einem Bodendurchmesser von 13,5 cm und einer Wandstärke von einem knappen Zentimeter. Der größere, untere Teil war einfarbig hellgelb, die Zone zwischen Schulter und Rand mit horizontal umlaufenden Strichgruppen und einer Zickzack-linie in Mattbraun bemalt.

Die Pithosbeisetzung in der Südostecke von H (Plan, Abb. 37, Punkt 3668) war durch ihre Beigefäße in den Übergang "Spätbronze II/III" datiert. Der stark bauchi-ge, unverzierte und henkellose Pithos mit kurzem Hals (H: 80 cm) lag ebenfalls auf der Seite mit der Mündung nach Norden. Er war mit großen Feldsteinen umlegt. Der Ton ist gelb, die Mündung (Dm: 30 cm) mit zwei Steinen geschlossen. Die Skelettreste sind die eines etwa halbjährigen Kindes, das in "Hockerstellung" stark zusammengekrümmt mit dem Kopf nach Westen lag. Es fanden sich sechs kleine Beigefäße: eine Fußschale mit Getreidekörnern und Erbsen oder Wicken, eine Pilgerflasche, ein Krüglein mit spitzem, geschabtem Boden (wie Abb. 44c). Die Fußschale und die Pilgerflasche lagen neben dem Kopf des Kindes, der Spitzboden-krug zu seinen Füßen, die restlichen drei Gefäße im unteren Teil des Pithos, also hinter dem Rücken der kleinen Leiche, nämlich eine kyprische "Whiteslip II"-Schüssel und zwei Fläschchen der Gattung "Basering".

Punkt 3712 gibt die Fundstelle einer nicht wie üblich bestatteten, wohl weibli-chen Leiche im Nordteil von N, westlich der mehrfach erwähnten Treppe (Abb. 38b), an. Sie lag 2,70 m unter der Oberfläche mit den Füßen nach Westen. Das Skelett ist unvollständig, der Schädel fehlt. Die merkwürdigen Fundumstände erlauben nicht einmal mit Gewißheit, die in der Nähe gelegenen Objekte als Eigen-tum dieser Person zu bestimmen. Es waren dies drei tönerne Webgewichte und ein Knochenpfriem, sowie ein 8 cm großes Steinbeil (Abb. 47c, dabei die ebenfalls abgebildete "bichrome" Scherbe). Punkt 3734 gibt die nahe Fundlage eines wohl nicht zugehörigen Rollsiegels an. Die unmittelbar bei der Leiche gelegene Keramik gehörte an den Übergang von der Mittel- zur Spätbronzezeit: z.T. vollständige, aber zerdrückte Gefäße, z.T. Scherben. Mittelbronzezeitlich muten mehrere Fragmente einer Gattung mit schwarzer, polierter Oberfläche und grauschwarzer Innenseite an. An den Beginn von Spätbronze I weist fraglos die "bichrome" Scherbe (Abb. 47c) mit ihrer linearen Malerei in Kaffeebraun und Orangerot auf weißem Überzug. Auch sehr frühe, kyprische porzellanartige "Whiteslip I"-Keramik mit umlaufendem Rautenmuster in orange und kaffeebraunen Farbtönen fand sich hier zusammen mit einem kleinen, dünnwandigen Humpen der kyprischen "Basering I"-Gattung.

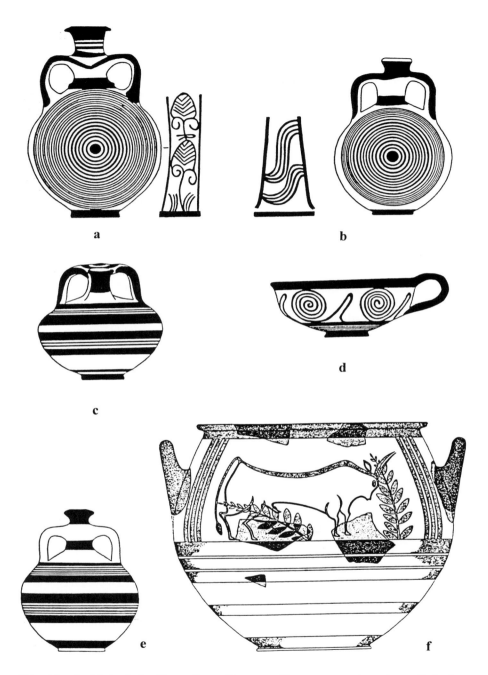

Abb. 46 a-f. Mykenische Keramik aus Tamassos/Zypern: a-e Aus einem Grab der Phase SH III B unter dem Herakleidios-Kloster (zu a.b vgl. Abb. 45 a-c). — f Zeichnerisch rekonstruierter Krater des späten SH III B ("rude style") nach Scherben aus der bronzezeitlichen Nekropole Pera-Lithargies/Zypern

Die Masse der Gefäße lag neben dem Oberkörper der Leiche; Webgewichte, Steinbeil und die beschriebene Scherbe (Abb. 47c) befanden sich vor dem Hals. Direkt neben diesem fand sich eine kugelrunde Perle aus hellblauem Glas von einem halben Zentimeter Durchmesser.

Auch wenn weitere typenähnliche Steinbeile (wie Abb. 47c) aus bronzezeitlichen Komplexen in ihnen wie neolithische Fremdlinge in Ras Schamra anmuten, ist nicht auszuschließen, daß sie Mitte des 2. Jts. v.Chr. noch benutzt worden sind. Für Sichelklingen aus Feuerstein und Obsidian darf das als erwiesen gelten (Abb. 47d) [432].

Abschließend noch ein Wort zur mykenischen Keramik in dem besprochenen Wohnbezirk der "Südakropolis" (z.B. Abb. 40k; 42f-h; 44b; 45b-d; 47a). Ich erinnere mich an Gespräche mit Cl. Schaeffer, in denen er fast alles, was matte rötliche oder braune Streifen auf gelbem Überzug trägt, als "lokale Imitationen" mykenischer Keramik deutete. Es ist klar, daß das Bedürfnis zur Nachahmung ein außerordentlich starkes Interesse am Nachgeahmten bekundet. Aber längst nicht jede Scherbe mit matten roten Streifen hat mit Späthelladischem etwas zu tun. Jedenfalls stieß ich im Laufe meiner Ausgrabungen auf nicht wenige Fragmente zylindrisch gebildeter Halsformen mit matter weinroter Horizontalsteifung, zweifellos Beispiele einer östlichen "Chabur-Ware" [433].

Wie ich anhand von Beigaben in den Hausgräbern oben ausgeführt habe, war der Anteil kyprischer Keramik erheblich (Ab. 39e; 40f-j), von mykenischer Töpferware zwar geringer, jedoch ebenfalls bemerkenswert. Dasselbe gilt für Gefäße in Verwendung der Lebenden (Abb. 41a-e.h.j.k/n.l; 42a-e) [434]. Zwar läßt sich nicht sagen, wie derartige exotisches Geschirr verwendet wurde, doch scheidet der

---

[432] Zum Typus derartiger Sicheln vgl. M. Yon im ersten Band dieser Kolloquiumsakten (1995) 279 Abb. 4; s. bereits S. Lloyd-F. Safar, JNES 4, 1945, Abb. 37 nach S. 289 (Hassuna) und Antiquity 37, 1963, 58ff. ("Two bone shafts from Northern Iraq"); auch K. Galling, Biblisches Reallexikon (2. Aufl., 1977) 293 s.v. Sichel, Abb. 77,1. — Zur Steinbenutzung in der Bronzezeit Schwedens, bzw. Englands vgl. O. Rydbeck, Über den Gebrauch von Steinwerkzeugen während der Bronzezeit in Schweden, in: Dragma M.P. Nilsson (1939) 430ff.; St. Ford-R. Bradley-J. Hawkes-P. Fischer, Flint-working in the Metal Age, in: OxfJournArch 3, 1984, 157ff. Steinzeitliches Gerät kommt immer wieder in späterem Fundzusammenhang ans Licht, beispielsweise in geometrischen Schichten in Philia, s. K. Kilian, in: R. Hägg, The Greek Renaissance of the 8th Century B.C., Proceedings of the 2nd Int. Symposium at the Swedish Inst. in Athens 1981 (1983) 142 Abb. 11,1-17 oder im bronzezeitlichen Epiros, s. Th. Papadopoulos, in: H.-G. Buchholz, Ägäische Bronzezeit (1987) 360; vgl. auch den Befund in Ras Schamra, unsere Abb. 47c. Zum heiligen *silex* als Opfermesser s. K. Latte, Römische Religionsgeschichte (1960) 122f.

[433] B. Hrouda, Die bemalte Keramik des zweiten Jahrtausends in Nordmesopotamien und Nordsyrien (1957) 22ff. 65ff. Taf. 7-10. Da Cl. Schaeffer "Chabur-Keramik" in Ras Schamra nicht erkannt hatte, vermochte seinerzeit Hrouda auf seiner Vorbereitungskarte (a.O. Taf. 17) natürlich nicht, diese spezielle Keramik bis zum Mittelmeer hin einzutragen.

[434] Vgl. M. Artzy-I. Perlman-F. Asaro, Cypriote Pottery Imports at Ras Schamra, in: IEJ 31, 1981, 37ff.; B.M. Gittlen, Studies in the Late Cypriote Pottery found in Palestine, Diss. Philadelphia 1977.

alltägliche Gebrauch wohl aus. So bleibt die Erklärung als Zurschaustellung bloßer Prestigeobjekte, allenfalls noch eine Benutzung im häuslichen Kult. Als Sakralbau konnte nämlich keine der angeschnittenen fünf Wohneinheiten erkannt werden. Privat ausgeübte Kulte innerhalb der Familien sind indessen bereits mehrfach in Ras Schamra beobachtet worden.

In dem stattlichen Haus mit dem großen Hof F und dem Treppenturm A wurde das Bronzefigürchen einer thronenden Gottheit gefunden. Hier auch befanden sich mehrere späthelladische Idole (wie Abb. 48b-d.f, vgl. die typologische Abfolge, Abb. 49) [435] und Tierfigürchen (wie Abb. 47b). Hier auch lagen besonders viele mykenische Scherben, die nicht allein aus gestörten Gräbern zu erklären waren. Dabei gab es ein kleines Askosfragment [436] und das Randstück eines Trichterrhytons. Ein weiteres Fragment mit Schuppenmuster gehörte ebenfalls zu einem solchen Rhyton [437]. Gewöhnlich liefern derartige Trichter wegen ihrer Verwendung im späthelladischen Kult, besonders wenn sie gehäuft auftreten, ein Argument für die Bestimmung ihrer Fundstellen als "Tempel", "Kapellen/Schreine" und "Kulträume" (vgl. die Stücke Abb. 96b-e mit den Fundangaben, Ras Schamra). Unlängst hat jedenfalls M. Yon gewisse Räume im Zentrum Ugarits wegen der Häufung von Kultgerät — u.a. mykenischer Rhyta — als Heiligtum angesprochen [438].

Wie allgemein in Ras Schamra, so fällt in den von M. Yon untersuchten Häusern, wie in einigen der meinen, der relativ hohe Anteil an mykenischer Keramik unter den Funden auf. Es handelt sich durchweg um Gefäße der Zeitstufe III B, weniger um III A, im einzelnen um Bügelkannen, Feld- und Kugelflaschen, Schalen, Tassen und Kratere. Teilweise haben wir es mit Kypro-mykenischem zu tun, überwiegend jedoch um Importe aus dem Ägäisbereich.

---

[435] Unter anderem das Fragment eines mykenischen "leeren Throns", abgebildet bei H.-G. Buchholz, AA 1974, 404 Abb. 60b, oben, ähnlich: C. Blegen, Zygouries (1928) 172 Abb. 169,334. — Auch mit darauf sitzender Göttin, s. G. Mylonas, Seated and Multiple Mycenaean Figurines, in: The Aegean and the Near East, Studies presented to H. Goldman (1956) 110ff.; H.-G. Buchholz-V. Karageorghis, Altägäis und Altkypros (1971) Nr. 1248d; 1249a.b; P. Kranz, Frühe griechische Sitzfiguren, in: AM 87, 1972, 46ff.; H.-V. Herrmann, Zur Bedeutung des delphischen Dreifußes, in: Boreas 5, 1982, 54ff. mit Taf. 3,1-4. — Zur Rolle mykenischer Idole im fremden Kontext: H.-G. Buchholz, Ägäische Bronzezeit (1987) 520f.; dazu: E. French, The Development of Mycenaean Terracotta Figurines, in: BSA 66, 1971, 101ff. und dieselbe, Mycenaean Figures and Figurines, their Typology and Function, in: R. Hägg-N. Marinatos, Sanctuaries and Cults in the Aegean Bronze Age (1981).

[436] Zu einer Form gehörig, wie von J. Papademetriou in Grab 3, Athen-Glyphada, gefunden (Praktika 1954, 76 Abb. 3); vgl. auch mehrfach auf Kos: L. Morricone, ASAtene 43/44, 1965/66, 37 Abb. 10; S. 129 Abb. 112; S. 250 Abb. 276; S. 278 Abb. 318, Mitte.

[437] Das Randstück noch unpubliziert; das Fragment mit Schuppenmuster bei H.-G. Buchholz, AA 1974, 404 Abb. 60e, 2. von links.

[438] M. Yon und Mitarbeiter, Le Centre de la Ville Ras Shamra-Ougarit III (1985) 216ff. und Plan auf S. 344; S. 346ff.: "Corpus des Rhytons Coniques", dazu meine Rezension in ZfA 83, 1993, 293ff.

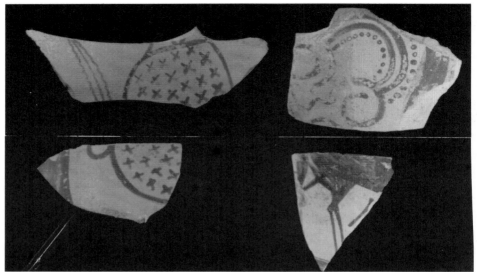

a

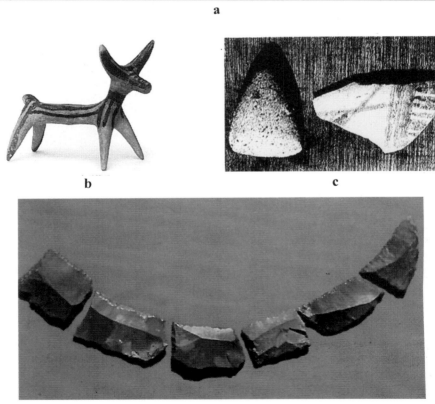

b

c

d

Abb. 47 a-d. Funde aus Ras Schamra ("Sud Acropole"): a Fragmente mykenischer Kratere mit Stier- und Wagenszenen (SH III A/B, aus Planquadrat 51/1961). — b Mit braunen Streifen bemalte mykenische Stierterrakotta. — Weiteres folg. Seite

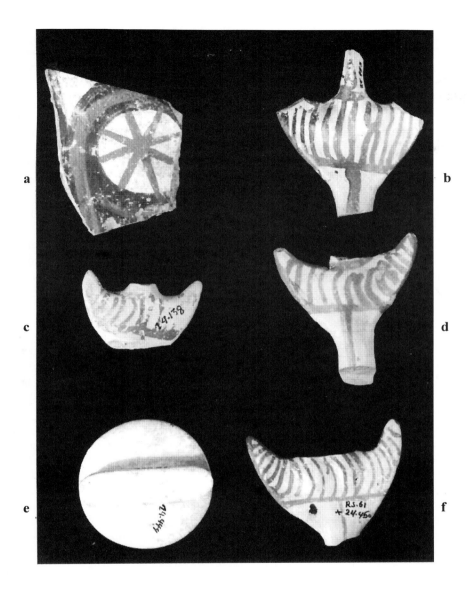

Abb. 48 a-f. Funde aus Ras Schamra ("Sud Acropole"): a Bichrome Scherbe mit dunkelbrauner und orangefarbener Bemalung auf weißem Überzug,
zusammen mit b bei Punkt 3768/1961, Planquadrat 49. — b.c.d.f Weibliche,
Ψ-förmige mykenische Idole (Inv.-Nr. 24.455; 24.138 [c.d]; 24.450; zur
Datierung s. Abb. 49). — e Kleiner Marmordeckel (Inv.-Nr. 24.444).

Erläuterungen zu Abb. 47 auf gegenüberliegender Seite: c Steinbeil und bichrome Scherbe mit weinroter und dunkelbrauner Bemalung auf mattweißem
Überzug, beide aus Planquadrat 150W, Punkt 3712. — d Einsatzstücke von
hölzernen Sicheln aus Feuerstein mit "Sichelglanz"

Auch lokale Imitationen finden sich, wie schon zum Kyprischen gesagt, unter den Funden. Fragmente mykenischer Rinderfigürchen und weiblicher Idole des Ψ-Typus runden hier wie dort das Bild ab.

Unter dem Mykenischen des 14. und hauptsächlich des 13. Jhs. v.Chr., in dem von mir am Hang der "Südakropolis" untersuchten Wohngebiet, einschließlich der dortigen Grabfunde, sind bemerkenswert: eine Tasse (Abb. 40b; vgl. Abb. 46d) [439], zahlreiche Bügelkannen (Abb. 40a; vgl. Abb. 46c) [440], Kugelflaschen (Abb. 45b.c; vgl. 45a sowie 46a.b) [441], flache Schalen mit Ornamenten im Inneren [442], eine ungewöhnliche, figurenreich bemalte Feldflasche (Abb. 45d) [443] und zahlreiche Kratere, der halslosen Gattung ("Deep bowl") [444] und der großen, oft reich mit figürlichen Szenen bemalten Halshenkelkratere (Abb. 3a; 44b; 47a). Zu diesen schönen Beispielen mykenischer figuraler Bilder trat u.a. noch eine Greifendarstellung [445] mit auffallend langem, gekrümmtem Schnabel [446]. Von dem Krater mit dem Stierkampf (Abb. 3a) befinden sich weitere Fragmente in Damaskus, u.a. ist auch von einem der Stiere das Hinterteil zu sehen. Die Abbildung 44b gibt zusammengehörige, aber nicht vollzählige Scherben eines Wagenkraters wieder, Abbildung 47a die Mischung von zwei Krateren, eines mit einer

---

[439] Abb. 40b bereits in H.-G. Buchholz, AA 1974, 405 Abb. 61b und Abb. 46d, Vergleichsfund in Tamassos/Zypern.

[440] Abb. 40a s. Buchholz a.O. Abb. 61a. Weitere Fragmente von Bügelkannen: Buchholz, AA 1974, 404 Abb. 60a, rechts unten; 60b. — Abb. 46c, Vergleichsfund in Tamassos/-Zypern.

[441] Abb. 45b.c, eine Rekonstruktionszeichnung M. Morkramers nach der stark versinterten Scherbe AA 1974, 404 Abb. 60c, rechts unten und meinen Angaben. Vgl. zum Typus (SH III A 2) Abb. 45a (aus Zypern, in Privatbesitz); Abb. 46a.b (Tamassos/Zypern). Durch Kontext gut datiert (SH III A 2/früh) in: S. Immerwahr, The Athenian Agora XIII (1971) 174f. Taf. 36,14.

[442] Im Abschnitt "Südakropolis" relativ häufig, s. H.-G. Buchholz, AA 1974, 404 Abb. 60a, links unten (mit konzentrischen Kreisen im Inneren); vgl. unten Abb. 75a-j (mit reichen Innendekors, aus Minet-el-Beida, Kition/Zypern und Toumba tou Skourou/Zypern).

[443] Erstveröffentlichung: Cl. Schaeffer, Annales Archéologiques Arabes Syriennes 13, 1963, 127 Abb. 18; mittels zweier anpassender Scherben zeichnerisch vervollständigt in: H.-G. Buchholz, Ägäische Bronzezeit (1987) 211 Abb. 65; vgl. auch L.R. Palmer, An unknown Vessel from Knossos, in: Antiquity 36, 1962, 48f. Taf. 12b; E. Vermeule-V. Karageorghis, Mycenaean Pictorial Vase Painting (1982) 202 Nr. V 37.

[444] Beispiele (Fragmente): Buchholz a.O. 404 Abb. 60a, oben (Radmotiv wie an entsprechenden Stücken aus Mykene, s. M.P. Nilsson, The Minoan-Mycenaean Religion [2. Aufl., 1968] 418 Abb. 192); ferner a.O. Abb. 60c, unten links; 60d, Mitte. Die Körperscherbe (Abb. 60d, oben) stammt jedoch wahrscheinlich von einer Kraterform mit Hals.

[445] Publiziert von H.-G. Buchholz, in: Altägäis und Altkypros (1971) Nr. 973.

[446] Wie auf mitannischem Siegelbild im Brit. Mus., s. D.J. Wiseman, Götter und Menschen im Rollsiegel Westasiens (1958) 51f. mit Abb. — Zur im Ansatz auf unserer Scherbe noch erkennbaren Greifenlocke vgl. H.Th. Bossert, Janus und der Mann mit der Greifenmaske (1959) 9.

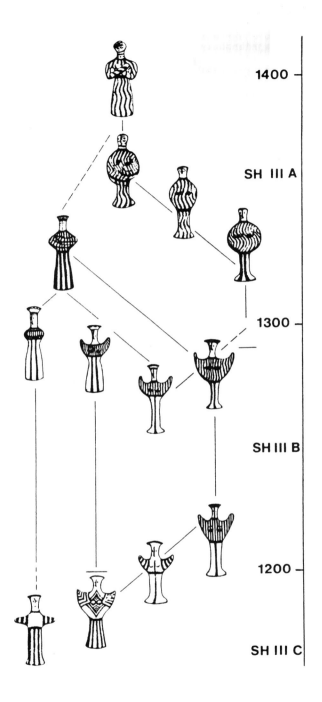

1400 —

SH III A

1300 —

SH III B

1200 —

SH III C

Abb. 49. Entwicklung der weiblichen mykenischen
Idole vom Ende des 15. Jhs. bis zum 12. Jh. v. Chr.
(nach einem Entwurf von E. French/Athen)

Stierszene, und eines weiteren, abermals mit einem Streitwagen. Mykenische Stier-
und Wagenkratere gehörten zu den repräsentativsten und deshalb begehrtesten
Erzeugnissen dieser Art: Man fand sie prächtiger und zahlreicher im Osten (Zypern,
Syrien, Jordanien, Palästina, s. Abb. 73a) als im Mutterland. Als weiteres Beispiel
sei auf das zeichnerisch aus Scherben wiedergewonnene mykenische Stierbild auf
einem halslosen Krater der Nekropole von Pera-Lithargies (Tamassos, Abb. 46f)
verwiesen. Zu den im mykenischen Repertoir beliebten, auch in Ras Schamra vertretenen Fischmotiven gesellte sich vor einiger Zeit ein stattlicher, aus Scherben
wiedergewonnener Fischkrater vom Tell Akko [447].

---

[447] H.-G. Buchholz, A Mycenaean Fishkrater from Akko, in: Studies in the Archaeology and
History of Ancient Israel in Honor of M. Dothan (1993) 41ff.

Kapitel 7

Architektur

Dem griechischen Hephaistos entsprach im ugaritischen Pantheon der Künstlergott Koschar [448]. Hephaistos war der kunstfertigste aller Schmiede, Koschar war Baumeister und Metallhandwerker zugleich, und es hieß von ihm: "Sein ist Kaphtor, der Thron, auf dem er sitzt, und Ägypten, das Land seines Erbteils" (KTU 1.3 VI 13-16). Er baut im Mythos das reich mit gegossenem Gold und Silber geschmückte Haus des Baal. Im Handwerklichen erbrachte der Aufsatz "Baumeister und Zimmermann in der Textüberlieferung aus Ḫattuša" von E. Neu eine Ergänzung zu dem bisher Bekannten (IstMitt 43, 1993, 59ff).

Überwiegend wurde Kunstfertigkeit sowohl bei Koschar als bei Hephaistos im metallurgischen Können erblickt; das Bauen spielte jedenfalls bei Hephaistos keine Rolle. Mit dem modernen Begriff "Kunst" (Dichtung, Musik, Tanz, bildende Künste und Baukunst) hat das alles nur mittelbar zu tun.

Anders als bei transportablen Produkten, welche in unseren archäologischen Vergleichen die Basis der Argumentation über Handel, Güteraustausch oder Kulturkontakte bilden, wurde das Bauwerk gar nicht und selbst Baumaterial nur in besonderen Fällen vom "Erzeuger" zum "Verbraucher" gebracht. Was in der "Baukunst" weitergegeben wurde, war das "Know how", sei es in Gestalt "importierter" Handwerksmeister, sei es durch eigenes Lernen in der Fremde. Gelegentlich reichen unsere Beobachtungen über bloße Vermutungen hinaus: Beispielsweise liefert die Tatsache, daß sich die Wandmalereien der Ägypter durch Aufbringung der Farbe auf den tockenen Untergrund auszeichneten, kretisch-minoische Wandmalereien jedoch in Freskotechnik auf feuchte, nasse Grundierung aufgebracht wurden, so

---

[448] Ch. Virolleaud, Syria 13, 1932, 113ff.147ff.; dazu ausführlich als einer der ersten K. Galling: In der Werkstatt des Hephaistos von Ugarit, in: OLZ 39, 1936, 593ff.; s. auch J. Wiesner, Der Künstlergott Hephaistos und seine außergriechischen Beziehungen in kretisch-mykenischer Zeit, in: AA 1968, 167ff. Der belesene F. Brommer weist in seinen Bemerkungen zur "Herkunft des Gottes" (Hephaistos [1978] 1ff.) keinerlei Bezug auf die ugaritische Quelle auf, und sei es auch weniger unter dem Aspekt der Herkunft als dem der bronzezeitlichen Existenz. Zu griechischen Handwerker- und Künstlergöttern und -heroen (Hephaistos, Daidalos usw.): B. Schweitzer, Der Künstler und der Begriff des Künstlerischen in der Antike, in: Ausgewählte Schriften I (1963) 11ff.; ders., Daidalos und die Daidaliden in der Überlieferung, ebenda 127ff.; L. Lacroix, Ikmalios, in: Hommages à W. Deonna (Collection Latomos 28, 1957, 309ff.); H. Philipp, Tektonon Daidala. Der bildende Künstler und sein Werk im vorplatonischen Schrifttum (1968); N. Himmelmann-Wildschütz, Über bildende Kunst in der homerischen Gesellschaft (1969); F. Canciani, Bildkunst, Teil 2, in: H.-G. Buchholz, ArchHom, Kapitel N (1984). Ferner I.P. Brown, Kothar, Kinyras and Kythereia, in: Journal of Semitic Studies 10, 1965, 197ff. und M. Smith, The Magic of Kothar wa-Hasis, the Ugaritic Craftsman God, in: Revue Biblique 91, 1984, 377ff.

eindeutige Unterscheidungskriterien, daß die kürzlich entdeckten Malereien im bronzezeitlichen Palast von El Daba'a im östlichen Nildelta vom technischen Verfahren und von den Bildmotiven her auf ägäische Künstler zurückzuführen sind. Außerdem hat der ägyptische Maler Feldereinteilungen seiner Malflächen mittels eingefärbter Schnüre oberflächlich vorgenommen, der ägäische Maler hat hingegen dasselbe mit ungefärbten Schnurabdrücken, also mit "Negativreliefs" im feuchten Kalkgips — wie in El Daba'a — erreicht [449]. Es sei angemerkt, daß auch der farbig bemalte Stuckfußboden sowie Fragmente des Wandverputzes im Palast von Kabri im Norden Israels in technischen und motivischen Einzelheiten ägäischen Fußböden und Wandmalereien entsprechen [450]. Alle diese neuen Erkenntnisse vermögen ältere Beobachtungen zu stützen, nach denen in der Ausgestaltung bronzezeitlicher Paläste Nordsyriens (Ugarit, Tell Atschana) ägäischer Einfluß unverkennbar sei [451].

Des weiteren ist auf ein späteres analoges Beispiel des Erkennens fremder Handwerksleistung an spezifischen Verfahrensweisen hinzuweisen, an die Beteiligung ionischer und kyprischer Bauleute bei der Errichtung achämenidischer Paläste [452].

---

[449] Diese Beobachtungen gehen auf den Ausgräber, M. Bietak/Wien, zurück, s. zu diesem oben Anm. 54.

[450] A. Kempinski, Excavations at Kabri. Preliminary Report of 1989, Season 4 (1990) und jährlich weitere Berichte bis zum frühen Tod dieses tüchtigen Archäologen. W.D. Niemeier, New Archaeological Evidence for a 17th Century date of the "Minoan Eruption" from Israel (Tel Kabri, Western Galilee), in: Thera and the Aegean World III (1990) 120ff. Weiteres in Varianten zur selben Sache von Niemeier in verschiedenen Publikationsorganen. Zum Vergleich: E.S. Hirsch, Painted Decoration on the Floors of Bronze Age Structures on Crete and the Greek Mainland (SIMA 53, 1977).

[451] Zu Tell Alalach bereits C.L. Woolley, Ein verschollenes Königsreich (1954) 76f.; vgl. bes. J.W. Graham, The Relation of the Minoan Palaces to the Near Eastern Palaces of the 2nd Millennium, in: E.L. Bennett, Mycenaean Studies (1964) 195ff. bes. 202f.; E. Akurgal, Orient und Okzident (1966) 65f.; J. Wiesner, AA 1968, 170; H.-G. Buchholz, AA 1974, 400ff. — J.-Cl. Courtois, in: H.-G. Buchholz, Ägäische Bronzezeit (1987) 184f. 187f. (zur Interpretation von Architekturelementen in Enkomi — Megara, Höfen, Säulenkapitellen — als mykenischen Ursprungs) und kürzlich St. Hiller, Palast und Tempel im Alten Orient und im minoischen Kreta, in: The Function of the Minoan Palaces, 4th International Symposium, the Swedish Institute in Athens 1984 (1987) 57ff., ferner H. van Effenterre, Réflections sur le Systeme Palatial dans l'Orient Méditerranéen, in: Symposium Larnaka 1989 (1991) 29ff. Nur noch wissenschaftsgeschichtlich sind Titel wie "The Mycenaean Palace at Nippur" interessant (C.S. Fisher, AJA 8, 1904, 403ff.), denn schon im folgenden Jahr bot die amerikanische Archäologie allerlei Korrekturen: A. Marquard, The Palace at Nippur not Mycenaean but Hellenistic, in: AJA 9, 1905, 7ff. und J.P. Peters, The Palace at Nippur Babylonian, not Parthian, ebenda 450ff.

[452] C. Nylander, Ionians in Pasargadae, Studies in Persian Architecture (1970); vgl. bereits einschlägige Beobachtungen von St. Casson, Note on the Use of the Claw Chisel, in: AJA 41, 1937, 107f.; G. Goossens, Artists et Artisans Étrangers en Perse sous les Achéménides, in: La Nouvelle Clio 1, 1949, 32ff.; R. Barnett, Pasargadae and the Source of the Archaeme-

In diesen und vielen weiteren Beispielen ist ein Fachwissen vorauszusetzen, das
weit mehr als nur einschlägige Kenntnisse etwa über Baugrund und Statik, Baustof-
fe und deren Beschaffung und Behandlung, über Werkzeuge oder das Vermessungs-
wesen umfaßt. Das Bauen war und ist einzig und allein als Gemeinschaftsleistung
machbar; es verlangte und verlangt den planenden und die Arbeit organisierenden
Kopf [453]. Abgesehen vom Handlanger, genügte dem Gesellen, bis hin zum leiten-
den Architekten, keineswegs nur bloßes Zusehen und Nachahmen. Das Handwerk
des Steinmetzen mußte regelrecht erlernt sein. Freilich ließen sich Erdwälle mit
Hilfskräften, Sklaven, aufschütten oder Gräben auf diese Weise ziehen [454]. Auch
eine primitive Hütte konnte laienhaft im Familienbetrieb errichtet werden. Nicht
jedoch war das Brechen von Steinen in die Möglichkeiten eines jeden gegeben.
Überhaupt war in sämtlichen Tätigkeitsbereichen des Steinmetzen ein hoher Lernbe-
darf erkennbar: Das Löwentor von Mykene (Abb. 50) [455] verdankt so wenig un-
gelernter Sklavenarbeit seine Entstehung wie die gewaltigen Toranlagen der Hethiterhauptstadt Ḫattuscha (Abb. 52a.b) [456] oder die Poterne in Ras Schamra (Abb.
51c) [457] oder die "Kasematten" von Tiryns (Abb. 51b.e).
    Diese und andere wirklich bedeutende Architekturleistungen der untersuchten
Epoche im Großraum Nordsyrien-Anatolien-Ägäis setzen überragende Kenntnisse
in der Bearbeitung harter, ausgewählter Steinsorten voraus. Gewiß sollten die
Ägypter als Meister in der Gewinnung und Gestaltung besonders dichter und

---

nidian Art and Architecture, in: Iraq 19, 1957, 74ff. und J. Boardman, Chian and Early Ionic
Architecture, in : AntJ 39, 1959, 170ff.; F. Krefter, Zur Steinmetztechnik von Persepolis, in:
Festschrift für W. Eilers (1967) 429ff.; G. Walser, Griechen am Hofe des Großkönigs, in:
Festgabe H. v. Greyerz zum 60. Geburtstag (1967) 189ff.

[453] Vgl. M. Heltzer, Die Organisation des Handwerks im "Dunklen Zeitalter" und im
1. Jahrtausend v. u.Z. im östlichen Mittelmeergebiet (1992).

[454] Ich lasse die faszinierenden "Wasserbauten der Minyer" außer Betracht, auch sie setzen
den außergewöhnlichen Könner und Planer voraus und haben die Forschung seit dem frühen
vorigen Jahrhundert nicht losgelassen, s. K.O. Müller, Orchomenos und die Minyer (2. Aufl.
von F.W. Schneidewin, 1844); neuerdings: J. Knauss-B. Heinrich-H. Kalcyk, Die Wasserbauten der Minyer in der Kopais, die älteste Flußregulierung Europas (1984); J. Knauss, Die
Melioration des Kopaisbeckens durch die Minyer im 2. Jt. v.Chr. (1987).

[455] P. Åström-B. Blomé, A Reconstruction of the Lion Relief at Mycenae, in: OpAth 5,
1964, 159ff. Unsere Abb. 50 ist die Erstveröffentlichung einer Zeichnung des Architekten G.
Morano/Rom, mit welchem ich 1952 die Argolis und Lakonien aufsuchte (Stipendiatenreise).
Das Bild gibt den Zustand des Löwentors in diesem Jahr wieder.

[456] P. Neve, Das Königstor, in: K. Bittel, Boğazköy IV (1969) 56ff.

[457] Farbaufnahme der Poterne in stark überwachsenem Zustand in: Cl. Schaeffer, Ras Shamra
1929-1979 par la Mission Archéologique de Ras Shamra (1979) Abb. 31; vgl. J. Lagarce,
Remarques sur des Ouvrages de Soutènement et de Défense à Ras Shamra et à Ras Ibn
Hani, in: Syria 61, 1984, 153ff., bes. S. 157f. Abb. 5.6 und S. 170 Abb. 18 (Ras Schamra,
Poterne). — Seite 9, hat mich Cl. Schaeffer a.O. als Mitarbeiter aufgezählt: R. Buchholz ist
nicht ganz unrichtig, insofern ich außer Hans-Günter auch den Vornamen Rudolf führe.

spröder Gesteine und als große Könner im Bauen nicht vergessen werden [458]. Doch bestimmte Techniken des Quaderzuschnitts [459] und des "Falschen Gewölbes" (Abb. 51b.e [Tiryns]; Abb. 51d [Boğazköy]; Abb. 51c [Ras Schamra]; Abb. 52c [Mykene]), das den Tholosbau ermöglichte (Abb. 52d, Enkomi), waren verbindendes Gut der Kulturen Alt-Kleinasiens [460], der Ägäis und Nordsyriens, teilweise unter Einschluß Zyperns. Zu dem mehr oder weniger gemeinsamen Wissensschatz gehörten ferner die Kenntnis des "Entlastungsdreiecks" (Abb. 50 und 52c, Mykene) und auch die geschickte Schichtung von "Kyklopenmauern" oder die Beobachtung, daß etwa ein an der Oberseite gerundetes Querglied einer Tor- oder Türlaibung den Druck der getragenen Last auf die senkrecht stehenden Bauelemente ableitet (Abb. 50 und 52c [Mykene]; 51f und 52f [Ras Schamra] [461]; 51g [Boğazköy]). Das hier abgebildete Beispiel aus der Grabarchitektur Ugarits stellt im Zuschnitt des steinernen Türrahmens sogar mit dem zusätzlichen oberen Querelement der Laibung und dessen anmodellierter, aus dem Abschlußstein des urtümlichen "Falschen Gewölbes" entwickelter, eingepaßter Schiene (Abb. 52f) eine statisch-technische Vervollkommnung dar. An einer gemeinsamen Wurzel all dieser Erscheinungen ist nicht zu zweifeln. Aus vielen Gründen — chronologischen und geographischen Voraussetzungen, sowie auf Grund bestimmter Materialvorkommen und des handwerklichen Zusammenhangs der Steinbearbeitung mit dem Bergbau —

---

[458] Vgl. A. Badawy, Architecture in Ancient Egypt and the Near East (1966). Zur vielfältigen Steinbearbeitung bei der Herstellung von Obelisken, Bildwerken und besonderen Gefäßen vgl. u.a. A. Zuber, Techniques du Travail des Pierres dures dans l'Ancienne Egypte, in: Techniques et Civilisations 5, 1956, 195ff.; A. Lucas-J.R. Harris, Ancient Egyptian Materials and Industries (4. Aufl., 1962) passim; J. Röder, Zur Steinbruchgeschichte des Rosengranits von Assuan, in: AA 1965, 467ff.; P. Warren, Minoan Stone Vases (1964), mit Kapiteln über Material und Bearbeitung.

[459] G. Hult, Bronze Age Ashlar Masonry in the Eastern Mediterranean, Cyprus, Ugarit, and Neighbouring Regions (1983), mit umfassender Bibliographie; N.K. Sandars, Some Early Uses of Drafted Masonry around the East Mediterranean, in: Philia Epe eis G. Mylonan I (1986) 67ff.

[460] "Falsches Gewölbe", d.h. durch Vorkragen der jeweils höheren Steinlage nach oben gewonnene Verengung, in Boğazköy: P. Neve, AA 1993, 628 Abb. 7a.b (Nişantepe); ders., AA 1994, 307f. Abb. 24. 25; S. 311 Abb. 29; S. 323 Abb. 40 und derselbe zusammenfassend: "Hethitischer Gewölbebau", in: Bautechnik der Antike. Internat. Kolloquium Berlin 1990 (1991).

[461] Nach Cl. Schaeffer, Ugaritica I, 8,88 und 23 sowie ders., Ras Shamra 1929-1979, 32 Abb. 16 und J.-Cl. Courtois, Supplément au Dictionnaire de la Bible IX, Faszikel 52/53, 1185f. Abb. 914. Ein genetischer Zusammenhang zwischen diesem und weiteren Kammergräbern in Ras Schamra und Grab Rho in Mykene ist längst erkannt: G. Mylonas, Grave Circle B of Mycenae (SIMA 7, 1964, 6); ders., Taphikos Kyklos B ton Mykenon (Neugriechisch, 1972/1973) 220ff. Taf. 195a.b; 196a-c. — H.W. Catling, The Antiquaries Journal 67, 1987, 223ff., bes. 231 zu Isopata und Mykene: "large keel-vaulted tombs with dromoi are otherwise unknown in the Aegean, though Tomb Rho in Circle B at Mycenae has some common features. Are the antecedents of both to be found at Ugarit?"

ist der Ursprung im Hochland von Anatolien zu suchen [462].

Manche Bauforscher haben gelegentlich "Monumentaliät" zum Wertmesser der Architekturentwicklung gemacht und diesen Begriff dann auch mit der Vorstellung eines gewissen Ost-West-Gefälles in den hier betrachteten vorgeschichtlichen Jahrhunderten verknüpft [463]. Andere haben in Kreta den gebenden, in der Levante den nehmenden Teil erkennen wollen. Dieser Stand der Forschung zeigt an, wie sehr die Dinge noch im Fluß sind. Nun hatten aber von Alters her Begriffe der großen Dimensionen, des Kolossalen, Gigantischen, Kyklopischen [464] und Monumentalen, sprachlich mit Kleinasien zu tun. In κολοσσός weisen Endbetonung und das suffixiale Element — σσ — auf vor-/nichtgriechisches, altmediterran-anatolisches Sprachgut hin [465]. Zum Wortstamm sind Ortsnamen wie Κολοσσαί, Κολοφών zu vergleichen. Häufig handelt es sich — und das liegt für die Terminologie der Steinbearbeitung nahe — um "Steinwörter": Hinter dem Titel der Studie "Labyrinth" von H. Güntert verbirgt sich die umfassendste Sichtung

---

[462] Noch immer grundlegend ist das in zwei Auflagen erschienene Werk von R. Naumann, Architektur Kleinasiens von ihren Anfängen bis zum Ende der hethitischen Zeit (2. Aufl., 1971). — Zu den Hethitern als einem "petromanen Volk" s. A. Ünal, in: Beiträge zur Altorientalischen Archäologie und Altertumskunde, Festschrift für B. Hrouda (1994) 284.

[463] Ich nenne aus einer umfangreichen Literatur als Beispiel den Prähistoriker R. Peroni, der Ansätze zur Monumentalität (kyklopische Befestigungsmauern, akropolisartige Siedlungsformen) im subapenninischen Mittelitalien (13./12. Jh. v.Chr.; vgl. die Tabelle, Abb. 24) in der Beeinflussung aus dem ägäisch-ostmediterranen Raum suchte, s. PP 24, 1969, 154 und im Jahresbericht des Instituts für Vorgeschichte der Univ. Frankfurt 1975, 43; ferner A.M. Bietti-Sestieri, Padusa 1-4, 1975, 11f.; dies., Dialoghi di Archeologia 9/10, 1976/77, 235f.; zurückhaltend: F.W. v. Hase, in: H.-G. Buchholz, Ägäische Bronzezeit (1987) 273.

[464] Κυκλώπειος bei Pindar. Die vorgeschlagenen Etymologien von Κύκλωψ ("der Rundäugige" u.a.) sind durchweg unbefriedigend, s. H. Frisk, Griechisches Etymologisches Wörterbuch II (2. Aufl., 1973) 45 und III (1972) 139. — Vgl. allgemein zum Folgenden: D. Müller, Handwerk und Sprache (1974) 79ff. 95ff. (Bauwesen, übrige Steinarbeit). Bei W.B. Dinsmoor, The Architecture of Ancient Greece (3. Aufl., 1950) kommt Ras Schamra nur beiläufig auf S. 347 vor. Bes. J.W. Shaw, Minoan Architecture, Materials and Techniques, in: Hesperia 49, 1971, 5-256. Zu Zypern vgl. G.R.H. Wright, Ancient Building in Cyprus I und II (1992). Zur Levante: K. Galling, Palästina, in: Wasmuths Lexikon der Baukunst IV (1932); ders., RGG I (3. Aufl., 1957) s.v. Baukunst in Israel und VI (1962) s.v. Tempel; H. Weippert, Palästina in hellenistischer Zeit, in: Handbuch der Archäologie (1988) 270ff. (spätbronzezeitliche Wohnhäuser, Paläste, Tempel, Festungsanlagen, mit Lit. in den Anm.); G.R.H. Wright, Ancient Building in South Syria and Palestine I und II (1985). Weitere neue Lit. findet sich bei D. Conrad, Biblische Archäologie heute, in: Verkündigung und Forschung, Altes Testament 40, 1995, 51ff. 66f. (Architektur).

[465] Vgl. P. Chantraine, La Formation des Noms en Grec Ancien (1933) 34, mit Lit.; H. Krahe, Die Antike 15, 1939, 181. Ausführlich zu κολοσσός: E. Benveniste, RPhil 6, 1932, 118f. und G. Roux, Revue des Etudes Anciennes 62, 1960, 1ff.; A. Heubeck, Glotta 63, 1985, 123ff.

von Steintermini, die ich kenne, mit einer Fülle altkleinasiatischer Belege [466].
Demnach wäre "Labrys" die Axt, eigentlich "Steinaxt", dann "Doppelaxt", "Labyrinth" das Gewirr von Gängen im Fels, also "Bergwerk", "Bau der Labrys".

Bergbau und Steinmetzhandwerk, wie schließlich die vorgeführte Steinarchitek-
tur (Ras Schamra: Abb. 7a.b; 8b.c; 38b; 51a) hatten demnach im anatolischen
Bergland ihren eigentlichen Ursprung. Was Nordsyrien und Zypern angeht, weist
gelegentlich der keramische Fundstoff des zweiten vorchristlichen Jahrtausends und
weisen noch mehr merkantile und politisch-militärische Schriftquellen parallel dazu
auf derartige Verbindungen hin [467].

Es dürfen allerdings gebietsübergreifende Aspekte der Architekturgeschichte
nicht an einer einzigen Sache, dem Steinbau, exemplifiziert werden. Immerhin ist
hinlänglich bekannt, daß in großem Ausmaß zu den lebenswichtigen Baumaterialien
auf Kreta und in Hellas, auf Zypern und in Ras Schamra Lehm und Holz gehörten:
Mauern aus luftgetrockneten Lehmziegeln, auf einem Steinsockel errichtet und mit
Verputz und Tünchung der Innenwände — im ägäischen Raum eine übliche Form
bronzezeitlichen Bauens — gelten in der Forschung im weitesten Sinne als "ostme-
diterran". Der Holzreichtum Anatoliens, des Libanon, Zyperns und weiter Gebiete
in der Ägäis ist für die fragliche Zeit erwiesen. Holz diente in ungeahntem Ausmaß
dem Bauen, und dies nicht allein — wie oben S. 28 dargelegt —, um die Ein-
sturzgefahr bei Erdbeben zu mindern. Insbesondere erwiesen sich Fachwerkkon-
struktionen — archäologisch in zahlreichen Ausgrabungen nachgewiesen, bildlich
dargestellt und an Hausmodellen erkennbar — als statisch und konstruktiv sinnvoll [468]. Was technische Einzelheiten im ägäischen Raum angeht, verweise ich
auf die Ausführungen von Stefan Sinos, eines erfahrenen Fachmannes: "Beobachtungen zur Siedlung von Akrotiri auf Thera und ihrer Architektur" [469].

---

[466] H. Güntert, Labyrinth, SBHeidelberg 1932/33; K. Kerényi, Labyrinth-Studien (wieder
abgedruckt in: Humanistische Seelenforschung [1966] 226ff.250).

[467] Vgl. hierzu oben S. 88ff., 108ff. und 169, unten Abb. 91e.f.h-k und die Literaturliste, 3.
Abschnitt. Vgl. auch Cl. Schaeffer, Ugaritica II (1949) 244f. Abb. 103 links (älterhethitische
rotpolierte Schnabelkanne); ders., Ugarit und die Hethiter, in: AfO 17, 1955, und H.A.
Hoffner, An Anatolian Cult Term in Ugaritic, in: JNES 23, 1964, 66ff.; E. von Schuler,
Hethitische Kultbräuche in dem Brief eines ugaritischen Gesandten, in: Revue Hittite et
Asianique 21, Lieferung 72, 43ff.; C. Rabin, Hittite Words in Hebrew, in: Orientalia 32,
1963, 113ff.; ferner M. Weinfeld, Traces of Hittite Cult in Shiloh, Bethel, and in Jerusalem,
in: B. Janowski-K. Koch-G. Wilhelm, Religionsgeschichtliche Beziehungen zwischen
Kleinasien, Nordsyrien und dem Alten Testament (1993) 455ff.

[468] Zur Herkunft und Geschichte des Fachwerkbaus s. R. Naumann, Architektur Kleinasiens
(2. Aufl., 1971) 52 (Holz als Baustoff), 86ff. (Holzeinlagen in Mauern), 91ff. (Fachwerk),
506 (Index: Holz). Vgl. auch die Rez. zur 1. Aufl. von K. Galling, ZDPV 72, 1956, 188f.

[469] In: H.-G. Buchholz, Ägäische Bronzezeit (1987) 288ff. 305ff. (Baukonstruktion), bezüglich des Holzbedarfs H.-G. Buchholz, ebenda 175f. — St. Sinos war 1968 in Karlsruhe
bei A. Tschira mit der Arbeit "Die vorklassischen Hausformen in der Ägäis" promoviert
worden, deren Druck ich 1971 im Ph. v. Zabern-Verlag veranlaßte und abschloß. Das Buch
bleibt eine nützliche Orientierungshilfe. Vgl. zu weiterer Lit. H. Drerup, Griechische Bau-

Abb. 50. Das Löwentor von Mykene, Zustand 1952. Bleistiftzeichnung von Giorgio Morano / Rom

Winckelmanns Wort von der "edlen Einfalt und stillen Größe" griechischer Statuen hat das Bild jener Kunst und der Griechen überhaupt in einem Maße geprägt, das es — eher ungewollt — mehr oder weniger kräftig bis heute weiterwirkt. Ihm stellt sich "das Apollonische" Nietzschescher Prägung an die Seite, auch wenn es diesem fernlag in seiner "Geburt der Tragödie", das Spannungsfeld des Apollonischen mit dem Dionysischen etwa ethnisch zu deuten. Doch Späteren schien es geeignet, in der Gestalt des Apollon Griechentum als Inkarnation von strenger, vergeistigter Ordnung und vom Streben zum rechten Maß aller Dinge zu sehen und dazu als Gegensatz den aus der Fremde gekommenen Gott des Weins, des Rausches, der orgiastischen Ausschweifung und der Maßlosigkeit. Dionysos galt somit als Vertreter thrakischen Barbarentums, von nichthellenischem Barbarentum überhaupt und deshalb auch als ein Bild orientalischer Gesinnung. Unseren bisherigen Ausführungen ist — wie ich überzeugt bin — zu entnehmen, daß es

kunst in geometrischer Zeit, in: H.-G. Buchholz, ArchHom, Lieferung O (1969) und neuerdings: G. Hiesel, Späthelladische Hausarchitektur (1990), schließlich auch L. Press, Zu den Studien über die ägäische Architektur (polnisch), in: Archeologia 31, 1980, 167-174.

auf der Linie "Ras Schamra-Zypern-Ägäis" im zweiten vorchristlichen Jahrtausend keinen Raum für eine derartige Antithese gab.

G. von Kaschnitz-Weinberg hat in einer nicht weniger nachhaltig wirkenden Schrift von den "Grundlagen der mittelmeerischen Kunst" [470] — ich vereinfache — auf den Grundsatz gebaut vom aufragenden, ausgewogenen, in sich geschlossenen und sich selbst genügenden Körper (Obelisk, Stele, Pfeiler, Säule, griechischer Tempel) und dem gestalteten Innenraum von der prähistorischen Grotte bis hin zum Pantheon in Rom. In einer solchen Reduktion auf "Phallos" und "Mutterschoß" offenbarte sich innerhalb der archäologischen "Strukturforschung" deren Nähe zu symbolistischen Interpretationen der Romantik (beispielsweise in J.J. Bachofens "Mutterrecht") [471]. Mit "mittelmeerischen Grundlagen" meinte G. v. Kaschnitz-Weinberg in der Tat die ostmediterran-helladisch-balkanische prähistorische Welt.

Was den Grotten-/Höhlengedanken angeht, läßt sich am ehesten in der Grabarchitektur ein vom Innenraum her entwickeltes Bauempfinden aufspüren. Die Gleichung Grab-Haus tauchte immer einmal wieder zu verschiedenen Zeiten an verschiedenen Orten auf [472]. Kammergräber, manchmal zimmerartig mit Bänken ausgestattet, stellten den Regelfall im bronzezeitlichen Zypern dar, desgleichen im helladischen Griechenland (Abb. 19j). Unter Berücksichtigung der Bauweise mit gewaltigen Decksteinen lassen sich viele Familiengräber in Ras Schamra als "megalithisch" bezeichnen, u.a. auch dasjenige in meinem Grabungsabschnitt an der "Südakropolis", welches oben beschrieben worden ist [473]. Denkmäler der "Megalithkulturen" sind in Syrien festgestellt worden; sie säumten die Gestade der Meere bis in den atlantischen Raum und prägten das küstennahe Neolithikum Nordeuropas.

Zu den eindrucksvollsten, weil vollkommensten Innenräumen gehören die mykenischen, in der Technik "falscher Gewölbe" errichteten Grabtholoi. Es sei an das allgemein bekannte, sogenannte "Schatzhaus des Atreus" in Mykene er-

---

[470] Wieder abgedruckt in: Ausgewählte Schriften III (1965).

[471] Hierzu B. Croce, Bachofen und die unphilologische Historiographie, in: Philosophischer Anzeiger 3, 1928/29, 1ff. Auch unten Anm. 2431.

[472] Zu nennen sind u.a. chalkolithische Ossuarien Palästinas, Hausurnen in Mitteleuropa und Italien, sowie die Innengestaltung kleinasiatischer und etruskischer Kammergräber. Die archaischen Königsgräber von Tamassos erfüllen die Bedingung vom Haus in besonderem Maße, hierzu H.-G. Buchholz, AA 1973, 322ff. Abb. 25-30; 1974, 578ff. Abb. 34-50.

[473] Oben S. 134ff. Abb. 34, To 4253/U24; Abb. 40 (zum Grabinhalt); weiteres zu diesem Grab bei Cl. Schaeffer, AfO 21, 1966, 131ff. Abb. 13-16. Abb. 13 zeigt die von mir freigelegten megalithischen Decksteine. Zu Megalith-Denkmälern in Syrien, Libanon und Jordanien s. E.C. Broome, The Dolmes of Palestine and Transjordania, in: Journal of Biblical Literature 59, 1940, 479ff.; J. Nasvallah, AAS 13, 1961, 13ff.; R. Hartweg, ebd. 73ff.; M. Tallow, Tumulus et Mégalithes, in: Mélanges de l'Université Saint-Joseph 36, 1959, 89ff., M. Höfner, AfO 21, 1966, 215. 217 (Jordanien).

innert [474]. Derartige späthelladische, bienenkorbartig gestaltete Gräber gibt es außer auf dem griechischen Festland und auf Kreta auch weiter östlich, beispielsweise auf der Kykladeninsel Mykonos, bei Kolophon und in Panaztepe an der Hermosmündung [475]. Im mediterranen Osten müssen außerdem drei Tholosgräber von Enkomi Erwähnung finden (Abb. 52d, Spätkypr. I/II) [476]. Sie sind längst nicht so regelmäßig rund wie die in Hellas und im Fall des in unserer Abbildung gezeigten Beispiels unter Verwendung von Lehmziegeln auf einem Steinsockel in der Technik des Vorkragens der jeweiligen höheren Lage über der tieferen errichtet.

Bienenkorbartige Rundbauten waren als Wohnungen auf Zypern schon im akeramischen Neolithikum in Gebrauch. Doch es bestand zwischen ihnen und den Gräbern von Enkomi keinerlei direkte Verbindung. Rundhäuser in fließendem Übergang mit gewölbter Decke, den Trulli Apuliens entsprechend, kann man noch heute zahlreich zwischen Lattakia und Aleppo sehen. Ebenfalls in Zypern zeigen Photos vom Ende des vorigen Jahrhunderts derartige Rundbauten — wohl Vorratshäuser — neben rechteckigen Wohngebäuden.

Ein solcher Bau mit hochsitzender, nur über eine Leiter erreichbarer Tür — also deutlich ein Vorratshaus, ein Speicher — wurde als kleine tönerne Nachbildung in Ras Schamra ausgegraben (Abb. 52g.h) [477]. Daß Speicher als Tholoi in Kulturen, die Wohnhäuser, Paläste und Tempel in Rechteckform kannten, separat von diesen beibehalten wurden, ist durch Abbildungen, Miniaturmodelle und reale Bodenfunde beispielsweise für Ägypten [478], den Orient [479], insbesondere für

---

[474] Eine umfangreiche zusammenfassende Studie liegt vor in dem Werk "Tholoi, Tumuli et Cercles Funéraires" von O. Pelon (1976); s. ferner P. Belli, Tholoi nell'Egeo dal II al I Millennio, Convegno Roma 1988 (1991) 425ff.

[475] H.-G. Buchholz, Eine hethitische Schwertweihung, in: JPR 8, 1994, 20ff., mit der benutzten Lit. (A. und E. Erkanal, Y. Ersoy).

[476] Vgl. zu diesen W. Johnstone, Alasia I (1971) 51ff. (mit der älteren schwed. Lit.); H.-G. Buchholz, AA 1974, 371f. Abb. 30 (danach unsere Abb. 52d); O. Pelon, Symposium Nikosia 1972 (1973) 248ff.; ders. (oben Anm. 474) 427ff. Taf. 137.138; Wright a.O. (oben Anm. 469) 343f. Abb. 196.

[477] Cl. Schaeffer, Ugaritica II (1949) 194f. Abb. 79a.b Taf. 30; H.Th. Bossert, Altsyrien (1951) Abb. 649; C. Epstein, Temple Models and their Symbolism, in: Y. Yadin Memorial Volume, Eretz-Israel 20, 1989, 23ff. 28 mit Abb.; R. Hägg, OpAth 18, 1990, 105 Abb. 16. Hierzu und zum folgenden eine neuere Materialzusammenstellung: J. Bretschneider, Architekturmodelle in Vorderasien und der östlichen Ägäis vom Neolithikum bis in das erste Jahrtausend (1991). — Zu einem tönernen Rundhausmodell aus Kamid el-Loz vgl. Frühe Phöniker im Libanon; Ausstellungskatalog (1983) 160f. Nr. 101. Vgl. ferner unten Anm. 485 und 520.

[478] H. Schäfer, Von ägyptischer Kunst (4. Aufl., 1963) 142 Abb. 115; J.-C. Hugenot, in: M. Carroll-Spillecke, Der Garten von der Antike bis zum Mittelalter (1992) 14 Abb. 3 (Grabmalerei: Landhaus und Silos des Ineni).

[479] H. Müller-Karpe, Handbuch der Vorgeschichte I, Jungsteinzeit (1968) 336; s. auch W. Burkert, Homo Necans (1972) 55f. mit Anm. 40.

Palästina [480], und sogar für das präkolumbianische Mexiko bezeugt [481]. Fundamente von Rundspeichern hat man u.a. beim minoischen Palast von Mallia und im helladischen Orchomenos gefunden [482]. Das berühmte frühbronzezeitliche Steinmodell aus Melos in München zeigt sieben Rundhütten oder Silos zusammen, in einem Gehege vereinigt [483]. Das Wort "Tholos" steht in der Odyssee für "Speicher" zur Aufnahme des Erntesegens (καλιή) [484]; auch entspricht einem hebräischen Wort 'āsām "Speicher" ein syrisch-aramäisches 'assānā "Getreidevorrat". Als Grabbeigaben waren kleine Modelle solcher bienenkorbartigen Rundbauten in griechisch-geometrischer Zeit nicht selten [485]. Auf Kreta haben solche Tonmodelle bereits im 13. Jh.v.Chr. wohl Tempel nach östlichem Vorbild wiedergegeben (Abb. 52j). Die Sitte einer derartigen Totenausstattung mag mit der Vorstellung von der im Orient bezeugten "Unterwelt als Speicher" zu tun gehabt haben [486].

---

[480] J.D. Currid, The Beehive Graneries of Ancient Palestine, in: ZDPV 101, 1985, 97ff.

[481] U. Krickeberg-G. Kutscher, Altmexikanische Kulturen (1975) 39 mit Abb.

[482] H. Bulle, Orchomenos I (1907) 44f.; Sinos a.O. (oben Anm. 469) 34ff. Taf. 36,87. Vgl. zu solchen Lagerhäusern und Speichern und solchen anderer Form, zu Kellern und "Magazinen" bes. Sp. Marinatos, Greniers de l'Hellad. Ancien, in: BCH 70, 1946, 337ff.; F. Matz, Kreta-Mykene-Troja (1956) 111; A.J.B. Wace, Mycenae (1949) 54ff. 132ff. und zuletzt G. Hiesel, Speichergebäude und Lagerräume, in seinem Buch: Späthelladische Hausarchitektur (1990) 158f.

[483] H.-G. Buchholz-V. Karageorghis, Altägäis und Altkypros (1971) Abb. 1122a.b (mit der umfangreichen älteren Lit.); O. Höckmann, in: H.-G. Buchholz, Ägäische Bronzezeit (1987) 84f. Abb. 16a.b (Umzeichnung). Irrtümlich von Sinos a.O. (oben An. 469) als "Tonmodell" bezeichnet.

[484] Vgl. H.L. Lorimer, Homer and the Monuments (1950) 431f.; W. Richter, Die Landwirtschaft im homerischen Zeitalter, in: H.-G. Buchholz, ArchHom, Lieferung H (1968) 31; B. Mader, LfgrE, 13. Lieferung (1989) 1052f. s.v. θόλος und H.W. Nordheider, ebd. 1296 s.v. καλιή.

[485] Vgl. die Liste bei H. Drerup, Griechische Baukunst in geometrischer Zeit, in: H.-G. Buchholz, ArchHom, Lieferung O (1969) 75f. Nr. 10-22 und die Rez. von R. Nicholls, Gnomon 44, 1972, 704. Ergänzend tritt ein Stück vom Ende des 8. Jhs. v.Chr. hinzu: P. Blome, Orient und frühes Griechenland. Antikenmuseum Basel und Sammlung Ludwig (1990) 61 Nr. 103 (mit viel wichtiger Lit.). — Zu Drerup a.O. Nr. 11 (Inv.-Nr. P27668a) vgl. G. Daux, BCH 92, 1968, 730 Abb. 3; D.C. Kurtz-J. Boardman, Greek Burial Customs (1971) 43 Abb. 7 und S. 350 (Lit.); E. Richards-Mantzoulinou, AAA 12, 1979, 72ff. 75 Abb. 5. 6; A. Strömberg, Male or Female ? (1993) 96f. Abb. 13. 14. — Minoische Rundhüttenmodelle stellten nicht Speicher, sondern kleine Heiligtümer dar, s. A. Evans, PM II (1928, Nachdruck 1964) 129ff. Abb. 63-65; R. Hägg, The Cretan Hut-Models, in: OpAth 18, 1990, 95ff.; R. Mersereau, Cretan Cylindrical Models, in: AJA 97, 1993, 1ff. Unsere Abb. 52j nach St. Alexiou, AA 1971, 339 Abb. 34 und 35. Weiteres unten Anm. 520.

[486] Th. Jacobsen, The Treasures of Darkness, a History of Mesopotamien Religion (1976) 47ff. und bei G.J. Baudy, Adonisgärten (1986) 106 Anm. 143. — Grundlegend über Sinn und Kultcharakter griechischer Rundbauten: F. Robert, Thymélè (1939).

Wie bereits kurz dargelegt, regten uns Wehrbauten zum überregional-groß-
räumigen Vergleich an. Es ging dabei um Bauprinzipien wie Wehrtürme oder
Mauerverstärkungen an der Außenfront (z.B. in Enkomi, Abb. 52e) [487], sowie um
die Einfügung von Kasematten in die mächtigen Baukörper bronzezeitlicher Wehranlagen (z.B. in Tiryns, Abb. 51b.e; 52e) [488]. Gemäß altgriechischer Überlieferung waren es nicht irgendwelche Kyklopen, die Tiryns ummauerten, sondern
Kyklopen aus Kleinasien (Lykien) [489].

Die Befestigungsmauer der westanatolischen späthelladischen Stadt Milet —
welche wahrscheinlich in hethitischen Schriftquellen genannt war — lehnte sich in
ihrer Konzeption und technischen Ausführung an das Bauprinzip der Wehrmauern
von Boğazköy an, d.h. in beiden Fällen verband man Außen- und Innenschalen in
Abständen miteinander, so daß man dazwischen kastenartige Hohlräume schuf.
Letztere waren manchmal nachträglich aufgefüllt, häufiger jedoch leergelassen und
sogar mit Schießscharten versehen [490].

Poternen waren planvoll angelegte unterirdische Gänge, welche Befestigungen
unterlaufen und im Belagerungsfall den Belagerten mehr oder weniger unbemerkten
Ausgang, in der Situation des Sturmes auf die Mauer den Weg in den Rücken von
Angreifern, ermöglichten. Mit ihren Außen- und Innentüren stellten sie zwar
Schwachstellen dar, waren aber — verglichen mit dem Fortifikationsmonstrum des
Treppenausgangs in Tiryns zu einer der Wasserstellen — eine geradezu geniale
Erfindung. Ihren Ursprung suche ich in Anatolien (vgl. Boğazköy, Abb. 51g) [491].
Das Konzept der Poterne von Ras Schamra scheint mir nicht eigens für diesen
Zweck geschaffen (Abb. 51c), vielmehr von hethitischen Torbauten abgeleitet zu
sein. Jedenfalls ist die im Bilde sichtbare Eingangsgestaltung so auffällig "monu-
mental", daß sie funktional einer versteckten Ausfallspforte in keiner Weise ent-

---

[487] Die Wehrmauer von Enkomi ist die einzige auf Zypern mit Kasematten und einem
mächtigen quadratischen Turm am nördlichen Stadttor, s. P. Dikaios, Enkomi II (1971) 517.
525; III Taf. 241. 254f.

[488] Zu Kasematten in Anatolien s. R. Naumann, Architektur Kleinasiens (2. Aufl., 1971)
309ff. Zur Bewertung derartiger Erscheinungen zusammenfassend: Sp. Iakovides, Wehrbauten, in: H.-G. Buchholz, ArchHom, Lieferung E 1 (1977) 161ff.

[489] Strabo VIII 372; Pausanias II 25,8. Eine eingehende Studie der Unterburgmauer von
Tiryns liegt vor von P. Grossmann, AA 1967, 92ff. mit Abb. 1-4.

[490] W. Voigtländer, Die mykenische Stadtmauer von Milet und einzelne Wehranlagen der
späten Bronzezeit, in: IstMitt 25, 1975; zuvor einiges bei G. Kleiner, Alt-Milet (1966) 11ff.;
ders., IstMitt 19720, 1969/70, 114ff. 118. Plan der Stadtmauer (1984 ergänzt) in: W.
Voigtländer, AA 1985, 87 Abb. 10. — Neues zur Kastenbauweise in Boğazköy: P. Neve,
AA 1979, 132 Abb. 1, S. 136 Abb. 5 und AA 1994, 297f. Abb. 7-13; S. 309 Abb. 27. R.
Naumann sprach einfach von "Kastenmauern", s. Architektur Kleinasiens (2. Aufl., 1971)
506 Index.

[491] Poterneneingänge nach der Restaurierung: P. Neve, AA 1981, 383 Abb. 21a.b. — Zur
Perfektion des Tunnelbaus im gewachsenen Stein, eigentlich einer Methode des bergmännischen Stollenbaus, s. H. v. Gall, Zu den kleinasiatischen Treppentunneln, in: AA 1967,
504ff.

spricht. Neuerdings läßt sich die ebenfalls als "falsches Gewölbe" errichtete Front einer Poterne in Akko vergleichen, die rustikaler wirkt und offenbar älter ist als die in Ras Schamra (Center for Maritime Studies/Haifa, Report 11/12, März 1985: "secret passage through the rampart", mit Photo).

Andererseits bildet im Osten die aus ungefügen Blöcken errichtete Abschnittsmauer, welche die kleine Halbinsel von Palaikastro-Maa/Zypern, Paphos-Distrikt, vom Festland trennt, ein schönes Beispiel ägäisch-kyklopischen Mauerbaus [492]. Der relativ simplen Torbildung mittels Überlappung zweier Mauerköpfe standen im ägäischen und übrigen ostmediterranen Wehrbau komplizierte Torturm- und Torkammer-Systeme zur Verfügung (u.a. in Midea/Argolis, Gla/Boiotien, Enkomi/-Zypern). Tore wurden manchmal so weit zurückverlegt, daß man in ihrem unmittelbaren Vorfeld Angreifer von vorn und von beiden Seiten bekämpfen konnte (Mykene, Abb. 50). Die Aufgabe der bei Restaurierungsarbeiten entdeckten Torvorbauten im Abschnitt Boğazköy-Yerkapu wird verteidigungstaktisch nicht anders zu bewerten sein [493].

Es ist weit öfter von seiten der Historiker gefragt worden, ob Siedlungen befestigt waren oder nicht, weit weniger oft, wie sie befestigt waren. So erkannte man einen Gegensatz zwischen dem festungsfreien minoischen Kreta und etwa ummauerten spätbronzezeitlichen Wohngebieten von Phylakopie auf Melos oder Hagia Irini auf Keos [494].

In unserem Zusammenhang ist das "Wie" entscheidend, geht es doch um weiträumige Zusammenhänge. So lesen wir bei Sp. Iakovides bei Betrachtung mykenischer Wehrbauten: "Kasematten, Galerien, überhaupt Leerräume im Inneren des Mauerkörpers ... kommen auf dem Festland nur in den Burgen von Tiryns und Mykene vor und dort ausschließlich in den Mauerstücken der letzten Bauperiode. Sie gingen offenbar mit der Vervollkommnung des kyklopischen Kraksteingewölbebaus zusammen, der eine Weiterbildung der bereits früher bei Entlastungsdreiecken

---

[492] Zu dieser Mauer bereits P. Dikaios, A Conspectus of Architecture in Ancient Cyprus, in: Kypriakai Spoudai 1960, 13 Taf. 6a; 37b; ders., Enkomi III (1969) Taf. 50,1-5. Zusammenfassend zu den bronzezeitlichen Wehrmauern von Maa, Kourion, Kition, Idalion, Sinda und Enkomi: Sp. Iakovides, Wehrbauten, in: H.-G. Buchholz, ArchHom, Lieferung E 1 (1977) 217; auch M. Fortin, The Military Architecture in Cyprus during the Second Millennium B.C., Diss. London 1971 und G.R.H. Wright, Ancient Building in Cyprus (1992) 234ff. — Als "kyklopisch" wurde auch eine Wehrmauer des 17./16. Jhs. v.Chr. in Tell Balata/Gazastreifen bezeichnet, die dort als ein singulärer Fremdkörper zu gelten hat, s. H. Hirsch, AfO 21, 1966, 204ff.

[493] Es ist bedauerlich, daß wir von Ras Schamra nicht eins der Tore kennen. Zu Yerkapu: P. Neve, AA 1979, 136 Abb. 5. Zur bereits genannten Fachliteratur: K. Galling, Der Bautypus des Palasttores im Alten Testament, in: Sellin-Festschrift (1927) 49ff.; Z. Herzog, Das Stadttor in Israel und in den Nachbarländern (Deutsch, 1986); B. Gregori, 'Three-Entrance City Gates' of the Middle Bronze Age in Syria and Palestine, in: Levant 18, 1986, 83ff.

[494] Erörtert u.a. von Sp. Marinatos im Zusammenhang mit der Frage nach Befestigungsanlagen in Akrotiri auf Thera, in: H.-G. Buchholz, Ägäische Bronzezeit (1987) 292. Zu gleichzeitigen befestigten Siedlungen im Epiros vgl. Th. Papadopoulos, ebenda 360f.

entwickelten Technik darstellt. Vorbilder dürften im hethitischen Anatolien zu suchen sein" [495]. Betreffs des bronzezeitlichen Zypern sind die Beobachtungen von G.R.H. Wright hinzuzufügen, der in seinem Kapitel über "Foreign Connections" (nicht allein des Festungsbaus, sondern der Architekturgeschichte überhaupt) relativ zurückhaltende Orientierungen an ägäischen Bauformen und -verfahren, jedoch intensivste Übereinstimmungen mit den Küstenbereichen Syrien-Palästinas häufig feststellte [496].

Fragt man nach den Funktionen von Erbautem, erfolgen im prähistorisch-archäologischen Befund zumeist Antworten von den Grundrissen her (z.B. Plan, Abb. 37 und dazu oben der erläuternde Text). In Ras Schamra/"Südakropolis" lassen sich Gassen und Wohneinheiten ausreichend deutlich erkennen [497]. Dem Ausgräber bleiben kaum andere Möglichkeiten der Deutung, da ja von dem aufgehenden Mauerwerk, von Obergeschossen und Dachkonstruktionen häufig nichts oder so gut wie nichts erhalten blieb. Zusammenfassend hierzu Sp. Iakovides, Mycenaean Roofs, Form and Construction, in: L'Habitat Égéen Préhistorique (BCH Suppl. 19, 1990, 147ff.). Mykenische Dachziegel sind aus Tiryns, Mykene, Midea, Berbati, Athen, Gla und Theben bekannt: Altägäis und Altkypros (1971) Abb. 451-453; OpAth 21, 1996, 17 Anm. 6. 7 und Abb. 10.

Durch Meeresspiegelhebungen sind in der Ägäis zahlreiche strandnahe Siedlungen der Bronzezeit untergegangen. Wir dürfen also der künftigen Küstenforschung große Erwartungen entgegenbringen. In Pavlo Petri, an lakonischem Gestade bei dem Dorf Elaphonesi, haben beispielsweise englische Forscher von einem besiedelten Areal, das mindestens 350 x 200 Meter beträgt, auf einer Fläche von 80 x 80 Metern zehn bis zwölf Gebäudegruppen untersucht. Bereits in diesem Stadium der Forschung läßt das Mauerwerk unter Wasser größere, urban gestaltete Wohneinheiten sowie Straßen und Plätze erkennen. Die Anlage erinnert an den Plan von Phylakopi auf Melos und Akrotiri auf Thera. Zu Zeiten der Hauptblüte dieser Siedlung (MH-SH I/II) war das heutige Inselchen Elaphonesi mit dem Festland

---

[495] Iakovides a.O. 213; S. 217 bezeichnet er "die achäischen Baumeister ... (als) besonders erfindungsreich und anpassungsfähig. Sie ließen sich zweifellos in vielen technischen Einzelheiten ... vom Orient anregen".

[496] Wright a.O. (oben Anm. 492) 505ff. — A. Harif, A Mycenaean Building at Tell Abu Hawam, in: PEQ 106, 1974, 83ff.

[497] Zur ugaritischen Wohnarchitektur ausführlich: J.-Cl. Courtois, UF 11, 1979, 105ff. mit Abb. 1-18 und O. Callot, Ras Shamra-Ougarit I. Études d'Architecture Domestique (1983). — Zur Wohnarchitektur Palästinas, Zyperns und der Ägäis vgl. die Lit. in den bisherigen Anm. Zu minoischen Haustypen auf der Insel Kythera s. J.N. Coldstream-G.L. Huxley, in: H.-G. Buchholz, Ägäische Bronzezeit (1987) 140 Abb. 31 (Plan). Zum Prinzip archäologischer Grundrißdeutung, an Befunden des 4. Jts. und früheren exemplifiziert, s. R. Eichmann, Aspekte prähistorischer Grundrißgestaltung in Vorderasien (Baghdader Forschungen 12, 1991).

verbunden. Jetzt bedecken zwei bis drei Meter Wasser die Mauern [498].

Wenn möglich, wird man bemüht sein, aus ausgegrabenen Architekturresten auf Machtrepräsentation und soziale Strukturen zu schließen: An vielen Zentren mykenischer Königsherrschaft sind zwei Megara festgestellt und als Residenz des Fürsten und seiner Gattin verstanden worden ('Königinnen-Megaron'). K. Kilian hatte sich, von dem Befund in Tiryns ausgehend [499], dieser Frage erneut zugewandt und eine "zweiteilige Megastruktur mit Haupt- und Sekundärpalast" auch in Sparta-Menelaion, Kakovatos, Mykene, Theben, Gla und Orchomenos registriert. Er schlug vor, darin Ausdruck der "staatlichen Wanax-Struktur" zu erkennen, wie sie sich in den Linear B-Texten darstellt. Verfolgt man diese Beobachtungen weiter, so ergibt sich ein abgestuftes, fast funktions- und ranggleiches Doppelkönigtum des "Wanax" und "Lawagetas". Damit wäre das spätere dorische Doppelkönigtum, auf das der Titel "Basileus" überging, weniger radikal von den bronzezeitlichen Zuständen abzugrenzen, so wie sie sich bisher darstellten und nun anscheinend durch Repräsentationsarchitektur des zweiten Jahrtausends modifiziert werden können.

Häufig erleichtern eingebaute Ausstattungsobjekte das Erkennen der Funktion bestimmter Gebäude und Räume. Als Beispiel nenne ich den Thron im "Thronraum

---

[498] Im Jahr 1967 von N.C. Flemming entdeckt, 1968 von einer 'Underwater Group' der Universität Cambridge erforscht und eingemessen; s. A. Harding-G. Cadogan-R. Howell, BSA 64, 1969, 113ff.; M. Caskey-Ervin, AJA 73, 1969, 350f. Abb. 3; R. Hope Simpson-O. Dickinson, A Gazetteer of Aegean Civilisation in the Bronze Age I (1979) 118 Nr. C39; H.-G. Buchholz, Ägäische Bronzezeit (1987) 506f. mit Abb. 124.

[499] K. Kilian, Funktionsanalyse einer Residenz der späten Palastzeit, in: Archäologisches Korrespondenzblatt 14, 1984, 37ff.; ders., Ältere mykenische Residenzen, in: Kolloquium zur ägäischen Vorgeschichte, Mannheim 1986 (1987) 120ff. Zur Interpretation von Haupt- und Nebengebäuden in Gla/Böotien vgl. Sp. Iakovides, Gla I, Anaskaphe 1955-1961 (Neugriechisch, 1989) 273ff. (englische Zusammenfassung). Zu mykenischen Macht- und Sozialstrukturen s. S. Deger-Jalkotzy, in: Res Mycenaeae (1983) 89ff.; vgl. auch H.-G. Buchholz, Ägäische Bronzezeit (1987) 506. Zu Megaron und Palast im Orient als repräsentative Bauformen außerdem: B. Hrouda, Die 'Megaron'-Bauten in Vorderasien, in: Anatolia 14, 1970, 1ff.; A. Kuschke, Palast, in: K. Galling, Biblisches Reallexikon (2. Aufl., 1977) 242ff. (mit viel Lit.); K. Werner, The Megaron during the Aegean and Anatolian Bronze Age (SIMA 108, 1993).

Erläuterungen zu Abb. 51: a Mauer in regelmäßiger, kleinsteiniger Fügung des ionisch-phönikischen Emporions über Ruinen der Bronzezeit in Ras Schamra, Blick nach Westen aufs Meer. — b Tiryns, Südgallerie (Archivbild). — c Poternenausgang in Ras Schamra. — d Im sogenannten "falschen Gewölbe" erbaute Kanalisation in Boğazköy-Büyükkaya (1952). — e Tiryns, wie b, nach der Restaurierung.— f Ras Schamra, Grabeingang (s. Abb. 52 f). — g Boğazköy, Poternentür mit eingearbeitetem Anschlag für beide Türflügel (1,20 x 2,35 m) im Bereich des Mauerabschnitts Yerkapu

Abb. 51 a-g. Architektur in Ras Schamra, Boğazköy-Ḫattuscha und im mykenischen Tiryns, dazu Näheres auf der gegenüberliegenden Seite

von Knossos" [500]. Im Sakralbereich gilt dies von Altären, runden, stucküberzogenen oder gepflasterten Herden [501] oder auch von Opferbänken (z.B. Enkomi, "Heiligtum des Gottes auf dem Barren", Abb. 107a). In Texten aus Boğazköy ist von einem Trankopfer die Rede, "vor den Wänden dem Gotte, dem Herde, dem Nueša-Vlies, dem Thronsitz, dem Fenster, dem Riegelholz" [502].

Der von P. Dikaios in Enkomi entdeckte, als Bronzeguß bemerkenswert große und qualitätvolle "gehörnte Gott" befand sich in einem lange benutzten und in der inneren Gliederung mehrfach veränderten Gebäudekomplex, der architektonisch nicht leicht als dem Kult dienend zu erkennen war (Abb. 57, "Heiligtum des gehörnten Gottes") [503]. Der Ausgräber hat alle erdenkliche Mühe auf die Prüfung der Datierung von Umbauten, Fußböden usw., sowie der Funktion von Räumen nach ihrem Inhalt verwandt [504]. So darf als gesichert gelten, daß das für seine Epoche technisch ungewöhnliche und kostbare Götterbild in der Zeit um 1100 v.Chr. kultische Verwendung fand und damals in sein letztes Versteck gelangte. Wie Dikaios bemerkte, bleibt ein früheres Datum für die Herstellung der Figur und ihre gottesdienstliche Nutzung (unmittelbar nach 1200 v.Chr.) nicht ausgeschlossen,

---

[500] H. Reusch, Zum Wandschmuck des Thronsaales in Knossos, in: Festschrift Sundwall (1958) 334ff.; S. Mirié, Das Thronraumareal des Palastes von Knossos. Versuch einer Neuinterpretation seiner Entstehung und seiner Funktion (1979). Th. Schulz, Die Rekonstruktion des Thronpodestes im ersten großen Megaron von Tiryns, in: AM 103, 1988, 11ff.

[501] Zu mykenischen bemalten Rundherden (Pylos), s. H.-G. Buchholz-V. Karageorghis, Altägäis und Altkypros (1971) Abb. 122. 123a.b, mit Lit. — Zu weiteren Problemen: D.W. Rupp, The Development of Altars in the 8th Century B.C., in: R. Hägg, The Greek Renaissance of the 2nd Int. Symposium at the Swedish Institute in Athens 1981 (1983) 102ff. mit Abb. 3-5.15; vgl. damit einen kreisrunden gepflasterten Ascheherd in Ekron (11. Jh. v.Chr.): T. Dothan-S. Gitin, Qadmoniot 27, 1994, 14 mit Abb.

[502] Übersetzung von H. Otten, s. R. Naumann, Architektur Kleinasiens (2. Aufl., 1971) 456 Anm. 42. — "Vor dem Gotte opfern" muß sich in diesem Zusammenhang auf ein Götterbild beziehen.

[503] P. Dikaios, The Bronze Statue of a Horned God from Enkomi, in: AA 1962, 1ff., zum Plan (a.O. 6 Abb. 2) s. ders., Enkomi III (1969) Taf. 276. Weitere Abbildungen der Figur: ders., A Guide to the Cyprus Museum (3. Aufl., 1961) Taf. 24; Sp. Marinatos, ArchDelt 18, 1963, Teil I 95ff. Taf. 34a-d; Catling, Bronzework Taf. 46; V. Karageorghis, Zypern (Archaeologia Mundi, deutsche Bearbeitung von H.-G. Buchholz, 1968) Farbabb. 95; P. Dikaios, Enkomi III (1969) Taf. 138-144; H.-G. Buchholz-V. Karageorghis, Altägäis und Altkypros (1971) Nr. 1740; W. Burkert, Grazer Beiträge 4, 1975, passim Anm. 84 und 129; V. Karageorghis, Die griechischen Museen, Zypern-Museum und archäologische Stätten auf Zypern (1978) Farbtaf. 37; R. Hampe-E. Simon, Tausend Jahre frühgriechische Kunst (1980) 237 Farbtaf. 365.

[504] AA 1962, 9ff. Abb. 5-7.14.17 (Überblick- und Detailphotos); 13ff. Abb. 8.9.13 (Schnittzeichnungen).

ja, sei so gut wie sicher[505]. Hier kann nur angedeutet werden, daß die fragliche Architektur von G.R.H. Wright in vielen Details anders gesehen wird, beispielsweise sei der Haupteingang von der Straße im Süden fraglich und es könnte sich überhaupt um ein Doppelheiligtum, das eines Gottes und einer Göttin, gehandelt haben[506].

Es ist eine Binsenweisheit, daß unter günstigen Bedingungen bewegliche Funde eine Hilfe zur Funktionsbestimmung der betreffenden Bauwerke bieten, z.B. von privaten Wohnhäusern (s. oben zu Ras Schamra), Palästen (Ras Schamra: Abb. 7a.b; Ibn Hani: Abb. 56), öffentlichen Tempeln und häuslichen Kulträumen, Wirtschaftsgebäuden und Handwerksbetrieben sowie schließlich von Gutshöfen und Bauerngehöften. Jedenfalls bot das gehäufte Auftreten mykenischer konischer Rhyta (ähnlich Abb. 96b-d) in einem Gebäudekomplex von Ras Schamra für M. Yon einen Beweis, daß mit einer sakralen Funktion der betreffenden Räume gerechnet werden muß[507]. Eindeutig ist die Sache bezüglich mykenischer Rhyta im Heiligtum von Myrtou-Pigades/Zypern (A.H.S. Megaw, JHS 72, 1952, 113f.).

Wenn zwei Haupttempel Ugarits sofort als solche erkennbar sind, beruht dies auf ihrer exponierten, zentralen Lage und ihrer spezifischen, öfter behandelten Tempelarchitektur (Abb. 14f)[508]. Schwierigkeiten machen uns alle jene vielen Baukörper, die gar nicht oder nur wenig von der üblichen Wohnbauweise abweichen, weshalb über eine lange Forschungsstrecke hin mykenische Heiligtümer nicht

---

[505] Ebenda 37ff. Zur Figur: H.-G. Buchholz, Beobachtungen zum Bronzeguß in Zypern und der Ägäis, in: Symposium Nikosia 1978 (1979) 76ff., darauf eingehende Lit. gesammelt in: H.-G. Buchholz, Bibliographie anläßlich seines 70. Geburtstages am 24.12.1989 (1992) 107 Nr. 139.

[506] G.R.H. Wright, Ancient Building in Cyprus II (1992) Abb. 96, mit Erläuterungen.

[507] M. Yon, Le Centre de la Ville; Ras Shamra-Ougarit III (1987) 346ff. ("Corpus des Rhytons Coniques") und meine Rez. in: ZfA 83, 1993, 293ff. Ferner: R.B. Koehl, The Functions of Aegean Bronze Age Rhyta, in: Sanctuaries and Cults in the Aegean Bronze Age; Proceedings of the 1rst Int. Symposium at the Swedish Institute in Athens 1980 (1981) 179ff.; ders., The Rhyta from Akrotiri and some Preliminary Observations on the Functions in Selected Context, in: Thera and the Aegean World III, Proceedings of the 3rd Int. Congress, Santorini 1989 (1990) 350ff. — Weil auf Aussage der Funde konzentriert, nannte jüngst G. Albers ihre Magisterarbeit eine "systematische Analyse und vergleichende Auswertung der archäologischen Befunde": Spätmykenische Stadtheiligtümer (BAR, Int. Series 596, 1994).

[508] Vgl. Lit. in K. Galling, RGG VI (1962) s.v. Tempel. Vgl. ferner die Beiträge in: Temples and High Places in Biblical Times; Proceedings of the Colloquium in Honor of the Centennial of Hebrew Union College/Jewish Institute of Religion, Jerusalem 1977 (1981). Bemerkungen zur Sakralarchitektur von Enkomi bei J.-Cl. Courtois, in: H.-G. Buchholz, Ägäische Bronzezeit (1987) 190f.; zu den bronzezeitlichen Tempeln von Kition s. V. Karageorghis, in: Symposium Nikosia 1972 (1973) 105ff.

erkannt waren [509].

Eine große Hilfe bei der Definition von Sakralarchitekur leisteten zeitgleiche steinerne und tönerne Modelle, also Heiligtümer in Nachbildung [510]: Danach war der Tempel zunächst und vor allem das Wohnhaus des Gottes, und ebenso drückt dies der ugaritische Mythos aus [511]: Der Baumeistergott Koschar will ein Fenster in den Tempelpalast setzen, während sich Baal dagegen wehrt. Es entsteht ein Streit zwischen beiden Göttern, der in breiter epischer Wechselrede ausgetragen wird. Während Baal für einen Dunkelraum eintritt, wählt Koschar die lichterfüllte Fensterarchitektur für seinen Tempelplan. Bemerkenswert ist, daß er sich mit seiner Bauidee durchsetzt und Baals Wunsch, im Dunkeln zu wohnen, unerfüllt bleibt. Koschar erscheint hier als souveräner Baumeister einer Götterwohnung, in deren Planung er sich nicht hineinreden läßt [512]. Der zugunsten Koschars entschiedene Götterstreit fügt sich in die sonstige ugaritische Überlieferung ein, wonach der Gott Beziehungen zu Kreta und Ägypten hat. Fayenceplättchen aus Knossos geben Fassaden mit vielen Fenstern wieder (F. Matz, Kreta-Mykene-Troja [4. Aufl., 1957] Taf. 45; L.A. Stella, La Civiltà Micenea nei Documenti Contemporanei [1965] Abb. 58). Fensterarchitektur begegnet uns im Palast von Knossos, vor allem im Westtrakt, dessen Fenster auf die Altäre des Westhofes ausgerichtet sind, also sehr wahrscheinlich eine kultische Funktion besaßen; sie waren aber auch in Akrotiri/Thera durchaus üblich [513]. Große Fenster sind aus dem ägyptischen Palastbau [514] als

---

[509] Vgl. bes. R. Hägg, Mykenische Kultstätten im archäologischen Material, in: OpAth 8, 1968, 39ff. und K. Kilian, Mykenische Heiligtümer der Peloponnes, in: Kotinos, Festschrift E. Simon (1992). O. Negbi, Levantine Elements in the Sacred Architecture of the Aegean at the Close of the Bronze Age, in: BSA 83, 1988, 339ff. — Einen Überblick — u.a. zu Hagia Irini/Keos und Eleusis (a.O. Abb. 107) — bietet B. Rutkowski, Neues über vordorische Tempel und Kultbilder, in: H.-G. Buchholz, Ägäische Bronzezeit (1987) 407ff. (mit viel Lit.). Zu Eleusis bes. G. Mylonas, Eleusis and the Eleusinian Mysteries (1961) sowie H. Drerup, Griechische Baukunst in geometrischer Zeit, in: H.-G. Buchholz, ArchHom, Lieferung O (1969) 27.30.33.61 mit Abb.; J. Schäfer, Bemerkungen zum Verhältnis myk. Kultbauten zu Tempelbauten in Kanaan, in: AA 1983, 551ff. und A. Mazarakis-Ainian, Contribution à l'Étude de l'Architecture Religieuse Grecque des Ages Obscurs, in: AntClass 54, 1985, 18ff.; auch unten Anm. 2180. 2186.

[510] Oben Anm. 477. Dazu eine Terrakotta, Fragment eines Hausmodells mit Fenster und Fensterkreuz, funktional ein Räucherständer, im Museum von Homs: M. Mousli, APA 20, 1988, 27ff.

[511] Dazu Lit. oben in Anm. 448. Im folgenden ist teilweise in Anlehnung an J. Wiesner, AA 1968, 171 formuliert. Auch H. Ringgren, Die Religionen des Alten Orients (1979) 218f.

[512] Zur Fensterarchitektur des für Baal errichteten Tempelpalastes vgl. A. Jirku, Die Welt der Bibel (1957) 43; B. Reicke-L. Rost, Biblisch-historisches Handwörterbuch I (1962) 470 s.v. Fenster; J. Wiesner, Die Kunst des Alten Orients (1963) 62. — K. Galling, OLZ 39, 1936, 593ff., bes. 597 Anm.1 hat für Baals Wunsch nach einem fensterlosen Bau auf 1. Kön. 8,12 verwiesen, wonach der Herr selbst erklärt habe, er wolle im Dunkeln wohnen. Vgl. ferner K. Galling, Steinerne Rahmenfenster, Miscellanea Archaeologica, in: ZDPV 83, 1967, 123ff.

[513] St. Sinos, in: H.-G. Buchholz, Ägäische Bronzezeit (1987) 311 Taf. 5c; 9a.

"Erscheinungsfenster" des Pharao bekannt. R. Naumann hat Gründe dafür angeführt, daß die Fachwerk- und Fensterarchitektur des nordsyrischen Palastbaus kretischen Ursprungs war [515]. M. Riemschneider führte mit Bezug auf die 'Frau am Fenster' (s. unten S. 650ff.) aus: Das Märchen vom Neubau des Baal von Ugarit wolle nicht erklären, warum Häuser Fenster haben, sondern warum gerade die beiden Götter (Inar und Baal) Tempel besitzen, die durch ihre Fenster auffällig sind (Augengott und Heilige Hochzeit [1953] 266f.).

Dem oder den Fenstern kam am Astarte-Aphrodite-Tempel der Levante und Zyperns eine besondere Bedeutung zu. Durch zahlreiche Elfenbeinschnitzereien phönikisch-assyrischer Zeit sind wir über das Motiv der "Frau am Fenster" — Aphrodite oder ihrer Vertreterin in der heiligen Tempelprostitution — informiert. Sie führte deshalb bei den Griechen den Beinamen "Parakyptousa" [516]. Doch das Bildmotiv läßt sich bis in die Bronzezeit zurückverfolgen, und damit auch der religionsgeschichtliche Zusammenhang: Ich nenne in aller Kürze lediglich drei Denkmäler, den sogenannten "Window-Krater" aus Kourion, ein mit "Frauen an Fenstern" bemaltes mykenisches Gefäß aus Kourion im Cyprus Museum [517], einen bronzenen Untersatz, der ein Gebäude mit Fenstern nachahmt, aus denen je eine Frau blickt, aus Grab 97 in Enkomi [518], schließlich einen mykenischen Sarkophag von der böotischen Nekropole in Tanagra (Grab 6), dessen beide Langseiten mit je drei Fenstern bemalt sind, abermals mit zum Bildmotiv gehörigen weiblichen Köpfen [519].

Hausmodelle — von denen die meisten Weihgaben, nämlich Miniaturtempel sein dürften — helfen uns, sonst fehlende Details der Architektur bündig nachzuweisen [520]. So haben ägäische wie vorderasiatische Tempelbauten sowohl Fen-

---

[514] Beispielsweise H. Schäfer, Von ägyptischer Kunst (4. Aufl., 1963) 309 Abb. 311 (Berlin, Ägypt. Mus., Inv.-Nr. 3316); vgl. auch H. Kantor, AJA 61, 1957, 49 Taf. 11.

[515] R. Naumann, Architektur Kleinasiens (2. Aufl., 1971) 406ff.; E. Akurgal, Orient und Okzident (1966) 65f. Weiteres unten Anm. 2444-2448.

[516] W. Fauth, Aphrodite Parakyptousa (1967) mit der Rez. von W. Helck, Gnomon 40, 1968, 217ff. Weitere Zusammenhänge: H.-J. Horn, Respiciens per fenestras, prospiciens per cancellos; zur Typologie des Fensters in der Antike, in: Jahrbuch für Antike und Christentum 10, 1967.

[517] P. Åström, SCE IV 1 C (1972) 291 (mit der vollständigen älteren Lit.).

[518] London, Brit. Mus., Inv.-Nr. 97/4-1,1296, s. A.S. Murray, Excavations in Cyprus (1900) 10 mit Abb. 18; H.W. Catling, Bronzework 204f. Nr. 32 Taf. 33c und ders., in: Alasia I (1971) 22f. Abb. 6.7; auch in W. Lamb, Greek and Roman Bronzes (1929) Taf. 12b und E.F. Prins de Jong, BAntBeschav 24-26, 1949-51, 4 Nr. 2; Th. Nörling, Altägäische Architekturbilder (1995) Taf. 18,1 (dort passim nahezu vollständige Dokumentation ägäischer Fensterdarstellungen).

[519] Sp. Marinatos, AAA 3, 1970, 62 Abb. 2; Th. Spyropoulos, ebd. 194 Abb. 13.

[520] I. Schoep, "Home sweet Home", some Comments on the So-Called House Models from Prehellenic Aegean, in: OpAth 20, 1994, 189ff. ("four typologically and functionally different threedimensional models: scale-models, house-altars, action votive-objects, and backs-

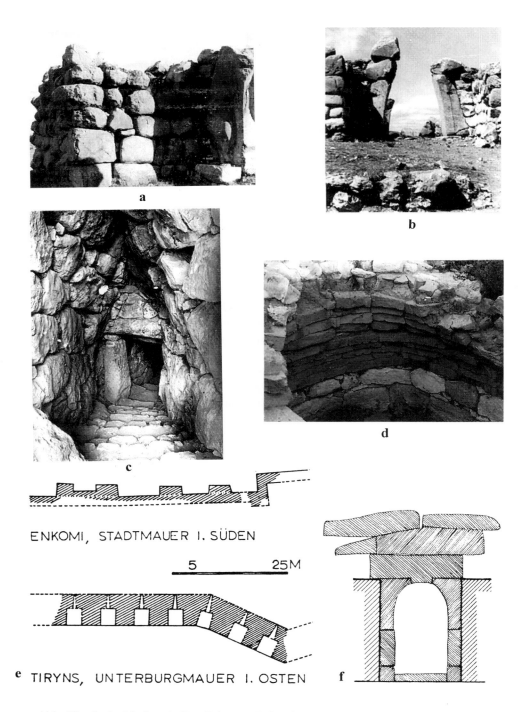

ENKOMI, STADTMAUER I. SÜDEN

5   25M

e TIRYNS, UNTERBURGMAUER I. OSTEN   f

Abb. 52 a-f. Architektur in Ras Schamra, Enkomi, Boğazköy-Ḫattuscha, Tiryns und Mykene; Näheres s. auf gegenüberliegender Seite

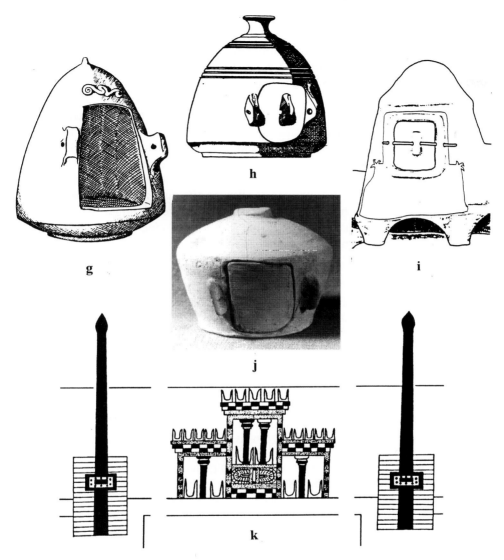

Abb. 52 g-k Rundhütten, Speicher: g und h Tonmodelle aus Ras Schamra. — i heutiger Silo in Nordwestindien zum Vergleich. — j minoisches Tonmodell eines Rundtempels in Speicherform aus Amnisos/Kreta (SM III B). — k Rekonstruktion der dreigliedrigen Fassade eines minoischen Tempels (Th. Nörling, Altägäische Architekturbilder [1995] Taf. 8,3)

Erläuterungen zu Abb. 52 a-f auf gegenüberliegender Seite: a.b Boğazköy, Turm am Löwentor und Königstor von außen. — c Im "falschen Gewölbe" erbauter unterirdischer Stollen, Zugang zu einer Wasserstelle in Mykene, Türleibung wie in Boğazköy (Abb. 51 g). — d Ungewöhnliches Tholosgrab in Enkomi/Zypern mit eingestürzter Kuppeldecke.— e Abschnitte der Stadt-, bzw. der Burgmauer von Enkomi und Tiryns. — f Ras Schamra, Grabeingang (s. Abb. 51 f)

ster als auch in oberen Stockwerken größere Wandöffnungen, teilweise mit Säulen-
und Pfeilerstellungen, besessen, ferner begehbare Flachdächer. Schöne Beispiele
sind Terrakottamodelle aus Selemiye/Syrien und Archanes/Kreta [521]. Auch tönerne ägyptische "Seelenhäuschen" mit ihren Fenstern, Außentreppen und Flachdächern mögen zum Vergleich herangezogen werden [522]. Hochinteressant erscheint
mir die Rekonstruktion des "Turmtempels von Hazor", der eine dreigliedrige
Fassade aufwies, mit Hilfe eines tönernen bemalten Modells aus Megiddo durch
den frühverstorbenen A. Kempinski. Danach hätten wir es mit einem langrecht-
eckigen Flachdachbau, der Licht durch zahlreiche Fenster erhält, zu tun. Ihn zeichnet eine monumentale Eingangsseite aus, deren Tür durch gewaltige Ecktürme
zugleich geschützt und optisch flankiert wird [523]. Anders angeordnet waren "Hof-
türme in den Tempeln von Ḫattušaš" [524]. Ein bereits eisenzeitliches Basaltmodell
vom Tell Ḫalaf wurde mehrfach in der Erörterung weiträumiger Verbindungen
herangezogen, weil es in den Fensteröffnungen jeweils eine Mittelsäule aufweist,
deren Schaft, wie bei minoischen Säulen, nach unten verjüngt ist [525].

tage votive-objects"). Vgl. bereits oben S. 175f. mit Anm. 477 und 485 und I. Trinanti,
Hausmodelle aus Mazi, in: AM 99, 1984, 113ff.; V. Karageorghis, A Mycenaean Naiskos
from Cyprus, in: RDAC 1988, Teil 1, 333 Taf. 48,1.2 (Cyprus Mus., Inv.-Nr. A 1734,
imitierter Rundbau); R. Hägg, The Cretan Hut-Models, in: OpAth 18, 1990, 95ff. Vgl.
neuerdings das tönerne Rundmodell aus Tel Dan/Israel: A. Biran, in: Yigael Yadin Memorial
Volume, Eretz-Israel 20, 1989, 128f. Abb. 21. 22,5 und C. Epstein, Temple Models and their
Symbolism, ebd. 23ff. 193f. Weiteres unten Anm. 2454.

[521] Zum Selemiye-Modell s. J. Wiesner, in: J. Thimme, Frühe Randkulturen des Mittel-
meerraumes (1968) 138 Abb. 4; R. Naumann, Architektur Kleinasiens (2. Aufl., 1971) 465f.
Abb. 603. Zum Archanesmodell (MM III, Heraklion, Arch. Mus., Inv.-Nr. 19410) vgl. A.
Lembese, ArchEphem 1976, 12ff. Taf. 22. 23; G. Säflund, Cretan and Theran Questions, in
Symposium Athen 1980 (1981) 189ff. 195f. Abb. 9 (Selimiye) und 10 (Archanes); Schoep
a.O. 191 Abb. 1 (Archanes, auf dem Kopf stehend), mit ausführlichem Katalog minoischer
Stücke und einem Stück aus Sparta-Menelaion. Schließlich auch P. Spanos, Ein Architektur-
modell der Ḫabur-Keramik, eine Weihgabe?, in: Beiträge zur Altorientalischen Archäologie
und Altertumskunde, Feschrift für B. Hrouda (1994) 265ff.

[522] Berlin, Inv.-Nr. 15089 (L 28 cm; Mittleres Reich), s. W. Kaiser, Ägyptisches Museum
Berlin (1967) 43f. Nr. 440 mit Abb.

[523] A. Kempinski, Reconstructing the Canaanite Tower-Temple, in: Yigael Yadin Memorial
Volume, Eretz-Israel 20, 1989, 82ff. 196f. Typologisch nicht vergleichbar dem Modell eines
Rundturms mit Fenstern und der Bekrönung durch eine Reihe von Kulthörnern, aus Gournia
(SM II), s. A. Evans, PM II (1928, Nachdruck 1964) 134. 139 Abb. 70a.b und S. 603.

[524] So der Titel einer Studie von P. Neve, IstMitt 17, 1967, 89ff. Taf. 3,1.2. — Zu Haus-
/Tempel- und Turmmodellen aus Boğazköy vgl. ders., Ein hethitisches Hausmodell, in:
Aspects of Art and Iconography, Anatolia and its Neighbours; Studies in Honor of N. Özgüç
(1993) 439ff.

[525] R. Naumann, Jahrbuch für kleinasiatische Forschung 2, 1951-1953, 246ff.; ders. a.O.
(oben Anm. 521) 145 Abb. 171; B. Wesenberg, Kapitelle und Basen, Beobachtungen zur
Entstehung der griechischen Säulenformen (1971) 31f.

Einen wichtigen Dienst leisten auch Architekturangaben in minoisch-mykenischen Wandmalereien, allen voran die berühmten Schiffsfresken aus Thera mit ihren Darstellungen mehrgeschossiger, städtischer Häuser, von Freitreppen, Stadtbefestigungen, Leuten an Fenstern und auf Flachdächern. Außerdem ist die Kombination von Stein und Holz im Fachwerkbau erkennbar. Für das minoische Kreta treten Fayenceplättchen ergänzend hinzu; sie zeigen ebenfalls Gebäude und werden ursprünglich zum Reliefbild einer Stadt gehört haben [526].

Zum unverwechselbar kretisch-minoischen Architekturschmuck gehörten "Kulthörner". Dabei handelt es sich um in Stein umgesetzte, monumentalisierte religiöse Symbole [527], wie sie in der Vasen- und Sarkophagmalerei der minoisch-mykenischen Welt weit verbreitet waren (Abb. 98i-m) [528]. Ein Fries von neun Kulthörnern an einer kürzlich veröffentlichten Bügelkanne des SH III B aus Midea/-Argolis bereichert die einschlägigen Quellen, indem hier die Kulthörner mit zahlreichen unterschiedlichen, auch neuen religiösen Symbolen an einer Vase kombiniert auftreten [529]. Wir wollen uns weder auf die Herkunftsfrage [530] noch auf die

---

[526] H.Th. Bossert, Altkreta (3. Aufl., 1937) Abb. 261 (Knossos, MM II). Auch Siegelbilder geben manchmal Gebäude und Altäre wieder, in einfacher linearer Form z.B. auf einem kyprischen Siegelbild, unten Abb. 93h.

[527] Es gibt sie auch aus Ton (drei vollständige und weitere Fragmente, hohl, rotbraun gefirnißt, aus Hagia Triada in Rom, Museum Pigorini; aus Knossos: M. Popham, AAA 3, 1970, 93 Abb. 1. Zu weiteren aus Petsofa s. K. Davaras, Mouseion Hagiou Nikolaou [Neugriechisch, o.J.] Nr. 31.33; ferner Mallia: ein kleines Kulthorn aus grobem Ton, Br 20 cm, H.-G. Buchholz, Altägäis 1971 Abb. 449; Tiryns, SH III B: Sp. Iakobides, AM 108, 1993, 17); gelegentlich in noch kleineren Dimensionen (Palaiokastro/Ostkreta, s. J.A. MacGillivray, BSA 84, 1989, 417ff. Taf. 64c). Architektonisch in Knossos, aus bemalter Mörtelmasse: A. Evans, PM III (1930, Nachdruck 1964) 524 Abb. 367.

[528] In den Abb. 95a und 98i mögen "Hörneraltäre" oder altarähnliche Strukturen mit Kulthorn-Aufsätzen gemeint sein, s. unten S. 613 und G. Sakellarakes, A Mycenaean Altar with Horns of Consecration from the Idaean Cave, in: Kernos 2, 1989. Ein älterer, m.E. nicht überholter Forschungsstand ist schön zusammengefaßt bei M.P. Nilsson, Geschichte der griechischen Religion I (3. Aufl., 1967) 272ff. — und etwas ausführlicher in: Minoan-Mycenaean Religion and its Survival in Greek Religion (2. Aufl., 1968) 165ff. ("The Horns of Consecration and the Facade of the Minoan Shrines"); S. 269 Abb. 135 und S. 283 Abb. 142; dazu neuerdings "ein Versuch" (so der Untertitel) von W. Pötscher, Aspekte und Probleme der minoischen Religion (1990) 67ff. (Stierhörner, Stierkopf und Stier), 114ff. (Doppelhorn und Baum, und Säule, und Vogel, Doppelhorn mit Schlangen, Doppelaxt mit Baum und Doppelhorn, Stierkopf mit Vögeln, usw.).

[529] S. McMullen Fisher-K.L. Giering, JPR 8, 1994, 4 Abb. 1 und S. 8ff. P. Åström hat die Bedeutung des neuen Fundstücks hervorgehoben, indem er er als Deckelbild für JPR 8 nutzte.

[530] W. Lamb, Excavations at Kusura I (1937) 37f. Taf. 5,4; S. Lloyd-J. Mellaart, Beycesultan I (1962) 44 Abb. 16 Taf. 10a; S. Diamant-J. Rutter, Horned Objects in Anatolian and the Near East and their possible Connections with the Minoan Horns of Consecration, in: AnatStud 19, 1969, 147ff.; s. auch S. Hood, The Minoans (1971) 162f. Anm. 5; K. Jaritz, Frühe Bukranien aus Vorderasien, in: Actes du Symposium d'Art Préhistorique; Capo di

zahlreichen bisher vorgelegten Deutungen einlassen [531]. Die größeren steinernen Kulthörner sind zuverlässig als Architekturteile identifiziert worden, bei solchen geringerer Größe handelt es sich manchmal um Votive. Als Fassadenbekrönung, Brüstungsaufsätze an Treppentrakten oder Grabaufbauten wurden sie an nahezu sämtlichen bedeutenden bronzezeitlichen Fundstellen Kretas festgestellt, in Knossos (mit über zwei Metern Spannweite) [532], Archanes [533], Nirou Chani [534], Phaistos [535], Mallia [536], Gournia [537], Zakro [538] und Roussolakkos [539], desgleichen auch auf Thera [540], in Mykene [541], Pylos und im böotischen

---

Ponte 1970, 295ff.; H.Z. Kosay, in: Actes du 8. Congr. Int. des Sciences Préhist. et Protohist., Belgrad 1971, Band II (1973) 496ff. (neolith., Kleinasien); B.B. Powell, The Significance of the so-called Horns of Consecration, in: Kadmos 16, 1977, 70ff.; N. Kalicz-P. Raczky, The Precursors to the 'Horns of Consecration' in the Southeast European Neolithic, in: ActaArchHung 33, 1981, 5ff.; I. Strøm, Graekenlands Forhistoriske Kulturer (Dänisch, 1982) 361 (Çatal Hüyük); D.T. Potts, Notes on some horned Buildings in Iran, Mesopotamia and Arabia, in: Revue d'Assyriologie et d'Archéologie Orientale 84, 1990, 33ff.

[531] Der Begriff taucht um die Jahrhundertwende englisch und italienisch als "Horns of Consecration" und "Corni di Consecrazione" auf; "Kulthörner" ist Übersetzungsdeutsch, s. R. Paribeni, Corni di Consecrazione nella prima Età del Ferro Europea, in: BPI 30, 1904, 304ff.; J. Déchelette, Croissants Lacrustes et Cornes Sacrées Égéennes, in: Revue Préhistorique 3, 1908, 301ff.; ders., Le Taureau et les Cornes Sacrées, in: Manuel d'Arch. Préhist. Celtique et Gallo-Romaine II (1910) 470ff.; I. Scheftelowitz, Das Hörnermotiv in den Religionen, in: ARW 15, 1912, 451ff.; W.B. Kristensen, De heilige Horens in den oudkretenzischen Godsdienst, in: Verslagen en Mededeelingen der Akad. van Wetenschappen, Amsterdam, Letterkunde, 4. Serie, 12 (1914) 74ff.; W. Gaerte, Die Bedeutung der kretischminoischen "Horns of Consecration", in: ARW 21, 1922, 72ff.; ders., Die kretisch-minoischen "Horns of Consecration", das Kultsymbol der Erdgöttin, in: Miwa, Archiv für Anthropologie, N.F. 19, 1923, 166f.; H. Sjövall, Zur Bedeutung der altkretischen "Horns of Consecration", in: ARW 23, 1925, 185ff.; A.B. Cook, Zeus I (2. Aufl., 1964) 505ff.

[532] A. Evans, PM II 159f. Abb. 81; weitere Fragmente bei S. Hood, Philia Epe eis G. Mylonan I (1986) 150 Anm. 14 Taf. 5e; 6c.

[533] Kalkstein, in zwei Hälften getrennt gearbeitet, eine Hälfte erhalten.

[534] ArchEphem 1922, 2ff. Abb. 2.

[535] Gelblicher Kalkstein (SM I), Rom, Mus. Pigorini.

[536] H.-G. Buchholz, Altägäis (1971) Abb. 449.

[537] Ebd. Abb. 450, in Philadelphia, Univ.-Mus., Inv.-Nr. MS 4171 (Kalkstein, H 38cm), s. J.S. Soles, AJA 95, 1991, 50 Abb. 46, S. 78 Nr. 21.

[538] N. Platon, Praktika 1966, 142 Taf. 140b.

[539] Sandstein, zusammenpassende Fragmente, s. J.A. MacGillavray-L.H. Sackett, BSA 79, 1984, 136 Taf. 11a, rechts.

[540] Sp. Marinatos, Excavations at Thera II (1969) 53 Abb. 43 und VI (1974) Taf. 83a; weitere in der Ausgrabung, in situ et ex loco; außerdem in den Therafresken dargestellt, s. N. Marinatos, in: R. Hägg-N. Marinatos, Proceedings of the 3rd Int. Symposium at the Swedish Institute in Athens 1982 (1984) 176 Abb. 9.

ziges tönernes, aus fünf Kulthörnern unterschiedlicher Größe symmetrisch kom-
poniertes plastisches Gebilde, eine Opfergabe aus dem minoischen Höhenheiligtum
von Petsofa [543].

Es kann unmöglich auf bloßem Zufall beruhen, wenn Kulthörner als Architekturelemente und Altarbekrönungen im bronzezeitlichen Zypern Aufnahme fanden.
In diesen typisch kretischen Elementen spiegelt sich viel mehr eine gewisse Abhängigkeit kyprischer Sakralarchitektur von der ägäischen. Die Umkehrung einer
solchen Verbindung, die Zypern als den gebenden, Kreta als den nehmenden Teil
annimmt, wäre schon aus chronologischen Gründen undenkbar. Wir treffen nicht
allein im paphischen Aphroditeheiligtum [544] — in welchem weitere ägäische Elemente vorkommen — auf Kulthörner, vielmehr ebenfalls in Kition, einer überwiegend semitisch-phönikischen Stadt, jedenfalls in ihrer nachbronzezeitlichen
Geschichte. Dort weist ein prächtiges, zweiteilig gearbeitetes Kulthorn zwei kyprominoische Schriftzeichen auf (↑' ⅄). In Kition lag außerdem ein weniger
monumentales Kulthorn an der Basis eines grob geschichteten kubischen
Altars [545]; während ein stattliches Kulthorn in Myrtou-Pigades/Nordwestzypern
einen monumentalen Altar bekrönte [546]. Das Stück aus Myrtou ist in Anlehnung
an eine kretische Herstellungsweise in zwei Teilen gearbeitet wie weitere Stücke in
Altpaphos (Kouklia). Den genannten Vorkommen auf Zypern sind ferner noch
Beispiele aus dem bronzezeitlichen Pyla-Kokkinokremos (nicht monumental:
Kalksteinbecken mit Kulthorn im Relief) und dem archaischen Hamonheiligtum von
Meniko/Zentralzypern hinzuzufügen [547], letzteres ein recht "degenerierter" Beleg

---

[543] Hagios Nikolaou, Arch. Mus., Inv.-Nr. 6805, s. K. Davaras, Pepragm. tou 4. Diethnous
Kretologikou Synhedriou, Herakleion 1976 (1980) 88ff. Taf. 15a-c.

[544] F.G. Maier, AA 1975, 444 Abb. 15; 1977, 275ff. 280f. Abb. 6; ders., Symposium Nikosia
1978 (1979) 228ff. 233 mit Anm. 17 Taf. 35,3.

[545] V. Karageorghis, AAA 3, 1970, 343 Abb. 1; ders., Kadmos 9, 1970, Taf. 1 nach S. 173f.;
ders., BCH 95, 1971, 387 Abb. 100 und 97, 1973, 653 Abb. 86 (Kulthorn mit Schriftzeichen); J.M. Webb, RDAC 1977, 113ff.; H. Müller-Karpe, Handbuch der Vorgeschichte IV,
Bronzezeit (1980) Taf. 183 B 13; V. Karageorghis-M. Demas, Excavations at Kition V
(1985) 104,4; G.R.H. Wright, Ancient Building in Cyprus II (1992) Abb. 91b; Th. Papadopoulos, Aegean Cult Symbols in Cyprus, in: Kongreß Göteborg 1991 (Acta Cypria III
[1992]) 330f. Abb. 2a, S. 353. Auch unten Anm. 2189.

[546] P. Dikaios, A Conspectus of Architecture in Ancient Cyprus, in: Kypriakai Spoudai 1960,
11; F. Schachermeyr, AA 1962, 365f. Abb. 87; Annual Report of the Director of the
Department of Antiquities 1969, Abb. 39 (im Zustand der Restauration), Abb. 40 (in
erneuertem Zustand); V. Karageorghis, BCH 94, 1970, 299 Abb. 170; J.M. Webb, RDAC
1977, 113ff. Taf. 28,2; B. Rutkowski, Religious Architecture in Cyprus and in Crete in the
Late Bronze Age, in: Symposium Nikosia 1978 (1979) 223ff. Taf. 33,2; G.R.H. Wright,
Ancient Building in Cyprus II (1992) Abb. 90.91a.

[547] V. Karageorghis, RDAC 1976, 76ff.; V. Karageorghis-M. Demas, Pyla-Kokkinokremos
(1984) 1 und 73. Meniko: V. Karageorghis, AA 1963, 559f.; ders., Two Cypriote Sanctuaries
of the End of the Cypro-Archaic Period (1977) 34 Nr. 107, S. 41f. Taf. 5,5 und die Rezension von V. Wilson, JHS 99, 1979, 206f. — Zum gesamten Fragenkreis s. M. Loulloupis,

Kalksteinbecken mit Kulthorn im Relief) und dem archaischen Hamonheiligtum von Meniko/Zentralzypern hinzuzufügen [547], letzteres ein recht "degenerierter" Beleg des 6. Jhs. v.Chr. Es darf allenfalls als ein Argument für das partielle "Nachleben" bronzezeitlicher Kulturarchitektur gelten. Übrigens besitzt die "gehörnte Stele" oder "Stele mit oberem V-Einschnitt" aus Meniko Parallelen des 4. Jhs. v.Chr., die aus Chapotami bei Kouklia und aus Hagia Moni, ebenfalls im Paphos-Distrikt, stammen [548].

Erwartungsgemäß weisen einige kyprohelladische Vasenmalereien auch Kulthörner auf, beispielsweise ein SH III C-Krater aus Hala Sultan Tekke [549]. Ich sage "erwartungsgemäß", weil sehr viele Bildmotive der mykenischen Vasenmalerei in kypro-levantinischen Osten reicher bezeugt sind als im Mutterland. Es ist zu betonen, daß sich freilich die Baumeister nicht an Vasenbildern orientiert haben, sondern an Vorbildern der monumentalen Architektur.

In Tiryns hat K. Kilian eine quadratische, abgestufte Kapitellplatte mit Versatzmarke ausgegraben. Sie hat zu einem Holzpfeiler in einem der Treppentrakte gehört [550]. Derartige Säulen- und Pfeilerkapitelle sind z.B. auch an die Halbsäulen der Atreus-Tholos angearbeitet und ferner bildlich dargestellt worden [551].

Es ist der Aufmerksamkeit von P. Themelis zu danken, daß an prominentem Ort, der bronzezeitlichen Vorläuferstätte des Apollontempels von Delphi, ebenfalls ein solches Kapitell entdeckt wurde [552]. Im Unterschied zu der schlichteren Platte aus Tiryns zeigt es mehrfache Stufung. Außerdem wurden in Delphi — ebenfalls von P. Themelis — mehrere noch unveröffentlichte, nicht quadratische, vielmehr rechteckige Stufenkapitelle gefunden [553].

---

[547] V. Karageorghis, RDAC 1976, 76ff.; V. Karageorghis-M. Demas, Pyla-Kokkinokremos (1984) 1 und 73. Meniko: V. Karageorghis, AA 1963, 559f.; ders., Two Cypriote Sanctuaries of the End of the Cypro-Archaic Period (1977) 34 Nr. 107, S. 41f. Taf. 5,5 und die Rezension von V. Wilson, JHS 99, 1979, 206f. — Zum gesamten Fragenkreis s. M. Loulloupis, Mycenaean 'Horns of Consecration' in Cyprus, in: Symposium Nikosia 1972 (1973) 225ff. mit Taf. 28. 29; H.-G. Buchholz, AA 1974, 397; R. Hägg, Sacred Horns and Naiskoi, Remarks on Aegean Religious Symbolism in Cyprus, in: Symposium Larnaka 1989 (1991) 79ff.

[548] M. Loulloupis, Symposium Nikosia 1972 (1973) 239f. Taf. 29,7 und 8.

[549] P. Åström, OpAth 16, 1986, 15 Abb. 18. Weiteres bei E. Vermeule-V. Karageorghis, Mycenaean Pictorial Vase Painting (1982) Nr. III 23; Papadopoulos a.O. (Anm. 545) 350 Abb. 1c und d.

[550] K. Kilian, AA 1979, 402f. Abb. 29a-d; BCH 102, 1978, 667 Abb. 58. 59.

[551] Einige Nachweise bei Kilian a.O. 402 Anm. 66.

[552] ASAtene 61, 1983, 250 und Abb. 53.

[553] P. Themelis hatte mir die Publikation in meiner "Ägäischen Bronzezeit" zugesagt, wurde aber durch andere Terminarbeiten abgehalten. Als Rahmenthema stelle ich mir vor: "Mykenisches nördlich des Golfes von Korinth".

Die dreifache Abstufung entspricht derartigen Architekturzeugnissen aus Zypern (Enkomi [554], Kition [555], Altpaphos und Myrtou Pigades [556]). Auch hier gehörten quadratische Stufenkapitelle zu bedeutenden Bauten, u.a. Tempeln wie dem der "Paphie" (ἡ Παφίη), der Aphrodite von Paphos [557]. Somit bietet die Architekturgeschichte im Hinblick auf ägäisch-kyprische Verbindungen in der späten Bronzezeit zusätzliche Argumente zu den oben bereits vorgelegten. Nicht alle Kapitelle dieses Typs trugen Gebälk, sondern sind im Temenos freistehend als Bekrönungen von Votivpfeilern zu denken.

Den Stufenkapitellen entsprechen im ägäischen Raum außerdem getreppte Pfeilerbasen und kleinere Stufensteine, die aufgerichteten Doppeläxten als Halterung dienten. Am Hagia Triada-Sarkophag sind sie dargestellt. Desgleichen kommen Stufenbecken und gestufte Libationstische vor [558]. Wenn eine neue Rekonstruktion zutrifft, dann wäre ein sechsfach getreppter Libationstisch auf vierfach getrepptem Unterteil im Heiligtum von Syme/Kreta gewonnen [559]. Ebenso gibt es recht-

---

[554] Gebrochen, 1,47 x 1,47 m, Höhe etwa 75 cm; s. J.-Cl. Courtois, in: H.-G. Buchholz, Ägäische Bronzezeit (1987) 187 und bereits V. Karageorghis, AAA 4, 1971, 102f. Abb. 2 und 2a; ders., BCH 95, 1971, 386 Anm. 85.

[555] In Kition mehrfach bezeugt, teils fragmentiert, s. Karageorghis, a.O. 104f. Abb. 3. 3a. 3b; 4 und 4a; ders., BCH 97, 1973, 653 Abb. 85; O. Callot, in: V. Karageorghis-M. Demas, Excavations at Kition V (1985) 219ff. Abb. 35ff. Taf. 70,3; 71,2.3.5.6; 104,3.6; G.R.H. Wright, Ancient Building in Cyprus II (1992) Abb. 278. 279; Abb. 282: ein entsprechendes Stufenkapitell aus Amathous ist undatiert, nach Wright "Graeco-Roman ?".

[556] J. du Plat Taylor, Myrtou-Pigadhes (1957) 14f. Abb. 9; V. Karageorghis, AAA 4, 1971, 102 Abb. 1 und 1a.

[557] V. Karageorghis, AAA 4, 1971, 101ff.; F.G. Maier, RDAC 1974, 137f. Abb. 2 Taf. 21,3; ders., AA 1975, 445 Abb. 13; ders., Neue Forschungen in griechischen Heiligtümern, Kolloquium des DAI in Olympia 1974 (1976) 233f. Abb. 13a-c; 14; ders., Symposium Nikosia 1978 (1979) 233 Taf. 35,4; ders., AA 1980, 502f. Abb. 6; ders., Alt-Paphos auf Cypern, 6. Trierer Winckelmannprogramm 1984 (1985) Taf. 3,1 und 6,1; K. Nikolaou, AJA 79, 1975, 130 Taf. 28,27; V. Karageorghis, BCH 108, 1984, 947 Abb. 147.

[558] G. Karo, Religion des ägäischen Kreises, in: H. Haas, Bilderatlas zur Religionsgeschichte, 7. Lieferung (1925) Abb. 45 (Stufenbasis), Abb. 57 (Darstellung einer solchen Basis am Tonsarg aus Palaikastro, wo auch ein völlig gleich gestaltetes Kapitell dargestellt ist). Identische Stufenbasen und -kapitelle finden sich außerdem an kretischen Terrakottauntersätzen quadratischen Grundrisses, die Architekturelemente wiedergeben (J. Boardman, The Cretan Collection in Oxford [1961] 133 Abb. 49b [Karphi]; G. Sakellarakes, Museum Heraklion [1978] 96 mit Farbabb. ["Basis eines Gefäßes" ist Unsinn]). Ferner M.P. Nilsson, Minoan-Mycenaean Religion (2. Aufl., 1968) 216ff. Abb. 111 ("stepped double axe base", Mykene); ferner Sp. Marinatos, Thera VI (1974) Taf. 83b. Zu gestuften Steinbecken und -tischen Nilsson a.O. 126 Abb. 37,15.17 (Gournia); P. Warren, Minoan Stone Vases (1969) 64f. Taf. P 339; P 340 (Photos) und Abb. D 178-D 180 (Zeichnungen).

[559] Alle drei Glieder bestehen aus ähnlichem Serpentin, s. A. Lebessi, Praktika 1972, Taf. 187γ und Praktika 1985, 278 Abb. 6. Zur Rekonstruktion: A. Lebessi-P. Muhly, Aspects of Minoan Cult, Sacred Enclosures, the Evidence from the Syme Sanctuary/Crete, in: AA 1990,

eckige und quadratisch gestufte Steinblöcke — manche mit rechteckigen Eintiefungen, also Becken, andere nach Art kretischer Basen gearbeitet — im kyprischen Hala Sultan Tekke [560].

Schließlich ist der Nachweis dreischiffiger Tempel ("tripartite shrines") im ägäischen Raum nicht allein mittels bildlicher Darstellungen (Abb. 52k), sondern in Vathepetro/Kreta auch anhand ausgegrabener Architekturrelikte gelungen [561]. Eine bereits deutende Umzeichnung des Grundrisses hat J.W. Shaw vorgelegt [562] und daran weiterführende Überlegungen über "Evidence for the Minoan Tripartite Shrine" geknüpft [563]. Das im Detail reichste und als Werk der Kleinkunst schönste Bild der Fassade eines solchen dreigegliederten "Kultschreins" mit überhöhter Mitte der Fassade ist im Relief eines häufig abgebildeten und besprochenen Steinrhytons aus Kato Zakro zu erkennen [564].

Dieser Fassadentypus ist durch mehrere gestanzte Goldbleche unter den Schliemannschen Schachtgräberfunden weithin bekannt [565]. J.W. Shaw beschloß seine noch immer nicht überholte Abhandlung mit der wenig aufschlußreichen Aussage:

315ff. 330f. Abb. 19-22.

[560] U. Öbrink, Hala Sultan Tekke V (1979) 72f. Abb. 97.98.105; I. Jacobsson, Stepped "Bases" from Hala Sultan Tekke, in: Kongreß Nikosia 1982 (1985) 185ff. mit Abb. 1-10; weitere derartige Blöcke: P. Åström, RDAC 1984, 66ff. mit Abb. 1-5 und Taf. 6,1-3; ders., OpAth 16, 1986, 12 Abb. 10; G.R.H. Wright, Ancient Building in Cyprus II (1992) Abb. 281.

[561] Sp. Marinatos, Praktika 1951, 259 Abb. 12 (Plan); ders., Praktika 1952, 604ff.; ders., Kreta, Thera und das mykenische Hellas (2. Aufl., 1973) Farbtaf. 22, Taf. 61a-c.

[562] J.W. Shaw (s. die folgende Anm.) 442f. Abb. 13 und auch Abb. 11 (Photo) sowie Abb. 12 (Wiederholung von Marinatos' Steinplan).

[563] AJA 82, 1978, 429ff. — Vgl. auch B.C. Dietrich, Some Foreign Elements in Mycenaean Cult Places and Figures, in: A. Morpurgo Davies-Y. Duhous, Linear B, a 1984 Survey, Bibliothèque des Cahiers de l'Inst. de Linguistique de Louvain 26, 1985, 227ff.

[564] Herakleion, Arch. Mus., Inv.-Nr. 2764/2722, H 31 cm, SM I, um 1500 v.Chr., s. N. Platon, Ergon 1963, 174 Abb. 187; ders., Zakros, the Discovery of a Lost Palace of Ancient Crete (1971) passim; St. Alexiou, AAA 1969, 84ff. (zum teilweise ägyptischen Charakter der dargestellten Sakralarchitektur); E. Simon, Die Götter der Griechen (1969) 152 Abb. 140; H.-G. Buchholz, Altägäis (1971) Abb. 1163 (Detail, weitere Lit.); W. Schiering, Funde auf Kreta (1976) 81f. Taf. 22a.b; Shaw a.O. 432ff. Abb. 5-9; R. Hampe-E. Simon, Tausend Jahre frühgriechische Kunst (1980) Taf. 67. 68 und 69 wiederholen Shaws Rekonstruktionszeichnungen, zuletzt Th. Nörling, Altägäische Architekturbilder (1995). Ferner E. Hallager, The Master-Impression, a Clay Sealing from the Greek-Swedish Excavations at Kastelli/-Khania (SIMA 69, 1985, 59 Abb. 20a); I. Schoep, OpAth 20, 1994, 204f. Abb. 22c (zeichnerische Übersicht über Bautypen nach Wandfresken, Steingefäßen, Goldblechen, Siegelringen).

[565] H. Schliemann, Mykenae 306 Abb. 423; G. Karo, Schachtgräber 48 Nr. 26 und S. 74f. Nr. 242-244 Taf. 18 und 27; H.-G. Buchholz, Altägäis (1971) Abb. 1303 (mit weiterer Lit.); B. Wesenberg, Kapitelle und Basen (1971) Taf. 27. Vergleichbar einem Goldblech aus Volos-Iolkos, s. ArchEphem 1906, Taf. 14; O. Montelius, La Grèce Préclassique (1924) 119 Abb. 385; H.Th. Bossert, Altkreta (3. Aufl., 1937) Abb. 188.

"One cannot dismiss the possibility that the form had a long history which, although part of the religious vocabulary of the Minoans, may actually have had its origin outside of Crete"[566]. Auf St. Alexious Aufsatz "Ἱστοὶ Μἰνωϊκῶν Ἱερῶν καὶ Αἰγυπτιακοὶ Πυλῶνες", der vor Auffindung des vor allem von Shaw zur Deutungsgrundlage verwendeten Steinrhytons aus Kato Zakro geschrieben war[567], haben wir bereits aufmerksam gemacht[568].

Die Dreigliederung der Fassade minoischer Kultgebäude (Abb. 52k) entspricht recht genau Darstellungen des Tempels der Aphrodite von Paphos auf hellenistischen Siegeln und römischen Münzen[569]. Doch leider ist der bronzezeitliche Befund durch ständige Überbauung — und vielleicht auch durch vielfache Ausgrabungen immer wieder an denselben Stellen — so reduziert, daß über die Gestalt eines bronzezeitlichen Kultgebäudes Aussagen nicht möglich sind[570].

Zuletzt hat G.R.H. Wright in seinem lesenswerten Kapitel "Foreign Connections" den unübersehbaren ägyptischen Einfluß im paphischen Aphroditeheiligtum betont[571]. Doch auch er vermochte ihn nur vage bis in die Bronzezeit zurückzudatieren. Er akzeptierte die Rekonstruktion des verbrannten Holzaufbaus auf der Plattform im Tumulus von Salamis mit einer "tripartite" Front. Der gesamte Tumulus mit allem, was er enthielt, ist aber ins auslaufende 4. Jh. v.Chr. zu datieren und, wenn formal unter ägyptischem Einfluß entstanden, als makedonisch-"ptolemäisch" einzuordnen. Er kann also für Prähistorisches nicht in Anspruch genommen werden[572].

---

[566] Shaw a.O. 448.

[567] St. Alexiou, AAA 2, 1969, 84ff. und ders., KretChron 17, 1963, 339ff.

[568] Oben Anm. 564; vgl. Shaw a.O. 438 Anm. 18 ("the theory was dramatically confirmed when the Zakros rhyton was discovered").

[569] Dikaios a.O. (oben Anm. 546) Taf. 9b; F.G. Maier, The Paphian Shrine of Aphrodite and Crete, in: Symposium Nikosia 1978 (1979) 228ff. Taf. 34,1 (Münze des 3. Jhs. v.Chr.); I. Nikolaou, in: Philia Epe eis Mylonan III (1989) 245ff. mit Taf. 62 (Neugriechisch).

[570] F.G. Maier, zu diesen Fragen an vielen Stellen, vgl. z.B. "Das Heiligtum der Aphrodite in Paphos", in: Neue Forschungen in griechischen Heiligtümern, Int. Symposium in Olympia 1974, anläßlich der Hundertjahrfeier der Abt. Athen und der deutschen Ausgrabungen in Olympia (1976) 219ff.

[571] In: Ancient Building in Cyprus (1992) 520f. 534f.

[572] Ebenda, Band II Abb. 207a.b.

Kapitel 8

Metallproduktion und -handel

Auf Grund archäologischer Funde bieten sich Handel mit Rohmetallen (Barren) und Weiterverarbeitung (das Studium der Endprodukte, bronzener oder kupferner Geräte und Waffen, z.B. Abb. 82-85; 87.90.99.100b-d; 102d-f; 103a-h; 105d-h; 106-108) zur archäologisch-historischen Darstellung eher an als die eigentliche Erzproduktion, also Bergbau und Verhüttung, ein durch und durch sprödes Thema. Dennoch gebe ich versuchsweise einen Überblick, zumal mich meine Forschungen im nachbronzezeitlichen Bergbaugebiet von Tamassos über einen längeren Zeitraum hinweg mit einschlägigen Fragen in Berührung gebracht haben.

1. *Kupfer: Bergbau und Verhüttung*

Etwa vier Millionen Tonnen Kupferschlacke zeugen in Zypern noch heute von einer umfangreichen Verhüttung der Kupfererze im Altertum. Sie sind an vielen Stellen der Insel, hauptsächlich im Bereich der Kissenlava rings um das Troodosgebirge, zu finden. Wahrscheinlich haben gegen Ende der Bronzezeit einwandernde griechisch sprechende Stämme diesen Namen (eigentlich Trogodos) bereits vorgefunden, den hethitischen Quellen — lautlich nur ungefähr anklingend — als "Taggata" wiedergaben (Abb. 16a).

Obwohl in den Chromitminen des Troodosgebirges Naturkupfer in Stücken von mehr als einem Kilogramm Gewicht vorkommt und beispielsweise bei einer einzigen Sprengung in der Mavrovouni-Mine mehr als eine Tonne Naturkupfer ans Tageslicht kam, ist auf Zypern noch kein Objekt neolithisch-chalkolitischer Zeit gefunden worden, bei dem zweifelsfrei hätte nachgewiesen werden können, daß es aus Naturkupfer gefertigt wurde. In diese Epochen (etwa 4000 bis 2700 v.Chr.) gehört unter anderem ein Kupfermeißel der Ausgrabungen von Lemba bei Paphos. Ferner wurde in der Nähe, in einem der Rundhäuser von Kissonerga, außer einem Angelhaken und einem Meißel auch ein Stück sulfidischen Kupfererzes von einem Kilogramm Gewicht gefunden. Es ist nach Untersuchungen von U. Zwicker/Erlangen mit den Erzen aus dem dreißig Kilometer entfernten heutigen Bergwerk von Kinousa im Gefügeaufbau nahezu identisch [573]. Außerdem verbindet ein geringer Gehalt an Antimon Kinousa-Erz und den erwähnten Meißel von Lemba. Jedenfalls können wir den lokalen Kupferbergbau breits im vierten Jahrtausend nicht mehr ausschließen, während ursprünglich die ältesten Metallgegenstände unter den

---

[573] Ich benutze hier und im folgenden U. Zwicker, Die Metallurgie in der Vor- und Frühgeschichte Zyperns, in: Aphrodites Schwestern und christliches Zypern, 9000 Jahre Kultur Zyperns, Ausstellungskatalog Bremen, Übersee-Museum (1987) 63ff.

Funden der Insel zunächst als Importe aus Kleinasien angesehen wurden [574].

Die ersten Meldungen über Indizien für prähistorischen Bergbau auf Zypern erschienen während des letzten Weltkrieges und wurden deshalb von der deutschen Forschung erst sehr verspätet wahrgenommen [575]. Es ließ sich wahrscheinlich machen, daß und wo bereits während der Frühbronzezeit — und noch früher — eine Erzgewinnung stattfand, die man als "Bergbau" bezeichnen könnte, auch wenn technische Details (Stollenanlagen, Tiefe und Ausdehnung derselben) nicht bekannt geworden sind.

Wenig besser ist es um eine genaue Kenntnis des spätbronzezeitlichen Bergbaus bestellt: Amarna-Briefe und hethitische Quellen bezeugen zwar, daß es ihn in großem Umfang gab, ohne Probleme der Organisation, der technischen Bewältigung oder Regie, Beschaffung von Arbeitskräften und vieles mehr zufriedenstellend anzusprechen. Mit den Ausgrabungen von J. du Plat Taylor in Apliki im Bereich der Mavrovouni-Skouriotissa-Minen bei Lefka im Nordwesten der Insel wurde wenigstens eine gewisse Vorstellung von einer kurzlebigen Bergwerkssiedlung gewonnen, die um 1230 v.Chr. aufgegeben worden war [576].

So wie es im Westen der Insel bereits angesprochene Anzeichen für eine frühe Ausbeute der Kinousa-Mine gibt, so auch in Limni, beide im Raume der späteren

[574] Um Datierungen (C 14) und Analysen der einschlägigen Materialien aus der Lembaregion hat sich der Ausgräber E.J. Peltenburg gekümmert, vgl. u.a. E. Slater, in: Lemba Archaeological Project I (1985) 198ff. mit Analysentabelle 125 und S. 292ff. Vgl. ferner in J. Reade, Chalcolithic Cyprus and Western Asia, Brit. Mus. Occasional Paper 26 (1981) die Beiträge vor R. Burleigh (S. 21ff.) und E.J. Peltenburg (S. 23ff.) zu C 14-Daten, sowie R.F. Tylecote (S. 41ff.) zur Metallurgie.

[575] J. Du Plat Taylor, Mines where Mycenaeans got their Copper discovered in Cyprus, in: ILN 1940, 251ff.; P. Dikaios, New Light on Prehistoric Cyprus, in: A New Chapter in the Long Island Story of Cyprus, Wartime Discoveries of the Earliest Copper Age, ILN vom 2.3.1946, 244f. (Gußtiegel, -formen, -öfen in Ambelikou); ders., JHS 65, 1945, 104. — Zu einigen auf eine frühe Verbindung zwischen Anatolien und Zypern weisenden Indizien s. H.-G. Buchholz, Analysen prähistorischer Metallfunde aus Zypern und den Nachbarländern, in: BJbV 7, 1967, 189ff. Vgl. auch P.T. Craddock, Scientific Studies in Early Mining and Extractive Metallurgy, Symposium 1979, in: British Museum Occasional Paper 20 (1980); R.F. Tylecote, Chalcolithic Metallurgy in the Eastern Mediterranean, a.O. (oben Anm. 574) 41ff., bes. 50ff. 209 und 240ff. Tabelle 10; F.L. Koucky-A. Steinberg, Ancient Mining and Mineral Dressing on Cyprus, in: T.A. und S. Wertime, Early Pyrotechnology (1982) 149ff.; G. Weisgerber, Towards a History of Copper Mining in Cyprus and the Near East, in: Symposium Larnaka 1981 (1982) 25ff. (mit älterer Literatur).

[576] J. Du Plat Taylor, A Late Bronze Age Settlement at Apliki, in: AntJ 32, 1952, 133ff. — Vgl. weiterhin M. Görg, Sinai und Zypern als Regionen der Erzgewinnung; Beobachtungen zur Namengebung nach Mineralien in Ägypten und im alten Orient, in: The Intellectual Heritage of Egypt. Festschrift Kákosy (Budapest, 1992) 215ff.

antiken Stadt Marion gelegen [577]. Im Bergwerksgebiet des späteren Tamassos
(Abb. 16a, Karte) sind zwar nirgendwo mit Hilfe von Radiocarbonuntersuchungen
(C 14) alten Grubenholzes Nachweise gelungen, die weiter zurückreichen als bis ins
7. Jh. v.Chr. [578], aber im Raume der heutigen Dörfer Kambia, Mathiatis und
Scha [579] kann auf reiche Grabfunde aus der zweiten Hälfte des zweiten Jahrtausends verwiesen werden und vor allem auf zwei zerschlagene Kupferbarren des
bronzezeitlichen "Vierzungentypus" aus Mathiatis (Abb. 54i) [580]. Auf die Bergwerke von Kalavassos wurde oben im Zusammenhang mit der dortigen Präsenz
eines bedeutenden hethitischen Fundes (Abb. 16b) verwiesen. Die Fundstelle des in
Oxford befindlichen hethitischen Goldsiegels aus Tamassos (Abb. 91e), der Lambertishügel, besitzt Sichtentfernung zum Bergwerksbezirk von Kambia.

Prähistorische Bergwerksforschung bedient sich dort, wo die alten Stollen und
Gruben durch spätere Nutzung zerstört sind, sekundärer Indizien wie der bereits
angesprochenen Schlackenanhäufungen [581]. Außerdem wurden und werden in

---

[577] Ohne genaue Vorstellung vom tatsächlichen Alter dieser Bergwerke: D.G. Hogarth, Devia
Cypria (1989) 17; M. Ohnefalsch-Richter, Griechische Sitten und Gebräuche auf Cypern
(1913) 104ff. — Zuletzt: P.A. Raber, The Organization and Development of Early Copper
Metallurgy in the Polis-Region, Western Cyprus. Diss. Philadelphia 1984.

[578] H.-G. Buchholz, Archäologische Holzfunde aus Tamassos, in: APA 20, 1988, 75ff., bes.
133ff. (Kambia 660 ± 100 v.Chr. und 640 ± 50 v.Chr.; Skouriotissa 620 ± 60 v.Chr.); und
schon ders., Bemerkungen zu einigen C 14-Analysen Zyperns, in: RDAC 1977, 290ff.

[579] Zur Lage des Bergwerksgebietes von Alambra-Scha s. die Karte bei K.W. Schaar, RDAC
1981, 96 Abb. 4.

[580] Zu diesem fragmentierten Barren im Cyprus Museum Inv.-Nr. 1936-VII-17.9 vgl. J.L.
Bruce, Antiquities in the Mines of Cyprus, in: SCE III (1937) 639ff., 641 Abb. 238; H.Th.
Bossert, Altsyrien (1951) Nr. 285; D. Harden, The Phoenicians (2. Aufl., 1963) 230 Anm.
135; H.W. Catling, CBMW (1964) 268 Nr. 6 und 7 Taf. 49f und g; L. Åström, Studies on
the Art and Crafts of the Late Cypriote Bronze Age (1967) 23; weitere Literatur in H.-G.
Buchholz, PZ 37, 1959, 29 Nr. 5 Abb. 3,4; ders., Talanta, in: Schweizer Münzblätter 16,
1966, Heft 62, 58ff., bes. 65 Nr. 22; ders., Der Metallhandel des zweiten Jahrtausends im
Mittelmeerraum, in: Symposium Haifa 1985 (1988) 187ff. Abb. 3d (danach unsere Abb. 54i),
S. 197 mit Anm. 23. Technische Details: R.F. Tylecote, RDAC 1977, 321f.; Analyse: R.
Maddin, RDAC 1980, 93f. mit Taf. 16,1-3 (elektronenmikroskopische Aufnahmen von
Anschliffen).

[581] Zu diesen unten mehr. Vgl. z.B. zum Grundsätzlichen H.-G. Bachmann, The Identifi-
cation of Slags from Archaeological Sites, in: Occasional Publication of the Institute of
Archaeology, London, Nr. 6 (1982); R.J. Hetherington, The Characterisation of Archaeological Slags, Diss. New Castle 1978; P. Kresten-I. Serning, The Calculation of Normative
Constituents from the Chemical Analysis of Ancient Slags, in: Stockholm, Archaeometr. Inst.
Report 8, 1983, 1ff. Vgl. auch ältere Arbeiten aus dem mitteleuropäischen Gebiet: R.
Pittioni, Probleme und Aufgaben der urgeschichtlichen Bergbauforschung auf Kupfererz in
der Alten Welt, in: Anzeiger der Österreichischen Akademie der Wissenschaften 86, 1950,
496ff.; ders., Über den derzeitigen Stand der Erforschung des urzeitlichen Bergbaues auf
Kupfererz in der Alten Welt, in: FuF 26, 1953, 174ff.; ders., Exploitation Préhistorique du
Cuivre en Autriche, in: Techniques et Civilisations 3, 1954, 104ff.; ders., Urzeitlicher

vielen Fällen hilfreiche allgemeine Beobachtungen aus Geologie und Lagerstätten-
kunde auf den vorgeschichtlichen Bergbau übertragen [582]. Und schließlich sind
nicht selten tatsächlich vorhandene antike Grubenanlagen mit unbekanntem Alter —
wenn es in ihrer weiteren Umgebung prähistorische Funde gibt — in die Frühzeit
zurückprojiziert worden [583].

Desgleichen gilt nicht nur für Zypern, sondern für weite Regionen und die
einschlägige Forschung seit ihren Anfängen, mithin auch für das besonders erzrei-
che Anatolien mit den östlich anschließenden Bergländern: Eine Zuordnung von
prähistorischen Metallfunden zu bestimmten Erzlagerstätten findet — häufig unter
Anwendung verfeinerter Methoden [584] — mit Hilfe von geologischen Proben
statt, welche aus Tiefen stammen können, die im 3. und 2. Jt. v.Chr. nicht erreicht
worden sind, und aus Arealen, in denen es keine Spur prähistorischen Bergbaus —
jedenfalls nicht mehr — gibt. Grundlage für archäologische Survey-Ansätze waren
und sind in Kleinasien infolgedessen hauptsächlich reale geologische Forschungsergebnisse zu den verschiedenen Metallvorkommen, kombiniert mit fundierten
archäologischen Beobachtungen [585].

Bergbau auf Kupfererz und Spurenanalyse. Beiträge zur Relation Lagerstätte-Fundort, in:
Archaeologia Austriaca 10. Beiheft (1957); ferner P. Rosumek, Technischer Fortschritt und
Rationalisierung im antiken Bergbau (1982); H.D. Schulz, Zuordnung von Kupfer-Metall
zum Ausgangserz, Möglichkeiten und Grenzen der Methode, in: PZ 58, 1983, 1ff. (am
Beispiel von Helgoländer Erz).

[582] Bezüglich Zyperns: C. Renz, Geologische Untersuchungen auf den Inseln Cypern und
Rhodos, in: Praktika Akad. Athen 4, 1929, 301ff.; G. Constantinou, The Geology and
Genesis of the Sulphide Ores of Cyprus, Diss. London 1972; G. Constantinou-G.J.S. Govett,
Genesis of Sulphide Deposits, Ochre and Umber of Cyprus, in: Transactions of the Institute
of Mining and Metallurgy 8, Reihe B, 1972, 34ff.; L. Mousoulos, in: Philia Epe, Festschrift
für G.E. Mylonas II (1987) 335ff. (kypr. Metallvorkommen).

[583] Allgemein zu Zypern bereits: W. Douch, The Copper Mines of Cyprus, in: Baldwin
Locomotives 73 (1929) 52ff. und I.A. Rickard, Copper Mining in Cyprus, in: Transact. of
the Inst. of Mining and Metallurgy 39, 1930, 285ff.; vgl. ferner O. Davies, The Copper
Mines of Cyprus, in: BSA 30, 1928-1930; J.L. Bruce, Antiquities in the Mines of Cyprus,
in: SCE III (1937); D. Lavender, The Story of the Cyprus Mines Corporation (1962) bes. S.
322f. mit Abb. eines Keftiubarrens, der bisher unbeachtet blieb, "secured in Cyprus by
Harvey Mudd", demnach in Privatbesitz; L.M. Bear, The Mineral Resources and Mining
Industry of Cyprus (1963).

[584] Beispielsweise N.H. Gale-Z.A. Stos-Gale, Bronze Age Copper Sources in the Medi-
terranaean, in: Science 216, 1982, 11ff.

[585] Vgl. F. Freise, Die Gewinnung nutzbarer Mineralien in Kleinasien während des Altertums, in: Zeitschrift für praktische Geologie 14, 1906, 277ff.; S.E. Birgi, Notes on the
Influence of the Ergani Copper Mine on the Development of the Metal Industry in the
Ancient Near East, in: Jahrbuch für Kleinasiatische Forschung 1, 1951, 337ff.; H.G. Bach-
mann, Der vor- und frühgeschichtliche Bergbau in Kleinasien, in: Der Anschnitt 16, 1964,
3ff. — Weitere Karten und Lit. bei einem der Pioniere dieser Wissenschaft: St. Przeworski,
Die Metallindustrie Anatoliens, in: Opera Selecta (Wiederabdruck, 1967) und bei K. Bittel,
Die Hethiter (1976) 311; Karten der kleinasiatischen Metallvorkommen u.a. auch in: R.J.

Das wissenschaftliche Interesse am Bergbau und der Kupferproduktion der alten Ägypter setzte bereits im vorigen Jahrhundert ein und fand in dem Standardwerk von A. Lucas "Ancient Egyptian Materials and Industries" zunächst eine gewisse Zusammenfassung [586]. Die Kenntnis vom Bergbau der Sinaihalbinsel [587] und des südlichen Negev erfuhr sodann dank der archäologischen Untersuchungen B. Rothenbergs in Timna eine ergebnisvolle Bereicherung [588].

Forbes, Bergbau, Steinbruchtätigkeit und Hüttenwesen, in: F. Matz-H.-G. Buchholz, ArchHom, Lieferung K (1967) und APA 11/12, 1980/81, 80f. Surveyergebnisse: P.L. Giles-E.P. Knypers, Stratiform Copper Deposits, North Anatolia, Evidence for E.B.I. (2800 B.C.) Mining Activity, in: Science 186, 1974, 823ff.; P.S. de Jesus, The Development of Prehistoric Mining and Metallurgy in Anatolia, in: BAR, Int. Ser. 74 (1980); ders., A Survey of some Ancient Mines and Smelting Sites in Turkey, in: Archäologie und Naturwissenschaften 2, 1981, 95ff.; E. Pernicka u.a., Archäometallurgische Untersuchungen in Nordwestanatolien, in: JbRGZM 31, 1984, 533ff.; J. Lutz-E. Pernicka-G.A. Wagner, Chalkolithische Kupferverhüttung in Murgul/Ostanatolien, in: R.-B. Wartke, Handwerk und Technologie im Alten Orient, int. Tagung Berlin 1991 (1994) 59ff. (mit weiterer Lit.).

[586] Vgl. bereits R. Lepsius, Über die Metalle in den ägyptischen Inschriften, in: AbhBerlin 1871 und Winer, Die Metalle und Mineralien bei den alten Egyptiern, in: Berg- und Hüttenmännische Zeitung 40, 1881, 437ff. 465ff. 476ff.; G.A. Wainwright, Egyptian Bronze Making, in: Antiquity 17, 1943, 96ff.; R. Weill, Les Mots bj', Cuivre, Métaux, Mine, Carrière, Transport Blocs, Merveille, et leurs Déterminatifs, in: Revue d'Egyptologie 3, 1938, 69ff.; A. Lucas, The Origin of Early Copper, in: Journal of Egyptian Archaeology 31, 1945, 96ff.; A. Lucas-J.R. Harris, Ancient Egyptian Materials and Industries (1. Aufl. 1934/4. Aufl. 1962); P. Rosener-Krieger, Ugaritica VI (1969) 419ff. (ägypt. Metallwörter). Hauptsächlich zur Weiterverarbeitung: H. Jüngst, Zur Interpretation einiger Metallarbeiterszenen auf Wandbildern altägyptischer Gräber, in: Göttinger Miszellen 59, 1982, 15ff.

[587] W.M. Petrie, Researches on Sinai (1906); J. Černy, Semites in Egyptian Mining Expeditions to Sinai, in: Archiv Orientalni 7, 1935, 384ff.; G. Jéquier, Histoire des Mines de Sinai, in: J. de Morgan, La Préhistoire Orientale (1936) 239ff.; R. Giveon, Investigations in the Egyptian Mining Centres in Sinai, Preliminary Report, in: Tel Aviv (Journal of the Univ., Inst. of Arch.) 1-3, 1974-1976.

[588] B. Rothenberg, King Salomon's Mines, A new Discovery, in: ILN vom 3.9.1960; ders., Ancient Copper Industries in the Western Arabah, in: PEQ 1962, 5ff.; H.D. Kind, Antike Kupfergewinnung zwischen Rotem und Totem Meer, in: ZDPV 81, 1965, 56ff.; B. Rothenberg, Excavations in the Early Iron Age Copper Industry at Timna, 1964, in: ZDPV 82, 1966, 125ff.; R.F. Tylecote, A Metallurgical Investigation of Material from Early Copper Working Sites in the Arabah, in: Bulletin of Histor. Metal Group 1968, 86ff.; R.F. Tylecote-A. Lupu-B. Rothenberg, A Study of Early Copper Smelting and Working Sites in Israel, in: Journal of the Institute of Metals 1967, 235ff.; B. Rothenberg-A. Lupu, The Extractive Metallurgy of the Early Iron Age Copper Industry in the Arabah, Israel, in: Archaeologia Austriaca 41, 1970, 91ff.; U. Wurzburger, Copper Silicates in the Timna Ore Deposits, in: Israel Journal of Chemistry 8, 1970, 443ff.; A. Lupu, Metallurgical Aspects of Chalcolithic Copper Working at Timna, in: Bulletin of Histor. Metal Group 1970, 21ff.; B. Rothenberg, Timna, Valley of the Biblical Copper Mines (1972); B. Rothenberg-R.F. Tylecote-P.J. Boydell, Chalcolithic Copper Smelting, Excavations and Experiments. Archeo-Metallurgy Monograph (1978).

Soweit bekannt, vermochte sich keine der im dritten und zweiten Jahrtausend v.Chr. genutzten Erzgruben Griechenlands in ihrer Produktion mit den Bergwerken Zyperns, Kleinasiens oder der Sinaihalbinsel zu messen, zumal damals wirklich bedeutende Grubenbezirke wie Laurion in Südattika oder die Insel Siphnos überwiegend Silber und dessen Begleitmetalle — aber kaum Kupfer — ergaben[589]. Allerdings ist hinlänglich bewiesen, daß weder Kreta noch andere Teile des ägäischen Raumes völlig ohne eigene Kupferresourcen gewesen sind[590]. Freilich mag auch hier manches spätere Bergwerk an bronzezeitliche Einrichtungen angeknüpft haben, doch in den wenigsten Fällen ist dies gesichert[591]. Für die Kupferverhüttung größeren Stils im 3. Jt. v.Chr. fehlten in Griechenland bisher die Nachweise. 1980 wurde aber in Mantineia eine leistungsfähige Anlage dieser Epoche entdeckt[592].

In den weiten Balkangebieten, der Kontaktzone zwischen Anatolien und Mitteleuropa, sind Minenaktivitäten bis ins vierte vorschristliche Jahrtausend zurückzuverfolgen[593]. Es ist sogar der Versuch unternommen worden, einen Zusammenhang zwischen der Ausbreitung neolitischer Megalithbauweise und ersten

---

[589] Zum Silberbergbau s. unten S. 263ff.

[590] Vgl. bereits O. Davies, Bronze Age Mining round the Aegean, in: Nature 130, 1932, 985ff.; bezüglich Kreta s. P. Faure, Les Minerais de la Crète Antique, in: RA 1966, Heft 1, 45ff.; K. Branigan, An Early Bronze Age Metal Source in Crete, in: SMEA 13, 1971, 10ff.; P. Faure, Les Mines du Roi Minos, in: Akten des 4. Int. Kretologischen Kongresses, Herakleion 1976 (1980) 150ff.

[591] Vgl. O. Davies, Two North Greek Mining Towns (Cirrha Magoula and Volo Kastro), in: JHS 49, 1929, 89ff.; ders., Ancient Mines in Southern Macedonia, in: Journal of the Royal Anthropological Institute of Great Britain and Ireland 62, 1933, 145ff.

[592] O. Höckmann, Boreas 5, 1982, 46f.

[593] E. Nowack, Der nordalbanische Erzbezirk (Halle, 1926), zu den antiken Silberminen von Damastion; ferner J.H. Gaul, Possibilities of Prehistoric Metallurgy in the East Balkan Peninsula, in: AJA 46, 1942, 400ff.; V. Milojcic, Das vorgeschichtliche Bergwerk "Suplja Stena" am Avalaberg bei Belgrad, in: WienerPZ 30, 1943, 41ff.; B. Jovanović, Early Copper Metallurgy at the Central Balkans, in: Acts du 8. Congr. Int. des Sciences Préhist. et Protohist., Belgrad 1971, Band I (1973) 131ff. (vinčazeitlicher Tagebau Dnevnikop/Rudna Glava); B. Jovanović, The Technology of Primary Copper Mining in Southeast Europe, in: PPS 45, 1979, 103ff.; ferner E.N. Černych, Aibounar, une Mine de Cuivre du 4. Mill. avant notre Ere dans les Balkans, in: Sovjetskaja Archeologia 4, 1975, 132ff. (mit französ. Resumé); ders., Aibunar, a Balkan Copper Mine of the 4th Mill. B.C., in: PPS 44, 1978, 203ff.; B. Brukner, Beitrag zur Feststellung des Beginns der Metallurgie und Aeneolithisierung, in: Archaologia Iugoslavica 18, 1978, 9ff.; A. Karamidčiev, The Origins of Mining and Metallurgy in Ancient Macedonia, in: Macedoniae Acta Archaeologica 3, 1977, 103ff. — Vgl. bereits: C.L. Jirček, Die Handelsstraßen und Bergwerke von Serbien und Bosnien während des Mittelalters (1879) und R. Witte, Die frühen Schriftfunde Südosteuropas unter Berücksichtigung der beginnenden Kupfermetallurgie, Diss. Berlin, Humboldt-Univ. 1980. — Stark auf die Weiterverarbeitung gerichtet: I. Panajotov, Problems of Metallurgy of the Late Bronze Age in Bulgaria, in: Acts du 2. Congres Int. de Thracologie, Bukarest 1976 (1980) 105ff.

Bergwerkseröffnungen, allerdings nicht auf den Balkan beschränkt, herzustellen [594].

Bergwerke und Steinbrüche (μέταλλα) waren seit der Pharaonenzeit Besitz des Herrschers. Das ist ebenfalls für Zypern (Alasia) während der Bronzezeit so gut wie sicher, wo spätere Quellen den geregelten Schutz des Waldes seitens des Staates hervorheben. Damit ist ein Hinweis auf den ungeheuren Holzbedarf für Stollenbau und Verhüttung gegeben. Werkzeugbeschaffung, Löhnung und Ernährung der Bergleute waren ebenfalls Sache des Staates. Vertreter des Herrschers beaufsichtigten sodann die aus dem Boden geförderten Materialien, bis sie der endgültigen Verarbeitung und dem marktmäßigen Verkauf zugeführt waren [595].

Bergbaurealien — Stolleneinbauten, Grubenwerkzeug, Flaschenzüge, Förderkörbe und dergleichen — gehören auf Zypern nur zum geringsten Teil ins zweite vorchristliche Jahrtausend, sondern überwiegend in die archaisch-klassisch-hellenistischen Epochen. Man hat sie hauptsächlich während moderner Grubentätigkeit gefunden, gesammelt, geordnet und zu datieren gesucht. Erst seit wenigen Jahren sind sie unter beratender Mitwirkung von U. Zwicker/Erlangen der Öffentlichkeit in einer Sonderausstellung des Cyprus Museum / Nikosia zugänglich gemacht worden. Doch hat sich die internationale Fachforschung weniger mit ihnen beschäftigt, sie hat sich vielmehr — wie bereits ausgeführt — mittels verschiedener Analysenmethoden auf die Charakterisierung der Erze in ihren Lagerstätten konzentriert, wie auf die Frage nach deren Homogenität. Es ist vorwegzunehmen, daß sich keins der bekannten Erzlager als völlig einheitlich erwiesen hat.

Von seiten der Archäologie ist bereits zuvor die Messung von Haupt-, Neben- und Spurenelementen bei den Endprodukten, Kupfer- und Bronzeobjekten, veranlaßt worden. Eine beträchtliche Schwierigkeit bei der Auswertung, der Beantwortung der Frage nach der örtlichen Herkunft der verwendeten Metalle, ergab sich aber aus dem ständigen Ein- und Umschmelzen von Bronzeschrott seit dem Beginn der Metallzeit. Immerhin existieren gewaltige Mengen derartiger prähistorischer Metallanalysen für ganz Europa, die Mittelmeerwelt und den Orient [596].

---

[594] W.J. Perry, The Relationship between Geographical Distribution of Megalithic Monuments and Ancient Mines, in: Memoirs and Proceedings of the Manchester Literary and Philosophical Society (1913).

[595] So ähnlich hat man sich nach spärlichen ägyptischen Hinweisen des 2. Jts. v.Chr. und späteren Quellen Organisation und Ablauf der Produktion vorzustellen, s. F. Heichelheim, RE XVI 1 (1933) 173 s.v. Monopole; S. Pickles, Metallurgical Changes in Late Bronze Age Cyprus (Edinburgh, 1988).

[596] Bereits zu Zeiten von O. Montelius und H. Schliemann bemühte man sich um Vergleichstabellen, z.B. A.W. Franks, Sur la Composition des Instruments en Métal trouvées dans l'Île de Chypre, in: Congr. Int. Arch., Stockholm 1874, 346ff. (Analytiker: W.F. Flight). — Vgl. H. Otto-W. Witter, Handbuch der ältesten vorgeschichtlichen Metallurgie in Mitteleuropa (1952), mit der Darstellung der Anfänge einer modernen naturwissenschaftlichen Analytik; vgl. vor allem ein über mehrere Jahrzehnte laufendes Analysenprogramm unter Leitung von S. Junghans und E. Sangmeister: E. Sangmeister, Metalurgía y Comercio del Cobre en la Europa Prehistórica, in: Zephyrus 11, 1960, 131ff.; ders., Die Bronzezeit im Westmittelmeer,

Schließlich wurde das Analysieren auf prähistorisch-antike Schlacken ausgedehnt [597], also auf Abfallprodukte der Verhüttung. Eine einfache Regel besagt, daß kaum je ein wirtschaftliches Interesse bestand, Schlacken vom Ort ihres Ursprungs weit zu entfernen. Es folgt daraus, daß sie mithin Indizien zur Lokalisierung derartiger Produktionsstätten liefern [598]. Oben habe ich angedeutet, daß aus der in Zypern insgesamt vorhandenen Schlacke des Altertums eine Produktion von etwa 200 000 Tonnen Kupfermetall errechnet wurde [599]. Das wiederum entspräche ungefähr einer Zahl von sechseinhalb Millionen Barren von je 29 Kilo Gewicht (wie Abb. 54i; 60c). Daran wird wohl deutlich, wie außerordentlich gering in Wirklichkeit die Menge der wenigen hundert Stücke ist, über die wir archäologisch in allen Sammlungen der Welt zusammen verfügen. Aus der genannten Ziffer ließ sich wiederum der unglaublich große Bedarf an Brenn- und Grubenholz errechnen: Wenn man von erforderlichen 300 Kilo Holzkohle zur Erzeugung von nur einem Kilo metallischen Kupfers ausgeht, dann ist bei der Produktion der geschätzten Metallmenge ein Holzbestand verbraucht worden, der flächenmäßig mindestens

---

in: Saeculum-Weltgeschichte I (1965) 551ff. S. Junghans-E. Sangmeister-M. Schröder, Metallanalysen kupferzeitlicher und frühbronzezeitlicher Bodenfunde aus Europa, Studien zu den Anfängen der Metallurgie I (1960); dies., Kupfer und Bronze in der frühen Metallzeit Europas, Studien zu den Anfängen der Metallurgie II und III (1968 und 1970), mit 21850 Analysen. Aus der gewaltig angewachsenen Literatur ragt für den Balkan das russisch geschriebene Werk über die frühe Metallurgie in Bulgarien von E.N. Černych (Gornoe delo i metallurgija v drevnejšej Bolgarii) mit mehreren Tausend Analysen heraus (1978). Neuerdings ders., Ancient Metallurgy in the USSR, the Early Metal Age (1992), wo die frühe Metallurgie Bulgariens ebenfalls behandelt ist (Rez. I. Motzenbäcker, PZ 71, 1996, 97ff.; H. Todorova, Germania 73, 1995). — Vgl. ferner oben Anm. 575 und die in weiteren Anm. genannte Lit., sowie E. Antonacci Sanpaolo, Archaeometallurgia, Ricerche e Prospettive; Atti del Colloquio Internazionale, Dozza Imolese (Bo) 1988 (1992). — Auch die Zahl der in einem guten Jahrzehnt der Zusammenarbeit von U. Zwicker und mir in Erlangen erarbeiteten Analysen beläuft sich auf mehrere Tausend. J. Riederer bezifferte die bronzezeitlichen Analysen des Berliner Rathgen-Forschungslabors für Hellas, Zypern, Anatolien, Ägypten und den Vorderen Orient auf über 5300, s. Tagung Berlin 1991 (1994) 85.

[597] H.-G. Bachmann, The Identification of Slags from Archaeological Sites, in: Occasional Publication of the Institute of Archaeology, London, Nr. 6 (1982); Rez.: P.T. Craddock, Journal of Archaeol. Sciences 10, 1983, 306f.; Bachmann, Copper Slag, in: P. Åström, Hala Sultan Tekke I (SIMA 45, 1976); s. ferner A. Steinberg-F. Koucky, Preliminary Metallurgical Research in the Ancient Cypriot Copper Industry, in: L.E. Stager-A. Walker-G.E. Wright, American Expedition to Idalion (1974) 149ff. — Die historische Bedeutung der Schlackenforschung hatte bereits R. Virchow erkannt: Über die gebrannten Schlackenwälle der Oberlausitz, in: ZfE 2, 1870, 257ff.

[598] Allerdings ist noch zu wenig bekannt und deshalb von einigen Analytikern irrig ausgewertet, daß in englischer Zeit Eisenbahndämme und Straßenunterbauten aus Metallschlacke hergestellt wurden, daß letztere demnach sehr wohl weit verschleppt worden war; s. H.-G. Buchholz, Symposium Haifa 1985 (1988) 198 Anm. 27.

[599] G. Constantinou, Geological Features and Ancient Exploitation of the Cupriferous Sulphide Orebodies of Cyprus, in: Symposium Larnaka 1981 (1982) 13ff., bes. 22.

sechzehn- bis neunzehnmal das Gebiet der gesamten Insel Zypern ausmachte [600].

Schlacken können Auskunft über die im Ofen erreichten Temperaturen geben, über verwendete "Zuschlagstoffe", die dem Zweck dienten, den Schmelzpunkt herabzusetzen und unerwünschte Nebenbestandteile zu binden (z.B. Kalkstein, tierische Knochen, Manganoxid = "Braunstein", als 'Flux', s. B. de Vries, AJA 95, 1991, 260). In Schlacken aus Enkomi — und vorerst nur in solchen dieser Ausgrabungsstätte — tritt regelmäßig Molybdän auf, ein metallischer Grundstoff, welcher in der Natur im "Molybdänglanz" und "Gelbbleierz" vorkommt. Daraus läßt sich auf die Verwendung von Sulfiterzen der Randbezirke des Troodos schließen [601]. Es gilt als sicher, daß während der Bronzezeit zunächst überwiegend oxidisches Erz, etwas später einsetzend auch silikatisches Erz und etwa seit der ersten Hälfte des zweiten vorchristlichen Jahrtausends in kleineren Mengen auch das sulfidische Kupfererz aus größeren Tiefen verwendet wurde [602].

Manchmal sitzen Schlacken an Wandresten bronzezeitlicher Öfen oder Tiegel an, z.B. in Enkomi [603]. Dann lassen sich zuverlässige Aussagen darüber machen, ob es sich um Einrichtungen der primären Verhüttung handelt — wie manche Forscher annahmen — oder lediglich um Beispiele sekundärer Weiterverarbeitung des metallischen Gußmaterials (kaum oder doch sehr wenig Roherz, ganz überwiegend Barrenteile, Schrott). Jedenfalls besaßen bronzezeitliche Orte Zyperns wie Kition, Hala Sultan Tekke und Enkomi nachweislich metallverarbeitende Betriebe. Es sind außer Ofenresten vor allem Blasebalgdüsen, Tiegel, Gießlöffel, Gußformen, Metallabfälle und Schlacken ausgegraben worden. Die Befunde weichen von denen in anderen gleichzeitigen ostmediterranen Küstenorten, wie beispielsweise Ras

---

[600] Constantinou a.O. 22ff.; H.-G. Buchholz a.O. (Anm. 578); St. Swiny, Symposium Larnaka 1981 (1982) 116. — Über den Holzbedarf Ägyptens (Brennholz, Tischlerholz, Bauholz usw.) fehlt ein Überblick, s. W. Helck, Materialien zur Wirtschaftsgeschichte des Neuen Reiches (Abh. Mainz 1964, Nr. 4) 263ff.

[601] Nach Analysenergebnissen von U. Zwicker. — Enkomischlacke erwähnten bereits H.W. Catling, CBMW 277 (ebenda auch Aplikischlacke) und L. Åström, SCE IV 1 D (1972) 496. U. Zwicker untersuchte u.a. Schlacken aus Limni, Skouriotissa, Kalavassos (s. A. South, RDAC 1982, 65), Mathiatis, Kambia-Kapedes (Tamassos), Mitsero, Kition. Auf der Karte in KBH, Taf. 218 sind antike Schlackenhalden der Mariongegend eingetragen. Manchmal stößt man auf die eigentümliche Sitte, Schlacken als Grabbeigaben zu verwenden, s. J.B. Hennessy, Stephania, a Middle and Late Bronze Age Cemetery in Cyprus (o.J.) 37 (Grab 14 A); P. Åström, Hala Sultan Tekke 8 (SIMA 45:8, 1983) 145ff. (Grab 20, mindestens 4 Stücke); 149f. (Grab 21, mit 46 Stücken Kupferschlacke). — Zu Schlackenfunden in der Ägäis s. K. Branigan, Aegean Metalwork of the Early and Middle Bronze Age (1974) 201 Nr. S1-12 (Knossos, Phaistos, Paros, Chalandriani, Sitagroi, Keos, Thorikos, Raphina, Poliochni, Dikeli Tasch, Vardarofsa). — Zum Vergleich aus phönikischer Zeit: I. Keesmann-H.-G. Niemeyer-F. Golschani, Schlackenfunde von Toscanos, in: MM 24, 1983, 65ff.

[602] Vgl. das Diagramm über die kyprische Kupferproduktion in Tonnen von 2500 v.Chr. - 500 n.Chr. bei U. Zwicker a.O. (oben Anm. 573) 67 mit Abb.

[603] "Furnace lining from Enkomi", Cypr. Mus.: R.F. Tylecote, Levant 13, 1981, 107ff. Abb. 1.

Schamra, nicht ab. Blasebalgbestandteile stammen durchweg aus größeren Orten, eigentlich so gut wie gar nicht aus primären Läuterungs- und Verhüttungseinrichtungen [604]: Derartige Blasebalgtöpfe, Tonröhren und Endstücke trugen zur Steigerung der Temperatur der Metallschmelze bei [605]. Sie wurden beispielsweise aus Ras Schamra [606] und Boğazköy bekannt [607], ferner aus Akko und Aschdod [608] sowie aus Ägypten [609], schließlich ebenso aus Zypern (Enkomi [610], Atheainou [611], Hagios Mamas, Kalavassos, Alassa, Toumba tou Skourou [612]) und dem ägäischen Raum (Knossos [613], Siphnos [614], Keos [615], Tiryns und Asine [616]).

---

[604] H.-G. Buchholz, Symposium Haifa 1985 (1988) 198f.; T. Stech, Urban Metallurgy in Late Bronze Age Cyprus, in: Symposium Larnaka 1981 (1982) 105ff. — Wo die Verhüttung in archaischer bis hellenischer Zeit stattfand und in welchen Öfen sie erfolgte, ergibt sich aus den Schweizer Ausgrabungen in Hagia Barbara-Almyras, s. W. Fasnacht, in: Acta Cypria, Acts of an Int. Congress on Cypriote Archaeology, Göteborg 1991, Teil I (1991) 49ff. Ein anschauliches Photo eines Almyros-Ofens jetzt in: J.E. Coleman, Alambra (1996) Taf. 17d. — Zu einem philisterzeitl. Schmelzofen in Tel Qazile s. B. Maisler (Mazar), IEJ 1, 1950/51, 74f. Abb. 3.

[605] C.J. Davey, Some Ancient Near Eastern Pot Bellows, in: Levant 11, 1979, 101ff. (im Katalog u.a. Ras Schamra und Enkomi); R.F. Tylecote, From Pot Bellows to Tuyeres, in: Levant 13, 1981, 107ff.; Y. Grandjean, Tuyères ou Supports?, in: BCH 109, 1985, 265ff.; J.E. Rehder, Blowpipes versus Bellows in Ancient Metallurgy, in: JFA 21, 1994, 345ff. — Frühbronzezeitliche Blasebalgdüsen aus der Hyänenhöhle bei Kufstein, im Innsbrucker Museum (Inv.-Nr. 18463), unterscheiden sich kaum von den ostmediterranen.

[606] Davey a.O. (vorhergehende Anm.).

[607] A. Müller-Karpe, AA 1980, 303f. Abb. 22 (Blasebalgdüsen, Gußschlacken, Barrenfragment, hier Abb. 54j).

[608] Akko: Vortrag von M. Dothan 1985 in Haifa 13./12. Jh. v.Chr., Blasebalgdüsen, Schmelztiegel, Gußform). — Aschdod: M. Dothan-Y. Porath, Ashdod IV (1982) 32 (Schmelztiegel und Düsen).

[609] Lucas-Harris a.O. (oben Anm. 586) 213.

[610] Davey a.O. (oben Anm. 605); P. Dikaios, Enkomi III (1969) Taf. 153,30; 155,12.13; 159,20; 166 (gewinkelte Düsen, Tiegel, Schlacken). Ferner R.F. Tylecote, The Late Bronze Age, Copper and Bronze Metallurgy at Enkomi and Kition, in: Symposium Larnaka 1981 (1982) 81ff. 93 Abb. 7 (Blasebalgdüsen aus Enkomi, Apliki und Ambelikou).

[611] F. Schachermeyr, AA 1962, 366 (Schmelzwerkstatt des 13. Jhs. v.Chr. nördlich Atheainou bei Golgoi-Bamboulari).

[612] Zwicker a.O. (Anm. 573).

[613] St. Hiller, AfO 29/30, 1983/84, 397 (Brennöfen, Schmelztiegel, Düsen, Kupferreste).

[614] Der Anschnitt, Beiheft 3 (1985) 188f. Abb. 238. 239 (Blasebalgdüsen aus Hagios Sostis).

[615] H.W. Catling, ArchRep 1973/74, 29 (Hagia Ireni: Schmelztiegel, Düsen).

[616] Tiryns: K. Kilian, AA 1983, 308 Anm. 75 (Blasebalgröhren, SH III B 2); Asine: Y. Backe-Forsberg-Chr. Risberg, OpAth 16, 1986, 123ff. (Blasebalgdüsen und Ofenreste).

Öfen sind in archäologischen Ausgrabungen nicht immer mühelos als Schmelz-zöfen erkennbar, so daß es manchmal zu Fehlinterpretationen, etwa von Töpferöfen, gekommen ist [617]. Ein merkwürdiger frühbronzezeitlicher Kupferofen wurde in Aigina ausgegraben [618]. Mit den spätbronzezeitlichen Verhältnissen Zyperns sind indessen zeitgleiche Befunde in Zentralanatolien durchaus vergleichbar [619]. Neu-erdings fanden sich Hinweise auf Kupferbergbau und -verhüttung schon des 4. Jts. v.Chr. in der türkischen Provinz Tokat [620]. Hierzu lassen sich Beobachtungen des Grafen H. Moltke in seinen "Briefen aus der Türkei" stellen, die in einem in Sivas abgefaßten Schreiben vom 11.3.1838 wie folgt lauten: "Ich war sehr neugierig, den Betrieb der Kupferschmelzen in dieser alten Werkstätte der Chalyben oder Chaldäer zu sehen; meine Erwartung aber war zu groß gewesen. Minen sind gar nicht da oder werden wenigstens nicht betrieben; das Erz wird, nachdem es in Argana (zwischen Karput und Diarbekir) von der Erde gereinigt, in Metallkuchen von Kamelen sechs Tagereisen weit herbeigetragen, um vollends geläutert zu werden; warum eben hierher, begreife ich nicht. Einen Bach, der durch die Stadt rauscht, hat

---

[617] Bei einem Teil der von N. Platon vorgeführten Öfen handelt es sich wohl um Töpferöfen: "L'Exportation du Cuivre de l'Île de Chypre en Crète et les Installations Métallurgiques de la Crète Minoenne", in: Symposium Nikosia 1978 (1979) 101ff. mit Abb. 3-11 Taf. 10,1-4; 11,1.2; 12,1.2. — Vgl. J. Deichmüller, Tonöfen und Ofenmodelle der Lausitzer Kultur (1941); J. Petrasch, Typologie und Funktion neolithischer Öfen in Mittel- und Südosteuropa, in: APA 18, 1986, 33ff. — Vgl. weiterhin: P.T. Craddock-M.J. Hughes, Furnaces and Smelting Technology in Antiquity (British Museum, Symposium of the Research Laboratory 1982, in: Occasional Paper 48, 1985) und bereits R.F. Tylecote, Observations on Cypriote Copper Smelting, in: RDAC 1971, 53ff.

[618] H. Walter, Die Leute im alten Ägina (1983) 61ff. Abb. 39 und 40. Nachbronzezeitliche Öfen, wiederum nicht Verhüttungsöfen, mögen dem Vergleich dienen: E.-L. Schwandner-G. Zimmer-U. Zwicker, Zum Problem der Öfen griechischer Bronzegießer, in: AA 1983, 57ff.; ferner G.R. Edwards, AJA 63, 1959, 263ff. Taf. 67,15.18 (Gordion). — Bei Livorno (Campiglia Marittima, am Fosso Temperino, in Fucinaia) wurden etruskische Schmelzöfen entdeckt (Studi Etruschi 8, 1934, 336; E. Riesch, AA 1937, 369). Schmelzöfen von Marza-botto/Bologna dienten dem Bronzeguß, nicht der Verhüttung, s. H. Blanck, AA 1968, 608f. Abb. 76.

[619] P.S. de Jesus, Man, Metals and Metallurgy in Ancient Anatolia, in: AJA 78, 1974, 163; ders., Metallurgical Practices in Early Anatolia, in: Bulletin of the Mineral Research and Exploration Institute of Turkey 87, 1977, 49ff.; ders., A Copper Smelting Furnace at Hissarcikkayi, near Ankara, in: Journal of the Historical-Metallurgical Society 12, 1978, 104ff.; ders., A Survey of some Ancient Mines and Smelting Sites in Turkey, in: Archäolo-gie und Naturwissenschaft 2, 1980/81 und seine Diss., London 1977: The Development of Prehistoric Mining and Metallurgy in Anatolia; vgl. auch Ufuk Esin, Copper and Bronze Metallurgy in Anatolia from the Beginning to the Assyrian Colonial Period, with Quanti-tative Spectographic Analyses (Türkisch, mit engl. Zusammenfassung, Publikation der Univ. Istanbul, Geisteswissenschaftl. Fakultät Nr. 1427). Ferner: A. Zertal, Archaeological Eviden-ce of the Contacts between Canaan and Anatolia in the Middle Bronze II Period, in: Mich-manim 9, 1996, 73ff., bes. 76.

[620] E. Kaptan, Anatolica 13, 1986, 19ff.

man nicht zu fassen verstanden, er bleibt unbenutzt. Zwei Reihen kleiner Öfen, wie Backöfen, unter elenden Holzschuppen, Blasebälge, die von Menschen in Atem gehalten werden, und ein Vorrat von Holzkohlen, das ist der ganze Apparat der berühmten Kupferschmelzen von Tokat". Der weite Transport von "Metallkuchen", also Rundbarren ungeläuterten Erzes, war in der Tat höchst ungewöhnlich, gehörte doch die Verhüttung aus Gründen der Reinhaltung der Luft und der Rationalisierung der Arbeitsprozesse nicht in die Städte, sondern in die unmittelbare Nähe der Minen und des Brennmaterials, der Wälder, so wie dies auf Zypern nachzuweisen ist.

Lassen wir "Chalyben und Chaldäer" aus Moltkes Brief beiseite, so bleibt ein Land "Tabal" in den hethitischen Quellen, dessen Name von dem hurritischen Wort für "Metallgießer" (*tabali*, im Hethitischen mit dem Sumerogramm [lú]SIMUG/"- Schmied" wiedergegeben) abgeleitet ist. Tabal muß man mithin als "Land der Metallurgie" verstehen [621]. Gleichermaßen ist nach manchen Erklärern das ferne Land ungeheuren Metallreichtums der Phöniker "Tarschisch"/"Tartessos", im äußersten Westen gelegen, vom Namen her das Land der "Schmelzeinrichtungen", also der Erzverhüttung [622].

Im ersten Viertel des 6. Jhs. v.Chr. tauchten schließlich auch bei Hezekiel Bilder aus der Metallverhüttung und dem Bronzeguß auf, indem er vom "Schmelzofen des göttlichen Zorns" spricht oder sagt: "das Haus Israel ist für mich zu Schlacke geworden" [623].

Im Griechischen war μέταλλον, ein Wort fremder Herkunft, zunächst Bezeichnung von "Mine, Grube, Bergwerk", dann auch von dem, was dort herausgeholt wurde, von Mineral, Metall [624], während das Wort für Schmelztiegel/- ofen (χόανος) vom Verb χέω ("schütten", "gießen") abgeleitet und in dieser Form und Bedeutung bereits bei Homer (Ilias 18,470) und Hesiod (Theogonie 861ff.) vertreten ist [625]: Nach Hesiod werden in der Werkstatt, die ihm vorschwebte, nicht fertig gereinigte Metalle eingeschmolzen, legiert und weiterver-

---

[621] E. Neu, Das Hurritische, eine altorientalische Sprache in neuem Licht, Abh. Mainz 1988, Nr. 3, 36ff.; danach D. Rittig, in: Festschrift für B. Hrouda (1994) 254.

[622] R. Drews, AJPh 100, 1979, 46. Zu den "Tarschisch-Schiffen" der Bibel, dem Zusammenhang mit dem Metallhandel und vollständiger Stellensammlung s. U. Täckholm, Tarsis, Tartessos und die Säulen des Heracles, in: OpRom 5, 1965, 143ff.; M. Koch, Tarschisch und Hispanien, in: Madrider Forschungen 14 (1984); J. De Hoz, Las Fuentes escritas sobre Tartessos, in: M.E. Aubert, Tartessos (1989) 25ff./523ff.

[623] Hesekiel 22,17-22; s. A. Guillaume, Metallurgy in the Old Testament, in: PEQ 1962, 129ff. und M. Heltzer, Die Organisation des Handwerks (1992) passim.

[624] H. Frisk, Griechisches etymologisches Wörterbuch II (1973) 216f. s.v. μέταλλον. Als nützlich für den gesamten Fragenkomplex erweist sich J. Makkay, Ancient Metal Names and the First Use of Metal, in: Balcanica 23, 1992, 311ff.

[625] Vgl. bereits hierzu E. Buchholz, Die homerischen Realien I (1871) 200 und R.J. Forbes, Bergbau, Steinbruchtätigkeit und Hüttenwesen, in: F. Matz-H.-G. Buchholz, ArchHom, Lieferung K (1967) 18.

arbeitet, sondern es handelt sich um die Erstextraktion aus den Roherzen, um "Verhüttung", denn οὖρεος ἐν βῆσσῃσι bezeichnet eindeutig den Ort der Erzschmelze, "der wegen des großen Bedarfs an Holzkohle in einem waldreichen Gebiet möglichst nahe der Erzgrube liegen mußte" [626].

Der oben bereits als Meister des Bauens gewürdigte ugaritische Künstlergott Koschar [627] war ebenso wie der griechische Hephaistos für das Metallhandwerk zuständig. In einem seefahrenden Gemeinwesen ohne nennenswerte Beziehungen zum Bergbau hatte deshalb ersterer überwiegend mit der Weiterverarbeitung von Metallen zu tun, während zum Hephaistos als Schmiedegott und Gott der Metallgießer auch ein vulkanisch-bergmännischer Aspekt gehörte [628]. In diesem Zusammenhang ist auf die gelegentliche Zwergengestalt dieses Gottes in einigen Regionen, beispielsweise in Kleinasien und auf den liparischen Inseln, zu verweisen [629]. Eine große Rolle spielten ferner in der Mythologie metallkundige Daktylen ("Fingerlinge"), in Kreta wie im Idagebirge der Troas [630]. Unter unseren Zwergen (Kobolden, Wichteln, Gnomen) gibt es Erz- und Schatzgräber sowie Schmiede [631]. Sie tragen die nach vorn überhängende Zipfelmütze, eine Variante der "phrygischen Mütze", und geben in diesen charakteristischen Merkmalen ihre Herkunft aus dem altkleinasiatischen Bergbau zu erkennen, vielleicht, weil in

---

[626] Nach D. Müller, Handwerk und Sprache; die sprachlichen Bilder aus dem Bereich des Handwerks in der griechischen Literatur bis 400 v.Chr. (1974) 128ff.

[627] S. 167 und bes. J. Wiesner, Der Künstlergott Hephaistos und seine außergriechischen Beziehungen in kretisch-mykenischer Zeit, in: AA 1968, 167ff.; M. Sznycer, Suppl. au Dict. de la Bible VIII, Faszikel 47 (1972) 1384ff.

[628] Ohne einen unmittelbaren Bezug zu Hephaistos herstellen zu wollen, verweise ich für Zypern auf den Personennamen Γαλχάνιος in Atheainou-Golgoi, der auf einen Gott Γάλχανος zurückzuführen ist, s. O. Masson, KretChron 15/16, 1961/62, 159. — Man beachte in diesem Zusammenhang etwa auch H. Wilsdorf, Die dichterische Darstellung der vulkanischen Kräfte im Ätna und ihr Verfasser, in: J. Irmscher, Vergil (1995).

[629] L. Malten, JdI 27, 1912, 260; G. Hölbl, Beziehungen der ägyptischen Kultur zu Altitalien I (1979) 122f. Zur Gleichsetzung mit Ptah und den phönikischen Patäken s. S. Morenz, Ptah-Hephaistos, der Zwerg, in: Festschrift für F. Zucker (1954) 275ff.; zu zwerghaften Gottheiten, Dämonen und Heroen s. ferner C. Tzavellas-Bonnet, Melqart, Bès et l'Héraclès Dactyle de Crète, in: Studia Phoenicia III, Phoenicia and its Neighbours (1986). Zu Zwergenschmieden im ugaritischen Keret-Epos s. W.F. Albright, IEJ 4, 1954, 1ff.

[630] Bereits K.O. Müller, Die Dorier II (2. Aufl., 1844) 456; Chr. Blinkenberg, Rhodische Urvölker, in: Hermes 50, 1915; B. Hemberg, Die Idäischen Daktylen, in: Eranos 50, 1951, 41ff.; J. Overbeck, Die antiken Schriftquellen zur Geschichte der bildenden Künste bei den Griechen (Nachdruck, 1959) 5ff. 47ff. (Metallarbeiter); B. Mader, LfgrE II (1991) 211f. s.v. Δάκτυλοι und s.v. Δαμναμενεύς (nach einem Phoronis-Fragment einer der Erfinder der Schmiedekunst).

[631] Jungwirth, Handwörterbuch des deutschen Aberglaubens IX (1938, Nachdruck 1987) 258f. s.v. Schmied; W. Müller-Bergström, ebenda 1009ff. 1057ff. s.v. Zwerge und Riesen, bes. 1087 (Zwergenarbeit im Bergwerk); auch ebenda IV 1487 (der Bergmann bringt Kleideropfer für die Wichtel dar).

niedrigen Stollen und Gängen tatsächlich Kinder und Kleinwüchsige eingesetzt waren.

Zu nennen sind dann noch die sagenhaften, oft in der antiken Literatur mit Daktylen durcheinandergebrachten Telchinen (Τελχῖνες), ebenfalls kunstfertige Schmiede auf Rhodos, Keos, Kreta, dem griechischen Festland und Zypern [632], desgleichen in Lykien. Für J. Wiesner verkörperten sie frühmetallzeitliche Vorstellungen [633] und scheinen als vorgriechische Göttergruppe zu überwiegend bösen Dämonen herabgesunken zu sein: Sie waren Zauberer und verdarben mit Styxwasser und Schwefel die Vegetation [634]. Das Absterben des Pflanzenkleides im tauben Gestein und in den Schlackenhalden der Bergbaugebiete war eine gewiß früh bemerkte Tatsache.

Viele der mit Metallurgie zusammenhängende Dinge wurden als Geheimwissen weitergegeben und als Zauberei verstanden. So begegnen wir im frühgriechischen Sprachgebrauch dem seltenen Wort γόης, das den Schmied als mit magischer Kraft ausgestattet bezeichnet [635]. "Kunstfertigkeit" und Zauberei waren für den Menschen der Frühzeit annähernd ein und dasselbe [636]. Die Überwindung solcher Vorstellungen deutet sich an, wenn Pindar in der 7. Olympischen Ode, Vers 53,

---

[632] Dazu schon — allerdings unzureichend belegt und behandelt — M. Ohnefalsch-Richter, Die antiken Cultusstätten auf Kypros (1891) 17; ferner E.M. Craik, Cyprus and the Aegean Islands, Links in Mythology, in: RDAC 1979, 177ff. Zu den zahlreichen Landschaften und Orten, die im Altertum als Sitz von Telchinen genannt sind, Nachweise schon bei J. Overbeck a.O. (Anm. 630) 5ff. Nr. 27-55 und vollständig bei H. von Geisau, Der Kleine Pauly V (1975) 563f. s.v. Telchines. Zu Zypern auch H.-G. Buchholz, Symposium Nikosia 1978 (1979) 77ff., mit weiterer Lit. Zu Rhodos s. die "Chronik von Lindos" und dazu Chr. Blinkenberg, Rhodische Urvölker (oben Anm. 630). Eine Zusammenfassung des Bekannten bietet Chr. Doumas, Τελχῖνες, in: Konferenz Nikosia 1995 (1997) 79ff.

[633] Olympos (1960) 242; P. Themelis, Frühgriechische Grabbauten (1976) 89; J. Waldbaum, From Bronze to Iron (1978) 89 Anm. 96. — Zu Telchinen als Mischwesen s. M. Ninck, Die Bedeutung des Wassers im Kult und Leben der Alten (1. Aufl. 1921/2. Aufl. 1960) 139.163.

[634] Strabo XIV 654; vgl. dazu H. Herter, RE V A1 (1934) 203f.; Nachweise auch bei O. Davies, BSA 30, 1928-1930, 82.

[635] Doch ist darauf hinzuweisen, daß der Glaube an positive magische Kräfte in einigen Metallen weit verbreitet war, z.B. W. Neumann, Die Berber (2. Aufl., 1987) 54. 168f. in teilweiser Anlehnung an: M. Eliade, Forgerons et Alchimistes (1956, Deutsch 1980). Für religionshistorische Fragen weniger ergiebig: H.W. Hennicke, Mineralische Rohstoffe als kulturhistorische Informationsquelle (1978). Doch vgl. die inhaltsreiche Studie von R. Halleux, Fécondité des Mines et Sexualité des Pierres dans l'Antiquité Gréco-Romaine, in: RBPhil 48, 1970, 16ff.; M. Eliade, Von Zalmoxis zu Dschingis-Khan (Deutsch 1982) 194; G. Camassa, L'Occhio e il Metallo, un Mitologema Greca a Roma? (1983).

[636] W. Burkert, RhMus 105, 1962, 36ff. 44 ("Schamanismus"); W. Beck, LfgrE, 10. Lieferung (1982) 171 s.v. γό(ης). Zu Zusammenhängen vom Schmieden und Schamanismus auch W.E. Mühlmann, Die Metamorphose der Frau (2. Aufl., 1984) 32. Zum Schmiedekult s. A. Slawik, Kultische Geheimbünde ..., in: Die Indogermanen- und Germanenfrage (1936) 697ff.

verkündet: "Doch für den Klugen ist selbst Kunst keine magische Kraft" [637].

Hephaistos teilte mit Bergwerks-, Hütten- und Schmiedegöttern und -heroen anderer Zeiten und Kulturkreise die bereits antik unterschiedlich gedeutete Lahmheit [638]. Den Grund dafür, daß sie hinkende Krüppel waren, fanden heutige Forscher — entgegen den alten Erklärungen beispielsweise aus einem Himmelssturz oder gewaltsamer Durchtrennung der Sehnen, um Schmiede an einen bestimmten Ort zu binden — in den Folgen von Arsenvergiftungen [639]: Beim Schmelzen von Arsenerzen mit Kupfer bildet sich bereits bei 200 Grad ein hochgiftiges Gas ("Hüttenrauch", As_2O_3). Chronische Arsenvergiftungen ergreifen fast alle Organe, führen aber besonders zu Lähmungen der Beine.

U. Zwicker stieß bei seinen Untersuchungen auf Kupfer-Arsenerze im Gebiet der Silberminen von Laurion/Attika. Arsenhaltiges Kupfer wurde auch in Südosteuropa und in Çayönü-Tepesi bei Ergani festgestellt [640]. Die Oberfläche vorhethitischer Stierfigürchen aus Kupfer war beispielsweise mit Arsen behandelt worden [641]. In vielen Bronzen weisen geringe Prozentsätze des Arsengehalts auf zufällige Einbringungen durch Verwendung arsenhaltiger Erze; höhere Prozentsätze weisen auf absichtliches Legieren hin, so auch auf Zypern [642]. Wir begegnen wiederum einem übergreifenden Phänomen im Vorderen Orient [643], dem ägäi-

---

[637] In Loeb's Classical Library (Nachdruck 1930) findet sich folgende Anmerkung zur Stelle: "Probably an allusion to the mythical Telchines, the wizards of Rhodos ...".

[638] U. v. Wilamowitz-Moellendorf, Hephaistos, in: NGG 1895, 217ff.; L. Malten, Hephaistos, in: JdI 27, 1912, 232ff.; H. Schrade, Der homerische Hephaistos, in: Gymnasium 57, 1950, 38ff. und 94ff.; M. Delcourt, Héphaistos ou la Légende du Magicien (1975); nur ikonographisch orientiert: F. Brommer, Hephaistos, der Schmiedegott in der antiken Kunst (1978), mit Bibliographie.

[639] E. Rosner, Die Lahmheit des Hephaistos, in: FuF 29, 1955, 362f.; J. Wiesner, Olympos (1960) 51ff.; M. Detienne-J.P. Vernant, Les Pieds d'Hephaistos, in: Les Ruses de l'Intelligence; la Metis des Grecs (1974) 253ff.

[640] H. Çambel-R.J. Braidwood, in: Beiträge zur Altertumskunde Kleinasiens, Festschrift für K. Bittel (1983) 157. 165.

[641] W.J. Young, in: Art and Technology (1970) 86f. Abb. 3. 4.

[642] P.T. Craddock, Report of the Composition of Metal Objects from Ayia Paraskevi, Vounous and Evriti, in: E.J. Peltenburg, A Catalogue of Cypriot Antiquities in Birmingham Museum and Art Gallery (1981) 77f. (Messer aus Kupferarsen, 6 % und 9 % Arsen); U. Zwicker, Bronze Age Metallurgy at Ambelikou-Aletri and Arsenical Copper in a Crucible from Episkopi-Phaneromeni, in: Symposium Larnaka 1981, 63ff. J.W. Balthazar, Copper and Bronze Working in Early through Middle Bronze Age Cyprus (1990), mit der Rez. des Altmeisters H.W. Catling, JHS 113, 1993, 221ff. — Die Phaneromeni nächstgelegene Fundstelle von Kupfer-Eisenerz-Arsenerz ist Pevkos bei Limassol.

[643] Analysen syrischer Metallfunde des 5./4. Jhs. v.Chr. mit Arsen bis 1,35 %, s. C.F. Cheng-C.M. Schwitter, AJA 61, 1957, 351ff. mit Tabelle 1; E.R. Eaton-H. McKerrell, Near Eastern Alloying and some Textual Evidence for the Early Use of Arsenical Copper, in: World Archaeology 8, 1976, 169ff.; J. Riederer, Die frühen Kupferlegierungen im Vorderen Orient, Arsenkupfer, in: R.-B. Wartke, Handwerk und Technologie im Alten Orient, int.

schen Raum [644] und auf der Balkanhalbinsel [645].

Mehr dem kunstfertigen, Wunderwerke schaffenden Metallurgen als dem hinkenden Krüppel entsprach der kyprische Kinyras [646], dem Plinius die "Erfindung" des Kupferbergbaus zuschrieb [647].

Wiederum auf Zypern als dem Zentrum all der Techniken und Praktiken, die mit der Metallproduktion zu tun hatten, darf auf enge Zusammenhänge der gesamten Metallurgie — des Bergbaus, der Verhüttung, des Kupferhandels und der Weiterverarbeitung — mit dem Bereich des "Heiligen" geschlossen werden: Im bronzezeitlichen Enkomi (Abb. 57) und in Kition, sowie in Atheainou [648] und später auch in Tamassos befinden sich Schlacken, Schmelz- und Gußanlagen — und sei es nur symbolisch — teils in den heiligen Bezirken, teils in ihrer unmittelbaren Nähe [649]. In Enkomi wurde eine Tempelanlage ausgegraben, in der sich in einem kleinen abgetrennten Raum die Bronzefigur eines Gottes befand. Den erhobenen Speer hält er in der rechten, als Basis dient ihm ein "Vierzungenbarren", eine Variante der sogenannten "Rinderfellbarren"; er ist mithin ein "Barrengott", ein

---

Tagung Berlin 1991 (1994) 87f. (in Luristan und im Kaukasus bis 8% Arsengehalt).

[644] E.K. Caley, On the Prehistoric Use of Arsenical Copper in the Aegean Region, in: Hesperia, Suppl. 8, 1950, 60ff.; J.A. Charles, Early Arsenical Bronzes, a Metallurgical View, in: AJA 71, 1967, 21ff.

[645] E. Sangmeister, Das Aufkommen der Arsenbronze in Südost-Europa, in: Actes du VIIIe Congrès Int. de Sciences Préhist. et Protohist. Belgrad 1971, Band I (1971) 109ff. Er erwog eine unabhängige Entwicklung von Arsenbronzen in Portugal im Zusammenhang mit ägäischen Kolonien; vgl. ferner A. Hartmann-E. Sangmeister, The Study of Prehistoric Metallurgy, in: Angewandte Chemie 11, 1972, 620ff.; bes. 624 zu Arsenbronzen; ferner E. Schubert, Zur Frage der Arsenlegierung in der Kupfer- und Frühbronzezeit Südosteuropas, in: Studien zur Bronzezeit, Festschrift für Wilhelm Albert von Brunn (1981) 447ff.

[646] R. Dussaud, Kinyras, Étude sur les Anciens Cultes Chypriotes, in: Syria 27, 1950, 57ff.; J.P. Brown, Kothar, Kinyras and Kythereia, in: Journal of Semitic Studies 10, 1965, 197ff.; Z.J. Kapera, Remarks on the Early History of the Paphos Kingdom, in: Kongreß Nikosia 1969 (1972) 191ff.; J. Strange, Caphtor/Keftiu (1980) 166.

[647] N.H. VII 56,195.

[648] Unsere Abb. 57 nach H.-G. Buchholz, Symposium Haifa 1985 (1988) 201 Abb. 4, nach einem Entwurf von J. Lagarce, in: Alasia I, 426 Abb. 26; erneut umgezeichnet von Christina Sumner, RDAC 1988, Teil 1, 252 Abb. 6. — Zu Atheainou vgl. T. Dothan, in: Temples and High Places in Biblical Times, Proceedings of the Colloquium in Honor of the Centennial of Hebrew Union College-Jewish Institute of Religion, Jerusalem 1977 (1981) 91ff.; T. Dothan-A. Ben-Tor, Excavations at Athienou, Cyprus, 1971-1972, Qedem 16 (1983).

[649] H.-G. Buchholz, in: Acts of the International Archaeological Symposium "The Relations between Cyprus and Crete", Nikosia 1978 (1979) 76ff.; ders., 11. International Congress of Classical Archaeology, London 1978 (1979) 246f. Zur Metallurgie an heiligen Orten, auch in Alalach und Kreta, s. A. Leukert-St. Hiller, in: 6. Colloquium Mycenaeum, Neuchâtel-Genf 1975 (1979) 183ff. Vgl. ferner H. Matthäus-G. Schumacher-Matthäus, Zyprische Hortfunde, Kult und Metallhandwerk in der späten Bronzezeit, in: Vor- und Frühgeschichte, Gedenkschrift für G. v. Merhart (1986) 129ff.

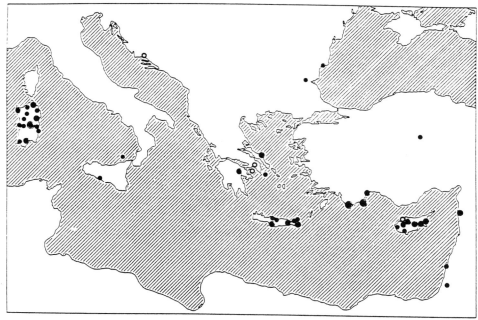

Abb. 53 a. Verbreitung von kyprischen "Vierzungenbarren" (irrig "Rinderfellbarren" genannt) von Ras Schamra bis Sardinien. Die östlichste Fundstelle liegt im Iraq

Abb. 53 b. Tiryns/Argolis: 1 und 2 tönerne Gußformen. — 3 und 4 Bronzebarren (3 aus dem Tirynther Schatzfund, 4 aus Raum 215), nach K. Kilian, AA 1988, 140, Abb. 37

Erläuterungen zu Abb. 54 a-l: a-d Miniaturgrößen, teilweise mit kyprominoischen Inschriften, religiöse Weihgaben aus Enkomi/Zypern. — e Desgleichen aus Ägypten. — f-h Bronzezeitliche Zinnbarren mit Schriftzeichen, aus dem Meer bei Haifa. — i-l Bis zu 30 kg schwere Kupferbarren kyprischen Typs aus Mathiatis/Zentralzypern (i), Boğazköy (j), aus dem Meer bei Haifa (k) und aus dem Schiffswrack bei Ulu Burun (l; zur Fundstelle s. Abb. 17)

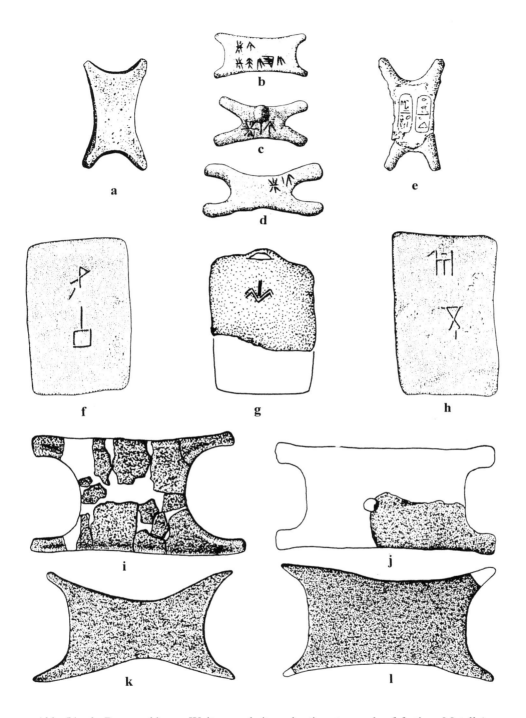

Abb. 54 a-l. Barren, d.h. zur Weiterverarbeitung bestimmtes, verkaufsfertiges Metall (zur
Verbreitung s. Abb. 53), Erläuterungen auf gegenüberliegender Seite

göttlicher Beschützer des Kupfers (Abb. 107b) [650]. Eine längere und früher be-
ginnende Tradition dürften weibliche Schutzgottheiten der Metalle gehabt haben.
Und in der Tat gibt es ein weibliches Gegenstück zu dem beschriebenen Gott: Es
handelt sich ebenfalls um eine kleine Bronzefigur auf einem Barren, in diesem Fall
um eine nackte Göttin in kyprischer Stilisierung der Zeit um 1200 v.Chr. (Abb.
107d) [651]. Venus als Herrin des Kupfers, Hathor als Beschützerin der Malachit-
bergwerke im Sinai, die lydische Magna Mater ebenfalls als Göttin der Bergwerke
bezeugen den starken weiblichen Aspekt aller Metallarbeiten ebenso wie später die
Heilige Barbara als Patronin europäischer Bergleute: Dem Schmiedegott als starkem, männlichem Wesen war das im "Mutterschoß der Erde Erz-wachsen-lassende"
weibliche Element beigefügt.

So scheint denn auch ein Wort über bronzezeitliche Miniaturbarren angebracht,
die keine "Verkaufsware" wie die großen Metallbarren darstellen: Sie und ihre
Inschriften sind von Zypern nicht zu trennen. Ebenso besteht kein Zweifel mehr an
ihrer Deutung als religiöse Denkmäler. Sie sind bisher in Alassa, Mathiatis und mit
acht bis zehn Stücken in Enkomi (Abb. 54a-d) und sogar vereinzelt in Kilikien,
Palästina und Ägypten aufgetreten (Abb. 54e) [652]. Deren Gewicht liegt zwischen

---

[650] Zu dieser Gottesfigur ausführlich unten S. 669ff. Bibliographie in H.-G. Buchholz, Symposium Haifa 1985 (1988) 220 Anm. 67 und Abb. 12a. Nachträge: Cl. Schaeffer, Praktika
tou Protou Dithn. Kyprologikou Synhedriou, Nikosia 1969 (1972) 157ff. Taf. 3; V. Tatton-
Brown, Cyprus B. C., Ausstellungskatalog London (1979) Farbabb. 102; H.-G. Buchholz, in:
J. Thimme, Kunst und Kultur Sardiniens, Ausstellungskatalog Karlsruhe (1980) 146 Abb.
116; J.-Cl. Courtois-J. und E. Lagarce, Enkomi (1986) 32ff. 65ff. (Le sanctuaire du dieu au
lingot; les ingots en "peau de boeuf" et le commerce international du cuivre); L. Carless-
Hulin, in: E. Peltenburg, Early Society in Cyprus (1989) 127ff. Abb. 16,2; A.B. Knapp,
Copper Production and Divine Protection (1986) Taf. 1.

[651] Hierzu ebenfalls unten S. 641. Bibliographie in H.-G. Buchholz, Symposium Haifa 1985
(1988) 222 Anm. 68 und Abb. 12b.c. Nachträge: A. Caubet, Archéologie 40, 1979/1980, 51
mit Farbabb.; Buchholz, in: J. Thimme a.O. 147 Abb. 117; D. Hunt, Footprints in Cyprus
(1982) 57 mit Farbabb.; Knapp a.O. Taf. 2; Carless-Hulin a.O. 127ff. Abb. 16,1.

[652] Liste mit vollständiger Bibliographie bei Buchholz a.O. (Anm. 650) 215ff. Nr. 1-11. Dort
ebenfalls Lit. zu Stücken aus Ägypten, einem weiteren aus Tell Bet Mirsim und dem
sogenannten "Makarska-Barren", welcher vielleicht aus Zypern stammen könnte, doch war
bereits 1911/12 von einem kleinen Kupferbarren von der dalmatinischen Insel Pago die
Rede, dessen Identität mit unserem Objekt freilich offenbleiben muß (s. R. v. Scala, HZ 107,
1911, 17 und 108, 1912, 1ff.). — Zum Miniaturbarren aus Alassa (Inv.-Nr. Alassa 84/3, bei
mir noch "unpubliziert", s. S. Hadjisavvas, RDAC 1986, Taf. 18,6) ist ein weiteres Fragment
getreten (Inv.-Nr. 55a 84/97), s. U. Zwicker, Kypriakai Spoudai 1992, 176 Taf. 32,4.6, mit
Analysenergebnissen; a.O. Taf. 32,2 entspricht meiner Nr. 8, Taf. 33,3 meiner Nr. 10, vgl.
noch V. Karageorghis, BCH 109, 1985, 936 Abb. 92. — Zu meiner Nr. 11 (s. U. Zwicker,
Bulletin of the Metals Museum [Japan] 15, 1990, 28 Abb. 74, Enkomi) fand ich eine
unpublizierte Gußform im Cyprus Mus. und ein ebenfalls unpubliziertes kupfernes oder
bronzenes Beispiel (2,6 x 5,5 cm), womöglich völlig anderen Datums, unter Grabungs-
objekten einer Expedition nach Tell Omer/Seleucia (1930/31) in Toledo/USA, Mus. of Art,
Fund-Nr. 6240.

108 und 230 Gramm. Auf der Insel Zypern sind derartige Miniaturbarren häufig mit "kyprominoischen" Weihinschriften versehen und in der unmittelbaren Umgebung von Heiligtümern oder in denselben beobachtet worden (Abb. 57, Plan von Enkomi) [653]. Zwar vermag ich die Inschriften nicht zu lesen: Es fällt aber auf, daß mindestens drei Miniaturbarren dieselbe Zeichenfolge mit und ohne Worttrenner aufweisen, von links nach rechts gelesen etwa "*a*" und "*ti*" als je ein Wortzeichen (Abb. 54b-d). Selbst bei äußerster Raffung wird ein Dedikationstext — auch wenn der Weihende oder der geweihte Gegenstand bereits fortgelassen sein mögen — nicht ohne die angesprochene Gottheit vorkommen. Es wäre ein großer Gewinn für unsere Erkenntnisse, wenn das erste Zeichen links akrophon deren Namen wiedergäbe und wenn in dem einzigartigen Fall eines der Miniaturbarren aus Enkomi außerdem die Wiederholung des Götternamens in voller Schreibung vorläge, etwa *A -la-ti-o-ti* (Abb. 54b), mithin etwa: "Dem Alasiotischen (Gott) geweiht" [654].

2. *Barren als Handelsware*

Im betrachteten Großraum wurde während des zweiten Jahrtausends mit Fertigprodukten aus Metall Nah- und Fernhandel betrieben. Das bedarf keiner besonderen Begründung. Der Beweisführung sind im einzelnen dennoch Grenzen gesetzt, weil häufig unklar bleibt, ob wir es mit wirklichen Fremdobjekten am jeweiligen Fundplatz oder mit örtlichen Nachahmungen von Fremdformen zu tun haben. Ich nenne als Beispiele etwa Metallgefäße (Abb. 90d.f-h; 101a.b) und vorderasiatische Schmucknadeln vom Typus der "toggle pins" (Abb. 82i) in Ägypten, Troja oder Aigina [655], oder vom Typus kyprischer Schleifennadeln (Abb. 30), wie auch

---

[653] Die Signatur "Barren" bezieht sich in diesem Plan größtenteils auf die hier besprochenen Miniaturbarren.

[654] Ich besitze von diesem Stück im Cyprus Mus. einen Abguß (L 8 cm, Br an beiden Enden: 4,3 cm). Er läßt erkennen, daß Miniaturbarren ebenso wie die großen Handelsbarren flach in offener Form gegossen wurden. Die beschriftete, relativ glatte Fläche ist in unserem Fall die Unterseite. Beim vorletzten Zeichen der untersten Zeile sind sechs parallele waagerechte Striche keine zufälligen Kratzer, sondern gewollt und zuerst eingeschnitten, erst dann ist ein V daraufgesetzt worden. Die Oberseite — heute Rückseite des Barrens — weist blasige Unregelmäßigkeiten und mindestens ein eingekratztes Zeichen (↑) auf. — Daß eins der Stücke in meinem Buch Altägäis und Altkypros (1971) Nr. 1900 auf dem Kopf stehend abgebildet ist, geht auf ausdrücklichen Wunsch von V. Karageorghis zurück; danach in gleicher Position bei B. Hänsel, Heimat der Helden Homers, Ausstellungskatalog Berlin 1988, 169 Nr. 130. Zur Zeichengruppe bereits H.-G. Buchholz, Res Mycenaeae, Akten des 7. Int. Mykenologischen Colloquiums in Nürnberg 1981 (1983) 76.

[655] G. Welter, AA 1938, 537f. mit Abb. 48 (zu Aigina, Troja, Megiddo, Hamam); E. Henschel-Simon, The "Toggle-Pins" in the Palestine Archaeological Museum, in: QDAP 6, 1938, 169ff.; W.M. Flinders Petrie, Objects of Daily Use (1927) 6 Taf. 2,13; ders., Beth Pelet I (1930) Taf. 6. 9. 11. 22 und Index; P. Jacobsthal, Greek Pins and their Connections with Europe and Asia (1956); H. Weippert, in: K. Galling, Biblisches Reallexikon (2. Aufl., 1977) 236f. s.v. Nadel.

Ringmesser (Abb. 85a-l), bronzene Tüllenmeißel [656], Doppeläxte (Abb. 99d) [657] oder Schutz- und Angriffswaffen [658]: In der Ilias ist beispielsweise ein kyprischer Panzer erwähnt, den der bereits genannte Kinyras dem König Agamemnon von Mykene zum Geschenk machte [659], auch dies neben dem "Handel" eine Möglichkeit der "Objektwanderung". Archäologisch dürfte diesem Kinyras-Panzer der Literatur am ehesten ein Schuppenpanzer aus dem Grab des Tutenchamon (1347-1338 v.Chr.) entsprochen haben, ein aus mehr als tausend Plättchen bestehendes Wunderwerk der Metallkunst und ein würdiges Repräsentationsgeschenk! [660]

Waffentechnische Neuerungen breiteten sich aus naheliegenden Gründen schnell durch Waffenhandel oder Weitergabe technischer Kenntnisse oder durch Wanderschmiede aus. So fanden sich Panzerplättchen nach Art der oben genannten in Ras Schamra [661], Alalach, Nuzi [662], Hama, Kamid-el-Loz [663], Megiddo, Beth Schan, Deir Alla [664], Tell Nami (im Bronzegießerschrott des 11. Jhs.

---

[656] Ras Schamra: Cl. Schaeffer, Ugaritica IV (1962) 76 Abb. 62h. — Tell Nami bei Haifa, Ausgrabungen von Michal Artzi (unpubliziert); Zur Verbreitung s. H.-G. Buchholz-H. Drescher, Einige frühe Metallgeräte aus Anatolien, in: APA 19, 1987, 66ff. mit Abb. 16 und 17a-d.

[657] Doppelaxt aus Achziv, 11. Jh. v.Chr., ausgegraben von W. Prausnitz, s. H.-P. Rüger, AfO 21, 1966, 196.

[658] Vgl. J.-Cl. Courtois, L'Industrie du Bronze à Ugarit, in: Jahresbericht des Inst. für Vorgeschichte der Univ. Frankfurt/M 1975, 24ff. — Zu "Fensteräxten" (Abb. 100b-d), Sichelschwertern (Abb. 30q), ägäischen Rapieren (Abb. 30z) und "Naue II-Schwertern" (Abb. 32 l-o) s. unten S. 469ff.

[659] 11,24ff. Dazu H.L. Lorimer, Homer and the Monuments (1950) 208; mit anderer, nämlich bronzezeitlicher Datierung: H.W. Catling, Panzer, in: H.-G. Buchholz, Kriegswesen I/Arch-Hom, Lieferung E 1 (1977) 74ff. 78f.

[660] Catling a.O. 93ff. — Zur Problematik auch K. Galling, Goliath und seine Rüstung, in: Vetus Testamentum, Suppl. 15 (1966) 150ff.; H. Weippert, in: K. Galling, Biblisches Reallexikon (2. Aufl., 1977) 248 s.v. Panzer. — Helck 1979/1995, 97 sah diese Panzerschuppen als eine hurritische Erfindung an.

[661] Cl. Schaeffer, Syria 18, 1937, 144 Abb. 9; 19, 1938, 316ff.; 28, 1951, 13 Abb. 6; ders., Ugaritica IV (1962) 74 Abb. 61c und i (i.g. 4 Plättchen); Przeworski a.O. (Anm. 585) 322 Anm. 21. Überblick über die in diesem Zusammenhang gehörigen Funde bei Catling a.O. 87ff. und Lit. zu allen im folgenden nicht einzeln nachgewiesenen Stücken bei E. Masson-V. Karageorghis, AA 1975, 209ff.

[662] R.F.S. Starr, Nuzi I und II (1939) 475ff. Taf. 126; Catling a.O. (oben Anm. 659) 75 Abb. 16d.e und S. 88f. Zu Panzertexten aus Nuzi s. Starr a.O. 540f.; Catling a.O. 89f.

[663] Frühe Phöniker im Libanon, Ausstellungskatalog Saarbrücken (1983) 149f. Nr. 77 mit Abb.

[664] H.G. Franken, Vetus Testamentum 11, 1961, 365ff.

v.Chr.), Ekron, Lachisch, Zypern[665], Ulu Burun, Boğazköy[666], Troja[667] und Mykene[668].

Mit Hilfe von Schriftquellen oder auf Grund anderer Indizien sind archäologische Befunde manchmal in dem Sinne zu deuten, daß sie — z.B. wertvolle Metallgegenstände — als Kriegsbeute verschleppt wurden oder gelegentlich aus Gründen des Glaubens oder Aberglaubens — z.B. Amulette oder Götterfiguren, weil sie für zauber- oder heilkräftig gehalten wurden — den Besitzer wechselten, bzw. "ausgeliehen" worden sind. Letzteres ist hethitischen und ägyptischen Nachrichten in einigen konkreten Fällen zu entnehmen. Auf diese Weise könnten technische Kenntnisse ebenfalls, ungewollt, weitergereicht worden sein. Jedenfalls bezeugen manche Bildwerke aus Metall, daß neben dem Guß in offener Schalenform — einseitig reliefiert und flach — oder gelegentlich wie bei Gerätschaften in zusammensetzbarer, zweiteiliger Gußform — somit mehrfach wiederverwendbar — und schließlich im "Wachsausschmelzverfahren" in tönerner "verlorener Form" (z.B. Abb. 53b,1.2) — mithin einmalig und unwiederholbar — gegossen worden ist. Zwar hat man im zweiten Jahrtausend den meisterhaften, nur wenige Millimeter dünnen Hohlguß monumentaler griechisch-klassischer Bronzewerke nicht erreicht. Doch weist ein ägyptischer Hohlguß aus dem Beginn der Äthiopenzeit, die Takuschit im Athener Nationalmuseum, eine Höhe von 69 Zentimetern auf. Und der berühmte bronzezeitliche "gehörnte Gott" aus Enkomi blieb als Vollguß in "verlorener Form" mit einem Gewicht von elf Kilogramm bei einer Höhe von 54 cm (ohne Standzapfen und Hörner: 48 cm) in seiner Epoche, dem 13. Jh. v.Chr., unerreicht[669].

Auch alle möglichen Techniken des Zusammenfügens (Löten, Schweißen, Nieten) lassen sich weiträumig im Vorderern Orient, auf Zypern und im ägäischen Raum feststellen. Lediglich dem Spezialisten vertraute Feinheiten deuten auf wechselseitige Abhängigkeiten hin. Vom sogenannten "Überfangguß" dürfte indessen gelten, daß er eine Erfindung östlicher Bergregionen war — in höchster Voll-

---

[665] Enkomi, Gastria-Alaas und Pyla, s. O. Pelon, Syria 50, 1973, 110 Taf. 4,3; Masson-Karageorghis a.O. (Anm. 661) 209ff. Abb. 1; V. Karageorghis, Alaas (1975) 75 Taf. 3 und 52; M. Demas-V. Karageorghis, Pyla-Kokkinokremos (1984) 38 Nr. 67a Taf. 25. 26. 44 (Gießerhort); P. Åström, Symposium Larnaka 1981 (1982) Taf. 19,1 (Hala Sultan Tekke).

[666] R.M. Boehmer, Die Kleinfunde von Boğazköy (1972) 102ff. Abb. 803-808.

[667] C. Blegen, Troy III (1953) 285; Masson-Karageorghis a.O. 214 Abb. 11; S. 216.

[668] Catling a.O. 75 Abb. 16a; bereits ders., AA 1970, 441ff.; Masson-Karageorghis a.O. 211f. 214 Abb. 4.

[669] Zu letzterem s. S. 182f. mit Anm. 503 und 505; zur Takuschit s. H. Fechheimer, Plastik der Ägypter Taf. 100 und zur Gesamtproblematik G. Kopcke, AM 83, 1968, 292f. unter Nr. 117 (Bronzetorso eines ägyptischen Priesters in Samos), sowie K. Goldmann, Guß in verlorener Sandform, ein Hauptverfahren alteuropäischer Bronzegießer?, in: Archäologisches Korrespondenzblatt 11, 1981, 109ff.; R.-B. Wartke (Herausgeber), Handwerk und Technologie im Alten Orient, Int. Tagung Berlin 1991 (1994).

kommenheit an vielen "Luristanbronzen" vertreten [670] — um im Falle des "Gottes auf dem Barren" von Enkomi (Abb. 107b) sozusagen beiläufig abgeschaut oder angelernt, jedenfalls nicht sonderlich perfekt angewandt. Ugarit dürfte auf Grund der geographischen Lage eine wichtige Vermittlerrolle gespielt haben; doch die Geschichte dieses Vorgangs ist noch nicht geschrieben [671].

Neben einer solchen Bedeutung nordsyrischer Hafenstädte bei der Ost-West-Weitergabe vom "Know How" im Metallhandwerk ist deren noch wichtigere Rolle im Verteilernetz des Rohstoffs "Metall" zu beachten. Der Metallhandel — insbesondere der Handel mit dem wichtigsten Grundstoff der "Bronzezeit", dem Kupfer — ist mehrfach, auch unter Berücksichtigung schriftlicher Nachrichten, behandelt worden. Ich nenne eine Studie von M. Heltzer, "The Metal Trade of Ugarit and the Problem of Transportation of Commercial Goods" [672], sodann das von H. Limet herausgegebene Sammelwerk "Texts administratifs relatifs aux Métaux" [673], "Cypriot Copper in Babylonia c. 1745 B.C." von A.R. Millard [674]

---

[670] Grundlegend: H. Drescher, Der Überfangguß, ein Beitrag zur vorgeschichtlichen Metalltechnik (1958); ders., Der vorgeschichtliche Überfangguß, in: Gießerei 47, Heft 15, 1960, 401ff.; J. Wolters, Zur Geschichte der Löttechnik (1975). — Vgl. zu verwandten Themen das Schriftenverzeichnis von H. Drescher, herausgegeben von R. Busch, Veröffentlichungen des Hamburger Museums für Archäologie und die Geschichte Harburgs/Helms-Museum Nr. 55 (1988); H. Mötefindt, Zur Geschichte der Löttechnik in vor- und frühgeschichtlicher Zeit, in: BonnerJB 123, 1916, 132ff. — Weitere metallurgisch-technikgeschichtliche Studien, Vorderasien betreffend: R.J. Braidwood-J.E. Burke-N.H. Nachtrieb, Ancient Syrian Coppers and Bronzes, in: Journal of Chemical Education 28, 1951, 87ff.; D.J. Wiseman, The Alalakh Tablets (1953) 13ff. (Industry and Produce of Metals); R. North, Metallurgy in Ancient Near East, in: Orientalia, N.S. 24, 1955, 78ff.; D.L. Heskel, A Model for the Adoption of Metallurgy in the Ancient Near East, in: Current Anthropology 24, 1983, 362ff.

[671] Cl. Schaeffer zeigte sich immer an derartigen Fragen interessiert, hat Analysen und technische Gutachten anfertigen lassen, ohne systematisch bei der Sache zu bleiben, s. Ugaritica II (1949) 64; VII (1978) 490 mit Anm. 78; Cl. Schaeffer-U. Zwicker-K. Nigge, Untersuchungen an metallischen Werkstoffen und Schlacken aus Ugarit, in: Microchimica Acta (Wien) 1982, Heft 1, 35ff.; U. Zwicker, Untersuchungen an Silber aus den Grabungen von Ugarit und Vergleich mit Silber von antiken Münzen, in: APA 18, 1986, 157ff.; ders., Archaeometallurgical Investigation on the Copper- and Copper-Alloy-Production in the Area of the Mediterranean Sea (7000-1000 B.C.), in: Bulletin of the Metals Museum (Japan) 15, 1990, 3ff. Zur Ergänzung ziehe man heran: C. Zaccagnini, Note sulla Terminologia Metallurgica di Ugarit, in: Oriens Antiquus 9, 1970, 315ff.; ders., Aspects of Copper Trade in the Eastern Mediterranean During the Late Bronze Age, in: Traffici Micenei nel Mediterraneo, Atti del Convegno di Palermo 1984 (1986) 413ff.; ders., Terms for Copper and Bronze at Ebla, in: H. Waetzoldt-H. Hauptmann (Herausgeber), Wirtschaft und Gesellschaft von Ebla; Akten der Internat. Tagung in Heidelberg (1988) 359f.

[672] Iraq 39, 1977, 203ff. — R. Maddin-J.D. Muhly, Some Notes on the Copper Trade in the Ancient Mid-East, in: Journal of Metals 26, Heft 5, 1974, 1ff.

[673] Archives Royales de Mari 25 (1986); vgl. T.M. Kerestes, Indices to Economic Texts from the Palace of Zimrilim, ca. 1782-1759 B.C., Diss. Univ. of Michigan 1982.

[674] JCS 25, 1973, 211f. (Überlieferung aus dem 5. Jahr Samsuilunas, 1744/43).

und "Hittite Metal 'Inventories' and their Economic Implications" von dem verstorbenen A. Kempinski und S. Košak [675]. Zu berücksichtigen sind auch M. Dietrich-O. Loretz, "Akkadisch *siparru* 'Bronze', ugaritisch *spr*, *g̊prt*, und hebräisch *spr*, *'prt*" (UF 17, 1986, 401) und K. Reiter, Die Metalle im Alten Orient unter besonderer Berücksichtigung altbabylonischer Quellen (1997).

Wie bereits ausgeführt, ging es bei der Weitergabe technischer Kenntnisse und dem Handel gelegentlich auch um die Übertragung von Fachausdrücken und Metallnamen von einer Sprache in die andere: Man lese beispielsweise, was zur Herkunft griechischer Begriffe wie "Chalkos" oder zu den Abwandlungen des Wortes "Kupfer" in europäischen Sprachen oder auch dem deutsche Wort "Erz" beobachtet worden ist. J. Makkay hat unlängst nicht nur übersichtlich über "Ancient Metal Names and the First Use of Metal" referiert, vielmehr auch hierzu einige alte und neue Literatur zusammengetragen [676].

Zwischen amorphem Rohstoff "Metall" und Fertigprodukten kam schon früh in der Bronzezeit diese Ware als "Barren" in den Handel. Das Zwischenprodukt "Barren" erwies sich als vorzüglich zum Transport und zur rationellen Lagerung geeignet. Die "Geschichte" des Fernhandels mit Metallen stellte somit vornehmlich ein Problem der geographischen Ausbreitung und kartographischen Verteilung bestimmter Barrenformen dar (z.B. Abb. 53a).

Zu verschiedenen Zeiten und in verschiedenen Großräumen waren unterschiedliche Zweckformen im Gebrauch, umgekehrt traten jedoch auch gleichzeitig nebeneinander unterschiedliche Barrentypen auf. In Tiryns, mithin im Verbreitungsgebiet der "Keftiubarren", kommen beispielsweise Metallquader ("ziegelförmige Barren", Abb. 53b, 3 und 4 [677]) vor, die es ähnlich in Ägypten gab. Neben zungenförmigen Scheiben (u.a. in Troja und in Ras Schamra) gab es kupferne Stabbarren dreieckigen Querschnitts, letztere beispielsweise in einem mittelbronzezeitlichen Gießerhort aus Har Yeruham, Negev (um 2000 v.Chr.). Dieselben Formen sind aus Ras Schamra bekannt. Sie entstanden, indem man mit der Ecke einer Hacke oder einem entsprechenden Gerät eine keilförmige eingetiefte Furche in den Sand zog, diese voll flüssiges Kupfer goß und vor dem Erstarren in den jeweils gewünschten Längen abtrennte. Im genannten Fund liegen kleine Größen zwischen 12 und 15 cm, große bis 25 cm Länge und Fragmente mit Schnittenden vor, im ganzen etwa

---

[675] Tel Aviv (Journal of the Tel Aviv University, Institute of Archaeology) 4, 1977, 87ff.

[676] Balcanica 23, 1992, 311ff. — Zum Grundlegenden s. G. Boson, Alcuni Nomi di Pietri nelle Inscrizioni Assiro-Babilonesi, in: Rivista degli Studi Orientali 6, 1914, 969ff.; ders., I Metalli e Pietri nelle Inscrizioni Sumero-Assiro-Babilonesi, ebenda 7, 1917, 379ff.

[677] Bronze-(nicht Kupfer-)-Barren aus dem Tirynther Schatzfund; 8,825 kg, nach N.H. Gale wahrscheinlich kyprisches Metall, s. AA 1916, 145; G. Karo, AM 55, 1930, 135 Abb. 5; H.Th. Bossert, Altkreta (3. Aufl., 1937) Abb. 524; H.-G. Buchholz, Symposium Haifa 1985 (1988) 202 Anm. 38; unsere Abb. 53b3 nach K. Kilian, AA 1988, 130. 140 Abb. 37,3. — Barren aus Raum 215 (SH III B), 19,450 kg; nach N.H. Gale Metall aus Laureion; unsere Abb. 53b4 nach Kilian a.O. 140 Abb. 37,4; auch H.W. Catling, ArchRep 1983/84, 23 Abb. 31; Buchholz a.O. 202 Anm. 38.

zwanzig vollständige Barren und Teile derselben [678].

Über zwei Dutzend Kupferbarren, bis zu 20 cm lang und 3,4 bis 6 Kilogramm schwer, traten u.a. in frühbronzezeitlichen Schichten von Acem Höyük, Anatolien, ans Licht. Sie besitzen die Gestalt eines Brotlaibs [679]. Für derartige Barrentypen waren offene Grußformen einfachster Gestalt erforderlich, die sich auch serienmäßig anlegen ließen. Im Griechischen bedeutet das Wort μᾶζα "Brotteig" und ebenso den "Metallklumpen", also die Urform des Barrens [680].

Eine solche ovale Barrenform [681] stellt lediglich eine Variante zum Rundbarren ("Gußkuchen") dar und kam in schüsselartigen Löchern zustande, wie sie gelegentlich bei Gießeröfen beobachtet worden sind [682]. In Enkomi hat P. Dikaios ein Steingefäß ausgegraben, das er als Gußform für runde Kupferbarren ansprach [683].

Der Rundbarren zeigt sich als so wenig wandlungsfähig, daß wir ihn fast unverändert bereits im 3. Jahrtausend v.Chr. antreffen wie noch im 9. Jahrhundert v.Chr. und später [684]. Kupfer kam als "Gußkuchen" früh in Persien und Indien in den Handel und ist in Ägypten während der späten Bronzezeit auch bildlich nachzuweisen. Aus dem zweiten Jahrtausend v.Chr. stammen zahlreiche Originalfunde Anatoliens, Kretas und Zyperns [685]. Spätbronze-/hallstattzeitliche Belege sind in

---

[678] Jerusalem, Israel-Museum. Zu diesem Komplex gehören außerdem ein größeres Vorratsgefäß, weitere datierende Keramik und zwei Lampen.

[679] M. Mellink, AJA 73, 1969, 207; vgl. meine Ausführungen hierzu und zum folgenden in: J. Thimme, Kunst und Kultur Sardiniens vom Neolithikum bis zum Ende der Nura-ghenzeit, Ausstellungskatalog Karlsruhe 1980, 142ff. — Analysen der Barren aus Acem Höyük: Ş. Kunç, Archaeometry Symposium 5 (1989) 33ff.

[680] M. Leumann, Kleine Schriften (1959) 172.

[681] Beispielsweise: M. Demas-V. Karageorghis, Pyla-Kokkinokremos, a Late 13th-Century B.C. Fortified Settlement in Cyprus (1984) 42 Nr. 113. 114; S. 64f. Taf. 28 und 45 (Silber, 1296,8 und 1332 Gramm).

[682] Buchholz a.O. (oben Anm. 679) 143: Je nach Durchmesser und Tiefe solcher Löcher bildeten sich mehr oder weniger flache Kugelsegmente, deren Oberseite dicht und plan war, während die in der Eintiefung entstandene konvexe Wölbung rauh und gewöhnlich sandverkrustet war. Vgl. auch Bass a.O. (unten Anm. 688) 80 Abb. 95, nach R.F. Tylecote.

[683] Enkomi III (1969) Taf. 8,3.4, dazu Taf. 12,4 (rundes Loch mit Kupferschlacke).

[684] Beispielsweise ein völlig undatierbarer, unpublizierter "Gußkuchen" aus dem Meer bei Hagia Napa (Dm 14,5 cm, 4-5 kg) im Cypr. Mus., Inv.-Nr. 1963/V-30/2 oder ein weiteres derartiges Stück, der Sammlung Hellenic Mining Company, Inv.-Nr. HMN 5, mit 89,5 % Kupfergehalt von U. Zwicker als "kaiserzeitlich" angesprochen (Kypr.Spoudai 1992, 170 Nr. Cy 1424 Taf. 36,1). — Zu Rundbarren aus Sendschirli, z.T. mit phönikischen Inschriften, s. M. Balmuth, Studies Presented to G. Hanfmann (1971) 1ff. Taf. 2 und 3.

[685] Einige Nachweise bei Buchholz a.O. (Anm. 679) 152f. Anm. 15-17. Verschiedene Formen, darunter "Gußkuchen": K. Branigan, Aegean Metalwork of the Early and Middle Bronze Age (1974) 198 (Mallia, Mochlos, Phylakopi, Chalandriani, Zygouries, Raphina-Asketario, Poliochni, Dikeli Tasch und Troja).

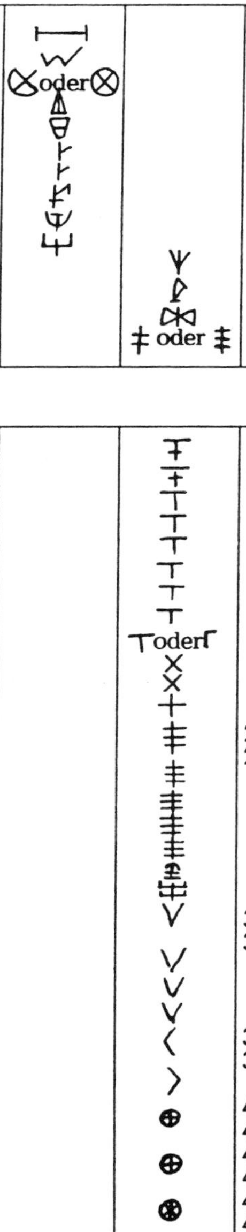

Nr.	Spät-minoisch I	Spät-minoisch/ Spät-helladisch III a–c	Bemerkungen	Fundort
center			**EINGESCHNITTENE ZEICHEN**	

Nr.	Spät-minoisch I	Spät-minoisch/ Spät-helladisch III a–c	Bemerkungen	Fundort

EINGESCHNITTENE ZEICHEN

Nr.	Bemerkungen	Fundort
1	1 und 6 am selben Barren	
2	2 und 8 am selben Barren	
3		
4		
5		Hagia Triada, Kreta
6	6 und 1 am selben Barren	
7	auf angefügtem Metallstück	
8	8 und 2 am selben Barren	
9		
10		
11	11 und 13 am selben Barren	
12	12 und 16 am selben Barren	Serra Ilixi, Sardinien
13	13 und 11 am selben Barren	
14		Kap Gelidonya, Lykien

GESTEMPELTE ZEICHEN

Nr.	Bemerkungen	Fundort
15		Mykene, Argolis
16	16 und 12 am selben Barren	Serra Ilixi, Sardinien
17		Enkomi, Zypern
18		
19		
20		Kap Gelidonya, Lykien
21		
22		Sant' Antioco, Sardinien
23		
24		
25		
26		
27	27 und 40 am selben Barren; 27: Oberseite, 40: Unterseite	Kap Gelidonya, Lykien
28		
29		
30		
31		
32		Enkomi, Zypern
33		Serra Ilixi, Sardinien
34	34 und 42 am selben Barren; 34: Oberseite, 42: Unterseite	Kap Gelidonya, Lykien
35		
36		
37		Mykene, Argolis
38	38 und 41 am selben Barren; 38: Oberseite, 41: Unterseite	
39		
40	40 und 27 am selben Barren; 40: Unterseite, 27: Oberseite	Kap Gelidonya, Lykien
41	41 und 38 am selben Barren; 41: Unterseite, 38: Oberseite	
42	42 und 34 am selben Barren; 42: Unterseite, 34: Oberseite	

Abb. 55. Barrenmarken aus Zypern, vom Kap Gelidonya, aus Kreta, Mykene und Sardinien (zu einigen Marken an den Ulu Burun-Barren vgl. Abb. 18c)

großer Zahl aus den Balkanländern und aus Mitteleuropa bekannt [686]. Eine Datierung ermöglichen Beispiele aus Sardinien und Sizilien nur in groben Zügen: Man wird sie der Zeit zwischen 1200 und 700 v.Chr. zuzurechnen haben [687]. Mithin vermag man mit diesem Barrentypus im Regelfall weder zu datieren, noch zu lokalisieren.

Es handelt sich allerdings um eine urtümlich-primitive Form, die allein auf dem Handelsschiff vom Kap Gelidonya mit dreißig Exemplaren vertreten war [688]. Bei Homer heißt sie σόλος und erscheint dort als die Urform des Diskus [689]. Letzterer wurde demnach mit "einem unerklärten Fremdwort" benannt, welches ebenfalls dem kyprischen und kilikischen Ortsnamen Soloi zugrundelag. Es ist vorgeschlagen worden, hethitisch šulai- ("Bleibarren") als Ausgangswortform anzunehmen [690].

Dem Fragment eines Wirtschaftstextes oder einer Rechtsurkunde aus Ugarit ist zu entnehmen, daß kkr "Metallbarren" bezeichnete, "welche der König gab dem Sinaranu" in einer Menge von mindestens 1200 Stück [691]. Die Übersetzung dieser Barren mit "Talent" läßt an eine stärkere Normierung nach Gewicht, Größe und Form denken; Metallbarren wurden zunächst "gezählt", später — auch in Teilen —

---

[686] Vgl. beispielsweise A. Mozsolics, Ein Beitrag zum Metallhandwerk der ungarischen Bronzezeit, in: BerRGK 65, 1984, 19ff. bes. 35ff. Taf. 14-19 usw.; S. 31ff. (Zungen-, Stab-, "Keftiu"-Barren).

[687] Einige Nachweise: Buchholz a.O. 153 Anm. 19; dazu F. Lo Schiavo, Il Ripostiglio del Nuraghe Flumenelongu, Considerazioni Preliminari sul Commercio Marittimo, in: Quaderni 32, 1976, Taf. 8-14; dies., Early Metallurgy in Sardinia, in: Archäometallurgie der Alten Welt, Beiträge zum Int. Symposium Heidelberg 1987 (1989) 33ff.

[688] G. Bass, Cape Gelidonya, a Bronze Age Shipwreck, in: Transactions of the American Philosophical Society 57,8 (1967) 78ff. Abb. 93a-i und 94.

[689] Allerdings von Kupfer in Eisen umgemünzt. Ich folge den Ausführungen von W. Decker, Zum Ursprung des Diskuswerfens, in: Stadion 2, 1976, 196ff. und ders., in: Forschungen zur ägäischen Vorgeschichte, Kolloquium Köln 1984 (1987) 216ff.; aufgegriffen von S. Laser, Sport und Spiel, in: H.-G. Buchholz, ArchHom, Lieferung T (1987) 58ff. (mit den Homerstellen).

[690] So Decker a.O. 209ff., mit einschlägiger Lit. Zum hohen Alter des kyprischen Ortes Soloi auch J. Strange, Caphtor/Keftiu (1980) 161f. — Zu šulai-/σόλος vgl. E. Laroche, Revue Hitt. et Asianique 24, 1966, 163 Anm. 8 und R. Gusmani, in: Studi linguistici in Onore di V. Pisani I (1969) 509.

[691] RS 18.474/KTU 4.548; s. M. Heltzer, UF 9, 1977, 348 zu M. Dietrich-O. Loretz, AOAT 13, 1976, 72. Bei J. Sanmartín im Band I unseres Münsterer Kolloquiums 1993 (1995) 156: "Protokoll über An- oder Verkauf". — kkr/kkrm (Talent/-e) auch auf der Rückseite der Tafel RS 1957/705, s. M. Liverani, Il Talento di Ashdod, in: OA 11, 1972, 193ff. und A. Ben-David, The Philistine Talent from Ashdod, the Ugarit Talent from Ras Shamra, Vortrag auf dem 7. int. Kongreß für Jüdische Studien in Jerusalem 1977.

"gewogen" [692]. M. Heltzer vermerkte zur Person des Sinaranu: "Es ist möglich, daß hier derselbe Sinaranu, Sohn des Siginu, vorkommt, welcher einer der Groß-kaufleute des Königs Niqmepa war und mehrfach in akkadisch verfaßten Urkunden erwähnt wird". Er war einer der berühmten "Kretafahrer" seiner Epoche.

Das akkadische Wort *biltum* bezeichnete das, was ein Esel tragen konnte. Das von *wabālum*/tragen abgeleitete Wort darf somit als 'Talent' verstanden werden (H. Lewy, The Assload, the Sack, and other Measures of Capacity, in: RSO 39, 1964, 181ff.).

Aus den bisherigen Ausführungen ergibt sich, daß auf unverwechselbar zeit-spezifische und regional eingrenzbare Typen zu achten ist. In der späten Bronzezeit trat in der Tat so etwas mit Barren von einem auf 28 Kilogramm Kupfer (und manchmal mehr) festgelegten "Kissen"- und "Vierzungen"-Typus auf (Abb. 17; 25e; 54i-l; 60c) [693], den ich auch als "Keftiubarren" bezeichnet habe. Denn in ägypti-schen Wandmalereien kommt er als Tribut auf den Schultern von "Keftiu-Gesand-ten" vor. Das waren auf den ältesten solcher Bilder Leute aus dem minoischen Kreta (wie in unserer Abb. 18) [694]. Das Schema des "Tributträgers" mit dem Bar-ren auf der Schulter hat kyprische Metallhandwerker so beeindruckt, daß sie es in ihr Repertoire zur Verzierung von aus Bronze gegossenen Kesseluntersätzen auf-nahmen (Kourion-Episkopi und Toronto, Sammlung E. Borowski) [695].

---

[692] Wie von mir in einem Aufsatz ausgeführt: "Talanta, Neues über Metallbarren der ostme-diterranen Spätbronzezeit", in: Schweizer Münzblätter 16, 1966, 58ff. Daran anknüpfende Lit. ist aufgelistet in: H.-G. Buchholz, Bibliographie anläßlich seines 70. Geburtstages am 24.12.1989 (1992) 69f. Nr. 34. — Barren und Talent in hethitischen Lagerhäusern gleichge-setzt auch von J. Siegelová, in: R.-B. Wartke, Handwerk und Technologie im Alten Orient, int. Tagung Berlin 1991 (1994) 120 mit Anm. 18 und 36.

[693] Ich vermeide die sich beharrlich haltende Bezeichnung "Ochsenfell"-Form, weil unser Barrentypus weder genetisch noch in der Gestalt, noch im allgemeinen Aussehen irgend etwas mit Tierhäuten gemein hat. Kein vernünftiger Mensch wird annehmen wollen, daß in der Bronzezeit eine solche Haut (im Wert) von 30 kg Kupfer abgelöst worden sei. — Zu einem in die Amarnazeit datierten ägyptischen Lagerhaus mit solchen Barren vgl. H.-G. Buchholz, PZ 37, 1959, 15 Abb. 7; ders. a.O. (Anm. 692) 67 Abb. 6; F. Schachermeyr, Ägäis und Orient (1967) Taf. 58,216; Acts of the Int. Archaeol. Symposium "The Relations between Cyprus and Crete", Nikosia 1978 (1979) 152 Abb. 4; A. Nibbi, Ancient Egyptian Pot Bellows and the Oxhide Ingot Shape (Oxford, 1987).

[694] Grundlegend: J. Vercoutter, L'Egypte et la Monde Égée Préhellénique (1956); H.-G. Buchholz, PZ 37, 1959, 1ff. Zuletzt ausführlich: S. Wachsmann, Aegeans in the Theban Tombs (1987).

[695] Kesseluntersatz aus Kourion im Brit. Mus., Inv.-Nr. 1920/12-20/1 (H 11 cm, 12. Jh. v.Chr.): C. Watzinger, HdbArch (1939) 806 und Taf. 192,1-4; E.F. Prins de Jong, BAntBe-schav 24-26, 1949-1951, 4 Abb. 3; C.F.A. Schaefer, Enkomi-Alasia (1952) Taf. 66,1-4; H.-G. Buchholz, PZ 37, 1959, 12 Abb. 4; D. Frankel, in: B.F. Cook, Cypriote Art in the British Museum (1979) 19 Abb. 15; D. Hunt, Footprints in Cyprus (1982) 56 mit Abb.; H. Mat-thäus, PBF II 8 (1985) Taf. 102; H.-G. Buchholz, Symposium Haifa 1985 (1988) 213f. Abb. 8e und Anm. 55 (weitere Lit.). — Fragment eines Kesseluntersatzes, ursprünglich mit Rädern, der Sammlung E. Borowski/Toronto, s. Ausstellungskatalog I, Museum des Geldes/-

Die Verbreitungskarte der "Keftiubarren" (Abb. 53a; zu ergänzen um ein Fragment aus Iğdebağlari/Marmarameer) zeigt — sofern man von den Schiffsladungen an der türkischen Südküste absieht — drei deutliche Konzentrationen: außer Kreta, dem Ausgangspunkt derartiger Überlegungen, vor allem Zypern und Sardinien. Die stellvertretend für viele hier abgebildeten Stücke stammen aus dem Palast von Kato Zakro/Ostkreta (Abb. 60c), vom Schiffswrack bei Ulu Burun (Abb. 17. 54 l), dem Bergwerksgebiet von Mathiatis/Zypern (Abb. 54i), aus der Hethiterhauptstadt (Abb. 54j) und dem Meer in der Nähe von Haifa (Abb. 54k). Im Maritimen Museum von Haifa sah ich 1989 bei den Unterwasserfunden A. Rabans die unpublizierte Ecke eines weiteren "Vierzungenbarrens".

Zusammenfassend läßt sich sagen, daß sich trotz Vermehrung des einschlägigen Fundstoffs, der mit Sicherheit weiterhin zunehmen wird, die Grundaussagen, wie sie sich in den von mir zuerst angefertigten und dann mehrfach verbesserten Listen darstellen (s. die Verbreitungskarte, Abb. 53a) [696] nicht wesentlich verschoben haben. Aus diesem Grunde begnüge ich mich hier mit wenigen ergänzenden Beobachtungen:

Der bekannte Barren des Metropolitan Museum/New York, Inv.-Nr. 11.140.7 [697], ist deutlich an der Oberfläche vom Salz des Meerwassers zerfressen. Die Fundangabe "Kleinasien" muß demnach auf die türkische (Süd-)Küste präzisiert werden. Aus Kommos/Kreta sind zwei gut datierte Barrenfragmente bekannt geworden (SM III A2) [698]. Von den neunzehn Barren aus dem Meer vor Kyme/Euboia ist nun ein repräsentatives Stück im Farbbild zu bewundern [699].

Insbesondere haben sich derartige Funde in Zypern und Sardinien sehr vermehrt: Jetzt sind aus sechs kyprischen Orten über zwanzig Fragmente und vollständige "Vierzungen-/Keftiu-Barren" bekannt, und zwar aus Enkomi etwa zehn,

Düsseldorf (1978) Frontispiz; S.M. Heim, Ladders to the Heaven, Royal Ontario Museum/Toronto (1979) 16f. Abb. 14; P.C. Bol, Antike Bronzetechnik (1985) 11 Abb. 1; H. Matthäus, PBF II 8 (1985) Taf. 106 und 107a; H.-G. Buchholz, Symposium Haifa 1985 (1988) 207 Abb. 7 und 214 Anm. 55 (weitere Lit.). — Zur Frage, ob auf mykenischen Vasenbildern "Oxhide Ingots or Camp Stools" dargestellt sind, hat P. Dikaios zugunsten von Barren (Enkomi II [1971] 918ff.; E. Simon, RE, Suppl. XV [1978] 1418f.), neuerdings E. Rystedt zugunsten von Klappstühlen entschieden (RDAC 1987, 49ff.). Vgl. unten Anm. 2327.

[696] Vgl. unsere Lit.-Listen, 1. Abteilung: Buchholz 1958; Buchholz 1959; Buchholz 1966; Buchholz 1967; Buchholz 1988. — Hierzu Barrenecken im Gießerhort von Pyla/Zypern, s. V. Karageorghis-M. Demas, Pyla-Kokkinokremos (1984) 38 Nr. 65 Taf. 25a; 26,65; 44.

[697] Buchholz 1959, 30 Nr. 8; Bronze (nicht Kupfer); vielleicht trug der Barren ein heute nicht mehr erkennbares, vom Meersalz korrodiertes Schriftzeichen.

[698] B. Pålsson-Hallager, AJA 89, 1985, 304, nach N. Blitzer. — Von einigen der Barren aus Hagia Triada (Buchholz 1959, 32ff. Nr. 16-34) gibt es Neuaufnahmen, s. Creta Antica, Cento Anno di Archeologia Italiana, 1884-1984 (1985) 215 mit Abb. 375 und 376.

[699] Buchholz 1959, Nr. 38-56; Athen, Numismatisches Museum, vgl. A. Delivorrias, Griekenland en de Zee, Ausstellungskatalog Amsterdam (1987) 140f. Nr. 37 und E. Banou, in: B. Hänsel, Das mykenische Hellas, Heimat der homerischen Helden, Ausstellungskatalog Berlin (1988) 249 Nr. 269 mit Farbabbildung.

aus Pyla-Kokkinokremos wenige Framente, Maroni ein Fragment, Kalavassos-Hagios Demetrios mehrere Fragmente, aus dem Bergbaugebiet von Mathiatis zwei zerbrochene Barren (Abb. 54i), aus den Minen von Skouriotissa einige Fragmente, Toumba tou Skourou zwei Fragmente, und schließlich käme noch das Stück im Privatbesitz von H. Mudd hinzu, das identisch mit dem jetzt in Los Angeles befindlichen Barren ist, von dem nur allgemein feststeht, daß er aus Zypern stammt [700].

Von mehrfach erwähnten "Vierzungen-/Keftiu-Barren" aus Lipari hat S. Tusa eine Ergänzungszeichnung vorgelegt und damit die Typenbestimmung als richtig bestätigt [701]. Zu den von mir im Karlsruher Ausstellungskatalog "Kunst und Kultur Sardiniens" (1980) genannten sardischen Fundorten derartiger Barren — etwa dreizig, einschließlich der Fragmente — ist in den letzten Jahren ein beträchtlicher Zuwachs zu verzeichnen. Statt eines Referats nenne ich einige neuere Literatur [702]:

U. Zwicker-P. Virdis-M.L. Ferrarese-Ceruti, Investigation on Copper Ore, Prehistoric Copper Slag and Copper-Ingots from Sardinia, in: British Museum Occasional Papers 20, 1980, 153ff.

M.J. Becker, Sardinia and the Mediterranean Copper Trade, Political Development and Colonialism in the Bronze Age, in: Anthropology 4, 1980, 91ff.

F. Lo Schiavo, Copper Metallurgy in Sardinia during the Late Bronze Age, New Prospects on its Aegean Connection, in: Symposium Larnaka 1981 (1982) 271ff.

F. Galli, Nuovo Bulletino Archeologico Sardo 1, 1984, (Ittireddu, Nuraghe Funtana)

M.L. Ferrarese-Ceruti-L. Vagnetti-F. Lo Schiavo, in: M.S. Balmuth, Studies in Sardinian Archaeology III (BAR 387, 1987) 7ff.

N.H. Gale-Z.A. Stos-Gale, Oxhide Ingots from Sardinia, Crete and Cyprus and the Bronze Age Copper Trade, in: Balmuth a.O. 135ff.

---

[700] Einzige Abbildung bei D. Lavender, The Story of the Cyprus Mines Corporation (Huntington Library, San Marino/California, 1962) 322, Photo von Henry T. Mudd: "A 'talent' of Roman copper secured in Cyprus by Harvey Mudd. Maximum length 26 inches, maximum width 13,5 inches, weight 72 pounds".

[701] S. Tusa, La Sicilia nella Preistoria (1983) 464 Abb. 4. — Kaum Neues bei C. Zaccagnini, in: M. Marazzi-S. Tusa-L. Vagnetti, Traffici Micenei nel Mediterraneo, Atti del Convegno di Palermo 1984 (1986) 413ff.

[702] Vgl. außerdem unser Kapitel "Das mittlere und westliche Mittelmeer" und die Titel unseres Lit.-Verzeichnisses, 4. Abt. — Nicht so sehr auf die sardischen Barrenfunde als auf die ostmediterranen sind noch folgende Titel bezogen: T. Stech-Wheeler-R. Maddin-J. Muhly, Ingots and the Bronze Age Copper Trade in the Mediterranean, in: Expedition 17, 1975, 31ff.; J. Muhly, The Copper Ox-Hide Ingots and the Bronze Age Metal Trade, in: Iraq 39, 1977, 73ff.; W. Helck, Die Beziehungen Ägyptens und Vorderasiens zur Ägäis (1979) 120ff.; C. Aubert, Contribution à l'Étude du Commerce du Cuivre à Chypre, in: AAA 21, 1988, 137ff.; N.H. Gale-Z.A. Stos-Gale, Some Aspects of the Cypriote Metallurgy in the Middle and Late Bronze Age, in: Aegaeum 3, 1989, 251ff.; N.H. Gale, Copper Oxhide Ingots, their Origin and their Place in the Bronze Age Metals Trade in the Mediterranean, in: Konferenz Oxford 1989 (1991) 197ff.

N.H. Gale-Z.A. Stos-Gale, Recent Evidence for a possible Bronze Age Metal Trade between Sardinia and the Aegean, in: E. French-K.A. Wardle, Problems in Greek Prehistory (1988) 349ff.

L. Vagnetti-F. Lo Schiavo, Late Bronze Age Long Distance Trade in the Mediterranean, the Role of Cyprus, in: E. Peltenburg, Early Society in Cyprus (1989) 217ff. 224f. Abb. 28,3.4 (kyprische Vierzungenbarren in Sardinien).

N.H. Gale, Copper Oxhide Ingots, their Origin and their Place in the Bronze Age Metals Trade in the Mediterranean, in: Conference Oxford 1989 (1991) 197ff.

Allen "Keftiu-Barren" ist — wie bereits oben ausgeführt und überprüft — gemein, daß sie auf primitivste Weise in unmittelbarer Nähe der Verhüttungsstätten in offenen Bodeneintiefungen gegossen worden sind. Das ist an Einzelheiten ihrer Ober- und Unterseiten ablesbar und mehrfach beschrieben worden [703]. Groß war deshalb die Überraschung, als es J. Lagarce gelang, einen mächtigen, zum Guß derartiger Barren hergerichteten Steinblock des 13. Jhs. v.Chr. in dem zur Gießerei umfunktionierten Palast von Ibn Hani zu entdecken (Abb. 56) [704]. Die Existenz dieser Gußform bedeutet, daß außer einer primären Produktion in den Verhüttungszentren Zyperns sekundäre Metallbetriebe im weiteren ostmediterranen Umfeld entstanden, in denen "Vierzungen-/Keftiu-Barren" nachgeahmt wurden, dort freilich nicht aus lokal erschmolzenem Erz, sondern ganz überwiegend aus wiederverwendetem Schrott. Das wäre zugleich eine Erklärung dafür, daß es neben der großen Menge der Kupferbarren auch ganz vereinzelt Stücke des besprochenen Typs gibt, die aus Bronze bestehen. Eine Besonderheit der Gußform von Ibn Hani (für Barrengrößen von 36 x 68 cm) ist darin zu sehen, daß sie einen mächtigen seitlichen "Kanal" besitzt, welcher nicht als Abfluß zu verstehen ist — denn er war gewiß während des Gußvorgangs mit Lehm verstrichen —, sondern als Ansatzstelle für eine Brechstange zum Hinaushebeln des fertigen Barrens nach dem Erkalten des Metalls. Darin sehe ich eine sekundäre Neuerung außerhalb Zyperns, wo wegen der Verwendung von Sandformen derartige Probleme nicht auftraten.

Die Tatsache, daß Analysen von Metalltropfen aus Ibn Hani die Spurenelemente Silber, Gold und Arsen ergaben, die nach N. Gale am ehesten auf Verwendung von Kupfer aus den kyprischen Bergwerken von Mathiatis oder Skouriotissa hinweisen, schließt natürlich die von mir postulierte generelle Nutzung von Schrott in der genannten Palastwerkstätte keineswegs aus.

---

[703] Vgl. meine Ausführungen in Symposium Haifa 1985 (1988) 199ff. und Abb. 5a-d.

[704] Vgl. die vorige Anm., bes. J. und E. Lagarce-A. Bounni-N. Saliby, CRAI 1983, 277ff. Abb. 15; J. Lagarce, APA 18, 1986, 85ff.; A. Bounni, La Syrie, Chypre, et l'Egée d'après les Fouilles de Ibn-Hani, in: Symposium Larnaka 1989 (1991) 105ff. Taf. 24,1; U. Zwicker, Bulletin of the Metals Museum (Japan) 15, 1990, 23 Abb. 48; D. Haldane, INA-Quarterly 20, 1993, Heft 3, 9 mit Abb. — In Ibn Hani dürfte es sich um den Palast einer Königin von Ugarit gehandelt haben. Der Ortsname lautet Biruti; ein ugaritischer Text erwähnt eine Kupferlieferung "für die Gießer von Biruti". — Generell zu Palastwerkstätten: J.-C. Margueron, Existe-t-il des Ateliers dans les Palais Orientaux de l'Âge du Bronze?, in: Ktèma 4, 1979, 3ff.

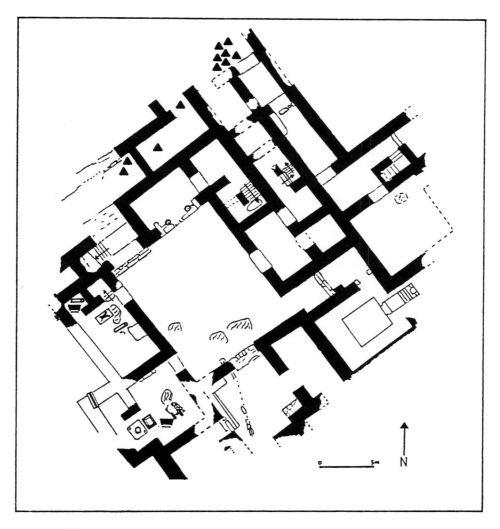

▲ Bleibarren
⌒ Verschmolzenes Blei
▣ Gußform für Rohkupferbarren
▼ Schmelztiegel
⌬ Blasebalgröhre

Abb. 56. Der Palast auf der Halbinsel von Ibn Hani bei Ras Schamra (zur Lage s. Abb. 6)
mit metallurgischen Einrichtungen

Tief in das noch nicht erkaltete Metall eingeprägte — oft nahezu gleiche oder sehr ähnliche — Marken repräsentieren sich (Abb. 55) mit Barrenfunden aus Enkomi/Zypern, vom Gelidonya-Schiff, aus Hagia Triada/Kreta und aus Mykene sowie von einigen Fundorten Sardiniens. Ich habe mehrfach die Grundwahrheit ausgesprochen, daß derartige Zeichen — im Unterschied zu Marken, die ins erkaltete Metall geschnitten worden sind — einzig und allein am Entstehungsort der betreffenden Barren angebracht worden sein können [705]. Deshalb sind sie sehr wichtige Indizien bei der Beantwortung von Herkunftsfragen. Derartige Zeichenstempel stellten technisch kaum Probleme, sie konnten sogar aus Holz bestehen, wie es U. Zwickers und R.F. Tylecotes Experimente in Sandformen ergaben [706].

Von den insgesamt 475 vollständigen Keftiu- und Rundbarren aus dem Schiffswrack von Ulu Burun — die Fragmente ungerechnet — waren gegen Jahreswechsel 1995/96 180 Stück gereinigt und bearbeitet. Daran läßt sich ermessen, bis wann etwa mit einer vollständigen Vorlage dieses auch für die Frage nach schriftähnlichen Zeichen hochwichtigen Materials zu rechnen ist. Die Jahrtausendwende dürfte überschritten werden. Doch jetzt schon läßt sich sagen, daß nur teilweise mit einer Wiederholung des hier in Abb. 55 vorgeführten Zeichenbefundes zu rechnen ist. Allein die nachträglich ins kalte Metall geschnittenen "Sekundärmarken", von denen mir nur ein winziger Teil aus einer ersten Vorlage von Patricia Sibella bekannt wurde (Abb. 18c, nach INA-Quarterly 23, Heft 1, 1996, 9ff.), weisen eine überraschend große Zeichenmenge auf. Von ihnen sind einige so allgemein, daß sie in Linear A und B gleichermaßen vertreten sind und auch in der kyprominoischen Schrift. Bei manchen dieser Marken ist an "Proto-Semitisches" zu denken; ein Schiffszeichen erinnert wiederum an den Diskos von Phaistos. Außer Schiffsbildern sind Ruder, Steuer, Mast und Segel häufig. Jedenfalls ist die Spiegelung einer "Internationalität" zu erwarten, wie sie dem östlichen Mittelmeer als allseitigem Kontaktraum zukommt.

Unter den bekannten Barrenmarken Sardiniens (Abb. 55,13) weist ein Zeichen in Gestalt der Doppelaxt in den ägäischen Raum bzw. nach Zypern. Zwar lassen sich unspezifische Barrenmarken wie Kreuze und Kreise allen möglichen Schriftsystemen zuweisen (s. Abb. 18c; 55,3.24-26.40-42), untersucht man sie aber in ihrer Gesamtheit, so stehen die meisten der ins kalte Metall geschnittenen älteren Zeichen

---

[705] Der Kupferhandel des zweiten vorchristlichen Jahrtausends im Spiegel der Schriftforschung, in: Minoica, Festschrift zum 80. Geburtstag von J. Sundwall (1958) 92ff. Daran anknüpfende Lit. in meiner Bibliographie (oben Anm. 692) 48ff. Nr. 6; ferner: Keftiubarren und Erzhandel im zweiten vorchristlichen Jahrtausend, in: PZ 37, 1959, 1ff., mit Bibliographie a.O. 55ff. Nr. 10, sowie "Talanta" (oben Anm. 692) und "Der Metallhandel des zweiten Jahrtausends im Mittelmeerraum" (Literaturliste, 1. Abt., Buchholz 1988). Vergleichstabellen auch in G. Bass, Cape Gelidonya (oben Anm. 688) 72ff. — Eine schöne Farbaufnahme des Kupferbarrens aus Mykene mit eingestempelter Marke 千 in Athen, Numism. Mus., brachte G.E. Mylonas, Mycenae, Rich in Gold (1983) 214 Abb. 118.

[706] U. Zwicker/Erlangen brieflich (28.6.1979): "Die völlige Erstarrung im Sand dauert mehrere Monate". Zu einem möglichen Barrenstempel aus Apliki/Zypern (brandrissiger Serpentinstein) s. H.-G. Buchholz, Kadmos 1, 1962, 65ff. Abb. 1.

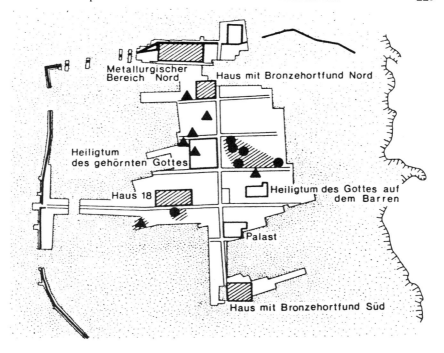

Enkomi

▨ Konzentration metallurgischer Tätigkeit (Werkstätten, Gießerhorte,
Gußtiegel, Düsen, Schlacke)   ▲ Barren   ● Gußform

Abb. 57. Metallurgisches im bronzezeitlichen Enkomi/Zypern

an den Hagia Triada-Barren der kretischen Linearschrift A nahe. Andererseits
widersprechen die meisten der jüngeren, in das warme Metall gestempelten Marken
formal nicht einer Zuordnung zur bronzezeitlichen Silbenschrift Zyperns.

Mitteleuropäische Bronzebeile weisen häufig aus Strichen, Kreuzen, Punkten,
sowie aus Strich- und Punktgruppen und V-förmigen Gebilden bestehende Hand-
werkszeichen auf. Der Beweis der Abhängigkeit von den Linearschriften der Ägäis
und Zyperns ist nicht mittels ihrer Gestalt zu führen, dazu sind sie zu simpel und
zu allgemein. Wohl aber verdient der Brauch gehäufter Verwendung von Schmiede-
marken Beachtung. Der Ursprung ist sicher im Osten zu suchen, wenn auch nicht
ausschließlich im ägäisch-kyprischen Raum [707]. Andererseits würde eine ungari-
sche Gußform für Miniaturbarren die von anderen Forschern als erwiesen angesehe-
ne Verbindung bekräftigen. Ich kenne die Gußform nur aus einer Zeichnung und
muß mich eines Urteils enthalten [708].

---

[707] E.F. Mayer, Zur Herkunft der Marken auf urnenfelder- und hallstattzeitlichen Bronzegeräten des Ostalpenraumes, in: Germania 54, 1976, 367f. Abb. 1, Tabelle.

[708] G. Ilon, "Keftiubarren" from an Urn-Grave Culture Settlement at Gór-Kápolnadomb/Vas,
in: ActaArchHung 44, 1992, 239ff.

3. *Zinn und Blei*

Die prähistorischen Wissenschaften bedienen sich in ihrem handelsgeschichtlichen Forschungszweig in erster Linie der facheigenen Quellen, der Zinnobjekte, -barren und sekundärer Zinnverwendung in Legierungen (Bronze). Doch sie lassen weder antike Nachrichten, noch die geologische Lagerstättenforschung außer Acht [709]. J. Muhly hat beispielsweise zusammengeschrieben, was in den siebziger und achtziger Jahren über Zinn bekannt war [710].

Was den ägäischen Kulturraum angeht, sind Fragen nach der Herkunft des Zinns kaum befriedigend zu beantworten. Eine totale Abhängigkeit von den orientalischen Märkten würde jedenfalls die enorme Steigerung der Bronzeproduktion während der zweiten Hälfte des zweiten Jahrtausends v.Chr. nicht erklären. So gilt allgemein die Ansicht, daß sich Hellas in der beschriebenen Zeit auch oder überwiegend mit Zinn aus (Mittel- und) Westeuropa versorgt habe. Das früher oft genannte Zinn von Kirrha/Phokis gilt kaum noch als mögliche Quelle [711] und über die Geschichte des Abbaus von Zinn-Zink-Erzen im östlichen Rhodepegebirge wissen wir so gut wie nichts.

Seit langem ist auf Zinnvorkommen in Anatolien hingewiesen worden (u.a. von St. Przeworski, R.J. Forbes, F.W. von Bissing [712]). Nun sind Informationen, auch

---

[709] z.B. P. Arndt, Zinngehalte in Schwermineralen aus thailändischen Zinnseifen (Beiträge zur Prospektionsmethodik und wirtschaftsgeologischen Analyse von Zinnseifen, 1979); P. Dulski, Spurenanalyse als Hilfsmittel bei der geochemischen Untersuchung der Genese bolivianischer Sn-Lagerstätten (Berliner Geowissenschaftliche Abhandlungen, Band 28); F. von Bismarck, Lagerstättenspezifische Parameter als Kostenfaktoren im Zinntagebau; E. Volz, Auswirkungen geologisch-morphologischer Rahmenbedingungen auf die Kostenstruktur von Zinntagebauten; H.S. Boase, On the Tin-Ore of Botallack and Levant, in: Transact. of the Royal Geological Society of Cornwall 2, 1822, 383ff.

[710] Vgl. die Karte in R.J. Forbes, Studies in Ancient Technology IX (1972) nach S. 136; ferner: J. Muhly, Copper and Tin. The Distribution of Mineral Resources and the Nature of the Metals Trade in the Bronze Age, in: Transactions of the Conneticut Academy of Arts and Sciences 43, 1973, 155ff.; ders., Supplement to Copper and Tin, in: Transactions of the Conneticut Academy of Arts and Sciences 46, 1976, 77ff.; ders., Sources of Tin and the Beginnings of Bronze Metallurgy, in: AJA 89, 1985, 275ff. Gemeinsam mit Fachleuten: R. Maddin-T. Stech Wheeler-J.D. Muhly, Tin in the Ancient Near East; Old Questions and New Finds, in: Expedition 19, 1977, 35ff.; A.D. Franklin-J.S. Olin-Th.A. Wertime, The Search for Ancient Tin, a Seminar held at the Smithonian Institution, Washington (1978); R.D. Penhallurick, Tin in Antiquity, its Mining and Trade throughout the Ancient World with Particular Reference to Cornwall (1986).

[711] W.A. Wainwright, Early Tin in the Aegean, in: Antiquity 18, 1944, 57ff.; S. Benton, No Tin from Kirrha/Phokis, in: Antiquity 38, 1964, 138ff. — Nach W.M. Müller (Egyptological Researches [1906] 5ff.) hätten Leute aus dem Lande Keftiu erstmals Zinn nach Ägypten gebracht; dazu kritisch R.J. Forbes, Studies in Ancient Technology IX (2. Aufl., 1972) 160.

[712] F.W. von Bissing, On the Occurence of Tin in Asia Minor and in the Neighbourhood of Egypt, in: JHS 52, 1932, 119; C.W. Ryan, A Guide to the Known Minerals of Turkey (1960) 33 und 56; E. Kaptan, The Significance of Tin in Turkish Mining History and its

was die prähistorische Zinngewinnung angeht, tragfähiger geworden [713], insbesondere wenn die Osttürkei und der Kaukasus einbezogen werden [714]. Die bedeutenden Zinnlager im westlichen Afghanistan dürften für die nahöstlichen Kulturen von einiger Wichtigkeit gewesen sein [715].

Auch in Bezug auf Mitteleuropa als Herkunftsgebiet eines Teils des im östlichen Mittelmeergebiet benötigten Zinns ist man über Vermutungen nicht hinausgekommen [716].

Sardinien besitzt im Südteil der Insel Zinnerze, Vorkommen mäßiger Ergiebigkeit [717]. Doch auch in diesem Fall ist nicht erwiesen, daß der Abbau bereits in der Bronzezeit einsetzte.

In den Kupferminen der Barbagia wurden indessen frühe Abbauspuren festgestellt; wie alt sie sind, steht allerdings nicht fest. Da in der Gegend punische, römische und mittelalterliche Hinterlassenschaften fast völlig fehlen, dürften sie nuraghisch oder vornuraghisch sein.

Zweifelsfrei spätbronzezeitlich ist eine sardische Schmelzstätte, an der unter anderem ein schlackenbesetzter Tiegel gefunden wurde, der unvollständig reduzierte Kassiteritkörner enthielt. Hier zeigte sich also, daß Bronze noch im "Zementierungsverfahren" aus Kupfer und Zinnoxid hergestellt wurde. Etwa zehn Kilogramm Kassiterit lag in ein bis drei Zentimeter großen Stücken (mit einem Gehalt von

---

Origin, in: Bulletin of Mining Resource Exploration Inst., Turkey 95/96, 1983, 106ff.

[713] K.A. Yener-H. Ozbal, Tin in the Turkisch Taurus Mountains; the Bolkardagh Mining District, in: Antiquity 61, 1987, 220ff.; O. Belli, The Problem of Tin Deposits in Anatolia and the Nead for Tin, according to the Written Sources, in: A. Çilingiroğlu-D.H. French, Anatolian Iron Ages, Proceedings of the Second Anatolian Iron Ages Colloquium, Izmir 1987 (1991); M.E. Hall-S.R. Steadman, Tin and Anatolia, another Look, in: Journal of Mediterranean Archaeology 4, 1991, 217ff.; S. Gülçur, Antike Welt 26, 1995, 456 und 460 mit Anm. 28; vgl. die Karte bei Przeworski a.O. (Anm. 585) 197 Abb. 2.

[714] H.A. Karajian, Mineral Resources of Armenia and Anatolia (1920) 186; H. Field-E. Prostov, The Tin Deposits in the Caucasus, in: Antiquity 12, 1938, 341ff.; S.M. Kashkai, The Metal *Annaku(m)* in the Region of the Lake Urmia Basin, in: Vestnik Drevney Istorij 1976, 150ff. (Russisch, mit englischer Zusammenfassung). — Auf armenische Bezugsquellen wies bereits A. Lucas hin: Notes on the Early History of Tin and Bronze, in: JEA 16, 1928, 97ff. 108; ders., Ancient Egyptian Materials and Industries (1948) 288f.

[715] S. Clevziou-Th. Berthoud, Early Tin in the Near East ... New Evidence from Western Afghanistan, in: Expedition 25, 1982, 14ff. — Vorkommen im Libanon haben sich als unergiebig erwiesen, zu ihnen: G.A. Wainwright, The Occurence of Tin and Copper near Byblos, in: JEA 20, 1934, 29ff.; ders., Antiquity 18, 1944, 101.

[716] J.W. Taylor, Erzgebirge Tin, a closer Look, in: OxfJournArch 2, 1983, 295ff.

[717] M. Biste, Sn-Höffigkeit der hercynischen Granitoïde Südsardiniens und die Anwendung endogener Prospektionsparameter (1980). — Zur Metallsuche der Mykener im westlichen Mittelmeer u.a. H.W. Catling, Cyprus and the West 1600-1050 B.C., Ian Sanders Memorial Lecture, Univ. Sheffield 1980, 29.

96,58 % SnO_2) dabei; ebenso fanden sich mehrere kleine Rundbarren aus Kupfer [718].

Auf der Apenninhalbinsel gibt es mit Brauneisen vermischte Kassiteritadern und Kupfererze zusammen bei den Orten Cento Camarello, Monte Valesio, Monte Rombolo, Monte Fumachio, die sämtlich im Altertum ausgebeutet wurden. Außerdem deuten zinnerne Ösenhalsringe aus Rinaldoni, sofern sie aus heimischem Zinn gefertigt sind, auf Eröffnung von Zinnminen bereits im 2. Jt. v.Chr. [719].

Auf der iberischen Halbinsel finden sich vorzügliche Voraussetzungen zum frühen Abbau von Zinn in größeren Mengen, so daß diese Weltregion als ernstzunehmende Lieferantin des wichtigen Rohstoffs für mykenische Verbraucher zu gelten hat. Bei Hesekiel (27,12) gibt es einen Hinweis neben anderen Metallen auf Zinn aus dem Lande "Tarschisch" (Spanien). Schon bei A. Schulten ist zu lesen: "An der Küste von Galicia und Nordportugal ... sind in den zinnsteinreichen Alluvionen der Flüsse Steinwerkzeuge gefunden worden, die auf kupfer- und bronzezeitlichen Abbau hindeuten" [720]. In einer portugiesischen Zinnmine fand man u.a. ein prähistorisches Idol [721]. Generell muß man bedenken, daß der vorgeschichtliche Zinnabbau häufig kaum feststellbar ist; denn der chemisch sehr einfach zusammengesetzte Kassiterit ist außerordentlich verwitterungsresistent und reichert sich deshalb ebenso — wie z.B. das Gold — in sogenannten "Seifenlagerstätten" in Flüssen oder in Küstenbereichen ab. Es ist leicht vorstellbar, daß die bergmännische Gewinnung von Zinnerzen in solchen Seifenlagerstätten keine Spuren hinterließ [722].

Im Bewußtsein der Griechen stellten die Kassiteriden, Inseln im Küstenbereich des äußersten Südwesten Englands, überhaupt die wichtigste Bezugsquelle für den Rohstoff Zinn dar. Plinius überliefert (N.H. VII 197): *plumbum (album) ex Cassiteride insula primus adportavit Midacritus*. Über diesen Phokäer Meidokritos wissen wir sonst nichts. Wegen eines lange bekannten Zinnbarrens von Falmouth, dem allgemein ein bronzezeitliches Alter zugesprochen wird, gibt es eine große Überein-

---

[718] L. Cambi, Studi Etruschi 27, 1959, 415ff.; R.F. Tylecote, A History of Metallurgy (1976) 14f.

[719] U. Rellini, Miniere e Fonderie d'Età Nuragica in Sardegna, in: BPI 43, 1923, 58ff.; F. Vodret, Prehistoric Bronzes from the Nuragic Period, in: Rend. 3. Semin. Fac. Scienze, Univ. Cagliari 29, 1959, 248ff.

[720] A. Schulten, Tartessos, ein Beitrag zur ältesten Geschichte des Westens (2. Aufl., 1958) 6, in Anlehnung an H. Quiring, Das Zinnland der Altbronzezeit, in: FuF 1941, 172f. und Geschichte des Goldes (1948) 32 (nach A. Dittmann). — Lit. zu Tarschisch auch oben Anm. 622.

[721] G. Zbyszewski-O. da Veiga Ferreira, Sur un Plaque Anthropomorphe en Cuivre, trouvé dans la Mine d'Etain de Folgadoura, in: Comunicações dos Serviços Geologicos de Portugal 36, 1955.

[722] Neben "Zinnstein", dem Kassiterit (SnO_2), ist in der Natur Zinnkies oder Stannit (Cu_2FeSnS_4) viel seltener. Es gibt noch einige andere Zinnerze, die aber lediglich als mineralogische Randerscheinungen anzusehen sind.

stimmung darüber, daß die Zinnvorkommen dieser Region bereits im 2. Jt. v.Chr. abgebaut wurden [723].

Die griechischen Wörter κασσίτερος für das Metall κασσιτερίδες νῆσοι für dessen Herkunft sind in ihrem Ursprung dunkel. Es ist mit geringem Anspruch auf Wahrscheinlichkeit an elamitischen Ursprung gedacht worden, etwa im Sinne von: "aus dem Land der Kassi/Kossäer stammend", mit größerer Wahrscheinlichkeit jedoch an einen vorkeltischen westeuropäischen Wortstamm [724].

Zinn und Blei waren offenbar sachlich und sprachlich schwer zu unterscheiden; das ist noch im Lateinischen spürbar: *plumbum* wurde durch den Zusatz *album* (also: "weißes Blei") zum "Zinn". In Ugarit bezeichnete *brr* das Zinn [725]. Ein Verzeichnis enthält Eingänge des Schatzhauses an Kupfer und Zinn [726]. Dort ist letzteres ebenso in "Talenten" gezählt wie das Kupfer (*krr brr*).

Transport und Lagerung von Zinn verlangten auch für dieses kostbare, unentbehrliche Metall nach zweckmäßigen Barrenformen. Vom Falmouthbarren war oben bereits die Rede. Neuerdings ist in der Ladung des Schiffes von Ulu Burun erstmals im östlichen Mittelmeer die vom Kupfer her bekannte "Keftiu-/Vierzungenbarrenform" auch beim Zinn nachzuweisen. Im Schiff von Kap Gelidonya hatte sich Zinn im salzigen Meerwasser zu einem weißen Pulver verwandelt [727]. Bei den Beständen der Unterwasserfunde des Maritimen Museums in Haifa haben wir beides, manchmal dicht beieinander: pulverisiertes Zinn und vorzüglich erhaltene Zinnbarren (Abb. 54f-h).

Einer dieser Barren (Abb. 54g) — etwas mehr als die Hälfte ist vorhanden — besteht aus einer flachen rechteckigen, oben abgerundeten Platte mit einer Trage-

---

[723] Zum Zinnbarren von Falmouth (64,3 kg) s. oben Anm. 405 und Buchholz 1959, 23f. Abb. 10b mit Anm. 71 (ältere Lit.) und Anm. 72 (zu Herodot III 115 und Diodor V 22). Vgl. ferner T.A. Rickard, The Cassiterides and the Ancient Trade in Tin (1927); C. Champaud, L'Exploitation Antique de Cassitérite, in: Notices Arch. Armoricaines (1957) 46ff.; M.J. Hughes, in: W.A. Oddy, Brit. Mus. Occasional Papers 17, 1980, 46 Abb. 2a; C.F.C. Hawkes, Ictis disentangled, and the British Tin Trade, in: OxfJournArch 3, 1984, 211ff.; M.J. Treister-J.G. Vinogradov, Zinn von den Kelten ?, in: Zeitschr. für Papyrologie und Epigraphik 91, 1992, 203ff.

[724] H. Flasdieck, Zinn und Zink, Studien zur abendländischen Wortgeschichte (1952); P. Chantraine, Dictionaire Etymologique de la Langue Grecque (1968/70) s.v. κασσίτερος; H. Frisk, Griechisches Etymologisches Wörterbuch I (1973) 798 s.v. κασσίτερος; s. bereits O. Schrader, Mitt. d. Schles. Gesellsch. f. Volkskunde 13/14, 1911/12, 468f.; Verf., PZ 37, 1959, 25 Anm. 77 (Zusammenstellung der Meinungen). Vgl. außerdem J. Mireaux, Les Poèmes Homériques et l'Histoire Grecque I (1948) Kap. VIII: Homère de Chios et les Routes de l'Etain. Zur Zinn-/Blei-Terminologie s. auch u. Anm. 751.

[725] C. Zaccagnini, Note sulla Terminologia Metallurgica di Ugarit, in: OA 9, 1970, 317ff.; s. ferner J. Laessøe, Akkadian *annakum* 'tin' or 'lead'?, in: Acta Orientalia 24, 1959, 83ff.

[726] KTU 4.272; dazu M. Heltzer, The Internal Organization of the Kingdom of Ugarit (1982) 94.

[727] G. Bass, Cape Gelidonya, a Bronze Age Shipwreck (1967) 82f. 171.

schlaufe und einer tief eingeschnittenen Schriftmarke [728]. An den beiden häufiger
behandelten Zinnbarren befinden sich ebenfalls je zwei eingeschnittene Zeichen
(Abb. 54f und h) [729]. Mit den Marken der Kupferbarren (Abb. 55) haben sie unmittelbar nichts zu tun. Doch hier wie dort handelt es sich um Registratur-Merkzei-
chen, an denen der Händler bestimmte Dinge erkannte, die wir freilich nicht zu
deuten vermögen: Ursprungshinweise, Serien- oder Qualitätsbezeichnungen? Einige
entsprechen annähernd genau Zeichen der kyprominoischen Silbenschrift, doch
nicht alle. Somit läßt sich über Land oder Ort der Anbringung dieser Zeichen nichts
Sicheres sagen (Zypern, Nordsyrien, Kilikien?). Diese ins kalte Metall geschnittenen
Zeichen sind obendrein ungeeignet, die Frage nach der Erzquelle zu beantworten,
weil sie nachträglich überall auf ihrem Weg bis hin zur Stelle ihrer Auffindung
hätten eingeschnitten werden können.

Für die Länge der Zeiten prähistorischer Zinnverwendung ist von unterschiedlichen Herkunftssituationen, starken Schwankungen im Angebot, von zeitweiligen
Verknappungen und Störungen des "Marktes" auszugehen. Wiederholt wurde die
Frage aufgeworfen, welches Gebiet mit dem "Zinnland" des Akkaderkönigs Sargon
I., "An(n)aku, jenseits des Oberen Meeres", gemeint gewesen sein kann. O. Höckmann möchte die Angabe auf Troja oder allgemein die Ägäis beziehen; St. Przeworski und andere haben an den mediterranen Westen gedacht [730].

Sowohl bezüglich des "Keftiu-Fernhandels" als besonders für die Zinnver-
sorgung im Nahen Osten erwies sich ein Mari-Text als aufschlußreich. W. Helck
interpretiert ihn als "Abrechnung von Zinn mit einem kretischen Händler und
seinem Dolmetscher in Ugarit" [731] und bezog sich dabei auf die Ausführungen
von G. Dossin und A. Malamat [732]. M. Heltzers Studium der Preise haben ihn zu
der beherzigenswerten Beobachtung geführt, daß sich im Prinzip jede Ware durch
lange Transporte verteuert. Zinn aus Thailand hätte an den östlichen Mittelmeerkü-

---

[728] Erhaltene Maße: 13,3 x 13,5 cm; zusammen mit dem "Keftiubarren" (Abb. 54k) gefunden. Ich danke A. Raban für die freundliche Bereitschaft, mich seinen Fund studieren zu
lassen.

[729] Haifa, Maritimes Museum, Inv.-Nr. 8251 und 8252; Gewicht: 11,4 und 11,9 kg, s. bereits
oben Anm. 182, bes. A. Raban, in: Sefunim 6, 1981, 15ff. Taf. 2,9 und 10; auch T. Stech-
Wheeler, in: Symposium Philadelphia 1977, 23ff. mit Abb. 1 und 2; J. Muhly, in: Symposium Nikosia 1978 (1979) 87ff. Taf. 7,2a.b (auf dem Kopf); H.-G. Buchholz, Symposium
Haifa 1985 (1988) 219 Abb. 10d.e; U. Zwicker, Bulletin of the Metals Museum (Japan) 15,
1990, 27 Abb. 68.

[730] O. Höckmann, in: H.-G. Buchholz, Ägäische Bronzezeit (1987) 57f. 69f., mit Lit.

[731] W. Helck, Die Beziehungen Ägyptens und Vorderasiens zur Ägäis bis ins 7. Jh. v.Chr.
(1979) 107.

[732] G. Dossin, La Route de l'Étain en Mesopotamie au Temps de Zimri Lim, in: RevAssyr
64, 1970, 97ff. und ders., Northern Canaan and the Mari Texts, in: Essays in Honour of N.
Glueck, Near Eastern Archaeology in the Twentieth Century (1970) 164ff.; A. Malamat,
Syropalestinian Destinations in a Mari Tin Inventory, in: IEJ 21, 1971, 31ff.; vgl. auch T.
Stech-Wheeler, The Ancient Tin Trade in the Eastern Mediterranean and the Near East, in:
Symposium Philadelphia 1977, 23ff.

sten unerschwinglich sein müssen [733]. Aus den von M. Heltzer festgestellten Preisrelationen ergibt sich in Nuzi und Arrapḫa ein Zentrum von billigem Zinn. Demnach muß dort in der Nähe auch der oder ein Schwerpunkt der Zinngewinnung zu suchen sein. Er hat um Nuzi einen Kreis mit dem Radius Nuzi-Mari geschlagen und in seiner nördlichen Hälfte die Bezugsquelle angesetzt [734].

Objekte aus reinem Zinn sind unter den Funden überaus selten. Es gab beispielsweise eine aus diesem Metall gefertigte Pilgerflasche im ägyptischen Abydos [735]. Da Zinn einen niedrigen Schmelzpunkt besitzt und sich leicht verformen läßt, war es bequem zur "Verzinnung" zu verwenden, beispielsweise als Überzug von Tongefäßen. Diese erweckten den Eindruck wertvoller Silberware, obgleich sie nichts anderes waren als billiger Schein.

Die Hethiter waren bemüht, Kultfiguren durch Zinn das Aussehen edlen Werkstoffs zu geben, etwa bei einem "Stier aus Holz mit Zinn überzogen, auf allen Vieren stehend" [736]. An dem Fragment eines aus Arsenbronze bestehenden Objekts aus Ras Schamra hat U. Zwicker/Erlangen eine kräftige Verzinnung der Oberfläche nachweisen können.

Die angesprochene Technik kam im ägäischen Kulturkreis weitaus häufiger vor, als man geneigt ist anzunehmen. Allerdings stellen sich dem Archäologen derartige Funde recht unansehnlich dar, weil das Zinn regelmäßig schwarz oxydierte und nahezug vollständig abblätterte, so daß allenfalls noch das in Resten anhaftende Bindemittel den häßlichen Eindruck verstärkte [737]. Unter den mykenischen Scherben aus Gräbern der Athener Agora gibt es einige, deren Überzug aus einer Zinn-

---

[733] M. Heltzer, Goods, Prices and the Organization of Trade in Ugarit (1978) 108ff. mit Anm. 4 (Kontroverse Lit. zur Zinnherkunft).

[734] Ebenda 110, Karte.

[735] Zeit der frühen 18. Dynastie, in Oxford, Ashmolean Museum, so W.M. Flinders Petrie, Abydos III 50 Taf. 17; A. Evans, PM II 178f. Abb. 91a.b (Analyse von A.H. Church: reines Zinn). — Vgl. zur mykenischen Zinnverwendung G. Karo, Schachtgräber (1931/33) 317 Nr. 1355 und S. 367; L. Shear, Hesperia 9, 1940, 286ff. Abb. 27-29 (Zinninkrustierung an einer Elfenbeinbüchse); letztere auch in: H.-G. Buchholz-V. Karageorghis, Altägäis und Altkypros (1971) Nr. 1281 (Lit.).

[736] H.G. Güterbock, Hethitische Götterbilder und Kultobjekte, in: Beiträge zur Altertumskunde Kleinasiens, Festschrift für K. Bittel (1983) 203ff. 211. — Zur Verzinnung in der klassischen Antike s. Bemerkungen von M. Maas, AA 1984, 272f. (mit Lit.) und A. Oddy, Tinning Bronze, in: G. Miles-S. Pollard, Lead and Tin, Studies in Conservation and Technology (1986), sowie I.A. Kinnes, Tinplating in the Early Bronze Age, in: Antiquity 53, 1979, 141ff.

[737] C. Gillis, Binding Evidence, Tin Foil and Organic Binders on Aegean Late Bronze Age Pottery, in: OpAth 20, 1994, 57ff. (Kolophonium aus Kiefernharz); bestätigt wird lediglich "organisches Bindemittel, tierischer Leim" von W. Noll-R. Holm-L. Born, Mineralogie und Technik zinnapplizierter antiker Keramik, in: Neues Jahrbuch für Mineralogie, Abhandlungen 139, 1980, 26ff.; W. Noll, Alte Keramiken und ihre Pigmente (1991) 220ff. — Vgl. ferner: K. Holmberg, Application of Tin to Ancient Pottery, in: Journal of Archaeological Science 10, 1983, 383f.; R.E. Jones, Greek and Cypriote Pottery (1986) 794f. 812.

Blei-Legierung bestand [738].

Leider sind verdächtige Scherben aus Ras Schamra nicht untersucht worden. Doch auf Zypern hat es Oberflächenverzinnung gegeben [739]. Sie wurde dort an Keramik des 7. Jhs. v.Chr. nachgewiesen. Vermutungsweise liegt eine ungebrochene technische Tradition aus dem 2. Jt. v.Chr. vor.

Das Verdienst, die Besonderheit der Zinnverkleidung mykenischer Vasen entdeckt zu haben, kommt Frau S.A. Immerwahr zu, und zwar an Fundobjekten des SH III A/B der Athener Agora [740]. Zu ihnen haben sich weitere Nachweise aus Athen und Attika stellen lassen [741]. Im Norden des Landes steht ein Gefäß aus dem Tholosgrab von Volos-Kapakli/Thessalien zur Diskussion [742]; analytisch abgesichert sind andererseits Gefäße aus Gournes, Grab 2, und Kritsa in Kreta [743]. Einen Schwerpunkt zinnüberzogener Tonware bildete die Argolis (Mykene, Prosymna, Dendra, Berbati, Asine) [744]; auch das minoische Kreta (Knossos; Isopata/Papoura, Grab 7; Mavro Spilio, Gräber 13 und 17 b; Stamnioi; Kalochora-Phitis; Pentamodi; Tholosgrab des SM III A von Phylaki Apokoronou/Westkreta) hatte daran Anteil [745].

Rhodos bildete die Brücke zwischen Osten und Westen — oder umgekehrt — bei der Weitergabe der bemerkenswerten Sitte, tönernen Gefäßen den Anschein von Edelmetall zu geben. Unter diesem Aspekt bleibt es gleichgültig, ob sie dort importiert oder einheimische Erzeugnisse waren [746].

---

[738] Noll-Holm-Born a.O. 35ff.

[739] Ebenda 34f.

[740] S.A. Immerwahr, AJA 67, 1963, 212f.; dies., The use of Tin on Mycenaean Vases, in: Hesperia 35, 1966, 381ff.; dies., The Athenian Agora XIII (1971) 105. 118. 127. 131. 151. 164f., bes. 171ff.

[741] M. Pantelidou, AAA 4, 1971, 433ff. (SH III A 1-Vasen, Athen); Sp. Marinatos, AAA 5, 1972, 296; M. Benzi, Ceramica Micenea in Attica (1975) 4 Anm. 1 (Lit.) und Index s.v. Ceramica "tin incrusted"; F. Schachermeyr, Die ägäische Frühzeit II (1976) Taf. 1b (myk. zinnüberzogene Vasen aus der Veikoustraße/Athen).

[742] Athen, Nat.-Mus., Inv.-Nr. 5893, s. R. Avila, PZ 58, 1983, 37 Nr. 35 Abb. 9,3.

[743] Kanta a.O. (Anm. 745) 327.

[744] Immerwahr a.O.; ferner: C. Gillis a.O. (Anm. 737) und Vortrag in Neapel 1991 (Asine, Grab 2, viele zinnüberzogene Gefäße); E.J. Holmberg, A Mycenaean Chamber Tomb near Berbati in Argolis (Acta Regiae Soc. Scient. et Litterarum Gothoburgensis, Humaniora 21, 1982/83) 49 (14 Vasen aus älteren Bestattungsbeständen der Phase SH III A 2); auch Helck a.O. (Anm. 731) 123 mit Anm. 141.

[745] Immerwahr a.O. (Anm. 740); A. Kanta, The Late Minoan III Period in Crete, SIMA 58, 1980, 302 und 327; H.W. Catling, ArchRep 1981/82, 58 (zu Westkreta).

[746] Jalysos, Grab 5 und 6/Biliotti (Brit. Mus., Inv.-Nr. A 850/1868.10-25/70; A. 860; A 861 [SH III A 2]), s. Helck a.O. (Anm. 731) 123; W.G. Cavanagh, The Mycenaeans in Rhodes, Ausstellungskatalog Nottingham (1981) 15 und 40 Nr. 23 (A 860); C. Mee, Rhodes in the Bronze Age (1982) 18 mit Anm. 111-113 und 117. Dieselbe Technik wurde unlängst für zinnüberzogene Keramik des 4./3. Jhs. v.Chr. nachgewiesen, s. D. Cottier-Angeli-B. Du-

Blei kommt in der Natur weitaus häufiger als Zinn vor. Deshalb stellt sich die Frage nach dem Fernhandel höchstens in Gegenden, die völlig ohne eigene Bodenschätze auskommen mußten. In großem Stil bestand die Möglichkeit zur bergmännischen Gewinnung von Blei in den reichen Galena-Vorkommen Südattikas, der Kykladeninseln und vor allem Anatoliens [747]. Derartige Silber und Blei enthaltende Erze verlangten den Berg- und Hüttenmännern allerdings die Fähigkeit der Scheidung von Silber und Blei in einem Verfahren ("Kupellation") ab, das R.J. Forbes folgendermaßen beschrieb: "Die Hauptmenge des mykenischen Silbers fiel bei der Verhüttung von Bleiglanz an. Die Analysen antiker Silbergegenstände ergaben meist Blei- und Kupferbeimengungen, daneben Spuren von Gold und Wismut. Derartige Zusätze sind bei der Produktion aus Bleiglanz zu erwarten. Durch Zerstoßen, Sieben und Waschen konnte Rohgalena in unmittelbarer Nähe der Bergwerke, wie z.B. in Laureion, zu einem 70 bis 85 Prozent reinen Produkt konzentriert werden. Die Verhüttung vollzog sich in drei Phasen: Durch Rösten des Erzes wurde das Schwefelblei größtenteils in Bleiglätte umgewandelt, diese wurde in der zweiten Phase zu Hartblei geschmolzen. Das Hartblei wurde schließlich in der dritten Phase im Tiegel oxidiert, wobei das Blei zu Bleiglätte verbrannte und durch erneutes Schmelzen mit Holzkohle wiedergewonnen wurde. Silber blieb dann unversehrt zurück ..." [748].

Das Kupellieren reichte als technische Erfahrung nach Forbes bis mindestens ins 3. Jt. v.Chr. zurück [749]. Der griechische Begriff ὄβρυζα soll dieses Verfahren bezeichnet haben. Das Wort stammt wohl aus einer anatolischen Sprache [750]. Wenn das zutrifft, ist die Kenntnis dieser Verhüttungstechnik ebenfalls in der Frühzeit aus Anatolien herzuleiten. Hierzu paßt, daß sich die Griechen eines Wortes

---

boscq-M. Harari, La Couleur de l'Argent, in: Antike Kunst 40, 1997, 124ff.

[747] C. Conophagos, Le Laurium Antique et la Technique Grecque de la Production de l'Argent (1980), mit ausführlicher Bibliographie und Karten der antiken Anlagen, einschließlich Thorikos: 390ff. Abb. 18,5, Waschanlage mit Bleikonzentrationen von 51,5 %. — G. Wagner-G. Weisgerber, Silber, Blei und Gold auf Sifnos, in: Der Anschnitt, Beiheft 3 (1985) 113ff. (Blei-Silbergruben). — Zu Anatolien oben Anm. 712 und 713, ferner A.H. Sayce, The Lead Mines of Early Asia Minor, in: Journal of the Royal Asiatic Society 1921, 54ff.; St. Przeworski, Die Metallindustrie Anatoliens in der Zeit von 1500 bis 700 v.Chr., Nachdruck in: Opera Selecta (1967) 78ff. (Bibliogr.); 196f. (Verbreitungskarte) und 210ff.; P. de Jesus, The Development of Prehistoric Mining and Metallurgy in Anatolia, BAR 74 (1980) passim (Zinn und Blei). — A. Hauptmann-E. Pernicka-G. Wagner, Archäometallurgie der Alten Welt, Beiträge zum Int. Symposium "Old World Archaeometallurgy", Heidelberg 1987 (1989) passim, Index s.v. lead und E. Pernicka, Crisis or Catharsis in Lead Isotope Analysis?, in: Journal of Mediterranean Archaeology 8, 1995, 59ff.

[748] R.J. Forbes, Studies in Ancient Technology VII (1963), Geology and Mining 218ff. und in: ArchHom, Bergbau, Steinbruchtätigkeit und Hüttenwesen, Lieferung K (1967) 19.

[749] R.J. Forbes, Metallurgy in Antiquity (1950) 213.

[750] E. Benveniste, RPhil 27, 1953, 122ff.; J.R. Maréchal, Zur Frühgeschichte der Metallurgie (1962) 96. Nach A. Heubeck, Gymnasium 76, 1969, 72 sei ὄβρυζα aus hurritisch ḫubrušḫi entlehnt.

fremden Ursprungs für Blei bedienten: μόλυβδος. Eigennamen, wie etwa Μολυβάς, weisen — was die Herkunft angeht — ebenfalls in Richtung Kleinasien. Auf Linear-B-Tafeln kommt die Silbenkombination *mo-ri-wo-do* vor, die als "Blei" verstanden wurde [751]. Die Erwähnungen von Blei sind bei Homer außerordentlich selten (Ilias 11,237 und 24,80); eine chronologische Zuordnung zur Metallurgie der Bronzezeit oder derjenigen der griechisch-geometrischen Zeit ist nicht möglich.

Der Zusammenhang frühägäischer Bleiverwendung mit entsprechenden Kenntnissen und Praktiken in Anatolien ergibt sich u.a. aus der Fundverbreitung innerhalb der Ägäis während des 3. Jts. v.Chr.: Die größte relative Funddichte wurde im östlichen Ägäisbereich, auf den Kykladen und in Ostkreta erreicht; dem steht eine Fundabnahme bis hin zur völligen Fundleere im westlichen Hellas entgegen. Das bisher festgestellte früheste Vorkommen betrifft die endneolithische Verwendung von Blei zum Zwecke der Flickung zerbrochener Keramik in Asea/Peloponnes. Wenig jünger (endneolithisch/frühbronzezeitlich) sind auch jene Webgewichte aus Blei, die J. Miliopoulos in Pendik/Nordwest-Anatolien fand. In Çatal Hüyük/Kleinasien wurde das älteste bis jetzt bekannte Blei in frühneolithischem Zusammenhang festgestellt [752]. Eine stattliche Anzahl von Bleiobjekten aus frühbronzezeitlichem Kontext in Troja, Lesbos, auf den Kykladen und auf Kreta, wie schließlich auf Aigina, in Raphina und Hagios Kosmas/Attika, ferner in Thessalien, Zygouries, Midea, Asine und Malthi bekundet die intensive Bleigewinnung und -verwendung während des 3. Jahrtausends v.Chr. in Hellas.

Die reichen Bleivorkommen Etruriens [753], Sardiniens, Spaniens und Englands [754] lassen wir hier unbeachtet, doch sind bronzezeitliche Bleiimporte von dort ins östliche Mittelmeer nicht völlig auszuschließen und sei es auch nur als Schiffsballast.

---

[751] J. Kerschensteiner, Die mykenische Welt in ihren schriftlichen Zeugnissen (1970) 59 und P. Chantraine, Le Témoinage du Mycénien pour l'Étymologie Grecque: μόλυβδος, in: Acta Mycenaea, Proceedings of the 5th Int. Colloquium of Mycenaean Studies, Salamanca 1970 (1972) 197ff. — Weiteres zum Wort μόλυβδος: M.H. van der Valk, Textual Criticism of the Odyssey (1949) 71; E. Risch, Wortbildung der homerischen Sprache (2. Aufl., 1974) § 64a; W. Leaf, The Iliad (2. Aufl., 1900/02, Nachr. 1960) Kommentar zu 11,237. — Zur vorderasiatischen Terminologie vgl. B. Landsberger, Tin and Lead, the Adventures of two Vocables, in: JNES 24, 1965, 295f. und oben Anm. 725.

[752] Pendik: AM 41, 1916, 428; Çatal Hüyük: J. Mellaart, AA 1963, 787 und AnatStud 14, 1964, 111 Taf. 25a. — Der Zahl nach sind außerordentlich gering H. Schliemanns Bleifunde in Troja, C. Blegens Nachgrabungen haben ebenfalls nur 12 Bleiobjekte, soweit publiziert, aus den Schichten I bis VIIa ergeben, dazu E.F. Bloedow, Tyche 1, 1986, 35 Abb. 1 und 2 (Tabellen).

[753] Vgl. die Silber-Blei-Vorkommen in der Karte bei K.S. Painter, Gold and Silver in the Roman World, in: W.A. Oddy, Aspects of Early Metallurgy, Brit. Mus. Occasional Papers 17 (1980) 137 Abb. 2; W.J. Lewis, Lead Mining in Wales (1967).

[754] Vgl. die Karte der Erzlagerstätten der Toskana in G. Kopcke, Handel, in: H.-G. Buchholz, ArchHom, Lieferung M (1990) 104 Abb. 23.

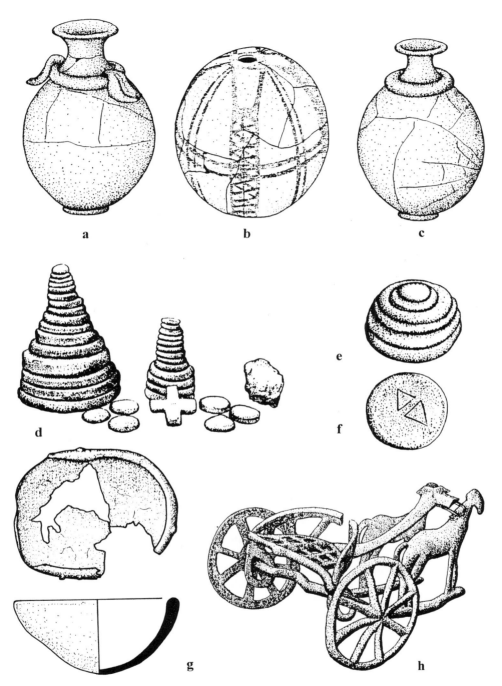

a   b   c

d   e

f

g   h

Abb. 58 a-h. Aus Straußeneiern gefertigte Gefäße (a-c) und Bleiobjekte, überwiegend runde Scheibengewichte (d-f), Gefäße (g) und Figürliches (h): a.c.d-f Aus Akrotiri/Thera. — b Aus Toumba tou Skourou/Zypern — g Aus Tiryns. — h Aus Troja

Die negativste, im Altertum zu wenig beachtete Eigentschaft des Bleis ist seine Giftwirkung [755]. Positiv sind vielfältige technische Verwendungsmöglichkeiten, wie das Verbinden und Befestigen von Teilen (Löten, Verdübeln, Verbleien). Cl. Schaeffer hat ein Beispiel aus Ras Schamra, die Bleifüllung eines Astragals, ausführlich vorgeführt [756]. Auf die Verbleiung ägyptisch-vorderasiatisch-kyprischer Bronzegewichte in Tiergestalt, die eine genaue Justierung ermöglichte, habe ich oben mehrfach hingewiesen [757].

Das Metall besitzt einen sehr niedrigen Schmelzpunkt und einen Siedepunkt, der weit unter dem von Kupfer und Zinn liegt. Zu den Eigenschaften von Blei gehört deshalb leichte Schmelzbarkeit, was einer guten Verformbarkeit gleichkommt, außerdem aber auch Zähigkeit und eine beträchtliche Schwere. Zugleich ergibt sich aus dem frühzeitigen Schmelzen bei jeder Art von Hitzeeinwirkung aber auch eine starke Einschränkung der praktischen Verwendbarkeit des Bleis. Der Archäologe stößt bei Ausgrabungen auf mehr amorphes als auf geformtes Blei. Das gilt für Ras Schamra ebenso wie für Akko, für alle bronzezeitlichen Fundstätten Zyperns wie für die kretisch-ägäischen. Ich erinnere an die Massen von formlosen Bleifladen und -tropfen in Ibn Hani (Abb. 56). Mengen von über sechs Zentnern [758] vermitteln hier eine Vorstellung von dem, was anderswo manchmal nahezu unbemerkt geblieben ist [759]. H. Schliemann schrieb bezüglich der Schachtgräber von Mykene: "Von Gold wurde bis jetzt erst ein Körnchen gefunden, von Silber gar nichts, von Blei ein großes Quantum". O Broneer erkannte frühzeitig die archäologische Bedeutung des Bleis und schloß aus dem Auftreten größerer Mengen bei seinen Ausgrabungen auf der Akropolis von Athen auf die Eröffnung der südattischen Bergwerke in mykenischer Zeit [760].

---

[755] Beachte auch das oben zu Arsen Gesagte. Ferner R. Kobert, Chronische Bleivergiftung im klassischen Altertum, in: Diergart, Beiträge aus der Geschichte der Chemie (1909); K. Pollak, Die Heilkunde der Antike (1969, 2. Aufl., 1978) 236 und 270; auch K. Preisendanz, Archiv für Pyprusforschung 9, 1930, 119ff.

[756] Ugaritica IV (1962) 80 Abb. 64a-f.

[757] Zum Beispiel Cyprus Mus., Inv.-Nr. C 999/Met 406, Catling, Bronzework Taf. 44d; F.G. Maier, AA 1972, 272 Abb. 1 und 2 und H.-G. Buchholz, JdI 87, 1972, 42 Nr. 44 (Kouklia); V. Karageorghis, Cypriote Antiquities in the Pierides Collection, Larnaca (1973) 110 Nr. 29; V. Tatton-Brown, Cyprus B.C., Ausstellungskatalog London 1979, 57 Nr. 162 a.b. — Auch Feingewichte aus Hämatit konnten Bleijustierungen aufweisen, s. M.-J. Chavanne, Poids zoomorphe, in: M. Yon, Le Centre de la Ville Ras Schamra-Ougarit III (1985) 367ff.

[758] J. Lagarce, APA 18, 1986, 89f.

[759] Hierzu und zum Folgenden: H.-G. Buchholz, Das Blei in der mykenischen Kultur und in der bronzezeitlichen Metallurgie Zyperns, in: JdI 87, 1972, 1ff.; ders., Das Metall Blei in der ägäischen und ostmediterranen Bronzezeit, in: Symposium Nikosia 1972 (1973) 278ff. 408ff. — Gelegentliche Erwähnung geschmolzenen Bleis in kretischen Palästen, z.B. N. Platon, Zakros (1971) 158.

[760] Hesperia 2, 1933, 352 und Hesperia 8, 1939, 415 Anm. 162; vgl. R.J. Hooper, Greece and Rome, N.S. 8, 1961, 139f.

Blei spielte in der Magie des Altertums eine Rolle [761]. Es wurde zur Herstellung von Fluchtafeln benutzt und war unter den Metallen am stärksten bösen Göttern und Dämonen zugeordnet [762]. Bei den Ägyptern galt es als Symbol der Wertlosigkeit. In der Rangfolge hatte es im Alten Testament seinen Platz erst nach Gold, Silber, Kupfer, Zinn und Eisen. In M. Heltzers ugaritischen Preislisten kommt das Metall Blei nicht vor, so daß zu fragen ist, ob es dort keinerlei Handelswert besessen hat.

In Gestalt von Barren wurde dieses Metall gelagert und an den Ort der Verwendung gebracht (zur Edelmetallraffinierung oder zum Bronzeguß: In Kupfer-/Bronze-Analysen Ras Schamras sprechen 2 % Blei und höhere Werte für absichtliche Zusätze). In Ras Schamra, Ibn Hani und ebenso in Enkomi/Zypern sehen sie wie kurze dicke Drahtstücke mit umgebogenen Enden aus [763]. Überhaupt gehörte Draht mit unterschiedlicher Dicke und Länge zu den häufigsten Bleifunden in Siedlungen und Gräbern des 2. Jts. v.Chr., beispielsweise in Kourion-Kaloriziki/-Zypern [764], Asine, Dendra und Prosymna/Peloponnes [765], desgleichen in Ras Schamra [766].

In ovalen und runden Schüsseln gegossene bleierne "Gußkuchen" — die bereits bei den Kupferbarren behandelte häufigste Form — sind für sich genommen kaum genau zu datieren. Unter den Objekten der Unterwasserarchäologie bei Haifa mögen sie teilweise noch der Bronzezeit angehören; denn die von J. Lagarce in Ibn Hani entdeckten "linsenförmigen Bleimassen" von 9 bis 40 kg Gewicht bezeichnete er selber als "Barren", sie vertreten den besprochenen Typus der "Gußkuchen". In Sardinien sind sie "nuraghenzeitlich" und zum Teil mit eingeschnittenen Zeichen

---

[761] E. Paszthory, Stromerzeugung oder Magie, die Analyse einer außergewöhnlichen Fundgruppe aus dem Zweistromland, in: Antike Welt 16, 1985, 3ff.

[762] Beispiele und Lit. bei Paszthory a.O. 6ff. — Zu hethitischen Bleibriefen F. Steinherr, Jb. für Kleinasiatische Forschung 2, 1965, 467f. Zum Blei im antiken Zauber u.a. S. Eitrem, Opferritus und Voropfer (1915/1977) 223 Anm. 2 und S. 244f.

[763] Mehrfach unter meinen Ausgrabungsobjekten 1961/63; s. auch Cl. Schaeffer, Syria 13, 1932, 2 und Ugaritica IV (1962) 76 Abb. 62b; auch H.Th. Bossert, Ein hethitisches Königssiegel (IstForsch 17, 1944) 173. — Enkomi z.B.: W. Johnstone, Alasia I (1971) 111f. Abb. 26,3; V. Karageorghis, RDAC 1988, Teil 1, 332 Nr. 5; J. Muhly, ebd. 263ff.

[764] J.L. Benson, The Necropolis of Kaloriziki (1973) 125 Nr. K 1119; vgl. zu Kourion-Bamboula-Kaloriziki ferner Buchholz a.O. (Anm. 757) 42f. Nr. 45-47.

[765] O. Frödin-A. Persson, Asine (1938) 421; A. Persson, The Royal Tombs at Dendra I (1931) 90; II (1943) 11. 13f. 50. 64. 98. 101; C. Blegen, Prosymna (1937) 255; J. Wiesner, Grab und Jenseits (1938) 118 und 185.

[766] H.-G. Buchholz, Analysen prähistorischer Metallfunde aus Zypern und den Nachbarländern, in: BJbV 7, 1967, 189ff. 228f. 256 Analysen-Nr. 469. Weitere Bleianalysen: G. Bass, Cape Gelidonya (1967) 170. Zehn Bleiproben aus Ras Schamra und Ibn Hani sind isotopenanalysiert und auf kyprische Bezugsquellen zurückgeführt worden, s. in: J.E. Coleman, Alambra (1996) 425 Tabelle 2/28.

versehen, von denen einige der phönikischen Schrift nahestehen [767].

Zuerst ist das Metall Blei von Topfflickern benutzt worden. Es erwies sich in dieser Funktion als leicht beschaffbar und wohl auch als billig. Unter den Funden sind reparierte Gefäße, deren Wert wir als so gering einschätzen, daß sich das Flicken nicht lohnte. Doch hat man sie repariert, also hat man sie anders bewertet, als wir dies tun. Das gilt für Ras Schamra [768] ebenso wie für Zypern [769] und den ägäischen Raum [770].

An der Levanteküste (Ras Schamra; in Achziv in größerer Menge, jedoch bereits 1. Jt. v.Chr.; Gaza [771]), auf Zypern (Kouklia, Hala Sultan Tekke, Atheainou, Enkomi) [772], im Schiffswrack vom Kap Gelidonya und in der Ägäis (Phaistos, Naxos, Brauron, Perati) [773] waren ähnliche zusammengefaltete Bleiblechstreifen

---

[767] G. Ugas, in: Atti del 1. Convegno, Cagliari 1985, Taf. 8; G. Ugas-L. Usai, in: La Sardegna nel Mediterraneo, Atti del 2. Convegno, Cagliari 1986, 186ff. mit Formenüberblick, Gewicht- und Größentabellen, Wiedergabe eingeschnittener Zeichen und S. 215, Verbreitungskarte der Formen. Danach in Auswahl G. Kopcke, Handel, in: H.-G. Buchholz, ArchHom, Lieferung M (1990) 89 Abb. 17c und d. — Vgl. ferner R. Forrer, Bleibarren aus Pfahlbauten; Beiträge zur Prähistorie, Archäologie und verwandten Gebieten (1892).

[768] Beispielsweise: Cl. Schaeffer, Ugaritica IV (1962) 483 Abb. 4.

[769] Repariertes "White-slip"-Gefäß in Limassol, Arch. Mus., Inv.-Nr. 406, s. BCH 93, 1969, 491 Abb. 115a. — Pyla-Kokkinokremos, mykenischer, figürlich bemalter Krater mit mitten in den Dekor gesetzten Bleiklammern, s. V. Karageorghis, RDAC 1982, 78f. Abb. 3 und Anm. 4 (weitere Nachweise), Taf. 12 und 13; ders., CRAI 1982, 720 Abb. 11a.b. — Enkomi: J.-Cl. Courtois, Alasia III (1984) 47ff.; Catling, Bronzework 274 (Bleiflickung einer Matrize). — Atheainou: T. Dothan-A. Ben-Tor, Excavations at Athienou (1983) 126 Abb. 57,4-6.

[770] Nachweis von 15 Orten mit "Pottery Rivets" der Epochen FH/MH und Frühkykladisch bei K. Branigan, Aegean Metalwork of the Early and Middle Bronze Age (1974) 197 Nr. 3242-3257a. — Spätbronzezeit, z.B. Asine, in Uppsala, Univ.-Mus., Inv.-Nr. 2742, 3723, 3737 und 3778, von mir zur Publikation vorbereitet, desgl. Koukounaries/Paros ein endbronzezeitliches Stück im Privatbesitz. Bleiflickung in Hagios Stephanos/Lakonien: Lord W. Taylour, BSA 67, 1972, 246. Zu Milet s. W. Voigtländer, IstMitt 32, 1982, Taf. 34,7.

[771] Unpubliziert, freundliche Auskunft von M. Prausnitz; in den Gräbern zusammen etwa 600 gr Blei. — W.M. Flinders Petrie, Gaza III (1933) 6 Nr. 35 Taf. 9 und K. Galling, Biblisches Reallexikon (2. Aufl., 1977) 84 s.v. Fisch und Fischfang.

[772] Unpubliziert im Cyprus Museum, Inv.-Nr. Met 4006-4037; CCM 120 Nr. 3990 (kouklia); Dothan-Ben-Tor a.O. (Anm. 769) Abb. 57,18-20 (Atheainou); P. Dikaios, Enkomi I 257. 279 Taf. 135,75; 156,31; 163,56; 168,23.

[773] S. Iakovides, Perati II (1970) 355 mit Aufzählung der übrigen Fundstätten; vgl. meine Listen in: JdI 87, 1972, 1ff. 38. — Zu bleiernen Netzsenkern aus Herakleia/Unteritalien (7. Jh. v.Chr.) in bronzezeitlicher Tradition, s. B. Neutsch, AA 1968, 766ff. Abb. 13; ders., Atti e Memorie del 1. Congresso Int. di Micenologia, Rom 1967, Band I (1968) 113 Abb. 8, Taf. 1,6.

als Beschwerung von Fischernetzen in Verwendung [774]. In dem bei Ulu Burun untergegangenen Schiff des 14. Jhs. v.Chr. gab es hunderte, wenn nicht über tausend solcher Netzbeschwerer, sämtlich kürzer als 3 cm (M. Mellink, AJA 95,1991, 137 und G. Bass mündlich).

In der Bronzezeit bestanden Schleudergeschosse überwiegend aus Ton und Stein. Doch war in einigen Fällen die Nutzung von Blei — wie durchweg seit dem Hellenismus — archäologisch nachzuweisen (Enkomi, Atheainou, Hala Sultan Tekke, Knossos). Von bleiernen Scheibengewichten war oben mehrfach die Rede (Abb. 58d-f) [775]. Sie deuten zusammen mit den mit Blei justierten Bronzegewichten der Spätbronzezeit auf eine Wirtschaftskoine, die Nordsyrien [776], Zypern, die südanatolische Küste und die Ägäis einschließlich Kretas umfaßte. Auch aus dem mykenischen Milet liegen bleierne Scheibengewichte vor [777]. In einem hethitischen Text heißt es: "Der Priester nimmt die Waage und tritt auf den König zu. Er

---

[774] Zur Identifizierung s. Iakovides a.O. und H.-G. Buchholz-G. Jöhrens-I. Maull, Jagd und Fischfang, in: ArchHom, Lieferung J (1973) 175ff. bes. 177 (Nachweise) Taf. 6c. — Es ist falsch, sie als auf den Peratihorizont eng begrenzte Erscheinung zu bewerten. Das dürfte spätestens seit dem Vortrag von B. Neutsch auf dem ersten Mykenologen-Kongreß in Rom (1967) unstrittig sein. Technisch völlig identisch sind bleierne Netzbeschwerer aus dem byzantinischen Schiffswrack von Bozburun, s. F.M. Hocker, INA-Quarterly 22, Heft 1, 1995, 8 Abb. 8.

[775] Zu diesen und allen hier besprochenen Objektgruppen vgl. meine Listen (JdI 87, 1972, 1ff. und Ägäische Bronzezeit [1987] 174f. Anm. 66-68). Dort ist ein Bleigewicht des MM aus Knossos nachzutragen (K. Branigan, Aegean Metalwork of the Early and Middle Bronze Age [1974] 197 Nr. 3260); ferner drei bleierne Scheibengewichte des SM aus Mochlos, Herakleion, Arch. Mus., Inv.-Nr. 83/93: Griekenland en de Zee, Ausstellungskatalog Amsterdam 1987, 133 Nr. 25 mit Abb. Zu dem in meiner Studie a.O. 43 Nr. 57 als unpubliziert vorgestellten Scheibengewicht des SM I aus Phlamoudi/Zypern vgl. Y. Portugali-A.B. Knapp, A Spatial Analysis of Interconnection in the 17th to 14th Centuries B.C., in: A.B. Knapp-T. Stech, Prehistoric Production and Exchange, the Aegean and the Eastern Mediterranean (1985) 44ff. 71ff. Nr. 3. — Zu Gewichten bereits oben Anm. 187. — Vgl. bes. G. Bass, Cape Gelidonya 140 Abb. 149 (Verbreitungskarte); N.F. Parise, Un Unità Ponderale Egea a Capo Gelidonya, in: SMEA 14, 1971, 163ff.; ders., La Documentazione Ponderale di Ayia Irini, in: Studi Ciprioti e Rapporti di Scavo 1, 1971, 293ff.; ders., Per uno Studio del Sistema Ponderale Ugaritico, in: Dialoghi di Archeologia 4/5, 1970/71, 3ff.; ders., Unità Ponderali Egee, in: Tagung Palermo 1984 (1986) 303ff.; K.M. Petruso, Systems of Weight in the Bronze Age Aegean, Diss. Indiana Univ. 1978 (1979); ders., Marks on some Minoan Balance Weights and their Interpretation, in: Kadmos 17, 1978, 26ff.; ders., The Balance Weights, in: Keos VIII (1993); A. Michaelidou, The Lead Weights from Akrotiri, in: Thera and the Aegean World III/1 (1990) 407ff. und oben Anm. 187.

[776] Ras Schamra: Cl. Schaeffer, Syria 13, 1932, 2; ders., Ugaritica IV (1962) 72 Abb. 60 A und D; H.Th. Bossert, Ein hethitisches Königssiegel (1944) 173.

[777] W. Voigtländer, IstMitt 32, 1982, 102. 169f. (Datierung nicht sicher, weil teils unstratifiziert, teils hellenistisch). Die Form des abgestumpften Kegels kehrt ähnlich in Boğazköy wieder. Milet mag darin mit Inneranatolien übereingehen, s. R.M. Boehmer, Die Kleinfunde von Boğazköy (1972) 165.

gibt dem König Blei, der König legt es auf die Waage. Der Priester streckt die Waage dem Sonnengott entgegen ...[778].

Relativ einfach herstellbare Bleiplatten und -bleche fanden bereits im zweiten vorchristlichen Jahrtausend vielfache Verwendung, beispielsweise zur Verkleidung von Türen und Toren (Ibn Hani; Gla/Boiotien), zunächst allerdings noch sehr sparsam im Schiffsbau, für den sie später unentbehrlich wurden. Bleiringe mit zusätzlicher Öse zum Einknüpfen einer Schnur, wie sie erstmals im mykenischen Wrack von Iria auftreten, kann ich wegen ihrer Größe und Eigenart nicht als Fingerringe (Daktylioi) deuten; sie werden mit einiger Wahrscheinlichkeit zur Takelage gehört und mit der Bewegung des Segels zu tun gehabt haben (Enalia 4, 1992, Heft 3/4, 1996, 18 Abb. 4).

Als Gebrauchsgut sind schließlich Lampen und Gefäße aus Blei anzusehen (Ras Schamra, Enkomi, Maroni, Phylakopi, Trapeza, Lasithi/Kreta, Athen, Tiryns [Abb. 58g], Mykene, Midea)[779]. Allein in Mykene sind Reste von über einem Dutzend solcher Gefäße gefunden worden (Schachtgräber und weitere Gräber, "Bleihaus"). Ein häufig erwähntes Gefäß in Hirschgestalt aus dem IV. Schachtgrab von Mykene ist vom Typus her und aus stilistischen Gründen als anatolischer Import anzusehen. Bereits H. Schliemann hat es analysieren lassen. Das Metall ist danach eine Silber-Bleilegierung[780]. Es besteht kein Grund, diese Bestimmung anzuzweifeln; denn die Probe war ordentlich entnommen und untersucht worden. Wenn Frau Gale reines Silber feststellte, dann — soweit ich informiert bin — an einem losen korrodierten Krümel bei Erdresten im Gefäßinneren. Dabei kann es sich um Lötmasse handeln, ja, selbst um einen objektfremden Irrläufer.

Bleierner Schmuck ist in größerer Anzahl aus kyprischen bronzezeitlichen Gräbern bekannt geworden, so daß an billigen Ersatz statt der den Lebenden verbleibenden Schmuckstücke aus Edelmetall zu denken ist. In Enkomi hat man an einer Bleirosette den Rest von Vergoldung festgestellt, also handelte es sich um Vortäuschung einer Kostbarkeit[781]. Es handelt sich ferner um bleierne Ohrringe (Enkomi, Kourion-Bamboula)[782], um Perlen, Anhänger und Gewandnadeln (Enkomi, Idalion, Kourion-Bamboula, Kalavassos-Hagios Demetrios, Hala Sultan

---

[778] H. Otten, Hethitische Totenrituale (1958) 132.

[779] H.-G. Buchholz, JdI 87, 1972, 25ff. Nr. 28. 31. 55. 117-122. 127. 129-133. 204; S. 39ff. Nr. 20a.b; 50. Dazu K. Kilian, AA 1981, 181 Abb. 36 und 1983, 299 Abb. 22,3 (Tiryns, unsere Abb. 58g); K. Demakopoulou-N. Divari-Valakou-G. Walberg, OpAth 20, 1994, 35 Abb. 48.

[780] Hierzu G. Karo, Schachtgräber von Mykenai 94 Nr. 388; Sp. Marinatos-M. Hirmer, Kreta, Thera und das mykenische Hellas (2. Aufl., 1973) Taf. 199; weitere ältere Lit. in: K. Tuchelt, Tiergefäße in Kopf- und Protomengestalt (1962) 28 Anm. 88; S. 36ff.; H.-G. Buchholz, AA 1974, 364.

[781] Buchholz a.O. (oben Anm. 779) 42 Nr. 26.

[782] Ebenda 41f. Nr. 18 und 47. — Bleiohrringe und -anhänger auch bei den Hethitern, s. R.M. Boehmer, Kleinfunde aus Boğazköy (1972) Taf. 59,1731; 60,1749.

Tekke und Hagia Irini) [783]. Ebenso wurden im ägäischen Raum bleierne Perlen, Armbänder und Siegel gefunden (Naxos, Amorgos, Thermi/Lesbos, Chalkis/Euböa, Dendra, Pylos und Tylissos/Kreta) [784].

Besonders häufig waren einfache kleine Ringe aus dickem Blei- oder Blei-silberdraht mit rundem Querschnitt, zur Spirale mit mehreren Windungen gebogen oder auch nur an den überlappenden Enden abgeflacht. Auf Zypern waren sie während der mittleren Bronzezeit häufiger als in der späten (von der Insel sind etwa 40 bis 50 solcher Ringe, überwiegend aus Gräbern in mehr als einem Dutzend bedeutender Nekropolen bekannt) [785]. Ähnliche Verhältnisse verbinden Zypern mit Anatolien, weniger mit Ras Schamra oder der Ägäis, wo solche Ringe eher selten waren [786].

Die beschriebenen unscheinbaren Schmuckstücke haben nichts mit an-spruchsvollen mykenischen Fingerringen gemein, die vor allem durch eine ovale Ringplatte ausgezeichnet sind (wie der kyprische Goldring Abb. 101d-f) und meistens aus Edelmetall oder komplizierten Metallkombinationen bestehen. Ein solcher Ring im Nationalmuseum von Athen ist jedoch aus Blei gegossen [787]. Wegen seines geringen Wertes hat man ihn als ein bloßes Muster eingestuft ("une bague modèle") [788].

Die Variationsbreite solcher Ringe drückt sich in der Gliederung in sieben Typen aus [789]. Maßgeblich für die Unterteilung war die Gestaltung und Anbrin-gungsart des Ringbügels an die selten runde, fast ausschließlich ovale Ringplatte. Der Ringbügel steht bei ägäischen Ringen quer zur Platte und greift unter sie. Die Platte legt sich also ihrer Länge nach auf den Finger, während bei Fingerringen des Ostens (Zypern, Ras Schamra) der Ringbügel die Platte nicht unterstützt, sondern von der Seite her in deren abgerundete Schmalseiten einbindet (Abb. 101d-f) [790].

---

[783] Ebenda 40ff. Nr. 17c.d; 37; 45a; 61; U. Öbrink, Hala Sultan Tekke (1979) 44f. Abb. 229; H.K. South, RDAC 1980, 45.

[784] Dabei auch Silber-Blei-Legierungen; s. Buchholz a.O. 26 Nr. 3; S. 28f. Nr. 32. 60-62; S. 33ff. Nr. 155. 199. 217. 231.

[785] Buchholz a.O. (Anm. 757) 39ff. Nr. 1-8. 10. 12a.b; 14. 15a.b; 24. 51-56. 63. 64; S. 37 Abb. 10b (Kalopsida), c und d (Lapithos), e (Pendagia); G. Hult, Hala Sultan Tekke 4 (1978) 90 Abb. 156.

[786] Buchholz a.O. 26 Nr. 5-8 (Antiparos), 33ff. Nr. 144, 157 und 206 (Perati, Salamis und Troja).

[787] Inv.-Nr. 2733, s. Y. Xenaki-Sakellariou, Techniques et Évolution de la Bague-Cachet dans l'Art Crétomycénien, in: CMS, Beiheft 3 (1989) 323ff. Abb. 2.

[788] G. Sakellarakes, Matrizen zur Herstellung kretisch-mykenischer Siegelringe, in: CMS, Beiheft 1 (1981) 167f. und Xenaki-Sakellariou a.O.

[789] Xenaki-Sakellariou a.O. 324 Abb. 1.

[790] Massiver Goldring mit kyprominoischer Schrift, innerer Dm: 1,53 bis 1,75 cm; Hala Sultan Tekke/Zypern; London, British Museum, Inv.-Nr. 98/12-1.177. Zur Schrift s. unten S. 532; die Neuaufnahme wird I. Pini verdankt; vgl. F.H. Marshall, Catalogue of Fingerrings (1907) 99 Nr. 574; A Evans, Scripta Minoa I (1909) 70ff. Abb. 38, S. 197 Nr. 39; R.

Bei Ringen dieser Art steht die ovale Platte quer zum Finger. Während das Stück
aus Hala Sultan Tekke aus massivem, rötlich-gelbem Gold besteht sind die ägäischen — soweit eine Untersuchung möglich war — höchst kunstvoll aus einer
Edelmetallfolie über einem Kern aus anderem Stoff gebildet ("a shell over a core
of some other material")[791]. Häufig ist im Inneren Bronze, außen Gold festge-
stellt worden. Ein Fingerring aus einem mykenischen Grab in Olympia weist nach
Auskunft von P. Themelis eine Mehrschichtplatte auf, bestehend aus Blei und
Bronze und einem weiteren Metall[792]. Bei einem Ring aus Pylos besteht der
Kern aus Blei, er ist mit Silber oder versilberter Bronze überzogen[793]. Bei drei
Ringen der Epoche SH II aus Dendra/Argolis hat die Untersuchung ihrer Platten
eine Schichtung von Eisen, Kupfer und Blei ergeben mit einer Auflage feinen
Silberblechs[794].

Die schwierige Einbringung von Eisen ist höchst bemerkenswert und beweist
die ungewöhnlichen Fähigkeiten kretisch-mykenischer Gold- und Silberschmiede.
In unserem Zusammenhang interessiert Blei mit sehr niedrigem Schmelzpunkt in
gleichzeitiger Verarbeitung mit Eisen, Kupfer, Bronze, Silber und Gold. In diesem
Punkt erweist sich das ägäische Metallhandwerk dem östlichen ebenbürtig, wenn
nicht überlegen.

Fragt man nach dem weiteren Einsatz von Blei, so ist auf gegossene Figürchen,
Reliefs[795], mancherlei Zierat (Kreuz, Abb. 58d)[796], Amulette[797] und auf
kleinformatige Objektnachbildungen (frühkykladische Bleischiffchen[798], zwei

---

Dussaud, Les Civilisations Préhelléniques dans le Bassin de la Mer Égée (2. Aufl., 1914)
428ff.; O. Masson, Minos 5, 1957, 17f.; ders., BCH 81, 1957, 20; ders., Les Inscriptions
Chypriotes Syllabiques (1961) 32 (mit Diskussion, ob mykenisch oder später).

[791] Im einzelnen beschrieben von Xenaki-Sakellariou a.O. 326 Abb. 3 und 4 (Schnittzeichnungen).

[792] Buchholz a.O. (Anm. 757) 36 Nr. 230.

[793] Buchholz a.O. 33 Nr. 150.

[794] Buchholz a.O. 29 Nr. 63-65. — N.M. Verdelis, AM 82, 1967, 52f. Beilage 31,3a (Frag-
ment eines mit Gold überzogenen Bronzerings, Dendra, Kammergrab 12); N. Platon-I. Pini,
CMS II 3 (1984) Nr. 114 (Goldring mit Bronzekern, Kalyvia, Grab 11, SM III A); Sp.
Iakovides, in: H.-G. Buchholz, Ägäische Bronzezeit (1987) 459 (Perati, Silberring, mit
dünnem Blattgold überzogen). — Weiteres zur Zusammensetzung derartiger Ringe bei
Xenaki-Sakellariou a.O. 323ff.

[795] Hauptsächlich altkleinasiatisch: K. Emre, Anatolian Figurines and their Stone Moulds
(1971). Auch als echter Import in Herakleion/Kreta: K. Branigan, AJA 72, 1968, 220, 229
Nr. 29 und 30, nach anderen moderne Fälschungen.

[796] Aus Akrotiri/Thera (H: 11 cm), s. Buchholz a.O. (Anm. 757) 34 Nr. 197; ders., Ägäische
Bronzezeit (1987) 175 Abb. 48; G. Kopcke, Handel, in: H.-G. Buchholz, ArchHom, Lieferung M (1990) 38 Abb. 6b.

[797] Aus Bleidraht gefertigtes Ornament, s. Praktika 1981, Taf. 164b.c.

[798] Aus Naxos, in Oxford, Ashmolean Museum, L 40,5 cm, s. Buchholz a.O. (Anm. 757) 27
Nr. 25-27 Abb. 7; ders., Ägäische Bronzezeit (1987) 65f. Abb. 10, Anm. 76, mit älterer Lit.

kleine Doppeläxte aus Mochlos/Ostkreta [799]) hinzuweisen. Es handelt sich wohl überwiegend um Überreste aus einer Massenproduktion von Weihgaben.

Bleifiguren in Menschen- und Göttergestalt kennen wir aus Inneranatolien [800] und Troja II-V, ein Streitwagenmodell aus einer jüngeren Schicht (Abb. 58h) [801]. Im "Kleinen Palast" von Knossos handelt es sich zweifelsfrei um eine Göttin mit erhobenen Armen in primitiver Ausführung [802]. Frühkykladische Bleiidole aus Antiparos und Ios [803] sind in ihrer Echtheit wiederholt angezweifelt worden, zumal der Werkstoff Blei zum mechanischen Nachguß verleitet.

Wie die aufgezählten prähistorischen Bleifigürchen des ägäischen Raumes als Erzeugnisse eines schlichten Kunstgewerbes anzusprechen sind, so auch zwei weibliche Idole des brüstehaltenden nordsyrischen Typs, die aus spätbronzezeitlichem Fundzusammenhang in Enkomi/Zypern stammen [804]. Einzig als künstlerisch herausragend müssen zwei Bleifiguren, eine männliche und eine weibliche, angesehen werden, welche in dem Tholosgrab von Kapos/Lakonien ausgegraben worden sind [805]. Sie vertreten auf dem Festland — in dem minderen Material überraschend — beste Traditionen minoischer Bronzekunst. J.N. Coldstream hat sie als bedeutende kretische Importe in eine Reihe mit den Goldbechern von Vapheio gestellt [806].

---

[799] Buchholz a.O. 27 Nr. 23 und 24 Abb. 6, mit älterer Lit. — Vgl. ferner Dendra, Tholosgrab: Hörner aus Blei, vielleicht zu einem Hörnerhelm gehörig, Lit. bei Buchholz a.O. 29 Nr. 66; vgl. J. Borchhardt, Homerische Helme (1972) 40 Kat.-Nr. 6 Taf. 15,3. — Bleiamulett in Gestalt einer einfachen Axt aus dem Tholosgrab von Krasi Pediados: Buchholz a.O. 26 Nr. 18.

[800] Vgl. oben Anm. 795 und bereits K. Bittel, Prähistorische Forschung in Kleinasien, IstForsch 6 (1934) 39f.

[801] H 6,9 cm, flache Rückseite, s. H. Schmidt, H. Schliemanns Sammlung (1902) 255 Nr. 6446; Buchholz a.O. 27f. Nr. 33 Abb. 8, mit älterer Lit. — Abb. 58h nach S. Laser, Sport und Spiel, in: H.-G. Buchholz, ArchHom, Lieferung T (1987) 29 Abb. 3a.

[802] SM III, H 10,5 cm, s. Chr. Zervos, L'Art de la Crète, Néolithique et Minoenne (1956) 462 Abb. 749; Buchholz a.O. 31 Nr. 81. — Eine weitere Bleifigur aus Lyttos/Kreta befindet sich in Oxford, Ashmolean Mus., Inv.-Nr. AE 15, s. J. Boardman, The Cretan Collection in Oxford (1961) 77 Anm. 1.

[803] P. Wolters, Prähistorische Idole aus Blei, in: AM 23, 1898, 462ff. und 25, 1900, 339f.; Buchholz a.O. (Anm. 757) 26 Nr. 4 und 17.

[804] P. Dikaios, Enkomi I 257; II 456f. 511 Taf. 128,9a.b; 156,27 und 28; Buchholz a.O. 42 Nr. 29 und 30.

[805] Buchholz a.O. 22. 30f. Nr. 79 und 80, mit umfangreicher Bibliographie.

[806] J.N. Coldstream-G.L. Huxley, Die Minoer auf Kythera, in: H.-G. Buchholz, Ägäische Bronzezeit (1987) 146.

4. *Edelmetalle*

Mit dem Gold gelangt ein Stoff ausgesprochener "Prestigeobjekte" in den Blick. Goldbesitz und -handel, der damit verbundene Wohlstand und dessen Auswirkung auf die materielle und geistige Kultur waren häufig Gegenstand wissenschaftlicher Betrachtung, jedenfalls häufiger als die archäologische Arbeit an dem spröden Phänomen "Blei". Für Homer war Mykene die goldreiche Stadt (πολύχρυσος) [807]. Der herausragende Rang des edlen Metalls und seine geradezu existentielle Nähe zur lebenspendenen Sonne drückt sich in den Funden aus, und dies nicht allein im ägäischen Kulturkreis, vielmehr bereits weltweit in frühen Zeiten. In Nordeuropa ist auf den vergoldeten "Sonnenwagen von Truntholm" zu verweisen [808].

Leben-Sonne-Gold, diese drei waren eng verbunden [809]. Leben spendeten die goldenen Äpfel der Hesperiden, glückverheißend und deshalb im Kult unentbehrlich waren das goldene Vlies und das goldene Kalb [810]. Hesiods "Goldenes Zeitalter" bildete das Wunschbild erfüllten Lebens überhaupt [811].

Zum göttlichen Tier der Artemis wurde die "Keryneische Hindin" durch ihr goldenes Geweih [812]. Das lenkt unsere Aufmerksamkeit auf eine Kultrealität: auf die von Homer beschriebene Vergoldung der Hörner des Opferrindes [813]. Und

---

[807] Ilias 7,180; 10,315; 11,46; 18,289 und Odyssee 3,304.

[808] Farbaufnahme, in: M. Mellink-J. Filip, Frühe Stufen der Kunst, Propyläen-Kunstgeschichte XIII (1974) Taf. LIV.

[809] A. Jeremias, Handbuch der altorientalischen Geisteskultur (2. Aufl., 1929) 179ff. — Spätere literarische Zeugnisse bei E. Paszthory, Antike Welt 16, 1985, 6. — "The Golden Bough" hat als übergreifendes Sinnbild den Titel zu J.G. Frazers gewaltigem Lebenswerk geliefert: Deutsch "Der Goldene Zweig" (gekürzte Ausgabe, 1928).

[810] H.L. Lorimer, Gold and Ivory in Greek Mythologie, in: Greek Poetry and Life, Essays presented to G. Murray on his 70th Birthday (1936) 14ff.; C. Doumas, What did the Argonauts seek in Colchis?, in: Hermathena, a Trinity College Dublin Review 150, 1991, 31ff., dazu A. Aravidis, Der Metallreichtum des Pontos (Neugriechisch), in: Pontiake Hestia 2, 1979, 115ff. — H. Gressmann, Der Ursprung der israelitisch-jüdischen Eschatologie (1905) passim, zur Sinndeutung des Goldes. Weitere Lit. in V. Pöschl-H. Gärtner-W. Heyke, Bibliographie zur antiken Bildersprache (1964) 187ff. s.v. Hesiodus; 199ff. s.v. Homerus und 486 s.v. Gold.

[811] Aus der umfangreichen Lit. seien genannt: A. Mirgeler, Hesiod, die Lehre von den fünf Weltaltern (1958); B. Gatz, Weltalter, goldene Zeit und sinnverwandte Vorstellungen (1967) passim, mit umfangreicher Bibliographie.

[812] Zoologisch sind bekanntlich weibliche Rot- und Damhirsche geweihlos; vgl. W. Ridgeway, The Hind with the golden Horns, in: Proceedings of the Cambridge Philological Society 1894, 14ff.

[813] Odyssee 3, 425. 432ff.; M. Scheller, Rinder mit vergoldeten Hörnern, in: KZ 72, 1955, 227f. — Vgl. hethitische Stierfigürchen aus Silber mit goldenen bzw. vergoldeten Hörnern: KBo X 24 II 19ff.; V. Haas, Hethitische Berggötter und hurritische Steindämonen (1982) 75 mit Anm. 160, wo auf den christlichen Brauch des Hörnervergoldens im Kaukasus verwiesen

eben dieses — zum Opfer vergoldete Hörner — zeigt auch ein Wandgemälde aus Mari (Tell Hariri) [814].

Angesichts eines solchen orientalisch und ebenso ägäischen Kultbrauchs ist die Goldverkleidung zahlreicher bronzener Götterfiguren aus Ras Schamra besser zu verstehen [815]. Jedenfalls werden wir von der modernen Interpretation der betrügerischen Täuschungsabsicht ablassen müssen. Ähnliches gilt von den minoischen Steingefäßen, von denen viele noch Spuren der ursprünglichen Vergoldung aufweisen [816]. Es gehörte ein unerhörtes handwerkliches Können dazu, Goldfolien papierdünn zu hämmern, ohne daß sie reißen, und obendrein allen Feinheiten des Reliefs anzugleichen, wiederum ohne Schäden zu verursachen [817]. Frühmykenisches Blattgold gibt es in Folienstärken zwischen 7 µm und 50 µm. U. Zwicker/-Erlangen nahm derartige Messungen vor [818] und analysierte sämtliche unten in

---

ist. — Schon bei Plinius, NH XXXIII, XII 39 steht: "Zur Ehre der Götter ließ man sich bei den Opferbräuchen nichts anderes einfallen, als die Opfertiere, jedoch nur die größeren, mit vergoldeten Hörnern darzubringen". Eine rotfigurige Lekythos im "Kertscher Stil", Chania/-Arch. Mus. (Mitte des 4. Jhs. v.Chr.), zeigt "Europa auf dem Stier"; dieser ist weiß mit kräftig vergoldeten Hörnern. An dem silbernen Stier aus der Kroisosweihung in Delphi sind Hörner, Hufe, Wamme und Schwanzquaste vergoldet.

[814] Aleppo und/oder Paris, Louvre. Beide Aufbewahrungsorte sind kommentarlos angegeben bei W. Orthmann, Propyläen-Kunstgeschichte XIV (1975) 304f. Taf. 188b (18. Jh. v.Chr., in der Schwarz-Weiß-Aufnahme gut zu erkennen) und Taf. XV (in Farbe); bereits bei A. Parrot, Syria 18, 1937, 345ff., in Farbe auch in: Land des Baal, Ausstellungskatalog Berlin (1982) 89 Kat.-Nr. 95.

[815] Gut in Farbaufnahmen erkennbar, z.B. in: Cl. Schaeffer, Ras Shamra 1929-1979, 28 Abb. 13; Land des Baal, Ausstellungskatalog Berlin (1982) 111 mit Farbbildern, 134f. Nr. 121 und 122 (Sitzbild eines Gottes und Statuette eines stehenden kriegerischen Gottes) im Nationalmus., Damaskus; s. auch Orthmann a.O. Taf. 404 (Rescheftypus, in Paris, Louvre). — Weitere syro-palästinensische Beispiele goldverkleideter Bronzefigürchen in: O. Negbi, Canaanite Gods in Metal (1976) passim. Hierzu gehört auch das neugefundene Figürchen vom Uluburun-Schiff, das auf dem Weg in die Ägäis war, als es sank, s. oben Anm. 237. — Kupferstatuette mit Goldüberzug in KUB XXXVIII 38, Zeile 7, s. J. Siegelová, in: R.-B. Wartke, Handwerk und Technologie im Alten Orient, int. Tagung Berlin 1991 (1994) 121.

[816] Gut am Original, einem Steinrhyton aus dem Palast von Kato Zakros/Ostkreta, zu erkennen, s. H. Kyrieleis, MarbWPr 1968, 16 mit Anm. 34; W. Schiering, Gnomon 45, 1973, 700; B. Kaiser, Untersuchungen zum minoischen Relief (1976) 198f. Abbildungen: Sp. Marinatos-M. Hirmer, Kreta, Thera und das mykenische Hellas (2. Aufl., 1973) Taf. 108-110; Bibliographie: H.-G. Buchholz-V. Karageorghis, Altägäis und Altkypros (1971) Nr. 1163.

[817] E.D. Nicholson, The Ancient Craft of Gold Beating, in: Gold Bulletin 5, 1979, 161ff.

[818] Prof. Dr. Zwicker und seinen Mitarbeitern sei für die aufgewendete Mühe vielmals gedankt. — Die Proben G 480 bis G 484 wurden metallographisch untersucht. Dabei wurde bei den Proben G 480, G 481 und G 483 zwischen die Goldblättchen Aluminiumfolie gelegt, um sie voneinander zu trennen. Schliff 4457 zeigt, daß die Schichtdicke geringfügig variiert. Die mit dem Mikrometer gemessene Schichtdicke ist größer als die metallographisch bestimmte. Insbesondere bei Probe G 481 tritt eine starke Diskrepanz auf (7-8 µm metallo-

den Tabellen aufgeführten Proben aus Messenien. Da der Bericht bis heute unbekannt geblieben ist, soll er hier abgedruckt werden. Er gibt Einblick in das Mach-
bare und zeigt zugleich die Grenzen an, die den naturwissenschaftlichen Hilfelei-
stungen bei der Lösung archäologisch-historischer Fragen gesetzt sind. Ich will das
Ergebnis vorwegnehmen, die Herkunft des Goldes war nicht zu ermitteln. Und nun
zu dem Bericht: "Beimengungen, die mit der Spektralanalyse erfaßbar sind, kommen in allen Proben etwa in gleichen Anteilen vor. Sie enthalten Silber und Kupfer.
Bei der Probe G 482 ist eine geringe Menge und ebenfalls bei der Probe G 489
eine Spur Zinn gefunden worden. Da das Zinn im Feinschlich (geringste Korngröße
vom Goldwaschsand) beim Umschmelzen als Kassiterit SnO_2 aufgenommen werden
kann, aber andererseits beim Grobschlich die SnO_2-Körnchen leicht auszulesen sind,
bestand die Möglichkeit, daß unterschiedliche Zinngehalte aus dem gleichen Fluß-
sand stammen. Die verschiedenartige Färbung der Oberfläche (rötlich bzw. gelblich)
entspricht keinem Unterschied in der Zusammensetzung der jeweiligen Goldart. Bei
den metallographischen Untersuchungen der Probem G 480 bis G 484 konnten
keine Einschlüsse festgestellt werden, die auf einen Platingehalt deuten. Es ist
mithin sehr schwierig, die Proben aus Pylos bestimmten geologischen Goldvorkommen zuzuordnen, denn Lagerstätten charakterisierende Beimengungen sind nicht
gefunden worden. Die Messungen ergaben, daß das Blattgold sehr dünn, bis zu $\leqq$
7 µm, ausgeschmiedet wurde. Alle Ergebnisse sind in Anm. 818 und den beiden auf
S. 252 und 253 folgenden Tabellen festgehalten worden" [819].
      Es existiert eine größere Zahl von Vergleichsanalysen, die A. Hartmann syste-
matisch geordnet hat [820]. In seiner Publikation sind lediglich vier ältere Analysen

---

graphisch und 20 µm mit dem Mikrometer gemessen). Diese Unterschiede sind auf die stark
verformte Oberfläche der Proben zurückzuführen.

[819] Gutachten mit Schreiben vom 7.9.1983 von U. Zwicker/Erlangen erstellt, von G. Korres
auf einem Kongreß in Athen vorgetragen, doch bis heute unveröffentlicht (s. oben Anm.
346). — Die hier abgedruckten Tabellen enthalten Angaben über Herkunft der Probem,
Gewicht, Größe, Schichtdicke, Röntgenfluoreszenzanalysen (RFA) und Spektralanalysen
(SPA) sowie deren Ergebnisse (HM = Hauptmenge, Sp = Spur; + ++ +++ ++++ = in
unterschiedlicher Intensität nachweisbar; - = nicht vorhanden; VS = Vorderseite; RS =
Rückseite). Die abweichenden Ergebnisse bezüglich des Silbergehaltes gleicher Proben in
Spalte AG der SPA-Tabelle im Vergleich mit Spalte RFA AG/AU dürfte bedeuten, daß das
Silber unterschiedlich stark aus der Oberfläche des Goldes herausgelöst worden ist.

[820] A. Hartmann, Prähistorische Goldfunde aus Europa, spektralanalytische Untersuchungen
und deren Auswertung (1970), ergänzt durch einen weiteren Band (1982). — Sehr nützlich
ist die umfangreiche Bibliographie (a.O. S. 53ff.), die ich bei meinen Lesern als bekannt
bzw. zugänglich voraussetze. Zu A. Hartmanns Vorstudien s. Über die spektralanalytische
Untersuchung bronzezeitlicher Goldfunde des Donauraumes, in: Actes du 7. Congr. Int. des
Sciences Préhist. et Protohist., Prag 1966, Band I, 64ff. (überarbeitet auch in: Germania 46,
1968, 19ff.); ders., Die Goldsorten des Äneolithikums und der Frühbronzezeit im Donau-
raum, in: Die Nekropole in Varna und die Probleme des Chalkolithikums (Studia Praehistorica, Sofia, I/II, 182ff.); ders., Ergebnisse spektralanalytischer Untersuchung bronzezeitlicher
Goldfunde der iberischen Halbinsel, in: Actes du 8. Congr. Int. des Sciences Préhist. et

mykenischen Goldes erfaßt (Schliemann [1878] 89,36 % Au/ 8,55 % Ag/0,57 % Cu/0,20 % Fe; sowie 73,1 % Au/23,37 % Ag/2,22 % Cu/ 0,35 % Pb/0,24 Fe. — Rhousopoulos [1909] 87,85 % Au/12,17 % Ag; 75,1 % Au/ 24,9 % Ag) [821]. Ansonsten lag der Schwerpunkt der Hartmannschen Untersuchungen bei Goldanalysen aus Irland, Mitteleuropa und den Alpen-/Donauländern. Zu seinen Ergebnissen zählt die Gliederung nach etwa dreißig Materialgruppen in geographischer und chronologischer Hinsicht. Bis auf eine dieser Gruppen sind sie alle zinnhaltig. Das deutet auf die Ausbeutung sekundärer Lagerstätten hin ("Flußgold"). Gleiches gilt für unsere Pylosprobe G 482. Bergbau in primären Lagerstätten scheidet für die Bronze- und Hallstattzeit nach Hartmanns Erkenntnissen aus. Er vermochte weder Goldläuterungen noch absichtliche Legierungen festzustellen [822]. Im natürlichen Gold kann der Silberanteil durchaus Werte von 35 bis 40 % erreichen ("Elektron").

Eine 1980 aufgetauchte und von J.-P. Olivier veröffentlichte kretisch-minoische Schmucknadel mit 16 verschiedenen Zeichen der Linear A-Schrift auf dem abgeflachten Schaft weist eine Goldzusammensetzung auf, die sich in das Spektrum von Goldproben aus dem Mittelmeerraum einfügt: 80 (± 1) % Au/16,6 (± 0,5) % Ag/3,4 (± 0,5) % Cu [823]. Eine der kleinen goldenen Doppeläxte aus Arkalochori/Kreta ergab folgende Analyse: 82 % Au/12 % Ag/3 % Cu [824]. Es ist mithin überall mit erheblich verunreinigtem Gold zu rechnen, das in der Ägäis häufig Silbergehalte zwischen 8 und 25 %, Kupfergehalte zwischen 0,5 und 3,5 % aufweist. Fälschungen auf der Grundlage der Goldanalyse ermitteln zu wollen, ist deshalb kaum möglich, weil den Fälschern die echten Zusammensetzungen bekannt sind und vor

---

Protohist., Belgrad 1971, Band II (1973) 52ff. — Weitere Arbeiten Hartmanns nennt die sehr ausführliche Bibliographie von B. Hardmeyer, Prähistorisches Gold Europas im 3. und 2. Jahrtausend v.Chr. (Selbstverlag, 1976) 129ff.

[821] Vgl. die Analysenliste in meiner Studie "Ägäische Kunst gefälscht" (APA 1, 1970, 127 Nr. 1-12). — Weitere Goldanalysen von R.E. Jones, in: M.R. Popham-L.H. Sackett-P. Themelis, Lefkandi I (1980) 461ff. — Recht wenig tragfähig: J. Muhly, Goldanalysis and the Sources of Gold in the Aegean, in: TUAS 8, 1983, 1ff.

[822] Doch vgl. J.H.F. Notton, Ancient Egyptian Gold Refining, in: Gold Bulletin 7 Nr. 2, 1974, 50ff.

[823] Hagios Nikolaos, Arch.Mus., Inv.-Nr. 9675, s. J.-P. Olivier, in: A. Heubeck-G. Neumann, Res Mycenaeae, Akten des 7. Int. Mykenologischen Colloquiums in Nürnberg 1981 (1983) 335ff. — Ein bereits bekannter Parallelfund, eine Silbernadel aus Mauro Spelaio bei Knossos, trägt eine Inschrift in Linear A (W. Brice), die einen hethitischen Text wiedergeben soll (S. Davis). Hält das der Überprüfung stand, hätten wir ein weiteres Bindeglied zwischen Anatolien und Kreta, s. S. Alexiou-W. Brice, Kadmos 11, 1972, 113ff.; S. Davis, AAA 6, 1973, 491ff.; C. Lambrou-Philippson, Hellenorientalia (1990) 238f. Anhang zu Nr. 155 Taf. 26,155 (Mißverständnis, indem sie unterstellt, Davis habe einige der Zeichen als hethitische Hieroglyphen angesehen).

[824] W.J. Young, Bulletin of the Mus. of Fine Arts, Boston, 57, 1959, 20.

Nr. (G.Styl. Korres)	eigene Nr.	Gewicht eines Blättchens (in g)	Fläche in cm²	Dicke in μm (Mikrometer)	Schliff Nr.	Dicke in μm (Schliff)	RFA Nr.	RFA Ag/Au	SPA Nr.	Beschreibung*
1	G 486	-	-	15 μm	-	-	G 486	0,85	212/11 212/12	Kleine amorphe Stücke, Peristeria bei Kyparissia (31.7.76) Tholas-Grab 1 (Beta.Beta Delta); myk. Schicht 1,20 m
2	G 478	-	-	25 μm	-	-	G 478	0,74	212/13 212/14	Mehrere Goldblättchen (mit Erde), Peristeria (30.7.76) Tholos-Grab 1 (Beta.Beta Delta); myk. Schicht 80 cm (1)
3	G 479	-	-	50 μm	-	-	G 479	VS: 0,84 RS: 0,88	212/15	Kleine amorphe Stückchen und Goldblättchen, Peristeria (29.7.76) Tholos-Grab 1 (Beta.Beta Delta); myk. Schicht
4	G 480	0,0070 g	0,4 cm²	15 μm	4457	9 μm	G 480	VS: 1,43 VS: 1,60 RS: 1,33	212/16	Goldblättchen, Peristeria (3.8.76) 1962, Tholos-Grab 2
5	G 481	0,024 g	2,2 cm²	20 μm	4457	7 μm	G 481	VS: 0,37 VS: 0,38 RS: 0,34	212/17	Mehrere Goldblättchen, Peristeria (2.8.76) 1962, Tholos-Grab 2
6	G 482	0,0025 g	0,4 cm²	15 μm	4400	10 μm	G 482	0,88	212/18	Mehrere Goldblättchen, Peristeria (2.8.76) 1962, Tholos-Grab 2
7	G 483	0,0160 g	1,8 cm²	10 μm	4457	8 μm	G 483	0,95	212/19	Ein Goldblättchen, Peristeria; Tholos-Grab 3
8	G 484	0,0165 g	0,4 cm²	40 μm	4440	80 μm	G 484	1,21	212/20	Zwei Goldblättchen, Peristeria; MH/SH 1 - Gräber
9	G 485	0,013 g	1,0 cm²	20 μm	-	-	G 485	VS: 0,52 RS: 0,53	212/21	Zwei Goldblättchen, Koukounara, Tholos-Grab 4-5, (Goubalari 1-2, bei Pylos, Messenien), MH/SH
10	G 489	-	-	-	-	-	G 489	-	215/17	Goldblättchenbruchstück von einem Golddiadem, Peristeria

* Schreiben H.-G. Buchholz vom 26.11.82, mit Ausnahme der Probe 10 (G 489), Besuch G. Styl.Korres im Juni 1983.

(1) nord-nord-westlicher Abschnitt im Inneren des Grabes.

Probe Nr.	Beschreibung	Schliff Nr.	RFA SPS	Ag	As	Au	Bi	Co	Cu	Fe	Mn	Ni	Pb	S	Sb	Sn	Zn	Sonstige Elemente
G 486	Blattgold (H.-G. Buchholz), grauer Belag		212/11	++	-	+++	-	-	++	++	Sp	-	-	-	-	-	-	Si +++, Mg +++, Ca +++
G 486	Blattgold (H.-G. Buchholz), gelb		212/12	++++	-	++++	-	-	++++	+	-	-	-	-	-	-	-	Si +++, Mg ++, Ca ++
G 478	Blattgold (H.-G. Buchholz), rötliche Oberfläche		212/13	HM	-	++++	-	-	++++	+	-	-	-	-	-	-	-	Si +++, Mg +++, Ca ++
G 478	Blattgold (H.-G. Buchholz), gelb		212/14	HM	-	++++	-	-	++++	+	-	-	-	-	-	-	-	Si +++, Mg ++, Ca ++
G 479	Blattgold		212/15	++++	-	+++	-	-	++++	-	-	-	-	-	-	-	-	Si +++, Mg +, Ca ++
G 480	Blattgold	4457	212/16	+++	-	++	-	-	++	-	-	-	-	-	-	-	-	Si +++, Mg Sp, Ca ++
G 481	Blattgold	4457	212/17	HM	-	++++	-	-	++++	+	-	-	-	-	-	-	-	Si +++, Mg ++, Ca +++
G 482	Blattgold	4400	212/18	+++++	-	+++	-	-	+++	+	-	-	-	-	-	+	-	Si +++, Mg ++, Ca +++
G 483	Blattgold	4457	212/19	HM	-	+++	-	-	+++	Sp	-	-	-	-	-	-	-	Si ++++, Mg ++, Ca ++
G 484	Blattgold	4440	212/20	+++	-	+++	-	-	++	-	-	-	-	-	-	-	-	Si ++++, Mg +, Ca ++
G 485	Blattgold		212/21	+++	-	+++	-	-	++	-	-	-	-	-	-	-	-	Si ++++, Mg Sp, Ca ++
G 489	Au-Folie, Diadem, G. Styl. Korres; Peristeria/Peleponnes		215/17	HM	-	HM	-	-	++++	+++	+	-	Sp?	-	-	Sp	-	Si +++, Mg ++++, Ca +++, Al ++

Analysen mykenischen Goldes (s. Anm. 819)

allem echtes antikes Material zu beschaffen, und leicht umzuschmelzen war und ist [825]. Es ist davon auszugehen, daß bereits die nachträgliche Vermengung verschiedener Goldsorten in der Wiederverwendung bereits in prähistorischer Zeit in großem Ausmaß stattfand.

Falls im übrigen die in Anmerkung 825 angesprochenen Goldgefäße ausnahmslos echt und der Fundort "Syrien bzw. Libanon" zuverlässig wäre, hätten wir der Menge und dem Gewicht nach dort mehr mykenische Objekte aus Edelmetall beisammen als an irgendeiner Stelle Griechenlands.

So bleibt für die Behandlung der Frage nach der Herkunft des mykenischen Goldes [826] weiterhin der geologische Befund in erreichbarer Nähe des ägäischen Kulturkreises ein möglicher Ausgangspunkt. Es ist jedoch der Einwand nicht zu entkräften, daß Seeexpeditionen, welche aus dem fernen Westen Zinn herbeigeschafft haben, ebensogut Gold und andere Metalle hätten transportieren können. Ergiebige Goldquellen sind in Irland [827], Schottland und Wales [828] vorhanden, desgleichen in Frankreich [829] und auf der iberischen Halbinsel [830].

---

[825] Vgl. "Ägäische Kunst gefälscht" (oben Anm. 821). Dazu die Diskussion von T. Hackens und R. Winkes, in: Gold Jewelry, Craft, Style and Meaning from Mycenae to Constantinopolis (1983) 36ff. ("editorial note to no. 3 and 4"): Vertrauen erweckende Analyse (81,85-83,75 % Au/16,2-18 % Ag) einer "mykenischen Goldschale aus europäischem Privatbesitz, said to be from Syria, Late Helladic", was — wie von mir ausgeführt — nicht bedeuten muß, daß die Goldarbeit echt sei.

[826] Woher hatten die Mykener ihr Gold? — hierzu: G. Korres, Praktika 1976, 501f. und oben Anm. 346. — Karte der ägyptischen Goldvorkommen: K.S. Painter, in: W.A. Oddy, Aspects of Early Metallurgy (1980) 136 Abb. 1. — Zum "Gold aus Ophir" in der Bibel s. auch ein Ostrakon aus Tel Qasile, Schicht VII: "Gold aus Ophir dem Tempel des (Gottes) Horon ... 30 Schekel", B. Maisler (Mazar), IEJ 1, 1950/51, 209f. Taf. 38a. Zu dem betreffenden Gott vgl. J. Gray, The Canaanite God Horon, in: JNES 8, 1949, 27.

[827] Vgl. z.B. Hartmann a.O. (oben Anm. 820) und die Verbreitungskarte bei J.M. Ogden, Platinum Group Inclusions in Ancient Gold Artifacts, in: Journal of the Historial Metallurgical Society 11, 1977, 53ff., wiederholt in: R.F. Tylecote, The Early History of Metallurgy in Europe (1987) 83 Abb. 3,6; S. 46f. und 72ff.

[828] M. Maclaren, Gold, its Geological Occurence and Geographical Distribution (1908). Vgl. die in Anm. 827 genannte Karte. Zu den meisten von mir angesprochenen Problemen ist noch immer unentbehrlich: H.. Quiring, Geschichte des Goldes (1948); Rezensionen: W. Ganzenmüller, Gnomen 22, 1950, 365ff.; H. Philipp, Gymnasium 1954, 472ff.

[829] Vorige Anm.: Drei Hauptfundstellen in Frankreich, ferner oberer Rhein/Schweiz und Saalegebiet/Mitteldeutschland. Vgl. das Kapitel "Inventaire par Départments des Ors Préhistoriques en France", in: C. Eluère, Les Ors Préhistoriques (1983). Eine Charakterisierung von 37 natürlichen Vorkommen vom Ural bis Irland, einschließlich Finnland, Siebenbürgen, Deutschland, Italien, Schottland und Wales findet sich bei H. Otto, Die chemische Untersuchung des Goldringes von Gahlsdorf und seine Beziehungen zu anderen Funden, in: Jahresschrift des Focke-Museums/Bremen 1939, 48ff., bes. 56f., mit Lit.

[830] u.a. Hartmann a.O. (oben Anm. 820).

Siebenbürgen/Transsilvanien [831] sind wiederholt als mögliche, ja, als wahrscheinliche Quelle mykenischen Goldes in Betracht gezogen worden [832]. Angesichts des hochbronzezeitlichen Goldreichtums Ungarns und der übrigen Donauländer, sowie des dort festgestellten Einflusses aus dem ägäischen Raum (Bronzeschwerter, Ornamente, Knochenschnitzereien) wäre diese Möglichkeit freilich nicht auszuschließen [833].

Die makedonisch-thrakischen Berge, Vardartal und Rhodopegebirge mit den aus ihm nach Süden zur Ägäis hin austretenden Flußeinschnitten waren den Griechen als reich an Edelmetallen bekannt. Darin lag einer der Gründe für die Häufung archaischer Kolonisation in Thrakien. In der Höhe des Beitrags der dortigen Städte an den attischen Seebund läßt sich erkennen, wer über Ressourcen in der Gold-Silber-Gewinnung verfügte: Abdera und Ainos gehörten zu den zwischen elf und zwanzig Talenten besteuerten Gemeinwesen, gefolgt von einigen Städten auf der Chalkidike, sowie Samothrake und Maroneia mit einer Jahressteuer zwischen sechs und zehn Talenten [834]. Die historische Rückprojizierung würde allein nicht genügen, den Griff der Minoer und Mykener zum thrakischen Gold und Silber wahrscheinlich zu machen. Die archäologische Präsenz mykenischer Objekte auf der chalkidischen Halbinsel und nördlich von Saloniki (frühmykenische Keramik, Abb. 25, Karte), Bronzeschwerter, Doppeläxte (Abb. 26 und 27) und minoische Siegelung auf Samothrake bezeugen Kontakte. Man muß aber auch sagen, daß sie — verglichen mit der Menge derartiger Zeugnisse auf Rhodos und Zypern — eher als bescheiden zu bezeichnen sind. Was im thrakischen Küstenstreifen fehlt, ist eine regelrechte mykenische Besiedlung.

Das eben Gesagte gilt ähnlich für die Thrakien vorgelagerten Inseln Thasos und Samothrake. Herodot berichtet im Buch VI seiner Historien über die Bewohner von Thasos: "Ihr Reichtum rührte von ihren Besitzungen auf dem Festland und ihren Bergwerken her. Die Goldbergwerke von Skaptehyle (auf dem Festland) brachten ihnen im ganzen achtzig Talente ein, die auf Thasos etwas weniger ..." (46). "Ich habe diese Bergwerke selber gesehen; das erstaunlichste unter ihnen ist das von den Phönikern entdeckte, als sie gemeinsam mit (ihrem Anführer namens) Thasos diese

---

[831] Fundanalysen bei Hartmann a.O.

[832] Vgl. oben Anm. 346 und Anm. 826; ferner J. Bouzek, Zu den altbronzezeitlichen Goldfunden, in: Jahresbericht des Inst. für Vorgeschichte der Univ. Frankfurt/Main 1977 (1978) 112ff.

[833] Vgl. oben Anm. 343-346. Zum Goldreichtum: A. Moszolics, 46/47. BerRGK 1965/66 (1967) 1ff., mit Analysenanhang; dies., Bronze- und Goldfunde des Karpatenbeckens (1973); Zusammenstellung der Abhandlungen von Frau Moszolics zu einzelnen Goldfunden und Fundgruppen in: B. Hardmeyer, Prähistorisches Gold Europas im 3. und 2. Jt. v.Chr. (1976) 137; ebenda 47ff. (Zusammenfassung); 93ff. 101. 103ff. 113. 124ff. (Fundorte und Nachweise von Goldfunden der Donau-/Balkanländer); W.A. von Brunn, BonnerJb 170, 1970, 501ff.

[834] S. Casson, Macedonia, Thrace and Illyria (1926, Nachdruck, 1971) 94ff. Taf. 5 (Karte), vgl. S. 61, Karte 3, mit Erklärungen auf S. 101: Geographische Verteilung von Edelmetallen. Zum nordgriechischen Gold vgl. noch St.C. Miller, Two Groups of Thessalian Gold, in: California University Publications, Classical Studies 18.

Insel besiedelten. Sie erhielt dann nach diesem Phöniker Thasos ihren Namen. Das phönikische Bergwerk auf Thasos liegt zwischen den Orten Ainyra und Koinyra, gegenüber von Samothrake. Ein großer Berg wurde dort beim Suchen umgewühlt".

Im Jahre 1979 forschte eine Heidelberger Gruppe unter Beteiligung der Archäologin H. Großengießer auf der Insel nach dem von Herodot genannten Goldbergwerk [835]. Es scheint identisch mit einer Anlage zu sein, welche oberhalb des heutigen Ortes Kinyra-Palaiochori (Herodots Koinyra) am Südosthang des Berges Klisidi liegt. Der semitische Ursprung der von Homer genannten antiken Ortsnamen ist bereits erkannt worden [836], und Gold ist nach Aussage von Frau Gropengießer und Mitarbeitern das einzige abbauwürdige Metall in der Grube. Alle Hinweise zusammen weisen auf die geometrisch-archaische Epoche. Indizien fürs zweite Jahrtausend stehen noch aus.

Das Tal des Flusses Hermos verbindet als Straße die ägäische Küste mit dem goldreichen Hinterland. Im Mündungsbereich des Flusses (Panaztepe), bzw. im Großraum um Smyrna, kommen mykenische Funde in größerer Zahl vor [837]. Es besteht mithin die Möglichkeit, daß das sagenumwobene "Gold vom Paktolos", Quelle des Reichtums der lydischen Könige [838], bereits den Mykenern bekannt war. Jedenfalls kommen hier derartig viele positive Fakten wie nirgendwo sonst zusammen: Räumliche Nähe zur Ägäis, hervorragende Wegeverbindungen in einer lebhaften Kontaktzone bronzezeitlicher Kulturen, und ein hoher Bekanntheitsgrad der Goldvorkommen am Paktolos.

Die Türkei besitzt weitere Goldvorkommen im Taurusgebirge und am Vansee. Im Kaukasus treten einige Vorkommen im armenischen Territorium hinzu, dem antiken Goldland "Kolchos" [839].

---

[835] W. Gentner-H. Gropengießer-E. Pernicka-G.A. Wagner, Nachweis antiken Goldbergbaus auf Thasos, in: Naturwissenschaften 66, 1979, 613; W. Gentner und Mitarbeiter, Beiträge zur Archäometallurgie von Thasos, vorgetragen auf dem 22. Internat. Symposium für Archäometrie, Paris 1980 (auch Privatdruck des Max-Planck-Instituts für Kern-Physik Heidelberg, MPI H-1980-V 5).

[836] F. Salviat, BCH 86, 1962, 108 Anm. 8 und 88, 1964, 267.

[837] oben Anm. 302.

[838] W.J. Young, The Fabulous Gold of the Pactolus Valley, in: Bulletin of the Mus. of Fine Arts/Boston 70 Nr. 359, 1972, 5ff.; A. Ramage, Gold Refining in the Time of the Lydian Kings at Sardis, in: The Proceedings of the 10. Int. Congress of Classical Archaeology, Ankara-Izmir 1973, Band II (1978) 729ff. Taf. 227-230; R.F. Burton, The Gold Mines of Midian (1979); J.C. Waldbaum, Metalwork from Sardis, the Finds through 1974 (from the Early Bronze Age through the Gold Refinery of the Lydian Kings to the Turkish Period).

[839] Vgl. die Karte bei Tylecote a.O. (oben Anm. 827) 83 Abb. 3,6; C.F. Lehmann-Haupt, Armenien einst und jetzt II 2 (1931, Nachdruck, 1988) 717 (Goldbergwerke der Saspeiren), 826 (bei Dzancha, unweit Gümüschchana); O. Lordkipanidze, Das alte Georgien (Kolchis, Iberien) in der griechischen Literatur vor Strabon (Deutsch, 1996).

Einige der Erzlagerstätten in Tamassos/Zypern sind gold-/silberhaltig [840], sodaß hier in den Jahren 1936 bis 1949 3,5 Tonnen Gold und 30 Tonnen Silber mittels der "Cyanidlaugerei" gewonnen worden sind. In Tamassos geht der Bergbau — wie unter Berufung auf hethitische Quellen, einige Amarnabriefe, das hethitische Goldsiegel von Tamassos in Oxford (Abb. 91e) und das Weiterleben des bronzezeitlichen Namens "Alasia" im Apollon-Epitheton "Alasijotas" zu begründen ist — bis weit ins zweite Jahrtausend zurück. Freilich kann von einer größeren wirtschaftlichen Bedeutung einer bronzezeitlichen Goldgewinnung nicht ausgegangen werden, wohl aber wird eine ältere archäologische Erkenntnis gestützt, daß nämlich goldhaltiges Kupfer unter den Funden [841] — auch in Ägypten [842] — sehr wohl seinen Ursprung in Zypern gehabt haben wird.

Überblickt man nahöstlichen, ägyptischen, kleinasiatischen und ägäischen Schmuck der Bronzezeit [843], dazu die Herstellungstechniken von Gefäßen in Edelmetall, so ist zu erkennen, daß Fachkenntnisse — wie verschiedene Gußverfahren, das Treiben, Börteln, Granulieren, Filigranarbeiten, die Herstellung von Folien, Blech oder Draht, das Zusammenfügen durch Löten und Nieten — relativ schnell weitergereicht wurden und sich gegen die Mitte des 2. Jts. v.Chr. so etwas wie eine überregionale Handwerkskoine ausbildete [844]. Das trifft freilich nicht auf lokale Geschmacksrichtungen, Bevorzugungen bestimmter Metalle oder Metallkombinationen, auf die stärkere oder weniger starke zusätzliche Verwendung von Edelsteinen oder Glas zu. Aus dem Palast in Kalavassos-Hagios Demetrios (Grab 11, SH III A) wurde beispielsweise eine Pyxis gefunden, die aus Gold, Glas und Blei besteht, mithin nicht nur eine eigentümliche, dem ägäischen Raum unbekannte Geschmacksrichtung offenbart, sondern dem Erzeuger ungewöhnlich handwerkliche Kenntisse abverlangte [845].

Aus allen Kunstfertigkeiten ragen Techniken wie das Tauschieren, die Erzeugung von Mehrfarbigkeit durch Niello-/Gold-/Silbereinlagen in Bronze oder andere Metallkombinationen heraus. In Ägypten ist die Tauschierung von Bronze mit

---

[840] H. Blümner, Technologie und Terminologie der Gewerbe und Künste bei Griechen und Römern IV (1887, Nachdr. 1969) 18 Anm. 3; L.M. Bear, The Geology and Mineral Resources of the Akaki-Lythrodondha Area (1975) 106ff.; I.G. Gass, The Geology and Mineral Resources of the Dhali Area (1960) 101f.; W. Henckmann, Geologie und Lagerstätten der Insel Cypern, in: Zeitschrift für praktische Geologie 49, 1941, 75ff. 89ff. 107ff.; 50, 1942, 1ff. 18ff.

[841] In spätkyprischen Bronzen bis zu 1,47 % Au, nach H. Quiring, Geschichte des Goldes (1948) 29; H.-G. Buchholz, Analysen prähistorischer Metallfunde aus Zypern und den Nachbarländern, in: BJbV 7, 1967, 189ff. bes. 197f.; 235 Nr. 27.

[842] z.B. frühdynastischer Meißel 4,14 % Au/2,51 % Ag/0,06 % As, nach Quiring a.O. 28. Ferner Buchholz a.O. 252 Nr. 391. — Verbreitungskarte der Goldvorkommen Ägyptens: W.A. Oddy, in: British Museum Occasional Papers 17, 1980, 136 Abb. 1; H.M.E. Schürmann, Alter Goldbergbau im Wadi Ballit, in: Geologie en Mijnbouw N.F. 14, 1952, 113ff.

[843] Vgl. K.R. Maxwell-Hyslop, Western Asiatic Jewellery (1971); M. Effinger, Minoischer Schmuck, in: British Arch.Rep. 646 (1996).

[844] M. Rosenberg, Geschichte der Goldschmiedekunst auf technischer Grundlage (1908).

[845] Noch nicht publiziert, s. P. Russell-M.C. McClellan, AJA 89, 1985, 350.

Niello und Elektron bis etwa 1850 v.Chr. zurückzuverfolgen. So ist beispielsweise ein Hohlguß, ein Krokodil von 22,4 cm Länge, entsprechend verziert [846]. Die technisch identische "Tulafüllung mit eingelegten Goldfäden" ist sodann wieder im 16. Jh. v.Chr. mehrfach bezeugt [847]. Die Technik des Einhämmerns von Gold- und Silberfäden in Bronze läßt sich jedoch in Anatolien bis in die Frühbronzezeit zurückverfolgen; sie ist ferner in Syrien nachzuweisen und erreichte in den berühmten mykenischen Dolchen der Schachtgräberzeit mit regelrechten Bildkompositionen ihren Höhepunkt [848]. Als ein Meisterwerk gehört jene einzigartige Eisenaxt aus Ras Schamra hierher, deren kupfernes oder bronzenes Schäftungsstück plastisch gegossen und mit Goldfadeneinlagen schön ornamentiert ist (Abb. 87a.b) [849].

Das griechische Wort χρυσός ist aus dem Semitischen bereits im 2. Jt. v.Chr. entlehnt worden, wie die mykenische Schreibung *ku-ru-so*, zu vergleichen mit der akkadischen Form *ḫurāṣu*, ausweist. Ihr entspricht in Ugarit *ḫrṣ* [850]. Einige Forscher geben dem hurritischen Wort *ḫiaruḫḫe* als Ausgangsform aller übrigen Entlehnungen den Vorzug [851]. Sei dem wie ihm wolle, der Weg in die Ägäis wird über Nordsyrien (Ras Schamra) geführt haben. Aus den Pylostafeln geht hervor, daß der mykenische *ku-ru-so-wo-ko* (χρυσουργός) Goldschmied und Edelmetallhändler in einer Person gewesen ist [852].

Im Palast von Ugarit macht ein versteckter Schatz das ost-westliche Miteinander deutlich: In einem späthelladischen Gefäß befanden sich in größerer Menge

---

[846] München, Staatl. Sammlung Ägyptischer Kunst, Inv.-Nr. ÄS 6080. Das Objekt gehört mit einer im Louvre befindlichen Statuette, welche die Datierung ins Mittlere Reich sichert, zu einem Fundkomplex; vgl. Münchener Jahrbuch der Bildenden Kunst 30, 1970, 202ff. Abb. 4; W. Helck, Lexikon der Ägyptologie III 861; D. Wildung, Fünf Jahre Neuerwerbungen der Staatlichen Sammlung Ägyptischer Kunst, München 1976-1980 (1980) 14f. mit Abb.

[847] Zu nennen ist der berühmte Dolch des Königs Ahmose (1580-1558 v.Chr.): H. Schäfer-W. Andrae, Kunst des Alten Orients (3. Aufl., 1925) 306; nach A.W. Persson, Dendra II (1942) 178f.: "eingelegt in Silber mit Goldeinfassung".

[848] H. Born, Archäologische Bronzen, antike Kunst, moderne Technik (1985) 61 mit Farbabbildungen; vgl. J.-F. Bommelaer, BCH 105, 1981, 460f. Abb. 7-10. Hierzu ein weiterer Dolch aus Messenien in einer japanischen Slg., s. Th. Papadopoulos, in: Φίλια Ἔπη εἰς Γ.Ε. Μυλωνᾶν I (1986) 127ff. 135 Abb. 3 (Verbreitungskarte); A. Xenaki-Sakellariou-Ch. Chatziliou, Peinture en Métal à l'Époque Mycènienne (1989) 28 Nr. 13, mit zahlreichen Farbabb.

[849] Nachweise unten Anm. 956. 958. 1923. 2354.

[850] Allgemein anerkannt, s. die etymologischen Lexika, ferner P. Chantraine, Études sur le Vocabulaire Grec (1956) 11; R. Barnett, in: The Aegean and the Near East, Festschrift H. Goldman (1956) 214; R.J. Forbes, Studies in Ancient Technology VIII (1971) 155ff. 179 Abb. 35 (akkadische Nomenklatur des Goldes); S. 187ff. (umfassende Goldbibliographie). Zur Metallterminologie im Hebräischen vgl. M. Weippert, in: K. Galling, Biblisches Reallexikon (2. Aufl., 1977) 221. Lit. zur Goldgewinnung im Orient seit hellenistischer Zeit bei R.J. Forbes, Jahresbericht ex Oriente Lux 6, 1939, 237ff.

[851] E. Benveniste, Le Terme Obryza et la Métallurgie de l'Or, in: RPhil 27, 1953, 122ff. und oben Anm. 750.

[852] M. Ventris-J. Chadwick, Documents in Mycenaean Greek (1956) 182f. Nr. 52, S. 238f.

Anhänger syrischer Form aus Gold, Elektron und Silber sowie Edelsteine [853]. Wundervolle Repräsentanten nordsyrisch-ugaritischer Goldschmiedekunst sind in den Prachtgefäßen zu sehen, welche bereits oben ihrer Bildprogramme wegen behandelt worden sind (Abb. 4a.b). Im Unterschied zum wirklich benutzten Körperschmuck hat man sie als bloße "Prestigeobjekte" zu betrachten, geeignet, in Schatzkammern zu verschwinden und bei außerordentlichen Anlässen vorgezeigt zu werden. Daß in derartigen Ansammlungen von Schätzen die unterschiedlichsten Dinge auftauchten, ist archäologisch erwiesen, wird durch gleichzeitige und spätere Palast- und Tempelinventare bestätigt und spiegelt sich im Josuabuch der Bibel (7,21): "Ich sah unter dem Raub einen köstlichen babylonischen Mantel und zweihundert Silberlinge und eine goldene Stange ('Zunge'), fünfzig Lot an Gewicht". Jene Stange oder Zunge wird einen gegossenen Goldbarren bezeichnet haben.

Von den in Abbildung 65 wiedergegebenen goldenen Schmuckstücken sind vier aus spätmykenischen Gräbern in Perati/Attika stammende Anhänger eindeutig syropalästinensischer Import. Es läßt sich nicht erkennen, ob sie des Goldwertes oder ihrer apotropäischen Wirkung wegen begehrt waren: Die in der Abbildung 65i.k dargestellten Anhänger tragen je ein solares Symbol [854]; das Stück der Abbildung 65 l ist ein Mondamulett [855].

Goldene Ohrringe in Gestalt von naturalistisch wiedergegebenen oder stark stilisierten Kälberköpfen (Abb. 65a-h.m.n) sind als sehr charakteristische, ausschließlich auf Zypern entwickelte Schmuckformen zu erkennen. Sie bestehen aus Goldblech, sind in zwei Hälften hohl gearbeitet, nachträglich zusammengelötet und mit einem dünnen Golddraht als Aufhänger versehen worden. Ausschließlich die stark stilisierte späte Variante wurde auch außerhalb der Insel gefunden (Abb. 65n, Tirynsschatz; Abb. 65m, Perati/Attika) [856].

---

[853] Cl. Schaeffer, Syria 19, 1938, 314ff.; St.B. Luce, AJA 43, 1939, 479. — Vergleichbar wäre ein allerdings späterer, von P. Themelis in Eretria/Euboia entdeckter Gießerhort ("Goldschrott"), s. H.W. Catling, ArchRep 1980/81, 9 Abb. 12 und 13; dazu unten Anm. 910.

[854] Ähnlich u.a. in Gaza und Kamid-el-Loz, s. Frühe Phöniker im Libanon, Ausstellungskatalog Saarbrücken (1983) 155 Nr. 90; S. 176 Farbabbildung. Motivähnliche altbabylonische und anatolische Anhänger besitzen eine völlig anders gestaltete Aufhängeöse, s. R.M. Boehmer, Die Kleinfunde von Boğazköy (1972) 19ff. Abb. 4-6 und 12-13; 16-17. Auch K.S. Rubinson, AJA 95, 1991, 387 mit Anm. 51 (zu Ulu Burun) und Abb. 24-26.

[855] Variationsbreite der Typen und deren Datierung ausführlich bei Boehmer a.O. 33 Abb. 19 (Typentafel), übernommen von mir in: AA 1974, 426 Abb. 73; vgl. K. Galling a.O. (Anm. 850) 10f. Abb. 3,8 s.v. Amulett.

[856] Vgl. meine Studie "Kälbersymbolik" (APA 11/12, 1980/81, 55ff.) und "Spätbronzezeitliche Ohrringe Zyperns in Gestalt von Kälberköpfen und ihr Auftreten in Griechenland" (APA 18, 1986, 117ff.; neugriechische Kurzfassung in: Triphyliaka Estia 39, 1981, 513ff.). Vgl. auch H.-G. Buchholz-V. Karageorghis, Altägäis und Altkypros (1971) Nr. 1778 a.b. — Nachzutragen ist ein Paar solcher Ohrringe, "anonyme europäische Leihgabe", in: T. Hakkens-R. Winkes, Gold Jewelry (1983) 43f. Nr. 6; ferner C. Lambrou-Phillipson, Hellenorientalia (1990) Taf. 26,296 (Perati) und 502 (Tiryns) und BCH 110, 1986, 852 Abb. 81 (Paar naturalistischer goldener Kälberohrringe aus Alassa-Pano Mandilaria/Zypern).

Die Spannweite bronzezeitlicher kyprischer Goldschmiedekunst offenbart sich in Beispielen wie einem Goldband aus einem Grab von Hierokepos im Paphosdistrikt. Auf ihm ist zwölfmal derselbe Prägestempel verwendet worden (Abb. 94b und e). Er zeigt das weit verbreitete Motiv des Löwen, der ein Rind überfällt. Andererseits stammt ein bemerkenswertes Zeugnis des Goldgusses, ein massiver Fingerring aus Hala Sultan Tekke, mit kyprominoischen Schriftzeichen auf seiner ovalen Platte, ebenfalls aus einer lokalkyprischen Werkstatt (Abb. 101d-f). Die kyprische Produktion umfaßte während der zweiten Hälfte des 2. Jts. v.Chr. hauptsächlich Körperschmuck; Gefäße aus Gold blieben kaum erhalten. Es liegen vor allem aus den reichen Enkomigräbern Diademe, Glieder und Perlen von Halsketten, Anhänger, Armbänder und -ringe, Fingerringe und Nadeln, sowie Ohrringe vor [857]. In beachtlicher Feinheit findet man so gut wie alle damals bekannten Techniken bis hin zur Verwendung mehrfarbiger Emaileinlagen und Granulation [858]. Ein Fingerring aus Enkomi mit einem Löwen im Relief besteht aus goldverkleideter Bronze [859].

Wer sich im ägäischen Großraum mit frühen Gefäßen aus Edelmetall befaßt, stößt keineswegs zuerst auf die Dominanz Kretas, sondern auf einen deutlichen Schwerpunkt auf der Inselbrücke zwischen Kleinasien und Hellas. Zwei gediegene frühbronzezeitliche Goldgefäße im Benaki-Museum/Athen — aus einem Grabfund in Euboia — weisen in Stil, Dekor und Technik Merkmale der zentralanatolischen Toreutik des 3. Jts. v.Chr. auf [860]. Der Unterschied zu ägäischen toreutischen Arbeiten derselben Zeit zeigt sich in Formgebung und Ausführung einer goldenen "Schnabeltasse" der Sammlungen des Louvre/Paris [861].

Die frühe anatolisch-kykladische Achse wurde spätestens, was die Weitergabe handwerklicher Fähigkeiten und die Bildung eines Marktes angeht, in der Schachtgräberzeit durch das Aufkommen neuer Werkstätten-Schwerpunkte und Bezugsachsen ersetzt. Gold spielte nunmehr als Zeichen des Reichtums und als Stoff, aus dem Prunkgefäße gemacht wurden, auch auf Kreta eine zunehmend größere Rolle [862]. "Keftiu-Vasen" erhielten weit über den engen ägäischen Raum hinaus Weltgeltung. Der Name bürgte selbst dann für Qualität, wenn derartige Gefäße gar

---

[857] Einschließlich einiger Objekte aus Hagios Iakobos, Kition und Kouklia, s. Buchholz-Karageorghis a.O. Nr. 1773-1803.

[858] Ebenda Nr. 1780 (Anhänger, Enkomi) und Nr. 1785-1788 (Fingerringe und Szepter, Kouklia und Kourion-Kaloriziki).

[859] Ebenda Nr. 1784. Ebenfalls besteht eine unpublizierte Schmucknadel aus Enkomi ("Salamis, Grabfund") nicht aus Gold, sondern aus goldüberzogener Bronze, Cyprus Museum, Inv.-Nr. J 667,2.

[860] Massiv, 560 und 468 Gramm schwer, s. B. Segall, Katalog der Goldschmiedearbeiten, Benaki-Museum (1938) 11ff. 211ff. Taf. 3. 67. 69; Buchholz-Karageorghis a.O. (Anm. 856) Nr. 1079 und 1080, dort weitere Lit.; zuletzt: Lambrou-Phillipson a.O. (Anm. 856) 318f. Nr. 366. 367 Taf. 75.

[861] Buchholz-Karageorghis a.O. Nr. 1082a.b, mit älterer Lit.

[862] K. Davaras, Gold im vorpalastzeitlichen Kreta (Neugriechisch) in: Archaiologia 1, 1981, 11ff.

nicht auf Kreta gefertigt worden waren, vielmehr lediglich minoische Originale nachzuahmen suchten. Nach der Jahrtausendmitte drückt sich ein starkes Verlangen nach solchen Prestigegütern in den Wandbildern ägyptischer Gräber aus (Abb. 18: Vapheiobecher und Metallkannen; Abb. 3e: Bilddetail von einem Goldbecher aus Vapheio).

Die Frage, ob die Goldbecher aus Vapheio/Lakonien kretische Kriegsbeute eines mykenischen Fürsten darstellen oder Handelsware bzw. auf dem Festland gefertigte Auftragsarbeiten wandernder minoischer Goldschmiede, lasse ich beiseite[863]. Die Tatsache überlegener minoischer Kunstfertigkeit bleibt davon unberührt. Unter den Schmuckstücken der Insel offenbart sich ein vielzitierter, reich granulierter Bienen-/Wespen-/Hornissen-Anhänger von Mallia als eine einmalige Leistung der Goldschmiedekunst[864].

Über die winzigen Reliefs figurenreicher Bildszenen auf ovalen Platten von goldenen minoisch-mykenischen Fingerringen ist bereits oben S. 245f. berichtet worden. Gerade wegen ihrer Präzision trotz ihrer geringen Abmessungen charakterisieren sie die minoische Kunst, welche die Monumentalität der griechischen weder erreichte noch sie überhaupt wollte. Oben sind diese Ringe wegen ihrer Füllung (Bronze, Blei, Zinn, Silber, Eisen) behandelt worden. Sie wirken wie massive Goldringe und sind es nicht.

Schließlich verdient eine kunstvoll gestaltete goldene Doppelaxt des SM I aus Kreta, die ich bisher nur in einer Zeichnung bekannt gemacht habe, Beachtung (Abb. 99c)[865]. In Edelmetall ist sie bereits von der Größe her mit 16 cm Länge einzigartig und außerdem der Sache nach wegen der beweglichen Aufhängung mittels eines hohlen Goldringes, der in ein Loch am oberen Ende des Axtstiels eingreift, ganz singulär. Dieser Ring wird von einer Öse gehalten, die zu einem Bronzeelement gehört, das oben durch eine waagerechte kreisrunde Scheibe abgeschlossen ist. Eine gleichgebildete Scheibe aus Bronze begrenzt das untere Ende des Axtstiels. Ich vermute — was sich allerdings am Objekt nicht nachprüfen ließ —, daß sich im Inneren des goldenen Axtstiels ein bronzenes Gestänge befindet. Der Belag dieses Stiels wie auch des Axtkörpers besteht aus kräftigem, einen bis zwei Millimeter dickem gelben Goldblech, das überall getriebene und gepunzte Ornamente trägt. Diese Goldhülle liegt einem Holzkern auf, einem Brett von etwa 0,8 cm Stärke, so daß allseitig, auch an den stumpfen Schneiden, ein Streifen Goldblech von dieser Breite mit den beiden Hauptflächen zu verlöten war. Den Typus einer zum praktischen Gebrauch völlig ungeeigneten Doppelaxt kennen wir hauptsächlich aus Motiven der kretischen Vasenmalerei. Bronzene Beispiele sind selten.

---

[863] Buchholz-Karageorghis a.O. Nr. 1100-1105 (Bibliographie); E.N. Davis, The Vapheio Cups and Aegean Gold and Silver Ware (1977); R. Laffineur, Les Vases en Métal Précieux à l'Époque Mycénienne (1977).

[864] Buchholz-Karageorghis a.O. Nr. 1296 (Bibliographie); E. Bielefeld, Schmuck, in: H.-G. Buchholz, ArchHom, Lieferung C (1968) Farbtafel 1a.

[865] Verschollen (zeitweilig in griechischem Privatbesitz), gemäß meinen Nachforschungen vielleicht aus der Gegend von Archanes stammend, s. H.-G. Buchholz, in: Ancient Bulgaria, Papers presented to the Int. Symposium on the Ancient History and Archaeology of Bulgaria, University of Nottingham 1981, Teil I (1983) 63f.; S. 107 Abb. 14; S. 132 Anm. 76.

Zu verweisen ist auf ein 45 cm langes, ursprünglich schwach vergoldetes (nicht mit Goldblech abgedecktes) Exemplar aus Kato Zakro/Kreta und auf ein kleines, ebenfalls zum Hängen hergerichtetes bronzenes Exemplar aus Epidauros/Argolis (Abb. 99b) [866]. Zum ersten Mal taucht eine solche Doppelaxt in dieser Größe und aus Gold bestehend auf.

Was das mykenisch-festländische Verhältnis zum Gold angeht — Diademe, Halsschmuck aller Art mit vielerlei Anhänger- und Perlenformen, Amulette, Ohrringe, Schmucknadeln, Armringe, Fingerringe, Dolchgriffe u.a. [867] —, so reichte es bis zur überladenen Zurschaustellung. Wie anders sind ungezählte dünne Goldplättchen und -bleche mit Nadellöchern zu deuten, denn als Kleiderbesatz? Die Toten — und vielleicht nicht nur sie — wurden mit Umhängen ausgestattet, die über und über mit Rosetten, Blüten, Schmetterlingen, Tempelchen benäht waren [868].

Ein einzigartiges Stück, eine regelrechte Krone mit bronzenem Stirnreif und kreuzweise über den Kopf geführten kräftigen Bronzebändern ist von G. Korres unter Sp. Marinatos' mykenischen Pylosfunden entdeckt und rekonstruiert worden. Das bronzene Gerüst war ursprünglich unsichtbar und völlig von dekorativen Goldblechauflagen verdeckt. Die endgültige Publikation steht noch aus.

Weiterhin ließen sich zahlreiche erstklassige Goldarbeiten des mykenischen Kulturkreises benennen; doch darin besteht nicht unsere Aufgabe. Als weitere Abbildung erscheint hier lediglich ein goldenes Schmuckstück aus Schliemanns drittem Schachtgrab in Mykene (Abb. 94d). Auf individuell gestaltete, niemals wiederholte Einzelobjekte dieser Art haben wir ebenso hinzuweisen wie auf gleichförmig-protzige Massenware. Unterschiede, die den ägäischen Kunstkreis von Zypern und Syrien trennen, wurden im Fundstoff und in der Fundverteilung zwar deutlich, aber mehr noch die verbindende Linie zum Osten. Als originale syrische Arbeiten auf ihrem Weg nach Westen sind anzusprechen: die Bronzegöttin von Ulu Burun — hier wegen ihrer Ummantelung mit reich graviertem Goldblech erwähnt (s. oben Anm. 237) — und der schwere, aus dickem Goldblech gefertigte, mittels dreier Nieten mit dem leichteren Kegelfuß verbundene Kelch desselben Fundkomplexes (oben Anm. 212).

Ägäische Goldobjekte des 2. Jts. v.Chr. gehörten indessen nicht zum Fundstoff, der — jedenfalls nicht archäologisch greifbar — in den mediterranen Westen oder ins Herz Europas gelangte. Doch hat Sp. Marinatos umgekehrt zu zeigen gesucht, daß in der Endphase des Späthelladikums "Lausitzer Goldschmuck in Tiryns"

---

[866] Nachweise ebenda 132 Anm. 76.

[867] Bielefeld a.O.; I. Kilian-Dirlmeier, Anhänger in Griechenland von der mykenischen bis zur spätgeometrischen Zeit. PBF XI 2 (1979), hauptsächlich Bronze, viele derselben Formen kommen auch in Edelmetall vor; vgl. ferner dieselbe, Zum Halsschmuck mykenischer Idole, in: Jahresberichte des Instituts für Vorgeschichte, Univ. Frankfurt/M. 1978/79 (1980) 29ff.

[868] Besonders achtblättrige Rosetten haben sich zu unübersehbaren Beständen in den Sammlungen und Museen ausgewachsen; 72 Goldplättchen dieser Art wurden unlängst aus einer einzigen Privatsammlung bekannt, s. Minoan and Greek Civilization from the Mitsotakis Collection (1992) 190f. Nr. 227 mit Farbbild.

auftrat [869]. Gemeint ist körbchenartig verknüpftes Golddrahtgeflecht, wie es auch zu dem berühmten Goldschatz von Eberswalde gehört hat [870].

Dem Silber kam in prähistorischer Zeit, mindestens seit dem 3. Jt. v.Chr., im ägäisch-anatolisch-ostmediterranen Raum — auch wirtschaftlich — eher mehr als weniger Bedeutung zu, verglichen mit dem Sonnenmetall Gold. Es gibt genügend archäologische Hinweise auf frühe bergmännische Gewinnung dieses Edelmetalls, beispielsweise im südattischen Grubengebiet von Laureion [871], desgleichen auf der Kykladeninsel Siphnos [872], im nordägäischen Küstenraum [873] und

---

[869] So der Titel von Sp. Marinatos' Beitrag zu Theorie, Festschrift für W.-H. Schuchhardt (1960) 151ff. Vgl. oben Anm. 350.

[870] C. Schuchhardt, Der Goldfund vom Messingwerk bei Eberswalde (1914).

[871] Zu den Silber-(Galena-)-Vorkommen Attikas vgl. auch Anm. 747. Die Forschung setzte mit der berühmten, vielzitierten, allerdings heute nicht mehr gelesenen Abhandlung von A. Boeckh, Über die Laurischen Silberbergwerke in Attika ein (AbhBerlin 1818, 85ff.); s. ferner I. Binder, Die attischen Bergwerke im Altertume, in: Jahresber. der Oberrealschule Laibach (1895); G.M. Calhoun, Ancient Athenian Mining, in: Journal of Economic Business History 35, 1931, 333ff.; R.J. Hopper, The Attic Silber Mines in the 4th Century B.C., in: BSA 48, 1953, 200ff.; C.J.K. Cunningham, The Silver of Laurion, in: Greece and Rome 14, 1967, 145ff.; K. Konophagos, La Méthode de Concentration des Minerais par les Anciens Grecs aux Lavaries Planes de Laurium, in: Pragm. tes Akad. Athenon 29, 1970, Heft 1 und 2; H.-G. Buchholz, JdI 87, 1972, 53ff. (mit älterer Lit.); J.E. Jones, ArchRep 1977/78, 13ff.; H.W. Catling, ArchRep 1978/79, 6f.; H.F. Mussche, Thorikos, a Guide to the Excavations (1974, Deutsch 1978); A. Prati, Ancient Mines of Laurium, Greece, and Slag Minerals, in: Rivista Mineralogica Italiana 3, 1980, 73ff.; K. Konphagos, Le Laurium Antique et la Technique Grecque de la Production de l'Argent (1980), mit Lit.; N.H. Gale-Z.A. Stos-Gale, Thorikos, Perati and Bronze Age Silver Production in Laurion, in: P. Spitaels, Studies in South Attica I (1982) 97ff.; J.E. Jones, The Laurion Silver Mines, a Review of Recent Researches and Results, in: Greece and Rome 29, 1982, 69ff.; H. Kalcyk, Untersuchungen zum attischen Silberbergbau (1982); ders., Der Silberbergbau von Laureion, in: Antike Welt 14, Heft 3, 1983, 12ff.; G. Weisgerber-G. Heinrich, Laurion und kein Ende? Kritische Bemerkungen zum Forschungsstand über eines der bedeutendsten antiken Bergreviere, in: Der Anschnitt 35, 1983, 190ff.; P. Spitaels, The Dawn of Silver Metallurgy in Greece, in: ILN 271, 1983, 63f.; ArchRep 1984/85, 106ff.; U. Sinn, Antike Welt 23, 1992, 178f. Abb. 7 und 9 (Karten des Bergbaugebietes von Laureion).

[872] Vgl. die Anm. 747, weiterhin W. Gentner-H. Gropengießer-G. Wagner, Evidence for 3rd Millennium Lead-Silver Mining on Siphnos, in: Naturwissenschaften 66, 1979, 66; dies., Blei und Silber im ägäischen Raum, in: Mannheimer Forum 79/80, 1979/1980, 143ff., 169 Abb. 6 (Karte ägäischer Blei-Silber-Vorkommen); H. Gropengießer, Siphnos, Kap Hagios Sostis, Keramische prähistorische Zeugnisse aus dem Gruben- und Hüttenrevier II, in: AM 102, 1987; G. Wagner-G. Weisgerber, Silber, Blei und Gold auf Siphnos, in: Der Anschnitt, Beiheft 3, 1985; ferner N.H. Gale-Z.A. Stos-Gale, Cycladic Lead and Silver Metallurgy, in: BSA 76, 1981, 169ff.

[873] Besonders reiche Silbervorkommen gab es in Makedonien-Thrakien am Strymon-Fluß und im Pangaion-Gebirge, s. Herodot VII 112; vgl. teilweise die zuvor genannte Lit., ferner M. Cary, The Sources of Silver for the Greek World, in: Mélanges G. Glotz I (1932) 133ff.; E. Schütz, Pangaion, ein Gebirge und sein Bergbau, in: B. Hänsel, Südosteuropa zwischen 1600

besonders in Kleinasien [874]. In den "Persern" des Aischylos (Vers 238) heißt es mit Bezug auf das Land der Athener: "Silber quillt in ihren Bergen, der Erde Schatz". An zahlreichen Stellen im Laureiongebiet und in Thorikos sind antike Erz-Waschanlagen gefunden worden. Wie dort, so bestanden gegen Ende der mittleren Bronzezeit auch bereits im nahen Hagia Irini auf Keos Einrichtungen zur Extraktion von Silber. Die Scheidung von Blei und Silber im "Kupellationsverfahren" reicht mit hoher Wahrscheinlichkeit im anatolisch-ägäischen Raum bis weit in das dritte Jahrtausend zurück [875].

Galena, das Erz aus dem Silber und Blei extrahiert wurde, ist besonders in Anatolien weit verbreitet [876]. Von etwa zwanzig bedeutenden, Silber und Blei enthaltenden Erzlagern befinden sich allein sieben im Bezirk Trabzon. Hier hat man meist das Land "Alybe" gesucht, das schon Homer als wichtigstes Produktions-gebiet des Silbers bekannt war: ὅθεν ἀργύρου ἐστὶ γενέθλη (Ilias 2,857) [877].

Wahrscheinlich sind, wenn auch in weitaus geringerer Menge, in vor- und frühgeschichtlicher Zeit auf Zypern neben Kupfer auch Edelmetalle gewonnen worden: In den Jahren zwischen 1936 und 1944 wurden aus den Anreicherungs-zonen der Erzkörper mittels Cyanidlaugerei dreieinhalb Tonnen Gold und dreißig Tonnen Silber erzeugt [878].

---

und 1100 v.Chr. (1982) 145ff.; E. Pernicka-O. Müller, Erzuntersuchungen zur Herkunfts-bestimmung antiken griechischen Silbers, in: Mineralogische Rohstoffe als kulturhistorische Informationsquelle, archäometrische Fachtagung, Heidelberg 1977 (1978) 114ff.; N.H. Gale, Some Aspects of Lead and Silver Mining in the Aegean, in: Thera and the Aegean World II (1980) 161ff.

[874] Strabo XIV 680 (Phrygien und Gebiete am Sipylos); Herodot V 49 (Lydien). Weiteres unten Anm. 876.

[875] Bes. Anm. 749. Frühdatierung des Kupellationsverfahrens nach R.J. Forbes, Metallurgy in Antiquity (1950) 213; H.-G. Buchholz, JdI 87, 1972, 3 Abb. 1 (Graphik zur Geschichte der Silber-Blei-Gewinnung) und P.T. Craddock, Scientific Studies in Early Mining and Extractive Metallurgy, in: British Museum Occasional Paper Nr. 20 (1980). — In Argos wurde ein Kupellationsofen zur Blei-Silberscheidung protogeometrischer Zeit ausgegraben, s. R. d'A. Desborough, The Greek Dark Ages (1972) 163 mit Abb. (Taf. 31) und S. 314.

[876] Weiteres in Anm. 712, 713 und 747. — Vgl. die Karte in Buchholz a.O. 49 Abb. 13. — "The Lead Mines of Early Asia Minor" ist auf Galena-Vorkommen, mithin auch auf mögli-che frühe Silbergewinnung, zu beziehen (A.H. Sayce, Journal of the Royal Asiatic Society 1921, 54ff.); bereits F. Freise, Die Gewinnung nutzbarer Mineralien in Kleinasien während des Altertums, in: Zeitschrift für praktische Geologie 14, 1906, 277ff.; ferner V. Haas, MDOG 109, 1977, 15 und 17f.; G.A. Wagner u.a., Geochemische und isotopische Charak-teristika früher Rohstoffquellen für Kupfer, Blei, Silber und Gold in der Türkei, in: JbRGZM 33, 1986, 723ff.

[877] G. Camassa, Dov' è la Fonte dell' Argento; una Ricerca di Protostoria Mediterranea (1984).

[878] U. Zwicker, Aphrodites Schwestern, Ausstellung Bremen 1987, 67. — Von 15 Analysen prähistorischer Metallfunde aus Thera enthält nur eine deutlich mehr Gold als die übrigen (Nr. 9). Sie gehört zugleich zu den wenigen mit erhöhtem Silbergehalt (Nr. 3,9,10,12), s.

Gewisse Kenntnisse der Silbergewinnung, die aus zweiter Hand sein mögen, spiegeln sich in der Bibel [879]. Aus Hesekiel 27,12 wissen wir, daß zur Zeit des Propheten nicht allein Eisen, Zinn und Blei [880] aus dem fernen Westen, aus Tarsis, kamen, sondern an erster Stelle Silber. Manche Anzeichen sprechen dafür, daß die Minen am Rio Tinto in Spanien bereits während der Bronzezeit eröffnet waren [881].

Seit einigen Jahrzehnten gehören auch Silberanalysen zur methodischen Suche nach den Rohstoffquellen des im ostmediterranen Großraum verarbeiteten und archäologisch erfaßten Silbers. Das gilt besonders für Funde mineralarmer Regionen, zu denen große Teile Syrien-Palästinas zählen [882]. Ich nenne vor allem U. Zwicker, "Untersuchungen an Silber aus den Grabungen von Ugarit" [883], ferner K. Prag, "Silver in the Levant in the 4th Mill. B.C." [884]. K. Kohlmeyer äußerte sich unlängst "Zur frühen Geschichte von Blei und Silber am Euphrat" [885]. Zahlreichen Analysen ist eine erhebliche Verunreinigung des Silbers gemein: Ein Zügelring aus Ur enthält 93,5 Prozent Silber, 6,1 Prozent Kupfer, sowie wenig Gold (0,08 %) und Zink (0,15 %) [886]. Das Silber von Ohrringen aus der "Bibliothek" in Ugarit (1930) ist mit Kupfer, Gold, Wismut gemengt und enthält außerdem etwas Blei und Eisen [887]. Nach U. Zwicker lassen sich mit den von ihm untersuchten 62 bronzezeitlichen Silberproben aus Ras Schamra allerdings keine gesicherten Her-

---

E.A. Slater, Late Bronze Age Aegean Metallurgy in the Light of the Thera Analyses, in: Thera and the Aegean World II (1980) 197ff.

[879] Jesaia 1,25; Jeremia 6,29f.; Hesekiel 21,17-22, dazu A. Guillaume, PEQ 94, 1962, 131f.

[880] Vgl. oben Anm. 622, 623 und 720; dazu W. Zimmerli, Ezechiel, in: Biblischer Kommentar 13/2 (2. Aufl. 1979) 649ff.; K. Galling, Der Weg der Phöniker nach Tarsis in literarischer und archäologischer Sicht, in: ZDPV 88, 1972, 1ff. 140ff.; ders., Biblisches Reallexikon (2. Aufl., 1977) 332f. s.v. Tarsis; I. Keesmann, Phönizische und phönizerzeitliche Metallurgie im Westen, in: R.-B. Wartke, Handwerk und Technologie im Alten Orient, int. Tagung, Berlin 1991 (1994) 37ff. Abb. 1 (Karte des Rio Tintogebietes).

[881] Öfter ist die Ansicht geäußert worden, daß Spanien das Ursprungsland des minoischen Silbers gewesen sei, s. J. Wiesner, Klio 25, 1932, 8; A. Blanco-J.M. Luzón, Preroman Silver Miners of Riotinto, in: Antiquity 43, 1969, 142ff.

[882] Vgl. K. Galling, Biblisches Reallexikon (2. Aufl., 1977) 136 s.v. Handel und Verkehr; W. Frerichs, in: B. Reicke-L. Rost, Biblisch-Historisches Handwörterbuch III (1966) 1793f. s.v. Silber.

[883] In: APA 18, 1986, 157ff. — Cl. Schaeffer hat Silbermünzen aus Ras Schamra analysieren lassen, welche freilich nichts mit der Herkunft bronzezeitlicher Silberfunde desselben Ortes zu tun haben, s. Mélanges Syriens offerts à R. Dussaud I (1939) 487. — Zwanzig Analysen von Silbergegenständen aus Zypern, Anatolien, Palästina und Ägypten bei H.-G. Buchholz, BJbV 7, 1967, 236 Tabelle 4.

[884] In: Archaeology in the Levant, Essays for K. Kenyon (1978) 36ff.

[885] In: R.-B. Wartke, Handwerk und Technologie im Alten Orient, int. Tagung, Berlin 1991 (1994) 41ff.

[886] K.R. Maxwell Hyslop, Western Asiatic Jewellery (1971) 100 und S. LXVI.

[887] H.-G. Buchholz, APA 18, 1986, 120f. Anm. 9, nach U. Zwicker, ebd. 157f. Abb. 1,4.

kunftskriterien gewinnen. Manche Merkmale deuten auf kleinasiatischen Ursprung des genutzten Edelmetalls.

Weißgelbe Goldsorten mit mehr oder weniger starkem Silbergehalt wurden — wie der Bernstein — mit einem "Sonnennamen" als Elektron bezeichnet (ἤλεκτρον, ἤλεκτρος). Es handelt sich um ein Wort, dessen Etymologie nicht bekannt ist und das wohl aus einer altkleinasiatischen Sprache ins Griechische gelangte [888]. Wie schon gesagt, bestehen Edelmetall-Objekte des 2. Jts. v.Chr. sehr oft aus natürlichen Mischungen oder aber beabsichtigten Legierungen: Eine kleine minoische Votivdoppelaxt enthält beispielsweise neben 82 Prozent Gold, 12 Prozent Silber, das Metall kann mithin ohne weiteres als "Elektron" angesprochen werden [889]. Analysen von Kykladensilber des 3. Jts. v.Chr. ergaben rund 93 Prozent Silber und rund fünf Prozent Gold [890]. Zahlreiche spätbronzezeitlichen Ringe und Schmucknadeln sind als aus "Elektron" bestehend bezeichnet worden [891].

Im Dunkeln bleibt der Ursprung des griechischen Wortes ἄργυρος, das seit der Ilias gut nachweisbar ist, jedoch bereits im zweiten Jahrtausend existierte (mykenisch *a-ku-ro*) [892]. In kyprischer Silbenschrift findet sich *a-ra-ku-ro-se*

---

[888] Nach U. v. Wilamowitz-Moellendorff, Der Glaube der Hellenen I (1931, 3. Aufl. 1959) 249f. sei ἠλέκτωρ ein karisches Lehnwort. — Zu Bernstein s. oben Anm. 335.

[889] E. Vermeule, Bulletin of the Museum of Fine Arts, Boston, 57, 1959, 17ff. — Die Scheidung von natürlichem Elektron in Gold und Silber war in Ägypten seit dem Mittleren Reich, vielleicht schon seit der 6. Dyn., bekannt, s. H. Quiring, Geschichte des Goldes (1948) 6; O. Höckmann, Boreas 5, 1982, 47 mit Anm. 69. Weitere Analysen bei J.R. Maréchal, Zur Frühgeschichte der Metallurgie (1962) 83ff. Tabellen 17-20: "Im allgemeinen enthalten ägyptische Goldgegenstände mehr als 20 % Silber".

[890] Chr. Tsountas, ArchEphem 1898, 107, Diadem: 93,35 % Silber; 4,9 % Gold; 1,72 % Kupfer. — Gefäß: 92,73 % Silber; 5,14 % Gold; 1,96 % Kupfer. — J.E. Dayton hielt 1977 in Sheffield einen Vortrag zu dem Thema "Sources of the Silver in Troy and the Aegean World". Er führte u.a. zwei einander ähnliche Analysen von Troja- und Mykene-Silber vor: a) Troja, 95,6 % Silber; 0,17 % Gold; 3,41 % Kupfer und 0,22 % Blei. — b) Mykene, 95,59 % Silber, 0,3 % Gold; 3,23 % Kupfer und Spur Blei. — Z.A. Stos-Gale-M.F. Macdonald, Sources of Metal, and Trade in the Bronze Age Aegean, in: Konferenz Oxford 1989 (1991) 249ff. 270ff. (Silber); 285ff., Tabelle mit 17 Analysen von Silberobjekten aus den mykenischen Schachtgräbern: Überwiegend 95-99 % Silber, 0,2-1,6 % Gold, mithin relativ reines Silber. Die einzige Probe aus dem ältern Grabzirkel B von Mykene fällt aus dem Rahmen mit nur 72 % Silber, 13 % Gold und 14 % Kupfer.

[891] L. Åström, Studies on the Arts and Crafts of the Late Cypriote Bronze Age (1967) 27 und 95.

[892] Vgl. M. Ventris-J. Chadwick, Documents in Mycenaean Greek (1956) 351; ferner E. Risch, Wortbildung der homerischen Sprache (1937) § 29; P. Chantraine, La Formation des Noms en Grec Ancienne (1933) 231; C. Gallavotti, PP 12, 1957, 17; H.-G. Buchholz, Bergmännische und metallurgische Fachausdrücke, in: R.J. Forbes, Bergbau, Steinbruchtätigkeit und Hüttenwesen, ArchHom, Lieferung K (1967) 36; weiteres ebd. 19f., bereits P. Kretschmer, Einteilung in die Geschichte der griechischen Sprache (1896, 2. Aufl. 1970) 137.

("ἀργύρωσε, ... er hat in Silber gearbeitet") [893].

Der Wortstamm bedeutet "weiß, licht". Silber war demnach "das weiße Metall" [894], wie Gold das gelbe. Häufig wurde im Altertum allerdings das viel dunklere Blei als eine beschränkt verwendungsfähige Art Silber angesehen [895].

Unser deutsches Wort "Silber" (Gotisch *silubr*, Altnordisch *silfr*) besitzt außerhalb der germanischen Sprachenfamilie lediglich im Balto-Slawischen Parallelen: Doch die unregelmäßigen Lautentsprechungen zeigen, daß es sich um kein bodenständiges Erbwort handelt, sondern um ein nichtindogermanisches Wanderwort, das Schmiede etwa aus Vorderasien gebracht haben mögen (Assyrisch *ṣarpu*) [896]. Und weiter wurde zu den Bezeichnungen unseres Metalls bemerkt: "Das Silbererz, im Sumerischen KÙ.BABBAR, 'das glänzende Weiße', hattisch *ḫattuš*, hethitisch *ḫarki*, 'das Weiße', hurritisch *ušḫuni*, ist die reine Substanz schlechthin" [897].

Im Ugaritischen hieß dieses "weiße Metall" *kaspu* [898], entwickelt aus einem altsemitisch-akkadischen *kaspum*, wie gleichfalls *kēsep* im Hebräischen [899]. Für Silber steht auf den Schrifttafeln aus Ras Schamra weitaus seltener *ḫtt*, ein anatolisch-vorhethitisches Lehnwort (*ḫatuš*) im Ugaritischen, das im Namen der hethitischen Hauptstadt *Ḫattušaš* enthalten ist. Die Schreiber wußten jedenfalls von der Bedeutung "Silber", wenn sie diesen Namen sumerographisch URUKÙ.BABBAR-*aš* schrieben.

Der "Silberschmied" war vom Begriff her in Ugarit ein "Gießer": *nsk ksp* (Akkadisch: *kutimmu*) [900] und entsprach terminologisch dem ἀργυροχόος im Griechischen. W. Eilers ist der Geschichte des Wortes *kaspum* und seiner Ableitun-

---

[893] Silberplatte aus Ormidia/Zypern: O. Masson, Les Inscriptions Chypriotes Syllabiques (1961) 308 Nr. 307.

[894] J. Boardman, Silver is White, in: RA 1987, Heft 2, 279ff. — Vgl. außerdem J.P. Mallory-M.E. Huld, Proto-Indo-European 'Silver', in: Zeitschrift für Vergleichende Sprachforschung 97, 1984, 1ff.

[895] R.J. Forbes, in: B. Reicke-L. Rost, Biblisch-Historisches Handwörterbuch I (1962) 256 s.v. Blei.

[896] F. Kluge, Etymologisches Wörterbuch der deutschen Sprache (19. Aufl., 1963) 709 s.v. Silber. — Anderes zu den Namen des Silbers bei F. Ribezzo, Il Nome Lidio-Ligure dell'Argento, in: Archiv Orientalni 18/4, 1950, Festschrift B. Hrozny IV, 243ff.

[897] Wörtlich nach V. Haas, Hethitische Berggötter und hurritische Steindämonen (1982) 177, der seinerseits zu *ḫarki* H.A. Hoffner, JCS 22, 1968/69, 41 zitiert. — Zu *ḫat(t)*- bereits H.Th. Bossert, Ein hethitisches Königssiegel (1944) 164.

[898] Weil Zahlungsmittel, häufig, z.B. P. Bordreuil, Une Bibliothèque au Sud de la Ville, in: Ras Shamra-Ougarit VII (1991) 134, Index.

[899] Vgl. M. Weippert, in: K. Galling, Biblisches Reallexikon (2. Aufl., 1977) 221 s.v. Metall und Metallverarbeitung.

[900] M. Heltzer, Die Entwicklung des Handwerks vom Dienstsystem zum selbständigen Produzenten im östlichen Mittelmeergebiet (1500-500 v.Chr.), in: Altorientalische Forschungen 15, 1988, 125.

gen in einer aufschlußreichen Studie nachgegangen [901].

Hethitische und hurritische Quellen, aus denen der dämonische und magisch reinigende Charakter der Materie Silber hervorgeht, sind von V. Haas zusammengestellt und interpretiert worden [902]. So liest man beispielsweise in einem Fragment des Kumarbi-Zyklus: "Das Silber zog (den Sonnengott) und den Mondgott herab", oder: "Sonnengott und Mondgott, ... vor dem Silber verbeugten sie sich". Metalle hatten in der Magie eine weit über ihren materiellen Wert hinausgehende Bedeutung. Silber war keineswegs nur tote Materie, es teilte vielmehr die lebendige Wirkkraft im Glauben nahöstlicher Kulturen mit der Vorstellung der Griechen vom pflanzlich-animalischen "Wachsen" der Silbererze im "Schoß der Erde", also ebenfalls einer Art von Lebendigkeit. Anzuschließen ist außerdem der Vergleich mit den lebendig sprudelnden Quellwasser bei Aischylos (Perser 238: ἀργύρου πηγή). Die magisch reinigende Wirkung eines "Silberspruches" bei den Hurritern gehört neben dem "Wasserspruch" gleicher Wirkung ebenfalls hierher: "An die Quelle aber ist reines Silber in Kannen hingestellt" [903].

Gereinigtes Silber kam in Form von Barren in den Handel. *Saḫartum* übersetzte K. Hecker mit "Klumpen"/"Nugget" [904]. Von zwei langovalen, plankonvexen Silberbarren aus spätbronzezeitlichem Fundzusammenhang in Pyla-Kokkinokremos/-Zypern war oben bereits die Rede [905]. Aus Troja II ist Silber in "Zungenform", d.h. Barren, bekannt [906]. Ein Silberbarren ("Gußkuchen") mit eingeritzten Schriftzeichen, die vielleicht im Zusammenhang mit hethitischen Hieroglyphen zu lesen sind, gehörte einer Privatsammlung [907]. Das abgehackte Stück von 13,9 gr eines Silberbarrens aus Ras Schamra trägt eine Kerbe, die wie das Schriftzeichen Υ

---

[901] W. Eilers, Akkadisch *kaspum* 'Silber, Gold' und Sinnverwandtes, in: Die Welt des Orients 2, 1957, 322ff.; ders., Nachträge zu Akkadisch *kaspum*, ebenda 2, 1959, 465ff.

[902] Haas a.O. (oben Anm. 897) 167ff. 176ff. — Der Buchtitel "Silver for the Gods" (A. Oliver, Untertitel: 800 Years of Greek and Roman Silver, 1977) mag publikumswirksam sein, das Werk trägt aber nicht viel zu unseren Fragen bei.

[903] Text bei Haas a.O. 177f. (dort zahlreiche ähnlich lautende Belege) mit Anm. 397. G. Wilhelm, Grundzüge der Geschichte und Kultur der Hurriter (1982) 93 und 100; H.A. Hoffner, The Song of Silver, a Member of the Kumarbi Cycle, in: E. Neu-Ch. Rüster, Festschrift H.Otten (1988) 143ff.

[904] K. Hecker, Die Keilschrifttexte der Universitätsbibliothek Gießen (1966) Nr. 19,6.

[905] Anm. 681; dazu N. Gale-Z. Stos-Gale, Two Silver Ingots from Cyprus, in: Antiquity 57, 1983, 211ff.; J.A. Schoonheyt, A propos des deux Lingots d'Argent, in: RDAC 1992, 129ff. Taf. 32a-d (angeblich aus Laureion-Silber bestehend. Mir kommt die Argumentation zu spekulativ vor).

[906] Schmidt, SS 236 Nr. 5971; H.Th. Bossert, Ein hethitisches Königssiegel (1944) 155 mit Abb. 24.

[907] Gewicht: 200 gr, s. O.W. Muscarella, Ancient Art, the N. Schimmel Collection (1974) Nr. 128 und Katalog der Berliner Ausstellung der Schimmel-Sammlung (1987) Nr. 139. — Zu den Silberbarren mit phönikischen Inschriften aus Sendschirli s. oben Anm. 684, auch Bossert a.O. 165 und H. Weippert in: K. Galling, Biblisches Reallexikon (2. Aufl., 1977) 89 s.v. Geld.

aussieht. Die Analyse ergab: Hauptmenge Silber, etwas Kupfer (++++) und Gold (+++), außerdem wenig Wismut und Eisen (+); nur als Spur sind Blei und Mangan enthalten [908].

"Bezahlen" hieß international "(Silber) darwägen" (Sumerisch LAL, Akkadisch *šaqālum*) [909]. Das "gewogene", "wiegbare" Silber waren Barren und "Hacksilber". Diesen Begriff erläuterte H.Th. Bossert mit einem Auszug aus einem Fundbericht aus Assur: "Ein Topf Hacksilber wurde gefunden. Wieder sind hier, wie schon bei früheren Funden dieser Art, Rohgußplatten und aus solchen gehackte kleinere und kleinste Stücke, sowie dünne, geglättete Blechstücke, drahtstift- und ringförmige Stücke zu unterscheiden" [910]. Bei Schatzfunden mit zerhacktem Schmuck wird meist an "Gießerhorte" gedacht. Doch jedermann, gleichgültig, ob Handwerker oder Kaufmann, konnte in dieser Form sein "Geld" horten. Ich denke an einen Schatzfund in Ras Schamra, der aus zerhacktem Rohmetall und Schmuckstücken bestand [911]. Im Israel-Museum ist u.a. die nicht nur zerhackte, sondern außerdem leicht eingeschmolzene Masse aus Silber-, Gold-, Bronze-Schmucksachen ausgestellt (Tell-el-Ajul), und überaus eindrucksvoll sind derartige Hortfunde des 7. Jhs. v.Chr. aus Ekron (Tel Miqne) [912]. Von Assur bis ins Philisterland gab es demnach Vergleichbares, und ein aus Hackgold und zerstörten Schmuckstücken bestehender Schatzfund des 9. Jhs. v.Chr., den P. Themelis in Eretria/Euböa hob (Anm. 911), zeigt an, daß die Verfahrensweisen in der damaligen Welt, einschließlich des ägäischen Raumes, einander glichen.

In meinem Grabungsabschnitt in Ras Schamra (oben S. 130ff.) registrierte ich 1961/1963 zehn Silberobjekte, dabei einen Barren. Ihnen stehen 84 Kupfer- und Bronzeobjekte gegenüber. Freilich mögen diese Zahlen wegen der erheblichen Plünderungen in alter und neuerer Zeit nicht repräsentativ sein, doch zeigen sie immerhin an, daß Silber auch in den weniger bedeutenden Haushalten von Ugarit vorkam. Es war zum führenden Berechnungs- und Zahlungsmittel überhaupt geworden. Weil unser Edelmetall den Ägyptern später als Gold zugänglich wurde, war es

---

[908] U. Zwicker, APA 18, 1986, 162 Nr. Sy 61, S. 168 Tabelle 1 d.

[909] Dazu G. Steiner, Kaufmanns- und Handelssprachen im Alten Orient, in: Iraq 39, 1977, 10ff. 16.

[910] MDOG 36, 1908, 22; Bossert a.O. 165. Zum Begriff "Hacksilber" auch H. Weippert, in: K. Galling, Biblisches Reallexikon (2. Aufl., 1977) 89 s.v. Geld.

[911] Vgl. oben Anm. 853. Zum 'Hackgold' der geometrischen Epoche, Ausgrabung P. Themelis, s. auch H.W. Catling, ArchRep 1980/81, 9 Abb. 13; G. Kopcke-I. Tokumoru, Greece between East and West, Meeting at the Inst. of Fine Arts, New York 1990 (1992) Taf. 22a.b. — Das Gefäß mit den absichtlich zerdrückten und zerhackten Barren, Amuletten, Schmuckstücken und Gefäßen — dabei die Silberschale Abb. 90f. — war an das Fundament einer Mauer gelehnt, also handelte es sich vielleicht um ein Bauopfer? Vgl. ferner Evans, PM IV 782f. und O. Eißfeldt, Eine Einzschmelzstelle am Tempel zu Jerusalem, Kleine Schriften II (1963) 107ff.

[912] T. Dothan-S. Gitin, Qadmoniot 27, Nr. 1-2, 1994, farbiges Deckelbild, Abb. auf S. 26. 28; dies., Recent Excavations in Israel, Arch. Inst. of America, Colloquia and Conference Papers Nr. 1 (1995) 70f. Abb. 4,10-13. Vgl. ferner A.D. Bivar, A Hoard of Ingot-Currency of the Median Period from Nush-i Jan, near Malayin, in: Iran 9, 1971, 97ff.

zunächst höher als Gold bewertet [913]. Selbst bei stärkerem Zufluß von Silber seit der Zeit der 18. und 19. Dynastie sind am Nil erhebliche Schwankungen im Bewertungssystem festzustellen.

Im Land der Hethiter, wo es reichlich Silber gab, entsprach ein Schekel dieses Metalls vier Minen Kupfer (160:1). Für vierzehn Schekel Silber konnte man in Ḫattušaš ein Pferd kaufen [914], während eine Stute in Ugarit 30 Schekel (und außerdem ein Bronzegefäß) kostete, ja, dort bis zu zweihundert Schekel für ein gutes Pferd bezahlt wurden [915]. In Verträgen zwischen dem Hethiterreich und Ugarit berechnete man Abgaben in der Reihenfolge Silber-Gold-Kupfer [916]. In einem Dokument aus Mari ging es um Silber, Gold und Edelsteine [917].

Neben Roh-, Barren- oder Hacksilber spielten auch Fertigprodukte aus Silber eine bedeutende Rolle. An erster Stelle stehen Gefäße aus Edelmetall. Sie galten als "Prestigebesitz" und "Luxus". So widmete Chr. Doumas eine kürzlich erschienene Studie dem Thema "Luxury Vessels and Ancient Aegean Society" [918].

Wenn Pindar das Wort ἀργυρίς für ein Silbergefäß gebraucht [919], also ein solches weder nach seiner Funktion, noch nach seiner Form benennt, dann muß ihm das Material (Silber) die Hauptsache gewesen sein. Zahlreiche Gefäße der mediterran-vorderasiatischen Prähistorie aus Edelmetall bestehen aus so dünnem Blech, daß eine praktische Verwendung für sie nicht in Frage kam. Sie wurden als Teile von Tempel- oder Herrscherschätzen gehortet oder dienten ausschließlich im Totenkult als Grabbeigaben. Fast dreißig kretisch-mykenische Gefäße, hauptsächlich

---

[913] Bossert a.O. 169; H. Quiring, Geschichte des Goldes (1948) 1, 6 und 288; H. Kees, Das alte Ägypten (1955) 74f.; W. Helck-E. Otto, Kleines Lexikon der Ägyptologie (1956) 408 s.v. Wertmesser. — Zur Gold-Silber-Relation in späterer Zeit s. T. Linders, Studies in the Treasure Records of Artemis Brauronia found in Athens (1972) 53f. — Offenbleiben soll zunächst, ob, wann und wo Gold anstelle des Silbers zum Wertmesser wurde, vgl. J. Einwanger, Talanton, ein bronzezeitlicher Goldstandard zwischen Ägäis und Mitteleuropa, in: Germania 67, 1989, 443ff.

[914] R. Werner, Hethitische Gerichtsprotokolle (1967) 10f.; J. Friedrich, Hethitische Gesetze (1959) passim und H. Klengel, Altorientalische Forschungen 15, 1988, 77f., danach J. Siegelová, Hethitische Verwaltungspraxis im Lichte der Wirtschafts- und Inventardokumente (1986); dies., in: R.-B. Wartke, Handwerk und Technologie im Alten Orient, int. Tagung, Berlin 1991 (1994) 120 mit Anm. 28-30. Dazu M. Heltzer, Goods, Prices and the Organization of Trade in Ugarit (1978) 86 Nr. 23 (Vergleich von Preisen für Pferde in Ugarit, Alalaḫ, Nuzi, Babylonien, Assyrien und im hethitischen Bereich); ferner A. Kempinski-S. Košak, Hittite Metal Inventories and their Economic Implications, in: Tel Aviv 4, 1977, 87ff.

[915] Heltzer a.O. 22. 28f. 88 (Gold-Silber-Relationen).

[916] RS 17.340,23 und RS 17.35,13, dazu die Interpretation von J. Siegelová a.O. 119.

[917] A. Malamat, Silver, Gold and Precious Stones from Hazor, Trade and Trouble in a New Mari Document, in: Essays in Honour of Y. Yadin, Journal of Jewish Studies 33, 1982, 71ff.

[918] Archaiognosia 7, 1991/92 (1993) 11ff. Freilich ist das betrachtete Phänomen weder auf eine bestimmte Epoche oder bestimmte Weltreligion einzuschränken; zu goldenen und silbernen Gefäßen Ägyptens s. H. Fuchs, Die frühe christliche Kirche und die antike Bildung, in: Die Antike 5, 1929, 107ff.

[919] Olymp. Ode 9,90; auch inschriftlich in Delos.

aus Silber, bestehen ebenfalls innen und außen aus sehr dünnem Blech, sind jedoch unsichtbar mit kräftigem Kupferblechkern verstärkt. Diese nur bei sorgfältiger Prüfung feststellbare Besonderheit hat Frau E.N. Davies gebührend gewürdigt (a.O. 337f., Liste, und Abb. 213, Schnittskizze).

Es ist in diesem Zusammenhang auf den oben S. 235f. beschriebenen Zinn- überzug mykenischer Tongefäße zu verweisen, der ja auch Silber vortäuschen sollte, und desgleichen auf die vollständige oder teilweise Versilberung von Ton- und Kupfergefäßen. In einem hethitischen Text ist von der "Verzierung eines kupfernen *kugulla*-Meßgefäßes mit Silber" die Rede [920].

Die den Betrachtungen zugrundeliegenden ägäischen Gefäß-Bestände hat Chr. Doumas in dem oben zitierten Aufsatz aufgezählt. Sie sind für die älteren Epochen von K. Branigan erfaßt [921], für die anschließenden Zeitphasen bis zum Ende der Bronzezeit von E. Davis [922] und R. Laffineur [923]. M. Heltzer hat — soweit ausreichende Quellen vorliegen — Gefäße aus Gold, Silber, Kupfer und Bronze in seine Untersuchung des Preisgefüges von Ugarit einbezogen [924].

Während sich in der nordöstlichen Ägäis zunächst — im 3. Jt. v.Chr. — eine Häufung von Silbergefäßen abzeichnet, die deutliche Kontraste zum anatolischen Hochland erkennen läßt, hatte die mittlere Ägäis (Euböa, Kykladen) an derartigen Verbindungen nur in bescheidenem Maße teil [925]. Unter den Schliemannschen Funden aus den Schachtgräbern von Mykene gibt es ein importiertes Bleisilber- /Silbergefäß in Gestalt eines Hirsches, ein seltenes Zeugnis für frühmykenisch- zentralanatolische Kontakte [926]. Die absichtliche Legierung von Silber und Blei halte ich für ein kleinasiatisches Charakteristikum (s. M. Mellink, AJA 95, 1991, 133: Ein Gußtiegel hethitischer Zeit aus Porsuk mit Silber- und Bleirückständen weise auf Rohstoffe aus dem Bulgardağ-Gebiet hin).

Von der "Vaphiobecher" genannten Form, die in Gold und Silber vorkommt und deren Ursprung in Kreta zu suchen ist, haben nach Ausweis von Wandmale- reien Prachtexemplare Ägypten erreicht (Abb. 18a). Doch auch aus einem kypri- schen Grab (Enkomi, Nr. 92) blieb ein schlichteres silbernes Beispiel dieser Gattung

---

[920] KUB XIII 33 II 18; R. Werner, Hethitische Gerichtsprotokolle (1967) 34.

[921] K. Branigan, Aegean Metalwork of the Early and Middle Bronze Age (1974) und ders., Silver and Lead in Prepalatial Crete, in: AJA 72, 1968, 219ff.

[922] E. Davis, The Vapheio Cups and Aegean Gold and Silver Ware (1977).

[923] R. Laffineur, Les Vases en Métal Précieux à l'Époque Mycénienne (1977). Vgl. u.a. G. Karo, Die Schachtgräber von Mykene (1931/33) 367 (Index s.v. Metall, Silber); A. Persson, The Royal Tombs at Dendra near Midea (1931) 151 (Index s.v. Silber); O. Frödin, Asine (1938) 373 (Silbervase, SH); BCH 81, 1957, 579 (Silberbecher mit Reliefs aus einer Tholos in Pharai) ebd. 562 (Silbertasse aus Pylos-Myrsinochorion, Grab 2).

[924] Heltzer a.O. (Anm. 914) 31f.

[925] Vgl. Anm. 860 und 921.

[926] Vgl. Anm. 780.

Abb. 59 a. Weiblicher Schädel mit Glasdiadem
aus den mykenischen Kammergräbern von Stravo-Kephalo bei Olympia

Abb. 59 b. Silberner Kantharos mit vierfach eingeknifftem Rand aus einem Grab bei
Gournia/Kreta im Archäologischen Museum von Herakleion

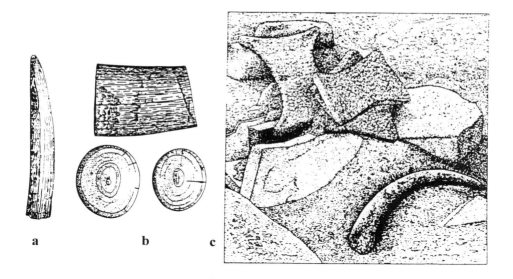

Abb. 60 a-c. Elfenbein und Kupferbarren: a Nilpferdzahn. — b Abgeschnittenes Stück eines Elephantenzahns. — c Elephantenzahn und Kupferbarren. (typenähnlich den Barren Abb. 54 k.l). — a.b Aus dem Schiffswrack von Ulu Burun (s. Abb. 17). — c Aus einer Schatzkammer im minoischen Palast von Kato Zakro/Ostkreta

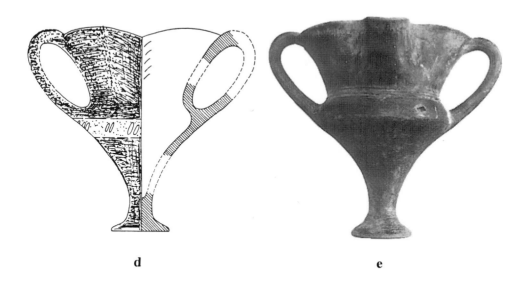

Abb. 60 d und e. Tonkopien metallener Kantharoi aus Boğazköy-Büyükkalle (d) und Alischar Hüyük (e) im Archäologischen Museum, Ankara (d) und im Museum des Orientalischen Instituts der Universität Chicago (e)

— vorzüglich restauriert, im British Museum ausgestellt — erhalten [927]. Der im
Bild (Abb. 18a) links sichtbare Vaphiobecher zeigt einen typisch ägäischen —
getrieben oder ziseliert zu denkenen — Spiraldekor, so wie ein Silbergefäß der
mittleren Bronzezeit aus Byblos, das deswegen bereits von A. Evans als kretisch-
minoisch bezeichnet worden war (Abb. 101a) [928] oder eine bronzene Omphalostasse aus Mykene oben am Rand (Abb. 101b) [929]. Die Technik des Gravierens
(vgl. Abb. 94a, Silbergefäß aus den Schachtgräbern von Mykene) [930] und Trei-
bens soll uns hier nicht weiter interessieren, wohl aber die des mehrfarbigen Ein-
legens von Metall und Niello in Silberflächen [931]. Denn der zweite in Abbildung
18 sichtbare Vaphiobecher weist Rinderköpfe en face mit Steinrosetten auf. Eine
solche Darstellung figürlicher Verzierung geht mit Sicherheit auf die Kenntnis
minoischer mehrfarbiger Einlegearbeiten in Metall zurück.

Silber bot bei dieser eindrucksvollen Technik — einer kretischen Spezialität —
als Hintergrundsfläche den schönsten Kontrast zu schwarzem Niello oder anderem
Schwarz, rotem Kupfer und gelbem Gold [932]. Zu den prächtigsten Gefäßen dieser
Art gehörten eine häufig abgebildete Silbertasse des 14. Jhs. v.Chr. aus Enko-

---

[927] Inv.-Nr. 821 (1897/4-1.506); s. A.S. Murray, Excavations in Cyprus (1900) 17 Abb. 33
und S. 54; H.W. Catling, Bronzework 46 Taf. 1b; L. Åström, Studies in the Arts and Crafts
of the Late Cypriote Bronze Age (1967) 27; E.N. Davis, The Vapheio Cups and Aegean
Gold and Silver Ware (1977) 318 Nr. 142 Abb. 257.

[928] A. Evans, PM II (1928, Nachdruck 1964) 654f. mit Anm. und Abb. 420.

[929] Kammergrab 47/1888; Athen, Nat.-Mus., Inv.-Nr. 2370, s. A. Xenaki-Sakellariou, Oi
Thalamotoi Taphoi ton Mykenon (Neugriechisch, 1985) 119ff. (mit Bibliographie) Taf.
5,2370 und 32,2370.

[930] Aus Schachtgrab IV; Athen, Nat.-Mus.; unsere Abb. 94a nach A. Sakellariou, AntK 17,
1974, 5 Abb. 1 und — etwas vereinfacht — nach O. Höckmann, in: H.-G. Buchholz,
Ägäische Bronzezeit (1987) 337ff. Abb. 87. — Der Vergleich zwischen Ost und West in der
Produktion von Metallgefäßen bewegt sich naturgemäß im Bereich von Kupfer und Bronze,
doch gilt vieles auch für Edelmetalle, vgl. u.a. H. Matthäus, Orientalische und ägäische
Toreutik in der mittleren und beginnenden späten Bronzezeit, Ebla, Kreta und Mykenai, in:
Germania 61, 1983, 579ff.

[931] Desgleichen auch Emaileinlagen auf Goldblech, s. oben Anm. 845-849 und 858. Dazu A.
Rieth, Die Tauschiertechnik der Hallstattzeit, in: Mannus 27, 1935, 102ff. und ders., Anfänge
und Entwicklung der Tauschiertechnik, in: ESA 10, 1936, 186ff., sowie neuerdings eine
schöne Studie unmittelbar zu unseren Denkmälern von A. Xenaki-Sakellariou und C.
Hatziliou, Peinture en Métal à l'Époque Mycénienne (1989).

[932] Die dunkle Masse wurde unlängst eingehend analysiert, s.E. Photos-R.E. Jones-Th.
Papadopoulos, The Black Inlay Decoration on a Mycenaean Bronze Dagger, in: Archaeome-
try 36, 1994, 267ff.: Kein Niello, sondern eine Kupfer-Gold- oder Kupfer-Zinn-Gold-
Legierung mit Spuren von Silber und manchmal von Blei. Dieser Stoff hieß in der klassisch-
hellenistischen Literatur "Korinthisches Erz"; dazu A.R. Giumlia-Mair-P.T. Craddock,
Corinthium Aes, das schwarze Gold der Alchimisten (1993).

mi [933] und ein ihr ähnliches, etwas kleineres, weniger gut erhaltenes Stück aus Dendra/Argolis [934]. Gerade diese beiden fast werkstattgleichen Erzeugnisse stellen einen schönen Beitrag zu unserem Generalthema, der kulturellen Verknüpfung Zyperns mit Hellas in der Bronzezeit dar, gleichviel, ob beider Ursprung im Westen oder Osten zu suchen ist. Ein gewisses Problem scheint das Kleben der metallischen Verzierungen auf Silber gebildet zu haben; denn etliche von ihnen fehlten bei der Tasse aus Dendra, wie übrigens auch an zwei Silbertassen aus Mykene und Pylos, deren Dekor aus Reihen männlicher Köpfe besteht [935].

L. Åström hat knapp einhundert kyprische Silberobjekte aus der zweiten Hälfte des zweiten Jahrtausends listenmäßig zusammengestellt, denen rund fünfhundert Goldobjekte gleicher Herkunft gegenüberstehen: Barren, Gefäße, Diademe, Mundbleche, Pektorale, Schmucknadeln, Armbänder, Haar-, Ohr- und Fingerringe, Perlen, Anhänger und Amulette [936]. Nahezu sämtliche Formen gibt es in Gold wie in Silber. Wenn beispielsweise für den Totenkult gefertigte Mundbleche oder bestimmte Ohrring-Typen (Abb. 65) so gut wie ausschließlich aus Gold bestehen, muß man sich wohl vor einer Überinterpretierung eines solchen Befunds hüten. Inzwischen hat sich die Menge derartiger Objekte stark vermehrt, doch auch ohne Detailuntersuchungen ist davon auszugehen, daß sich die Zahlen proportional bewegt haben: Für Prestigebesitz — hauptsächlich im Schmuck und in den Gefäßen unter den Grabbeigaben faßbar — war im 2. Jt. v.Chr. auf Zypern Gold rund fünfmal häufiger verwendet als Silber.

Das schließt natürlich nicht aus, daß im internationalen Verkehr Silber als Zahlungsmittel und "Geschenk" an erster Stelle stand: Die einzige flache Metallschale mit einer kyprominoischen Inschrift, die jemals in Ras Schamra geborgen wurde, besteht aus Silber (Abb. 90f) [937] und ebenfalls die einzige Schüssel syro-

---

[933] Enkomi, Grab 2 (frz. Ausgrabung/1949, s. auch Anm. 937 und 946) Nr. 4207, H 6 cm, Dm 15,7 cm; Nikosia, Cyprus Museum, s. H.J. Plenderleith, The Bull Cup from Enkomi-Alasia, in: Cl. Schaeffer, Enkomi-Alasia (1952) 380ff. Taf. 116 Farbtaf. C und D; G.F. Claringbull-A.A. Moss-H.J. Plenderleith, The Enkomi Silver Cup, in: Nature 187, 1960, 1051f.; V. Karageorghis, Mycenaean Art from Cyprus (1968) 31 Taf. 27,1.2; H.-G. Buchholz, Analysen prähistorischer Metallfunde aus Zypern, in: BJbV 7, 1967, 236 Nr. 39 Taf. 1d; ders., Altägäis und Altkypros (1971) Nr. 1684 und Farbtaf. 4; weitere Lit. bei Laffineur, AntClass 43, 1974, 24 Anm. 77; E.N. Davis, The Vapheio Cups and Aegean Gold and Silver Ware (1977) 314 Nr. 140 Abb. 255; A. Xenaki-Sakellariou-C. Hatziliou, Peinture en Métal à l'Époque Mycénienne (1989) passim.

[934] Dm 11,5 cm, H 7,5 cm, s. A. Persson, The Royal Tombs at Dendra near Midea (1931) 17. 33f. 50f. Taf. 12-15a, Farbtaf. 1 und F. Rathgen, ebd. 134.

[935] H.-G. Buchholz-V. Karageorghis, Altägäis und Altkypros (1971) Nr. 1107 (Pylos) und 1108 (Mykene), jeweils mit Bibliographie.

[936] L. Åström, Studies on the Arts and Crafts of the Late Cypriote Bronze Age (1967) 24ff. Abb. 65,1-6.

[937] Absichtlich stark verbogen, zum Schatzfund, vielleicht Bauopfer (oben Anm. 933) gehörend, s. Cl. Schaeffer, Syria 13, 1932, 23 Abb. 15; A. Evans, PM IV (1935, Nachdr. 1964) 782f. Abb. 762 (als annähernd normale Linear B-Inschrift erklärt); H.Th. Bossert, Altsyrien (1951) Abb. 877; H.-G. Buchholz, Zur Herkunft der kyprischen Silbenschrift, in:

palästinensischen Typs mit einer ugaritischen Inschrift, die jemals auf Zypern
zutage trat (Abb. 90d, Hala Sultan Tekke [938]). In den Amarnabriefen ist als eine
höchst seltene Kostbarkeit ein mitannischer Silberspiegel mit Holzgriff erwähnt [939].

Kantharosartige Silbergefäße mit gratig scharfem Umbruch und mehrfach
eingeknifftem oder sanft gewelltem Rand zeigen alle Merkmale einer Metallform,
auch wenn sie meist in Ton übersetzt erhalten geblieben sind. Für diese Bildung der
Mündung liest man manchmal "Randlappung", um die es sich genau genommen
nicht handelt. Bei Verwendung dünnen Blechs mag sie der Stabilisierung gedient
haben, sofern die Mündung gebördelt oder anderweitig verstärkt war. Die zeitlich
ersten und außerdem nach Fundplätzen und Menge zahlreichen Gefäße dieses
besonderen Typs sind während der ersten Hälfte des zweiten Jahrtausends — und
in Abwandlung darüber hinaus — in Zentralanatolien, im Halysbogen, anzutreffen
(Kültepe, Ališar [Abb. 60e], Boğazköy [Abb. 60d], Alaca, Inandik-Tepe). Von dort
haben sie den Westen der Türkei erreicht (Karahöyük, Beycesultan und Dorak). Sie
fanden ebenfalls Verbreitung nach Syrien hin (Bozkir, Ras Schamra). Es gibt
derartige Kantharoi auch mit niedrigem Fuß. Für unser Generalthema "Ras Schamra-Zypern-Ägäis" ist von Interesse, daß die hier vorgestellte Sonderform in Enkomi anzutreffen ist und auf Kreta sogar in Silber — womöglich als echtes Importstück [940] — nachgewiesen wurde (Gournia). Daß der Silberkantharos aus Gournia
(Abb. 59b) von den zentralanatolischen Vorkommen abhängt, ist eine alte Erkenntnis [941], doch kommt E.N. Davis das Verdienst zu, die einschlägigen Funde systematisch zusammengestellt zu haben [942]. Bei ihr klingt sogar der Gedanke an, daß
es sich um die Erfindung minoischer Toreuten gehandelt haben könnte, welche von
Kreta aus den Osten beeinflußten. Doch die Chronologie spricht mindestens nicht
gegen eine anatolische Priorität.

Minos 3, 1954, 150; H. Matthäus, PBF II 8 (1985) 89 Taf. 130.

[938] "*Schüssel des Akkuya, Sohn des Yiptahad(d)u*" (KTU 6.68) in ugaritischer Keilschrift (um
1200 v.Chr.). Zu den Namen s. F. Gröndahl, Die Personennamen der Texte aus Ugarit
(1967) 216 und R. Stieglitz, OpAth 15, 1984, 193; zu den Fundumständen s. P. Åström-
E. Masson, RDAC 1982, 72ff. mit Taf. 11,1-3; P. Åström, Kongreß Nikosia 1982 (1985)
181ff. Abb. 9; Matthäus a.O. Taf. 19,338.

[939] J.A. Knudtzon, Die El-Amarna-Tafeln (1915) 25 II 56-59.

[940] So C. Lambrou-Phillipson, Hellenorientalia (1990) 256 Nr. 194 Taf. 75,194 (MM II).

[941] K. Bittel, MDOG 72, 1933, 30f.; ders., Boğazköy, die Kleinfunde der Grabungen 1906-
1912 (1937) 47f.; N. Åberg, Bronzezeitliche und früheisenzeitliche Chronologie IV (1933)
212f.; J.D.S. Pendlebury, The Archaeology of Crete (1937, Nachdruck 1963) 122 ("fluted
cups, shortly after 2100"); St. Przeworski, Die Metallindustrie Anatoliens (1939, Nachdr.
1967) 304; F. Schachermeyr, AfO 16, 1952, 94; M. Mellink, An Akkadian Illustration of a
Campaign in Cilicia?, in: Anatolia 7, 1963, 109f.; F. Fischer, Die hethitische Keramik von
Boğazköy (1963) 70f.; F. Schachermeyr, Ägäis und Orient (1967) 57 ("importiert und
nachgeahmt"); J. Mellaart, CAH I 2 (3. Aufl., 1970-1974) 696.

[942] E.N. Davis, The Silver Kantharos from Gournia, in: TUAS 4, 1979, 34ff.

5. *Liste der Kantharoi mit Randwellung*

Türkei

1   Kültepe, Ton; Ankara, Arch.Mus., Inv.-Nr. 11291: T. und N. Özgüç, Kültepe Kazici Raporu 1948 (1950) 186 Abb. 536 und ebd. 1949 (1953) 171f. Taf. 31,196-198; Belleten 19, 1955, 64ff. Abb. 12; Kunst und Kultur der Hethiter, Ausstellung Köln (1961) Nr. 115 mit Taf.; K. Emre, Anatolia 7, 1963, 87ff. Taf. 27,1 (Kt g.k. 72); F. Schachermeyr, Ägäis und Orient (1967) 57 Taf. 55,202; E.N. Davis, The Vapheio Cups and Aegean Gold and Silver Ware (1977) Abb. 69. — Auch Formen mit niedrigem Fuß: Kültepe 1949, Abb. 199-201.

2   Alişar-Hüyük, Ton, rotpoliert; F.E. Schmidt, OIC 11, 1931, 78 Abb. 109a (Inv.-Nr. A 10435/Feldnr. b 1670, hier: Abb. 60e, Kantharos auf hohem Fuß, H 20,6 cm, um 1700 v.Chr.); ferner ders., The Alishar Hüyük, Seasons of 1928 and 1929, OIP 19 (1932) 111f. und 182 Abb. 126 Taf. 11 und Farbtaf. 2; P. Dermargne, Crète-Égypte-Asie, in: Études d'Archéologie Grecque (1938) 59; H.H. v.d. Osten, The Alishar Hüyük, Seasons 1930-32 (OIP 29, 1937) 138. 146 Abb. 201,c2734 Taf. 6 und OIP 30, 436; N. Åberg, Bronzezeitliche und früheisenzeitliche Chronologie IV (1933) 97 Abb. 191; E. Akurgal, Die Kunst der Hethiter (1961) Taf. 39, links unten.

3   Boğazköy, Büyükkale und Unterstadt (Abb. 60d); K. Bittel, Boğazköy, die Kleinfunde der Grabungen 1906-1912 (1937) 47f. Taf. 32,26; 40,15; F. Fischer, Die hethitische Keramik von Boğazköy (1963) 70. 147 (rötlicher Ton mit metallisch glänzender Oberfläche, Mündung mit kantig eingezogenen Ecken, ohne genaue Schichtenzugehörigkeit) Taf. 121, 1068 und 1069; vgl. ferner Anm. 941.

4   Alaca-Höyük, Ton wie zuvor; H.Z. Koşay, Les Fouilles d'Alaca Höyük, 1937-1939 (1951) Taf. 26,a170; H.Z. Koşay-M. Akok, Alaca Höyük Kazisi (1966) Taf. 102,h103; Davis a.O. Abb. 70. Auch Formen mit niedrigem Fuß: AJA 51, 1947, Taf. 37c.

5   Inandik-Tepe (etwa 100 km nordöstlich von Ankara und 100 km nordwestlich von Boğazköy), Heiligtum mit hethitischer Keramik, dabei Kantharoi wie zuvor, ein Stück bemalt. T. Özgüç, Vortrag in Marburg 1986, s. ders., Inandik-Tepe, passim.

6   Acemhöyük; s. K. Emre, Anatolia 10, 1966, 108f. Taf. 34,1.2; ferner Yanarlar, bronzezeitlicher Krug mit vierfach gewelltem Rand, ders., in: Prinz Takahito Mikasa, Essays on Ancient Anatolian and Syrian Studies in the 2nd and 1rst Mill. B.C. (1991) 14 Abb. 10.

7   Bozkir bei Zindschirli, Berlin, Staatl. Mus., Vorderasiatische Abteilung, Inv.-Nr. 31537 (H 18 cm); H.Th. Bossert, Altanatolien (1942) Nr. 641; A. Götze, Kleinasien (1957) Taf. 6, rechts oben; Fischer a.O. 70 Anm. 422 (unrichtig: aus Niğde); Davis a.O. Abb. 68 (unrichtig: Central Anatolia).

8   Karahöyük bei Konya. Sonderform mit Siebteil (H 27 cm), sonst wie zuvor, nach Vortrag von S. Alp in Gießen im Januar 1978, s. S. Alp,

Zylinder- und Stempelsiegel aus Karahöyük bei Konya (1968) 303 Taf. 6,11; auch AJA 68, 1964, Taf. 50 und I. Strøm, Graekenlands Forhistoriske Kulturer II (1982) 76 Abb. 87.

9   Beycesultan; S. Lloyd-J. Mellaart, Beycesultan II (1965) 125 Abb. P 28,1; 136 Abb. P 35,7.8.10; Typentaf. 3,40 und 4,40 (2. Hälfte des 17. bis erste Hälfte des 15. Jhs. v.Chr.).

10   Dorak, nur unter Vorbehalt verwertbar, s. V. Sümeghy, Atti del 6. Congr. Int. delle Scienze Preist. e Protoistor., Rom 1962, Band III (1966) Taf. 193.

Belege im Osten außerhalb der Türkei, einschließlich Ägyptens

(Meist fußlose Formen, die nur wegen der Randwellung unserer keramischen Gruppe zuzurechnen, bzw. mit ihr zu vergleichen sind.)

11   Assur, Alter Palast; tönerner hoher blumentopfförmiger Becher mit vier Randwellen, im Inventar als Lampe bezeichnet.

12   Iran, Hamburg, Mus. für Kunst und Gewerbe; hohe tönerne Vase mit gefältelter Mündung, um 1200 v.Chr.; s. Bildführer 3 (1972) 130f. Nr. 68 mit Abb.

13   Ras Schamra, Grab 4496; tönernes Gefäß mit dreifacher kleeblattartiger Bildung der Mündung; s. J.-Cl. Courtois, Ugaritica VII (1978) 200f. Abb. 2,11. — Ein weiteres Gefäß mit gewelltem Rand aus Ras Schamra Grab 85 (Mittelbronze II/III) bereits in: Ugaritica II (1949) 254f. Abb. 108,21.

14   Hama/Nordsyrien; niedriges schüsselartiges Gefäß um 2000 v.Chr. (Übergang von der Früh- zur Mittelbronzezeit) mit Randfältelung, als Lampe angesprochen, s. K. Prag, Levant 6, 1974, 82 Abb. 3,1.

15   Hazor/Israel, Jerusalem, Israel-Museum; für die Region ungewöhnliches Gefäß mit gewelltem Rand (17.-15. Jh. v.Chr.), s. Y. Yadin, Hazor (1975) 127 mit Abb.; H. Weippert, HdbArch, Palästina (1988) 336 Abb. 365,6.

16   Jericho und Tell Umm Hamad; lampenartige Schüssel wie Nr. 14 (aus Hama) und 19 (aus Ägypten), s. Prag a.O. Abb. 3,11 und 13.

17   Ägypten (MR), Kahun, British Museum, Inv.-Nr. A 562; Kantharos auf niedrigem Fuß mit gewelltem Rand und Spuren mehrfarbiger Bemalung in Imitation mittelminoischer Gefäße, desgl. Inv.-Nr. A 5640, s. B.J. Kemp-R.S. Merrillees, Minoan Pottery in Second Millennium Egypt (1980) 68f. Abb. 27a und 28; bereits S. Hood, The Minoans (1971) Taf. 9 mit S. 218.

18   Ägypten (MR), El-Haraga, Grab 326, Oxford, Ashmolean Mus., Inv.-Nr. 1914.684 und UCL 18718; zwei schüsselartige Gefäße mit gewelltem Rand (wavy rim, crinkle rim) aus hellbraunem Ton mit mattroter Einfärbung von Schulter und Hals, darauf Spuren dunkler Bemalung, s. Kemp-Merrillees a.O. 38 Abb. 17a.b.

19   Ägypten (MR), Sidmant und Beni Hasan, "wavy rim bowls"; schüssel- bzw. lampenartig, s. Kemp-Merrillees a.O. 53 Abb. 21.

Zypern

20   Enkomi, Fundnr. 1317, ohne Stratigraphie: Henkelloses Gefäß mit ausge-
     prägtem Fuß und gratig gekniffter Randwellung, s. A.S. Murray, Excava-
     tions in Cyprus (1900) 50 Abb. 76a und S. 54 unter "Objects not assigned
     to particular tombs",

Kreta und Thera

21   Gournia, Grabfund, Herakleion, Arch. Mus., Inv.-Nr. 201 (Abb. 59b):
     Silber-Kantharos (H 8,1 cm), eingehende Beschreibung bei E.N. Davis, s.
     H. Boyd Hawes, Gournia (1908) passim, Farbtaf. C 1; R. Dussaud, Les
     Civilisations Préhelléniques dans le Basin de la Mer Égée (1910, 2. Aufl.
     1914) 45 Abb. 26; A. Evans, PM I (1921, Nachdr. 1964) 192 Abb. 139a;
     O. Montelius, La Grèce Préclassique I (1924) Taf. 29,4; H.R. Hall, The
     Civilization of Greece in the Bronze Age (1928) 75 Abb. 79a; N. Åberg,
     Bronzezeitliche und früheisenzeitliche Chronologie IV (1933) 212 Abb.
     391; J.D.S. Pendlebury, The Archaeology of Crete (1937, Nachdr. 1963)
     114 und 122 Taf. 18,4c; P. Demargne, Naissance de l'Art Grec (1964) 115
     Abb. 151; R.A. Higgins, Minoan and Mycenaean Art (1967) Abb. 30; F.
     Schachermeyr, Ägäis und Orient (1967) 57 Taf. 55,203b; E.N. Davis, The
     Vapheio Cups and Aegean Gold and Silver Ware (1977) 87ff. Nr. 12 Abb.
     65. 66; dies., The Silver Kantharos from Gournia, in: TUAS 4, 1979, 34ff.
     Abb. 1; I. Strøm, Graekenlands Forhistoriske Kulturer II (1982) 76 Abb.
     85; C. Lambrou-Phillipson, Hellenorientalia (1990) 256 Nr. 194 Taf.
     75,194.

22   Gournia, tönerne Imitationen derartiger Silbergefäße, bzw. unter Metall-
     einfluß stehende Tongefäße mit gewelltem Rand, u.a. ein Becher mit
     hohem gewellten Oberteil, einem Kantharoshenkel und gegenüber einem
     kleinen Randhenkel; zwei vollständige Beispiele (Lit. s.u.) und neuerdings
     Fragmente von zwei weiteren, letztere in Philadelphia, Univ.-Mus., Inv.-Nr.
     MS 4628,1 und 2 (E.N. Davis, TUAS 4, 1979, 36f. Abb. 3). — H. Boyd
     Hawes, Gournia (1908) Taf. 6 und Farbtaf. C2 und 3; Dussaud a.O. 46
     Abb. 27; A. Evans, PM I (1921, Nachdr. 1964) 192 Abb. 139b und c;
     Montelius a.O. Taf. 61,1 und 7; Hall a.O. 75 Abb. 79b.c; Åberg a.O. 212,
     225f. Abb. 430 und 432; Pendlebury a.O. 114 Taf. 18,4b (MM II); H.Th.
     Bossert, Altkreta (3. Aufl., 1937) Nr. 330; F. Matz, Die Ägäis, in:
     HdbArch II (1954) 239 Anm. 4; F. Schachermeyr, Ägäis und Orient (1967)
     Taf. 55,203a und c; Hood a.O. 40 Abb. 15b; E.N. Davis, The Vapheio
     Cups and Aegean Gold and Silver Ware (1977) Abb. 71; G. Walberg, AA
     1981, 11 Abb. 9b; Strøm a.O. 76 Abb. 86.

23   Vasiliki, Haus B: Einhenklige bemalte Tasse mit gewelltem Rand (nach A.
     Evans: MM IA), s. R.B. Seager, Report of Excavations at Vasiliki 128 Taf.
     31,1.2; Evans a.O. 185f. Abb. 134d; Montelius a.O. Taf. 60,4.

24   Pseira; etwas schwerfälliger als die Silbervase aus Gournia proportioniertes
      Tongefäß mit Tüllenausguß und drei Henkeln mit imitierten Nietköpfen, s.
      R.B. Seager, Excavations on the Island of Pseira (1910) 19f. Abb. 5; Evans
      a.O. 192 Abb. 139d; Montelius a.O. Taf. 59,9; Åberg a.O. 212 Abb. 392;
      Pendlebury a.O. 114. 122 (MM II); Matz a.O.; Davis a.O. 87ff. Abb. 72.
25   Minoischer Palast von Kato-Zakro: Tönernes Zweihenkelgefäß mit gewell-
      tem Rand, s. N. Platon, Praktika 1971, Taf. 342b.
26   Mallia: Mehrere Gefäße der besprochenen Art und Verwandtes, P. Demargn-
      ne, Crète-Égypte-Asie, in: Études d'Archéologie Grecque (1938) 59; F.
      Chapoutier-P. Demargne, Fouilles à Mallia III 39 Abb. 14 Taf. 47,2d; H.
      und M. van Effenterre, Nécropole II 259; ÉtCrét 13, 1963, Taf. 44,7882.
27   Insel Christ bei Mallia, Herakleion, Arch. Mus., Inv.-Nr. 7889: Tönerner
      Kantharos wie das silberne Beispiel aus Gournia, nur etwas schwerfälliger
      in den Proportionen, s. BCH 49, 1925, 473 Abb. 10a; Åberg a.O. 211 Abb.
      389; Davis a.O. Abb. 67.
28   Knossos: Schüsselartiges bemaltes Gefäß mit gewelltem Mündungsrand
      (nach Evans: MM II), s. A. Evans, PM I (1921, Nachdr. 1964) 243 Suppl.-
      Taf. 3a; Montelius a.O. Taf. 64,3a.b; P. Warren, The Aegean Civilizations
      (1975) 22 mit Farbbild; G. Walberg, Kamares, in: Boreas 8, 1976 (2. Aufl.
      als Monographie, 1987), 38. 168 Abb. 20, S. 175 Abb. 30,217ff.; vgl. B.
      Kaiser, CVA Bonn 2 (1976) Taf. 10,1 (938,26).
29   Archanes, aus dreigliedrigem Heiligtum (1979), nach Vortrag von G. Sa-
      kellarakes: Tönerner Kantharos mit imitierten Nietköpfen an den Henkel-
      ansätzen (MM II/IIIA).
30   Syme Biannou: Gefäß mit gewelltem Rand (MM IIIB/SM IA), s. Praktika
      1976, Taf. 224b.
31   Phaistos: Rötlicher, weiß bemalter Krug mit kleeblattartig gewelltem
      Mündungsrand (MM II/III) in Rom, Mus. Pigorini; weitere MM II-Gefäße
      mit gewellten Rändern (H 12,5 cm und 10,6 cm), s. C. Zervos, L'Art de la
      Crète (1956) 256 Abb. 356 und S. 265 Abb. 357.
32   Hagia Triada: Barbotinegefäß mit Randfältelung (MM I), s. Zervos a.O.
      Abb. 313. Ferner aus der Tholos Henkeltasse mit vierfach gewelltem
      Mündungsrand.
33   Thera-Akrotiri, "Lilienraum", Athen, Nat.-Mus.: Henkellose Eierbechform
      mit gewelltem Rand, auf der Wandung tordierende Getreideähren in dunk-
      ler Farbe (SM IA), s. Sp. Marinatos, Excavations at Thera IV (1971) 36
      Taf. 76a; Chr. Doumas, Santorin (1977) 55 Abb. 32.

Die im 2. Jt. v.Chr. entwickelte Technik, Gefäßränder mittels gewellter Formgebung zu stabilisieren, zeigt ein Bronzegefäß aus der Idäischen Grotte/ Kreta, das
gemeinhin ins 7. Jh. v.Chr. gesetzt wird [943]. Doch gesichert ist das Datum nicht:

---

[943] J. Boardman, The Cretan Collection in Oxford (1961) 85f. Nr. 380 Abb. 36,380 Taf.
29,380.

Vergleichbare Konturgebungen sind später, die Randfältelung ist hingegen früher nachzuweisen.

Häufig kann man beobachten — und zwar in ganz unterschiedlichen Epochen —, daß Glasgefäße an Metallvorbildern orientiert wurden. So dürfte ein überaus seltenes Glasfragment mit gewelltem Rand aus einem Tholosgrab in Kakovatos an der peloponnesischen Westküste im weiteren Sinne ebenfalls hierhergehören und relativ frühen orientalischen Import repräsentieren [944].

Wir beschließen die Betrachtung der Silberproduktion in den Ländern am östlichen Mittelmeer mit einem Blick auf Götterfiguren aus diesem Edelmetall. Bei Jeremia (10,3ff.) steht: "Die Heiden hauen im Wald einen Baum, und der Werkmeister macht Götter mit dem Beil und schmückt (im Sinne von Verkleiden) sie mit Silber und Gold", und in der Apostelgeschichte (17,29): "Wir sollen nicht meinen, die Gottheit sei gleich den goldenen, silbernen und steinernen Bildern, durch menschliche Kunst und Gedanken gemacht". Da stehen Silber oder Gold gleichwertig nebeneinander, während nach hethitischen Texten etwa ein Dutzend Götter speziell in Silber Gestalt fanden [945]. So ist es gewiß nicht Zufall, wenn das oben besprochene hethitische Amulett aus Kalavassos/Zypern, einen Gott darstellend (Abb. 16b), aus diesem Edelmetall besteht, desgleichen die in Enkomi gefundene Statuette eines Kindes mit einer Öse am Rücken, ebenfalls ein Amulett wie das zuvor genannte [946]. Ein weiteres aus Silber gefertigtes, ein Götterpaar darstellendes Amulett dieser Art (H 5,2 cm) ohne Fundortangabe ist als "hethitisch-syrisch" bezeichnet worden (1400-1200 v.Chr.) [947].

---

[944] K. Müller, AM 34, 1909, 297 Abb. 13; O. Montelius, La Grèce Préclassique II (1928) 198f. Abb. 706; I. Strøm, Graekenlands Forhistoriske Kulturer II (1982) 304 Abb. 410. — Lediglich zu erwähnen ist, daß einige der hohen sektglasähnlichen Kelche aus Stein ebenfalls die Wellung des oberen Kelchteils angenommen haben (G. Karo sprach von "scharfstetigen Kanelluren und kunstvoll im Vierpaß gegliedertem Halse", s. Die Schachtgräber von Mykenai 94 und 241f. zu Nr. 389 Taf. 138 und 139: "die Nachahmung eines metallischen Vorbildes ist offenbar"), vgl. weitere Exemplare aus dem Palast von Kato-Zakro/Ostkreta (H.-G. Buchholz, Altägäis Nr. 1155; G. Sakellarakes, Museum Herakleion [1978] 74 Farbabb. 2734 ["Vierhenklig" ist Unsinn]; Strøm a.O. 92 Abb. 118a) und Tiryns (B. Kaiser, in: U. Jantzen, Führer durch Tiryns [1975] 182ff. Abb. 87 und 88). — Dieselbe Form tritt in eierschalendünnem Ton in Mallia auf, s. BCH 49, 1925, 473 Abb. 10b; N. Åberg, Bronzezeitliche und früheisenzeitliche Chronologie IV (1933) 211 Abb. 390; C. Zervos, L'Art de la Crète, Abb. 281.

[945] Aufgezählt bei V. Haas, Hethitische Berggötter und hurritische Steindämonen (1982) 232 Anm. 396.

[946] Fundnr. 4.211, H 3,5 cm, s. Cl. Schaeffer, Enkomi-Alasia I (1952) 132 Taf. 25,4 und Farbtaf. A nach S. 128 (Grab 2/1949 der frz. Grabungen); L. Åström, Studies on the Arts and Crafts of the Late Cypriote Bronze Age (1967) 26; P. Dikaios, Enkomi II (1971) 450.

[947] J.V. Canby, The Ancient Near East in the Walters Art Gallery (1974) Nr. 35; Haas a.O. 76 Abb. 13.

Weiterhin sind hier Silberfiguren des 19./18. Jhs. v.Chr. aus Ras Schamra [948] und aus einem kanaanäischen Höhlenheiligtum bei Nahariya [949] anzuschließen. Und schließlich irritiert auch die silberne Figur eines hethitisch-nordsyrischen Reschef aus dem fernen Nezero/Thessalien (Abb. 105e, H 7,8 cm) [950] in der hier vorgeführten nahöstlichen Gesellschaft weit weniger als in ihrem helladischen Umfeld, wo Silber in dieser Verwendung als ungewöhnlich auffällt.

Uralte Metallsymbolik hat tief in religiöse Vorstellungen der Griechen hineingewirkt. In den Scholien zu Pindars 5. Isthmischer Ode entspricht die Mondgöttin Selene dem Silber und Helios dem Gold, wie Aphrodite dem Kupfer. Dort entsprechen außerdem Kronos dem Blei, Hermes dem Zinn und Ares dem Eisen. Die Gleichsetzung des Zeus und des Elektrons sieht nach Verlegenheitslösung aus, da Gold und Silber bereits vergeben waren [951].

---

[948] In einem Krug gefunden, mit Lendenschurz und Goldblech (H 28 und 16 cm), s. Cl. Schaeffer, Syria 41, 1964, 219ff.; PEQ 100, 1968, 50 Abb. 3,3; P. Welten, in: K. Galling, Biblisches Reallexikon (2. Aufl., 1977) 120f. Abb. 32,2.

[949] IEJ 6, 1956, 20f.; K. Katz-P.P. Kahane-M. Broshi, Von Anbeginn (1968) Abb. 50 rechts; erwähnt auch in Galling a.O. 115 und 120.

[950] Oxford, Ashmolean Museum, Inv.-Nr. AE 410; s. JHS 21, 1901, 126 Abb. 16; A.J.B. Wace-M.S. Thompson, Prehistoric Thessaly (1912) 207; W. Helbig, ÖJh 12, 1909, 32 Abb. 26; G. Roeder, Ägyptische Bronzefiguren, in: Mitteilungen aus der Ägyptischen Sammlung, Berlin VI (1956) 40 zu Nr. K52; J. Boardman, The Cretan Collection in Oxford (1961) 76f. Anm. 6, mit Bibliographie, Taf. 25b.

[951] Oben Anm. 810 und 811. — Um 178 n.Chr. teilweise anders bei Celsus (Origines c. Celsum VI 22): Saturn = Blei, Jupiter = Zinn, Mars = Eisen, Sol = Gold, Venus = Kupfer, Mercur = Quecksilber, Luna = Silber. Nicht auf unmittelbaren mesopotamischem Vorbild beruhen die im Mittelalter geläufigen Entsprechungen, zu ersterem: A. Jeremias, Handbuch der altorientalischen Geisteskultur (2. Aufl., 1929) 179ff., vgl. M. Eliade, Schmiede und Alchimisten (1958).

6. *Eisen*

Eisen war im Sinne späterer Verwendung zunächst kein Nutzmetall. Auch wenn es als kostbar galt [952], diente es nicht einmal nach allgemeinen Regeln Schmuckzwecken. Jedenfalls kam ihm während des 3. und 2. Jts. v.Chr. wirtschaftlich kaum Bedeutung zu.

Die wenigen im 14. bis 12. Jh. v.Chr. nachweisbaren Waffen und Geräte aus dem neuen Metall sind schnell aufgezählt: Schwert und Dolch [953], Messer [954], Axt oder Beil [955] (Abb. 87a.b) [956]. Ein in einem ugaritischen Text genanntes Eisenschwert war nicht an Ort und Stelle gefertigt, vielmehr importiert wor-

[952] Aus *kkrm.brḏl* (KTU 4.91:6) läßt sich nicht allzuviel ableiten: "*brḏl/parzillu*/Eisen, 2 Talente", s. M. Heltzer, Goods, Prices and the Organization of Trade in Ugarit (1978) 31 Nr. 46 und S. 61 Anm. 191, nach A. Herdner, Corpus des Tablettes en Cuneiformes Alphabétiques découverts à Ras Shamra-Ugarit de 1929 à 1939 (1962) Nr. 141 und Ch. Fensham, Iron in the Ugaritic Texts, in: OA 8, 1969, 209ff. — Nach J. Waldbaum soll Eisen in Ugarit zweimal so wertvoll wie Silber gewesen sein (From Bronze to Iron [1978] 17). — Zu diesem grundlegenden Buch s. Rez.: P. de Jesus, BiOr 37, 1980, 94f.; J. Muhly, JHS 100, 1980, 262ff.; F. Schachermeyr, AnzAW 35, 1982, 37.

[953] Heltzer a.O. 32 Nr. 56 und S. 79; H. Maryon, AJA 65, 1961, 173ff. (frühe Eisendolche und -schwerter in Anatolien); F. Schachermeyr, AA 1962, 358. — Fremd in Ägypten ist ein Eisendolch mit Bergkristallkopf des Tut-ench-Amon, s. W. Helck, Die Beziehungen Ägyptens und Vorderasiens zur Ägäis bis ins 7. Jh. v.Chr. (1979) 30 und 56. — Zu Eisendolchen mit Bronzegriff aus Luristan (12. Jh. v.Chr.), s. P. Calmeyer, Datierbare Bronzen aus Luristan und Kirmanshah (1969) 127f. Abb. 132 und V.C. Pigott, The Adoption of Iron in Western Iran in the Early First Millennium B.C. (1981); ders., The Innovation of Iron, Cultural Dynamics in Technological Change, in: Expedition 25, 1982, 20ff. — Außergewöhnlich ist ein Eisendolch in der älteren Bronzezeit Mitteleuropas, s. J. Vladàr, Die Dolche der Slowakei, in: PBF VI 3 (1974). Zu nur wenigen früh-/mittelbronzeztl. Eisenobjekten von Serbien bis Holland s. A. Harding, Europe and the Mediteranean in the Bronze Age, in: Trade and Exchange in Prehistoric Europe, Proceedings of a Conference, Bristol (1992) 153ff. 156 Abb. 3 (Karte).

[954] Beispielsweise Abb. 84d und 85h. Weiteres unten Anm. 966.

[955] Zwei eiserne Ärmchenbeile: R.M. Boehmer, Die Kleinfunde von Boğazköy (1972) 138 Nr. 1255. 1256 Taf. 44,1255.1256; PBF IX 8, 6 Nr. 27.

[956] L 19,7 cm; s. Cl. Schaeffer, Ugaritica I (1939) 107ff. Abb. 100-103 Taf. 22; St. Przeworski, Die Metallindustrie Anatoliens (1939, Nachdruck in Opera Selecta, 1967) 261; R. Dussaud, Syria 21, 1940, 97; H.Th. Bossert, Altsyrien (1951) Nr. 601. 602; H. Frankfort, Art and Architecture in the Ancient Near East (1958) Taf. 146e; E. Strommenger-M. Hirmer, Mesopotamien (1962) 94 Farbtaf. 34; BAntBesch 1963, 102 Abb. 2a.b; J.C. Waldbaum, in: Studies presented to G.M. Hanfmann (1971) 198; E. Strommenger und Mitarbeiter; Ausstellungskatalog "Im Land des Baal, Syrien, Forum der Völker und Kulturen" (1982) 152 Nr. 145 mit Farbabb. auf S. 115. — Unten Anm. 958.

den [957], und das ebenda gefundene prächtige Prunkbeil des 15./14. Jhs. v.Chr. (Abb. 87a.b) [958] hat niemals praktischen Zwecken gedient. Die hier festgestellten Grundregeln galten für Syrien-Palästina, Zypern und die Ägäis gleichermaßen. Lediglich Anatolien kam eine gewisse zeitliche und technische Priorität zu [959]. Sehr aufschlußreich sind da Hinweise in der hethitischen Korrespondenz: "Was das reine Eisen betrifft, wegen dessen du an mich schriebst, so ist reines Eisen in Kizwatna in meinem verschlossenen Vorratshaus nicht vorhanden. Eisen zu machen, war jetzt eine ungünstige Zeit, aber ich habe geschrieben, reines Eisen zu machen. Bis jetzt hat man es noch nicht fertig, wenn man es fertig hat, werde ich es dir schicken. Jetzt schicke ich dir nur eine eiserne Dolchklinge." [960]

Im einzelnen sind bronzezeitliche Eisenfunde der Großregion mehrfach behandelt und teilweise listenmäßig erfaßt worden, weshalb ich hier nicht ins einzelne gehe, vielmehr auf L. Åström und J. Waldbaum für Zypern hinweise (mit zahlreichen wesentlich jüngeren Objekten) [961], sowie auf Sp. Iakovides, G.J. Barouphakes und H.-G. Buchholz für den ägäischen Raum [962].

---

[957] Oben Anm. 953; *Paṭru parzillu* nach RS 17.144,6, s. J. Nougayrol, Le Palais Royal d'Ugarit VI (1970) 6; auch C. Zaccagnini, KBo I,14 e il 'Monopolio' hittite de Ferro, in: RSO 14, 1970, 20, Anhang.

[958] Vgl. Anm. 849 zu den Besonderheiten des Axtfutters aus Bronze und Gold; A.R. Giumlia-Mair-P.T. Craddock, Corinthian Aes (1993). — Zur Verzierung von kupfernen Äxten mit Gold, Silber und Eisen in hethitischen Texten, s. J. Siegelová, in: R.-B. Wartke, Handwerk und Technologie im Alten Orient, int. Tagung, Berlin 1991 (1994) 123 Anm. 26.

[959] Zaccagnini a.O. (oben Anm. 957); H.Z. Koşay, Belleten 1, 1937, 530f. 539ff. (Türkisch, mit engl. Zusammenfassung: zu frühesten Eisenfunden in Anatolien, Ägypten und Kreta) und ders., Les Fouilles d'Alaca Höyük (1951) 167 Taf. 182,4 (eiserner Dolch). Außerdem eine eiserne Schrifttafel, s. H.A. Hoffner, The Ulmitešup-Treaty, in: Festschrift T. Özgüç (1989) 199ff. 202 mit Anm. 43.

[960] Brief eines Königs von Kizzuwatna an Ḫattušiliš (1283-1260), s. KBo I Nr. 14; B. Meissner, ZDMG 76, 1922, 61; Przeworski a.O. (oben Anm. 956) 326f., mit weiterer Lit. — Zur Datierung vgl. E.F. Weidner, AfO 6, 1930/31, 299f. Nach anderen soll es sich um einen Brief von Ḫattušiliš III. an den König von Assur handeln.

[961] L. Åström, Studies of the Arts and Crafts of the Late Cypriote Bronze Age (1967) 1f. 86f.; J. Waldbaum, Bimetallic Objects and the Question of the Dissemination of Iran, Appendix, in: Symposium Larnaka 1981 (1982) 339ff., auch Syrien-Palästina (S. 341f.), Ägäis (S. 342f.). — A.M. Snodgrass, Cyprus and the Beginnings of Iron Technology, ebd. 285ff.; R. Maddin, Early Iron Technology in Cyprus, ebd. 303ff.; ferner E. Tholander, OpAth 10, 1971, 15ff. (bronzezeitl. Stahl); P. Åström, Iron Artefacts from Swedish Excavations in Cyprus, in: OpAth 16, 1986, 27ff.

[962] Sp. Iakovides, AAA 3, 1970, 288ff. und ders., Perati II (1970) 463; H.-G. Buchholz, Altägäis und Altkypros (1971) 26ff. (Lit.); G.J. Barouphakes, The Origin of Mycenaean and Geometric Iron of the Greek Mainland and the Aegean Islands, in: Symposium Larnaka 1981 (1982) 315ff. (mit Lit.). — O. Dickinson, The Origins of Mycenaean Civilisation, in: SIMA 49, 1977, 35 ("Sheffield-plate") und 104. — J.M. Cook, JHS 73, 1953, 120 (eiserner Türbeschlag in einem mykenischen Tholosgrab in Pharsala); G. Sakellarakes, Kretomykenaïka 1965-1975 (1992) 142 (zwei Eisenperlen aus Kuppelgrab A von Archanes, SM IIIA).

Zuletzt wurden von S. Sherratt die Waldbaumschen Zusammenstellungen nochmals in der umfassenden Studie "Commerce, Iron and Ideology; Mediterranean Innovation in 12th / 11th Century Cyprus" vervollständigt (in: Cyprus in the 11th Cent.B.C. [1994] 59ff.), daraus unten meine Abb. 109 und 110 (Karten).

Auch das zunächst auftretende Repertoire war in der Levante [963], auf Zypern und in den östlichen Einflüssen offenen Gebieten von Hellas nicht grundsätzlich verschieden: Neben den bereits erwähnten einfachen Dolchen gab es vor allem kurze Messerklingen, gelegentlich Pfeilspitzen, Sicheln [964], Flach- und Ärmchenbeile, unkomplizierte Picken und Hacken, kleine Bohrer und Pfrieme. Die Funde umfassen in der Regel mäßig bis schlecht erhaltene, amorph-unansehnlich rostige Objekte. Ein Blick in J.-Cl. Courtois' Enkomi-Nachlese macht mit wenigen Zeichnungen die geringe Menge, die Formenarmut und die Vergänglichkeit des Eisen-Inventars gegenüber dem Formenreichtum der Bronzen und ihrem guten Erhaltungszustand deutlich [965].

In der Tat sind von allen eisernen Objektgruppen im Sinne einer archäologischen Quellengruppe Messer am intensivsten in die Diskussion geraten. Es gibt da Formen, die sich genauestens an bronzene Vorbilder halten, diese allerdings in andere Materialien "übersetzten". Beispielsweise kommen sogenannte mitteleuropäische, in einem Stück aus Bronze gegossene "Ringmesser" (Abb. 85a-d) in gleichem Material, genau gleicher Technik und Gestalt auf Sizilien (Abb. 85e) und Rhodos vor (Abb. 85f). In Enkomi/Zypern besteht jedoch der Ring eines derartigen Messers zusammen mit dem Heft aus Elfenbein, in welchem eine verkürzte, ringlose Bronzeklinge steckt (Abb. 85g). In Palästina fand sich wiederum der auf Zypern umgebildete Typus in genauer Kopie, nun mit eiserner, oft verlorener Klinge (Abb. 84a-d; 85h-l; Tel Qazile, Tel Miqne/Ekron, Gezer, Beth Schean, Tell el Mutesellim) [966]. Während man sich mit den bronzenen Beispielen (Rhodos, Zy-

---

[963] Die Küstenregion ist in diesen Zusammenhängen nicht scharf vom Hinterland abgesetzt. So mehren sich entsprechende Funde aus weiter östlichen Gebieten: V.C. Pigott-P.E. McGovern-M.R. Notis, The earliest Steel from Transjordan, in: MASCA-Journal 2, Heft 2, 1982, 35ff.; R.H. Smith-R. Maddin-J. Muhly-T. Stech, Bronze Age Steel from Pella/Jordan, in: Current Anthropology 25, 1984, 234ff.; ferner: D. Davis-R. Maddin-J. Muhly-T. Stech, A Steel Pick from Mount Adir in Palestine, in: JNES 44, 1985, 41ff.; auch T. Stech-Wheeler-J. Muhly-R. Maddin, A Steel Tool of the 4th Cent. B.C. from Al Mina, in Levant 8, 1976, 107ff.

[964] Landwirtschaftl. Geräte fanden wegen der größeren Effektivität — wie manche Waffen (bezüglich eiserner Lanzenspitzen in mykenischer Zeit sehr zurückhaltend: O. Höckmann, JbRGZM 27, 1980, 127f.) — schnellere Verbreitung, z.B. Eisensichel mit SH III A/C-Keramik in einem Grab in Ephyra/Epiros, s. ArchRep 1985/86, 49. Andererseits verhalten sich rein bäuerliche Kulturen eher konservativ, zurückhaltend gegenüber Neuerungen.

[965] J.-Cl. Courtois, Alasia III (1984) 50 Nr. 441-449; S. 177 Abb. 7,16-22. — In Hala Sultan Tekke wurde ein eiserner Henkel des 13. Jhs. v.Chr. ausgegraben, s. S. Blomgren-E. Tholander, in: P. Åström, Hala Sultan Tekke I (1976) 123ff.; St. Hiller, AnzAW 34, 1981, 86.

[966] Weiteres unten S. 476ff. — A. Mazar, Comments on the Nature of the Relations between Cyprus and Palestine, in: Symposium Larnaka 1989 (1991) 95ff.

pern) im 13. Jh. v.Chr. bewegt, gehören die palästinensischen ins zwölfte Jahrhundert, ja, reichen in einigen Fällen ins elfte Jahrhundert hinab (vgl. die Zeittabelle, Abb. 86). Ebenso sind eiserne Messerklingen mit Bronzenieten — J. Waldbaums "bimetallische Objekte" [967] (Abb. 105d, Signatur 2) — wichtige Zeugnisse der Übergangsphase vom Bronze- zum Eisengebrauch. Das ist die Epochengrenze zwischen Bronze- und Eisenzeit [968]; sie ist für den südlichen Teil der Levanteküste mit der Rolle der Philister im Zeitenumbruch verknüpft [969].

Für die Griechen war in späterer Überlieferung Zypern neben Kreta die Heimat des Eisens [970]. Immerhin deutet sich da in ihrem Vergangenheitsverständnis die Suche nach den Ursprüngen im Osten an und auch ein Wissen um frühes — d.h. im 7. Jh. v.Chr. — hervorragendes Metallhandwerk im dädalischen Kreta. An sich galt — vom Silber aufs Eisen übertragen — der Satz *ubi ferum nascitur* für das östliche, teils nordöstliche, dann hauptsächlich südöstliche Kleinasien [971]. Bei Apollonios Rhodios, Argonautika 2,1001ff., lesen wir: "Sie (die Chalyber) beschäftigen sich nicht mit Feldbau mit Hilfe von Stieren, mit Zucht von irgendwelchen süßen Früchten, weiden nicht Herden auf betauten Weideplätzen. Die eisenreiche harte

---

[967] Oben Anm. 961. — Ebd. 339 Nr. 10, Enkomi auch H.W. Catling, Cypriot Bronzework in the Mycenaean World (1964) 103 (L 24,5 cm): — Waldbaum a.O. Nr. 12, bereits F. Poulsen, JdI 26, 1911, 227f. — Nach Anfertigung von Frau Waldbaums Liste kamen das Fragment eines eisernen Dolchs oder Messers mit Bronzenieten und Goldkappen in Kouklia zutage (1984) und ein Eisenmesser mit Bronzenieten (SH III C) in Herakleion-Sanatorium, Grab 186, s. St. Hiller, AfO 29/30, 1983/84, 310. — Ferner zwei Messer aus Idalion (12./11. Jh. v.Chr.), s. E. Tholander, Evidence for the Use of Carbunized Steel and Quench Hardening in Late Bronze Age Cyprus, in: OpAth 10, 1971, 15ff.

[968] Th.A. Wertime-J. Muhly, The Coming of the Age of Iron (1980), mit den Rez.: J.G. Parr, Technology and Culture 23, 1982, 230ff.; K.D. Vitelli, AJA 86, 1982, 453f.; L.M. Young, ActaArchHung 35, 1983, 437f.; H. Cleere, AntJ 63, 1983, 616ff. — Vgl. ferner J. Collis, The Origin of Iron Working, in: The European Iron Age (1984) passim.

[969] W. Witter, Die Philister und das Eisen, in: FuF 17, 1941, 223ff.; G.E. Wright, Iron, the Date of its Introduction into Common Use in Palestine, in: AJA 43, 1939, 458ff.; H. Müller-Karpe, Jahresbericht des Inst. für Vorgeschichte FfM 1976, 77; A. Strobel, Der spätbronzezeitliche Seevölkersturm, in: BZAW 145, 1976, 88; J. Strange, Caphtor/Keftiu (1980) 136. 156; J. Muhly, How Iron Technology changed the Ancient World and gave the Philistines a Military Edge, in: Biblical Archaeology Review 8, Heft 6, 1982, 40ff.; T. Dothan, The Philistines (1982) 91f. (mit Lit.).

[970] F. Poulsen, JdI 26, 1911, 217 mit Anm. 2. — Doch auch der mittelgriechische Raum hat frühzeitig eine bedeutende Rolle in der Entwicklung der Eisen-/Stahl-Produktion gespielt, vgl. S.C. Bakhuizen, Chalcis-in-Euboea. Iron and Chalcidians abroad (1976); ders., Greek Steel, in: World Archaeology 9, 1977, 220ff. — Ich bezweifle, daß sich so "eindeutig kyprische Einflüsse für die Verbreitung der Eisenbearbeitung nachweisen lassen", wie dies W. Burkert annahm (Grazer Beiträge 4, 1975, 77, mit Berufung auf V.R. d'A. Desborough und A.M. Snodgrass).

[971] Häufig in Jupiter Dolichenus-Inschriften, vgl. hierzu H.Th. Bossert, Ein hethitisches Königssiegel (1944) 185; F.K. Dörner, Kleinasien, Ursprungsland des Eisens, in: Stahl und Eisen 86, Heft 1, 1966, 1ff.

Erde aufgrabend, tauschen sie das gewonnene Eisen gegen Lebensmittel um".

Moderne Versuche der Herkunftsbestimmung von im 2. Jt. v.Chr. verwendeten Eisenerzvorkommen waren viel weniger erfolgreich als beim Kupfer, nicht zuletzt deshalb, weil Eisenerze weitaus häufiger und leichter zu finden waren. Wenn eine hethitische Quelle Kizzuwatna nennt, so weist dies auf den Südwesten Kleinasiens (s. die Karte, Abb. 15). Der analoge Versuch einer Herkunftsbestimmung liegt in dem Aufsatz "Assyrian Sources of Iron" von Frau K.R. Maxwell-Hyslop vor [972]. Von den geologischen Gegebenheiten, etwa von den bekannten Eisenerzlagerstätten auszugehen, erscheint im anatolisch-kaukasisch-persischen Raum angesichts ihrer großen Zahl nahezu aussichtslos [973].

Anfangs wurde Meteoreisen gesammelt, als eine Gesteinsart angesehen und wie eine solche behandelt. Schon deshalb sind allerfrüheste Bergbauspuren gar nicht zu erwarten. Es sei ausschließlich nochmals auf das bereits herangezogene Ritual bei der Grundsteinlegung eines Kultgebäudes verwiesen: "Das schwarze Himmels-Eisen brachten sie vom Himmel, das Kupfer (und) die Bronze brachten sie vom Lande Alašija vom Gebirge Taggata" [974]. Die bekannten minoischen Meteoriteisen aus Hagia Triada/Kreta wurden erneut mit der Fragestellung untersucht, ob sie außerirdischer Herkunft seien oder nicht [975]. Sei dem, wie ihm wolle, die Tatsache bleibt, daß Jahrhunderte hindurch dieses schwer zu bearbeitende Metall in geringen Mengen "Schmuckzwecken" diente, wie allgemein angenommen wird.

Doch sollte das, was wir ästhetisch interpretieren, nicht eher "religiös" zu verstehen sein, in dem Sinne, daß man dem Eisen eine starke Kraft zuschrieb? [976] So haben Pflöcke und Nägel aus Eisen — beispielsweise zum "Festmachen" beim Gründungsopfer von Bauten — in der Vorstellungswelt der Hethiter ein machtvoll wirksames Element dargestellt [977]. Ein weiteres hethitisches Ritual

---

[972] Iraq 36, 1974, 139-154. Etwas Lit. auch bei H. Matthäus, BerRGK 65, 1984, 110 mit Anm. 80. 81.

[973] Vgl. C. Schmeißer, Bodenschätze und Bergbau Kleinasiens, in: Zeitschrift für praktische Geologie 14, 1906, 186ff. mit Karte; ferner F. Freise, Die Gewinnung nutzbarer Mineralien in Kleinasien während des Altertums, ebd. 277ff., bes. 281 und 283f.; ders., Geographische Verbreitung und wirtschaftliche Entwicklung des Bergbaus in Vorder- und Mittelasien während des Altertums, ebd. 15, 1907, 101ff. — Karte antiker Eisenerzvorkommen auch bei J. Piaskowski, Ancient Technology of Iron in the Near East, in: R.-B. Wartke, Handwerk und Technologie im Alten Orient, int. Tagung, Berlin 1991 (1994) 15ff. Abb. 1. — Zur Eisenerzgewinnung in Makedonien s. D. Samsaris, Klio 69, 1987, 152ff.

[974] Oben Anm. 135, nach KBo IV Nr. 1; M. Witzel, Hethitische Keilschrifturkunden, in: Keilschriftliche Studien 4, 81 und Przeworski a.O. (Anm. 956) 326; sowie C. Zaccagnini, KBo I 14 e il 'Monopolio' hittite de Ferro, in: RSO 14, 1970, 20.

[975] G.J. Barouphakes a.O. (Anm. 962) 317f. und 323 (Diskussion, ob "falsches Meteoriteisen" vielleicht "Korundum" sei).

[976] "Im Pflanzerischen gilt Eisen als besonders schöpfungskräftig", so. A. Bastian, Controversen in der Ethnologie III (1894) 39.

[977] J. Siegelová, Gewinnung und Verarbeitung von Eisen im hethitischen Reich im 2. Jt., in: Annals of the Náprstek-Museum/Prag 12, 1984, 100ff.

schreibt vor, daß beim Hausbau unter den vier Ecksteinen neun Erze und Steine zu
deponieren sind, nämlich Silbererz, Gold, Lapislazuli, Jaspis, Marmor, Eisenerz,
Kupfer, Bronze und Diorit [978]. Etwas abweichend heißt es in einem Beschwö-
rungsritual zur Reinigung des Palastes, das sich an chthonische Gottheiten wendet:
"Die Ritualzurüstung insgesamt legt er vor den früheren Gottheiten nieder — Silber,
Gold, Eisen, Blei, Steine, Öl, Honig, Gerät aus Ton, geflochtenes Gerät; Lehm des
Hauses, Lehm des Torbaus vermischt er ..." [979]. Eisen erscheint somit als ein
Naturelement unter mehreren — auch zusammen mit hochwertiger Nahrung (Öl und
Honig) und sogar Stellvertretern von Kulturgütern (Tongeräten und Geflochtenem)
—, und da fragt man sich, was das bedeuten soll. J. Siegelová traf das Richtige mit
der Bemerkung, alle diese Grundelemente vertreten gemeinschaftlich die Gegenwart
des Weltganzen, die Summe der Bestandteile des Kosmos in der hethitischen
Vorstellung bei rituellen und magischen Handlungen [980]. Wir Heutigen mögen
das Wesentliche anderswo suchen, wenn es um die Frage geht, "was die Welt im
Innersten zusammenhält". Doch daß das griechische Wort "Kosmos" auch
"Schmuck" bedeutet, wird angesichts dieser und weiterer hethitischer Beispiele für
Gold, Silber und Eisen wohl etwas besser verständlich?

Herodot hat uns einen rituell-magisch vergleichbaren Vorgang überliefert: Um
ihrem Schwur, niemals in ihre Heimatstadt zurückzukehren, religiösen Nachdruck
zu verleihen, versenkten die auswanderungswilligen Phokäer einen Eisenklumpen/-
Eisenbarren im Meer, wobei sie sagten, sie wollten solange Phokaia meiden,
solange dieses Eisen in der Versenkung verharre [981].

Unser Metall vermochte als Schutz-Amulett positiv zu wirken [982]. Ambiva-
lent, wie alle kraftgeladenen Stoffe, konnte es freilich gleichermaßen gefährlich
werden, schädlich wirken, weshalb in manchen Kulturen unter bestimmten Bedingungen seine Tabuisierung erfolgte [983]. Umgekehrt war gerade Eisen der bevorzugte Stoff im Tempel, wozu man ein nordgriechisches Beispiel des 8. Jhs. v.Chr.
befragen kann: "Weihungen aus Eisen und Eisenverarbeitung im Heiligtum zu
Philia/Thessalien" [984].

---

[978] 1177/v + KBo IV 1 Vs. 19-23, nach V. Haas, Hethitische Berggötter und hurritische
Steindämonen (1982) 172.

[979] KUB XLI 8 Rs. III 16-20; H. Otten, Eine Beschwörung der Unterirdischen aus
Boğazköy, hier nach Haas a.O. 170 Anm. 363.

[980] J. Siegelová, in: R.-B. Wartke, Handwerk und Technologie im Alten Orient, int. Tagung,
Berlin 1991 (1994) 119f., unter Hinweis auf KBo XV 10, Vs. 1,8 und 9.

[981] Herodot I 165 und W. Burkert, Homo Necans (1972) 46 Anm. 3.

[982] I. Goldzieher, Eisen als Schutz gegen Dämonen, in: ARW 10, 1907, 41ff.

[983] Nach einem Scholion zu Ovid, Ibis 451 war im Kult von Kreta Eisen nicht erlaubt. Zum
Eisentabu bei den Römern, s. W. Pötscher, Hellas und Rom (1988) 427f. mit Verweis auf
W.W. Warde Fowler, Religious Experiance of the Roman People 32ff.

[984] K. Kilian, in: R. Hägg, The Greek Renaissance of the 8th Century B.C., Tradition and
Innovation, Proceedings of the 2nd int. Symposium of the Swedish Institute in Athens, 1981
(1983) 131ff.

Aus allen diesen Beobachtungen läßt sich folgern, daß die Deutung früher Eisenverwendung als "Schmuck" genau genommen verfehlt ist: Eine Prunkwaffe wie die Axt aus Ras Schamra war ein "Machtträger", ein Zeichen von "Würde" im Sinne "zauberischer" Kraft (Abb. 87a.b). So diente die "Verzierung" von Prestige-gegenständen, wie kupfernen Äxten, mit Gold, Silber und Eisen, bzw. Meteoreisen, bereits in althethitischer Zeit eben nicht so sehr ihrem Schmuck als vielmehr der Vermehrung ihrer Kraft [985]. Und was soll man unter modernem Gesichtspunkt davon halten, wenn sich eine bronzene Schmucknadel des 13. Jhs. v.Chr. aus Alişar-Hüyük als mit Eisen tauschiert erweist? [986] Das macht sie — ganz abgesehen von der enormen technischen Leistung dieses Tauschierens — für uns nicht "schöner", eher rostanfälliger und häßlicher, jedoch für die Trägerin wahrscheinlich zu einem magisch-wirkungsträchtigen Schutz im Haar.

In einem bronze- oder früheisenzeitlichen Achatszepter aus Zypern (Abb. 65o) [987] steckt ein Eisenstab, im Urzustand verkleidet und überhaupt nicht zu sehen; dennoch ist er existent und im oben beschriebenen Sinne wirksam. Das gilt gleichfalls für einen Eisendraht an einem Goldring mykenischer Zeit aus Kition-Larnaka [988]. Ihm entsprechen in Umkehrung zwei mit Golddrähten verzierte Ei-senringe aus einem der Megiddogräber der beginnenden Eisenzeit [989].

Eine ohnehin durch die Ringform vorgegebene und geglaubte Wirkung wurde durch das Material Eisen — und nicht allein durch dieses — mächtig verstärkt. Ein hethitisches Ritual läßt die Potenzierung von magischen Eigenschaften in folgendem erkennen: "... Ich drehe Fäden aus weißer, roter und gelber Wolle und flechte sie zu einem einzigen zusammen. Dann füge ich ein *erimmatu*, einen Ring aus Eisen und Blei, zusammen und binde dies Schafböcken um Nacken und Hörner ..." [990].

---

[985] KBo XXI 103 + KBo XXI 87 10,12.15, nach J. Siegelová, in: R.-B. Wartke, Handwerk und Technologie im Alten Orient, internationale Tagung, Berlin 1991 (1994) 122f. mit Anm. 26.

[986] St. Przeworski a.O. (Anm. 956, Wiederabdruck 1967) 309 und 323 Anm. 55.

[987] New York, Metropolitan Mus., Inv.-Nr. 74.51.3001, s. J.L. Myres, Handbook of the Cesnola Collection of Antiquities from Cyprus (1914, Nachdruck 1974) 374f. Nr. 3001; St. Casson, Ancient Cyprus (1937) 65f. Taf. 6; H.Th. Bossert, Altsyrien (1951) Abb. 287; N. Kourou, Sceptres and Maces in Cyprus before, during and immediately after the 11th Century, in: Cyprus in the 11th Century B.C., Symposium Nikosia 1993 (1994) 203ff. 211. 217 Abb. 2,1.

[988] Analyse: G. Konstantinou, in: Excavations at Kition I (1974) 79 Nr. 292 Taf. 92; S. 89 Anm. 2. — M. Ohneflasch-Richter erwähnte eine "eiserne Schmuckkette" aus dem bronze-zeitlichen Grab 4/1885 von Katydata-Linou im Minengebiet bei Skouriotissa/Zypern (Journal of Cypriote Studies 1, 1889, Taf. 2,16c, Zeichnung amorpher korrodierter Krümel; ZfE 31, 1899, Verhandl. 377 Anm. 1; auch A. Furtwängler, AA 1891, 127 Nr. VII 1). — Das bronzezeitliche Grab 8 von Kouklia-Evriti hat dem Vernehmen nach "reiche Eisenbeigaben" enthalten, s. H.W. Catling, BCH 92, 1968, 162ff., bes. 168.

[989] K. Galling, Biblisches Reallexikon (2. Aufl., 1977) 285 s.v. Schmuck (mit Nachweis).

[990] KUB IX 32/31 Rs. III 14ff., Übersetzung von V. Haas, Hethitische Berggötter und hurritische Steindämonen (1982) 173f.

In die soeben skizzierte Gedankenwelt der Funktion und Wirkung bestimmter Ringe, die aus mehr als einem Metall bestehen, wird man ägäische Entsprechungen ohne weiteres einordnen, selbst wenn sie sich nicht auf den ersten Blick als unhomogen zu erkennen geben. Im Tholosgrab A von Archanes-Anemospilia/Kreta lag bei einem Frauenskelett des 17. Jhs. v.Chr. ein aus den beiden Metallen Silber und Eisen bestehender Fingerring[991]. Aus der Tholos von Dendra/Argolis (14. Jh. v.Chr.) stammt neben weiteren Mehrmetallringen ein Fingerring aus Silber, Blei und Eisen und einem vierten Metall (wohl Kupfer)[992]. Bei der Ringplatte aus einem der Kuppelgräber von Kakovatos (15. Jh. v.Chr.) mag ursprünglich mehr als ein Metall vorhanden gewesen sein (Silber ?); was nun übrig ist, besteht aus Eisen mit vier Prozent Nickel und zwei Prozent Kobalt[993]. Diese beiden Metalle bilden einen wesentlichen Bestandteil von Meteoriteisen.

Auch aus Asine wurde das Fragment eines späthelladischen eisernen Fingerrings gemeldet[994]. Aus Mykene stammen die Ringe Inv.-Nr. 2856, 2866 und 2986 des 14. und 13. Jhs. v.Chr. im Nationalmuseum von Athen[995]. Sie bestehen teils aus Eisen mit einem Goldüberzug, teils aus einer Eisenschlaufe mit einer silbernen Ringplatte. Zu Eisen mit Goldeinlagen äußerte sich G. Karo[996]. In diesem Zusammenhang ist noch zu verweisen auf eine spätere Merkwürdigkeit bei Plinius, NH XXXIII,IV 11f.: "Auch bestand die Sitte, daß niemand anderer Ringe verwendete als, wer sie auf öffentliche Kosten empfangen hatte; gewöhnlich trug man sie im Triumph. Obwohl eine etruskische Krone aus Gold von hinten über ihn gehalten wurde, war doch der Ring am Finger des Triumphators aus Eisen".

War es insoweit das Ziel, Entsprechungen zwischen Anatolien, der syrischen Küste, Zypern und dem ägäischen Raum festzustellen, so kann es doch keinen Zweifel geben, daß beim Eisen wie beim Silber die ungleich größte Intensität der Kenntnisse, Techniken und auch geistigen Verknüpfungen in Kleinasien vorliegt, und dies keineswegs allein wegen der günstigeren Quellensituation. Dort begegnen

---

[991] Grabung 1979, s. ArchRep 1980/81, 42f. Abb. 83; St. Hiller, AfO 29/30, 1983/84, 312; G.J. Barouphakes, in: Symposium Larnaka 1981 (1982) 315.

[992] A.W. Persson, The Royal Tombs at Dendra near Midea (1931) 56f. Abb. 35; vgl. drei weitere Ringplatten a.O. 29 Nr. 63-65 und S. 16. 33. 102f.; H.-G. Buchholz-V. Karageorghis, Altägäis und Altkypros (1971) 27 Nr. 17-19; Barouphakes a.O. 315 Taf. 30,3 (unten Silber, darauf Blei, vielleicht ein weiteres Metall und oben Eisen) und 4 (Eisen auf Blei); der dritte Ring besteht aus einem Kupferreif mit einer Bleiplatte und einem fast gänzlich vergangenen Silberbelag.

[993] Athen, Nat.-Mus., Inv.-Nr. 5682; Analyse nach Barouphakes a.O. 315 und Taf. 30,1; bereits K. Müller, AM 34, 1909, Taf. 13,35; O. Montelius, La Grèce Préclassique II (1928) 197 Abb. 687; H.-G. Buchholz-V. Karageorghis, Altägäis und Altkypros (1971) 27 Nr. 5.

[994] O. Frödin-A.W. Persson, Asine (1938) 373; Buchholz-Karageorghis a.O. 27 Nr. 15.

[995] Buchholz-Karageorghis a.O. Nr. 11-14; Barouphakes a.O. 315f. Taf. 30,2.5.6. — Weitere min.-myken. Eisenringe mit und ohne weitere Metalle: ohne Fundort, Athen, Nat.-Mus., Inv.-Nr. 2377, s. Barouphakes a.O. 27 Nr. 6 (Vapheio); 8 (Phaistos); 10 (Melathria/Lakonien); 20 (Theben/Böotien, Altägäis, Abb. 1357, noch am Fingerknochen steckend).

[996] G. Karo, Die Schachtgräber von Mykenai (1930) 214 Anm. 1.

in großer Zahl Götterfiguren aus Eisen [997], teils in Menschengestalt mit silbernen [998] oder goldenen Augen [999], teils im ganzen aus Gold und Eisen bestehend [1000], sowie einzeln oder mit ihnen vereint Löwen und Stiere aus Eisen [1001]. Offenbar versuchte Ramses III., es den Hethitern gleich zu tun, und stiftete "Nilfiguren aus Eisen" an zahlreiche Tempel Ägyptens [1002].

Wenn hethitische Texte aus Eisen geschmiedete Throne und Szepter [1003] wichtig nehmen, dann aus keinem anderen Grund als dem oben ausgeführten: Wegen der Machtfülle, die diesen Symbolen der Herrschaft bereits innewohnte, sollte unser Metall eine weitere Steigerung bewirken [1004]. Ein Gedanke von V. Haas [1005] ist nicht von der Hand zu weisen, daß nämlich "das Metall vom Himmel" (Meteoreisen) die Vorstellung vom eisernen Himmel voraussetzt. An ihm hat derjenige Anteil, der sich in den Besitz des Himmelsstoffes Eisen setzt, ihn als Thron buchstäblich besitzt. Die Vorstellung vom "eisernen Himmel" ist deshalb nicht abwegig, weil ihr die vom "steinernen Himmel" in der altarischen Mythologie entspricht [1006].

---

[997] Nachweise z.T. bereits bei den Silberfiguren oben Anm. 945; bes. H.G. Güterbock, Hethitische Götterbilder und Kultobjekte, in: Beiträge zur Altertumskunde in Kleinasien, Festschrift für K. Bittel (1983) 203ff.; bes. 209 (weibl.). 210f. 217 (männl., stehend); auch H.Th. Bossert, Ein hethitisches Königssiegel (1944) 69 und V. Haas, Hethitische Berggötter und hurritische Steindämonen (1982) 49ff. 69, sowie unsere folgenden Anm.

[998] Güterbock a.O. 209.

[999] Auf einem Löwen stehend: KUB VII 24 Vs. 1-5, s. Güterbock a.O. 210f.; M. Hutter, in: Religionsgeschichtliche Beziehungen zwischen Kleinasien, Nordsyrien und dem Alten Testament, internationales Symposium, Hamburg 1990 (1993) 93; auch Haas a.O. 49.

[1000] Haas a.O. 64. 176f. (Kombination aus mehreren Metallen). — Vgl. im Danielbuch der Bibel (2,32): "Des Bildes Haupt war von feinem Golde, seine Brust und Arme waren von Silber, sein Bauch und seine Lenden waren von Erz, seine Schenkel waren Eisen, seine Füße waren eines Teils Eisen und eines Teils Ton".

[1001] Güterbock a.O. 210. 212. 216; Haas a.O. 51f.

[1002] Papyrus Harris I, dazu W. Helck, Materialien zur Wirtschaftsgeschichte des Neuen Reiches, AbhMainz 1963, Nr. 2, 219ff. Nr. 31. — Nach O. Montelius, Die Bronzezeit im Orient und in Griechenland, in: Archiv für Anthropologie 21, 1892/93, 7 taucht Eisen zuerst in Texten aus der Zeit Ramses II. in Ägypten auf.

[1003] Inschrift des Königs Anittaš von Kuššar (17. Jh. v.Chr.); KBo III Nr. 22: "Er brachte mir einen Thron aus Eisen und ein Zepter aus Eisen zum Geschenk". Vgl. B. Hrozný, Archiv Orientální 1, 1929, 281; Przeworski a.O. (Anm. 585) 326; Haas a.O. 43 mit Anm. 79 und 80 (Übersetzung nach E. Neu).

[1004] Weitere Nachweise bei Haas a.O. 57 (KBo XVII 88 + Rs. III 9ff.). 181. 208 (späterer Nachklang vom Thron aus Eisen im Kaukasus).

[1005] Haas a.O. 170 und 181, mit Anm. 361 und 422, danach sei vom Himmel aus Eisen die Rede.

[1006] H. Güntert, Der arische Weltkönig und Heiland (1923) 407f., mit Nachweis und weiterer Lit. — Zum hethitischen "Eisen vom Himmel", s. Anm. 135 und 974.

Seit Homer bezeichnet das Wort σίδηρος im Griechischen unser Metall [1007]. "Da das Eisen und die Eisenbereitung zu den Griechen ... aus Vorderasien, dem Pontus- und Kaukasusgebiet, gelangt sind, ist wahrscheinlich auch das Wort denselben Weg gewandert. Die Ähnlichkeit mit kaukasisch *zido* ('Eisen') ist somit vielleicht nicht zufällig; dabei könnte indessen auch *zido* aus σίδηρος entlehnt sein ..." [1008]. Ferner ist ein vorgriechisch-kleinasiatisches Wort für Rot (*sida) erschlossen und mit σίδη (Granatapfel) und dem Ortsnamen Side in Verbindung gebracht worden. Danach wäre σίδηρος das "rote Metall" und anatolischen Ursprungs. Allerdings hat diese Hypothese nicht uneingeschränkt Anerkennung gefunden. Vor allem lassen sich lykische Eigennamen wie Σιδάριος, Σιδηρεύς und Σίδηρις nicht als Argument für die altkleinasiatische Herkunft des Wortstammes verwenden. Diese Namen waren umgekehrt aus dem Griechischen abgeleitet [1009].

Bei Homer (Ilias 23,823.839.844) bezeichnet das Wort σόλος "eiserne Masse, eiserne Wurfscheibe". Primär ist an Roheisen in Form von "Eisenluppen/-barren" runder Form zu denken. Wie häufig in der altgriechischen Metallurgie ist auch σόλος ein "unerklärtes Fremdwort", und das bedeutet: es ist unbekannter Herkunft [1010].

Das Griechische stimmt weder mit dem Lateinischen (*ferrum*), noch dem Keltischen oder Germanischen in der Benennung des besagten Metalls überein. "Eisen", "iron" und deren Vorformen und Entsprechungen gelten als Entlehnung aus dem Illyrischen (*eisarnom) und bezeugen Nachbarschaft von Kelten, Illyrern und Germanen [1011].

Der altkleinasiatische Name ḫapalki (sumerisch AN.BAR) ist im Hattischen, Hethitischen und Hurritischen bezeugt und in dem anatolischen Stadtnamen "Hawalki" enthalten. Als ḫabalki fand das Wort für Eisen Aufnahme in westsemitischen

---

[1007] H. Trümpy, Kriegerische Fachausdrücke im griechischen Epos (1950) 8; W. Helbig, Das homerische Epos aus den Denkmälern erläutert (2. Aufl., 1887) 329ff.; H.L. Lorimer, Homer and the Monuments (1950) 111ff.; D.H.F. Gray, Metal-Working in Homer, in: JHS 74, 1954, 1ff.; J. Bouzek, Homerisches Griechenland (1969) passim; G.S. Kirk, The Songs of Homer (1962) 182. 397 Anm.; R.J. Forbes, in: F. Matz-H.-G. Buchholz, ArchHom, Lieferung K (1967) 29ff.

[1008] Wörtlich nach H. Frisk, Griechisches Etymonologisches Wörterbuch II (2. Aufl., 1973) 703f. s.v. σίδηρος, mit älterer Lit. Vgl. bes. L. Deroy, Les Noms du Fer en Grec et en Latin, in: AntClass 31, 1962, 98ff.

[1009] Dafür: L. Deroy, L'Expansion Prehistorique du Fer et les Noms de ce Metal en Grec Ancien et en Latin, in: Jahrbuch für Kleinasiatische Forschung 2, Heft 1/2, 1965, 179ff. (In Memoriam H.Th. Bossert). Dagegen sprach sich u.a. aus: W. Dreßler, Archiv Orientální 33, 1965, 186; weiteres bei Frisk a.O. — Zu den lykischen Namen s. L. Zgusta, Kleinasiatische Personennamen (1964) 464 § 1420, S. 639 und 698.

[1010] Frisk a.O. 753; Forbes a.O. (oben Anm. 1007) K 31; s. bereits oben Anm. 689.

[1011] H. Krahe, Sprache und Vorzeit (1954) 122; auch F. Kluge, Etymologisches Wörterbuch der deutschen Sprache (19. Aufl., 1963) 160f. s.v. Eisen. — Zu *ferrum* vgl. auch L. Deroy a.O. (oben Anm. 1009).

Dialekten Syriens. Unbekannter Herkunft ist das dort (in Ugarit) ebenfalls gebräuchliche *barzillu* [1012].

Abschließend ist festzustellen, daß sich allgemein kulturgeschichtlich und besonders im technologischen Sinne das Metall Eisen als ein sehr bedeutendes Element erweist. Dessen "Ursprung" ist nicht unbestimmt im Orient schlechthin zu suchen, sondern auf die Bergländer Anatoliens zu begrenzen. Daraus ergibt sich ein "Kulturgefälle" in südliche und westliche, vielleicht auch in östliche Richtung. Wie sich zeigen ließ, schließt eine solche Sicht der Dinge keineswegs die Betrachtung der Ägäis als gebenden Teil, Zypern und den Nahen Osten als nehmenden, im Einzelfall aus. Von S. Sherratt entworfene Verbreitungskarten für das 12. und 11. Jh.v.Chr. berücksichtigen Kleinasien kaum (Abb. 109 und 110). Sie lassen aber erkennen, daß die Entwicklung während dieser Umbruchphase auf Zypern bruchlos verlief, während Eisengegenstände im Philisterland und Israel, wie ebenso auf Kreta, explosionsartig zunahmen.

Eisen, dem Mars gleichgesetzt [1013], bedeutete weltweit Gewalt, kriegerischen Einsatz und Zerstörung. Auch in diesem Punkt waren die Griechen — und man wird sagen dürfen, bereits in der Endphase der Bronzezeit — zur Aufnahme kulturpessimistischer Gedanken vorbereitet: Aus einem goldenen Anfangszustand der Weltgeschichte ergibt sich am Ende eine Verfallszeit des "eisernen Geschlechts". Das sind nach Hesiod "Männer, deren Recht in der Faust liegt; einer wird die Burg des anderen zerstören" [1014].

[1012] Ich habe mich an Haas a.O. (Anm. 945) 181 und 233 mit Anm. 418 und 420 gehalten, der seinerseits H.A. Hoffner, JCS 22, 1968/69, 42f. zitiert. Vgl. weiterhin F.C. Fensham, Iron in Ugaritic Texts, in: OA 8, 1969, 209ff. und J. Siegelová, Gewinnung und Verarbeitung von Eisen im hethitischen Reich im 2. Jt. (oben Anm. 977).

[1013] Vgl. oben Anm. 951.

[1014] Hesiod, Erga 189. Diese Zeile wurde von mehreren Interpreten seit Eduard Meyer eingeklammert, doch vgl. dagegen Th.R. Rosenmeyer, in: E. Heitsch, Hesiod (Wege der Forschung 44, 1966) 626 und 648. — Vgl. dort weitere Beiträge zum "Weltaltermythos", bes. E. Meyer, R. Reitzenstein, A. Heubeck und A. Lesky, auch F. Dornseiff, Werke und Tage und das Alte Morgenland, ebd. 131ff. und P. Walcot, Hesiod and the Near East (1966) passim. — Eine fast erschöpfende Bibliographie zum Thema "Homerstudien und Orient" findet sich bei W. Burkert, in: J. Latacz, Zweihundert Jahre Homer-Forschung, Colloquium Rauricum 2 (1991) 155ff. 175ff.

Kapitel 9

Auffällige Export-Import-Ware, sogenannte "Luxusgüter"

1. *Edelsteine und ungewöhnliche Gebrauchsgesteine*

Die zu behandelnden Begriffe waren nicht scharf eingegrenzt. Als "außergewöhnlich" wurde das angesehen, was selten oder von weither oder auf andere Weise — nach Farbenpracht, auffälliger Erscheinung oder vermeintlicher Wirkung — vom üblichen abwich. Bei den Griechen waren mineralogische Kenntnisse bis zum 5. Jh. v.Chr. hin noch recht verschwommen [1015]. Die erste wissenschaftliche Monographie περὶ λίθων stammt von Theophrast [1016].

Andererseits ist die klassisch-antike Literatur zur "Lithomantia" — sind die "Lithika" — nicht gar zu selten. Dabei handelt es sich um ein Schrifttum, in dem neben einigen mineralogischen Merkmalen vor allem die "magisch-medizinischen Kräfte" der Wundersteine behandelt werden; die "Lithika" gehören in die Kategorie der seit dem 2. Jh. v.Chr. aufblühenden, stark orientalisch beeinflußten Physika-Literatur [1017]. Namen wie ἀδάμας, ἀμέϑυστος, ὀφίτης weisen auf abergläubische Vorstellungen hin, die mit Edelsteinen verbunden waren. Zum Wahrsagen aus Steinen (λιϑομαντεία) ist Damaskios, Βιος Ἰσιδώρου, Fragment 6 (§ 203) zu vergleichen [1018].

Man denke beispielsweise an Baityloi, "beseelte Steine": In der Götterlehre des Philon von Byblos — der sich auf Sanchuniaton beruft, welcher "noch vor den trojanischen Zeiten gelebt hat" [1019] — war "Baitylos" neben El (Kronos), Dagon und Atlas ein Sohn des Uranos. An anderer Stelle sagt Philon: "Der Gott Uranos dachte sich 'Baitylia' aus, indem er beseelte Steine herstellte". In dieser Bezeichnung liegt die hellenisierte Form eines semitischen Wortes vom Typus "Beth-El" (Behausung des Gottes El) vor.

[1015] Vgl. J.H. Krause, Pyrgoteles oder die edlen Steine der Alten (1856). — Dieser Pyrgoteles ist ein Steinschneider des 4. Jhs. v.Chr. gewesen, von dem nichts erhalten blieb, s. R. Bianchi, Archeologia e Cultura (1961) 261. — Weitere wichtige Quellen: Plinius, NH XXXVI und XXXVII. Vgl. u.a. J. Ruska, Das Steinbuch des Aristoteles (1912).

[1016] Hierzu W. Jäger, Diokles von Karystos (1938) 119ff.; zu Theophrast, seinen Schriften und den Textausgaben s. W. Pötscher, Der Kleine Pauly V (1975/1979) 720ff.

[1017] C. Zintzen, Der Kleine Pauly III 680ff.

[1018] 570-636 n.Chr., Isidoros bei Migne, Patr. Lat. 82,576; Theorie der Lithomanteia bei Prokos, CMAG 6, 149, 19f.

[1019] O. Eißfeldt, Sanchunjaton von Berut und Illumilku von Ugarit (1952); vielleicht den *Ḫuwaši*-Steinen in hethitischen Tempeln vergleichbar, Nachweise bei H. Ringgren, Die Religionen des Alten Orients (1979) 190f. 229.

a

b

c

Abb. 61 a-c. Bronzezeitliche Elfenbeinschnitzereien: a Detail eines reliefierten Pyxisdeckels aus Ras Schamra. — b.c Rundplastische Gruppe, Trinität zweier Göttinnen mit Kind aus Mykene

In der Tat war die Verehrung auffälliger Steine — von der Art des prähistorischen Monolithen im Aphroditetempel von Paphos/Zypern und im Anschluß daran auch von künstlich bearbeiteten Steinpfeilern, -säulen, -kegeln und -pyramiden — als Sitz numinoser Kräfte in den ostmediterranen und vorderasiatischen Frühkulturen bis tief in historische Zeiten hinein verbreitet [1020]. Steinverehrung äußerte sich in Salbung, Bekränzung oder Bekleidung; religionshistorisch faßt man derartige Erscheinungen unter dem Begriff der "fetischistischen Litholatrie" zusammen [1021].

Wie sehr die felsenreichen Gebirgsländer von Kleinasien bis Persien Anteil an derartigen Vorstellungen hatten, ist am Titel des bereits mehrfach zitierten Buches von V. Haas abzulesen "Hethitische Berggötter und hurritische Steindämonen" (1982), dem man Einzelheiten entnehmen möge. Auch ein Hinweis auf unser obiges Kapitel "Architektur" erscheint angebracht, in welchem der von einem türkischen Kollegen treffend geprägte Begriff der hethitischen "Petromanie" eine gewisse Rolle spielt.

Freilich sind wir bei auffälligen geistigen Parallelerscheinungen der weiten Region von der Ägäis, unter Einschluß von Zypern und Teilen Syriens, bis in die genannten Bergregionen häufig nicht in der Lage, den gebenden von nehmenden Teil zu unterscheiden. Eins ist jedoch gewiß: Hier gab es uralte prähistorische Gemeinsamkeiten, die den Nährboden für wechselseitige Beeinflussungen bereitet hatten.

Beispielsweise ist Bimsstein — vulkanisches, von unendlich vielen Bläschen durchsetztes Glas, Obsidian in porösester Gestalt — in Syrien-Palästina nicht heimisch. Er, der im Wasser oben schwimmende Stein, wird überall als merkwürdig empfunden worden sein, auch wo er häufig vorkam und auch wo sein Zusammenhang mit Obsidian nicht erkannt wurde. Im ägäischen Raum mit weithin sichtbaren Bimssteinhügeln auf der Insel Giali [1022] oder gewaltigen Bimssteinbändern in den Steilhängen von Thera wird man allerdings immer gewußt haben, daß Bimsstein vulkanischer Natur ist. Das erklärt, wieso er in konischen Opferbechern [1023] an heiligen Orten, beispielsweise in Nirou-Chani als Bauopfer unter der Schwelle eines Kultraumes und im Palast von Kato Zakro Göttern oder Dämonen dargebracht worden ist [1024]: Die Gabe muß einem Wesen seïsmischer und

---

[1020] G. von Kaschnitz-Weinberg, in: Festschrift W. Worringer (1943) 181ff.; ders., Die mittelmeerischen Grundlagen der antiken Kultur (1944) 43ff.; M. Hutter, Kultstelen und Baityloi, in: Symposion Hamburg 1990 (1993) 87ff. — Kreta, minoischer Stalaktiten-/Stalagmiten-Kult: M. Gérard, SMEA 3, 1967, 31ff.

[1021] Vgl. bereits E.B. Taylor, La Civilisation Primitive II (1878) 209ff.; knappe neuere Zusammenfassung von W. Fauth, Der Kleine Pauly V (1975/1979) 354f. s.v. Steinkult (mit weiterer Lit.); P. Warren, On Baetyls, in: OpAth 18, 1990, 93ff.

[1022] H.-G. Buchholz-E. Althaus, Nisyros, Giali, Kos (1982) Taf. 2a und 3a (Farbphotos).

[1023] Eine charakteristische Form des ägäischen Opferbechers, zahlreich auf Kreta (z.B. über 1200 Exemplare konzentriert auf begrenzter Fläche 1995 in Petras bei Sitias/Ostkreta), aber auch zu Hunderten — wenn nicht Tausenden — in Milet an der mykenischen Stadtmauer hinter dem Athenatempel zu finden. — Vgl. M. Wiener, Crete and the Cyclades in LM I, the Tale of the Conical Cups, in: The Minoan Thalassocracy, Myth and Reality, Proceedings of the third int. Symposium at the Swedish Institute at Athens 1982 (1984) 17ff.

[1024] N. Platon, KretChron 8, 1954, 449f. (Nirou Chani); ders., Zakros, the Discovery of a lost Palace of Ancient Crete (1971) 196; M. Wiener-J.P. Allen, JNES 57, 1998, 27 Anm. 53.

vulkanischer Naturgewalten gegolten haben, die man beschwichtigen wollte [1025]. Auch im Westen Kretas, in Chania wurde während des 13. Jhs. v.Chr. Bimsstein in einem Gefäß als Opfergabe deponiert [1026]. Das schließt die praktische Verwendung zum Reinigen, Glätten von Metallgegenständen, Leder usw. nicht aus, so im 'Unexplored Mansion' von Knossos (s. R.D.G. Evely, Minoan Crafts, Tools and Techniques, SIMA 92/1 [1993] 112) und in Kommos (H. Blitzer, Minoan Implements and Industries, in: J.W. und M.C. Shaw, Kommos I [1995] 531).

Ich habe in Ras Schamra mehrfach Bimsstein beobachtet, jedoch immer in sekundärer Ablagerung, so daß über Datum, Ort und Funktion keine Aussagen möglich sind. Auch über den Verwendungszweck von Bimsstein theräischer Herkunft in Tell el Daba (Avaris) besteht keine letzte Klarheit (s. M. Wiener, JNES 57, 1998, 23ff.). Michal Artzy verdanken wir indessen sorgfältige Beobachtungen zu "Conical Cups and Pumice, Aegean Cult at Tel Nami/Israel" [1027]. Da fanden sich demnach in einem Heiligtum der genannten bronzezeitlichen Hafenstadt im Küstenbereich südlich des — bimsteinfreien — Karmelgebirges eben jene Dinge vereinigt (konische Becher des 13. Jhs. v.Chr., in ihnen Bims), welche für Kreta kennzeichnend sind.

Wenn Steinmaterial im bronzezeitlichen-hochkulturlichen Umfeld genutzt wurde, geschah dies gewiß nicht nur seiner magischen Kräfte wegen: Mancher Stein war leicht beschaffbar, deshalb billig und auf "Verbrauch" abgestimmt. So ist die ungeheure Zahl mykenischer Pfeilspitzen aus Feuerstein und Obsidian zu erklären, deren Verlust — wenn sie bei der Jagd und im Krieg verschossen wurden — leicht ausgeglichen werden konnte. Sie existierten neben den weit weniger zahlreichen kupfernen und bronzenen Spitzen, beispielsweise panzerbrechenden Bolzen [1028].

Als Rasiermesser und Sichelklingen benutzte man scharfen Obsidian (auch Feuerstein) noch in der Hochbronzezeit neben den kostbareren bronzenen Geräten, freilich hauptsächlich dort, wo das Material bequem erreichbar war (Ägäis, Anatolien, auch in Ras Schamra, wie Abb. 47d, Sichel [1029]). Insofern fiel Zypern aus dem Rahmen. Da auch das kleinste Stück Obsidian über See importiert werden mußte, war es selbst in der Steinzeit auf der Insel überaus selten und fehlte dort in der Bronzezeit völlig.

Im 2. Jt. v.Chr. bildeten Steinbeile einen Anachronismus, jedenfalls die Ausnahme (Ras Schamra, Abb. 47c, s. oben Anm. 432). Manche von ihnen mögen als

---

[1025] St. Hiller, Minoan *Qe-ra-si-ja*, the Religious Impact of the Thera Volcano on Minoan Crete, in: Acts of the first int. Scientific Congress on the Volcano of Thera (1971) 675ff.

[1026] I. Tzedakis, AAA 1, 1968, 313f.

[1027] In Aegaeum 7, 1991: Thalassa, l'Égée Préhistorique et la Mer, Actes de la troisième Rencontre égéenne internationale de l'Université de Liège 1990 (1991), 203ff. mit Taf. 52 und 53.

[1028] H.-G. Buchholz, Der Pfeilglätter aus dem VI. Schachtgrab von Mykene und die helladischen Pfeilspitzen, in: JdI 77, 1962, 1ff.

[1029] Oben S. 160 mit Anm. 432. Zur Verwendung von Obsidian zu Gefäßen s. Anm. 1104-1109.

steinzeitliche Relikte ihre Aufbewahrung der heiligen Scheu vor dem Alten verdankt haben (Asine/Argolis). Doch bei steinernen Prunkäxten der Metallzeit, wie
wir sie aus Troja II kennen, ist offenkundig, daß dem Material — in einem Fall
weitgereistem Lapislazuli [1030] — die entscheidende Bedeutung zukam. Und eben
dies haben wir auch bei dem einzigartigen Zeremonialpickel der Zeit um 1400
v.Chr. mit eingerollter Spitze aus dem Schiffwrack von Ulu Burun angemerkt (Abb.
28a).

Das bereits erwähnte schöne Achatszepter der Zeit um 1200 v.Chr. aus Zypern
im Metropolitan Museum gehört ebenso hierher [1031] wie ein Beilszepter aus
braunem Schiefer, das an einem Ende rundplastisch einen im Sprunge befindlichen
Panther wiedergibt, am anderen in eine Beilschneide übergeht. Der gesamte Körper
ist mit eingetieften Spiralmustern überzogen. Das Stück gehört zu den bedeutendsten, zugleich innerhalb der minoischen Kultur zu den fremdartigsten Funden aus
Mallia/Kreta [1032].

Außerdem gibt es unter den minoischen Funden symmetrisch gebildete, ham-
merartige, mit einem Loch für den Holzstiel versehene Gebilde, die nicht Arbeits-
geräte, sondern Würdezeichen gewesen sind. Sie bestehen aus ausgesuchten,
farbenprächtig gemaserten Marmorarten [1033].

Und schließlich hat der steinerne neolithische Keulenkopf in Kugel- oder
Birnenform — neben metallenen Keulen — seine Bedeutung nicht als Waffe, wohl
aber als Zeichen kriegerischer Kraft und Macht während der gesamten Bronzezeit
behalten. Ja, er überdauerte als Relikt der Steinzeit viele Epochen bis hin in die
Eisenzeit (bis zu den Assyrern) [1034].

Schwert- und Dolchknäufe minoisch-mykenischer Produktion bestanden häufig
aus edlem Stein (Bergkristall, Schachtgräber von Mykene), teils aus leicht erreich-
barem, lokalem Material (Steatit, Perati), desgleichen Zierknöpfe/ -knäufe an
Griffen von Stöcken, Peitschen, Fächern oder Schirmen. Aus Steatit oder Marmor
waren die meisten der zahlreichen spinnwirtelartigen Kleidergewichte gefertigt, wie

---

[1030] Vgl. hierzu O. Höckmann, in: H.-G. Buchholz, Ägäische Bronzezeit (1987) 73 mit Anm.
149-152. — Diese und zwei weitere Prunkäxte in schönen Photos bei F. Matz, Kreta,
Mykene, Troja (1957) Taf. 7a-c (Lapislazuli und Nephrit, L 26 und 28 cm); s. auch H.-G.
Buchholz-V. Karageorghis, Altägäis und Altkypros (1971) Nr. 226.

[1031] Vgl. oben Anm. 987; auch G. Perrot-Ch. Chipiez, Histoire de l'Art dans l'Antiquité III
(1885) 779 Abb. 563. Von E. Gjerstad als "archaisch" eingeordnet, s. SCE IV 2 (1948) 179f.
Abb. 40,12. — Dazu ein späteres Keulenszepter aus Onyx, s. F. Wetzel, Das Babylon der
Spätzeit (WVDOG 62 [1957] Taf. 42h).

[1032] L 15 cm, s. Matz a.O. Taf. 62a; Buchholz-Karageorghis a.O. Nr. 232.

[1033] Beispielsweise Buchholz-Karageorghis a.O. Nr. 234 (Palaikastro/Ostkreta; weitere aus
Hagia Triada und Kato Zakro), s. W. Schiering, Ein minoisches Rhyton in Hammerform, in:
KretChron 24, 1972, 477ff.; — L. Åström, Studies on the Arts and Crafts of the Late
Cypriote Bronze Age (1967) 66 Abb. 72 (Brit. Mus., Inv.-Nr. 97/4-1/1331, mit Ritzzeich-
nung von Tieren).

[1034] B. Hrouda, Die Kulturgeschichte des assyrischen Flachbildes (1965) 82. 88. 104f. 136
Taf. 32,1-18 ("Das Material ist Metall ... Für die Keulenköpfe aus Stein lassen sich Vergleichsstücke aus Assur und Babylon anführen"); Åström a.O. 61. 127 (Bronzezeit).

sie an allen späthelladischen Ausgrabungsstätten als gewöhnliches Trachtenzuzbehör auftreten [1035], auch in Zypern und Ras Schamra nicht fehlen [1036]. Dies trachtengeschichtliche Indiz bedeutet ein starkes Bindeglied zwischen Ägäis und der Levante in der fraglichen Epoche.

Ohne erkennbaren magischen Hintergrund wurde, allein dem Zwecke entsprechend, als Material für Guß- und Prägeformen meistens Stein verwendet (häufig Steatit und Serpentin). Harte, rauhe Gesteinsarten erfüllten ohne enge regionale Bindungen ihre Aufgaben in Gestalt von Mörsern (zu ihnen weiteres unten, vgl. Abb. 39a.b; 66a-e; 67a-u), Reibsteinen, Stößeln und Handmühlen.

Im Bereich der hauptsächlichsten Nutzung von Edelsteinen oder Halbedelsteinen, der Verwendung zur Schmuck- und Siegelherstellung, sind indessen gebietsweise Unterschiede festzustellen, die von der schwierigen oder mühelosen Erreichbarkeit bestimmter Materialien abhingen und ohne Berücksichtigung geistig-magischer Hintergründe modern als "Geschmacksrichtungen" verstanden worden sind.

Wie bei den Edelmetallen (z.B. Abb. 65i-l, nahöstliche Importe in Perati/-Attika), so ist bei den Schmucksteinen teils auf "Handel", Weitergabe fertiger Erzeugnisse in Gestalt von Körperschmuck oder Amuletten zu schließen, teils lediglich auf die Weitergabe der Materialien im Rohzustand. Ohne Zweifel waren kyprische Ohrringe in Gestalt von Kälberköpfen nicht so sehr des Goldes als ihrer Schutzfunktion wegen auch im ägäischen Raum gefragt (Beispiele aus Enkomi, Idalion und Kouklia: Abb. 65a-h; aus Perati und Tiryns: Abb. 65m und n) [1037]. Wie intensiv die Phantasie der ägäischen Juweliere mit derartigen Symbolformen umging, zeigt ein Vermengungsprozeß von Trauben-, also pflanzlichen Sinnzeichen, mit tierischen, nämlich Rinderhäuptern, im Zuge der Entwicklung der besprochenen

---

[1035] In Perati lagen sie in einer Reihe etwa in Kniehöhe quer über (auch männlichen) Leichen, was die Deutung als "Spinnwirtel" ausschließt. Dort bestanden von insgesamt 203 Stücken 189 aus Steatit, s. Sp. Iakovides, in: H.-G. Buchholz, Ägäische Bronzezeit (1987) 457.

[1036] Allein in meinem Grabungsabschnitt (s. oben S. 130ff.) fand ich 1961/63 mehrere Dutzend, wenn auch nicht in situ bei den Toten. — Etwa 130 solcher mykenischer "Knopf-scheiben" aus Elfenbein Glas, Fayence und Steatit kamen an einem einzigen nahöstlichen Fundplatz zutage, s. R. Hachmann, Frühe Phöniker im Libanon, zwanzig Jahre Ausgrabungen in Kamid el-Loz (1983) 125f. Kat.-Nr. 23 mit Abb., S. 180 Farbphoto. Zu der seit C. Tsountas üblichen Deutung als Kleidungsknöpfe kritisch zusammenfassend, z.T. unter Berücksichtigung neuer Funde, s. Sp. Marinatos und E. Bielefeld, Kleidung bzw. Schmuck, in: H.-G. Buchholz, ArchHom, Lieferungen A/B und C (1968) A 16ff. Abb. 1d-h und C 12.

[1037] Vgl. oben Anm. 856. — Abb. 65a.b.g (wohl aus Idalion) nach H.-G. Buchholz, APA 18, 1986, 139 Abb. 18a-d. — Abb. 65c.d nach ebd. 137 Abb. 16f.g (Kouklia-Evreti). — Abb. 65e.f nach ebd. Abb. 16b.c (Enkomi). — Abb. 65h nach ebd. 145 Abb. 21b und J.-Cl. Courtois, Alasia III (1984) 215 Abb. 45,28 (Enkomi). — Abb. 65i-l (Perati) nach H.-G. Buchholz, AA 1974, 425 Abb. 72 und H. Müller-Karpe, Hdb. der Vorgeschichte IV (1980) Taf. 252. — Abb. 65m nach Müller-Karpe a.O. Taf. 252,11 (Perati). — Abb. 65n nach ebd. Taf. 245,8 und 9 und H.-G. Buchholz, APA 18, 1986, 145 Abb. 21a (Tiryns). — Zu Abb. 65m.n auch R. Higgins, TUAS 8, 1983, 50ff.

Ohrgehänge während mehrerer Jahrhunderte. Ich habe an anderer Stelle den Befund graphisch darzustellen versucht [1038].

Körperöffnungen wie Ohren, Nase und Mund bedurften in besonderem Maße übelabwehrender Maßnahmen, wie dies völkerkundliche Parallelen nahelegen [1039]. Ferner waren Brust und Glieder häufige Schmuck-Amulett-Träger in Gestalt von Pektoralen, Halsketten und Ringen. Form, Material und Farbe trugen gleichermaßen zur gewollten Wirkung bei. Das Rot des Karneols und anderer Halbedelsteine vertrat die Lebensfarbe des Blutes. Über das begehrte Blau des Lapislazuli werden wir gleich zu sprechen haben. Daß Farben und Maserung bestimmter Steine deren magischen Charakter bestimmten, führte bei den Hethitern zu Benennungen wie "Stein des Lebens", "Geburtsstein", "Zauberstein" oder "Augenstein" [1040], später sind ähnliche Zusammenhänge in einem assyrischen Text bezeugt [1041].

Goldene Anhänger der Zeitstufen SH I und II in Tierform waren sicher Amulette, so liegende Löwen aus den Schliemannschen Schachtgräbern [1042], vergleichbar einem typologisch entsprechendem Stück aus Hagia Triada/Kreta [1043], oder einer Kröte aus den Tholoi von Kakovatos [1044], ferner ein gläserner Stier, der wie ältere mesopotamische Steinplastiken Einlagen aus andersfarbigem Material trug [1045] und an die Stieramulette der Kette aus Gruft 45 von Assur erinnert (Abb. 65r). Schutz- und Glücksbringer werden ferner ein kleines, aus Karneol gefertigtes Nilpferd, vermutlich ein ägyptisches Importstück [1046], schließlich auch ein weibliches Figürchen aus hellem Glas [1047], eine Göttin vom Astartetypus, gewesen sein, dessen Haar aus dunkelblauem Glas aufgeschmolzen war. Die Wandmalereien in Knossos zeigen eine Halskette, an der Anhänger in Form von

---

[1038] APA 18, 1986, 130 Abb. 12. — Ein goldener Trauben-Ohrring zusammen mit "Whiteslip I"-Keramik des 15. Jhs. v.Chr. in Enkomi, s. J.-Cl. Courtois, Alasia II (1981) 104 Abb. 50,2 (43); S. 254 Abb. 158,4 (301).

[1039] Vgl. z.B. D. und R. Schletzer, Alter Silberschmuck der Turkmenen (o.J.) 42ff. ("Der magische Charakter des turkmenischen Silberschmucks").

[1040] Gesammelt von V. Haas, Hethitische Berggötter und hurritische Steindämonen (1982) 255f. (ausführlicher Index zur Steinterminologie).

[1041] Nach V.E.G. Kenna, Cretan Seals (1960) 46 Anm. 8.

[1042] G. Karo, Die Schachtgräber von Mykenai (1930-33) 79 Nr. 272; R. Laffineur, Der Zusammenhang von Mykenischem und Frühgriechischem in der Goldschmiedekunst, in: Forschungen zur ägäischen Vorgeschichte, Akten des int. Kolloquiums Köln 1984 (1987) 84 Abb. 18a.b.

[1043] S. Hood, The Arts in Prehistoric Greece (1978) 197f. (zu technischen Unterschieden bei ikonographischer Übereinstimmung); R. Higgins, Greek and Roman Jewellery (1961, 2. Aufl., 1980) Taf. 5b; Laffineur a.O. Abb. 17.

[1044] G. Karo, AM 34, 1909, 271 Nr. 1 Taf. 12,8; 13,27.

[1045] Karo a.O. 278 Taf. 12,5.

[1046] C. Blegen, Prosymna (1937) 185 Abb. 460 und 600.

[1047] Karo a.O. 278 Taf. 12,6.

Neger-Köpfen befestigt sind [1048]. Schließlich ist ein talismanischer Anhänger aus Hagia Triada erwähnenswert, weil er mit allerlei plastisch aufgesetzten Symbolen ausgestattet ist: menschlicher Hand, Spinne, Schlange und Skorpion [1049]. Granatäpfel waren als Fruchtbarkeitszeichen im Ägäisbereich häufig [1050], ebenso im Nahen Osten (Abb. 65r, Assur [1051]) und in Ägypten [1052].

Bei einem halbmondförmigen Schmuckstück aus einem eleusinischen Kindergrab [1053] ergibt sich der magische Charakter durch zahlreiche Parallelfunde, wie sie aus Perati (Abb. 65 l) und dem gesamten Nahen Osten vorliegen [1054]. Außerdem existiert ein Hinweis bei Hesych unter σεληνίς. Dort steht, daß man Kindern derartig benannte Amulette umzuhängen pflegte.

[1048] A. Evans, PM I 526 Abb. 383.

[1049] Herakleion, Arch. Mus., Inv.-Nr. 141, s. R. Paribeni, MonAnt 14, 1904, 736ff. Abb. 35. 36; behandelt von A. Evans, R. Dussaud, M.P. Nilsson, Sp. Alexiou, O. Sargnon, R. Higgins und N. Platon. Die Zitate vollständig bei G. de Pierpont, A Minoan Pendant from Haghia Triada Reconsidered, in: Kolloquium zur Ägäischen Vorgeschichte, Mannheim 1986 (1987) 45ff.

[1050] Auch in Ras Schamra zum kunsthandwerklichen Repertoire gehörig (z.B. Goldschale, oben Abb. 4a). Vgl. F. Muthmann, Der Granatapfel, Symbol des Lebens in der alten Welt (1982). — Granatapfelanhänger im 3. Schachtgrab von Mykene bei Frauenleichen, s. G. Karo, Die Schachtgräber von Mykenai (1930-33) 55 Nr. 77 Taf. 22; R.A. Higgins, Greek and Roman Jewellery (1961, 2. Aufl. 1980) 77 Taf. 6b; weitere myk. Belege in E. Bielefeld, Schmuck, in: H.-G. Buchholz, ArchHom, Lieferung C (1968) 24 Anm. 150.

[1051] Abb. 65r nach A. Haller-W. Andrae-B. Hrouda, Die Gräber und Grüfte von Assur (1954); vgl. H. Müller-Karpe, Hdb der Vorgeschichte IV (1980) Taf. 105,11 und die Lit. oben Anm. 53; ferner W. Nagel, Mittelassyrischer Schmuck aus der Gruft 45 in Assur, in: APA 3, 1972, 43ff.; H. Müller-Karpe, Frauen des 13. Jhs. v.Chr. (1985) 71ff. mit Abb. 35-40 Farbtaf. 9 und 10; bes. R.-B. Wartke, Die Backsteingruft 45 in Assur, Entdeckung, Fundzusammensetzung und Präsentation im Berliner Vorderasiatischen Museum, in: MDOG 124, 1992, 97ff. — In diesen Grabzusammenhang gehören unsere Abb. 5e, 64d.f und 100h. — Aus der umfangreichen Lit. zu Granatäpfeln, Edelsteinen und Glöckchen am Ornat des jüdischen Hohen Priesters nenne ich: P. Jacobsthal, Greek Pins and their Connections with Europe and Asia (1956) 185ff. ("apples and pomegranates"); S. 188 ("oriental jewellery", Funde aus Ras Schamra) und S. 188ff. ("Aaron's robe" und "Jachin and Boaz").

[1052] z.B. im Grab Seti II., Zeit der 19. Dynastie, s. E. Vernier, Bijoux et Orfèvriers, Cat. General du Caire, Taf. 28.

[1053] ArchEphem 1953/54, Teil 1, 42 Abb. 7 (mit Parallelen).

[1054] Anm. 855, s. dort die von R.M. Boehmer zusammengestellte Typentafel, auch in H.-G. Buchholz, AA 1974, 426 Abb. 73. — Halbmondanhänger überdauerten die Zeiten und Kulturen, es gibt sie auch als Wikingeramulette, s. O. Montelius, Kulturgeschichte Schwedens (Deutsch, 1906) 298 Abb. 475, und als Turkmenenschmuck, s. oben Anm. 1039.

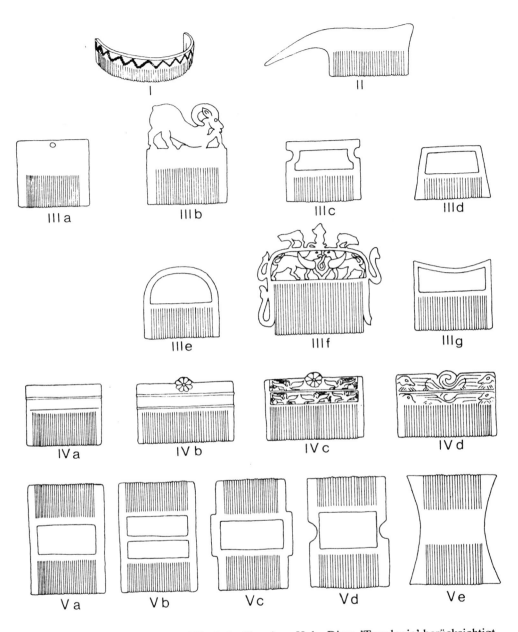

Abb. 62. Kamm-Typologie, Elfenbein, Knochen, Holz. Diese 'Typologie' berücksichtigt in erster Linie weder Zeiten noch Kulturräume, sondern allein die tatsächlichen Formenvarianten. So sind in Bezug auf die einseitige Bezahnung, das Vorhandensein einer Griffplatte am oberen Ende und die gesamte Proportionierung sämtliche Varianten IIIb bis g und IVa bis d von der 'Urform' IIIa abgeleitet. Häufige mykenische Formen sind: II, IIIa, IVa-d (s. H.-G. Buchholz, in: P. Åström, Oscar Montelius 150 Years, Kungl. Vitterhets Historie och Antikvitets Akademiens Konferenser 32 [1995] 41ff. 59 Abb. 15)

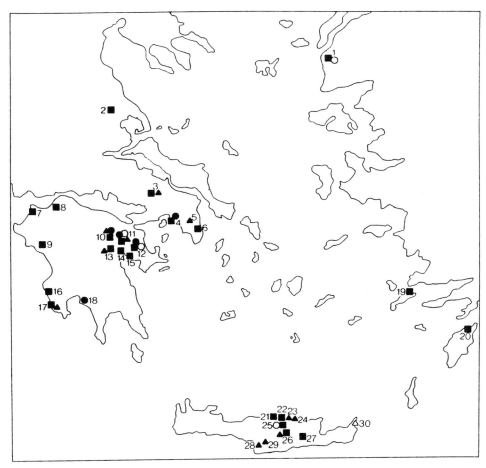

Abb. 63.   Verbreitung bronzezeitlicher Kämme der Typen IV a-d (s. Abb. 62):   Kreta, Rhodos, Kos, Peleponnes, Attika, Boiotien, Thessalien, Troja:

■ Typ IVa ● Typ IVb 0 Typ IVb mit Flechtwerkdekor ▲ Typ IVc △ Typ IVd

1: Troja; 2: Megali Monastiri; 3: Theben; 4: Athen; 5: Spata; 6: Perati; 7: Teichos Dymeion; 8: Antheia-Klauss; 9: Olympia; 10: Mykene; 11: Prosymna; 12: Midea; 13: Argos; 14: Tiryns; 15: Asine; 16: Kakovatos; 17: Pylos; 18: Kampos; 19: Kos; 20: Ialysos/Rhodos; 21: Gypsades; 22: Zapher Papoura; 23: Katsamba; 24: Karteros-Amnisos; 25: Knossos; 26: Archanes; 27: Diktäische Grotte; 28: Hagia Triada; 29: Galia-Stavros; 30: Palaikastro

Außer um "Schmuck", Talisman, Amulett, konnte es sich beispielsweise bei Ketten und Ringen um Würdezeichen, regelrechte Herrschaftsinsignien, Zeichen priesterlicher oder militärischer Positionen handeln, schließlich um Ehrengaben, modern gesprochen: um Orden. Trude Dothan, die Ausgräberin von Deir el-Balah, äußerte sich angesichts der herrlichen, aus Karneol, Achat und weiteren, mit Gold kombinierten Edelsteinen gefertigten Ausstattung, daß es sich ausnahmslos bei den Toten um in ägyptischen Diensten stehende Würdenträger und Offiziere gehandelt habe, in deren Schmuck derartige Ehrengaben zu erkennen seien [1055].

Amts- und Privatsiegel — im Rechts- und Wirtschaftsleben unentbehrlich — waren Instrumente zur Sicherung von Objekten, Gefäßinhalten, Briefen und Dokumenten. Gleichzeitig konnten auch sie Amulett- und Schmuckcharakter annehmen: V.E.G. Kenna taufte eine Gruppe minoischer Siegel "talismatic stones". Als apotropäisch wirksam werden sie, gerade wenn sie nach Form, Material und wegen der Bild- oder Schriftzeichen, die sie trugen, in räumlich entfernten Gebieten fremd waren, begehrt worden sein, etwa babylonische Siegel in Mittelgriechenland. Wenn es erlaubt ist, vom "Materialwert" zu sprechen, werden besonders exotisch-seltene Steinsorten ihren Wert in der Fremde gesteigert haben, im ägäischen Raum beispielsweise Lapislazuli aus Afghanistan.

Es gibt in Hellas wie im Nahen Osten Fälle, da erweist die Abrollung in Ton, daß das verwendete Siegel aus Holz bestanden haben muß, von dem sich die Maserung individuell abgebildet hat und auf diese Weise für Unverwechselbarkeit sorgte ("Finger print"). Es gibt ferner eine Gruppe von kretisch-minoischen Siegeln aus Elfenbein, die ein Einsatzstück besaßen, das getrennt aufbewahrt wurde und bewirkte, daß bei seinem Fehlen die unrechtmäßige Verwendung des Siegels zu erkennen war.

Stempel-/Rollsiegel und Siegelringe (u.a. Abb. 2b; 3f; 5e; 91a-k; 92a-j; 93a-i; 100e-g; 101d-f), wie auch Skarabäen (z.B. Abb. 88f.g, Perati/Attika) sind außer in den eben genannten Materialien auch aus Muscheln oder Schnecken gefertigt nachzuweisen [1056]. Andere bestehen aus Glas oder Fayence (s. unten), Gold (Abb. 91e, Tamassos; 101d-f, Hala Sultan Tekke), Silber oder Bronze, manchmal aus Ton und sehr selten aus Ostsee-Bernstein (Karte, Abb. 29 [1057]).

[1055] Wunderschöne Beispiele, Gold und Karneol, im Hecht-Museum/Haifa. Vgl. T. Dothan, The Philistines and their Material Culture (1982) 256 Abb. 1,10 (T. Kollek-Sammlung). Entsprechendes gilt ebenso für Siegel, s. L. Gorelick-A.J. Gwinnett, The Ancient Near Eastern Cylinder Seal as Social Emblem and Status Symbol, in: JNES 49, 1990, 45ff.

[1056] Es sind Rollsiegel der Ur-I-Periode aus Mari am mittleren Euphrat zu nennen, die aus dem Kern großer Meeresschnecken gefertigt sind. Die natürliche Höhlung im Zentrum mußte nur leicht aufgebohrt werden, s. K. Kohlmeyer, Land des Baal, Ausstellungskatalog Berlin (1982) 66 Nr. 52 und 53. — Ebd. 160 Nr. 155 ein ebenfalls aus Mari stammender prächtiger Fingerring des 14./13. Jhs. v.Chr. aus einem Schneckenhaus gefertigt und statt eines Steins mit dunkler Asphaltmasse versehen. — Zu Muschel- und Schneckenschmuck in der Ägäis: E. Bielefeld, Schmuck, in: H.-G. Buchholz, ArchHom, Lieferung C (1968) 26 (mit Nachweisen).

[1057] Nachzutragen ist Th. Papadopoulos, in: H.-G. Buchholz, Ägäische Bronzezeit (1987) 366 Anm. 25 (Lit.); Sp. Iakovides, ebd. 469f.: Am Ende der mykenischen Epoche sei Bernstein in Griechenland (Perati) "überaus selten, außer in Kephallonia". — Zu Analysen: R.C. Rottländer, On the Formation of Amber from Pinus resin, in: Archaeometry 12, 1970, 35ff.

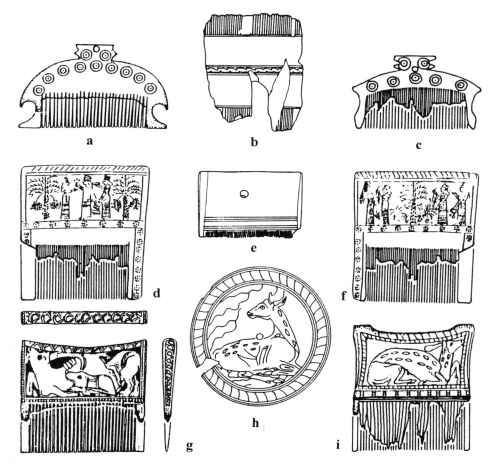

Abb. 64 a-i. Elfenbeinarbeiten, überwiegend Kämme: a Enkomi/Zypern, Grab 6 der französischen Ausgrabungen, sehr seltener Import aus Italien. — b Enkomi, zum Typ Vb s. Abb. 62. — c Kamm wie a aus Frattesina/Oberitalien (zur Lage s. Abb. 23 Nr. 40). — d.f Assur, Gruft 45 (vgl. Abb. 100 h), beidseitig figürlich dekorierter Plattenkamm des Typs IIIa. — e Enkomi, unverzierte Griffplatte eines solchen Kammes. — g.i Kämme des Typs IIIg aus Megiddo und Enkomi, Grab 18. — h Enkomi, Pyxisdeckel, Elfenbein, aus derselben Werkstatt wie i

In unserem Zusammenhang interessieren hauptsächlich die Halbedelsteine [1058]. Sie haben teils als Rohmaterial, teils in bearbeitetem Zustand den Ort

---

[1058] Das von F. Matz projektierte und bis zu seinem Tode herausgegebene, von I. Pini fortgesetzte Werk "Corpus der minoischen und mykenischen Siegel" (1964ff.) besitzt Band für Band einen Materialindex. Bis heute gibt es Widersprüche in der Terminologie der Edelsteinkunde und nicht selten allgemeine Bestimmungen wie "Stein" mit dem Zusatz der Farbe. — Zum Schmuck vgl. die in den Abschnitten über Gold und Silber genannten Lit., außerdem in Auswahl: P. Demargne, Bijoux Minoens de Mallia, in: BCH 54, 1930, 404ff.

ihrer Auffindung erreicht und in manchen charakteristischen Fällen ist ihr geolo-
gisch-geographischer Ursprung sicher zu bestimmen. Mit anderen Worten: In
Massen vorkommende Halbedelsteine eignen sich weniger als seltene für Herkunftsbestimmungen. Beispielsweise ist Hämatit ("Eisenglanz", "Roter Glaskopf") weltweit in der Natur vorhanden, im Nahen Osten sowohl, als auch in Europa und der
Neuen Welt, hauptsächlich als rötliche Knollen oder lange, dreiseitige Nadelkristal-
le. Letztere werden heute hoch bewertet, weil sie geschliffen und poliert schön
facettierte Ringsteine ergeben. Sp. Iakovides bemerkte zu den lediglich sechs
gefundenen Hämatitobjekten unter vielen Hundert anderer verarbeiteter Steine der
Perati-Nekropole (z.B. Abb. 92i.j, Rollsiegel), daß sie "alle aus Zypern und der
Levante" stammen [1059]. Aus "Eisenglanz" sind weitere Rollsiegel des Tirynsschatzes (Abb. 92f), aus Kition (Abb. 92b) und Golgoi/Zypern gemacht (Abb. 93e).

So können etwa Bergkristall — ein im frühmykenischen Kunstschaffen der
Schachtgräberzeit beliebter Werkstoff [1060] — oder Achate aus mehr als nur einer
Bezugsquelle gestammt haben und zum Teil lokal-helladischer oder — minoischer
Herkunft gewesen sein [1061]. Beide Gesteinsarten waren den Hethitern bekannt,
wobei ich den Spezialisten zu vertrauen habe, die den *Dušû/Warahši*-Stein mit
"Bergkristall" übersetzen und aus dem Lande Elam herleiten [1062].

— H. Frankfort, Cylinder Seals (1939, Nachdr. 1965). — A. Moortgat, Vorderasiatische
Rollsiegel (1940, Nachdr. 1966). — R.A. Higgins, Greek and Roman Jewellery (1961,
Nachdr. 1980) 37ff. (Stones and related Materials). — Bielefeld a.O. (oben Anm. 1056). —
K.R. Maxwell-Hyslop, Western Asiatic Jewellery c. 3000-612 B.C. (1971) 137f. (Ugarit/Ras
Schamra). — A. Pieridou, Jewellery in the Cyprus Museum (1971). — B. Zouhdi, Les
Influences Réciproques entre l'Orient et l'Occident, après les Bijoux du Musée National de
Damas, in: AAS 21, 1971, 95ff. — J. El Chehadeh, Untersuchungen zum antiken Schmuck
in Syrien, Diss. Berlin 1972. — W. Schumann, Edelstein und Schmucksteine (1976). — H.
Weippert, in: K. Galling, Biblisches Reallexikon (2. Aufl., 1977) 64ff. s.v. Edelstein, S.
282ff. s.v. Schmuck. — H. Müller-Karpe, Hdb der Vorgeschichte IV (1980) passim. —
Ders., Frauen des 13. Jhs. v.Chr. (1985) passim. — T. Hackens-R. Winkes, Gold Jewelry,
Craft, Style and Meaning from Mycenae to Constatinopolis (1983) 161ff. (Materials and
Techniques), S. 11ff. (umfangreiche Bibliographie). — C. Lambrou-Phillipson, Hellen-
orientalia (1990) 165f. (Materials) und passim. — B. Salje, Der 'Common Style' der
Mitanni-Glyptik und die Glyptik der Levante und Zyperns in der Späten Bronzezeit (1990)
137ff. (Materialien).

[1059] Vgl. Anm. 1057.

[1060] Hierzu und im ganzen: P. Faure, Les Minerais de la Crète Antique, in: RA 1966, 45ff.;
P. Warren, Minoan Stone Vases (1969) 136f. ("Rock Crystal", in Kreta als Rohstoff in
kleinen Stücken zu finden).

[1061] So bezeichnete Sp. Iakovides die außerordentlich geringen Bergkristallvorkommen in
Perati als einheimisch (oben Anm. 1057). — Zu Nachrichten über geologische Vorkommen
in Karien, auf Zypern, im Libanon und auf einer Insel im Roten Meer vgl. H.-P. Bühler,
Antike Gefäße aus Edelsteinen (1973) 22f. (mit den Belegen), S. 6 (zu den abergläubischen
Vorstellungen, die mit Bergkristall verknüpft waren).

[1062] Haas a.O. (Anm. 945) 169 mit Anm. 358, unter Berufung auf G. Komoróczy, Der
Außenhandel Mesopotamiens in einem sumerischen literarischen Text, in: Annales Univ.
Scient. Budapestinensis de R. Eötvös nominatae, Sectio Historica 19 (1978) 3ff.

Für frühägyptische Steingefäße liegen Vergleichszahlen bis zur dritten Dynastie vor. Danach entsprechen rund viertausend Gefäßen aus Alabaster und Kalkstein lediglich achtzig aus Bergkristall; das ergibt ein Verhältnis von Fünfzig zu Eins [1063].

Auf Kreta wurden Fragmente von schönen Vasen aus diesem Material in Knossos und Palaiokastro gefunden [1064], auch mancherlei Schmuck aus diesem Stein, beispielsweise in Mochlos [1065]. Das formenschönste Stück ist aber fraglos ein Bergkristall-Rhyton aus dem Palast von Kato Zakro [1066].

Etwas Schmuck aus diesem prächtigen Material kam in Mykene und im böotischen Theben zutage [1067], außerdem eine kleine Amphore und eine einzigartige Schale von fast 14 cm Länge, die einen plastischen Entenkopf trägt. Beide gehörten zu den Totenbeigaben im mykenischen Gräberrund A und B [1068]. Ein ähnliches Stück ist eine Entenkopfschale aus den spätbronzezeitlichen Gräbern in Deir-el-Balah, sie besteht aus weniger wertvollem Material (Alabaster) und befindet sich heute im Hecht-Museum der Universität Haifa. Das mykenische Gefäß ist allerdings rund dreihundert Jahre älter als das palästinensische.

"Der Achat, sumerisch NA$_4$.NÍR, unter dem Namen ḫulālu (vom Berge *Nikab*) sowohl in Mesopotamien als auch in Kleinasien bekannt, gleicht in seiner blaßblauen oder grauen Färbung, seiner Äderung ... einem Auge. Er ist in einer babylonischen Steinliste als ḫulālu īni ("von der Farbe eines Auges") beschrieben. Der vielfältig wirksame Stein wird wohl primär zur Abwehr des bösen Blicks und zur Stärkung der Sehkraft gedient haben" [1069]. Nach Größe, Formgebung und Maserung des Steins ist das in Abbildung 65 o (Anm. 987) wiedergegebene Szepter eines der prächtigsten ostmediterranen Achatobjekte.

In der attischen Perati-Nekropole gehören Achat- und Chalcedon-Gegenstände zu den ausgesprochenen Seltenheiten. Achat ist nichts anderes als gebänderter Chalcedon, eine kryptokristalline Kieselsäure, so wie Onyx ein Achat in parallelen

---

[1063] A. Abdel-Rahman Hassanain El-Khouli, Egyptian Stone Vessels, Predynastic Period to Dynasty III (3 Bände, 1978) 844ff. (Index).

[1064] Knossos: Herakleion, Arch. Mus., Inv.-Nr. 43, Bühler a.O. 36 Anm. 16; P. Warren, Minoan Stone Vases (1969) 198. — Palaiokastro: ebd. Inv.-Nr. 121 (bei Warren a.O. 199 nicht erfaßt, vielleicht fehlerhafte Nummer bei Bühler a.O. Anm. 17).

[1065] Bühler a.O. 36 Anm. 18.

[1066] Herakleion, Arch. Mus., Inv.-Nr. 2721: Bühler a.O. Anm. 19; Warren a.O. 87, nach N. Platon, ILN vom 7.3.1964, Abb. 16; St. Alexiou, Führer durch das archäologische Museum von Heraklion (1969) 79 Taf. 22b.

[1067] Bühler a.O. 7 mit Anm. 23. Dazu große Nadelköpfe aus Bergkristall der Schachtgräber von Mykene, s. Bielefeld a.O. (Anm. 1056) Taf. 4e.

[1068] Kleine Amphora: G. Karo, Die Schachtgräber von Mykenai (1930-33) 147 Nr. 830 Taf. 136; Entenkopfschale der 1. Hälfte des 16. Jhs. v.Chr.: Athen, Nat.-Mus., Inv.-Nr. 8638, s. Warren a.O. 136f.; Sp. Marinatos, Kreta, Thera und das mykenische Hellas (2. Aufl., 1973) 76f. Taf. 235b; R. Hampe-E. Simon, Tausend Jahre frühgriechische Kunst (1980) 128 Abb. 197 (Farbaufn.).

[1069] Wörtlich nach Haas a.O. 171 mit den Einzelnachweisen dort in Anm. 365 und 366.

schwarzen und weißen Lagen ist. Der Perati-Ausgräber bemerkte: "Diese Halbedelsteine (Achat, Chalcedon, Amethyst, Heliotrop, Malachit-Azurit) sind aller Wahrscheinlichkeit nach als Rohmaterial aus Ägypten importiert und am Ort bearbeitet worden" [1070]. E. Bielefeld deutete andererseits den Befund der Bearbeitung im böotischen Theben während der Mitte des 2. Jts. v.Chr. auf "in Griechenland selbst anstehenden Achat". Er berief sich auf "die Menge unbearbeiteten bzw. halbfertigen Achats in den Werkstätten der Kadmeia von Theben" [1071]. Aber ebendort sind auch über hundert Achatperlen zusammen mit fünfzig Objekten aus Lapislazuli entdeckt worden, die — da sie einen "geschlossenen Fund" bilden — gemeinsam, und zwar nicht auf dem Umweg über Ägypten, aus einer nahöstlichen Bezugsquelle nach Zentralgriechenland gelangt sein dürften [1072].

Auch für Chalcedon, Achat, Sardonyx (z.B. Abb. 93d, kypro-ägäisches Rollsiegel aus Lasithi/Kreta) oder Onyx galt, was ich für Metalle und andere Steine bereits bemerkt habe: Ihnen wurden magische Kräfte zugeschrieben, den genannten Gesteinsarten Abwehrkräfte gegen Skorpione und Schlangengift. Die orphischen "Lithika" und andere Schriften zählen weiterhin Heilkraft im Krankheitsfall, Beschwichtigung von Stürmen, Durststillung und manches andere auf [1073].

Archäologisch vereinigt, treten Lapislazuli und Karneol neben anderen Halbedelsteinen häufig — wenn auch nicht immer — gemeinsam auf: der intensiv blaue neben dem blutroten Stein. Als Amulett wirkte er in der Tat — ebenso wie roter Jaspis (hethitisch *Jaspa* [1074]) oder roter Hämatit blutstillend [1075]. Ein hethiti-

---

[1070] Iakovides a.O. (Anm. 1057) 470. — Einige Peratiperlen aus Achat und Karneol auch abgebildet in meinem Buch Altägäis Nr. 1349. — In der späteren Antike waren Chalcedone die am häufigsten zur Herstellung von Gefäßen benutzten Halbedelsteine. Soweit erhalten, stehen 98 Belegen dieses Materials 31 Bergkristall- und 5 Gefäße aus anderen edlen Steinen gegenüber, vgl. Bühler a.O. 3ff. und ders., Antike Gefäße aus Chalcedonen, Diss. Würzburg 1966. — Wenn, was für die römische Zeit gilt, auch für die vorgeschichtlichen Epochen gilt, dann wäre aus Bühler, Der Handel mit Chalcedonen in der Antike (a.O. 1973, 4f.) zu folgern, daß wegen unergiebiger Vorkommen im Mittelmeerraum Indien der Hauptlieferant dieses Materials gewesen sei: "Die Erwähnung des Plinius vom Sardonyx aus Armenien bezieht sich wahrscheinlich auf einen von Indien über Armenien führenden Handelsweg".

[1071] Bielefeld a.O. (Anm. 1056) 24f. Anm. 162. s. ArchEphem 1930, 30ff. Schöne Beispiele von gebändertem Achat in Form von Perlenketten aus dem böotischen Theben: H.-G. Buchholz-V. Karageorghis, Altägäis und Altkypros (1971) Nr. 1308a-c.

[1072] E. Weidner, AfO 21, 1966, 193. Weiteres zu diesen sensationellen Funden unten bei "Lapislazuli".

[1073] Nachweis bei Bühler a.O. 6. Vergleiche bei Ph. Schmidt, Edelsteine, ihr Wesen und Wert bei den Naturvölkern (1948).

[1074] Zu Jaspis in einem hethitischen Bauopfer s. oben Anm. 978. Die Benennungen sind nicht ohne Problematik: Während hebr. *yašᵉpē* diesen Halbedelstein bezeichnete, bedeutet *yašpû* in einer Votivinschrift des 12. Jhs. v.Chr. aus Elam "Chalzedon"; denn sie befindet sich auf einer Chalcedonperle und bezieht sich inhaltlich auf sie, s. JCS 19, 1965, 31f. — Ein syrisches Rollsiegel aus einem Kammergrab bei Herakleion-Poros besteht aus grünem Jaspis, s. Praktika 1967, 208 Taf. 192a und g; St. Hiller, Kretisch-orientalische Kulturbeziehungen, in: AfO 25, 1974-77, 301 Abb.

sches Beschwörungsritual zeigt, daß wirksame Magie nicht ohne unsere beiden Steine möglich war: "Silber, Gold, Eisen, Blei, Lapislazuli und Karneol überprüfe mit der Waage!" [1076]. Auch in Beschreibungen hethitischen Kultgeräts, von Götter- und Tierfiguren, sind neben den verwendeten Metallen und weiteren Halbedelsteinen immer wieder Lapislazuli und Karneol genannt [1077].

Und bereits für die Sumerer und Akkader gehörten beide Halbedelsteine beispielsweise im Gilgamesch-Epos, eng zusammen: Der Held gelangt nach Durchquerung des Gebirges *Mâšu* in die Märchenwelt eines Edelsteinwaldes. "Er strebt, die Edelsteinbäume zu sehen. Der Karneol trägt seine Frucht, eine Traube hängt daran, zum Anschauen geputzt. Der Lapislazuli trägt Laubwerk, auch trägt er Frucht, lustig anzusehen" [1078].

Ohne Anspruch auf Vollständigkeit sei, was Karneol im ägäischen Raum angeht, auf die folgenden archäologischen Funde verwiesen: In Zafer Papoura/Kreta gab es in Grab 99, vermutlich Ruhestätte einer Frau, eine Kette aus Karneol-, Kristall-, Steatit- und Elfenbeinperlen. Zu ihr gehörten je eine Gold- und Bronzeperle, ein Anhänger aus Bergkristall, ein ägyptischer Skarabäus und ein spätminoischer Siegelstein [1079].

In der mykenischen Nekropole von Prosymna/Argolis hat C. Blegen bei vielen Bestatteten häufig nur je eine einzige Perle gefunden. Karneol war dabei der beliebteste Stein [1080]. Und in der endbronzezeitlichen Perati-Nekropole/Attika wurden 375 Perlen gezählt, welche aus zweiundzwanzig verschiedenen Materialien gefertigt waren. Davon bestehen 250 aus Gold oder Glaspaste. Bereits die dritte Stelle nehmen Karneolperlen ein (75 Stück) [1081]. Desgleichen ist Karneol im "Tirynsschatz", der gegen Ende der Bronzezeit in den Boden gelangte, vertreten [1082]. Demnach waren die Bezugsquellen für Edelsteine wie Karneol auch in jenen Unruhezeiten nicht völlig versiegt.

Der bronzezeitliche Schmuck Zyperns ist unter derartigen Fragestellen nie systematisch bearbeitet worden, so daß stichhaltige Aussagen nicht möglich sind. In Ras Schamra kommt Karneol zwar vor. Doch auch da vermag ich nichts über Häufigkeiten und Chronologie der Funde zu sagen. M. Heltzer hat in seinen Listen

---

[1075] Haas a.O. 171.

[1076] Haas a.O. 170, nach H. Otten, Eine Beschwörung der Unterirdischen aus Boğazköy (KUB XLI 8 Rs. III 16-20).

[1077] Die Quellen zusammengestellt bei Haas a.O. 180. Vgl. zu "Trinkhörnern aus Silber, Gold und Edelstein": J. Tischler, Das hethitische Gebet der Gassulijawija, in: Innsbrucker Beiträge zur Sprachwissenschaft (1981) 47.

[1078] Gilgameš IX Tafel II 1ff., Das Gilgamesch-Epos (1974); Haas a.O. 112.

[1079] A. Evans, The Prehistoric Tombs of Knossos (1906) 88f. Nr. 99a Abb. 99 und 101; Bielefeld a.O. (Anm. 1036) 21.

[1080] Bielefeld a.O. 20.

[1081] Sp. Iakovides, in: H.-G. Buchholz, Ägäische Bronzezeit (1987) 460. 469f.; H.-G. Buchholz, Altägäis und Altkypros, Nr. 1349.

[1082] Altägäis und Altkypros, Nr. 1307d.

ugaritischer Handelsgüter in dankenswerter Weise auch Steine/Edelsteine erfaßt [1083]. Vielfach fehlt offenbar der Schlüssel zur sicheren Lesung der mit *aban*
determinierten Wörter. Immerhin wird deutlich, daß Ugarit ein Umschlagplatz für
ein solches Material gewesen ist. Und manche Preise und Gewichte lassen den
Schluß zu, daß es sich um sehr wertvolle Steine oder Minerale gehandelt haben
muß.

Auf kostbaren Ohr- und Brustschmuck aus Karneol, wie er im Philisterland
(Deir el-Balah) auftritt, habe ich bereits hingewiesen (oben S. 303f.). In H. Weip-
perts Artikel "Edelstein" lese ich, daß in Palästina Karneol zu den häufigeren
Edelsteinsorten seit der Frühbronzezeit gehörte und daß dies so bis in die persische
Zeit blieb [1084].

Eine hethitische Quelle weiß um die Herkunft des Lapislazuli (*jagin*, akkadisch
uqnû) aus der Ferne, vom Berg *Takniyara*, ohne daß wir diesen lokalisieren könnten (KUB II 2, 44ff.). Wenigstens über einen Abschnitt des Weges, den Karneol
und Lapislazuli nahmen, lassen sich Mutmaßungen anstellen: Bevor diese edlen
Steine Ugarit und die südliche Levante und weiter Zypern und die Ägäis erreichten,
wird ihr Weg über Mari am mittleren Euphrat geführt haben. Darauf deuten besonders auffällige Karneol-Lapislazuli-Geschmeide hin, welche offenbar aus dortigen
Werkstätten stammten. Sie gehören zu dem Schönsten, was aus edlen Steinen je
gefertigt worden ist. Sie bezeugen dort Handelsstationen für edle Steine über einen
langen Zeitraum. Denn einige der Halsketten und andere Schmuckstücke sind
bereits der Mitte des 3. Jts. v.Chr. zuzurechnen [1085]. Eine weitere Halskette des
14. Jhs. v.Chr., ebenfalls aus Mari, gehört, wenn man so will, in die mykenische
Epoche [1086]. Sie weist Goldschieber eines typologisch älteren und bis Troja verbreiteten Typs auf, dazu Perlen aus Lapislazuli, Karneol, Achat und blauem Kunst-
stein. Die Goldelemente kehren in gleicher Form in Kombination mit ausgesucht
schönen Lapislazuliperlen an einer in Beirut erworbenen Kette in Privatbesitz
wieder [1087]. Ich möchte annehmen, daß auch sie aus Mari oder einem Ort
stammt, den dieselbe Goldwerkstatt beliefert hat. Deshalb wird man auch sie nicht
um 1500 v.Chr. ansetzen, vielmehr im 14. Jahrhundert.

Etliche der im böotischen Theben entdeckten Rollsiegel aus Lapislazuli entstammten weder kyprischen, noch syrischen, vielmehr Kassitenwerkstätten Babylo-

---

[1083] M. Heltzer, Goods, Prices and the Organization of Trade in Ugarit (1978) 33ff. zu Nr.
67 und 68, Karneol (?) und Lapislazuli, vgl. auch dort die Anm. 244 und 245. Zu Lapislazuli
bemerkte er: "Mention of these is unclear in the commercial texts".

[1084] In K. Galling, Biblisches Reallexikon (2. Aufl., 1977) 65.

[1085] Damaskus, Nat.-Mus., Inv.-Nr. S 2407, Mari, "Tresor d'Ur", s. K. Kohlmeyer, Land des
Baal; Syrien, Forum der Völker und Kulturen, Ausstellungskatalog Berlin (1982) 66f. Nr. 54,
mit Farbabb. auf S. 41.

[1086] Aleppo, Arch. Mus., Inv.-Nr. 3897, s. Kohlmeyer a.O. 159f. Nr. 254 (mit Lit.), Farbabb.
auf S. 118: "Der wertvollste Fund ist zweifellos diese Halskette".

[1087] Im Besitz von Mr. and Mrs. Artemis Joukowski, s. T.W.E. Mierse, in: T. Hackens-
R. Winkes, Gold Jewelry (1983) 28ff. Nr. 1 mit Lit., Detailaufnahmen und schönem Farbbild.

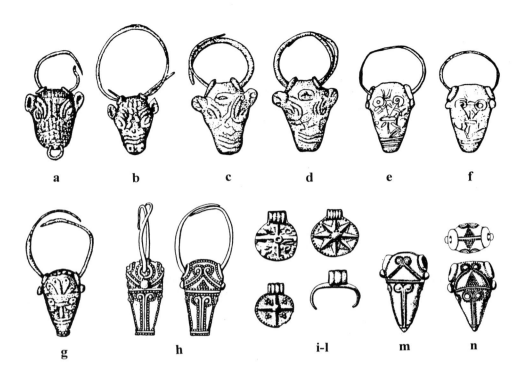

a   b   c   d   e   f

g   h   i-l   m   n

Abb. 65 a-n. Kyprischer und syro-palästinensischer Goldschmuck: a-g Mehr oder weniger naturalistisch gestaltete Ohrringe in Form von Rinderköpfchen aus Enkomi, Idalion und Alt-Paphos. — h Desgleichen, jedoch völlig abstrahiert, aus Enkomi. — i-l Importierte Anhänger aus der Nekropole von Perati/Ostattika. — m Wie h, aus Perati. — n Desgleichen, aus Tiryns

Abb. 65 o-r. Achatszepter aus Zypern (o). — Zwei Elfenbeinnadeln (p und q) und ein Halsgeschmeide (r) aus Assur, Gruft 45

niens. In der Amarnazeit sandte der Kassitenkönig Burnaburiaš II. (1367-1346)
Lapislazuli und Pferde nach Ägypten und bat im Gegenzug um Gold [1088]. Jedenfalls läßt sich während der Herrschaft der Kassitendynastie der "Edelsteinweg" von
Ugarit als "Verteilerpunkt" am Mittelmeer nach Osten über Emar und/oder Mari bis
Babylon zurückverfolgen. Wie sich zeigen ließ, gelangten nicht nur Rohsteine,
sondern auch Fertigprodukte wie Perlen und Rollsiegel in den Westhandel. Und
mehr noch: Die Weitergabe von Preziosen schloß Goldschmuck mit ein. Wie
Halbedelsteine, andere wertvolle Rohmaterialien, kostbare Produkte des Schmuck-
handwerks samt einigen Formen und Techniken (z.B. Goldgranulation) Hellas über
Syrien-Zypern erreicht haben, so aus dem mesopotamischen Formenschatz der
Kassitenzeit die Kombination mehrerer goldener Hohlkügelchen zu kleinen ring-
artigen Gebilden, die wir aus Kassitengräbern Babylons kennen und die in gleicher
Gestalt in Kakovatos/Peloponnes bezeugt sind [1089].

In die skizzierten Handelszusammenhänge fügt sich schön der von A. Malamat
eingehend gewürdigte Mari-Text über den Handel mit Edelsteinen ein [1090]. Was
den weiteren Weg nach Osten zu den natürlichen Fundstätten angeht, halte ich mich
an K. Kohlmeyer, der sich seinerseits auf die ihm damals bekannte, hier in Anm.
1092 zusammengestellte Literatur stützte. Zum Karneol führte er aus: "Auch die
Hauptvorkommen für Karneol liegen in Afghanistan. Er wurde auf denselben
Routen (wie Lapislazuli) gehandelt. Daß er zum Teil in Mesopotamien verarbeitet
wurde, zeigen frühdynastische Werkstätten in Diqdiqqa bei Ur und in Uruk. Inwie-
weit auch über den Fernhandel durch Syrien Karneol aus Vorkommen rund um das
Rote Meer genutzt wurden — aus dem südlichen Sinai, der östlichen ägyptischen
Wüste und dem westlichen Saudi-Arabien —, kann erst mit einer systematischen
Suche nach Zwischenhandelsstationen geklärt werden" [1091]. Und dann: "Beide
Rohstoffe kommen in Mesopotamien und Syrien nicht vor und mußten über weite
Strecken importiert werden. Der hochwertige Lapislazuli, der nur an wenigen
Stellen der Erde gefunden wird, stammt mit Sicherheit aus dem nordafghanischen
Badachschan, wo in den Tälern des Sar-i-Sang und Kokcha große Vorkommen
liegen. Der Lapislazuli aus den Minen im Tal des Kokcha zeigt die gleiche Struktur
wie jener, der im ostiranischen Sistan, im Ruinenhügel von Schar-i-Sochta entdeckt
wurde. Diese einst große Siedlung bezog einen Teil ihres Reichtums aus dem

---

[1088] A. Erman, L'Égypte des Pharaons (Französisch, 1952) 175; St. Alexiou, Das Wesen des
minoischen Handels, in: H.-G. Buchholz, Ägäische Bronzezeit (1987) 150f.; J.A. Brinkman,
Foreign Relations of Babylonia from 1600 to 625 B.C., in: AJA 76, 1972, 271ff., bes. 274f.
und 276f.

[1089] Zur "Kassitenperle" aus Kakovatos s. G. Karo, AM 34, 1909, 273 Taf. 13,38ff. (mit
Parallelen). Vgl. O. Reuther, Die Innenstadt von Babylon (1926) 167 Taf. 47,15.18 (aus
einem kassit. Grab in Babylon). — Umsetzung in Karneol: BSA 53/54, 1958/59, 249 Nr. VII
24 Taf. 59a; Bielefeld a.O. 13 Abb. 2g. — Zu den hauptsächlichen Handelswegen s. W.W.
Hallo, The Road to Emar, in: JCS 18, 1964, 57ff.

[1090] Silver, Gold and Precious Stones from Hazor, Trade and Trouble in a New Mari Document, s. oben Anm. 917.

[1091] Oben Anm. 1085, auch 1086.

Weiterverarbeiten und Verhandeln von Lapislazuli, Karneol und Türkis. Hier wurden die importierten Lapislazuli-Blöcke von ihren Kalzit- und Pyriteinschlüssen gereinigt und durch die Reduzierung ihres Gewichts um bis zu sechzig Prozent für den Weitertransport veredelt. Ein Teil des gereinigten Materials wurde hier auch gleich zu Perlen umgearbeitet. Neben der südlichen Handelsroute durch den Iran nach Mesopotamien gab es offenbar auch eine nördliche, wie sich aus dem Befund von Bohrern und Halbfertigprodukten im nordiranischen Tepe Hissar ergibt" [1092].

Zusammenfassend ist hinzuweisen auf Lapislazuli als Frucht mythischer Edelsteinbäume (Anm. 1078), Stoff bei Zauberei und Grundsteinlegung (Anm. 978), als kostbares Blaupigment [1093], sowie als Material sehr seltener Gefäße [1094] und Prunkäxte (Anm. 1030, Troja), schließlich auch verschiedener Schmuck-, Amulett- und Siegelformen [1095] und von rundplastischen Kunsterzeugnissen [1096]. Statistisch wurde Lapislazuli im ägäischen Raum mit 47 Objekten als wichtiges importiertes Luxusmaterial erwiesen und dazu bemerkt, daß es in weit geringerer Menge Kreta als Mittelgriechenland erreichte [1097].

[1092] Oben Anm. 1086. — Ganz ähnlich Haas a.O. 169 unter Berufung auf H.A. Hoffner, JCS 22, 1968/69, 42. — Vgl. außerdem: J. Crowfoot Payne, Lapis Lazuli in Early Egypt, in: Iraq 30, 1968, 58ff.; G. Herrmann, Lapis Lazuli, the Early Phases of its Trade, ebd. 21ff.; R. Halleraux, SMEA 9, 1969, 48ff.; I. Sarianidi, The Lapis Lazuli Route in the Ancient East, in: Archaeology 24, 1971, 12ff. und bereits A. Lucas-J.R. Harris, Ancient Egyptian Materials and Industries (4. Aufl., 1962) 399ff.; L. von Rosen, Lapis Lazuli in Geological Context and in Ancient Written Sources I (1988), Lapis Lazuli in Archaeological Context II (1990). Einige weitere Erwähnungen: W. Helck, Die Beziehungen Ägyptens zu Vorderasien im 3. und 2. Jt. v.Chr. (2. Aufl., 1971) 25; K.R. Maxwell-Hyslop, Sources of Sumerian Gold, in: Iraq 39, 1977, 86; O. Höckmann, in: H.-G. Buchholz, Ägäische Bronzezeit (1987) 56 Anm. 13. — R.J. Forbes, Metallurgy in Antiquity (1950) 45 Abb. 12 bietet eine Verbreitungskarte natürlicher Vorkommen der gebräuchlichsten Edelsteine.

[1093] H.-G. Buchholz, Ägäische Bronzezeit (1987) 178 (Ägypten).

[1094] Abdel-Rahman Hassanain El-Khouli a.O. (Anm. 1063) 280 Nr. 1896 (Gizeh, Töpfchen, AR). — Merkwürdig sind "Flöten aus Lapislazuli" (H. Ringgren, Die Religionen des Alten Orients [1979] 127).

[1095] Zu Rollsiegeln s. unten. — Isopata, Hagia Triada/Kreta (Amulette). — Herakleion-Poros/Kreta (Fingerring). — Assur, Gruft 45 (Abb. 65r), Mari, Kakovatos, Prosymna (Halsketten, Anhänger, Perlen, Schmuckglieder; u.a. Bielefeld a.O. [Anm. 1056] 24; Haas a.O. [Anm. 945] 173f.). — Skarabäus aus Lapislazuli, Schachtgrab R, s. G. Mylonas, O Taphikos Kyklos B ton Mykenon I/II (Neugriechisch, 1972/73) 216. 225. 357 Taf. 199b.

[1096] Boğazköy (Lapislazulieinlagen an Figuren, s. Haas a.O. 18. 49. 180); Mari (Löwen-köpfiger Adler, um 2650 v.Chr.; Land des Baal [s. Anm. 1085] 66 Nr. 55); römische Statuetten und Reliefs, s. H.B. Walters, Brit. Mus. Catalogue of Engraved Gems and Cameos (1926) Nr. 3963.

[1097] C. Lambrou-Phillipson, Hellenorientalia (1990) 164ff.

2. *Dreifußmörser*

Zur Herstellung von Steingefäßen wurden der Seltenheit der Färbung oder des Oberflächenglanzes wie vor allem der Schönheit der Maserung wegen besondere Gesteinsarten ausgewählt, verhandelt und verarbeitet (u.a. Alabaster [Abb. 105a-c] [1098], Marmor [Abb. 48e, Ras Schamra], Gneis, Porphyr oder Lapis Lacedaemonius). W. Schiering hat in einem Beitrag "Stein- und Geländemotive in der minoischen Wandmalerei" die Wertschätzung schöner Steinmaserungen als Hinweis auf die altkretische Ästhetik mit zahlreichen Beispielen belegt [1099]. Minoische Steinvasen bieten sich überdies auch als Zeugnisse mehr oder weniger begehrter ausländischer Gesteinsarten dar [1100]. So weist als Rohmaterial auf Kreta ausgegrabener Lapis Lacedaemonius, grüner Labrador-Porphyrit, auf Steintransporte aus dem südpeloponnesischen Taygetosgebirge hin [1101].

Ein weiterer Gesichtspunkt der Bevorzugung bestimmter Gesteinsarten betrifft deren Weichheit und damit ihre Gestaltungsmöglichkeiten zu Gefäßen, Schmuckstücken und Skulpturen. So war der wie Holz schnitzbare und auf Kreta anstehende "Speckstein" (Steatit, Serpentin) [1102] im Bereich der minoischen Kultur außerordentlich beliebt: Die Hälfte aller kretischen Steinvasen besteht aus derartigen Mineralien. Das sind etwa 1700 bekannte Gefäße, denen zum Vergleich nur vierzig Alabastervasen gegenüberstehen. Wo aus Ägypten statistische Angaben vorliegen, verhalten sich die beiden Gesteinsarten umgekehrt: Von den Anfängen bis ins Alte Reich hinein entsprechen der Menge nach nur etwa siebzig Steatitgefäße über zweitausend Alabastergefäßen.

[1098] Figurengefäße aus Ägypten, Byblos und Kreta; hierzu Weiteres unten. — A. Lucas-J.R. Harris, Ancient Egyptian Materials and Industries (4. Aufl., 1962) 75 und 463; I. Ben-Dor, Palestinian Alabaster Vases, in: Quarterly of the Deptm. of Antiquities of Palestine 11, 1945, 93ff.; P. Warren, Minoan Stone Vases (1969) 125 und 143ff. — Alabasterbügelkanne aus Ägypten in Boston, Mus. of Fine Arts, Inv.-Nr. 143.64. — Bei den Hethitern hieß Alabaster nach dem Herkunftsgebiet "Hupišna" *"Hupišna-Stein"*, s. Haas a.O. 169 mit Anm. 357.

[1099] In H.-G. Buchholz, Ägäische Bronzezeit (1987) 314ff.; desgl. W. Schiering, JdI 75, 1960, 17ff.

[1100] P. Warren, Minoan Stone Vases as Evidence for Minoan Foreign Connections in the Aegean Late Bronze Age, in: PPS 33, 1967, 37ff.; ders., Egyptian Stone Vessels from the City of Knossos; Contributions towards Minoan Economic and Social Structure, in: Ariadne 5, 1989, 1ff. (Festschrift für St. Alexiou); ders., A Merchant Class in Bronze Age Crete? The Evidence of Egyptian Stone Vessels from the City of Knossos, in: Konferenz Oxford 1989 (1991) 295ff.

[1101] P. Warren, Minoan Stone Vases (1969) 132f., auch J.G. Younger, The Lapidary's Workshop at Knossos, in: BSA 74, 1979, 258ff.; s. F. Kiechle, Lakonien und Sparta (1963) 5; hierzu H.-G. Buchholz, HZ 200, 1965, 362f.

[1102] Vgl. die Karten natürlicher Vorkommen in Warren a.O. 138ff. Abb. 3 und 4; ferner M. Becker, Soft Stone Deposits in Crete, in: Journal of Field Archaeology 3, 1976, 361ff. — Auch wenn von Kreta nach Hellas verbracht, bestehen Steingefäße und deren Bruchstücke sehr häufig aus Speckstein, z.B. in Epidauros, s. H.-G. Buchholz, Ägäische Bronzezeit (1987) 341 Anm. 77.

Andererseits schätzte man in manchen Kulturen (Ägypten) besonders harte, schwer zu bearbeitende Gesteine wegen ihrer Unzerstörbarkeit und Dauer. Hierher gehören vor allem grobkörnige Tiefengesteine, wie Granit und Syenit (Feldspat, Quarz und Glimmer), bzw. Diorit (Hornblende und Feldspat), doch auch die weitverbreiteten, sehr feinkörnigen, dichten Schichtengesteine (Schiefer). Letztere sind sowohl in Ägypten als auch im bronzezeitlichen Kreta zu Gefäßen verarbeitet worden [1103].

Ein Naturprodukt besonderer Härte war das bereits mehrfach vorgeführte Obsidian, vulkanisches Glas, das im Bruch rasiermesserscharfe Kanten und Schneiden ausbildete. Neben Feuerstein wurde es in Ras Schamra zu Geräten verarbeitet (Abb. 47d und Anm. 83, 432 und 1029). Auch der poröse Bimsstein gehört hierher [1104]. Zwischen diesem und dem meist dunkelglänzenden glasigen Material liegt eine Art, welche während ihrer vulkanischen Entstehung zwar nicht derartig viele Gasbläschen ausgebildet hat wie der Bimsstein, jedoch genügend, um verarbeitet und poliert einen eigenartigen Effekt hervorzubringen, der ihr den Beinamen "Schneeflockenobsidian" eingetragen hat. Er ist bisher in Größen, die eine Verarbeitung zulassen, nur auf der Ägäisinsel Giali nachgewiesen worden. Aus ihm besteht eine der schönsten Steinvasen, die im minoischen Palast von Kato Zakro ausgegraben wurden [1105]. "Normaler", im Ägäisraum überwiegend von der Kykladeninsel Melos stammender Obsidian wurde auf Kreta gelegentlich zu kleinen Gefäßen verarbeitet [1106], desgleichen in Ägypten bereits in vordynastischer Zeit

---

[1103] Warren a.O. 129f. 137. 231ff. (Bibliographie, auch zu Ägyptischem und Nahöstlichem: J.E. Quibell und Warrens eigene Arbeiten. Dazu: A. Lucas, Egyptian Prehistoric Stone Vessels, in: JEA 16, 1930, 200ff.; R. Macramalla, Vases en Pierre dure trouvés sous la Pyramide à Degrès, in: Annals du Service des Antiquités de l'Égypte 36, 1936, 29ff.; M. Bernard, Les Vases en Pierre de l'Ancien Empire, 5. et 6. Dynastie (1966/67); R.S. Hartenberg-J. Schmidt, The Egyptian Drill and the Origin of the Crank, in: Technology and Culture 10, 1969, 155ff.; A. Abdel-Rahman Hassanain el-Khouli, Egyptian Stone Vessels, Predynastic Period to Dynasty III (1978). Frühe Vergleiche (Orient-Ägäis) bei G.A. Reisner, Stone Vessels found in Crete and Babylonia, in: Antiquities 5, 1931, 200ff.

[1104] Anm. 1022, vgl. ferner H.-G. Buchholz-E. Althaus, Nisyros-Giali-Kos (1982) 90 s.v. Bims und Bimsstuff, sowie H.-G. Buchholz, Ägäische Bronzezeit (1987) 246. — Ich habe eine umfangreiche, vorläufige Obsidianbibliographie zum Druck vorbereitet. — Vgl. H.-G. Buchholz, Zur Herkunftsbestimmung von Obsidianfunden mykenischer Zeit, in: Atti e Memorie del 1. Congr. Intern. di Micenologia Rom 1967, Band I (1968) 64ff.; ders., Ägäische Bronzezeit 65. 89. 95. 152. 244.

[1105] H.-G. Buchholz, Zur Herkunftsbestimmung von Obsidianen in Frühzeit und Antike, in: Mitteilungen der Berliner Gesellschaft für Anthropologie, Ethnologie und Urgeschichte 1, 1967, 133ff. mit Nachweisen in Anm. 11 und Taf. 1c. — Aus "Schneeflockenobsidian" besteht auch die Nachbildung einer Doliummuschel aus Hagia Triada, s. Buchholz-Althaus a.O. 29 Abb. 7c, sowie ein Gefäßfragment aus dem Heiligtum von Pyrgos, s. G. Cadogan, in: R. Hägg-N. Marinatos, Symposium Athen 1980 (1981) 170.

[1106] Warren a.O. 135f.; selten bestehen kretische Schmuckstücke und Siegel aus Obsidian, zu einigen Zusammenstellungen s. Buchholz, Mitteilungen a.O. (Anm. 1105) 144f. Anm. 6 und 15.

(Schüsseln und Fläschchen aus Negade und Abydos) [1107]. Die altägyptischen Fertigungstechniken waren so ausgezeichnet, daß Prestigeobjekte aus solch sprödem Naturglas entstanden, die, mit Goldeinfassung versehen, wie kostbarstes Ebenholz wirkten und als Staatsgeschenke ins Ausland gingen (Byblos) [1108]. So zählt zu den interessantesten Bruchstücken offizieller Obsidiangefäße ein Fund aus Boğazköy mit der Kartusche des Chian [1109]. Ein Gefäßdeckel aus Kalkstein mit der Kartusche desselben ägyptischen Herrschers tauchte bekanntlich im Palast von Knossos auf Kreta auf [1110]. Der Sieger über die Hyksos und Begründer der 18. Dynastie, Ahmose (1560-1530 v.Chr.), setzte die Tradition seiner Vorgänger fort, Salbgefäße aus Obsidian herstellen und mit der Königskartusche versehen zu lassen: zum Fragment einer solchen Vase s. S.M. Goldstein, Pre-Roman and Early Roman Glass in the Corning Museum of Glass (1979) 284 Nr. 857 mit Abb.

Nicht allein Härte war gefragt, vielmehr für besondere Zwecke auch Grob-körnigkeit. Sie bewirkte gemeinsam mit der Härte die Eignung zur Herstellung von Mörsern (Abb. 39a.b, Ras Schamra; Abb. 66a-e und 67a-u, Zypern), Mühlen, Reibsteinen und Stößeln [1111]. Es versteht sich, daß zum Zerreiben oder Zersto-ßen von Farbstoffen (z.B. Pigmentreste in Abb. 39a.b), Mineralien, Chemikalien oder Getreide ganz unterschiedliche Gesteinsarten — und Größen der erzeugten Geräte — genutzt wurden.

[1107] Abdel-Rahman a.O. (Anm. 1103) Nr. 3239. 4295. 5612. 5615. 5616. 5618. Über die Herkunft dieser Obsidiane ist nichts bekannt, doch wahrscheinlich stammen sie aus Ostafrika (Abessinien, Kenia). — Vgl. neuerdings, F. De Romanis, Cassia, Cinnamomo, Ossidiana. Uomini e Merci tra Oceano Indiano e Mediterraneo, in: Saggi di Storia Antica IX (1996).

[1108] Beirut, Nat. Mus., E. Naville, Syria 3, 1922, 291ff. Taf. 67; P. Montet, Byblos et l'Égypte, Atlas (1929) Taf. 88-90; H. Kees, Das alte Ägypten (1955) 74.76; D. Harden, The Phoenicians (1962) 48 Abb. 10; D. Baramki, Die Phönizier (1965) Taf. 2,2; W.Stevenson Smith, Interconnections in the Ancient Near East (1965) Abb. 26; W.Culican, The First Merchant Venturers, the Ancient Levant in History and Commerce (1966) 20 Abb. 8.9; J. Thimme-P. Åström-G. Lilliu-J. Wiesner, Frühe Randkulturen des Mittelmeerraumes (1968) 207 Abb. 49; s. Buchholz, Mitteilungen a.O. (Anm. 1105) 135f. Taf. 1a. Weiteres zu dortigen Importen von Steingefäßen M. Money-Coutts, A Stone Bowl and Lid from Byblos, in: Berytus 3, 1936, 129ff.

[1109] Buchholz a.O. 136 Abb. 2 (Rekonstruktionszeichnung) nach H. Stock, MDOG 94, 1963, 73ff.; Th. Beran, AfO 20, 1963, 245f. mit Abb. 45; W.S. Smith, Interconnections in the Ancient Near East (1965) 20 und 28; F. Schachermeyr, Ägäis und Orient (1967) 43 Taf. 30,116.

[1110] Knossos (MM III A), s. A. Evans, PM I (1921/1964) 419 Abb. 304b; J.D.S. Pendlebury, Aegyptiaca (1930) 22 Nr. 30 Taf. 2; ders., The Archaeology of Crete (1939) 172; L.R. Palmer, The Khyan Lid Deposit at Knossos, in: Kadmos 20, 1981, 108ff.; C. Lambrou-Phillipson, Hellenorientalia (1990) 220f. Nr. 100 (mit Bibl.) Taf. 68; W. Helck, Die Bezie-hungen Ägyptens und Vorderasiens zur Ägäis (2. Aufl., 1995) 39.

[1111] Vgl. bereits oben Anm. 427; ferner R.J. Forbes, Studies in Ancient Technology (2. Aufl., 1965) III 138ff. ("crushing, pounding"); H.-G. Buchholz, Ägäische Bronzezeit (1987) 168 Abb. 45; S. 186. 276. — Auch W. den Boer, Hesiod's Mortar and Pestle, in: Mnemosyne 9, Heft 1, 1956, 1ff.

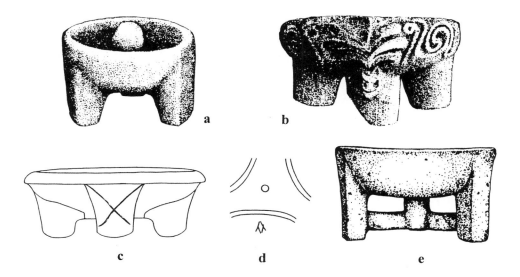

Abb. 66 a-e. Dreifußmörser aus Stein (a.b.e) und Ton (c.d): a und b aus Akrotiri/Thera, Import aus Syrien, mit zugehörigem Reibstein (a) und lokales Produkt (b). — c.d Zypern, tönerner Dreifußmörser mit kypro-minoischem Schriftzeichen auf der Unterseite; Cyprus Museum/Nikosia. — e Hochbeiniger syrischer Mörser mit Mittelsäule und Verstrebungen

Abb. 66 f und g. Früheisenzeitlicher syrischer Basaltdreifuß mit figürlich gestalteten Füßen (drei Sphingen) und einem Becken nach Art metallener Rippenphialen, in Zypern Importstück; Cyprus Museum/Nikosia

So erfährt man durch Strabo (XVII 1 § 33, 808), daß die Pyramide von Memphis bis fast zur halben Höhe "aus jenem schwarzen Gestein, woraus man auch die Mörser macht", bestehe [1112]. Und über die ägäische Insel Nisyros sagte er, sie sei "reich an Mühlstein, so daß die Nachbarn von dort mit Mühlsteinen versorgt werden" (Strabo X 5 § 16, 488). In der Tat wurde festgestellt, daß der Ballast in dem berühmten Schiff der Alexanderzeit, das vor der nordkyprischen Stadt Kyrenia unterging, aus derartigem Material bestand (aus vulkanischen Laven und Tuffen von den Insel Kos oder Nisyros in Form von "grain-rubbers" [1113]).

In anderen Fällen wurden als Werkstoffe syrische Basalte — relativ feinkörnige dunkle Vulkangesteine — ermittelt [1114], beispielsweise in Ebla (Tell Mardich) [1115] und Ras Schamra [1116], desgleichen als Einfuhrgut in Zypern und im ägäischen Raum (z.B. Abb. 66a, Thera) [1117]. In Ugarit waren steinerne Dreifußmörser der abgebildeten Art recht häufig [1118] und in einem Fall zu einer Form mit vier Füßen verändert (Abb. 39a.b).

[1112] Vgl. auch XVII,1 § 50, 818: "schwarzes, hartes Gestein, woraus man auch die Mörser macht", werde zwischen Syene und Philai abgebaut.

[1113] H.-G. Buchholz-E. Althaus, Nisyros, Giali, Kos (1982) 18 und 48.

[1114] Hierzu O. Williams-Thorpe-R.S. Thorpe-C. Elliott-C. Xenophontos, Archaeology, Geochemistry, and Trade of Igneous Rock Millestones in Cyprus during the Late Bronze Age to Roman Periods, in: Geoarchaeology 6, 1991, Heft 1, 27ff., mit Listen, Diagrammen und Karten. Als aus "Basalt" bestehend sind Dreifußmörser und Stößel aus einem Grabe in Altpaphos bezeichnet: F.G. Maier, 6. Trierer Winckelmannsprogramm 1984 (1985) Taf. 2,4.

[1115] P. Matthiae, Missione Arch. Italiana in Siria (1967) Abb. 17,24; ders., Old Syrian Basalt Furniture ..., in: Beiträge zur Altorientalischen Archäologie und Altertumskunde, Festschrift für B. Hrouda (1994) 167ff. Abb. 1-3 Taf. 15b-17 (hier nicht Mörser, sondern Kultgefäße mit figürlichen Füßen, zu diesen s. unten).

[1116] Cl. Schaeffer, Syria 10, 1929, 286f.; ebd. 12, 1931, 2 und ebd. 15, 1934, 106. Zur Herkunftsbestimmung verwendeter Gesteinssorten — außer Flint, Obsidian, Steatit usw. — s. M. Yon, Arts et Industries de la Pierre, in: Ras Shamra-Ougarit VI (1991).

[1117] Zu dem gesamten Komplex des Ex- und Imports s. H.-G. Buchholz, Steinerne Dreifußschalen des ägäischen Kulturkreises und ihre Beziehungen zum Osten, in: JdI 78, 1963, 1ff.; hierzu Stellungnahme und Ergänzungen in: H.-G. Buchholz, Bibliographie anläßlich seines 70. Geburtstages am 24.12.1989 (1992) 63ff. Nr. 17, dazu: P. Warren, Minoan Stone Vases (1969) 115ff. Typ 45; C. Baurain, Chypre et la Méditerranée Orientale au Bronze Récent (1984) 154 Anm. 350; J.A. MacGillivray-L.H. Sackett, BSA 79, 1984, 129ff. Taf. 11a (Material: "Dazit", Fragment aus Roussolakkos/Ostkreta); W.-D. Niemeier, in: Tagung Palermo 1984 (1986) 266 Abb. 17 (Verbreitungskarte nach Buchholz); C. Lambrou-Phillipson, Hellenorientalia (1990) Taf. 27f. Nr. 67.148-150.156.187-190.229.260.266.306.426.481.575.584.612.613. — Zu den beiden aus syrischem Basalt gefertigten Stücken aus Gournia s. zuletzt J.S. Soles, AJA 95, 1991, 77 Nr. 13.14, zu kyprischen Dreifußmörsern: J.-Cl. Courtois-J. und E. Lagarce, Enkomi (1986) 148.

[1118] Vgl. Cl. Schaeffer, Ugaritica II (1949) 160f. Abb. 62,16; ferner in: Ras Shamra-Ougarit III (1987) 42 Abb. 22; H.-G. Buchholz, JdI 78, 1963, 25 Abb. 11e.f; S. 29 Abb. 12a-e; S. 45f. Nr. C154-C158.

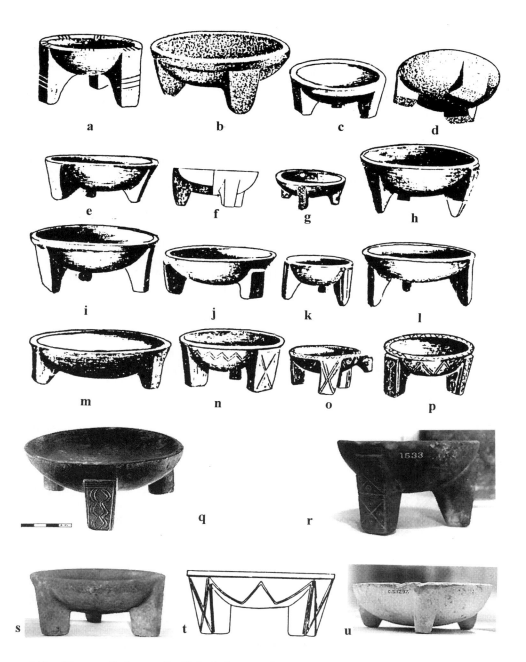

Abb. 67 a-u. Steinerne Dreifußschalen aus Zypern: a Larnaka. — b Idalion. —
c Sinda. — d.e Enkomi, Stadtgebiet. — f-o Enkomi, aus Gräbern. — p Von unbekanntem kyprischen Fundort; Florenz, Slg. Cesnola. — q.t Enkomi, q aus Grab 6, t Inv.-
Nr. 2.272, Grabung 1946, Basalt. — r.u Von unbekanntem kyprischen Fundort, im
Metropolitan Museum/ New York (Slg. Cesnola, Inv.-Nr. 1533 und 1297). — s Zypern,
unbekannten Fundortes, im Cyprus Museum/Nikosia, Inv.-Nr. 1933/XI-27/13

Etwas gröber als Basalt gibt sich das ebenfalls basaltische Tiefengestein "Gabbro", aus dem immerhin etwa vierzig kretische Vasen bestehen [1119]; gröber als Basalt ist auch ein graues, "Trachyt" genanntes vulkanisches Gestein mit Feldspat- und Pyroxenbestandteilen [1120].

Zwei Stücke aus Thera (Abb. 66a und b) verdeutlichen die Unterschiede zwischen einem Import aus syrischem Material und einer lokalen Fertigung (Abb. 66b) [1121]. Eine genügende Beimengung grober Gesteinskörner zum Ton und dessen Brand bei hoher Temperatur ermöglichten die Herstellung einer billigen Version derartiger Mörser (Abb. 66c.d, ein Beispiel aus Zypern mit kyprominoischer Schriftmarke auf der Unterseite [1122]).

Schließlich wurde gegen Ende der Bronzezeit eine zwar typenmäßig durchaus zugehörige, aber durchweg aus weichem Speckstein bestehende Variante beliebt, die gratig begrenzte, mit Gravuren versehene Fußfronten zeigt (u.a. auch auf Rhodos) und manchmal mit einem plastischen Rinderkopf verziert ist (Abb. 67 o, Enkomi, ebenso in Perati/Attika). Diese Art darf als typisch kyprisch gelten [1123] (vgl. Abb. 67a.g.k.n-p.q.r.t [Enkomi 1946/2.272]) [1124]. Auf der Insel gibt es dieselben Steatitmörser auch unverziert (Abb. 67c [Sinda] und e.f.h-j.l.m [sämtlich aus Enkomi]).

Die mit einem Ausguß versehene Variante wurde in Akrotiri/Thera gefunden. Sie kommt ohne und mit Füßen etwas später im "Haus der Sphingen" von Mykene vor und ist aus dem Schiffswrack vom Kap Gelidonya bekannt, mithin aus einem Gebiet, das von Lykien über die Kykladen bis in die Argolis reicht.

[1119] Warren a.O. 144.

[1120] Warren a.O. 141.

[1121] Zu den in Abb. 66 und 67 abgebildeten Objekten s. die Einzelnachweise in meiner in Anm. 1117 genannten Studie. Weiteres bei Chr. Doumas, Akrotiri Theras, Eikosi Chronia Eurenas, 1967-1987 (1992) Taf. 48 und 50b (Neugriechisch).

[1122] Abb. 66c.d: Cyprus Mus., Inv.-Nr. 1967/IV-25/1, V. Karageorghis, BCH 92, 1968, 270 Abb. 16 (Dm 30 cm, H 10,5 cm, unbekannten Fundortes); ferner ohne ein Zeichen: Inv.-Nr. 1954/V-7/25. Das Zeichen bestätigt die Datierung in die Bronzezeit, während oft ein genauer Zeitansatz nicht möglich ist, da Material des 2. und früheren 1. Jts. v.Chr. typologisch kaum getrennt werden kann, vgl. z.B. einen späten Dreifußmörser, Kalkstein, aus einem Grab von Larnaka-Hagios Georgios: V. Karageorghis, BCH 113, 1989, 796 und 798 Abb. 19 oder ein anderes Stück aus Grab 619 in Amathous: Annual Report of the Dept. of Ant. Cyprus for 1991 (1992) Abb. 48. — Im übrigen vgl. mein Diagramm über die "Laufzeiten" dieser Form in: JdI 78, 1963, 59 Abb. 19.

[1123] Auch H.-G. Buchholz, AA 1974, 396f. Abb. 54. Zusammenstellung der Muster der Steatit-Dreifußmörser in: H.-G. Buchholz, JdI 78, 1963, 3 Abb. 1a-d; S. 20ff. Abb. 9 und 10.

[1124] Aus Idalion ein weiteres Fragment mit Verzierungen, Steatit, in Stockholm, Medelhavsmus., s. L. Åström, Studies on the Arts and Crafts of the Late Cypriote Bronze Age (1967) 62 Abb. 71,29; 64f. (Liste) mit Anm. 1; Buchholz a.O. 14 Nr. B22.

Und endlich gibt es noch eine reicher ausgestattete Abart der steinernen Dreifü-
ße mit Mittelsäule und Querverstrebungen (Abb. 66e) [1125]. Je höher diese sind,
je flacher die Schalenoberfläche, desto mehr nähert sich die Form den (Opfer-)
Tischen. In Beispielen aus Qatna und Hama lassen sie sich in der Tat als solche
ansprechen [1126]. Diesem hauptsächlich auf Syrien-Palästina beschränkten und in
Ras Schamra vorkommenden Sondertypus ist auch ein Beispiel aus Aradippou/-
Zypern anzuschließen [1127], sowie ein sehr reich skulpiertes Stück aus syrischem
Basalt im Cyprus Museum, ebenfalls zur Mitte hin verstrebt, mit Füßen die zu drei
Sphingen gewandelt sind, und mit einem ganz flachen Becken (Abb. 66e und f),
nach Material und Formgebung ein syrischer Import auf der Insel [1128].

Unser Thema erweist sich auch bei Betrachtung von Steingefäßen als mehr-
schichtig: geht es um Formenvermittlungen und Nachahmungen, so war — mindestens bezüglich der behandelten Dreifußmörser — der Osten gebender und anregen-
der Teil. Geht es um Handel, um Ex- und Importe von Steinvasen oder Rohmaterial
allgemein, so zeigen sich je nach Bedarf oder Beliebtheit und Zweckentsprechung
in bestimmten Gesteinsarten nebeneinander innerägäische und weiträumige ostmediterrane Wechselbewegungen (z.B. afrikanischer Obsidian in Gestalt eines Chian-
Gefäßes in Zentral-Anatolien; Schneeflockenobsidian, Lapis Lacedaemonius oder
ägyptischer Alabaster in Kreta; syrisches und ostägäisches Vulkangestein in groß-
räumiger Verbreitung). In diesem Zusammenhang ist auf eine prächtige minoische
Steinlampe aus rotem Marmor in Gestalt eines reich entfalteten Blattkapitells zu
verweisen, welche in Tell Atschana (Alalach) zutage kam [1129].

Zum Alabasterdeckel aus Knossos mit der Kartusche des ägyptischen "Fremd-
herrschers" Chian bemerkte W. Helck: "Sicherlich ist dies der Rest eines Salbgefä-
ßes, das — wie das ebenfalls durch den Namen des Chajên bestimmte Fragment
aus Boğazköy — eine offizielle Sendung des ägyptischen Königs dargestellt hat,

---

[1125] Vgl. L. Woolley, Carchemish III (1952) Taf. 69c; S. Laser, Hausrat, in: H.-G. Buchholz,
ArchHom, Lieferung P (1968) 64ff. Abb. 11i (hiernach unsere Abb. 66e).

[1126] Buchholz a.O. 59ff. Abb. 20b und c; vgl. auch H. Weippert, Stein und Steinbearbeitung,
in: K. Galling, Biblisches Reallexikon (2. Aufl., 1977) 317ff. Abb. 82,2.

[1127] Das sogenannte "Village Priest's Tomb" enthielt überwiegend Geometrisches, der
singuläre Dreifuß mag ein Erbstück gewesen sein: Brit. Mus., Inv.-Nr. 80/VII-10/20; s. D.M.
Bailey, BritMusQuart 34, Heft 1/2, 44 Abb. 3 und S. 50 (Kalkstein, Dm 25,4 cm, H 13,8
cm); vgl. BritMusCatSculpture 40 Nr. C442 Taf. 19.

[1128] Inv.-Nr. 1960/III-14/4, aus der Umgebung von Nikosia und gewiß nachbronzezeitlich; s.
A.M. Bisi, Un Bacino d'Offerta del Museo di Nicosia e la Distribuzione dei Tripodi in
Pietra nel Mediterraneo Orientale, in: Oriens Antiquus 5, 1966, 27ff. Taf. 3 und 4 (unsere
Abb. 66e und f). — Ich habe a.O. 62 Anm. 54 die Genese derartig anspruchsvoller Kunst-
werke aus unserer schlichten Typenreihe angezweifelt. Doch letztlich besteht zwischen allen
Dreifußvarianten des Nahen Ostens Verwandtschaft. Dies wird mit der Entdeckung bedeu-
tend älterer figürlich gestalteter Dreifüße bestärkt (vgl. P. Matthiae, in: Festschrift Hrouda,
oben Anm. 1115), s. Verf. in Festschrift Loretz (1998) 133ff.

[1129] F. Schachermeyr, Ägäis und Orient (1967) Taf. 56,210; J. Wiesner, in: Frühe Randkulturen des Mittelmeerraumes (1968) 208 Abb. 50; H.-G. Buchholz, AA 1974, 400f. Abb. 56a.b.

das dieser bei der Thronbesteigung eines fremden Fürsten mit Öl gefüllt zur Salbung zu versenden pflegte. Parallele Stücke fanden sich aus dem MR in den Gräbern der Fürsten von Byblos" [1130]. Diese Deutung mag zutreffen und würde bedeuten, daß die u.a. aus dem Alten Testament wohlbekannte Königssalbung (David) auch auf Kreta Eingang gefunden hatte. Außerdem zeigt dieser Befund — neben weiteren Hinweisen — an, daß selbst kostbare Steingefäße keineswegs immer um ihrer selbst willen, sondern Ort und Besitzer lediglich als "Verpackung" wechselten. Vielleicht hängt im weitesten Sinne damit zusammen, daß — überregional verbreitet — Steingefäße (auf Kreta sehr häufig mit Linear A-Schrift versehene "Opferplatten und -tische") absichtlich zerstört worden sind [1131], etwa mit der Absicht, ihre anderweitige Verwendung zu verhindern.

[1130] W. Helck, Die Beziehungen Ägyptens und Vorderasiens zur Ägäis bis ins 7. Jh. v.Chr. (2. Aufl., 1995) 39. — Zu ägyptischen beschrifteten Steingefäßen als Behältnissen von Salben bei der Amtseinführung s. ferner: E. Edel, in: Frühe Phöniker im Libanon, 20 Jahre deutsche Ausgrabungen in Kamid el Loz (1983) 38f. — Die sakrale Salbung ist natürlich nicht unter den Begriff "Luxus" zu stellen. Zu letzterem vgl. Plinius, NH XIII, IV 20: "Unter allen Grundstoffen des Luxus sind Salben wohl das, was am überflüssigsten ist. Perlen nämlich und Edelsteine gehen auf den Erben über, Kleider halten eine gewisse Weile, doch Salben verdunsten rasch".

[1131] Vgl. P. Rehak, The Ritual Destruction of Minoan Art ?, in: Archaeological News (Univ. of Georgia) 19, 1994, 1ff. (mit Listen zerstörter Stierkopfrhyta aus Stein, Reliefvasen aus Stein und steinernen Nachbildungen von Muscheln).

3. *Rollsiegel*

Bei der Betrachtung des Lapis Lazuli-Handels gelangten auch Rollsiegel aus diesem edlen Gestein im böotischen Theben in den Blick (Abb. 92g und h und 97e) [1132]. Aus dem Vorkommen derartiger "Luxusgüter", Fremdlingen im ägäischen Raum, ergeben sich Fragen; denn mit ihnen wurde in der Regel in Griechenland nicht gesiegelt. Sie dürften als Amulette und jedenfalls als kostbarer Rohstoff angesehen worden sein. Auch können und werden derartige Materialien über Generationen hin vererbt worden sein und tragen mithin nicht in allen Fällen zur Datierung minoisch-helladischer Befunde bei. Über den manchmal dubiosen Aussagewert babylonischer Rollsiegelfunde Kretas haben sich u.a. mehrfach F. Matz und I. Pini geäußert, ferner Eva Møller in ihrer Studie "A Revaluation of the Oriental Cylinder Seals found in Crete" und Ingrid Strøm in "Middle Minoan Crete, a Re-Consideration of Some of Its External Relations" [1133].

Datierungsprobleme gibt es, wo man hinschaut: Beispielsweise übernehme ich unten ein in Florenz befindliches Rollsiegel (Mus. Arch., Inv.-Nr. 85079) der italienischen Ausgrabung von 1911 in Hagia Triada/Südkreta in Zeichnung (Abb. 92a). P.E. Pecorella ordnete es als "altbabylonisch" ein (1900-1700 v.Chr.) [1134]. Doch E. Møller bemerkte: "There is, however, nothing to suggest a date earlier than the second half of the second millenium B.C. for this seal" [1135].

Strittig ist in diesem Fall eine Differenz von etwa vierhundert Jahren, während sich bei dem Mitanni-Siegel aus Tiryns (Abb. 93f [1136]) ein Zeitunterschied von

---

[1132] Oben S. 304. Weiteres unten Anm. 1138 und 2471. Einen allgemeinen Überblick über Lapis Lazuli bietet E. Zwierlein-Diehl, in: Kotinos, Festschrift für E. Simon (1992) 386ff. — Zu einer weiteren mykenischen Lapis Lazuli-Perle aus Rhodos im British Mus. s. A. Furtwängler-G. Loeschcke, Mykenische Vasen (1886) 72 Nr. 14; zu einem myk. Lapis Lazuli-Siegel in Delos (Inv.Nr. B 7158) s. G. Sakellarakes, in: U. Jantzen, Neue Forschungen in griechischen Heilgtümern (1976) 296 Nr. 44.

[1133] In J. Best-N. De Vries, Interaction and Acculturation in the Mediterranean, Proceedings of the 2nd Int. Congress of Mediterranean Pre- and Protohistory, Amsterdam 1980 (1980/82) 85ff. und 105ff.; I. Strøm, Graekenlands Forhistoriske Kulturer II (1982) 370. — Eine Auswahl derartiger Rollsiegel in: H.-G. Buchholz-V. Karageorghis, Altägäis und Altkypros (1971) Abb. 1362. 1373-1380, mit Lit.; s. auch V.E.G. Kenna, Ancient Crete and the Use of the Cylinder Seal, in: AJA 72, 1968, 321ff.

[1134] P.E. Pecorella, Sigillo Cilindrico da Haghia Triada nel Museo Archeologico di Firenze, in: SMEA 1, 1966, 67ff.; s. C. Lambrou-Phillipson, Hellenorientalia (1990) 194 Nr. 24 Taf. 2,24 (Umzeichnung nahezu unvergleichbar mit der unseren); bereits: H.-G. Buchholz, in: G. Bass, Cape Gelidonya (1967) 154 Nr. 21a; V.E.G. Kenna, Ancient Crete and the Use of the Cylinder Seal, in: AJA 72, 1968, 321ff. 334ff.

[1135] E. Møller, A Revaluation of the Oriental Cylinder Seals found in Crete, in: Kongreß Amsterdam 1980, 100 Anm. 4.

[1136] Hierin enthalten: goldene kyprische Ohrringe (Abb. 65n). — Zu den Nachuntersuchungen 1916 in Tiryns s. G. Karo, AA 1916, 143ff., auch in Propyläen-Kunstgeschichte XIV (1975) Taf. 270c.

zweihundert Jahren anderer Art ergibt, nämlich zwischen dem festgestellten Herstellungsdatum des Siegels (14. Jh. v.Chr.) und seiner Deponierung in einem Schatz heterogener Beschaffenheit (SH IIIC [1137]). In derartigen Fällen beruht stets auf dem jüngsten Objekt das frühestmögliche Datum des gesamten Hortfundes.

Gerade ein derartig aufsehenerregender Fund wie der Schatz aus dem oben zitierten mykenischen Palast im böotischen Theben verdeutlicht, wie sich angeblich archäologisch unverrückbare Wahrheiten mit einem Schlag ins Gegenteil verkehren: Während sich vor dieser Entdeckung N. Platons und Eva Touloupas in den frühen sechziger Jahren [1138] kaum Zweifel an der Priorität Kretas gegenüber dem helladischen Festland bezüglich der Aufnahme von östlichen Rollsiegeln erhoben, ergab sich danach statistisch mit einem Schlage ein umgekehrtes Bild: 47 Rollsiegel aus Hellas standen nun lediglich sieben aus Kreta und fünf von den übrigen Inseln gegenüber [1139].

In der endbronzezeitlichen Nekropole von Perati/Ostattika kamen in nahezu zeitgleichen Befunden (um, bzw. nach 1200 v.Chr.) zwei importierte Rollsiegel zutage, deren Entstehungszeiten zweihundert Jahre auseinanderliegen: ein Mitannizylinder des 15. Jhs. v.Chr. (Abb. 92j) und ein kyprischer Zylinder des 13. Jhs. v.Chr. (Abb. 92i) [1140]. Für derartige Anachronismen gibt es weitere Beispiele im

---

[1137] Athen, Nat.-Mus., Inv.-Nr. 6214, s. CMS I Suppl. Nr. 19; Buchholz a.O. 158 Nr. 100 (mit Bibliographie); ders., Altägäis Nr. 1378; I. Pini, PZ 58, 1983, 119 Nr. 17; Lambrou-Phillipson a.O. 360f. Nr. 498 Taf. 14,498; B. Salje, Der 'Common Style' der Mitanni-Glyptik und die Glyptik der Levante und Zyperns in der späten Bronzezeit (1990) Taf. 19,321 und S. 115 Abb. b.d (nordmesopotamisch-syrischer, sorgfältig plastischer Stil).

[1138] N. Platon, Oriental Seals from the Palace of Cadmus, in: ILN Nr. 6539 vom 28.11.1964, 859ff. und ebd. 5.12.1964, 896f.; E. Weidner, AfO 21, 1966, 193ff. mit Abb. 76. 77; auch L.R. Palmer, The Times vom 17.6.1964 und L.R. Palmer-O.R. Gurney ebd. vom 17.7.1964; R. Opificius, UF 1, 1969, 109 Nr. 77; A. Parrot, Supplément Sumer-Assur (1969) 25 Abb. 50 und 51; K.M. Kolobova, Vestnik Drevney Istorii 70, 1970, 111ff. (Russisch). — Zu den Ausgrabungen und Funden: E. Touloupa, Kadmos 3, 1964, 25ff. mit 6 Tafeln; zu den Inschriften von drei der Rollsiegel ebd. A. Falkenstein 108f. — Sodann E. Porada, Cylinder Seals from Thebes, a Preliminary Report, in: AJA 69, 1965, 173ff.; 70, 1966, 194ff.; dies., The Cylinder Seal in Cypriote Style with Minoan Elements, in: Symposium Nikosia 1978 (1979) 121ff.; dies., The Cylinder Seals found at Thebes in Boeotia, in: AfO 28, 1981/82, 1ff. (abschließende Bearbeitung), mit einem Beitrag von J.A. Brinkman, The Western Asiatic Seals found in Thebes in Greece. Danach Ausstellungskatalog "The Mycenaean World" (1988) 253; C. Lambrou-Phillipson, The Oriental Cylinder Seals from Thebes, in: Hellenorientalia (1990) 76ff. 297ff. Nr. 312-350 Taf. 7-12; W. Helck, Die Beziehungen Ägyptens und Vorderasiens zur Ägäis bis ins 7. Jh. v.Chr. (2. Aufl., 1995) 104 mit Anm. 156.

[1139] Zahlenangaben nach Sp. Iakovides, in: H.-G. Buchholz, Ägäische Bronzezeit (1987) 463; entsprechend C. Lambrou-Phillipson, Hellenorientalia (1990) 76ff. 430. 436 Nr. 23, S. 441 Nr. XXXIII 23 (47 Belege unter "Lapislazuli") Taf. 2ff.

[1140] Sp. Iakovides, in: H.-G. Buchholz, Ägäische Bronzezeit (1987) 461ff. Abb. 120a.b (danach unsere Abb. 92i.j) und weitere Nachweise ebd. in Anm. 25. 26; bereits H.-G. Buchholz a.O. (s. folgende Anm.) 157 Nr. 54. 55 (mit Lit.), sowie Sp. Iakovides, AfO 17, 1954-56, 211ff.; R. Opificius, UF 1, 1969, 102 Nr. 78; Lambrou-Phillipson a.O. Taf. 7,297.

Auftreten von Rollsiegeln in der Ägäis. Das gilt ebenfalls für das syrische Stück des 17. Jhs. v.Chr. im Schiffswrack aus der Zeit um 1200 v.Chr. am Kap Gelidonya, sozusagen auf dem Seewege zwischen dem Ursprungs- und Bestimmungsland, sofern es nicht der persönlichen Habe eines Angehörigen der Schiffsbesatzung zugezählt werden muß (Abb. 91g) [1141].

Auch bei stilistischen Datierungen geben angesichts vorhandener Zeit- und Regionaldifferenzen in ein und demselben Objekt die jeweils jüngsten Elemente den Ausschlag. So ist beispielsweise das kyprisch-levantinische Mischprodukt hoher Qualität, ein Rollsiegel aus Hämatit mit beträchtlichen ägyptischen Merkmalen (Abb. 92b) aus Kition, Grab 9, nicht älter als Mitte des 13. Jhs. v.Chr. [1142].

Mit dem Schiffswrack von Ulu Burun traten auf dem Seeweg in den Westen zwei weitere Rollsiegel hinzu, die hier mit mykenischen Siegelsteinen "vergesellschaftet" waren [1143]

Allgemein galt die Regel: Das Vorkommen von Keilschrift und Rollsiegeln bestimmt die Zugehörigkeit eines Gebietes zum orientalischen Kulturkreis im weitesten Sinn. Als F. Matz 1928 seine berühmte Berliner Habilitationsschrift "Die frühkretischen Siegel, eine Untersuchung über das Werden des minoischen Stils" vorlegte, mag mit einer Handvoll damals bekannter Rollsiegel im ägäischen Bereich eine deutliche Abgrenzung des minoischen Kreta als alteuropäischer Kulturprovinz vom Orient kein Problem bedeutet haben. Doch in meiner Rollsiegelstudie von 1967 waren es bereits über hundert Beispiele [1144], deren Zahl sich seitdem dank der Sammeltätigkeit von I. Pini, welcher die von F. Matz begründete Siegelforschung fortsetzt, weiter vermehrte. Das macht die Definition von Kulturkreisbegrenzungen und -überlappungen nicht einfacher. Beispielsweise sei auf die "offene" Kulturgrenze nördlich vom Kaukasus verwiesen. Denn zu den dortin gelangten Kulturerscheinungen zählen bereits frühzeitig vorderasiatische Siegel, beispielsweise in der Majkobkultur [1145]. Außerdem gelten dort zum Ring gebogene Bronzestäbe als höchst bemerkenswert, von denen zwei aus einem zerstörten Grab von Majkob stammen [1146]. Es wird sich — wie A. Häusler richtig bemerkte — kaum um

---

[1141] Hierzu oben S. 57ff. Anm. 185 und 240: Bass a.O.; ebenda 148-159 mit Abb. 152-154 (danach unsere Abb. 91g): "the Cylinder Seal" (H.-G. Buchholz).

[1142] Gemeinsam mit mykenischer Keramik der Stufe SH IIIB gefunden, s. V. Karageorghis, Zypern (deutsche Bearbeitung von H.-G. Buchholz, 1968) Abb. 61; Buchholz, AA 1974, 374 Abb. 33 und S. 375 zu Grab 9.

[1143] Oben Anm. 212 und 240 (Nachweis der mykenischen Siegel).

[1144] Vgl. Anm. 1141.

[1145] J. Makkay, Journal of Indo-European Studies 19, 1992, 193ff. Hierzu und zum folgenden: A. Häusler, in: B. Hänsel-St. Zimmer, Die Indogermanen und das Pferd, Akten des Int. interdisziplinären Kolloquiums, Berlin 1992 (Budapest, 1994) 235f. und bereits St. Przeworski, RAss I Taf. 19; II 487; s. ferner auch Buchholz a.O. (Anm. 1141) 151 Anm. 26. — Zu mesopotamischen Rollsiegeln des 2. Jts. v.Chr. in Georgien s. M. Vickers, Antike Welt 26, 1995, 188. 191 Abb. 13a.b.

[1146] L 13,8 und 16,5 cm, s. Häusler a.O. 235f. Abb. 12b.

Pferdetrensen handeln [1147], vielmehr um die Weiterbildung eines im Zweistromland seit dem Ende des dritten Jahrtausends belegten göttlichen "Stab-Ring-Attri-
buts" [1148]. Für dieses Herrschaftssymbol bilden die Urnammu-Stele und danach
besonders die Hammurabi-Stele im Louvre vorzügliche Zeugnisse [1149]. Bis hin
in die neuassyrische Epoche verfügen wir über zahlreiche weitere Belege für dieses
Machtzeichen [1150].

Jedenfalls lassen die Rollsiegelvorkommen Griechenlands diesen Kulturraum
nicht einfach im Sinne des Periphären als orienalisiert erscheinen. Das ergibt sich
angesichts vieler Tausender unverwechselbarer einheimischer Siegel lentoïder und
anderer Form (hier in geringer Auswahl: Abb. 91b; 93a.b.f.i; 100e-g). Sie sind in
dem monumentalen Werk "CMS" in eindrucksvoller Fülle gesammelt [1151]. In
bezug auf Steinschneidekunst und Siegelgebrauch lag auch bei F. Schachermeyr
keineswegs der Ton auf der Abhängigkeit vom Osten, sondern auf der Aneignung
eines ursprünglich östlichen Kulturgutes: "Selbständigkeit bedeutet nicht, daß es
keine äußeren Einflüsse gegeben habe, nur müssen wir von der übernehmenden
Gesittung fordern, daß sie die Kraft hatte, solches Lehngut in ihren eigenen kulturellen Kreislauf einzuschmelzen. Für Kreta kann außer Zweifel stehen, daß sich die
minoische Kultur die von den Kykladen übernommene Spirale und die vom Orient
gebotene Idee der Siegelglyptik völlig einverleibt und zu eigenem Kulturgut gemacht hat" [1152].

Auch reichten die Anfänge der Begegnung Südosteuropas mit dem Osten, was
Siegel, nicht allein Zylindersiegel, angeht, weit zurück [1153]; die Begegnung der
beiden Kulturwelten vollzog sich allerdings weder geradlinig noch in stetig zuneh-

---

[1147] So R.M. Munčaev, Bronzovye Psalii ..., in: Kavkaz i Vostočnaja Evropa v Dresnosti
(Russisch, 1973) 71ff.

[1148] Diese von A. Häusler übernommene Deutung der Bronzeobjekte von Majkop erstmals
bei V.A. Trifonov, Kratkie Soobščenija 192, 1987, 18ff. mit Abb. 21.

[1149] Zur Urnammu-Stele: L. Legrain, RevAssyr 30, 1933, 111ff. — Zur Hammurabi-Stele
u.a. A. Fourlas, Der Ring in der Antike und im Christentum (1971) 34 Abb. 18.

[1150] E.D. van Buren, Rod and Ring, in: Archiv Orientální 17, 1949, 434ff.; B. Hrouda, Die
Kulturgeschichte des assyrischen Flachbildes (1965) 103. 153 Taf. 40,1.2. — Vom Orient
her betrachtet, ist an den Symbolobjekten nördlich des Kaukasus als ungewöhnlich anzusehen, daß allein ein zum großen Ring gebogener Rundstab an die Stelle der beiden ursprünglich unterschiedenen Elemente getreten war.

[1151] Zu diesem, von F. Matz/Marburg begründeten Riesencorpus und weiterer Siegelliteratur
s. Anm. 1058.

[1152] F. Schachermeyr, Kreta und Mykene, ein Vergleich ihres Kulturcharakters, in: H.-G.
Buchholz, Ägäische Bronzezeit (1987) 381. — Die betr. Infiltration fand über lange Zeiträume hinweg statt und läßt sich, was Rollsiegel angeht, bis in die Frühbronzezeit II zurückverfolgen (Troja, Poliochni/Lemnos), Nachweise bei O. Höckmann, in: Ägäische Bronzezeit 74f.
Anm. 173 und 174.

[1153] J. Makkay, Early Stamp Seals in South-East Europe (1984); W. Helck, Die Beziehungen
Ägyptens und Vorderasiens zur Ägäis bis ins 7. Jh. v.Chr. (2. Aufl., 1995) 10.

menden Annäherungen. Es handelte sich dann im späteren Verlauf um ein Nehmen und Geben, insofern es nicht allein Rollsiegel-Importe im ägäischen Raum und einige sicher dort hergestellte Stücke gibt, sondern gelegentlich kretisch-mykenisches Bildgut, ja, sogar kretischen Stil, die Eingang ins Repertoire der syrischen Zylinder-Produktion fanden (z.B. Stiersprungszenen, Abb. 92e) [1154].

Eine ganze Gruppe von Rollsiegeln mit ägäischen und kyprischen Bild- und Stilelementen ist hauptsächlich aus Funden von Kreta, Enkomi und weiteren bronzezeitlichen Stätten Zyperns (z.B. Abb. 93e, aus Golgoi [1155]) bekannt. Sie verkörpert die Einwirkung des Minoisch-Mykenischen auf den mediterranen Osten vielleicht überzeugender noch als die von H. Seyrig bekannt gemachten, oben erwähnten syrischen Rollsiegel. Für die Definition und Zusammenstellung jener Gruppe "Kypro-ägäischer Rollsiegel" kamen der verstorbenen Edith Porada und nach ihr I. Pini besondere Verdienste zu [1156]. Nicht selten sind bei den fraglichen Stücken in den Bildfeldern einzelne Zeichen oder Zeichengruppen der kyprominoischen Schrift untergebracht [1157]. I. Pini schloß seine Studie: "Kyprische Graveure griffen auf sehr verschiedene Quellen zurück. Stilistische Beziehungen zur ägäischen Kunst sollten wenigstens so klar faßbar sein wie in unserer Kategorie C. Es mag sein, daß wesentlich mehr Anregungen von der ägäischen auf die kyprische bzw. levanto-kyprische Glyptik ausgingen [1158].

Wir besitzen mehrere großformatige Abrollungen an bronzezeitlichen Pithoi Zyperns, beispielsweise aus Enkomi (Abb. 92c), welche u.a. in klar komponiertem Relief relativ naturalistisch wiedergegebene Wagen- und Stierkampfszenen aufweisen. Im Falle des Pithosfragments aus Analiontas im Cyprus Museum sind

---

[1154] H. Seyrig, Cylindre mycénisant, in: Syria 32, 1955, 29ff. mit Taf. 3 und 4; ders., Syria 33, 1956, 169ff. (zu Stierspielszenen und weiteren minoischen Bildmotiven im syrischen Siegelrepertoire); ders., Syria 40, 1963, 255ff. mit Taf. 21,1-6; vgl. Smith 1965, Taf. 140a; H.-G. Buchholz, AA 1977, 435f.; W. Culican, Opera Selecta (1986) 251 Abb. 12; dort S. 282 Abb. 1a zum Rollsiegel aus Tell Facharija. — Zu dem Erlenmeyerschen Rollsiegelbild mit Stierspielszene (unsere Abb. 92e) s. M.-L. und H. Erlenmeyer, AfO 21, 1966, 32ff. — R. Opificius, Syrische Glyptik der zweiten Hälfte des 2. Jts. v.Chr., in: UF 1, 1969, 95ff.

[1155] London, Brit. Mus., Inv.-Nr. 1945/10-13/133; Hämatit, SH IIIA, s. V.E.G. Kenna, CMS VII (1967) 212 Nr. 173; R. Higgins, Minoan and Mycenaean Art (1967) 179 Abb. 228; Pini a.O. (s. folgende Anm.) 79 Nr. A2, S. 83 Abb. 2; Salje a.O. (Anm. 1166) Taf. 25,454.

[1156] Bereits V.E.G. Kenna, Seal Use in Cyprus in the Bronze Age, in: BCH 91, 1967, 552ff.; E. Porada, in: P. Dikaios, Enkomi II (1971) 783ff.; dies., On the Complexity of Style and Iconography in Some Groups of Cylinder Seals from Cyprus, in: Symposium Nikosia 1972 (1973) 260ff.; dies., A Theban Cylinder Seal in Cypriote Style with Minoan Elements, in: Symposium Nikosia 1978 (1979) 121ff.; I. Pini, JdI 95, 1980, 77ff.; E. Porada, Remarks on Cypriote Cylinders, in: Kongreß Göteborg 1991 (1991/92) Band III 360ff. mit Abb. 1-31.

[1157] Vgl. Pini a.O. Abb. 10. 11. 19. — Schriftzeichen allein sind noch kein Indiz für die Zugehörigkeit zu dieser Gruppe, wie z.B. unsere Abb. 92i (Perati): kyprisches Schriftzeichen unter dem Thron des ägyptischen Gottes; s. O. Masson, Cylindres et Cachets Chypriotes portant des Caractères Chypro-Minoens, in: BCH 81, 1957, 6ff.

[1158] Pini a.O. 108.

einige der dargestellten Figuren minoisch stilisiert [1159].

Siegel — keineswegs allein Rollsiegel — erfüllten die Funktion der Verbreitung von Bildinhalten, der Kenntnis von Formaten, Kompositionsprinzipien und Stilen, auch von Schrift und technischen Verfahren. So verdient das Vorkommen lentoïder minoisch-mykenischer Siegel beispielsweise in Apulien, Kalabrien [1160], in der Kyrenaika [1161], der Troas (Beşik Tepe [1162]), im Schiffswrack von Ulu Burun [1163], sowie im syrisch-palästinensischen Küstengebiet [1164] ebenfalls Beachtung.

Fortschritte sind bei der Zuweisung der im ägäischen Raum gefundenen Rollsiegel an schärfer umrissenen Gruppen erzielt worden, beispielsweise an der Gattung der Kassitensiegel (Theben); denn gegenüber ungenauen Bezeichnungen (syrisch-babylonisch und dergleichen) bedeutete I. Pinis Studie der "Mitanni-Rollsiegel des 'Common Style' aus Griechenland" einen bedeutenden Schritt nach vorn [1165]. Das vielfältige einschlägige Rollsiegelmaterial des Orients hat unter Einschluß Syriens, Zyperns und der periphären Funde aus Hellas nunmehr Beate Salje einer großangelegten Sammlung, Prüfung und Ordnung unter dem Titel "Der 'Common Style' der Mitanni-Glyptik und die Glyptik der Levante und Zyperns in der Späten Bronzezeit" unterzogen [1166]. Voraussetzung einer derartigen Studie bildete die lange erwartete Vorlage sämtlicher Rollsiegel aus Ras Schamra [1167]. Zu den Ergebnissen von B. Salje gehören, soweit möglich, überprüfte Datierungen und Angaben über die regionale Verbreitung. Danach kommen derartige Rollsiegel

---

[1159] Derartige Abrollungen gibt es in Zypern aus Tamassos-Analiontas, Enkomi, Atheainou, Kourion-Bamboula und Kouklia; s. J.L. Benson, Aegean and Near Eastern Seal Impressions from Cyprus, in: The Aegean and the Near East (Festschrift Goldman [1956]). — Abb. 92c: A. Caubet-J.-Cl. Courtois, RDAC 1987, Abb. 12 Taf. 14. 15. Das Thema antithetisch angeordneter, miteinander kämpfender Stiere habe ich behandelt in: Aspects of Art and Iconography, Anatolia and its Neighbors; Studies in Honor of Nimet Özgüç (1993) 91ff.

[1160] H.-G. Buchholz, AA 1974, 336 (Bari, Archäolog. Mus.); 332 Abb. 8 (London, Brit. Mus.); ders., Ägäische Bronzezeit (1987) 251.

[1161] Tokra und Marsa Susa, s. J. Boardman, Bronze Age Greece and Libya, in: BSA 63, 1968, 41ff.; Buchholz a.O. 328f. Abb. 1.

[1162] Vgl. die Veröffentlichungen von M. Korfmann, aufgeführt bei J. Latacz, News from Troy, in: Berytus 34, 1986, (erschienen: 1989) 97ff. 117 Abb. 14.

[1163] Oben Anm. 240.

[1164] Minoisches dreiseitiges Prisma von der syrischen Küste; Bronzesiegel in Beirut erworben; grüner Jaspis im Brit. Mus., Inv.-Nr. 1956/6-30/2, ebenfalls von der syrischen Küste (MM IIA), anch V.E.G. Kenna, Cretan Seals (1960) Nr. K56. K116 und CMS VII Nr. 33; auch Buchholz a.O. 436.

[1165] PZ 58, 1983, 114ff.

[1166] Baghdader Forschungen, Band 11 (1990), mit umfangreicher Bibliographie auf neuestem Stand.

[1167] Cl. Schaeffer-Forrer, Corpus des Cylindres-Sceaux de Ras Shamra-Ugarit et d'Enkomi-Alasia I (1983).

in 23 Belegen an 17 Orten der Ägäis vor; das entspricht ebenfalls 23 Siegeln und einer Abrollung in Anatolien. Diesen Zahlen stehen aber in Syrien-Libanon-Palästina 584 Siegel und 30 Abrollungen aus insgesamt 51 Fundorten gegenüber; während Frau Salje außerdem 33 Rollsiegel aus zehn kyprischen Orten aufführt [1168].

Wiederum stellt sich die letztgenannte Insel nicht als das Zentrum der Verbreitung, wohl aber als eine bedeutende Zwischenstation dar, an welcher es im Bereich der Glyptik zu Begegnungen und Auseinandersetzungen, jedenfalls zu hybriden Bildungen kam. So lassen sich nach Frau Salje inzwischen nicht weniger als zehn Untergruppen unterscheiden, neben lokalen und kyproägäischen Stilarten noch eine "ägäisch-levantinische" Gruppe.

J.-Cl. Courtois betonte, daß es in Enkomi neben kyprischen "Standard"-Gräbern mit "Standard"-Inventar ein Grab "syrischen Typs" in sorgfältiger Quaderausführung gibt. Es liegt an einer Stelle, von der kein einziger Metallgegenstand kyprischen Charakters, wohl aber Bronzen ugaritischer Art stammen. "Rollsiegel mit orientalischen mythologischen Szenen" gehörten ebenfalls zu den Beigaben in dem besagten Grab [1169]. Damit wollte doch wohl Courtois, der ein guter Siegelkenner war, sagen, daß sie ihn an die ihm vertrauten Siegel in Ras Schamra erinnerten. Im übrigen ist an Ugarit als Durchgangs- und Ausgangsstation im Zusammenhang mit dem Schatzfund von Theben/Böotien daran zu erinnern, daß dort auf einem der Rollsiegel ein Ort *Jaraqu*, westlich des Orontes, genannt ist, der auch in ugaritischen Texten vorkommt [1170].

Siegel lassen sich auf verschiedene Weise archäologisch-historisch auswerten, beispielsweise als zum Instrumentarium in Politik, Verwaltung, Rechtswesen und allgemein in der Wirtschaft gehörig verstehen. Ferner sind sie, wie hier geschehen, als handels- und kulturhistorische Objekte ihrer Rohstofffunktion wegen aufschlußreich, wie dies W. Helck wiederholt betont hat [1171]. Schließlich besitzen sie als Symbol-, Bild- und Schriftträger (und -überträger) in kunst- und religionshistorischer Hinsicht einen beträchtlichen Stellenwert: Im ägäischen Kunstkreis fällt solchen winzigen Kunstwerken, wie sie Siegel und Ringplatten darstellen, dank ihrer Aussagekraft geradezu eine Schlüsselstellung bei der Analyse von "Strukturen"

[1168] B. Salje a.O. (Anm. 1166) 23ff. mit Karte 3. Weiteres zu Mesopotamien, Kaukasus und Persischem Golf ist dort nachzulesen.

[1169] Grab 66 der alten englischen Ausgrabungen; 1965 während der französischen Ausgrabungen im Planquadrat "4/Ost" wiederentdeckt, s. J.-Cl. Courtois, BCH 90, 1966, 344; ders., in: H.-G. Buchholz, Ägäische Bronzezeit (1987) 198. — Auf die weiteren Funde aus diesem Grab, die auch "normale" kyprische und mykenische Keramik umfassen, gehe ich nicht ein.

[1170] Helck a.O. (oben Anm. 1138) 104 und 246 Anm. 157, unter Berufung auf M.C. Astour und J. Nougayrol.

[1171] Helck a.O. 104: "Im Schatz von eṭ-Ṭôd befinden sich zahlreiche Lapislazuli-Rollsiegel der verschiedensten Perioden; sie waren für den Ägypter nur 'Rohmaterial'. Ebenso müssen wir die 36 in der Kadmeia von Theben gefundenen Rollsiegel als Rohmaterialsammlung für die Palaststeinschneider ansehen".

der minoisch-mykenischen Kunst zu [1172].

Die Bildauswertung berücksichtigt Formate, Einzelmotive, Motivkombina-
tionen, Kompositionen, Syntax und Stileigenheiten, die beabsichtigt oder technisch-,
bzw. materialbedingt sein können. Ikonographische Eigenheiten bestimmen die
Siegelforschung ebenso sehr wie inhaltliche Auswertungen. Stierspielszenen im
nahöstlichen Siegelrepertoire gehören, wie bereits dargelegt (Abb. 92e), zu den
sicheren Indizien kretischer Beeinflussung, so wie syrische "Fensteräxte" auf
minoisch-mykenischen Siegeln die Kenntnis einer syrischen "Realie" im ägäischen
Raum bedeuten (Abb. 100e-g) [1173].

Das Thema antithetisch angeordneter kämpfender Stiere (Abb. 92c) hielt sich
in Zypern und Hellas an Vorgaben, nämlich an Ausprägungen, wie sie die altorientalische Kunst geschaffen hatte, etwa im Gegenüber vom Stier mit gesenkten
Hörnern und dem Löwen mit aufgerissenem Rachen (Abb. 92d, syrisches Siegel aus
Zypern in Berlin, und 92j, Mitanni-Siegel aus Perati/Attika).

Heraldisch vorgetragene Themen wie der frontal das Bildfeld eines kyprischen
Stempelsiegels füllende Adler mit ausgebreiteten Schwingen und Beutetieren in den
Fängen (Abb. 91a) [1174] waren ebenfalls nicht ohne altvorderasiatische Vorbilder [1175]. Unser Beispiel aus Enkomi bezeugt den entwickelten Sinn des kyprischen Auftraggebers für einprägsame Machtsymbole [1176].

Ein mykenisches Stempelsiegel aus Naxos demonstriert ein entsprechendes
Selbstbewußtsein, bedient sich jedoch völlig anderer Bildinhalte und bekundet
Unabhängigkeit von orientalischen Vorgaben. Es zeigt den stolz aufgerichteten

---

[1172] Zum Ansatz der "Strukturforschung" sind die Arbeiten von F. Matz und seines Schülers
H. Biesantz hervorzuheben. Einen Überblick über diesen Forschungszweig gibt K. Schefold,
Neue Wege der Klassischen Archäologie, in: N. Flashar, Altertumswissenschaft in den 20er
Jahren, neue Fragen und Impulse (1995) und ebenda: M.R. Hofter, Die Entdeckung des
Unklassischen, G. Kaschnitz von Weinberg.

[1173] Weiteres dazu unten bei Abb. 100e-g (nach A. Evans, PM IV, 414ff. Abb. 343a-c; auch
H. Seyrig, Syria 32, 1955, 30 Abb. 1b.c); F. Schachermeyr, Ägäis und Orient (1967) Taf.
23,85a-c.

[1174] Enkomi, Inv.-Nr. 19.27/1967; vgl. Cl. Schaeffer-J.-Cl. Courtois-J. Lagarce, Syria 45,
1968, 264 Abb. 1; Courtois, Alasia III (1984) 215 Abb. 45,29 (danach unsere Abb. 91a) und
S. 238 Taf. 23,2.

[1175] Doppeladler am Sphingentor von Alaca Höyük (14. Jh. v.Chr.), der in den Fängen Hasen
hält, wie der Enkomi-Adler Vögel, s. K. Bittel, Die Hethiter (1976) 190 Abb. 215. —
Doppeladler und Flechtband auf hethitischem Stempelsiegel aus Boğazköy (2. Hälfte des 18.
Jhs. v.Chr.), s. R.M. Boehmer, Propyläen-Kunstgeschichte XIV (1975) 443f. Nr. 374h und
Bittel a.O. 94 Abb. 78. — Adler, Rosetten und Rinderköpfe, wie auf dem Enkomi-Siegel,
jedoch weniger präzise, auf einem Rollsiegel aus Hagia Irini/Zypern, s. P.E. Pecorella, Le
Tombe dell'Età del Bronzo Tardo della Necropoli a Mare di Ayia Irini (1977) 182f. Nr. 158
Abb. 471; E. Porada, Kongreß Göteborg 1991 Band III (1991/92) 377 Abb. 2.

[1176] Zum Symbolcharakter vgl. E. Kornemann, Adler und Doppeladler im Wappen des
Deutschen Reiches, zur Vorgeschichte des Doppeladlers, in: Festschrift für J. Haller (1940),
danach in: Gestalten und Reiche (1943) 402ff.

Machtinhaber selbst mit der demonstrativ aufgestellten Lanze in der vorgestreckten Rechten (Abb. 91b) [1177]. Sie ist ebenfalls ein Herrschaftssymbol, wie dies A. Alföldi in einem grundlegenden Aufsatz glaubhaft gemacht hat [1178].

O. Höckmann, der zunächst meinem Wunsch nachkam, für die "Archaeologia Homerica" Speere und Lanzen im Zusammenhang mit den Homerischen Gedichten zu untersuchen, hat in einer weiter ausholenden Studie gezeigt, daß Siegelbilder eine wertvolle, ja unverzichtbare Quelle zur Aufhellung der Beschaffenheit genannter Waffen, ihrer Anwendung bei Jagd und Kampf, ihrer Formen, Entwicklung und Besonderheiten bilden [1179]. Eine weitere verdienstvolle Arbeit über mykenische Waffen hat diesen methodischen Ansatz bestätigt und sich ebenfalls die Bilderwelt der Siegel nutzbar gemacht [1180]. Es trifft für die gesamte mykenische Kunst zu, daß sie Kampfdarstellungen bevorzugt (vgl. hierzu Abb. 94a.d). Auch hierin unterscheiden sich ägäische Siegel von den vorderasiatischen.

[1177] CMS V, Nr. 608; s. F. Schachermeyr, AA 1962, 303 Abb. 60; E. Simon, Die Götter der Griechen (1969) 160 Abb. 145; E. Vermeule, Götterkult, in: H.-G. Buchholz, ArchHom, Lieferung V (1974) 39f. Abb. 8a; S. 58 Anm. 134 (danach unsere Abb. 91b); B. Rutkowski, Frühgriechische Kultdarstellungen (1981) Abb. 13,4; N. Marinatos, OpAth 15, 1984, 115ff. 118 Abb. 8; dies., Minoan Sacrificial Ritual, in: Acta Inst. Athen Regni Sueciae IX (1986) 23 Abb. 12; O. Höckmann, in: H.-G. Buchholz, Ägäische Bronzezeit (1987) 339 Abb. 88b und S. 343 mit Anm. 94; Buchholz ebd. 504.

[1178] Hasta Summa Imperii, in: AJA 63, 1959, 1ff.

[1179] In H.-G. Buchholz-J. Wiesner, Kriegswesen II, ArchHom, Lieferung E (1980) 275ff.; O. Höckmann, Lanzen und Speere im spätminoischen und mykenischen Griechenland, in: JbRGZM 27, 1980, 13ff.; ders. auch in: H.-G. Buchholz, Ägäische Bronzezeit (1987) 335f. 338f. Abb. 88a.c.d; S. 341 und 344.

[1180] P. Càssola Guida-M. Zucconi Galli Fonseca, Nuovi Studi sulle Armi dei Micenei (1992).

4. *Glas und Fayence*

Glas, Fayence und Glasuren waren nicht nur längst erfunden, vielmehr bereits zu kunstvollen Gegenständen verarbeitet, als sie erstmals — und nach ihnen das Geheimnis ihrer Herstellung — europäischen Boden im ägäischen Raum erreichten. "Fritte", "Glaspaste", "Porzellan" und weitere Bezeichnungen in der archäologischen Literatur lasse ich ebenso beiseite wie glasierten Ton, den man allerdings häufig ebenfalls als "Fayence" angesprochen hat [1181].

Die Glasherstellung und die benötigten Zutaten sind so oft beschrieben worden, daß ein Hinweis auf die in den Anmerkungen genannte Literatur genügen mag. Wie alle frühen Künste und Handwerke war auch die Glaserzeugung an genaue Kenntnisse der Werkstoffe und Verfahren (Ofenformen, Brenntemperaturen bis 1000 Grad u.s.w.) geknüpft und außerdem an strenge rituelle Vorschriften gebunden, wie kultische Reinheit der Akteure, Beachtung günstiger Termine, Libationen und Weihrauchopfer, sowie Verwendung des ebenfalls vorgeschriebenen Brennholzes, in einem zufällig bekannten Fall von Euphrat-Pappeln [1182].

Dank eines mittelbabylonischen [1183] und jüngerer Keilschrifttexte [1184] ist unser Wissen um die bronzezeitliche Glasherstellung quellenmäßig gestützt. Auch in Boğazköy reichen einige Angaben bis in die Großreichszeit zurück und bezeugen

---

[1181] Zu Untersuchungen derartiger Farbglasuren (weiß, gelb, türkis, blau, schwarz) vgl. H. Zimmern, Assyrische chemisch-technische Rezepte, insbesondere für die Herstellung farbiger glasierter Ziegel, in Umschrift und Übersetzung, in: ZfA 36, 1925, 177ff.; ferner unlängst zu neubabylonischer Baukeramik: St. Fitz, in: Handwerk und Technologie im Alten Orient, Tagung Berlin 1991 (1994) 27ff.; vgl. bereits H. Moore, Reproductions of an Ancient Babylonian Glaze, in: Iraq 20, 1946, 10ff.; A. Kuschke, Fayence und Fritte, in: Archäologie und Altes Testament, Festschrift für K. Galling (1970) 157ff.; H. Kühne, RAss III (1971) 410ff. s.v. Glas/Glasuren; M. Bimson-I.C. Freestone, Early Vitreous Materials, in: British Museum, Occasional Paper 56 (1987).

[1182] Vgl. "The Building of the Furnace" in Forbes a.O. (Anm. 1184) 137. — Zu ägyptischen Glaswerkstätten: B. Nolte, Die Glasgefäße im Alten Ägypten (1968) 22ff.

[1183] C.J. Gadd-R. Campbell Thompson, A Middle-Babylonian Chemical Text, in: Iraq 3, 1936, 87ff.; Übersetzung auch bei Forbes a.O. 133f., dazu: A.L. Oppenheim-R.H. Brill-D. Barag-A. von Saldern, Glass and Glassmaking in Ancient Mesopotamia, an Edition of the Cuneiform Texts which Contain Instructions for Glassmakers, with a Catalogue of Surviving Objects (1970); Ergänzungen in: JNES 32, 1973, 188ff. und P. Vandiver, Glass Technology at the Mid-Second Millennium B.C., in: Journal of Glass Studies 25, 1983, 239ff.

[1184] E. Darmstaedter, Vorläufige Bemerkungen zu den assyrischen chemisch-technischen Rezepten, in: ZfA 37, 1926, 109ff. — R.J. Forbes, Glass, in: Studies in Ancient Technology V (2. Aufl., 1966) 112ff. mit weiterer Lit. zu den Keilschrifttexten in seiner umfassenden Bibliographie, S. 200ff. — Auch zum Folgenden zu ergänzen mit den ebenfalls großen Bibliographien in: M.A. Bezborodov, Chemie und Technologie der antiken und mittelalterlichen Gläser (Deutsch, 1975) 183ff. und in: A. von Saldern und Mitarbeiter, Gläser der Antike, Sammlung E. Oppenländer (1974) 10ff. — Weiteres, wenn auch nicht ohne Verschreibungen, in der Bibliographie am Ende der Tübinger Diss. von Jana Wiener-Stepankova, Glass Finds and Glassmaking in Mycenaean Greece (1979).

Kenntnis der Glasproduktion [1185]. Pharaonisch-ägyptische Informationen [1186] sind insofern nicht unerheblich, weil gerade in der gängigen archäologischen Literatur zu Kreta-Mykene hauptsächlich die Auffassung zu finden ist, daß Glas überhaupt zuerst und ausschließlich von Ägypten aus in den äußersten Südosten Europas gelangte. In der ersten Hälfte des 14. Jhs. erreichten Skarabäen aus glasiger Masse mit dem Namen Amenophis' III. beispielsweise Westanatolien im Bereich der Hermosmündung (B. Jaeger-R. Krauss, Zwei Skarabäen aus der mykenischen Fundstelle Panaztepe, in: MDOG 122, 1990, 153ff.). Die Glasspezialistin Frau Th.E. Haevernick wurde nicht müde, Vereinfachungen des historischen Ablaufs zurückzuweisen [1187]: "Jedenfalls muß eine ernste Warnung ausgesprochen werden, alle frühen Perlen ohne nähere Prüfung aus Ägypten herleiten zu wollen und daraus weitgehende Schlüsse z.B. für die Datierung der mitteleuropäischen Bronzezeit zu ziehen ... Die Glasgefäße in Ägypten kommen nicht vor der Mitte des 15. Jhs. v.Chr. vor, und das erste datierbare Stück aus dem Grab des Maiherperi (1490-1469 v.Chr.) trägt ausgesprochen mesopotamische Züge. Es läßt sich wahrscheinlich machen, daß es im Vorderen Orient eine von Ägypten unabhängige Glasproduktion gab, und es will durchaus so scheinen, als sei sie auch die ältere".

Strabo bezeichnet "glasartigen Sand" zwischen Akko und Tyros als ein vorzügliches Ausgangsprodukt (XVI § 25,758), und Plinius schrieb den Phönikern die Erfindung des Glases zu (NH 36,190). Die Region am Libanon steht hier, wie in der Sicht der klassischen, griechisch-römischen Literatur bei nahezu allen Kulturgütern stellvertretend für die gesamte Levanteküste als Mittlerzone zwischen Orient und Okzident. Wie wiederum W. Helck betonte, handelt es sich dabei um eine Schwerpunktverschiebung, die den Untergang von Ugarit und auch das Schrumpfen von späteren nördlicheren Emporien wie Al Mina voraussetzt.

Es gibt zwar beachtliche Listen von Glasanalysen, denen — wie den Analysen archäologischer Metallgegenstände — die Absicht von Herkunfts- und Zeitbestimmungen zugrundelag, aber ihr technologisch-historischer Aussagewert blieb bisher

---

[1185] Auch wenn sie hauptsächlich über Kupfer und/oder Blei zur Färbung des zu erzeugenden Glases sprechen (KBo XVIII 201 + III 3,9; Bo 6889, Rs. 1,5), so nach J. Siegelová, in: R.-B. Wartke, Handwerk und Technologie im Alten Orient, Int. Tagung Berlin 1991 (1994) 121 mit Anm. 60. Weiteres zu hethitischen Glasrezepten in: K.K. Riemschneider, AnatStud 35, 1974, 263ff.

[1186] A. Lucas-J.R. Harris, Ancient Egyptian Material and Industries (4. Aufl., 1962) passim; vgl. hierzu und hauptsächlich zum palästinisch-levantinischen Raum: H. Weippert, in: K. Galling, Biblisches Reallexikon (2. Aufl., 1977) 98f. s.v. Glas.

[1187] Th. Haevernick, Beiträge zur Geschichte des antiken Glases XVII (Nuzi-Perlen), in: JbRGZM 12, 1965, 35ff., wiederabgedruckt in: dies., Beiträge zur Glasforschung (1981) 146ff. 149. Vgl. P.E. McGovern-St.J. Fleming-Ch.P. Swann, The Beads from a Tomb at Dinkha Tepe and the Beginning of Glassmaking in the Ancient Near East, in: AJA 95, 1991, 395ff.

gering und betraf überwiegend die Farbkomponenten [1188]. Wenn überhaupt, muß auch künftig die Frage nach den Prioritäten in der Glaserfindung mit archäologischen Mitteln beantwortet werden.

Mykenisches Glas ist sehr häufig blau ("Ägyptisch-Blau", "Kobaltglas", Lapis-lazuli-Glas") [1189], desgleichen ein Teil der Handelsware "Glas" auf dem Schiff von Ulu Burun [1190]. Und daraus läßt sich wiederum schließen — wie oben bereits dargelegt —, daß mindestens ein Teil mykenischen Glases als Rohmaterial in Form von Barren, dicken Rundstäben, eingeführt, eingeschmolzen und in Hellas weiterverarbeitet worden ist. Die alten Fachausdrücke für "Rohglas" waren *mêku* und *eḫlipakku* [1191]. Es war eine häufig geübte Methode, diesen Werkstoff zum Einschmelzen in Rundstab- oder Quaderform zu bringen, zumal sich von Stäbchen Scheiben trennen ließen, die die Weiterverarbeitung begünstigten [1192]. Ein Block reinen blauen Glases wurde in Abu Scharein (Eridu) ausgegraben. Das Material ist voller Bläschen und war sicher kein Endprodukt [1193].

[1188] Beispielsweise gesammelt in: R.J. Forbes a.O. (Anm. 1184) 216ff.; Bezborodov a.O. (Anm. 1184) 225-327; E.-Ch. Strauß, Die Nunschale, eine Gefäßgruppe des Neuen Reiches (1974) 10f.64; vgl. unten Anm. 1229 und 1235. — Bereits antikes Glas wurde eingeschmolzen, gemischt, wiederverwandt, heute spricht man vom "Recycling". Das wohl interessanteste Zeugnis bildet ein im Museum von Bodrum ausgestelltes spätantik/frühbyzantinisches "Glasschiff", dessen Ballast aus zerbrochenem syrischen Glas bestand. Dieser "Glasschrott" war für den Markt an der Donaumündung bestimmt: Analysen völkerwanderungszeitlicher Gläser der Donauländer und Osteuropas müßten demnach wohl durchweg "syrische" Ergebnisse erbringen?

[1189] Zum Kobaltglas s. oben Anm. 208; zu "Ägyptisch-Blau" Anm. 209; ferner B. Neumann, Zur Erfindung des blauen Kobaltglases, in: Glastechnische Berichte 10, 1932, 477ff.; R. Remy, Sur la Présence de Cobalt dans les Verres Égyptiens Anciens, in: Bulletin d'Inst. Patr. Artist. 5, 1962, 188ff. — Zu einem "Rundstab Ägyptischblau" als Handelsgut aus Tell Abu Hawam/Haifa im Brit. Mus. (Inv.-Nr. 1276) s. H.-G. Buchholz, Ägäische Bronzezeit (1987) 178 Anm. 85.

[1190] Oben Anm. 206.

[1191] Vgl. die vorige Anm. — Zu "Glasbarren" und "Rohglas" auch H.-G. Buchholz, Ägäische Bronzezeit (1987) 160; W. Helck, Die Beziehungen Ägyptens und Vorderasiens zur Ägäis bis ins 7. Jh. v.Chr. (2. Aufl., 1995) 34.

[1192] Vgl. J. Reade, Early Etched Beads and the Indus-Mesopotamia Trade, in: British Museum, Western Asiatic Antiquities, Occasional Papers Nr. 2; R.H. Brill, A Great Glass Slab, in: Archaeology 20, 1967, Heft 2, 88ff. — Auch die als "architectoral" bezeichneten Glasstäbe (1250-1200 v.Chr.) wirken unfertig, s. S.M. Goldstein, Pre-Roman and Early Roman Glass in the Corning Museum of Glass (1979) 48ff. Nr. 5-8.

[1193] Brit. Mus., Inv.-Nr. 115474, nach Forbes a.O. (Anm. 1184) 132. — Als "unfertig" habe ich auch W.M. Flinders Petrie, Tell el Amarna (1894) 25ff. Taf. 13,40-50 notiert.

Die oben angeführten Termini *mêku* = *eḫlipakku* für Rohglas waren auch den Schreibern von Ugarit nicht fremd [1194], womit der Befund von Ulu Burun und der Rohglashandel bis hin zur Ägäis eine weitere Stütze erfährt (vgl. oben S. 63).

Unter den aus Glas hergestellten Objekten bilden wohl Vasen die interessanteste Gruppe [1195]. Solche der 18. Dynastie sind aus Phaistos und Amnisos-Karteros/Kreta bekannt [1196]. Sie bezeugen, daß keineswegs Rohglas allein in die Fremde geschickt wurde, oder handelshistorisch interpretiert: daß zwar der Rohstoff Glas in Barrenform seinen Weg von Ugarit in die Ägäis fand, während aus Ägypten fertige Glasvasen dorthin gelangten [1197].

Aus Kammergräbern der Phase SH III A in der Nekropole Asprochoma-Agriosykia von Mykene stammen ein blaues Glasgefäß und Fragmente eines weiteren. Es handelt sich ebenfalls um ägyptische Importe aus der Zeit der 18. Dynastie [1198]. Zerbrochenes Glas von ägyptischen Vasen derselben Epoche fand man schließlich auch im böotischen Theben-Kastelli [1199].

Im bronzezeitlichen Zypern zeigt sich weit deutlicher die Nähe Glas produzierender Länder, indem Importe von Fertigprodukten zahlreicher sind als in der Ägäis. Sie stammen sowohl aus den Levanteländern wie aus Ägypten. Außerdem ist bei einigen Glasobjekten die Herstellung auf der Insel selber so gut wie sicher. In Zypern sind nicht weniger als fünfzehn Fundstätten von Gläsern aller Art aus der zweiten Hälfte des 2. Jts. v.Chr. bekannt [1200]. Es kommen weitere Glasfunde ohne Fundortangaben hinzu, beispielsweise ein ägyptischer Sandkern-Krateriskos der

---

[1194] M. Heltzer, Goods, Prices and the Organization of Trade in Ugarit (1978) 35 Nr. 63 mit Anm. 232 und 233, unter Verweis auf A.L. Oppenheim, Towards a History of Glass in the Ancient Near East, in: JAOS 93, 1973, 259ff.

[1195] P. Fossing, Glas Vessels before Glass-Blowing (1940); bereits oben Anm. 1186 und bes. B. Nolte, Die Glasgefäße im alten Ägypten (1968); dies., in: A. von Saldern, Gläser der Antike, Sammlung E. Oppenländer (1974) 18ff. Nr. 2ff. mit Farbabb.; Th.E. Haevernick, Ägyptische und griechische frühe Glasgefäße, in: Beiträge zur Glasforschung (1981) 150ff.

[1196] G. Weinberg, Two Glass Vessels in the Heraclion Museum, in: KretChron 15/16, 1961/62, 226ff.; Lambrou-Phillipson a.O. (Anm. 1138) 184 Nr. 7 Taf. 77,7 (Amnisos), S. 240 Nr. 157 Taf. 77,157 (Phaistos).

[1197] Derartige Glasgefäße zählten zu den "Prestigeobjekten" und mögen ihres kostbaren Inhalts wegen als offizielle Geschenke gedient haben, s. oben Anm. 1130.

[1198] Athen, Nat.-Mus., Inv.-Nr. 2387, Ausgrabungen von Ch. Tsountas, s. A. Xenake-Sakellariou, Oi Thalamotoi Taphoi ton Mykenon (Neugriechisch, 1985) 73 Taf. 11; Lambrou-Phillipson a.O. 333 Nr. 410 und 411 Taf. 77,410.411.

[1199] Lambrou-Phillipson a.O. 297 Nr. 311 Taf. 77,311.

[1200] H.-G. Buchholz-V. Karageorghis, Altägäis und Altkypros (1971) Nr. 1671-1681; 1770-1772; I. Jacobsson, Aegyptiaca from Late Bronze Age Cyprus (SIMA 112 [1994] passim); L. Åström, Studies on the Arts and Crafts of the Late Cypriote Bronze Age (1967) 55ff. Abb. 71,1-9. — Eine Halskette mit 108 hellblauen Glasperlen aus einem frühbronzezeitlichen Grab in Kalavassos wird als Import zu werten sein, s. H.-G. Buchholz-V. Karageorghis, Altägäis und Altkypros (1971) Nr. 1770. — Merkwürdig sind in Spätkyprisch II "197 schwarze Glasperlen", wie sie aus Kition, Grab 9, gemeldet worden sind (ebd. Nr. 1772).

Zeit Amenophis' III./IV. (1403-1347 v.Chr.), "gefunden als Exportstück in einem
mykenischen Grab auf Zypern" [1201]. Beachtenswert ist ein als "ägyptisch" be-
zeichnetes mehrfarbiges Fläschchen aus dem Palast von Kalavassos-Hagios Demetrios (BCH 109, 1985, 929 mit Abb. 85).

Sehr ungewöhnlich ist ein schlankes, oben in einen rundplastischen Granatapfel
übergehendes Fläschchen von 22,2 cm Länge aus Buntglas, zu dem auch der
Verschluß, ein tropfenförmiges Massivglas, erhalten blieb. Das Objekt befand sich
im Grab 205/1915 von Arpera, das der Epoche "Spätkyprisch II" zuzurechnen ist,
und zählt zu den in Zypern einheimischen Gläsern [1202], ebenso wie kleine kuge-
lige Salbgefäße des 13. Jhs. v.Chr. in Gestalt von Granatäpfeln. Es gibt sie in
Fayence und Glas (Enkomi) [1203].

Neben der formalen Übereinstimmung bestimmter Glas- und Fayenceobjekte,
von denen letztere als aus kyprischen Werkstätten stammend angesehen werden [1204], argumentierte man mit unägyptischen Farbgebungen — und das bedeutet mit abweichenden Mischungsrezepten der Glaszutaten —, weiterhin mit dem
Auftauchen so unverwechselbar kyprischer Vasenformen wie "Basering-Humpen"
im Repertoire der Fayencegefäße [1205] und weiterer unägyptischer Formen [1206].

[1201] B. Nolte, in: A. von Saldern und Mitarbeiter, Gläser der Antike, Sammlung E. Oppenländer (1974) 17f. Nr. 1 mit Farbabb. — Vgl. ferner das Bodenstück eines stark korrodierten
Glasgefäßes aus Kazaphani/Nordzypern, s. I. und K. Nikolaou, Kazaphani-Hagios Andronikos (1989) 71 Nr. 538 Taf. 39,538 und I. Jacobsson ebd. 112.

[1202] E. Gjerstad, Studies on Prehistoric Cyprus (1926) 253 Nr. 3 und S. 288; P. Dikaios, A
Guide to the Cyprus Museum (3. Aufl., 1961) 146 Nr. 1; L. Åström a.O. 58, "Bottle Nr. 1",
Abb. 71,4; H.-G. Buchholz-V. Karageorghis, Altägäis und Altkypros (1971) Nr. 1681.

[1203] Enkomi, Grab 43/1896 der englischen Ausgrabungen und Grab 18 der schwedischen
Ausgrabungen, s. SCE I (1934) Taf. 89; H.Th. Bossert, Altsyrien (1951) Taf. 67,216;
Dikaios a.O. 154 Nr. 4; L. Åström a.O. 52, "Jar Nr. 4", Abb. 70,25 (Fayence); Buchholz-
Karageorghis a.O. Nr. 1678 (zu Glas und Fayence); F. Muthmann, Der Granatapfel, Symbol
des Lebens in der Alten Welt (1982) 78 Abb. 60 (Glas); S. Immerwahr, The Pomegranate
Vase, its Origins and Continuity, in: Hesperia 58, 1989, 397ff.; J.-Cl. Courtois-J. und E.
Lagarce, Enkomi et le Bronze Récent à Chypre (1986) 156ff. Taf. 27,6 ("Vases en Verre,
Vases en Grenades"). — Zu einer weiteren gläsernen Granatapfelvase aus Zypern (14./13.
Jh. v.Chr.) s. S.M. Goldstein, Pre-Roman and Early Roman Glass in the Corning Museum
of Glass (1979) 63 Nr. 32 (Inv.-Nr. 66.1.226, mit weiterer Lit. zur Gruppe und Farbabb.). —
Importiertes Granatapfelgefäß des 11./10. Jhs. v.Chr., Fayence, auch in Lefkandi/Euböa.

[1204] Goldstein a.O.: "Although Egypt produced vessels in form of glass pomegranates, this
particular series is thought to have been a local product of Cyprus".

[1205] Cyprus Mus., Inv.-Nr. 1954/III-5/5, s. L. Åström a.O. 52, "Jug Nr. 1", Abb. 70,31; S. 62
Abb. 71,7 ("Baseringkopie" in Glas).

[1206] Zusammengestellt in Courtois-Lagarce a.O. 156. — Auch W. Helck ging von lokaler
Produktion auf der Insel aus, meinte aber, "der Anstoß kam sicherlich von echt ägyptischer
Fayence- und Glaseinfuhr" (Die Beziehungen Ägyptens und Vorderasiens zur Ägäis bis ins
7. Jh. v.Chr. [2. Aufl., 1995] 105, unter Berufung auf D. Barag, Journal of Glass Studies 4,
1962, 27). — Auf Grund derartiger Farbbeobachtungen dürfte ein aus schwärzlichem,

Schwerlich kann man in Zweifel ziehen, daß eine gläserne nackte Astartefigur des brüstehaltenden Typs aus Milea in Zypern, Grab 10, gänzlich ohne ägyptische Parallelen ist; sicher gehört sie nach Vorderasien [1207]. Eine Gruppe entsprechender Figuren hat D. Barag zusammengestellt (u.a. aus Lachisch, Megiddo, Beth-Schean) [1208]. Einen für Hellas einzigartigen Fund erbrachte auch das Kammergrab 2 in Mykene in Gestalt von zwölf weiblichen Glasfiguren des soeben besprochenen Typus', allerdings in Miniaturausgabe. Die Figürchen sind an Beinen und Schultern horizontal durchbohrt und bildeten — vielleicht zusammen mit anderen Schmuckgliedern — eine Halskette [1209].

Außerdem hat Th. Haevernick in ihrem Aufsatz über die "Nuzi-Perlen" mit der Kartierung dieser "gläsernen Schieber" deutlich gemacht [1210], daß deren sechs aus Mykene (SH I, Ende des 16. Jhs. v.Chr.) einer größeren Menge in Nuzi und Assur gegenüberstehen: Außer den drei genannten Orten (Mykene, Nuzi, Assur) bietet Syrien-Palästina eine Konzentration von acht Orten. Es handelt sich um insgesamt neunzehn Fundstätten mit einem vereinzelten Vorkommen in Boğazköy und dünner, weiträumiger Streuung in den Kaukasus und nach Persien hinein. Ägypten war an der Verbreitung völlig unbeteiligt.

Andererseits bestand zwischen Palästina (Beth-Sean, Megiddo [1211]) und Nordmesopotamien (Assur, Nuzi [1212]), was runde scheibenförmige Glasamulette angeht, ein engerer Kontakt während der zweiten Hälfte des 15. Jhs. und im frühen 14. Jh. v.Chr. Das entspricht dem Vorkommen der "Nuzi-Perlen". Jedenfalls zeichnen sich in Nordmesopotamien — was schon Th. Haevernick betonte — frühe

---

hellgelb gebändertem Glas bestehendes Flakon unter den Minet el Beida-Funden nicht am Ort hergestellt sein (Ugaritica II 138f. Abb. 51,3).

[1207] L. Åström a.O. 55 "Glass, figurine", Abb. 69.

[1208] In: Oppenheim und Mitarbeiter, Glass and Glassmaking a.O. (oben Anm. 1183) 199 Abb. 98 und 99, und vor ihm H. Kühne, ZfA 59, 1969, 299ff.; vgl. außerdem A. von Saldern a.O. (Anm. 1195) 91 Nr. 239 (blaues Glas, Mitte des 2. Jts. v.Chr.). Zu den palästinensischen Stücken (mit Einzelnachweis) auch H. Weippert, in: K. Galling, Biblisches Reallexikon (2. Aufl., 1977) 99.

[1209] ArchEphem 1888, 137. 165 zu Taf. 8,9; E. Bielefeld, Schmuck, in: H.-G. Buchholz, ArchHom, Lieferung C (1968) 21.

[1210] Th. Haevernick, Beiträge zur Glasforschung (1981) 146ff. — Es handelt sich um Halskettenstränge zusammenfassende Glieder ("Perlen/Verteilerelemente"), die in der ägäisch-archäologischen Literatur die Bezeichnung "Schieber" führen und oben bei mykenischem Bernsteinschmuck (Anm. 338) bereits behandelt worden sind. Sie hatten jedoch ihrer Funktion nach ihren Ursprung im Orient.

[1211] Jerusalem, Rockefeller-Museum, Inv.-Nr. J 3858; s. Th. Haevernick, Mélanges de l'Université Saint-Joseph (Beirut) 46, 1970, 167ff. Taf. 1 (Dm 8,5 cm). Vgl. G. Loud, Megiddo II (1948) Taf. 210,39.41; 241,4.

[1212] W. Andrae, WVDOG 58 (1935) 96 Taf. 39; R. Starr, Nuzi (1937) 452 Taf. 120; S.M. Goldman, Pre-Roman and Early Roman Glass in the Corning Museum of Glass (1979) 47f. Nr. 2 und 3 (Nuzi).

Produktionszentren ab, deren Einfluß bis in die Ägäis gereicht haben könnte. Ein beeindruckendes Beispiel für ein Nebeneinander beider Handwerkszweige — der Glas- und Fayenceerzeugung — seit dem Beginn der Spätbronzezeit wurde in Tell er-Rimāḥ/Nordmesopotamien entdeckt [1213].

Was die Durchgangsstationen der Levante und die dortige Glasfabrikation betrifft, wirft der Fund einer Gußform für eine Perle der typisch mykenischen "Melonenform" in Hazor (14./13. Jh. v.Chr.) mehr Licht auf die erwähnten West-verbindungen [1214].

Die archäologische Bodenforschung muß bei Glas- und Fayenceperlen große Lücken im Verbreitungsbild in Kauf nehmen und vermag lediglich Tendenzen zu erkennen. So sind beispielsweise sogenannte "Vogelperlen" Westpersiens in größe-rer Zahl am unteren Orontes, auf Rhodos und in Italien nachweisbar, mithin deut-lich an mediterrane Seewege — wie oben S. 53ff. beschrieben — gebunden, während aus Zypern, Kreta und Hellas vorerst keine derartigen Funde bekannt wurden [1215].

Geht man mit der Betrachtung frühester Fayenceausbreitung bis ins dritte Jahrtausend zurück und legt eine von J.F.S. Stone und L.C. Thomas entwickelte Verbreitungskarte zugrunde [1216], so wird die gänzliche Fundlehre Südosteuropas, bis auf Kreta, deutlich und gleichzeitig eine Osterstreckung bis in die frühindische Kultur von Mohenjo-Daro und Harappa hin.

Was den ägyptischen Raum im zweiten Jahrtausend angeht, sind die bereits vorgetragenen Beobachtungen unter Hinweis auf zusammenfassende Arbeiten wie die von Th. Haevernick, "Mycenaean Glass" [1217] und von K. Foster, "Aegean

---

[1213] BASOR 178, 1965, 49ff.; A. von Saldern, Journal of Glass Studies 8, 1966, 9ff.

[1214] Y. Yadin, ILN vom 28.3.1959, Nr. 6251, 527 Abb. 4; Haevernick a.O. (Anm. 1210) 75. 83 (typologische Beziehungen der Perlenfunde von Hazor zu Zypern).

[1215] O.-H. Frey, Alma Mater Philippina (Marburg) Sommersemester 1981, 10ff. Abb. 5 (Verbreitungskarte; in Italien 10 Fundorte).

[1216] J.F. Stone-L.C. Thomas, The Use and Distribution of Faience in the Ancient East and Prehistoric Europe, in: PPS 22, 1956, 37ff. Abb. 2. Hierzu Kritik, was Datierung und Verwechslung von Fayence und Glas angeht, in Th. Haevernick, Zum ältesten Glas in Europa, in: Beiträge zur Glasforschung (1981) 365f.

[1217] Archaeology 16, 1963, 190ff., abgedruckt in Th. Haevernick, Beiträge zur Glasforschung (1981) 109ff.; ebd. 71ff.: "Mykenisches Glas" (aus JbRGZM 7, 1960, 36ff.). Ferner J. Wiener-Stepankova a.O. (oben Anm. 1184). — Für das übrige Europa vgl. die folgenden Titel unter Beachtung der kritischen Beobachtungen von Th. Haevernick a.O. (vorige Anm.) zu Datierungsfragen und zur Verwechslung von Glas und Fayence : H.C. Beck-J.F. Stone, Faience Beads of the British Bronze Age, in: Archaeologia 85, 1936, 202ff.; M. Gimbutas, The Prehistory of Eastern Europe (1956) passim; V. Moucha, Faience and Glassy Faience-beads in the Unětice Culture in Bohemia, in: Epitymbion Roman Hakon (1958) 44ff.; C.C. Lamberg-Karlovsky, Amber and Faience, in: Antiquity 37, 1963, 301f.; R.G. Newton-C. Renfrew, British Faience Beads Reconsidered, in: Antiquity 44, 1970, 199ff.; A. Harding, The Earliest Glass in Europe, in: ArchRozhledy 23, 1971, 188ff.; H. McKerrell, On the Origins of British Faience Beads and some Aspects of the Wessex-Mycenae Relationship, in:

Faience of the Bronze Age" (1979) [1218] zu ergänzen. Bereits A. Evans rechnete fest mit minoischen Palastwerkstätten, die in Kreta Fayencegegenstände herstellten. Eins der Argumente bildete das Vorkommen von Kultgegenständen minoischer Prägung *en miniature* [1219]. Einige Befunde der Ausgrabungen im böotischen Theben interpretierte bereits A.D. Keramopoullos als "Palastwerkstätten zur Herstellung von Glasschmuck" [1220].

Gegenüber der Phase SH I ist in der anschließenden Zeit der Tholosgräber die Zunahme von Glas und Fayence zu bemerken: In der Tholos zu Myrsinochorion fand man am Hals einer Prinzessin eine Kette aus etwa vierzig Perlen verschiedenfarbigen Glases [1221], die Tholos 2 bei Koukounara enthielt u.a. die Bestattung eines kleinen fürstlichen Mädchens mit zwei Ketten, einer aus Bernstein, einer anderen aus blauen Fayenceperlen [1222]. In der anschließenden Epoche SH III fand eine weitere Zunahme der genannten Materialien statt, wobei Glas gegenüber Fayence überwog, allerdings nun häufig mit Gold plattiert wurde [1223]. In der Phase SH IIIC machten an einem Fundort wie Perati/Ostattika Glas und Fayence ein Drittel sämtlicher dort gefundenen Schmuckperlen aus [1224].

Zu den minoisch-mykenischen Schmuckformen aus Glas und Fayence vergleiche man die bereits genannte Literatur [1225] und auch das zu Rollsiegeln ge-

---

PPS 38, 1972, 286ff.; A. Harding-S.E. Warren, Early Bronze Age Faience Beads from Central Europe, in: Antiquity 47, 1973, 64ff.; L.H. Barfield, North Italian Faience Buttons, in: Antiquity 52, 1978, 150ff.; J.M. Coles-A. Harding, The Bronze Age in Europe (1979) 417; D.V. Clarke-T.G. Cowie-A. Foxon, Symbols of Power at the Time of Stonehenge (1985) 216ff.; J. Bouzek, Symposium Larnaka 1989 (1991) 72 Abb. 2 (Karte der Glasperlenverbreitung nach K. Kunter).

[1218] Vorige Anm. und Späteres zum Vergleich: F.W. von Bissing, Zeit und Herkunft der in Cerveteri gefundenen Gefäße aus ägyptischer Fayence und glasiertem Ton, in: SBMünchen 1941, Band II/7; V. Webb, Archaic Greek Faience (1978).

[1219] PM I 506 Abb. 364 und IV 899f.; Sp. Marinatos, Kleidung, in: H.-G. Buchholz, ArchHom, Lieferung A/B (1967) 26. 29 Abb. 5b; auch B. Rutkowski, in: H.-G. Buchholz, Ägäische Bronzezeit (1987) 423.

[1220] "Die industrielle Produktion und der Handel des Kadmos" (Neugriechisch), in: Arch Ephem 1930, 29ff.; weiteres zu Glaswerkstätten in Theben und Mykene: Th. Haevernick, Beiträge zur Glasforschung (1981) 76.

[1221] BCH 81, 1957, 558. 562 Abb. 18; Bielefeld a.O. (Anm. 1209) 20 Anm. 115.

[1222] To Ergon 1958, 153 (Neugriechisch) Abb. 160; Bielefeld a.O. 20 Anm. 117.

[1223] Beispielsweise A.J.B. Wace, Chamber Tombs at Mycenae (1932) 221f.; ders., Mycenae (1964) Taf. 102a; C.W. Blegen, Prosymna (1937) 298.

[1224] Sp. Iakovides, in: H.-G. Buchholz, Ägäische Bronzezeit (1987) 460. — Glas und Fayence waren indessen als Material größerer Objekte eher selten (Skarabäen und Kartuschen Ramses II., Fragmente einer ägyptischen Glasvase), s. ebd. 469f. 474. 477.

[1225] u.a. E. Bielefeld, Th. Haevernick und H.-G. Buchholz, Altägäis, Nr. 1309 (Kette aus Prosymna), 1310 (dunkelblauer Glasschmuck aus Aigion in Hamburg), 1311 (Glas und Fayence aus Attika in Toledo/USA), 1315 und 1316 (Glasanhänger aus Theben), S. 109

sagte (Theben, Tanagra, Mykene usw.) [1226]. Eine Besonderheit bildete die Verwendung als Kopfschmuck, als Diadem, so wie dies in einem mykenischen Kammergrab von Stravo-Kephalo bei Olympia dokumentiert ist (Abb. 59a, SH III B) [1227]. Auch in Asine/Argolis fand sich in originaler Aufreihung ein größeres Glasensemble, wahrscheinlich ebenfalls ein Diadem [1228].

Bikonische, in der Längsachse durchbohrte Objekte unterschiedlicher Größe werden gewöhnlich als "Spinnwirtel" angesprochen. Es gibt sie, wenn auch selten, aus Glas gefertigt. Doch beweist die hohe Zahl von 28 bei einer einzigen Toten in einem Spätkypr.I-Grab von Limassol-Hagios Athanasios und weiteren in einem benachbarten Grab, daß sie zu Halsketten mit abgestimmten, zum Ende hin kleineren "Perlen" gehörten. Derartige bikonische Schmuckstücke aus der Mitte des 2. Jts. v.Chr. bestanden hier außer aus Glas auch aus Stein und Terrakotta (BCH 111, 1987, 726f. Abb. 213. 218).

Wenn es eines weiteren Beweises lokaler mykenischer Glasverarbeitung und der Wertschätzung dieses Materials als besonders kostbar bedarf, dann liefert ihn die unverwechselbar minoisch-mykenische Gestaltung einer blaugläsernen Schwertverkleidung von der Verbindungsstelle zwischen Klinge und Griff, die auf der Akropolis in Mykene von Ch. Tsountas ausgegraben wurde [1229]. Sie kann nur zu einer für den Kampf unbrauchbaren Prunkwaffe, einem charakteristischen "Prestigeobjekt", gehört haben. Denn die nach Art einer Parierstange als Handschutz gedachten Vorsprünge würden, weil aus Glas, den sanftesten Stoß oder Schlag nicht ausgehalten haben.

Abb. 36,1338-1345 (mykenischer Glasschmuck in Boston); S. 110 Abb. 37,1317-1337 (mykenischer Glasschmuck aus verschiedenen Fundstätten). Ferner A. von Saldern, Gläser der Antike, Sammlung E. Oppenländer (1974) 91f. Nr. 240 (18 Teile mykenischen blauen Glases des 14. Jhs. v.Chr., ohne Herkunftsangabe); S.M. Goldstein, Pre-Roman and Early Roman Glass in the Corning Museum of Glass (1979) 90ff. Nr. 167-193 (Kreta oder Peloponnes, 15.-13. Jh. v.Chr.); Th. Haevernick, Kleinfunde aus Glas, Fayence, Fritte, Karneol und Bernstein, Ausgrabungen in Tiryns 1977, in: AA 1979, 440ff.

[1226] z.B. A.J.B. Wace-E. Porada, BSA 52, 1957, 197f. (Mykene); Lambrou-Phillipson a.O. (Anm. 1138) Nr. 319 (Tanagra), 341 und 344 (Theben/Böotien); vgl. die Materiallisten in allen Bänden der Reihe CMS. — Zu ägyptischen Fayenceobjekten bereits J.D.S. Pendlebury, Aegyptiaca, a Catalogue of Egyptian Objects in the Aegean Area (1930).

[1227] Oben Anm. 207; H.-G. Buchholz, Altägäis und Altkypros, Nr. 1346 (mit Lit.); dazu N. Gialoures, An Unrecorded Use for some Mycenaean Glass Paste Beads, in: Journal of Glass Studies 10, 1968, 9ff.

[1228] O. Frödin-A. Persson, Asine (1938) 398ff. Abb. 262 und S. 178 (zu den Fundumständen). Sp. Iakovides, in: H.-G. Buchholz, Ägäische Bronzezeit (1987) 460 ("Perlen, die zu Halsketten, möglicherweise auch zu Armbändern und Diademen aufgereiht waren").

[1229] Athen, Nat. Mus., Inv.-Nr. 3026; Ch. Tsountas, ArchEphem 1897, 109 Taf. 8,6; Haevernick a.O. (Anm. 1220) 77 Abb. 4,1; S. 79 (mit eingehender Beschreibung, wonach das Glas erstaunlich gut erhalten und fest sei und dem mykenischen Gefäßfragment aus Kakovatos/-Peloponnes in der Qualität entspreche; zu diesem oben Anm. 944).

Abschließend wenden wir den Blick nach Zypern und Ugarit zurück. Auf dem Weg dorthin stellt sich am Kap Gelidonya die Frage, ob ein dort aus dem bronzezeitlichen Schiffswrack geborgenes "Gefäß voller Perlen" [1230] sozusagen das "Kleingeld" der Kaufleute an Bord darstellte oder ob dies zu modern-kolonialistisch gedacht wäre. Freilich drängt sich die Beobachtung auf, daß auch in geldlosen ("prämonitären") Kulturen für die täglichen Bedürfnisse wie Trinkwasser, Brennholz und Frischfleisch "bezahlt" werden mußte und dafür die aus Kupferbarren und Elefantenzähnen bestehende Ladung gewiß nicht angebracht wurde.

Auf der Insel Zypern trafen nicht nur — wie oben dargelegt — Glasproduktion aus dem Orient und Ägypten mit einheimischen Erzeugnissen zusammen, sondern gleiches ist unter den Fayencefunden zu beobachten [1231]. Als gesicherter Import von der syrischen Küste ist ein Fayenceanhänger mit dem Gesicht der Göttin Ischtar in Hala Sultan Tekke zu bewerten. Bereits während der mittleren Bronzezeit begegnen wir einer Merkwürdigkeit, die weder in Ägypten noch im Nahen Osten ihresgleichen hat, der Verwendung von in Reihen in den feuchten Ton gedrückten winzigen Fayenceperlen zum Schmuck bemalter "Whitepainted-Keramik" aus Nikosia-Hagia Paraskevi [1232].

Plastische Fayencegefäße in Form weiblicher Köpfe aus Enkomi (14./13. Jh. v.Chr.) zeigen physiognomisch, trachtenkundlich und technisch Merkmale einer unter ägäischem und vorderasiatischem Einfluß erfolgten lokalen, gänzlich unägyptischen Produktion [1233]. Vollständig und in Fragmenten sind sie gleichfalls in Minet el Beida und an weiteren Orten des Orients (Abu Hawam, Assur) aufgetaucht [1234]. Ohne Zweifel wird man Fayencerhyta wie das oft abgebildete Bei-

---

[1230] "Items of Trade", dabei Formen, die im Fachjargon "Pfahlbautönnchen" heißen, demnach mitteleuropäische Typen, s. G. Bass, AJA 65, 1961, 275; ders., Cape Gelidonya (1967) 34. 132f. Abb. 141. 142; S. 163f. 170f. (Analysen); Haevernick, Urnenfelderzeitliche Glasperlen, a.O. 385.

[1231] Keineswegs alle Fayencen der langen Liste von I. Jacobsson (Aegyptiaca from Late Bronze Age Cyprus [1994]) sind ägyptischer Herkunft. Zu 1200 Analysen ägyptischer Objekte s. A. Kaczmarczyk-R.E.M. Hedges, Ancient Egyptian Faience (1983) mit Rez. von H.-G. Bachmann, ZDPV 102, 1986, 183f.

[1232] M. Hadjikosti, Kypriakai Spoudai 1990/91, 111ff. Abb. 4-7 und bereits ohne besonderen Hinweis auf die Einzigartigkeit: M. Ohnefalsch-Richter, ZfE 31, 1899, Verh. 51. 55 Abb. 7,4 (Philadelphia, Univ.-Mus.).

[1233] A.S. Murray, Excavations in Cyprus (1900) 33 Abb. 61,1210.1211 und Taf. 3; mit Datierung um 800 v.Chr., der sogleich A. Evans, Journ. Anthrop. Inst. 30, 1900, und A. Furtwängler, Antike Gemmen III 440 sowie in Berliner Philologische Wochenschrift 1901, 141ff., widersprachen. Vgl. bes. F. Poulsen, Zur Zeitbestimmung der Enkomifunde, in: JdI 26, 1911, 215ff. und Sp. Marinatos, AA 1928, 533ff.; J.-Cl. Courtois-J. und E. Lagarce, Enkomi et le Bronze Récent à Chypre (1986) 140 (vases inspirés par l'Egée) und bes. 152f. mit weiterer Lit., Taf. 27,7.8.

[1234] Cl. Schaeffer, Syria 14, 1933, Taf. 11 und 12; H.Th. Bossert, Altsyrien (1951) Nr. 651/652 und 653 (14./13. Jh. v.Chr.); Propyläen-Kunstgeschichte XIV (1975) Taf. 423a-c. — Für kyprischen Ursprung dieser Kopfgefäße, bes. des Stücks aus Abu Hawam, sprach sich

spiel aus Grab 9 von Larnaka/Kition nach der Gesamterscheinung nirgendwoanders als in Zypern entstanden zu verstehen haben [1235]: Das Stück ahmt bis in die Details hinein konische mykenische Rhyta aus Ton nach (wie unsere Abb. 96b-e). Die Spiralmuster sind an ihm ägäisch wie das Zonenprinzip des Dekors, während dieser mit seinen Pflanzen-, Menschen- und Tierdarstellungen u.a. Elemente des kypro-mykenischen "Rude Style" aufweist. W. Helck meinte: "So finden sich sowohl in Ugarit wie in Enkomi wie in Mykenai im 'Haus der Schilde' Fayencegefäße, die sich ähneln, deren Material jedoch wegen seiner gelben Farbe und seiner grünlichen bzw. bräunlichen Verfärbung nicht aus Ägypten stammen kann, sondern wohl aus Syrien kommt. Auch das Rhyton aus Kition wird zu dieser Gruppe gehören und kann somit lokalzypriotischer Herkunft sein" [1236].

Einen hervorragenden Platz unter den in Fayence umgesetzten unverkennbar ägäischen Gefäßformen nehmen Bügelkannen ein. Sie sind mit mehreren Exemplaren aus Enkomi überliefert, kommen vereinzelt in Kourion und vielleicht in Idalion vor. Ihre Verbreitung reicht bis Ägypten, wo sie in schöner blauer Fayence auftreten (Gurob) und als Seltenheit sogar Nubien erreichten [1237].

Eine weitere Form, die allerdings nicht auf den ägäischen Kulturkreis beschränkt war, ist die sogenannte zweihenklige "Feldflasche". In Ton ist sie im mykenischen Vasenrepertoire Zyperns und Ras Schamras nicht selten (z.B. Abb. 45d; 73h.i; 77a.b). Eine aus Fayence hergestellte Variante befand sich in dem mehrfach genannten Grab 9 des 13. Jhs. v.Chr. von Larnaka [1238], das besonders reich an unterschiedlichsten Glas- und Fayenceobjekten war und aus dem das oben behandelte Trichterrhyton stammt. Mit Bezug auf Glas und Fayence ist D. Barag den formal-typologischen, technologischen, chronologischen und handelshistori-

---

wegen der Vergesellschaftung mit kyprischen Terrakotten H. Weippert aus, in: K. Galling, Biblisches Reallexikon (2. Aufl., 1977) 75. — Bei einem Kopfgefäß aus blauer Fayence im Kunsthandel ist ausdrücklich als Fundort "Ugarit" genannt: Galerie Nefer/Zürich, Katalog 6, 1988, 45 Nr. 68 mit Farbabb.

[1235] Vgl. oben Anm. 17 und L. Åström a.O. (Anm. 1200) 54 Abb. 68a.b; H.-G. Buchholz-V. Karageorghis, Altägäis und Altkypros (1971) Nr. 1671 und Farbabb.; E. Peltenburg, On the Classification of Faience Vases from Late Bronze Age Cyprus, in: Kongreß Nikosia 1969 (1972) 129ff. (es sind zwei Hauptgruppen mit Untergruppen unterschieden: "Ägyptische/-ägyptisierende" und "westasiatische" Vasen) mit Taf. 23 und 24; obiges Rhyton: Taf. 23,2.3; E. Peltenburg-H. McKerrell, in: Excavations at Kition I (1974) 105ff. — Zu den Fragen insgesamt: E. Peltenburg, Greetings Gifts and Luxury Faience, a Context for Orientalizing Trends in Mycenaean Greece, in: Konferenz Oxford 1989 (1991) 162ff.

[1236] W. Helck a.O. (Anm. 1206) 105. — Genauere Farbanalysen bei Peltenburg-McKerrell a.O. 116f.

[1237] L. Åström a.O. 52 Nr. "Jar 7" (mit den kyprischen Einzelnachweisen), Abb. 70,24; S. 121 (mit den ägyptischen Nachweisen); auch J.L. Myres, Handbook of the Cesnola Collection (1914) 273 Nr. 1572.

[1238] Buchholz-Karageorghis a.O. Nr. 1676, mit dick aufgetragener blaugrüner Glasur und hellgrünen Streifen. — Aus demselben Grab stammen das Rhyton Nr. 1671 und die Fayencegefäße Nr. 1677 und 1680; vgl. im übrigen Peltenburg-McKerrell a.O.

schen ostmediterran-nahöstlichen Zusammenhängen derartiger Feldflaschen nachgegangen [1239].

Sowohl bei den Glas- wie bei den Fayencegefäßen ist nach dem bisher Gesagten auch an einem Fundort wie Ras Schamra mit der lokalen Produktion neben Einfuhren aus Zypern und Ägypten zu rechnen. So sei abschließend auf eine zweifelsfrei aus dem Nilland stammende, in einem Grab Ugarits niedergelegte "Nunschale" mit Lotos und Fischen (*Tilapiae*) im Innenbild verwiesen. Ihr stellt sich ebenfalls als ägyptischer Import ein Stück aus Kamid el Loz an die Seite [1240].

Die Griechen bezeichneten mit dem Wort ὕαλος zunächst jeden durchsichtigen Stein, beispielsweise Bernstein, Kristall, Alabaster. Der Sprachgebrauch zeigt bei Aristoteles eine Einengung auf künstliches Glas. In den Papyri ist ὑαλουργός der "Glasmacher" [1241]. Nach H. Frisk haben wir es mit einem "technischen Wort ohne sichere Erklärung" zu tun [1242]. Außerdem wies er auf die auffallende Ähnlichkeit von ὕαλος mit dem Vorderglied eines der nordeuropäischen Namen des Bernsteins, *suali-ternicum*, hin [1243].

Als das fremde Glas zunächst in Form von Schmuckperlen Mittel- und Nordeuropa erreichte, übernahm es eine der weiteren vorhandenen Bezeichnungen des Bernsteins: **glása-*. Tacitus (Germania 45) und Plinius (NH XXXVII 42) bieten die Schreibung *glesum*. Danach hieß eine der friesischen "Bernsteininseln" bei römischen Legionären *Glēsaria* [1244].

[1239] D. Barag, Glass Pilgrim Vessels from Jerusalem, in: Journal of Glass Studies 12, 1970, 35ff. und 13, 1971, 45ff.

[1240] Zur Gattung dieser Fayencen: E.-Ch. Strauß, Die Nunschale, eine Gefäßgruppe des Neuen Reiches (1974). Das Stück aus Ras Schamra ebd. 65 und 18 Abb. 13, Umzeichnung nach Cl. Schaeffer, AfO 21, 1966, 133 Abb. 15. Zur Nunschale aus Kamid el Loz s. M. Metzger, in: Frühe Phöniker im Libanon, Ausstellungskatalog Bonn (1983) 75 Abb. 40. — Zu einem 1935 ausgegrabenen Depot von Objekten aus Glas und Fayence s. J.-Cl. Courtois, in: H.-G. Buchholz, Ägäische Bronzezeit (1987) 205f.

[1241] Hierzu und zum Folgenden: M.L. Trowbridge, Philological Studies in Ancient Glass (1928).

[1242] H. Frisk, Griechisches etymologisches Wörterbuch II (2. Aufl., 1973) 953 s.v. ὕαλος.

[1243] Plinius, NH XXXVII 33. Zum Zusammenfließen von Wörtern für Glas und Bernstein äußerten sich O. Schrader-A. Nehring, Reallexikon der indogermanischen Altertumskunde I (2. Aufl., 1917) 97; F. Kluge, Etymologisches Wörterbuch der deutschen Sprache (19. Aufl., 1963) 259 s.v. Glas, mit Erwähnung althochdeutscher Glossen: *glas = electrum*.

[1244] Zu "Abalus/Basileia/Helgoland" als Bernsteininsel der Germanen und Kelten schlechthin, sowie den sprach- und religionshistorischen Zusammenhängen s. S. Gutenbrunner, Germanische Frühzeit in den Berichten der Antike (1939) 37ff. 71ff. 75f. und 79f. (auch Ostseebernstein).

Die Griechen besaßen ein weiteres Wort für "blaugefärbtes Glas, dunkelblaues Email", κύανος [1245], das in Linear B als *ku-wa-no* (danach *ku-wa-no-woko*/κυανοϜοργός) nachgewiesen ist [1246] und als kleinasiatisches Lehnwort mit dem hethitischen *kuu̯anna(n)*- ('Kupfer[blau]', 'Schmuckstein') identisch zu sein scheint [1247]. Damit erweist sich der Zweig komplexer kulturhistorischer Forschung, in dessen Zuständigkeit "Wörter und Sachen" fallen, wieder einmal als wichtig, insofern im vorliegenden Fall gezeigt wird, daß die Kulturleistung der Glaserzeugung keineswegs — wie mit archäologischen Methoden ermittelt — einsträngig aus Ägypten kommend Europa erreichte. Ja, auch der von Syrien/-Zypern ausgehende Seeweg bildete nicht die einzige Alternative, vielmehr ist offensichtlich eine erhebliche Mitwirkung Anatoliens an den beschriebenen Vorgängen — sozusagen ein dritter Weg — zu verzeichnen.

[1245] W. Beck, LfgrE II (1991) 1570 s.v. κύανος, mit viel Lit.; Frisk a.O. II 37 s.v. κύανος.

[1246] M. Ventris-J. Chadwick, Documents in Mycenaean Greek (1956/1973) 340 zu Nr. 239; O. Szemerényi, Classical Review 8, 1958, 61; A. Morpurgo, Mycenaeae Graecitatis Lexicon (1963) 175; R. Halleux, SMEA 9, 1969, 47ff. — Lit. zum homerischen Gebrauch von κύανος bei Beck a.O. und in den Beiträgen von F. Canciani, F. Eckstein, K. Fittschen und R.J. Forbes in: F. Matz-H.-G. Buchholz, ArchHom.

[1247] A. Götze, JCS 1, 1947, 307f. 310; A. Kammenhuber, Zur Stellung des Hethitisch-Luvischen innerhalb der indogermanischen Gesamtsprache, in: KZ 77, 1961, 53; G. Neumann, Untersuchungen zum Weiterleben hethitischen und luwischen Sprachgutes in hellenistischer und römischer Zeit (1961) 19; E. Laroche, Revue Hittite et Asianique 24, 1966, 180f.; J. Tischler, Hethitisches etymologisches Glossar I (1977) 688ff.

5. Straußeneier

Eier unterschiedlicher Vogelarten — meist jedoch Hühnereier — spielten im Totenkult, bei den Begräbnisfeiern und als Grabbeigaben, weder geographisch noch zeitlich sonderlich eingegrenzt eine große Rolle [1248]. Ihre symbolische Bedeutung ist unmißverständlich: Sie verkörpern Geburt, Leben und Wiedergeburt [1249]. Es genügt ein Hinweis auf christliche Ostereier als Gaben zur Feier des Auferstehungsfestes [1250]. Deren Wirkkraft wurde häufig durch Rotfärbung gesteigert [1251].

Derartige Vorstellungen spiegeln sich ebenfalls in Mythen der Geburt von Göttern und Helden aus dem Ei, zugleich aus einer Art Urform und Urstoff als eigentlichem Lebensquell, sozusagen aus einem kosmischen Weltenei [1252]. In der

---

[1248] Aus der Fülle der Lit. nenne ich M.P. Nilsson, Das Ei im Totenkult der Alten, in: ARW 11, 1908, 530ff.; E. Rohde, Psyche, Seelenkult und Unsterblichkeitsglaube der Griechen II (2. Aufl., 1897) 407; P. Wolters, Festschrift für J. Loeb (1929) 121f.; H. Metzger, in: P. Amandry, Coll. H. Stathatou III (1953) 160ff.; D. Kurtz-J. Boardman, Thanatos (Deutsch von M. Buchholz, 1971) 256. — Neben anderen Nahrungsmitteln befinden sich in griechischen Sarkophagen zu Abusir besonders viele Eier; s. S. Eitrem, Opferritus und Voropfer der Griechen und Römer (1915; Nachdr. 1977) 267; desgl. Hühnereier in einem Sarkophag der Kaiserzeit in Patras, s. ArchEphem 1983, 4 Abb. 2 und ArchRep 1985/86, 37; vgl. Corinth XIII 84. — Grab des 7. Jhs. v.Chr. in Knossos-Gypsades, s. J.N. Coldstream, BSA 76, 1981, 157 Nr. 123. — Gräber von Corneto, s. F. Weege, JdI 31, 1916, 158. — Kyprische Gräber ab der Bronzezeit, z.B. Kalavassos-Hagios Demetrios, s. St. Swiny, AJA 89, 1985, 49. — Salamis, s. V. Karageorghis, Excavations in the Necropolis of Salamis I (1967) 33. 36. 40f. 106. 130f.; II (1970) 229. — Kouklia, ders., Palaepaphos-Skales (1983) 158. 453. — In hellenistischen Gräber von Neupaphos, s. RDAC 1980, 259. — Als Grabbeigabe in neuerer Zeit: F. Eckstein, Handwörterbuch des deutschen Aberglaubens II (1929/1987) 615; P. Geiger, ebd. III (1930/1987) 1091.

[1249] S. Anemoyannis-Sinanidis, Le Symbolisme de l'Oeuf dans les Cosmogonies Orphiques, in: In Memoriam G. Mylonas, Kernos 2 (1989); F. Eckstein, Handwörterbuch des deutschen Aberglaubens II (1929/1987) 595f. 616; als solches auch Aphrodisiacum, s. B. Karle, ebd. I (1927/1986) 529.

[1250] L. Curtius, Das Osterei, wiederabgedruckt in: Torso (1957) 188ff.; P. Markovyc, Russian Easter Eggs from Eastern Slovakia (1987); Lincke, Handwörterbuch des deutschen Aberglaubens VI (1934/1987) 1314 s.v. Ostara.

[1251] C. Menigs, Handwörterbuch a.O. VII (1935/36) 813f. 820 s.v. rot.

[1252] Zum orphischen Weltenei bereits: J.J. Bachofen, Versuch über die Gräbersymbolik der Alten (1859), in: Gesammelte Werke IV (1954) 11ff. (die drei Mysterieneier); ferner M.P. Nilsson, Geschichte der griechischen Religion I (3. Aufl., 1967) 684f.; A.B. Cook, Zeus II (Nachdr. 1965) 1033ff. (the Cosmic Egg); F. Cumont, Die orientalischen Religionen im römischen Heidentum (4. Aufl., 1959) 256 Anm. 11; E. Roellenbleck, Magna Mater im Alten Testament (1949) 169 Anm. 19; A. Stössel, Urnenbestattung und Weltei-Mythologem im West- und Zentralsudan, in: Paideuma 29, 1983. — Zur zentralen Bedeutung des Eis bei den Orphikern gehört auch der Kontrast zwischen Eitabu und rituellem Eischlucken, s. W. Burkert, Homo Necans (1972) 51 mit Anm. 25.

griechischen Mythologie steht das "Ei der Leda", aus dem Hellena entstand — ein Schwanenei, insoweit Zeus als Schwan der Vater war —, an erster Stelle [1253]. Pausanias hat es intakt in Sparta im Heiligtum der Leukippiden mit eigenen Augen als Reliquie gesehen [1254]; es ist hinzuzufügen: obwohl bei jeder Eigeburt das Ei zerbricht und nach einer weiteren Sagenvariante die Dioskuren Reste der Eierschalen als Helme trugen.

Zu Geschöpfen, die dem orphischen Weltenei entschlüpften, zählte nach der Persiphlage des Aristophanes in den "Vögeln" (690ff.) der "kosmogonische" Eros. Im Orient gehörte Atargatis zu den aus einem Ei Geborenen; denn Fische beförderten letzteres, dem sie später entstieg, aus dem Euphrat ans Ufer [1255]. Da war demnach die Eigeburt zugleich eine Geburt aus dem Wasser wie die Schaumgeburt der Aphrodite von Paphos. Die Atargatis entsprach der Dea Syria/Aphrodite.

Für eine Rückdatierung der Eigeburt bis in die Bronzezeit Syriens fehlen allerdings sichere Beweise. Doch ein männlicher "Eientsprossener", Typhon, ist aus einer teilweise auf orientalischer Grundlage beruhenden Begebenheit bekannt [1256]: Kronos habe zwei Eier mit seinem Samen bestrichen, die Hera auf Geheiß des Gottes auf die Erde legte, wo aus ihnen Typhon hervorging. An dessen von Apollodoros (I 6,3/39ff.) überliefertem Kampf mit Zeus ist der am Kasion Oros spielende Teil bedeutsam. Denn er geht, wie hethitische Analogien zeigen, auf einen in der weiteren Religion zu lokalisierenden Mythos des zweiten Jahrtausends zurück (Kilikien/Nordsyrien) [1257].

Eindruck machten in solchen Zusammenhängen natürlich ungewöhnlich große Eier. Wir wissen nicht, welcher Art dasjenige war, welches Pausanias in Sparta sah: ein Schwanenei, ein Straußenei als Reliquie? [1258]. Byzantinische Klöster und

---

[1253] K. Kerenyi, Die Geburt der Hellena (1945); vgl. auch A.B. Cook, Zeus II (Nachdr. 1965) 1015f.

[1254] Pausanias III 16,1; s. F. Pfister, Der Reliquienkult im Altertum (1909/1974) 336. — Aus einem zweiten Ledaei sollen die Dioskuren (Leukippiden) geboren sein, die unter dem alten, aus mykenischer Zeit bekannten Kultnamen "Anakes" angerufen wurden, s. C. von Holzinger, Lykophron's Alexandra (1895) 248, Kommentare zu Vers 89, 506 und 508.

[1255] Scholion zu Germanicus Aratus; vgl. W. Robertson Smith, Die Religion der Semiten (Deutsch nach der Ausgabe 1899, 1967) 135; W. Fauth, Der Kleine Pauly I (1975/1979) 1400ff. s.v. Dea Syria.

[1256] Scholion B zu Ilias 2,783; s. H. Schwabl, RE Suppl. XV (1978) 1217f. s.v. Zeus.

[1257] Ich zitiere fast wörtlich Schwabl a.O. Dazu V. Haas, Hethitische Berggötter und hurritische Steindämonen (1982) 121ff. (Der Typhon-Mythos; ältere Lit. zur Gleichsetzung des Baal Zaphon mit Typhon ebd. Anm. 284 bis 287); S. 171 (zum Ei als Symbol des Lebens); K. Koch, in: Religionsgeschichtliche Beziehungen zwischen Kleinasien, Nordsyrien und dem Alten Testament, int. Symposium Hamburg 1990 (1993) 203f.

[1258] Auf attischen Vasenbildern erscheint das "Ei der Leda" gewaltig, übergroß; z.B. Glokkenkrater des Polion in Bonn, Akad. Kunstmuseum, Inv.-Nr. 78, um 420 v.Chr., s. K. Schefold, Die Göttersage in der klassischen und hellenistischen Zeit (1981) 245ff. Abb. 342 (dort zahlreiche weitere Belege); auch in: Hellenike Mythologia III (Neugriechisch, 1986) 219 Abb. 119; ferner ein neuerer Fund aus Vourvoura-Analipsis, s. H.W. Catling, ArchRep

Kirchen bedienen sich bis heute eines oder mehrerer Straußeneier als Gehänge ihrer ewigen Lampen. Ich sah sie zahlreich im Kykkoukloster auf Zypern. Der beschriebene Symbolwert von Eiern betrifft jedenfalls gesteigert auch Straußeneier [1259].

Wie der Bildschmuck eines Prachtfächers Tut-ench-Amuns zeigt, war die Straußenjagd königliches Tun, waren Straußenfedern königliches Emblem [1260]. Zur Gewinnung von Straußenfedern wurden die Laufvögel nicht nur gejagt, sondern auch eingefangen und in Gehegen gehalten [1261]. Es handelt sich um den afrikanischen Strauß, ein Tier der offenen, trockenen Steppe. Die Männchen werden bis zu zweieinhalb Meter groß und bis zu drei Zentner schwer. Die Familie der Strauße ist sehr alt. Wir kennen fünf fossile Arten, deren älteste aus dem frühen Tertiär stammen. Arabien und Nordafrika waren die Heimat der Urstrauße [1262]. In Karthago befanden sich unter den Tierknochen aus neueren Ausgrabungen römisch-

---

1987/88, 24f. Abb. 20-22.

[1259] Vgl. R. Kriss-H. Kriss-Heinrich, Rhein. Jahrbuch für Volkskunde 12, 1962/63, 178ff. ("In Kykkou hängen der Ikonostase entlang zahlreiche Silberampeln von der Decke herab, mit 36 Straußeneiern, nachgebildeten und echten", "In der Kirche des Panagia Trooditissa-Klosters zehn Straußeneier vor der Ikonostasis, ein Hinweis auf orientalische Einflüsse". — Übelabwehrende Bedeutung von Straußeneiern und dem Vogel selbst im Volksglauben einiger Gebiete Afrikas und der Türkei, s. E. Hoffmann-Krayser, Handwörterbuch des deutschen Aberglaubens VIII (1937/1987) 522 s.v. Strauß. Nach G. Fohrer, Das Buch Hiob, Kommentar zum AT 16 (2. Aufl., 1988) 514 Anm. 92 symbolisieren Straußeneier an koptischen und armenischen Kreuzen und Lampen die Wachsamkeit Christi über seine Gemeinde, während der Strauß im AT als unrein galt. — Weiteres zu Straußeneiern in italienischen Kirchen, vom 9. bis zum 16. Jh., s. Reese a.O. (unten Anm. 1269) 377.

[1260] Um 1325 v.Chr.; Kairo, Ägyptisches Museum, Inv.-Nr. JE 62001/242; u.a. in Umzeichnung bei Z. El Habashi, Tutankhamun and the Sporting Traditions, 173 mit Abb.; W. Treue, Achse, Rad und Wagen (1986) 364 Abb. 42. — Bei ägyptisch-prädynastischen Darstellungen ist nicht immer sicher, ob ein Strauß oder ein anderer großer (Lauf-)Vogel gemeint war, vgl. H. Kantor, The Final Phase of Predynastic Culture, in: JNES 3, 1944, 110ff. Abb. 9c und e. — Der Strauß als Jagdtier schon in den Gemälden von Beni Hasan, s. P.E. Newburry, Beni Hasan II (1893) Taf. 4; vgl. das untere Register eines weiteren ägyptischen Jagdbildes: F. Schachermeyr, Ägäis und Orient (1967) Taf. 46,167. — Straußenjagd auf bronzezeitlichen und späteren Rollsiegeln, s. H.A. Groenewegen-Frankfort, Arrest and Movement (1951/1972) 170 Taf. 66c; E. Strommenger, Fünf Jahrtausende Mesopotamien (1962) 102 Nr. 187 mit Abb.; F.S. Bodenheimer, Animal and Man in Bible Lands II (1960/1972) 33 Abb. 19,4.5; L. Woolley, Mesopotamien und Vorderasien (Deutsch, 1979) 176 Abb. 61. — Vgl. weiterhin im 1. Jt. v.Chr.: M.E.L. Mallowan, Nimrud and its Remains I (1966/1975) 119 Abb. 61 (Darstellung an einer glasierten Vase); P. Calmeyer, BJbV 5, 1965, 29 Abb. F6 (Jagdszene an einem Metallgefäß).

[1261] Zu Straußenfedern: S. Schoske-D. Wildung, Gott und Götter im Alten Ägypten (2. Aufl., 1993) 29f. 64. 80. 82. 86. 117. — Zur Anlieferung lebender Strauße s. W. Helck, Materialien zur Wirtschaftsgeschichte des Neuen Reiches, AbhMainz 1960, 857; A. Lucas-J.R. Harris, Ancient Egyptian Materials and Industries (4. Aufl., 1962) 28f.

[1262] Verbreitungskarte in: O.L. Austin, Die Vögel der Welt (deutsche Bearbeitung von H. Wermuth, 1963) 16f. 20 (Karte).

byzantinischer Zeit auch solche von Straußen [1263]. So ist denn keineswegs erwiesen, daß sämtliche während der Bronze-, Eisen- und späteren Zeit in Südeuropa
(Griechenland, Italien, Spanien) vorkommenden Straußeneier ausnahmslos Importe
aus dem Nahen Osten darstellen [1264].

Bereits in prähistorischen Epochen und anschließend bis in die hellenistische
Zeit wurden in Ägypten Stückchen von Straußeneierschalen zu Schmuckperlen [1265] und Gefäßen verarbeitet. Es gab und gibt zwei Möglichkeiten der Verwendung: Entweder halbierte man das Ei und erhielt auf diese Weise halbkugelige
offene Schalen, eine Urform der Trinkschale, Prototyp der "Megarischen Becher",
wie sie tatsächlich in einem reich bemalten Exemplar ptolemäischer Zeit in einem
kanadischen Museum erhalten blieb [1266]. Oder es wurde ein solches Ei an einem
der Enden mit einem Hals, außerdem mit einem Henkel oder Trageriemen versehen
und so zur Flasche umgewandelt [1267]. Ein Beispiel dieser Art mit einer Mündung
aus blauem Marmor wurde in Abydos ausgegraben [1268].

Wiederum gibt es kein stichhaltiges Indiz — was Straußeneier angeht — das
erlaubt, den Ägyptern die Marktbeherrschung im östlichen Mittelmeer zuzuschrei-
ben: In den Ausstellungen des Israel-Museums finden sich nämlich etliche Straußeneier aus chalkolithischen und frühbronzezeitlichen Fundstellen. Frühbronzezeitlich sind auch zwei Straußeneier in Bab el-Dara auf der jordanischen Seite des

---

[1263] Auskunft 1992 von G. Nobis, Direktor i.R. des A. König-Museums in Bonn, dem
archäozoologischen Bearbeiter des tunesischen Fundmaterials; vgl. N.B. Richter, Unver-
geßliche Sahara (1954) 151f. 154f. (Straußeneier, prähistorisch und rezent), 162f. (zum
Vogel Strauß).

[1264] Vgl. D. Conwell, On Ostrich Eggs and Libyans; Traces of a Bronze Age People from
Bates Island/Egypt, in: Expedition 29, Heft 3, 1987, 25ff.

[1265] Vgl. auch die zusammenfassende Lit. in Anm. 1281 und im Literaturverzeichnis bei D.
Reese a.O. (Anm. 1269); Lucas-Harris a.O. (Anm. 1261) 38. 44; E. Winter, AfO 21, 1966,
239 (Toschke-West, C-Friedhof: Knöchelschmuck in drei Schnüren aus Straußeneierperlen);
K. Kromer, ebd. 234 (Sayala, Ende der 2. Zwischenzeit: Fayence- und Straußeneiperlen);
Museumsinsel Berlin, Ägyptisches Museum (1991) 248 Nr. 152, mit Farbabb. (Halsketten
aus Straußeneistückchen). Mit Straußeneierscheibchen ausgelegter Ohrpflock: W.M. Flinders-
Petrie; Illahun, Kahun and Gurob (1891/1974) 19. — Von Tunesien bis Persien gab es eine
hier nicht im einzelnen vorgeführte prähistorische Schmuckverwendung von Straußeneier-
stückchen/-perlen. Verwiesen sei auf eine, wohl in die Mitte des 2. Jts. v.Chr. gehörende
Werkstatt des 15 km nördlich von Aden gelegenen Fundplatzes Sabir, in der aus Straußeneiern und Muscheln Schmuckelemente hergestellt wurden, s. B. Vogt, AA 1995, 866 Abb.
5.

[1266] Royal Ontario Museum: ich habe dank der liebenswürdigen Unterstützung durch Frau N.
Leipen das Stück studieren dürfen, sowie Photo und Publikationserlaubnis erhalten.

[1267] Rezente Beispiele mit "aufgeflochtenem" Hals zeigt C. Schuchhardt, Das technische
Ornament, in: PZ 1, 1909, 49 Taf. XII Abb. 1 und 2, aus dem Sudan; vgl. auch A. Evans,
PM II (1928/1964) 223 Abb. 128.

[1268] Brüssel, Musée Cinquantenaire, s. Evans a.O. 222 Abb. 127.

Toten Meeres, die zu Flaschen umgearbeitet waren [1269].

Einen bemerkenswerten Höhepunkt bilden mehr oder weniger kunstvoll dekorierte Straußeneier-Flaschen der mittleren Bronzezeit aus Tel Nagila/Negev [1270], Tell Bet Mirsim [1271], Gezer [1272], Jericho [1273], Gibeon [1274] und Afula [1275]. Sie werden noch übertroffen von einer Art Feldflasche mit schwenkbarem Bronzehenkel, einem bronzenen Mündungsstück und weiteren Bronzebeschlägen. Dieses einzigartige Objekt befindet sich im Hecht-Museum der Universität Haifa [1276]. Die Ausgrabungen in Akko haben, soweit ich über den deutschen Anteil durch die Freundlichkeit von D. Conrad/Marburg informiert bin, lediglich geringe Fragmente von Straußeneierschalen erbracht. Nordwestlich von Amman kommen bei Bestattungen nach 1600 v.Chr. — teils mit mykenischer SH II B-Keramik — noch einige Eierschalenfragmente hinzu [1277].

Auch weiter nördlich fehlen Straußeneier nicht. In Byblos gehören sie in die Phase Frühbronze I [1278]. In Syrien sind sie seit dem Beginn des 2. Jts. v.Chr. nachzuweisen, doch auch während der Spätbronzezeit gut vertreten. Bemalung wurde an Straußeneiern aus Tell Ascharah gemeldet [1279]. In Hama [1280] und — was in unserem Zusammenhang besonders interessiert — ebenfalls in Minet el

---

[1269] Nach D. Reese, in: Excavations at Kition V (1985) 375 mit Anm. 8.

[1270] Zwei Exemplare mit je einem Loch und Spuren von Bemalung, Mittelbronze II B, je ein Siedlungs- und ein Grabfund. Weitere, spätere Straußeneier des Negev: Y. Aharoni, Excavations at Tel Beer Sheba, in: The Biblical Archaeologist 35, 1972, 111ff.

[1271] 17./16. Jh. v.Chr., s. W.F. Albright, The Excavation of Tell Beit Mirsim II (1938) 83 Nr. 799; S. 91 Nr. 2349.

[1272] B.A.S. Macalister, The Excavation of Gezer II (1912) 19 Abb. 221 (mit geometrischen Mustern bemalt).

[1273] K.M. Kenyon, Excavations at Jericho I (1960) 406. 469 Taf. 18,2; II (1965) 408 Abb. 209 (bemalt), s. Reese a.O. 375.

[1274] Grab 36 (Mittelbronze II), Frgt. mit Loch, s. J.B. Pritchard, The Bronze Age Cemetery at Gibeon (1963) 130. — Grab 10B (Spätbronze, mit Mittelbronzeobjekten), Frgt., s. ebd. 12 und 94; s. Reese a.O. 375 mit Anm. 12 und 13.

[1275] E. Sukenik, Journal of the Palestine Oriental Society 21, 1948, 62f. Taf. 15,18.

[1276] M. Dayasi-Mendels, Perfumes and Cosmetics in the Ancient World (1989) 30 mit Abb.

[1277] Grabhöhlen im Baq'ah-Tal, von P. McGovern ausgegraben; mir nur aus Reese a.O. 375 mit Anm. 15 bekannt.

[1278] Straußenei mit großem Loch zur Anbringung einer Flaschenmündung, drum herum zehn kleine Nietlöcher für die Dichtung, s. M. Dunand, Byblia Grammata (1945) Taf. 1b und d; ders., Fouilles de Byblos V (1973) Taf. 159,18553; Reese a.O. 375 mit Anm. 6 und 7.

[1279] F. Thureau-Dangin-R.P. Dhorme, Syria 5, 1923, 265ff. 290.

[1280] P.J. Riis, Hama II 3 (1948) 149.

Beida und im Palast von Ras Schamra [1281] fehlen sie ebensowenig wie am mittleren Euphrat (Habuba-Kabira [1282], Tell Qarnas und Mari [1283]). In Keilschrifttexten des frühen 2. Jts. v.Chr. aus Mari sind Straußeneier wiederholt erwähnt.

Noch zur Zeit des Xenophon bevölkerten Strauße in größerer Zahl die Steppen am unteren Euphrat (Anabasis I 5,2: πλεῖστοι μὲν ὄνοι ἄγριοι, πολλαὶ δὲ στρουθοὶ αἱ μεγάλαι) [1284].

Schließlich müssen Straußeneier bis in die Hethiterhauptstadt exportiert worden sein; denn ein Text besagt, daß "Bibru-Gefäße" daraus angefertigt worden seien [1285].

In Zypern fehlen weite Steppen, die der Strauß als Lebensraum benötigt. So vermag man bei einem Jagdbild wegen der Neigung der kyprischen Vasenmalerei in früharchaischer Zeit zur Abstraktion nicht sicher zu sein, welcher große Laufvogel sonst gemeint sein könnte; in Frage käme allenfalls auch eine Trappe [1286]. Freilich mag man — wie während der Bronzezeit Ägyptens oder später in assyrisch-persischen Wildparks — Zuchtstrauße gehalten haben. Diese alte Tradition fand bis in die Epoche der Kreuzzüge ihre Fortsetzung. Der deutsche Graf Wilbrand von Oldenburg besuchte im frühen zwölften Jahrhundert auf einer Pilgerfahrt Nikosia und sah dort im Königspalast seinen ersten Vogel Strauß [1287].

[1281] Vgl. zum gesamten Fragenkomplex schöne Zusammenfassungen von Reese a.O., sowie A. Caubet, Les Oeufs d'Autruche au Proche Orient Ancien, in: RDAC 1983, 193ff. — Weitere Zusammenfassungen: A. Finet a.O. (s. unten Anm. 1283); P. Francis, The Ostrich, Ostrich Eggshells and Ostrich Eggshell Beads, in: Man and Environment 7, 1983, 142ff.; B. Laufer, Ostrich Egg-Shell Cups of Mesopotamia and the Ostrich in Ancient and Modern Times, in: Anthropology Leaflet 23, Field Museum/Chicago (1926). — Zu Ugarit: Straußenei, aus vielen Fragmenten zusammengesetzt, Louvre, Inv.-Nr. AO 16107, Grabfund Minet el Beida/1932, Caubet a.O. Abb. 1; Reese a.O. 375.

[1282] Wohl noch unpubliziert; Südteil der ausgegrabenen Stadt Habuba-Kabira, Fragmente von Straußeneiern, zusammen mit einem Flaschenhals aus rotem Gestein. Information von E. Strommenger.

[1283] Tell Qarnas, um 3000 v.Chr., s. A. Finet, Studia Paula Naster Oblata II (Orientalia Antiqua, Orientalia Lovaniensia Analecta 13 [1982] 69ff.). — Mari, Grab 135 (13. Jh. v.Chr.), s. Caubet a.O. 195 Abb. 2 (nach A. Parrot, Mari, Capitale fabuleuse [1974] Abb. 92, drei Straußeneier bei einer einzigen Leiche); weitere Belege aus Mari bei Caubet und Reese.

[1284] Der Grieche war gezwungen, zur Verdeutlichung dem στρουθός ὁ μεγάλος oder ὁ Λιβυκός bzw. ὁ Ἀράβιος beizufügen oder ihn στρουθοκάμηλος zu nennen. Das an sich alte Wort (Ilias, Sappho) στρουθός allein bezeichnete einen ausgesprochen kleinen Vogel, den Sperling.

[1285] KUB V 7 (Bo 2035), nach H.Th. Bossert, Ein hethitisches Königssiegel (1944) 263 (der allerdings an mykenische Eierschalenrhyta dachte); s. H.-G. Buchholz, Ägäische Bronzezeit (1987) 170f.

[1286] H.-G. Buchholz-G. Jöhrens-I. Maull, Jagd und Fischfang, in: ArchHom, Lieferung J (1973) 99f. Abb. 35, mit Lit.

[1287] Englische Übersetzung in C.D. Cobham, Excerpta Cypria (1908/1969) 13f.

In Enkomi gab es Straußeneier, vollständige und Fragmente, aus mindestens sechs Gräbern: Grab 76 der alten Grabungen des vorigen Jahrhunderts [1288] und Grab 10 [1289], sowie 11 [1290] und 18 [1291] der schwedischen Ausgrabungen, ferner aus den Gräbern 5 und 13 der französischen Ausgrabungen [1292].

An der Südküste der Insel hat die bedeutende bronzezeitliche Stadt Kition-Larnaka überwiegend Fragmente von Straußeneiern erbracht, die zu Gefäßen verarbeitet worden waren, zu nennen sind die Gräber 4 und 5 [1293], sodann Temenos A und Tempel 5 im Areal II/1975 [1294] wie schließlich Ablagerungen des 2. Jts. v.Chr. (Spätkypr. II C) in Kition-Bamboula mit zahlreichen, teilweise bemalten Fragmenten [1295].

In Hala Sultan Tekke, dem in Sichtentfernung vom bronzezeitlichen Kition liegenden gleichzeitigen Hafenort, wurden in zwei Gräbern Reste von Straußeneiern angetroffen [1296]. P. Åströms Siedlungsgrabung ergab dort ein Dutzend weiterer Eierschalen-Fragmente [1297].

[1288] "Salamis, near Enkomi, Mycenaean Necropolis, 1896", s. CCM 185,76, zusammen mit mykenischer Keramik.

[1289] P. Dikaios, Enkomi Excavations (1969) 365. 367 Taf. 211,42 (mit Abdrücken vertikaler Lederriemen); Reese a.O. 372.

[1290] Spätkypr. II, s. E. Sjöqvist, SCE I (1934) 514. 516 Nr. 22 Taf. 84,3/22; ders., Reports on Excavations in Cyprus (1940) 176 Taf. 21,22 (vollständig, aus Fragmenten wieder zusammengesetzt). L. Åström, Studies on the Arts and Crafts of the Late Cypriote Bronze Age (1967) 85. 144 (= SCE IV 1D, 557); Reese a.O. 371 Anm. 8; H.-G. Buchholz, Ägäische Bronzezeit (1987) 171 Anm. 45.

[1291] Spätkypr. I-III, Fragmente, s. L. Åström a.O. 85 und SCE IV 1D, 556; Reese a.O. 372 Anm. 1.

[1292] Louvre, Inv.-Nr. AM 2678: Fragmente aus Grab 5/1949, Fund-Nr. 4983, s. A. Caubet, RDAC 1987, 35f. Nr. 72 Abb. 6,72.73. — Cyprus Mus., ohne Nr., aus Grab 13/1949: ebd. Nr. 73 Taf. 9,73.

[1293] V. Karageorghis, RDAC 1963, 3; L. Åström a.O. 85; J. Leclant, Orientalia 39, 1970, 362; Reese a.O. 371 Anm. 1. Weiteres in H.-G. Buchholz, Ägäische Bronzezeit (1987) 171 Anm. 45.

[1294] D.S. Reese, The Kition Ostrich Eggshells, in: Excavations at Kition V (1985) 371ff., Anhang VIIIB: Zu Fundnr. 1788; 3226; 4224.

[1295] Cyprus Mus., Inv.-Nr. KEF 230 und 77.775, s. M. Yon, RDAC 1982, 109; A. Caubet, RDAC 1983, 195; Reese a.O. 371 Anm. 2.

[1296] V. Karageorghis, RDAC 1968, 9 Nr. 11; L. Leclant, Orientalia 39, 1970, 361f.; P. Åström, Hala Sultan Tekke I (1976) 76f. Nr. 120; S. 85 und 87 Nr. 249 (Datierung durch Spätkypr. II-Keramik und mykenische SH III A2-C1-Keramik); H.-G. Buchholz, Erasmus 30, 1978, 811; Reese a.O. 371 mit Anm. 3-5; H.-G. Buchholz, Ägäische Bronzezeit (1987) 171 Anm. 45.

[1297] G. Hult, Hala Sultan Tekke IV (1978) 18. 82 Nr. 1051 (Spätkypr. III A2); dies., ebd. VII (1981) 41. 43 Nr. 1142 Abb. 104 (Spätkypr. III A1/2); Reese a.O. 371 Anm. 6.7.

An der Nordküste sind die Zeugnisse auf drei Fundorte verteilt: Kazaphani, Toumba tou Skourou (Abb. 58b) und Hagia Irini. Kammer A des Grabes 2 der Nekropole von Kazaphani war außerordentlich lange genutzt (1600 bis 1230 v.Chr.) [1298]. Die zehn registrierten Eierschalenstücke, von denen drei aneinanderpassen, werden zu einem oder mehreren ursprünglich vollständigen Eiern gehört haben. Ist das richtig, werden sie den Beigaben der frühesten Bestattungen zuzurechnen sein; denn die haben durch fast vierhundertjährige Weiternutzung des Grabes am meisten gelitten.

Aus Toumba tou Skourou, an der Morphoubucht gelegen, stammen drei vollständige Straußeneier, sämtlich mit einer Öffnung an einem Ende zur Montage eines Flaschenhalses versehen. Zwei von ihnen sind mit rotbraunen Streifen und Bändern bemalt (Abb. 58b) [1299].

Ein weiteres bemaltes Straußenei von 14 cm Länge stammt ferner aus Grab 21 in Hagia Irini, das in die Frühphase der spätkyprischen Bronzezeit gehört. Der Ort liegt knappe zehn Kilometer von Toumba tou Skourou entfernt [1300].

Schließlich gibt es Eierschalenfragmente aus Gräbern von Altpaphos und zwölf weitere Fragmente ohne Fundortangabe in den Beständen des Cyprus Museums [1301].

Das oben ausführlich behandelte, bei Ulu Burun untergegangene Schiff mit dem unvorstellbar reichen Sortiment östlicher Luxuswaren und Gebrauchsgüter an Bord führte auch Straußeneier [1302]. Das spricht dafür, daß mindestens ein erheblicher Teil der im ägäischen Kulturkreis verarbeiteten und benutzten Straußeneier auf dem Seeweg aus Syrien kam.

Es mag hier genügen, eine Zusammenstellung der aus dem Ägäisbereich bekannt gewordenen Straußeneierreste oder vollständigen -gefäße zu geben: In

[1298] I. und K. Nikolaou, Kazaphani (1989) 28 Nr. 349 Taf. 16,349.

[1299] E. Vermeule, Toumba tou Skourou 1971-74 (1974) Abb. 63a.b; dies., Symposium Nikosia 1972 (1973) 32; K. Nikolaou, AJA 77, 1973, 428 Taf. 82,26; G. Kopcke, Handel, in: H.-G. Buchholz, ArchHom, Lieferung M (1990) 34f. Anm. 169 Abb. 4a (danach unsere Abb. 58b); A. Caubet, RDAC 1983, 195 Abb. 3; P.M. Bikai, RDAC 1985, 239ff. Anm. 2 Abb. 1b; Reese a.O. 372 Anm. 3; H.-G. Buchholz, Ägäische Bronzezeit (1987) 171 Anm. 46 Abb. 47a.

[1300] Vorberichte: BCH 96, 1972, 1049 Abb. 61; AJA 77, 1973, 55; Orientalia 43, 1974, 221; s. auch P.E. Pecorella, Symposium Nikosia 1972 (1973) 23; Reese a.O. 372 Anm. 4 und H.-G. Buchholz, Ägäische Bronzezeit (1987) 171 Anm. 45; ausführlich sodann Pecorella, Le Tombe dell'Età del Bronzo Tardo della Necropoli a Mare di Ayia Irini (1977) 153 Nr. 61 Abb. 383 und S. 262.

[1301] D. Reese, in: Tombs at Palaepaphos (1990) 144ff. und unpubliziert: Cyprus Museum, Inv.-Nr. Z7.

[1302] D. Collon, AJA 93, 1989, 26.

Kreta handelt es sich um Funde aus Knossos (MM III-Protogeometrisch [1303]),
Zakro [1304], Palaikastro (Frühminoisch III [1305]) und Kommos [1306], auf den
Kykladen um solche aus Thera (Abb. 58a.c) [1307] und Phylakopi/Melos [1308],
auf dem Festland um weitere aus Hagios Stephanos/Lakonien [1309], Myke-

---

[1303] Zum protogeometrischen Straußeneifund aus Chaniale Tekke s. unten Anm. 1313. —
Knossos-Gypsades, Grab 18 (MM III, Fragment), s. S. Hood-G. Huxley-N. Sandars, BSA
53/54, 1958/59, 49ff. Abb. 36,35 Taf. 60d. — Isopata (undatiertes Fragment aus R.W.
Hutchinsons Suchgräben, s. Hood-Huxley-Sandars a.O. 260. — Knossos, Stratigraphisches
Museum: einzelnes Fragment, s. Reese a.O. 373 Anm. 3; zu den Fayenceelementen der
Straußeneierflaschen und -rhyta, s. K.P. Foster, Aegean Faience of the Bronze Age (1979)
130ff. — Allgemein: F.H. Stubbings, CAH II/1 (2. Aufl.) 182; R. Laffineur, in: Kolloquium
Mannheim 1986 (1987) 131 Anm. 39. Eine umfassende Studie von G. Sakellarakes ist nicht
mehr berücksichtigt, s. "The Fashioning of Ostrich-Egg Rhyta in the Creto-mycenaean
Aegean", in: Thera and the Aegean World III/1 (1990) 285ff.

[1304] Zwei Straußeneier, zerbrochen und nur in wenigen Fragmenten nachweisbar, waren wohl
zu Rhyta umgewandelt (SM I), s. N. Platon, Zakros, the Discovery of a lost Palast of
Ancient Crete (1971) 159; Reese a.O. (Anm. 1294) 373 mit Anm. 4.

[1305] R.M. Dawkins, BSA 10, 1903/04, 202; O. Montelius, La Grèce Préclassique I (1924) 85
("Ein Straußenei aus einem Haus beweist die frühen Beziehungen zwischen Kreta und
Ägypten"); Reese a.O. 372 Anm. 5; H.-G. Buchholz, Ägäische Bronzezeit (1987) 170 Anm.
11.

[1306] G. Touchais, BCH 102, 1978, 762.

[1307] Raum Delta 16; K.P. Foster (Aegean Faience of the Bronze Age [1979] 151f. Abb. 104
Taf. 53. 54) datiert die beiden Straußenei-Rhyta in die Phase SM IB auf Grund ähnlicher
Randverzierung des Fayence-Mundstücks und eines Kalkstein-Rhytons aus Knossos (PM II,
225 Abb. 129,17), die Rosette des Fayence-Unterstücks ähnele Rosetten auf SH IA/B-
Amphoren aus Knossos (PM IV, 340 Abb. 282). Die beiden Rhyta wären demnach auf Kreta
mit den Fayenceteilen versehen und nach Akrotiri exportiert worden. Vgl. Sp. Marinatos,
Praktika 1971, 211ff. Taf. 296-298; ders., Thera V (1972) Taf. 81a.b; 82a.b (Mundstücke);
ders., AAA 5, 1972, Farbtaf. 2,1; ders., Kongreß Nikosia 1972 (1973) Taf. 4,2; S.A. Immerwahr, in: Greece and the Eastern Mediterranean in Ancient History and Prehistory; Studies
presented to F. Schachermeyr on the Occasion of his 80th Birthday (1977) 189; H.-G. Buchholz, in: Kongreß Thera 1978, Band II (1980) 230f.; I. Strøm, Greekenlands Forhistoriske
Kulturer II (1982) 208 Abb. 264; Chr. Doumas, in: M. Marazzi-S. Tusa-L. Vagnetti, Traffici
Micenei nel Mediterraneo. Atti del Congresso di Palermo 1984 (1986) 243 Abb. 13; F.G.
Maier-M.-L. von Wartburg, AA 1986, 171 Anm. 60 (ein indirekter Hinweis auf die Existenz
von Straußeneiergefäßen oder -rhyta wäre mit einem "trichterförmigen Elfenbeinobjekt" in
Altpaphos gegeben, wenn es wirklich typologisch, chronologisch und funktional dem
"Ausguß in Fayence" der theräischen Straußeneier entspräche); H.-G. Buchholz, Ägäische
Bronzezeit (1987) 170 Anm. 40 (vollst. Bibliogr.); S. 173 Abb. 47b.c; Marinatos, ebd. 277;
G. Kopcke, Handel, in: ArchHom, Lieferung M (1990) 35 Anm. 169; S. 34 Abb. 4b.c;
Lambrou-Phillipson a.O. (Anm. 1138) 396 Nr. 605.606 Taf. 75 (SM I A).

[1308] "Fragments of an ostrich egg shell rhyton", Heiligtum (SH III C) s. P. Aupert, BCH 99,
1975, 681; C. Renfrew, Antiquity 52, 1978, 7ff.; Reese a.O. 373 Anm. 7.

[1309] Ein Fragment, erwähnt von Reese a.O. 373.

ne [1310] und Dendra/Argolis [1311], und schließlich fehlt auch Troja nicht, obschon der Befund nicht völlig gesichert ist [1312]. Ich lasse alle Fundorte beiseite, die nachweislich spätere (früheisenzeitliche bis hellenistische) Straußeneierfunde geliefert haben (Lindos und Ialysos/Rhodos, Samos, Chios, Chaniale Tekke bei Knossos, Heraion von Argos, Halieis/Argolis, Korinth, Ägina, sowie Vergina und Olynthos/Makedonien [1313]).

[1310] Straußenei-Rhyton mit aufgesetzten Fayence-Delphinen aus Schachtgrab V, s. G. Karo, Schachtgräber (1930) 146. 239 Nr. 828 Taf. 141; zugehörig nach Karo: Basisstück aus Goldblech mit Sternblüte (a.O. 125. 239 Nr. 648 Taf. 142) und Fayence-Mundstück (a.O. 139. 239 Nr. 774 Taf. 142); vgl. K.P. Foster, Aegean Faience of the Bronze Age (1979) 132f. Abb. 88 Taf. 42 (dazu auch JdI 30, 1915, 267), zugehörig nach Foster: goldverkleidetes Holzplättchen als Basisstück (Karo a.O. 125 Nr. 651 Taf. 141. 142; Foster a.O. 131f. Taf. 41. 42) und Fayence-Mündungsstück (Karo a.O. 116. 239 Nr. 567 Taf. 141. 142; Foster a.O. 131f. Taf. 41. 42). Ferner H.Th. Bossert, Altkreta (3. Aufl., 1937) Abb. 49; E. Peltenburg, Excavations at Kition I (1974) 119 Abb. 3a; E. Vermeule, The Art of the Shaft Graves at Mycenae (1975) 19f.; H.-G. Buchholz, Ägäische Bronzezeit (1987) 170 Anm. 41; W. Helck a.O. (2. Aufl., 1995) 91 mit Anm. 42. — Fragmente von einem weiteren Straußenei-Rhyton aus Schachtgrab V; s. Karo a.O. 147. 239 Nr. 832 Taf. 142; Foster a.O. 131, Taf. 41. — Vollständiges Straußenei sowie Fragment eines zweiten, einst als Rhyton gefaßt, aus Schachtgrab IV, s. H. Schliemann, Mykenae (1878) 438; Karo a.O. 114. 239 Nr. 552 Taf. 142; Foster a.O. 131f. Abb. 87 Taf. 41; dazu gehörig nach Karo: Fayence-Basisstück (Karo a.O. 116. 239 Nr. 573 Taf. 142; Foster a.O. 131 Taf. 41), sowie Fayence-Mündungsstück (Karo a.O. 116. 239 Nr. 567 Taf. 141. 142; Foster a.O. 131f. Taf. 41); doch Foster ordnet dieses Mündungsstück dem Rhyton mit den Delphinen zu. Vgl. ferner A. Evans, PM I, 494 Abb. 436b; F. Schachermeyr, Ägäis und Orient (1967) Taf. 55,204.

[1311] Athen, Nat.-Mus., Inv.-Nr. 7337, Straußeneirhyton, Ausstattung aus Silber, Bronze, Gold und Glaseinlagen, H mit Mündung 20,3 cm, SH II/III A, s. A.W. Persson, Dendra I (1931) 17 Abb. 14; S. 37. 54 Taf. 3 und 8 unten; ders., New Tombs at Dendra (1942) 146; H. Müller-Karpe, Handbuch der Vorgeschichte IV (1980) Taf. 240,10; ders., Frauen des 13. Jhs. v.Chr. (1985) 94 Abb. 47; H.-G. Buchholz, Ägäische Bronzezeit (1987) 120 Anm. 42; R. Laffineur, in: Kolloquium zur ägäischen Vorgeschichte in Mannheim 1986 (1987) 131 Anm. 39; Lambrou-Phillipson a.O. 335 Nr. 417; W. Helck, Die Beziehungen Ägyptens und Vorderasiens zur Ägäis (2. Aufl., 1995) 53. 81 mit Anm. 151. Vgl. unten Anm. 2122.

[1312] Troja VI (SH III B, amerikanische Ausgrabungen), mehrere nicht näher bestimmte Eierschalen, nach Reese a.O. 373 Anm. 5, unter Berufung auf C.W. Blegen u.a., Troy III (1953) 264.

[1313] Nachbronzezeitlich sind auch Straußeneifunde aus Altpaphos/Zypern, s. oben Anm. 1301. — Chr. Blinkenberg, Lindos I (1931) 175. 182f. Nr. 563, mit Lit.-Liste (90 Fragmente). — Ialysos: G. Jacopi, Clara Rhodos 3, 1929, 252f. Nr. 6 Abb. 247; Reese a.O. 373f. Anm. 1-3. — J. Boessneck-A. von den Driesch, Reste exotischer Tiere aus dem Heraion von Samos, in: AM 96, 1981, 245ff. und AM 98, 1983, 21. — J. Boardman, Excavations in Chios 1952-1955 (1967) 243 Taf. 97,604 (mehrere Fragmente, auch mit Streifenbemalung, aus dem Athenatempel [um 690 v.Chr.] und aus dem Hafenheiligtum [um 600 v.Chr.]. — Knossos/-Chaniale Tekke, Tholosgrab 2, protogeometrisch, Fragmente, s. J. Boardman, BSA 49, 1954, 216. 224ff.; ders., BSA 62, 1967, 70; A.M. Snodgrass, The Dark Age of Greece (1971) 267; Reese a.O. 373 Anm. 8. — Ch. Waldstein, The Argive Heraeum II (1905) 353 und Reese

Einerseits wird man in protogeometrischen Straußeneierfunden Kretas die direkte Fortsetzung eingespielten bronzezeitlichen Orienthandels erkennen und andererseits mit archaischen Funden aus Lindos, Ialysos, Samos und Chios eine zuvor nicht feststellbare Konzentration im ostionischen Bereich wie schließlich mit dem hellenistischen Auftreten von Straußeneiern in Vergina und Olynthos die Rückorientierung östlicher Alexandernachfolger auf das makedonische Mutterland.

In Süditalien [1314], Etrurien [1315] und Norditalien — mit Ausnahme früher Belege von Frattesina [1316] —, Sardinien [1317] und Spanien [1318] gefundene,

---

a.O. 374 Anm. 4 (ein Fragment, wahrscheinlich Straußenei, 5. Jh. v.Chr.). — Halieis: M. Jameson, Excavation of a drowned Greek Temple, in: Scientific American 231, 1974, 117, nach Reese a.O. 374 Anm. 5. — Korinth, verschiedene Fundstellen, mehrere Fragmente, 7. Jh. v.Chr. und später, s. Reese a.O. 374 Anm. 6. — I. Margreiter, Alt-Ägina II/3 (1988) 20 mit Anm. 121. — Vergina, Stadtbereich (unpubliziert, 1993 in einer Werkstattvitrine): großes, intaktes unbemaltes Straußenei mit einem 1 cm großen Loch am oberen Ende, aus hellenistischem Kontext. — D.M. Robinson, Excavations at Olynthus XI (1942) 71 und 192, s. auch Reese a.O. 374 Anm. 7. — Zu Straußeneiern zusammenfassend schon F. Poulsen, Der Orient und die frühgriechische Kunst (1912) 49. 52. 131f.

[1314] Paestum (Grabung 1984, 2. Jh. v.Chr., Frgt.), s. Reese a.O. 376. — Lokroi, Grab 704, Straußenei mit Loch an einem Ende, L 12 cm, 1. Hälfte des 5. Jhs. v.Chr. — Syrakus/-Sizilien, s. M. Torelli, Studi Etruschi 33, 1965, 334 Anm. 5. — Motya/Sizilien, s. J.I.S. Whitaker, Motya (1921) 209 Anm. und S. 347 (7. Jh. v.Chr., Fragment mit roter Bemalung).

[1315] Zu Straußeneiern aus Etrurien und etruskisch beeinflußten Gebieten des 7./6. Jhs. v.Chr. vgl. die Liste bei M. Torelli, Un Uovo di Struzzo, in: Studi Etruschi 33, 1965, 329ff., verkürzt übernommen von Reese a.O. 376, benutzt von G. Hölbl, Beziehungen der ägyptischen Kultur zu Altitalien I (1979) 283ff.; Verbreitungskarte bei A. Rathje, in: Studia Romana in Honour of P. Krarup (1976) 17 Abb. 13: in alphabetischer Reihenfolge Bomarzo, Cerveteri, Fabiano, Maizabotta, Palo, Populonia, Quinto Fiorentino, Rom, Tarquinia, Vetulonia, Viterbo und Vulci; dies., Oriental Imports in Etruria in the 8th and 7th Cent. B.C., in: D. und F. Ridgway, Italy before the Romans (1979) 176f. mit Verbreitungskarte; dies., Five Ostrich Eggs from Vulci, in: J. Swaddling, Italian Iron Age Artefacts in the Brit. Mus. (1986) 397ff.; M. Martelli, in: Atti del 2. Convegno Int. di Studi Fenici e Punici, Rom 1987, Band III (1991) 1065ff. Abb. 11a.b. — Ferner: verzierte Straußeneierfragmente aus dem Tumulus 'La Montagnola', Florenz, Mus. Arch.; H. Blanck, AA 1970, 301f. Abb. 35. Zu den besonders reich verzierten Straußeneiern aus Vulci, Isis-Grab, im British Museum, Inv.-Nr. 1850/2-27/6 und 7 schon O. Montelius, La Civilisation Primitive en Italie (1904) Taf. 265,5; P. Stary, Hamb. Beiträge zur Archäologie 7, 1980, 10 Abb. 5; I. Pohl, OpRom 14, 1983, 39ff.; U. Gehrig-H.G. Niemeyer, Die Phönizier im Zeitalter Homers, Ausstellung Hannover, Kestnermuseum (1990) 140 Nr. 55 mit Farbabb. 24 auf S. 39. — Das bemalte Straußenei aus Tarquinia (1. Hälfte des 7. Jhs. v.Chr.) im Mus. Naz., in schöner Farbaufnahme bei M. Cristofani, Die Etrusker (Deutsch, 1983) 37 mit Abb.

[1316] D.H. Trump, The Prehistory of the Mediterranean (1980) 269f.; R.E. Jones-L. Vagnetti, Traders and Craftsmen in the Central Mediterranean, in: Konferenz Oxford 1989 (1991) 127ff., bes. 136 (zu Ulu Burun), 138 (wenige Fragmente von importierten Straußeneiern). — Bei Reese a.O. (oben Anm. 1294) 376 Anm. 7: Datierung ins 11./10. Jh. v.Chr.

hauptsächlich der archaischen Epoche angehörende, mehr oder weniger kunstvoll verzierte Straußeneier, bzw. aus ihnen gefertigte Gefäße waren zunächst Zeugnis einer Expansion der Phöniker nach Westen. Sie wurden mit deren zunehmender Etablierung in Nordafrika, Karthago [1319], jedoch zum Ausdruck entsprechender afrikanischer Handelsbeziehungen in Richtung Norden, nach Südwesteuropa. Jedenfalls wird man weder von einer ungebrochenen Fortsetzung älterer ägyptischer Einflußnahmen [1320], noch der bronzezeitlichen syrisch-kyprisch-ägäischen Westbewegung sprechen können. Eine Ausnahme bilden, wie oben gesagt, Straußeneierfragmente, neben Elfenbein und mykenischer Keramik in Frattesina [1321]. Bei zahlreichen farblich oder in Ritzung verzierten etruskischen Beispielen steht fest, daß sie ohne jeden Dekor ihr Ziel erreichten und erst dort mit etruskischen, griechisch beeinflußten Motiven versehen worden sind.

Abschließend möchte ich auf den bronzezeitlichen Befund im östlichen Mittelmeer zurückkommen; denn am Beispiel der "Bibru-Gefäße aus Straußenei(ern)" im Kult der Hethiter läßt sich zeigen, in welchem Maße die Bewertung von Prioritäten einzelner Kulturen von der jeweiligen archäologischen Quellenlage abhängt: Was 1944 angesichts der völligen Abwesenheit der oben zusammengestellten mittelbronzezeitlichen syro-palästinensischen Straußeneierflaschen nahelag und als historische Wahrheit empfunden wurde, gilt heute nicht mehr. H.Th. Bossert schrieb [1322]: "Wichtig sind in diesem Text (gemeint ist Bo 2035/KUB V 7) ..., die Bibru-Gefäße aus Straußeneiern und die Alabaster- oder Marmor-Becher, die ihre schönsten Parallelen in der kretisch-mykenischen Kunst haben. Da wir besonders aus den Grabungen in Syrien, aber auch durch den von G. Dossin mitgeteilten Text aus Mari (Syria 20, 1939, 111f.) wissen, wie stark der Export kretisch-mykenischer Erzeugnisse nach Vorderasien war, darf vielleicht bei diesen hethitischen

---

[1317] Bemalt oder mit Ritzmustern versehen, aus punischen Gräbern von Cagliari (4./3. Jh. v.Chr.), Tharros und Predio Ibba, s. M. Torelli, Studi Etruschi 33, 1965, 329ff.; S. Moscati, The World of the Phoenicians (1968) 240; ders., The Phoenicians, Ausstellung Venedig 1988, 458f. (halbe Straußeneier als "Masken" verwendet, 5./4. Jh. v.Chr.); S. 460 mit Farbabb. (7. Jh. v.Chr.); S. 706f. Nr. 726-728.

[1318] Zu einem bemalten Straußenei und keramischen Nachahmungen aus Villaricos, s. P. Paris, AA 1910, 316f.; M. Astruc, La Necrópolis de Villaricos (1951) 87ff.; J.M. Blazquez Martinez-J. Valiente Malla, in: Phönizier im Westen, Madrider Beiträge VIII (1982) 412; S. Moscati, The Phoenicians, Ausstellung Venedig (1988) 551 Abb. — Rot bemalte Straußeneierflasche (Mündung fehlt, die Öffnung leicht ausgeplatzt, erh. H 13,6 cm, i.g. mehrfach geklebt, 5./4. Jh. v.Chr.) und weitere, auch ritzverzierte Straußeneier aus der Hauptnekropole von Ibiza, Museo Arqueológico, s. M. Astruc, Archivo de Prehistoria Levantina 6, 1957, 47ff.; D.H. Trump, The Prehistory of the Mediterranean (1980) 249 (nordafrikanisch; weder ägyptisch noch nahöstlich); La Stampa vom 3.3.1988, 48 mit Farbaufnahme; Moscati a.O. 455 mit Farbabb.; S. 462f. 551 mit Abb.; S. 733 Nr. 879.880.

[1319] Moscati a.O. 456f. Farbabb. (bemalte Fragmente); S. 636f. Nr. 312-315.

[1320] G. Hölbl, Beziehungen der ägyptischen Kultur zu Altitalien I (1979) 283ff. 381.

[1321] Zur Lage von Frattesina vgl. oben Abb. 23,40.

[1322] H.Th. Bossert, Ein hethitisches Königssiegel (1944) 262f.

Kultgefäßen geradezu an mykenische Produkte oder zum mindesten an Imitationen von solchen gedacht werden".

Diese Feststellungen basieren auf den folgenden kretisch-mykenischen Kriterien [1323], ohne daß eine mittelbonzezeitliche Datierung in Israel überhaupt erwogen werden konnte: Seit dem MM II waren schon damals Nachahmungen von Straußeneiern in anderen Materialien — Ton [1324], Steatit [1325], Fayence [1326] — auf Kreta sowie seit dem SH I in den Schachtgräbern von Mykene anzutreffen [1327]. Darin sich eine gewisse Vertrautheit mit realen Straußeneiern aus. In den Zeitphasen SH I und IIA (teilweise noch später) begegnen uns nichtornamentierte, die Oberflächenstruktur wirklicher Straußeneier nachahmende tönerne Beispiele und ebenso bemalte ovoïde, auch stärker gedrückte oder gelängte Formenvarianten, als mykenische Importe in Enkomi [1328] und Maroni auf Zypern (Abb. 70d [1329]).

[1323] Unten Anm. 1325-1329.

[1324] Vgl. A. Furumark, Mycenaean Pottery III (1992) Taf. 46, Typen-Nr. 76/77, Form 15 und Taf. 117, Typen-Nr. 200, Form 55, mit Einzelnachweisen.

[1325] A. Evans, PM II (1928/1964) 221ff. 227 Abb. 130.

[1326] Foster a.O. Taf. 43.

[1327] A. Evans, PM I (1921/1964) 594f. Abb. 436a, vgl. Band II 225 Abb. 129,3; ebd. II 221ff. Abb. 129,1-9 ist bereits die typologische Entwicklung entworfen worden, wovon alle späteren Entwürfe abhängen.

[1328] P. Åström, SCE IV 1 C (1972) 319 zu Typus 77a, auch c, Hala Sultan Tekke.

[1329] Brit. Mus., Inv.-Nr. A 635 (SH IIB), gedrückte Form, imitierte Eierschalenoberfläche, s. A. Furumark, The Settlement at Ialysos and Aegean History ca 1550-1400 B.C., in: OpAth VI (1950) 205 Abb. 15h (danach unsere Abb. 70d).

358

6. *Elfenbein*

Das griechische 'ελέφας — mit Sicherheit ein altes Fremdwort — ist bereits in mykenischer Zeit in Linear B als *e-re-pa* belegt. Einem *e-re-pa-te-jo* ('ελεφάντειος) entspräche in der Bedeutung ein späteres Adjektiv: 'ελεφάντινος ("aus Elfenbein bestehend") [1330]. E. Laroche hat (*e-*)*r*/*le-pa* zu hethitisch *lahpa-* "Elefanten(zahn), Elfenbein" gestellt, das seinerseits bereits aus einer anderen Sprache entlehnt gewesen sein dürfte [1331]. In M. Heltzers Übersicht über die Rohstoffpreise von Ugarit fehlt das Elfenbein, obgleich die Sache mit Sicherheit in der Stadt vorhanden war (s. unten) und deshalb auch ein entsprechendes Wort in ihren Wirtschaftstexten vorkommen sollte. Für die spätere Bronzezeit läßt sich jedenfalls kein geeigneterer Umschlagsplatz als Ras Schamra vorstellen [1332].

In den Maritexten ist wiederholt vom Elfenbein die Rede. Das verwendete Wort lautet *šinnum* (eine Zusammenstellung der Textstellen findet man in A. Caubet-F. Poplin, Ras Shamra-Ougarit III [1987] 295 Anm. 23). In einer Trilingue aus Ugarit (RS 25.421) entspricht das hethitische Wort *lahpa* dem sumerischen und ebenso akkadischen KA.UD (= *zū*, "Zahn"), wobei der Zusatz AM.SI ("des Elefanten") fortgelassen worden ist (s. H.G. Güterbock, Anadolu 15, 1971). Im Hebräischen hieß Elfenbein *šēn* (Amos 3,15), im Richterbuch findet man *šenhabbīm* (1. Richter 10,22). Fraglos war der phönikisch-palästinensische Küstenstreifen in der Eisenzeit ein Zentrum der Elfenbeinverarbeitung in großem Stil [1333]. Und dies scheint auf bronzezeitliche Vorläufer hinzuweisen ("Megiddo-Ivories").

Wenn Ugarit im zweiten Jahrtausend mehr noch als die südlicher gelegene Region des späteren Phönikerlandes Ausfuhrort dieses wertvollen Materials gewesen sein dürfte, dann deshalb, weil die Gebiete im unteren Orontesbereich Heimat des syrischen Elefanten, einer Spielart des indischen, waren und Thutmosis III. im 15. Jh. v.Chr. dort auf ihn Jagd machte wie später assyrische Könige. Der sehr hohe Elfenbeinbedarf im 9./8. Jh. v.Chr. wird zum Aussterben des syrischen Elefanten

---

[1330] Interessante Zusammenfassung: P. Kretschmer, Der Name des Elefanten, in: AnzAkad-Wien 88, 1951, 307ff. — Zu Linear B (M. Ventris, J. Chadwick, L. Baumbach, L.A. Stella, A. Heubeck) Nachweise im einzelnen: F. Eckstein, in: H.-G. Buchholz, ArchHom, Lieferung L (1974) 19 Anm. 103 und S. 38f. Anm. 265; F. Canciani, ebd. Lieferung N 2 (1984) 103ff. Vgl. bes. P. Chantraine-A. Dessenne, Quelques Termes Mycéniens Relatifs au Travail d'Ivoire, in: CRAI 1957, 241ff. und REG 70, 1957, 301ff.

[1331] E. Laroche, Sur le nom grec de l'ivoire, in: RPhil 39, 1965, 56ff.; zustimmend: E. Masson, Recherches sur les plus Anciens Emprunts Sémitiques en Grec (1967) 80ff.; bes. H.G. Güterbock, Ivory in Hittite Texts, in: Anadolu 15, 1971, 1ff.; ferner B. Hemmerdinger, Glotta 48, 1970, 52.

[1332] Vgl. schon R. Barnett, Phoenicia and the Ivory Trade, in: Archaeology 9, 1956, 87ff.

[1333] H. Weippert, in: K. Galling, Biblisches Reallexikon (2. Aufl., 1977) 67ff. s.v. Elfenbein (an Studien Barnetts orientiert). Zur Terminologie *zū.AM.SI* ("Zahn des Elefanten"/Elfenbein, bereits im 3. Jt. v.Chr.), s. B. Landsberger, AbhLeipzig 1934, 89. — Für P. Kretschmer a.O. 318f. ist *šenhabbīm* ein entstelltes Fremdwort aus dem Ägyptischen.

geführt haben [1334]. Daß er in der Levante viel länger beheimatet gewesen war, als zunächst angenommen, beweist ein paläolithischer Elefantenzahn aus dem Jordan [1335]. Andererseits läßt sich mittels eines 1960 in Ras Schamra entdeckten Elefantenmolars die Zuweisung an die "indische Variante" der Gattung bestätigen [1336]. Die Anwesenheit von *Elephas maximus asurus*, einer Unterart des indischen Elefanten, ist noch während der Eisenzeit im sumpfigen Flußwald Kilikiens durch einen Knochenfund von Sirkeli Höyük bezeugt (A. von den Driesch, IstMitt 46, 1996, 34f.).

Homer bezieht sich in der Ilias nur zweimal (4,141 und 5,583), in der Odyssee hingegen fünfmal in vier Gesängen auf den Werkstoff Elfenbein und dessen Verwendung (4,73; 19,56 und 564; 21,7; 23,200) [1337]. Auch daraus wurde geschlossen, daß nach lebhaften Importen während der Bronzezeit zunächst ein Einfuhrrückgang eintrat, dem seit dem 8. Jahrhundert wieder eine stärkere Nutzung des fremden Materials in Hellas folgte [1338]. Die Verwendung gipfelte in der griechischen Kunst des 5. Jhs. v.Chr. in monumentalen Goldelfenbeinbildern, Wunderwerken einer "chryselephantinen Technik" wie dem Zeus des Phidias in Olympia [1339]. Nach Pindar sei die Dichtkunst dem Schaffen der Bildhauer unter Verwendung edler, dauerhafter Materialien durchaus ebenbürtig: "Kränze winden ist leicht, das schiebe auf. Die Muse klebt Gold und weißes Elfenbein zusammen ..." [1340]. Eine Hauptquelle war in klassischer Zeit Nordafrika: ἡ Λιβύη δ᾿'ελέφαντα πολὺν παρέχει κατὰ πρᾶσιν (Hermhippos bei Athenaios).

[1334] J.B. Pritchard, Ancient Near Eastern Texts Relating to the Old Testament (3. Aufl., 1969) 240; Tiglathpileser I. (1114-1076): "Ich tötete zehn starke Bullen im Land Haran und am Ḫabur-Fluß, vier lebende Elefanten fing ich und brachte sie und die Häute und Zähne in meine Stadt Assur", s. A.K. Grayson, Assyrian Rulers of the Early First Millennium B.C. (1991) 26. Weiteres bei Weippert a.O., auch zu Darstellungen des Elefanten und zum mesopotamischen Direktbezug von Elfenbein aus Indien. Vgl. bes. B. Dodge, Elephants in the Bible Lands, in: The Biblical Archaeologist 18, 1955, 17ff.

[1335] Z. Vilnay, The Guide to Israel (6. Aufl., 1963) 458 Abb. 569.

[1336] Damaskus, Nat.-Mus., Inv.-Nr. 125 W-2971/1960, s. D.A. Hooijer, Ugaritica VII (1978) 187ff.

[1337] Vgl. bereits W. Helbig, Das homerische Epos aus den Denkmälern erläutert (2. Aufl., 1887) 110f. 425; O. Körner, Homerische Tierwelt (2. Aufl., 1930) 53; H.-L. Lorimer, Gold and Ivory in Greek Mythology, Greek Poetry and Life, in: Essays presented to G. Murray (1936) 14ff.; dieselbe, Homer and the Monuments (1950) 507f.; danach grundlegend: M. Treu, Homer und das Elfenbein, in: Philologus 99, 1955, 149ff.; A. Amory, The Gates of Horn and Ivory, in: Yale Classical Studies 20, 1966, 3ff.

[1338] H.W. Nordheider, LfgrE II (1991) 531f. s.v. ᾿ελέφας. Vgl. bereits P. Chantraine, La Formation des Noms en Grec Ancien (1933) 269.

[1339] Auch Flußpferd-Elfenbein fand entsprechende Verwendung, beispielsweise als Gesicht einer kleinasiatischen Statue in Prokonessos, s. Pausanias VIII 46,5.

[1340] Nemeïsche Ode 7,77, dazu D. Müller, Handwerk und Sprache (1974) 248.

Archäologisch einschlägigen Fragen ist man gewöhnlich mit Mitteln der Chronologie und des Stils nachgegangen [1341]. Bei überprüfbaren Daten aus dem 2. Jt. v.Chr. sind "ivoires phéniciens" als bronzezeitliche-syrische Arbeiten, etwa auch solche ugaritischer Fertigung, zu verstehen. Konkrete Hinweise auf Werkstätten entnehmen wir Funden von unfertigen Stücken und vor allem von Elfenbeinabfällen, z.B. in Tiryns und Mykene [1342], desgleichen in Hala Sultan Tekke und Altpaphos/Zypern oder in Sardis/Lydien [1343].

"Unbearbeitete Brocken von Elfenbein im Tiryns-Schatz" sind allerdings nicht ebenso zu beurteilen, zumal dieser "Hortfund" eine recht heterogene Zusammensetzung aufweist [1344]. Entsprechendes dürfte auf "Elfenbeinfragmente in einem Depotfund des SM IIIA zwischen der Königsstraße und dem Haus der Fresken in Knossos" zutreffen [1345]. Für die Niederlegung in Weihungen, Händlerverstecken und ähnlichem mag allein der Materialwert materieller und ideeller Art maßgeblich gewesen sein.

In Ausgrabungen älteren Datums sind wohl derartige Splitter und Brocken — weil unansehnlich — manchmal als wertlose Knochenabfälle mißverstanden oder übersehen und weder registriert noch gesammelt worden. Doch auch technische Indizien helfen gewöhnlich nicht weiter, weil überall mit ähnlichen, aus der Holz-

---

[1341] R. Barnett, Phoenician and Syrian Ivory Carving, in: PEQ 71, 1939, 4ff.; C. Decamps de Mertzenfeld, Inventaire Commenté des Ivoires Phéniciens (1954), mit Rez. von M. Mellink, Gnomon 29, 1957, 29ff.; H. Kantor, Syrian-Palestinian Ivories, in: JNES 15, 1956, 153ff.; D. Ussishkin, The Art of Ivory Carving in Canaan, in: Quadmoniot 2, 1969, 2ff. (Hebr.); I.J. Winter, Phoenician and North Syrian Ivory Carving in Historical Context, Questions of Style and Distribution, in: Iraq 38, 1976, 1ff.; R. Barnett, Ancient Ivories in the Middle East, in: QEDEM 14, 1982. Zu Elfenbein in Ugarit s. die Lit. in Anm. 1362; dazu J. Gachet, Ivoires et Os Gravés de la Cote Syrienne au 2e Millénaire, in: Ras Shamra Memoire, Université de Lyon 2 (1984); ferner die Bibliographie bei A. Caubet und F. Poplin, in: Ras Shamra-Ougarit III (1987) 304ff., sodann die von L.J. Fritton herausgegebene Sammelschrift "Ivory in Greece and the Eastern Mediterranean; from the Bronze Age to the Hellenistic Period" (1992, s. unten Anm. 1346), darin u.a. J.-C. Poursat, "Ivory Relief Carving in Minoan Crete". Poursat ist Verfasser des "Catalogue des Ivoires Mycéniens du Musée National d'Athènes" (1977) und der Studie "Les Ivoires Mycéniens; Essai sur la Formation d'un Art Mycénien" (1977), s. zu den ägäischen Elfenbeinen auch meine kleine Bibliographie in APA 16/17, 1984/85, 93 und unten Anm. 1367ff.

[1342] K. Kilian, AA 1882, 416f. Abb. 33 (Tiryns); P.M. Fraser, ArchRep 1968/69, 12ff. (Mykene); H.-G. Buchholz-V. Karageorghis, Altägäis und Altkypros (1971) Abb. 509 (Mykene).

[1343] F.G. Maier, 6. Trierer Winckelmannsprogramm 1984 (1985) Taf. 4,5 (Kouklia, Arch.Mus., Inv.-Nr. KD 142C); bereits A.H.S. Megaw, JHS 74, 1954, 172 (Elfenbeinwerkstatt in Altpaphos); G. Hanfmann, AJA 52, 1948, 136 und Anm. 6 (anatolische Elfenbeinwerkstatt homerischer Zeit in Sardis).

[1344] G. Karo, AM 55, 1930, 138.

[1345] S. Hood, JHS 78, 1958, Suppl. 21f. Taf. 2a; B. Kaiser, Untersuchungen zum minoischen Relief (1976) 328 Anm. 44 (SM II, unpubliziert).

schnitzerei bekannten Geräten gearbeitet wurde (Schnitzmessern, Sägen, Bohrern, Feilen) [1346]. Andererseits geben unfertige Arbeiten einen sicheren Hinweis auf nahegelegene Fertigungsstätten, so beispielsweise Kämme, deren Zähne mittels Ritzung vorgezeichnet, jedoch noch nicht ausgeschnitten sind (Mykene) [1347]. Und eine entsprechende Beobachtung hat H.L. Lorimer dazu geführt, die Werkstatt eines häufig zitierten Pyxisdeckels (Abb. 61a) und einer zugehörigen unfertigen Büchse als "semi-Mycenaean branch" in Ugarit anzusetzen (Homer and the Monuments [1950] 62 mit Anm. 8). Homer kennt das zu Stücken zersägte Elfenbein unter der Bezeichnung νεόπριστος als Handelsware und Werkstoff (B. Mader, LfgrE, 16. Lieferung [1997] 329).

Horn, Geweih und Knochen weisen in den Verwendungsmöglichkeiten vielfache Beziehungen auf. Nicht selten war Knochenmaterial der leichter erreichbare "Ersatzstoff" anstelle von Elfenbein. Die Dimensionen der Produkte sind vom Rohmaterial her festgelegt. Alles, was daraus machbar war, gehört deshalb dem Bereich der Kleinkunst an. Und alle diese Stoffe galten als recht hart, weshalb Horn in der Odyssee zusammen mit Eisen bildhaft gebraucht ist [1348]. Zu erinnern wäre auch an eine alte Tradition der Verwendung und Verarbeitung von Wildeberhauern im bronzezeitlichen Hellas (vgl. z.B. mykenische und homerische "Eberzahnhelme"). In Linear B kommt der Begriff ke-ra-(i)-ja-pi in der Bedeutung "aus Horn gefertigt" vor und bei Homer der "Hornschnitzer" (κεραοξόος, Ilias 4,110). Ein Xoanon war ein "Schnitzwerk" aus Holz, dann ein "Götterbild". Die frühgriechische Wortwahl zeigt, daß sämtliche genannten Materialien wie Holz geschnitzt, geschnitten, gesägt, gefeilt, geschabt, geglättet und poliert worden sind. Homer kennt das zu Stücken zersägte Elfenbein unter der Bezeichnung νεόπριστος als Handelsware und Werkstoff (B. Mader, LfgrE, 16. Lieferung [1997] 329).

[1346] St. Casson, Technique (1933) 12f. (Verarbeitung von Elfenbein in minoischer Zeit); 46 (Elfenbein in geometrischer Zeit); T.K. Penniman, Pictures of Ivory and other Animal Teeth, Bone and Antler, in: Pitt Rivers Occasional Paper on Technology 5 (1952); R. Barnett, Ivory, in: C. Singer-E.J. Holmyard, A History of Technology I (2. Aufl., 1955). Vgl. neuerdings das Sammelwerk (Kongreßbericht, London 1990) "Ivory in Greece and the Eastern Mediterranean, from the Bronze Age to the Hellenistic Period"; British Mus. Occasional Papers 85, 1992 (1993), ed. L.J. Fritton.

[1347] H.-G. Buchholz, APA 16/17, 1984/85, 126 Kat.-Nr. 55. 56.

[1348] Odyssee 19, 211, s. D. Müller, Handwerk und Sprache (1974) 119 Anm. 540 und S. 248f. — Lit. zu Knochenschnitzereien oben Anm. 344. 345. 1337. — Hierzu und zum ganzen: F. Eckstein, in: H.-G. Buchholz, ArchHom, Lieferung L (1974) 26 (mit weiterer Lit.); F. Canciani, Verarbeitung von Horn, Elfenbein und Knochen, ebd., Lieferung N2 (1984) 103f. mit Anm. 520. Zur Herstellung von Bechern aus Horn auf Kreta s. bereits H. Thiersch, ÖJh 16, 1913, 78ff. — Zu Wildeberhauern und deren Verarbeitung zum Helmbesatz s. J. Borchardt, Homerische Helme (1972) 18ff. 28ff. (Eberzahnplatten vom Asowschen Meer). Zu bearbeiteten Wildschweinzähnen in Palästina: G. Loud, The Megiddo Ivories (1939) Taf. 24,129.

Und schließlich gibt es Ansätze, Werkstätten an ihren "Hausmarken" zu erkennen. Doch haben beispielsweise "Die Elfenbeininschriften aus Ugarit" in dieser Hinsicht enttäuscht [1349]: Bis auf einen Fall gibt es unter ihnen keine Versatzmarkierungen, wie sie W. Röllig bei alphabetisch beschrifteten Elfenbeinen als Handwerkerzeichen festgestellt hat [1350]. E. Grumach gab sich der Hoffnung hin, daß ein erfolgreiches Erkennen eines solchen Marken zugrundeliegenden Systems — sofern sie sich einer Schriftart (Linear A/B) zuordnen lassen — der Entzifferung nutzbar gemacht werden könnten. Er hatte dabei Versatzmarken auf Rückseiten von Fayence- und Beineinlagen (Entarsien) aus Knossos, Phaistos und Hagia Triada im Auge [1351]. Unter gleichem Aspekt sammelte er Steinmetzzeichen, Barren- und Töpfermarken des kretisch-mykenischen Kulturkreises, wobei er teilweise das östliche Mittelmeer einbezog [1352].

Niemand wird zur Zeit sagen können, in welcher Menge die als "Elfenbein" angesprochenen prähistorischen Kunstschätze der Ägäis wirklich aus Zähnen von Elefanten oder aber aus denen des Nil- bzw. Flußpferdes gefertigt sind [1353]. Prozentzahlen würden Rückschlüsse auf Werterelationen, auf die im Handel bewegten Mengen, manchmal auch auf deren mutmaßlichen Ursprung erlauben und Differenzierungen gestatten, die bisher in der Forschung kaum erkannt oder nicht genügend beachtet worden waren. Allerdings ist das Problem nicht so neu, wie manche der nachwachsenden Forschergeneration meinen; denn A.W. Persson schrieb bereits im Jahre 1942, daß ägäisches "Elfenbein" häufig wohl aus Nilpferdzähnen bestehe [1354], und J. Wiesner führte schon 1938 Elefanten- und Flußpferdzähne nebeneinander als Grabbeigaben in Ras Schamra auf [1355].

[1349] M. Dietrich-O. Loretz, Die Elfenbeininschriften und S-Texte aus Ugarit (1976) 4 Nr. 10 und S. 11 (Index: ḫ als Handwerkermarke). Ansonsten enthalten diese sehr defekten Inschriften Personen- und Ortsnamen, sowie Begriffe wie "Geweihtes", "Myrrhe" usw. — Auch aus Kition/Zypern besitzen wir eine noch nicht lesbare, aus fünf oder sechs kyprominoischen Zeichen bestehende Elfenbeininschrift, die eher mit Weihung als mit Handwerkermarkierung zu tun hat, s. V. Karageorghis, CRAI 1976, 233 Abb. 3.

[1350] Alte und neue Elfenbeininschriften, in: Neue Ephemeris für semitische Epigraphik 2, 1974, 37ff.

[1351] Vgl. Bibliographie der kretisch-mykenischen Epigraphik (1963) 56 ("Evans' Alphabetiform Signs"), ders., Supplement I (1967) 17. Dazu auch Versatzmarken auf der Rückseite von Elfenbeinstücken aus Spata, s. Poursat a.O. (oben Anm. 1341) Taf. 51,490.

[1352] Grumach a.O. 60ff. (Mauer-, Barren-, Töpferzeichen) und Supplement 17. — Zu Barrenmarken vgl. unsere Abb. 54f-h und 55, zu Topfzeichen Abb. 89a-k.

[1353] D. Reese, Hippopotami from Aegean Archaeological Sites, in: Excavations at Kition V2 (1985) 393f.: Knossos, FM IIA; Mykene, SH IIIB; Heraion von Samos/1955, 1965 und 1977, 7. Jh. v.Chr.

[1354] A.W. Persson, New Tombs at Dendra near Midea (1942) 145f., zu Elfenbeinobjekten ebd. 204, Index. — Vgl. meine Zusammenstellungen in Ägäische Bronzezeit (1987) 9 mit Anm. 34.

[1355] J. Wiesner, Grab und Jenseits (1938) 148. — Weiteres unten Anm. 1362.

Bei den neuen Studien denke ich besonders an die gehaltreiche Arbeit von Frau O. Krzyszkowska, "Ivory in the Aegean Bronze Age, Elephant Tusk or Hippopotamus Ivory?" [1356].

Eine übersichtliche Zusammenstellung sämtlicher Flußpferdzähne und sonstigen Hippopotamus-Reste (i.g. 8) aus den Ausgrabungen von 1929 bis 1969 in Ras Schamra und Minet el Beida ist von A. Caubet und F. Poplin (Ras Shamra-Ougarit III [1987] 293) vorgelegt worden, die ich hier anschließend wiederhole. Darin bedeutet "IPH ?*", daß die betreffenden Stücke durch Cl. Schaeffer wohl in den Sammlungen des Instituts für Human-Paläonthologie/Paris deponiert wurden, jedoch dort nicht von F. Poplin untersucht werden konnten.

N° Inv. fouille	Lieu de trouvaille	Identifi-cation	Date niveau	Ref. archives	Biblio-graphie	Lieu de con-servation
76.776 (1932?)	Minet el Beida Tombe V?	molaire	BR	legs C.S.		Louvre 85 AO 107
4075 (1932)	Minet el Beida Tombe VI	«défense»	BR	Inv. Alep Coll. Fce.	Syria 1933, p. 107	IPH?*
4123 (1932)	Ras Shamra Acropole, Tr. 2	«défense»		Inv. Alep Coll. Fce.		IPH?*
– (1929 à 1939)	Ras Shamra ou Minet el Beida	molaires et métapodes	BR	–	Vaufray 1939	IPH?*
16.87 (1952)	Ras Shamra, Palais, Pt. 265	«défense»	BR	Inv. Damas		Damas?
18.201 (1954)	Ras Shamra, Palais Sondage Cour III	«défense»	?	Inv. Damas		Damas?
– (1959)	Ras Shamra, silos	«restes hippopotame»	BA/BM	–	Ugaritica IV, p. XXIX	?
– (1962)	Sud Acropole, pt. 5000	canine supérieure	BR	legs C.S.; Contenson		Louvre 85 AO 106

Das Flußpferd war als ganzes Tier — und nicht allein das Elfenbein seiner Zähne — in Kreta und Mykene bekannt. Dies jedenfalls muß man daraus schließen, daß es als Motiv in der Kunst auftritt, und zwar als eine Art Dämon. Dies wiederum beweist — trotz vieler Eigenarten der ägäischen Ausprägung des Bildtypus' — eine gewisse Vertrautheit speziell mit ägyptischen Vertretern der Art, also mit Nilpferden. Es ist klar, daß eine solche Begegnung nicht notwendig im Bereich zoologischer Realität verlaufen sein muß, sondern in der Auseinandersetzung mit einem vorgefundenen künstlerischen Motiv stattgefunden haben kann. Auch hier scheint eine erste Begegnung zwischen Kreta und Ägypten bereits im dritten Jahrtausend zu greifen zu sein, der dann als Ablösung intensivere Kontakte zwi-

---

[1356] In: BSA 83, 1988, 209ff. mit Taf. 23ff.; dieselbe, Ivory from Hippopotamus Tusk in the Aegean Bronze Age, in: Antiquity 58, 1984, 123ff.

schen der Ägäis und Nordsyrien anschlossen. Zuletzt hat sich ausführlich Ch. Sambin mit den Bildtypen beschäftigt: "Génie Minoen et Génie Égyptien" (BCH 113, 1989, 77ff.).

Daß und wie beide Sorten Elfenbein — aus Ägypten stammende Nilpferdzähne wohl ausgenommen, weil sie in frühminoischer Zeit (Knossos) und auch später eher den direkten Weg nach Kreta gewählt hätten — gemeinsam transportiert, gehandelt und verarbeitet wurden, zeigt die Ladung des bei Ulu Burun gesunkenen Schiffes an (Abb. 60a, Flußpferdzahn; Abb. 60b, Abschnitt eines Elefantenzahns [1357]).

Unter den rund 18000 einzelnen Fundobjekten vom Schiffswrack in Ulu Burun gibt es zu nahezu sämtlichen Materialien im Rohzustand auch fertige Handelsware und manchmal davon nicht leicht unterscheidbaren Privatbesitz der Schiffsmannschaft: In unserem Fall neben unverarbeitetem Flußpferd-Elfenbein (Abb. 60a) auch einen sensationell singulären Fund, eine kleine Trompete, die man aus einem Flußpferdreißzahn geschnitzt und an der Schallöffnung mit einem umlaufenden, geritzten Flechtband verziert hat (Zeichnung in INA-Quarterly 23, Heft 1, 1996, 5 Abb. 2).

Hippopotami gab es u.a. auf Malta, Kreta und Zypern im Pleistozän [1358]. Doch statt rezenten Elfenbeins kamen deren fossile Zähne als Werkstoff der Bronzezeit nicht in Frage. Die zwergwüchsigen Flußpferde von der Akrotiri-Halbinsel/-Südzypern sind zwar gejagt worden, jedoch spielte sich dies vor rund 12000 Jahren ab [1359]. In den nordsyrischen Jagdgründen nördlich von Ugarit gab es aber nach Ausweis ägyptischer Quellen gegen Mitte des 2. Jts. v.Chr. neben Elefanten auch noch Flußpferde [1360].

Die Liste von ostmediterran-levantinischen Flußpferdüberresten (*Hippopotamus amphibius L.*) aus archäologischen Grabungen umfaßt Funde seit dem 7. Jt. v.Chr. mit einer gewissen Häufung in der frühen Bronzezeit (Arad, Ai, Tell Sukas), sodann wieder im 14. bis 12. Jh. v.Chr. (Gezer, Tell Qazile, Aphek, Tell Dan, Ras Schamra, vgl. obige Tabelle). In Zypern sind Überreste des Hippopotamus aus Schichten des 13. Jhs. v.Chr. von Enkomi (vollständiger Reißzahn und 20 Objekte), Kition und Hala Sultan Tekke/1980 hinzuzufügen [1361].

[1357] Oben Anm. 218-223 (Rohmaterial und Produkte); s. auch Helck a.O. (Anm. 1311) 34f.

[1358] D.S. Reese, The Pleistocene and Holocene Fauna of Crete and its First Settlers (Vortragsexzerpt); ders., Dwarfed Hippos, Past and Present, in: Earth Science 28, 1975, 63ff.

[1359] A.H. Simmons-D.S. Reese, Hippo-Hunters of Akrotiri, in: Archaeology 46, Nr. 5, 1993, 40ff.; D.S. Reese, The Earliest Worked Bone on Cyprus, in: RDAC 1992, 13ff. mit Lit., auch ders., Tale of the Pygmy Hippo, in: Cyprus View Nr. 6, Juli 1992, 50ff.

[1360] F.S. Bodenheimer, Animals and Man in Bible Lands (1960) 52.

[1361] Reese a.O. (Anm. 1353) 391ff.; dort auch die Lit., bes. G. Haas, On the Occurrence of Hippopotamus in the Iron Age Coastal Area of Israel, in: BASOR 132, 1953, 30ff. und Bytinski-Salz, Recent Findings of Hippopotamus in Israel, in: Israel Journal of Zoology 14, 1965, 38ff. — Zu Enkomi s. A. Caubet, RDAC 1987, 24 (Liste). 36 Abb. 6,70.

Doch zurück zum Elefanten-Elfenbein: Nicht bearbeitete Reste, also Rohmaterial, der langjährigen Ausgrabungen (1929 bis 1984) in Ras Schamra und Minet el Beida umfassen Stoßzähne, Molare, Vertebrae und Fußknochen. Einen Überblick bietet wiederum eine von A. Caubet und F. Poplin erstellte Tabelle, die ich hier wiederhole. In ihr bedeutet "IPH" als Aufbewahrungsort "Sammlungen des Instituts für Human-Paläonthologie/Paris" [1362].

N° Inv. fouille	Lieu de trouvaille	Identification	Date niveau	Ref. archives	Bibliographie	Lieu de conservation
4083 (1932)	Ras Shamra, Acropole, Tr. 2	molaire	BR?	Inv. Alep Coll. Fce.	–	IPH?*
– (1932)	„Minet el Beida, tombes"	molaires	BR	–	*Syria*, 1933 p. 107 (= Hass 1953, p. 32)	–
(peut-être même objet, confusion dans le rapport de *Syria*?)						
7052 (1935)	Ras Shamra, Chantier A, près Tombe 13	molaire	BR	legs. C.S.	–	Louvre 85 AO 108
– (1959)	Ras Shamra, silos	«restes»	BA III	–	*Ugaritica* IV, p. XXIX	IPH?*
– (1960)	Ras Shamra 125 W Pt. 2971	molaire	BR	–	Hooijer, *Ugaritica* VII	IPH?*
R.79.904 (1979)	Rue 1228	5e molaire sup. asiatique (vu F.P.)	BR	carnet de fouilles, Lyon	–	Louvre
R.81.774 (1981)	Pièce 1222	frag. d'os long	BR	" "	–	–

Einer der schönsten geschnitzten Abschnitte eines Stoßzahns liegt aus Ras Schamra vor. Er zeigt im Relief die von Sphingen begleitete 'Nackte Göttin' (Damaskus, Nat.-Mus., s. W. Culican, The First Merchant Venturers [1966] 58 Abb. 58; J.L. Crowley, The Aegean and the East [1989] 35 Nr. 83, S. 417 Abb. 83 und unten Anm. 2620).

In Alalach wurden fünf Stoßzähne, mehrere Molare und Kieferknochen des Elefanten gefunden (18.-15. Jh. v.Chr.) [1363]. Vom mittleren Euphrat ist ein Kno-

---

[1362] Die Tabelle entspricht Ras Shamra-Ougarit III (1987) 296f. Tab. 2, vgl. dort auch Abb. 24-26. Ferner oben Anm. 1336, 1355, 1341 und bereits R. Dussaud-Cl. Schaeffer, Ivoires d'Époque Mycénienne trouvés dans la Necropole de Ras Schamra, Syrie, in: Gazette des Beaux-Arts 1930, Heft 2,1ff.; Cl. Schaeffer, Syria 14, 1933, 107; ders., Ugaritica IV (1962) 130. 233; H.B. Safadi, AAS 13, 1963, 96ff.; W. Cullican, The First Merchant Venturers, the Ancient Levant in History and Commerce (1966) 58 Abb. 58; Haas a.O. (vorige Anm.) 32; Hooijer a.O. (oben Anm. 1636) 187ff.; H.-G. Buchholz, APA 16/17, 1984/85, 92. Zu ugaritisch *lapḫa* oben Anm. 219.

[1363] C.L. Woolley, Antiquaries Journal 19, 1939, 15; ders., ebd. 28, 1948, 14 Taf. 4b; ders., A Forgotten Kingdom (1953) 74; ders., Alalakh (1955) 102. 288 Taf. 16b; R. Barnett, A Catalogue of the Nimrud Ivories (1957) 164f.; ders., Ancient Ivories in the Middle East

chen dieses Tieres aus mittel-/spätbronzezeitlichem Kontext in Munbaqa zu melden [1364]. Schließlich wurden auch in mehreren Ausgrabungsorten der Amuq-Ebene, mithin in unmittelbarer Nähe des unteren Orontes, Zähne und Knochen angetroffen [1365]. Zwei Stoßzähne aus den Ausgrabungen von Megiddo (13./frühes 12. Jh. v.Chr.) befinden sich in den Sammlungen des Oriental Institute/Chicago, ein weiterer Molar derselben Zeit aus Kition/Zypern im Archäologischen Museum/-Larnaka [1366].

Der Elfenbeinhandel in die Ägäis hat beides umfaßt, Rohmaterial — vollständige Zähne und Zahnabschnitte — und Fertigprodukte. Abgesehen von den Funden im Schiffswrack von Ulu Burun (Abb. 60b, oben Anm. 1357) und abgesehen von bereits besprochenen Werkstoffabfällen, gibt es von Grabungsstätten in der Ägäis vollständige Stoßzähne oder größere Teile davon. Sofern sie von Relief- und Ritzmustern in kretisch-mykenischem Stil überzogen sind und wohl als Ölhörner/-flaschen Verwendung fanden, müssen sie ebenfalls die Ägäis im Rohzustand erreicht haben. Der Dekor des "Ölhorns" aus Kammergrab 55 in Mykene weist hingegen auf Fertigung im syrischen, ägyptisch beeinflußten Küstenbereich hin [1367].

Elefantenzähne und Teile davon geben im ägäischen Kulturraum keineswegs immer Hinweise auf Elfenbeinschnitzereien, d.h. Palastwerkstätten, wie sie oben bereits vermutet worden sind. Unbearbeitetes Rohelfenbein kommt in den Schatzkammern der kretischen Paläste und in Gräbern vor. Das gibt eher einen Hinweis auf ihren hohen Rang in der Wertschätzung als Luxusgut. Deshalb kann ich, wie

---

(1982) 6 Taf. 2a. Auch G.D. Francis-M. Vickers, Ivory Tusks from Al Mina, in: OxfJournArch 2, 1983, 249f.

[1364] J. Boessneck-A. von den Driesch, Tierknochen- und Molluskenfunde aus Munbaqa, in: MDOG 118, 1986, 150.

[1365] D. Collon, Ivory, in: Iraq 39, 1977, 222 Anm. 25.

[1366] Inv.-Nr. A 15036 und 15038; s. R. Barnett, A Catalogue of the Nimrud Ivories (1957) 165. Zu Kition s. Reese a.O. 398.

[1367] Photo eines elfenbeinernen hornförmigen Ölgefäßes des 13. Jhs. v.Chr. aus Megiddo bei M. Dayagi-Mendels, Perfumes and Cosmetics in the Ancient World, Ausstellungskatalog des Israel Museums (1989) 31. — "Ölhorn" ist auch für die mykenischen Beispiele die Deutung von W. Helck a.O. (Anm. 1311) 96 und 102, weil derartige Gebilde ägyptischen Bildern und Nachrichten entsprechen. Nach Helck sei das verzierte "Ölhorn" aus Kammergrab 55 von Mykene (Athen, Nat.-Mus., Inv.-Nr. 2916) "sicher aus Syrien", "eindeutig phönikisch", "in typisch ägyptisierendem Stil der Zeit Amenophis III." dekoriert. Bibliographie zu dem Stück in meinem Buch "Altägäis und Altkypros" S. 106 zu Abb. 1272; s. G. Daux, BCH 87, 1963, 835 Abb. 15; W.St. Smith, Interconnections in the Near East (1965) 117 Abb. 91; B. Kaiser, Untersuchungen zum minoischen Relief (1976) 195; hierzu und zum ganzen: J.-Cl. Poursat, Les Ivoires Mycéniens, Essai sur la Formation d'un Art Mycénien, CIMA Athènes (1977) 94f. Nr. 301 (mit Bibl.) Taf. 30 und 31; C. Lambrou-Phillipson, Hellenorientalia (1990) 350 Nr. 466 Taf. 24. — Das Stück wurde von der kürzlich verstorbenen A. Xenake-Sakellariou, Oi Thalamotoi Taphoi ton Mykenon (Neugriechisch, 1985) 170 und 174f. Taf. XI (Zeichnung), Taf. 73,2916 (Photos) publiziert.

oben mehrfach bemerkt, einem Lieblingsgedanken von W. Helck nicht folgen, der meinte, Kupferbarren und Elefantenzähne stellten das Entgelt von Seefahrern für die Benutzung der Quelle von Kato Zakro und Frischwasserlieferungen an weiteren Anlandeplätzen dar [1368]. Nachfolgend gebe ich die mir bekannten einschlägigen archäologischen Funde als Liste:

1. Palast von Kato Zakro/Ostkreta (vor 1450 v.Chr.), vier unbearbeitete Stoßzähne (Abb. 60c). — N. Platon, Praktika 1962, 161 Taf. 160a; 161a.c; ders., Zakros (1971) 61 mit Abb.; B. Kaiser, Untersuchungen zum minoischen Relief (1976) 195; C. Davaras, Guide to Cretan Antiquities (1976) 145f.; G. Sakellarakes, Herakleion Museum (1978) 78 (zu Vitrine 113); O. Krzyszkowska, Wealth and Prosperity in Pre-Palatial Crete, the Case of Ivory, in: O. Krzyszkowska-L. Nixon, Minoan Society, Proceedings of the Cambridge Colloquium 1981 (1983) 163ff., bes. 168. 170 Anm. 8; Reese a.O. (Anm. 1353) 400; St. Alexiou, in: H.-G. Buchholz, Ägäische Bronzezeit (1987) 154 Anm. 33 und S. 157 Abb. 38 (danach unsere Abb. 60c); H.-G. Buchholz ebd. 168ff. Anm. 34; G. Kopcke, Handel, in: H.-G. Buchholz, ArchHom, Lieferung M (1990) 33 Abb. 3; W. Helck a.O. (Anm. 1311) 26. 34. 62. 102. 220 Anm. 38a.

2. Palaikastro/Ostkreta, "rough piece of ivory from the centre of a tusk". — R.M. Dawkins, BSA 11, 1904/05, 284; H.-G. Buchholz, Ägäische Bronzezeit (1987) 168ff. Anm. 34.

3. Kommos/Südkreta, "Central hillside area, two sawn blocks of elephant ivory" (SM IIIA). — Reese a.O. 400 (mit Abmessungen).

4. Mykene, vor dem "Citadel House", "a prepared rectangular block of elephant ivory" (SH IIIB 2). — K.A. Wardle, BSA 68, 1973, 339f. Nr. 60/108 Abb. 23; Reese a.O. 400 (mit Abmessungen).

5. Kokla/Argolis: 1981 grub E. Demakopoulou zwischen Argos und Kephalovrisi ein Tholosgrab der Übergangsphase SH II/III aus und fand darin u.a. einen Elefantenzahn. — Nestor 1982, 1594; Buchholz a.O. 168 Anm. 34. Zu den Funden: ArchDelt 36, 1981 (1988), Chron. 94ff.; BCH 106, 1982, 547 und ebd. 113, 1989, 604 Abb. 40-44.

6. Nichoria/Messenien, "a prepared ivory piece" (SH IIB/IIIA). — W.A. McDonald, Hesperia 41, 1972, 264 Taf. 51e/N 715; Reese a.O. 400 (mit Abmessungen).

Selbst in einer Epoche, in welcher — soweit archäologisch belegbar — die Verbindungen zwischen der Ägäis und Zypern-Levanteküste noch nicht voll entwickelt waren, im 3. Jt. v.Chr., spielte Elfenbein bereits auf Kreta eine gewisse Rolle: Wir begegnen dort frühbronzezeitlicher Elfenbeinplastik, sowohl nordsyrischer als

---

[1368] Helck a.O. (Anm. 1311) 26. 34. 62. 102. Als ich ohne Kommentar zitierte, hielt ich diesen Gedanken für so kurios, daß jeder unvoreingenommene Leser das ungeheure Wertemißverhältnis zwischen Trinkwasser und Kupferbarren bzw. Elefantenzähnen erkennen müsse: Ägäische Bronzezeit (1987) 169 und Anm. 36.

auch kykladischer Formgebung [1369], und Elfenbeinschmuck [1370].

Während das östliche, als fertiges Schnitzwerk gehandelte Objekt seine Herkunft deutlich zu erkennen gibt und sein Stil gegen ägyptischen Ursprung spricht, muß das kykladische als unbearbeiteter Rohstoff — gleichviel, ob aus Vorderasien oder Nordafrika — in die Ägäis gelangt sein und erst dort Gestalt gewonnen haben.

Im etwa gleichzeitigen Auftreten von Elfenbeinarbeiten in Spanien (von Perlen, Döschen, Kämmen) wollte man — wohl wegen der räumlichen Nähe — afrikanisches Rohmaterial und ägyptischen Einfluß erkennen [1371].

Einlegearbeiten der späten Bronzezeit zeigen eine im Nahen Osten wie in der Ägäis verbreitete Neigung zur Farbfreudigkeit, Buntheit, auch von Elfenbeinarbeiten. Hierzu passen Nachrichten über die Verwendung eingefärbter Elfenbeine neben dem strahlenden Weiß frisch geschnittenen Materials. Darauf hat bereits H.G. Güterbock die Erwähnung von zwei verschiedenen Elfenbeinarten, einer roten und einer weißen, in hethitischen Quellen bezogen [1372].

Einige der "Megiddo-Elfenbeine" sind farbig getönt. Ein kräftiger Blauton ist an Ausstellungsstücken, die aus Megiddo stammen, im Oriental Institute/Chicago zu sehen (Inv.-Nr. A 22321/22215 und A 22269) [1373], desgl. befinden sich Reste blauer Farbe am Auge eines Entenköpfchens aus Asine (Anm. 1394).

In der Ilias begegnet ebenfalls das Tönen von Elfenbein (4,14): "Wie wenn eine Frau Elfenbein mit Purpur färbt, eine Mäonierin oder Karerin, daß es für Pferde ein Backenstück sei ...". Erstere waren noch später berühmte Färberinnen [1374]. Und G. Kleiner fühlte sich an die Nennung von Karerinnen erinnert, als er in Milet eine zur Schirrung gehörige "Scheuklappe", eine Bronzearbeit fand, weshalb er sie und ihren Stil als "karisch" erklärte [1375]. Zu wesentlich älteren Spuren roter Farbe an

---

[1369] Köpfchen aus der Trapezagrotte/Lasithi, s. J.D.S. Pendlebury u.a., BSA 36, 1936, 131 Taf. 19,15; I. Strøm, Graekenlands Forhistoriske Kulturer I (1966) 192; C. Renfrew, The Emergence of Civilisation (1972) 447f. — Archanes, Elfenbeinfigur kykladischen Typs: G. Sakellarakes, in: J. Thimme, Kunst und Kultur der Kykladen im 3. Jt. v.Chr. (1976) 155 Abb. 143.

[1370] Aus frühminoischen Gräbern in Archanes (G. Sakellarakes), s. Ergon 1980, Taf. 105; ebd. 1981, Taf. 122; H. Höckmann, in: H.-G. Buchholz, Ägäische Bronzezeit (1987) 73 Anm. 148; S. 78 Anm. 201.

[1371] Zum afrikanischen Elfenbein in Spanien s. Höckmann a.O. 104 mit Anm. 412 und 413 (Lit.).

[1372] H.G. Güterbock, Ivory in Hittite Texts, in: Anadolu 15, 1971 (1973) 1ff. — Von Elfenbeineinfärbung in Ägypten während der 18. Dynastie steht — worauf sich C. Lambrou-Phillipson, Hellenorientalia (1990) 332 beruft — bei A. Evans, PM III (1930/1964) 431 kein Wort. Vielmehr ist dort, wie bei uns, der Hinweis auf Ilias 4, 141 gegeben.

[1373] Bereits erwähnt in Buchholz a.O. 178 Anm. 85.

[1374] Eustathios 455,23 zu Ilias 4,141.

[1375] G. Kleiner, Alt-Milet (1966) 14ff. mit Abb. 11a. — Methodisch scheint mir dieser Ansatz unzulänglich zu sein, zumal das betreffende Stück gut ostgriechische Stilmerkmale aufweist.

Knochenschnitzereien aus Knossos s. A. Evans, PM I (1921/1964) 548f. Abb. 399a.

Generell nehmen unter den Luxusobjekten seit Mitte des zweiten Jahrtausends kleine und etwas größere zylindrische Döschen (Büchsen, Pyxiden) einen hervorragenden Platz ein. Deren Höhe und Umfang hängen davon ab, ob sie nahe der Wurzel oder mehr zur Spitze eines Elefantenzahns hin abgetrennt worden sind. In dem Kammergrab des SH IIIA (um 1400 v.Chr.) vom Areopag in Athen (zur Innenausstattung s. oben Abb. 19j) befanden sich beispielsweise eine kleinere [1376] und eine große Variante solcher reich reliefierten Döschen [1377]. Ebenfalls aus Attika, aus dem Tholosgrab von Menidi, stammt ein lange bekanntes größeres Stück dieser Art [1378]. Auch in der Tholos 2 von Pylos-Routsi (SH II, 15. Jh. v.Chr.) fehlen derartige Luxusgüter nicht: Abermals waren eine größere (H 16 cm) und eine kleinere prächtig ornamentierte Salbdose unter den Totenbeigaben [1379]. In allen diesen Fällen handelt es sich um Prestigebesitz hochgestellter weiblicher Persönlichkeiten, wie überhaupt die Toilettenausstattung (Kämme, Spiegelgriffe, Döschen, Haarnadeln) unter den kretisch-mykenischen Elfenbeinfunden ungewöhnlich häufig sind, allerdings manchmal auch Männern mit ins Grab gegeben wurden. Sie waren fast ausnahmslos in ägäischen Werkstätten aus eingeführtem Rohmaterial geschnitzt worden. In manchen Fällen fanden sich allerdings lediglich die Deckel derartiger Döschen, auch sie mit schönem ornamentalen oder figürlichen Reliefdekor (Asine, Mykene [1380], Spata/Attika [1381]).

In vornehmen, reich ausgestatteten Gräbern Kretas gab es ebenfalls derartige, lokal gefertigte Döschen hohen künstlerischen Ranges (Katsamba bei Herakleion, Abb. 3c, Detail [1382], und Archanes [1383]).

[1376] Vorbericht: JHS 59, 1939, 189 Taf. 14a; Lit. in: R. Hope Simpson-O.T.P.K. Dickinson, A Gazetteer of Aegean Civilisation in the Bronze Age (1979) 199; zu diesem Grab s. oben Anm. 252.

[1377] H.-G. Buchholz-V. Karageorghis, Altägäis und Altkypros (1971) Abb. 1281b (H 16 cm; Dm 11,2 cm). Der zugehörige Deckel ebd. 1281a.c. — Abrollung des Bildreliefs: Sp. Marinatos-M. Hirmer, Kreta, Thera und das mykenische Hellas (2. Aufl., 1973) Abb. 236.

[1378] H.G. Lolling, Das Kuppelgrab bei Menidi (1880) passim. Zum Stil vgl. A.W. Persson, The Royal Tombs at Dendra near Midea (1931) 47f.

[1379] Die ältere Lit. in meinem Buch "Altägäis", Abb. 1283, sowie in den Vorberichten, z.B. BCH 81, 1957, 562 Taf. 15; schöne große Aufnahme in Marinatos-Hirmer a.O. (Anm. 1377) Abb. 247, links.

[1380] O. Frödin-A.W. Persson, Asine (1938) 388,2. — Mykene, Grab 103; Athen, Nat.-Mus., Inv.-Nr. 4931: Liegendes Kalb in hohem Relief, Dm 6,5 cm (SH II/III), s. Altägäis Abb. 1272; schon H.Th. Bossert, Altkreta (3. Aufl., 1937) Abb. 62; Xenake-Sakellariou a.O. (Anm. 1367) Taf. 142,4931.

[1381] Dm 11 cm, Bossert a.O. Abb. 58.

[1382] Kammergrab Eta (SM IIIA), oben Anm. 13 (Lit., bes. St. Alexiou, Hysterominoïkoi Taphoi Limenos Knosou, Katsamba [Neugriechisch, 1967] 26ff. 55ff. Taf. 30-33). — Im vorliegenden Fall ist die Zuordnung zu einer Frau mittels der Untersuchung des einzigen menschlichen Schädels durch A.N. Poulianos (a.O. 84f.) gesichert.

Zylindrische Pyxiden aus Lachisch/Palästina (Abb. 4c, Detail [1384]) und aus
dem Grab des *Babu-aḫa-iddina* in Assur (Abb. 100h, 13. Jh. v.Chr. [1385]) gehören zu dieser weiträumig nachweisbaren Objektgruppe, wenn auch aus völlig verschiedenen Werkstätten stammend: Stilistisch läßt sich nämlich kein größerer
Kontrast denken als der zwischen dem dynamisch-aufgewühlten Relief der Wildstierjagd auf der Pyxis von Katsamba (Abb. 3c) und dem in regelmäßig-ruhiger
linearer Ritztechnik vorgetragenen Fries der gleichförmig alternierenden Fruchtbäume und Palmen, sowie ihnen antithetisch zu-, bzw. abgewendeten Ziegen auf
der Pyxis aus Assur (Abb. 100h).

Zahlreiche kreisrunde Elfenbeinscheiben unterschiedlicher Größe dürften
ebenfalls Deckel solcher Döschen gewesen sein. In Hala Sultan Tekke und Enkomi
wurden einige auch als solche erkannt und angesprochen (Abb. 64h) [1386]. Derartige runde Prachtscheiben — auf Zypern außerdem in Altpaphos ausgegraben —
kommen ferner im Ägäisbereich im Nestor-Palast von Pylos vor und in der Levante
mit einem schön gravierten Stück in der Philisterstadt Ekron: Um eine zentrale
achtblättrige Rosette sind auf ihm Wildstiere und Greifen gruppiert [1387]. Der
wohl am häufigsten genannte Büchsendeckel mit dem Bild einer Göttin im mykenischen Volantrock, die von Ziegen flankiert wird, stammt zusammen mit einem
unfertigen Döschen — wie oben bereits ausgeführt — aus Ras Schamra (Abb. 61a,
Dm 13,7 cm) [1388].

[1383] Stark fragmentierter, reliefgeschmückter Pyxisdeckel aus dem Schachtgräberrund von
Archanes, s. G. Sakellarakes, Kretomykenaïka, 1965-1974 (1992) Taf. 135 (Wiederabdruck
aus AAA 5, 1972, 399ff., Neugriechisch).

[1384] Vgl. oben Anm. 28.

[1385] Vgl. Anm. 53 und unten 1440.2162.2163.

[1386] Eine Nachlese von Knochenobjekten, solchen aus Flußpferd- und Elefantenelfenbein,
dabei runde Scheibendeckel, publizierte A. Caubet, RDAC 1987, 23ff. — Beispielsweise aus
dem Heiligtum im Sektor 4 W, s. J.-Cl. Courtois, in: H.-G. Buchholz, Ägäische Bronzezeit
(1987) 190; ein weiteres Stück (Dm 5 cm) mit Ritzzeichnung eines Kalbes: H.Th. Bossert,
Altkreta (3. Aufl., 1937) Abb. 488. Desgl. (Dm 8,5 cm) aus Kition, Grab 4 und 5, Nr. 235,
s. Altägäis und Altkypros a.O. Abb. 1744. Zu Kouklia-Altpaphos: F.G. Maier, 6. Trierer
Winckelmannsprogramm 1984 (1985) 10f. Abb. 3-6 Taf. 5,1.

[1387] Pylos, Raum 63, s. C. Blegen, AJA 59, 1955, 33. — Ekron: T. Dothan-S. Gitin, Qadmoniot 27, 1994, 13 mit Abb. (Photo und Zeichnung).

[1388] Vgl. Anm. 2154 und Cl. Schaeffer, Syria 10, 1929, Taf. 5,6; ders., Ugaritica I Taf. 11;
R. Dussaud-Cl. Schaeffer, Gazette des Beaux-Arts 1930, Heft 2, 1ff.; H.Th. Bossert, Altkreta
(3. Aufl., 1937) Abb. 503; ders., Altsyrien (1951) Abb. 663; H.L. Lorimer, Homer and the
Monuments (1950) 62; J. Fürstenauer, Eros im Alten Orient (1965) Taf. 31, unten, vor S.
320; F. Schachermeyr, Ägäis und Orient (1967) Taf. 22,83; J. Wiesner, Frühe Randkulturen
des Mittelmeerraumes (1968) Farbtaf. nach S. 180; M.E.L. Mallowan, Ugaritica VI (1969)
542ff. Abb. 2; H.-G. Buchholz-V. Karageorghis, Altägäis und Altkypros (1971) Nr. 1290
(umfangreiche Bibliographie); Propyläen-Kunstgeschichte XIV (1975) Taf. 429; H. Weippert,
Elfenbein, in: K. Galling, Biblisches Reallexikon (2. Aufl., 1977) 69 Abb. 19 (Umzeichnung); M. Yon, Studies presented in Memoriam of P. Dikaios (1979) 63ff. Abb. 2; Cl.

Eine weitere sehr kunstvolle Gruppe von Schmuckdöschen ist von flach-ovaler Gestalt. Sie selber und manchmal ihr ebenfalls ovaler Deckel besitzen als Besonderheit einen "Nilgans"- oder Entenkopf am gewundenen rückwärts gewandten Hals [1389]. In Ugarit sind sie mehrfach bezeugt, weshalb man hier mit einer der Hauptwerkstätten und zugleich einem der Verteilerzentren rechnen muß [1390]. Die Fundorte Syrien-Palästinas, unter diesen Alalach, Kamid el Loz und Akko (Center for Maritime Studies/Haifa, Report 10, Januar 1984, mit Photo), sowie neuerdings Kalavassos-Hagios Demetrios/Zypern und auf halbem Weg nach Hellas auch Ulu Burun, habe ich bereits genannt [1391]. Derartige Elfenbeinarbeiten und ihre Verbreitung (s. die Karten Abb. 68a und b) fanden in W. Adler einen sorgfältigen Bearbeiter (Die spätbronzezeitlichen Pyxiden in Gestalt von Wasservögeln, in: Kamid el-Loz 16, Schatzhaus-Studien [1996]).

Derartige Entenkopf-Döschen in "Schiffsform" stellen ein bedeutsames Indiz für den levantinisch-ugaritischen Fernhandel mit Fertigprodukten aus Elfenbein dar (s. Ulu Burun). Nicht eins der im ägäischen Raum entdeckten Stücke trägt Anzeichen lokaler Fertigung, sie sind ausnahmslos importiert. Wir kennen sie oder doch wenigstens Bruchstücke aus Ialysos/Rhodos [1392], Zapher Papoura [1393] und Archanes/Kreta [1394], Mykene und Asine/Argolis [1395].

Schaeffer, Ras Shamra 1929-1979 (1979) 43 Abb. 22; J.-Cl. Courtois, in: H.-G. Buchholz, Ägäische Bronzezeit (1987) 215 Anm. 115. 116; Helck a.O. (Anm. 1311) 127. 297 Anm. 171.

[1389] A. Herrmann, Das Motiv der Ente mit zurückgewandtem Kopfe im ägyptischen Kunstgewerbe, in: ZÄS 68, 1932, 86ff.

[1390] Minet el Beida; Aleppo, Archäol. Museum, Inv.-Nr. 4535, s. oben Anm. 226; bes. Cl. Schaeffer, Syria 13, 1932, Taf. 8,2; Ugaritica I (1939) 31f. Abb. 23; Land des Baal, Ausstellung Berlin 1982, 148f. Nr. 141 mit Abb.; zuletzt: G. Sakellarakes, Kretomykenaïka, 1965-1974 (1992) Taf. 89. — Zu solchen Döschen aus Ras Schamra, Teilen und Fragmenten davon, s. die Liste von: A. Caubet-F. Poplin, in: Ras Shamra-Ougarit III (1987) 301f., ebd. 280 Abb. 10a: Langovales Deckelfragment im Louvre, Inv.-Nr. AO 27592.

[1391] Oben Anm. 223-227. — Kalavassos-Hagios Demetrios: BCH 109, 1985, 929 mit Abb. 83. — Als schönste Stücke wurden Döschen aus Sidon und Kamid el Loz bezeichnet: A. Parrot, Die Phönizier, Universum der Kunst (Deutsch, 1977) zu Abb. 9 o; R. Saidah, Sidon et la Phénicie Méridionale au 14e s.av. J.C., unpubl. Diss. Paris 1978, 197ff. Abb. 18; R. Saidah, Sidon et la Phénicie Méridionale au 14e Sec. av. J.C., ungedruckte Diss. Paris (1978) 197ff. Abb. 18; Echt a.O. (Anm. 225). — Zuletzt zu Alalach: J.L. Crowley, The Aegean and the East (1989) 96 Nr. 253, S. 447 Abb. 253; Sakellarakes a.O. Taf. 91. 122; zu Tell Dan: ebd. Taf. 87. 88, Megiddo: ebd. Taf. 106. 109, Lachisch (Tell ed Duweir): ebd. Taf. 110.

[1392] Grab 11/1871; London, Brit. Mus., s. Zeichnung bereits bei A. Furtwängler-G. Löschcke, Mykenische Vasen (1886) 14f. Abb. 3, ferner Sakellarakes a.O. Taf. 112-115.

[1393] Herakleion, Arch. Mus., s. A. Evans, Prehistoric Tombs of Knossos (Archaeologia 59); Sakellarakes a.O. 176f. Taf. 68-72. 86. 90 (Photos und Zeichnungen).

[1394] Stark fragmentiertes Elfenbeinköpfchen (Ente oder Gans), Herakleion, Arch. Mus., s. Sakellarakes a.O. Taf. 119.

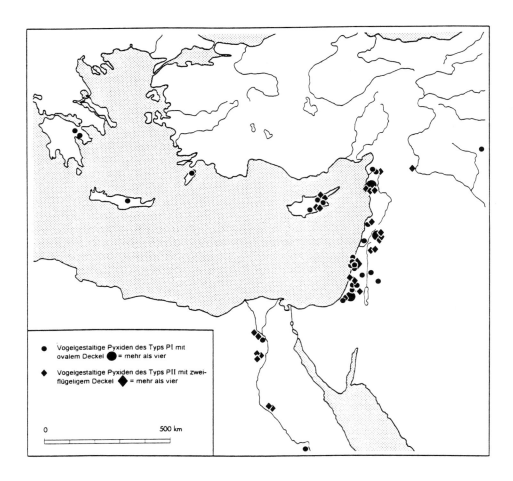

Abb. 68 a. Verbreitung von Pyxiden in Gestalt von Wasservögeln bestimmter Varianten mit ein- und zweiteiligem Deckel (nach dem Entwurf von W. Adler, Die spätbronzezeitlichen Pyxiden in Gestalt von Wasservögeln, in: Kamid el Loz 16 [1996] 72 Abb. 21). Produktionsschwerpunkte in Nordsyrien, im Libanon und in Palästina. Zypern ist gut, der ägäische Raum schwach an der Verbreitung beteiligt

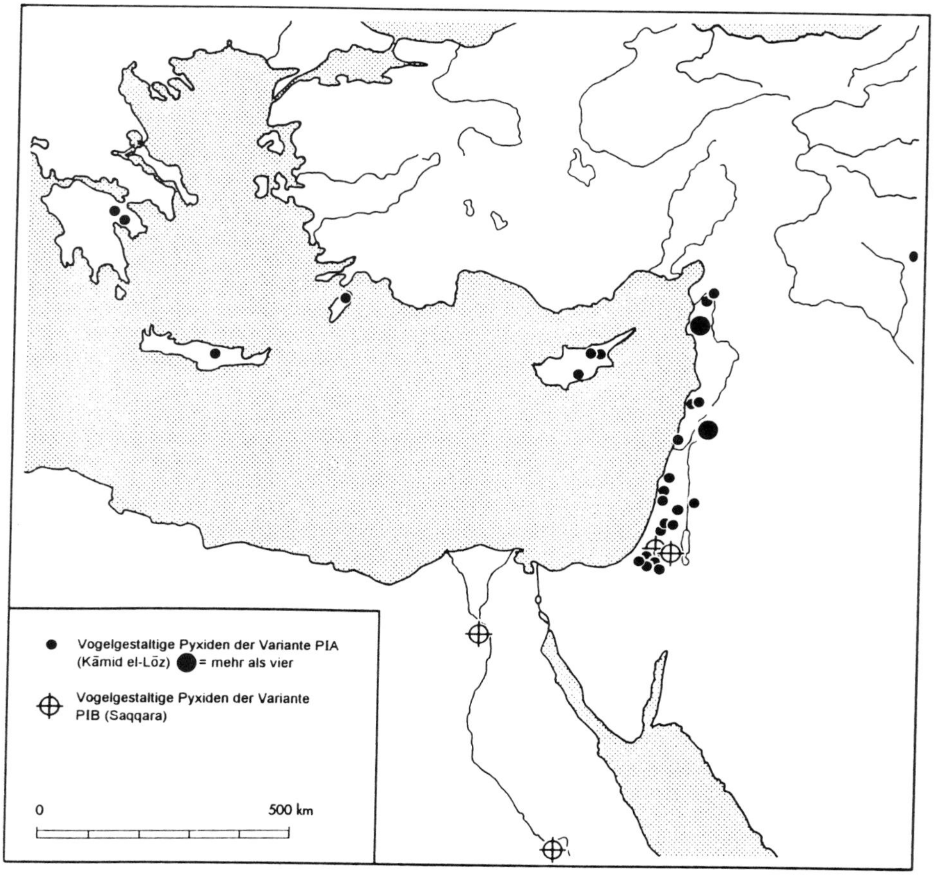
Vogelgestaltige Pyxiden der Variante PIA
(Kāmid el-Lōz) = mehr als vier
Vogelgestaltige Pyxiden der Variante
PIB (Saqqara)
0
500 km

Abb. 68 b. Verbreitung der Pyxiden in Gestalt von Wasservögeln bestimmter Typen mit einteiligem Deckel (nach einem Entwurf von W. Adler, Die spätbronzezeitlichen Pyxiden in Gestalt von Wasservögeln, in: Kamid el Loz 16 [1996] 74 Abb. 22). Ugarit erscheint als hauptsächliches Produktionszentrum mit peripherer Ausstrahlung nach Zypern und in den ägäischen Raum

G. Sakellarakes hat sich um die Restaurierung und technische Erforschung einiger Stücke und damit um die ganze Gruppe verdient gemacht, auch wenn man ihm nicht darin folgen wird, sie "Schiffe" zu nennen. Allenfalls trifft die Bezeichnung "Salbdöschen in Schiffsform" auf sie zu. Womöglich war die Funktion und mit ihr der Inhalt solcher Behältnisse, kostbare Salbe, überhaupt das Entscheidende, um dessentwillen sie die Ägäis erreichten, ohne daß primär die Assoziation mit Schiffen eine Rolle gespielt hätte.

Wie sich einheimisch-mykenisches Formengefühl am gleichen Thema verwirklichte, zeigt bei aller Naturnähe und eindrucksvollen Lebendigkeit des zurückgewandten Enten-, bzw. Gänsekopfes die wuchtigere Schwere eines Bergkristall-Schälchens aus den Schachtgräbern von Mykene, wenn man will, gleichfalls ein schiffsgestaltiges Gefäß [1396].

Neben dem Toilettenbereich war ein weiterer Bereich der Verwendung edler Materialien der des Brettspiels, eines Vorläufers unseres Schachspiels: Elfenbein kommt als häufiger Schnitzstoff bei der Anfertigung von Spielbrettern und Setzsteinen vor [1397]. So bestehen denn auch die weißen Partien der vielfarbigen Felder des "königlichen Spielbretts" von Knossos im Archäologischen Museum von Herakleion aus Elfenbeinplättchen [1398]. Es gab Kästchen, in denen die Spielsteine aufbewahrt wurden und deren Oberseite eine Spielfeldaufteilung aufwies. Eins der erhaltenen Beispiele wurde wegen der Jagdszenen oben besprochen (Abb. 4d), es stammt aus Enkomi/Zypern, Grab 58/1896 [1399].

[1395] Mykene, Grab 88/1895; Athen, Nat.-Mus., Inv.-Nr. 3163, s. Sakellarakes a.O. Taf. 55-63. 73-76. 83-85. 93. 94. 99-101 (Photos und Detailzeichnungen), Taf. 64 (Skizze in Chr. Tsountas' Grabungstagebuch). — Asine, Kammergrab (SH IIIA), "Enten- oder Nilganskopf", Attache eines Toilettendöschens (κεφαλὴ νήσσης); Nauplia, Arch. Mus., s. O. Frödin-A.W. Persson, Asine (1938) 388 Abb. 254; H. Müller-Karpe, Hdb. der Vorgeschichte IV (1980) Taf. 238,B9; C. Lambrou-Phillipson, Hellenorientalia (1990) 332 Nr. 408 Taf. 23; Sakellarakes a.O. Taf. 118.

[1396] Oben Anm. 1068, ferner H.-G. Buchholz-V. Karageorghis, Altägäis und Altkypros (1971) Abb. 1156 (mit Bibliographie); Lambrou-Phillipson a.O. Taf. 73,431 und Sakellarakes a.O. Taf. 116. — Zum Motiv des zurückgewandten Wasservogelkopfes vgl. unten Abb. 83g, Bronzemesser aus Perati, auch Lambrou-Phillipson a.O. Taf. 117.

[1397] Beispielsweise vier konische Spielsteine ("Draughts-men") aus Knossos (MM III), s. A. Evans, PM I (1921/1964) 477f. Abb. 342a.b.

[1398] Elfenbein mit Bergkristall, Goldeinfassung mit blauem Glas, Rosetten aus Kristallplättchen auf Silberfolie, L 1,04 m; s. Evans a.O. 472ff. mit Farbtafel 5; H.Th. Bossert, Altkreta (3. Aufl., 1937) Abb. 383; S. Laser, Sport und Spiel, in: H.-G. Buchholz, ArchHom, Lieferung T (1987) Taf. 3b. — Vgl. auch H. Weippert, Spielgerät, in: K. Galling, Biblisches Reallexikon (2. Aufl., 1977) 310f.

[1399] Englische Ausgrabungen, Grab ohne mykenische Vasen. Zwei Eisenmesser, davon eins mit Elfenbeingriff in Gestalt eines Rinderfußes (12./11. Jh. v.Chr.). London, Brit. Mus., Inv.-Nr. 97/4-1/996, s. A.S. Murray, Excavations in Cyprus (1900) Taf. 1,996; F. Poulsen, JdI 26, 1911, 227ff. Abb. 11-13; Bossert a.O. Abb. 487. 490; H.-G. Buchholz-V. Karageorghis, Altägäis und Altkypros (1971) Abb. 1749a.b (ältere Lit.); S. Laser, Hausrat, in: H.-G.

Freilich waren nicht alle Kästchen als Brettspiele hergerichtet: Ein Holzkästchen mit figürlichem Elfenbeinreliefbesatz aus Mykene (SH I, 16. Jh. v.Chr.) muß schon wegen seiner Kleinheit und ungewöhnlichen Proportionen anderen Zwecken gedient haben (Höhe 11 cm auf quadratischer Grundfläche von 8 x 8 cm) [1400]. Stilistisch verschieden, technisch jedoch völlig gleich waren nahöstliche, mit Elfenbein-Intarsien überzogene Holzkästchen (z.B. in Jericho und Gezer, Mittelbronzezeit II) [1401].

Nicht alle Plättchen aus Elfenbein — Rosetten, Ornamentstreifen, Miniaturreliefs (Tierbilder, Sphingen, Säulchen, u.a. das bekannte Kriegerrelief aus dem Artemision von Delos [1402]) — gehörten ausschließlich zu Kästchen. Dekorative Elfenbeineinlagen gab es bereits in der Bronzezeit an Möbeln (Thronen, Betten): Zwei massive, kunstvoll gedrechselte und geschnitzte Möbelbeine aus diesem Material wurden im böotischen Theben ausgegraben (SH IIIB, erh. H 38 cm) [1403]. Sie gehörten zu einem Bett, das wohl als Ganzes aus Syrien nach Mittelgriechenland gebracht worden war. Ein δίφρος ᾿ελεφάντινος — ein lehnenloser, mit Elfenbein verkleideter Sessel — war nach Diodor (V40) der Sitz

---

Buchholz, ArchHom, Lieferung P (1968) 76 Abb. 14a; ders., Sport und Spiel, ebd. Lieferung T (1987) 124 Taf. 3d und S. 130 Anm. 646 (umfangreiche Bibliographie von H.-G. Buchholz); dazu M. Yon, Studies presented in Memoriam P. Dikaios (1978) 74 Abb. 8; J.L. Crowley, The Aegean and the East (1989) 468 Abb. 367. — Vgl. ferner zwei Kästchen, das eine aus einem Stück gearbeitet, das andere aus vielen Plättchen auf einem Holzkern komponiert, J.-W. Meyer, Spielbretter aus Kamid el Loz, in: Frühe Phöniker im Libanon, Ausstellungskatalog Bonn 1983, 101ff.; S. 126ff. Nr. 24. 25 mit Abb. und Farbabb. auf S. 92f. 120.

[1400] G. Karo, Die Schachtgräber von Mykenai (1930) Taf. 145,812; Bossert a.O. Abb. 55. — Vgl. ferner: C. Blegen, Prosymna (1937) 284 (Plättchen als Intarsien eines Holzkästchens mit zugehörigem Golddraht). — Als zu einem Kästchen gehörig bezeichnete A.W. Persson (The Royal Tombs at Dendra near Midea [1931] 60 und 125) die von A.J.B. Wace im "Grab des Aigisthos" in Mykene gefundenen Elfenbeinfragmente (BSA 25, 1921-1923, 303f. Abb. 58) einer Gruppe von antithetisch angeordneten Löwen und zentraler Säule, dem "Löwentor" entsprechend, also wiederum ein sicheres Anzeichen lokaler Produktion, jedenfalls kann es sich nicht um nahöstlichen Import handeln. Desgl. wurden u.a. Elfenbeinplättchen aus den Gräbern von Perati/Attika als zu einem Kästchen gehörig erkannt: Sp. Iakovides, in: H.-G. Buchholz, Ägäische Bronzezeit (1987) 464. — Nicht überprüfen ließen sich für mich z.Zt., welcher Art die beiden "Elfenbeinkästchen" sind, die aus einem SM-Grab in Knossos-Sellopoulo gemeldet wurden: S. Hood, JHS 78, 1958, Suppl. 24.

[1401] Zu beiden H. Weippert, in: K. Galling, Biblisches Reallexikon (2. Aufl., 1977) 68 Abb. 19 (mit weiteren Nachweisen).

[1402] Wohl von einem Möbelstück, kypro-mykenische Arbeit (SH IIIB), Vorbericht u.a. JHS 66, 1946, 116; K. Schefold, Orient, Hellas und Rom (1949) 59f.; umfassende Bibliographie in Altägäis a.O. 107 Nr. 1289; ferner J. Borchardt, Homerische Helme (1972) Taf. 3,1; O. Höckmann, in: H.-G. Buchholz, Ägäische Bronzezeit (1987) 342 Anm. 86; A. Xenaki-Sakellariou, Symposium Larnaka 1989 (1991) Taf. 11,3.

[1403] Lambrou-Phillipson a.O. 312 Nr. 352 (mit Lit.) Taf. 23,352.

der höchsten römischen Staatsbeamten, die *sella curulis*, ursprünglich der Königsthron der Etrusker, welchen jene ihrerseits aus dem Orient übernommen hatten.
Ferner weisen auch große kretisch-mykenische Musikinstrumente (Lyren/Harfen)
Reliefplatten-Versatz aus Elfenbein auf, der sich stilistisch als einheimische Arbeit
zu erkennen gibt [1404].

Eine gesonderte Betrachtung wären achtförmige Schildchen aus Elfenbein und
Kriegerköpfe mit Eberzahnhelm aus demselben Material wert, weil wir wissen, daß
diese flachreliefierten Formen zur Applizierung an viereckigen und anderen Kästchen sowie Pyxisdeckeln dienten. Wir verfügen über eine Rekonstruktion eines
Elfenbeinkästchens aus Archanes/Kreta mit Achterschilden und über einen Pyxisdeckel mit aufgesetztem Kriegerkopf [1405]. Bei Eberzahnhelmen und Achterschilden ist durch diese beiden mykenischen Charakteristika die Anfertigung der betreffenden Elfenbeinschnitzereien in kretomykenischen Werkstätten zwingend vorauszusetzen. Das Auftreten beider Formen in Elfenbein auf Zypern bedeutet mithin
einen Rückfluß von Arbeiten in diesem Material aus der Ägäis ins östliche Mittelmeer [1406].

Während Reliefs aus Elfenbein grundsätzlich als dienendes Element in den
beschriebenen funktionalen Zusammenhängen gleichermaßen in Ost und West zu
erkennen sind, ist dies bei den meisten rundplastischen Werken aus gleichem
Material weniger klar. Bei pflanzlichen Formen wie Granatäpfeln, zur Applizierung

---

[1404] Athen, Nat.-Mus., Inv.-Nr. 1972/1974, s. Altägäis a.O. Abb. 1273, mit Lit.: Achtsaitige
Elfenbeinharfe aus dem Kuppelgrab von Menidi/Attika (SH IIIA/B); B. Aign, Die Geschich-
te der Musikinstrumente des ägyptischen Raumes bis um 700 v.Chr. (1963) 82f. Abb. 45. 46.
— N. Platon, in: Charisterion eis A.K. Orlandos III (1966) 208ff. (Neugriechisch: eine
minoische Lyra). — Geringe Überreste einer solchen auch aus Mykene, Grab 81/1895, s. A.
Xenake-Sakellariou a.O. (Anm. 1367) 230 Nr. 3117/10 Taf. 108.

[1405] Pyxis (SM IIIA) aus Tholos A, verziert mit applizierten Achterschilden und Krieger-
köpfchen im Eberzahnhelm, s. G. Sakellarakes, Kretomykenaïka, 1965-1974 (1992) Taf. 28;
zu den Köpfchen auch J. Borchhardt, Homerische Helme (1972) 52 Nr. VI; ein einzelnes
Köpfchen dieser Art aus der Tholos von Phylaki-Apokoronou/Westkreta (SM IIIA): H.W.
Catling, ArchRep 1981/82, 58 Abb. 128. — Ferner befand sich eine Applik in Form eines
Achterschildes im Grab Eta von Katsamba, s. St. Alexiou, Hysterominoïkoi Taphoi Limeno
Knosou/Katsamba (1967) Taf. 36b; desgl. vier einzelne derartige Achterschildchen aus einem
SH-Grab von Mykene, s. A.J.B. Wace, JHS 73, 1953, 131 und Taf. 3; weitere aus dem
"House of the Shields", Mykene, in: G. Mylonas, Ancient Mycenae (1957) 72. Zu Pyxisdek-
keln mit Kriegerköpfen in Eberzahnhelmen aus Mykene, Kammergrab 27 s. J. Borchhardt,
Homerische Helme (1972) 34f. Nr. 6-9. 12 (SH II/IIIA) Taf. 2,1-6. Zu weiteren Beispielen
aus Mykene und Spata: Bossert a.O. Abb. 57. 60; A.J.B. Wace, JHS 74, 1954, 170f. und 75,
1955, Suppl. 25; Altägäis a.O. Abb. 1286. 1287 (Mykene, Spata, mit Lit.); A.P. Barbaregos,
To Odontophrakton Mykenaïkon Kranos (Neugriechisch, 1981) Taf. 9a-g.e.

[1406] Fragment eines Elfenbeinköpfchens im Eberzahnhelm aus Grab 16, Enkomi, s. F.
Poulsen, JdI 26, 1911, 225 Abb. 9; Barbaregos a.O. Taf. 13g; A. Xenaki-Sakellariou,
Symposium Larnaka 1989 (1991) Taf. 11,2.

hergerichteten Tierköpfen [1407] oder vollständigen Tierfiguren wäre allerdings ein Eigenleben als reines Kunstwerk kaum denkbar. Doch der großartige, von H. Safadi umsichtig besprochene Elfenbeinkopf aus Ugarit hat ebenso sicher einer Götterfigur gehört [1408], wie die kleine Thronende aus Kamid el Loz eine Gottheit darstellt [1409]. Über den Ohren weist sie eine Bohrung quer durch den Kopf auf und wird als Amulett getragen worden sein.

Bei vielen — auch bedeutenden — rundplastischen Arbeiten läßt sich zur Funktion nichts sagen, beispielsweise zu einem männlichen Elfenbeinköpfchen (H 6,8 cm) aus dem "Raum der Fresken" in Mykene. Doch daß es nicht ägäischen Ursprungs ist, sondern aus Syrien stammt, scheint mir sicher zu sein [1410].

Rundplastische Elfenbeinschnitzereien waren im ägäischen Kulturkreis nicht selten, zumal nur Bruchteile des tatsächlichen Bestands erhalten blieben und sich obendrein in trostlos zerbrochenem Zustand häufig jeder Beurteilung entziehen. Es handelt sich um einzelne Köpfchen und Statuetten, beispielsweise aus Knossos [1411], Prosymna [1412], Mykene [1413] und dem Nestorpalast von Pylos [1414]. In manchen Fällen ist der Import aus Syrien so gut wie sicher (z.B.

[1407] Beispielsweise unter den Elfenbein- und Knochenschnitzereien aus Ras Schamra, s. M. Yon und Mitarbeiter, Le Centre de la Ville Ras Shamra-Ougarit III, 38.-44. Campagnes, 1978-1984 (1985) passim, dazu meine Rez. in ZfA 83, 1993, 293ff.

[1408] H. Safadi, Zur Identifizierung des Elfenbeinkopfes aus Ras Schamra, in: AAS 13, 1963, 97ff.; Propyläen-Kunstgeschichte XIV (1975) Farbtaf. 47.

[1409] 14. Jh. v.Chr., s. R. Echt, Frühe phönikische Elfenbeine, in: Frühe Phöniker im Libanon (1983) 79ff. Abb. 44; Helck a.O. (Anm. 1311) 146f., unter Verweis auf P. Kranz, AM 87, 1972, Taf. 18,3.4.

[1410] Nauplia, Arch. Mus., Inv.-Nr. 15022 (SH IIIB), s. Lord William Taylor, AAA 3, 1970, 80 Abb. 8; Lambrou-Phillipson a.O. (Anm. 1395) 352 Nr. 474 Taf. 24 (mit Lit.). Nicht unähnlich den Elfenbeinköpfchen (Gesichtern) aus Kamid el Loz, s. Echt a.O. 87f. Nr. 5-7, Farbabb.

[1411] Zu einem Elfenbeinköpfchen aus Knossos (unten Anm. 1417) vgl. G. Rodenwaldt, Der Fries des Megarons von Mykenai (1921) 46 und 49 Abb. 24. — Zwei Elfenbeinstatuetten, die größere etwa 40 cm hoch, gefunden zwischen "Königsweg" und "Haus der Fresken" in Knossos, s. S. Hood, JHS 78, 1958, Suppl. 21f.; G. Daux, BCH 82, 1958, 784f. Abb. 14. 15.

[1412] Aus Kammergrab 52, H 11,8 cm, s. C. Blegen, Prosymna (1937) 461ff. Taf. 91,729-731; ferner M.P. Nilsson, Minoan-Mycenaean Religion (1950/1968) 313 Abb. 151; ders., Geschichte der griechischen Religion I (1967) Taf. 23,2; E. Vermeule, Greece in the Bronze Age (1964) Taf. 39a; Altägäis a.O. Abb. 1279.

[1413] Grab 27/1888, besonders reich an elfenbeinernen Beigaben (Säulchen, achtförmigen Schilden, Reliefköpfchen im Eberzahnhelm), dabei ein weibliches Figürchen im Volantrock (Bossert, Altkreta [3. Aufl., 1937] Abb. 82; A. Xenake-Sakellariou, Oi Thalamoton Taphoi ton Mykenon [Neugriechisch, 1985] 98f. Nr. 2472 Taf. 24) und der Torso einer männlichen Figur, erh. H 9 cm (ebd. Nr. 2471 Taf. 23). — Aus Grab 103/1898, weibliches Elfenbeinfigürchen ohne Kopf, brüstehaltender Typus, erh. H 3,3 cm (ebd. 287 Nr. 4940 und S. 289 Nr. E4940 Taf. 144).

[1414] G. Daux, BCH 81, 1957, 558.

Köpfchen aus der Trapezagrotte/Kreta [1415]). Doch stößt man in der Sekundärliteratur häufig auf Widersprüche, etwa zwischen der Definition als "lokalkretisch"
oder "ägyptisch" (zwei Knabenfigürchen aus Palaikastro, SM II [1416]).

Nicht ohne Grund sind einige der aufgeführten Elfenbeinwerke in der religions-
wissenschaftlichen Literatur vertreten: Sie waren Götterbilder. Man darf sagen, daß
zumindest im kretisch-mykenischen Kulturkreis unser Werkstoff herausragendem
Kulturschaffen vorbehalten war. Hierzu zählen auf der Minosinsel beispielsweise
auch die Überreste größerer, aus mehreren Teilen zusammengesetzter Stierkampf-
/Stiersprung-/Stierspiel-Gruppen, so der berühmte Elfenbein-"Springer" von 28,7 cm
Länge aus Knossos (SM I) im Archäologischen Museum von Herakleion [1417].

Plastisch dargestellte Stierspiele spiegelten kultisches Tun und deshalb war ihre
künstlerische Konkretisierung dem Range nach Götterbildern nahe. Ja, Cl. Schaeffer
hat, wenn auch mit Vorbehalt, in einer recht "weltlich" wirkenden knienden
ugaritischen Musikantin, einem kleinen Rundbild aus Elfenbein (H 5,4 cm), die
Göttin Anat selber vermutet, zumal in einem mythologischen Text, der ebenfalls in
Ugarit gefunden wurde, von dieser als Tamburinspielerin die Rede ist [1418].

Auf dem griechischen Festland ragt die Dreiergruppe von zwei sitzenden,
einander liebevoll umarmenden, mit einem gemeinsamen Mantelschal verbundenen
Göttinnen und einem göttlichen Knaben (Mykene, SH I/II, H 7,3 cm) als einzigartiges Werk aus dem sonstigen Elfenbeinkunstschaffen heraus (Abb. 61b.c) [1419].

[1415] Herakleion, Arch. Mus., ohne stratigraphische Datierung, hinten flaches, unten mit einem
Zapfloch versehenes Köpfchen; nach C. Lambrou-Phillipson, Hellenorientalia (1990) 271 Nr.
239 Taf. 19: "mesopotamisch oder syrisch".

[1416] Herakleion, Arch. Mus., Inv.-Nr. 142 und 143, s. Evans, PM III (1930/1964) 446 Abb.
310a.b Taf. 37b; Bossert a.O. 302a-d; Marinatos-Hirmer a.O. Abb. 113 (Sp. Marinatos
bezeichnete den Kauernden gewiß zutreffend als "Würfelspieler", als minoische Arbeit);
Lambrou-Phillipson a.O. 266 Nr. 222. 223 Taf. 19. Neuderdings Fußfragment und Oberteil
einer höchst ungewöhnlichen männlichen Elfenbeinstatuette aus Palaikastro mit eingesetztem
Gesicht aus Stein, s. G. Touchais, BCH 113, 1989, 682f. Abb. 211. 212.

[1417] Und entsprechende Arme, Beine, mit Einzapfungen, von einem "leaping youth", s. Evans
a.O. 428ff. Abb. 294-297 Taf. 38a (Kopf, H 4,5 cm), 38b.c (Beine), 38d-f (Arme); Bossert
a.O. Abb. 303-305, mit älterer Lit.; ferner Elfenbeinarm einer Statuette wie von dem
"Springer" aus Knossos unter den Neufunden aus Archanes, s. Touchais a.O. 689 und 691
Abb. 222. — Schöne Aufnamen in Sp. Marinatos-M. Hirmer, Kreta, Thera und das mykenische Hellas (2. Aufl., 1973) Abb. 96. 97.

[1418] Aus Grab 3464 (spätes 13. Jh. v.Chr.), in Damaskus, Nat.-Mus., Inv.-Nr. S 3602
(RS.24.400; s. Cl. Schaeffer, AAS 13, 1963, 132 Abb. 12.13.

[1419] A.J.B. Wace, JHS 59, 1939, 210ff. Taf. 14b; C. Blegen, AJA 43, 1939, 697f. Abb. 1; C.
Picard, in: Epitymbion Tsountas (1942) 446ff.; K. Schefold, Orient, Hellas und Rom (1949)
60 und 108; A.J.B. Wace, Mycenae (1949) 83f. 86. 107. 115 Abb. 101-103; H. Wace,
Ivories from Mycenae, the Ivory Trio (1961); R. Pittioni, Die Elfenbeinplastik aus dem
Palast von Mykene, in: ÖJh 39, 1952, 80ff.; H.-G. Buchholz, Altägäis und Altkypros (1971)
Abb. 1280a.b (mit weiterer Lit.); Mariantos-Hirmer a.O. Abb. 242. 243; E. Vermeule,
Götterkult, in: H.-G. Buchholz, ArchHom, Lieferung V (1974) Taf. 3a.b; M. Yon, Studies

Man hat sie mit guten Gründen auf die in historischer Zeit überlieferte Dreiheit Demeter, Kore und Triptolemos bezogen.

Außer in Götterbildern begegneten wir bisher dem edlen Stoff Elfenbein an allerlei Kultgerät, Musikinstrumenten (mykenischen Harfen, Trompete von Ulu Burun, s. M.-H. Gates, AJA 98, 1994, 258 Abb. 4), bei der Möbelausstattung (an Thronen und Klinen), beim königlichen, schachähnlichen Spiel in Form von Spielbrettern, -kästen (Abb. 4d) und Setzfiguren, bzw. -steinen, sodann als Werkstoff, aus dem Toilettenkästchen und -döschen gemacht waren. Wir gehen nicht weiter auf Elfenbeingefäße anderer Art ein [1420], auch nicht auf Stäbe, Szepter, Axtgriffe [1421], Siegel, Pferdeschmuck, Ringe, Perlen, Knöpfe [1422] oder auf Technisches (z.B. Scharniere an hölzernen Klapptafeln zum Schreiben in Ulu Burun). Ein Elfenbeingriff in Form eines Greifenkopfes mag an Peitsche, Fliegelwedel, Stab, Dolch oder Messer gesessen haben, im mykenischen Theben/Böotien ausgegraben, ist er im gesamten Ägäisgebiet ohne Parallele und sicher ein nahöstliches Importstück [1423].

Immer wieder — wie am Szepter und seinen Teilen, an Zeichen göttlich verliehener Macht — begegnen wir im besonderen Material auch der besonderen Verwendung, ferner an Schwert- und Dolchgriffen und -knäufen, ja sogar an Messern, sofern diese herausgehobenen Besitzern oder Besitzerinnen dienten. Dies dürfte im bronzezeitlichen Zypern jenen Bestatteten des Grabes 58/1896 des 12./11. Jhs. v.Chr. in Enkomi betreffen, dem das mehrfach erwähnte Elfenbein-Spielkästchen gehörte (Abb. 4d): Ihm waren außerdem zwei eiserne Messer mitgegeben worden, eins davon mit einem schönen Elfenbeingriff in Gestalt eines Rinderfußes [1424]. Auch elfenbeinerne Ringmesser waren in Zypern und Palästina gewiß kostbarer Besitz hervorragender Personen (Abb. 84a-d; 85g-l).

Ja, selbst bei schön geschnitzten beinernen und elfenbeinernen Ziernadeln fürs Haar oder Gewand ist der Gesichtspunkt zu berücksichtigen, daß sie nicht bloßer Schmuck waren, sondern stets zugleich auch Objekt mit magischer Qualität, weshalb sie als den Träger schützende Amulette anzusehen sind. Zwei Elfenbeinnadeln

---

presented in Memory of P. Dikaios (1979) 72 Abb. 6 (Rückseite); H.-G. Buchholz, Das Symbol des gemeinsamen Mantels, in: JdI 102, 1987, 1ff. Abb. 6a.b.

[1420] z.B. Fragmente aus Hagia Triada/Kreta und aus mykenischen Gräbern von der Athener Agora. Zu einem Elfenbeingefäß des SH II mit Bronzemantel s. C. Blegen, Prosymna (1937) 284. 461 Abb. 217.

[1421] Der Meldung eines "Axtgriffes aus Elfenbein aus einer Tholos bei Pylos" konnte ich nicht weiter nachgehen, s. G. Daux, BCH 82, 1958, 719.

[1422] Perati, s. oben Anm. 1035.

[1423] Theben, Arch. Mus., Inv.-Nr. 13275 (SH IIIA/B, L 7 cm), s. Lambrou-Phillipson a.O. (Anm. 1415) 312 Nr. 351 Taf. 23; dort weitere Lit. und Verweis auf eine Parallele aus Nuzi.

[1424] Vgl. oben Anm. 1399; s. ferner F. Poulsen, Zur Zeitbestimmung der Enkomifunde, in: JdI 26, 1911, 227f.

aus der Gruft des *Babu-aḫa-iddina* (Gruft 45, 13. Jh. v.Chr.) in Assur [1425] — die
mit Elfenbeinnadeln aus dem mykenischen Pylos/Messenien verglichen werden
können — sind von einem Tamburin schlagenden Figürchen, bzw. von einer
menschlichen Hand mit ausgestrecktem Zeigefinger bekrönt (Abb. 65p.q). Zu
diesem Motiv des Abwehrzaubers stellt sich die zur Faust gehaltene Hand eines
Gerätestiels aus Elfenbein unter den Unterwasserfunden von Ulu Burun (oben Anm.
222). Drei Elfenbeinnadeln aus Kamid el Loz enden in einem zurückgebogenen
Gänse- bzw. Entenkopf [1426], dessen Symbolkraft uns bereits mehrfach begegnete.
Gerade die Elfenbeinarbeiten der neuen, für die Geschichte des Handels so bedeut-
samen Fundstätte an der Südküste der Türkei weisen mancherlei Beziehungen —
wie bereits im einzelnen dargelegt — zu bekannten Elfenbeinschnitzereien in Ost
und West auf: Eine Akrobatin aus diesem Material ist typen- und womöglich auch
werkstattgleich mit einem entsprechenden Objekt aus Kamid el Loz (oben Anm.
221).

Toilettengegenstände stellten in der Tat eine zentrale Gruppe der "Prestigeobjekte" dar und vermögen mancherlei Auskunft über typologische, chronologische
und Werkstättenzusammenhänge zu geben. J. Schäfer hat mykenische und kyprische
elfenbeinerne Spiegelgriffe unter derartigen Gesichtspunkten mustergültig behandelt [1427]. Die wuchtigen Elfenbeingriffe ägäischen Typs, um die es dabei geht,
besitzen oben ein beidseitig reliefgeschmücktes Ansatzstück zur Befestigung der
runden bronzenen Spiegelscheibe. Die Bilder derartiger Ansatzstücke sind überwiegend mythisch-heroischen Inhalts. Sie zeigen beispielsweise einen Helden als
Überwinder von Löwen oder Greifen (Abb. 97a, Enkomi [1428]). Die mykenische

---

[1425] Beide Nadeln (Berlin, Vorderasiat. Mus., Inv.-Nr. Ass 1099 und 1100) in größeren
Einzelaufnahmen bei R.-B. Wartke, Backsteingruft 45, in: MDOG 124, 1992, 120 Abb.
16.a.b. — Vgl. zu dieser Gruft oben Anm. 53, 222 und 1385. Aus demselben Grab stammen
auch eine Pyxis (Abb. 100h) und ein Kamm (Abb. 64d.f). Zum Siegel des Grabinhabers s.
Abb. 5e. — Die kleinen Stieranhänger am Geschmeide aus dieser Gruft (Abb. 65r) entsprechen dem buckelig-gedrungenen "Vierfüßler" mit Wamme aus orientalischem "Kyanos-
Glas" in Mykene, Grab 88, s. A. Sakellariou, Oi Thalamotoi Taphoi ton Mykenon (Neugriechisch, 1985) Taf. 118,3158 und Taf. III (Zeichnung).

[1426] Frühe Phöniker im Libanon a.O. 90 mit Abb., S. 92 mit Farbphoto, 122f. Kat.-Nr. 14-16.

[1427] J. Schäfer, AM 73, 1958, 73ff. mit Beilagen 58-63; hierzu auch A. Patrianakou-Iliaki,
Mycenaean Ivories, a Study of three Classes of Objects: Combs, Pyxides and Mirror
Handles, Diss. Bryn Mawr 1976; M. Yon, La Dame au Miroir, in: Studies presented in
Memory of P. Dikaios (1979) 63ff.

[1428] Der Greifentöter, auf mykenischen Elfenbeinen ein beliebtes Motiv, kommt in Enkomi
auf dem Fragment einer Pyxis aus Grab 24 nochmals vor, s. A.S. Murray-A.H. Smith-H.B.
Walters, Excavations in Cyprus (1900) 32 Taf. 2,883. — Der Spiegel, jetzt im Brit. Mus.
(Abb. 97a), stammt aus Grab 17, s. Murray-Smith-Walters a.O. 31 Taf. 2,872a.b; Poulsen
a.O. (oben Anm. 1424) 223ff. Abb. 7 und 8, S. 246 (zur Spiegelseite mit der Szene des
stierschlagenden Löwen); H.Th. Bossert, Altkreta (3. Aufl., 1937) Abb. 491. 492; H.-G.
Buchholz-V. Karageorghis, Altägäis und Altkypros (1971) Abb. 1747; Buchholz, APA 16/17,
1984/85, 94 Abb. 1 Anm. 14 (weitere Lit.); A. Xenake-Sakellariou, Symposium Larnaka

Welt war von Pylos/Messenien [1429], Mykene [1430] bis Zypern [1431] in bester Entsprechung an diesem Phänomen beteiligt.

Von allen erörterten Erzeugnissen aus Elfenbein eignen sich ganz besonders Kämme zur Feststellung von Anfertigungszentren und der Verbreitung bestimmter Formen. Nach meiner Einschätzung sind sie mit weit über hundert Objekten als Gruppe ausreichend umfangreich und außerdem in sich so differenziert (vgl. Abb. 62, Typenschema), daß sie als Demonstrationsgegenstand vorzüglich in Frage kommen [1432]. Es muß einen ägäisinternen Handel mit dem kostbaren Rohstoff gegeben haben, welcher mit den verfügbaren archäologischen Kriterien allerdings nicht zu fassen ist. So haben wir uns mit Fragen der Verbreitung von Fertigprodukten zu begnügen. Es sollen uns hauptsächlich Kämme der Typengruppe IV interessieren, spätbronzezeitliche kretisch-mykenische, einseitig bezahnte Elfenbeinkämme mit der Einteilung der Griffplatte in zwei Zonen, ohne und mit zentraler Rosette (Abb. 62, IVb und c) oder zentralem Wirbel (IVd).

Die schmucklos-schlichte Form des Zweizonenkammes (Abb. 62, IVa) mit angeschnitzter Bezahnung und auch mit auswechselbarem, gesondert gearbeitetem Zahnelement war weitaus die häufigste und langlebigste Variante mit über einem Dutzend Fundplätzen im Peloponnes und in Attika/Böotien (allein 28 Fundstücke

---

1989 (1991) 73ff. Taf. 11,5.

[1429] Chora, Arch. Mus.; aus Pylos-Routsi, Tholosgrab 2, Spiegelgriff mit Rosettendenkor (um 1440 v.Chr.), s. S. Hood-J. Boardman, JHS 77, 1957, Suppl. 14; G. Daux, BCH 81, 1957, 565 Abb. 30; als Zeichnung auch in: ILN vom 6.4.1957, 543; Sp. Marinatos-M. Hirmer, Kreta, Thera und das mykenische Hellas (2. Aufl., 1973) Abb. 246 oben.

[1430] "Grab der Klytaimnestra", Elfenbeingriffe von zwei Bronzespiegeln (nach 1500 v.Chr.); Athen, Nat.-Mus., Inv.-Nr. 2900, s. Marinatos-Hirmer a.O. Abb. 244 und 245. — Nekropole Asprochomatos-Agriosykias, Grab 2/1987, s. Xenake-Sakellariou a.O. (Anm. 1425) 54ff. Nr. 2269. 2399. 2413 Taf. 2; Yon a.O. (Anm. 1427) 70 Abb. 5 (Seite B). — Stark zerstörter Elfenbeingriff eines weiteren Spiegels aus Grab 55/1892, s. J.C. Poursat, Catalogue des Ivoires Mycéniens du Musée National d'Athènes (1977) 94 Nr. 300 Taf. 32; Xenake-Sakellariou a.O. 170 Nr. 2899, S. 174 Nr. 2899 Taf. 72.

[1431] Zum Spiegel aus Enkomi s. Anm. 1428. — Zu dem stark fragmentierten Spiegelgriff aus Kition s. Yon a.O. (Anm. 1727) 64 Abb. 1a.b. — Elfenbeinerner Spiegelgriff mit Löwenkampfdarstellung aus Altpaphos, s. A.H.S. Megaw, JHS 73, 1953, 133; H.-G. Buchholz-V. Karageorghis, Altägäis und Altkypros (1971) Abb. 1748; Yon a.O. 73 Abb. 7; F.G. Maier, 6. Trierer Winckelmannsprogramm 1984 (1985) Taf. 2,1; Xenake-Sakellariou, Symposium Larnaka 1989 (1991) 73 Abb. 7.

[1432] Ich habe mich in der Studie "Ägäische Kämme", in: APA 16/17, 1984/85, 91-142 intensiv mit den genannten Fragen auseinandergesetzt und ebd. 105 Abb. 16 die Typologie entwickelt (danach Abb. 62). — Vgl. ebd. 93 die kleine Bibliographie zu den ägäischen Elfenbeinschnitzereien (bes. Nr. 8, A.J.B. Wace; Nr. 13, H. Kantor; Nr. 18, Lord William Taylour; Nr. 21, J.M. Blázquez; Nr. 29, O.H. Krzyszkowska), ferner zu den Spiegeln und Kämmen die oben in Anm. 1427 genannte Lit.

aus der Argolis) [1433]. Ihnen steht ein halbes Dutzend Fundstellen typengleicher Kämme auf Kreta gegenüber (Relation Argolis-Kreta 28 zu 8). Die Fundorte der üblichen Vertreter des Typs IVa sind verbreitungsmäßig als "periphäre Streuung" zu erkennen (Thessalien, Troja, Kos, Rhodos und Zypern [1434]). Gemäß der üblichen prähistorischen Kriterienbewertung muß die zentrale Werkstättentätigkeit in der Argolis gesucht werden, vielleicht eine sekundäre in Knossos (vgl. die Karte, Abb. 63).

Man könnte den einfachen Rosettenkamm (Abb. 62, Typus IVb) einen unfertigen IVc-Kamm nennen oder letzteren umgekehrt als anspruchsvolle Weiterbildung des ersteren für den gehobenen Geschmack bezeichnen. Die eher seltene IVb-Form ist außer an drei Stellen in der Argolis (Mykene, Prosymna und Midea) nur noch je einmal im Südwesten des Peloponnes und in Athen anzutreffen, nicht jedoch auf Kreta. Dieser schmucklose Typus IVb fehlt ebenfalls in dem übrigen, für IVa festgestellten "Streuungsraum", im nördlichen Ägäisbereich und auf den Inseln des Dodekanes. Eine solche Verbreitung spricht für die Erfindung des "Rosettenkamms" als Weiterentwicklung des "Zweizonenkamms" in der Argolis.

Eine Variante des IVb-Kamms ist lediglich mit einem simplen Winkel-Flechtmuster überzogen; der schmucklosen Variante ist sie ansonsten in allem gleich. Die Verbreitung dieser seltenen, auf die Übergangszeit SH II/IIIA beschränkten Form (vgl. zur Orientierung die chronologische Tabelle, Abb. 24) umfaßt interessanterweise die gesamte Ägäis, wenn auch nur mit je einem Stück aus Knossos und Troja. Der Schwerpunkt des Vorkommens liegt abermals deutlich in der Argolis (Argos, Prosymna und Midea). Ein Exemplar aus Prosymna ist demjenigen aus Troja so ähnlich, daß von "Zeit- und Werkstattgleichheit" gesprochen werden kann [1435].

Die Prachtkämme des Typus IVc und d (Abb. 62) gab es in größerer Zahl nur auf Kreta (Knossos-Katsamba, Karteros-Amnisos, Archanes [1436], Hagia Triada, Galia-Stavros, Palaikastro) und in bescheidener Menge auf dem Peloponnes (Mykene [1437], Prosymna, Argos und Pylos). Bis auf entsprechende Objekte aus Spata/-

---

[1433] Buchholz a.O. (vorige Anm.) 120ff. Katalog-Nr. 9-91. — Zu S. 126 Nr. 48 (Platte eines Zweizonenkammes aus einem nicht näher bestimmbaren Kammergrab in Mykene der Ausgrabungen 1887/88) s. jetzt auch A. Xenake-Sakellariou, Oi Thalamotoi Taphoi ton Mykenon (Neugriechisch, 1985) 135 Nr. 2412, S. 152 Nr. E 2412 Taf. 51. — Buchholz a.O. 134 Nr. 115 bereits erwähnt von S. Hood-J. Boardman, JHS 76, 1956, Suppl. 9.

[1434] Das einzige mir bekannte, genau ägäischen Zweizonenkämmen entsprechende Stück aus Zypern besteht aus Holz, ist nur in wenigen Fragmenten erhalten und stammt aus der spätbronzezeitlichen Bergbaustation Apliki, s. H.-G. Buchholz, Archäologische Holzfunde aus Tamassos, in: APA 20, 1988, 86 Abb. 8a (H 6,3 cm).

[1435] Vgl. Buchholz a.O. 131 Abb. 40a-d.

[1436] Buchholz a.O. 132 Nr. 109; zuletzt: Sakellarakes a.O. (Anm. 1390) Taf. 134.

[1437] Buchholz a.O. 132ff. Nr. 106-125 Abb. 41a-i. — Zu Nr. 118 (Mykene, aus einem der nicht mehr genau bestimmbaren Gräbergruppen 1887/88, im Inventar als "Knochenkamm" registriert, jedoch sicher aus Elfenbein) s. A. Xenake-Sakellariou, Oi Thalamotoi Taphoi ton

Attika und Theben/Böotien scheint der übrige ägäische Raum, was IVc und d angeht, fundleer zu sein (Abb. 63, Karte). Typologisch sind IVc und d nicht voneinander zu trennen; mit Mitteln der Stilanalyse besteht keine Möglichkeit, die ganze Gruppe — oder doch wenigstens einige der Stücke — als "Festlandsproduktion" von den übrigen kretischen abzusondern. Auch in der Motivwahl gelagerter Sphingen (z.B. am Kamm aus Spata/Attika und Katsamba/Kreta) besteht Übereinstimmung. Lediglich das Motiv der "Krokodile mit zurückgewandtem schnabeltierartigen Kopf" (z.B. Palaikastro, Archanes) spricht zugunsten einer minoischen anstelle einer mykenischen Werkstatt. Dann wäre auch der zentrale Wirbel statt der Rosette, der ja motivlich nichts anderes ist als die ineinandergedrehten Schwänze zweier solcher Krokodile, nichts weiter als eine kretisch-minoische Fortbildung eines ursprünglich in der Argolis entwickelten Kompositionsprinzips.

Auch wenn sich die angesprochenen Fragen noch nicht bis ins letzte klären lassen, bleibt doch die wirtschaftsgeschichtliche Tatsache, daß Elfenbeinkämme im ganzen begehrte Artikel waren, deren Wege von dem Peloponnes — und vielleicht teilweise aus Kreta — bis Troja und Nordgriechenland sowie bis Kos und Rhodos führten und die zugleich die Hauptwege eines innerägäischen Handels überhaupt bezeichnen.

Der einseitig bezahnte Plattenkamm kommt im Nahen Osten ebenfalls vor, wenn auch nicht als "Zweizonenkamm"; er bildet dort jedoch eine Minderheit gegenüber dem üblichen bronze- und eisenzeitlichen Doppelkamm, der beidseitigen Zahnbesatz aufweist (Abb. 64b, Enkomi; sehr häufig in Megiddo, zu den Varianten s. Abb. 62, Typus Va-e) [1438]. Der unverzierte Plattenkamm, gelegentlich mit einem Loch zum Aufhängen versehen, wie er in Enkomi bezeugt ist (Abb. 64e), kann von völlig gleichen Stücken aus Mykene in nichts unterschieden werden (Abb. 62, IIIa) [1439].

Mehrfach sind oben Elfenbeinarbeiten aus der spätbronzezeitlichen Gruft 45 in Assur herangezogen worden. Bei diesen befand sich ein solcher Plattenkamm, einer der schönsten Bilderkämme des Nahen Ostens überhaupt (Abb. 64d.f) [1440].

Der einfache Plattenkamm hat als Bilderkamm in Zypern (Abb. 64i) und Palästina (Megiddo, Abb. 64g) eine typologische Veränderung erfahren, die ihn von nahverwandten Formen abhebt: Seine Oberkante ist dort, wo in ägäischen Kämmen des Typs IIIb und c eine Rosette sitzt, eingesenkt (Abb. 62, Typ IIIg). Abgesehen

---

Mykenon (Neugriechisch, 1985) 135 Nr. 2644 und S. 154f. Nr. 2644 Taf. 55.

[1438] Buchholz a.O. 105 Abb. 16; dort Beispiele aus verschiedenen Zeiten und Kulturen: S. 97f. Abb. 6a-d und 7; S. 112ff. Abb. 23a.b; 24a-d; 25a-f; 26a-f; 27a-c. — Unsere Abb. 64b nach J.-Cl. Courtois, Alasia III (1984) 188 Abb. 18,21.

[1439] Buchholz a.O. 123f. Abb. 33 und 34 (aus H. Schliemanns Ausgrabungen); ebd. 125 Abb. 35 (in-situ-Aufnahme eines solchen Kammes in Enkomi, Ausgrabung von P. Dikaios); ebd. 122 Abb. 32 (entsprechender Kamm aus Nimrud in Oxford, Ashmolean Museum). — Unsere Abb. 64e nach J.-Cl. Courtois, Alasia III (1984) 212 Abb. 18,14.

[1440] Buchholz a.O. 121 mit Anm. 111 und Abb. 30a.b; vgl. oben Anm. 53, 222, 1385 und 1425, auch unten Abb. 100h.

von dem dynamischen Relief des Tierbildes in unserem Beispiel aus Megiddo (Abb. 64g) sind an ihm auch die Nebenornamente der Ober- und Seitenkanten unverwechselbar mykenisch [1441].

Noch einen Schritt weiter hat sich der Elfenbeinkamm mit eingesenkter Oberkante und merkwürdigen Ecken aus einem Grabkomplex der Periode Spätkypr. IIIB in Enkomi von den mykenischen Vorbildern entfernt (Abb. 64i) [1442]. Typologisch gehört er zum Megiddokamm (Abb. 64g). In der weniger reliefmäßigen Oberflächenbehandlung, der linear-graphischen, Kontur betonenden Zeichnung und der Motivwahl des Damtiers ist er eindeutig eine kyprische Arbeit, aus derselben Werkstatt stammend wie der bereits behandelte Pyxisdeckel, der ebenfalls nach Stil und Technik im Bild eines Damtiers genau entsprechend ausgeführt ist (Abb. 64h) [1443].

Daß die Formgebung bronzezeitlicher Kämme aus Elfenbein und Knochen in Italien eigene Wege ging, verdeutlicht ein oben abgebildetes und bereits besprochenes Beispiel (Abb. 64c) [1444]: Ein im gesamten mediterranen Osten völlig isoliertes Stück aus Enkomi, Grab 6 der französichen Grabung (Abb. 64a) [1445] kann auf Grund des Konturs, des mit einem Loch versehenen Vorsprungs am Kammrücken und des Dekors mit konzentrischen Zirkelkreisen ("Würfelaugen") mühelos als "italisch", wohl norditalisch, eingeordnet und damit in seiner einzigartigen Bedeutung für Fernverbindungen zwischen dem Westen und Enkomi erkannt werden.

Schließlich hat auch S. Tusa Fragmente eines Elfenbein-Plattenkamms des 13. Jhs. v.Chr. mit Würfelaugenverzierung in Castelvetrano/Sizilien ausgegraben und für dessen Dekor und Form die Verbindung mit Kämmen aus Hama, Beisan und Megiddo gesucht [1446].

[1441] H.-G. Buchholz, APA 16/17, 1984/85, 137 Abb. 42b, mit weiteren Nachweisen.

[1442] J.-Cl. Courtois-J. und E. Lagarce, Enkomi et le Bronze Récent à Chypre (1986) Taf. 25,11; auch Buchholz a.O. 137 Abb. 42a.

[1443] Nikosia, Cyprus Mus., Inv.-Nr. Enkomi 123, Fundpunkt 196/1958, - 1,10 m , s. J.-Cl. Courtois, Alasia III (1984) 58 Nr. 533, S. 189 Abb. 19,1 (Dm 8 cm).

[1444] Oben Anm. 294, nach L. Vagnetti, in: Symposium Nikosia 1985 (1986) 212 Abb. 4,1-4; sie zitierte Buchholz a.O. 138 Abb. 43a-c, brachte aber eindrucksvollere und genauere Parallelen zu dem entsprechenden Zypernfund (unsere Abb. 64a) bei, als ich dies tat. F.-W. von Hase, der aus zweiter Hand schöpft und meine Kammstudie offenbar nicht kennt, hat den Enkomikamm und ein paar Kämme in Italien "kartiert"; was allerdings das dafür verwendete Zeichen in der Argolis soll, bleibt rätselhaft (Kolloquium Mainz 1985 [1990] 95 Abb. 13). Schön wäre es, wenn ein Elfenbeinkamm der fraglichen Epoche und Art irgendwo zwischen Italien und Zypern zum Vorschein käme.

[1445] Oben Anm. 292.

[1446] In: Tagung Palermo 1984 (1986) 133ff. mit Abb. 1-5 (Skizzen von Kämmen und Fragmenten aus Castelvetrano, Lipari, Theben, Athen, Teichos Dymaion, Perati, Hama, Beisan und Megiddo). Er hat meine Studie in APA 16/17, 1984/85, nicht kennen können, weil sie gerade während der Drucklegung seines Aufsatzes erschien. Sie hätte gewiß S. Tusas Arbeit erleichtert.

Zusammenfassend ist zu sagen, daß dem Werkstoff Elfenbein kulturhistorisch im östlichen Mittelmeerraum und der Ägäis ein noch höherer Stellenwert zukommt, als ihm ohnehin schon eingeräumt wurde. Der Elfenbeinhandel hat durch die in ersten Ansätzen geleistete Trennung in Elefanten- und Flußpferdzahn einen neuen Aspekt erhalten, der nicht ohne Einwirkung auf die Geographie besagten Handels bleiben wird.

Die Unterscheidung vom Handel mit Rohmaterial und Fertigprodukten ermöglicht viel stärker als zuvor, das Verflochtensein von "Werkstätten" und "Märkten", das Hin-und-Her von realen Objekten und künstlerisch-formalen Anregungen zu erkennen ("Wanderhandwerker"?) [1447], sowie wenigstens teilweise den Fernhandel vom ägäis-internen Handel zu trennen [1448]. Jedenfalls erweist sich im östlichen Mittelmeer die nordsyrische Küste (Ugarit), einschließlich der vorgelagerten kyprischen Häfen, als eine der bedeutendsten Umschlagzonen für den Rohstoff "Elfenbein" zur Herstellung von Luxusgütern der beschriebenen Art.

[1447] Den mykenischen Einfluß in den Megiddo-Elfenbeinen hat bereits R. Barnett a.O. (Anm. 1341) erkannt, so auch St.B. Luce, AJA 43, 1939, 319. — Zu Anatolischem s. G. Loud, Hittites at Megiddo?, in: Mélanges Syriens à M.R. Dussaud (1939) 557f. — Zu handwerklich-stilistischen Zusammenhängen, hauptsächlich am Ende des 2. Jts. und im beginnenden ersten, s. R. Barnett, Early Greek and Oriental Ivories, in: JHS 68, 1948, 1ff. und dazu ergänzend ders., Ancient Oriental Influences on Archaic Greece, in: The Aegean and the Near East, Festschrift für H. Goldman (1956) 212ff.

[1448] Zum Elfenbeinhandel außer der soweit genannten Lit. bereits: W.F.A. Albright, Ivory and Apes from Ophir, in: American Journ. of Semitic Languages and Literatures 37, 1920/21, 144f.; A.J.B. Wace-C. Blegen, Klio 32, 1939, 142f.; R. Barnett, Phoenicia and the Ivory Trade, in: Archaeology 9, 1956, 87ff. Sehr nützlich ist auch der komprimierte, materialreiche Artikel "Hellas" von H.-V. Herrmann, in: RAss IV (1975) 305. 308ff.

Kapitel 10

Keramik als Export-Importgut

1. *Allgemeines*

Unabhängig von Zeit und Ort kommt keramischen Produkten in der archäologischen Arbeitsweise eine größere Bedeutung zu als irgendeiner anderen Objektgruppe. Allein schon wegen ihrer ungeheuren Menge — gemessen an den zahlenmäßig viel begrenzteren Objekten aus Metallen oder edlen Stoffen — sind Aussagen über Artifacte, die aus erdigem Material bestehen, weniger dem Zufall unterworfen, und nach individueller und typenmäßiger Beschaffenheit sind sie wegen ihrer großen Menge besser zu kontrollieren: Dem statistischen Zugriff stehen sie eher offen als zahlenmäßig kleine und kleinste Denkmälergruppen.

Keramik ist die Hauptstütze chronologischer Bestimmungen des archäologischen Fundstoffes. Da sie normalerweise nie allein auftritt, erlaubt ihr Miteinander mit anderen Dingen ("Vergesellschaftung", vgl. Abb. 81a und b) deren Datierung, bzw. die Kontrolle bereits existierender Zeitvorstellungen. Oben gegebene Chronologie-Tabellen, z.B. für den Westen oder Ras Schamra (Abb. 22, 24 und 36), beruhen fundamental auf Beobachtungen der Töpferware.

Auch bei der Fixierung von "Schichten" in den Ausgrabungen, also bei Feststellung von "Stratigraphien", bilden Keramiken die Basis aller Zeitaussagen (z.B. Toumba tou Skourou/Zypern, Abb. 81). Betrachten wir die Abfolge in der Zeit als eine vertikale Linie, so waren es wiederum in der Hauptsache keramische Produkte, welche über kleinere und größere geographische Räume hinweg — sozusagen in horizontalen Linien — zur Bildung eines umfassenden chronologischen Netzes führten, das Vorderasien, Ägypten und das östliche Mittelmeer mit Europa verknüpfte. An dieser Stelle ist die Pionierleistung eines der größten schwedischen Archäologen zu nennen: Die Entwicklung der "typologischen Methode" durch Oscar Montelius[1449]. Sowenig vor der Schaffung des "Dreiperiodensystems" in der Prähistorie die Erkenntnis, daß Stein, Bronze oder Eisen jeweils ein "Weltzeitalter" charakterisierten, eine Selbstverständlichkeit gewesen ist, sowenig war das, was Montelius der Archäologie als Arbeitsinstrument in die Hand gab, eine Selbstverständlichkeit (1885). Die Darstellung der von ihm entwickelten typologischen Methode in seinem Werk "Die älteren Kulturperioden im Orient und in Europa"

[1449]Hierzu: H.-G. Buchholz, Montelius, Griechenland und die deutsche Archäologie, in: P. Åström, Oscar Montelius 150 Years, Kungl. Vitterhets Historie och Antikvitets Akademiens Konferenser 32, 1993 (1995) 41ff. (mit Lit.), desgl. auch zum folgenden, die übrigen Beiträge in dieser Schrift, u.a. P. Åströms Edition "An unpublished Manuscript by O. Montelius on Cyprus" (ebd. 77ff.).

machten ihn 1903 über die engere Fachwelt hinaus berühmt. Es handelt sich bei der
"Typologie" um ein Verfahren des wissenschaftlichen Vergleichs, dem ein komplexes Denken mit dem steten Willen zur Verdichtung des Beobachtungsnetzes
zugrundeliegt. Hauptsächlich an der Keramik, jedoch nicht allein an ihr, beobachtete er eine unterschiedliche Dynamik historischer Abläufe, die es zu berücksichtigen
galt. Die ständige Einbeziehung "geschlossener Funde", das Eingebettetsein bestimmter Objekte, bzw. Objektgruppen, in einen beschreibbaren Kontext in ihrem
Herstellungsgebiet und in einen anderen in ihrem Auffindungsgebiet (Export/-
Import) schuf nicht nur die Vorstellung von überregionalen Zusammenhängen
zwischen "Kulturen", sondern wurde von Montelius zum Aufbau eines "relativen"
und schließlich "absoluten" Chronologiesystems genutzt. Ständige fachliche Grenz-
überschreitungen waren naturgemäß unvermeidlich; wir machen uns notgedrungen
noch heute ihrer schuldig. Die Berechtigung hierzu sah Montelius in den größeren
Zusammenhängen selbst: "Unter Archäologie verstehe ich nicht nur klassische
Archäologie, sondern Altertumskunde überhaupt"[1450]. In wie hohem Maße meine
oben vorgetragenen Beobachtungen insgesamt dem großen Vorbild Montelius
verpflichtet sind, ergibt sich von selbst.

Es erübrigt sich aber auch zu sagen, daß derartige Methoden allein schon durch
den gewaltigen Zuwachs an Fundstoff zwangsläufig verfeinert worden sind. Außerdem ist in den letzten Jahrzehnten eine ständig wachsende Zahl von Radiokarbon-
Daten hinzugekommen, mittels derer das vorhandene chronologische Gerüst kon-
trolliert, revidiert und ergänzt worden ist[1451]. Aus der Fülle der Literatur, auf die
ich hier nicht eingehe, verweise ich, besonders was Schwankungsgrade und "Be-
richtigungen" ("Kalibration") von Meßdaten angeht, auf Listen und Diagramme
minoischer Keramik bei B.J. Kemp und R.S. Merrillees, "Minoan Pottery in Second
Millennium Egypt" (1980) 257ff.

Nicht gering war und ist das Bemühen von naturwissenschaftlicher Seite um
Herkunftsbestimmungen einschlägiger keramischer Gattungen. Auch hierzu ist im
Laufe der letzten Dekaden eine umfangreiche Literatur entstanden, auf die wir nicht
eingehen können[1452]. Nicht selten sind die Meßergebnisse oder die daraus gezo-

---

[1450]Ebd. 50.

[1451]Lit. bei O. Höckmann, Zur Problematik der Anwendung naturwissenschaftlicher Datie-
rungsmethoden in der Archäologie, in: H.-G. Buchholz, Ägäische Bronzezeit (1987) 29ff.;
H.-G. Buchholz, Zeitbestimmung in der ägäischen Archäologie, ebd. 12ff. (mit Lit.); ferner
I.U. Olsson, Carbon 14-Dating and Interpretation of the Validity of Some Dates from the
Bronze Age in the Aegean, in: P. Åström, High, Middle, Low?, Acts of an Int. Colloquium
on Absolute Chronology Held at the Univ. of Gothenburg 1987, Teil 2, 4ff. — Auf die
"Dendrochronologie", die im östlichen Mittelmeerraum noch in den Anfängen steckt, aber
gute, vielversprechende Fortschritte macht, kann ich hier nicht eingehen.

[1452]Ein früher Versuch der Herkunftsbestimmung ägäischer Keramik auf Zypern mittels
nichtarchäologischer Methoden wurde von H.W. Catling in Zusammenarbeit mit V. Karageorghis unternommen, s. Minoika on Cyprus, in: BSA 55, 1960, 108ff. Unabhängig hiervon
legte die Schwester des Mannes, dem ich mein Buch widme, Frau Liliane Courtois, 1971
ihre Studie "Description Physico-Chimique de la Ceramique Ancienne, la Ceramique de

genen Schlüsse unter den relativ wenigen Spezialisten widersprüchlich diskutiert worden, während die Archäologie Gefahr lief, in ihrem ureigensten Feld teilweise ihre Selbständigkeit einzubüßen[1453]. Freilich fehlte es nicht an Bemühungen, beide Fachrichtungen zu harmonisieren und so zu tun, als ob die Naturwissenschaften "Geschichte" erhellen könnten. Als Beispiel nenne ich: "Patterns of Contact, Manufacture and Distribution of Mycenaean Pottery, 1400-1100 B.C."[1454]. Unstrittig bleibt natürlich, daß auch der Archäologe ohne die angesprochenen Hilfswissenschaften "Geschichte" schreiben möchte, wiederum als Beispiel nenne ich: "Late Helladic III Pottery and some Historical Implications"[1455]. Gleichviel, ob ein Althistoriker überwiegend archäologische Indizien nutzt oder ein Archäologe mit Hilfe seiner Quellen des ersteren Handwerk zu betreiben sucht, in beiden Fällen wird der Eindruck erzeugt, Entwicklungsstufen der Keramik seien bereits historische Epochen. Das hat beispielsweise St. Dow anläßlich der Besprechung von Ch.G. Starrs Buch "The Origins of Greek Civilization" (1961) veranlaßt zu vermerken: "The mind of the potter is divined, and his mind is equated with the mind of the period"[1456].

Unberührt hiervon bleibt freilich, daß wir Archäologen, obwohl den Geisteswissenschaften zuzurechnen, es häufig mit technischen Problemen zu tun haben. Bereits der Vorgang des unterschiedlichen Töpfebrennens — und das heißt die Beurteilung des Produkts — setzt Erfahrungen in derartigen technisch-physikalischen Vorgängen voraus (Abschätzung der Brenntemperatur), mehr noch bei Fragen nach der Magerung des Tons (mittels Zuschlagstoffen vom Häcksel bis hin zum Kalk- und Steingrus oder zerstoßener Keramik), ferner nach der Verwendung von organischen Stoffen, Erden (z.B. Ocker), Kalk und vor allem Eisenoxyd- oder

---

Chypre au Bronze Recent" vor. Vgl. P.J. Riis, Special Analysis of Late Mycenaean Potsherds from Sukas and Hama, in: Sukas I (1970) 177ff. (mit Vergleichswerten aus Zypern, Amarna und Tell Atschana). Danach fanden die Untersuchungen von F. Asaro und I. Perlman zu keramischen Funden aus Enkomi, Kition und Kouklia sowie Tell Abu Hawam, Tell Aschdod und Tel Mor Beachtung: Provenience Studies of Mycenaean Pottery employing Neutron Activation Analysis, in: Symposium Nikosia 1972 (1973) 213ff.; sowie M. Artzy-I. Perlman-F. Asaro, Cypriote Pottery Imports at Ras Shamra, in: IEJ 31, 1981, 37ff., s. unlängst B. Gomez-M.L. Rautman-H. Neff-M.D. Glascock, Clays Related to the Production of White Slip Ware, in: RDAC 1995, 113ff., mit viel Lit. — Eine imponierende Zusammenfassung zu Methoden und Ergebnissen schrieb R.E. Jones, Greek and Cypriot Pottery, a Review of Scientific Studies (1986).

[1453]Nicht ohne Grund nannte G. Cadogan einen seiner Aufsätze: "Dating Aegean Bronze Age without Radiocarbon", in: Archaeometry 20, 1978, 209ff.

[1454]E.S. Sherratt, in: Interaction and Acculturation in the Mediterranean, Proceedings of the 2nd Int. Congress of Mediterranean Pre- and Protohistory, Amsterdam 1980, 177ff., mit Lit.

[1455]J. Rutter, Symposium on the Dark Ages in Greece, Hunter College/City University New York (1977) 1ff.

[1456]Nachweis bei H.-G. Buchholz, Historische Zeitschrift 196, 1963, 640ff.

Manganfarben bei der Oberflächenbemalung von Gefäßen[1457].

Von Formen und Gattungen wird zweckmäßig dann die Rede sein, wenn über
die Verbreitung charakteristischer Keramikarten im einzelnen gehandelt wird
(besonders unten zu Mykenischem und Kyprischem). Doch grundsätzlich sei
vermerkt, daß auffallende Gattungen, insbesondere schön bemalte, die Wissenschaft
häufiger und intensiver beschäftigt haben als unscheinbare Haushaltsgefäße, als
sozusagen die grauen Mäuse der Archäologie. Sie sind allerdings auch weitaus
weniger als ausgesprochene Luxusgattungen — wenn überhaupt — und erst in
jüngster Zeit intensiv untersucht worden (beispielsweise durch P.J. Russell, "The
Pot Calls the Kettle Reddish Brown, Distinguishing Wares among Late Cypriote
Monochrome Wares" oder D. Pilides, "Handmade Burnished Wares of the Late
Bronze Age, Toward a Clearer Classification System"[1458]). Auf ungeteiltes Interesse sind allerdings manche gröberen Gebrauchsgattungen gestoßen, weil sie nicht
um ihrer selbst willen, sondern als Behältnisse der eigentlichen Handelsware (Wein,
Öl, Getreide, von zerbrechlichen Gegenständen usw.) in Erscheinung treten. Funktional gehören hierzu allerdings manchmal auch kleinere, prächtig bemalte Gefäße,
wenn sie beispielsweise für den Transpoprt kostbarer Parfüme, aromatischer Öle,
bestimmt waren (mykenische Bügelkannen[1459]). Was im einzelnen an ikonographischen Beobachtungen zusammengetragen wurde, findet sich teils in den anschließenden Anmerkungen, teils unten in einem eigenen Kapitel (S. 538ff.). Seit wenigen Jahren liegt eine Studie sowohl zur Monumental- als auch zur Vasenmalerei
von Sarah Immerwahr vor, das Ergebnis einer langen Forschungsarbeit: "Aegean
Painting in the Bronze Age" (1990).

[1457]Dazu oben Anm. 457, ausführlicher bei H.-G. Buchholz, Phrygiaka, in: Beiträge zur
Altertumskunde Kleinasiens, Festschrift für K. Bittel (1983) 139ff. Abb. 2 (Verbreitungskarte
manganbemalter Keramik gemäß unseren vorläufigen Untersuchungen).

[1458]In: J.A. Barlow-D.L. Bolger-B. King, Cypriot Ceramics, Reading the Prehistoric Record,
University Museum/Philadelphia, Monograph 74 (1991) 131ff. und 139ff.

[1459]M. Dayagi-Mendels, Perfumes and Cosmetics in the Ancient World, Ausstellungskatalog
des Israel Museums (1989) 101 mit Abb.

2. *Minoisch-Mykenisches im östlichen Mittelmeerraum*

Ein kretisches Gefäß ("bridge-spouted jar", Abb. 69a) eröffnet die Reihe importierter minoischer Keramik in Zypern. Es stammt aus einem küstennahen Grab der Zeit um 2000 v.Chr. bei Lapithos und hat vielfältige Beachtung gefunden, auch wenn eine genauere als die relative Datierung nicht möglich war ("FM III = MM I A in Knossos"[1460]). In der Tat ging es um den Versuch der chronologischen Festlegung des kyprischen Kontextes mittels des kretischen Objekts als um den zu erwartenden umgekehrten Weg, nämlich um die Zeitbestimmung des letzteren mittels der kyprischen Indizien.

Fast noch in Sichtweite von Lapithos, ebenfalls hoch über Zyperns Nordkü-ste[1461], kam in der Flurmark Palaialona des Dorfes Karmi im "Grab des See-fahrers" eine etwa zwei- bis dreihundert Jahre jüngere kretische Tasse der Phase MM II zutage, ein Prachtstück weiß-rot bemalter minoischer eierschalendünner Erzeugnisse (Abb. 69c[1462]).

Was Kamareskeramik in Syrien angeht, so verbürgt sie zwar Kontakte mit Kreta während der Zeit zwischen 1900 und 1700 v.Chr., doch ist diese nicht weiter einzugrenzen. G. Walberg, Spezialistin für mittelminoisches Töpfergut, stellte fest: "Die MM-Funde in Syrien und auf Zypern sind nicht genauer zu datieren als die MM-Funde in Ägypten. Man kann zwar in einigen Fällen auf Grund von Einzel-funden Querverbindungen zwischen den relativen Chronologien für Kreta, Zypern und Syrien und der absoluten Chronologie Mesopotamiens herstellen, aber da man mit Zeitverschiebungen und Überlappungen zu rechnen hat, lassen sich auf diese Weise keine festen Daten für die MM-Keramik ermitteln"[1463]. Mehrfach sind dünnwandige halbkugelige Tassen der "klassischen Kamareskeramik" (Abb. 69b[1464]), wie sie in prächtigen Exemplaren aus Knossos und Palaikastro (Abb.

[1460]So P. Dikaios-J.R. Stewart, SCE IV 1 A (1962) 277 und Abb. 156,10. Grundlagenstudie: V. Grace, A Cypriote Tomb and Minoan Evidence for its Date, in: AJA 44, 1940, 10ff. Vgl. weiterhin: H.W. Catling-V. Karageorghis, BSA 55, 1960, 109f. Nr. 1 Abb. 2 (mit weiterer Lit.); H.-G. Buchholz-V. Karageorghis, Altägäis und Altkypros (1971) Nr. 1572; G. Kopcke, Handel, in: H.-G. Buchholz, ArchHom, Lieferung M (1990) 22 mit Anm. 101; S. 25 Abb. 2a.

[1461]Neueste Verbreitungskarte früh- und mittelminoischer Funde in Zypern: E.K. Mant-zourani-A.J. Theodorou, in: Symposium Larnaka 1989 (1991) 40 Abb. 1.

[1462]J.R. Stewart, OpAth 4, 1963, 197ff. Taf. 7; Altägäis a.O. Nr. 1573; Sp. Marinatos, in: Symposium Nikosia 1972 (1973) 5 Abb. 1 (Datierung: 1700 v.Chr.); H.-G. Buchholz, AA 1974, 380ff. Abb. 42a.b; Kopcke a.O. 22 mit Anm. 102; S. 25 Abb. 2c.

[1463]G. Walberg, Mittelminoische Keramik, in: AA 1981, 1ff. und 5 (unser Zitat).

[1464]Cl. Schaeffer, Syria 18, 1937, 151 Abb. 16; ders., JdI 52, 1937, 141 Abb. 1; ders., Ugaritica II (1949) 256 Abb. 109a; H.Th. Bossert, Altsyrien (1951) Abb. 727; W.St. Smith, Interconnections in the Ancient Near East (1965) Abb. 20b; H.-G. Buchholz, Altägäis a.O. 69 Nr. 827 Abb. 27 (danach unsere Abb. 69b); ders., AA 1974, 400; Kopcke a.O. 25 Abb. 2b. Desgl. mit verriebenem Dekor: Cl. Schaeffer, Ras Shamra 1929-1979 (1979) 48 Abb. 26.

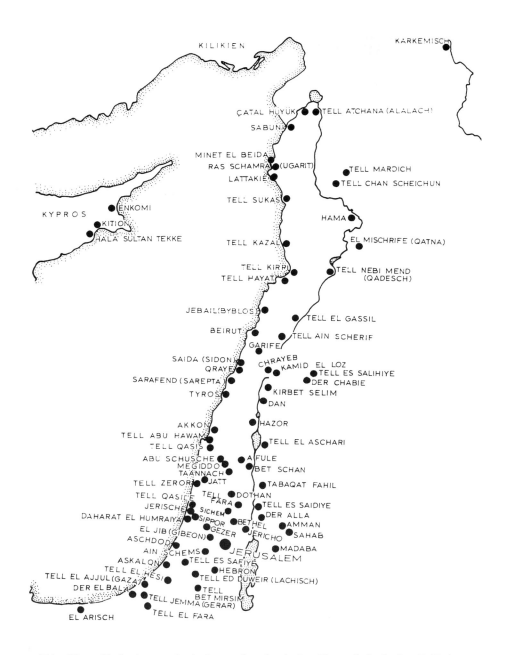

Abb. 68 c. Verbreitung minoischer und mykenischer Keramik in Syrien-Palästina
(Stand: 1975-80)

69d.e[1465]), ebenso aus Phaistos bekannt sind[1466], in Ras Schamra bezeugt[1467]. Von dort, heißt es, befänden sich drei Tassen, bzw. Scherben dieser Gattung im Louvre[1468]. Kamares-Scherben und vollständige Gefäße, darunter auch größere Prachtvasen, sind ferner aus Qatna[1469], Byblos und Charji[1470], außerdem aus Hazor und Ägypten (Abb. 69f) bekannt[1471].

Mittelminoische Keramik erweist sich als unglaublich experimentierfreudig in Form und Dekor, und das mag einer der Gründe für die Akzeptanz im Ausland gewesen sein: Zu den Besonderheiten zählen mit dem Schwamm absichtlich aufgerauhte Partien oder der Besatz mit Muscheln wie schließlich die Ausstattung mit künstlichen plastischen Blüten (Abb. 69f)[1472]. Bizarre Randauswüchse an einer noch unpublizierten Schüssel lokaler Produktion aus einem mittelbronzezeitlichen Grab auf dem Lambertishügel von Politiko/Zentralzypern (Tamassos) sind nicht aus der innerkyprischen Keramiktradition, wohl aber aus einer minoischen Anregung zu erklären.

Gelegentlich liest man von lokalen Imitationen der kretischen Kamareskeramik in Ras Schamra[1473]. Doch Hell-auf-Dunkel-Malerei allein reicht für einen Nach-

---

[1465]Unsere Abb. 69d und e nach A. Evans, PM IV 132f. Abb. 100. 101.

[1466]Schöne Farbaufnahme in: Altägäis a.O. Farbtaf. 1,890. Weitere Beispiele dieser beliebten Form aus verschiedenen kretischen Fundorten bei Walberg a.O. (Anm. 1463) 5f. Abb. 1c; 2a-f.

[1467]Oben Anm. 1464 und eine vollständige Tasse: Cl. Schaeffer, Syria 20, 1939, 278ff.; St.B. Luce, AJA 44, 1940, 524; Cl. Schaeffer, Ugaritica II (1949) 256f. Abb. 109 Taf. 38b; H.-G. Buchholz, AA 1974, 400.

[1468]Inv.-Nr. AO 13149, s. Cl. Schaeffer, Ugaritica I (1939) 56 Abb. 44. — Inv.-Nr. AO 20365, s. Anm. 1467. — Inv.-Nr. AO 2555, s. Anm. 1464; zu diesen drei fast, bzw. kompletten Stücken s. P. Åström, Methodical Viewpoints on Middle Minoan Chronology, in: OpAth 12, 1978, 87ff. 90 Anm. 39; ders., KretChron 15/16, 1961/62, 137ff. Zu dem Gesamtkomplex von MM II-Keramik im Osten: G. Walberg, AA 1981, 14.

[1469]Smith a.O. (Anm. 1464) Abb. 20c, kleine Randscherbe einer Tasse.

[1470]H.-G. Buchholz, AA 1974, 398f. und 437 (zu Beirut, Nat. Mus., Inv.-Nr. 11/3/13/XXVII und Mus. der Amerikan. Universität, sowie zu Neufunden aus Charji bei Beirut); P. Åström, OpAth 12, 1978, 89f. Anm. 34; Smith a.O. Abb. 19 und 20d.

[1471]Unsere Abb. 69f nach: E. Edel, in: B.J. Kemp-R.S. Merrillees, Minoan Pottery in Second Millennium Egypt (1980) 199 Abb. 60; Kopcke a.O. (Anm. 1460) 22 Anm. 104; S. 25 Abb. 2d. — Vgl. zu weiteren Stücken Smith a.O. Abb. 20a (Abydos).

[1472]Vorige Anm., außerdem ein weiteres, häufig abgebildetes Beispiel aus Phaistos und Blütenreste aus Knossos: Altägäis (a.O.) Nr. 893 (mit Lit., Phaistos); zeichnerische Zusammenstellung bei G. Walberg, AA 1981, 11 Abb. 10a-d (Phaistos, Knossos, Assuan).

[1473]H. Kantor, AJA 51, 1947, 19; I. Strøm, MM-Crete, a Reconsideration of some of its External Relations, in: J. Best-N. de Vries, Interaction and Acculturation in the Mediterranean (1980) 105ff. 120 Anm. 8.

weis solcher Zusammenhänge nicht aus[1474]. Immerhin würden Kopien minoischer mittelbronzezeitlicher Gefäße deren hohe Wertschätzung in Syrien und zugleich eine unzureichende Marktversorgung bekunden. Mittelminoisches, darunter gelegentlich auch "klassische" Kamareskeramik, kam außerhalb Kretas in Kythera, Messenien, Argos, Asine, Dendra, Lerna und Aigina, sogar in Peukakia/Thessalien ans Licht; während Fundstellen auf Rhodos und in Milet die Verbindung zum Osten herstellten[1475].

Nach dem Präludium der angeführten kretischen Keramik-Ex/Importe der ersten Hälfte des zweiten Jahrtausends ist von der Mitte dieses Jahrtausends ab im Osten eine Intensivierung nicht so sehr kretischer, als vielmehr festländisch-mykenischer Importe zu verzeichnen (Abb. 68, für meinen Fundbericht im Archäologischen Anzeiger 1974 entwickelte Karte): An der Zypern auf Sichtentfernung gegenüberliegenden Küste Kilikiens und im nahen Hinterland ist nach und nach Mykenisches in ansehnlicher Menge entdeckt worden, s. E.S. Sherratt-J.H. Crouwel, Mycenaean Pottery from Cilicia in Oxford, in: OxfJournArch 6, 1987, 325ff. Die Levanteküste war von der Orontesmündung bis ins Gazagebiet ziemlich gleichmäßig am Empfang derartiger Töpfererzeugnisse beteiligt gewesen. Die Orontes-Jordanlinie wurde auf der ganzen Front erreicht und stellenweise überschritten: Beispielsweise von Ugarit über Alalach (Tell Atschana) bis Karkemisch, ferner im Bereich Kamid el Loz-Tell Salihiye (Damaskus) und auf der Strecke Gezer (Abb. 70c)-Jerusalem (Abb. 73b)-Jericho-Amman (Abb. 73a.d.g-k.o). Die Eintragungen auf unserer Karte (Abb. 68) sind dank andauernder erfolgreicher archäologischer Tätigkeit von israelischer Seite erheblich zu vermehren[1476]. B. Gregori und G. Palumbo haben es in einer fleißigen statistischen Analyse auf 111 Fundorte gebracht und diese auch nach vertretenen Phasen der späthelladischen keramischen Entwicklung differenziert. Damit wurde die zunehmende Verdichtung der Verbreitung vom SH II bis SH IIIB anschaulich demonstriert[1477]. Es bleibt das zuvor schon beeindruckende Gesamtbild

---

[1474]z.B. Nuzi-Keramik in Tell Atschana, s. B. Hrouda, Die bemalte Keramik des zweiten Jahrtausends in Nordmesopotamien und Nordsyrien (1957) Taf. 2; 6,9.

[1475]Nachweise zusammengestellt von I. Strøm a.O. 121f. Anm. 11 und 12.

[1476]Grundlegend zum älteren Stand: V. Hankey, Mycenaean Pottery in the Middle East, in: BSA 62, 1967, 107ff. Seinerzeit als Ehefrau eines englischen Diplomaten in Damaskus wohnhaft und spezialisiert auf Mykenisches, verschaffte sie sich wie kaum ein anderer Archäologe Einblick in das Ausgrabungswesen der gesamten Region. Besonders sind ihr fundierte frühzeitige Veröffentlichungen über die damals sensationellen Funde vom Flugplatz Amman (hier Abb. 73a.d.g-k.o) zu danken, zumal sich ihr Ehemann als begabter Zeichner erwies; denn auf ihn gehen die Vorlagen zu unseren Abbildungen zurück. Vgl. ferner die Verbreitungskarte bei K. Nikolaou, The Mycenaeans in the East, in: A. Hadidi, Studies in the History and Archaeology of Jordan (1982) 121ff. Abb. 2.

[1477]B. Gregori-G. Palumbo, Presenze Micenee in Siria-Palestina, in: M. Marazzi-S. Tusa-L. Vagnetti, Traffici Micenei nel Mediterraneo, Atti del Convegno di Palermo 1984 (1986) 383ff. mit Abb. 1-4 (Karten); G. Gilmour, Mycenaean IIIA and IIIB Pottery in the Levant and Cyprus, in: RDAC 1992, 113ff. mit Karten, Listen und Bibliographie. Eine weitere Zusammenstellung des Fundstoffs lieferte 1994 A. Leonard in seinem Buch "An Index to the

ägäischer Präsenz weiterhin beeindruckend. Für die Schlußphase des betrachteten Zeitraumes kann man eine Karte und Tabelle vergleichen, die H. Müller-Karpe seinem Aufsatz "Zum Ende der spätkanaanitischen Kultur" beigegeben hat[1478]. Auch ihnen ist — obschon stark ausgedünnt — eine entsprechende Verteilung zu entnehmen: Von der Natur vorgegebene Seefahrtlinien und Anlaufhäfen als Verteilerköpfe blieben über die Jahrhunderte hin im wesentlichen dieselben.

Für Zypern haben statistische Erhebungen P. Åströms, einen sehr bescheidenen Befund im 16./15. Jh. v.Chr., dann aber eine sprunghafte Zunahme des aus dem Ägäisbereich importierten keramischen Fundstoffs des 14. Jahrhunderts und eine Kulmination der Ziffern für das 13. Jh. v.Chr. ergeben: SH I/II = 1%, SH IIIA = 15%, SH IIIB = 47%, SH IIIC = 20%[1479]. Etwas anders zusammengefaßt, stehen in Palaipaphos nur 90 Gefäße und Fragmente der Phasen SH IIA-IIIA2 (16.-14. Jh.) einer gewaltigen Menge von 1600 Beispielen der Phasen SH IIIB und C (13.-12. Jh.) gegenüber (F.G. Maier, in: Konferenz Nikosia 1995 [1997] 93ff.). H.W. Catling ermittelte für keramische Importfunde aus Kreta ebenfalls eine explosionsartige Zunahme seit dem ausgehenden 14. Jh.: vor SM I = 3,5%, SM I = 9%, SM II/IIIA = 7%, SM IIIA2-C = 80%, s. Ἱστορία τῆς Κύπρου I [1997] 429). Ähnliche Annäherungswerte lassen sich auch am syrisch-palästinensischen Fundstoff ablesen. Dabei bleibt, wie in Zypern, die Frage nach einer "Levanto-Helladischen Abart" der mykenischen Keramik offen wie ebenso die der "lokalen Imitationen" (Anm. 1586).

Vermehrte Aktivitäten aus dem mykenischen Kernland heraus in Richtung auf den mediterranen Osten entsprechen im übrigen bereits in der Phase SH II dem Befund in der Nordägäis und jenseits der Adria (vgl. die Karte, Abb. 25a)[1480]. Es handelt sich überall um ein eingeschränktes Formenrepertoire, in der Mehrzahl um kleinere Gefäße, Tassen, Becher und gedrückte Pyxiden ("Alabastren"), weitaus

---

Late Bronze Age Aegean Pottery from Syria-Palestine" (SIMA 114).

[1478]Jahresbericht des Instituts für Vorgeschichte der Universität Frankfurt a.M. 1976 (1977) 57ff. Die Tabelle auf S. 63 stellt eine "Übersicht über die datierbaren ägyptischen und mykenischen Funde in spätkanaanitischen Orten" dar.

[1479]Vgl. H.-G. Buchholz, AA 1974, 387f.

[1480]Dazu oben "Der Seeweg ins Schwarze Meer" (S. 86ff.). In Thessalien-Makedonien haben sich in den letzten Jahren dank reger archäologischer Tätigkeit mykenische Funde sehr vermehrt: im Raume Kozani prächtige SH IIIB-Gefäße und Terrakotten (u.a. Lokalmus., Inv.-Nr. 1229. 1340. 1390), sodann am Olymp (u.a. Dion, Lokalmus., vgl. Makedonen, Griechen des Nordens, Hannover/Landesmus., Ausstellungskat. [1995] 124ff. Nr. 72-81, mit Farbabb.). Ferner SHI/II-Randscherbe aus Torone/Chalkidike, Ausgrabung A. Kambitoglou, s. G. Touchais, BCH 113, 1989, 650f. Abb. 139. Demnächst ist eine Zusammenstellung der mykenischen Keramik in Makedonien zu erwarten, s. J. Buxeda-Carrigos-Y. Maniatis-V. Kilikoglou, 30. Symposium für Archäometrie, Athen, 6.-9.11.1996.

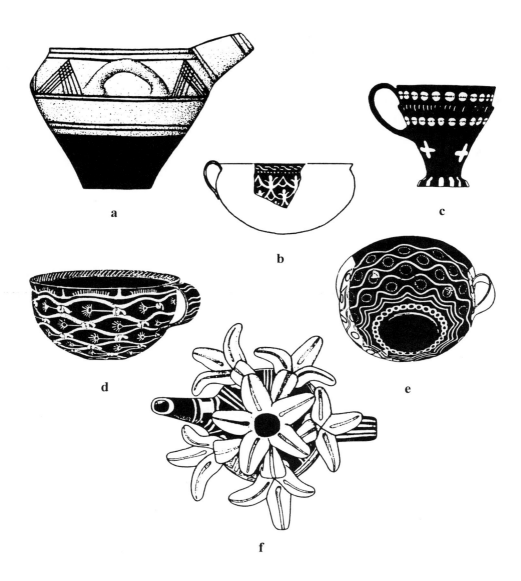

Abb. 69 a-f. Früh- und mittelminoische Keramik in Kreta, Zypern und Ägypten: a FM III-Gefäß (Ende des 3. Jahrtausends) aus einem Grab in Lapithos/Nordzypern. — b Tassenfragment der Kamaresgattung (18. Jh. v.Chr.) aus Ras Schamra, zu ergänzen wie d und e. — c Hohe Tasse der Kamaresgattung aus dem "Grabe des Seefahrers" bei Karmi/Nordzypern. — d.e Kamarestassen aus Knossos und Palaikastro (MM II A). — f Reich ausgestattetes kretisches Kamaresgefäß als Import in Ägypten

seltener um größere Gefäße (z.B. Abb. 70a und b, Byblos[1481], Abb. 71d, Toumba tou Skourou[1482]). Soweit überprüfbar, fanden sich "Importe" dieser Epoche fast ausnahmslos an heiligen Plätzen[1483] oder in Gräbern und kaum oder gar nicht unter profanen Rückständen in Siedlungen: "The earliest Aegean vessels at high places of the Late Bronze Age seem to be personal offerings rather than objects of commerce"[1484]. Das trifft u.a. auf einschlägige Keramik aus Thaanach[1485], Gezer (Abb. 70c[1486]), Lachisch (Abb. 70j; 73c.f[1487]), vom Beqaa-Tal (Anm. 1277) und aus Amman zu (Abb. 73d[1488]).

[1481]Nach A. Furumark unzweifelhaft helladisch-festländisch (SH IIA), s. M. Dunand, Fouilles de Byblos I (1939) Taf. 177, 1575 und 6549; H. Kantor, AJA 51, 1947, Taf. 8i-k; A. Furumark, OpArch 6, 1950, 211 Abb. 19i.m.n und S. 213 Anm. 5. 8; F.H. Stubbings, Mycenaean Pottery from the Levant (1951) 54 Abb. 10; E. Vermeule, Greece in the Bronze Age (1964) 115 Abb. 22c.

[1482]Fragment eines dickwandigen Gefäßes nach Art theräischer Keramik, unsere Umzeichnung, Abb. 71d, nach: E. Vermeule, Toumba tou Skourou 1971-74 (1974) Abb. 23; s. dies., Symposium Nikosia 1972 (1973) Taf. 7,1.

[1483]V. Hankey, Imported Vessels of the Late Bronze Age at High Places, in: Temples and High Places in Biblical Times, Proceedings of the Colloquium in Honor of the Centennial of Hebrew Union College/Jewish Institute of Religion, Jerusalem 1977 (1981) 108ff.

[1484]Hankey a.O. 115.

[1485]P. Lapp, BASOR 185, 1967, 14f. 33f. Abb. 23: Fragmente eines Gefäßes mit Gußtülle, wohl werkstattgleich mit einem entsprechenden Gefäß aus dem Palast von Zakros/Ostkreta, so auch Hankey a.O. 108.

[1486]Unsere Abb. nach A. Evans, PM III 312 Abb. 200 ("Fragment of LM IB-Aryballos"); s. Furumark a.O. (Anm. 1481) 210f. Abb. 19e; S. 212 Anm. 8 (Alabastronfragment, aus ikonographischen Gründen, den dargestellten Schildtypus betreffend, als minoisch, nicht mykenisch, erklärt); Stubbings a.O. 55 Abb. 12; Vermeule a.O. 115 Abb. 22g. — Vgl. "A Clay Alabastron with Shield Decoration" in Toronto, Inv.-Nr. 960.38.1: N. Leipen, Annual of the Royal Ontario Mus. 1961, 27ff. Taf. 12.

[1487]Abb. 70j (Jerusalem, Rockefeller-Mus., Inv.-Nr. 37.934, Fragment einer SH IIA-Tasse, 15. Jh. v.Chr.): O. Tufnell, Lachish II, the Fosse Temple (1940) Taf. 63,3; H. Kantor, AJA 51, 1947, Taf. 8h; Furumark a.O. 204 Abb. 14d. - Abb. 73c.f, argivischer SHIIA-Fußbecher mit hohem Henkel und Efeu (Form "Furumark 262"): H.Th. Bossert, Altsyrien (1951) Nr. 1170; Furumark a.O. 210. 212 Abb. 20; Hankey a.O. 109f. Abb. 1 Taf. 13,1; K.O. Eriksson, Late Cypriot I and Thera, in: Kongreß Göteborg 1991, Band III (1992) 152ff. 186 Anm. 172; S. 223 Abb. 6; ferner unten Anm. 1504.

[1488]Argivisches pithoïdes Dreihenkelgefäß (SH IIA) mit Palmendekor, nach Hankey a.O. 110f. Abb. 2; Fragmente dieses Gefäßes auch bei Nikolaou a.O. (Anm. 1476) 122f. Abb. 5a. Zur Ausgrabung vgl. J.B. Hennessy, Excavations of a Late Bronze Age Temple at Amman, in: PEQ 1966, 155ff.; V. Hankey, A Late Bronze Age Temple at Amman, in: Levant 6, 1974, 131ff.; s. oben Anm. 1476.

Unter den nach Ägypten gelangten Tassen des Übergangs SM IB/IIA (Abb. 70e[1489]) gibt es mindestens eine, die gewiß einer minoischen — nicht griechisch-festländischen — Töpferei entstammt, wie sie ebenfalls nach Kythera und Keos exportiert wurden[1490].

Zu den schönsten Vasenbildern ägäischer Kunst zählen dicht ineinander gewobene Oktapoden, Nautilusmuscheln und Felsenriffs. Dies zeigt eindrucksvoll eine bereits 1860 nach New York gelangte minoische Kanne aus Unterägypten[1491]. Den "Meeresstil" — selten unter den Funden der syrisch-palästinensischen Küste — vertritt u.a. eine Scherbe aus Byblos (Abb. 70a[1492]). "Kretische Tongefäße mit Meeresdekor" wurden zuletzt monographisch von W. Müller behandelt[1493].

Neben solchen Prachtgefäßen existiert freilich auch weniger Auffallendes, dennoch überaus Charakteristisches, im Repertoire ägäischer Vasenimporte des Ostens. Doch wenn man V. Hankeys oben zitierte Beobachtung von dem persönlichen Besitz statt "Handelsware" beachtet, dann wird man daraus nicht etwa besondere Geschmacksrichtungen in den Empfängergebieten ableiten wollen. So sind beispielsweise flächendeckende Punktreihen vertreten (wie an einer Tasse aus der Nekropole von Hagia Irini/Zypern, Abb. 71b, SH II[1494]), die wir von mehreren Schachtgräbergefäßen Mykenes (SH I) gut kennen. Ferner zeigt ein etwas jüngeres Gefäß aus Maroni/Zypern die natürliche Vortäuschung der Oberfläche von Straußeneiern (Abb. 70d, SH IIB[1495]).

Schließlich gehören Tassen der Frühphase IIA (und schon IB) mit tangential verbundenen Doppelspiralen (wie an dem erwähnten Fragment aus Lachisch, Abb.

[1489]F. Schachermeyr: "Alternating Style", s. zu Kopenhagen, Nat.-Mus.: CVA Dänemark 2, Taf. 65,13; Furumark a.O. (Anm. 1481) 211 Abb. 19d; S. 213 Anm. 9-11.

[1490]N.J. Coldstream-G.L. Huxley, in: H.-G. Buchholz, Ägäische Bronzezeit (1987) 147 Abb. 36a-d; F. Schachermeyr, Die ägäische Frühzeit II (1976) 51 Abb. 6d (Kythera, nach N.J. Coldstream/G.L. Huxley); S. 62ff. Taf. 10e (Hagia Irini/Keos, nach J. Caskey, Hesperia 41, 1972, Taf. 95).

[1491]Brooklyn-Mus., Inv.-Nr. 37.13E (SM IB/II), Bibliographie in: H.-G. Buchholz-V. Karageorghis, Altägäis und Altkypros (1971) Nr. 912.

[1492]Nach A. Furumark, OpArch 6, 1950, 211 Abb. 19i; S. 213 Anm. 8: "sicher nicht minoisch, sondern mykenisch", SH IIA); s. auch H. Kantor, AJA 51, 1947, Taf. 8i und oben Anm. 1481.

[1493]Archäologische Forschungen XIX (1997); Untertitel: "Ihre Entwicklung und Stellung innerhalb der feinen Keramik von Spätminoisch IB auf Kreta". Zum Thema s. bereits K. Schefold, Die Bedeutung der kretischen Meerbilder, in: Antike Kunst 1, 1958, 3ff. und P.A. Mountjoy, Marine Style, in: BSA 79, 1984, 161ff.

[1494]Palaiokastro, Grab 3 Nr. 29, s. P.E. Pecorella, Studi Cyprioti e Rapporti di Scavo 1, 1971, 59 Abb. 27; ders., Le Tombe del'Età del Bronzo Tardo della Necropoli a Mare di Ayia Irini "Paleokastro" (1977) 22 Abb. 31a (Zeichnung), S. 26 Nr. 29 Abb. 44a.b (Photos).

[1495]Oben Anm. 1329.

70j) auch in Ägypten zum hier betrachteten Vasenbestand (Abb. 70k[1496]), desgleichen in Mykene[1497] und im Westen, u.a. auf den Inseln Lipari[1498] und Vivara (Abb. 70l)[1499].

Relativ häufig begegnen helladische Hängepyxiden ("gedrückte Alabastren"), u.a. in Enkomi (Abb. 70i) und in Ägypten (Abb. 70g und h)[1500]. Sie weisen eine gewellte Bodenlinie auf wie zahlreiche Beispiele aus Mykene, Asine, Attika, Aigina, Boiotien (Abb. 76d), Euboia, so auch in Maroni/Zypern[1501] oder Amman/Jordanien (Abb. 73e). Manchmal zeigen sie Efeublätter (Abb. 70g.h; 76d[1502]), eines der häufigsten religiös geprägten Embleme in der mykenischen Vasenmalerei des 15./14. Jhs. v.Chr. (z.B. auch im Tholosgrab von Kazarma/-Argolis oder in der Hagios Elias-Nekropole bei Tiryns und in Aigion, desgleichen in Enkomi und Hala Sultan Tekke/Zypern[1503]). Dieser schöne symbolträchtige

---

[1496]A.J.B. Wace-C. Blegen, Pottery as Evidence for Trade and Colonisation in the Aegean Bronze Age, in: Klio 32, 1939, 131ff. Nr. C1; Furumark a.O. 204 Abb. 14c ("Mycenaean-Sub I-Style"). — Im Jahre 1989 erinnerten wir in Athen an die fünfzig Jahre zurückliegende Pionierleistung der beiden vorbildlich zusammenarbeitenden Forscher mit dem Sympopsium "Wace and Blegen, Pottery as Evidence for Trade in the Aegean Bronze Age, 1939-1989". Ich empfehle die Kongreßakten der Lektüre.

[1497]A. Furumark, Mycenaean Pottery III, ed. P. Åström-R. Hägg-G. Walberg (1992) Taf. 122,211/5 (Grab 218/37, Nauplia, Arch. Mus., Inv.-Nr. 2766). Zur Typologie derartiger Tassen in Kreta, Thera und Kythera (SM IA/B) s. W.-D. Niemeier, JdI 95, 1980, 46 Abb. 24. — Zu einem Beispiel der Phase SH IB aus Therasia, vormals im Privatbesitz von H. Schliemann, s. A. Furtwängler-G. Löschcke, Mykenische Vasen (1886) 21 Abb. 7, danach unsere Abb. 74h, Verbleib unbekannt.

[1498]Vgl. unsere Zeittabelle, Abb. 22. Zu Tassenfragmenten: Lord William Taylour, Mycenaean Pottery in Italy (1958) 24f. Taf. 3,22.23 ("Mycenaean I or II").

[1499]M. Marazzi, Importazioni Egeo-Micenee dall'Isola di Vivara, in: Marazzi-Tusa-Vagnetti a.O. (Anm. 1477) 158f. 170 Abb. 4, Mitte.

[1500]Abb. 70i: Brit. Mus., Inv.-Nr. C 497, SH IIB (3. Viertel des 15. Jhs. v.Chr.), s. Furumark a.O. (Anm. 1492) 205 Abb. 15b. — Ägypten, Abb. 70g: Oxford, Ashmolean Mus., Inv.-Nr. 1890.822, auch V. Hankey-O. Tufnell, The Tomb of Maket and its Mycenaean Import, in: BSA 68, 1973, 103ff. Unsere Abb. 70g und h nach Furumark a.O. 205 Abb. 15f und a.

[1501]Furumark a.O. (Anm. 1497) Taf. 48,82; 49,83.84; 50,85. Aus Attika in Princeton, Art-Mus. der Univ., Inv.-Nr. 1955.3243 (SH IIB), s. H.-G. Buchholz, Ägäische Bronzezeit (1987) Taf. 2d.

[1502]Abb. 76d: Erlangen, Kunstslg. der Univ., Inv.-Nr. I 405 (H 4,8 cm), aus Boiotien, s. W. Grünhagen, Originalarbeiten ... Erlangen 16. Für das Photo danke ich K. Parlasca.

[1503]Zum Efeu s. Anm. 1505. Beispiele aus Kazarma, Hagios Elias und Aigion in: F. Schachermeyr, Die ägäische Frühzeit II. Die mykenische Zeit und die Gesittung von Thera (1976) Taf. 3c; 5a; 7a. Drei Efeureihen an einer Tasse vom Akropolis-Nordhang/Athen gehören zum Frühesten ("Mattmalerei der 'Papademitriou-Stufe'" [frühestes SH I]), so Schachermeyr a.O. 245f. Abb. 65. — Zu Beispielen aus Troja s. Vermeule a.O. (Anm. 1481) 115 Abb. 22f (mykenisches Tassenfragment), zu Enkomi, Hala Sultan Tekke und Maroni s. K. Nikolaou, Symposium Nikosia 1972 (1973) 51ff. Taf. 10,4.7; 12,2.7. Zu Beispielen aus Amarna/-

Abb. 70 a-k. Minoische (c.e) und mykenische Keramik des 15. Jhs. v.Chr. im östlichen Mittelmeergebiet: a.b Byblos/Libanon. — c Gezer/Palästina. — d Maroni/Zypern. — e.g.h.k Ägypten. — f Ras Schamra. — i Enkomi/Zypern. — j Lachisch/Palästina

Abb. 70 l. Ornamentik und Zeitstellung wie Abb. 70 j.k im Westen auf Vivara / Golf von Neapel

Dekor ziert ferner den bereits erwähnten hohen Becher aus Lachisch (Abb. 73c.f)[1504].

In der Frühphase ägäisch-östlicher Begegnung in Gestalt der besprochenen Keramik des 15. Jhs. v.Chr. sind pflanzliche Elemente, Bilder aus der Natur — wie bereits bemerkt (Meerestiere/-vegetation und Efeu[1505]) — überaus selten: Es fallen struppige Palmen an einem größeren Gefäß des SH IIA aus Amman auf (Abb. 73d[1506]), sodann aber auch zierliche und regelmäßiger stilisierte Palmenformen an einem sicher festländisch-helladischen Gefäß des SH IIB aus Ras Schamra (Abb. 70f, 3. Viertel des 15. Jhs. v.Chr.[1507]). Sie folgen, wenn auch stärker abstrahiert, einer in der kretischen Hell-auf-Dunkel-Malerei entwickelten Typisierung[1508]. Eine Palme gibt auf dem Naxos-Siegel (Abb. 91b, Anm. 2313) symbolisch die anwesende Gottheit oder den heiligen Ort an.

Als recht ungewöhnlich und selten im Osten muß man die relativ naturalistischen Lilien auf einem Vasenfragment aus Toumba tou Skourou/Zypern bezeichnen (Abb. 71d[1509]). Es wurde oben bereits besprochen, daß sie künstlerisch ähnlich in Thera zu finden sind, dort nicht nur in der Gefäß-, sondern vor allem auch in der Wandmalerei. Durch die Aufdeckung früher Fresken minoischen Stils und minoischer Technik, wie schließlich minoischer Bildthemen in Tell el Daba/Nildelta und Kabri/Nordisrael wird man Wechselwirkungen zwischen der Monumental- und der Vasenmalerei wohl stärkere Aufmerksamkeit schenken müssen[1510].

Ägypten s. bereits Ch.E. Wilbour, Tavels in Egypt (1936) Taf. nach S. 208.

[1504]Oben Anm. 1487, auch in F.H. Stubbings, Mycenaean Pottery from the Levant (1951) Taf. 14,1.

[1505]"Sacral Ivy", in: A. Furumark, The Mycenaean Pottery (1941) 268ff. Motiv 12: ausgesprochen häufig in SH II bis IIIA, jedoch anschließend nicht mehr in der naturnahen Form nachzuweisen. Zahlreiche Beispiele in P.A. Mountjouy, Mycenaean Decorated Pottery (1986) Abb. 16,4; 30,2; 33,3; 38,2; 41,1; 43,6; 44,1.3; 45,1; 50,10; 52,2; 53,5.8; 56,1; 57,3; 60,1; 61,2.5.6; 64,1.2; E. Sapouna-Sakellarakes, AAA 21, 1988, 86 Abb. 14,2b (Lithosoros/-Böotien, SH IIB/IIIA). Vgl. unten Anm. 1581. — B. Otto, Der Efeu und sein Symbolwert in der minoisch-mykenischen Kunst, in: Akten des 2. Int. Kongr. für Mykenologie, Rom-Neapel 1991 (1996) 815ff.

[1506]Oben Anm. 1476 und 1488.

[1507]Wace-Blegen a.O. (Anm. 1496) 137 Taf. 3,5; Kantor a.O. (Anm. 1492) Taf. 8f; Furumark a.O. (Anm. 1492) 204f. Abb. 15c.

[1508]Zum Palmenmotiv s. Furumark a.O. 276ff. Motiv 14 (andere, hauptsächlich im SH IIIB und C vertretene Palmenformen: Motiv 15); W. Müller, Kretische Tongefäße mit Meeresdekor (1997) 155ff. Abb. 85.

[1509]Oben Anm. 1482; auch V. Karageorghis, BCH 96, 1972, 1053 Abb. 67 (SM IA).

[1510]Vgl. zu Tel Kabri die Vorberichte von A. Kempinski und W.-D. Niemeier, s. dazu S.R. Wolff, AJA 95, 1991, 505f. Abb. 15 ("Minoan style floor"). — Vgl. ferner J.L. Crowley, The Aegean and the East, an Investigation into the Transference of Artistic Motifs between the Aegean, Egypt, and the Near East in the Bronze Age; dazu die Rez. von K.P. Foster, AJA 95, 1991, 347f.

Auch Fragmente einer importierten Tasse aus einem Grabe in Hala Sultan Tekke sind von einem floralen Muster, u.a. Lilien darstellend, überzogen[1511]. Ferner hat man die flott in die Fläche einer weiteren Tasse des SH/SM IB/IIA geworfenen kleinen Liliengruppen samt den welligen Bodenlinien unten und oben als Reminiszenzen von ägäischer Freskomalerei anzusehen. Diese Tasse, ein kyprischer Bodenfund von der Südküste der Insel, befindet sich im Lokalmuseum von Limassol (Abb. 71a.b[1512]). Anders als zu Beginn, bekunden derartige Tassen nun eine Intensivierung und Ausweitung der ägäischen Importe über wenige Punkte an der Nordküste Zyperns hinaus.

An einer weiteren solchen Importtasse aus Zypern, in einer dortigen Privatsammlung befindlich (Abb. 71e[1513]), sind Doppeläxte vegetabilisiert worden, indem der Maler ihren Stielen statt der üblichen solaren Bekrönung jeweils eine Lilie gab. Außerdem hat er dort, wo sonst einfache vertikale Punktreihen die Doppeläxte voneinander trennen, langstielige Lilien angebracht. Krokus, Iris und verschiedene Lilienarten, spielten — wie sich wiederum aus der theräischen Wandmalerei ergibt und zuvor bereits von M.P. Nilsson aus der ägäischen Bildkunst erschlossen worden war — in der minoischen Religion eine bedeutende Rolle[1514].

Es ist natürlich nicht falsch, wenn A. Furumark an Fragmenten aus Byblos das von ihm als "canopy" bezeichnete Muster erkannte (Abb. 70b[1515]). Doch an diesen Vasenresten ist mindestens so bedeutsam, daß ein girlandenartig geschwungener "Baldachin" oben und unten von Granatapfelfriesen begleitet wird, so wie sie im Orient als Lebens- und Fruchtbarkeitssymbole entwickelt worden waren (z.B. Abb. 4a, Ras Schamra). Mit dem Dekor unserer ägäischen Importvase kehrte somit etwas der Levante durchaus Vertrautes nach dort zurück.

Als buchstäblich einmalig und unverkennbar ägäisch hat die Darstellung des achtförmigen Schildes an der bereits erwähnten Scherbe aus Gezer zu gelten (Abb.

[1511]V. Karageorghis, BCH 102, 1978, 891 Abb. 29.

[1512]D.M. Bailey, in: P. Åström, Hala Sultan Tekke I (1976) 28 Taf. 36a-c, zwei aneinander passende Tassenscherben im British Museum, Inv.-Nr. 98/12-31.13 (A 705.1 und 2); Taf. 37d, Scherbe (SH IB/IIA) mit mykenischem Floralmuster, an Kakovatosgefäße erinnernd, Inv.-Nr. 98/12-31.14 (C 685).

[1513]Sammlung P. Kolokassides, Nikosia, s. V. Karageorghis, CVA Cyprus 2 (1965) S. 20 Abb. 2; H.-G. Buchholz, AA 1974, 388f. Abb. 51 (danach unsere Abb. 71e); ders., Doppeläxte und die Frage der Balkanbeziehungen des ägäischen Kulturkreises, in: Ancient Bulgaria, Symposium Nottingham 1981 (1983) 55. 106 Abb. 13b; Th. Papadopoulos, Aegean Cult Symbols in Cyprus, in: Kongreß Göteborg 1991, Band III (1992) 350 Abb. 1b.

[1514]M.P. Nilsson, The Minoan-Mycenaean Religion (2. Aufl., 1968) 204ff. Abb. 99, Lilienköpfe von Doppelaxtstielen auf Rinderköpfen an einem Pithos aus Pseira (unten Abb. 98e) und weitere Beispiele vegetabilischer Anreicherung solcher Darstellungen in Ostkreta; s. dazu auch Buchholz a.O. 105 Abb. 12e. — Zu Blüten im minoischen Kult vgl. N. Marinatos, Art and Religion in Thera, Reconstructing a Bronze Age Society (1984) passim; s. bereits E. Biesalski, Urblumen der Menschheit, in: Antike und Abendland 11, 1962, 91f.

[1515]Vgl. Anm. 1481.

70c, SM/SH IB[1516]). Ebenso ist die Doppelaxt als in Kreta allgegenwärtiges religiöses Symbol hinreichend bekannt (Abb. 71e-j; 72a; 98a-m; 99a-e). Ich komme darauf unten zurück. Hier genügt ein Hinweis auf den besagten Tassentypus (Palaiokastro-Hagia Irini und Toumba tou Skourou, Abb. 71f-j[1517]), dessen Herstellung in argivischen Zentren — wenn nicht gar in einem einzigen — bereits durch P.E. Pecorella so gut wie nachgewiesen worden ist (Mykene, Prosymna, Lerna). Von ihm stammt auch die hier wiederholte Verbreitungskarte, auf der nunmehr Milet mit einem solchen Neufund nachzutragen wäre (Abb. 72a[1518]).

Mit den vielleicht repräsentativen Zusammenstellungen (Abb. 70-73) liegt mir vor allem daran zu zeigen, wie keramische Importe des 15. Jhs. v.Chr. besonders auf Zypern zugenommen hatten. Doch immer noch handelte es sich nahezu ausschließlich um Grabfunde, mithin um persönlichen Besitz und nicht unbedingt um Handelsware.

Mit dem 14. und 13. Jh. v.Chr. (vgl. bezüglich Ras Schamra die Zeittabelle, Abb. 36) kam es dann zu einer explosionsartigen Zunahme ägäischer — und das heißt mykenisch-festländischer, auch rhodisch-milesischer — Keramik in den östlichen Gebieten des Mittelmeeres (vgl. die Karten, Abb. 9a, 15, 16a und 68)[1519]. Zur Erfassung des Befundes mögen vor allem grundlegende Studien von

---

[1516]Vgl. Anm. 1486. — Ungewöhnlich ist auch das Schildmotiv an einem Kraterfragment des SH IIIA1 aus Enkomi im Cyprus Museum, Inv.-Nr. 1958/I-10/4, s. V. Karageorghis, CVA Cyprus Museum 1 (1963) Taf. 16,4. Das prächtige Beispiel bildet ein Kompositgefäß aus einem mykenischen Grab am Hymettos, in Berlin, s. F.H. Stubbings, BSA 42, 1947, 57 Taf. 14,8; E. Vermeule a.O. (unten Anm. 1547) 41f. Abb. 9 (Zeichnung).

[1517]Abb. 71f.h (SH II, H 6,9 cm, Dm 10,5 cm), aus Grab 3, s. P.E. Pecorella, Studi Cyprioti e Rapporti di Scavo 1, 1971, 58 Abb. 26; ders., Le Tombe del'Età del Bronzo Tardo della Necropoli a Mare di Ayia Irini "Paleokastro" (1977) 21f. Nr. 16 Abb. 30a.b; 31b.c (Zeichnung); auch K. Nikolaou, ArchRep 1975/76, 40f. Abb. 10; Th. Papadopoulos, Aegean Cult Symbols in Cyprus, in: Kongreß Göteborg 1991, Band III (1992) 350 Abb. 1a. — Abb. 71g, ebd. Grab 20 (SH II, H 9,4 cm, Dm 14 cm), s. Pecorella, Le Tombe a.O. 112f. Nr. 38 und 39 Abb. 269; ferner zu beiden Stücken: Pecorella, Symposium Nikosia 1972 (1973) Taf. 5,2.3 und K. Nikolaou, The First Mycenaeans in Cyprus, ebd. Taf. 12,5. — Abb. 71i und j: Toumba tou Skourou, Umzeichnung nach Vermeule a.O. (Anm. 1482) Abb. 22 links und rechts oben; dies., Symposium Nikosia 1972 (1973) Taf. 7,3.

[1518]Pecorella, Le Tombe a.O. 247f. — Die Tasse aus Phylakopi, im Fitzwilliam-Mus. (SM/SH I), in: W. Lamb, CVA Cambridge 2 (1936) Taf. 2,38.

[1519]Vgl. in meiner Bibliographie am Ende des Bandes u.a. Titel von Buchholz, Cadogan, Courtois, Crowel-Morris, Crowley, Immerwahr, Kopcke, Merrillees, Nikolaou, Schaeffer, Stubbings, Wace-Blegen und die folgenden Anm. 1520 und 1521; ferner u.a. E.S. Sherratt, Patterns of Contact; Manufacture and Distribution of Mycenaean Pottery, 1400-1100 B.C., in: Kongreß Amsterdam 1980 (1980/1982) 177ff.; E. French, Tracing Exports of Mycenaean Pottery, in: Konferenz Oxford 1989 (1991) 121ff. (zu naturwiss. Methoden).

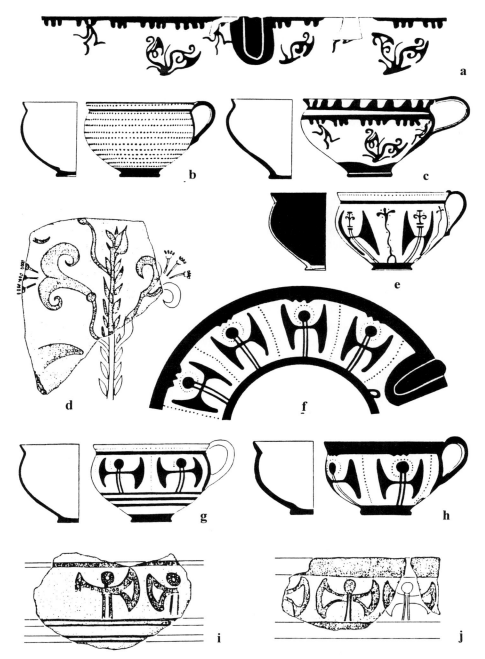

Abb. 71 a-j. Mykenische Tassen des 15. Jhs. v.Chr. (a-c.e-j) und Scherbe eines dickwandigen, wohl aus Thera stammenden Vorratsgefäßes (d): a.c Unbekannten kyprischen Fundortes im Arch. Mus., Limassol. — b.f.g.h Nekropole in Palaiokastro-Hagia
Irini/Nordwestzypern. — d.i.j Toumba tou Skourou/Nordwestzypern. — e Zypern, Privatsammlung

V. Hankey[1520] und P. Åström, sowie neuerdings die Zusammenstellungen von A. Leonard hilfreich sein, schließlich auch weitere Studien wie "Mycenaean IIIA and IIIB Pottery in the Levant and Cyprus" von G. Gilmour[1521].

Eine gewisse Vorstellung von der Zunahme des einschlägigen Fundstoffes bietet beispielsweise Hala Sultan Tekke auf Zypern, wo allein das mykenische Scherbenmaterial die Zahl 3000 weit überschreitet. Was Ras Schamra, Minet el Beida und Enkomi angeht, vermag man mehr zu ahnen als wirklich zu wissen, wie groß der mykenische Anteil am gesamten keramischen Befund wirklich ist[1522]. Es läßt sich jedoch sagen, daß in beiden Orten kaum ein Haus und kaum ein Grab der zweiten Hälfte des zweiten Jahrtausends ohne derartige Keramik angetroffen wurden.

Seit der betrachteten Epoche ("Amarnazeit" bis gegen Beginn des 12. Jhs. v.Chr.) hatte sich die Anzahl der Landeplätze vermehrt: Im Norden nun auch Ras Basit in unmittelbarer Nähe des späteren hellenistischen Hafens Poseideion und südlich von Ugarit auch Tell Sukas (s. die Karte, Abb. 15 Nr. 13 und 20)[1523]. Ägäisches der beiden letzten Jahrhunderte der Bronzezeit wurde nicht allein in Ras Schamra (Ugarit) und Minet el Beida entdeckt, sondern neuerdings ebenfalls im küstennahen Ibn Hani. Wie mehrfach betont, haben diese Orte im 2. Jt. v.Chr. wohl den Hafen von Ugarit entlastet, ihm aber nicht den Rang abgelaufen. Seit der Epoche des griechisch-geometrischen Stils dürfte sich das euböische Emporion von Al Mina zeitweilig zum Hauptanlandeplatz entwickelt haben und wurde in dieser Funktion seinerseits von Antiochien abgelöst[1524].

[1520]Bes. "Mycenaean Pottery in the Middle East" und "Mycenaean Trade with the South-Eastern Mediterranean", aber auch ihre Einzelstudien wie "The Aegean Pottery from Khirbet Judur", in: Erez Israel 15, 1981, 33ff.

[1521]Zu A. Leonard s. die Bibliographie am Ende dieses Buches, dazu G. Gilmour, RDAC 1992, 113ff., mit umfangreichem Lit.-Verz.

[1522]Cl. Schaeffers verdienstvolle Publikationstätigkeit in Gestalt von Corpora (Ugaritica II [1949]) bietet zwar Hilfen, bleibt jedoch notwendig eine beschränkte Auswahl und isoliert vor allem sehr hinderlich die einzelnen Objektgruppen, löst sie aus ihrem archäologischen Zusammenhang heraus. Dazu die Ergänzung "Corpus Céramique de Ras Shamra-Ugarit" in Ugaritica VII (1978). Das trifft ebenso auf andere Objektgruppen zu, s. die Rez. von Cl. Schaeffers Rollsiegelcorpus seitens R. Mayer-Opificius, UF 17, 1985, 415ff. — Zur späthelladischen Tonware aus Ostzypern existiert eine erste Zusammenfassung von E. Coche de la Ferté, Essai de Classification de la Céramique Mycénienne d'Enkomi (1951).

[1523]Zur Lage von Ras Basit (frz. Ausgrabungen) s. P. Courbin, Syria 63, 1986, 175ff. und die Karte in G. Kopcke, Handel a.O. 95 Abb. 19 und 129ff. (Bibliographie). F. Schachermeyr, Die Levante im Zeitalter der Wanderungen (1982) 169 und 182, neigte mehr dahin, Poseideion mit Al Mina gleichzusetzen. — Tell Sukas erbrachte i.g. nur 46 mykenische Scherben und einige SH-Rinderterrakotten, s. G. Ploug, Sukas II (1973) 6ff. Taf. 1 und 2 oben.

[1524]Kopcke a.O. (Anm. 1519), mit Lit. Vgl. die Seeroute Al Mina-Euboia-Ischia-Etrurien als eisenzeitliche Nachfolgerin bronzezeitlicher Seewege, in: S. Aro, Hamburger Beiträge zur Archäologie 19/20, 1992/93, 217 Abb. 1 und S. 223 Abb. 3.

Im Zentrum der langen Küste kam unter anderem nach Ausweis späthelladischer Vasenfunde nun auch Akko hinzu[1525] (s. die Karte, Abb. 9a), und ganz im Süden fand sich vermehrt Spätmykenisches in den Philisterhäfen Aschdod und Askalon. Für den hier besprochenen späten Abschnitt der bronzezeitlichen Entwicklung mehren sich zudem in neuen Ausgrabungen derartige Funde östlich des Jordan (z.B. in Tell el Fuchar und Tell Abu al Charaz[1526]).

Mykenische Gefäße bieten während der genannten Zeit im mediterranen Osten nicht allein ihrer Quantität und der größeren Zahl der Fundstellen nach ein Bild, das wirklich erlaubt, von "Handelsware" zu sprechen, vielmehr stehen wir nun einem bedeutend abwechslungsreicheren Formenangebot gegenüber: Verglichen mit den drei oder vier kleineren Gefäßarten des Beginns von Kontakten, die sich im keramischen Fundstoff spiegeln (hauptsächlich Tassen, Hängepyxiden und Bügelkannen), haben wir es zwar weiterhin mit diesen Typen in größerer Variationsbreite zu tun, z.B. mit flachen Tassen (Tell el Fuchar, Ras Schamra, Abb. 40b; Tamassos, Abb. 46d), mit Bügelkannen und Kugelflaschen (z.B. in Ras Schamra, Amman und Deir Alla: Abb. 40a; 42g; 45a-c; 73g.j-o[1527]; sowie aus Tamassos/Zypern: Abb. 46a-c.e[1528]). Außerdem kommen fortan in größerer Zahl Kylikes auf hohem Fuß (wie Abb. 73b: Jerusalem[1529]), Kannen (Abb. 3b: Detail, Berbati), Feldflaschen (Abb. 45d: Ras Schamra; 73h.i: Amman), flache und tiefe Schüsseln (Abb. 5h: Enkomi, Detail; 75a.j: Minet el Beida und Zypern), Hydrien (Enkomi, Detail, Abb. 10e), Dreihenkeltöpfe (z.B. Abb. 19d: Kos; 73d: Amman) und besonders prächtige große Mischgefäße (Kratere, z.B. Abb. 3a, 44b, 47a, 95a und 96a: Ras Schamra, Detailbild und Fragmente; Abb. 46f: Tamassos; Abb. 73a: Amman) vor. Auffallend sind nun Sonderformen wie Ringkernoi (Abb. 76a), Trichterrhyta, Tierkopf- und Ganztiergefäße, die anschließend gesondert besprochen werden sollen.

[1525]H.-G. Buchholz, A Mycenaean Fishkrater from Akko, in: Studies in the Archaeology and History of Ancient Israel in Honor of M. Dothan (1993) 41ff. — H. Weippert, Handbuch der Archäologie/Palästina (1988) 320 Abb. 3/57,1-5 bildet als repräsentative mykenische Keramik Palästinas samt Imitationen Stücke aus Akko, Tell el Ajjul und Tell ed Duweir ab.

[1526]Zu den Grabungen von J. Strange in Tell el Fuchar s. G.L. Peterman, AJA 98, 1994, 537, zu denjenigen von P. Fischer in Tell Abu el Charaz ebd. 536. Zu einer Bügelkanne (Amman, Arch. Mus., Inv.-Nr. J 11962, SH IIIA/B) aus Sahab, 10 km im SO von Amman, s. D. Homès-Fredericq-H.J. Franken, Pottery and Potters, Ausstellungskatalog Tübingen (1985) 166f. Nr. 517 mit Sammelaufn. (Grabung von M. Ibrahim). — Bügelkanne und mykenische Scherben: J. Briend-J.-B. Humbert, Tell Keisan (1980) 229 Abb. 56 Taf. 72,6; 80,12; 131,56.72.

[1527]Abb. 73 nach H.-G. Buchholz, AA 1974, 427 Abb. 74a-e und V. Hankey, in: Temples and High Places in Biblical Times (1981) 108ff. 114 Abb. 1-5. — Abb. 73g und j im Photo bei K. Nikolaou a.O. (Anm. 1476) 123 Abb. 5b.c.

[1528]Abb. 46 nach H.-G. Buchholz-K. Untiedt, Tamassos (1996) Abb. 15.

[1529]Abb. 73b Umzeichnung nach: R. Amiran, Ancient Pottery of the Holy Land (1970) 180 Abb. 179 und H.-G. Buchholz, AA 1974, 420f. Abb. 70.

Es zeigt sich mithin, daß wir es mit Transportgefäßen verschiedener Größe zu tun haben[1530], außerdem mit regelrechtem Tafelgeschirr zum Essen und Trinken: mit flachen Schüsseln (Abb. 75a-j[1531]), Krateren zum Mischen des Tranks, Kannen und Trinkgefäßen (auch Abb. 76b, aus Kition[1532]). Die einzige mykenische Darstellung einer Trinkszene befindet sich auf einem amphoroïden Krater aus Enkomi (Abb. 72d): Zwei voll bekleidete, anscheinend mit Panzern und Helmen versehene Männer stehen einander gegenüber, halten in der Zeichnung oben offene Fußbecher/Henkelpokale (Kylikes wie Abb. 73b und 77e) und prosten sich zu[1533]. Das sogenannte 'Klappstuhl-Fresko' von Knossos zeigt das Trinkgelage einander gegenübersitzender Frauen.

Trinkszenen gehörten im Orient bereits im späteren dritten Jahrtausend zum darstellungswürdigen kultischen Bildrepertoire (Abb. 72b und c[1534]). Darauf machte A. Moortgat in der Rubrik "Überzeitliche Bildgedanken als Problem der vorderasiatischen Archäologie" seines anregenden, wenn auch gelegentlich heftig kritisierten Tammuz-Buches (1949) aufmerksam. Er nannte Bilder "Symposien als Trinkszenen", wenn einander gegenübersitzende — nie stehende — menschengestaltige Götterpaare, jeder mit einem einfachen Becher in der Hand, bedeutend häufiger indessen mit dem Saugrohr versehen, gemeinsam aus einem zwischen ihnen stehenden Krug trinken (z.B. Abb. 72b). Zur Darstellung solcher Symposien — auch bereichert um Schankdiener, Musikanten und Tänzerinnen — gehören Tierkapellen und sogar der gemeinsam mit dem Saugrohr trinkende Löwe und Esel (Abb. 72c). In heutiger Denkweise würde man von "Persiflage" sprechen, in Wirklichkeit läßt sich ansatzweise jedoch der seriöse Ursprung von Elementen der späteren griechischen Tierfabel fassen. Das mykenische Vasenbild (Abb. 72d) gehört wohl ebenfalls im weitesten Sinne in derartige Zusammenhänge. Nicht zu übersehen ist alledings das antithetische Stehen, die Benutzung von Kylikes, also

---

[1530]Vgl. z.B. K. Cook, The Purpose of the Stirrup Vase, in: BSA 76, 1981, 167 und H.W. Haskell, Coarse-Ware Stirrup-Jars at Mycenae: ebd. 225ff. Vgl. auch E. Foster, The Manufacture and Trade of Mycenaean Perfumed Oil, PhD.-Diss., Duke Univ. 1974.

[1531]Abb. 75a-g, Schüsseln aus Minet el Beida, Grab 6, nach J.-Cl. Courtois, in: H.-G. Buchholz, Ägäische Bronzezeit (1987) 215 Abb. 67a-g. — Abb. 75h, aus Kition (1963) nach V. Karageorghis, AA 1967, 162ff. Abb. 5 (Photo). — Abb. 75i nach Photos des Akademischen Kunstmuseums, Bonn, Inv.-Nr. 780, Fundort nicht bekannt. — Abb. 75j nach E. Vermeule, Toumba tou Skourou a.O. (Anm. 1482).

[1532]SH IIIB-Tasse nach "Basering"-Art, jedoch mykenisch nach Ton, Brand und Bemalung, s. V. Karageorghis, in: H.-G. Buchholz, AA 1974, 375 Abb. 35.

[1533]Nikosia, Cyprus Museum, Inv.-Nr. E.T. 7/4790, s. V. Karageorghis, RDAC 1983, 164ff. und bes. E. Rystedt, On Distinguishing Hands in Mycenaean Pictorial Vase-Painting, in: OpAth 18, 1990, 170ff. Abb. 2e, Anm. 16: Bedenken gegen Karageorghis' Deutungsvorschläge.

[1534]E. Uzunoğlu, in: Anatolia and the Ancient Near East, Studies in Honor of T. Özgüç (1989) 497ff. mit Taf. 138,2, danach Umzeichnung meiner Abb. 72b. — Abb. 72c nach H. Frankfort, Cylinder Seals (1939) 94 Abb. 30 und A. Moortgat, Tammuz, der Unsterblichkeitsglaube in der altorientalischen Bildkunst (1949) 21f. Abb. 35.

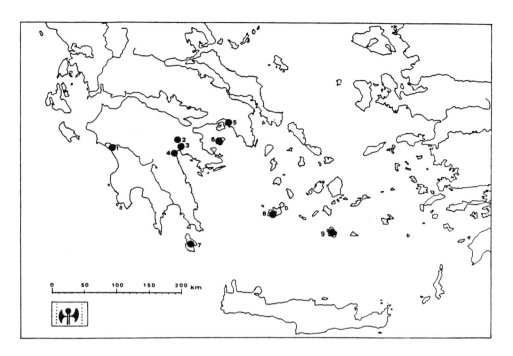

Abb. 72a. Küstennahe Verbreitung mykenischer Tassen, wie Abb. 71, in Hellas. —
Bedeutung der Ziffern: 1 Skillous - 2 Mykene - 3 Prosymna - 4 Lerna - 5 Athen - 6
Aigina - 7 Kythera - 8 Phylakopi/Melos - 9 Akrotiri/Thera — Neuerdings auch in
Milet

Abb. 72b-d. Trinkszenen auf einer akkadzeitlichen Siegelabrollung aus Tell Asmar (c)
und in Vasenbildern: Frühbronzezeitliches Topffragment aus Imamoğlu bei Malatia/
Türkei (b). — SH IIIB-Krater aus Enkomi/Zypern (d).

Prunkpokalen mit gewaltigem Fassungsvermögen, und das Fehlen des Mischkraters in dem mykenischen Bild. Es scheint sich um eine Art Wettrinken zu handeln (vgl. das Fassungsvermögen des Nestorbechers in der Ilias 11, 632ff.), hier allerdings völlig ohne das von A. Moortgat für den Orient zusammengestellte religiös-kultische Umfeld.

Veränderungen in den Trinkgewohnheiten, vor allem in dem, was getrunken wurde und offensichtlich ein- oder mehrfach umgefüllt werden mußte, kündigt sich in Siebkannen und dem nunmehr auf Zypern und in der Levante immer häufiger auftretenden mykenischen konischen Trichter an, der geradezu kanonischen Form eines ägäischen, auf Kreta[1535] entwickelten Rhytons (Abb. 40k; 95c; 96b-d, Ras Schamra[1536]). Aus Atheainou/Zypern kam eine kleinere Variante in Elfenbein hinzu (Abb. 96e[1537]). Über die lokale Umsetzung in Fayence ist bereits berichtet worden (Kition[1538]). Auch aus Ägypten sind Nachbildungen in diesem Material überliefert. Örtliche Kopien in Ton sind mehrfach aus Syrien bekannt; derartige Nachahmungen bekunden das außerordentliche Interesse an dem Gerät und seiner Funktion[1539]. Als raffinierte mykenische Töpferleistung ist eine bauchige Typenvariante zu bezeichnen, deren Mündungsrand innen trichterförmig tief nach unten gezogen ist und somit ein zweites Innengefäß bildet. An einem kleinen Beispiel eines solchen bauchigen Trichters aus Enkomi sitzt vorn, gegenüber dem Henkel, eine Vogelprotome[1540].

[1535]Wohl zu Beginn eine Metallform, dann umgesetzt in Stein und Ton: G. Karo, Minoische Rhyta, in: JdI 26, 1911, 249ff. — Stein: P. Warren, Minoan Stone Vases (1969) 84ff. Kat.-Nr. 465-488 mit Taf.-Abb.; S. 181 (Liste).

[1536]Abb. 95c nach H.-G. Buchholz, A Mycenaean Fish Krater from Akko, in: Studies in the Archaeology and History of Ancient Israel in Honor of M. Dothan (1993) 41ff. 47 Abb. 5c; S. 51 Anm. 9 (weitere Lit.). — Abb. 96b-d nach J.-Cl. Courtois, in: H.-G. Buchholz, Ägäische Bronzezeit (1987) 206f. Abb. 61a.b und 62b. Vgl. schon Cl. Schaeffer, Ugaritica II (1949) 218ff.; ebd. VI (1969) 115ff. Abb. 15-17; H.-G. Buchholz, AA 1974, 403 Abb. 59.

[1537]T. Dothan-A. Ben-Tor, Excavations at Athienou 1971/72 (1983) 123f. Abb. 56 Taf. 41, Fund-Nr. 3072, H: 12,5 cm.

[1538]Oben Anm. 1235-1238. Zu diesem Stück und weiteren Trichterrhyta auch F. Schachermeyr, Ägäis und Orient (1967) Taf. 42 und 38.40.41.

[1539]Courtois a.O. 204f. Eine prächtige lokale Umsetzung in "Bichrome" aus Ras Schamra, Fund-Nr. 80/5153 in Yon a.O. (unten Anm. 1553) 274 Abb. 4c.

[1540]Aus Grab 110/399 (SH IIIA, H 14 cm). Nach Zeichnung ist dieses Stück nicht mit einem inneren doppelten Mündungstrichter versehen; vgl. J.-Cl. Courtois, Alasia II (1981) 163f. Abb. 150,3; M. Yon, in: Symposium Nikosia 1985 (1986) 277f. Abb. 5a. — Zu einem weiteren derartigen Stück aus Enkomi, Grab 10 (SH IIIA/B), s. P. Dikaios, Enkomi IIIA (1969) 370 Taf. 210,47; P. Åström, SCE IV1C (1972) 354 Typus 201. — Zu dem komplexen und größeren Exemplar mit Innentrichter aus Minet el Beida s. Courtois a.O. (Anm. 1536) 205 Abb. 60c, nach Ugaritica II (1949) 222f. Abb. 93,1 und 93a; auch in Yon a.O. 278 Abb. 5b. — Derartige Rhyta sind aus Halyke, Lartos und Karpathos bekannt (A. Furumark, Mycenaean Pottery III [1992] Taf. 117, Typen-Nr. 201, z.B. in Heidelberg, Univ.-Slg., Inv.-Nr. 59/7a; s. R. Hampe, Neuerwerbungen 1957-1970 [1971] 3 Nr. 6); ferner in

Manchmal sind Trichterrhyta in Zypern und Nordsyrien mit einem plastischen Rinderkopf ausgestattet[1541]. Gemalte Stiere gibt es an Stücken aus Ras Schamra (Abb. 96c). Zu den Bildern an derartigen Trichtern aus Enkomi und Ras Schamra zählen außerdem Tintenfische[1542], Raub- und andere Fische (Abb. 95c; 96b), sowie Kriegerfriese (Abb. 96c). Den Bezug zum Wasser drücken ferner stilisierte Muscheln an Trichtern aus Tiryns und im Osten aus[1543]. Die Trichterform ist im SH-Vasenrepertoire auch von den Bildern her als aufwendiges "Prestigeprodukt" zu bezeichnen. Ein mykenisches Siegel aus Naxos läßt einen Trichter zusammen mit weiterem Kultgerät erkennen (Abb. 91b). Man wird kaum fehlgehen, wenn man seine Funktion im religiösen Umfeld sucht, in der Praxis beim Tempelmahl mit Umtrunk und Libationen. Deshalb hat M. Yon das gehäufte Vorkommen solcher Rhyta in Ras Schamra gemeinsam mit anderem Kultgerät als sicheren Hinweis auf Kulthäuser, Sakralräume, Tempel, gewertet[1544]. Zur Funktion der Trichter im einzelnen sind Studien von R.B. Koehl heranzuziehen[1545].

Ugarit war der einzige Ort in der spätbronzezeitlichen Welt, an dem die vermutete Umsetzung der mykenischen Metalltrichter in Ton bzw. die Produktion von Trichtern in beiden Materialien nebeneinander nachzuweisen ist; denn ein bedeutender Schatzfund — neben mehreren Schalen aus Elektron, einem Dolch aus Gold, Schmucknadeln aus Silber und Elektron, Silberdraht und weitere Edelmetallabfälle umfassend — enthielt ein ebenfalls aus Elektron bestehendes Trichterrhyton von 34 cm Höhe[1546]. Gemäß den Beobachtungen Cl. Schaeffers macht der Fund einen

---

Jena (1912 von einem türkischen Händler erworben), s. V. Paul-Zinserling, Sammlung antiker Kleinkunst der Friedrich-Schiller-Universität (1981) 22 Nr. 77 mit Abb. 4.

[1541]Aus Minet el Beida, Louvre, Inv.-Nr. AO 14913 (H 30 cm). Nach Cl. Schaeffer, Ugaritica II 218f. Abb. 91,6: "schwarzer Glanzton", nach M. Yon: "Basering-Keramik", a.O. 277f. Abb. 5c. — Ähnliches Rhyton aus Zypern: M. Ohnefalsch-Richter, ZfE 31, 1899, Verhandl. 385 Abb. 30,4 (Verbleib unbekannt, vielleicht in Wien oder Genf ?).

[1542]Beispielsweise aus Enkomi, Grab 69 (engl. Grabung): Courtois a.O. 189 Abb. 51b; aus Ras Schamra: ebd. 205 Abb. 60b. — Häufiger sind allerdings Stücke mit einfachem Streifendekor, z.B. Cyprus Mus., Inv.-Nr. A 1733, s. CVA Cyprus 1 (1963) Taf. 33,1 (aus Maroni, Grab 18/1897, mit kyprominoischem Schriftzeichen in Farbe).

[1543]SH IIIB, s. Chr. Podzuweit, AA 1981, 199 Abb. 52. Auch in Ras Schamra, "Haus der Alabastren", s. Courtois a.O. 206f. Abb. 62c. — Kriegerfries (Abb. 96c) nach J.-Cl. Courtois, Ugaritica VI (1969) 117 Abb. 16. — Zusammenstellungen mit zahlreichen unbekannten Fragmenten, nach Zeitphasen gegliedert (SH IIA; IIIA2; IIIB1; IIIB2) mit Belegen aus der Argolis, Pylos, Attika, Böotien, sowie aus Phylakopi/Melos und Rhodos in: P.A. Mountjouy, Mycenaean Decorated Pottery (1986) 31 Abb. 30,1; S. 82f. Abb. 98,1-11; S. 108f. Abb. 133,1-11; S. 127 Abb. 155,1.

[1544]Lit., einschließlich meiner Rezension, oben in Anm. 507.

[1545]Anm. 507.

[1546]Cl. Schaeffer, AfO 21, 1966, 131f. Abb. 8-11. — Zu Metalltrichtern der Ägäis ist ein oft abgebildetes, figürlich reliefiertes Silberrhyton aus Schliemanns 4. Schachtgrab von Mykene zu nennen, z.B. in Schachermeyr a.O. (Anm. 1538) Taf. 38. — Zu metallischen Anklängen in der Henkelbildung von SH-Vasen vgl. z.B. J. Sieveking-R. Hackl, Die königliche Vasen-

unfertigen Eindruck und gibt sich insoweit als Besitz eines örtlichen Handwerkers
zu erkennen, welcher sowohl mit ägäischen als auch mit syrischen Fertigungstechniken und Dekorformen vertraut war.

Zu mykenischen keramischen Sondertypen zählen schließlich ringförmige
Kernoi, d.h. hohle Ringvasen mit aufgesetzten Miniaturgefäßen, plastischen Früchten und Rinderköpfen (Abb. 76a[1547]). In Mykene und Tiryns sind sie mit plastischen Schlangen ausgestattet und gehören in die Mitte des 14. Jhs., respektive ins
12. Jh. v.Chr.[1548]. Sicher waren sie Bestandteil des Kultinventars.

In Zypern folgte die Tendenz zur Anbringung von Miniaturvasen, hohlen
Tierköpfen, von plastischen Vögeln und Schlangen einer alten einheimischen
Tradition[1549]. In unserem Zusammenhang ist ein relativ früher importierter mykenischer Ringkernos aus einem Grab in Maroni zu nennen. Das Stück wird überwiegend in die Phase SH IIIA1 datiert, gelegentlich nach SH IIIB (früh)[1550]. Was
an Ringvasen in Zypern außerdem als "mykenisch" angesprochen wurde, gehört in

---

sammlung zu München Taf. 4,31. Reliefiert gegossene Bronzehenkel mykenischen Typs (vgl.
z.B. Altägäis und Altkypros Nr. 1115, aus Dendra/Argolis) finden sich in Ton nachgebildet
an einer Kanne in Byblos, s. J.-F. Salles, La Nécropole 'K' de Byblos (1980) 36ff. 82 Abb.
14,5 Taf. 12,5 und 6; vgl. Entsprechendes in Ton und Bronze bei P. Dikaios, Enkomi IIIA
(1969) Taf. 68,25; 119,19; 172,3. — Zu weiteren vergleichbaren Funden in Metall und Ton
s. auch oben Abb. 59b und 60d.e.

[1547]Aus Zypern oder Rhodos in Boston, Mus. of Fine Arts, Inv.-Nr. 35.735 (Dm 26,7 cm),
s. J. Caskey, AJA 40, 1936, 312 Abb. 10; E. Vermeule, Greece in the Bronze Age (1964)
Taf. 42d; H.-G. Buchholz-V. Karageorghis, Altägäis und Altkypros (1971) Nr. 1271 (mit
Lit.); E. Vermeule, Götterkult, in: H.-G. Buchholz, ArchHom, Lieferung V (1974) 40 Taf.
7a; T. Dothan, The Philistines and their Material Culture (1982) 225 Abb. 7. Unsere Abb.
76a wird der Freundlichkeit von C. Vermeule verdankt.

[1548]Mykene: Athen, Nat.-Mus., Inv.-Nr. 5427, s. M.P. Nilsson, Minoan-Mycenaean Religion
(2. Aufl., 1968) 140f. Abb. 50; auch in Ch. Long, The Ayia Triada Sarcophagus (1974) Taf.
33,92; A.D. Lacy, Greek Pottery in the Bronze Age (1967) passim, S. 257 Abb. 101d. —
Tiryns: K. Kilian, AA 1983, 292 Abb. 15,13. — Wesentlich spätere Stücke aus Samos,
Lemnos (Hephaisteia, in Athen, Nat.-Mus., Inv.-Nr. 19226) und Kreta lasse ich außer
Betracht. Die Datierung eines Stückes aus Kourtes/Kreta ist umstritten, s. Lit. in Nilsson a.O.
138 zu Abb. 48 und St. Alexiou, H Minoike Thea meth' Hypsomenon Cheiron (Neugrie-
chisch, 1958) Taf. 9,3b; Lit. in J.W. Salomonsen, Archaeologica Traiectina 11, 1976, und R.
Stucky, AA 1981, 438 Anm. 33.

[1549]Kernoi bereits seit der Frühbronzezeit nachweisbar, s. eine erste Zusammenfassung mit
einer zahlreichen Materialvorlage: A. Pieridou, RDAC 1971, 18ff. mit Taf. 8-12. — Zu
frühanatolischen/-kykladischen/-minoischen und kypromittelbronzezeitlichen Ringvasen s.
neuerdings P. Misch, Die Askoi in der Bronzezeit (1992) 71 Abb. 49; S. 79 Abb. 56; S. 83
Abb. 61; S. 90 Abb. 73; S. 116 Abb. 98. — Mykenische Ringvase aus Rhodos: ebd. 143f.,
Karte, und 155 Abb. 130; geometrische aus Athen: ebd. 234 Abb. 197.

[1550]Aus Grab 23, im Cyprus Museum, Inv.-Nr. A 1735, s. J. Johnson, Maroni de Chypre
(1980) 27 Nr. 173 (Lit.) Taf. 34,173 (SH IIIA1); V. Karageorghis, CVA Cyprus Museum 1
(1963) 39 zu Taf. 33,4 (SH IIIA?/B, s. A. Furumark); nach A. Pieridou a.O.: SHIIIB.

die Phase SH IIIC[1551]. Hinzutritt eine größere Menge ähnlicher Gefäße lokaler Gattungen, von "Proto-White-Painted"[1552] bis zeitlich weit ins Geometrische hinein (9./8. Jh. .Chr.[1553]). Wie im ägäischen Raum, so war diese komplizierte keramische Form auch auf unserer Insel Gegenstand der Kultausübung. Es ist wiederholt die Meinung geäußert worden, daß Ringvasen wie die beschriebenen zuerst im Orient da waren und sekundär dann auch im minoisch-helladischen Westen. Doch das ist leichter behauptet als bewiesen! Denn außer bodenständigen "Tendenzen" gibt es auf Zypern keine durchgehende typologische Linie: Einzelformen und keramische Gattungen wechseln. Betont werden muß allerdings, daß schon für die Zeit um 1500 v.Chr. einige wenige Exemplare von Ringvasen der einheimischen "Basering"-Keramik, besetzt mit Tierkopf und Miniaturgefäßen, in der erwähnten

---

[1551]Enkomi, Heiligtum des Gottes auf dem Barren: J.-Cl. Courtois, in: Alasia I (1971) 234ff. Abb. 77; S. 252 Abb. 92 oben; ferner J.-Cl. Courtois-J. und E. Lagarce, Enkomi (1986) Taf. 30,11. — Idalion, Hagios Georghios, Grab 2, s. V. Karageorghis, Nouveaux Documents pour L'Étude du Bronze Récent a Chypre (1965) 186 Nr. 1, S. 189 Abb. 46,1 Taf. 14,1.2 (SH IIIB/C). — Cyprus Mus., Inv.-Nr. 1935/XII-24/1, Dm 22 cm), s. RDAC 1935, 26f. Taf. 9,1; CVA a.O. 40 zu Taf. 34,3.4. Weiteres: Ders., Mycenaean Art from Cyprus (1968) Taf. 18,1-3.

[1552]A. Pieridou a.O., s. oben Anm. 1549, und dies., O Protogeometrikos Rhythmos en Kyproi (Neugriechisch, 1973) 35 (Lit.). 95 Abb. 16 Taf. 24,1-9. — Ferner unbekannten Fundortes im Cyprus Mus., Inv.-Nr. A 1736 ("Protowhite-Painted"), s. CVA a.O. Taf. 34,5. — Desgl. unbekannten Fundortes, Inv.-Nr. 1968/V-30/119, aus Slg. G. Michaelides/Nikosia, dazu bereits CVA Cyprus, Private Coll. (1965) 24 zu Taf. 34,3.4; S. 32 Abb. 4,7 (Zeichnung). — Auch K. Nikolaou, in: Symposium on the Dark Ages in Greece (1977) 30 Abb. 6,7. — "Protowhite-Painted" ist schließlich auch ein interessantes Stück aus der Slg. P. Lanitis im Lokalmuseum von Limassol, mit rötlichem Überzug und Farbspuren in Braun, Gelb und Dunkelrot, ferner mit plastischen Schlangen am Bügelhenkel, Granatäpfeln und Miniaturgefäßen verschiedener Form. — Weiteres, bes. zur Funktion, bei M. Mass, in: Kotinos, Festschrift für E. Simon (1992) 26ff. Taf. 7.

[1553]Cyprus Mus., Inv.-Nr. 1961/XII-9/15 (vormals Slg. Kolokassides, Dm 19 cm, "White-painted I") aus Rizokarpassos; von dort bereits Inv.-Nr. 1937/V-1/3, s. J. Du Plat Taylor, RDAC 1937-39 (1951) 15 Nr. 34 Taf. 14,1; V. Tatton-Brown, Cyprus B.C., Ausstellungskatalog London (1979) 66 Nr. 197; M. Yon, Symposium Nikosia 1985 (1986) Taf. 16,4. — Zu Amathous, Grab 521, s. BCH 111, 1987, 718 Abb. 169. — Zu Lapithos, Kyprogeometrisch I, s. SCE I 178 Nr. 105 Taf. 130,13, wiederholt in K. Friis Johansen, Exochi, ein frührhodisches Gräberfeld (1958) 135 Abb. 216, weil zu derartigen kypr. Ringkernoi gehörende Tierköpfe auch auf Rhodos gefunden wurden. — Ein wohl unpubliziertes kyprisches Exemplar auch in Athen, Nat.-Mus., Inv.-Nr. 11910, Kat. der Zypernausstellung (1977) Nr. 43. — Zu derartigen eisenzeitl. Ringvasen in New York, Metrop. Mus., s. J.L. Myres, Handbook of the Cesnola Coll. (1914) 68 Nr. 521-523 mit Abb. 522. — Larnaka, Pierides Slg., Beispiel der spätgeometrischen Gattung "Black-on-Red I (III)", s. BCH 95, 1971, 370 Abb. 76; V. Karageorghis, Cypriote Antiquities in the Pierides Coll. (1973) 113 Nr. 34 mit Abb. und Farbabb. — Ein geometrisches Exemplar ohne Fundort in Amsterdam, s. J. Crouwel, RDAC 1976, 156f. Taf. 24. — Zusammenfassung: E. Gjerstad, SCE IV 2 (1948) Abb. 2,14 und 7,11.12 ("Whitepainted I"); 15,2 ("Whitepainted II"); 24,4 ("Bichrome III").

Studie von A. Pieridou aufgeführt sind (s. Anm. 1549). In der Mitte des Jahrtausends stehen diese Stücke allerdings ziemlich isoliert da.

Es läßt sich zwar bezüglich Palästinas eine enorme Häufung derartiger Ringgefäße feststellen; sie gehören aber fast ausnahmslos ans Ende der Bronze- und in die frühe Eisenzeit. Eine deutliche Konzentration betrifft das Philistergebiet[1554]. Wirklich ältere als die frühesten mykenischen und kyprischen Belege dürften wohl auch hier nicht nachzuweisen sein[1555]. Doch mindestens die Fundumstände in Megiddo lassen keinen Zweifel am religiösen Hintergrund derartiger Kultgefäße.

Dasselbe gilt für weitere mykenische Sonderformen, für figürliche Gefäße, Rhyta in Tierkopf- und Ganztiergestalt. Sie sind als Importe aus dem ägäischen Raum hauptsächlich auf Zypern[1556], in Ras Schamra (Abb. 96f-j[1557]), Kamid

---

[1554]In philistäischen und nachphilistäischen Fundschichten bis zum 8. Jh. v.Chr.: M. Dothan, IEJ 6, 1956, 19 Abb. 3; The Philistines and other Seapeople, Ausstellungskatalog Jerusalem, Israel Mus. (1970) Nr. 76-80 mit Abb.; M. Dothan, Ashdod I (1967) 164ff. Abb. 44,1-6; 45,1-7; S. 168ff. Abb. 46,1; 47,4.6.7 Taf. 28,1-7 (neben Rinderköpfen kommen auch Widderköpfe vor); ebd. II/III (1971) 143ff. Abb. 66,9-13; 67-71; S. 160f. Abb. 75,4.5; S. 194f. Abb. 92,4.8.9; S. 202f. Abb. 96,7-9, Taf. 60-62; ebd. IV (1982) 122f. Abb. 11,9; S. 136f. Abb. 18,1; S. 156f. Abb. 28,1.2; S. 168f. Abb. 34,4.5, Taf. 18,2; 24,10; 28,45. Vgl. ferner W. Culican, The First Merchant Venturers (1966) 99 Abb. 110b ("derived from Mycenaean ceramics"). — Gezer, "4. semit. Schicht", Ringkernos der frühen Eisenzeit und Fragment mit Rinderkopf, s. R.A.S. Macalister, The Excavation of Gezer II/III (1912) 238 Abb. 390,2 Taf. 175,9. — Tell Qasile (12./11. Jh. v.Chr.), s. A. Mazar, Excavations at Tell Qasile I. The Philistine Sanctuary (1980) 108ff. Abb. 40.41 Taf. 40. Tell Aphek, Fragment eines philistäischen Ringkernos, unpubliziert? — Tel Nami, s. M. Artzy, Univ. of Haifa, C.M.S.-News 20, 1993, mit Photo. — Megiddo, Rindkernos der Eisenzeit I mit Miniaturgefäßen, Früchten und Rinderkopf, s. H.G. May, Material Remains of the Megiddo Cult (1935) Taf. 16; J.B. Pritchard, The Ancient Near East in Pictures (2. Aufl., 1969) Nr. 589; T. Dothan, in: Atti e Memorie del 1. Congr. Internaz. di Micenologia, Rom 1967 (1968) 1016f.; R. Amiran, Ancient Pottery in the Holy Land (1969) 306 Abb. 350; Umzeichnung bei A. Reichert, in: K. Galling, Biblisches Reallexikon (2. Aufl., 1977) 190 s.v. Kultgeräte Abb. 45,5. — Akko, Fund-Nr. AK 2648/120, Fragment eines Tierkopfes von einem eisenztl. Ringkernos, unpubliziert? — Deir Alla, Amman, Arch. Mus., Inv.-Nr. 12688, s. Pottery and Potters, Past and Present, Ausstellungskatalog Tübingen (1986) 155f. Nr. 449 mit Sammelphoto (Schakalkopf, 12.-9. Jh. v.Chr.).

[1555]Beth-Schean, Ringkernos mit 5 Miniaturgefäßen und Rinderkopf, weitere Fragmente; Datierung widersprüchlich: H.Th. Bossert, Altsyrien (1951) Nr. 1143, "etwa 13. Jh. v.Chr."; doch vgl. F.W. James, The Iron Age at Beth Shan (1966) Abb. 54,14; 58,4 und T. Dothan, The Philistines and their Material Culture (1982) 225 Abb. 6. — Von einem unpublizierten Ringkernos aus Ras Schamra mit nacktem weiblichen Figürchen gibt es m.W. keine Angaben über die Datierung (Fund-Nr. 23/254/1960), s. R. Stucky, AA 1981, 438 Anm. 33.

[1556]Beispielsweise mykenische Igelvase (SH IIIB, L 18,3 cm) aus Maroni, Grab 14, im Brit. Mus., Inv.-Nr. C 313, s. Johnson a.O. (Anm. 1550) 21 Nr. 100 Taf. 13 und 20; D. Morris, The Art of Ancient Cyprus (1985) 233 Abb. 382; Buchholz a.O. (unten Anm. 1567).

[1557]Unsere Abb. 96f-j nach J.-Cl. Courtois, in: H.-G. Buchholz, Ägäische Bronzezeit (1987) 207ff., mit Nachweisen.

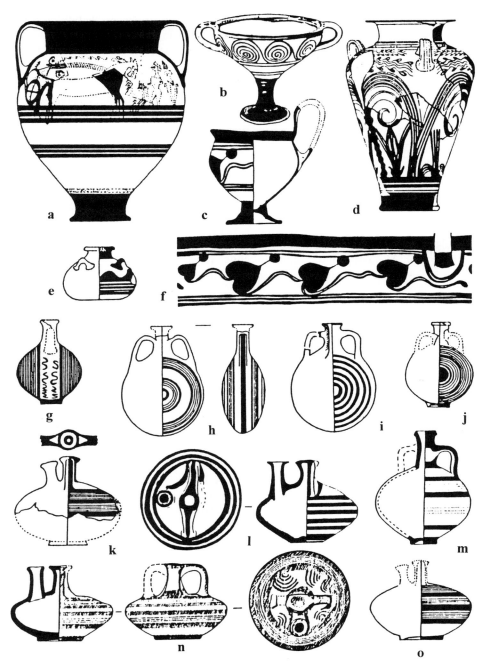

Abb. 73 a-o. Mykenische Keramik, überwiegend des ausgehenden 14. und des 13. Jhs. v.Chr., im östlichen Mittelmeergebiet: a.d.e.g-k.o Amman/Jordanien, Heiligtum am Flugplatz (a: SH III A, d: SH II). — b Jerusalem, Grabfund (SH III A).— c.f Lachisch/Palästina (SH II A). — l-n Deir Alla/Jordanien

el Loz und Abu Hawam festgestellt worden[1558]. Ihre kultische Verwendung wurde mehrfach, u.a. von J.-Cl. Courtois und M. Yon, in Ras Schamra/Ugarit auf Grund des Fundkontextes erschlossen; die Raumeinheiten selber wurden dort als Kultstätten/Heiligtümer/Tempel angesprochen[1559].

Auf die unübersehbare Rolle, die Tiergefäßen (BIBRU) bei Ritualhandlungen in Anatolien zukam, wurde bereits oben mehrfach hingewiesen[1560]. Ein Silberrhyton in Hirschgestalt aus Schliemanns Schachtgräberrund in Mykene gilt als anatolischer Import[1561]. Für die Ägypter waren Ganztier- und Tierkopfgefäße ein Charakteristikum der "Keftiutribute" (Stiergefäße und Rhyta in Form eines Fuchs- oder Schakalkopfes, Abb. 18b)[1562].

Daß im spätbronzezeitlichen Zypern ebenfalls kultischer Bedarf an Spendegefäßen für Flüssiges in Tierform bestand, zeigen Rhyta der keramischen Gattung "Basering" an, die als Stiere gestaltet sind (Abb. 5a-c[1563]). Unter den mykenischen Vasen sind viele Rhyta (pars pro toto) als Stierköpfe gebildet[1564]. Auch mykenische Widderkopfrhyta kommen vor (Ras Schamra, Abb. 96f), außerdem eine Kopfform, die M. Yon einer Ziege zurechnet (Ras Schamra, Abb. 96h[1565]). Eine größere Gruppe von mykenischen Ganztiergefäßen stellt Igel dar (z.B. aus Ras

---

[1558]Kamid el Loz, Westhof des Tempels, s. Frühe Phöniker im Libanon (1983) 70 Abb. 33 ("Schildkröte?"); nach Yon a.O. (folgende Anm.) 272: lokale Fabrikation. — Zu Tell Abu Hawam s. die ungedruckte Straßburger Dissertation von J. Balensi (1980) Taf. 39,1.2, nach Yon a.O. 274 Anm. 44.

[1559]Vgl. oben Anm. 507 und 1544. M. Yon, Instruments de Culte en Méditerranée Orientale, in: Symposium Nikosia 1985 (1986) 265ff. Taf. 15. 16; dies., Les Rhytons de Sanctuaire, in: Ras Shamra-Ougarit III (1987) 343ff.

[1560]In mancher Hinsicht grundlegend: K. Tuchelt, Tiergefäße in Kopf- und Protomengestalt (1962); vgl. auch oben Anm. 36. 1322, ferner: O. Carruba, Rhyta in den hethitischen Texten, in: Kadmos 6, 1967, 88ff.; H. Otten, Tiergefäße im Kult der späten hethitischen Großreichszeit, in: Anatolia and the East, Studies in Honor of T. Özgüç (1989) 365ff.; T. Özgüç, A Cult Vessel Discovered at Kanish, in: Beiträge zur Altorientalischen Archäologie und Altertumskunde, Festschrift für B. Hrouda (1994) 221ff., bes. Gruppe 2.

[1561]Oben Anm. 780. 926.

[1562]Oben Anm. 37. Zur gesamten Gruppe solcher Gefäße P. Blome, Minoische Tierplastiken und Tiergefäße in Basel (AntK 30, 1987, 99ff.), mit viel Lit., sowie neuerdings: M.A. Guggisberg, Frühgriechische Tierkeramik; zur Entwicklung und Bedeutung der Tiergefäße und der hohlen Tierfiguren in der späten Bronze- und frühen Eisenzeit, 1600-700 v.Chr. (1996).

[1563]Oben Anm. 32-35.

[1564]Oben Anm. 507 und 1535; z.B. aus Enkomi im Brit. Mus., Inv.-Nr. C 607, s. Yon a.O. (Anm. 1559, Symposium) 273 Anm. 43 Taf. 15,5.

[1565]Widderkopfrhyton: Cl. Schaeffer, Ugaritica II (1949) 220. 222 Abb. 92b und J.-Cl. Courtois, in: H.-G. Buchholz, Ägäische Bronzezeit (1987) 209 Abb. 64b. — "Ziegenkopfrhyta": Louvre, Inv.-Nr. AO 19932 (L 23,5 cm), s. Yon a.O. 273 Abb. 3b und Courtois a.O. Abb. 63a.b. — Desgl. Louvre, Inv.-Nr. AO 18521, ebenfalls aus Ras Schamra, Yon a.O. Abb. 3a.

Schamra, Abb. 96i.j[1566]). Dem bemerkenswerten Befund habe ich mehrere Studien gewidmet[1567]. Es fällt auf, daß es derartige Igelvasen, die späthelladischer Produktion entstammen, weitaus häufiger im mediterranen Osten gibt — besonders in Ras Schamra — als in Griechenland selber.

Außer den genannten Tierformen sind Fische mykenisch-keramisch anzutreffen (Minet el Beida/1931, Abb. 96g[1568]). Und wiederum hat M. Yon mit Nachdruck auf Vogelvasen hingewiesen, wie sie im kyprischen Salamis auftreten und auf der Insel auch sonst während der protogeometrischen und geometrischen Epoche zahlreich vertreten sind (Abb. 81c.d)[1569]. Ich verweise ferner auf lokal gefertigte "Eulenrasseln" aus dem Übergang von der mittel- zur spätkyprischen Bronzezeit[1570]. Schließlich gehören die bereits erwähnten Vogel- und Stierkopfprotome an mykenischen und kyprischen Trichterrhyta sowohl in Enkomi wie in Ras Schamra hierher, desgleichen tönerne Vogelrasseln des Philistergebietes, die allerdings keramisch nicht als mykenische Arbeiten anzusprechen sind (Aschdod).

Es hat nach den Fundumständen durchaus den Anschein, daß man die vorgestellten keramischen Sonderformen aus der Ägäis im Osten nicht allein willig einführte, sondern auch sinnvoll im Kult verwendete (Ras Schamra). Man behandelte sie jedenfalls nicht wie Exotica/Kuriosa und vertraute sie nicht ausschließlich

---

[1566]Vgl. Anm. 1536. — Abb. 96i: Igelvase des 13. Jhs. v.Chr. (L 19,5 cm) aus Ras Schamra, im Louvre, Inv.-Nr. AO 26753, auch Yon a.O. 271 Abb. 2c. — Abb. 96i.j nach Courtois a.O. (Anm. 1557). — In einigen Fällen wurde die Deutung als "Schildkröten" vorgeschlagen, s. zu einem Stück aus Ras Schamra: H.Th. Bossert, Altkreta (3. Aufl., 1937) Nr. 496. — Vgl. neuerdings P. Misch, Die Askoi der Bronzezeit (1992) 145f. Abb. 122; S. 169 Abb. 143; S. 258.

[1567]H.-G. Buchholz, Echinos und Hystrix, Igel und Stachelschwein in Frühzeit und klassischer Antike, in: BJbV 5, 1965, 66ff.; ders., Ostmediterrane Igel im Altertum, in: Tier und Museum, A. König-Mus./Bonn 4, 1995, Heft 2, 33ff.; ders., Zur religiösen Bedeutung mykenischer Igel, in: JPR 9, 1995, 8ff.

[1568]Minet el Beida/1931 (L 37 cm, SH IIIB), Louvre, Inv.-Nr. AO 14853, s. Yon a.O. 271 Abb. 2d Taf. 15,3; bereits bei Bossert a.O. Nr. 498.

[1569]Abb. 81c.d (Erstpublikation): Nikosia, Privatbesitz, Fundort unbekannt, kyprogeometrisch I ("Whitepainted I/II"), L 36 cm, bis auf kleine Beschädigung am rechten Flügel intakt. Zum bauchig-runden Typus mit relativ kleinem Kopf (Schnabel ohne Öffnung) und ohne Stummelfüße sowie mit Einfüllstutzen vor dem Henkelgriff vgl. A. Pieridou, RDAC 1970, 93. 96 Nr. 1 Taf. 13,2. — Zu Rhyta mit durchbohrtem Schnabel (Salamis, "Proto White Painted", 11. Jh. v.Chr., L 25 cm) s. M. Yon, Manuel de Céramique Chypriote I (1976) 114 Abb. 45b; S. 172 Abb. 64,2; dieselbe a.O. (Anm. 1559, Symposium) 271 Abb. 2b; auch H.-G. Buchholz, AA 1974, 380 Abb. 39. — Es handelt sich um eine von A. Pieridou, N. Coldstream, J. Bouzek, V.R. d'A. Desborough bes. wegen Entsprechungen in Griechenland behandelte Gruppe, s. Desborough, The Greek Dark Ages (1972) 50ff. mit Abb. 11a-e Taf. 4a-d; ders., Symposium Nikosia 1972 (1973) 79ff. Taf. 17; zuletzt I. Lemos, Birds Revisited, in: Symposium Nikosia 1993 (1994) 229ff. mit Abb. 1,1-5 und Bibliogr.

[1570]H.-G. Buchholz, Kyprische Eulenrasseln, in: Archaeologia Cypria, Gedenkschrift für K. Nikolaou (1990) 33ff.

verstorbenen Einzelpersonen an. Treffen wir damit das Richtige, dann sind die zahlreich importierten mykenischen weiblichen Figürchen mit erhobenen Armen ("Psi-Idole") und ebenso rundplastische Tierfigürchen im Osten nicht einfach als fremdartiges Spielzeug angesehen, sondern ebenfalls in ihrer religiösen Bedeutung erkannt und verwendet worden (Votive, Grabbeigaben: Ras Schamra, Abb. 47b; 48b-d.f[1571]). Dieser Hinweis mag genügen; denn nahezu jeder nahöstliche Fundplatz einschließlich Zyperns, der Mykenisches erbrachte, hat auch derartige Terrakotten ergeben (z.B. Tell Basit, Tell Sukas[1572], Kamid el Loz[1573], Tell Anafa/Israel[1574], Aschdod/Israel[1575]).

J.-Cl. Courtois beurteilte das Vorhandensein derartiger Figürchen wie folgt: "Sind sie als Kultobjekte zu interpretieren, oder können sie als Indiz für die Existenz einer mykenischen Kolonie in Ugarit gelten? Es ist sehr schwierig, diese delikate Frage richtig zu beantworten, die doch von so großer Bedeutung ist, da sie das Problem berührt, wie die mykenischen Funde grundsätzlich in das Bild der semitischen Stadt und des Königreiches von Ugarit einzuordnen sind."[1576]

Fragen nach Vasenformen und ihrer Funktion sind, bezogen auf den mykenischen Import im Osten, um Beobachtungen der Motiv- und Themenselektion in der Bemalung, Ikonographie, derartiger ägäischer keramischer Erzeugnisse zu erweitern. Mehrfach ist die Vorliebe für aufwendige Ornamentik (Spiral-, Metopen-, Symmetriemuster), technisch zusätzliche Verwendung von Deckweiß auf rotem, braunem, schwarzem mykenischen "Firnis", einem "fetten" Glanzton, auf hellgelbem, ebenfalls feingeschlemmtem Überzug hervorgehoben worden[1577]. Den sich offenbarenden hohen Anspruch bei bestimmten Gattungsvarianten hat F. Schachermeyr in Termini wie "Nobelstil" zu fassen gesucht und diesen besonders häufig auf Zypern vertreten gefunden[1578].

Die Ornamentik der mykenischen Kunst ist bezüglich ihrer Strukturen, Syntax, ihren Stilisierungstendenzen oder Entwicklungen zu Rudimentärformen ein weites Feld der bisherigen Forschung gewesen. Man hat sich mit Fragen des Ursprungs

---

[1571]Hierzu Anm. 435. Weitere Psi-Idole, Gespanne und Rinderfigürchen: Ugaritica II (1949) 230f. Abb. 97,9.13-20; dazu laufend weiteres in Cl. Schaeffers Vorberichten.

[1572]G. Ploug, Sukas II (1973) 6ff. Taf. 2.

[1573]Aus einem Tempelbezirk, s. Frühe Phöniker im Libanon (1983) 77 Abb. 43.

[1574]S. Weinberg, Muse, Annual of the Museum of Art and Archaeology, Univ. of Missouri-Columbia 8, 1974, 26.

[1575]M. Dothan, Ashdod I (1967) 102f. Abb. 24,14 Taf. 14,17 (kreuzförmig mit seitlich ausgestreckten Armen).

[1576]In H.-G. Buchholz, Ägäische Bronzezeit (1987) 213.

[1577]Schalen mit aufgesetzter Weißmalerei überall im Mutterland, z.B. in Tiryns, s. Chr. Podzuweit, AA 1981, 199 Abb. 51. — Zur Vasenmalerei generell: P.A. Mountjoy, Mycenaean Decorated Pottery, a Guide to Identification (1986).

[1578]Auch "Nobelkeramik", "Pleonastischer Stil" u.a. Neubildungen, s. F. Schachermeyr, Kreta zur Zeit der Wanderungen (1979), Griechenland im Zeitalter der Wanderungen (1980), Die Levante im Zeitalter der Wanderungen (1982).

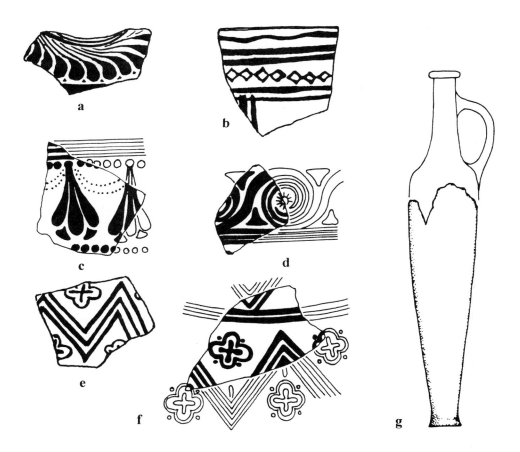

Abb. 74 a-g. Keramische Synchronismen in Trianda/Rhodos von mykenischen und ost-mediterranen keramischen Gattungen: a.c.d.f Scherben der Zeitstufen SH I B/II A (1500-1450), zusammen gefunden mit einer Scherbe der kyprischen Gattung "Whiteslip" I (b).— e Trotz der Ähnlichkeit mit f von A. Furumark als SH II B (1450-1410) einge-stuft und vergesellschaftet mit dem polierten, glänzend roten Unterteil einer kyprisch-ana-tolisch-syrischen Flasche der Gattung "Spindlebottle"(g)

Abb. 74 h. SHI-Tasse aus Therasia. Ob aus Ausgrabungen unter dem Bimsstein, ist unbekannt, jedoch wahr-scheinlich. Vormals im Besitz von H. Schliemann/Athen (nach A. Furtwäng-ler - G. Löschcke, Mykenische Vasen [1886] 21 Abb. 7)

einzelner ihrer Elemente auseinandergesetzt, ebenso mit den handwerklichen Wechselwirkungen zwischen den Objektgruppen, auf denen sie vorkommen: Man vergleiche das gemalte Ornament der Vasen und die große Kunst der Wandmalerei, seine Relation zur Ornamentik in Holz- und Elfenbeinschnitzerei, sowie zu Schmuckformen in gegossenen, getriebenen, zisilierten Bronze- und Schmuckarbeiten in Edelmetall usw.

Als ein Beispiel unter vielen mögen Beobachtungen dienen, die auf J.-Cl. Courtois zurückgehen: Die innere Ornamentierung flacher Schalen ist vom vorgegebenen Rund bestimmt und kann — durch konzentrische Kreise in Zonen gegliedert — stark zentriert, in den stets gleichen Ornamentelementen auf den Mittelpunkt bezogen sein, also optisch Radien strahlenförmig betonen (Minet el Beida, Toumba tou Skourou, Abb. 75b.d.e.j)[1579]. Sie kann aber auch immer gleiche Elemente in einer der Kreiszonen richtungsbezogen hintereinandersetzen und damit eine Bewegungsillusion, den Eindruck des — stets im Uhrzeigersinn nach rechts gerichteten — Kreisens um die Mitte erzeugen (Minet el Beida, Kition/1963, Abb. 75a.c.f-i)[1580]. Hierbei fällt auf, daß es sich einmal um pflanzliche Elemente, um die stilisierte Efeuranke, handelt (Abb. 75a[1581]), ansonsten seltener um rotierende Raubfische (Abb. 75f) oder um stilistisch sehr stark reduzierte Stierprotomen (Abb. 75g) und öfter um einander ähnliche, abstrakt stilisierte fliegende Vögel (Minet el Beida, Kition, Kalavassos-Hagios Demetrios [BCH 112, 1988, 826 Abb. 65] und "Zypern ohne Fundort" [Abb. 75c.h.i], auch in Berkeley, s. D.A. Amyx, Corpus of Cypriote Antiquities XX/5 [1974] 21 Nr. 39 Taf. 54). Ja, es wurde so gedankenlos und flüchtig verfahren, daß derartig kreisende, zur absoluten Unkenntlichkeit deformierte Wesen von den Interpreten wahlweise als "bird protomes or sea monsters" bezeichnet werden konnten (ebd. Nr. 40 Taf. 54). Im letztgenannten Fall kommt hinzu, daß beide widerstreitende Prinzipien, das rotierende mit dem radial von der Mitte nach außen fortstrebende, sinnlos kombiniert worden sind.

Festzuhalten bleibt, daß in diesen Beispielen Gegensätzliches der "Struktur" mit Sicherheit nicht als Ausdruck unterschiedlichen Volkstums oder verschiedener Kulturgruppen der Erzeuger gewertet werden darf. Auch wenn die beiden hier gegeneinander abgegrenzten Dekorprinzipien nicht einer einzigen Werkstatt entstammen, lassen sie sich keineswegs in genuin mykenischen Import und levanto-

---

[1579]Abb. 75b.d.e.j (nach J.-Cl. Courtois und E. Vermeule), s. oben Anm. 1531. Abb. 75j in kleinem Format auch in Abb. 81a.

[1580]Vgl. ferner einen neueren Fund aus Kalavassos-Mangia (BCH 111, 1987, 669f. Abb. 15). — Abb. 75a.c.f.g nach Courtois a.O. — Schaleninnendekor wie Abb. 75g auch aus Pyla-Vergi/Zypern (P. Dikaios, Enkomi II [1971] Taf. 299,4.5). — Abb. 75h nach V. Karageorghis, AA 1967, 162ff. Abb. 5. — Abb. 75i: Bonn, Akademisches Kunstmuseum, Inv.-Nr. 780 (AA 1967, 165 Abb. 4).

[1581]Schale dieser Art, unpubliziert, aus der Nekropole von Rhethymnon-Mastabas, in Rhethymnon, Arch. Mus.: Innen umlaufender pflanzlicher Fries, in diesem Fall aus gebeugten Bäumen bestehend. — Ein prächtiges Beispiel bildet im Osten eine Trinkschale auf hohem Fuß (SH IIIA1), alternierend bemalt mit Efeu und Palmen, aus Milea/Zypern, Grab 10, s. A. Westholm, QDAP 8, 1939, 1ff. Nr. 22 Taf. 5,1. Weiteres zum Efeu oben Anm. 1503-1505.

helladische Produktion trennen. Eine solche Unterscheidung ist immer wieder, auch an Scherben unternommen worden (vgl. z.B. P. Åström, Excavations at Kalopsidha and Ayios Iakovos in Cyprus [1966] 70f.).

Den von F. Stubbings und A. Furumark als "Cypro-Mycenaean" (dazu oben Anm. 1586) bezeichneten vorliegenden Schalentypus gibt es nämlich ebenso auf der Peloponnes wie auf Kreta. Wenn nicht nach "Struktur" sondern dem Grat der "Abstraktion" der rotierenden Vögel[1582] oder Rinderprotome gefragt wird, mag die Beobachtung von V. Karageorghis zutreffen, daß die so charakterisierten Stücke auf Zypern und nicht in irgendeiner ägäischen Töpferei gefertigt worden sind. Immerhin wäre dann davon auszugehen, daß im Osten nicht einfach von irgendwem "imitiert" wurde, vielmehr aus dem Westen stammende Töpfer dort ihre Arbeit fortsetzten.

So bildet denn auch die Frage nach den ikonographischen ägäischen Anregungen und ihrer Umsetzung — etwa auf Zypern — ein wichtiges Thema: Prächtige große Kratere und Hydrien waren die geeigneten Bildträger; die Gefäße stellten wegen solcher Bilder einen repräsentativen Besitz dar und sind aus Zypern[1583], sowie aus sämtlichen bedeutenden Ausgrabungsorten des Westteils Syriens[1584] und ganz Palästinas[1585] zahlreich bekannt geworden. Sicher sind sie im mediterranen Osten häufiger anzutreffen als in Griechenland selber. Deshalb wurde zeitweise angenommen, daß so gut wie alle figürlich bemalten Großgefäße dieser Art Produkte mykenischer Werkstätten Zyperns gewesen seien und von dort ihren Weg

---

[1582]Vgl. Anm. 1580. Zu den oben abgebildeten Stücken trat ein weiteres, dem Bonner Exemplar sehr ähnliches, aus Ras Schamra, s. Karageorghis a.O. 164 Abb. 3a.b.

[1583]P. Åström, Mycenaean Ware, Minoan Ware, in: SCE IV1C (1972) 289-414 mit Abb. und großer Bibliographie; ders., Comments on the Corpus of Mycenaean Pottery of Cyprus, in: Symposium Nikosia 1972 (1973) 122ff. — Repräsentative Auswahl auch zum folgenden: H.-G. Buchholz-V. Karageorghis, Altägäis und Altkypros (1971) Nr. 912-1040 (Hellas), Nr. 1616-1648 (Zypern); H.-G. Buchholz, AA 1974, 368ff.; E. Vermeule-V. Karageorghis, Mycenaean Pictorial Vase Painting (1982); J.-Cl. Courtois, Enkomi und Ras Schamra, zwei Außenposten der mykenischen Kultur, in: H.-G. Buchholz, Ägäische Bronzezeit (1987) 182ff. — Man beachte, daß Cl. Schaeffer entgegen dem allgemeinen Sprachgebrauch mykenische Kratere in Ugaritica II als "Hydrien" bezeichnet.

[1584]J.-Cl. Courtois, Sur Divers Groupes de Vases Mycéniens en Méditerranée Orientale, in: Symposium Nikosia 1972 (1973) 137ff.; D. Baramki, The Impact of the Mycenaeans on Ancient Phoenicia, ebd. 193ff.; Buchholz a.O. 398ff., ferner P. Åström a.O. und bereits oben genannte Lit. (V. Hankey, T. Dothan u.a.).

[1585]R. Amiran, Ancient Pottery in the Holy Land (1969) 184ff. Taf. 57ff.; S. 186 mit Photos, 199ff. ("Imported Mycenaean Vessels and their Local Imitations"); H.-G. Buchholz, AA 1974, 414ff.; K. Galling, Biblisches Reallexikon (1977) 371 Register: Mykenische Keramikimporte. — Dazu laufende Neufunde und deren Veröffentlichungen. — Äußerst knapp, mit Lit. bis etwa 1983, in H. Weippert, Palästina in vorhellenistischer Zeit, Hdb. der Archäol. (1988) 317ff.

in die Ägäis gefunden hätten: Man nannte sie "levanto-helladisch"[1586].

Ihre Bildmotive entstammen überwiegend der ritterlichen Welt mykenischer Krieger, so Wagenszenen (z.B. Ras Schamra, Abb. 44b). Derartige Kratere kennen wir nicht allein aus Zypern[1587], sie kommen vielmehr ebenso in Amman/Jordanien vor (Abb. 73a) und mit einem interessanten linksläufigen Beispiel in einem an mykenischer Keramik sehr reichen Grab von Tell Dan/Nordisrael[1588]. J. Wiesner glaubte im Bild eines SH IIIB-Kraters aus Jalysos/Rhodos eine "Kultszene mit fünf Frauen und Streitwagen", bzw. eine "Wagenszene mit bewaffneten Frauen im Leinenpanzer" annehmen zu dürfen[1589], doch sagte er nicht, was an dem Bild feminin sei. Die Schwertträger sind hier nicht anders gekleidet als auf zahlreichen anderen Wagenvasen oder im Stockholmer Schiffsbild (Abb. 10e).

[1586]Vgl. F.H. Stubbings, Mycenaean Pottery from the Levant (1951). Dieselbe Klassifizierung als "kyprominoischen" Import auf dem griechischen Festland auch bei S. Immerwahr (Archaeology 13, 1960, 9ff.) und F. Schachermeyr (AA 1962, 365f.). — H. Drerup, in: F. Matz, Forschungen auf Kreta (1951) 82ff. Nr. 8 Taf. 3,2; 65,4-6 (Wagenkrater des SM/SH IIIB aus einem Grab bei Suda/Westkreta, "vermutlich kyprisch"); s. auch Studien von Å. Åkerström, der wiederum Berbati/Argolis als eins der Hauptherstellungszentren annahm. — Auf Herkunftsbestimmungen mit Hilfe von Tonanalysen gehe ich hier nicht ein, Lit. dazu jeweils kurz bei P. Åström a.O.

[1587]V. Karageorghis, A Late Mycenaen IIIB-Chariot Crater from Cyprus, in: RDAC 1982, 77ff.; C.E. Morris, The Mycenaean Chariot Krater, a Study in Form, Design, and Function, unpublizierte PhD-These, Univ.-College, London 1989; vgl. auch F. Vandenabeele, Some Aspects of Chariot-Representations in the Late Bronze Age of Cyprus, in: RDAC 1977, 99ff. — Zu derartigen und weiteren mykenischen Krateren aus Ras Schamra bereits: Cl. Schaeffer, BSA 37, 1936/37, 212ff. und ders., JdI 52, 1937, 139ff. Zuletzt Scherben von Wagenkrateren aus Maroni-Tsaroukkas, s. A. Swinton, RDAC 1994, 101 Taf. 12,3.

[1588]Amman: auch in H.-G. Buchholz, AA 1974, 429 Abb. 77. — Tell Dan: A. Biran, IEJ 20, 1970, 92ff. Taf. 25a-c (linksläufiges Bild, sehr selten, z.B. H.W. Catling, ArchRep 1978/79, 16, 18 Abb. 22 [Nauplia]). — Bei den mykenischen Scherben aus Gezer sind u.a. auf der einen Pferdebeine erkennbar, sie muß von einem Wagenkrater stammen, s. Buchholz a.O. 419 Abb. 69a.b. — Wichtiges Figuralverziertes u.a. unter den Megiddo-Objekten, s. P.L.O. Guy, Megiddo Tombs (1938) Taf. 87,2, ebenso unter den mykenischen Scherben von Ras Basit, nördlich von Ras Schamra.

[1589]J. Wiesner, Olympos (1960) 245 mit Abb. und S. 254 zu dieser Abb.; Wiesners Fundort "Palysos" ist nichts anderes als Ialysos/Rhodos, ital. Ausgrabungen, Grab 60,2; der betr. Krater befindet sich in Rhodos, Arch. Mus. (s. CVA Italia, fasc. 10, Taf. 460,4 und 5). Zwei der Figuren sind als Motiv 1,6 und 1,14 bei A. Furumark, Mycenaean Pottery zu finden. — Zu einigen weiteren Wagenkrateren und Fragmenten, aus Zypern: P. Dikaios, Enkomi II (1971) Taf. 298,1 (Frgt., Wagenbesatzung und Reste der Pferde, Pyla-Vergi), s. auch Bd. IIIA Taf. 230,1; 231,1-4. — Bd. II Taf. 301a.b (Pyla-Vergi, Wagenkrater). — Bd. II Taf. 304,31 (Enkomi, Frgt.), auch Bd. IIIA Taf. 65,28, ähnlich Taf. 199,5.11. — Bd. II Taf. 66,41 (Enkomi, Frgt. mit Wagenrad), auch IIIA Taf. 111,2001. — Bd. II farbiges Frontispiz und Taf. 87,24, Taf. 304,20 und Bd. IIIA Taf. 11,1387 (zeichnerische Ergänzung).

In Tiryns erscheint erstmals die Darstellung eines regelrechten Wagenrennens[1590]. Demselben ritterlichen Lebensbereich gehören Darstellungen von Männern auf Pferden stehend an, also von ungeschickt wiedergegebenen Reitern (Ras Schamra)[1591], sowie von gewappneten Pferdeführern in antithetisch angeordneter Gruppe (Klaudia, Pyla/Südzypern und Ras Schamra, Abb. 96a[1592]). Bei letzterem handelt es sich um ein im griechischen Raum lange gepflegtes symmetrisches "Wappenbild" mit einem Höhepunkt der Häufigkeit in ebenfalls adelsgeprägter geometrischer Zeit. Schließlich spiegelt sich die Freude am Militärischen in Kriegerfriesen, beispielsweise an einem Trichterrhyton aus Ras Schamra (Abb. 96c).

Und endlich entsprechen — teilweise stark abgekürzte und schematisierte — Jagdbilder dem Darstellungsbedürfnis der mykenischen Adelswelt. Auch sie sind im Osten vertreten. So ergeben die ergänzten Fragmente eines Kraters aus Ras Schamra (Fund-Nr. 4460/1964) eine Szene mit gejagtem Hirsch und Hundemeute[1593]. Die kritische Feststellung geringerer Lebendigkeit solcher Bilder beruht auf dem Vergleich mit der Vitalität der dynamischen Gestaltungsweise in minoisch-mykenischen Wandgemälden und auch in der Kleinkunst (Siegel, Elfenbeinschnitzerei oder im getriebenen Bild an Goldgefäßen, s. oben Abb. 3c-e; 4d). Lebhaftere Jagdbilder kennen wir bereits von dem oben mehrfach erwähnten Fayencerhyton aus Kition, dort mit östlichen Elementen durchsetzt.

Mit dem Schiffsbild an einer Hydria aus Zypern in Stockholm ist gewiß dieselbe kulturell-geistige Lebenshaltung angesprochen; denn die dargestellten

---

[1590]S. Laser, Sport und Spiel, Lieferung T, in: H.-G. Buchholz, ArchHom (1987) 23 Abb. 2 (Umzeichnung nach K. Kilian). — W. Güntner, Figürlich bemalte mykenische Keramik aus Tiryns, in: Tiryns XII (1997).

[1591]Cl. Schaeffer, Ugaritica II (1949) 158 Abb. 61a-c (lokale Produktion?), s. auch J.-Cl. Courtois, in: H.-G. Buchholz, Ägäische Bronzezeit (1987) 212f. und J. Wiesner, Fahren und Reiten, Lieferung F, in: H.-G. Buchholz, ArchHom (1968) 116f. Abb. 21a.b; ebd. 115 Abb. 20a: Mykenischer Krater in Amsterdam mit Wagenausfahrt, davor ein Reiter.

[1592]Ras Schamra: Amphoroïder Krater aus stark glimmerhaltigem Ton vom Ende des 13. Jhs. v.Chr. (Mündungsdurchm. 43,5 cm; Fund-Inv. 27.319/1964, "Kleiner Palast"), s. Cl. Schaeffer, Ugaritica V (1968) Taf. 3-7; ders., AfO 21, 1966, 134 Abb. 17; H.-G. Buchholz, AA 1974, 402 Abb. 57a.b; J.-Cl. Courtois und H.-G. Buchholz, in: Ägäische Bronzezeit (1987) 213 Abb. 66a.b; S. 502. — Glockenkrater SH IIIB/spät aus Pyla-Kokkinokremos: Pferdehalter zwischen zwei Wagengespannen, s. V. Karageorghis, CRAI 1982, 720 Abb. 11a.b; ders., RDAC 1982, 77ff. mit Farbtaf. 12; V. Karageorghis-M. Demas, Pyla-Kokkinokremos (1984) farbiges Titelbild und S. 33 Nr. 12 Taf. 18. 33. — Desgl. aus Klaudia, ebenfalls mit antithetischen Gespannpferden, London, Brit. Mus., Inv.-Nr. C 342, s. Furumark a.O. Taf. 35, Abb. 54,22. Instruktive Gegenüberstellung mit griechisch-geometrischer Darstellung des Pferdehalters bei St. Hiller, The Greek Dark Ages, in: Convegno Rom 1988 (1991) 127 Abb. 6g.h. Unten Anm. 2480.

[1593]J.-Cl. Courtois, Symposium Nikosia 1972 (1973) 137ff. 142ff. Abb. 2 und 3 Taf. 21,1.5.6. — Weiteres zu Wildtier- und Jagdszenen auf mykenischen Vasen, s. H.-G. Buchholz-G. Jöhrens-I. Maull, Jagd und Fischfang, in: ArchHom, Lieferung J (1973). Gegenüberstellung von mykenischer und griechisch-geometrischer Jagdszene bei Hiller a.O. Abb. 6i.j.

mykenischen Schiffseigner sind vornehm gekleidet und bewaffnet, allerdings treten
sie friedfertig als Handelsherren auf (Abb. 10e, Anm. 146). Seit einiger Zeit sind
späthelladische Vasen mit Darstellungen von Schiffen und ihren Besatzungen,
regelrecht in Seegefechte verwickelt, in Mittelgriechenland ausgegraben worden.
Andererseits weisen zahlreiche späthelladische Darstellungen auf Gefäßen, z.B. am
sogenannten "Fensterkrater" aus Kourion/Zypern[1594], in Bereiche der Palastkultur
und in sakrale Zusammenhänge, worüber unten zu berichten sein wird. Auf die
"Trinkerszene" aus Enkomi (Abb. 72d) ist bereits verwiesen worden.

Oft bilden Tiere in rechtsgerichteter Reihung friesartig den kennzeichnenden
Schulterdekor derartiger Gefäße: Stiere (Abb. 5h), Steinböcke[1595], auch Vö-
gel[1596] oder Fische verschiedener Größe in unregelmäßiger Anordnung[1597].
Hierzu zählt M. Ohnefalsch-Richters "Ochsenkrater" aus Hagia Paraskevi in Berlin
(Inv.-Nr. Misc. 8103, s. A. Furtwängler, AA 1890, 93; BCH 86, 1962, 11ff.).
Gelegentlich sind je zwei Rinder oder Vögel einander gegenübergestellt (vgl. Abb.
3a.b)[1598]. Der in den Bereich der älteren "Meeresbilder" gehörende Tintenfisch,

---

[1594]Häufig abgebildet, z.B. Symposium Nikosia 1972 (1973) Taf. 10,5; z.B. St. Casson,
Ancient Cyprus (1937) Taf. 4; H.Th. Bossert, Altsyrien (1971) Abb. 222, 223; V. Karageorghis, JHS 77, 1957, 269ff. und Bibliogr. unten Anm. 2444.

[1595]Zu Stierbildern oben Anm. 31. 1159; vgl. A. Furumarks Stiermotiv mit Nachweisen,
sodann u.a. Cyprus Mus., Inv.-Nr. A 1647, s. Stubbings a.O. (Anm. 1586) Taf. 11,2 und
CVA Cyprus Mus. 1 (1963) Taf. 5,1; ferner vollst. Krater aus Enkomi und Fragment aus
Pyla: P. Dikaios, Enkomi IIIA (1969) Taf. 203. 204; 223,7; 224; V. Karageorghis-M. Demas,
Pyla-Kokkinokremos (1984) Taf. 19 und 34 (aus der Ausgrabung von P. Dikaios: 1953/V-
21/25). — Steinbockfries an einem SH IIIB-Glockenkrater: Dikaios a.O. Taf. 192,15.

[1596]Zur Ikonographie mykenischer Vögel s. A. Furumarks Motivzusammenstellungen. Vgl.
weiterhin J.R. Kalischer, Die Darstellung des Vogels in der orientalischen, ägyptischen und
mykenischen Kunst, ungedr. Diss. Marburg 1942; J.L. Benson, Horse, Bird and Man, the
Origins of Greek Painting (1970). Zahlreiche Belege in P. Dikaios, Enkomi II (1971) Taf.
307,183.184; 308,211.236-238; 309,277.279.282-288; 311,341.342; 312,184; 313,277.279;
III A (1969) Taf. 81,26-28.30-38; 98,2; 123,4; B. Kling, The Bird Motive in the Mycenaean
IIIC Pottery of Cyprus, in: TUAS 9, 1984, 46ff.

[1597]Hierzu s. Lit. in meiner Studie zum Fischkrater von Akko (oben Anm. 1525); ähnlich
auch in J.-F. Salles, La Nécropole 'K' de Byblos (1980) 81 Abb. 13,2 Taf. 12,1.3. — Zu
Cyprus Mus., Inv.-Nr. A 1543 auch CVA Cyprus Mus. 1 (1963) Taf. 12,1-3; ferner Fragmente aus Enkomi: Dikaios a.O. II (1971) Taf. 309,280; 312,280; IIIA (1969) Taf. 81,29.
Zuletzt: J.H. Crouwel-Chr. Morris, The Beginnings of Mycenaean Pictorial Vase Painting,
in: AA 1996, 197ff. 202ff. (Liste der Fischkratere, mit Abb.). — Zu Fischdarstellungen in
einer Tasse aus Klauss (Patras-Mus., Inv.-Nr. 266) ist gefragt worden, ob levantinischer
Ursprung oder nur Beeinflussung vorliege: Th. Papadopoulos-R.E. Jones, OpAth 13, 1980,
228f. Abb. 6.7.

[1598]Zu antithetischen Stieren (Rindern) oben Anm. 29 und 39. Zu antithetischen Vögeln mit
zurückgewandtem Kopf bes. J.L. Benson, A Problem in Orientalizing Cretan Birds, Mycenaean or Philistine Prototypes?, in: JNES 20, 1961, 73ff., übernommen von St. Hiller a.O.
Abb. 6e.f. Zum Phänomen von Bildsymmetrien s. E. Spartz, Das Wappenbild des Herrn und
der Herrin der Tiere in der minoisch-mykenischen und frühgriechischen Kunst, Diss.

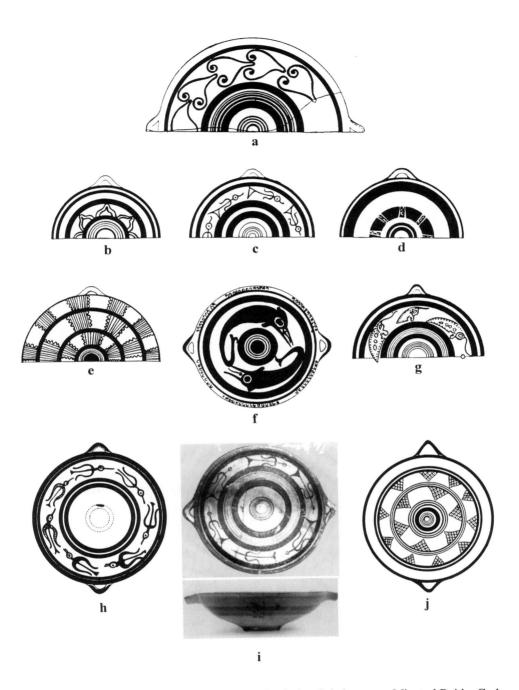

Abb. 75 a-j. Innenzeichnung flacher spätmykenischer Schalen: a-g Minet el Beida, Grab 6. — h Desgleichen aus Kition/Zypern. Stark abstrahierte Vögel im Fluge sind mit c und i zu vergleichen. — i Unbekannten Fundortes; Bonn, Akademisches Kunstmuseum, Inv.-Nr. 780. — j Toumba tou Skourou/Zypern (s. Abb. 81)

kommt stark schematisiert, die gesamte Fläche von Krateren füllend, auch noch im 13. Jh. v.Chr. vor, beispielsweise in Enkomi und Pyla-Vergi[1599]. Bekanntlich führt der oft zitierte Enkomi-Krater, der vielleicht "Zeus mit der Schicksalswaage" zeigt, als Hauptdekor auf beiden Seiten je einen Oktopus[1600].

Weder bei den Stier-, Steinbock-, noch anderen Tierdarstellungen wird man von einem "Tierstil" in Analogie zum skythischen oder asiatischen Tierstil sprechen wollen[1601], denn es geht mehr um Bildinhalte und ihre Deutung als um "Stil", der ja nicht auf Tiere allein beschränkt bleibt, vielmehr die vorliegenden Kunstäußerungen als Ganzes erfaßt. Die dargestellten Wesen sind vom Typus her begriffen, nicht selten in den Proportionen verzerrt und zeichnerisch allein vom Umriß her konzipiert[1602].

Eine bestimmte Art flotter Zeichnung — meist mit mattem, rötlich-braunem "Firnis" — wurde von A. Furumark als "Rude Style" bezeichnet[1603]. M. Yon zog den Begriff "Style Pastorale" vor[1604]. Ein deutscher Name fehlt. Es handelt sich nahezu ausschließlich um den Dekor von Glockenkrateren. In der Tat sind hier Konturlinien und Innenzeichnung mehr als flüchtig angelegt: Bei Vierbeinern ist die Rückenlinie in der Regel unnatürlich dick, merklich plumper gebildet, als es die übrigen Pinselstriche sind. Inhaltlich spielen nur Tiere und Pflanzen eine Rolle, oft so ineinander verwoben, daß man meint, Bäume, Sträucher, Zweige hätten die Aufgabe, Umwelt impressionistisch anzugeben. Es handelt sich um gebeugte Zweige, an denen Ziegen und Steinböcke knabbern, um Gebüsch, in dem sich Rinder tummeln. Vögel treten allerdings meist in friesartiger Anordnung gereiht,

---

München 1962.

[1599]Dikaios a.O. II (1971) Taf. 299,6.7 (aus Pyla-Vergi); V. Karageorghis-M. Demas, Pyla-Kokkinokremos (1984) 24 Nr. 20 Taf. 34,20 (als minoischer Import angesprochen: SM III). Zur Entwicklung des Motivs bis hin zu sinnentleerten Derivaten (Furumark Motiv 21) s. L. Rocchetti, in: Convegno Rom 1988 (1991) 97ff.

[1600]M.P. Nilsson, Geschichte der griechischen Religion I (3. Aufl., 1967) 366f. Taf. 25,1, mit Lit., dazu P. Dikaios a.O. II Taf. 302; H.-G. Buchholz-V. Karageorghis, Altägäis und Altkypros (1971) Abb. 1621; H.-G. Buchholz, Ägäische Bronzezeit (1987) 175 Abb. 49. Auf die Oktapoden als Hauptfiguren hat J. Wiesner in folgendem Aufsatz hingewiesen: Die Hochzeit des Polypus, in: JdI 74, 1959, 35ff. Weiteres unten Anm. 2190.

[1601]N.A. Rhyne, The Aegean Animal Style, a Study of the Lion, Griffin, and Sphinx, Diss. Chapel Hill/North Carolina 1970 (Ann Arbor 1982).

[1602]E. Vermeule, Mycenaean Drawing, Amarna, and Egyptian Ostraka, in: Studies in Ancient Egypt, the Aegean, and the Sudan; Essays in Honor of D. Dunham on Occasion of his 90th Birthday 1980 (1981).

[1603]Mycenaean Pottery (1941) 465ff. — Der Ausdruck "Style Rude", von V. Karageorghis ins Französische übertragen, ist nicht ins Deutsche übersetzbar, ohne schief, pseudo-romantisch, geradezu peinlich zu klingen (Nouveaux Documents pour l'Étude du Bronze Récent à Chypre [1965] 231ff.).

[1604]RDAC 1982, 109ff. Taf. 19, S. 110 Abb. 3 auch in: Symposium Nikosia 1993 (1994) 193 Abb. 3a.

seltener zu zweit auf eine zentrale Pflanze bezogen, auf[1605]. In der Londoner Dissertation von D. Anson ist diese Vasen- und Malgattung nach allen Seiten hin ausgeleuchtet worden[1606]. Danach gibt es sie in Hellas nicht, sie stellt demnach die einzige Spielart mykenischer Keramik dar, von der sicher gesagt werden darf, daß sie auf Zypern hergestellt worden ist. In der übrigen Levante kommt sie lediglich in geringer Zahl als Handelsgut vor (Ras Schamra, Minet el Beida, Byblos, Tell Abu Hawam, Gezer[1607]). Auf Zypern ist sie bezeugt in Angastina, Aradippo, Arpera, Hala Sultan Tekke, Kalavassos-Hagios Demetrios, Kition (Larnaka), Klaudia, Maroni, Myrtou-Pigades, Pyla-Vergi und mit vielen Belegen vor allem in Enkomi. Bildträger, Vasenformen, und Ausgangsmotive gehören ebenso wie manche technischen Einzelheiten in die Tradition mykenischer Töpferkunst. Im Nahen Osten fehlen die hauptsächlichsten Vorformen des "Rude Style". Somit bekundet dieses Derivat der SH IIIB-Keramik Griechenlands die Anwesenheit von mykenischen Töpfern auf der Insel. Auch dies ist ein nicht zu unterschätzendes Kriterium für Einwanderung aus der Ägäis im späteren 13. Jh. v.Chr.

Noch nachhaltiger tritt das Problem der lokalen Anfertigung mykenischer Töpferware in Zypern und an der übrigen Levanteküste oder ihres Imports nach dort mit den SH IIIC-Varianten des 12. Jhs. v.Chr. zutage. Der Menge nach sind diese Gattungen schwer überschaubar, deutlich ist wiederum Zypern stärker an der Verbreitung beteiligt als die syrisch-palästinensische Gegenküste. Mit der intensiven Suche nach SH IIIC in Palästina durch V. Hankey (z.B. in Beth Schean[1608]) erhielt diese Richtung archäologischer Forschung einen Impuls. Strittig blieben allerdings jederzeit und überall nachprüfbare Kriterien zur Unterscheidung zwischen importierten SH IIIC-Gefäßen und örtlich angefertigten (z.B. mittels naturwissenschaftlicher Methoden, angewandt an SH IIIC-Keramik in Aschdod[1609]).

[1605]Zu Beispielen s. Anm. 1603. 1604. Schöner SH IIIB-Halskrater mit Steinböcken aus Kazaphani/Nordzypern (C.S. 1828/1829): K. Nikolaou, ArchRep 1975/76, 41 Abb. 11; weiteres Beispiel des "Rude Style": I. und K. Nikolaou, Kazaphani (1989) Taf. 14,288. Glockenkrater dieser Gattung aus Angastina/Zentralzypern: K. Nikolaou, RDAC 1972, 58ff. 84 Abb. 4 Taf. 15,1-6.

[1606]Zusammenfassung: "The Rude Style Late Cypriot IIC-III-Pottery, an Analytical Typology", in: OpAth 13, 1980, 1ff., mit Fundlisten und zahlreichen Abb.

[1607]M. Yon a.O. und D. Anson a.O. (vorige Anm.) 17f. Nr. 13. 20. 27. 54; Ugaritica II 156f. Abb. 60,18.23 = Abb. 124,6.7.

[1608]V. Hankey, AJA 70, 1966, 169ff. Taf. 45; auch F. James, The Iron Age at Beth-Shan (1966) Abb. 49,4; H.-G. Buchholz, AA 1974, 416. 451 Abb. 89b. Auf eine immer wieder versuchte Unterscheidung von importiertem SM und SH (IIIC) vermag ich hier nicht einzugehen.

[1609]M. Dothan, Archaeology 20, 1967, 181 mit Abb. (Bügelkanne); F. Asaro-I. Perlman-M. Dothan, An Introductory Study of Mycenaean IIIC1-Ware from Tel Ashdod, in: Archaeometry 13, 1971, 169ff.

Es handelt sich um Bügelkannen (z.B. SH IIIC1, Ekron, Altpaphos[1610]), überwiegend jedoch um Skyphoi ("deep bowls"), mit und ohne Dekor, u.a. mit Wellenlinien (sog. "Granary-Gattung", nach der Erstauffindung bei den Getreidespeichern von Mykene so benannt), die in Ibn Hani (Ugarit) und anderswo im Osten auch aus örtlichen Tonsorten getöpfert wurden. Eine der größten Fundgruppen umfaßt in Altpaphos 125 vollständige Skyphoi und Scherben von mindestens 470 weiteren Gefäßen dieser Art[1611]. Vögel mit zurückgewandtem Kopf treten in einer Stilisierung auf, die in der "Philisterkeramik" wiederkehrt; sie waren fester Bestandteil des Motivschatzes dieser spätestmykenischen Keramik[1612]. Töpferware vom Typus SH IIIC1 ist u.a. auch in Kilikien angetroffen worden[1613], desgleichen in der Amuq-Ebene[1614], in Fragmenten ebenfalls in Ibn Hani und Byblos[1615]. In Ekron wurde die SH IIIC1b-Keramik zum datierenden Hauptelement des Stratums VII der ersten Hälfte des 12. Jhs. v.Chr.: "The Mycenaean IIIC:1b pottery assemblage, which made up at least 50 percent of the ceramic sample, included monochrome, decorated bell-shaped bowls, kraters, stirrup jars, beer jugs, and the plain-ware kalathos"[1616]. Unten S. 730ff. wird auf das Ende der Bronzezeit und damit auch auf das Phänomen der SH IIIC-Keramik noch einmal zurückzukommen sein. Unsere Abbildung 86 parallelisiert deren Abfolge mit keramischen Phasen in Kreta, Zypern und Palästina.

[1610]F.G. Maier, Evidence for Mycenaean Settlement at Old Paphos, in: Symposium Nikosia 1972 (1973) 68ff. Taf. 13-15 und ders., 6. Trierer Winckelmannsprogramm 1984 (1985) Taf. 6,3.

[1611]Maier a.O. 13f. Abb. 9a-i Taf. 6,4.

[1612]IIIC1b, z.B. in Maa-Palaiokastro: V. Karageorghis, CRAI 1982, 711 Abb. 6c; V. Karageorghis-M. Demas-B. Kling, RDAC 1982, 86ff. Zu Vogelmotiven auf IIIC1b-Keramik in Zypern s. ferner: B. Kling, TUAS 9, 1984, 46ff. Zu Vögeln mit rückwärts gewandtem Kopf s. J. Benson, Horse, Bird and Man (1970) 28f. 61 Taf. 7,2 (Mykene); 17,1.2. — Weitere SH IIIC-Keramik z.B. in Atheainou, s. H.-G. Buchholz, AA 1974, 382, nach T. Dothan und A. Ben-Tor.

[1613]G.M.A. Hanfmann, AJA 52, 1948, 139 Anm. 20.

[1614]Chatal Hüyük/1934, Chicago, Slg. des Orient. Inst., Inv.-Nr. A 26950/b 2541.

[1615]Ibn Hani: A. Bounni-E. und J. Lagarce-N. Saliby, Syria 55, 1978, 281 Abb. 28. — Byblos: J.-F. Salles, La Nécropole 'K' de Byblos (1980) 31f. 35. 65f.

[1616]T. Dothan-S. Gitin, Ekron, in: The Anchor Bible Dictionary II (1992) 415ff. mit Bibliographie.

Erläuterungen zu Abb. 76 a-e auf gegenüberliegender Seite: a Mykenischer Ringkernos, Boston, Museum of Fine Arts. — b Hybrides Gefäß aus Kition/Zypern, der Form nach "Basering", der Bemalung nach mykenisch. — c Graumonochromer Krater mit eingepressten Wellenbändern wie e, nordwestanatolischer Import in Pyla-Vergi/Südostzypern. — d Hängepyxis aus Boiotien mit Efeubemalung (vgl. Abb. 70 g; 73 c.f), Erlangen, Universität, Slg. des Arch. Inst. — e Krater der nordwestanatolischen grauen Keramik auf hohem Fuß, Grab 15 der Beşik-Nekropole bei Troja

Abb. 76 a-e. Ägäische Keramik und Verwandtes im Osten, dazu Näheres auf der
gegenüberliegenden Seite

Ägäische Bügelkannen, aus so grob gemagertem Material gemacht, daß man den Eindruck von verbackenen Haferflocken bekommt, heißen im englischen Archäologen-Jargon "Oatmeal-Stirrup-Jars". Teils sind sie als Erzeugnisse West-kretas, teils als vom helladischen Festland stammend (Theben/Boiotien) angesehen worden. Sie kommen als eine ausgesprochene Seltenheit auch auf Zypern bis gegen Ende der Bronzezeit gelegentlich vor (z.B. in Atheainou[1617]).

Zuletzt müssen noch ägäische keramische Produkte erwähnt werden, die ebenfalls auf Zypern (Pyla-Vergi, Abb. 76c[1618]; Hala Sultan Tekke, Enkomi und Kition[1619]), ferner in Ras Schamra, Minet el Beida und Tell Qasr[1620], sowie in Tell Abu Hawam und Lachisch[1621], neuerdings auch in Ekron[1622] nachgewie-

---

[1617]H.-G. Buchholz, AA 1974, 382 und bereits: J.L. Benson, Coarse Ware Stirrup Jars of the Aegean, in: Berytus 14, 1961-63, 37ff.; u.a. Ugaritica II Taf. 27a.b (grobe Keramik, Hell-auf-Dunkel); ferner I. und K. Nikolaou, Kazaphani (1989) 17ff. Nr. 193 Abb. 7 Taf. 14 ("Late Minoan IIIB", im Text: "copying Minoan IIIB").

[1618]P. Dikaios, Enkomi II (1971) 917 Nr. 53 Taf. 298,10; IIIA (1969) Taf. 234,4 (mit geritztem kyprominoischen Zeichen auf dem Boden: ⱵⱵ); s. H.-G. Buchholz, Grey Trojan Ware in Cyprus and Northern Syria, in: Proceedings of the Colloquium on Aegean Prehisto-ry, Sheffield 1970 (1973) 179ff. Taf. 25d (Troja VI/VII); S. Heuck-Allen, Trade and Migration? Grey Burnished Wheelmade Wares of the Eastern Mediterranean, in: AJA 95, 1990, 218; dies., Late Bronze Age Grey Wares in Cyprus, in: J.A. Barlow-D.L. Bolger-B. Kling, Cypriot Ceramics (1992) 151ff. — Das Schriftzeichen ist offenbar sekundär. Zu der-artigen Marken unten S. 526ff.: ⱵⱵ , auch ⱵⱵ , an mykenischen Gefäßen in Zypern (z.B. Bügelkanne im Cyprus Mus., Inv.-Nr. A 1629, s. H.-G. Buchholz, Minos 3, 1954, 133ff. Abb. 2 und 3; weitere Gefäße: ebd. 137 Anm. 1; F. Daniel, AJA 45, 1941, 281), einmal auch in Tell el Hesy (Buchholz a.O. 148 Anm. 2), sodann an einer bronzenen Speerspitze aus Zypern in Kopenhagen, National-Mus., Inv.-Nr. 715 (s. Buchholz a.O. 133ff. Abb. 1 und ders., in: Tagung Hamburg 1969 [1971] 120 Abb. 30), ferner als letztes von vier Zeichen der Inschrift einer Silberschale aus Ugarit: ⱵⱵ (Buchholz, Minos a.O. 150 Anm. 3). In Theben/-Böotien kommt mehrfach ⱵⱵ statt ⱵⱵ in sonst gleichen Zeichengruppen vor (Buchholz a.O. 137f. Abb. 4a-c), in Linear A auf Kreta regelmäßig als ⱵⱵ , weshalb ein Zusammen-hang aller Varianten mit dem hieroglyphisch-hethitischen ⱵⱵ (Abb. 97d) wahrscheinlich er-scheint und zu lesen sein wird: "(dem staatlichen) Magazin (gehörig)", vgl. Sedat Alp, Untersuchungen zu den Beamtentiteln (1941) 1ff.; ausführlich zu den Mešedi-Titeln H.Th. Bossert, Ein hethitisches Königssiegel (1944) 237-249.

[1619]Dikaios a.O., Nachweise im einzelnen bei S. Heuck-Allen, Rare Trojan Wares in Cyprus, in: RDAC 1988, 83ff. Abb. 1,1-5 Taf. 9 und deren angekündigte PhD-Dissertation "Trade or Migration? Grey Burnished Wheelmade Wares of the Central and Eastern Mediterranean in the Late Bronze Age"; P. Åström, Symposium Nikosia 1985 (1986) Taf. 5,1 (grauminy-sche Scherbe F 1196).

[1620]Nachweise in Buchholz a.O. Abb. 16,2.3 Taf. 25a.b; vgl. D.H. French, AnatStud 19, 1969, 69f. 90 mit Abb. 24 (auch zur folgenden Anm.).

[1621]A.J.B. Wace-C. Blegen, Klio 32, 1939, 138; O. Tufnell, Lachish II (1940) 80f. Taf. 63,8; French a.O. 70; Buchholz a.O. 182 und ders., AA 1974, 421.

sen worden sind. Es handelt sich um nordwestanatolische Graukeramik mit metallischem Glanz (z.B. Abb. 76e[1623]) und um weiter trojanische Gattungen (z.B. sogenannte "Buckelkeramik", s. oben Anm. 1618). Graukeramik gab es schon während der frühen Bronzezeit in Nordwest-Anatolien als Ausgangsprodukt einer langen Tradition, die in Griechenland im "Grauminyschen" gipfelte[1624]. In der Troas und auf den vorgelagerten Inseln, insbesondere auf Lesbos, waren maus- bis dunkelgraue Gattungen so vorherrschend, daß in ihnen sogar mykenische Vasenformen nachgeahmt wurden[1625].

Derartige Zeugnisse des 13. und beginnenden 12. Jhs. v.Chr. sind im bronzezeitlichen Fundstoff der Länder am östlichen Mittelmeer so selten, daß sie nicht als Indiz für die Einwanderung nordostägäischer Bevölkerungsteile genommen werden können, ja, nicht einmal ein Kriterium für "Handel" bilden. Dennoch zeigen sie Verbindungen zwischen den beiden Regionen an, und sei es als Privatbesitz einzelner Personen, Reisender, Seefahrer oder Söldner.

Dergleichen hat übrigens nichts mit der "barbarischen" Keramik ("Barbarian Ware"), einer ohne Töpferscheibe hergestellten groben, erdigbraunen Keramikart, zu tun, die in Griechenland mit der Einwanderung balkanischer Gruppen im Zuge der "Dorischen Wanderung" in Verbindung gebracht worden ist und jedenfalls ganz ans Ende der Bronzezeit gehört. Auch in Zypern sind vergleichbare grobe Keramiken ganz vereinzelt beobachtet und wiederum sogleich mit Invasionstheorien verknüpft worden[1626]. Die tendenziöse Benennung wertet ab und suggeriert zugleich Ethnisches, sie ist in seriöser Archäologie nicht anwendbar.

[1622]T. Dothan-S. Gitin a.O. (Anm. 1616) 417 ("Krater fragments of Anatolian grey polished ware", Stratum VIIIA); S.H. Allen, Trojan Grey Ware at Tel Miqne-Ekron, in: BASOR 293, 1994, 39ff.

[1623]Abb. 76e, Beşik-Tepe, Grab 15 (Grabung M. Korfmann), nach L. Latacz, News from Troy, in: Berytus 34, 1986, 117 Abb. 14b (im selben Grab ein mykenisches lentoïdes Siegel). Scherben grauer Keramik aus Schliemanns Trojagrabungen in Berlin: Buchholz a.O. Taf. 26a-d.

[1624]J.B. Rutter, Fine Grey-burnished Pottery of the Early Helladic III Period, the Ancestry of Grey Minyan, in: Hesperia 52, 1983, 327ff. — Die Verbreitung von grauer Keramik erstreckte sich in den Bergregionen weit nach Osten, s. S. Cleuziou, Tureng Tepe and Burnished Grey Ware, a Question of 'Frontier', in: Antiquus 25, 1986, 221ff.

[1625]Zahlreiche Beispiele aus Troja, ferner u.a. eine Kylix aus Antissa/Lesbos, s. Buchholz a.O. (Anm. 1617) 180 Taf. 25c.

[1626]V. Karageorghis, Symposium Nikosia 1985 (1986) 246ff. Versachlicht und umfassend studiert von: D. Pilides, Handmade Burnished Wares of the Late Bronze Age; Toward a Clearer Classification System, in: J.A. Barlow-D.L. Bolger-B. Kling, Cypriot Ceramics (1991, oben Anm. 1458) 139ff. 141 (sog. "Barbarian Ware"); 149f. (Lit.-Liste). Bereits zur Problematik innerhalb der Ägäis: S. Hood, Buckelkeramik at Mycenae?, in: Festschrift Grumach 120ff.

3. *Kyprische und andere Keramik der Levante als Handelsware*

Da in diesem Buch Früh- und Mittelbronzezeit nur exkursorisch in die Betrachtung einbezogen worden sind (S. 105ff. mit Anm. 352ff. und öfter), muß auf die weitere Zusammenstellung früher kyprischer Keramik (vgl. Abb. 31a-g; 32a-f; 81b) außerhalb Zyperns verzichtet werden. Was den Export solcher mittelbronzezeitlichen Keramik nach Syrien-Palästina angeht, treten laufend neue Funde zu den bekannten hinzu[1627]. Ebenso muß ich mir die Erörterung von Fragen nach Ursprung, primären und sekundären Fertigungsstätten, sowie Verbreitung der sogenannten "Tell Yahudiyeh-Keramik (vgl. Abb. 81b) und verwandter Gattungen versagen[1628]. Zu deren Vertretern auf Thera äußerte sich P. Åström[1629].

Es gibt einige archäologische Untersuchungen, die Früh-/Mittel- und Spätkyprisches zusammen behandelt haben, z.B.: M. Artzi-I. Perlman-F. Asaro, Cypriote Pottery Imports at Ras Shamra, in: IEJ 31, 1981, 37ff.; M. Artzy, Supply and Demand, a Study of Second Millennium Trade of Cypriote Ceramics in the Levant, in: A.B. Knapp-T. Stech, Prehistoric Production and Exchange (UCLA, Inst. of Arch., Monograph 29, 1985) 93ff.; H. Georgiou, Relations between Cyprus and the Near East in the Middle and Late Bronze Age, in: Levant 11, 1979, 84ff.; G. Cadogan, Cypriot Bronze Age Pottery and the Aegean, in: Cypriot Ceramics, Reading the Prehistoric Record (1991, s. oben Anm. 1458) 169ff.; C.J. Bergoffen, Overland Trade in Northern Sinai, the Evidence of the Late Cypriote Pottery, in: BASOR 284, 1992, 59ff.

[1627]Zu früher kyprischer Importkeramik vgl. teilweise die unten zur Spätbronzezeit genannte Lit. Mittelbronzezeitliches dieser Art u.a. in Ras Schamra, Tell Sukas, Dahrat el Humraija und Kassabine/Syrien (Grabfund mit zur Hälfte mittelkyprischer Tonware), in Palästina (Umgebung von Akko, Tell el Jerischeh, Tell Mubarak, Megiddo), s. P. Åström, MCBA passim; ders., Excavations at Kalopsidha and Ayios Iakovos in Cyprus (1966) 139f.; ferner P. Johnson, The Middle Cypriote Pottery found in Palestine, in: OpAth 14, 1982, 49ff.; H. Weippert, HdbArch/Palästina (1988) 254 Abb. 339,1-8; E. Stern-D.L. Saltz, Cypriot Pottery from the Middle Bronze Age Strata of Tel Mevorakh, in: IEJ 28, 1978, 137ff.; M. Artzy-E. Marcus, Stratified Cypriote Pottery in MB IIIa-Context at Tel Nami, in: Essays in Honour of V. Karageorghis (1992) 103ff. — Neuerdings eine mittelkyprische Scherbe auch aus der Tantura-Lagune bei Dor, s. P. Sibella, INA-Quarterly 22, Heft 2, 1995, 13 Abb. 1.

[1628]Beispiele in: H.Th. Bossert, Altsyrien (1951) 332f. Nr. 1132. 1133. 1137. Vgl. R. Amiran, Tell el Yahudiye-Ware in Syria, in: IEJ 7, 1957, 93ff.; dies., Ancient Pottery of the Holy Land (1969) 116ff.; R.S. Merrillees, Some Notes on Tell El-Yahudiya-Ware, in: Levant 6, 1974, 193ff.; ders., El Lisht und Tell el Yahudieh Ware, in: Levant 10, 1978, 75ff.; O. Negbi, Cypriote Imitations of Tell Yahudiyah Ware from Toumba tou Skourou, in: AJA 82, 1978, 137ff.; M. Artzy-F. Asaro, The Origin of Tell el-Yahudiyah Ware found in Cyprus, in: RDAC 1979, 135ff.; M. Kaplan, The Origin and Distribution of Tell el Jahudiyeh Ware, in: SIMA 62 (1980). Zuletzt: C.A. Redmont, Pots and Peoples in the Egyptian Delta: Tell el-Maskhuta and the Hyksos, in: Journal of Mediterranean Archaeology 8, 1995, Heft 2, 65ff. Abb. 1.2 (Karten); S. 79 Abb. 9,1-7 (Yahudiyeh-Gefäße aus Tell el Maschuta).

[1629]Oben Anm. 355: Acta of the 1rst Int. Scientific Congress on the Volcano of Thera (1971) 415ff.; auch H.-G. Buchholz, Ägäische Bronzezeit (1987) 164 mit Anm. 14 und 15.

a   b

c   d

e   f

Abb. 77 a-f. Mykenische und verwandte Keramik Zyperns: a.b Feldflasche der Gattung "Protowhite Painted" (12. Jh. v.Chr.), Zypern; Cambridge, Mus. of Arch. and Ethn. — c Bügelkanne der Gattung "Late Cypriote III", aus Zypern, Princeton, Univ.-Museum. — d "Protowhite Painted"-Fläschchen, Salamis (frz. Ausgrabung). — e Becher der Gattung "Protowhite Painted", Zypern, Cyprus Museum. — f Amphoriskos der Gattung "Protowhite Painted" aus Leontari Vouno/Zentralzypern; Cambridge, Mus. of Arch. and Ethn.

Auch bezüglich der großen Vorratsgefäße (Pithoi), welche vornehmlich dem Transport und der Aufbewahrung von Nahrungsmitteln, Zerbrechlichem, auch Flüssigem wie Harzen, Wein und Öl dienten, brauche ich mich hier nicht zu wiederholen: Zu den sogenannten "Kanaanäischen Pithoi" ("Canaanite Jars" mit und ohne Schriftzeichen) sind die oben gegebenen Beispiele (Abb. 17 und 19e, Uluburun; Abb. 19h, Thera; Abb. 19j, Athen; Abb. 20a.b, Ras Schamra) und die Literatur in Anm. 248 bis 264 zu vergleichen. Ihre kyprischen Konkurrenten sind auf dem Seeweg bis nach Sardinien gelangt[1630]. M. Artzy hat mit ihrem Vermögen, spannende Titel zu formulieren, auch die von mir hier nicht weiter berücksichtigten "Collar Rim Jars" in den Blick gerückt: "Incense, Camels and Collar Rim Jars; Desert Trade Routes and Maritime Outlets in the 2nd Millennium"[1631].

Unter den keramischen Gattungen des 15. bis 13. Jhs. v.Chr. verdient die in der nicht deutschsprachigen Literatur als "Spindle-Bottle-Ware" auftretende "Red Lustrous Wheelemade Ware" hervorgehoben zu werden. Unter dieser Bezeichnung mehrfach von der schwedischen Forschung behandelt, wurde sie unlängst als ein "Product of Late Bronze Age Cyprus" analysiert[1632]. Gemeinhin gilt sie als ein syrisches Erzeugnis und die "Spindle Bottle"-Form als "Syrian Flask"[1633]. Tatsächlich treten Typus und Keramikart am frühesten in Nordsyrien auf (Tell Atschana, 16./15. Jh. v.Chr.[1634]) und scheinen dort auch am häufigsten vorzukommen: In Ras Schamra allein in einem einzigen Grab — dem oben S. 150ff. besprochenen — mit acht Exemplaren[1635]. Die gut gebrannten, glänzend rot bis braunen Gefäße metallischer Prägnanz sind — sieht man von der Form ab — auf den ersten

---

[1630]Oben S. 82. — In neuem Bild ein altbekanntes Stück aus Mykene (Grab 58) mit geritzter Henkelinschrift bei: A. Xenake-Sakellariou, Oi Talamotoi Taphoi ton Mykenon (Neugriechisch, 1985) 184 Taf. 78,2924. Weitere "Kanaanäische Krüge" aus Ras Schamra: M. Yon, Ras Shamra-Ougarit III, Le Centre de Ville (1987) passim.

[1631]OxfJournArch 13, 1994, 121ff. — M. Artzy äußerte sich wiederholt zum Keramikaustausch zwischen Zypern und Syrien-Palästina auf der Grundlage von naturwissenschaftlichen Untersuchungen, s. "Neutron Activation Analysis and the Cypriote Potter, or Who Said the Canaanites had an Advanced Ceramic Tradition?", in: Proceedings of the International Workshop, Hirschegg 1974, 446ff.

[1632]K. Eriksson, in: J.A. Barlow-D.L. Bolger-B. Kling, Cypriot Ceramics (1991) 81ff.

[1633]R. Amiran, Ancient Pottery of the Holy Land (1969) 170f. mit zahlreichen Beispielen, u.a. nach F.W. v. Bissing (JdI 13, 1898, 54ff.), H. Frankfort (Studies in Early Pottery of the Near East I [1924] 108) und E. Sjöqvist (Problems of the Late Cypriote Bronze Age [1940] 86). Hierzu und zum folgenden bes. R.S. Merrillees, Bronze Age Spindle Bottles from the Levant, in: OpAth 4, 1962, 187ff.

[1634]C.L. Woolley, Alalakh (1955) 358; F. Fischer, MDOG 91, 1958, 47f.; ders., Die hethitische Keramik von Boğazköy (1963) 74.

[1635]Grab 4253/1963: L. Courtois, Ugaritica VI (1969) 133f. Abb. 9a-h. Weitere Beispiele: Ugaritica II (1949) 180f. Abb. 72,22; S. 210f. Abb. 87,6; S. 264f. Abb. 113,1-14 (mehrheitlich aus der 2. Hälfte des 15. und dem Beginn des 14. Jhs. v.Chr.); ferner L.J. Bliquez, Corpus of Cypriote Antiquities 6/Washington (SIMA XX 6, 1978) 7f. Nr. 7 und 8 mit Abb., ausdrücklich als aus Ras Schamra stammend bezeichnet.

Blick nicht leicht von hethitischer Keramik gleicher Farben zu unterscheiden, so daß man sie unter diesem Gesichtspunkt als anatolisch einstufen möchte, wie es tatsächlich auch geschehen ist. Bei F. Fischer ist aber nachzulesen, inwiefern sich Tonbeschaffenheit, Feinschlemmung oder Magerung und Brennweise vom Echthethitischen unterscheiden lassen[1636]. Auch Kilikien setzte sich als Landschaft der Töpfereien, in denen diese besondere Art von Keramik produziert wurde, in der Forschung nicht durch.

"Spindle"-Flaschen sind enge, dickwandige Gefäße — in der Aufgabe, den Inhalt frisch zu halten, dem "Steingut" unserer Steinhägerbehältnisse nicht unähnlich —; gemäß der bekannten Größen können sie nur begrenzte Mengen einer flüssigen Substanz enthalten haben, die bei derartig aufwendiger Versorgung kostbar gewesen sein muß. P. Åström hat sich in einem Fall mit dem Inhalt beschäftigt (s. "A Red Lustrous Wheel-made Spindle Bottle and its Contents", in: Medelhavsmuseet, Bulletin 5, 1969). Es ist wohl nicht abwegig anzunehmen, daß sie bei Libationen im Kult Verwendung fand. Die Frage, ob letztlich in der Form solcher Krugflaschen metallene Vorbilder nachgeahmt wurden, muß offenbleiben. Doch tatsächlich befinden sich im Hecht-Museum/Haifa "Spindelflaschen" aus Kupfer oder Bronze.

Aus gleichem Ton wurden in technisch gleicher Verarbeitung — wahrscheinlich in denselben Werkstätten — Geräte gefertigt, die menschlichen Armen einschließlich der Hand nachgebildet sind, welche eine Spendeschale hält. Man bezeichnet sie als "Libationsarme". In einer grundlegenden Studie ist K. Bittel u.a. der Frage nachgegangen, ob derartige Kultobjekte noch anderen Zwecken, beispielsweise dem Verbrennen von Weihrauch, gedient haben könnten. Doch nirgends wurden primäre Brandspuren festgestellt[1637]. So scheint ihre Gleichsetzung mit Nachrichten in den Kleinschrifttexten über bestimmte armförmige Gerätschaften des hethitischen Kultes so gut wie gesichert[1638]. Es muß bei Riten in Nordsyrien, Palästina und auf Zypern Entsprechungen gegeben haben, überall dort, wo "Libationsarme" archäologisch zu fassen sind.

Viele der ausgegrabenen "Spindlebottles" führen am Boden vor dem Brand eingeschnittene Zeichen, deren Bedeutung noch nicht entschlüsselt worden ist. Mit den "Topfmarken" sonstiger kyprischer Keramik sind sie nicht einfach identisch. Jedenfalls vermochte man sie bisher nicht zur Lokalisierung der Werkstätten nutzbar zu machen. Wenn die Form besagter rötlicher Krugflaschen auch in schwarzem und hellgelbem Glanzton auf Zypern auftritt (Limassol-Hagios Athanasios und

---

[1636]Fischer a.O. 72ff. mit Taf. 125,1141.1143; 126,1141.1142.1144-1146. In Ugaritica IV 418 Abb. 2 als Import bezeichnet.

[1637]Boğazköy III (1957) 33ff. mit Taf. 28,5-8; vgl. C.L. Woolley, AntJ 18, 1938, 12 und Sjöqvist a.O. 52ff.

[1638]H. Otten, ZfA 19, 1959, 183f., zu [DUG]išpantuzzi; S. Alp, Die Libationsgefäße 'Schnabelkanne' und 'Armförmiges Gerät' und ihre hethitischen Benennungen, in: Belleten 31, 1967, 531ff.; auch O. Carruba, Kadmos 6, 1967, 80ff.

Limassol-Katholiki[1639]), dann kann man wohl von Nachahmung sprechen.

Die Fundverteilung gibt lediglich Aufschluß über einen Bedarf oder ein Interesse an solchen Krugflaschen, bzw. deren Inhalt, in Tell Atschana, Ras Schamra und Minet el Beida[1640], in Palästina (Hazor, Abu Hawam/Haifa, Jerusalem, Gezer und Lachisch[1641]) und auch in Zypern (u.a. in Enkomi[1642], Kalopsida[1643], Hagia Irini[1644], Toumba tou Skourou [Abb. 81a, "syrischer Import"], Maroni[1645], Maroni-Tsaroukkas[1646] und Limassol[1647]). Boğazköy habe ich oben als eine der wichtigen Fundstätten dieser besonderen Keramikart genannt. Es treten schließlich weiter westlich noch Kreta und Rhodos hinzu, wo das Vorkommen zusammen mit mykenischer SH IIB-Keramik (1450-1410), sowie mit kyprischem "Whiteslip I" zur chronologischen Fixierung derartiger "Spindlebottles" mit beitrug (Abb. 74g[1648]).

Die Verbreitung der gattungsmäßig denselben Werkstätten zuzurechnenden "Libationsarme" weicht hinsichtlich der belieferten Regionen — Nordsyrien, Anatolien, Zypern, Palästina — nicht wesentlich von dem zuvor entwickelten Bild ab: Die wichtigsten Fundorte sind Tell Atschana (Alalach), Ras Schamra, Minet el

---

[1639]"Black Lustrous", aus Gräbern von Hagios Athanasios, gemeinsam mit "Basering I" in Limassol, Lokalmuseum (BCH 111, 1987, 727 Abb. 219), sowie "White Polished" aus Gräbern von Katholiki, ebd. Inv.-Nr. 478/4 (BCH 95, 1971, 357f. Nr. 3,3 Abb. 44, Spätbronze I). — In Limassol gibt es auch normale rote "Spindelflaschen" (Inv.-Nr. 621/VI-12, mit Bodenmarke), Fundkontext: SH IIIA-Keramik, "Basering II", Alabastergefäß und Rollsiegel.

[1640]Vgl. oben Anm. 267 und 1635.

[1641]Vgl. oben Anm. 1633 (vereinzelt nach Ägypten importiert). Das Stück aus Jerusalem auch bei U. Müller, in: K. Galling, Biblisches Reallexikon (2. Aufl., 1977) 181 Abb. 43,20. — Ein ziemlich sicher in Ägypten gefundenes Stück in Karlsruhe, Bad. Landesmus., s. W. Schürmann, Corpus of Cypriote Antiquities (SIMA XX 9, 1984) 16 Nr. 35 Taf. 72 (mit Bodenmarke).

[1642]Beispielsweise A.S. Murray-A.H. Smith-H.B. Walters, Excavations in Cyprus (1900) 38 Abb. 66,1193.1194; H.-G. Buchholz-V. Karageorghis, Altägäis und Altkypros (1971) Nr. 1581. 1582. 1585 (Grabfunde, jetzt in Paris, Louvre). Zu sämtlichen Funden dieser Gattung aus Zypern s. zuletzt K. Eriksson a.O. (oben Anm. 1632).

[1643]P. Åström, Excavations at Kalopsidha and Ayios Iakovos in Cyprus (1966) 77, u.a. mit Verweis auf Myrtou-Pigades.

[1644]Altägäis a.O. Nr. 1580 und Myrtou-Pigades, s. vorige Anm.

[1645]Außer den bekannten Stücken sind kürzlich 5 weitere "Spindelflaschen" aus Scherben zusammengesetzt worden (G. Cadogan 1995 mündlich).

[1646]Fragmente, s. A. Swinton, RDAC 1994, 100.

[1647]Oben Anm. 1639.

[1648]Gournia/Kreta, Herakleion, Arch. Mus., Inv.-Nr. 6376, s. C. Lambrou-Phillipson, Hellenorientalia (1990) 255 Nr. 193 Taf. 32 (SM IB). — Trianda/Rhodos: A. Furumark, OpArch 6, 1950, 175f. Abb. 11,212.

Beida und Tell Abu Hawam[1649], sowie auf Zypern Enkomi, Hagios Iakovos, Hagia Paraskevi, Maroni und Kourion[1650]. Anatolien scheint hinsichtlich der "Libationsarme" recht intensiv an der Verbreitung beteiligt gewesen zu sein. Man fand derartige Kultgeräte in Tarsos, Mersin, Maschat, sowie in Alaca Höyük und Boğazköy[1651]. Im ganzen wird man, abgesehen von einem Exemplar auf Kreta und dem "Spindlebottle"-Unterteil auf Rhodos (Abb. 74g, dazu oben Anm. 266), nicht davon sprechen können, daß sich in dem vorgeführten Fundstoff überhaupt ein Begegnen von Ost und West spiegele, während in den genannten, an sich unterschiedlich geprägten Kulturräumen Vorderasiens bestimmte Libationen im Kult und die dazu verwendeten Essenzen und Geräte wenn nicht weitgehend, so doch teilweise übereingestimmt zu haben scheinen.

Die englischsprachige Bezeichnung "Basering Ware" ergibt, ins Deutsche übersetzt, keine rechte Charakterisierung der Gattung. Denn "Keramik mit Standring" gibt sich weder zeitspezifisch als bronzezeitlich zu erkennen, noch sagt die Hervorkehrung eines einzigen Formenelementes wie des Standringes wirklich etwas über die keramische Art als Ganzes aus. Obendrein umfassen die (fleckig-)braunen, ledrigen, ohne Töpferscheibe gefertigten und klingend hart gebrannten Gebilde dieser Tonware außer Gefäßen mit Standring auch Feldflaschen, tierförmige Vasen (Stiergefäße, Abb. 5a-c[1652]) und selbst Kleinplastik[1653]. Wenn ich hier "Basering-Keramik" unübersetzt verwende, bedeutet dies lediglich einen Notbehelf zum Zweck einer schnellen Verständigung.

Diese leicht erkennbare, unverwechselbar kyprische Keramikart gehört zu den hervorragenden Indizien kyprischer Handelspräsenz an den Küsten des östlichen Mittelmeeres, und zwar tritt sie hauptsächlich mit kleinen Flaschen, Krügen und

---

[1649]R. Amiran, The 'Arm Shaped' Vessel and its Family, in: JNES 21, 1962, 161ff.

[1650]J.-Cl. Courtois, Tuyaux Rituels ou Bras de Libation en Anatolie et à Chypre, in: Florilegium Anatolicum; Mélanges à E. Laroche (1979) 85ff.; J.-Cl. Courtois-J. und E. Lagarce, Enkomi et le Bronze Récent à Chypre (1986) 163f. Taf. 30,8.9. — Einzelnachweise in H.-G. Buchholz, Sakralschaufeln im antiken Zypern, in: RDAC 1994, 141f. Anm. 35 Abb. 9d (Maroni, 3 vollständige Libationsarme). Zu Enkomi ferner Murray a.O. (Anm. 1642) 40 Abb. 68,1108 und Altägäis a.O. Nr. 1586.

[1651]Hierzu Bittel a.O. (Anm. 1637), Fischer a.O. (Anm. 1634) Taf. 122,1102 und 1124, Taf. 124 (einschl. der Fragmente), sowie Courtois a.O.; Einzelnachweise in H.-G. Buchholz, RDAC 1994, 141f. Anm. 35ff.

[1652]Nachweise oben Anm. 32 und 430: Abb. 5a.c unbekannten Fundortes, wohl Rhodos, in Stuttgart, Landesmus.; Abb. 5b aus Tamassos/Zentralzypern. Solche Stierrhyta wurden auch nach Ugarit exportiert, s. Land des Baal, Ausstellungskatalog Berlin 1982, 110 Farbabb. c; S. 139 Nr. 127 (mit weißer Streifenbemalung).

[1653]Beispielsweise nach Ugarit exportiertes Köpfchen: RS 81.3661, s. T. Monloup, in: M. Yon, Ras Shamra-Ougarit III, Le Centre de la Ville (1987) 319 Nr. 14 Taf. 2,14 mit vergleichbaren kyprischen Funden.

Kannen auf (Abb. 30t; 42a-e; 78d-f[1654]; 81a.b), ferner Trinkgefäßen wie Humpen (Abb. 78a[1655]), Bechern und Tassen (Abb. 30r.s; 78a-c; 81b). Auch Gefäße in Vogelform (Rhodos, s. P. Misch, Die Askoi in der Bronzezeit [1992] 156 Abb. 132), Kugelvasen mit Tierprotomen (Katydata-Linou, Misch a.O. 168 Abb. 141) und tierförmige Rhyta (Hagia Irini, Toumba tou Skourou, Misch a.O. 171f. Abb. 148a; 149; S. 259f.) wie die von mir mehrfach behandelten Stiergefäße (oben Anm. 32-35. 1652) kommen in dieser Gattung vor.

Die Formen stehen teilweise — wenn man sich den ausgeprägten Standring wegdenkt — in der Tradition mittelbronzezeitlicher Keramikgattungen Zyperns, wie manche der Humpen (Abb. 78a). Auch das Herausfallen vieler Flaschen aus der strengen Axialität und die Vermittlung des Eindrucks pflanzlicher Gebilde gehört zum bodenständigen kyprischen Erbe und hat manche Forscher veranlaßt, in kleinen langhalsigen Kugelfläschchen ("Bilbils", 30t; 42a-e und 78d.f) Nachbildungen von Mohnköpfen zu erkennen[1656]. Andererseits lassen sich scharf akzentuierte tassenartige Trinkgefäße nicht anders denn als Nachbildungen vorgegebener Metallformen verstehen. Es ist in diesem Zusammenhang auf eine Bronzetasse aus Mochlos/Ostkreta zu verweisen[1657]. Hiermit wäre letztlich ein minoischer Ursprung der so überaus charakteristischen "Baseringtasse" postuliert (Abb. 78b.c[1658]). Die Zusammenhänge sind noch keineswegs geklärt; denn aus der Tholos B (SH II) von Kataraktes, südöstlich von Patras — mithin auf dem griechischen Festland in der betreffenden Epoche unerwartet — gibt es eine kupferne oder bronzene Tasse mit eingezogener Basis nach Art der kyprischen "Basering-Tassen" und mit einem etwas ungeschickt gestalteten ebenfalls kyprischen "Wishbone"-Henkel, die als Nachbildung des kyprischen Vorbildes, vielleicht sogar als kyprischer Import

[1654]Die prachtvolle Kanne, Cyprus Mus., Inv.-Nr. A 1156, H 44,5 cm (Abb. 78e), nach H.-G. Buchholz-V. Karageorghis, Altägäis und Altkypros (1971) Nr. 1592, bereits in: P. Dikaios, A Guide to the Cyprus Museum (3. Aufl., 1961) Taf. 7,4.

[1655]Zu Humpen s. H.-G. Buchholz, RDAC 1982, 115ff. 118 Taf. 20,6 ("Basering I" in Princeton, Art-Mus. der Univ., Inv.-Nr. 29,97, aus Slg. Cesnola). — Abb. 78a: Cyprus Mus., Inv.-Nr. A 1193, nach Altägäis a.O. Nr. 1599.

[1656]Vgl. oben Anm. 88. Dazu C.P. Behn, The Use of Opium in the Bronze Age in the Eastern Mediterranean, in: Listy Filologické 109, 1986, 193ff. und vor allem R.S. Merrillees, Highs and Lows in the Holy Land; Opium in Biblical Times, in: Eretz Israel 20, 1989, 148ff. (Y. Yadin Memorial Volume).

[1657]K. Branigan, Metalwork of the Aegean Early and Middle Bronze Age (1974) Taf. 25,3151.

[1658]Abb. 78b: Toledo/Ohio, Museum of Art, Inv.-Nr. 16.112, "Basering I" (Dm 15,5 cm, coarse clay turned red from firing), nach freundl. Auskunft und Druckgenehmigung durch Dr. Luckner. — Abb. 78c: "Basering I" (Dm 16 cm), Cyprus Mus., Inv.-Nr. 1933/IV-14/2, nach Altägäis a.O. Nr. 1595.

Abb. 78 a-f. Kyprische "Basering"-Keramik: a.c.e Gefäße aus nicht registrierten Fundorten Zyperns, im Cyprus Museum/Nikosia. — b Frühe Tassenform mit "Wishbone"-Henkel; Toledo/Ohio, Mus. of Art. — d Doppelfläschchen aus den kyprischen Ausgrabungen M. Ohnefalsch-Richters, Bonn, Akad. Kunstmuseum. — f Stuttgart, Württembergisches Landesmuseum

bezeichnet worden ist[1659]. Die Umsetzung von Metall in Ton war ein häufiger Vorgang, während ein umgekehrter Weg nicht gut vorstellbar erscheint.

An einer aus Ägypten importierten Alabasterkanne, die in Knossos-Isopata/-Kreta ausgegraben wurde, fallen ebenfalls "Basering"-Einflüsse auf[1660]. Jedenfalls sind bei aller Begrenztheit des Fundmaterials nicht allein regelrechte Importe, sondern auch vielfache Wechselbeziehungen formenkundlicher Art feststellbar.

Noch zur Zeit von "Basering I" haben sich manche Werkstätten in einer Epoche der mehr oder weniger bunt bemalten Produkte dem Markt angepaßt, indem sie ihre dezentere Töpferware mit flüchtigen stumpf-weißen Strichmustern versahen (wie Abb. 78a)[1661]. An sich wirkt die mattbraune "Basering"-Keramik auf uns Heutige gerade durch ihre eigenartige ledrig-monochrome Oberfläche, welch die oft bizarre Formgebung voll zur Wirkung kommen läßt. Wenn die Vertreter der ältesten Produktionsphase (zur Chronologie unten mehr) verziert auftreten, dann handelt es sich gewöhnlich um aufgesetzte plastische Rippen, Wulste oder Schlangen, seltener um relativ unauffällige Kerbmuster (Abb. 78e). Die größte Häufigkeit flüchtiger Strichbemalung gehört mehr in die Produktionsphase von "Basering II", auch und gerade im außerkyprischen Verbreitungsgebiet: Aus Ras Schamra stammen mehr bemalte als unbemalte Fläschchen (Abb. 42) und auch bemalte Stierrhyta (Anm. 1652) dieser Gattung. Bemalt ist ebenso das oben abgebildete Stiergefäß in Stuttgart (Abb. 5a.c). Das Hechtmuseum der Universität Haifa verfügt über eine großartige Kollektion bemalter "Basering"-Keramik nahezu aller Formen und Typen aus Palästina, dabei sind stattlich bemalte Stierrhyta. Ebenso gibt es streifig bemalte "Bilbils" im Archäologischen Museum von Amman. Es handelt sich um Bodenfunde aus dem Land jenseits des Jordan (z.B. aus Qwailba[1662]).

Im Art-Museum von Toledo/Ohio sah ich ein mit weißen Strichen bemaltes "Basering II"-Fläschchen des 13. Jhs. v.Chr. aus Ballabysch in Ägypten (Inv.-Nr. 15.83, aus einer Ausgrabung des Egypt. Expl. Fund, Fund-Nr. B 38). In der Eingangskartei des Museums steht: "The slash marks in the slip-painting are representations of the scoring required on the opium bean to facilitate the liberation of its effective ingredients when smoking". Da ist unter dem Eindruck der Mohn-/Opiumtheorie die Bemalung realistisch interpretiert worden, was sich aber in Ansehung

---

[1659]Th. Papadopoulos, Mycenaean Achaea (1979) 280 Abb. 304a-d; S. 313 Abb. 337a.b; ders., The Problem of Relations between Achaea and Cyprus in the Late Bronze Age, in: Kongreß Nikosia 1982 (1985) 141ff. 144f. mit Taf.-Abb. 5a.b; C. Lambrou-Phillipson, Hellenorientalia (1990) 324 Nr. 379 Taf. 76,379. Im gleichen Tholosgrab befand sich eine kupferne oder bronzene Omphalostasse mit "Wishbone"-Henkel.

[1660]P. Warren, Minoan Stone Vases (1969) 113 Nr. P618 mit Taf.-Abb. — Auch J. Balensi bemerkte in: Der Königsweg, Ausstellungskatalog Köln 1987/88, 106f., "Imitationen aus gewöhnlicher Keramik wie aus Alabaster beweisen die große Beliebtheit dieser Form".

[1661]Ungewöhnlich ist ein hellbraunes "Basering I"-Kugelfläschchen mit schwarzbraunen Horizontalbändern in matter Farbe aus Toumba tou Skourou/Nordwestzypern, s. BCH 96, 1972, 1052 Abb. 65.

[1662]J. Balensi a.O. 107 Nr. 107, S. 52 mit Farbaufn.

einer größeren Anzahl von abstrakt-linearen "Strichmustern" an Vertretern dieser Gattung kaum aufrechterhalten läßt.

Eine Besonderheit stellen nicht einmal übermäßig seltene Zwillingsgefäße der besprochenen Keramikgattung dar[1663]. Außer einer aus dem Besitz M. Ohnefalsch-Richters erworbenen und demnach aus Zypern stammenden Vase dieser Art in Bonn (Abb. 78d[1664]) bilde ich ein weiteres Stück im Besitz des Württembergischen Landesmuseums/Stuttgart ab (Abb. 78f[1665]). Ferner befinden sich Beispiele im Cyprus Museum/Nikosia[1666], im Kestnermuseum/Hannover und im Badischen Landesmuseum/Karlsruhe[1667], sowie im Medelhavsmuseum in Stockholm[1668], dem Städtischen Museum von Birmingham[1669] und dem Museum of Fine Arts in Boston[1670].

In Ras Schamra stammen sie aus kontrollierten Grabungen[1671], ebenso in Nikosia-Hagia Paraskevi aus dem bereits 1885 von M. Ohnefalsch-Richter ausgeräumten "Grab mit dem Keilschriftzylinder"[1672], wie schließlich zwei Stücke aus der technisch modern untersuchten Nekropole von Kazaphani/Nordzypern[1673].

[1663]Vollständige Aufzählung typenähnlicher Stücke bei P. Åström, SCE IV C1 (1972) 168ff. ("Basering I"); S. 194ff. ("Basering II"). Vgl. auch V. Hankey, The Ceramic Tradition in Late Bronze Age Cyprus, in: RDAC 1983, 168ff.

[1664]Akademisches Kunstmuseum (H 10,5 cm); wohl unpubliziert. Wie bei allen Vasen dieser Art hinten ein senkrechter Bandhenkel zwischen den beiden Kontaktstellen der Zwillings-Kugelflaschen. Ob vielleicht mit dem Stück aus Hagia Paraskevi identisch (unten Anm. 1672), vermochte ich nicht zu ermitteln.

[1665]Inv.-Nr. 195.44 ("Basering I"); wohl unpubliziert?

[1666]Wie zuvor mit Vertikalhenkel, sowie eine Variante, nur am Kugelbauch vereinigt, mit einem horizontalen Wulsthenkel von Bauch zu Bauch; beider Fundort unbekannt, Inv.-Nr. A 1233 und 1946/XII-14/1, s. Altägäis a.O. (oben Anm. 1654) Nr. 1587 und 1590.

[1667]Inv.-Nr. H 48 (H 10,6 cm), wahrscheinlich aus Ägypten, zwischen 1853 und 1878 erworben, s. W. Schürmann, Katalog der kyprischen Antiken im Badischen Landesmuseum Karlsruhe (SIMA XX 9, 1984) 14 Nr. 26 Taf. 70,26, mit Nennung zahlreicher Parallelen.

[1668]Aus Zypern, unbekannten Fundortes, "Basering I", Inv.-Nr. 10961 und 15404, s. G. Walberg, Medelhavsmuseet Bulletin 9, 1974, 42 Nr. 12. 13 Taf. 1 (Sammelaufnahme); C.-G. Styrenius-M.-L. Winbladh, Cypriote Antiquities in the Medelhavsmuseet, Stockholm (1977) 29 Text zu Taf. 5,3.

[1669]"Basering I", s. E.J. Peltenburg, A Catalogue of Cypriote Antiquities in Birmingham Museum and Art Gallery (1981) 37 Nr. 367 mit Abb.

[1670]Inv.-Nr. 65.1172, "Basering I", H 10,2 cm, s. C. Vermeule, Art of Ancient Cyprus (1972) Nr. 15, schöne große Abb.

[1671]Cl. Schaeffer, Ugaritica II (1949) 186 Abb. 75,6 = S. 262 Abb. 112,14 ("Basering I").

[1672]ZfE 31, Verh., 1899, 48f. Abb. 3,6. Zu dem betr. Grab, s. KBH 37 Abb. 34. S. 48 ist auf ein weiteres entsprechendes Gefäß aus Pyla in Leipzig hingewiesen, das — wenn nicht Kriegsverlust — sich jetzt in den Berliner Museen befinden müßte.

[1673]I. und K. Nikolaou, Kazaphani, a Middle/Late Cypriot Tomb at Kazaphani-Ayios Andronikos (1989) 8 Nr. 20 und S. 22 Nr. 269 Taf. 11,20.269 ("Basering I").

Wenn Kugelfläschchen der "Basering"-Gattung in großer Zahl außerhalb Zyperns gefunden werden (dazu s. unten), dann beruht ihre Verbreitung auf ihrem Inhalt, dessen zweckdienliche Verpackung sie waren. Es läßt sich mutmaßen, daß es sich tatsächlich um opiumhaltige "Medizin" oder aber um kostbare ätherische Öle oder Parfüme handelte. Das gleichzeitige Vorkommen der besprochenen Zwillingsflaschen neben den einfachen kann jedoch nicht bedeuten, daß man dieselbe Flüssigkeit in doppelter Menge als Handelsangebot auf den Markt brachte, da ja einfache "Bilbils" in allen Größen zur Verfügung standen. Es wird sich indessen die Zwillingsform als Behältnis von zwei mengenmäßig und in der Funktion aufeinander abgestimmten Inhalten erklären lassen, ohne daß ich genau zu sagen wüßte, was dies gewesen sein könnte. An kosmetisch zu verwendende Ingredienzen wird man denken dürfen, beispielsweise Salböl fürs Haar in der einen Kompositvase, Salböl für andere Körperpartien in der anderen. Denkbar wären auch Farbunterschiede solcher flüssigen Kosmetika im zweifachen Angebot etwa von Henna- neben Schwarzgetöntem. Ägyptisch-vorderasiatische Schmink- und Salbdöschen sind aus diesem Grunde oft als Zwillingsbehältnisse gefertigt[1674]. Doch abschließend ist festzustellen, daß auf die kyprische Erzeugung derartiger Produkte geschlossen werden darf, da ja dort die "Verpackung" in Gestalt von "Bilbils" und Zwillingsflaschen als aus kyprischen Töpfereien stammend gesichert ist.

Zur Chronologie und Typologie ist vor allem zu bemerken, daß sich Formen und Machart sehr lange nahezu unverändert gehalten haben. Die Gattung "Basering" ließ sich deshalb nur in die beiden Gruppen I und II gliedern, bis in Analogie zum "Proto-White-Slip"-Befund noch eine Frühphase als "Proto-Basering" abgetrennt wurde[1675]. Die Grenzen der Definition hat P. Åström so beschrieben: "The fabric is essentially the same as Base-ring Ware ... This ware includes in fact at least three fabrics which have been seperated here: Base-ring, Black Slip and Red Slip fabrics"[1676]. Rechnet man mit dem geschilderten keramischen Befund von rund 1600 bis 1200 v.Chr., dann haben wir vierhundert Jahre weitgehend unveränderter Produktions- und Marktverhältnisse vor uns, wenn auch mit möglichen Höhepunkten und Abschwächungen, wie dies P. Åström zu Recht bemerkte[1677]. Das entspricht einem Zeitraum von vor dem Dreißigjährigen Krieg bis heute.

[1674]Beispielsweise ein ägyptisches Doppelröhrendöschen aus Holz für Augenlid- und Augenbrauenfarben derselben Epoche, s. M. Dayagi-Mendels, Perfumes and Cosmetics in the Ancient World (1989) 44 mit Abb.

[1675]P. Åström, SCE IV C1 (1972) 126ff.; R.S. Merrillees, The Early History of Late Cypriote I, in: Levant 3, 1971, 56ff.

[1676]Åström a.O. 126 mit Anm. 4.

[1677]Late Cypriote Pottery in Palestine, in: Biblical Archaeology Today; Proceedings of the 2nd Int. Congress on Biblical Archaeology, Jerusaelm 1990 (1993) 307ff.; ferner: H. Georgiou, Relations between Cyprus and the Near East in the Middle and Late Bronze Age, in: Levant 11, 1979, 84ff. M. Artzy, Supply and Demand, a Study of Second Millennium Trade of Cypriote Ceramics in the Levant, in: A.B. Knapp-T. Stech, Prehistoric Production and Exchange (UCLA, Inst. of Arch., Monograph 29, 1985) 93ff.

Was die Fundkarte von "Basering I und II" angeht, ist von P. Åströms Listen in SCE IV C1 auszugehen, bezüglich der Verbreitung in Syrien-Palästina von der in seinem Jerusalemer Vortrag (1990) genannten Literatur (s. Anm. 1677), besonders von B.M. Gittlens Dissertation "Studies in the Late Cypriote Pottery Found in Palestine" (Philadelphia, 1977) und dessen Studie "The Cultural and Chronological Implications of the Cypro-Palästinian Trade During the Late Bronze Age"[1678].

In den Großgrabungen von Ras Schamra (z.B. Abb. 42a-e)[1679] und Byblos tritt die von uns besprochene kyprische Gattung in kaum überschaubarer Menge auf. Als Kultgefäß ist ein einzigartiger Schüsselkernos der Gattung "Basering I" mit sechs kleinen Gefäßen auf dem Rand zu erkennen (RS 33.103/ 5052, J.-Cl. Courtois, Syria 50, 1973, 305 Abb. 10).

In Palästina gibt es einen bemerkenswerten Schwerpunkt der Verbreitung im Süden, im späteren Philisterland und den benachbarten Gebieten, und zwar wurden dort besonders viele Vertreter der "Basering I"-Keramik gefunden, so beispielsweise in Gaza, Gerar, Beth-Pelet, Lachisch, Ekron und Gezer (Abb. 30r.t.u)[1680]. In einem bronzezeitlichen Grab Jerusalems gab es neben anderen Importen ebenfalls etwas "Basering I"[1681]. Aus Es-Samia bei Ramallah gelangte ein "Basering II"-Fläschchen nach Cincinnati[1682]. Sodann sind u.a. als wichtige Fundorte auch Sichem[1683], Tel Mevorach/Tell Mubarak an der Küste südlich Dor[1684], sowie Megiddo, Beth-Schean und Akko zu nennen[1685]. Auf der Ostseite des Jordantals

---

[1678]Vgl. die vorige Anm. — Gittlens Aufsatz in: BASOR 241, 1981, 49ff. — Von älteren Arbeiten zum Thema nenne ich nur: J.R. Stewart, When did Base-Ring Ware First Occur in Palestine?, in: BASOR 138, 1955, 47ff.; E.D. Oren, Cypriot Imports in the Palestinian Late Bronze Age I Context, in: OpAth 9, 1969, 127ff.; A.H. Kromholz, Imported Cypriote Pottery, in: E. Stern, Excavations at Tel Mevorakh II (1984) 16ff. Unzugänglich blieb mir: S.J. Vaughan, A Fabric Study of Late Cypriot Basering Ware, Diss. London (1987).

[1679]z.B. Ugaritica II (1949) 142f. Abb. 53a.b,1-13; S. 262f. Abb. 112,1-32; M. Artzy-I. Perlman-F. Asaro, Cypriote Imports at Ras Shamra, in: IEJ 31, 1981, 37ff.; M. Yon, Ceramiques Base-Ring, in: RDAC 1983, 177ff. Taf. 29 (Minet el Beida).

[1680]Zu "Basering I" in Ekron, s. T. Dothan-S. Gitin, in: The Anchor Bible Dictionary II (1992) 417.

[1681]Nachweis bei H. Weippert, HdbArch/Palästina (1988) 321 Abb. 3/58,1.2.6, mit weiterer Bibliographie zu unserem Thema.

[1682]G. Walberg, The Nelson and Helen Glueck Collection of Cypriot Antiquities, Cincinnati (1992) 13 Nr. 10 mit Abb.

[1683]G.R.H. Wright, Some Cypriote and Aegean Pottery Recovered from Shechem Excavations 1964, in: OpAth 7, 1967, 47ff.

[1684]E. Stern, BA 40, 1977, 89ff. und ders. in: Temples and High Places in Biblical Times, Proceedings of the Colloquium, Jerusalem 1977 (1981) 160, sowie Kromholz a.O. (oben Anm. 1678).

[1685]Hierzu Åström a.O. (oben Anm. 1677). Von den Stücken im Hechtmuseum/Haifa stammt ein Teil aus der näheren und weiteren Umgebung von Haifa, jedenfalls aus Küstennähe. — Zu Akko: S. Ben-Arieh-G. Edelstein, Tombs near the Persian Garden (1977) 18. 24f. Abb.

begegnen wir in unserem Zusammenhang Fundorten wie Pella, Der Alla und auf dem östlich anschließenden Plateau: Irbis, Amman sowie Qwailba[1686].

"Basering"-Keramik an Bord der untergegangenen Schiffe vom Kap Gelidonya und von Uluburun zeigen an, daß diese kyprische Töpferware auf dem Seewege in die Ägäis unterwegs war[1687]. Es bleibt somit noch, darauf hinzuweisen, daß nicht allein einige der oben erörterten kyprischen Kugelfläschchen ("Basering I") Rhodos erreicht haben, sondern auch zwei der so überaus charakteristischen Stierrhyta ("Basering II"). Es handelt sich um Grabbeigaben der Nekropole von Moschou Vounara, aus den Gräbern 31, 76 und 86, sämtlich mit mykenischem Inhalt der Phasen SH IIIA1 und 2[1688]. Relativ wenige "Basering"-Scherben-Funde im ägäischen Raum wurden mehrfach zusammengestellt, worauf ich mich hier lediglich beziehe[1689]. Schließlich fand sich neben einer ganzen Reihe kyprischen Fremdgutes im bronzezeitlichen Sardinien, worauf bereits oben S. 82ff. hingewiesen worden ist, ein vollständiger "Basering-Bilbil"[1690].

Die wohl am leichtesten erkennbare Keramikgattung der kyprischen Spätbronzezeit ist das, was englisch "Whiteslip" heißt. Diese Art ist ebenfalls ohne Töpferscheibe meist dünnwandig geformt, sehr hart gebrannt und mit ihrem mattbraunen Dekor in Gestalt von Strichen, geschlängelten Linien, Punktreihen, Bändern und Streifen auf porzellanartig weißer Oberfläche einprägsam und ästhetisch ansprechend verziert[1691]. In der älteren Literatur kommt als Pseudo-Übersetzung aus dem Englischen auch der Name "Leiterware" vor, welcher von den Gittern der Kreuzschraffur solcher Bänder abgeleitet ist. Nach dem häufigsten Gefäßtypus dieser Gattung, einer halbkugeligen Schale mit glattem Rand und einem Henkel in

---

12,1-9; 13,1-10.

[1686]Qwailba: Amman, Arch. Mus., Inv.-Nr. J.8795, s. J. Balensi, in: Der Königsweg, Ausstellungskatalog Köln (1987/88) 106f. Nr. 107. 108 (= S. 52 Farbabbildung), Nennung der weiteren Fundorte.

[1687]J.B. Hennessy-J. Du Plat Taylor, in: G. Bass, Cape Gelidonya, a Bronze Age Shipwreck (1967) 122ff.; oben Anm. 230 zu Uluburun.

[1688]C. Lambrou-Phillipson, Hellenorientalia (1990) 389 Nr. 580-583 Taf. 40,580.581; 41,582.583.

[1689]Außer in Rhodos auch in Troja, s. G. Cadogan, Cypriot Objects in the Bronze Age Aegean and their Importance, in: Kongreß Nikosia 1969 (1972) 5ff.; Lambrou a.O. passim. Zu Kommos/Kreta vgl. J. Shaw, Hesperia 50, 1981, 246 Anm. 111 (zwei "Basering II"-Fragmente).

[1690]L. Vagnetti, Cypriot Elements beyond the Aegean in the Bronze Age, in: Symposium Nikosia 1985 (1986) 202 Abb. 1,2.

[1691]J. und E. Lagarce, Notes sur quelques Procédés de Fabrication des Céramiques Chypriotes au Bronze-Récent, in: RDAC 1972, 134ff. Taf. 22-24 (betrifft ebenso "Basering"). — Zur Charakterisierung von "Whiteslip" auf naturwissenschaftlicher Grundlage: L. Courtois, Description Physico-Chimique de la Céramique Ancienne: La Céramique de Chypre au Bronze Récent (1971) 134ff.; B. Gomez-M.L. Rautman-H. Neff-M.D. Glascock, Clays Related to the Production of White Slip Ware, in: RDAC 1995, 113ff.

Gestalt eines Gabelbeinknochens ("wishbone"), sprach man auch von "Milbowl"-Keramik, obgleich sich diese Schalenform keineswegs ausschließlich zum Milchtrinken eignete[1692]. Sie stellte unter Gefäßen zum Essen und Trinken die ideale Zweckform für alles dar. Weil ihr Innenrund genauso porzellanartig überzogen ist wie ihr Außen, ließ sie sich hygienisch besser säubern als andere mit ihr konkurrierende Keramikarten. Ihr Hauptnachteil lag in ihrer relativ leichten Zerbrechlichkeit, weshalb im Schiff von Uluburun die bruchsichere Verpackung für den Seetransport in "Kanaanäischen Pithoi" bestand.

Neben der beschriebenen Schalenform (Abb. 19b.f.g.i; 40d.f-j; 41a-n; 74b; 81a.b) existierte eine gewisse funktionale Variationsenge des Gattungsinventars: Es gab außerdem Schalen und Schüsseln unterschiedlicher Größe, beispielsweise mit etwas hochgewölbtem Boden, also mit regelrechter Standfläche, ferner Flaschen und Kannen verschiedener Größe und Form, sowie in der Regel besonders reich bemalte Humpen (Abb. 30u [Gezer]; 81b [Toumba tou Skourou])[1693].

Wie bei der "Basering"-Keramik besteht auch bei "Whiteslip" die Schwierigkeit der Feindatierung. Gemäß der von M.R. Popham vorgelegten Gliederung haben wir es mit "Proto-White Slip", "White Slip I" und "White Slip II" zu tun[1694]. Sie nehmen zusammen vierhundert Jahre ein, die Zeit von etwa 1600 bis 1200 v.Chr. Trotz eines weitmaschigen chronologischen Netzes hat man Vertreter dieser Keramik zum Datieren benutzt, etwa O. Höckmann in Thera (Abb. 19f)[1695], weil sie dort unter Vulkanasche gelegen hat, mithin älter sein muß als der sich in der Ascheschicht repräsentierende Vulkanausbruch. Doch ausgerechnet eine dort als "Whiteslip I" eingestufte Schale (Abb. 19f) sieht in mancher Beziehung aus wie "Whiteslip II" (H.W. Catling: "The design is developed, seeming to look forward to features that were to typify the decoration of WS II bowls"[1696]).

Auch in Trianda auf Rhodos sind die Schichten- bzw. Phasen-Relationen durch neue Untersuchungen gegenüber den Furumarkschen Ansätzen etwas nach oben

[1692]Zur Funktion der Schalen s. P. Åström a.O. (Anm. 1677) 310.

[1693]H.-G. Buchholz, Humpen der keramischen Gattung "White Slip", in: RDAC 1982, 115ff. — Vgl. hierzu und zum Folgenden die umfassende beschreibende Charakterisierung, Abbildung und Katalogisierung des Fundstoffes durch M.R. Popham, in: P. Åström, SCE IV 1C (1972) 431ff.

[1694]Vgl. die vorige Anm. und M.R. Popham, The Proto White Slip Pottery of Cyprus, in: OpAth 4, 1962, 277ff. (mit Fundlisten, auch zu Syrien-Palästina). Einen Überblick über die Problematik unter Einbeziehung aller keramischen Gattungen gab auch R.S. Merrillees, The Early History of Late Cypriote I, in: Levant 3, 1971, 56ff.

[1695]Abb. 19f nach H.-G. Buchholz, Ägäische Bronzezeit (1987) 165 Abb. 43a; Bibliographie zu diesem Stück ebd. 164 Anm. 16. O. Höckmann, Die Katastrophe von Thera, archäologische Gesichtspunkte, in: JbRGZM 21, 1974, 62ff.; anders: W.-D. Niemeier, Die Katastrophe von Thera und die spätminoische Chronologie, in: JdI 95, 1980, 1ff. 72ff. mit Abb. 44. — C. Lambrou-Phillipson, Hellenorientalia (1990) 399 Nr. 615-617.

[1696]H.W. Catling, A Late Cypriot Import in Rhodes, in: BSA 86, 1991, 1ff. 5 Nr. 10 (Thera).

revidiert worden[1697]. Das dürfte für eine der stratigraphisch gesicherten "White-slip I"-Scherben (Abb. 74b)[1698] bedeuten, daß sie so früh anzusetzen ist wie das Gräberrund B und die frühesten der Schliemannschen Schachtgräber von Mykene (SH IA). Gegenüber A. Furumarks Schema:

Trianda I	=	SM IA
Trianda IIA	=	SM IA (Ende) - IB
Trianda IIB	=	SM IB (Ende) - II/III A1 (früh)

gilt nun folgendes Schema:

Trianda I	=	MM
Trianda II (versiegelt)	=	SM IA
Trianda IIIA/B (über der ver-siegelnden Tephra-Schicht)	=	SM IB/SH II/IIIA1

Es ist oben bereits gesagt, daß Uluburun auf dem Weg von Osten nach Rhodos eine beträchtliche Anzahl zur Ladung gehöriger "Whiteslip"-Gefäße erbracht hat (Abb. 19b.i). Außer Trianda (Abb. 74b) kam auf Rhodos als Fundort Moschou Vounara hinzu[1699] und in den Kykladen außer Thera (Abb. 19f) auch Phylakopi-/Melos[1700]. Von Kreta wurde eine frühe "Whiteslip I"-Scherbe aus Knossos ge-meldet[1701], spätere ("Whiteslip II") aus Kommos[1702], Katsamba bei Heraklei-

---

[1697]L. Papazoglou-Manioudaki, ArchDelt 37, 1990 (für das Jahr 1982), Meletai 139ff., mit der Interpretation Catlings (vorige Anm.) a.O. 4f.

[1698]Rhodos, Arch. Mus.; Abb. 74b nach A. Furumark, OpAth 6, 1950, 165f. Abb. 6,97, vgl. oben Anm. 268; in veränderter Zeichnung auch bei C. Lambrou-Phillipson, Hellenorientalia (1990) 393 Nr. 597 Taf. 39. — Zu weiteren "Whiteslip I"-Scherben aus Trianda s. dies. a.O. Nr. 595. 596.

[1699]Zu der verlorenen Scherbe aus Moschou Vounara, einem Oberflächenfund, schon H.W. Catling, CBMW 112 Anm. 5 (Lambrou-Phillipson a.O. Nr. 579) und jüngst ausführlich in: BSA 86, 1991, 1ff. mit Abb. 1 (Zeichnung). Mit richtiger Frühdatierung auch bei: C. Mee, Rhodes in the Bronze Age (1982) 22 und B. Knapp-T. Stech, Pre-historic Production amd Exchange (1985) Kat.-Nr. 143. Mit irriger Spätdatierung als "Whiteslip II" bei G. Cadogan, in: Kongreß Nikosia 1969 (1972) 5ff. — Bei Catling a.O. 5f. Nr. 1-18 auch eine vollständige Liste früher kyprischer Importe in den ägäischen Raum (ohne "Whiteslip II"). Vgl. ferner P. Åström, Relations between Cyprus and the Dodecanese (Kopenhagen, 1988), mir z.Zt. nicht zugänglich.

[1700]Athen, Nat.-Mus. Ältere Lit. bei Catling a.O. 5 Nr. 12, auch in Lambrou-Phillipson a.O. 384 Nr. 564 Taf. 39 (6 Scherben).

[1701]M.R. Popham, Two Cypriot Sherds from Crete, in: BSA 58, 1963, 91ff. Abb. 2; Lam-brou-Phillipson a.O. 227 Nr. 127 Taf. 30; Catling a.O. Nr. 13.

[1702]W. Shaw, Hesperia 47, 1978, Taf. 36e (mindestens 6 Scherben); Lambrou-Phillipson a.O. 231 Nr. 135 Taf. 31.

on[1703] und aus Chania/Westkreta (Abb. 19g[1704]), desgleichen zwei Randfragmente aus Hagia Irini/Keos[1705]. Zu länger bekannten Belegen gehören einige Fragmente aus Aigina und Troja; neueren Datums sind entsprechende Funde aus Tiryns und aus dem Meer bei Iria/Argolis[1706]. 1996 trat bei Tiefgrabungen in Milet eine frühe 'Whiteslip I'-Scherbe zutage, vom Ausgräber W.-D. Niemeier als 'protowhiteslip' eingestuft. Im mediterranen Westen und im anatolischen Norden sind als periphere Zeugnisse dieser Gattung schließlich ein "Wishbone"-Henkel aus Sardinien und einige Gefäße aus Maşat zu nennen[1707].

Ich will mich nicht weiter bei den innerkyprischen Befunden nach Häufigkeit, Formenrepertoire, sowie nach dem Vorkommen in Siedlungen, Tempeln und Gräbern aufhalten, zumal es darüber Listen in der von mir zitierten Literatur gibt. Neues ergänzt laufend das Bild, ohne es grundlegend zu ändern. Erstabbildungen einiger Scherben aus Tamassos und Enkomi finden sich oben (Abb. 41f.g.i.m). Eine bemerkenswerte Zunahme einschlägiger Funde zeichnet sich im Inneren der Insel ab: In Nikosia, Politiko/Pera, Lythrodontas/Mathiatis, Margi, Kochati, Scha und Idalion[1708].

Es bleibt ein Blick auf die Exporte dieser keramischen Gattung Zyperns nach Osten, nach Syrien und Palästina: Das Früheste ("Proto-Whiteslip") identifizierte M.R. Popham in Ras Schamra, Hazor, Megiddo und Tell el Ajjul[1709]. In Tell Atschana, Ras Schamra, Minet el Beida, Ibn Hani und Tell Sukas sind vollständige Gefäße und Scherben der beiden folgenden Entwicklungsphasen ("White Slip I und

---

[1703]Lambrou-Phillipson a.O. 210 Nr. 66 Taf. 30 (nach St. Alexiou zwei Scherben in Heraklei-on, Arch. Mus.).

[1704]Chania, Arch. Mus.: 7 Randscherben und ein Henkelstück, vielleicht von mehr als nur einer Schale, s. Lit. bei Lambrou-Phillipson a.O. 184 Nr. 6 Taf. 30. — Abb. 19g nach H.-G. Buchholz, Ägäische Bronzezeit (1987) 165 Abb. 43b, weitere Nachweise in: H.-G. Buchholz, AA 1974, 396f.

[1705]J. Caskey, Hesperia 41, 1972, 398 Taf. 96,J12 und 13; Lambrou-Phillipson a.O. 375 Nr. 535 Taf. 38.

[1706]Belege im einzelnen bei Buchholz a.O. (Ägäische Bronzezeit) 165 Anm. 19. Zu Tiryns (Unterburg) vgl. K. Kilian, AA 1981, 184 Abb. 40,5; Sp. Iakovides, AM 108, 1993, 17f. Zu Iria vgl. G. Papathanasopoulos, Enalia, Annual 1989, Band 3, 1991, Heft 1/2, 8ff. (Vorbericht, ohne ins Detail zu gehen).

[1707]L. Vagnetti a.O. (Anm. 1690) 202 Abb. 1,3. — T. Özgüç, Maşat Höyük Kazilari (1978) 66; M. Mellink, AJA 85, 1981, 469f.

[1708]Beispielsweise J.N. Coldstream, A Late Cypriot Tomb Group from Nicosia, in: BICS 38, 1991-1993, 229ff. Taf. 12b (Nikosia-Kaimakli, Flurmark Euretades, 25 Vasen und einige Bronze- und Glasobjekte in den Sammlungen des University College London); M. Hadjicosti, The Late Bronze Age Tomb 2 from Mathiatis, New Perspectives for the Mathiatis Region, in: RDAC 1991, 75ff. Taf. 15,18-20; 16a-m. Perachorio-Nisou: BCH 102, 1978, 884 Abb. 11, auch Catling a.O. 3 Abb. 2,1. Hierzu und zum Folgenden ausführliche Listen in P. Åström, SCE IV 1C (1972) 431ff., s. ferner V. Hankey, The Ceramic Tradition in Late Bronze Age Cyprus, in: RDAC 1983, 168ff.

[1709]Oben Anm. 1694, a.O. Abb. 6 (Karte) nach S. 288.

II") in großer Zahl gefunden worden (z.B. Abb. 40f-j; 41a-e.h.j.k/n.l)[1710]. Gemäß Cl. Schaeffers Beobachtungen sind lokale Versuche der Imitation durchaus erkennbar (Abb. 40d)[1711].

Zahlreich kommen Schalen mit rundem Boden und Leitermustern der Phase II auch im Libanon vor (u.a. in Byblos, Sidon und Kamid el Loz[1712]). Im syrischen Hinterland sind sie naturgemäß weniger häufig (z.B. in Tell es Salihiyeh/Damaskus[1713]). Das gilt gleichermaßen für Jordanien (z.B. Tell Abu al Charaz[1714]).

Kyprische "Whiteslip II"-Keramik dürfen wir besonders in bronzezeitlichen Hafenorten Palästinas erwarten. Sie traten u.a. in Akko, Abu Hawam und Tell Mubarak/Tel Mevorach südlich Dor zutage[1715], ebenso in Tel Michal/Makmisch, nördlich Tel Aviv[1716]. Im Hinterland bis hin zum See Genezareth sind u.a. als Fundplätze Sichem[1717], Megiddo[1718], Beth-Schean[1719], Affula[1720] und

---

[1710]Ugaritica II (1949) 160f. Abb. 62, 3.11 u.ö.; M. Yon, Ras Shamra-Ougarit III (1987) 54 Abb. 36,79/786; S. 83 Abb. 61,79/178; S. 152 Taf. 2a.b; S. 154 Taf. 4f.g.k; S. 156 Taf. 6d-g. — Aus Tell Sukas zählte P. Åström "Red-on-Red", "Basering" und "White-slip" auf, s. Åström, MCBA 227 und OpAth 5, 1964, 80.

[1711]Ugaritica II 196f. Abb. 80,16.

[1712]P. Montet, Byblos et l'Égypte (1929) Taf. 143; J.F. Salles, La Nécropole 'K' de Byblos (1980) 24f. Taf. 8,6-12; Zeichnung 9,6-8; R.S. Merrillees, Late Cypriote Pottery from Byblos ..., in: RDAC 1983, 181ff. Taf. 30. 31; Frühe Phöniker im Libanon, Ausstellungskatalog Bonn (1983) 22 Abb. 5 (prächtige Farbaufnahme).

[1713]H.H. von der Osten, Svenska Syrienexpeditionen 1952/1953 (1956) Taf. 34,82.83; Taf. 39 (Zeichnung).

[1714]P. Fischer, Cypriot Finds at Tell Abu al-Kharaz, in: Kongreß Göteborg 1991 (1992) II 84ff.; ders., Annual Report of the Dep. of Antiquities of Jordan 35, 1991, 91 Abb. 11,4.5; G.L. Peterman, AJA 98, 1994, 537. — Ägypten habe ich selten einbezogen, vielmehr generell ausgeklammert, doch s. eine neue interessante "Whiteslip I"-Schale mit Ausguß unter den Funden aus Tell el Daba: M. Bietak, Ägypten und Levante 4, 1994, Taf. 13b.

[1715]Zu Akko u.a. S. Ben-Arieh-G. Edelstein, Tombs near the Persian Garden (1977) 24 Abb. 12,10-15 Taf. 3,10; 10,1-4; 12,4; 16,3; 17,7.8. — Zu Abu Hawam u.a. IEJ 3, 1953, 133. — Zu den enorm zahlreichen "Basering"- und "White Slip II"-Funden aus dem Tempelbereich von Tel Mevorach s. E. Stern, BA 40, 1977, 89ff. und in: Temples and High Places in Biblical Times, Proceedings of the Colloquium, Jerusalem 1977 (1981) 160.

[1716]Z. Herzog-O. Negbi-S. Moshkovitz, Excavations at Tel Michal, in: Tel Aviv 5, 1978, 124f. Abb. 14,10.11.

[1717]G.R.H. Wright, Some Cypriote and Aegean Pottery Recovered from the Shechem Excavations 1964, in: OpAth 7, 1967, 47ff. ("Basering"), 61ff. ("White Slip I und II"), 69ff. (Mykenisches).

[1718]Auswahl in R. Amiran, Ancient Pottery of the Holy Land (1969) 122 Taf. 37,14/S. 174f. Taf. 53,1 ("Milkbowl I"); Taf. 53,8 und 10 ("Milkbowl II").

[1719]Amiran a.O. 182 Abb. 197 ("Milkbowl II").

[1720]E. Sukenik, JPOS 21, 1948, 66 Taf. 1,3; zum Fundort bereits M. Dothan, ʿAtiqot 1, 1955, 19ff.

Kinneret[1721] zu nennen. Zutreffend mag eine Beobachtung von Piotr Bienkowski sein, wonach höhere Konzentrationen kyprischer und mykenischer Keramik samt ihren Imitationen in kanaanäischen Städten anzutreffen sind, die als Verwaltungs- und Militärzentren ägyptischer Kontrolle unterstanden. Relativ unabhängige Orte wie Jericho weisen hingegen nur ganz geringe Mengen derartiger Importe auf (s. ders., Jericho in the Late Bronze Age [1986]).

Ein Schwerpunkt liegt im Süden Palästinas. Das gilt im erhöhten Maße bezüglich "Whiteslip II" des 13. Jhs. v.Chr. und entspricht den vorgeführten Gegebenheiten der "Basering II"-Gattung. Es hat mithin etwas mit den kyprischen Exporten des genannten Jahrhunderts schlechthin zu tun. A.H. Kromholz, der 1978 mit einer Dissertation über "Cypriote White Slip II Hemispherical Bowls" an der Brandeis-Universität promoviert wurde, stellte fest, daß kein Gebiet außerhalb Zyperns derartig viele "White Slip II"-Schalen empfing wie Palästina, nämlich fast drei Viertel des gesamten archäologisch greifbaren Exportes. Wir dürfen hinzufügen, daß davon wiederum der Hauptteil in den Süden des Landes gelangte. Von diesen Feststellungen bleibt freilich der durch Funde von "Whiteslip I" dokumentierte nördliche Schwerpunkt der Handelsverbindungen Zyperns im 15./14. Jh. v.Chr. mit Syrien, also vor allem mit Ugarit, unberührt.

Von den vielen Fundorten Südpalästinas seien in Auswahl die Hafenplätze Aschdod, Askalon und Gaza, mit Tell el Ajjul, genannt[1722], im unmittelbaren Hinterland Ekron und Gezer (Abb. 30u[1723]), sowie Beth-Schemesch, Lachisch und Tell Beth Mirsim[1724].

Zieht man die meist vertretenen kyprischen Gattungen "Basering" und "Whiteslip" ohne weitere Differenzierungen in chronologischer und geographischer Hinsicht in Betracht, dann dürfte sich ihr Verhältnis zur importierten mykenischen Keramik in Syrien-Palästina etwa wie Zwanzig zu Eins verhalten: Ein dort aus dem

---

[1721]Nur vier Lesescherben, s. V. Fritz, ZDPV 102, 1986, 1ff. 17 Abb. 10,10-13.

[1722]M. Dothan, Ashdod I (1967) 90f. Abb. 18,13; S. 96f. Abb. 21,8; S. 100f. Abb. 23,12-14; Band II/III (1971) Taf. 13,1.2; 31,1-3. — C.J. Bergoffen, Some Cypriote Pottery from Ashkelon, in: Levant 20, 1988, 161ff. — J.R. Stewart, Tell el Ajjul (1974) 16f. ("Cypriot Ware") und R.S. Merrillees ebd. 86ff. (Appendix 3: Tell el-Ajjul and Imported Wares), S. 90ff. Abb. 2,31-47 und Abb. 3-7: Skizzen von "White Slip" I und II; vgl. auch E.D. Oren, Cypriot Imports in the Palestinian Late Bronze I Context, in: OpAth 9, 1969, 127ff. bes. 144 zu Tell el Ajjul. Beispiele in R. Amiran a.O. (Anm. 1718) 172 Abb. 173 und S. 174f. Taf. 53,2. — Außer für die südpalästinensischen Befunde auch zum gesamten Komplex: E. Sjöqvist, Problems in the Late Cypriot Bronze Age (1940).

[1723]Abb. 30u auch in R. Amiran a.O. 174f. Taf. 53,7 (nach Cl. Schaeffer, Stratigraphie Comparée [1948] Abb. 158,7) und H. Weippert, HdbArch/Palästina (1988) 321 Abb. 3/58,8. — Zu Ekron s. T. Dothan-S. Gitin, The Anchor Bible Dictionary II (1992) 417.

[1724]Lokale Imitation einer "White Slip II"-Schale aus Beth-Schemesch in R. Amiran a.O. 182 Abb. 198. — Zu Lachisch s. ebd. 174f. Taf. 53,3-5.9 = S. 182f. Taf. 56,3 und Taf. 56,4 (lokale Imitation); a.O. Taf. 53,6 auch in H. Weippert, HdbArch/Palästina 321 Abb. 3/58,7. — Zu Tell Beth Mirsim s. W.F. Albright, BASOR 12, 1930/31, 111f. Taf. 17b; 18; S. 143 Taf. 49,4.6-8.

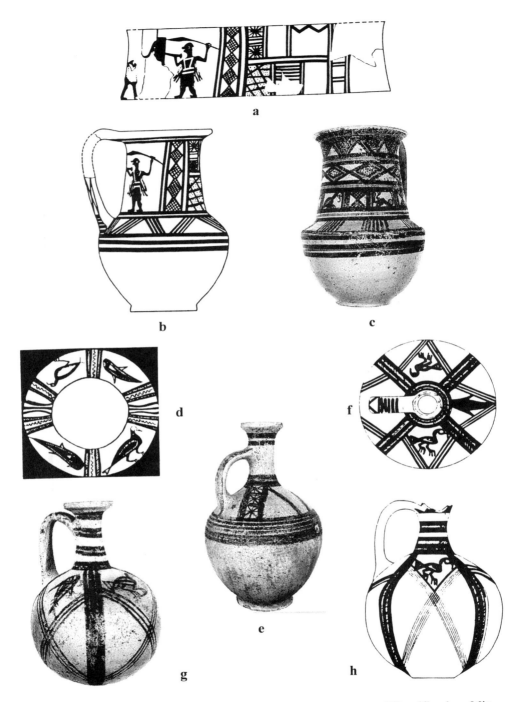

Abb. 79 a-h. Kypro-syrisch-palästinensische "bichrome" Humpen und Kugelflaschen, Mitte des 2. Jahrtausends v.Chr. ("Spätkyprisch I"), hierzu Weiteres auf der gegenüberliegenden Seite

Abb. 80 a-d. "Bichrome" Kanne der Gattung wie Abb. 79 aus Zypern in Cambridge, Mus. of Archaeology and Ethnology, Inv.-Nr. 51.2045.

Erläuterungen zu Abb. 79 a-h auf der gegenüberliegenden Seite: a.b Seltene Kampfszene; Grab 1, Dromolaxia-Trypes am Salzsee von Larnaka (1977). — c.e.g Hagia Irini (c.g) und unbekannten Fundortes (e); Cyprus Museum. — d Gezer, "2. semitische Schicht". — f.h Ras Schamra, Grab 75/1939 (Inv.-Nr. 11.257)

ägäischen Raum eingeführtes Gefäß entspricht etwa zwanzig kyprischen. Zeitlich
und örtlich kann freilich die Gleichung auch anders aussehen: So verhalten sich beispielsweise mykenische zu kyprischen Importen in der Nekropole 'K' von Byblos
wie Eins zu Drei[1725]. In der Levante läßt sich die Menge der örtlichen Imitationen sowohl ägäischer als auch kyprischer Gefäßarten nicht einmal abschätzen[1726].

Mehrfarbig bemalte Keramik (Abb. 43c, 44a, 48a, 79 und 80) will ich hier nur
streifen, weil in der neueren Forschung mögliche palästinensisch-kyprisch-ägäische
Zusammenhänge erörtert worden sind. Nach dem grundlegenden, noch heute viel
benutzten und zitierten Buch "Palestinian Bichrome Ware" von C. Epstein
(1966)[1727] und den entsprechenden Abschnitten in R. Amirans Werk "Ancient
Pottery of the Holy Land" (1969) ist vor allem M. Artzys 1972 an der Brandeis
Universität entstandene Doktorarbeit "The Palestinian Bichrome Ware" zu nennen.
Die Tatsache, daß I. Perlman zu den Betreuern gehörte, zeigt an, in wie hohem
Maße naturwissenschaftliche Methoden angewendet worden sind. So entstanden
denn auch neben und nach M. Artzys weiterem Aufsatz "The Late Bronze Age
'Palestinian' Bichrome Ware in its Cypriote Context" von 1973[1728] mehrere ein-
schlägige Studien in enger Zusammenarbeit mit den Analytikern I. Perlman und F.
Asaro, u.a. "The Origin of the 'Palestinian' Bichrome Ware"[1729] und "Imported
and Local Bichrome Ware in Megiddo"[1730].

Die mit ihren Anfängen an den Übergang von der mittleren zur späten Bronzezeit gehörige keramische Gattung, um die es geht, ist auf der Töpferscheibe gefertigt, was manchen Beobachtern zum — aus meiner Sicht unzulänglichen — Argument diente, sie könne deshalb nicht kyprisch sein. V. Karageorghis sprach jahre-
lang von "syrischer Keramik", ohne dabei Fundkonzentrationen in Israel zu berücksichtigen. Die grundlegende Studie von W.A. Heurtley zeigte bereits vom Titel her
"A Palestinian Vase-Painter of the Sixteenth Century B.C."[1731]) die Tendenz, die
gemeinte Gattung dort anzusiedeln. Seine Studie zeitigte langandauernde Wirkung,

---

[1725]Vgl. die Tabellen von J.-F. Salles, La Nécropole 'K' de Byblos (1980) 13.

[1726]Verstreut in der archäologischen Lit., z.B. E. Sellin-C. Watzinger, Jericho (1913) 124
Abb. 125. Beispiele auch bei R. Amiran a.O., s. meine Anm. 1660 und 1724.

[1727]Von derselben Autorin: Bichrome Wheel-made Tankards from Tell el Ajjul, in: PEQ 93,
1961, 137ff. und Bichrome Vessels in the Cross Line Style, in: PEQ 97, 1965, 42ff. —
Sammelaufnahme bichromer "Mileascherben" aus Tell el Ajjul auch in: F.S. Bodenheimer,
Animal and Man in Bible Lands (1972) Abb. 33,1-13.

[1728]In: Orient and Occident, Essays Presented to C.H. Gordon, in: AOAT 22, 1973, 9ff. —
B. Mazar, The Early Biblical Period (1986) 11 ist zu den anstehenden Fragen sehr knapp
gehalten, ebenso H. Weippert, HdbArch/Palästina (1988) 338. Auch bei B. Hrouda, Die
bemalte Keramik des 2. Jts. in Nordmesopotamien und Nordsyrien (1957) Taf. 15 blieb
Bichromes nur ein Randthema.

[1729]In: JAOS 93, 1973, 446ff. und dieselben, Considerations of the Tel Nagila Bichrome
Krater as a Cypriote Product, in: IEJ 25, 1975, 129ff.

[1730]Levant 10, 1978, 99ff.

[1731]QDAP 8, 1939, 21ff.

so beispielsweise in der lediglich referierenden Literatur: "Nach den Funden von Megiddo zu urteilen, sind diese Krüge in der zweiten Hälfte des 16. Jhs. v.Chr. entstanden, wohl als Werke eines (einzigen) Meisters, der zunächst im Süden Palästinas tätig war, von wo seine Erzeugnisse nach Zypern ausgeführt wurden, dann aber nordwärts wanderte und dort arbeitete, wo man seine Kunst begehrte"[1732]. Hier sind Vorstellungen vom "Wanderhandwerker" und der Existenz einer einzigen, nur kurzfristig arbeitenden Werkstatt auf den Punkt gebracht worden. Sie lassen sich angesichts eines über weit mehr als ein halbes Jahrhundert verteilten Fundstoffes und deutlicher Unterschiede der Produktionsweisen im einzelnen heute nicht mehr vertreten. Wenn sich auch geographische Räume der Verbreitung dieser und anderer Gattungen bestimmen lassen, sollte man bei einer ethnischen Zuweisung vorsichtig sein. Ich erwähne lediglich die Vermutung, Hurriter hätten die Bichrome Keramik erfunden. Nicht wirkliche Forschungsergebnisse, sondern bloße Meinungen finden sich hierzu vorsichtig abwägend referiert bei A.B. Knapp und A. Marchant: "Cyprus, Cypro-Minoan and Hurrians" (RDAC 1982, 15ff., bes. 20f.). Für Tel Mor, den Hafenort von Aschdod, gibt es einen Überblick des Ausgräbers M. Dothan über auswärtige Kontakte unter dem Titel "Relations between Cyprus and the Philistine Coast in the Late Bronze Age" (Kongreß Nikosia 1969 [1972] 51ff. Taf. 4-9). Neben 'Basering' und 'Whiteslip' spielte dabei auch die dort zahlreich gefundene mehrfarbig bemalte Scheibenkeramik der Phase Spätbronze I eine Rolle (a.O. Taf. 5,1 [Krater der Gattung wie in meinen Abb. 79 und 80]). Dothan meinte, ihr Ursprung sei noch nicht geklärt. Immerhin deutete er mit ihrer Nennung bei den kyprischen Importen an, daß er ihre Definition als kyprisch favorisiert.

M. Artzy ist, wie oben angedeutet, in den bereits genannten Aufsätzen und darüber hinaus in folgenden Arbeiten für den kyprischen Ursprung unserer Vasengattung eingetreten: "Wheel-made Pottery of the MC III- und LC I-Periods in Cyprus, Identified by Neutron Activation Analysis"[1733] und "Cypriote Imports at Ras Shamra"[1734].

Die nunmehr angegebenen Lokalisierungen beruhen auf Übereinstimmungen der charakteristischen Elementekombinationen im verwendeten Ton unserer zweifarbig bemalten Gefäße, festgestellt an Beispielen aus Tell el Ajjul und Milea/Ostzypern. Es wurde argumentiert, wenn die Analysenergebnisse obendrein mit solchen ganz anderer, ebenfalls aus Milea stammender Keramik, nicht jedoch mit anderer (als "lokal" bezeichneter) Keramik aus Tell el Ajjul nahezu identisch seien, dann sei

---

[1732]P. Thomsen, AfO 12, 1937-39, 414. — U. Müller, in: K. Galling, Biblisches Reallexikon (2. Aufl., 1977) 174f.: "Es besteht inzwischen Einigkeit darüber, daß es sich bei dieser Ware um in Syrien-Palästina hergestellte Keramik handelt".

[1733]RDAC 1976, 20ff.

[1734]IEJ 31, 1981, 37ff. — Von derselben Autorin knapp behandelt unter dem Titel "Supply and Demand, a Study of the 2nd Mill. Trade of Cypriote Ceramics in the Levant", in: A.B. Knapp-T. Stech, Prehistoric Production and Exchange, UCLA/Arch. Inst. Monograph 29 (1985) 93ff. 96f.

die Beweiskette zu Gunsten der Herkunft aus Zypern geschlossen. Demnach werden Kenntnisse von den tatsächlich genutzten geologischen Tonvorkommen und deren Analyse auf Homogenität und umgekehrt Berücksichtigung der häufig geübten Mischung von Tonarten aus weit auseinanderliegenden natürlichen Vorkommen — wie noch heute auf Kreta und in Ibn Hani zu beobachten — gar nicht benötigt. Der interessierte Leser möge sich selber ein Urteil bilden[1735]. Ich erinnere lediglich daran, wie unbefriedigend sich der Mangel an Lagerstättenkenntnissen bezüglich der Analysenergebnisse des verwendeten Tons der Amarnatafeln in der Herkunftsfrage ausgewirkt hat[1736].

Vor einigen Jahren habe ich bemerkt, daß man die mehrfarbige Vasenmalerei Theras und des griechischen Festlands während des frühesten SH I — in dunkler Farbe auf stark saugendem Ton mit kräftiger Betonung der Konturlinien — schwerlich aus heimischen Wurzeln erklären können wird. Es besteht vielmehr Grund zu der Annahme, daß bichrome Maltechniken Syrien-Palästinas und Zyperns auf die Ägäis eingewirkt haben[1737]. M. Artzy will nun diese Relation umkehren und ägäische Mehrfarbigkeit samt Motiv- und Stileigentümlichkeiten, die sie hauptsächlich in kykladischen Töpfererzeugnissen findet, zum Ausgangspunkt des kypropalästinensischen Auftretens von "Bichrome" machen[1738], allerdings ist das Formenrepertoire hier und dort ein völlig anderes.

Wenn es heißt, man habe quantitativ und qualitativ pro Probe fast zwei Dutzend Elemente ermittelt, und dann aber lediglich drei davon in den Graphiken vorführt, dürfte das wohl bedeuten, daß die übrigen gut zwanzig zur Lösung von Herkunftsfragen nichts beigetragen haben.

An der fraglichen Keramikart lassen Mehrfarbigkeit und saubere Abgrenzungen farbiger Bereiche eine große Erfahrung in der Herstellung erkennen. Dabei spielt die Anwendung der Töpferscheibe die geringste Rolle. Wirklich bemerkenswert ist aber die Kombination schwarzer und roter Pigmente unter Verwendung von Manganschwarz, wie sich bei Farbuntersuchungen der behandelten Töpferware mehrfach zeigte[1739]. Meist wurden die Farben auf eine dünne weiße Engobe aufgetragen,

---

[1735]M. Artzy hat erneut das Wissen über "Bichromes", Forschungsgeschichte, "Neutron-Activation-Analysis" und Deutungsmöglichkeiten unter dem Titel "The Bronze Age Cypriote Bichrome Ware and its Aegean Relations" zusammengefaßt, in: D. Adan-M. Artzy-F. Asaro, Festschrift für I. Perlman (Stanford University Press, 1995 im Druck). Ich habe die fertige Festschrift noch nicht in der Hand gehabt, verfüge lediglich dank M. Artzys Freundlichkeit über eine Kopie des Manuskripts.

[1736]M. Artzy-I. Perlman-F. Asaro, Alašiya of the Amarna Letters, in: JNES 35, 1976, 129ff., dazu H.-G. Buchholz, Ägäische Bronzezeit (1987) 235 mit Anm. 56.

[1737]Buchholz a.O. 166.

[1738]Vgl. Anm. 1735.

[1739]Von dem verstorbenen W. Noll (Leiter der Forschungsabteilung bei Bayer/Leverkusen) in langjähriger Zusammenarbeit größtenteils mittels von mir gesammelter Scherben erforscht. Außer in zahlreichen Vor- und Zwischenberichten hat er sein Wissen in seinem posthum erschienenen Buch "Alte Keramiken und ihre Pigmente" niedergelegt (1991). Zur Man-

welche im Tauchverfahren aus demselben Tonschlicker erzeugt war, aus dem das betreffende Gefäß bestand. Etwas höhere Kalkanreicherungen kommen manchmal in derartigen Engoben vor[1740]. Wählte man für die Schwarzbemalung Mangan/-Eisenocker und für die Rotmalerei manganfreie Eisenocker oder eisenreiche Tone, dann konnten durch oxidierenden Brand beide Farben leicht nebeneinander erzeugt werden. Bemerkenswert ist, daß die Farbstärke von Manganoxidpigmenten in der tongebundenen Masse nicht in ähnlich ausgeprägtem Maße vom Kalkgehalt der Tone abhängt, wie dies bei Eisenoxidpigmenten der Fall ist. Erstere können deshalb anders als letztere auch einen höheren Kalkgehalt aufweisen, ohne an Farbtiefe einzubüßen. Diese bleibt bis in die Randpartien als ein gleichmäßiges Schwarz erhalten und setzt sich kontrastreich und mit harten Konturen gegen angrenzende Bereiche anderer Farben (Rot, Weiß) ab. Im Unterschied zur Eisenoxidbemalung in Glanztontechnik tritt Manganschwarz als eine stumpf-matte Farbe auf.

Bezüglich der in der Gattung "Bichrome Wheel-made" vertretenen Formen (Schüsseln, Kratere, Krüge, Kannen, Feldflaschen und Humpen) verweise ich für Zypern auf die umfangreichen Zusammenstellungen von P. Åström[1741] und füge eine schöne Kanne des "Milea-Stils" hinzu (Abb. 80a-d[1742]). Auf der Schulter ist die typische laufende Spirale mit Sternfüllung zu sehen. Am Hals dominieren das gefüllte Rautenband und Karos mit Sternfüllung, die auch an Beispielen in Abb. 79a-d wiederkehren.

Besonders im Osten der Insel wurden zahlreiche Fundorte festgestellt, u.a. Galinoporni, Palaioskoutella, als einer der frühesten Nitovikla[1743], ferner Lythrangomi, Livadia (es gibt einen weiteren Ort dieses Namens bei Larnaka), Kanta-

---

ganmalerei a.O. 140ff., zu bi- und polychromen Farbzusammenstellungen a.O. 171ff. — Anläßlich der Besprechung phrygischer Keramik habe ich bereits auf die Entdeckungen von W. Noll hingewiesen, in: Beiträge zur Altertumskunde Kleinasiens, Festschrift für K. Bittel (1983) 139ff.

[1740]Noll a.O. 23ff. und passim.

[1741]SCE IV 1C (1972) 114ff. mit Abb. 43 und 44.

[1742]Zypern, ohne weitere Fundortangabe, Cambridge, Mus. of Arch. and Ethn., Inv.-Nr. 51.2045 (H: 29,3 cm, größter Dm 20,8 cm), nach Photos von S. Oppermann/Gießen. Ferner aus Zypern in Privatbesitz: D. Morris, The Art of Ancient Cyprus (1985) 35 Farbabb. 27.

[1743]E. Gjerstad, SCE I (1934) 371; P. Åström, SCE IV 1C (1972) 114ff., hiernach im folgenden alle Fundorte, sofern sie nicht gesondert nachgewiesen sind. — Meine Abb. 79e: Cyprus Mus., Inv.-Nr. 1938/IX-21/2, von unbekanntem Fundort, s. H.-G. Buchholz-V. Karageorghis, Altägäis und Altkypros (1971) 1576; C. Epstein, Palestinian Bichrome Ware (1966) Taf. 12,5 (mit anderer Inv.-Nr.). — Weitere Vasen, ohne Fundortangaben: BCH 93, 1969, 436 Abb. 7 (Cypr. Mus., Inv.-Nr. 1968/V-30/88, aus Slg. Michaelides, "syrisch"); BCH 104, 1980, 763f. Abb. 5 (Inv.-Nr. 1979/IV-6/1, aus polizeilicher Beschlagnahme). — Kannenhals mit "Mileamustern", The Brock University Collection of Cypriote Antiquities/-Kanada, Inv.-Nr. C 75/2, s. L. Fahy-Robertson, SIMA XX 11 (1986) 10f. Nr. 17, S. 46 Abb. 17, S. 70 Abb. 17 (Zeichnung).

ra, Ovgoros, Trikomo, Enkomi, Kalopsida, Chatos[1744], Leukoniko und vor allem
Milea, ein nahezu namengebender Fundort Ostzyperns[1745], sowie im Bereich der
Nordküste die Ausgrabungsstätten Kazaphani[1746], Kapouti, Stephania, Hagia Irini
(Abb. 79c.g[1747]) und Toumba tou Skourou (Abb. 81a). Im Zentrum treten ent-
sprechende Funde aus Hagia Paraskevi, Archangelos, Achera, Denia, Lythrodontas
und Hagios Sozomenos hinzu, im Süden der Insel nenne ich u.a. Dekelia, Kition,
Hala Sultan Tekke, Dromolaxia (Abb. 79a.b[1748]), Arpera, Maroni[1749], Kala-
vassos und Kourion-Bamboula (s. J.L. Benson, A Syrian Krater from Bamboula at
Kourion, in: PEQ 92, 1960, 64ff.).

Von besonderem Interesse sind Vasen der besprochenen Art, welche außer der
Ornamentik figürlichen Dekor aufweisen. Es kommen häufig Fische und Vögel als
Zwickelfüllung an Kugelflaschen vor. Das ist seit langem bekannt und von C.
Epstein in ihrem Aufsatz über "Bichrome Vessels in the Cross Line Style" behandelt[1750]. Selten, wenn auch nicht einmalig, sind regelrechte Bildszenen, jeweils
am Hals von Kannen aus Enkomi und Dromolaxia[1751]. An der letztgenannten
Kanne (Abb. 79a.b) bedient sich der Maler — mit Sicherheit nicht dieselbe Hand
wie an den Mileavasen — im Hauptdekor der Front, dem Henkel gegenüber,
gängiger Ornamente, die von den Mileavasen bekannt sind (vgl. Abb. 80a-d),
während das Bild, eine unbeholfen wiedergegebene Kampfszene, auf der Rückseite
des Halses, hinten unter dem Henkel versteckt ist. Am Beispiel aus Enkomi[1752]
fehlt hingegen alle Ornamentik oder ist auf der Schulter zu wenigen flüchtigen
Strichgruppen verkümmert; die Figuren — ebenfalls Kämpfergruppen — nehmen

---

[1744]V. Karageorghis, BCH 94, 1970, 232 Abb. 83a.b und 95, 1971, 368f. Abb. 71 (beide
Vasen aus Chatos/Distr. Famagusta, Slg. Hadjiprodromou).

[1745]A. Westholm, Some Late Cypriote Tombs at Milea, in: QDAP 8, 1939, 1ff. mit Taf. 1-7;
auch P. Thomsen, AfO 12, 1937-39, 414 und V. Karageorghis, AA 1963, 530 Abb. 14
("syrisch").

[1746]I. und K. Nikolaou, Kazaphani (1989) Taf. 9,105 und 310.

[1747]V. Karageorghis, BCH 89, 1965, 247 Abb. 26 (Cypr. Mus., Inv.-Nr. 1964/X-12/12); BCH
90, 1966, 304 Abb. 11-13 (Cypr. Mus., Inv.-Nr. 1965/X-8/1ff.); BCH 96, 1972, 1049 Abb.
61 ("syrisch"); H.-G. Buchholz-V. Karageorghis, Altägäis und Altkypros (1971) 1575 (meine
Abb. 79g) und 1578 (meine Abb. 79c). Beachte besonders die italienische Schlußpublikation:
P.E. Pecorella, Le Tombe dell'Età del Bronzo Tardo della Necropoli a Mare di Ayia Irini
(1977) 220 Abb. 572,20; S. 222 Abb. 21-24.

[1748]Abb. 79a.b nach V. Karageorghis, RDAC 1979, 198ff. Abb. 1a.b und Taf. 28,1.

[1749]J. Johnson, SIMA 59 (1980) Nr. 71 Taf. 62,71.

[1750]Oben Anm. 1727.

[1751]Zu Abb. 79a.b: K. Nikolaou, ArchRep 1976-80, 55f. Abb. 26; Ann. Report of the
Director of the Dept. of Antiquities 1977, 43 Abb. 39 und Karageorghis a.O. (oben Anm.
1748).

[1752]Zur Enkomi-Kanne (British Museum, Inv.-Nr. C 737) s. P. Åström, SCE IV C1 (1972)
122 (mit richtiger Gattungsbestimmung und chronologischer Einordnung); Karageorghis a.O.
199ff. Abb. 2 Taf. 28,2-4.

den gesamten Hals ein. Auch sie sind disproportioniert und unzulänglich in der Erfassung von Bewegungsabläufen. Das wird im Vergleich mit mykenischen Darstellungen, etwa von Szenen an den Wagenkrateren deutlich. Besonders die block- oder sanduhrartig gestalteten Körper der Enkomikanne und die Tatsache, daß die zur Darstellung gelangten Krieger bärtig sind, läßt die bichrome Malerei als in levantinischer und nicht ägäischer Tradition stehend erkennen. In der mit breiten rotbraunen Konturlinien erfolgten Körpergestaltung und schwarzer Haar- und Bartangabe ist ein Kriegerfries (Bewaffnung: Streitaxt und Schild) auf "bichromen" Kraterscherben aus Megiddo durchaus vergleichbar[1753]. Vom Typus her und gemäß der Bartform haben wir es bei den Dargestellten mit einheimischen Bewohnern zu tun[1754]. Der Unterschied zu glatten, bartlosen Minoergesichtern könnte nicht größer sein. Und auch mit den sorgfältig gestutzten Bärten der Goldmasken aus den Schachtgräbern von Mykene hat die levantinische Barttracht nichts zu tun[1755].

Es war bereits von Vögeln und Fischen als Füllsel auf "bichromen" Gefäßen die Rede (Abb. 79d.f-h). Doch gibt es außerdem, wenn auch sehr selten, relativ stattliche gemalte Stiere: Auf einer im Bild sehr zerstörten Vase aus Milea mögen zwei Stiere im Zweikampf gemeint sein, völlig unmotiviert mit einem Igel auf dem Rücken des linken[1756]. Das Glanzstück ist und bleibt ein 31 cm hoher mehrfarbig bemalter Krater aus Tell Nagila im südlichen Palästina, der auf der Hauptansichtsseite einen die ganze Schulterbreite des Gefäßes einnehmenden schwarzen Stier (mit roter Innenzeichnung) am Nasenstrick zeigt[1757].

Außer den erwähnten Fundorten Megiddo, Tell Nagila und Tell el Ajjul, fehlt die behandelte Keramik ebenfalls nicht in Tell el Hesi, Lachisch (Tell ed Duwer),

---

[1753]Istanbul, Arch. Mus., s. Y. Yadin, The Art of Warfare in Biblical Lands I (1963) 242 Farbbild (worauf sich das Datum "um 1200" gründet und wie es gesichert ist, vermag ich nicht zu sagen, zumal in Megiddo die Laufzeit der "Bichrome Pottery" nach A. Kempinski geklärt ist: Ab Stratum X, d.h. vom Ende der mittleren Bronzezeit II, bis in die Spätbronzezeit IIB, in: K. Galling, Biblisches Reallexikon (2. Aufl., 1977) 213ff. s.v. Megiddo.

[1754]Vgl. H. Mötefindt, Zur Geschichte der Barttracht im alten Orient, in: Klio 19, 1925, 1ff.; R. Rendtorff, Die in Israel des angehenden 10. vorchristl. Jhs. übliche Barttracht ..., s. Bibliographie (1990) 9 Nr. 44.

[1755]Vgl. hierzu Sp. Marinatos, Haar- und Barttracht, in: H.-G. Buchholz, ArchHom, Lieferung A/B (1967) 22ff. — Selbst der ungewöhnliche "Bocksbart" eines physiognomisch hervorragend getroffenen "Porträtkopfes" auf einem minoischen Siegel (Marinatos a.O. 24 Taf. 1d) ist nicht einfach identisch mit der erörterten Barttracht von Kanaanäern, weshalb die lapidare Bezeichnung "Kopf eines Orientalen" durch F. Matz (Kreta-Mykene-Troja [1956] Taf. 50a) eingehender Vergleiche bedarf.

[1756]A. Westholm, QDAP 8, 1939, Taf. 7,8. — Ein einzelner Stier aus dem Kontext herausgezeichnet bei P. Åström, SCE IV 1C (1972) Abb. 44.

[1757]R. Amiran-A. Eitan a.O., A Canaanite-Hyksos City at Tell Nagila (oben Anm. 35) farbige Abb. 19; R. Amiran, Ancient Pottery of the Holy Land (1969) 157 Abb. 10 (Zeichnung, irrtümlich linksgerichtet!); M. Artzy-I. Perlman-F. Asaro, The Tel Nagila Bichrome Krater as a Cypriote Product, in: IEJ 25, 1975, 129ff. Auch in H. Weippert, HdBArch/Palästina (1988) 338 Abb. 3,67.

Beth-Schemesch, Tell Ḥedar (Tell Mor), Gezer (Abb. 79d[1758]), Thaanach, Abu Hawam und ebenfalls nicht völlig im Ostjordanland (z.B. in Tell Abu el Charaz[1759]). Auch im syrischen Norden, beispielsweise in Ras Schamra, ist sie relativ häufig anzutreffen. Ihre Produktionszeit erstreckt sich dort nicht allein auf das spätere 16. Jh. v.Chr., sondern reicht bis ins 14. Jahrhundert hinein (Abb. 43c; 44a; 48a; 79f.h[1760]).

Für die archäologischen Phänomene des Übergangs von der Bronze- zur Eisenzeit mag man das zum Metall "Eisen" Gesagte (oben S. 283ff.) nachlesen. Die chronologische Festlegung dieses Epochenwechsels hängt wesentlich von einer zutreffenden Einschätzung der keramischen Abfolgen ab. Absolute Annäherungswerte (in "langer" oder "kurzer Chronologie") können besonders in den "Dunklen Jahrhunderten" ("Dark Ages") nicht als "historisch" gesichert gelten. Vielmehr handelt es sich um angenommene Schätz-/Richtwerte, so in unserer Tabelle (Abb. 24) die Jahreszahlen 1230 bis 1075 für die mykenische Keramikphase SH IIIC1 und 1075 bis 1025 für SH IIIC2. Es sind damit die Werte der Tabelle zu vergleichen, in welcher Phasen der Philisterkeramik mit SH IIIC1a, C2/Submykenischem und Griechisch-Protogeometrischem parallelisiert worden sind (Abb. 86).

Zeitvorstellungen in keramischen Abfolgen haben u.a. Fragen nach zeitgleichen Parallelerscheinungen und Überlappungen statt eines linearen Nacheinanders und vor allem nach mutmaßlicher Phasendauer zu berücksichtigen. So sind in der genannten Tabelle (Abb. 86) für SH IIIC1-Keramiken eine Laufzeit von 155 Jahren angenommen worden, für SH IIIC2/Submykenisches und Protogeometrisches zusammen nur 75 Jahre. Am Ende ergibt sich die runde Zahl 1000 v.Chr. keineswegs automatisch aus dem helladischen oder kyprischen Fundstoff. Sie stellt nichts anderes dar, als ein aus der Frühzeit Israels abgeleitetes Epochendatum: Sie bezeichnet nämlich den tiefen Einschnitt der Philistergeschichte in der Konfrontation mit dem jungen Davidischen Königtum.

Selbst das in Ableitung aus A. Furumarks grundlegenden Keramik-Forschungen am häufigsten vorgetragene Epochendatum 1230 v.Chr. für das Ende von SH IIIB und den Beginn von IIIC1 ist insofern viel zu hoch angesetzt, als in Deir Alla östlich des Jordan noch fast ein halbes Jahrhundert später SH IIIB-Gefäße als Opfergaben niedergelegt wurden. Cl. Schaeffer, dessen Abfolge der Zeitphasen von Ras Schamra ich in Abbildung 36 wiederholt habe, sah in dem Jahr 1185 das Ende

---

[1758]Abb. 79d nach Epstein a.O. (Anm. 1743) Taf. 4,1.

[1759]Beispielsweise verdient hervorgehoben zu werden: P.M. Fischer, Annual of the Department of Antiquities of Jordan 35, 1991, 86f. Abb. 9,5; S. 96f. Abb. 14,4.

[1760]Vgl. Cl. Schaeffer, Stratigraphie Comparée et Chronologie de l'Asie Occidentale (1948) Abb. 307a.b; bes. die wichtige neuere Zusammenstellung durch J.-Cl. und L. Courtois, in: Ugaritica VII (1978) 224ff. Abb. 9,1-8 (danach unsere Abb. 79f.h) und Abb. 10. Nach a.O. Abb. 12,4 meine Abb. 43c. — Alle sonstigen spätbronzezeitlichen ein- und mehrfarbig bemalten keramischen Gattungen Syrien-Palästinas sind mit Rücksicht auf unser Hauptthema hier nicht behandelt worden, s. beispielsweise: B. Hrouda, Die Habur-Ware in neuerer Sicht, in: Anatolia and the Ancient Near East, Studies in Honor of T. Özgüç (1989) 205ff.

von "Bronze Recent 3", gleichbedeutend mit dem Ende der Stadt überhaupt und dem Ende von SH IIIB. Zu dem dort angenommenen Hiatus von 1185 bis gegen Mitte des 6. Jhs. v.Chr. will ich hier nicht Stellung nehmen. Doch phönikische Inschriften (so äußerte sich mein damaliger Helfer und Assistent St. Segert bei deren Auffindung) und etliche Fibeltypen scheinen mir zeitlich einem Datum gegen 700 v.Chr. näher zu liegen als dem Ende der archaischen Epoche.

Vögel, Fische und andere Meerestiere gehörten zu den beliebtesten Bildelementen der mykenischen SH IIIC-Keramik. Deshalb eignen sie sich gut zum Vergleich. Einige Darstellungen von Fischen dieser Epoche habe ich unten in inselmykenischer Ausprägung abgebildet (Abb. 95d.f [Perati/Ostattika] und g-n [Naxos]). J.L. Benson bemühte sich in dem Buch "Horse, Bird and Man, the Origins of Greek Painting" (1970) um die Aufhellung ostmediterraner Zusammenhänge. Hierher gehört mithin auch seine Studie "A Problem in Orientalizing Cretan Birds: Mycenaean or Philistine Prototypes?"[1761]. Nach Photos oder Zeichnungen allein läßt sich freilich "Lokalkyprisches IIIC1" von importiertem "Kykladischem IIIC1" kaum trennen. So hat man der Erfahrung der Bearbeiter zu vertrauen, wenn ein interessanter Kalathos dieser Zeitstufe aus Enkomi mit Vögeln, Fischen und Bäumchen im Innenbild als lokale Fertigung gilt[1762].

Für die Auffindung der Nahtstelle zwischen SH IIIB und C ist allerdings die konkrete Zuordnung bestimmter keramischer Zeugnisse von ausschlaggebender Bedeutung. So konnte ich mich nicht entschließen, Cl. Schaeffers IIIB-Datierung einiger mykenischer Prachtkratere aus Ugarit (Abb. 95a und 96a) aufzugeben, während F. Schachermeyr — ein wahrlich vorzüglicher Kenner der Materie — sie seinem erheblich späteren "Middle IIIC" zuordnete[1763]. Mein verstorbener Freund J.-Cl. Courtois, ein nicht minder erfahrener Keramikspezialist, ging, anders als Schachermeyr, wegen des enormen Glimmergehaltes des verwendeten Tons und der Formengleichheit mit Krateren aus Kos statt von der Zuweisung an "levantinische Werkstätten" (Schachermeyr) von Importen aus Milet oder von der Insel des Dodekanes aus, demnach von "'Töpferschulen', deren Blütezeit am Übergang von SH IIIB und IIIC1 gelegen haben dürfte und die nicht nur die Inseln und die kleinasiatische Küste weitgehend versorgten, sondern ebenso die orientalischen Märkte, zu deren wichtigsten Ugarit gehörte"[1764]. Für den im Ausschnitt auf mei-

---

[1761]JNES 20, 1961, 73ff. und oben Anm. 1596. — Mit anderer Fragestellung: M. Yon, Animaux Symboliques dans la Céramique Chypriote du 11e S., in: Cyprus in the 11th Cent. B.C., Proceedings of the Int. Symposium, Nikosia 1993 (1994) 189ff.

[1762]J.-Cl. Courtois-J. und E. Lagarce, Enkomi (1986) Taf. 16,5.

[1763]Seine Terminologie sollte möglichst niemanden zu sehr abschrecken; bekanntlich bediente er sich einer Art Pidgin-Englisch (z.B. "Middle IIIC-Krater mit umgeschlagener Stielspirale" oder "Krater in Pictorial Stil" oder "Fragmentierter Pictorial-Krater, vermutlich aus der Wende von Late IIIB zu Early IIIC" usw., s. F. Schachermeyr, Die ägäische Frühzeit Band V: Die Levante im Zeitalter der Wanderungen (1982). Ebenda 204 Abb. 43 (meine Abb. 96a), S. 207 Abb. 45b (meine Abb. 95a).

[1764]J.-Cl. Courtois, in: H.-G. Buchholz, Ägäische Bronzezeit (1987) 210ff., mit Nachweisen und Abb. 66a.b (meine Abb. 96a).

ner Abb. 96a wiedergegebenen Krater aus dem "Kleinen Palast" von Ugarit nannte Courtois als absolutes Datum das Ende des 13. Jhs. v.Chr. Sollten wir ernstlich im vorliegenden Fall mit Schachermeyrs Datierung zu rechnen haben, würde das für die Nutzung des "Kleinen Palastes" in keineswegs unansehnlicher Weise mindestens noch zwischen 1150 und 1050 sprechen, denn das sind die Ziffern für sein "Middle IIIC"[1765]. Es fragt sich, so gesehen, allerdings, wann dann die Stadt endgültig zerstört worden sei.

Es sind im vergangenen halben Jahrhundert große Anstrengungen unternommen worden, um die Chronologie von ägäischer SH IIIC-Keramik in Relation zu anderweitig datierten ostmediterranen Gattungen zu setzen. Ich nenne als am Beginn einer langen Kette von einschlägigen Untersuchungen stehend: A. Furumark, "The Mycenaean IIIC-Pottery and its Relation to Cypriote Fabrics"[1766]. Auch das Problem von Zusammenhängen zwischen ägäischer und Philisterkeramik im Formen- und Motiv-Repertoire der Bemalung wurde bereits vor dem letzten Weltkrieg angesprochen. Ich verweise auf "The Relationship between 'Philistine' and Mycenaean Pottery" von A. Heurtley[1767].

Bevor V. Hankey das mykenische SH IIIC in Beth-Schean 'entdeckte'[1768], vermißte man den direkten Anschluß nahöstlicher Keramiken an ein auslaufendes SH IIIB. Doch in Aschdod wurde es schließlich mit naturwissenschaftlicher Methode unternommen, völlig typengleiche Gefäße nach importierten mykenischen (IIIC), solchen aus lokalem Ton hergestellten mykenischen (ebenfalls IIIC) und schließlich abgeleiteten philistäischen Serien säuberlich zu trennen[1769].

Doch zurück nach Zypern, wo es — wie ausgeführt — ein Nebeneinander spätestmykenischer importierter und auf der Insel erzeugter, also lokalmykenischer Gefäße gibt. Dort gesellte sich nämlich zeitgleich parallel oder doch mindestens erstere im Ablauf überlappend eine dritte, lokale, Keramik-Sorte hinzu: "Proto-White-Painted"[1770]. Auch diese Gattung darf für sich beanspruchen, in späthella-

---

[1765]Schachermeyr a.O. 91, Tabelle.

[1766]OpArch 3, 1944, 194ff. Vgl. weiterhin P.J. Riis, The Mycenaean Expansion in the Light of the Danish Excavations at Hama and Sukas, in: Symposium Nikosia 1972 (1973) 198ff. und neuerdings die Beiträge in: Cyprus in the 11th Century B.C., Proceedings of the International Symposium, Nikosia 1993 (1994).

[1767]QDAP 5, 1936, 90ff. Zur Philisterkeramik auch unten S. 733ff. Es handelt sich um ein häufig behandeltes, was die Verbindungen angeht, gegensätzlich beantwortetes Thema, u.a. B. Hrouda, Die Einwanderung der Philister in Palästina, eine Studie zur Seevölkerbewegung des 12. Jhs. v.Chr., in: Vorderasiatsiche Archäologie, Festschrift A. Moortgat (1965) 126ff.; T. Dothan, The Philistines and their Material Culture (1982) 94ff. (Pottery).

[1768]Oben Anm. 1608; zu den verdienstvollen Forschungen von V. Hankey auch oben Anm. 1476 und 1520.

[1769]F. Asaro-I. Perlman-M. Dothan, An Introductory Study of Mycenaean IIIC1-Ware from Tel Ashdod, in: Archaeometry 13, 1971, 169ff. — Zur Methodik auch oben Anm. 1452.

[1770]Hierzu zuletzt M. Iakovou, Proto-White Painted, a Classification of the Ware, in: J.A. Barlow-D.L. Bolger-B. Kling, Cypriot Ceramics, Reading the Prehistory Record (1991) 199ff.

discher Tradition zu stehen, wenigstens mit Bezug auf einen Großteil der Gefäßformen und der Ornamente (zu nennen sind vor allem Bügelkannen: Abb. 77c[1771]; Amphoren und Amphoriskoi: Abb. 77f[1772]; Kugel- und Feldflaschen: Abb. 77a.b.d[1773]; Trinkkelche auf hohem Fuß: Abb. 77e[1774]). Doppelte Wellenbänder und schraffurgefüllte Rauten und Dreiecke gehören hier wie im "Granery"-Stil von Mykene zum häufigsten Dekor. Auf auffällige Sonderformen wie Ring- und Vogelvasen (Abb. 81c.d) bin ich bereits oben eingegangen[1775].

Das Enddatum 1075 für die kyprische Bronzezeit wurde von E. Sjöqvist begründet[1776]. Doch die nun bereits über fünfzig Jahre alte Studie "The Initial Date of the Cypriote Iron Age" von E. Gjerstad, ausschließlich auf keramischen

---

[1771]Princeton University Art Museum, Inv.-Nr. 281, aus Slg. Cesnola (H 20,5 cm); Zur Form und zum Dekor vgl. in Slg. Pierides/Larnaka: CVA Cyprus 2 (1965) 15 Abb. 1 zu Taf. 24,1.2 und 38,1-4. — Bügelkannen dieser Gattung gehören in den großen Nekropolen des Landes (Alaas im Osten oder Kouklia-Skales im Westen) zum üblichen Repertoire, z.B. BCH 110, 1986, 840. 842 Abb. 57a.b; A. Pieridou, O Protogeometrikos Rhythmos en Kypro (Neugriechisch, 1973) Taf. 14-17. — Gegenüberstellungen von griechisch-protogeometrischen mit kyprischen Bügelkannen der Gattung "Proto-White Painted" bei E. Gjerstad, OpArch 3, 1944, 79 Abb. 2,1-4 und S. 91f. Abb. 4,1-10; 5,4.

[1772]Abb. 77ff (Photo S. Oppermann), aus Leontari Vouno/Zentralzypern in Cambridge, Mus. of Archaeology and Ethnology, ohne Inv.-Nr., aus Beständen des Fitzwilliam Mus. (W. Lamb, CVA Cambridge 2, Taf. 9,9), zeitweilig als Leihgabe in Sidney, Nicholson Mus., Inv.-Nr. CL 48. — Vergleichsstücke der Endphase von "Late Cypriote III-Proto-White Painted" mit dem kleinen hohen Kegelfuß wie im Griechisch-Protogeometrischen ohne mykenische Vorläufer: CVA Cyprus 2 (1965) Taf. 22,7; 23,4; 40,1.2; Pieridou a.O. Taf. 18-21; V. Karageorghis, Palaepaphos-Skales (1983) Taf. 164,76.82.87, Taf.-Abb. 118,5.10.

[1773]Abb. 77a.b (Aufnahmen S. Oppermann) aus Zypern, ohne Fundortangaben, in Cambridge, Museum of Archaeology and Ethnology, Inv.-Nr. 51.D 61 (H 21,1 cm, aus Beständen des Fitzwilliam-Mus., s. W. Lamb, CVA Cambridge 2, 23f. zu Taf. 10,16): Ockergelber Ton, glänzender schwarzbrauner Firnis (was nicht zur Gattung "Proto-White Painted" passen will; im handschriftlichen Inv. des Museums ist sogar von "Bichrome Ware" die Rede: "Miss Seton Williams was doubtful about the authenticity of this piece"). — Abb. 77d nach H.-G. Buchholz, AA 1974, 380 Abb. 38, mit Lit.: aus Salamis, Grab 1 (Fund-Nr. 1352, frz. Ausgrabungen), s. oben Anm. 1569 und ferner J. Pouilloux, RDAC 1975, 115 Taf. 15,1. Zu Feld- und einhenkligen Flaschen der Gattung "Proto-White Painted" s. Pieridou a.O. Taf. 8,10; 9,1.2; 13,5-10; 35,1-6; J.L. Benson, The Necropolis of Kaloriziki (1973) Taf. 20; 28 (Kyprogeometr. I); 42,3.

[1774]Abb. 77e, Cypr. Mus., ohne nähere Fundortangaben, Archivphoto: Neg. B 33.343 (H 10 cm). Kylikes auf hohem, mehrfach gewulstetem Fuß gehören auch in Griechenland zum Inventar auslaufender mykenischer Zeit. Auf Zypern sind sie "Proto-White Painted", mehrfach in der Nekropole von Alaas vertreten: RDAC 1977, Taf. 35. 36. 40, vgl. Pieridou a.O. Taf. 5,11.12; 6,1 und J.L. Benson, The Necropolis of Kaloriziki (1973) Taf. 17,64.65; 23,304 ("White-Painted I"); 43,64. — Gegenüberstellung griechisch-protogeometrischer und kyprischer Gefäße dieses Typs bei Gjerstad a.O. 78 Abb. 1,4-6 und S. 97 Abb. 8,7-10.

[1775]Zu Ringkernoi oben Anm. 1552 und 1553, zu Vogelvasen Anm. 1569.

[1776]Problems of the Late Cypriote Bronze Age (1940) 195ff.

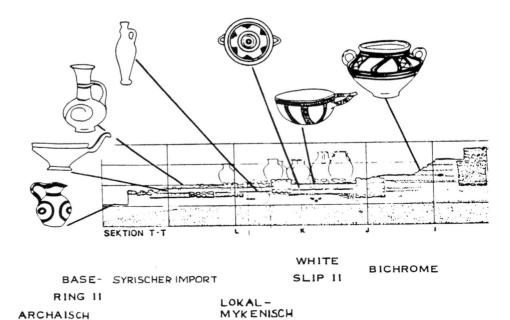

SEKTION T-T   L   K   J   I

WHITE
BASE- SYRISCHER IMPORT   SLIP II   BICHROME
RING II
               LOKAL-
ARCHAISCH   MYKENISCH

Abb. 81 a. Toumba tou Skourou/Nordwestzypern: Stratigraphie und Fundverteilung der keramischen Gattungen; Anschluß rechts, s. Abb. 81 b

Abb. 81c. Kyprische Vogelvase unbekannten Fundortes
("Whitepainted I/II"), Nikosia, Privatbesitz

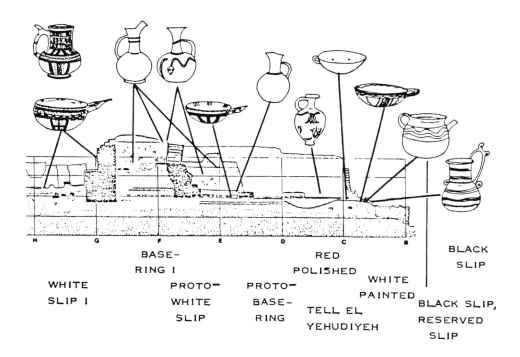

BASE-
RING I

WHITE
SLIP I

PROTO-
WHITE
SLIP

PROTO-
BASE-
RING

RED
POLISHED

TELL EL
YEHUDIYEH

WHITE
PAINTED

BLACK
SLIP

BLACK SLIP,
RESERVED
SLIP

Abb. 81 b. Zum Anschluß links s. Abb. 81 a (nach einem Entwurf von E. Vermeule).
Hierzu Plan: Symposium Nikosia 1972 (1973) 26 Abb. 1

Abb. 81d. Kyprische Vogelvase, s. Abb. 81c

Vergleichen aufgebaut, halte ich für eine auch weiterhin gültige, umsichtige Ab-
wägung des wirklich Wißbaren, das er unmißverständlich vom Spekulativen auf
diesem Gebiet trennte[1777].

Bei einer weiteren Besonderheit, Schlaufenfüßen ("loop feet"), gelangte ich zu
dem Ergebnis, daß ihr Auftreten in der kyprischen "Proto-White Painted"-Gattung
einer nahöstlichen Anregung folgte und daß sie sodann ihren Weg nach Westen zu
griechisch-geometrischen Töpfern fand und nicht umgekehrt[1778]. In Eberts Reallexikon der Vorgeschichte firmieren sie als ägäisches Kulturgut: "Die Krüge, die auf
Bodenhenkeln stehen, wurden allerdings in späteren Schichten gefunden, sind aber
im Gebiete des ägäischen Meeres zur Zeit des älteren geometrischen Stiles bekannt
und sind sicher Nachbildungen von ägäischen Metallgefäßen"[1779].

Während importiertes und meist auch lokal-gefertigtes SH IIIC technisch auf
die mykenische "Firnisbemalung" zurückgeht, bedient sich die "Proto-White Painted"-Gattung altbewährter kyprischer Praktiken in der Verwendung matter schwarzbrauner Farben auf stark saugendem Ton und hellem Überzug. Das erklärt die
ansonsten unlogische und nicht mit gutem Sinn ins Deutsche übersetzbare Namens-
gebung, welche außerdem mit ihrem "Proto-" anzeigt, daß sie terminologisch als ein
Neuanfang einem bestehendem System zeitlich vor "White-Painted I" aufgepfropft
worden ist und insofern nicht als Übergangsphase, auch nicht als Endphase bronzezeitlicher Keramiken verstanden wurde, vielmehr als ein vorgeschaltetes Debüt. Das
entspricht genau der Funktion von "Protogeometrischem" in Hellas[1780]. Eine Bügelkanne der Gattung "Proto-White" wurde nach Angabe von Nelson Glück in Ain
Samia bei Dura gefunden; sie ist ein Zeichen von in dieser Zeit bestehenden
kyprischen Verbindungen zur übrigen Levante[1781].

[1777]Gjerstad a.O. 73ff.

[1778]H.-G. Buchholz, Die östliche Herkunft eines griechisch-geometrischen Gefäßdetails, in:
JdI 83, 1968, 58ff., mit umfangreichen Fundlisten; auch Gjerstad a.O. 78 Abb. 1,23.24 Taf.
1,17 (Lapethos). — Unterteil eines derartigen Gefäßes aus dem Heiligtum des "Gottes auf
dem Barren", Enkomi Fund-Nr. 1219/1963 und eine Entsprechung aus Ras Schamra (Ugarit
Rec. III/1962 Nr. RS 25.561): J.-Cl. Courtois, in: Alasia I (1971) 259 Abb. 98,100e. — Zu
einer Entsprechung in "Proto-White Painted", Museum Glasgow, Inv.-Nr. 1903/185fb, s. E.J.
Peltenburg, RDAC 1976, 88 Nr. 4 Taf. 17,4.5. — J.L. Benson, The Necropolis of Kaloriziki
(1973) Taf. 16,62. — A. Pieridou a.O. (s. oben Anm. 1771) 91 mit Zeichnung Taf. 6,7.

[1779]P. Thomsen, in: Reallexikon der Vorgeschichte I (1924) 45 s.v. Ägäischer Einfluß auf
Palästina-Syrien.

[1780]Hier wären vor allem V.R. d'A. Desborough mit "Protogeometric Pottery" (1952), "The
Last Mycenaeans and their Successors" (1964) und "The Greek Dark Ages" (1972) zu
nennen, ferner J.N. Coldstream mit "Greek Geometric Pottery" (1968), sodann die frühen
Bände des deutschen monumentalen Kerameikoswerkes seit 1939. Für Abhängigkeitsfragen
etwa auch J. Bouzek, The Beginning of the Protogeometric Pottery and the 'Dorian Ware',
in: OpAth 9, 1969, 41ff.

[1781]G. Walberg, The Nelson and Helen Glueck Collection of Cypriot Antiquities, Cincinnati
(1992) 16f. Nr. 16.

Auch wenn sich mit einer aus dem archäologischen Zusammenhang isolierten Behandlung verschiedener keramischer Gattungen Wiederholungen zu vorausgegangenen Kapiteln dieses Buches ergeben, durfte sie in einiger Ausführlichkeit deshalb nicht fehlen, weil an ihnen unzählige chronologische, Handels- und Beziehungsfragen hängen. Es ist mir klar, daß für den Nichtarchäologen Detailbemühungen um Technisches, um Farben und Formen, Fundort- und Museumsangaben quälend sein können. Er möchte wissen, was wirklich war und wo es mehr oder weniger um Spekulation geht. Doch so wie der Historiker Quellenanalyse und -kritik nicht vernachlässigen darf, so der Archäologe nicht die Analyse und Kritik seiner Quellen. Ich kann nur wiederholen, was von anderer Seite hervorgehoben wurde und ich oben bereits betont habe: Wir dürfen nicht so tun, als ob uns Töpfe vollwertige Aussagen zu echtem geschichtlichen Geschehen ermöglichen würden. Dies gilt umso mehr, als wir von vielen Kulturen nicht einmal wissen, wer die Töpfe gemacht hat: Frauen oder Sklaven oder halbfreie oder freie Handwerker (z.B. "Banausen"). Eins glauben wir allerdings sicher zu wissen: Es waren nicht die mykenischen Krieger und Handelsherren, deren Handfertigkeit derartige Kulturzeugnisse zu verdanken wären. Sie gehörten allenfalls zu den Auftraggebern.

Kapitel 11

Metallformen, einige Beispiele ihrer Verbreitung

1. *Einführende Bemerkungen*

Die umfassende Behandlung der Metallformen würde ein Buch füllen. So werde ich mich hier auf wenige Beispiele und im übrigen auf Verweise beschränken. Was die Verhältnisse auf Zypern angeht, bildet H.W. Catlings vorzüglicher Überblick "Cypriot Bronzework in the Mycenaean World" (1964) die Basis aller späterer Betrachtungen. Ferner versuchte J. Deshayes, die verschiedensten Metalltypen und ihre Varianten in einem sehr weiten geographischen Rahmen zu erfassen: "Les Outils de Bronze de l'Indus au Danube" (1960). Und schließlich muß ein Hinweis auf das von H. Müller-Karpe begründete, im Werden begriffene und viele Bände umfassende Werk "Prähistorische Bronzefunde" (PBF) genügen. In ihm wird eine ungeheure Menge auch bisher unpublizierter Bronzen für die künftige Forschung bereitgestellt. Einen eher bescheidenen Zuwachs an einschlägigem Wissen erbrachten die "Proceedings of the International Symposium 'Early Metallurgy in Cyprus 4000 - 500 B.C.', Larnaka 1981" (1982), weil der Schwerpunkt bei der Behandlung der Erze und Schlacken, des Bergbaus und der Verhüttung lag und weil viele der gedruckten Beiträge mehr archäometrischen als formenkundlichen Charakters sind.

Auch sonst ist bezüglich der Voraussetzungen aller metallurgischen Tätigkeiten größeren Umfangs — Bergbau, Verhüttung, Anfall von Schlacken und deren Bedeutung für die Forschung, Wiederverwendung von Schrott (u.a. von sogenannten "Gießerhorten" in Enkomi und Ras Schamra), Guß von Zwischen- und Halbfertigprodukten (z.B. von Barren und "Rohlingen") — auf das oben zu den einzelnen Metallen, besonders zu Kupfer und Bronze, Gesagte hinzuweisen (S. 196ff.). Was dort nach Werkstoffen und ihrer Beschaffung geordnet ist, sei hier unter dem Gesichtspunkt von Form und Funktion, unabhängiger und abhängiger Gestaltung der Endprodukte, vorgetragen:

Gewiß läßt der Nachweis regelrechter Werkstätten mit Gußinstallationen, Tiegeln, Blasebälgen, Hämmern, Ambossen, Metallabfall und beispielsweise auch Gießerlöffeln zur Verflüssigung kleinerer Metallmengen, wie mehrfach auf Zypern und in Troja beobachtet[1782], Rückschlüsse auf den Fertigungsort mancher End-

---

[1782]H.-G. Buchholz, RDAC 1994, 130 Abb. 1a.b (Wien, Kunsthist. Mus., Antikenslg., Inv.-Nr. 20801. 20802); T. Dothan-A. Ben-Tor, Excavations at Athienou/Cyprus 1971/72 (1983) 106 Abb. 48,20-22 Taf. 31,2. Zum Bleiguß oben Abb. 58h (Troja) und zu anatolischen Formen für den Bleiguß Anm. 795. — "Gußkelle": Troja und Thrakien, Ausstellung Berlin und Sofia (Katalog 1981) 93 Nr. 525.

produkte zu. Auf Grund derartiger Indizien wurde von Gießerwerkstätten in Ibn Hani ("Gießerei von *Biruti*", s. oben Anm. 703. 704) berichtet, desgleichen in Tell Qasile[1783] und bei dem ländlichen Heiligtum von Nahariyah, in dessen Nähe Miniaturformen für den Guß von Votivwaffen entdeckt worden sind[1784].

Nur durch ein Schreibmaschinenexemplar im Britischen Archäologischen Institut/Athen ist mir eine Londoner Dissertation bekannt, die sich mit minoischen Einrichtungen der beschriebenen Art auseinandersetzt: R.D.G. Evels, "Minoan Crafts, Tools and Techniques" (1979). Wegen einiger Gußformen und anderer handwerklicher Indizien wurde eine späthelladische Fundstelle im böotischen Theben als mykenische Goldwerkstatt angesprochen[1785]. In Enkomi und Ibn Hani sind, wie oben dargelegt, in Gebäuden oder Räumen archäologische Hinweise auf metallurgische Aktivitäten festgestellt worden (Abb. 56 und 57[1786]). Dort, wo kunstvoll in "verlorener Form" gegossen wurde, ist die Aussicht des Archäologen auf Funde zerschlagener Reste solcher Formen außerordentlich gering[1787].

Generell gilt von Gußformen (z.B. Tiryns, Abb. 53b), daß sie behilflich sind bei Orts-, Typen- und Zeitbestimmungen der mit ihnen erzeugten Schmuck-,

---

[1783]G. Fohrer, in: B. Reicke-L. Rost, Biblisch-Historisches Handwörterbuch I (1962) 570f. Abb. 1 und 2, s.v. Gießerei; M. Weippert, in: K. Galling, Biblisches Reallexikon (2. Aufl., 1977) 219ff. s.v. Metall und Metallverarbeitung, mit Abb. 53 (Gußformen).

[1784]Vgl. Temples and High Places in Biblical Times, Proceedings of the Colloquium in Jerusalem 1977 (1981) Taf. 5,4 (Gußform aus Stein). — Die mittelbronzezeitl., im Israel-Museum ausgestellte Gußform zur Herstellung einer nackten Göttin mit spitzer Kopfbedeckung stammt ebenfalls aus der Gegend von Nahariyah (IEJ 6, 1956, Taf. 6).

[1785]K. Demakopoulou, Mycenaean Jewellery Workshop in Thebes, in: AAA 7, 1974, 162ff. mit Abb. 1-3. — Zu weiteren Befunden, welche unter "foundry" geführt werden, s. O.T. Dickinson, The Origins of Mycenaean Civilisation (1977) 33ff. 67 und 77 (Gußformen).

[1786]Gußformen aus Enkomi: J. Lagarce, Alasia I (1971) 111 Nr. VII; 398 Abb. 12 (aus Brunnen 205); J.-Cl. Courtois, Alasia III (1984) 179 Abb. 9,7; S. 204 Abb. 34 Taf. 18; J.M. Webb-J.-Cl. Courtois, RDAC 1979, 151ff. Taf. 19,1.2 (hierzu auch H. Matthäus, Kadmos 22, 1983, 149 mit Anm. 38); RDAC 1984, Taf. 17,4.5; V. Karageorghis, BCH 109, 1985, 905 Abb. 23a.b (Bau 18, Zufallsfund eines Touristen, Cyprus Museum, Inv.-Nr. 1984/I-13,1); P. Dikaios, Enkomi III (1969) Taf. 138,10.11; 146,22; 173,16.17.24; Brit.Mus. CatJewellery Nr. 609 (zum Guß der Platte eines Fingerrings). — Zu Gußformen aus Hala Sultan Tekke, Mathiatis usw.: H.W. Catling, CBMW 279ff. P. Åström, in: Symposium Larnaka 1981 (1982) Taf. 18,1.

[1787]In Kommos/Kreta sind Reste einer solchen Form für eine Doppelaxt entdeckt worden; in Leukandi/Euboia Formenreste eines Dreifußes (J. Boardman, Kolonien und Handel der Griechen [Deutsch, 1981] 45 Abb. 15), ein sicherer Hinweis auf lokale Herstellung und nicht Import! Zum Gußverfahren s. Anm. 669 und K. Goldmann, Guß in verlorener Sandform, das Hauptverfahren alteuropäischer Bronzegießer?, in: ArchKorrBl 11, 1981, 109ff., sowie M. Müller-Karpe, Der Guß in der verlorenen Sandform in Mesopotamien, in: MDOG 122, 1990, 173ff.

Geräte- oder Waffenarten[1788]. Das kann unglaubliche Konsequenzen haben, wenn z.B. nachgewiesen wird, daß man einen bronzezeitlich-italischen Axttypus mittels einer entsprechenen Form in Mykene herzustellen wußte[1789]. Da Gußformen für Doppeläxte in Westanatolien, insbesondere in Troja, auftauchten, sind erstere nicht allein Produkte Kretas oder des helladischen Festlandes gewesen (s. Ç. Anlağan-Ö. Bilgi, Weapons of the Prehistoric Age [Istanbul, 1989], mit z.T. unbekannten Beispielen, u.a. aus der ehem. Slg. Kocabaş).

Die Grenzen unserer Kenntnisse, speziell vom Berufsstand der Metallurgen — ihrer Arbeit im Detail, ihren Traditionen, ihrer Berufsorganisation und Einfügung in das jeweilige Volksganze als Königsdiener, Stammeshäuptlinge, Freie, Halbfreie oder Sklaven und das heißt: ins Wirtschaftsleben überhaupt — werden uns bei Lektüre von M. Heltzers ansonsten instruktiver Studie "Die Organisation des Handwerks im 'Dunklen Zeitalter' und im ersten Jahrtausend im östlichen Mittelmeergebiet" (1992) so recht bewußt. Auch ist, was die Linear B-Forschung zu diesem Fragenkomplex beigetragen hat, zwar besser als nichts, jedoch wenig genug! Es bleibt natürlich die Erkenntnis, daß Ugarit beispielsweise ein wichtiges Zentrum metallurgischer Aktivitäten gewesen ist[1790]. Da wäre nicht allein auf Versteckfunde ("Gießerhorte") zu verweisen (oben Anm. 853), sondern etwa auch auf Metallschlacke in einem Gefäß aus der Mitte des Jahrtausends[1791].

Es werden schließlich gewisse Rückschlüsse aus späteren Verhältnissen auf bronzezeitliche Zustände erlaubt sein, so wenigstens hat sie O. Negbi in einer

---

[1788]R.F. Tylecote, Casting Copper and Bronze into Stone Moulds, in: Historical Metallurgy 7, 1973, 1ff. Eine Diss. Salzburg von C. Reinholdt hat Gußformen zum Thema, s. ders., Arbeitszeugnisse geometrischer und archaischer Schmuckwerkstätten, in: AA 1992, 215ff. mit zahlreichen Beispielen in Zeichnung und Photo. Ferner sind die im Erscheinen begriffenen einschlägigen Hefte der PBF-Reihe zu beachten (z.B. unten Abb. 113). Zu einigen bronzezeitl. Gußformen und Matritzen s. H.-G. Buchholz-V. Karageorghis, Altägäis und Altkypros (1971) Nr. 457-464 (Kreta und Hellas); H.-G. Buchholz, APA 18, 1986, 131f. Abb. 13a-f und 14a.b (Kreta, Zypern, Alalach und Akko).

[1789]V.G. Childe, The Italian Axe Mould from Mycenae, in: Civiltà del Ferro 6, 1960, 575ff.

[1790]Unten Anm. 1820. — Zu Gußformen aus Ugarit s. J.-Cl. Courtois, Syria 50, 1973, 292 Abb. 4a.b (RS 33.80/6005); Cl. Schaeffer, Ugaritica IV (1962) 74 Abb. 61i.k; M. Yon, Ras Shamra-Ougarit III (1987) passim. — Weiteres in Auswahl: J.B. Pritchard, The Ancient Near East in Pictures (2. Aufl., 1969) Nr. 135; E.J. Wein-R. Opificius, 7000 Jahre Byblos (1963) 40f. Taf.-Abb. 27; H.Th. Bossert, Altsyrien (1951) Nr. 572 (Byblos); Y. Yadin, Hazor (1975) 263 mit Abb.; M. Dothan, Ashdod I (1967) 64f. Abb. 12,6 Taf. 10,11; Megiddo: quadratische Specksteinform für Schmuckglieder, Chicago, Museum des Oriental Institute. — Ein bes. Prachtstück ist die zweiteilige Gußform für ein ornamentiertes Metallband mit Granatapfelanhängern aus Ras Schamra in Aleppo, Arch. Mus., Inv.-Nr. 4571, s. Cl. Schaeffer, AfO 1936/37, 393 Abb. 11; ders., Syria 18, 1937, 152 Abb. 17; ders., Ugaritica I (1939) 44 Abb. 32; Land des Baal, Ausstellungskatalog Berlin (1982) 131 Nr. 117 mit Abb.

[1791]Cl. Schaeffer, Ugaritica II (1949) 208f. Abb. 86,16. — Ältere Lit. in: H. Matthäus-G. Schumacher-Matthäus, Zyprische Hortfunde, Kult und Metallhandwerk in der späten Bronzezeit, in: Marburger Studien zur Vor- und Frühgeschichte 7, 1986, 129ff.

entsprechenden Studie gezogen: "The Continuity of the Canaanite Bronzework of the Late Bronze Age into the Early Iron Age"[1792]. Der ebenso von mir vertretene weitgehend bruchlose Übergang des betrachteten Handwerks von der Bronze- zur Eisenzeit ist wiederholt an unterschiedlichen Produkten festgestellt und damit bestätigt worden[1793]. Fraglos bewirkt diese Erkenntnis eine besondere Sensibilisierung gegenüber dem vereinzelten Auftauchen fremder oder gänzlich neuer Typen und natürlich gegenüber dem Werkstoff Eisen. Im übrigen ist man nur selten in die Fachsprache der Metallurgen eingedrungen, wie beispielsweise Ch. Dohmen ("Ein kanaanäischer Schmiedeterminus")[1794].

Auch wenn mit Hilfe archäologischer Befunde die Tatsache, daß an bestimmten Orten Metallgegenstände über den Eigenbedarf hinaus hergestellt worden sind, erhärtet werden kann, ist es sehr schwer festzustellen, was im einzelnen in welchen Mengen angefertigt wurde. Das Problem der häufig in der gelehrten Literatur angesprochenen "Wanderhandwerker" kann ebensowenig beiseitegeschoben werden wie die Verunklärung des kulturhistorischen Bildes durch massenhafte Verschleppung von Objekten als Kriegsbeute. Das 'Wanderhandwerkertum' in Zypern und im ägäischen Raum läßt sich vom Orient her verstehen (C. Zaccagnini, "Patterns of Mobility among Ancient Near Eastern Craftsmen", in: JNES 42, 1983, 245ff.; 43, 1984, 20ff.). Man hat schließlich in Rechnung zu stellen, daß Bronzen praktisch von unbegrenzter Lebensdauer sind, und weiterhin tritt das Phänomen der Schatzhausverwahrung über Generationen hin und das der privaten Erbstücke hinzu. Letzteres wird, was Waffen angeht, überall im Heldenepos deutlich, beispielsweise bei Homer und in der deutschen Sage. Den Archäologen zwingt dies fallweise zur Berücksichtigung beträchtlicher Zeitdifferenzen zwischen der Anfertigung und der schließlichen Niederlegung eines Gegenstandes. Einmaligkeit und Wertschätzung werden durch individuelle Waffennamen, die Überlieferung eines — häufig göttlichen[1795] — Herstellers und ganzer Besitzerketten verdeutlicht: In der Ilias fanden die Keule des Areïthoos oder der kyprische Panzer des Agamemnon (dazu oben Anm. 659) dichterische Verklärung. Die besagte Keule galt jedenfalls bereits in ihrer fiktiven Gegenwart als unzeitgemäßes, ja altmodisches Waffenstück.

Es ist festzuhalten, daß besonders im Handwerk des Bronzegießers überdurchschnittliche Technik- und Materialkenntnisse erforderlich waren, die als eine Art "Geheimwissen" von Generation zu Generation, vom Meister zum künftigen Mei-

---

[1792]TA 1, 1974, 159ff.

[1793]H. Matthäus, Bronzene Stabdreifüße in Cypern und Griechenland, zur Kontinuität ostmediterranen Metallhandwerks, in: Kolloquium Köln 1984 (1987) 93ff.; desgl. hierzu kenntnisreich C. Reinholdt, in: Kolloquium Mannheim 1986 (1987) 193ff.; zu Kontinuitätsfragen auch oben Anm. 968 und 969.

[1794]UF 15, 1983, 39ff. Zur metallurgischen Terminologie in Ugarit auch C. Zaccagnini, oben Anm. 671.

[1795]Zu Schmiedegöttern und -heroen (Koschar, Kinyras, Hephaistos) s. oben Anm. 627. — Für Vorderasien ist zu konsultieren: T. Solyman, Die Entstehung und Entwicklung der Götterwaffen im alten Mesopotamien und ihre Bedeutung (1968).

ster, weitergereicht wurden[1796]. Ich denke etwa an die enormen Erfahrungen, die der "Überfangguß" dem Handwerker abverlangte[1797]. Er diente nicht allein der Reparatur, sondern bedeutete gelegentlich verfremdende Umarbeitung vorgegebener Typen (z.B. "Gott auf dem Barren", Abb. 107b).

Angesichts der genannten Faktoren, die bei der räumlich manchmal sehr weiten Verbringung von Metallgegenständen[1798] von Bedeutung gewesen sein können, sowie der chronologischen Probleme, welche mindestens nicht auszuschließen sind, werden Begriffe wie "Handel, Import oder Export" in vielen konkreten Fällen den Tatbestand nicht treffen: So geben etwa die vielzitierten "kretischen Pinzetten" (*katappu kaptarû*) in Mari mehr Rätsel auf als sie lösen: Wozu benötigte man fremdartiges Gerät dieser Art? Was war das Besondere an ihnen? Worin lag das Geheimnis ihrer Legierung, in ihrer Elastizität? Warum konnte man sie nicht ebenso in Mari herstellen? Welche Art von "Handel" fand hier statt, wenn ein König am Euphrat einem König in Anatolien eine kretische Bronze schickte?[1799]

Landwirtschaftlich organisierte Gesellschaften — und das waren die hier besprochenen ausnahmslos — verhielten sich in fast allen Lebensbereichen konservativ. So — und nicht aus Beschränktheit oder Armut — erklärt sich das Weiterleben des vorsintflutlichen Hakenpflugs bis in unsere Gegenwart. Kriegerische Kulturen waren in der Regel fortschrittlich gesonnen und in weniger kriegerischen deren Machtträger, fortschrittlich zumindest auf dem Gebiet der Waffentechnik: Nur wer sich auf neuestem Stand befand, verbesserte Sieges- und Überlebenschancen. So war im syrisch-palästinensischen Raum etwa seit dem frühen zweiten Jahrtausend das massiv gegossene Sichelschwert eine gefürchtete, anderen überlegene Waffe (Abb. 30q [Gezer][1800]; Abb. 87c [aus dem Meer bei Haifa][1801]). Dieser

---

[1796]Im archaischen Griechenland wurden Schmiede deshalb als eine Art Schamanen, Zauberer, angesehen, dazu oben Anm. 635 und 636. Zu den als Metallurgen tätigen, mit magischen Kräften ausgestatteten Telchinen s. oben Anm. 632.

[1797]Dazu oben Anm. 670.

[1798]Beispielsweise bedeutend späteres etruskisches Bronzegerät in Syrien: Th. Weber, AA 1990, 435ff.

[1799]G. Dossin, Syria 20, 1939, 97ff. 111; H.Th. Bossert, Ein hethitisches Königssiegel (1944) 262. 275; F. Matz, Kreta-Mykene-Troja (4. Aufl., 1957) 79; W.S. Smith, Interconnections in the Ancient Near East (1965) 131ff. R. Werner, Asiatische Studien 21, 1967, 87; G. Kopcke, Handel, in: H.-G. Buchholz, ArchHom, Lieferung M (1990) 24.

[1800]Vgl. oben Anm. 658. — Zu weiteren bronzenen Sichelschwertern u.a. aus Byblos und Kamid el Loz, s. Frühe Phöniker im Libanon, Ausstellungskatalog Bonn (1983) 147 Nr. 73 mit Photo und Farbphoto; T. Solyman, Die Entstehung und Entwicklung der Götterwaffen und ihre Bedeutung (1968) 108ff. 134 Nr. 144-151 Taf. 14,144-147; 115,148-151; Y. Yadin, The Art of Warfare in Biblical Lands I (1963) 172 mit Abb. a-d (mittelbronzeztl.), 206f. mit Abb. a-f (spätbronzeztl., Gezer, Ras Schamra, Ägypten, Assyrien); Land des Baal (oben Anm. 1790) 143 Nr. 136 mit Abb. und Lit.

[1801]Vor der Küste von Kfar Samir, s. C.M.S.-News, Univ. Haifa, Center of Maritime Studies, Report 10, Januar 1984. Das Photo (Abb. 87c) wird der Freundlichkeit von A. Raban verdankt.

gefährliche Hiebwaffentyp stammte gewiß nicht aus dem ägäischen Raum[1802]. Wahrscheinlich handelte es sich um eine aus umgekehrter Richtung an die Levante-küste gelangte Form, um eine mesopotamische Erfindung[1803]; denn im Zwei-stromland fand man stratigraphisch gesichert die typologisch ältesten Exempla-re[1804].

2. Angriffs- und Schutzwaffen

Schwert, Dolch und Messer

Während der besprochene Schwerttypus eine Schlagwaffe war, stellten lange und spitze, zweischneidige ägäische Rapiere, Griffangel- und Griffzungenschwerter aus Bronze eine technische Vervollkommnung dar: Sie konnten gleichermaßen als Hieb- und Stichwaffen Verwendung finden[1805]. Als Neuerungen und Fremdlinge erreichten sie — zunächst nur vereinzelt — Kleinasien und den ostmediterranen Raum aus minoisch-mykenischer Produktion (Nordägäis/Balkan[1806], Pergamon, Smyrna-Agora, Panaztepe und als hethitische Kriegsbeute auch Boğazköy[1807], sowie Gezer [Abb. 30z, Anm. 658] und Hama[1808]).

K.N. Sanders erklärte ein sogenanntes "Schardanaschwert" von 1,04 m Länge mit Griffplatte aus dem Gazagebiet als eine östliche Weiterentwicklung aus lokalen Dolchformen[1809]. Bezüglich des sogleich nach der Auffindung großes Aufsehen

---

[1802]Von P. Thomsen zwar nicht deutlich ausgedrückt (Byblos), wohl aber unter dem Ge-sichtspunkt "ägäischer Einfluß in Palästina-Syrien" genannt, in: Reallexikon der Vorgeschich-te I (1924) 45.

[1803]W. Wolf, Die Bewaffnung des ägyptischen Heeres (1926) 66ff. Taf. 7,1-11 (seit der 18. Dyn. auch in Ägypten eingeführt).

[1804]H. Bonnet, Die Waffen der Völker des Alten Orients (1926) 85ff. Abb. 33 und 34b (Tello), Abb. 34a und b (Byblos, Sichem), Abb. 35-37 (Gezer, Assyrien, Ägypten).

[1805]Grundlegender Überblick: N.K. Sandars, The First Aegean Swords and their Ancestry, in: AJA 65, 1961, 17ff.; dieselbe, Later Aegean Bronze Swords, in: AJA 67, 1963, 117ff.; St. Foltiny, Schwert, Dolch und Messer, in: H.-G. Buchholz, ArchHom, Lieferung E2 (1980) 231ff. mit älterer Lit.

[1806]Lit. zu Balkanschwertern oben Anm. 314, ferner u.a. E.N. Černych, Vorgeschichtliche Metallurgie Bulgariens (Russisch, 1978) 239 Abb. 64,1-6; A. Harding, Die Schwerter im ehemaligen Jugoslawien, in: PBF IV 14 (1996); vgl. bes., auch zum Folgenden: A. Müller-Karpe, Anatolische Bronzeschwerter und Südosteuropa, in: Marburger Studien zur Vor- und Frühgeschichte 16, 1994, 431ff. (Festschrift für O.-H. Frey zum 65. Geburtstag).

[1807]H.-G. Buchholz, Eine hethitische Schwertweihung, in: JPR 8, 1994, 21ff. mit weiteren Nachweisen, auch zu den Schwertern aus Panaztepe (Frgt.) und Smyrna (Izmir). Frgt. Panaztepe nach I. Kilian-Dirlmeier vielleicht aus ostägäischer Werkstatt (PBF IV/12 [1993] 71).

[1808]P.J. Riis, Hama II Abt. 3, 120 Abb. 136.

[1809]N.K. Sandars, The Sea Peoples (1978) 106 Abb. 63a.

erregenden Griffangelschwertes aus Ras Schamra mit der Kartusche des Pharao
Merneptah (Abb. 82p) besteht Einigkeit über die indirekte Herleitung des Typus aus
europäischen Vorbildern[1810]. So wurde denn bereits zu Beginn unseres Jahrhunderts der Standpunkt vertreten, daß Langschwerter in Ägypten generell unbekannt
waren und somit "von Söldnern aus Europa stammen müssen"[1811]. Auch wenn
das Merneptah-Schwert in Ugarit vereinzelt auftritt, lernen wir aus seiner Existenz,
daß es ägyptische staatliche Manufakturen gegeben hat, die derartige Waffen
serienmäßig herstellten.

Unter den Griffzungenschwertern sind die des Typs "Naue II/Sprockhoff IIa"
(Abb. 82 l-o, Zypern[1812]) ihrer Verbreitung wegen von Interesse. Sie reicht von
Nordeuropa über Hellas bis Zypern. Diese Schwerter gehören hauptsächlich in das
spätere 13. Jh. v.Chr. Der Ausgangstypus ist in Mitteleuropa gefunden worden; die
ägäischen Stücke scheinen teilweise importiert zu sein; wenn nicht, sind sie vom
genannten Urtyp formenkundlich abhängig. H. Müller-Karpe hat die Sicht derartiger
Zusammenhänge auf die Gesamtbewaffnung ausgedehnt, auf Helm, Beinschienen,
Schild, Lanze und Schwert[1813]. Das ist zu beachten, wenn man sich mit Neuerungen im Waffenrepertoire des östlichen Mittelmeeres bis hin zur Rüstung des Phili-
sters Goliath beschäftigt (vgl. zur Chronologie die Tabelle Abb. 86). Nach dem
genannten Forscher waren auf der Linie Ägäis-Balkan-Zentraleuropa handwerkliche
Kontakte von Waffenschmieden nicht auf das 13./12. Jh. v.Chr. beschränkt, sondern
bestanden ebenso während des denkmälerarmen "Dunklen Zeitalters" bis hin zum
8. Jh. v.Chr.[1814].

Die bemerkenswerteste Konzentration von Griffzungenschwertern (Abb. 82 l-o)
betrifft Enkomi/Zypern. Verdienste um die Publikation einschlägiger Funde haben

---

[1810]Ende des 13. Jhs. v.Chr.; zur Ausgrabung s. Cl. Schaeffer, Ugaritica III (1956) 169ff.
Abb. 123. 124 Taf. 8. Unsere Abb. 82p nach J.-Cl. Courtois a.O. (Anm. 658) 1169f. Abb.
906p; ferner Sandars a.O. 158 Abb. 108; Land des Baal (oben Anm. 1800) 143 Nr. 137 mit
Abb. und Lit. und zu einem weiteren ägyptischen Langschwert: V. Milojčic, Das Sethos-
schwert, kein gemeingermanisches Griffzungenschwert, in: Germania 30, 1952, 95ff.

[1811]M. Much, Die Trugspiegelung orientalischer Kultur (1907) 108.

[1812]Benannt nach einem Sammler und Forscher J. Naue, s. dessen Buch "Die vorrömischen
Schwerter aus Kupfer, Bronze und Eisen" (1903); die meistens verwendete Typologie (Typ
IIa) ist die eines meiner akad. Lehrer: E. Sprockhoff, Die germanischen Griffzungenschwer-
ter (1931). Weitere Lit. s. oben Anm. 314. 349. 658.

[1813]Zur spätbronzezeitlichen Bewaffnung in Mitteleuropa und Griechenland, in: Germania 40,
1962, 255ff.

[1814]H. Müller-Karpe, JdI, 1962, 74. 116f. Abb. 37. 38; ders., Jahresbericht des Instituts für
Vorgeschichte Frankfurt (1975) 18f. mit Anm. 31 (weitere Lit.) und in Hoops Reallexikon
der germanischen Altertumskunde II (1974) 379f. Abb. 80.81; J.M. Coles-A.F. Harding, The
Bronze Age in Europe (1979) 375 Abb. 135 (Zeichnung eines Urnenfelder-Kriegers in voller
Rüstung). H.-G. Buchholz, Ägäische Bronzezeit (1987) 502f. mit Abb. 123 (Griffzungen-
schwert aus Arkadien).

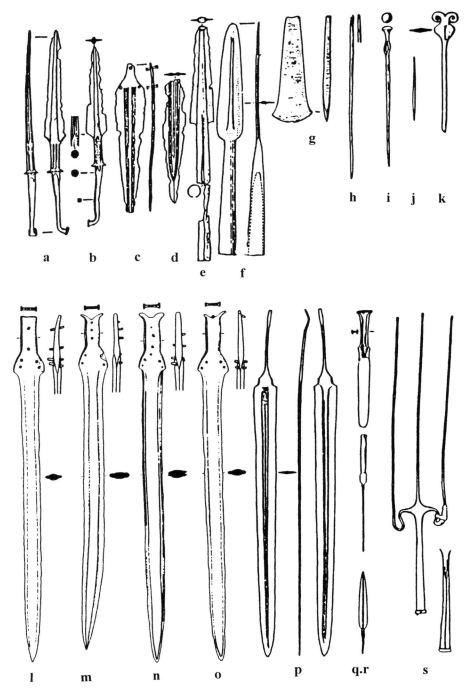

a   b   c   d   e   f   g   h   i   j   k

l   m   n   o   p   q.r   s

Abb. 82 a-s. Waffen, Schmuckgegenstände und Geräte; Ras Schamra (a-k; p-s) und Enko-mi (l-o)

sich vor allem H.W. Catling und J. Lagarce erworben[1815]. Die betreffenden
Schwerter sind von W. Kimmig[1816], mehr noch von J. Bouzek[1817], J.-Cl. Courtois[1818] und anderen nicht nur für sich allein genommen archäologisch gewertet
worden, sondern galten ihnen als Indiz für eine reale ethnische Zuwanderung von
fremden Kriegern mit ihrer Bewaffnung. So ist es denn auch jüngst unternommen
worden, den genannten Schwerttypus als Fremderscheinung auf Zypern mit dem
Neuauftreten einer bestimmten groben, ohne Scheibe gefertigten Keramikgattung
zusammenzubringen[1819].

Auch wenn ich mich eines Urteils über die Zuweisung eines Schwertes im
Schiffswrack von Uluburun an einen bestimmten Kulturkreis enthalte, ist schon
dessen mögliche Herkunft aus Italien beachtenswert. L. Vagnetti und F. LoSchiavo
hielten dies jedenfalls für wahrscheinlich[1820].

Bezüglich der schon mehrfach angesprochenen örtlichen Produktion von
Bronzen — Waffen, Geräten und Schmucksachen — in Ras Schamra verweise ich
auf den Aufsatz von J.-Cl. Courtois, "L'Industrie du Bronze à Ugarit" (Abb. 82a-
k.p-s)[1821], bezüglich "Swords and Ploughshares, some Ugaritic Terminology" auf
eine Studie von J.F. Healey[1822].

[1815]H.W. Catling, Bronze Cut- and Thrust Swords in the Eastern Mediterranean, in: PPS 22,
1956, 102ff.; ders., A New Bronze Sword from Cyprus, in: Antiquity 35, 1961, 115ff.; ders.,
CBMW 113ff.; ders., An Aegean Sword Fragment of the 12th Century found in Cyprus, in:
RDAC 1973, 103ff. — Vgl. auch Cl. Schaeffer, Enkomi-Alasia (1952) 337 Abb. 104; S. 340
Abb. 105,1-9; J. Lagarce, La Cachette de Fondeur aux Épées, in: Alasia I (1971) 381ff. (H.-
J. Hundt ebd. 367ff. Abb. 1-3, zur Restaurierung dieser Schwerter) und Lagarce, Quatre
Épées de Bronze Provenant d'une Cachette d'Armurier à Enkomi-Alasia, in: Ugaritica VI
(1969) 349ff.

[1816]Seevölkerbewegung und Urnenfelderkultur, in: Studien aus Alteuropa, Festschrift K. Tak-
kenberg I (1964).

[1817]The Aegean and Central Europe, An Introduction to the Study of Cultural Interrelations
1600-1200 B.C., in: Památky Archeologické 57, 1966, 242ff.; J. Bouzek, Die Beziehungen
der neugefundenen Griffzungenschwerter von Enkomi-Alasia zum vorgeschichtlichen Europa,
in: Alasia I (1971) 433ff.; ders., The 'Sea Peoples' and the Types of Objects of Ultimately
European Origin in Cyprus, in: RDAC 1975, 54ff.; ders., Local Schools of the Aegean
Bronzework of European Inspiration, in: Studies Presented in Memory of P. Dikaios (1979)
49ff.

[1818]Chypre et l'Europe Préhistorique à la Fin de l'Age du Bronze, in: Kongreß Nikosia 1969
(1972) 23ff. 33 mit Verbreitungskarte der Schwerter u.a. Bronzen.

[1819]D. Pilides, Handmade Burnished Wares of the Late Bronze Age (SIMA 105, 1994) mit
Abb. 52, 53 und 56a (sämtl. Griffzungenschwerter).

[1820]Late Bronze Age Long Distance Trade in the Mediterranean, the Role of Cyprus, in: E.
Peltenburg, Early Society in Cyprus (1989) 222f. Abb. 28,2a-c.

[1821]Jahresber. des Inst. für Vorgeschichte/Frankfurt (1975) 24ff.

[1822]In: UF 15, 1983, 47ff. — Zur Linear B- und homerischen Schwertterminologie, -typologie
und -chronologie, einschließlich einer aktuellen Bibliographie jetzt: P. Cassola Guida-M.
Zucconi, Nuovi Studi sulle Armi dei Micenei (1992) 27ff. 63ff. 107ff., ansonsten ist immer

Vier Schwerter in einem der größten und besterhaltenen Hortfunde Ras Schamras (Ugaritica III 258 Abb. 223) sind meines Erachtens "Rohlinge" lokaler Fertigung, d.h. unfertige Stücke, die eindringlich für die Existenz der von J.-Cl. Courtois behandelten örtlichen "Bronze-Industrie" sprechen.

Unter den Ras Schamra-Funden kommen Dolche (Abb. 39e; 43d; 82c.d.q) wesentlich häufiger als Schwerter vor[1823]. Doch die sachliche und terminologische Trennung vom Kurzschwert und Langdolch ist angesichts fließender Übergänge nahezu unmöglich[1824]. Auch im Hethitischen wurde zwischen Dolch und Schwert begrifflich kaum geschieden und die Sache mit dem Sumerogramm GÍR ("Dolch") bezeichnet, gelegentlich mit GÍR.GAL ("großer Dolch"). Andererseits gibt es auch formale Beziehungen zwischen Dolch und Messer (dazu unten mehr).

Die häufigste Dolchform Ugarits, ein Typ mit relativ flacher zweischneidiger Klinge und angegossener schwerer Griffplatte, welche Randleisten und manchmal auch "Grifflappen" zur Befestigung von Belagplatten aus vergänglichem Material aufweist, läßt sich im südlichen und mittleren Zweistromland mindestens bis in die Jahrtausendmitte zurückverfolgen. Beispiele dieser Art aus Ugarit und Alalach stehen mithin in östlicher Tradition. Zur Klärung haben W. Nagels Aufsatz "Die Königsdolche der zweiten Dynastie von Isin"[1825] ebenso beigetragen, wie P. Calmeyer in seinem Buch "Datierbare Bronzen aus Luristan und Kirmanschah" (1969) 59ff. Danach wurden weitere Stücke in der Diyalaregion, im Bereich des Hamrin-Stausees, ausgegraben und von R.M. Boehmer zu einer neuerlichen Untersuchung und Aufstellung eines Stammbaumes von Dolchformen, einschließlich der Zeugnisse aus Ugarit (Abb. 82q, aus dem Schatzfund mit dem Merneptah-Schwert), genutzt[1826].

Da wie Schwerter, so auch Dolche ägäischer Genese — mit markanter Mittelrippe, "Blutrillen" und minoischer Griffgestalt — in Ugarit vorkommen (Abb. 82c.d), stellt sich die Stadt auch in dieser Hinsicht als Ort der Begegnung dar. Ja, eine neue, solide Studie demonstriert stärkere Wechselwirkungen im östlichen und westlichen Formengut, als wir bisher bereit waren anzunehmen: P. Taracha, "On the

---

noch unentbehrlich: H. Trümpy, Kriegerische Fachausdrücke im griechischen Epos. Untersuchungen zum Wortschatz Homers (1950).

[1823]Iran 1, 1963, 79 Abb. 2b; Courtois a.O. (Anm. 658) 1169f. Abb. 906c.d.q (danach unsere Abb. 82c.d.q, aus unterschiedlichen Straten); M.-J. Chavane, in: M. Yon, Ras Shamra-Ougarit III (1987) 364ff. mit Abb. 19-30.

[1824]Weshalb in der oben zitierten Schwertliteratur meistens auch Dolche mitbehandelt worden sind, zumal häufig die Grifformen und deren Montierung einander ähneln, s. J.R. Weinstein, Hafting Methods on Type B Swords and Daggers, in: TUAS 6, 1981, 48ff. Nach Chavane a.O. kommen entsprechende Typen und Grifformen auch in Luristan und Akko vor.

[1825]AfO 19, 1959/60, 95ff., teils mit genau datierten Inschriften.

[1826]Dolche vom Tell Subeidi/Hamrin, in: Baghdader Mitteilungen 14, 1983, 101ff. Abb. 5 (Typentafel, 1800-1000 v.Chr.). — Zu dem Dolch aus Ras Schamra (Abb. 82q) oben Anm. 1823 und Ugaritica III 171 Abb. 123b.

Ancestry of Aegean Type E Daggers"[1827]. Vielleicht auf Zypern, gewiß aber in Ugarit und Alalach muß es Begegnungen zuständiger Waffenschmiede gegeben haben.

In dem unlängst bekannt gewordenen Hortfund vom Ufer des Marmara-Meeres kommen nebeneinander Dolchformen vor, die teils gemeinägäisch sind, teils östliches Gepräge aufweisen (Abb. 25b-d). Das Stück (Abb. 25c) mit der blechdünnen Klinge besitzt oben am Griffende einen langen Zapfen zur Befestigung eines Knaufs aus anderem Material, dem wir von der technischen Grundidee her genauso an einem Prachtdolch aus dem Palast von Ugarit (1954) begegnen[1828] und nicht anders an einem mykenischen Kurzschwert aus Pergamon, sowie an einem Dolch und mehreren Messern aus Rhodos und Kolophon. N.K. Sandars, die diese Bronzen im Bild zusammengestellt hat, bezeichnet das Phänomen mit Blick auf die genannten Fundorte als "interesting coastal distribution"[1829], mit anderen Worten: Sie sieht dahinter enge Kontakte von Waffenschmieden und -händlern, deren Welt die See zwischen Nordsyrien und der ägäischen Ostküste darstellte — nunmehr bis zum Marmarameer verlängert.

Dolche mit am Ende hakenförmig umgebogener Griffangel waren eine kyprische Besonderheit, abgebildet in der mykenischen Vasenmalerei, auf Kraterfragmenten von Ras Schamra (Abb. 95a; 96a)[1830]. Ein zum Schwert gestrecktes Exemplar dieser Form stammt aus El Kantara/Ägypten, ein kyprisches "rapier of four-wings type with rat-tail tang" aus Ialysos/Rhodos[1831]. Ich erwähne den Typus, weil er in Ugarit mit mitgegossener Sperrscheibe an einer Art Schaft ausgestattet ist und als Speerspitze gedeutet wurde (Abb. 82a.b). Unmöglich wäre dieser Verwendung jedenfalls nicht. Auf Zypern sind derartige Dolche häufig mit großer Kraft verbogen worden, nämlich als Grabbeigaben, um sicherzustellen, daß sie dem Toten erhalten blieben[1832].

Oben S. 105ff. habe ich in Verbindung mit der Verbreitung "kyprischer Schleifennadeln" auf Studien hingewiesen, die sich mit kyprischen Dolchen der mittleren Bronzezeit in Europa befassen. Ferner sind die Vorkommen der unmittelbar typologisch davon abhängigen (wohl auch zum Teil identischen, wenn auch anders datierten) "Late Cypriot type daggers in Europe" — im donauländisch-schweizerischen Raum sowie in Sardinien, Frankreich und England — von J. Bouzek in einer Karte erfaßt worden ("Cyprus and Europe, Bronze and Early Iron Ages", in: Sym-

---

[1827]In: Archaeologia (Warschau) 41, 1990, 21ff. mit vergleichenden Typentafeln zu Westasien und zur Ägäis.

[1828]Ugaritica III Taf. 10a; N.K. Sandars, The Seapeoples (1978) 159 mit Abb. (2. Zeichnung von rechts).

[1829]Sandars a.O. 159 Abb. a-e.

[1830]Auch bei Sandars a.O. 154 Abb. 104.

[1831]Ägypten: Sandars a.O. 159 mit Abb. 110b. — Rhodos: H.W. Catling, CBMW 112 Abb. 12,12; P. Åström, Relations between Cyprus and the Dodecanes, in: Archaeology in the Dodecanese (Kopenhagen, 1988) 76f.

[1832]F. Dümmler, AM 11, 1886, 218 Anm. 4.

a

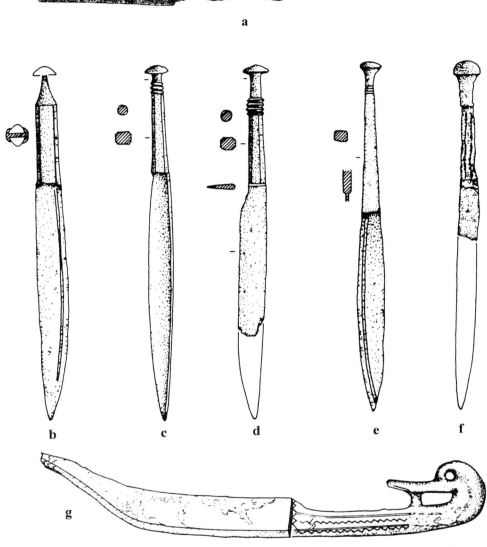

b   c   d   e   f

g

Abb. 83 a-g. Mykenische Bronzemesser: a Attika, Berlin, Mus. für Ur- und Frühgeschichte. — b Troja, Schliemanns Sammlung Nr.6464; Knauf aus vergänglichem Material
ist zeichnerisch ergänzt. — c.d Mykene, aus den Kammergräbern 5 und 103; Athen, Nat.-
Mus. — e Diktäische Grotte/Kreta, Herakleion, Arch. Mus. — f Enkomi, "Trésor de
Bronzes" (12. Jh. v.Chr.); Paris, Louvre. — g Perati/Ostattika, spätmykenische Nekropole;
sichelförmiges Messer mit Entenkopfgriff

posium Larnaka 1989 [1991[67ff. Abb. 1). Eine solche Verbreitungskarte deutet eindrucksvoll sowohl den Donauweg als ferner die uralte Verbindung von Sardinien, Korsika und Rhonemündung flußaufwärts bis zur Atlantik- und Kanalküste im Norden an.

Es ist offenkundig, daß Dolche zu den Prestigeobjekten gehörten, die sich nicht jedermann leisten konnte. Besitzer waren gelegentlich hochgestellte Frauen, was mehr noch auf Messer zutrifft. Wenn zahlreiche mykenische Dolche, selbst der angeblich verarmten Endzeit der Epoche (SH IIIC), mit teuren Elfenbeinschalen ausgestattet waren (z.B. in Perati/Ostattika[1833]), dann hat man es zweifelsfrei mit kostbarem persönlichen Besitz zu tun. In anderen Fällen läßt sich aus der Existenz von bildlichen Gravuren auf der Klinge (z.B. Abb. 5d, Kreta) auf eine ungewöhnliche Wertschätzung schließen. In dieser Hinsicht verdienen die wahrhaft königlichen, mehrfarbig mit bildhaften Edelmetall- und Nielloeinlagen versehenen mykenischen Klingen der Schachtgräberzeit volle Beachtung (oben Anm. 848). Ohne daß man einen genetischen Zusammenhang zwischen den verschiedenen Dolchen herstellt und auf figurale Verzierungen an den Klingen eines goldenen Dolches aus Byblos oder bronzenen einer ägyptischen Königin verweist[1834], waren sie alle Symbole großer Würde.

Das Metall Eisen spielte in der Endbronzezeit allenfalls zur Herstellung von Messern eine Rolle. Ungewöhnlich sind gelegentlich in den Quellen auftauchende Eisendolche bei den Hethitern und als Import in Ägypten, wie schließlich ein in Ugarit erwähntes Eisenschwert[1835]. Unmittelbar zum Problemkreis des Übergangs von der Bronze- zur Eisenzeit gehören mehrfach untersuchte Eisenmesser, die typologisch Bronzetypen fortsetzen und an denen zur Befestigung der Griffbeschläge aus vergänglichem Material auch weiterhin Bronzenieten Verwendung fanden. Derartige "bimetallische Objekte" sind vereinzelt aus Syrien-Palästina (z.B. Hama, Tell Qazile, Tel Zeror) und dem ägäischen Raum, sowie in größerer Häufigkeit aus Zypern bekannt[1836].

Sogenannte "Ringmesser" (Abb. 84a-d; 85a-l) — zunächst aus Bronze bestehend, sodann gelegentlich wie die vorigen aus Eisen mit Bronzenieten — zählen zu besonders eindrucksvollen Fremdformen im östlichen Mittelmeergebiet. Nachdem allein in Ekron (Tel Miqne) drei solcher Griffe und ein vollständiges Messer in

---

[1833]Sp. Iakovides, in: H.-G. Buchholz, Ägäische Bronzezeit (1987) 467 Abb. 122a; Sandars a.O. 92f. Abb. 55d. — Zusammenstellung wenig bekannter mykenischer Bronzedolche aus Epiros: Th.I. Papadopoulos, in: Buchholz a.O. 373 Abb. 96a-e.

[1834]W. Stevenson Smith, Interconnections in the Ancient Near East (1965) Abb. 16 und 37.

[1835]Oben Anm. 953 und 957. Zu einem eisernen SH-Dolch aus Malthi/Peloponnes s. M.N. Valmin, The Swedish Messenia Expedition (1939) 372 Taf. 30,13.

[1836]Katalogmäßig erfaßt von J. Waldbaum, Bimetallic Objects from the Eastern Mediterranean and the Question of the Dissemination of Iron", in: Symposium Larnaka 1981 (1982) 325ff. 330ff. Abb. 1 und 2 (Enkomi und Hama); S. 339ff. (Listen) Taf. 32. 33. Ein weiteres spätbronzezeitliches Eisenmesser in: V. Karageorghis, Tombs at Palaepaphos (1990) 84.

sorgfältig beobachteten Schichten ausgegraben worden sind (Abb. 84a-d[1837]), steht fest, daß wir es mit materiellem Kulturgut der Philister, bzw. "Seevölker" in weiterem Sinne, zu tun haben. Technisch gleiche Messer und Messergriffe wurden in Gezer (Abb. 85h[1838]), Tell Qazile (12. Jh., Schicht XII, Abb. 85j[1839]), Bet Schean und Megiddo entdeckt (Abb. 85i.k.l[1840]). Die palästinensischen Stücke (und ebenso das Beispiel aus Zypern: Abb. 85g) sind gegenüber ihren europäischen Vorbildern deutlich weiterentwickelt, insofern der Ring am Ende des Griffs nicht mehr Element des metallenen Gesamtmessers darstellt, sondern nur noch im elfenbeinernen Belag ausgebildet wurde: Klinge und Griff sind getrennt gearbeitet, erstere in letzteren lediglich hineingesteckt (vgl. die Aufsicht in Abb. 84d; 85g.h.j). Einen noch weiteren Schritt vom Ursprung entfernte sich schließlich die Umgestaltung des Rings zur Rosette (Abb. 85 l). Daß Elfenbein — statt Holz, Knochen und dergleichen — nicht primär zur mitteleuropäischen Ausgangsform gehört haben dürfte, liegt auf der Hand. Hierin ist die Anpassung an anspruchsvollere Wünsche in der Levante zu erkennen. Es sind dort als Hersteller eine oder mehrere Lokalwerkstätten zu erschließen.

Wie bereits gesagt: Der Weg dieser Messerform von der Ägäis nach Palästina führte über Rhodos und Zypern: Während in Ialysos noch der europäische Typus mit Griffzunge und Ring, alles in einem Stück gegossen, begegnet (Abb. 85f[1841]),

---

[1837]T. Dothan, The Philistines and their Material Culture (1982) 65 (noch ohne Belege aus Ekron); dieselbe, Iron Knives from Tel Miqne-Ekron, in: Festschrift Y. Yadin/Eretz Israel 20, 1989, 154ff. mit Abb. 2,1-5 (Hebräisch); T. Dothan-S. Gitin, Qadmoniot 27, 1994, Farbtafel nach S. 16 (aus Schicht V, 11. Jh. v.Chr.); dieselben, Ekron, in: The Anchor Bible Dictionary II (1992) 417; dieselben, Recent Excavations in Israel, in: Archeol. Inst. of America, Colloquia and Conference Papers 1 (1995) 53f. Abb. 3,18.19; auch A. Mazar, Symposium Larnaka 1989 (1991) Taf. 22,4.

[1838]R.A.S. Macalister, The Excavation at Gezer III (1912) Taf. 198,16; H. Weippert, in: K. Galling, Biblisches Reallexikon (2. Aufl., 1977) 218f. Abb. 52,4; T. Dothan, Festschr. Y. Yadin a.O. 160 Abb. 18.

[1839]Fund-Nr. 3188, s. Mazar a.O. 101 Taf. 22,3 und schon IEJ 25, 1975, 78 Taf. 7b; Weippert a.O.; T. Dothan, The Philistines and their Material Culture (1982) Taf. 15; J. Waldbaum, Symposium Larnaka 1981 (1982) 341 Nr. 59 Taf. 34,10.

[1840]Abb. 85i nach F.W. James, The Iron Age at Beth Shan (1966) Abb. 114,10; T. Dothan, Festschr. Y. Yadin a.O. 160 Abb. 17. — Abb. 85k.l nach G. Schumacher, Tell-el-Mutesellim I (1908) 87 Taf. 27a und C. Watzinger, ebenda II (1929) 31 Abb. 22; T. Dothan a.O. 159f. Abb. 15. 16.

[1841]Grab 15, SH IIIC1b (12. Jh. v.Chr.), s. A. Maiuri, ASAtene 6/7, 1923/24, 174f. Abb. 101,26; J. Deshayes, Les Outils de Bronze de l'Indus au Danube (1960) Nr. 2599; s. auch Signatur 9 in der Karte bei J. Bouzek, Homerisches Griechenland (1969) 30 Abb. 7, das Messer selbst: S. 27 Abb. 6,8; ders., The 'Sea Peoples' and the Types of Objects of Ultimately European Origin in Cyprus, in: RDAC 1975, 54ff. Abb. 1; T. Dothan, The Philistines and their Material Culture (1982) 65. 68; dies., Festschrift Yadin a.O. 161 Abb. 20.

entspricht ein Messer aus Enkomi/Zypern (Abb. 85g[1842]) genau der Konstruktion der Ekronmesser. Es ist zu bemerken, daß es aus Enkomi, Grab 108/1957, noch ein weiteres, ganz aus Eisen bestehendes Ringmesser gibt[1843], wie schließlich aus Zypern ohne Fundortangabe in der Cesnola-Sammlung/New York ein drittes recht ungewöhnliches, das wie folgt beschrieben worden ist: "knife-handle of bronze, perforated at the butt end to carry a suspensionring, and decorated with geometrical patterns. The blade was one-edged and of iron, secured by a long spiked tang. This kind of handle is unfamiliar in the Levant, and resembles rather the knife-handles of early Italy"[1844].

H. Schliemann grub in Mykene, in einer Fundtiefe von drei Metern das Griff-Fragment eines bronzenen Ringmessers aus[1845]. Von den augenblicklich allgemein beachteten protogeometrischen "Heroengräbern" des 11./10. Jhs. v.Chr. in Lefkandi/Euboia weist das mit der Männerleiche als kostbare Beigaben zwei Pferde auf, die Frauenbestattung hingegen ein Ringmesser in der Nähe des Kopfes der Toten. Auch diese Beigabe wurde offensichtlich als bedeutend und ehrenvoll angesehen. Genaueres weiß ich von diesem Messer nicht, so läßt sich nicht entscheiden, ob es sich um ein älteres Erbstück, um Importgut aus dem Orient (typologisch: "Rückfluß") oder um eine griechische Neuschöpfung der protogeometrischen Epoche handelt.

Das Ringmesser der Cesnola-Sammlung lenkte den Blick auf Italien, wo das in Abbildung 85e wiedergegebene sizilianische, typologisch den östlichen Messern nahestehende Stück "Urnenfelder-Einfluß" von nördlich der Alpen dokumentiert. H. Müller-Karpe, Fachmann für Urnenfelder diesseits und jenseits der Alpen, bietet in seinen Schriften weitere Beispiele (Pastrengo, Peschiera)[1846].

Das Ursprungsgebiet dieser besonderen Messerform wurde in spätbronzezeitlichen Urnenfeldern Bayerns (Abb. 85c; z.B. in Baiersdorf; ferner in Memmelsdorf bei Bamberg: Abb. 85d), und der Ost- und Westalpen (Abb. 85a.b) erkannt. Bronzemesser vom "Typ Baiersdorf" wurden zusammen mit mitteleuropäischen Griffzungenschwertern, Bogen- und Violinbogenfibeln, gelegentlich auch mit Beinschienen und weiteren Bronzetypen als Hinweis auf den Ursprung der "Seevölker"

[1842]Fund-Nr. 21.31, Punkt 1951/6W (1970); J.-Cl. Courtois, Alasia III (1984) 178 Abb. 8,13 Taf. 1,14 und 2,18; J.-Cl. Courtois-J. und E. Lagarce, Enkomi et le Bronze Récent à Chypre (1986) 22f. Taf. 17,2. Kümmerliche Umzeichnung bei V. Karageorghis, BCH 95, 1971, 378 Abb. 82b, genauere bei T. Dothan a.O. 160 Abb. 19.

[1843]J.-Cl. Courtois, Alasia II (1981) 269 Abb. 166,1/25 und S. 268 Abb. 165,1/25.

[1844]J.L. Myres, Handbook of the Cesnola Collection of Antiquities from Cyprus (1914) 487 Nr. 4753.

[1845]H. Schliemann, Mykenae (1878, Nachdr. 1964) 84 Abb. 122.

[1846]Ferner L. Bernabò Brea-M. Cavalier, BPI, N.S. 10, 1956, 74 Abb. 49b (Lipari, 12./11. Jh.v.Chr.); H. Müller-Karpe, Handbuch der Vorgeschichte IV/Bronzezeit Taf. 276d. — Photoalbum eines österreichischen Beteiligten an den Ausgrabungen der Pfahlbauten von Peschiera 1863, Nr. 232. — T. Kemenczei, in: Studien zur Metallindustrie im Karpatenbecken und den benachbarten Regionen, Festschrift A. Mozsolics (1996) 247 Abb. 11,12 und N. und R. Kalicz, ebd. 332ff. Abb. 2,3; 3,6; 4,7; 6,7.

des östlichen Mittelmeeres in den genannten Gebieten gewertet. Im Grunde folgten die meisten der in meinen Anmerkungen genannten Arbeiten Vorgaben der 60er Jahre[1847]. So hatte denn bereits A. Mazar bei Auffindung des Ringmessers in Tel Qazile die Urnenfelder-Kultur Zentral- und Südeuropas in die Diskussion gebracht, auch H. Müller-Karpe trug direkt und indirekt nicht wenig zu Festigung des angedeuteten, wenn auch schemenhaften Geschichtsbildes bei. Doch 1976 warnte er wie folgt: "Der Versuch, aus dem Auftreten gewisser Bronzetypen im Levanteraum sogar auf einen zentraleuropäischen Ursprung der 'Seevölker' zu schließen, geht doch wohl über das hinaus, was methodisch aus diesem archäologischen Befund herauszulesen ist"[1848].

Ein bronzener Vollguß, ein "Entenkopfmesser" von 20,5 cm Länge aus der SH IIIC-Nekropole von Perati/Ostattika (Abb. 83g), gehört zeitlich zu den soeben erörterten Messern und kann in Griechenland nicht anders, denn als Fremdling bezeichnet werden[1849]. Wiederum hat H. Müller-Karpe zuerst auf Messer aus Italien und Ungarn hingewiesen, deren Griff ebenfalls mit einem Vogelkopf endet[1850]. Während derartige Vogelköpfe in den meisten Fällen eher unscheinbar sind und vor allem von der Klinge fortblicken, gibt es einige Beispiele mit zurückgewandtem Entenkopf, der wie bei dem Perati-Messer durch einen Steg mit dem Griff verbunden ist (Riegsee, Spalnaca). Eben diese europäischen Belege haben im Anschluß an H. Müller-Karpe auch Sp. Mariatos und weitere Forscher veranlaßt, Perati mit den Urnenfelderkulturen zu verknüpfen[1851]. Unter zahlreichen Vogelsymbolen jener Kulturen sind allerdings relativ wenige deutlich als Enten charakterisiert[1852].

[1847]W. Kimmig, Seevölkerbewegung und Urnenfelderkultur, in: Studien aus Alteuropa I (1964) 220ff.; Cl. Schaeffer, AfO 24, 1967, 194ff. und BCH 95, 1971, 377ff.; J.-Cl. Courtois, Chypre et l'Europe Préhistorique à la Fin de l'Age du Bronze; in: Kongreß Nikosia 1969 (1972) 23ff. 33 mit Verbreitungskarte. J. Bouzek, außer den bereits genannten Schriften: Local Schools of the Aegean Bronzework of Europaean Inspiration (1300-1100 B.C.), in: Studies Presented in Memory of P. Dikaios (1979) 49ff.; ders., in: Alasia IV (1971) 8ff.; oben Anm. 1816-1818.

[1848]Jahresbericht des Inst. für Vorgesch. Frankfurt/Main 1976, 74.

[1849]Athen, Nat.-Mus., Inv.-Nr. 8153. Abb. 83g nach Sp. Iakovides, in: H.-G. Buchholz, Ägäische Bronzezeit (1987) 465. 467 Abb. 122d; s. auch H.-G. Buchholz-V. Karageorghis, Altägäis und Altkypros (1971) 55 Nr. 665, mit Lit.; hierzu: Sp. Iakovides, Symposium Larnaka 1981 (1982) 221 Abb. 48; G. Sakellarakes, Kretomykenaïka 1965-1974 (1992) Taf. 117a.

[1850]Germania 41, 1963, 9ff., danach u.a. J. Bouzek, Homerisches Griechenland (1969) 33 Abb. 9,1-7.

[1851]In: H.-G. Buchholz, ArchHom, Lieferung B (1967) 33 Abb. 12a-c. Auch während der "nordischen" Bronzezeit gab es in Skandinavien Rasiermesser mit Vogelkopf.

[1852]Vgl. G. Kossack, Studien zum Symbolgut der Urnenfelder- und Hallstattzeit Mitteleuropas (1954) passim. Deutlich Entenköpfe zieren den Kesselwagen aus Acholshausen, zu diesem: E. Simon, in: Acta of the Second Int. Colloquium on Aegean Prehistory, Athen 1972, 164f. Abb. 3. — Vgl. ferner H. Matthäus, Spätmykenische und urnenfelderzeitliche Vogelplastik,

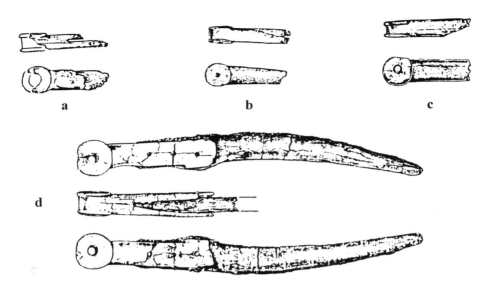

Abb. 84 a-d. Eiserne Ringmesser aus Tel Miqne-Ekron/Palästina (nach Trude Dothan)

Andererseits war der zurückgewandte Entenkopf ein in Ägypten und der Levante lange vor dem endbronzezeitlichen Beispiel aus Perati existierendes Symbol und Zierstück (an Elfenbeinbüchsen; auch an einem Bergkristall-Schälchen aus Mykene, dort allerdings eher Gänse- als Entenkopf, s. F. Schachermeyr, Ägäis und Orient [1967] Taf. 56,207.208[1853]). Inzwischen hat H. Müller-Karpe selber einige östliche Belege zusammengestellt und die frühere Ansicht revidiert[1854]. Über die früh einsetzende Tradition des genannten Motivs im ägyptischen Kunstgewerbe gab A. Herrmann umfassende Auskunft[1855], doch Messer wie dasjenige aus Perati sind weder dort noch in der Levante unter den Trägern dieses Motivs erhalten. Immerhin endet ein elfenbeinerner Gerätegriff aus Megiddo in einen zurückge-

in: Studien zur Bronzezeit, Festschrift für W.A. von Brunn (1981) 277ff. (dort Abb. 1,1 das Messer aus Perati).

[1853]Deshalb "syrisch-ägyptisch" bei C. Lambrou-Phillipson, Hellenorientalia (1990) 290 Nr. 291 Taf. 79. — Zu den Entenkopfdöschen aus Elfenbein s. oben Anm. 1390-1395.

[1854]Handbuch der Vorgeschichte IV (1980) Taf. 151,1b; 152,6a; 154,1.2c.

[1855]ZÄS 68, 1932, 86ff.

Erläuterungen zu Abb. 85 a-l. Bronzene und eiserne Ringmesser des 12. und 11. Jhs. v.Chr. aus Europa, Zypern und Palästina: a Westalpen. — b Ostalpen. — c Bayern. — d Memmelsdorf bei Bamberg. — e Pantalica II/Sizilien. — f Ialysos/Rhodos (italienische Ausgrabungen). — g Enkomi, Meßpunkt 1951/1070, Inv.-Nr. 21.31, Bronze und Elfenbein; CyprusMuseum/Nikosia. — h Gezer. — i Beth Schean, früheisenzeitlich. — j Tell Qazile, Schicht XII. — k.l Tell el Mutesellim

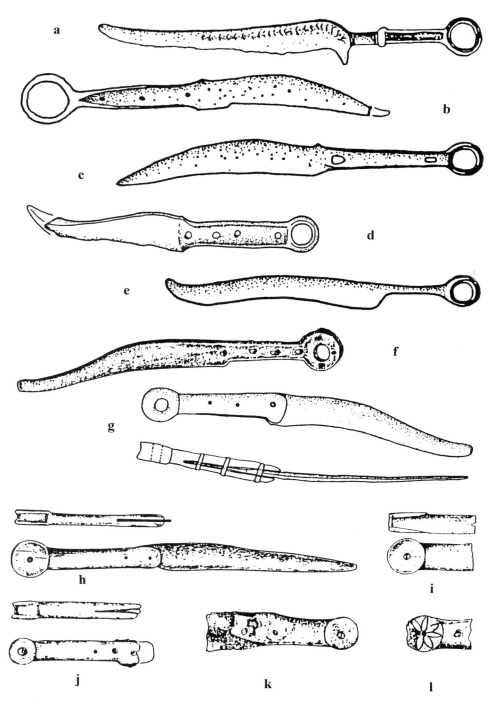

Abb. 85 a-l. Bronzene und eiserne Ringmesser des 12. und 11. Jhs. v.Chr. aus Europa, Zypern und Palästina; Erläuterungen auf gegenüberliegender Seite

wandten Entenkopf[1856], aber auf ein Messer ist nicht ohne weiteres zu schließen. Es muß noch betont werden, daß die Klingenform des Perati-Messers im Urnenfelderrepertoire nirgends auftaucht und bereits von Sp. Iakovides als "syrisch" angesprochen wurde[1857].

Eine weitere Gruppe in sich weitgehend typengleicher Bronzemesser (Abb. 83a-f) ging teilweise zeitlich den bisher besprochenen voraus. Sie sind bemerkenswert, weil sie während des 14./13. Jhs. v.Chr. ein Gebiet von Kreta (Abb. 83e[1858]), der Argolis (Abb. 83c.d[1859]) und Attika (Abb. 83a[1860]) bis Troja (Abb. 83b[1861]) und Enkomi/Zypern (Abb. 83f[1862]) umfaßten. Ihnen sind die allgemeinen Proportionen, eine gerade Schneide, ein leicht gewölbter Rücken und am Griffende ein halbkugeliger Knopf über einem oder mehreren Wulstringen gemeinsam. Bei dem nahezu unbekannten Berliner Messer aus Attika und den meisten Stücken der Gattung war das alles bereits in der Gußform vorgebildet. Bei entwickelteren Stücken konnte der Griff jedoch in einem Zapfen enden, auf den ein gleichfalls halbkugeliger Knauf aus anderem Material gesetzt war (Troja, Abb. 83b). Die eigentliche Handhabe besteht entweder aus facettiertem Vollguß (Abb. 83c.d) oder zeigt mehr oder weniger ausgeprägte Randlappung (Abb. 83a.b.f).

[1856]C. Decamps de Mertzenfeld, Inventaire Commenté des Ivoires Phéniciens (1954) Taf. 37,365, danach Matthäus a.O. 282 Abb. 4.

[1857]Iakovides a.O. (Anm. 1849) 465: "Syrien kommt wohl für die Herstellung dieser Messer am ehesten in Frage ... Ihre eingewinkelte Spitze läßt vermuten, daß sie zur Jagd, speziell zum Abhäuten von Wild, gedient haben können".

[1858]Herakleion, ohne Inv.-Nr. (L: 19,2 cm), wohl aus der Diktäischen Grotte, s. V. Milojčic, JbRGZM 2, 1955, 155 Abb. 1,8; J. Boardman, The Cretan Collection in Oxford (1961) 21f. Abb. 6a.

[1859]Athen, Nat.-Mus., Inv.-Nr. 2327 und 4937 (L: 21,3 cm und Fragment) aus Kammergräbern von Mykene, Abb. 83c.d nach A. Sakellariou, Oi Thalamotoi Taphoi ton Mykenon (Neugriech., 1985) 60. 289 Taf. 4 und V. — Inv.-Nr. 2327: Chr. Tsountas, ArchEphem 1888, 173 Taf. 9,21; O. Montelius, La Grèce Préclassique I (1924) Taf. 16,19; Deshayes a.O. (Anm. 1841) Nr. 2554 Taf. 43,3. — Inv.-Nr. 4937 (1898): N.K. Sandars, PPS 21, 1955, 194 Abb. 3,1; Deshayes a.O. Nr. 2555; H.-G. Buchholz-V. Karageorghis, Altägäis und Altkypros (1971) 55 Nr. 650 Abb. 23; St. Foltiny, in: H.-G. Buchholz, ArchHom, Kriegswesen 2, Lieferung E (1980) 273 Abb. 58e.

[1860]Berlin, Staatl. Mus. für Vor- und Frühgeschichte, Inv.-Nr. IVc/87 (gemeinsam mit Idolfrgt., Pfeilspitze und Doppelbeil erworben), s. V. Müller, PZ 19, 1928, 307ff.

[1861]Troja VII, s. Schmidt, SS 256 Nr. 6464 mit Zeichnung und guter Beschreibung; da zusammen mit mykenischen SH IIIB-Scherben gefunden, datiert das Stück trotz der späteren Fundschicht noch ins 13. Jh. v.Chr. Analyse: 90,9% Kupfer, 7% Zinn, 0,9% Blei und Spuren von Arsen, Kobalt, Nickel. Vgl. auch Deshayes a.O. Nr. 2529.

[1862]Paris, Louvre, Inv.-Nr. 3.753. Erh. L: 14,7 cm, wohl etwas älteres Stück im Hortfund der 2. Hälfte des 12. Jhs. v.Chr. (1947), s. Cl. Schaeffer, Enkomi-Alasia (1952) 42 Abb. 3,37; Sandars a.O. 181; H.W. Catling, Cypriot Bronzework in the Mycenaean Age (1964) 103f. Nr. c1 Taf. 11e ("sicher ägäischer Herkunft"); Deshayes a.O. Nr. 2557; J.-Cl. Courtois, RDAC 1987, 41 Abb. 8,118, S. 39 Nr. 118.

Die Brücke nach Kleinasien und Zypern schlagen Stücke aus Rhodos, Kolophon[1863] und ein verhältnismäßig frühes Stück aus Uluburun (Fund-Nr. KW 800, einziges Messer dieses Typs im Wrack[1864]).

Lanze, Speer und Dreizack

Unter den ugaritischen Waffen (Abb. 82) lassen sich Lanzen und Speere unterscheiden: Erstere gehörten als Stichwaffen zur Wehr im Nahkampf, ihre Spitzen waren mit langen Tüllen (Abb. 82e.f) oder starken, am hinteren Ende hakenförmigen Angeln versehen (Abb. 82a.b[1865]), während letztere nicht so große, lanzettförmige und mit einem einfachen Dorn befestigte Bronzespitzen trugen (Abb. 82r), die typologisch den noch kleineren Pfeilspitzen vergleichbar sind (Abb. 30v-y[1866]).

Speere verwendete man als leichte Wurfwaffen. Eine im archäologischen Fundstoff nicht nachzuweisende, am Schaft angebrachte lederne Riemenschlinge vermochte ihnen mehr Wucht, Weite und Durchschlagskraft zu geben. Es handelte sich um den von Homer als "Aiganee" bezeichneten Riemenspeer, welcher auf mykenischen Vasenbildern — auch solchen aus Zypern — vorkommt und dann auf der Insel im frühen 1. Jt. v.Chr. etwas häufiger nachzuweisen ist[1867]. Leichtbewaffnete führten in der Regel mehr als einen solchen Speer mit sich.

Y. Yadin nahm stillschweigend diese waffentechnische Besonderheit auch für den Nahen Osten in Anspruch, bot in seinem grundlegenden Werk dann aber einen griechisch-schwarzfigurigen Beleg ("a typical Aegean javelin"[1868]). Die Existenz

---

[1863]Auch Kopenhagen, Nat.-Mus., Inv.-Nr. 5668, aus Siana-Kymisala/Rhodos; der Kopf wäre zu ergänzen wie bei dem Stück aus Troja (unsere Abb. 83b), s. N.K. Sandars, AJA 67, 1963, 152f. Taf. 27,54, danach Lambrou-Phillipson a.O. 392f. Nr. 593 Taf. 81 (als anatolisch klassifiziert, von J. Deshayes a.O. [oben Anm. 1841] Nr. 2417 als ägäisch). — Weitere Bronzemesser dieser Art aus Ialysos/Rhodos und Kolophon im British Museum, Inv.-Nr. 1935/8-23/9 und 10, anscheinend neu inventarisiert, bereits A. Furtwängler-G. Löschcke, Mykenische Vasen (1886) 14. 75 Taf. D9 (Ialysos, Grab 27/1871).

[1864]G. Bass u.a., AJA 93, 1989, 6f. Abb. 10 (L: 23 cm).

[1865]Zum Technischen: Cl. Schaeffer, Stratigraphie Comparée (1948) Abb. 55 und 199; Y. Yadin, The Art of Warfare in Biblical Lands I (1963) 156f. mit Abb.

[1866]Oben Anm. 245. 246. Auch sie können nicht sämtlich als importiert oder als persönlicher Besitz eingereister ägäischer Bogenschützen gelten; denn eine Gußform zur Herstellung einer Serie lanzettförmiger Pfeilspitzen wurde in Hala Sultan Tekke/Südzypern ausgegraben, s. P. Åström, Archaeology 1984, 58ff.; H.-G. Buchholz, ArchHom, Kriegswesen 2 (1980) Taf. 26g.

[1867]H.-G. Buchholz-V. Karageorghis, Homeric Aiganee, in: AAA 3, 1970, 386ff.; H.-G. Buchholz, in: ArchHom, Jagd und Fischfang (1973) J 88ff.; ders. in: ArchHom, Kriegswesen 2 (1980) E 290ff. Anm. 1706; S. Laser, Sport und Spiel, in: ArchHom (1987) T 55f.

[1868]Y. Yadin, The Art of Warefare in Biblical Lands I (1963) 10 ("javelin" für leichten Wurfspeer, "spear" für wuchtige Stichlanze) und Bd. II 355 Farbbild.

der Aiganee ist zwar im Lichte der kyprischen Befunde auch dort als wahrscheinlich anzunehmen, doch geographisch und chronologisch lassen sich Ausgangs- und
Endpunkte der Entwicklung und Verbreitung nicht mehr sicher feststellen. Ohne
erkennbaren Riemen sind die Speere waffentragender Götterfigürchen vom Reschef-
typus (Abb. 105e-h).

Besonders bei der Jagd erlaubten leichte Speere, auch solche ohne Riemen, den
Wurf aus mehr oder weniger sicherer Entfernung (z.B. auf Kreta: Wildstierjagd,
Abb. 3f). Andererseits erforderte der Lanzenkampf Mann gegen Mann höchste
Tapferkeit (vgl. mykenische Kampfszenen: Abb. 94a und d). Zum gezielten Stich
mit derartig großen Lanzen waren beide Hände nötig, deshalb sind auch die Männer
eines mykenischen Vasenbildes aus Ras Schamra nicht als Speerschwinger sondern
als Lanzenträger anzusprechen (Abb. 96c). Das Siegelbild eines ugaritischen Königs
zeigt diesen mit der Jagdlanze als Stichwaffe, und zwar heroisch im Kampf mit
einem Löwen (Abb. 2b). In den Ugarittexten wird die Lanze des El als kraftge-
ladene göttliche Waffe gepriesen. Bei den frühen Griechen ist sie als Nahkampf-
waffe — so ausführlich von A. Alföldi nachgewiesen[1869] — zum mächtigsten
Symbol der Herrschaft, zu einer Art Königsszepter geworden (z.B. Abb. 91b,
mykenisches Siegelbild, Naxos).

Unter den Lanzen-/Speerspitzen des 13. und 12. Jhs. v.Chr. gibt es im östlichen
Mittelmeerraum durchaus kleinere, von denen man annehmen darf, daß sie sowohl
zum Stich- und notfalls zum Wurf geeignet waren, mithin eine Mehrzweckwaffe
darstellten. Häufig sind ihre Schneiden kurvig gestaltet, sodaß man in der Archäologie von "geflammten" Speerspitzen sprach und mit einiger Gewißheit ihren balkanischen Ursprung mutmaßte[1870]. Erst die systematischen Studien von H. Höckmann, der sich freundschaftlich für die Mitarbeit an der "Archaeologia Homerica"
zur Verfügung stellte, haben etwas mehr Klarheit in derartige Zusammenhänge gebracht[1871].

Bronzene Tüllengeräte des 2. Jts. v.Chr. mit drei Gabelzinken könnten wie
Lanzen oder Speere geschäftet gewesen sein und dann dem klassischen Attribut des
griechischen Poseidon entsprochen haben. Als Waffe taucht bedeutend später etwas

---

[1869]A. Alföldi, Hasta - Summa Imperii, in: AJA 63, 1958, 1ff.; ders., Zum Speersymbol der
Souveränität im Altertum, in: Festschrift für Percy Schramm (1964) 3ff.; hierzu H.-G.
Buchholz, Die archäologische Forschung im Zusammenhang mit Homer, in: J. Latacz,
Zweihundert Jahre Homer-Forschung (1991) 15.

[1870]Hierzu oben Anm. 247 (Uluburun) und 330 (Kos). Auch ein höchst ungewöhnlicher Fund,
eine Speerspitze mit hethitischer Hieroglypheninschrift aus Niğde, wurde als "balkanisch-
ägäischer Typus" und damit als ortsfremd bezeichnet: Ö. Bilgi, in: Anatolia and the Ancient
Near East, Studies in Honor of T. Özgüç (1989) 29ff. Abb. 2.

[1871]O. Höckmann, Lanze und Speer, in: H.-G. Buchholz, ArchHom, Kriegswesen 2 (1980) E
274ff.; ders., Lanze und Speer im spätminoischen und mykenischen Griechenland, in:
JbRGZM 27, 1980, 13ff., s. bes. 119 Abb. 128 ("nichtmykenische Lanzen- und Speerspitzen"); s. ferner oben Anm. 247.

Derartiges bei den römischen Gladiatoren auf[1872]. Nicht sämtliche dieser archäologischen Objekte sind typengleich: Es gibt auch solche mit zwei Zinken, andere mit drei Zinken, von denen die äußeren nach innen gebogen und von dem größeren mittleren überragt sind (Byblos[1873]), wie schließlich solche, die statt der Tüllenschäftung andere Befestigungsvorrichtungen aufweisen[1874].

Einander recht ähnliche bronzene Tüllenexemplare, die als Waffe, bzw. Würdezeichen gelten können[1875], kamen in Ras Schamra (L: etwa 60 cm, Abb. 82s, 13. Jh. v.Chr.[1876]), in der Nähe von Akko (L: etwa 68 cm[1877]), in Chirbet Djedur bei Hebron (frühes 13. Jh. v.Chr.[1878]), Gezer und Lachisch[1879], sowie in Hala Sultan Tekke/Zypern zutage (um 1200 v.Chr., L: 87 cm[1880]). Einige dieser Stücke sind an den Gabelenden flach gehämmert, so daß mit ihnen ein Stechen erschwert war. In Form oder Größe etwas abweichende Beispiele, teilweise aus Eisen bestehend und hauptsächlich dem Zeitraum zwischen 1200 und 1000 v.Chr. zugehörig, wurden u.a. aus Deir Alla/Jordanien (L: 93 cm[1881]), Tell Huwelfe/Israel, Beth

---

[1872]P. Steiner, Römische Steinhäuser im Trierer Bezirk (1923) Taf. 6; K. Parlasca, Die römischen Mosaiken in Deutschland (1959) Taf. 37,1.

[1873]P. Montet, Byblos et l'Égypte (1928/29) 181f. Nr. 663-668 Taf. 108 und 110; K. Galling, Biblisches Reallexikon (2. Aufl., 1977) 85 s.v. Gabel mit Abb. 26,1; W. Zwickel, Räucherkult und Räucherkultgeräte (1990) 164 Abb. 1-6. — Hierzu und zum Folgenden: die bisher vollständigste Materialvorlage stammt von J. Makkay, The Gold Fork of the Moigrad Hoard, in: The Tiszaszölös Treasure (1989) 68ff. mit Abb. 13-23.

[1874]Beispielsweise zweizinkige, aus Tanis/Defenneh, die teils als Gabeln oder Harpunen, teils als Lanzenschuhe angesprochen wurden, s. T. Dothan, The Philistines and their Material Culture (1982) 286f. Abb. 20,5-10 und Taf. 29.

[1875]Als Waffe kommt der Dreizack noch im Waltharilied (Vers 982ff.) vor, s. H. Kuhn-H. Jankuhn, Reallexikon der germanischen Altertumskunde I (1971) 331f. s.v. Ango.

[1876]Cl. Schaeffer, Ugaritica III (1956) 169ff. Abb. 123a und 124,4 (H: etwa 60 cm); R.M. Böhmer, Die Kleinfunde von Boğazköy (1972) 139 Abb. 45d; Zwickel a.O. 165 Abb.

[1877]S. Ben-Arieh-G. Edelstein, Qadmoniot 5 Nr. 1, 1972, 19ff. mit Abb. und Tombs near the Persian Garden, in: Atiqot 12, 1977, 4f. 30f. 37 Abb. 15,2 Taf. 6,3; Zwickel a.O. 164 Abb.

[1878]Ein Zinken ist abgebrochen, s. S. Ben-Arieh, Eretz-Israel 15, 1981, 115ff. 123; Zwickel a.O. 164 Abb.

[1879]Gezer: K. Galling, Biblisches Reallexikon (2. Aufl., 1977) 85 Abb. 26,2. — Tell ed Duweir/Lachisch: O. Tufnell, Lachish III (1953) 222. 387f. Taf. 8,3; 40,7; 56,38; Y. Yadin, The Art of Warfare in Biblical Lands II (1963) 268 mit Abb.; R.M. Böhmer, Die Kleinfunde von Boğazköy (1972) 140 Abb. 45e; Zwickel a.O. 164 Abb.

[1880]P. Fischer, SIMA 63 (1980) 41 Abb. 4 (in situ); K. Nikolaou, ArchRep 1980/81, 54f. Abb. 23; BCH 104, 1980, 783 Abb. 62; K. Niklasson, Hala Sultan Tekke 8 (1983) 174. 183 Abb. 424-426. 445. 493; P. Åström, Archaeology 1984, 58ff.; ders., OpAth 16, 1986, 16 Abb. 24; ders., Early Metallurgy in Cyprus, in: Symposium Larnaka 1981 (1982) Taf. 19,3.

[1881]Insofern von den übrigen abweichend, als mit langem Metallstiel versehen und bereits mittelbronzezeitl., s. H.J. Franken-M.M. Ibrahim, Annual of the Dept. of Antiquities, Amman 22, 1977/78, 76 Abb. 14; Zwickel a.O. 164 Abb.

Schean und Tel el Hama bekannt[1882].

Der vorgeführten Konzentration in Syrien-Palästina und Südostzypern über mehrere Jahrhunderte und die Grenze zwischen Bronze- und Eisenzeit hin stehen Vorläufer seit dem dritten Jahrtausend im Zweistromland (Ur) und in Anatolien gegenüber (Kültepe-Kaneš, Boğazköy, Maşat[1883]). Das letztgenannte bronzene Beispiel des 13. Jhs. v.Chr., genau der oben beschriebenen Gruppe entsprechend, wurde vom Ausgräber allerdings zutreffend als nordsyrischer Import bezeichnet[1884]. Es kommen außerdem früheisenzeitliche Dreizackgeräte, meist aus Eisen bestehend, aus dem ostanatolischen Bergland, dem Kaukasus und Persien hinzu: u.a. aus Toprakkale[1885], Altintepe[1886], Patnos[1887], Kamir-Blur, dem Maikop- und Kubangebiet, wie auch aus Tepe Sialk[1888].

Das Bild, das aufscheint, läßt bei dieser Denkmälergruppe aus zeitlichen und räumlichen Gründen einen Ursprung in Anatolien vermuten, nach 1400 mit sekundärer Verlagerung an die Levanteküste und ihrem unmittelbaren Hinterland. Eher als eine abhängige Erscheinung sind dann die Verbreitungsgebiete nach Asien hinein anzusehen. Es fehlt noch die Betrachtung der Westausbreitung; denn auch die Ägäis blieb nicht völlig unberührt: Bereits im 16. Jh. v.Chr. gab es unter den Beigaben eines im Schachtgrab IV von Mykene Bestatteten einen relativ kleinen Dreizack aus Bronze[1889]. Auf Kreta setzen Mauer- und Töpferzeichen in Gestalt

---

[1882]Zu den übrigen Fundorten s. die zuvor genannte Lit. — "Tell Huwelfe" (Eisen, zweizinkig, so bei Galling a.O. nach IEJ 20, 1970, Taf. 38b) kommt bei Niklasson a.O. als "Tel Halaf" statt "Tel Halif" im Hebräischen vor, hierzu: A. Biran-R. Gophna, Eretz-Israel 9, 1969, 135 Taf. 6. — Ein großer eiserner Tüllendreizack des 10. Jhs. v.Chr. aus Tell el Hama ist in Jerusalem, Israel-Museum, ausgestellt, über den Stand der Publikation vermag ich nichts zu sagen.

[1883]Nachweise bei Böhmer a.O. 139ff. Abb. 45a.b (Ur), c (Kültepe), Taf. 45,1268 (Boğazköy); hierzu eine zweizinkige Tüllengabel aus einem Kistengrab in Kaneš, Schicht II: K. Emre, Cemeteries of the 2nd Mill. in Central Anatolia, in: Prinz Takahito Mikaso, Essays on Ancient Anatolian and Syrian Studies in the 2nd and 1rst Millennium B.C. (1991) 9 Abb. 2.

[1884]T. Özgüç, Maşat Höyük II (1982) 113 Taf. 56,1.

[1885]C.F. Lehmann-Haupt, Armenien einst und jetzt II (1931, Nachdr. 1988) 546 mit Abb.

[1886]T. Özgüç, Belleten 25, 1961, 279.

[1887]B. Öğün, Proceedings of the 10th Int. Congr. of Classical Archaeology, Ankara-Izmir 1973, Band III (1978) Taf. 29,10.

[1888]Zu diesen s. Lit. in Böhmer a.O. mit Abb. 46; auch Cl. Schaeffer, Stratigraphie Comparée (1948) Abb. 252,21 und 255,36 (zweizinkig, Tepe Sialk); E.N. Černych, in: Jahresbericht des Inst. für Vorgeschichte/Univ. Frankfurt 1976, 143 Abb. 4,28.29 (Bronzedreizack und -zweizack der jüngeren Bronzezeit mit Tülle, Osttranskaukasien); L.S. Ilyukov, Metallic 'Forks' of the Maicop Culture, in: SovietArch 1979, Nr. 4, 138ff. mit Abb. und zu einem Dreizack aus dem Kubangebiet bereits J. Wiesner, AA 1942, 449. 451 Abb. 15.

[1889]Makkay a.O. 79 mit Anm. 476; S. 81 Abb. 14,3 (L: 19,5 cm).

eines Tridents ebenfalls die Vorstellung realer Objekte dieser Form voraus[1890]. Und in einem mykenischen Grab in Achaia hat Th. Papadopoulos eine zweizinkige Gabel mit Quersteg zwischen den Zinken ausgegraben, wie sie in Südpalästina häufig waren (Er sprach von einem *"fork-like sceptre"*).

Daß derartige Objekte — wie es scheint, recht vereinzelt — wirklich den ägäischen Raum von Osten her erreichten, legt nunmehr für das 14. Jahrhundert der Fund eines bronzenen Tüllendreizacks im Schiffswrack von Uluburun nahe[1891]. Die sich spiegelnden weiträumigen Verknüpfungen sind allerdings nicht zum West-Ostgefälle umkehrbar, auch wenn es zunächst den Anschein hat, als ob eins der ältesten, nämlich kupferzeitlichen Beispiele in Ungarn entdeckt worden sei: der mit Schaft über einen Meter große goldene Dreizack aus dem Schatzfund von Moigrad[1892]. De facto ist er nicht datierbar, jedenfalls fehlen aus der Frühzeit alle Analogien. Doch für die Sinnfindung ist er von unschätzbarem Wert, wie dies J. Makkay gezeigt hat.

Es bleibt uns noch die Beseitigung der Unsicherheit bei der Funktionsbestimmung der ganzen Gruppe. Die Vermutungen reichen von der Verwendung als Fischspeer, Harpune[1893], Lanzenschuh oder Fleischgabel[1894] bis zur Stichwaffe und zum Machtsymbol. Im allgemeinen glaubt man mit dem Hinweis auf den Dreizack des Poseidon und dessen Verbindung zum Meer auch schon die Funktion seines Attributs erfaßt zu haben. Er soll dort, wo das Dreizackmal in der Nordhalle des Erechtheions auf der Athener Akropolis zu sehen ist, der Sage nach Wasser aus dem Fels geschlagen haben[1895]. Doch erstens war der Dreizack eine auch bei der Eberjagd geläufige Waffe und zweitens war er als Attribut nicht auf Meeresgottheiten beschränkt[1896]. Einen eisernen Tüllendreizack nach Art der orientalischen

---

[1890]Beispielsweise: A. Evans, PM IV, 581 Abb. 568; D.S. Robertson, JHS 59, 1939, 204 (Dreizack als Steinmetzzeichen in einer Tholos bei Knossos); T.J. Dunbabin, JHS 64, 1944, 88 (Dreizack als Zeichen an einem Pithos aus Mirabello/Kreta). — Zu einem geritzten Dreizackzeichen an einem mittelbronzeztl. Gefäß aus Hazor/Israel s. Nachweise in: H.-G. Buchholz, JdI 78, 1963, 73 mit Anm. 108: ders., Die ägäischen Schriftsysteme und ihre Ausstrahlung in die ostmediterranen Kulturen, in: Frühe Schriftzeugnisse der Menschheit, Tagung der J. Jungius-Ges., Hamburg 1969 (1971) 124. 147 Anm. 113.

[1891]C. Pulak, INA-Quarterly 20, Nr. 4, 1993, 11 Abb. 13c; ders., In Poseidons Reich (1995) 56 Abb. 30c (Farbbild).

[1892]Makkay a.O. 66 Abb. 12 Taf. 17,10.

[1893]Als Fischereigerät: J. Jüthner, AM 62, 1937, 138; W. Burkert, Homo Necans (1972) 231 Anm. 21; ders., Griechische Religion der archaischen und klassischen Epoche (1977) 216 Anm. 17.

[1894]Fleischgabel: E.D. van Buren, Symbols of the Gods (1945) 138, zu I. Samuel 2,13 und Exodus 27,3.

[1895]M. Ninck, Die Bedeutung des Wassers im Kult und Leben der Alten (1921/Nachdr. 1960) 16f.; Burkert, Homo Necans 167. 177.

[1896]Zusammenstellung der Belege in der Vasenmalerei: C. Schauenburg, AA 1962, 768ff. Anm. 47; S. 774 Anm. 60. — Zum Dreizack als Waffe des Odysseus, Herakles, Bellerophon, Eros, eines Kentauren usw.: ebd. Anm. 48.

gab es in einem Apollonheiligtum[1897]. Auch manche Darstellungen des vorderasiatischen Wettergottes zeigen diesen mit dem Dreizack[1898].

Ein urartäischer Dreizack, eine dreiteilige Lanzenspitze, nimmt im Relief von
Adilcevaz geradezu pflanzliche Elemente auf und wirkt dekorativ wie ein
Baum[1899]. Dasselbe läßt sich von dem goldenen Gebilde aus Ungarn sagen, so
daß J. Makkay von "Metal Forks as Symbols of Power and Religion" sprach[1900].
Die Standarte der "Goldenen Horde" zeigte einen goldenen Dreizack auf blauem
Tuch. In einem chinesischen Gedicht aus dem beginnenden 1. Jt. v.Chr. ist von
"Dreizackspeeren" (*trident spears*) die Rede[1901]. In den skizzierten fernöstlichen
Zusammenhängen sind mithin Parallelen zu Schamanenstäben, die den Weltenbaum
symbolisieren, unverkennbar[1902].

Beil, Axt, Doppelaxt und Pickel

Die terminologische Unterscheidung zwischen Beil und Axt nach der Schäf-
tungsart — nur die Axt war danach mit einem Loch für den Stiel versehen — ist
eine Angelegenheit heutiger, hauptsächlich deutscher Prähistoriker. In kaum einer
frühen oder späteren Sprache wurde säuberlich nach derartigen Kriterien getrennt.
Ja, nicht einmal die sprachliche Unterscheidung vom Arbeitsgerät und Kriegswaffe
geht überall auf, weshalb ich hier nicht nach der Funktion zu gliedern vermochte:
Wir können es gleichermaßen mit einer Variante des Werkzeugs des Holzfällers,
Zimmermanns, Schiffsbauers oder Tischlers, wie einem Kult- und Opfergerät, bzw.
bloßem Votiv oder mit einer Waffe, bzw. einem Würdezeichen (einer "Zermonial-
waffe") zu tun haben.

Die häufigste Beilform war vom Nahen Osten bis nach Südosteuropa, einschließlich der Ägäisländer, und darüber hinaus von der Kupfer- bis in die Spätbronzezeit das Flachbeil, welches Steinformen getreu in Metall nachbildete. Zunächst bestanden solche Flachbeile aus Kupfer, dann aus zinnarmer Bronze und
schließlich aus "klassischer" Bronze (vgl. Abb. 82g, Ras Schamra[1903]). Auch das

---

[1897]P.B. Phaklares, Achaia Kynouria (Neugr., 1990) Taf. 82a.

[1898]Vgl. E. Unger, Reallex. der Vorgeschichte II (1925) 462f. s.v. Dreizack. — Zum Symbol
des urartäischen Gottes Ḥaldi s. oben Anm. 1886.

[1899]W. Kleiss, IstMitt 13/14, 1963/64, 11 Abb. 11.

[1900]In: ActaArchHung 35, 1983, 313ff.

[1901]C.F. Cheng-C.M. Schwitter, AJA 61, 1957, 356.

[1902]E.A.S. Butterworth, Some Traces of the Pre-Olympian World in Greek Literature and
Myth (1966) 149ff. Taf. 7-11 (mehrgliedrige baumartige Schamanenstäbe aus Metall,
Dreizackstäbe aus der Mongolei, Tibet, Korea und Indien).

[1903]Hierzu und zum Folgenden u.a. H. Weippert, in: K. Galling, Biblisches Reallexikon (2.
Aufl., 1977) 23ff. s.v. Axt, mit Lit.; Flachbeil: a.O. Abb. 7,1 und M.-J. Chavane, in: M.
Yon, Ras Shamra-Ougarit III (1987) 357ff. Abb. 1-4. Vgl. auch H.-G. Buchholz-H. Dre-
scher, Einige frühe Metallgeräte aus Anatolien, in: APA 19, 1987, 37ff. Abb. 1a-f; 2a-m.

eiserne Blatt einer kunstvoll zusammengesetzten und später zu betrachtenden Axt der Zeit um 1400 v.Chr. aus Ras Schamra entspricht diesem Typus (Abb. 87a.b).

Um das Schäftungsproblem besser lösen zu können, wurde seit der Frühen Bronzezeit die beschriebene Grundform mehr oder weniger verändert. So entstand das "Ärmchenbeil", eine besonders in der hethitischen Kultur perfektionierte Variante des Flachbeils[1904].

Als für Syrien-Palästina charakteristische Form sind "Fensteräxte" anzusehen, so wegen der beiden, durch einen Steg getrennten Aussparungen im Blatt benannt (Abb. 100b.c[1905]). Es gibt am Nacken, wo sich das Loch für den Stiel befindet, hohe, im Schneidenbereich halbrunde Beispiele (Abb. 100b) und am Nacken niedrige, mit der Schneide schnabelartig vorragende Varianten (Abb. 100c). Die letztere Art ist die ältere, mittelbronzezeitliche, seit etwa dem 19. Jh. v.Chr. nachweisbare Form[1906]. Eine in Mykene entdecktes Amulett der jüngeren hohen runden Gestalt einer solchen Fensteraxt aus Lapislazuli mag syrischer Import gewesen sein[1907].

Schon A. Evans hat vor sechzig Jahren die Verwendung des jüngeren syrischen Axttyps in kultischem Zusammenhang Altkretas erkannt, insofern auf Hämatitsiegeln des späteren 15. Jhs. v.Chr. aus Vatheia bei Knossos (Abb. 100e), einer

---

Weiteres bei A. Müller-Karpe, IstMitt 43, 1993, 227ff.; bes. 231 Abb. 2,1-13.

[1904] u.a. aus Boğazköy, dem Pontusgebiet, dem Schiffswrack vom Kap Gelidonya, aus Enkomi und Pyla/Zypern sowie aus Ḥirbet el Mšaš/Palästina, s. Buchholz-Drescher a.O. 42 Abb. 3a-c; S. 55 Abb. 12a-h und Abb. 13 (nach H. Erkanal). Hazor: Y. Yadin, The Art of Warfare in Biblical Lands I (1963) 184 Farbabb. — Zu den Buchholz-Drescher a.O. 58 besprochenen Ärmchenbeilen aus Hellas (Kos, Asine, Teichos Dymaion) gesellt sich neuerdings auch ein noch unpubliziertes Stück aus Westkreta in Chania, Arch. Mus.

[1905] Abb. 100b, in Oxford, Ashmolean Mus., nach A. Evans, PM IV (1935) 414ff. Abb. 345e (in Zypern gefunden oder erworben). — Abb. 100c, nach H.-G. Buchholz, Bronzene Schaftrohräxte aus Tamassos und Umgebung, in: Studies Presented in Memory of P. Dikaios (1979) 87 Abb. 15 (Nikosia, Cyprus Museum, Inv.-Nr. 1958/VII-31/9, wahrscheinlich palestinensischer Herkunft). Zu beiden s. oben Anm. 658. Weitere Lit.: Buchholz a.O. 87 Anm. 3-10; dazu W.G. Dever, in: Biblical Archaeology Today, Proceedings of the Int. Congr., Jerusalem 1984 (1985) 132 Abb. 15.

[1906] Cl. Schaeffer, Stratigraphie Comparée (1948) Abb. 49,7.8; 56,12.16-19.21-24 (Ras Schamra, Mittelbr. I); ders., Ugaritica II (1949) 62 Abb. 25a-m; S. 50 Abb. 18,13.14.22. 29. — Farbaufnahme eines Stücks aus Ras Schamra im Louvre: Y. Yadin, The Art of Warfare in Biblical Lands I (1963) 166. Ein großer Hortfund aus Tel Dan hat das Datum bestätigt, s. D. Ilan, TA 19, 1992, 247ff. Abb. 4,1 und 5,3. Ferner A. Kempinski, Excavations at Kabri (1989) 14 mit Abb. und Abb. 14,2 (Mittelbr. IIA). — Vgl. einen nahezu gleichzeitigen Grabfund in Tell el Daba/östliches Nildelta: M. Bietak, Ägypten und Levante 2, 1991, 58 Abb. 6a Taf. 5a-c; ders., Der Übergang von der Frühen zur Mittleren Bronzezeitkultur im Vorderen Orient, in: Mitt. der Anthropol. Ges. Wien 123/124, 1993/94, 391ff. 396 Abb. 5. Ich vermag nicht mit derselben Sicherheit wie E. Porada in den Händen des Gottes auf dem Rollsiegel des 18. Jhs. gleichen Fundortes eine Fensteraxt zu erkennen (oben Anm. 54).

[1907] A.J.B. Wace, Mycenae (1949) 108; W. Helck, Die Beziehungen Ägyptens und Vorderasiens zur Ägäis (2. Aufl., 1995) 246 Anm. 162.

Fundstelle im Palast von Knossos (Abb. 100f) und dem Tholosgrab von Vapheio/-Lakonien (Abb. 100g) Priester in steifem, orientalischem Wickelgewand mit geschulterter Fensteraxt dargestellt sind[1908]. Eine deutliche Weiterentwicklung ist in einer bronzenen Axt mit unterbrochener Stielführung und deren oberer oder unterer Verlängerung als Röhre, ebenfalls aus dem Kuppelgrab von Vapheio, zu erkennen (Abb. 100d)[1909]. Sie dürfte als ein ägäisches Produkt und jedenfalls als reales priesterliches Würdezeichen oder Kultgerät anzusprechen sein.

An sich gelten Fensteräxte in welcher Funktion auch immer als ein Kennzeichen des zweiten Jahrtausends. Doch zeigt der äußere Bildfries einer vergoldeten kypro-phönikischen Silberschale aus dem Bernardinigrab in Praeneste einen orientalischen Gott im Schlitzrock mit Bogen und Fensteraxt noch um 700 v.Chr.[1910]. In westphönikischen Kolonialgebieten weisen Skarabäen des 7. bis 5. Jhs. v.Chr. Darstellungen des Baal-Melqart mit der geschwungenen Fensteraxt auf[1911]. Als semitische Götterwaffe und Kultgerät lebte diese demnach in traditionsbewußter religiöser Sphäre kräftig weiter[1912].

Andere Verbindungen bekunden nackenbewehrte Lochäxte in Ras Schamra seit Mitte des 15. bis in die erste Hälfte des 13. Jhs. v.Chr.[1913] und überhaupt in der

---

[1908]Evans a.O. 414 Abb. 343a-c, wiederholt S. 946 Abb. 914 bis (danach meine Abb. 100e-g); H.Th. Bossert, Altkreta (3. Aufl., 1937) Abb. 397c; C. Zervos, L'Art de la Crète (1956) 412 Abb. 634; H. Seyrig, Syria 32, 1955, 29ff. Abb. 1; H.-G. Buchholz, Jahrb. für Kleinasiat. Forschung 2/In Memoriam H.Th. Bossert (1965) 140 Anm. 37. — Abb. 100f auch in N. Marinatos, Minoan Sacrificial Ritual (1986) 47 Abb. 39.

[1909]Athen, Nationalmuseum, Inv.-Nr. 1870 (SH IIA), s. Evans a.O. 419 Abb. 347 (danach meine Abb. 100d); s. auch I. Strøm, Graekenlands Forhistorisk Kulturer II (1982) 308 Abb. 417 und C. Lambrou-Phillipson, Hellenorientalia (1990) 363 Nr. 508 (als syro-palästinensischer Import angesprochen; weitere Lit.) Taf. 81.

[1910]Rom, Villa Giulia, Inv.-Nr. 61565. Die sehr umfangreiche Lit. bei G. Markoe, Phoenician Bronze and Silver Bowls from Cyprus and the Mediterranean (1951) 191 Nr. E 2, S. 278-283 Abb. und bereits bei Evans a.O. 418 Abb. 346.

[1911]Karthago und Ibiza: W. Culican, Opera Selecta (1986) 199 Abb. 1a.b.g.h; S. 480 Abb. 9,2 (Gemme in Boston, Mus. of Fine Arts, Inv.-Nr. 98/712).

[1912]In der Kleinkunst sind Fensteräxte oft nicht deutlich angegeben, s. zur Problematik: T. Solyman, Die Entstehung und Entwicklung der Götterwaffen im alten Mesopotamien und ihre Bedeutung (1968) 47ff. unter "Sichelaxt" mit Abb. — Zur Doppelaxt verdoppelte Fensteräxte eines kaiserzeitlichen Ma-Bellonapriesters in Rom, s. F. Cumont, Die orientalischen Religionen im römischen Heidentum (4. Aufl., 1959) 43ff. Taf. 2,1, d.h. die kleinasiatische Doppelaxt zeigt sich hier mit der syrisch-phönikischen Fensteraxt verschmolzen!

[1913]Cl. Schaeffer, Stratigraphie Comparée (1948) Abb. 44,3; ders., Ugaritica III (1956) 278f. Abb. 242 Taf. 1o oben und IV (1962) 243 Abb. 33,15 (Fund-Nr. RS 3239); R.M. Boehmer, Die Kleinfunde von Boğazköy (1972) 35 Anm. 174; Buchholz-Drescher a.O. (oben Anm. 1903) 60 Anm. 90. Weitere Belege aus Ras Schamra s. unten Anm. 1920.

Levante (z.B. in Alalach V, 2. Hälfte des 15. Jhs. v.Chr.[1914]; bzw. in Beth Schean/Palästina, 13. Jh. v.Chr.[1915]): Ihre Verbreitung von Syrien und Kilikien bis in die Schwarzmeerregion deutet auf einen Schwerpunkt im hethitischen Kernland (Boğazköy[1916]). Was das Pontusgebiet angeht, ist u.a. auf eine Nackenkammaxt aus Bengü Köyü zu verweisen[1917]. Die östlichsten Stücke stammen aus Chagar Bazar und Nimrud[1918].

Die Gruppe solcher anatolischer Äxte wurde von H. Erkanal in Untergruppen gegliedert; so darf der "nackenbewehrte" Typus mit regelrechter Kammbildung ("Typ Firaktin") besonders als für das 13. Jh. v.Chr. charakteristisch gelten[1919]. Ein Stück dieses Typs wurde im Palast von Ugarit gefunden. Im ganzen sind in Ras Schamra und Minet el Beida acht Exemplare entdeckt worden, das ist eine beachtliche Konzentration! Sie besitzen teils gravierten Dekor, teils schwache oder auch ausgeprägt starke Nackenwehr (in einem Fall regelrechte Stacheln wie an Pickeln, oben Abb. 28c), teils schwache, teils kräftige Rippung[1920].

Andere Varianten weisen am Nacken nur noch verkümmerte Knubben auf. In abgekürzter Form wurde von ihnen als "Rippenäxten" gesprochen. Der Rohling einer solchen Axt aus der ersten Hälfte des 14. Jhs. v.Chr. gehört zu den Boğazköy-Funden von der Königsburg und wurde bereits 1935 von K. Bittel bekannt gemacht[1921]. Derartige "Rohlinge", also unfertige Rohgrußprodukte, zeigen mit großer Gewißheit die Herstellung am Ort ihrer Auffindung an. Mithin darf in der Hethiterhauptstadt eins ihrer Produktionszentren gesehen werden. Deren gab es in Anatolien sicher mehrere: Es gelang, einen weiteren Rohling, bedauerlicherweise

---

[1914]Hethitische "Rippenaxt" zusammen mit mykenischer Keramik: L. Woolley, Alalakh, an Account of the Excavations at Tell Atchana in the Hattay (1955) 279 Taf. 72; s. bereits K.R. Maxwell-Hyslop, Iraq 11, 1949, 108 und unlängst M.-J. Chavane a.O. (oben Anm. 1903) 363 Abb. 13.

[1915]J.B. Pritchard, The Ancient Near East in Pictures Relating to the Old Testament (2. Aufl., 1969) 178, danach H. Weippert, in: K. Galling, Biblisches Reallexikon (2. Aufl., 1977) 24f. Abb. 7,9, auch Cl. Schaeffer, Stratigraphie Comparée, Abb. 155a und Y. Yadin, The Art of Warfare in Biblical Lands I (1963) 12 mit Zeichnung.

[1916]Vgl. die Verbreitungskarte in der überaus nützlichen Studie von H. Erkanal, Die Äxte und Beile des 2. Jahrtausends in Zentralanatolien, in: PBF IX 8 (1977) Taf. 9a.

[1917]Buchholz-Drescher a.O. 61. 63 Abb. 15d, nach J.A. Dengate, The Proceedings of the 10th Int. Congress of Classical Archaeology, Ankara-Izmir 1973, Band I (1978) 255f. Abb. 8 Taf. 67,12.

[1918]J.E. Curtis, Some Axe-heads from Chagar Bazar and Nimrud, in: Iraq 45, 1983, 73ff.; auch M.-J. Chavane a.O. 363 Abb. 9-12.

[1919]Zu Firaktin/Kilikien s. Erkanal a.O. 12ff. Buchholz-Drescher a.O. 61 mit Anm. 98.

[1920]Zusammengestellt von M.-J. Chavane a.O. 360ff. Abb. 5 und 6 und S. 363 Abb. 7. 8. 11. 15-18.

[1921]Boehmer a.O. 36 Nr. 17 Taf. 2,17; Erkanal a.O. 15 Nr. 62b Taf. 6,62b; Buchholz-Drescher a.O. 60 Anm. 88, mit den älteren Nachweisen.

ohne gesicherten Fundort innerhalb der Türkei, hinzuzustellen[1922].

Vom Standpunkt der Zuordnung läßt sich die berühmte Kupfer-Goldaxt mit eiserner Klinge aus Ras Schamra (Abb. 87a.b[1923]) ebenfalls als eine "nackenbewehrte Axt" verstehen, jedenfalls ragt in ihrem Nacken das plastische Element, ein nach hinten blickender Eberkopf, deutlich vor. Freilich gehört das Stück technisch zu den bereits besprochenen "Bimetallic Objects"[1924]. Es handelt sich nicht um einen Gebrauchsgegenstand, sondern um eine Zeremonialaxt, ein Würdezeichen von besonderem Wert. Die Klinge ist in einem Schlitz des reich mit Goldfäden eingelegten "Axtfutters mit der Schäftungsvorrichtung" zwischen zwei plastischen Löwenköpfen befestigt. Der Kopf des Wildebers, im ägäischen Kulturkreis hochgeschätzt, befremdet als Symbolträger im östlichen, semitischen Bereich. Es gibt aber keinen stilistischen Anhalt für die Anfertigung des Objekts anderswo als in Ugarit.

Daß auch Bronzepickel Götterwaffen[1925], Zeremonial- und Würdezeichen sein konnten (Abb. 28b und c), ist oben bereits unter Hinweis auf Entsprechungen im Orient und in den Balkanländern ausgeführt worden. Doch ein genetischer Zusammenhang zwischen den angeführten Realien ließ sich deshalb nicht herstellen, weil sie in den beiden Regionen ihres Auftretens viele Jahrhunderte trennen. Zusammenhänge zwischen orientalischen und ägäischen Metallkeulen, ebenfalls Zeremonialwaffen, bleiben hier deshalb außer Betracht, weil es sich um nachbronzezeitliche Erscheinungen des Zeitalters Homers handelt[1926].

Neben der Vorführung von anatolischen Axtformen sowie wechselseitigen Einflüssen im Metallinventar der Levante bis zum Kaukasus und nach Innerasien

---

[1922]München, Deutsches Museum, s. Buchholz-Drescher a.O. 43 Abb. 4b.c; S. 59ff.

[1923]Weihgabe des 15./14. Jhs. v.Chr. in einem Heiligtum beim Palast; Aleppo, Arch. Mus., s. oben Anm. 849. 956 (Lit.). 958. Schöne Farbaufnahme in: E. Strommenger, Fünf Jahrtausende Mesopotamien (1962) Farbtaf. 34 und Land des Baal, Ausstellungskatalog Berlin 1982, 152 Nr. 145 mit weiterer Lit.; S. 115 Farbabb.; J.L. Crowley, The Aegean and the East (1989) 441 Abb. 221 (Detail). — Zu vergleichen ist von der Konstruktion und Symbolik her eine silberne Votivaxt aus Persien mit einer Keilschriftlegende des Untaš-napiriša (1265-1245), bei der die Klinge einem Löwenhaupt entspringt und ein kauernder Elektroneber hinten am Schäftungsteil angebracht ist, s. Propyläen-Kunstgeschichte XIV (1975) Taf. 301c.

[1924]J. Waldbaum, Bimetallic Objects from the Eastern Mediterranean and the Question of the Dissemination of Iron, in: Acta of the Int. Arch. Symposium "Early Metallurgy in Cyprus", Nikosia 1982, 325ff.

[1925]T. Solyman, Die Entstehung und Entwicklung der Götterwaffen im alten Mesopotamien und ihre Bedeutung (1968) 48. 101 ("Pickelaxt"). Ein sumerischer Terminus wird mit "Pickaxe" übersetzt, s. J. Klein, in: Michmanim 9, 1996, 88 und Anm. 29. M. Riemschneider, Der Wettergott (1956) 59f. (zu einem sumerischen Mythos von der Entstehung der Spitzhacke).

[1926]H.-G. Buchholz, ArchHom, Kriegswesen 2 (1980) E 319ff., bes. 331 Abb. 84: Verbreitungskarte assyrischer Keulen aus Bronze, teils mit Eiseneinlagen (z.B. in Zypern, Rhodos, Samos).

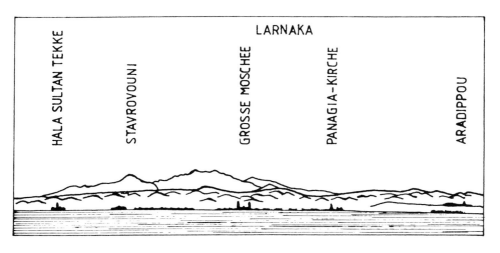

LARNAKA

HALA SULTAN TEKKE — STAVROVOUNI — GROSSE MOSCHEE — PANAGIA-KIRCHE — ARADIPPOU

Abb. 86a. Blick von Osten aus fünf englischen Meilen Entfernung auf Hala Sultan Tekke und Larnaka-Kition (nach Vermessung und Darstellung der Hydrographischen Abt. der britischen Admiralität, 1934). Ebenso sah ein bronzezeitlicher Seefahrer wie Wen-Amun — ohne Kirchenkuppeln und Minaretts — vom Meer her die Landmarken der kyprischen Küste

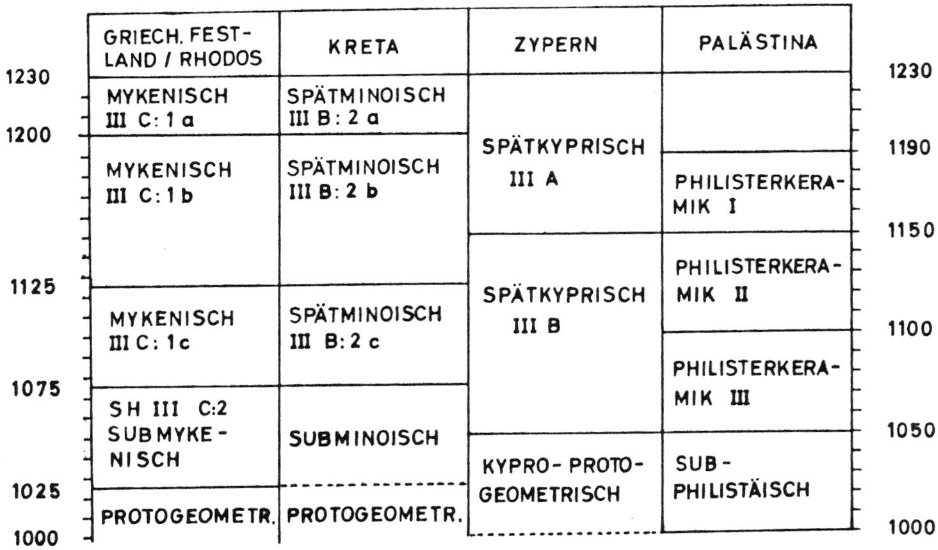

	GRIECH. FEST-LAND / RHODOS	KRETA	ZYPERN	PALÄSTINA	
1230	MYKENISCH III C:1 a	SPÄTMINOISCH III B:2 a	SPÄTKYPRISCH III A		1230
1200	MYKENISCH III C:1 b	SPÄTMINOISCH III B:2 b		PHILISTERKERA-MIK I	1190
					1150
1125	MYKENISCH III C:1 c	SPÄTMINOISCH III B:2 c	SPÄTKYPRISCH III B	PHILISTERKERA-MIK II	1100
1075	SH III C:2 SUBMYKE-NISCH	SUBMINOISCH		PHILISTERKERA-MIK III	1050
1025	PROTOGEOMETR.	PROTOGEOMETR.	KYPRO-PROTO-GEOMETRISCH	SUB-PHILISTÄISCH	
1000					1000

Abb. 86b. Bezeichnung der keramischen Phasen für die Zeit von 1230 bis 1000 v.Chr. in Hellas, Zypern und Palästina

hinein bleibt noch der Hinweis auf eine ausgesprochen ägäische Erscheinung: die Doppelaxt. Selbst wenn sie ursprünglich als steinzeitliche Form in den vorder-asiatischen Bergländern beheimatet gewesen sein dürfte, war sie doch seit der Frühen Bronzezeit ein charakteristisches Produkt minoischer Metallurgie. Als gebrauchsgroßes, massiv-gegossenes Gerät bzw. als Waffe oder Opferbeil, wie manche Forscher glauben, besteht sie aus Kupfer oder Bronze, ist gewöhnlich schmucklos und besaß zunächst ein rundes Schaftloch, später ein ovales, in dem sich der hölzerne Stiel nicht mehr um sich selber drehen konnte (vgl. Abb. 25f, aus einem Hortfund am Marmarameer[1927]). Dieser Typ hat auch das östliche Mittel-meergebiet erreicht (z.B. Uluburun, Kap Gelidonya, weitere Orte der südlichen Türkei, Zypern, Ras Schamra, Megiddo[1928]). Im 11. Jh. v.Chr. ist er bei einer Kriegerbestattung in Achziv/Nordisrael nachgewiesen (Abb. 99d[1929]), hier zusam-men mit Fibel und Lanzenspitze als Fremdform.

Auf Sondertypen gehe ich hier nicht weiter ein (vgl. Abb. 27b.c). Sie sind auf das Adriagebiet oder den bulgarisch-nordgriechischen Raum, in Einzelfällen auf Gebiete bis an die Donaumündung und nach Südrußland hinein beschränkt (Ver-breitungskarten: Abb. 26 und 27a).

Als Waffe und Gebrauchsgerät lassen sich massiv gegossene Doppeläxte schwer von kultisch verwendeten oder Votiven trennen. Ornamentale Gravuren können sowohl an Waffen als auch an Geräten vorkommen, so an einem Stück aus der Troas und an Doppeläxten aus Ras Schamra[1930]. Doch wenn Schriftzeichen (Linear A) an ihnen angebracht worden sind, liegt der Fall anders und besonders dann, wenn es sich bei den Gravuren um religiöse Symbole handelt. Das ist an manchen Stücken aus Kreta beidseitig der Fall: Eine öfter behandelte schwere Doppelaxt aus Borou Monophatziou zeigt den minoischen Achtförmigen Schild, oben mit der Schlaufe zum Aufhängen, und Gewandweihungen, mit einem großen

---

[1927]Fund-Nr. 84/82, s. oben Anm. 308. Vgl. Kataloge in H.-G. Buchholz, Zur Herkunft der kretischen Doppelaxt (1959); Neues in K. Davaras, in: Minoan and Greek Civilization from the Mitsotakis Coll. (1992) 262ff. Nr. 325-330.

[1928]Schicht VIA, s. unten S. 603ff., ferner mittelbronzeztl.: G. Loud, Megiddo II, Seasons of 1935-39 (1948) Taf. 182,7; K. Branigan, Aegean Metalwork of the Early and Middle Bronze Age (1974) Taf. 10; N. De Vries, Kongreß Amsterdam 1980 (1980/82) 125ff. 132 Abb. 6; H.-G. Buchholz, Symposium Nottingham 1981 (1983) 102 Abb. 9a-c; A. Mazar, in: Cyprus in the 11th Century B.C., Symposium Nikosia 1993 (1994) 50 Abb. 4,2.

[1929]Oben Anm. 657. Informationen und Zeichnung verdanke ich W. Prausnitz/Jerusalem.

[1930]Generell: H.-G. Buchholz, Zur Herkunft der kretischen Doppelaxt (1959), dazu H.-G. Buchholz, Bibliographie aus Anlaß seines 70. Geburtstages am 24. Dez. 1989 (1992) 51-55; ders., Die Doppelaxt, eine Leitform auswärtiger Beziehungen des ägäischen Kulturkreises, in: PZ 38, 1960, 39ff.; ders., Doppeläxte und die Frage der Balkanbeziehungen des ägäischen Kulturkreises, in: Symposium Nottingham 1981, Band I (1983) 43ff. — Troas: ders., Methymna (1975) Taf. 15a.b.

Nagel durchbohrt, im Heiligtum befestigt zu denken[1931].

Sofern bronzene oder aus Edelmetall bestehende blechdünne Doppeläxte nicht zum praktischen Gebrauch verwendbar waren, dienten sie keinen anderen als religiösen Zwecken, hauptsächlich als Weihgaben und Zeremonialgeräte (Abb. 99b und e: aus dem Vorläufer-Heiligtum des Apollon Maleatas in Epidauros [b] und in situ am Aschealtar auf dem Berg Juktas/Kreta [e][1932]). Ja, bei dem prächtigen goldenen Stück mit einer Breite von 16 cm (von Schneide zu Schneide, s. Abb. 99c[1933]) darf genau genommen gar nicht mehr von einer unbrauchbaren Votivaxt gesprochen werden, vielmehr nur von dem Abbild einer solchen. Denn innen besteht das Stück aus einem etwa 1,3 cm starken Holzbrett, das beidseitig mit reich getriebenen Goldblech überzogen wurde, so daß die "Schneiden" statt der Schärfe eine stumpfe Breite von etwa 1,5 cm besitzen. Das Objekt ist völlig einansichtig von der Schaufläche her konzipiert und entspricht insofern Darstellungen von Doppeläxten an Sarkophagen und Gefäßen (Abb. 99a). Auf bildliche Wiedergaben von Doppeläxten, deren Tradierung und Weitergabe in den Osten, mindestens bis Zypern, wird unten S. 603ff. (vgl. Abb. 72a und 98a-m) eingegangen werden.

Für Kreta läßt sich keineswegs von einem "Doppelaxtgott" und von dem Gegenstand als "Götterwaffe" sprechen, jedenfalls fehlen alle Zeugnisse, die dies belegen würden. Dort wo man sie auf Darstellungen in Aktion sieht, handelt es sich um Frauen (eher Priesterinnen als Göttinnen), die sie — gewöhnlich paarweise — halten. Für die Theorie vom Kultgerät beim blutigen Opfer fehlen ebenfalls Bildbelege. In den ugaritischen Texten kommt ein Wort ṣmd — sehr häufig im Dual — vor, das die Waffe des Baal, bezeichnet. Meist findet sich "Doppelaxt" als Übersetzung[1934]. Doch auch hier fehlen die örtlichen Bildbelege; denn wenn wir einem Axtgott begegnen, dann schwingt er die einschneidige Streitaxt. Das Wort ṣmd ist von einem Verb abgeleitet, das "schlagen" im Sinne von "zerschmettern" bedeutet, was auf Hammer oder Keule hinweist, die ja durchaus paarweise (und deshalb im Dual) auftreten können.

[1931]Herakleion, Arch. Mus., Inv.-Nr. 2404, s. H.-G. Buchholz, Eine Kultaxt aus der Messara, in: Kadmos 1, 1962, 166ff.; N. Marinatos, Minoan Sacrificial Ritual, in: Acta Inst. Athen. Regni Sueciae IX (1986) 56 Abb. 46. — Beispiele weiterer bilddekorierter Doppeläxte und -beile: Buchholz, Symposium Nottingham a.O. 100 Abb. 7a-c; S. 126 Anm. 29.

[1932]Abb. 99b, mit dezenten Gravuren, nach einem Photo, das dem Ausgräber, V. Lambrinoudakis/Athen, verdankt wird, s. oben Anm. 866. Das Befestigungsloch weist richtig nach oben: Es handelt sich um ein Hängebeil! — Abb. 99e: Umzeichnung nach Photo, s. A. Karetsou, in: R. Hägg-N. Marinatos, Symposium Athen 1980 (1981) 137ff. 148 Abb. 14. Es sind die blecherne Art und die massenhafte Weihung gut zu erkennen.

[1933]Verschollen, zeitweise in griechischem Privatbesitz (Hamburg), s. Buchholz, Symposium Nottingham a.O. 52. 63. 107 Abb. 14; S. 132 Anm. 76 und oben Anm. 865.

[1934]Für fachkundige Hinweise bin ich M. Dietrich/Münster zu Dank verpflichtet.

Einige Schutzwaffen

Die Perfektionierung der Fernwaffen machte die Verbesserung der Körper-
panzerung erforderlich, was wiederum zur Erfindung "panzerbrechender" Pfeile
führte: An die Stelle der mehr oder weniger kleinen und flachen Spitzen, teilweise
mit Widerhaken versehen[1935], traten für den genannten Zweck Bolzen mit ge-
drungenem, pyramidalem Kopf von großer Durchschlagskraft[1936]. Erstere waren
für Jagd und Krieg gleichermaßen entwickelt[1937], letztere dienten ausschließlich
dem Kampf. Die Bögen der Bronzezeit wurden derartig verbessert, daß der Schlag
der vorschnellenden Sehne beim Schuß einen zusätzlichen Schutz des Unterarms,
Handgelenks und aus anderen Gründen sogar der Finger erforderlich machte[1938].

So läßt sich denn im Orient zunächst die fortschreitende Entwicklung von eher
bescheidener Panzerung (Lederkoller, Linnenpanzer, breitem Metallgürtel[1939])
zum bronzenen Schuppenpanzer[1940], einschließlich Helm und Schild, verfolgen
(z.B. Abb. 79a.b). Der Gegensatz zwischen dem mit der Schleuder kämpfenden

---

[1935]Generell: H.-G. Buchholz, Der Pfeilglätter aus dem VI. Schachtgrab von Mykene und die
helladischen Pfeilspitzen, in: JdI 77, 1962, 1ff., auch zu Zypern und Ras Schamra. —
Eindrucksvolle Photos in: Frühe Phöniker im Libanon (Ausstellungskatalog, 1983) 116
(Farbaufn.), S. 149f. Nr. 76 mit Abb. — Mykenische Pfeilspitzen auch in Troja, s. Schmidt,
SS 255f. Nr. 6447ff.

[1936]Buchholz a.O. 11 Abb. 7, Typ IX; S. 25 Abb. 15k-p.

[1937]Zu Bogenjagd und -kampf in Ugarit, Enkomi und Karatepe vgl. Abb. 2a; 4b.d; 100a.
Lanzettförmige, für Jagd und Krieg geeignete Spitzen aus Ras Schamra, s. Abb. 82r, aus
Gezer, s. Abb. 30v-y und aus Uluburun, s. oben Anm. 245. 246 (32 Stück). Spätere Pfeil-
spitzen mit Inschriften: M. Heltzer, Die Organisation des Handwerks (1992) 27ff.

[1938]Die gesamte Problematik neu aufgerollt von H.W. Müller, Der 'Armreif' des Königs
Ahmose und der Handgelenkschutz des Bogenschützen im Alten Ägypten und Vorderasien
(1989).

[1939]Breite Metallgürtel als Unterleibschutz tragen Bronzefiguren aus dem Libanon, s. H.
Seyrig, Syria 30, 1953, 24ff., bes. Taf. 9,1.2 und 12,4. Zur späteren Entwicklung solcher
Bronzegürtel (z.B. phryg.), s. H. Brandenburg, Mitra, in: H.-G. Buchholz, ArchHom,
Kriegswesen 1 (1977) E 131ff.; vgl. ferner E. Strommenger, Fünf Jahrtausende Mesopota-
mien (1962) Abb. 202 - 204 (9. Jh., z.T. mit genauer Wiedergabe der Verschlüsse); desgl.
in Propyläen-Kunstgeschichte XIV (1975) Taf. 334 und 335 (hethitisch); 342a (9. Jh.);
396a.b; 397b (altsyrisch). — Mittelbronzeztl. Bronzegürtel aus Gräbern in Palästina, s. K.
Kenyon, Excavations at Jericho I (1960) 311ff.; P. de Vaux, Revue Biblique 54, 1947, 394ff.
(Tell el Fara bei Nablous/Samaria); Verschlüsse solcher Gürtel mehrfach in Ras Schamra: Cl.
Schaeffer, Stratigraphie Comparée, Taf. 45v. — Zypern: J.L. Myres, Handbook of the
Cesnola Coll. (1914) 487 Nr. 4755 mit Abb.; BCH 96, 1972, 1015 Abb. 13 (C.S. 1829,
Kazaphani); J.C. Overbeck-St. Swiny, Two Cypriot Bronze Age Sites at Kafkallia-Dhali
(1972) 22 Abb. 5-8 (Grab G, von der späteren Mittelbronzezeit bis ins 13. Jh. in Benutzung,
SH IIIA/B-Keramik).

[1940]Oben Anm. 660-668. — Zum aus Zypern stammenden Panzer des Agamemnon s. Anm.
659.

a

b

Abb. 87 a.b. Ras Schamra, Heiligtum im äußersten Nordwesten: Axt (L 19,7cm) aus Kupfer und Gold mit eiserner Klinge (15./14. Jh. v.Chr.); Aleppo, Arch. Mus.; plastische Löwenköpfe und Ebervorderteil sichern die Funktion als Szepter oder Kultaxt

Abb. 87 c. Bronzenes Sichelschwert, aus Küstengewässern 3 km südlich von Haifa, gemeinsam mit Bleigewichten und Zinnbarren (Abb. 54 f-h)

Hirten David und dem ritterlich gewappneten Goliath hat sich in der abendländischen Vorstellung zum klassischen Kontrast von Leicht- und Schwerbewaffneten
verfestigt[1941].

Die Frage der Panzerung war schon in der Bronzezeit eine Frage des "Geldes";
dem Leichtbewaffneten genügte eine Ausrüstung, die häufig so gut wie nichts
kostete und in Heimarbeit hergestellt werden konnte (z.B. die Schleuder). Während
der Gepanzerte meist als Einzelkämpfer auftrat, waren leichte Waffen erst im
Kampfverband wirklich wirkungsvoll: Der Stamm Benjamin stellte siebenhundert
Schleuderer, alle waren Linkshänder, wordurch die Geschlossenheit der Gruppe
beim Wurf gewahrt blieb[1942].

Der von Osten bis Mykene verbreitete Schuppenpanzer (oben Anm. 1940)
erlaubte dem Träger noch eine gewisse Bewegungsfreiheit; doch war ein Endpunkt
der Entwicklung mit überschwerem Plattenpanzer, Helm und gewaltigem, körper-
deckendem Achter- oder Turmschild erreicht. Letzteren mußte man sich am Telamon umhängen, wenn man beide Hände im Nahkampf freihaben wollte (Abb.
94a.d). Bereits vom Gewicht her machten die Einzelstücke des im "Panzergrab von
Dendra" (Argolis) entdeckten Körpferschutzes ein geschicktes Reagieren nahezu
unmöglich[1943].

Meine Beobachtungen lassen sich in der Aussage zusammenfassen, daß nahezu
sämtliche für den Krieg bestimmten Bronzen ihren Ausgang im Osten genommen
haben, jedoch im helladischen Westen eine schnellere Entwicklung bis hin zu
höchster Vollkommenheit und darüber hinaus bis hin zur Perversion erlebten.
Zypern war dabei von beiden Seiten empfangender Partner, Anatolien verhielt sich
im ganzen konservativ, beharrte in bewährten Formen.

Was Beinschutz angeht, ist man sich einig, daß es dafür im Orient keine
Voraussetzungen gab, Vorformen fehlen. So ist ohne Ausnahme für den Typus der
"geschnürten Beinschienen" aus Enkomi (Abb. 108c)[1944] der zeitliche Zusammen-
fall mit dem Auftreten von "Seevölkern" auf Zypern (SH IIIB/C) und die Herlei-

---

[1941]Lit. in Anm. 660.

[1942]H.-G. Buchholz, Die Schleuder als Waffe im ägäischen Kulturkreis, in: Jb. für kleinasiat.
Forschung, in Memoriam H.Th. Bossert (1965) 133ff. Vgl. im übrigen: M. Korfmann,
Schleuder und Bogen in Südwestasien (1972).

[1943]Von P. Åström und N. Verdelis (AM 82, 1967, 1ff., Beilage 4-21) ausführlich behandelt;
weitere Lit. in H.W. Catling, Plattenpanzer, in: H.-G. Buchholz, ArchHom, Kriegswesen 1
(1977) E 96ff. Anm. 755 Taf. 7a-c und H. Brandenburg ebd. E 127f. A.M. Snodgrass, The
Linear B Arms and Armour Tablets, in: Kadmos 7, 1968, 96ff.; ders., The First European
Body-armour, in: Festschrift Hawkes 33ff.

[1944]Brit. Mus., Inv.-Nr. 1897/4-1/1531, ein Paar aus Grab 15 der brit. Ausgrabungen; von der
zweiten sind nur noch Reste erhalten, ferner von einer dritten aus Grab 18 der schwed.
Ausgrabungen (Cyprus Mus.), s. H.W. Catling, OpAth 2, 1955, 21ff. Abb. 5; ders., Bronzework Taf. 18a und c; ders., in: H.-G. Buchholz, ArchHom, Kriegswesen 1 (1977) E 143ff.
Abb. 24 Taf. 15a; auch R. Hampe, Gymnasium 63, 1956, Taf. 8a; H.-G. Buchholz-V.
Karageorghis, Altägäis und Altkypros (1971) Abb. 1880 und 1881; P.A. Montjoy, OpAth 15,
1984, 137 Abb. 4,2; PBF II/8 (1985) Taf. 122a.

tung aus Europa betont worden[1945]. Formal nahestehende mykenische, bzw. nach-
mykenische Beispiele wurden in Athen, Kallithea/Achaia und Olympia gefunden
(Abb. 108a und b[1946]), weitere Entsprechungen in den Balkanländern (Abb. 108d-
j[1947]). N.K. Sandars beobachtete Übereinstimmungen der Bewaffnung von 'See-
völkerdarstellungen' und von sardischen Vollbronzen seit dem 8. Jh. v.Chr., die
Bewaffnete wiedergeben: "Den einzigen Unterschied bilden 'ägäische' Beinschienen
der Sarden, welche die Schardana allerdings in Zypern kennengelernt haben könnten"[1948].

3. Geräte

Eine ausführliche Analyse von Geräten wäre zwecks Erforschung von Ackerbau, Holzwirtschaft und Handwerk von Nutzen und würde vermutlich sowohl
epochenbedingte weiträumige Übereinstimmungen als auch lokal bedingte Progres-
sionen, Erfindungen, Verbesserungen und deren Weitergabe in den Blick rücken.
Die umfassende Behandlung ist im Rahmen dieser Studie nicht durchführbar. Wir
vermögen allenfalls punktuell auf Probleme und Lösungsmöglichkeiten hinzuweisen.

Axt, Doppelaxt, Flachbeil und Ärmchenbeil sind bereits oben bei den Waffen
betrachtet worden. Doch abgesehen von Zeremonial-/Prunkformen gehören reine
Gebrauchsformen hierher. Nachrichten über das Holzfällen (Wenamun-Papyrus),

---

[1945]Grundlegend: G. von Merhart, Geschnürte Schienen, in: BerRGK 37/38, 1956/57, 91ff.;
auch H. Müller-Karpe, Zur spätbronzezeitlichen Bewaffnung in Mitteleuropa und Griechenland, in: Germania 40, 1962, 255ff. Nochmalige Aufarbeitung des gesamten Fundstoffes: P.
Schauer, Die Beinschienen der späten Bronze- und frühen Eisenzeit, in: JbRGZM 29, 1982,
100ff. Auch J. Bouzek außer an der angegebenen Stelle noch mehrfach zum gesamten
Komplex, u.a. in der Gedenkschrift für P. Dikaios und in der Festschrift für W.A. von Brunn
29 Abb. 8. — Neuerdings: D. Fortenberry, Single Greaves in the Late Helladic Period, in:
AJA 95, 1991, 623ff.

[1946]Kallithea: N. Gialouris, AM 75, 1960, 42ff. Taf. 28; ArchHom a.O. Taf. 15b.c; Montjoy
a.O. 137 Abb. 4,4; Th. Papadopoulos, Kongreß Nikosia 1982 (1985) Taf. 6a. — Olympia:
ArchHom a.O. Taf. 15d. — Athen: N. Platon, ArchDelt 21, 1966, Taf. 60; Montjoy, The
Bronze Graves from Athens, a.O. 136 Abb. 2 und 3; ArchHom a.O. 151 Abb. 25c; J.
Bouzek, The Aegean, Anatolia and Europe, Cultural Interrelations in the Second Millennium
B.C. (1985) 92ff.; St. Hiller, The Greek Dark Ages, in: Convegno Rom 1988 (1991) 122
Abb. 3a.

[1947]Vgl. die Lit. in Anm. 1945, knapp behandelt auch von A. Snodgrass, Wehr und Waffen
im antiken Griechenland (Deutsch, 1984) 46.

[1948]The Sea Peoples (1978) 188. 198f. und H.-G. Buchholz, in: Kunst und Kultur Sardiniens
vom Neolithikum bis zum Ende der Nuraghenzeit, Ausstellung Karlsruhe (1980) 142ff., bes.
151.

über Tätigkeiten des Zimmermanns in Boğazköy[1949] wie die Existenz von Werkzeugen der Schiffszimmerleute in den Wracks vom Kap Gelidinya und von Uluburun (Hämmer, Tüllenmeißel[1950] usw.) zeigen an, wovon zu sprechen wäre.

Der Ausgräber P. Neve informierte mich über bronzene Großsägen unter den Boğazköy-Funden, von denen ich nicht weiß, ob sie inzwischen veröffentlicht sind, und wollte etwas über Entsprechungen auf Kreta und Zypern erfahren. In der Tat gibt es dort etliche Fragmente derartiger Sägen, welche an beiden Enden Griffe besaßen und von zwei Mann hinundhergezogen wurden. Weitaus häufiger sind allerdings auf Kreta, Zypern (z.B. im "Perahort") und in anderen Anliegerländern des östlichen Mittelmeeres kleinere Stichsägen als Handwerkszeug, die mit einer Hand zu bedienen waren[1951]. Die großen Bihänder überraschen nicht, wenn man bedenkt, wie naiv die moderne Vorstellung von der bloßen Ausstattung der Holzfäller des zweiten Jahrtausends allein mit Äxten und Beilen war: Bis zu vierzig Meter hohe Bäume ließen sich nicht in begrenzter Zeit und großer Zahl allein mit Beilen fällen.

Die vielen Kleingeräte aus Bronze wie Pfrieme, Nähnadeln oder Angelhaken lasse ich hier beiseite. Es gibt sie in ähnlicher Ausführung unter den Kleinfunden nahezu aller Fundstätten (z.B. aus Ras Schamra, Enkomi, Knossos). Angelhaken[1952] setzen Meeresnähe oder die Existenz von erreichbaren Inland-Gewässern voraus; insofern gibt es auch Fundstätten ohne diesen Nachweis ausgeprägten Fischfangs bei der Nahrungssuche.

Das Pflügen mit dem Ochsengespann ist durch tönerne Modelle auf Zypern seit der frühen Bronzezeit nachgewiesen. Allerdings erfuhr der "Hakenpflug" während des zweiten Jahrtausends im Orient kleinere Verbesserungen (z.B. Entwicklung zum "Säpflug"[1953]). Doch fehlen vielfach aussagefähige, eindeutig datierte Quellen in dem betrachteten Großraum, so daß ein wirklicher Vergleich mit den Verhältnissen auf Zypern, Kreta und der übrigen Ägäis noch nicht durchführbar erscheint[1954].

[1949]E. Neu, 'Baumeister' und 'Zimmermann' in der Textüberlieferung aus Ḫattuša, in: IstMitt 43, 1993, 59ff. Auch H. Sulze, Die Zimmermannsarbeit der mykenischen Bauten, in: Festschrift Sundwall 394ff.

[1950]Ras Schamra, Haifa (Unterwasserfund), Zypern: Überblick mit älterer Lit. bei H.-G. Buchholz-H. Drescher, APA 19, 1987, 66ff. mit Abb. 16a.b (Haifa); 17a.b (Zypern); 18a.b (Ugarit). Auch J.-Cl. Courtois, Alasia III (1984) 177 Abb. 7,11.12 und oben Anm. 656.

[1951]W.M. Flinders Petrie, Tools and Weapons (1917) Taf. 50 und 51. Zu eisenztl. 'Schrotsägen' s. B. Hrouda, Die Kulturgeschichte des assyrischen Flachbildes (1965) 128.

[1952]Zusammengestellt in: H.-G. Buchholz-G. Jöhrens-I. Maull, ArchHom, Jagd und Fischfang (1973) J 169ff. Abb. 55a-x; 56a-c Taf. 5a (Samos); 6c (Perati/Ostattika).

[1953]Vgl. eine kassitenztl. Pflügerszene: A. Jeremias, Handbuch der altorientalischen Geisteskultur (2. Aufl., 1929) 387 Abb. 214.

[1954]Überblick bei W. Richter-W. Schiering, Die Landwirtschaft im homerischen Zeitalter, in: H.-G. Buchholz, ArchHom, Lieferung H (1968) 147ff. Abb. 5-7 Taf. 1 und 2, S. 162 (Lit.); K. Galling, Biblisches Reallexikon (2. Aufl., 1977) 293 mit Abb. 77,1-4.

Daß es neben Sicheln aus Bronze[1955] selbst in der Zeit bis um 1200 v.Chr. immer noch solche aus Stein gab (Ras Schamra, Obsidian und Flint, s. Abb. 47d), habe ich bereits vermerkt. Auf Zypern vertretene bronzene Sicheltypen entsprechen einem Fragment vom Gelidonyawrack[1956]; man erkennt daran den Weg der Verbreitung. Nach G. Bass stehen Beispiele aus dem Mathiati- und dem Stylianou-Hortfund dem genannten Stück besonders nahe.

Interessant sind bronzene Hacken, teils mit zur Rundung gebogener Lappentülle (Abb. 90i,j), teils mit gegossener Rippentülle (Abb. 90a.c.e): Letztere wurden in größerer Anzahl als Teile eines "Hortfundes" in Ras Schamra entdeckt; erstere sind in den hier gebotenen Beispielen kyprischer Herkunft und stammen vom Unterwasserplatz am Kap Gelidonya sowie aus Enkomi und weiteren kyprischen Orten[1957]. Gemein sind ihnen auf der Hackeninnenseite tief eingeritzte, kyprominoische bzw. Keilschriftzeichen. Es liegt auf der Hand, daß kaum der einfache Bauer derartiges als Besitzmarken anbringen wollte. Eine Studie von E.F. Mayer beschäftigte sich mit der "Herkunft der Marken auf urnenfelder- und hallstattzeitlichen Bronzegeräten des Ostalpenraumes"[1958]. Dort ist zu den Ugarit- und Enkomi-Beispielen außerdem eine typenähnliche, beschriftete Hacke aus Susa hinzugestellt worden, wodurch die Überregionalität des Phänomens noch deutlicher hervortritt[1959]. Es gab Hacken der besprochenen Art freilich auch zahlreich ohne Schrift-

---

[1955]In Enkomi Bronzesicheln und Gußformen zu deren Herstellung am Ort: J.-Cl. Courtois, Alasia III (1984) 178 Abb. 8,14 und 18,21; J.-Cl. Courtois-J. und E. Lagarce, Enkomi et le Bronze Récent à Chypre (1986) Taf. 17,21 (Bronze); 22 (Gußform); J. Garstang, Prehistoric Mersin (1953) 251 Abb. 158,12 (Schicht VII, Bronze).

[1956]G. Bass, Cape Gelidonya, a Bronze Age Shipwreck (1967) 94f. Abb. 107/B 100. Vgl. die vorige Anm. und regelmäßig, auch zum folgenden: H.W. Catling, Cypriot Bronzework, passim.

[1957]Unsere Abb. 90a.c.e nach Cl. Schaeffer, Syria 10, 1929, Taf. 60; ders., Ugaritica III (1956) 251ff. mit Abb. 216ff. zur Fundsituation und den einzelnen Objekten. — Unsere Abb. 90i nach Bass a.O. 90f. Abb. 104/B 69. Ebenda weitere Tüllenpicken und -hacken, Bronze, z.T. fragmentarisch: a.O. 85ff. Abb. 99 und 101-106, mit Verweis auf Parallelen von Ugarit, Palästina, Zypern und Griechenland. — Unsere Abb. 90j (Cyprus Mus., Inv.-Nr. 1958/VI-24/9) nach H.-G. Buchholz, in: Symposium Haifa 1985 (1988) 219 Abb. 10b und U. Zwicker, Kypriakai Spoudai 1992, 172 Analysen-Nr. 1436 Taf. 35,6; bereits in Altägäis und Altkypros (1971) Abb. 1892 (auf Wunsch von Karageorghis auf dem Kopf stehend, die Schriftzeichen sind eingeschnitten, nicht eingestempelt) und bei E.F. Mayer, Germania 54, 1976, 377 Abb. 5,6; ebd. Abb. 5,4.5: Zwei Beispiele aus dem Hortfund von Ugarit. Ein weiteres ohne Schriftzeichen: Enkomi, s. J.-Cl. Courtois, Alasia III (1984) 179 Abb. 9,6; Tüllenpickel und -hacken: Catling a.O. Abb. 7,1-7; 11,7.9; Taf. 4a-j; 52a 1.19.21; 52b 43; 53b.c; A.K. South, RDAC 1983, 114 Abb. 8,2 (Kalavassos-Hagios Demetrios, ohne Schriftzeichen); Brit.Mus., Inv.-Nr. 99/12-29/48 (Klaudia/Zypern, mit kyprominoischem Zeichen). Vgl. auch oben Anm. 190.

[1958]Germania 54, 1976, 365ff.

[1959]Ebd. Abb. 5,3.

zeichen (z.B. in Gaza, Tell Ğemme/Gerar, Megiddo, Anthedon und Athen[1960]). Diese Bronzegattung fand überwiegend Verbreitung in der fast industriell herstellbaren Variante mit Lappentülle. Das war nach H.W. Catling eine ausgesprochen östliche (syrisch-palästinensisch-kyprische) Erscheinung, weshalb die Belege im ägäischen Raum als "übernommen", wenn nicht als regelrechte Importe anzusehen sind.

Der gewaltige Bronzefund unter der Schwelle des Hauses des Oberpriesters in Ugarit kann weder als ein versteckter Schatz bewertet werden, noch als einer der häufigen Gießerhorte. Von der Lage her gehört er eindeutig zu Bau- und Schwellenopfern oder Verwandtem. Er wurde aus Anlaß einer Grundsteinlegung oder Bauerneuerung, etwa nach einem Erdbeben, zum dauerhaften Schutze des Gebäudes und seiner Bewohner einem Gott oder mehreren Göttern geweiht. Früher legte man eine Hacke (oder etwas anderes Spitzes, Scharfes, Übelabwehrendes) auch bei uns auf oder vor die Stallschwelle, um ein neues Stück Vieh vor Krankheit und Unheil zu bewahren[1961].

Die Inschriften weisen unsere Objekte (Abb. 90a.c.e) als Geräte des Oberpriesters und somit als solche mit einer besonderen — wie ich meine: sakralen — Funktion aus. Mit dieser Ansicht bin ich nicht allein; denn K. Galling und H. Weippert erinnerten an eine frühbronzezeitliche Hacke aus Mari, der das Gotteszeichen *dingir* eingegraben ist. In beiden Fällen standen diese Ackergeräte wahrscheinlich "mit kultischen Handlungen in Verbindung"[1962]. Das aus mehr als einer Religion anklingende Stichwort heißt "rituelles Hacken, rituelles Pflügen". Die Hacke war von den beiden kulturgeschichtlich das ältere Gerät, ebenso waren es die mit ihr verknüpften Riten[1963].

Sind Indizien für die Ost-West-Wanderung derartiger Hacken zahlreich, so sprechen sie umgekehrt bei der bronzenen Axthacke, einem Gerät, das man zunächst für frühbronzezeitlich-südosteuropäisch und als ein Arbeitsinstrument des Bergmannes ansah[1964], zugunsten einer West-Ost-Wanderung. Es handelt sich um eine symmetrische Form mit zentralem Schaftloch und je einer quergestellten Hacken-, bzw. rechtwinklig dazu gestellten Axtschneide. Besonders starke Geräte dieser Art gehören heute zur Ausrüstung des Waldarbeiters. Ich schließe sie hier in

---

[1960]O. Montelius, La Grèce Préclassique (1924) Taf. 5,20; Th. Spyropoulos, Spätmykenische Hortfunde (Neugriechisch, 1972) Taf. 17,5; 18n.o; 22a-e.

[1961]Handwörterbuch des deutschen Aberglaubens VII (1936) 1521 s.v. Schwelle.

[1962]Biblisches Reallexikon a.O. 132. — Zu den Inschriften auf den Hacken aus Ugarit s. UF 6, 1974, 463. Zur Sache: A. Müller-Karpe, Hethitische Dechsel, in: IstMitt 43,1993, 227ff.

[1963]Vgl. J. Scheftelowitz, Alt-Palästinensischer Bauernglaube in religionshistorischer Bedeutung (1925) 35ff. (zum Pflug, Hacke fehlt).

[1964]M. Much, Die Kupferzeit in Europa (1886) 87 Abb. 40; R. Pittioni, Urzeitlicher Bergbau auf Kupfererz und Spurenanalyse (1957) Abb. 1-11; E.N. Černych a.O. (Anm. 596) 89ff. Taf. 1-5 Abb. 61,1. — Schlanke Axthacke aus Troja VII: Sie gleicht zwar nicht dem gedrungenen Qasile-Typus, kommt ihm aber chronologisch nahe, s. H. Schmidt, SS 257 Nr. 6481 mit Abb.

die Betrachtung ein, weil es mir um das wechselseitige Geben und Nehmen geht. Allzuleicht ist der Tatbestand auf Grund von Selektion in ein einseitiges Bild im Sinne von "ex Oriente lux" — oder umgekehrt — verzeichnet.

Beispiele aus Phaistos, Vapheio, Thermia lassen sich nicht immer sonderlich gut datieren[1965], doch daß sie älter sind als die ostmittelmeerischen, gilt als gesichert. Eine solche Axthacke aus Mykene — H.W. Catling (Bronzework 92) bekannt, jedoch damals noch ohne die Mitfunde — kommt aus dem reichen Kammergrab 82/1895, wie wir nunmehr durch die Veröffentlichung von A. Sakellariou wissen (Oi Thalamotoi Taphoi ton Mykenon [1985] 231ff.). Dieses Grab enthielt neben Gold-, Glas-, Fayenceschmuck und einer minoischen Steinlampe (von P. Warren, PPS 33, 1967, 43 ohne Fundnummer erwähnt) und neben zahlreichen Bronzen (drei Dolchen, drei Messern und Fragmenten von weiteren, einer Lanzenspitze des SH IIIA und einer Doppelaxt) einen schönen, mit einem Flechtbandmuster verzierten SH IIIB1-Skyphos wie schließlich als Seltenheit die besagte bronzene Axthacke (Sakellariou a.O. Taf. 11, Grab 82/3135 [Zeichnung]; Taf. 112/3135 [Photo]), welche der Zeitphase SH IIIA2/B1 zuzuweisen ist. Und wiederum ist dieser Gerätetypus um 1200 v.Chr. unter den Wrackfunden vom Kap Gelidonya vertreten[1966], etwa gleichzeitig in Zypern[1967], schließlich gegen 1100 v.Chr. in Tell Qasile (Stratum X) und mit zwei Stücken in Megiddo[1968].

Zu der Fundverteilung kyprischer Fleischhaken bis nach Palästina, Troja und an die französische Atlantikküste ist oben das Nötige gesagt (Abb. 30i-p).

Bronzene Kohleschaufeln von Typus "Hala Sultan Tekke" (Ausgrabung P. Åström) und Feuerzangen sind Zypern und Sardinien gemeinsam[1969], wie ebenfalls oben hervorgehoben worden ist. Auch in diesem Fall stehen die gebende

---

[1965]Montelius a.O. Taf. 4,1.2.12; Catling a.O. (Anm. 1956) Taf. 8f und g (Kreta, Naxos, angeblich Phigalia, sämtlich in Oxford, Ashmolean Mus.). Kreta, Slg. Mitsotakes, Inv.-Nr. M40 (16./15. Jh. v.Chr.), s. M. Tsipopoulou, Minoan and Greek Civilization from the Mitsotakis Collection (1992) 266 Nr. 332 mit Farbabb.

[1966]Bass a.O. (Anm. 1956) 97f. Abb. 109. 110, Nr. B125. 126.

[1967]Catling a.O. Abb. 9,8.9 Taf. 8a-e (Pyla/Zypern, häufiger in Enkomi), s. P. Dikaios, Enkomi III (1969) Taf. 238,5 (Pyla-Kokkinokremos); J. Lagarce, Ugaritica VI (1969) 352 Abb. 1,4 (Hortfund, Enkomi).

[1968]A. Mazar, in: Symposium Larnaka 1989 (1991) 101 Taf. 22,1; ders., in: Symposium Nikosia 1993 (1994) 50 Abb. 4,1, dort auch Lit. zu Megiddo.

[1969]Vgl. oben S. 84 und Lit.-Verzeichnis am Ende des Buches, Abschnitt 4 (Ägäis und westl. Mittelmeer). — Zu Kohleschaufeln und -zangen s. F. LoSchiavo-E. Macnamara-L. Vagnetti, Late Cypriot Imports to Italy and their Influence on Local Bronzework, in: BSR 53, 1985, wonach F.W. von Hase referierte: Kolloquium Mainz 1985 (1990) 98 Abb. 16,1.2.5.6. Kohlezange auch bei F. LoSchiavo, in: Atti del 2. Convegno Cagliari 1986, 213 Taf. 9f. und dies., in: Kunst und Kultur Sardiniens, Ausstellung Karlsruhe 1980, 140 Abb. 110c. — Kyprische Beispiele in Catling a.O. 100f. Abb. 11,4-6 Taf. 10. — Es ist zu beachten, daß derartige Schaufeln in Zypern noch während geometrisch-archaischer Zeit vorkommen, z.B. in Amathous, Grab 523, dort zusammen mit einem Bratspieß westlicher Herkunft, s. V. Karageorghis, BCH 111, 1987, 721 Abb. 186.

und nehmende Region fest: Es verlief die Bewegung von Osten nach Westen. Spätbronzezeitliche rechteckige Bronzeschaufeln mit gedrehtem Stiel aus Megiddo und
Beth-Schemesch dürften ebenso aus Zypern stammen; das wird u.a. durch eine
Schaufel im Grab 387 von Tell el-Qadi (Spätbr. IIA) nahegelegt, wo sie sich mit
mykenischer und kyprischer Keramik vereinigt fand[1970]. Gleiches gilt für eine
bronzene Feuerzange aus dem oben bekannt gemachten Grab meines Abschnitts auf
dem Südhang der Akropolis von Ugarit[1971] und ebenso für ein ähnliches Stück
bei den Unterwasserfunden von Ulu Burun.

4. *Gefäße, Untersätze, Kesselwagen*

Fragen wir nach dem Wo bronzezeitlicher Gefäßfunde im ägäischen und
ostmediterranen Raum, so stehen an erster Stelle die Gräber und an zweiter die
Heiligtümer: Sie repräsentierten Reichtum und Ansehen im zweiten wie im ersten
vorchristlichen Jahrtausend. Insofern dürfen Äußerungen Homers auch für die
Bronzezeit in Anspruch genommen werden, etwa das, was er zu Dreifüßen und
Kesseln als Preise bei Wettkämpfen und deren Weihung zu sagen hat. Die über-
reichen Dreifußfunde seit der geometrischen Epoche in Olympia und Delphi sprechen die gleiche Sprache. Im vormonitären Zeitalter waren die Schatzhäuser voll
von kostbaren Gefäßen, Waffen, Geräten und Textilien, kostbar teils wegen des
Materials, aus dem sie bestanden, teils wegen der hohen Könnerschaft ihrer Anfertigung. Im Palast von Pylos führten diejenigen Linear B-Täfelchen zur Entzifferung
dieser Schrift, auf denen etwas über inventarisierte Bestände an Metall-Dreifüßen
und -Kesseln vermerkt war. Es kommt hinzu, daß in Tempeln nicht allein Metall in
Gestalt von Gefäßen gehortet wurde, sondern etliche sich auch als Kultgerät ständig
im Gebrauch befanden[1972].
    So wie ein oben zitierter, häufig wiederholter Maritext eine Pinzette als kretisch
einstufte, um ihre besonderen Qualitäten zu bezeichnen, bedeuteten noch in historischer Zeit landschaftliche Herkunftsangaben "Gütesiegel" (lakonische Kratere und
dergleichen). "Keftiugefäße" (Abb. 18a.b) schätzte der Ägypter offenbar als beste
Wertarbeit.
    Wir hätten gern Angaben über die Details des Schaffens bronzezeitlicher
Toreuten, etwa so wie in einem Text aus Boğazköy von einem Kupferschmied die
Rede ist, der Becher herstellt und an ihnen applizierten und ziselierten Schmuck
anbringt[1973]. Auch wenn in Linear B-Studien über "Palastwerkstätten" und deren
Organisation soziologisch spekuliert wurde, wissen wir herzlich wenig über die
tatsächlichen Vorgänge: Welche Rolle spielten Auftraggeber für die Gestaltung der

---

[1970]Belege bei H. Weippert, in: K. Galling, Biblisches Reallexikon (2. Aufl., 1977) 276 s.v.
Schaufel.

[1971]Cl. Schaeffer, AfO 21, 1966, 131ff. Abb. 12.

[1972]A. Reichert, in: K. Galling, Biblisches Reallexikon (2. Aufl., 1977) 189ff. s.v. Kultgeräte.

[1973]Vgl. G. Wilhelm, in: Michmanim 9, 1996, 21, mit Nachweis.

Produkte? Woher nahmen die Handwerker ihre Formen-Vorstellungen? Auf welchem Wege erreichten sie fremde Anregungen? Ging man zum Lernen ins Ausland, gab es transportable Modelle kleineren Formats, geschriebene Rezepte? Wenn man kopierte, wie kopierte man? Es kann unmöglich der Händler der hauptsächliche Mittler zwischen den Kulturen gewesen sein! Vielmehr ist von der Fluktuation der Künstler und Handwerker — ich trenne zwischen ihnen nicht — in der fraglichen Zeit auszugehen. In diesem Zusammenhang sind Beobachtungen von C. Zaccagnini über "Patterns of Mobility among Ancient Near Eastern Craftsmen" nachdenkenswert[1974].

Umgekehrt ließen sich "Lokalstile" und Typenzuweisungen an bestimmte Regionen nicht begründen, wenn es dort nicht über Generationen hin fest geprägte Handwerkertraditionen gegeben hätte. So wird man bei den prächtigen Goldschalen mit in Treibtechnik erzeugten Bildszenen an ihrer Herstellung in Ugarit nicht zweifeln (Abb. 4a.b). Gußformen für Gefäße, Gefäßteile, bezeugen ebenfalls deren lokale Produktion und erlauben uns außerdem eine Kontrolle über die erzeugten Formen. Ein Trichterrhyton aus Elektron nach Art der mykenischen Tonrhyta spricht deshalb für die Existenz mindestens dieser einen toreutischen Werkstatt in Ugarit, weil das Stück in unfertigem Zustand in die Erde kam (s. Anm. 1546). Entsprechende Beobachtungen sind in Zypern, Kreta und im festländischen Hellas gelegentlich gemacht worden. Im ganzen sind sie so spärlich, daß kombinativer Spekulation weiter Raum bleibt. Wir wissen im Grunde viel zu wenig über technische Einzelheiten, beispielsweise über die Verwendung von Bleidraht bei der Börtelung an Gefäßen aus Bronzeblech, wie in "Tombs at Palaepaphos", von V. Karageorghis unter Berufung auf H. Mattäus bemerkt (1990, 62f. Abb. 7 und 8).

Daß Objekte aus einer ugaritischen Werkstatt aus welchem Grund und auf welchem Weg auch immer das Ausland erreichten, weist eine Silberschüssel aus Hala Sultan Tekke im Cyprus Museum aus (Abb. 90d): Sie weicht in den Proportionen, der Konturlinie ebenso von kyprischer Produktion ab wie in der Technik der Standringbildung oder der Gestaltung des nach außen umgehämmerten und glatt abgeschnittenen Randes. Zu dem sparsamen Ritzdekor auf diesem tritt unter diesem eine Inschrift in ugaritischer Keilschrift (s. oben Anm. 938).

Derartig kostbare Gefäße aus Levantewerkstätten sind schon deshalb unter bronzezeitlichen Funden im ägäischen Raum sehr selten, weil Metall, besonders Edelmetall, zur Wiederverwendung lockte. Neben dem Einschmelzen verfügen wir in Olympia konkret über Beispiele einer anderweitigen Wiederverwendung, indem nämlich orientalische Bronzegefäße — freilich aus bedeutend späterer Zeit — plattgehämmert und zerschnitten wurden, um als Blech zur Umkleidung griechischer "Sphyrelata" zu dienen[1975].

Ein treffliches Beispiel dafür, daß eine zentralanatolische Fremdform Kreta erreichte, ohne daß das betreffende Gefäß als Import zu gelten hätte, bildet das

---

[1974]JNES 42, 1983, 245ff.; 43, 1984, 20ff.

[1975]"*Sphyrelata*" wörtlich: "Die mit dem Hammer getriebenen (Werkstücke)", abgeleitet von "*Sphyra*", Hammer, Schlägel.

oben ausführlich behandelte Silbergefäß mit Randfältelung aus Gournia (Abb. 59b). Es stellt eine "Imitation" dar, ohne daß zu sagen wäre, was dem minoischen Toreuten als Vorbild diente, was die Anregung lieferte, überhaupt den Wunsch wachrief, dergleichen zu kopieren. Das von H. Schliemann in den Schachtgräbern von Mykene entdeckte Silberrhyton in Hirschgestalt gilt indessen nach allgemeiner Auffassung als originaler Import aus Inneranatolien (s. F. Matz, MWPr 1957, 5 Anm. 1 Nr. 5).

Wenn von Tassen mit kyprischen "Wishbone"-Henkeln im mykenischen Kulturkreis — bei denen diskutiert wurde, ob sie importiert oder in Hellas kopiert worden sind — und von Dreifüßen abgesehen wird, die weiter unten zu behandeln sind, erreichte ganz am Ende der Bronzezeit schließlich eine original-kyprische Sonderform, ein "Wandarm" aus Bronze die Insel Kreta (Abb. 103h).

In umgekehrter Richtung verliefen, wie gesagt, toreutische Beziehungen, sei es als "Keftiutribute" (Abb. 18a.b), sei es als handwerkliche "Anregungen". Letzteres ist gemeint, wenn G. Kopcke vom "Reflex kretischen Kunsthandwerks" spricht[1976], und zwar mit Hinblick auf Arbeiten wie das Randstück eines Silberbeckens mit Spiralmuster aus Byblos (Abb. 101a). A. Evans bezeichnete es als kretisch-minoischen Import[1977]. Der "laufenden Spirale" galt und gilt auch jetzt ein intensives Interesse, weil sie als ein wesentliches Merkmal der kretisch-mykenischen Kultur bewertet wird[1978]. Der ägyptische Maler von "Keftiu-Tributbringern" hat einen "Vapheiobecher" sorgfältig damit dekoriert (Abb. 18a). Als dichtes Band ziert sie u.a. eine bronzene Omphalosschale aus Kammergrab 47 in Mykene (Abb. 101b)[1979]. Zwei flache Goldschalen in Beirut/Nationalmuseum weisen in Treibtechnik erzeugte Ornamente auf, deren Entlehnung aus dem ägäischen Motivschatz offenkundig ist. Es handelt sich um Rosetten im Zentrum, umgeben u.a. von Laufspiralen. Doch daß sich mit Spiralen Eindruck machen läßt, wußten auch Fälscher! Die Analyse ergab ein für das zweite vorchristliche Jahrtausend viel zu reines Gold. Immerhin gelangte ein gutes Dutzend solcher libanesischer Goldschalen in Privatbesitz, zwei Exemplare in die Sammlungen des Louvre. Schon V. Hankey zweifelte an der Echtheit der Beiruter Stücke[1980]. Der Archäologe steht also nicht allein vor den oben beschriebenen Schwierigkeiten, sondern findet obendrein des öfteren ein modern verunklärtes Bild vor.

[1976]Handel, in: H.-G. Buchholz, ArchHom, Lieferung M (1990) 22 mit Anm. 109.

[1977]Oben Anm. 928, außerdem bereits 1924 P. Thomsen, in: M. Ebert, Reallexikon der Vorgeschichte I 45 s.v. Ägäischer Einfluß auf Syrien-Palästina; H.Th. Bossert, Altkreta (3. Aufl., 1937) Abb. 506.

[1978]R. Lowz, Spirale und Volute; von der vorgeschichtlichen Zeit bis zum Ausgang des Altertums I (1914); etwas zum Thema bei: P. Meyer, Zur Formenlehre und Syntax des griechischen Ornaments (1945), mit der Rez. von K. Schefold, Gnomon 25, 1953, 200f.; bes. G. von Kaschnitz-Weinberg, PZ 34/35, 1949/50, 193ff.; auch F. Matz, Zur Frühgeschichte der Spirale, in: Mélanges Mansel I (1974) 171ff. — Ferner unten Anm. 544.

[1979]Außer der oben genannten Lit. auch P. Schauer, JbRGZM 32, 1985, 178 Abb. 53.

[1980]Lit. bei H.-G. Buchholz, AA 1974, 434f. Vgl. echte und falsche Goldanalysen bei demselben, Ägäische Kunst gefälscht, in: APA 1, 1970, 127 (Tabelle).

Als unverkennbares Merkmal kretischer Herkunft wird ferner eine Henkelform angesehen, welche aus je einer waagerechten Ober- und Unterplatte gebildet wird, die an den Enden durch eine senkrecht gestellte Spule verbunden sind. Auch das hat der erwähnte ägyptische Maler aufs Genaueste wiedergegeben (Abb. 18a). Diese überaus charakteristische Henkelgestalt begegnet an echten Importen auf Zypern[1981], wie schließlich etwas abgewandelt in dem viel diskutierten Sammelfund von El-Tôd in Ägypten[1982]. Außer der genannten Literatur sollte als eine neuere Aufarbeitung der Problematik die Studie "Die Silbergefäße von El-Tôd und die Schachtgräberzeit auf dem griechischen Festland" von J. Maran gebührende Beachtung finden[1983]. Primitiv übersetzt in Ton kam ein "Vapheiohenkel" sogar in prähistorischem Kontext an der Elbe vor[1984]. Doch auch dieser Beleg vermag die Authentizität der berühmten kretischen Bronzetasse von Dohnsen/Lüneburger Heide als einen kontrollierten Bodenfund nicht zu stützen.

Produkte der Toreutik gehörten zu begehrten Objekten, welche an den Grenzen der Kulturkreise nicht Halt machten. Große Verdienste haben sich H.W. Catling und Frau E.N. Davis in ihren oben mehrfach zitierten Büchern um die Bereitstellung großer Materialmengen erworben. Auch wenn vieles noch strittig blieb, verfügen wir doch über einen Überblick über die Zusammenhänge zwischen den kyprischen und ägäischen Gefäßrepertoire einerseits und den Verbindungen zwischen nahöstlichen und kyprischen toreutischen Erzeugnissen andererseits. H. Matthäus, der Bearbeiter der kyprischen Gefäße für die Reihe "PBF", hat diese beiden Gruppen tabellarisch und zeichnerisch zusammengestellt[1985] (dabei kypri-

---

[1981]Enkomi, Grab 92, Brit. Mus., Inv.-Nr. 1897/4-1/506: Cat. Jewellery 821 Taf. 73; Catling, Bronzework 46 Taf. 1b (Enkomi); S. 179 Abb. 21,2 (Beispiele aus Kreta und Mykene); L. Åström, Studies on the Arts and Crafts of the Late Cypriote Bronze Age (1967) 27.

[1982] J. Vandier, Syria 18, 1937, 174ff.; H. Seyrig, Syria 31, 1954, 218ff.; F. Bisson de la Roque, Trésor de Tôd, Catalogue Général des Antiquitées des Égyptiennes du Musée du Caire (1950) Nr. 15148 Taf. 31; ders. und G. Contenau-F. Chapouthier, Le Trésor de Tôd (1953); bei H. Müller-Karpe, Zur altbronzezeitlichen Geschichte Europas, in: Jahresber. des Inst. für Vorgesch./Frankfurt 1977, 29ff. Abb. 10a-c (El Tôd parallelisiert mit Gefäßen aus Mykene: Abb. 11a-c); ferner E.N. Davis, The Vapheio Cups and Aegean Gold and Silver Ware (1977) 77 (auch P. Åström, OpAth 12, 1978, 90, Addendum); The Luxor Museum of Ancient Egyptian Art, Catalogue (1979) 30f. Nr. 37; G. Walberg, The Tôd Treasure, in: OpAth 15, 1984, 173ff.; G. Kopcke, Handel, in: H.-G. Buchholz, ArchHom, Lieferung M (1990) 24 mit Anm. 121 (anatolisch, weitere Lit.); W. Helck, Die Beziehungen Ägyptens und Vorderasiens zur Ägäis bis ins 7. Jh. v.Chr. (2. Aufl., 1995) 14f. 214f. Anm. 58; S. 217 Anm. 95 (ägäisch).

[1983]PZ 62, 1987, 221ff.

[1984]H.-G. Buchholz, PZ 38, 1960, 57 Abb. 9a (nach AA 1912, 102 Abb. 6). Zur Lage des Fundortes Nienhagen und von Dohnsen s. meine Karte ebd. 53 Abb. 7, vgl. S. 50ff.

[1985]Die zyprische Metallindustrie in der ausgehenden Bronzezeit; einheimische, ägäische und nahöstliche Elemente, in: Symposium Larnaka 1981 (1982) 185ff. 197 Abb. 8 und 9. Zu Stabdreifüßen oben Anm. 1783 und 1793, auch unten 2286.

sche halbkugelige Schüsseln wie unsere Abb. 90f-h[1986]). Derselbe legte außerdem eine Spezialstudie mit dem Titel "Orientalische und ägäische Toreutik in der mittleren und beginnenden späten Bronzezeit: Ebla, Kreta und Mykene" vor[1987]. Zur näheren Charakterisierung des kyprischen Metallvasenrepertoires mit Blick auf ägyptische Funde hat sodann R.S. Merrillees beigetragen[1988]. Georg Papasavvas hat soeben an der Universität Johannina, betreut von Th. Papadopoulos, eine Dissertation abgeschlossen, welche die Kenntnis der "Chalkinoi Hypostates tes Hysteros Epoches tou Chalkou kai tes Proimes Epoches tou Siderou" auf den neuesten Stand bringt (Neugriechisch, 1998).

Archäologische Forschung dieser Art ist weder zeitlich noch räumlich allein auf den angedeuten Rahmen beschränkt. Das zeigen die interessanten Ergebnisse bezüglich eisenzeitlich nahöstlich-griechischer Zusammenhänge und Abhängigkeiten in dem Buch "Kessel der orientalisierenden Zeit" von H.-V. Herrmann (1966). Und hinlänglich bekannt sind die Forschungsergebnisse über phönikische, bzw. ky-prophönikische, figürlich verzierte Silberschalen (danach Detail: unsere Abb. 100a) und deren Verbreitung bis nach Etrurien (E. Gjerstad)[1989]. Doch auch ein Pro-gramm wie "Eine Reise von Knossos nach Strettweg, Tiergefäße und Kesselwagen als Ausdruck religiöser Kontakte zwischen der Ägäis und Mitteleuropa im frühen 1. Jt. v.Chr." zeigt an, wie weiträumig wir zu beobachten haben (M. Guggisberg, AA 1996, 175ff.).

Relativ leicht als mykenisch erkennbar sind schwere massiv-gegossene, mit Reliefschmuck versehene Henkel und Randplatten von bronzenen Großgefäßen (z.B. Abb. 99a), wie sie auf Zypern als Importe mehrfach belegt sind. Und ebenso mühelos sind bronzene Dreipaßattaschen mit einer Öse zum Einhängen eines schwenkbaren Bügelhenkels als kyprisch-ostmediterran zu bestimmen: H. Matthäus hat je einen rundbodigen, derartig ausgestatteten Kessel aus Enkomi/Zypern und Ras Schamra/Syrien zusammengestellt[1990].

Dieser Attaschentyp begegnet uns nun auch in Kouklia-Evreti (Altpaphos)[1991] und sogar im fernen Westen, in Sa Seddo 'e Sos Carros/Sardinien als Einzelstück in einem Gießerhort, der auch Teile plumper Bogenfibeln enthält, wie in der

---

[1986]Nach PBF II/8 ((1985) 89 Taf. 130, sowie Taf. 2,45; Taf. 15,274-276. Die Silberschale (Abb. 90f) aus Ras Schamra bereits oben Anm. 911.

[1987]Germania 61, 1983, 579ff.

[1988]Metal Vases of Cypriot Type from the 16th to 13th Centuries B.C., in: Symposium Larnaka a.O. 233ff.

[1989]Lit. in G. Markoe, Phoenician Bronze and Silver Bowls from Cyprus and the Mediter-ranean (1985).

[1990]a.O. (Anm. 2015) 193 Abb. 5 und 6; s. auch Catling a.O. 152 Abb. 17,9 Taf. 21a und L. Åström a.O. (Anm. 2011) 22 Abb. 64,1. Eine weitere Attasche dieser Art aus Enkomi: J.-Cl. Courtois, Alasia III (1984) 183 Abb. 13,8.

[1991]Fund-Nr. TE III/96, s. Matthäus a.O. (Anm. 1985) 192, nach F.G. Maier, RDAC 1971, Taf. 19,2, von diesem ein zweites Mal publiziert in RDAC 1985, Taf. 14,2.

nahegelegenen Grotta Su Benticheddu an einem Becken[1992].

Kunstvolle Kesseluntersätze mit und ohne Räder, auch regelrechte Kesselwagen und Stabdreifüße, zählen zu den Meisterwerken kyprischen und levantinischen Bronzegusses. Sie dienten kultischen Zwecken und weisen gewöhnlich in Durchbruchstechnik erzeugte Ornamente auf, zusätzlich manchmal Anhänger in Granatapfel- oder anderer Fruchtform (hierzu unten S. 554f.). Untersätze mit viereckigen Seitenflächen können Bildszenen in derselben Technik zeigen. Ikonographie und Stil sind überwiegend kyprisch[1993]; doch eine wohl noch mittelbronzezeitliche Gußform für derartige Teile von Gefäßuntersätzen weist unkyprisch-nordsyrische Züge auf. Mit ihr ist die Produktion derartiger Durchbrucharbeiten schon in der ersten Hälfte des zweiten Jahrtausends im Nahen Osten nachweisbar[1994]. Räder, nicht vollständige Untersätze oder Kesselwagen, wurden unlängst in Ekron ausgegraben. Ein kyprischer Stabdreifuß[1995] ist aus Beth Schean bekannt, ein Kesseluntersatz aus Megiddo, und ein funktional vergleichbares, jedoch prächtiges, typologisch anderes Stück lokaler Fertigung stammt aus Ugarit[1996]. Ein 1997 in Hala Sultan Tekke/Südzypern gefundenes Fragment eines Bronzedreifußes in der Nähe eines Altars der Phase Spätkypr. III A beweist die lokale Produktion während dieser Zeit; denn dem Guß hafteten noch Reste der Lehmform an (briefl. Mitteilung von P. Åström, 14.10. 97).

Überaus bemerkenswert ist, daß derartige Stabdreifüße kyprischer Produktion nach Westen exportiert wurden: Ein Fragment fand sich im Schiffswrack vom Kap

---

[1992]D. Ridgway, ArchRep 1979/80, 60 Abb. 6 (Sa Sedda 'e Sos Carros), Abb. 7 (Grotta Su Benticheddu). Zur letzteren, s. F. LoSchiavo, in: Sardegna Centro-Orientale dal Neolitico alle Fine del Mondo Antico 89ff. Taf. 28,2 (Inv.-Nr. 25050); vgl. dieselbe, in: Atti del 1. Convegno Salargius-Cagliari 1985, 42. 137f. Taf. 7,3 und 8,2, sowie in Atti del 2. Convegno Selargius-Cagliari 1986, 214. 414 Taf. 2,10 und Taf. 10a.b; auch G. Kopcke, Handel, in: H.-G. Buchholz, ArchHom, Kap. M (1990) 89 Abb. 17b.

[1993]Beispielsweise fahrbare vierseitige Untersätze: Altägäis und Altkypros (1971) Abb. 1685 (aus Kition in Berlin, Staatl. Mus., Inv.-Nr. Misc. 8947); Abb. 1686 (Zypern, ohne Fundort, im Brit.Mus., Inv.-Nr. 1946/10-17/1). Schöne Farbaufnahme eines Stücks im Cyprus Museum in: P. Flourentzos, Die Kunst Zyperns im Altertum (1994) Taf. 44a. — Zum Kesseluntersatz aus Kourion und dem Fragment der Slg. Borowski mit dem Bild eines Barrenträgers, s. oben Anm. 695.

[1994]Schiefer, erhaltene H: 6 cm, Privatsammlung, s. S.M. Heim, Ladders to Heaven, Ausstellung im Royal Ontario Mus., Toronto (1979) 2 Abb. 7 und Archäologie zur Bibel, Ausstellung Liebighaus/Frankfurt (1981) 253ff. Nr. 208.

[1995]Vgl. die Verbreitungskarte bei H. Matthäus, in: Forschungen zur ägäischen Vorgeschichte; das Ende der mykenischen Welt. Akten des int. Kolloquiums in Köln 1984 (1987) 96ff. mit Abb. Zuletzt: J.-L. Zimmermann, Les Trépieds mycéniens tardifs, in: Quaderni Ticinesi di Numismatica e Antichità Classiche 26, 1997. — Zu einem Stabdreifuß aus Kourion-Kaloriziki s. Altägäis und Altkypros (1971) Abb. 1687. Miniaturdreifuß aus dem 'Heiligtum der Rhyta' in Ugarit: A. Caubet, Symposium Nicosia 1985 (1986) 306 Abb. 2 Taf. 21,2.

[1996]A. Reichert, in: K. Galling, Biblisches Reallexikon (2. Aufl., 1977) 193f. Abb. 45,9-11 (Beth Schean, Ugarit, Megiddo).

Gelidonya, ein vollständiges Exemplar im sogenannten "Tiryns-Schatz" (um 1200 v.Chr.)[1997]. Ein Miniaturdreifuß derselben Art gehört zu den sensationellen Funden Sardiniens[1998]. Zu diesem sind in den vergangenen Jahren dank der intensiven Nachforschung von L. Vagnetti und F. LoSchiavo auf der Insel weitere Importstücke und Nachahmungen, auch Fragmente, hinzugekommen, worüber die Aufsätze "Cypriot Elements beyond the Aegean in the Bronze Age" und "Late Bronze Age Long Distance Trade in the Mediterranean, the Role of Cyprus" Auskunft geben[1999]. Bruchstücke von Stabdreifüßen gehören ferner zu den Bronzevotiven in der Pertosagrotte und wurden in Piediluco[2000] ausgegraben.

Ein Überblick über die großräumige Verflechtung bei Berücksichtigung der Toreutik wird sich so zusammenfassen lassen, daß zunächst vor und um die Mitte des 2. Jts. v.Chr. eine stärkere Objektbewegung, von Kreta ausgehend, östliche Länder, vor allem Zypern und Ägypten, erreichte, in späteren Jahrhunderten aber ein ausgeglichenes intensives Hin-und-Her die Märkte bestimmte. Gegen Ende der Bronzezeit (um 1200 v.Chr.) läßt sich eine stärkere Ost-Westbewegung feststellen, an der nunmehr als Empfangende Italien und Sardinien voll teilhatten.

5. *Schmucknadeln und Fibeln*

Über die aufschlußreiche Fundverteilung sogenannter "Kyprischer Schleifennadeln" im östlichen Mittelmeerraum und in Europa wurde oben berichtet (Abb. 30b-h und Karte: Abb. 30a), desgleichen über minoische Schmucknadeln lokaler Form aus Silber und Gold mit längeren Linear A-Inschriften (Platanos, Mavro Spelaio, Knossos, s. Anm. 823).

[1997]Zu Gelidonya auch H. Matthäus a.O. — Tiryns: Athen, Nat.-Mus., Inv.-Nr. 6225, s. H.W. Catling, Bronzework 195 Nr. 10 Taf. 28b; H.-G. Buchholz, AA 1974, 386 und auch G. Gruben, Die Tempel der Griechen (1966) 310 Abb. 235, ferner Th. Spyropoulos, Hysteromykenaïkoi Helladikoi Thesauroi (Neugriechisch, 1972) Taf. 32b.

[1998]D. Ridgway, ArchRep 1979/80, 60 Abb. 8; H.-G. Buchholz, Ägäische Bronzezeit (1987) 251 Abb. 73b. Hierzu und zum Folgenden: H. Matthäus, Heirloom or Tradition? Bronze Stands of the 2nd and 1st Millennium B.C., in: E. French-K.A. Wardle, Problems in Greek Prehistory, Papers pres. at the British School of Archaeology at Athens 1986 (Manchester 1988) 285ff. Abb. 6 (Verbreitungskarte).

[1999]In: Symposium Nikosia 1985 (1986) 201ff., bes. 208f. Abb. 3,1-5, und in: E. Peltenburg, Early Society in Cyprus (1989) 217ff., bes. 227ff. Abb. 28,5.6, wiederholt von F.-W. von Hase, Ägäische Importe im zentralen Mittelmeergebiet in späthelladischer Zeit, in: Kolloquium Mainz 1985 (1990) 80ff., bes. 102 Abb. 21,1-8 und ders., in: Beiträge zur Urnenfelderkultur nördlich und südlich der Alpen, RGZM-Monographie 35 (1995) 247 Abb. 6,1-8. Zu dem Stabdreifuß aus Sardinien, ohne genauen Fundort (a.O. Abb. 6,2a.b) sehr ähnliche Parallelen: Florenz, Arch.Mus., Inv.-Nr. 82503 (in Griechenland gekauft), s. H.W. Catling, Bronzework 193 Nr. 4 Taf. 27f und Cyprus Mus., Inv.-Nr. 1970/VI-1/1 (H 14 cm, 12. Jh.v.Chr.), s. V. Karageorghis, BCH 95, 1971, 344 und 351 Abb. 23.

[2000]Buchholz a.O. Abb. 73a (zeichnerisch ergänzt) und F.-W. von Hase ebd. 267 Abb. 78b.c.

Großräumige kulturelle Zusammenhänge lassen sich durchaus an so trachten-spezifischen Elementen wie Gewandnadeln und Fibeln feststellen. Doch gehört ein geduldiges Eindringen in Details zu den unabdingbaren Voraussetzungen: So hat Paul Jacobsthal in bewundernswerter Kleinarbeit mit viel Sinn für das kulturge-schichtlich Bedeutende auch im scheinbar Unbedeutenden in seinem Buch "Greek Pins" (1956) den Grund für alle künftige Forschung weit über die hellenische Kultur hinaus gelegt (s. oben Anm. 375). Zu beachten wären nicht allein Art, Größe, Material und Kopfgestaltung solcher Nadeln, sondern ebenso die Tragewei-se, ob sie einzeln oder zu zweit, mit oder ohne Kettchen und Anhänger vorkom-men, das Gewand auf der Schulter oder an der Brust zusammenhielten, für leichte oder schwere Stoffe gemacht waren oder gar als Haarnadeln dienten[2001].

Ein auffallender, auch in Ras Schamra vorkommender Gewandnadeltypus zeigt einen in zwei symmetrsich aufgerollten Spiralen endenden oberen Abschluß (Abb. 82k[2002]). Bereits Cl. Schaeffer erkannte den Zusammenhang mit ähnlichen Na-deln aus Luristan, dem Kaukasus und Anatolien (Alischar)[2003]. Das frühe Stück aus Ugarit (Abb. 82k) ist gegossen und fällt durch die unter den Einrollungen sitzende Kopfplatte auf; ebenso sind frühbronzezeitliche Nadeln aus dem Amuqge-biet gebildet[2004]. Solchen Vollgußformen stehen deutlich jüngere gegenüber, de-nen eine derartige Verteilerplatte fehlt, die sich vielmehr oben aus dem Schaft heraus gabeln und deren ausgehämmerte Enden zu symmetrischen, in vielen Fällen auch bewußt asymmetrischen Spiralen eingerollt sind[2005]. Diese Technik erinnert an die Machart "Kyprischer Schleifennadeln". In Hagia Paraskevi/Zentralzypern tritt der Nadeltyp mit den beiden Einrollungen in mittelbronzezeitlichem Fundzusam-menhang auf[2006], in Alaca-Hüyük ist er frühbronzezeitlich, in Troja stammt er

---

[2001]Intarsien aus Mari zeigen Frauen mit Gewandnadeln kreuzweise als Paar und auch einzeln vor der Brust zum Zusammenhalt eines plaidartigen Kleidungsstücks und daran an einer herabhängenden Schnur aufgereihte Perlen und Amulette oder Rollsiegel, s. H. Weippert a.O. (Anm. 1970) 236f. s.v. Nadel Abb. 58,1; K. Kohlmeyer, in: Land des Baal, Ausstellung Berlin (1982) 64f. Nr. 50 mit Photo (Einlagefries, 3. Jt. v.Chr.); S. 68f. Nr. 58 und 59 mit Farbphotos auf S. 45 und Abb. 21 (Gold-, bzw. Gold-Silbernadeln und Zeichnung nach Einlagefries). — Generell, auch zum Folgenden: E. Bielefeld, Schmuck, in: H.-G. Buchholz, ArchHom, Lieferung C (1968) 6ff. 38ff. Taf. 4 und 5.

[2002]Frühbronze III, s. Ugaritica IV (1962) 331 Abb. 2 und oben Anm. 658. Zu Luristan, Transkaukasien und Alischar s. auch Cl. Schaeffer, Stratigraphie Comparée (1948) Taf. 267a (Luristan); 233,1; 296,14.15.22: 298,1; 300,15 (Transkaukasien, Kaukasus und Kuban; z.T. Mittelbronze); 195,22.25-28 (Alischar, z.T. mit gelochter Platte).

[2003]Ugaritica IV, 236 Abb. 30,1-6; ferner J.-L. Huot, La Diffusion des Épingles à Tête à Double Enrolement, in: Syria 46, 1969, 57ff.

[2004]Nachweis bei H.-G. Buchholz, BJbV 7, 1967, 220 Abb. 6w, mit Metallanalyse.

[2005]P. Jacobsthal, Greek Pins (1956) Abb. 365-369 usw., Abb. 452 und 453 (mit Kopfplatte).

[2006]M. Ohnefalsch-Richter, KBH Taf. 146,1b. Zu Vounous-Bellapais s. Cl. Schaeffer, Stratigraphie Comparée 341 Abb. 22. Weiteres in H.-G. Buchholz-V. Karageorghis, Altägäis und Altkypros (1971) Abb. 1809-1811. 1814a.b. 1815-1817 (Lapithos und Pendagia, sowie von unbekannten Fundorten).

mit vier Exemplaren aus Schliemanns "II.-V. Ansiedlung"[2007]. Auch die Kykla-denkultur weist solche Nadeln auf[2008], wie schließlich der mykenische "Thyreatis-Hort"[2009]. In Nordgriechenland wurde ein Exemplar aus Palaio-Gynaikokastro gemeldet[2010], und recht häufig sind solche Nadeln im prähistorischen Bulga-rien[2011].

Das Fragment einer steinernen Gußform für einen anderen Nadeltypus ('togglepin') aus Beth Schemesch in Jerusalem, Rockefeller-Museum, beweist dessen palästinensische Anfertigung[2012]. Das müßte allerdings auch ohne sie als gesichert gelten; denn in Syrien-Palästina waren "toggle-pins" während der Mittleren und Späten Bronzezeit der vorherrschende Gewandnadeltyp. Es wäre müßig, Fundorte zu benennen, da er praktisch nirgends fehlt[2013]. Auch in Ras Schamra sind 'Toggle Pins' in unterschiedlichen Größen häufig angetroffen worden (Abb. 82i[2014]). Ferner stößt man allenthalben in Zypern auf sie, teils in gewohnter palästinensischer Formgebung, teils in örtlicher "Pilzkopfgestaltung" mit demselben Sicherungsöhr zwecks Befestigung eines Fadens[2015]. Zu den bekannten Schliemannschen Vertretern aus Troja[2016] kam ein Exemplar dieser Nadelart, wohl als orientalischer Import — von G. Welter entdeckt — in Aigina hinzu[2017]. Ein östlicher Ursprung der Gattung bliebe auch dann unbestritten, wenn sich der Aigina-Fund als ein lokal-ägäisches Produkt erweisen sollte. Nadeln aus den Kammergräbern von Mykene lassen erkennen, daß frühbronzezeitliche Formen wie in Aigina bis in die späthelladische Epoche hinein Schule machten: Die lange schlanke Form mit kleinem Öhr an verdickter Stelle des Schaftes, unmittelbar unter kleinem

---

[2007]H. Schmidt, SS 254 Nr. 6399-6402 mit Abb. zu 6401 und 6402, auch Ohnefalsch-Richter a.O. Taf. 146,1a; Schaeffer a.O. Abb. 165 und bereits oben Anm. 395. Zu Alaca-Hüyük s. Schaeffer a.O. Taf. 42e, nach S. 300.

[2008]N. Åberg, Bronzezeitliche und früheisenzeitliche Chronologie IV (1933) 92 Abb. 183. Es sind im übrigen zu Nadeln und Fibeln die einschlägigen Bände der PBF-Reihe zu konsultieren.

[2009]C. Reinholdt, JdI 108, 1993, 1ff.

[2010]Th. Sabbopoulou, in: To Archaiologiko Ergo ste Makedonia kai Thrake 2, 1988, 227 Abb. 9 (Neugriechisch).

[2011]E.N. Černych, Gornoe delo i metallurgija v drevnejšej Bolgarii (Russ., 1978) 118 Abb. 19,19-26.

[2012]E. Henschel-Simon, The 'Toggle-Pins' in the Palestine Archaeological Museum, in: QDAP 6, 1938, 174f. Taf. 70 und Jacobsthal a.O. 153 Nr. 477 mit Abb.

[2013]Zahlreiche Beispiele im Tafelteil von Cl. Schaeffers "Stratigraphie Comparée" (u.a. Gaza, Tell el Fara, Gezer, Jericho, Megiddo, Byblos, Hammam, Qatna).

[2014]Frühbronze III, s. oben Anm. 658; vgl. ferner Cl. Schaeffer, Stratigraphie Comparée, Taf. 45h-k; 49,1.2.5 und M. Yon, Ras Shamra-Ougarit III (1987) 105 Abb. 85 (81/792).

[2015]Oben Anm. 397 und Catling a.O. Abb. 5,19-22; 6,2-7.

[2016]Oben Anm. 396 und G. Welter, AA 1938, 537f. Abb. 48,2.

[2017]Oben Anm. 655, s. Welter a.O. Abb. 48,1. Dort bereits weitere Beispiele aus Megiddo, Hammam und Kaukasus: 539f. Abb. 48,3-6.

"Pilzkopf" spricht allerdings lediglich für technische, nicht jedoch für genetisch-typologische Verwandtschaft mit Troja-/Aigina-Formen[2018].

An dem englisch geprägten Begriff "toggle pin" wird ein Deutschsprachiger womöglich Anstoß nehmen, weil die Übersetzung "Knebelnadel" eigentlich gar keine Vorstellung von der Sache schafft. Es sind Nadeltypen mit unterschiedlicher Gestaltung des Oberteils gemeint, die — wie eben dargelegt — an einer meist, wenn auch nicht immer verdickten Stelle des Schaftes ein Öhr aufweisen. Ist eine solche Nadel durch ein Gewand gestochen, liegen ihr Kopf und ihre Spitze frei und können mittels eines Fadens, der im Öhr befestigt ist, gesichert werden[2019].

Vor dem Hintergrund des bisher zu den Nadeln Gesagten, ist es nicht schwierig, davon zu überzeugen, daß die Fibel — ein Instrument zum Verschluß der Kleidung, von der Konstruktion her unseren Sicherheitsnadeln vergleichbar — dem Orient zunächst völlig fremd gewesen ist. Dort, wo sie vorkommt, tritt sie als Fremdform auf, und zwar nicht früher als mit voll entwickelter SH IIIB-Keramik auf Zypern und vereinzelt an der Levanteküste (z.B. in Tarsos[2020], auch in Abu Hawam[2021]). Violinbogenfibeln sind deshalb als Indiz für Bevölkerungsbewegungen im 13. Jh. v.Chr. aus dem ägäischen Raum heraus nach Zypern gewertet worden, so äußerte sich beispielsweise H.W. Catling: "The original introduction of the fibula must be associated with the arrival of Aegean settlers at the end of the thirteenth century"[2022]. Sehr zahlreich waren Violinbogenfibeln in Enkomi um und nach 1200 v.Chr., sowie etwa gleichzeitig bzw. wenig später beispielsweise vertreten in Kourion-Bamboula, Kourion-Kaloriziki, Lapithos und Idalion[2023]. "Mykenische Fibeln" aus Hellas und Zypern hatte bereits Ch. Blinkenberg in seinem grundlegenden Buch "Fibules Grecques et Orientales"[2024] definiert, ge-

---

[2018]A. Sakellariou, Oi Thalamotoi Taphoi ton Mykenon (Neugriechisch, 1985) 186f. Taf. 5/Grab 61,2892 (Zeichnung) und Taf. 80,2892 (Photos); erwähnt von J. Bouzek, in: Die Ägäis und die Levante während der 'Dark Ages', Festschrift für F. Schachermeyr 277. — Grab 61 ist durch ein Achatsiegel (CMS I 115 Nr. 99) und zwei mykenische Fibeln ins 13. Jh. datiert.

[2019]Fast identische Bilder bei Bielefeld a.O. 67 Abb. 8 und Weippert a.O. Abb. 58,2 (nach transkaukasischem Grabfund).

[2020]Leicht atypische Violinbogenfibel in Schicht H (1450-1100 v.Chr.), s. H. Goldman, Excavations at Gözlü Kule, Tarsus II (1956) 286. 197 Nr. 245 Taf. 432.

[2021]H. Weippert, Biblisches Reallexikon (2. Aufl., 1977) 82f. Abb. 25,1.

[2022]Catling, Bronzework 246.

[2023]Typenvarianten und Chronologie bei Catling a.O. 240ff. Abb. 22,26-39 Taf. 42a-s; vgl. ferner J.-Cl. Courtois, Alasia III (1984) 32ff. Nr. 275-293 Taf.-Abb. 10. — Spätkyprisch III-Fibeln im Cyprus Museum, von unbekannten Fundorten: H.-G. Buchholz-V. Karageorghis, Altägäis und Altkypros (1971) Abb. 1819. 1820. Deutlich jünger sind zwei Fibeln aus Kouklia im Brit. Mus., s. PBF II/8 (1985) 32 Taf. 122c.

[2024]Kgl. Danske Videnskabernes Selskab, Hist.-fil. Meddelelser XIII 1 (1926). Auch A. Furumark, The Chronology of Mycenaean Pottery (1941) 91ff.; V.R. d'A. Desborough, The Last Mycenaeans and their Successors (1964) 54ff.; Bielefeld a.O. (oben Anm. 1972) C 6ff. 40f. Abb. 6a-e; K. Kilian, Violinbogenfibeln und Blattbogenfibeln des griechischen Festlands

sammelt und beschrieben. Doch das erste Auftreten von Fibeln in Hellas wurde nicht als Zeichen ihrer "Erfindung" in mykenischen Kulturkreis gewertet; vielmehr dachte man sie sich als von Mitteleuropa "zugewandert", so wie sie auch ähnlich nach Süditalien über die Alpen und Norditalien gelangt sein dürften[2025].

Die weitere Ausbreitung und Formenentwicklung im Orient ist von J. Birmingham (z.T. mit sehr hohen Daten) und D. Stronach erforscht worden[2026]; doch das gehört nicht mehr zu unserem Thema. Auf den europäischen Ursprung muß ich aber deshalb zurückkommen, "weil es keinem Zweifel unterliegt, daß die nordische Fibel aus der Gewandnadel entstanden ist"[2027]. Gleichviel ob an Aunjetitz- oder andere zentraleuropäische Nadeltypen gedacht wird: solchen Vorformen war das nicht unabhängig von der orientalischen "toggle-pin" entwickelte Prinzip des Lochs mit dem zur Nadelsicherung durchgezogenen Faden gemeinsam. Europa folgte also zunächst einer vorderasiatischen Vorgabe. Das zugleich Einfache und Geniale war dann die dauerhafte Umsetzung des Fadens in den wie eine Schnur gedrehten Metalldraht (z.B. zweiteilige Fibel der Montelius-Periode II im Norden, Hammarlöv/Schonen[2028]). Ganz vereinzelt treten derartige zweiteilige Fibeln — als Fremdlinge — auch in Tirol und Oberitalien auf[2029]. Hierzu äußerte sich N. Åberg: "... so ist es wohl wahrscheinlicher, daß der Übergang von Nadel mit Wollfaden zu eingliedriger Fibel auf einem anderen Gebiet vor sich gegangen ist, beispielsweise auf illyrischem ..."[2030]. Mir scheint, daß zwar die Umsetzung der Gewandnadel in die zweiteilige Fibel ausreichend geklärt ist, daraus jedoch nicht zwangsläufig auch die Umsetzung der zweiteiligen in die einteilige Form gefolgert werden kann. Theoretisch läßt sich die Erfindung der letzteren auch aus der Nadel allein denken, indem man ein dünn ausgehämmertes Exemplar mit der Spitze zum Kopf zurückbog und sich dort so etwas wie den "Nadelhalter" einfallen lassen mußte, wie schließlich eine bessere Federung durch Bildung einer Spirale an der Wende. Es wären sodann bei gleichzeitig vorliegenden zweiteiligen Typen alle möglichen Verbesserungen und Angleichungen in schneller Abfolge denkbar. Doch das ist Spekulation und gehört ebenfalls nicht zu unserem Thema.

---

aus mykenischer Zeit, in: PZ 60, 1985, 145ff.

[2025]H. Müller-Karpe, Beiträge zur Chronologie der Urnenfelderzeit nördlich und südlich der Alpen, Taf. 13,5-8; ders., Germania 40, 1962, 281; J. Sundwall, Die älteren italischen Fibeln (1943) 7; K. Riis, Hama II 3 (1948) 132 (Lit. zum Ursprung in Südosteuropa). H. Riemann, Studien zu den Violinbogenfibeln, in: RM 86, 1979, 5ff.

[2026]D. Stronach, The Development of the Fibula in the Near East, in: Iraq 21, 1959, 180ff.; J. Birmingham, The Development of the Fibula in Cyprus and the Levant, in: PEQ 95, 1963, 88ff.; auch H.-G. Buchholz, Ein kyprischer Fibeltyp und seine auswärtige Verbreitung, in: Symposium Nikosia 1985 (1986) 223ff. Zur Ergänzung: O.W. Muscarella, Fibulae Represented on Sculpture, in: JNES 26, 1967, 82ff.

[2027]N. Åberg, Bronzezeitliche und früheisenzeitliche Chronologie V (1935) 31ff. mit Abb. 55-59 (z.T. nach O. Montelius; Schweden, Mecklenburg, Altmark).

[2028]Åberg a.O. 31 Abb. 56.

[2029]Åberg a.O. 33f. Abb. 60-62 (nach O. Montelius).

[2030]Åberg a.O. 33.

Kapitel 12

Zu einigen Siegeln und Schriftdenkmälern des helladischen und östlichen Mittelmeerraumes

Nur beiläufig läßt sich Schriftgeschichtliches in unserem Zusammenhang erörtern: A. Evans, der mit seinem Buch "Scripta Minoa" (1909) den Grund zur Erforschung kretischer Linearsysteme legte[2031], war vom Modellcharakter ägyptischer Hieroglyphen überzeugt. In der Tat erreichten viele kleinere, häufig unbedeutende Schriftzeugnisse des Nillandes den ägäischen Raum. Dabei waren beschriftete Skarabäen zahlreich (z.B. Abb. 88e-g[2032]). 1994 fand V. v. Graeve im bronzezeitlichen Milet ein altes Stück dieser Gattung, einen Skarabäus, der um 1500 v.Chr. zu datieren ist. Wegen der geographischen Nähe sind importierte Schriftskarabäen auf Zypern und in Ugarit häufig. Dort traten weitere ägyptische Schriftdenkmäler zutage (z.B. Abb. 82p, Merneptaschwert). In anderen Fällen gab es auffallende Parallelen in der Verwendung von Schrift (z.B. ägyptische Hieroglyphen an Miniaturbarren: Abb. 54e; auch ägyptische Hieroglyphen auf der Platte eines Fingerringes aus Uluburun: oben Anm. 217, wie kyprominoische Zeichen am Goldring von Hala Sultan Tekke: Abb. 101d).

Es ist — wie oben bereits dargelegt — auch der Versuch unternommen worden, anhand chemischer Analysen von Tafeln des Amarna-Archivs aus Alašia die kyprische Herkunft des Tonmaterials zu bestätigen, was gleichbedeutend damit ist, daß die verwendete Keilschrift in Zypern benutzt wurde[2033]. Dies ist im Sinne der Zielsetzung allerdings noch nicht geglückt. Doch auch ohne den Nachweis wird man an der Gleichsetzung Alašia-Zypern kaum zweifeln. Die betreffende Korrespondenz zeigt jedenfalls an, daß man sich überall international der akkadischen Keilschrift bediente und die lokalen Schriftsysteme für den lokalen Schriftgebrauch reservierte.

Lassen wir die ägyptischen Hieroglyphen und ihre auswärtige Verbreitung auf sich beruhen, so erscheint ein Blick auf die Keilschrift unvermeidlich. Damit soll nicht gesagt sein, daß ägäische Linearschriften etwas mit ihr zu tun hätten. Doch erreichten nicht wenige Zeugnisse, wiederum hauptsächlich solche kleinen Formats, die Ägäis (z.B. Rollsiegel, s. Abb. 92a: Kreta; Abb. 92g und h: Theben/Böotien). Während hethitische Königssiegel — über die unten zu sprechen sein wird — in Ugarit nahezu ausschließlich aus Abdrücken bekannt sind, mithin durchaus in

---

[2031]Für die Ableitung der Zeichen war ihm die der Linearschrift vorausgegangene kretische Bilderschrift wichtig. Erst jetzt kam es zu einer Neubearbeitung: J.-P. Olivier-L. Godard-J.-Cl. Poursat, Corpus Hieroglyphicarum Inscriptionum Cretae (1996).

[2032]Erneut zusammengestellt von C. Lambrou-Phillipson, Hellenorientalia (1990) Taf. 42-53.

[2033]Vgl. oben Anm. 1736, zu keramischen Vergleichsanalysen auch Anm. 1452 und 1631.

ordentlicher Funktion auftraten und somit einen historisch-realen Hintergrund spiegeln, fehlt für das Vorkommen von orientalischen Rollsiegeln im Ägäisbereich der Nachweis ihrer Verwendung zum Siegeln. W. Helck hat sie, wie oben S. 329 dargelegt, ausnahmslos als Objekte des Materialhandels angesehen, den Sinn ihrer Weitergabe im Edelsteinhandel zu erkennen gesucht. Freilich kann man den Tirynther Schatzfund als kurioses Sammelsurium ansehen und das Mittannisiegel in ihm als ein Liebhaberstück (Abb. 92f). Auch das Holzkästchen mit 36 Rollsiegeln (Abb. 92g und h; 97e) im mykenischen Palast des böotischen Theben entspricht dem, was sonst in Schatzkammern gehortet wurde. Importierte Rollsiegel in minoisch-helladischen Gräbern haben nicht das Geringste mit der Identität der Bestatteten zu tun — wie das wohl bei ihren persönlichen Siegeln der Fall gewesen ist — (z.B. Nekropole von Perati/Ostattika, Abb. 92i und j). Doch ob von "Amuletten" oder "Siegesbeute" oder einfach von Edelsteinen als Wertbesitz zu sprechen ist, muß offenbleiben (s. oben Kapitel 9).

Als auffallend und selten hat man die Abrollung eines altbabylonischen Zylindersiegels am Hals eines örtlich getöpferten, scheibengedrehten Vorratsgefäßes aus Episkopi-Bamboula bei Kourion/Zypern zu bezeichnen (Nachweis bei R.S. Merrilees, in: Symposium Nikosia 1985 [1986] 133). Ferner stellt der Rest einer Tonplombe aus Hagia Trieda/Südkreta einen Sonderfall dar (Abb. 93g), insofern auf ihr im 16. Jh. v.Chr. tatsächlich mit einem — damals bereits alten — orientalischen Rollsiegel auf der Minosinsel gesiegelt worden war (MWPr 1977/78, Taf. 3; I.Strøm, Graekenlands Forhistorisk Kulturer II [1982] 166 Abb. 219c). Und die Existenz einer großen Zahl ägäischer und kypro-minoischer Rollsiegel der späteren Bronzezeit bedeutet, daß man im ägäischen Raum und auf Zypern sehr wohl Sinn und Funktion von Rollsiegeln verstanden hat, indem man sie selber anfertigte und benutzte[2034]. Andererseits sind Erbstücke wegen ihrer magischen Kraft als Amulette verwendet worden, z.B. Rollsiegel des 15. Jhs. in einem kyprischen Grab des 9./8. Jhs. v.Chr. (E. Porada, in: Palaepaphos-Skales [1983] 186 Nr. 1a; S. 188 Nr. 35 und 45; S. 407ff. Taf. 120,46), auch Skarabäus Thutmoses III. in einem geometr. Grab von Amathous (K. Nikolaou, AJA 82, 1978, 530).

In Ras Schamra fehlen Schriftdenkmäler — abgesehen von Siegeln und Tontafeln der großen Archive in Tempeln und Palästen (z.B. Abb. 2b; auch Abb. 90a.c.e) — in kaum einem Haus: In den von mir zu Beginn der 60er Jahre ausgegrabenen privaten Wohnstätten sehr begrenzten Umfangs (Abb. 37, Plan) befanden sich im Fundstoff siebzehn Roll- und Stempelsiegel, sowie fünf, teilweise fragmentierte Keilschrifttafeln, davon eine mit einer Siegelabrollung. Das mag repräsentativ für die Bürgerhäuser des 15. bis 13. Jhs. v.Chr. gewesen sein. Demnach gab es au-

---

[2034]H.-G. Buchholz, The Cylinder Seal, in: G. Bass, Cape Gelidonya, a Bronze Age Shipwreck (1967) 148ff., mit einer Fundliste von damals über 100 Rollsiegeln im ägäischen Raum; vgl. jetzt auch Lambrou-Phillipson a.O. Taf. 2-15. Inzwischen hat I. Pini/Marburg in mehreren Aufsätzen zur ägäischen Rollsiegelforschung erheblich beigetragen. — Zur Siegelpraxis weiterhin: J. Weingarten, Siegel und Siegeln, in: Konferenz Oxford 1989 (1991) 303ff.

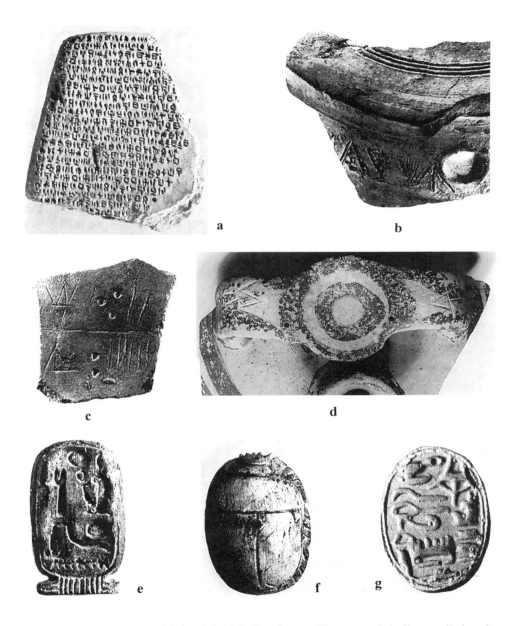

Abb. 88 a–g. Bronzezeitliche Schriftdenkmäler aus Zypern und Attika: a Enkomi (Ausgrabung P. Dikaios, 1952), Teil einer großen Schrifttafel mit 22 erhaltenen Zeilen in kyprominoischer Linearschrift. Die ebenfalls beschriebene Rückseite ist stark abgerieben. — b.c Ebenda, Gefäßbruchstücke mit vor und nach dem Brand eingeritzten Linearzeichen und Ziffern. — d Mykenische Bügelkanne des 13. Jhs. v.Chr. aus Zypern mit nachträglich an den Henkeln eingeschnittenen kyprominoischen Schriftzeichen; Erlangen, Slg. des Archäologischen Instituts der Universität. — e Kartusche Ramses' II. aus der Nekropole von Perati/Ostattika, Grab 1. — f.g Skarabäus, ebenda, Grab 147

ßerhalb der offiziellen Schreibstuben schreibkundige Leute mit der erforderlichen
Ausstattung (Styloi). Ohne Schriftcharakter fanden sich mit derartigen Schreibgerä-
ten spielerisch-ornamental erzeugte Keile beispielsweise auf dem Rand eines
Schälchens in Ras Schamra (Abb. 43b). Knochenstyloi sind ferner unter den
Bronzezeitfunden Zyperns häufig; und auf dem Schiff von Uluburun zeigen hölzerne Klapptafeln an, daß dem reisenden Handelsherrn jener Epoche das Schreiben
eine Selbstverständlichkeit war. Sämtliche Schriftdenkmäler Ras Schamras, gleichviel ob größere Texte oder Einzelzeichen, wie Topfmarken und Ähnliches, scheinen
nunmehr lückenlos von 1929 bis 1988 in Aleppo, Damaskus, Lattakia, Tartous und
Paris inventarisiert zu sein (C. Bordreuil-D. Pardee, Ras Shamra-Ougarit V. La
Trouvaille Épigraphique de l'Ougarit, Teil 1 [Concordance, 1989], Teil 2 [Biblio-
graphie, 1990]; s. AJA 95, 1991, 726). Im Südviertel von Ras Schamra enthielt das
jüngst gefundene Tontafel-Archiv im Haus des Urtenu außer mehr als 350 Keilschrifttexten eine Tonplombe mit Siegelabdrücken und zwei geritzten kyprominoischen Schriftzeichen (RS 94.2328; M. Yon, CRAI 1995, 439ff. Abb. 7b).

Mit ihrer Inschrift vertritt die mehrfach erwähnte Silberschale aus Hala Sultan
Tekke/Zypern (Abb. 90d) ugaritische Keilschrift im Ausland. Außer in Ras Schamra
und Ibn Hani ist letztere weiterhin bezeugt in: Qadesch (Tell Nebi Mend), Kumudi
(Kamid el Loz), Sarepta (Sarafend), Tabor (bronzene Messerklinge mit Inschrift, für
die Datierung und Lokalisierung des Typs wichtig), Taanach und Beth Schemesch.
Weiter nach Westen läßt sich ihr Vorkommen zunächst nicht nachweisen, wenn
nicht ein Steatitsiegel des SH IIIA aus einem Grab in Mykene "hurrisch oder
ugaritisch" sein sollte. Doch Symbole und Schriftzeichen vermag ich zwar zu
erkennen, aber nicht zu entziffern oder einem bestimmten Schriftsystem zuzuordnen[2035].

Während schon H. Schliemann mit Eifer Zeichen auf Spinnwirteln und Töpfen
in Troja als Schrift deuten wollte und nach deren Herkunft fragte, überraschten im
Jahre 1995 Pressemeldungen von M. Korfmanns Entdeckungen am gleichen Ort:
"Spektakulärer Fund, hethitische Hieroglyphen in Troja". Es ist von einem "bikoni-
schen Bronzesiegel mit auf beiden Seiten eingeritzten Zeichen" die Rede[2036]. Aus
Thermi/Lesbos kennen wir ebenfalls ein hethitisches Bronzesiegel, wenn auch ohne
beobachteten Fundzusammenhang[2037], ferner ein weiteres Siegel aus rotem Serpentin mit einigen hethitischen Zeichen aus Rhodos im British Museum[2038] und
ein drittes, wohl hethitisches Serpentin-Siegel aus Lasithi/Kreta in Cambridge[2039].

[2035]Mykene: Lambrou-Phillipson a.O. 355 Nr. 485 Taf. 62 (Athen, Nat.-Mus.). — Vgl. die
Verbreitungskarte ugaritischer Schriftdenkmäler bei G. Mansfeld, in: Frühe Phöniker im
Libanon, Ausstellungskatalog Bonn (1983) 45f. Abb. 21; auch Auflistung mit Lit. bei P.
Åström-E. Masson, RDAC 1982, 72ff.

[2036]M. Siebler, Frankfurter Allgemeine Zeitung vom 23. Oktober 1995, 37.

[2037]Lambrou-Phillipson a.O. 382 Nr. 558 Taf. 62. Vgl. auch zu den folgenden Stücken: J.
Boardman, Hittite and Related Hieroglyphic Seals from Greece, in: Kadmos 5, 1966, 47ff.

[2038]Lambrou-Phillipson a.O. 390f. Nr. 588 Taf. 62 (Brit. Mus.).

[2039]Ebd. 265 Nr. 220 Taf. 61 (Fitzwilliam-Mus., Inv.-Nr. GR 55/1901).

Mit den Ausgrabungen von Sp. Iakovides in Perati/Ostattika ist noch ein Schrift-denkmal dieser Art mit hethitischen Zeichen hinzugekommen (Abb. 91c, SH IIIC[2040]). Frau Erkanal zeigte mir ein Siegel aus Panaztepe bei Smyrna/Izmir, das man trotz vieler Ähnlichkeiten nicht ohne Bedenken den genannten als Import an die Seite stellen möchte. Vielmehr hat es den Anschein, als ob der Siegelschneider, wenig vertraut mit der hethitischen Hieroglyphenschrift, versucht hätte, diese zu imitieren. Alles in allem darf man wohl sagen, daß solche gelegentlichen Begeg-nungen mit Schriftzeugnissen aus Anatolien in Hellas ohne schriftgeschichtliche Folgen blieben, zumal wir nicht einmal genau wissen — wie oben dargelegt —, ob man sich fremde Siegel aneignete, ohne mit ihnen zu siegeln und ohne sich um deren Schrift zu kümmern, indem man sie einfach als magische Objekte, als Amu-lette ansah, trug oder anderweitig benutzte. Auch in Ugarit wurden ähnliche, beidseitig beschriftete hethitische Privatsiegel gefunden, manchmal in Bronze gefaßt (z.B. RS 18/263[2041]). Hier hat man aber Grund, davon auszugehen, daß sich het-hitische Staatsbürger samt Siegel in der nordsyrischen Stadt aufhielten.

Mit dem hethitischen Goldsiegel aus Tamassos (Abb. 91e[2042]) waren der-artige Schriftzeichen auch im bronzezeitlichen Zypern präsent, desgleichen mit einem hethitisch-hieroglyphischen Siegelabdruck in Tel Aphek, unweit Tel Aviv[2043]. Und in Ugarit begegnet eine umfangreiche offizielle Korrespondenz mit den Abdrucken hethitischer Königssiegel von der ersten Hälfte des 14. bis in die zweite Hälfte des 13. Jhs. v.Chr. (Schuppiluliuma I., Murschili II., Ḫattuschili III., Tudḫalija IV., s. Abb. 91d.f.h-k[2044]). Da der Briefwechsel selber internationalem Brauch entsprechend verfaßt war, ergaben sich keine Leseschwierigkeiten. Die Königssiegel mußten nicht im üblichen Sinne "gelesen" werden: Wichtig war, daß man sie als echt erkennen konnte — und das war auch möglich, wenn man nicht die einzelnen Bildzeichen verstand, wohl aber ein hethitisches Königssiegel als

---

[2040]Ebd. 291f. Nr. 298 (Lit.) Taf. 61, auch H.-G. Buchholz, AA 1974, 363 Abb. 23; ders., Tagung Hamburg 1969 (1971) 109 Abb. 18b und H. Müller-Karpe, Handbuch der Vor-geschichte IV (1980) Taf. 252,9 (Zeichnung).

[2041]Cl. Schaeffer, Ugaritica III 63f. Abb. 88 und 89.

[2042]Vgl. oben Anm. 136; R. Werner, Neu gesehene Zusammenhänge im Ostmittelmeerraum des zweiten vorchristl. Jahrtausends, in: Asiatische Studien 21, 1967, 91f. und H.-G. Buch-holz, Ägäische Bronzezeit (1987) 224 Anm. 40 und S. 251; H.-G. Buchholz-K. Untiedt, Tamassos (1995) Abb. 14a.

[2043]I. Singer, A Hittite Hieroglyphic Seal Impression from Tel Aphek, in: Tel Aviv 4, 1977, 178ff. mit Abb. 1 (Umzeichnung) Taf. 19; P. Beck, in: Festschrift N. Özgüç (1993) 671f. — Zum selben Ort: D.I. Owen, An Akkadian Letter from Ugarit at Tel Aphek, in: Tel Aviv 8, 1981, 1ff.

[2044]Nach Ugaritica III (1956), passim. Unsere Abb. 91h nach a.O. 19ff. Abb. 24, auch in: Land des Baal, Ausstellungskatalog Berlin (1982) 155f. Nr. 149 mit Abb. und K. Bittel, Die Hethiter (1976) 171 Abb. 192. Vgl. jetzt H. Otten, Zu einigen Neufunden hethitischer Königssiegel, in: AbhMainz 1993, Nr. 13, mit der dort angegebenen Sekundärliteratur und den Königsdaten; dazu die Rez. von D. Sürenhagen, BiOr 53, 1996, 136ff. Zuletzt: H. Otten, Die hethitischen Königssiegel der frühen Großreichszeit, in: AbhMainz 1995, Nr. 7.

Ganzes einem bestimmten Herrscher zuzuordnen vermochte, bzw. das betreffende gesiegelte Schreiben als authentisch einstufen konnte.

Völlig aus dem Rahmen fällt in Ugarit die Präsenz der Siegelmatrix des Großkönigs Murschili II. (vgl. den Abdruck eines in Ḫattuša benutzten Siegels dieses Herrschers auf einer in Ras Schamra ausgegrabenen Tontafel: Abb. 91f)[2045], also eines angeblich originalen amtlichen Siegels, mit dem in der nordsyrischen Residenz, wenn man wollte, Mißbrauch getrieben werden konnte, oder, wie dies Cl. Schaeffer für möglich hielt, ein Repräsentant des Großkönigs diesen hier siegelnd vertrat. Die Frage, wie das Siegel eines hethitischen Großkönigs nach Ugarit und in den Besitz des dortigen Palastes kam, haben nicht allein Cl. Schaeffer in seiner Erstveröffentlichung interessiert, sondern auch H. Otten und Th. Beran wegen der Merkwürdigkeiten des Objekts und der Schriftzeichen erheblich irretiert[2046]. Unlängst nahm E. Neu zum Thema "Hethiter und Hethitisch in Ugarit" nochmals Stellung und hat dabei das genannte Stempelsiegel, ähnlich wie Th. Beran in seiner Rezension von "Ugaritica III" als bronzezeitliche Fälschung bewertet[2047].

Wir Archäologen haben von dem auszugehen, was erhalten blieb, und nicht von dem, was nicht ist. Doch hinzuweisen wäre auf mit Tinte Geschriebenes, wovon wir so gut wie nichts mehr nachweisen können, bis auf vereinzelte bronzezeitliche Tinteninschriften aus Enkomi/Zypern und Kreta (z.B. Linear A im Inneren eines Schälchens aus Knossos) und bis auf farbig gemalte Zeichen an Bügelkannen und anderen Gefäßen von der Minosinsel, aus der Argolis und Theben/Böotien (s. H.W. Catling-A. Millett, A Study of the Inscribed Stirrup jars from Thebes, in: Archaeometry 8, 1965, 3ff.), wie schließlich wiederum in Zypern. Die Vergänglichkeit manchen Schreibmaterials hat den greifbaren Denkmälerbestand beträchtlich ausgedünnt.

Bereits A. Evans beobachtete, daß lanzett-ovale Tafelformen Kretas sich nur sinnvoll erklären lassen, wenn man sie als Umsetzung von Pflanzenblättern in den Ton versteht. Es folgt daraus, daß man ursprünglich auf Blättern "schrieb"! H.Th. Bosserts bekannter Beitrag zur Sundwall-Festschrift mit dem Titel "Sie schrieben auf Holz" wartete mit einer Fülle trefflicher Beobachtungen zum organischen Stoff "Holz" als verlorenem Schreibmaterial auf[2048]. Sie betrafen die Ägäis ebenso wie Zypern und Anatolien. Dort gab es beispielsweise "Häuser der Holztafelschreiber" als hethitische Verwaltungsstellen[2049]. Dabei ist nicht einmal in erster Linie an

---

[2045]Ugaritica III, 89 Abb. 109; Bittel a.O. 170 Abb. 189; RAss VI (1981) 136 Abb. 2. — Zu Götter- und Herrschernamen s. auch H.-G. Güterbock, Les Hiéroglyphes de Yazilikaya; a propos d'un Travail Récent (1982).

[2046]Gnomon 30, 1958, 498f.

[2047]Kolloquium Münster 1993 (1995) 115ff., bes. 124f.

[2048]In: Minoica, Festschrift zum 80. Geburtstag von J. Sundwall, herausgegeben von E. Grumach (1958) 67ff.

[2049]KUB XXXIV 89 Rs. 5: É DUB.SAR GIŠ, s. J. Siegelová, in: R.-B. Wartke, Handwerk und Technologie im Alten Orient, Int. Tagung Berlin 1991 (1994) 121 mit Anm. 41. Hierzu weiteres schon bei Bossert a.O. 69.

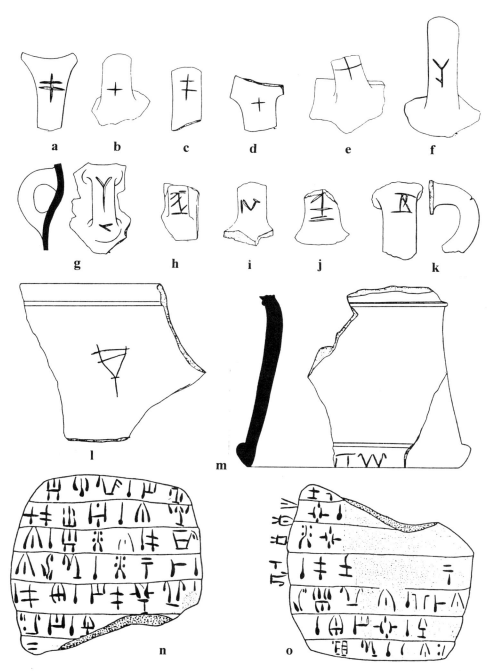

Abb. 89 a-o. Kyprominoische Schriftdenkmäler aus Ras Schamra: a-m Geritzte Zeichen an teils mykenischen Importgefäßen, teils an einheimischer Keramik, überwiegend Henkelmarken. — n.o Kyprominoisches, beidseitig in Linearschrift abgefaßtes Schrifttäfelchen (4,5 x 5,5 cm) der 2. Hälfte des 13. Jhs. v.Chr., Inv.-Nr. 17.06/1953

Klapptafeln wie im Schiff von Uluburun zu denken, sondern an einfachere, größere Bretter mit einem Griff an einer der Schmalseiten.

Griechischer Mythenüberlieferung, Schriftübertragung durch den Semiten Kadmos nach Böotien[2050] oder Bellerophons Klapptafel betreffend, kann kein allzu großes Gewicht beigelegt werden, da man sie sowohl auf den prähistorischen Schriftgebrauch in Hellas als auf die Frühgeschichte des griechischen Alphabets im Zeitalter Homers beziehen darf[2051]. A. Evans hat die spätere Forschung in der Herkunftsfrage der minoischen Schriftsysteme nicht allein durch die Parallelisierung bildhafter Zeichenformen mit ägyptischen Äquivalenten beeinflußt, sondern auch den Vergleich mit der späteren kyprischen Silbenschrift auf eine breitere Grundlage gestellt als die Fachleute zuvor: "Minoan Cyprus and the Insular Scripts"[2052].

Einzelne Zeichen, wie die genannten gemalten "Topfmarken"[2053], lassen sich oft keiner bestimmten Schrift zuweisen, es sei denn, sie treten in genügend großer Anzahl auf und gehen in ihrer Struktur über bloße Striche, Kreuze und Kreise hinaus. An Bleigewichten aus Thera handelt es sich bei dreieckigen Symbolen um die Angabe von Gewichtseinheiten (Abb. 58f). Markierungen an Gefäßen auf dem Uluburun-Schiff sind teilweise als Merk-, Mengen- oder Maßzeichen zu verstehen. Bei wieder anderen, z.B. bei Barrenmarken (Abb. 18c; 54b-h; 55) ist von Werkstattmarkierungen, also von Herkunftsangaben, wohl auch von Serien- und Qualitätsbezeichnungen, Zahlzeichen und Besitzerkennzeichnungen in der Forschung die Rede gewesen. An einem bronzenen Zungenbarren aus Pyla-Kokkinokremos gehören andererseits die beiden eingeschnittenen Zeichen eindeutig zur kypromi-

---

[2050]Vgl. J.C. Billigmeier, Kadmos and the Possibility of a Semitic Presence in Helladic Greece, Diss. Santa Barbara (Univ. of California, 1976).

[2051]Die umfangreiche ältere Lit. hierzu gesammelt bei E. Grumach, Bibliographie der kretisch-mykenischen Epigraphik (1963) 99ff. und Suppl I (1967) 30f., vgl. ferner das Lit.-Verz. bei A. Heubeck, Schrift, in: H.-G. Buchholz, ArchHom, Lieferung X (1979) 185ff. Einiges auch in meinem Vortrag, in: Tagung Hamburg 1969 (1971) 109ff.

[2052]In: Scripta Minoa I (1909) 68ff. Dazu J. Best-F. Woudhuizen, Ancient Scripts from Crete and Cyprus (1988).

[2053]Sekundär häßlich über den originalen Streifendekor gepinseltes Zeichen z.B. an mykenischem Trichterrhyton aus Maroni, Grab 18/1897, Inv.-Nr. A 1733, s. CVA Cyprus 1 (1963) Taf. 33,1. Zwei ebenfalls sekundär, relativ flüchtig auf die Unterseite eines Gefäßbodens gepinselte Zeichen in Pyla-Kokkinokremos, s. P. Dikaios, Enkomi II (1971) Taf. 314,11.12.

Erläuterungen zu Abb. 90 a-j auf gegenüberliegender Seite: a.c.e Ras Schamra, Keilschrift auf Hacken. — b Ebenda, kyprominoische Tontafel aus dem Archiv eines hohen Hofbeamten (13. Jh. v.Chr.), Inv.-Nr. 20.25/1956 (6 x 7 cm). — d Silberschale mit Keilschrift aus Hala Sultan Tekke/Südzypern. — f Ras Schamra, Silberschale mit kyprominoischer Inschrift. — g.h Enkomi und unbekannter Fundort Zyperns, Bronzeschalen mit kyprominoischen Inschriften im British Museum und Cyprus Museum. — i.j Schiffswrack vom Kap Gelidonya (zur Lage Abb. 53) und Enkomi, Bronzehacken mit kyprominoischen Zeichen

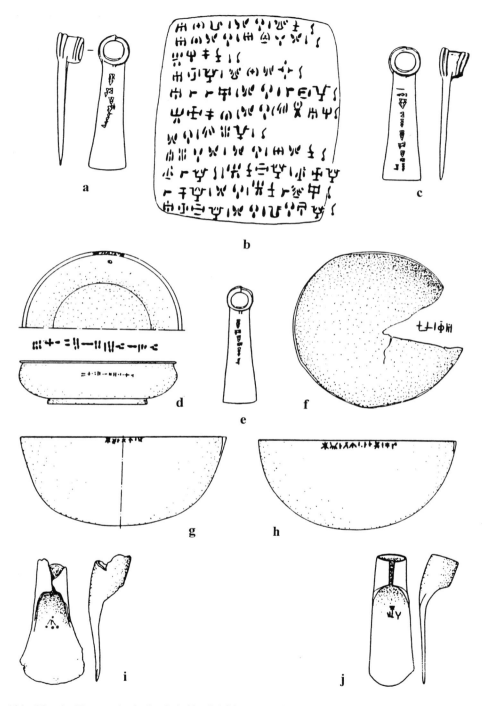

Abb. 90 a-j. Kyprominoische Schrifttafel (b), Inschriften auf Bronzehacken (a.c.e.i.j) und Metallgefäßen (d.f.g.h); hierzu Weiteres auf gegenüberliegender Seite

noischen Schrift[2054], ebenso wie die bereits besprochenen Zeichen an manchen Bronzehacken (Abb. 90i.j). Zu den Handwerkerzeichen rechnen schließlich auch sogenannte "Versatzmarken", die beispielsweise an unauffälliger Stelle bei Intarsien den richtigen Ort im Ganzen des Puzzles oder die Reihenfolge einzelner Elemente angeben (z.B. Kerben auf den Rückseiten von A. Evans' "Knochen-Fischchen" aus Knossos), und ebenso die Symbole an den Quadern minoischer Paläste. Die Beschränkung der Auswahl solcher "Mauerzeichen" (Doppelaxt, Baumsymbol, Dreizack, Kreuz, Blitz usw.) läßt allerdings die Möglichkeit einer religiösen Deutung zu[2055]. In Kition sind an einem Kulthorn zwei kyprominoische Zeichen tief eingeschnitten (s. oben Anm. 545).

Für regelrechte Weihinschriften gibt es unter den kypro-minoischen Zeugnissen einige Hinweise (Abb. 54b-d, Miniaturbarren)[2056]. So sind vier vor dem Brand erzeugte Schriftzeichen an einer tönernen Stierfigur aus Psilatos/Distrikt Famagusta/Zypern wohl entsprechend zu deuten[2057]. Das Objekt kann — auch in der Art, wie die Inschrift auf den Tierkörper gesetzt worden ist — mit dem tönernen Widder aus Samsun/Nordanatolien verglichen werden, der eine vor dem Brand eingeritzte minoische Linear A-Legende aufweist[2058]. Auch bei Inschriften unter dem Rand von Metallgefäßen in Zypern und Ras Schamra (Abb. 90f-h) mit regelrechten Wortschreibungen und Worttrennern kann zumindest die Deutung als Dedikationstexte nicht ausgeschlossen werden[2059].

[2054]V. Karageorghis-M. Demas, Pyla-Kokkinokremos (1984) 33 Nr. 8; S. 78 Abb. 1 (Umzeichnung), Taf. 27,8 un 45,8.

[2055]Die "Masons' Marks" verschwanden, als Linear A aufkam (MM II), so W. Brice, Inscriptions in the Mioan Linear Script Class 1 (1961) S. XII, s. dort auch 24 Nr. V 15 Taf. 31 und 31a (MM III/SM IA). Vgl. bes. die Zusammenstellungen von Grumach a.O. 60ff.; Suppl. I 17. — Ferner M. Pantelidou, Cretan Mason's Marks at Peristeria, in: AAA 3, 1970, 125ff.; P. Warren, ArchRep 1982/83, 69 und 74 Abb. 27 (Knossos); M. Tsipopoulou, AAA 19, 1986, 175 Abb. 7 und 8 (Sitias-Petra/Ostkreta, tiefeingeschnittene Doppelaxtmarke, SM I).

[2056]Zu diesen oben S. 214f. — Auch ein Steinkästchen mit einer Inschrift aus vier oder fünf Zeichen kann vom Objekt her kaum anders als religiös gedeutet werden; denn derartige "Kästchen" nennen viele Forscher "Altäre"!, s. J.-Cl. Courtois-J. und E. Lagarce, Enkomi (1986) Taf. 28,1. — Bei einem Fragment einer Tonplatte mit defekter, vor dem Brand geritzter Inschrift (Enkomi, Fund-Nr. 59.93) kann man nicht so sicher sein, aber ein kultischer Gebrauch erscheint durchaus möglich, s. A. Caubet-J.-Cl. Courtois, RDAC 1986, 74f. Abb. 6 Taf. 19,3.

[2057]Cyprus Museum, Inv.-Nr. 1970/XI-30/3, s. BCH 95, 1971, 350. 352 Abb. 25 und 26: Pfeilzeichen, Trenner und wahrscheinlich Vokalzeichen, ebenfalls akrophonisch für ein Wort, an einer weiteren Tierterrakotta, s. Courtois-J. und E. Lagarce a.O. Taf. 15,13.

[2058]Oxford, Ashmolean Mus., Inv.-Nr. 1933/451, s. Brice a.O. 23 Nr. V 3 Taf. 29; vgl. hierzu auch G. Hanfman, AJA 52, 1948, 144 Anm. 38.

[2059]Zu diesen und weiteren beschrifteten Metallgefäßen Nachweise im Einzelnen bei H. Matthäus, PBF II 8 (1985) Taf. 130,89 (Ras Schamra, im Louvre, Inv.-Nr. AO 14.747, Silber, mit kyprominoischer Inschrift, s. schon St. Segert, Das Altertum 4, 1958, 69 und Lit. bei E.

Als "Heils- und Segenszeichen" wurden u.a. ein ägyptisches Lebenssymbol (*Anch*) auf einem Rollsiegel aus Hagia Irini/Zypern (Abb. 3f) und auf einem weiteren Rollsiegel aus Larnaka (Abb. 92b) bezeichnet[2060]. Auch auf dem kyprischen Rollsiegel aus der Nekropole von Perati/Ostattika ist wohl das kyprominoische Schriftzeichen unter dem Thron des Gottes als ein solches anzusehen (Abb. 92i), ferner ein kypro-minoisches 'Ti' an einem Steinanker aus Zypern (Abb. 12c). Anderen Ankern aus Ras Schamra sind mehrere, nicht deutbare Zeichen eingeschnitten (Abb. 13c). Als Überraschung müssen neuerdings bildhafte Zeichen unter den Barrenmarken vom Uluburun-Schiff angesehen werden, zumal sie nicht leicht am Metall angebracht werden konnten (Abb. 18c). Unter den dortigen neuen linearen Zeichen fallen indessen komplexe Gebilde auf. Wir dürfen auf die endgültige Publikation gespannt sein, besonders weil die Bearbeiterinnen, Frau Patricia Sibella und Nicolle Hirschfeld, bereits gezeigt haben, daß einem spröden Material, dem der Töpfermarken, substantielle Aussagen abzugewinnen sind[2061].

Vor dem MM II A kann die minoische Linear A-Schrift unmöglich außerhalb der Insel aufgetreten sein; denn das bisher älteste Zeugnis, ein Tontafelfragment dieser Zeitstellung, wurde 1992/93 von C. Farquhar Macdonald im Südwestteil des Palastes von Knossos entdeckt. Im östlichen Mittelmeerraum trafen sich Varianten von Keilschrift-Systemen (Akadisch, Ugaritisch), mit ägyptischer Hieroglyphenschrift, hethitischer Bilderschrift und ägäischen Linearschriften. Von ihnen sind vor allem kretisches Linear A und das Kypro-Mionische (von manchen Forschern Linear C genannt[2062]) noch nicht lesbar. Linear B gibt ein frühes Griechisch wieder; diese Schrift spielte allerdings in Zypern und der Levante, wenn überhaupt, kaum eine Rolle. Am ehesten entspricht ein Ostrakon aus Enkomi (Abb. 88c) Linear B-Vorbildern, eine Scherbe, auf der Zählbares durch lineare Zeichen und ihre Menge durch Zahlzeichen für 32 und 26 angegeben sind. Diese Inschrift ist nicht als Teil eines größeren Textes aus einer Gefäßwand gebrochen, sondern das

---

Grumach, Bibliographie der kret.-myk. Epigraphik [1963] 109f. [Linear B]); Taf. 2,45 (Enkomi, im Brit. Mus.); Taf. 15,274-276 (Zypern, ohne Fundort-angaben). Sodann eine Bronzeschale aus Enkomi in Brüssel mit einer Inschrift aus 6 Zeichen, dazu E. Masson, RDAC 1975, 41f. Taf. 5. — Zu vergleichen ist eine bronzene halbkugelige Omphalosschale, aus einem südkretischen Heiligtum, jetzt im Museum von Chania/Westkreta, mit einer Linear A-Inschrift von 16 Zeichen unter dem Rand, aus der Slg. Mitsotakes, s. M. Tsipopoulou, in: Minoan and Greek Civilization from the Mitsotakis Collection (1992) 233 Nr. 300, mit Angaben zur Erstveröffentlichung.

[2060]Zum Thema s. H. Müller-Karpe, Bronzezeitliche Heilszeichen, in: Jahresber. des Inst. für Vorgeschichte, Frankfurt/Main 1978/79, 9ff.

[2061]Cypriots in the Mycenaean Aegean, in: Atti e Memorie del Secondo Congresso Int. di Micenologia, Rom-Neapel 1991 (1996).

[2062]Vgl. E. Grumach, Die kretischen Schriftsysteme, in: Handbuch der Archäologie I 234ff., s. auch Lit. bei A. Heubeck, Schrift, in: H.-G. Buchholz, ArchHom, Lieferung X (1979) 194ff.; A. Bartonek, Die Silbenschriften des alten Ostmittelmeerraumes, in: Das Altertum 5, 1959, 16ff.; vgl. ferner T.G. Palaima, Linear A in the Cyclades, in: TUAS 7, 1982, 15ff.

Fragment diente als Schreibmaterial, somit ist die Notiz als komplett zu bezeichnen[2063].

Daß als Sprache einiger Linear C-Dokumente Zyperns Hurritisch erwogen
wurde, mag an einem Trend der augenblicklichen Forschung liegen. Ich enthalte
mich mangels Kompetenz eines Urteils und weise lediglich darauf hin[2064]. Leider
ist davon auszugehen, daß wir nicht wissen, was bronzezeitlich-kyprische Schriftquellen inhaltlich wiedergeben. So müssen wir uns damit begnügen, auch weiterhin
bei Einzelzeichen lediglich von "Topfmarken" zu sprechen. Freilich ist am Beispiel
des Pfeil-/Ti-Zeichens (Abb. 12c) zu zeigen, daß es nicht objektgebunden war,
vielmehr ebenso an Steinankern (bereits oben zu 'Heilszeichen' und Anm. 162) wie
als Barren- (Anm. 654) oder Topfmarke Verwendung fand. Manchmal steht es,
durch Worttrenner isoliert, also als selbständiger Begriff, neben einem zweiten
Zeichen. Ein weiteres Zeichen (⸸) tritt als Barrenmarke in Uluburun, Mykene
(Anm. 705) und Sardinien auf, als Topfmarke in Hellas, Zypern und Ras Schamra.
Ein Silberbarren aus Ras Schamra weist ein ⋎ auf (Anm. 908), wiederum ein
Zeichen allgemeiner Verwendung, das es auch als Henkelmarke gibt. Wenn ein
kyprischer Töpfer seinem Produkt, einem Dreifußmörser aus Ton, vor dem Brand
auf der Unterseite ein ⋏-ähnliches Symbol einritzte (Abb. 66c.d), dürfte es weder
als Inhaltsangabe, noch als Serien-, Mengen- oder Besitzzeichen gemeint gewesen
sein, sondern wohl am ehesten ihn, den Hersteller, ausgewiesen haben.

[2063]P. Dikaios, More Cypro-Minoan Inscriptions from Enkomi, in: Europa, Studien zur
Geschichte und Epigraphie der frühen Ägäis, Festschrift für E. Grumach (1967) 80ff. Taf.
6b; auch bei Buchholz a.O. (Die ägäischen Schriftsysteme, unten Anm. 2066) 120 Abb. 31.

[2064]Vgl. einen programmatischen Titel wie: J.-M. Durand, Amurru I: Mari, Ébla et les
Hourrites, Dix Ans de Traveaux, Actes du Colloque International, Paris 1993 (1996). Vgl.
bes. die Bibliographie von M. Dietrich-W. Mayer, Sprache und Kultur der Hurriter in Ugarit,
in: Kolloquium Münster 1993 (1995) 7ff. Ich denke vor allem an Arbeiten von E. Masson
zu den Enkomi-Dokumenten.

Erläuterungen zu Abb. 91 a-k auf gegenüberliegender Seite: a Enkomi, Fundpunkt 1801,
sorgfältig geschnittenes Siegel aus grauem Steatit, Inv.-Nr. 19.27/1967. Das Motiv, ein
schwebender Adler mit Vögeln in den Fängen, flankiert von Rinderköpfen und Rosetten,
weist auf eine hochgestellte Persönlichkeit. — b Mykenisches Häuptlingssiegel des 13.Jhs.
v.Chr. aus Naxos: Kultszene mit Palme, Opfertisch und -geräten. — c Tonbulla aus der SH
III C-Nekropole von Perati/Ostattika mit hethitischer Hieroglypheninschrift. — d.f.h-k Ras
Schamra, Abdrücke des Siegels des Großkönigs Šuppiluliuma I. (1380-1340) und der Tawa-
nanna auf Tontafel 17.227 (d), des Siegels des Großkönigs Muršili II. (1339-1306) auf
17.380/382 (f), des Großkönigs Tudḫalija IV. (1250-1220) auf 17.159 (h), sowie des Großkönigs Ḫattušili III. (1275-1250) und der Königin Puduḫepa auf den Tontafeln 17.03 (i),
17.238 (j), 17.229 (k). — e Tamassos/Zypern, goldenes hethitisches Stempelsiegel des 13.
Jhs. v.Chr. in Oxford, Ashmolean Museum. Das Siegelbild zeigt zwei Hieroglyphen, umgeben von Heilsdreiecken, Granatäpfeln und stilisierten Adlern; im Außenkreis dieselben
Motive und Rosetten. — g Syrisches Rollsiegel aus dem Schiffswrack vom Kap Gelidonya
an der Südküste der Türkei

Abb. 91 a-k. Siegel und Siegelabdrücke aus Ras Schamra, Zypern, von der türkischen Südküste und aus Hellas, Weiteres hierzu auf gegenüberliegender Seite

Daß andererseits ⊢⊣ "(dem staatlichen) Magazin (gehörend)" heißen mag, ist oben in Anm. 1618 ausgeführt.

Einzelzeichen und Zeichengruppen stellte bereits der gerade verstorbene Olivier Masson zu einem Corpus zusammen[2065]. In meiner Studie "Zur Herkunft der kyprischen Silbenschrift" suchte ich zu berücksichtigen, was damals an Topfmarken bekannt war[2066]. Seitdem stieg der Zuwachs, besonders an derartigen Marken, gewaltig: Es läßt sich wohl sagen, daß kein Ort auf der Insel Zypern, an dem Bronzezeitliches, insbesondere Mykenisches, gefunden wurde, ohne derartige Schriftzeichen geblieben ist[2067]. Auch aus dem zeitweilig weniger beachteten Nordwesten des Landes sind Zugänge zu verzeichnen[2068].

Es ist längst erkannt, daß man bei einer Bestandsaufnahme die vor dem Brand an sogenannter "Spindlebottle"-Keramik erzeugten Bodenmarken (z.B. Ugaritica II 228f. Abb. 96,1a-i) von mykenischen, kyprischen und sonstigen zu trennen hat, da die Produktionszentren der zuerst genannten Gattung unbekannt, zumindest umstritten sind und jedenfalls nicht mit den mykenischen, kypromykenischen oder levanto-helladischen identisch waren.

In Hellas hat sich der Befund von späthelladischen Topfmarken ebenfalls sehr vermehrt: H. Döhl/Göttingen bereitet die abschließende Publikation des einschlägigen Materials aus Tiryns vor, wo die Menge von Schrift-, Zahl-, sonstigen Einzelzeichen und gelegentlich von Zeichengruppen (auch Linear B) in die Hunderte geht (z.B. oben Anm. 258). Selbst aus dem Norden des Landes, wo bisher derartiges fehlte, wurde nun eine aus drei Zeichen bestehende Linear-Inschrift des SH III an einem Pithosrand bekannt[2069]. Neuerdings sind außerdem eine aus drei kretischen Linear A-Zeichen bestehende, vor dem Brand geritzte Topfinschrift und zwei Einzelzeichen an weiteren Scherben, von denen das eine sicher der B-Schrift angehört, in Milet hinzugekommen (mündliche Mitteilung 1997, W.-D. Niemeier).

[2065]Répertoire des Inscriptions Chypro-Minoennes, in: Minos 5, 1957, 9ff. und Grumach a.O. passim.

[2066]Minos 3, 1954, 133ff. Dazu ergänzende Lit. gesammelt in: H.-G. Buchholz, Bibliographie anläßlich seines 70. Geburtstages am 24.12.1989 (1992) 46f. und ders., Die ägäischen Schriftsysteme und ihre Ausbreitung in die ostmediterranen Kulturen, in: Tagung der J. Jungius-Gesellschaft der Wissenschaften, Hamburg 1969, 88ff. Abb. 21. 22. 24-32.

[2067]Vgl. H.-G. Buchholz, in: AA 1974, 388ff. mit Abb. 52a-q und 53 und schon P. Åström, Excavations at Kalopsidha and Ayios Iakovos in Cyprus (1966) 36f. (Beitr. von O. Masson) Taf. 44-48; P. Åström, Pot Marks of the Late Bronze Age from Cyprus, in: OpAth 9, 1969, 151ff. — Denkmäler und Zeichenlisten ferner in: P. Dikaios, Enkomi II (1971) Taf. 314a-321.

[2068]E. Masson, Quelques Inscriptions Chypro-Minoennes du Nord-Ouest de Chypre, in: RDAC 1972, 129ff., auch P. Åström, Katydhata, a Bronze Age Site in Cyprus (1989) 80 Abb. 27; S. 120ff. Abb. 180. 181. 184; S. 125 Abb. 206.

[2069]Aiane, Archäologische Slg., Inv.-Nr. 262, s. A. Panagiotou, Kadmos 25, 1986, 97ff.; ferner in: Makedonen, die Griechen des Nordens, Landesmuseum Hannover, Ausstellungskaktalog (1994) 74 Nr. 1 mit Farbphoto.

Zu Töpfermarken an grauminyschen Gefäßen hat sich J.H. Crouwel geäußert[2070]. Eine grautonige, nordwestanatolische Vase, die P. Dikaios in Pyla/Zypern ausgrub, trägt ein nachträglich eingeritztes Zeichen, demnach ein kyprominoisches, auf dem Boden[2071].

Überall muß zwischen solchen Zeichen, die vor dem Brand des betreffenden Gefäßes angebracht wurden, und solche, die sekundär später überall in der Welt gemacht worden sein können, unterschieden werden. So sind nachträglich tief eingeschnittene Henkelmarken an mykenischen Gefäßen allgemein als eine kyprische Besonderheit erkannt, auch dann, wenn das Gefäß selber einer ägäischen Töpferei entstammte (z.B. Abb. 88d[2072]). Neuerdings hat sich N. Hirschfeld mit derartigen Dingen systematisch beschäftigt, s. "The Bureaucracy of Trade in the Late Bronze Age Eastern Mediterranean" (ASOR-Newsletter 46 Nr. 3 [1996] 21ff.) und "Ways of Exchange in the Late Bronze Age Eastern Mediterranean, the Evidence of Marked Vases" (BICS 1997).

Für den reichen Zeichenbestand an Keramik aus Ras Schamra steht die systematische und umfassende Trennung von mykenischen Importen und lokaler Fertigung noch aus (Abb. 89a-m[2073]), d.h. von solchen Zeichen, die bei Töpfern Ugarits Anwendung fanden, und solchen, die im ägäischen Raum oder auf Zypern angebracht worden waren oder doch sein können. Die Position der wie ein griechisches Pi und wie ein W aussehenden Zeichen (Abb. 89m) am Basisrand eines hohlen Kegelfußes stellt nicht etwa umgekehrt die Beschriftung eines oberen

---

[2070]In: Kadmos 12, 1973, 101ff. — "Töpferzeichen, Kreta", desgl. "Festland und Ostmittelmeerraum" (dort nur an mykenischen Gefäßen), nach Fundorten gesammelt, in: Grumach a.O. 96ff., Suppl. I 29.

[2071]Oben Anm. 1618.

[2072]Nach H.-G. Buchholz, Henkelmarken an einer Bügelkanne in Erlangen, in: AA 1963, 33ff. und ders. a.O. (oben Anm. 2066) 119 Abb. 27-29. Zuletzt auch in Midea/Argolis, s. OpAth 21, 1996, 20 Abb. 26.

[2073]Vgl. H.-G. Buchholz, Schriftzeugnisse aus Tamassos in Zypern, in: Res Mycenaeae, Akten des 7. Int. Myken. Colloquiums, Nürnberg 1981 (1982) 70 Abb. 5,1-17, nach Ugaritica VII (1978) 278f. Abb. 28. Dazu: Ugaritica II (1949) 152f. Abb. 58,14 (gemaltes Bodenzeichen); 58,15 (zwei Henkelmarken, Bügelkanne); S. 154f. Abb. 59,1a-l und S. 228f. Abb. 96,2-17 (Zusammenstellungen von Zeichen, z.T. von Henkelmarken); S. 156f. Abb. 60,20 = Abb. 125,6 (eingeschnittene Henkelmarke an enghalsigem Dreihenkeltopf kypromykenischer Produktion); S. 160f. Abb. 62,4 (kypro-minoische Henkelmarke); S. 294f. Abb. 128,2 (Henkelmarke an myk. Humpen); M. Yon, Ras Shamra-Ougarit III (1987) 20 Abb. 7a; S. 41 Abb. 21; S. 47 Abb. 27; S. 83 Abb. 61; S. 108 Abb. 88; S. 228,13-27; S. 245 Abb. 20 Nr. 83/5388. Außerdem tief eingeschnittenes kypro-minoisches Da/Ta-Zeichen an unpubliziertem SH IIIA-Kraterhenkel aus meinem oben behandelten Grabungsabschnitt/Südakropolis 1963. — Eine weitere Zeichenzusammenstellung, außer Ras Schamra, Minet el Beida und Ibn Hani auch Tell Atschana, Byblos, Sarepta, Hazor, Abu Hawam, Beth Schean, Taanach, Lachisch, Aschdod und Deir el Balach betreffend in: A. Leonard, An Index to the Late Bronze Age Aegean Pottery from Syria-Palestine (1994) 214ff.

Gefäßrandes dar[2074]. So ist denn auch das keramische Fragment unserer Abb. 88b aus Enkomi umzudrehen und als Gefäßbasis zu verstehen; doch dann stünde die Inschrift auf dem Kopf. Ich habe mich an die Abbildungsweise des Ausgräbers, P. Dikaios, gehalten, der sich einer richtigen Beobachtung von A. Pieridou anschloß[2075]. Den keramischen Gebläsetopf mit einem Lochanschluß für Blasebalgrohre und -düsen dicht über dem Bodenrand gab es tatsächlich auch in Enkomi und anderswo (Ugarit, Anatolien, s. A. Müller-Karpe, Altanatolisches Metallhandwerk [1994] 106 Abb. 76 Taf. 1,1-7; 2,1-4) als Ausstattung von Bronzeguß- und Schmiedewerkstätten. Doch daß man auf ihnen schrieb, war ungewöhnlich. Und abermals folge ich P. Dikaios darin, daß dies aus Glaubensgründen geschah, weil das Bronzehandwerk der Einflußnahme böser und guter Geister besonders ausgesetzt war. Da die Inschrift vor dem Brand entstand, geht sie auf den Töpfer zurück, mithin muß dieser zuvor vom Bronzegießer bis ins Detail genau instruiert gewesen sein.

Das baum- oder sistrumartige Zeichen in Abb. 89 l sitzt weder am Henkel, noch am Rand, noch an der Basis, sondern relativ groß und freigestellt an der Gewäßwand. Ähnlich hat man manchmal auch in Enkomi Gefäßwände mit geritzten Zeichen versehen. Im Ganzen fällt eine große Übereinstimmung zwischen einschlägigen Ras Schamra- und Enkomi-Funden auf. Doch eins der Zeichen auf einem Gefäßrand aus Ugarit ist Keilschrift[2076]. Und so zeigt auch der Henkel eines "Kanaanäischen Pithos'" von ebendort diese Schrift[2077], was doch wohl hier

---

[2074]Vgl. auch E. Masson, Les Écritures Chypro-Minoennes, Reflet Fidèle du Brassage de Civilisations sur l'Ile Pendant le Bronze Récent, in: Symposium Nikosia 1985 (1986) 180ff. Abb. 1,1.

[2075]Dikaios a.O. (oben Anm. 2063) bes. 87: Nachtrag zu Taf. 6a.

[2076]Ugaritica VII 278f. Abb. 1. Weiteres bei E. Masson a.O. Abb. 1, rechts oben und darunter.

[2077]M. Yon a.O. 82 Abb. 60/80-42 (Umzeichnung).

Erläuterungen zu Abb. 92 a-j auf gegenüberliegender Seite: a Hagia Triada/Südkreta; Florenz, Mus. Archeologico, Inv.-Nr. 85079; dunkelgrauer Serpentin, aus altbabylonischer Zeit, jedoch wohl in Nordsyrien gefertigt. — b Kition, Grab 9, Hämatit, ägyptisierender Stil. — c Enkomi 1934, Abrollung auf spätbronzezeitlichem Pithos lokalen Typs, Cyprus Museum/Nikosia. — d Aus Zypern in Berlin, Inv.-Nr. FG 130. — e Syrisches Rollsiegel mit ägäischen Bildmotiven, vormals Slg. Erlenmeyer. — f Tiryns, Schatzfund 1915, in Athen, Nat.-Mus., Inv.-Nr. 6214, Mitanni-Rolliegel aus Hämatit. — g.h Theben-Kadmeion/Boiotien, 1963: Zwei Holzkästchen mit 32 orientalischen und 4 ägäischen Rollsiegeln unterschiedlichen Materials und Alters und im einzelnen sehr verschiedener östlicher Provenienz. — i.j Perati, SH III C-Nekropole, Grab 142 (i) und 1 (j): kyprisches und mitannisches Rollsiegel (13. bzw. 14. Jh. v.Chr.), beide Hämatit

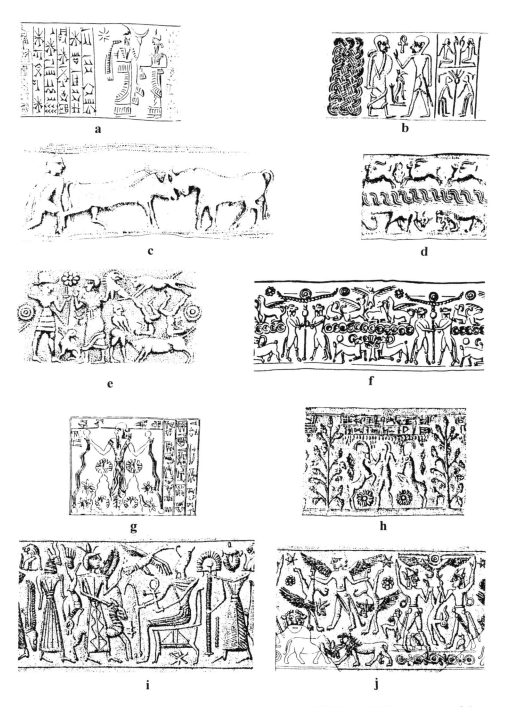

a b c d e f g h i j

Abb. 92 a-j. Rollsiegel und Abrollungen aus Zypern und Hellas; s. Erläuterungen auf der gegenüberliegenden Seite

wie bei zufällig erhaltenen Resten von Importgefäßen in Kamid el Loz und Sarepta[2078] auf den "Standardbrauch" offiziell arbeitender ugaritischer Töpfereien hinweist.

Wie bereits gesagt, fehlen tief eingeschnittene Henkelmarken kypro-minoischer
Art (wie Abb. 89d, Erlangen, und Anm. 258, Tiryns) nicht an mykenischer Keramik
in Ugarit und auch an Funden von anderen nahöstlichen Fundorten nicht: Sie sind
beispielsweise in Byblos und Tell Akko nachgewiesen[2079].

Zu den aus vier und mehr Silbenzeichen bestehenden Inschriften kypro-minoischer Art, mit und ohne Worttrenner (Abb. 88b; 90f-h; Anm. 2055) gesellte sich
eine weitere mit sieben Zeichen an einem Topf aus Maroni/Zypern[2080]. Doch da
gibt es auch Siegelringe, mit vier und mehr Silbenzeichen: Es ist von einem Goldring aus Hala Sultan Tekke zu sprechen, seit langem im Besitz des British Museum
(Inv.-Nr. 98/12-1/177), der bisher viel zu wenig Beachtung fand (Abb. 101d-
f[2081]): Das Edelmetall sieht rötlich-gelb aus; Ring und Platte sind massiv gegossen und nachträglich im Lötverfahren vereinigt worden; zu den Maßen s. Anm. 790,

---

[2078]Vgl. oben Anm. 2035. Lit. zu den betr. Gefäßhenkeln mit Inschr. auch bei P. Åström-E.
Masson, RDAC 1982, 74f. Zu weiteren, anders strukturierten (Schrift)-Zeichen an "Kanaanäischen Pithoi" bereits V. Grace, in: Festschrift H. Goldman (1956) 93 Abb. 8.

[2079]J.-F. Salles, La Necropole 'K' de Byblos (1980) 81 Abb. 13,6 (Zeichnung) und Taf. 12,4
(ein W mit Basisstrich); A. Raban, Symposium Haifa 1985 (1988) 291 Abb. 13 (kyprominoische Henkelmarke, Tell Akko, Areal P).

[2080]Vor dem Brand geritzt, s. G. Cadogan, RDAC 1992, Taf. 11,1.2.

[2081]Oben Anm. 790; für die großartigen Photographien, die die wahre Bedeutung des prächti-
gen Stücks erst richtig sichtbar machen, danke ich I. Pini/Marburg vielmals. A. Evans,
Scripta Minoa I (1909) 70ff. und 197 Nr. 39 gibt als Fundort irrig sowohl Enkomi als auch
Larnaka an.

Erläuterungen zu Abb. 93 a-i auf gegenüberliegender Seite: a Knossos/Kreta, spätpalatialer
Tonabdruck eines minoischen lentoïden Siegelsteins mit beidseitig neben einer Taube im
Zentrum antithetisch gruppierten Greifen. — b Herakleion, Arch. Mus., Tonklumpen, wohl
ebenfalls aus Knossos, mit defektem Abdruck eines kypro-ägäischen ovalen Siegelrings mit
Greifen in heftig angreifender Bewegung unter einer Sonnenrosette, die beiderseits von
Vögeln flankiert ist. — c.d Pylos-Rhoutsi, Tholosgrab 2 (c, Athen, Nat.-Mus.) und Lasithi/ -
Kreta (d, Herakleion, Arch. Mus., Inv.-Nr. 2242, Sardonyx, beschädigt, SM II): "Held" und
großer Greif, in d am Strick geführt. — e Golgoi/Zypern; London, British Museum:
Rollsiegel einer kyprisch-ägäischen Gruppe (SH III A), Hämatit: Herr der Tiere / Herr der
Löwen. — f Knossos, spätpalatialer Abdruck eines lentoïden minoischen Siegels mit
antithetisch angeordneten Tauben und einer wohl weiblichen Figur zwischen Blumenstauden.
— g Herakleion, Arch. Mus., Inv.-Nr. 508: Bruchstück einer Tonplombe aus Hagia Triada
(SM I, 1550-1500 v.Chr.), Darstellung eines orientalischen Gottes, Teilabdruck eines
bedeutend älteren Siegelzylinders. — h Umgebung von Salamis/Zypern (wohl Enkomi):
Kyprisches Rollsiegel mit Tempelfassade, darauf Taube, beiderseits flankiert von thronenden
Priesterinnen (das Bild ist in der modernen Vorlage unsymmetrisch geschnitten). — i Knos-
sos/Kreta, Tonabdruck eines ovalen minoischen Siegelsteins mit der Darstellung einer auf
Meereswellen gelagerten, minoisch gekleideten Göttin, Vorläuferin der Aphrodite

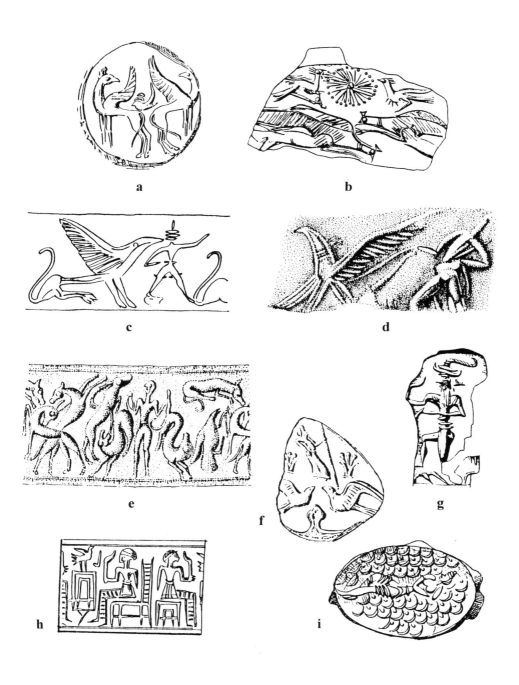

Abb. 93 a-i. Einige Siegelbilder religiösen Inhalts aus Zypern, Hellas und Kreta, Erläuterungen auf der gegenüberliegenden Seite

zum Gewicht vgl. den "Catalogue of Finger Rings" (99 Nr. 574). So, wie der Ring
in die Schmalseiten der ovalen Ringplatte einbindet und wie deren schlankes Oval
gebildet ist, muß es sich um ein kyprisches Produkt handeln; denn im ägäischen
Kulturraum fehlen vergleichbare Stücke. Die ägäischen Ringplatten sitzen auf den
Ringen auf, und zwar im Unterschied zu den östlichen mit ihren Breitseiten: Auf
den Finger gesteckt, liegt die Platte eines kyprischen Ringes quer zu diesem, die
eines kretisch-mykenischen der Länge nach auf ihm[2082]. Diesem Goldring aus
Hala Sultan Tekke und weiteren aus Enkomi und Ugarit entsprechen in der Form
massive Fingerringe Westzyperns (Palaipaphos-Evreti)[2083]. Doch auf keinem sind
so wie auf ersterem lineare Schriftzeichen im Kaltverfahren ins Metall eingetieft: In
der Mitte der Platte befinden sich, beidseitig ornamental eingerahmt[2084], vier Zeichen, die so komponiert sind, daß man nicht sagen kann, wo die Inschrift beginnt,
wo sie endet. Ungewöhnlich waren in der Bronzezeit die zur Acht gerundeten
Formen des einen Zeichens, das so allerdings später in der kyprischen Silbenschrift
existierte. Lesungsvorschläge will ich nicht machen, feststeht jedoch, daß mit einem
solchen Stück der Rang der betreffenden Schrift völlig aus der Sphäre der "Topfmarken", der Handwerker und Händler, gelöst erscheint.

Von einem Grabfund aus Kalavassos-Hagios Demetrios (zur Ortslage s. Abb.
16a), einem sehr ungewöhnlichen goldenen Siegelring, gilt Gleiches. An ihm ist die
Platte breiter und kürzer in den Proportionen, fast rechteckig gestaltet und der
Länge nach mittels einer tiefen Linie wie auf Tontafeln in zwei Register geteilt. Im
unteren sind zwei Symbole, ein Rinderkopf und eine Sonne, eingetieft. Im oberen
Register sitzt die aus vier Zeichen bestehende Inschrift[2085]. Verglichen mit manchen ägäischen (Abb. 91b), hethitischen Stempeln (Abb. 91h) oder nordsyrischen

---

[2082]Zur Entwicklung kretischer Ringtypen s. A. Evans, PM III (1930) 139 Abb. 90a-d, S.
146ff. Abb. 94 ("Nestorring"). Zu östlichen Ringen: J. Boardman, Cypriot Fingerrings, in:
BSA 65, 1970, 5ff., mit zahlreichen bronzezeitlichen Beispielen, z.B. a.O. Taf. 2, Goldring
der Phase Spätkypr. II aus Enkomi in Oxford, Ashmolean Mus., Inv.-Nr. 1962/242, auch bei
B. Buchanan-P.R.S. Moorey, Cat. of Ancient Near Eastern Seals in the Ashmolean Mus. III
(1988) 86 Nr. 572; ferner W. Culican, Opera Selecta (1986) 510f. 513 Abb. 11a-f (Enkomi
und Ras Schamra).

[2083]Das Verständnis der Rahmung als Ornament folgt Evans a.O. (Scripta Minoa). Georg
Knutzen/Flensburg hat mir 1994 ein Manuskript vorgelegt, eine Schriftstudie, in welcher die
Ornamentinterpretation aufgegeben und die Elemente des "Rahmens" mit Einbeziehung des
einen Zeichens im Vergleich mit dem Diskos von Phaistos als Bildzeichen (Schiff und
Bogen) verstanden sind. Ich zweifle an der Stichhaltigkeit solcher Vergleiche, zumal die
Chronologie des Ringes und des Diskos schwerlich in Einklang zu bringen sein werden.

[2084]V. Karageorghis, BCH 109, 1985, 944 Abb. 109. — Dem Typ nach kann demnach ein
Bronzering aus Malthi/Peloponnes nicht als mykenisch eingestuft werden, er dürfte vielmehr
aus dem Osten importiert sein (der Ausgräber nannte ihn "ägyptisch"), s. M.N. Valmin, The
Swedish Messenia Expedition (1939) 365f. Abb. 76.

[2085]Vgl. oben Anm. 137. Ich habe dort die Reihenfolge der Zeichen nach dem Original
wiedergegeben, nicht nach dem Abdruck, zu beiden s. V. Karageorghis, BCH 109, 1985, 930
Abb. 82a.b.

Rollsiegeln (Abb. 91g, aus dem Schiffswrack vom Kap Gelidonya) ist bei den beiden kyprischen Siegelringen die Bildaussage völlig oder doch weitgehend zugunsten von Schrift unterdrückt. Auch kyprische Rollsiegel der Bronzezeit — gleichviel, ob sie im stärker ägyptisierenden Stil ausgeführt sind oder sich an syrische Vorbilder halten (vgl. Abb. 92i.j) — kommen kyprominoische Schriftzeichen raumfüllend allenfalls als Nebensache in Bildszenen vor. Es gibt aber wiederum in der Cesnola-Sammlung einen kyprischen Hämatitzylinder, an dem neben den großen Hauptfiguren kleinere auftreten, die schon in der Planung Raum für eine Inschrift aus fünf kypro-minoischen Zeichen ließen[2086]. Vereinzelt waren unter den Funden aus Ras Schamra und neuerdings aus Tel Nami[2087], unweit Haifa, hethitische Siegelringe vertreten, so daß sich eine Ringtypologie jetzt weiträumig genauer vergleichen läßt.

Der Gebrauch von Linearschriften, aus dem Kretischen abgeleitet, war auf Zypern — und wohl auch in Ugarit — allgemeiner, als es zunächst den Anschein hatte, wo die Welt der Handwerker mit Topfmarken und ähnlichem in Erscheinung trat. Außer kürzeren und längeren Weihinschriften oder Schriftringen zum Siegeln (Abb. 101d-f), gab es "Bällchen", Tonkugeln mit eingedrückten Zeichen[2088], Tonzylinder mit langen Inschriften und regelrechte Schrifttafeln, "Briefe" (Abb. 88a; 89n.o; 90b).

Derartige Tonkügelchen stammen in großer Zahl — wohl 80 oder mehr — hauptsächlich aus Enkomi und eher als Seltenheit aus Hala Sultan Tekke. Die Aufschriften bestehen ausnahmslos aus jeweils zwei Gruppen von zusammen vier bis fünf Zeichen. Die längere Zeichengruppe ist meist durch einen Trennstrich von einem Einzelzeichen, einer Abkürzung, abgesetzt. Wenn man, wie E. Masson, davon ausgeht, daß die längeren Gruppen Personennamen beinhalten, dann muß offenbleiben, ob — wiederum mit E. Masson — die Einzelzeichen ein Patronymikon meinen. Wäre es lediglich um 'Identitätsmarken' gegangen, dann hätte man es mit Tonplättchen einfacher haben können; denn auf Kugeln schreibt es sich schlecht. Ich denke, daß Kugeln eine bestimmte Funktion gehabt haben müssen und fühle mich an Szenen des Losens oder Abstimmens unter Beisein der Göttin Athena erinnert: Auf attisch-rotfigurigen Vasenbildern benutzen homerische Helden dabei tatsächlich Kügelchen und nicht normale Spielsteine[2089].

[2086]J.L. Myres, Handbook of the Cesnola Collection of Antiquities from Cyprus (1914/1974) 434 Nr. 4311 mit Abb.

[2087]I. Singer, A Hittite Signet Ring from Tel Nami, in: A.F. Rainey-A. Kempinski u.a., Kinattutu ša darâti, Raphael Kutscher Memorial Volume der Zeitschr. Tel Aviv (1993) 189ff.

[2088]P. Dikaios, Enkomi II (1971) Taf. 316 und 319; J.-Cl. Courtois-J. und E. Lagarce, Enkomi (1986) Taf. 15,10; A. Heubeck, Schrift, in: H.-G. Buchholz, ArchHom, Lieferung X (1979) 54ff. Abb. 25 (ebd. Anm. 324 mit weiterer Lit.); ausführlich: E. Masson, Étude de Vingt-six Boules d'Argile Inscrites trouvées à Enkomi et Hala Sultan Tekké, in: SIMA 31/2 (1974).

[2089]H.-G. Buchholz, Brettspielende Helden, in: S. Laser, Sport und Spiel, ArchHom, Lieferung T (1987) 177f. Abb. 58a-b; 59a.b.

Tonzylinder erlauben größere Inschriften beliebig oft wortgleich abzudrücken, denn daß die zylindrische Form in Ton als Selbstzweck ein besonders geeigneter Schreibstoff gewesen wäre, wird niemand annehmen wollen. Der Erzeuger müßte natürlich Erfahrung im Schreiben in Spiegelschrift besessen haben, wenn die Abrollung die Schrift "richtig" wiedergeben sollte. Doch mit diesem Problem hatte man zu tun, solange es Rollsiegel gab. Ein Tonzylinder aus Enkomi, 1967 von Cl. Schaeffer gefunden und um 1300 v.Chr. datiert, weist in 27 Zeilen 176 sorgfältig geritzte Zeichen auf, die einem System von 36 erkennbaren Zeichen entnommen sind. Im abgerollten Zustand betragen die Maße der hochrechteckigen Schreibfläche 5,5 x 13 cm. Über Aufbau des Textes und seine Zweckbestimmung haben vor allem E. Masson (Gründungsurkunde/Bauopfer) und P. Meriggi Vermutungen angestellt[2090].

Außerdem sind ein derartig beschrifteter Tonzylinder und Fragmente von vier weiteren in einem Schreiberzentrum des spätbronzezeitlichen Palastes von Kalavassos-Hagios Demetrios hinzugekommen[2091].

Vor allem aber verdienen regelrechte Schrifttafeln aus Enkomi[2092] und Ras Schamra Beachtung (Abb. 88a; 89n.o; 90b). Der erhaltene obere Teil der ältesten gehört ins 16. oder frühe 15. Jh. v.Chr., die größere Tafel, die weitgehend erhalten blieb, in die letzten Jahrzehnte des 13. Jhs. v.Chr. (Abb. 88a). Die Zeichen auf der älteren Tafel weisen größere Verwandtschaft mit kretischem Linear A als die der jüngeren auf. Doch daß der gesamte Komplex kypro-minoischer Schrift von ägäischer Tradition abhängt, ist in sämtlichen Beispielen evident. Der fremde, westliche Einfluß muß auf Zypern stark gewesen sein, wenn er sich von der Mitte des Jahrtausends bis in die erste Hälfte des 12. Jhs. v.Chr. in Konkurrenz mit der Keilschrift verfolgen läßt, also über dreihundert Jahre hindurch. Die kypro-minoische Schrift

---

[2090]Cl. Schaeffer-J.-Cl. Courtois-J. Lagarce, Syria 45, 1968, 262ff., bes. 267f. Abb. 4 und 5; E. Masson, in: Alasia I 457ff.; dies., Kadmos 12, 1973, 76ff.; P. Meriggi, in: Anatolian Studies Presented to H.G. Güterbock (1974) 216ff. Taf. 24; Buchholz a.O. (Anm. 2066, Tagung Hamburg) 121ff. Abb. 32 (Abrollung); Heubeck a.O. 56 mit Anm. 331 (weitere Lit.) und zuerst: O. Masson, Un Cylindre Inscrit Chypro-Minoen Trouvé à Enkomi, in: CRAI 1969, 606ff.

[2091]E. Masson, Premiers Documents Chypro-Minoennes du Site de Kalavassos-Ayios Dhimitrios, in: RDAC 1983, 131ff. Taf. 18,1-8; dies., in: Symposium Nikosia 1985 (1986) 180ff.; auch BCH 107, 1983, 930 Abb. 50a.b.

[2092]a) 'Enkomi-Tafel 1955' und b-c) stark beschädigte beidseitig beschriebene Tafeln (P. Dikaios, 1193/1952 und 1687/1952, unsere Abb. 88a); d) Bruchstück einer beidseitig beschriebenen Tafel (Cl. Schaeffer, 53.2/1953); e) Bruchstück einer beidseitig beschriebenen Tafel (Cl. Schaeffer, 1969), s. umfangreiche Lit. und Beschreibungen bei Heubeck a.O. 55ff. mit Abb. 27-29; bes. P. Dikaios, Antiquity 30, 1956, 40ff. Taf. 9; E. Masson, La Plus Ancienne Tablette Chypro-Minoenne 'Enkomi 1955', in: Minos 10, 1969, 64ff. *In situ*-Aufnahme des Bruchstücks 1969: BCH 91, 1970, 250 Abb. 99. — Ferner P. Dikaios, Enkomi II (1971) Taf. 314a; 315 oben; 317 und 318; 319/115-321; I. Nikolaou, Cypriot Inscribed Stones (1971) 9f. Taf. 1a.b; Taf. 2; J. Faucounau, Le Développement de Écriture à Chypre au Cours du Deuxième Millénaire, in: Kongreß Nikosia 1982 (1985) Band I 149ff.

hat im 13. Jh. v.Chr., wie sich bereits an kleineren Denkmälern zeigen ließ, so auch mit Briefen Ugarit erreicht (s. die Schrifttafeln, Abb. 89n.o und 90b[2093]). Es läßt sich denken, daß derartige Briefe auf Zypern geschrieben, jedoch in Ugarit gelesen worden sind[2094].

Im ganzen bezeugt das erstaunlich angewachsene kypro-minoische Schriftmaterial aus Ugarit, Enkomi, Hala Sultan Tekke und Hagios Demetrios einen bemerkenswerten ägäischen Einfluß. Diese lineare Schrift ist nicht nur zum Zweck der Buchführung, vielmehr auch für fortlaufende Texte verwendet worden. Seit ihrem ersten Auftreten unter den Bodenfunden, haben wir dank des Quellenzuwachses einen guten Überblick über Zeichenbestand, Datierung und lokale Differenzierungen. Gegenüber dem Zeichenbestand der kretisch-mykenischen A- und B-Schriften haben wir es mit einem der Zahl nach reduzierten System von Silbenzeichen zu tun. Doch es steht das erfolgreiche Bemühen um die Erstellung einer stammbaumartigen Skizze der Entwicklungslinien bis hin zu den späteren kyprischen Syllabarsystemen noch aus. Auch eine allgemein nachvollziehbare Lesung ist bis heute nicht gelungen.

[2093]Abb. 89n.o, Schrifttafel 1953, s. Cl. Schaeffer, More Tablets from Syria and Cyprus, in: Antiquity 28, 1954, 38ff.; ders., Matériaux pour l'Étude des Relations entre Ugarit et Chypre, in: Ugaritica III (1956) 227ff. und O. Masson, Documents Chypro-Minoens de Ras Shamra, ebd. 233ff. Taf. 8a. 9b-d; E. Masson, Symposium Nikosia 1985 (1986) 186 Abb. 5a.b. — Unsere Abb. 90b, vollständig erhaltene, beidseitig beschriebene Tafel, Fund-Nr. 20/25.1956, s. O. Masson, Minos 5, 1957, 27 Nr. 360; ders., in: Ugaritica IV (1962) 122 Abb. 100a.b und VI (1969) 379ff.; E. Masson, Cyprominoica, Répertoires, Documents de Ras Shamra (SIMA 31,2, 1974). Weitere Lit. gesammelt in: Heubeck a.O. 60 Nr. 3. Dazu H. Klengel, Kolloquium Mainz 1985 (1990) 41 Abb. 4.

[2094]Schon in meiner Rezension von Ugaritica III (in: Minos 6, 1958, 74ff.) war ich bestrebt, den enormen schriftgeschichtlichen Gewinn zu würdigen, der von den damaligen Neufunden ausging und heute dank der analytischen Bemühungen von O. und E. Masson und vielen anderen in einen allgemein kulturgeschichtlichen Zugewinn umgemünzt worden ist.

Kapitel 13

Zu einigen Bildmotiven und ihrer Weitergabe

1. *Bemerkungen zu Methodischem und Zielsetzungen*

Es sieht nicht so aus, als ob Bilderfeindlichkeit ein Urbedürfnis der Menschheit ist oder einmal gewesen wäre. Das Sich-Aussprechen-Ausdrücken im Bild gehörte im Gegenteil zu den frühest faßbaren menschlichen Äußerungen überhaupt, nicht zuletzt im Griff nach letzten Dingen. Wo sich indessen später ein Bilderverbot in der Religion durchsetzte (Judentum, Islam, Bilderstreit der Ostkirche, geistige Strömungen im Protestantismus), ist nicht allein Nüchternheit, vielmehr häufig ein Ausweichen in die Kalligraphie und in die liebevolle Ausgestaltung des Ornaments zu beobachten. Aus diesem Grunde, doch vor allem um seiner selbst willen, gehört letzteres zu unserem Thema. Hierzu ist die Literatur recht umfangreich und leuchtet die unterschiedlichsten Aspekte aus. Ich möchte Nachdruck auf Beachtung der methodischen Ansätze von Paul Jacobsthal legen, nenne jedoch aus der Menge des Schrifttums lediglich P. Meyer, Zur Formenlehre und Syntax des griechischen Ornaments (1945) mit der Rezension von K. Schefold, Gnomon 25, 1953, 200f., sowie für den prähistorischen Bereich die Forschungen von Brinna Otto: Geometrische Ornamente auf anatolischer Keramik; Symmetrien frühester Schmuckformen im Nahen Osten und in der Ägäis (1976) und Die verzierte Keramik der Sesklo- und Diminikultur Thessaliens (1985).

Wie weit oder eng wir räumlich, zeitlich und sachlich das Feld unserer Betrachtung abstecken, hängt nicht zuletzt von den Proportionen unseres Buches ab, in welchem diesem Thema nur ein eng begrenztes Kapitel vorbehalten bleibt. Jedenfalls wäre als Anregung zum Weiterdenken und -forschen u.a. auf H. Schäfers Buch "Von ägyptischer Kunst" (4. Aufl., 1963) zu verweisen; denn er schrieb im Vorwort: "Ich stelle die ägyptische mit vielen anderen Künsten als 'vorgriechisch' zusammen". Mehr noch erweist sich "Arrest and Movement" von H.A. Groenewegen-Frankfort (1951/1972) als unentbehrlich, weil altägyptische, mesopotamische und minoische Kunst subtil nebeneinander behandelt wurden. Freilich enthalten nicht wenige historisch orientierte Kunstgeschichten, eingebettet in chronologische Bezüge, Hinweise auf ikonographische Phänomene. Als Beispiel anstelle vieler verweise ich auf A. Moortgats Werk "Die Kunst des Alten Mesopotamien" von 1967 mit dem Untertitel "Die klassische Kunst Vorderasiens"[2095]. Doch mit dem historischen Verstehen allein ist es nicht getan. Und B. Snell führte in einer unten

---

[2095]"Klassik" mag in diesem Zusammenhang befremden. Doch als A. Moortgat Professor in Berlin war, gab man dort in den sechziger Jahren die "Dissertationes Berolinenses" heraus, und deren Rahmenthema lautet: "Das Problem der Klassik im Alten Orient und in der Antike".

mehrfach zitierten Rede aus: "Die Unendlichkeit der wissenschaftlichen Aufgabe liegt nicht mehr an der Menge dessen, das es methodisch zu bewältigen gilt, sondern an der Tiefe, die verstanden sein will"[2096].

Bildmotive können, wie oben angedeutet, zugleich religiöse Symbole sein und gehören dann in das anschließende Kapitel. Andererseits mögen sie auch wesentlich dem dekorativen Kunsthandwerk zugerechnet werden und zur "schönen Form" verblaßt sein. Doch selbst bloßer "Schmuck" besaß einen tiefsinnigen Hintergrund, sofern man von seiner Benennung im Griechischen als "Kosmos" ausgeht. Sprechen wir von "Ikonographie", darf es sich nicht einfach um Bildinhalte handeln. Vielmehr ist bei deren Übernahme von der einen Kultur in die andere auch nach dem Wie zu fragen: In welcher Gestalt, mittels welchen Mediums, auf welchem Wege und zu welcher Zeit — womöglich mehr als einmal — erfolgte sie?

Es liegt jedenfalls nicht nahe, daß ein monumentaler Bildgedanke — etwa verwirklicht im mykenischen Löwentor (Abb. 50[2097]) —, der obendrein im 'Entlastungsdreieck' der bautechnischen Voraussetzung bedurfte, sich zur Übermittlung mikroskopisch kleiner Bildformate bediente — etwa eines Siegelbildes — oder den Erfahrungsbereich des Steinmetzen mit dem des Goldschmieds oder willkürlich mit dem des Vasenmalers bzw. der Weberein, Wirkerin oder Strickerin vertauschte, und vielleicht gar anstelle anschaubarer konkreter Stofflichkeit die Übertragung durch Sprache und Mythos erfolgte. Freilich ist unübersehbar, daß sich Wort und Bild ergänzten, wechselseitig beeinflußt haben[2098]. Mehr noch: "Wenn der σοφός ursprünglich ein χειρίσοφος war, wie der Eigenname eines frühen kretischen Holzschnitzers bezeugt, ein χειροτέχνης, wie man später sagte, so war bei diesem 'Hand-Kundigen' das Praktische nicht vom Theoretischen geschieden. Das ist natürlich für eine Zeit, der der Gegensatz Körper-Geist, Leib-Seele noch fremd ist"[2099]. So jedenfalls sieht sich die Sache von der hellenischen Seite aus an!

Doch wechselseitige Beeinflussung von Handwerken, symbolische Formen oder Übernahme von Bildern sind Vorgänge mehr in ein und derselben Kultur als beim Übermittlungsvorgang von der einen in die andere, natürlich stets auch beides. Wäre dem nicht so, hieße es beispielsweise sinnlich Wahrnehmbares mit sprachlich Formuliertem und Gedachtem gleichsetzen zu wollen. Andererseits waren Zusammenhänge zwischen Architekturformen und entsprechenden tragenden und lastenden Elementen am Gerät — beispielsweise Kyriatiden und Spiegelträgerinnen[2100] — von eminenter Bedeutung. Hierher gehören grundlegende Studien H. Drerups/Marburg, über die H. Kyrieleis wie folgt urteilt: "Einen ganz neuen Ansatz, der mit verbreiteten Vorstellungen aufräumt und entscheidend zum Verständnis der Entstehung griechischer Architekturformen beiträgt, fand er z.B. in dem Aufsatz

---

[2096]B. Snell, Klassische Philologie im Deutschland der zwanziger Jahre, in: Der Weg zum Denken und zur Wahrheit (1978/1990) 109.

[2097]Vgl. hierzu oben Anm. 455.

[2098]Hierzu wichtige Beobachtungen von N. Himmelmann-Wildschütz, Erzählung und Figur in der archaischen Kunst, in: AbhMainz (1967) 73ff.

[2099]F. Maier, Der Sophos-Begriff, Diss. München 1970; obiges Zitat aus Snell a.O. 32ff.

[2100]H. Drerup, MWPr 1975/76, 11ff. und Nachruf von H. Kyrieleis, Gnomon 69, 1997, 176ff.

'Architektur und Toreutik in der griechischen Frühzeit', der unter umfassender
Berücksichtigung entsprechender Erscheinungen in der vorderasiatischen Baukunst
die Bedeutung metallener Schmuckformen für die vormonumentale griechische
Holzarchitektur und die Entstehung der griechischen Bauordnungen verständlich
macht[2101] ... Ein Grundzug seiner Forschung und Lehre ist vielleicht mit dem
Begriff der Strukturforschung am kürzesten bezeichnet, obwohl Drerup den Struk-
turbegriff nicht mit der theoretischen Abstraktion behandelte, die etwa für die
entsprechenden Forschungen von G. von Kaschnitz-Weinberg oder F. Matz kennzeichnend sind"[2102]. Andere haben W. v. Humboldts Begriff der "inneren Sprach-
form" aufgenommen (K. Reinhardt), und wieder von anderen ist er während der
produktiven zwanziger Jahre unseres Jahrhunderts als "innere Form" zur Vertiefung
vorgegebener Stilbegriffe genutzt worden: "H. Wölfflin und die Wiener Kunst-
historiker haben den Stilbegriff ausgeweitet und damit der Kunstgeschichte einen
Weg gewiesen, wie sie Geistesgeschichte werden und ihre sprachlosen Monumente
zum Reden bringen konnte"[2103]. "Der Begriff des Kunstwollens" (1920) und jener
der "symbolischen Form" (1927) stammen mit den angegebenen Daten aus Titeln
von E. Panofsky[2104], somit aus Studien, die sich bereits mit damals vorgegebenen
kunsttheoretischen Ansätzen A. Riegls, W. Worringers, H. Wölfflins, G. Krahmers
und G. Rodenwaldts auseinandersetzten. Der geistige Nährboden produktiver, tiefer
Betrachtungsweisen waren die Jahrzehnte, in welchen Stefan George ebenso Einfluß
auf die Altertumswissenschaften ausübte wie etwa ein im Grunde biologischer,
jedenfalls für die Geisteswissenschaften nicht ungefährlicher, "geschichtsphilosophi-
scher" Ansatz O. Spenglers im "Untergang des Abendlandes".

   Was in der nicht leicht überschaubaren Literatur konkret zu unserem Thema
zusammengetragen wurde, zeigt relativ neu und umfassend J.L. Crowley in "The

---

[2101]H. Drerup, in: Mitteilungen des Deutschen Archäologischen Instituts 5, 1952, und
Kyrieleis a.O. 177. Zu einem Teil des Werks von G. v. Kaschnitz-Weinberg s. oben Anm.
470.

[2102]Kyrieleis a.O. 178f.

[2103]Snell a.O. 117 (aus einem Vortrag, den er bereits 1932 gehalten, jedoch erst 1978 zum
ersten Mal publiziert hat). — Die erste Hälfte unseres Jahrhunderts brachte eine Menge
fruchtbarer Ansätze hervor: Bereits 1908 erschien von W. Worringer "Abstraktion und
Einfühlung, ein Beitrag zur Stilpsychologie", 1959 bestand Bedarf an einer Neuausgabe.
1925 erschien von J. Stenzel "Sinn, Bedeutung, Begriff, Definition", 1958 unverändert
abgedruckt.

[2104]1985 wieder abgedruckt in: E. Panofsky, Aufsätze zu Grundfragen der Kunstwissenschaft.
Zu Person und Werk s. auch D. Wuttke, Einstein der Kunstgeschichte, Erwin Panofsky zum
hundertsten Geburtstag, in: Wolfenbütteler Renaissance Mitteilungen 16, 1992, 91ff. Hinter
Panofskys Aufsatz "Die Perspektive als 'symbolische Form'" (Vorträge der Bibliothek
Warburg, 1924/25 [1927] 258ff.) stand als Anregung E. Cassirer, Das mythische Denken,
Philosophie der symbolischen Formen II (1925). Nach und nach sind viele solcher methodi-
schen Ansätze abgewandelt Allgemeingut aller geisteswissenschaftlichen Disziplinen gewor-
den, z.B. der Germanistik, vgl. etwa "Die symbolische Formelhaftigkeit von Eichendorffs
Prosastil" bei W. Kohlschmidt, in: Form und Innerlichkeit (1955) 120ff. 177ff.

Aegean and the East; an Investigation into the Transference of Artistic Motifs between Aegean, Egypt, and the Near East in the Bronze Age" (1989). Außer um den Inhalt der Bilder selber geht es der Verfasserin um die Unterscheidung von aussagestarken und aussageschwachen Bildelementen, solchen kulturübergreifender Art ("Motifs of the International Repertoire") und von anderen, welche nach Stil und Gehalt lokal geprägt sind, wie um Akzeptanz und Zurückweisung bestimmter Motive, um das Problem der Wanderhandwerker, direkte Importe oder Auftragskunst, erledigt durch Fremde, kurzum um ein anspruchsvolles Programm[2105].

Allgemein ist bekannt, daß mit sehr einfachen Mitteln in der Kunst Wesentliches unterschieden werden kann: Es wird etwa durch die Größenverhältnisse Bedeutsames vom weniger Bedeutungsvollen abgesetzt, der einfache Mensch vom Herrscher, dieser vom Gott oder der Mensch vom Tier (Abb. 2a) und umgekehrt (Abb. 2b). Es kann der Kopf der Figuren sorgfältig ausgeführt und ihr Rest vernachlässigt werden, je nachdem, was als wichtig oder unwichtig gilt. Ein nächster Schritt wäre dann, nur Köpfe — *pars pro toto* — zu bilden, bzw. zu zeichnen (z.B. Abb. 3b und 75g [Stierköpfe im Profil]; Abb. 18b und 96f.h [Tierkopfrhyta]; Abb. 67 o und 76a [vollplastische Rinderköpfe]; Abb. 103c.d.h und 104g-j [Rinderköpfe und -vorderteile]; Abb. 87a.b [Ebervorderteil und Löwenköpfe, Beil aus Ugarit][2106]). Zu Bronze- und Elfenbeingeräten mit rundplastischen Griffen oder Ansätzen in Vogelkopfform s. Abb. 83g. Ferner gibt es an mykenischen Tassen, in mehrfarbigen Metallintarsien, gereihte menschliche Köpfe im Profil, ähnlich ebenfalls an einem Trichterrhyton aus Zypern (Abb. 96e, oberste Reihe), wie schließlich Kriegerköpfe mit Eberzahnhelm im Profil als späthelladische Elfenbeinintarsien, außerdem häufig Kälber- und Rinderköpfe oder Bukranien en face in der minoisch-mykenischen Vasenmalerei und als kyprische Goldohrringe (Abb. 18a; 65a-f; 98e.g). Die geschlossene Hand als Bekrönung einer Elfenbeinnadel aus dem spätbronzezeitlichen Assur (Abb. 65q) gehört wohl in eine andere Gruppe der pars pro toto-Erscheinungen. Es läßt sich schwerlich behaupten, daß derartiges in der einen oder anderen Kunstlandschaft "erfunden" worden sei. Immerhin zeigen manche "Kunstschulen" — vielleicht einzelne Werkstätten — Vorlieben und prägten aus Vorgegebenem feste Formen oder Formenkombinationen, die dann wiederholt wurden. Als Beispiel wäre auf oben aufgeführte mykenische Stierprotomen zu verweisen, die zur Benennung des kypro-mykenischen 'Protomenmalers' geführt haben (hauptsächlich Kannen mit Bildern wie Abb. 3b). En face-Tiergesichter sind

---

[2105]Zu J.L. Crowley schon oben Anm. 1510.

[2106]F. Hölscher (Die Bedeutung archaischer Tierkampfbilder [1972] 100) vermutete, daß sich die Beschreibung von Darstellungen auf dem Telamon des Herakles in Odyssee 11,609ff. (Bären, Eber, Löwen usw.) nur auf die Protomen derartiger Wildtiere beziehe, doch ist dies nicht erweisbar, auch dann nicht, wenn die Spätdatierung der betreffenden Stelle als Einschub zu sichern wäre. Vgl. T. Raubitschek, Das Schwertband des Herakles, in: Tainia, Festschr. R. Hampe (1980) 65ff. und F. Canciani, in: H.-G. Buchholz, ArchHom, Lieferung N (1984) 81f. (beide mit der älteren Lit.).

offenbar von den Ägyptern als typisch kretisch-minoisch empfunden worden (Abb. 18a).

Es handelt sich um Bildreduktionen, um Abstraktionen und Disproportionierungen, die sich gerade in der mykenischen Vasenmalerei der menschlichen Figur bemächtigten und von ihr manchmal nicht mehr übrig ließen als einen von der Seite gezeichneten strichdünnen Körper mit vernachlässigten Armen, doch gelegentlich etwas sorgfältiger dargestellten Beinen, unter Angabe von Nase und Haar bei Weglassung des Mundes im Kopfprofil (Abb. 10e; 45d; 96c). Zur Kennzeichnung hochgestellter Personen genügte statt des Körpers ein undifferenziert flächig gegebenes langes Gewand unter Weglassung von Armen und Beinen, jedoch mit Hinzufügung von Adelsattributen: Schwert und Helm (Abb. 10e; vgl. 98 l [minoisch]; im Prinzip ähnlich, in der Ausführung sorgfältiger: Abb. 72d; 91b; 95a; 96a). Auch die Reduktion späthelladischer weiblicher Idole auf die Phi- und Psiform entsprach solchen Tendenzen (Abb. 49). Die geradezu unbekümmerte Vernachlässigung natürlicher Details bei der mykenischen Wiedergabe von Menschen wird im Vergleich mit mittelassyrischen Entsprechungen sowohl in der Flächenkunst (Abb. 64d.f) als auch im Rundbild deutlich (Abb. 65p). Sp. Marinatos hat einmal von "Röntgenbildern in der mykenischen Kunst" gesprochen, nämlich dann, wenn etwa von Fischen im Vasenbild nicht viel mehr als ihr Grätengerüst übrig geblieben ist (Praktika tes Akademias Athenon 41, 1966, 1ff., mit deutscher Zusammenfassung). Auch fliegende Vögel, ins Innere späthelladischer Schüsseln gemalt, sind mit so wenigen Strichen charakterisiert, daß sie wie Kinderzeichnungen gerade noch als Vögel erkennbar sind (Abb. 75c.h.i).

Wenn man ein Ornament oder Bild — vgl. flächenfüllende Schulterbilder mykenischer Kratere (Abb. 46f; 73a) — in einem quadratischen Rahmen unterbrachte, war der Schritt zur "Metope" getan, befand sich etwas im Entstehen, das als "Metopenstil" ein wichtiges Merkmal späthelladischen keramischer Malerei werden sollte, im 12. Jh. v.Chr. Zypern sowie die übrige Levante in Gestalt von Importen erreichte und sich dann recht ausgeprägt in der philistäischen Vasenmalerei auslebte[2107]. Daß jedoch nicht jeder "Felderstil" notwendig als Abkömmling

---

[2107]Zu derartigen Fragen haben nach A. Furumark u.a. T. Dothan und F. Schachermeyr viel geleistet. Er kam immer wieder auf die Bild- und Ornamentsyntax später und spätester mykenischer Keramikgattungen zurück und sparte nicht mit der Erfindung immer neuer Bezeichnungen, z.B. eine Kostprobe aus seinem Buch "Die mykenische Zeit und die Gesittung von Thera" (1976) 255f.: Im entwickelten SH IIIB "bleiben die Skyphoi weiter im leichten Stil verziert, doch wird die Gliederung in Metopen nur mit Hilfe von vertikalen Lamda-Kaskaden und auch von Strichbündeln erzielt ..." In seinem 1980 erschienenen Buch "Griechenland im Zeitalter der Wanderungen" 465f. (Liste mit allgemein verständlicher deutscher Überschrift: "keramische Stile und Gattungen"), sodann in einer teilweise englisch geprägten Mischsprache, die allerdings deutsch gemeint zu sein scheint: Close Style (Middle IIIC), Fransenstil-Keramik, Nobleware, Phantastischer Spiralstil, Pictorialware, Zwischenware usw. Schließlich in dem 1982 erschienenen Buch "Die Levante im Zeitalter der Wanderungen" 316: Levantinischer Stil von kypr. Middle IIIC, Fluchtkeramik, Close Style, Zwischenware usw. Was ich vom sprachlichen Vermögen jener Leute halte, die ohne Rücksicht auf die Sinnverschiedenheit von englisch "ware" und deutsch "Ware" so tun, als ob es sich um

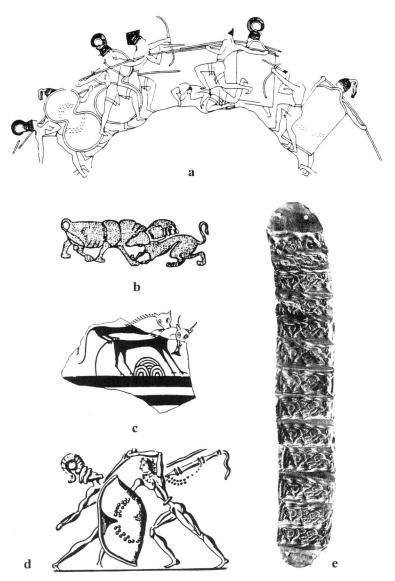

Abb. 94 a-e. Motiv des Tierüberalls und mykenische Kriegsbilder:
a Zeichnerisch ergänzte Schlachtdarstellung an einem Silbergefäß aus
Mykene, Schachtgrab A III; Athen, Nat.-Mus. — b.e Hierokepos bei
Paphos/Westzypern, spätbronzezeitliches Grab mit mykenischer Keramik
und goldenem Stirnband (e), auf dem dreizehn Mal dasselbe Bild eines
Löwen, der ein Rind schlägt, wiederholt ist (b). — c Kasanli/Kilikien,
Scherbe nach Art kypro-mykenischer Vasenbilder (SH III C), Löwe
überfällt Rind, Oxford, Ashm.Mus., Inv.-Nr. 1930/655a (OJA 6, 1987,
327f.). — d Mykene, Schachtgrab A/III, goldenes Schmuckstück mit
Zweikampfszene; Athen, Nat.-Mus.

solcher ägäischen Stiltendenzen angesehen werden muß, zeigen dortige, chronologisch früher anzusetzende "bichrome" Kannen. Sie weisen nämlich metopenartige Ornamentquadrate neben Streifendekor, fortlaufenden Spiralen und mit geometrischen Mustern gefüllten Horizontalbändern auf (Abb. 79a-c; 80a-d, vgl. 48a).

Während das Flechtband als ein Lieblingsmuster der syrischen Kunst gilt (z.B. Abb. 3f; 92a.d.f.j; 97b), wertet man die Spirale, einzeln, als Band oder als Flächenmuster allgemein als ein ägäisches Stilindiz, und dies gerade in der levantinischen oder ägyptischen Fremde (Abb. 18a; 46d; 48a [Ras Schamra, "bichrome Keramik"]; 70j.k; 74d; 96g.j; 101a.b; 102f; 103a.b.e.f.h[2108]).

Es ist ein bekanntes Phänomen, daß manche Kulturen in ihrer Kunst die statische Ruhe bevorzugen, wie sie sich in der Aneinanderreihung von Gleichem ausdrückt, etwa im Bilderfries, oder auch im Motiv des Stehens auf dem Rücken eines Tieres (Abb. 16a.b.c). Und daß andere Kulturen mehr an heftiger Bewegung, der Dynamik des wiedergegebenen Geschehens, interessiert sind. In deren Repertoire hat das Bild von Tieren im gestreckten Lauf, dem "fliegenden Galopp", seinen Platz (vgl. Abb. 3f; 4b.d; 5d.i; 18b; 92e). Man findet etwa in gleicher Zahl Beispiele davon sowohl in der syrischen wie in der ägyptischen Kunst[2109].

Die simple Reihung in Friesen und Zonen produziert unter Umständen eine starke Eindringlichkeit des ewig Wiederholten, wie etwa als Relief gegossene Doppeläxte auf einem bronzenen Gefäß aus Ostkreta (Abb. 99a). Und wiederum stammt die Erfahrung der Wiederholbarkeit aus der Technik des Siegel-Abrollens oder -Abdruckens. Mindestens was das Rollsiegel angeht, gehörte die Priorität der Erfahrung dem Orient und nicht der Ägäis. Wie sich Bildfriese in der Wiederholung von Gleichem oder doch alternierend Ähnlichem ergeben, erweist die zeichnerische Abrollung des Ritzdekors einer zylindrischen Elfenbeinbüchse aus Assur: Abb. 100h. Die Erfahrung der Wiederholbarkeit hat beim Stempelsiegel entweder in Kreta oder in einer uns dunklen Kulturzone (nach manchen Forschern an der südanatolischen Küste) zum Stempeln von Schrift geführt, wie dies der Diskos von Phaistos ausweist.

Rhythmisierung von Gefäßflächen durch Streifen und Bänder gehört ohne Rücksicht auf Regionen zu allgemein üblichen Dekors wie ja auch Flächengliederungen in Horizontalzonen. Beispiele sind unter den diesem Buch beigegebenen Abbildungen so häufig, daß ich auf Einzelzitate verzichte. Doch kulturspezifisch, zunächst kretisch, dann auch festländisch-helladisch, sind gewellte und aus mehre-

---

austauschbare Synonyma handle, habe ich mehrfach, bes. in Rezensionen, gesagt. — Dennoch weise ich hier auf Schachermeyrs Buch von 1982 besonders hin, weil er in dem Abschnitt "Art und Geschichte der Philisterkeramik" 236ff.) mit großer Gründlichkeit, trotz der terminologischen Verwirrung, deren Zusammenhang mit der mykenischen Vasenmalerei erfolgreich aufgespürt hat.

[2108]Zu Spiralen am Silbergeschirr von El-Tôd vgl. Anm. 2008 und 2012. "Zur Frühgeschichte der Spirale, eine aigaiisch-anatolische Studie": F. Matz, in: Mélanges A.M. Mansel I (1974) 171ff. Zusammenfassend zu Flechtband und Spirale: J.L. Crowley, The Aegean and the East (1989) 449ff. Abb. 259-280, S. 453ff. Abb. 281-308 und passim.

[2109]Crowley a.O. 458ff. Abb. 309-326.

ren Parallellinien bestehende Zickzackbänder, welche den gesamten Gefäßkörper gewebeartig umfangen und Zwischenräume mit pflanzlichen oder anderen Elementen (z.B. Doppeläxten) füllen (vgl. Kamarestassen, Abb. 69d.e; sowie als Beispiele unter vielen: Festlandsgefäße aus Hagios Stephanos/Peloponnes und Thermos/ Aitolien, Abb. 98b.h; ferner Scherben aus Rhodos, Abb. 74e.f). Sie haben nichts zu tun mit den einfachen oder doppelten horizontalen Wellenlinien, die zeitspezifisch (SH IIIC) und für die Gattung von Gefäßen aus dem Bereich der Kornspeicher Mykenes charakteristisch sind. Diese Gattung wurde deshalb von den englischen Ausgräbern "Granery"-Keramik genannt und fand sich zahlreich in Enkomi[2110], wirkte außerdem auf den Dekor anderer endbronzezeitlicher Gefäßgattungen Zyperns ein (Abb. 77e-f, sogenannte "Proto-Whitepainted Pottery").

Rundkompositionen, manchmal um eine Rosette oder ein "Würfelauge" im Zentrum, waren meist durch die Gestalt des zu schmückenden Gegenstands vorgegeben: so bei runden Medaillons und Siegeln (z.B. Abb. 91c-f.h-k; 93a.f), Teller-, Schalen- oder Schüsselinneren (z.B. Abb. 4b; 75a-j[2111]; 97b[2112]), bei kreisrunden Flächen an Feldflaschen und ähnlichen Gefäßarten (Abb. 45d; 77d), auch oben auf Deckeln zylindrischer Büchsen (Abb. 64h).

Konzentrische Kreisgruppen, besonders sogenannte "Würfelaugen" (z.B. Abb. 4b [Kompositionsmitte]; 31e; 45d [Kompositionsmitte]; 64a.c; 75a-j [Kompositionsmitte]; 92e.f; 100h; 103h; 108b-g), sowie Rosetten[2113] und "Kreuzblumen" (s. zu letzteren Abb. 74e.f) kommen je nach Kulturzugehörigkeit und Zeitstufe unterschiedlich als bedeutsames eigenständiges Motiv oder bloßes Füllmuster komplexer Ornament- und Figurenkompositionen vor. Besonders die Rosette stand in einer langen Bildtradition und wurde bald stärker als Blüte, jedenfalls als pflanzliches Element, empfunden, bald stärker als astral oder solar (z.B. am Würdezeichen, einem Silber-Gold-Oberarmband, aus dem 4. Schachtgrab von Mykene: R. Hampe-E. Simon, Tausend Jahre frühgriechische Kunst [1980] 197 ("Sonnenblume"), 199 Abb. 310; ferner unsere Abb. 65i-k, Goldanhänger aus Perati/Ostattika; Abb. 77d, sechszackiger Stern in dreifachem Kreis, Salamis/Zypern). In Gold eingelegte Rosetten am bronzenen Zwischenstück des berühmten Eisenbeils aus Ras Schamra (Abb. 87a.b) geben sich in Verbindung mit ebenfalls eingelegtem Blattwerk zweifelsfrei als pflanzlich zu erkennen. Einen religiösen Zusammenhang bestätigt u.a. die Ausstattung der Wände eines Tempels des 13. Jhs. v.Chr. in Kar-Tukulti-Ninurta am Ostufer des Tigris mit Fritte-Palmetten, also ebenfalls vegetabilem Dekor, und Sonnenblumen in Gestalt von zwölfblättrigen Frittenrosetten (Dm 16

[2110]Schachermeyr a.O. (Die Levante im Zeitalter der Wanderungen) 281f. Abb. 74 und 75 (Vergleich von Skyphoi mit Wellenlinien aus Mykene und Enkomi/Ostzypern). Philistäische Imitation eines Wellenlinienskyphos aus Aschdod: ebd. 246 Abb. 57a.

[2111]Hierzu ausführlich oben mit Anm. 1579-1581. Deshalb Benennung als "Rosette-Deep-Bowls" (z.B. aus Midea/Argolis, OpAth 21, 1996, 18 Abb. 13).

[2112]Zentralmedaillon einer Silberschale des 7. Jhs. v.Chr. aus Kourion/Zypern mit Bild im Flechtbandkranz.

[2113]Vgl. die Zusammenstellungen bei Crowley a.O. 84ff. 440ff. Abb. 209-228 (letztere nach A. Furumark, unter Einschluß von konzentrischen Kreisen).

cm, s. R. Dittmann, MDOG 122, 1990, 167 Abb. 9). Einem so aufwendig geschmückten Raum bieten sich dreihundert Jahre ältere, sechzehnblättrige Rosetten
der Wandfresken in Akrotiri/Thera zum Vergleich an.

Die Rosette ist andererseits als Sonnensymbol immer dann gesichert, wenn der
Kontext dies bestätigt, beispielsweise bei der "Flügelsonne" auf hethitischen und
Mitannisiegeln (Abb. 91d.f.h-k [aus Ras Schamra]; Abb. 92j [aus Perati/ Ostattika]).
Auch auf dem Abdruck eines Siegelrings aus Knossos (Abb. 93b) ist zwar keine
Flügelsonne, wohl aber ein großer Strahlenkreis, den zwei Vögel flankieren, zu
sehen. Ebenso dürften Rosetten über Stierköpfen (Abb. 18a) und in ägäischen und
kyprischen Darstellungen der Rosettenwirbel auf der Stirn von Rindern und Kälbern
(Abb. 65d, goldener Kälberkopfohrring[2114]) nichts anderes bedeuten, als daß das
betreffende Wesen als Sonnentier gekennzeichnet ist. Dann sind die oberen Ab-
schlüsse von Stielen der Doppelaxt in Form von Scheiben, die ein Punktkreis
umschließt, gewiß ebenfalls als Sonnensymbol anzusehen (Abb. 71f-j)[2115].

Bereits M.P. Nilsson hat in seiner "Minoan-Mycenaean Religion" (2. Aufl.,
1968, 414ff.) Kreise, Scheiben, Strahlengebilde, Rosetten und Raddarstellungen
(wie Abb. 42f, SH-Frgt., Ugarit) aus Kreta und Mykene unter dem Aspekt der
"Sonnen-Motive" zusammengefaßt und in den Abbildungen belegt. So sind denn
manche Kreissymbole auf südosteuropäischen Beinschienen — verbunden mit
Vogeldarstellungen — eher Räder als Rosetten (Abb. 108f[2116]. Das schon mehrfach herangezogene, von dem klassischen Archäologen K. Schefold als "tiefdrin-
gend"[2117] gelobte Buch A. Moortgats "Tammuz" (1949) behandelt Rosetten unter
den "zeitlosen Motiven", von denen es heißt: "Die Lebenszähigkeit und nahezu
ungestörte Kontinuität müßte uns allein schon verraten, daß wir es in ihnen mit
überzeitlichen, übervölkischen Dingen zu tun haben, die eine dauernde Grundlage

---

[2114]Zu erkennen an einem solchen Ohrring aus Sinda/Zypern (Ausgrabung A. Furumark), s.
G. Walberg, Boreas 9, 1978, 53ff. Abb. 5 und 6; H.-G. Buchholz, Kälbersymbolik, in: APA
11/12, 1980/81, 137f. Nr. 89 Abb. 17a.b. — Sechsblättrige Goldrosette an einem Silberrhyton in Stierkopfgestalt aus dem 4. Schachtgrab von Mykene, s. Sp. Marinatos-M. Hirmer,
Kreta, Thera und das mykenische Hellas (2. Aufl., 1973) Taf. 197.

[2115]Vgl. H.-G. Buchholz, Zur Herkunft der kretischen Doppelaxt (1959) 12 Abb. 2a-d: Die
Motiventwicklung möchte ich jetzt in der Reihenfolge a-d-b-c sehen, also zunächst Sonne
über der Axt, erst dann mit dem oberen Stielende verschmolzen und so schließlich weiterentwickelt. — Nicht allzuviel Gewicht möchte ich auf das Erscheinen von radartigen Zeichen
unter den Barrenmarken vom Kap Gelidonya legen, s. Abb. 55 Nr. 40-42. Weiteres unten
Anm. 2379-2382.

[2116]Vgl. G. Kossack, Studien zum Symbolgut der Urnenfelder- und Hallstattzeit Mitteleuropas
(1954) 85ff. Taf. 10 und 16 (Radanhänger). Zur Beinschiene Abb. 108f auch P. Jacobsthal,
Greek Pins (1956) 19 (Lit.) Abb. 63. — Weiteres unten S. 671ff.

[2117]K. Schefold, Orient, Hellas und Rom in der archäologischen Forschung seit 1939 (1949)
234.

altorientalischen Denkens und Empfindens bilden"[2118].

Es ist noch darauf zu verweisen, daß unter den minoisch-mykenischen elfenbeinernen Prachtkämmen diejenigen unseres Typs IVb und c (Abb. 62) "Rosettenkämme" sind, d.h. daß die Mitte ihrer Griffplatten von einer Blattrosette bekrönt wird. Und bei den eingehend besprochenen Ringmessern gibt es den Fall, daß der Ring am Griffende durch eine ebenfalls elfenbeinerne Rosette abgelöst wurde (Abb. 85 l, Palästina). Als besonderes Würdezeichen tritt die Rosette am Armreif assyrischer Könige auf. Die Tradition des Symbols läßt sich an gleicher Körperstelle bis zur sechzehnblättrigen Rosette an einem bereits genannten, teils goldenen und teils silbernen Armreif eines Mannes aus dem 4. Schachtgrab von Mykene zurückverfolgen[2119].

Schließlich ist noch ein Sonderfall zu besprechen, nämlich je eine Rosette über jeweils einem achtförmigen Schild in Reihen von friesartig angeordneten Schilden als Raumdekorationen von Tiryns und Mykene. Deren Vorbild dürfte in Knossos zu suchen sein, wo allerdings Rosetten an entsprechender Stelle nicht nachzuweisen sind (Evans, PM III [1930] 302ff. Abb. 190 Farbtaf. 23). Reflexe derartiger Wanddekorationen gibt es vielfach in der Vasenmalerei, beispielsweise an einem fragmentarischen Importstück aus Gezer/Palästina (Abb. 70c), an dem alternierend Schild-Rosette-Schild dargestellt waren. Im Falle von Tiryns hat G. Rodenwaldt nicht etwa festgestellt, daß die Rosette jeweils (kopfähnlich) oben am Schildrand sitzt, sondern daß "oben zwischen Schildrand und Spiralstreifen ein größerer Zwischenraum freibleibt, der durch eine zierliche, weiße, von schwarzen Bogen eingefaßte Rosette ausgefüllt wird" (Tiryns II [1912] 35 zu Taf. 5, wo zwischen Rosette und Schildrand keine Verbindung besteht).

Klarheit schuf der Befund in Mykene, wo vom oberen Schildrand ein mehrfarbiges Band schräg zur Rosette und von dieser schräg zum Schildrand zurückführt, also deutlich eine Aufhängevorrichtung wiedergibt, die an, bzw. hinter der Rosette befestigt zu denken ist. Mit Sicherheit handelt es sich um etwas Stofflich-Technisches (I. Kritsele-Probabide, Toichographies tou Threskeutikou Kentrou ton Mykenon [Neugr., 1982] 54ff. Nr. B 33 Farbtaf. 6a, Taf. 13 und 14a). Derartige Rosetten lassen sich demnach schlüssig als nicht zum Schild gehörig, sondern als Zierköpfe großer Wandnägel erklären.

Allein schon die Existenz derartiger Wandfriese in den Palästen von Knossos, Mykene und Tiryns spricht für den Brauch, daß reale Schilde ähnlich aufgehängt worden waren und daß dafür Vorrichtungen in Gestalt von Pflöcken oder Nägeln existiert haben müssen. Am Schild selber mag, wenn ihre Rückseite bildlich wiedergegeben ist, der gut nachzuweisende, in Aktion von der Schulter schräg über die Brust verlaufende Telamon gedient haben (Abb. 94a; zum Telamon Anm. 2106). Von vorn gesehen, wäre im aufgehängten Ruhezustand davon tatsächlich nur eine

---

[2118]Moortgat a.O. 1f. mit Abb. 2.4.5 Taf. 1a.b; 2b ("buschartige Pflanze mit hängenden Rosettenblüten" als Nahrung sumerischer Herdentiere im Bereich des mythischen königlichen Hirten). Dazu auch Crowley a.O. 440 Abb. 209.

[2119]Sp. Marinatos-M. Hirmer, Kreta, Thera und das mykenische Hellas (2. Aufl., 1973) Taf. 223a und oben S. 262.

dreieckige Schlaufe oberhalb des oberen Schildrandes sichtbar gewesen. Doch eine zusätzlich Öse oder Schlaufe hinter dieser Stelle am Schildrand hätte im Kampf weder gestört, noch wäre sie ikonographisch nachzuweisen. Ich stimme also W.-D. Niemeier (Die Palastkeramik von Knossos; Stil, Chronologie und historischer Kontext [1985] 123 mit Anm. 697 und Abb. 59) zu, der jenen Teil der Vasenbilder treffend interpretierte, die eine derartige Schlaufe aufweisen. Solche Bilder dokumentieren nicht Schilde schlechthin, sondern ausdrücklich (in Palästen oder als Weihgaben in Heiligtümern) aufgehängte! Und dies in Analogie zur Darstellung ebenfalls geweihter Kleider oder anderer geweihter Gegenstände, was ich anläßlich der Publikation jener bronzenen Doppelaxt in Herakleion ausführte, die entsprechende Gravuren aufweist (Kadmos 1, 1962, 166ff. Taf. 1a.b). Innerhalb bestimmter Kategorien sind Analogieschlüsse in Ikonographie und Symbolforschung bis hin zu dem mathematischen Satz: "Sind zwei Größen einer dritten gleich, so sind sie auch untereinander gleich" praktiziert worden (z.B. von K. Kerenyi, M. Eliade, B.C. Dietrich). Doch absurd wird die Sache, wenn ein dreifiguriges Aktionsbild (Stuckta-fel aus Mykene mit einer bewegten, schildtragenden Göttin und zwei Adorantinnen, zuletzt: B. Otto, Atti e Memorie del Secondo Congr. Int. di Micenologia, Rom-Neapel 1991 [1996] 822 Abb. 7) als formale und inhaltliche Gleichung für reine Objektwiedergaben an Wänden, Vasen und an der genannten Doppelaxt herhalten muß (s. T.E. Small, A possible 'Shield-Goddess' from Crete, in: Kadmos 5, 1966, 103ff.). Zu denken hätten die beiden Seiten der Bronzeaxt geben müssen; denn wenn der Schild in der Mitte der einen Seite tatsächlich eine Gottheit meint, dann müßte in Analogie im Zentrum der anderen Seite ein geweihtes Gewand ebenfalls eine Gottheit (womöglich dieselbe?) bedeuten, und dann wären überall, wo isoliert und ohne Handlungszusammenhang geweihte Gewänder auftreten, mit ihnen ebenfalls Götter gemeint! Mit der Kritik an Smalls methodischem Ansatz ist natürlich nicht die Existenz einer Schildgöttin, einer 'Prä-Athene Hoplismene', in Frage gestellt und sind es ebenfalls nicht die sonstigen religionshistorischen Beobachtungen von Frau B. Otto!

Rosetten, die in leeren Flächen bildlicher Darstellungen eingestreut sind, wird man bedenkenlos, wie oben angedeutet, als "Füllmuster" ohne hervorgehobenen Symbolwert bezeichnen (vielleicht Abb. 5e [mittelassyrisches Rollsiegel]; sicher Abb. 10e und 70c [mykenische Vasenbilder]; Abb. 91g [syrisches Rollsiegel aus dem Gelidonya-Schiff mit einzeln eingestreuter Sternrosette im senkrechten Tier-fries]; Abb. 92e.f [Rollsiegel aus Syrien und Tiryns/Argolis]).

Während gleichförmige Rosettenfriese an einem bronzezeitlichen Kamm aus einem Grab in Assur (Abb. 64d.f) oder zur Rhythmisierung zwischen die Bild-elemente eines Frieses eingefügte Rosetten an einer Elfenbeinpyxis aus demselben Grab (Abb. 100h) und Rosetten in den Ornamentzonen eines hethitischen Goldsie-gels aus Tamassos/Zypern (Abb. 91e) als bloße Zierformen erklärt werden können, fällt doch auf, wenn gelegentlich die leeren "Augen" in den Eindrehungen von Spiralbändern ebenfalls Rosettenfüllungen erhielten (Abb. 48a [bichrome Scherbe, Ras Schamra]; vgl. ebenfalls Abb. 80a-d). Es wird kaum Zufall sein, wenn an einem mykenischen Vasenfragment aus Rhodos ähnlich verfahren wurde (Abb. 74d). Vor allem aber war eine solche Kombination von Spiralen und Rosetten an den Goldeinlagen einer bronzenen Dolchklinge aus dem 5. Schachtgrab von Myke-

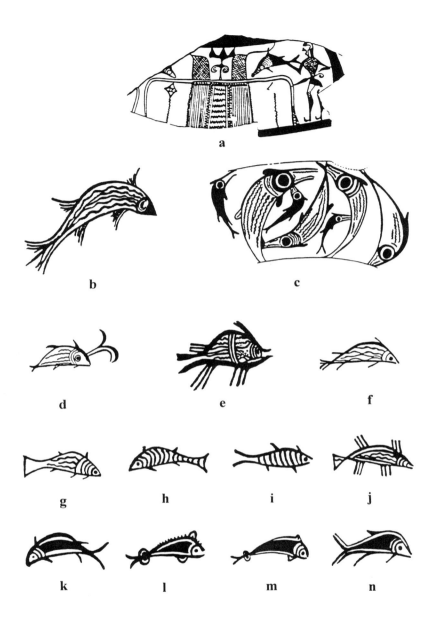

Abb. 95 a-n. Fische als häufiges Element in der minoisch-mykenischen Vasenmalerei: a.c Ras Schamra, "Sud Acropole" (1961/62), Schulterfragment eines SH III B-Kraters, Ende des 13. Jhs. v.Chr. (a); stilistisch verwandt: Abb. 96 a, und SH III B-Rhyton (c), Aleppo, Inv.-Nr. 30.310; nordöstlich des Palastes, Punkt 4789, bei ausgeraubtem Grab 4760/1968 gefunden. — b Praisos/Kreta, SM III-Sarkophag. — d.f Perati/Ostattika, SH III C-Gefäße. — e Kassel, Staatliche Kunstsammlungen, SH III B-Krater. —g-n Naxos, Bügelkannen des SH III B/C

ne bereits im SH I voll entwickelt[2120].

Bei einem heraldisch gestalteten Siegelbild aus Enkomi (Abb. 91a) kommt den beiden Rosetten links und rechts der zentralen Figur mehr Gewicht zu als bloßen Flächenfüllern. Sie mögen betonen wollen: Der dargestellte Adler ist ein besonderer Vogel, ein Sonnenvogel. So sind ja auch der "Herr des Wassers" und der "Herr der Tiere" zweier orientalischer Rollsiegel aus dem böotischen Theben durch flankierende Rosetten eingegrenzt und zugleich hervorgehoben als das Wesentliche im Bild (Abb. 92g.h). Nicht anders verhält es sich bei den beidseitig rahmenden Rosetten des geflügelten "Herrn der Löwen" auf einem Rollsiegel aus Perati/Ostattika (Abb. 92j).

Bevor wir in die Betrachtung von Figürlichem eintreten, sei ein Wort zum "technischen Ornament"[2121] gesagt, zu solchen Erscheinungen, die zur bloßen Dekoration gewordene Derivate ursprünglich funktionaler Objektteile darstellen. An griechischen Schmuckstücken sind beispielsweise prächtig verschlungene "Heraklesknoten" mühelos als zum Ornament verblaßte einstige Verschlüsse, sorgfältige Verknotungen, zu erkennen. Weniger leicht wäre wohl das farbige Streifenmuster an einem Straußenei aus Zypern (Abb. 58b) als schmückende Wiederholung von Lederriemen an einem zur Umhänge-Feldflasche hergerichteten Naturei auszumachen. Doch die Bestätigung finden wir in Riemen und sogar Metallbändern der genannten Funktion an mittelbronzezeitlichen Beispielen aus Palästina, beonders eindrucksvoll an dem Prachtstück im Hechtmuseum der Universität Haifa[2122].

So darf auch das Ziermuster einer Sonderform der Doppelaxt (aus Elektron bestehend und in den Königsgräbern von Ur entdeckt), als schönes Beispiel für die ornamentale Wiedergabe ursprünglicher kreuzweiser Verschnürung gelten[2123]. Letztere gehörte zu den häufigsten Vertretern des "technischen Ornaments" überhaupt: In meinem Aufsatz "Keramik mit Schnurabdrücken aus Tamassos" habe ich ein chinesisches Bronzegefäß abgebildet, das — mitgegossen — realistisch genau eine plastisch aufgesetzte, als Tragevorrichtung gemeinte, vielfach verknotete Kordel aufweist[2124]. Etwas weniger kunstvoll erscheint kreuzweise eine imitierte Schnur ebenso als plastisch applizierter und schräg gekerbter Wulst an einer Feldflasche der Gattung "Basering I" im Cyprus Museum (Inv.-Nr. 1991/V-23/2, s. P.

[2120]Marinatos-Hirmer a.O. Taf. 194b.

[2121]Diesen Begriff prägte C. Schuchardt in seiner Studie "Das technische Ornament in den Anfängen der Kunst", in: PZ 1, 1909, 37ff. und 2, 1910, 145ff.; vgl. AA 1909, 36 und W. Bremer, Das technische Ornament in der steinzeitlichen bemalten Keramik, in: PZ 16, 1925, 13ff.

[2122]Vgl. oben Anm. 1276. — Auch an dem Straußenei von Dredra entsprechen Dekorstreifen ursprünglichen Tragebändern, s. die Rekonstruktion, z.B. bei G. Sakellarakes, in: Thera and the Aegean World III Teil 1 (1990) 296f. Abb. 45-53.

[2123]Nachweise bei Buchholz a.O. (Anm. 2115) 29 mit Anm. 41 und S. 56 zu Taf. 13i. Zu vergleichen in der dekorativen Nutzung der Befestigung am Schaft ist ein ägyptisches Kupferbeil in Florenz, s. Buchholz, RDAC 1995, 129 Anm. 42 und S. 131 Abb. 5b.c.

[2124]Buchholz a.O. 119ff. Taf. 10f, nach Chr. Deydier, Chinesische Bronzen (Deutsch, 1981) 60f. Farbabb. 42.

Flourentzos, Die Erbschaft Zyperns [1996] Farbabb. 35).

Für unsere Untersuchung liegt der entscheidene Punkt in der Feststellung einer weltweiten Verbreitung derartiger Stiltendenzen, ohne daß sie zeitlich oder auf bestimmte Kulturen einzugrenzen wären, so daß die Übertragung von der einen in die andere in den meisten Fällen als nicht nachweisbar anzusehen ist. Spontane Konvergenz im Schmuckverhalten gerade sehr früher Kulturen ist bereits der genannten Veröffentlichung C. Schuchhardts zu entnehmen.

2. *Einige pflanzliche Motive*

In der minoischen Kunst spricht eine Vielfalt von Pflanzen für das besondere Naturverhältnis der altkretischen Kultur. Man denke beispielsweise an frühminoische achtblättrige Blüten aus Goldblech von der Insel Mochlos[2125], oder an große plastische Blumen, welche mittelbronzzeitlichen Kamaresvasen aufgesetzt sind (Abb. 69f)[2126]. Gilt dies als ureigenste Stilbesonderheit kretischen Kunstschaffens, so wird überall, wo Lotos als Motiv auftaucht, ägyptischer Einfluß vermutet[2127]. Fraglos zutreffend dürfte dies beim Dekor an Tell Yahudiyeh-Gefäßen sein (s. ein Beispiel aus Toumba tou Skourou/Zypern: Abb. 81b), während das Lotosmotiv die Ägäis erst nachhaltig über phönikische Vermittlung zur Zeit des "orientalisierenden Stils" in archaischer Zeit wirklich erreichte.

Wenn Sp. Marinatos in den Wandfresken des sogenannten Frauenhauses von Thera "Meereslilien" (*Pancratium Maritimum*) erkannte[2128], die dort ähnlich stilisiert sind wie sonst Papyrus, sollte ich mich wegen zu bescheidener botanischer

---

[2125]Sp. Marinatos-M. Hirmer, Kreta, Thera und das mykenische Hellas (2. Aufl., 1973) Taf. 13a.

[2126]Desgleichen Marinatos-Hirmer a.O. Farbtaf. 12 (Phaistos).

[2127]Dazu mehrfach A. Furumark, The Mycenaean Pottery (1941) 141f. und 185f. mit Anm. 11, teilweise gegen A. Evans, dem er anlastete, den ägyptischen Einfluß auf die kretische Kunst überzubetonen und in den meisten Bildmotiven religiöse Symbole zu sehen. Vgl. auch zum Folgenden: M. Möbius, Pflanzenbilder der mionoischen Kunst in botanischer Betrachtung, in: JdI 48, 1933, 1ff.; J. Dittmar, Blumen und Blumensträuße als Opfergabe im alten Ägypten (1986) passim, bes. zu Lotos, Papyrus und Lilien. Zur Vorbildfunktion von Wandmalereien für die Ikonographie auch der Vasenmalerei und Kleinkunst s. oben Anm. 1510.

[2128]Marinatos-Hirmer a.O. Taf. 150; Ch. Doumas, Santorin, die Vorgeschichte der Stadt von Akrotiri (o.J.) Farbabb. 29, er schreibt: "Papyrusstauden"; M.A.S. Cameron, Notes on Some New Joins and Additions to Well Known Frescoes from Knossos, in: Europa, Festschr. für E. Grumach (1967) 45ff., bes. Abb. 3 und 4. — Vgl. O. Rackham, The Flora and Vegetation of Thera and Crete before and after the Great Eruption, in: Thera and the Aegean World I (1978) 755ff.; K. Diapoulis, Prehistoric Plants of the Islands of the Aegean Sea: Sea Daffodils (*Pancratium Maritimum*), ebd. II (1980) 129ff. Zur Frage des Vorkommens von Krokussen in hethitischen Texten s. H.A. Hoffner, Alimenta Hethaeorum (1974) 109f. Neuerdings: Ch. A. Telebantou, Οι Τοιχογραφίες τῆς Δυτικῆς Οικίας (1994).

Kenntnisse eines Urteils enthalten. Doch wilde Lilien, Krokusse[2129] und Irisblü-
ten[2130] gehörten zweifellos zu den meist dargestellten Blumen in Wandfresken
und Vasenbildern der ägäischen Bronzezeit. Als solche erreichten sie Zypern (Abb.
71d [minoisch][2131], 71a.c [mykenisch][2132]), fanden dort aber keine Nachahmung. Besonders eindrucksvoll sind im Wandfresko stilisierte Lilien-, nach
anderen Forschern Irisdarstellungen, aus der Villa von Amnisos/Kreta und Kranzge-
binde mit herabhängenden Lilien an ihren zur Schleife geknoteten Bandenden in
Knossos[2133]. So stoßen wir überall in der minoisch-mykenischen Kunst auf Entsprechendes, wie beispielsweise in den Fresken des böotischen Theben[2134]. Zarte
Goldeinlagen eines Bronzedolches aus dem Schachtgrab 5 von Mykene zeigen eine
Aneinanderreihung von Lilienblüten[2135]. Oder man denke an das Liliengeschmei-
de am Hals des "Prinzen mit der Federkrone" aus Knossos, wie überhaupt an stark
stilisierte Blüten dieser Art in Gold und Glas unter den Grabfunden der ägäischen
Bronzezeit[2136].

Erst mit den epochalen Entdeckungen von Sp. Marinatos in Akrotiri/Thera
gewannen wir einen tieferen Einblick in die zentrale Bedeutung von Pflanzen und
Blüten für die altägäische Kunst und Kultur: Zu verweisen ist dort auf das "Lilien-

---

[2129] Eine Tasse mit Krokussen (MM III) war auf Thera kretischer Import, s. H.W. Catling,
ArchRep 1982/83, 48 Abb. 77. — Vgl. bes. I. Douskos, The Crocuses of Santorini, in: Thera
and the Aegean World II (1980) 141ff.; E.N. Davis, ebd. III 1 (1990) 225 Abb. 16. Vgl.
Furumark a.O. 261 Motiv 10 (Krokus); Ph. Betancourt, The Crocus and the Festoons Motif,
Evidence for Travelling Vase-Painters?, in: TUAS 7, 1982, 34ff. Bei Laser a.O. (unten Anm.
2132) 120 Abb. 10a-m (Krokus=Safran). Gelb und deshalb vielleicht als Safran zu bezeichnen, ist die große Blüte in der Hand einer Frau in einem Wandfresko von Mykene, s. I.
Kritsele-Probide, Toichographies tou Threskeutikou Kentrou ton Mykenon (Neugriechisch,
1982) 73ff. Nr. Gamma 1 Abb. 8, Farbtaf. 2b.

[2130] Furumark a.O. Motiv 10a.

[2131] Beispiele aus Knossos (MM III und SM I), s. Marinatos-Hirmer a.O. Farbtaf. 26 und Taf.
161.

[2132] Umfassend zusammengestellt von Furumark a.O. 257ff. Motiv 9, Abb. 32.

[2133] O. Walter, Studie über ein Blumenmotiv als Beitrag zur Frage der kretisch-mykenischen
Perspektive, in: ÖJh 38, 1950, 17ff.; Marinatos-Hirmer a.O. Farbtaf. 23. — S. Lasers
Definition (Medizin und Körperpflege, in H.-G. Buchholz, ArchHom, Lieferung S [1983]
119ff. Abb. 11a-e): "Schwertlilie=Iris" geht auf Möbius a.O. (oben Anm. 2127) zurück, sein
Interesse beruht auf dem Zusammenhang zwischen Zier-, Gewürz- und Arzneipflanzen. —
Zum 'Fresko of the Garlands from Knossos' s. P. Warren, in: L'Iconographie Minoenne
(unten Anm. 2138) 187ff.

[2134] H. Reusch, Die zeichnerische Rekonstruktion des Frauenfrieses im böotischen Theben
(1956) Taf. 1 und Index. Wildrosenartige Blüten: ebd. Taf. 2, Frgt. 10 und Taf. 11, Frgt. 30.

[2135] Marinatos-Hirmer a.O. Taf. 194a.

[2136] Ebenda Taf. 124 (Kreta, SM III), Taf. 225a (goldene Lilienkette aus Prosymna/Argolis).

zimmer"[2137], doch ebenso auf die "Krokuspflückerinnen" von Thera[2138] und auf den "Krokuspflücker von Knossos". In Akrotiri ist einzigartig, wie im Wandschmuck aufeinander bezogene Großkompositionen dem entsprechenden Raum sein Gepräge gaben und den heutigen Betrachter unmittelbar gefangennehmen. Man möge sich einen bronzezeitlichen Besucher aus Ägypten oder der Levante vorstellen, den der Zauber solcher Malereien von Haus zu Haus, Zimmer zu Zimmer mit immer neuen Eindrücken überwältigte.

Offenbar waren jahreszeitlich an das Blühen bestimmter Blumen gebundene "Erntefeste" mit religiösem Hintergrund Gegenstand solcher Bildszenen; so jedenfalls hat uns Nanno Marinatos die Szenen mit Blumenpflückerinnen zu verstehen gelehrt (s. Anm. 2137 und 2138). Und bereits ihr Vater, der Entdecker all dieser Herrlichkeiten, zögerte nicht, Lilien und Irispflanzen und Krokusse als "heilige" Gewächse anzusprechen. Dabei kam seiner Interpretation das Bild des wohlbekannten Goldrings aus Mykene entgegen, das die sitzende Göttin mit Mohnkapseln in der Hand und vor ihr ein Mädchen und zwei Frauen als Gabenbringerinnen, mit Lilien in den Händen, zeigt[2139]. Und auch auf einem Goldring vom Ende des SM I aus Isopata/Kreta mit der kultischen Szene ekstatisch tanzender Frauen angesichts der vom Himmel herabschwebenden Göttererscheinung ist der gedachte Raum ein Lilienfeld, durch stark schematisierte und zwischen die Figuren gestreute blühende Gewächse charakterisiert[2140]. Schließlich kann der Stiel der als heilig angesprochenen Doppelaxt gelegentlich pflanzliches Leben gewinnen, nur vereinzelt zwar, indem ihm oben eine Lilie entwächst (z.B. an einer nach Zypern importierten Tasse: Abb. 71e=98c, hierzu oben Anm. 1513 und 1514).

Als mindestens im ägäischen Motivschatz ebenso häufig vertreten, erweist sich die stilisierte Papyrusstaude (z.B. Abb. 46a, Nebenmotiv an einer mykenischen Kugelflasche aus Tamassos; Abb. 96h, an einem mykenischen Tierkopfrhyton aus Minet el Beida). Als Hauptdekor ziert sie minoische Prachtvasen[2141] und gele-

---

[2137]Marinatos-Hirmer a.O. Farbtaf. 36 und 37 (Raum Delta 2); Nanno Marinatos, Art and Religion in Thera (1984) 48 Farbabb. 29 (Lilien im Blumentopf, Raum 4 des Westhauses); S. Petrakis, Madonna Lilies in the Aegean Wall-paintings, in: TUAS 5, 1980, 15ff. und E.N. Davis, The Cycladic Style of the Thera Frescoes, in: Thera and the Aegean World III Teil 1 (1990) 218 Abb. 7-10.

[2138]N. Marinatos a.O. 62ff. Abb. 40-49 (Raum 3 in Xeste 3); dies., The Function and Interpretation of the Theran Frescos, in: L'Iconographie Minoenne, Actes de la Table Ronde d'Athènes 1983, in: BCH, Suppl. 11, 1985, 219ff.

[2139]Marinatos-Hirmer a.O. 178 zu Taf. 229b: "Blumen, die als die von jeher heiligen Lilien zu erkennen sind".

[2140]Herakleion, Arch.Mus., s. Marinatos-Hirmer a.O. Taf. 115a; E. Simon, Die Götter der Griechen (1969) 271 Abb. 260; vgl. die tief eindringende Interpretation von F. Matz, Göttererscheinung und Kultbild im minoischen Kreta, in: AbhMainz 1958, Nr. 7; dort in Abb. 3 der Isopataring in starker Vergrößerung und Abb. 36 der "Krokuspflücker" von Knossos ("der längst als das Bild eines Affen in einem Park voll von blühendem Krokus entlarvt ist").

[2141]Marinatos-Hirmer a.O. Taf. 82b (SM I, Palaikastro), 91-93 (SM II, Knossos).

gentlich auch Tonsarkophage[2142]. Ja, als plastische Form ist sie in Stein kapitell-
artig zum tragenden Element des oberen Schaftendes an Säulenlampen geworden[2143]. Eine bronzene Dolchklinge aus dem 5. Schachtgrab von Mykene weist
in kunstvoller Einlegearbeit aus Gold, Silber und Niello ein bewegtes Bild von
jagenden Wildkatzen im "Papyrussumpf" auf[2144]: Dichtes Ineinander-Verwoben-
sein und heftige Bewegungsabläufe im "fliegenden Galopp" zwischen Pflanzen
vermitteln tatsächlich den Eindruck von "Landschaft", obwohl gerade die Papyrusstauden hochgradig schematisiert sind[2145].

Zum Mohn, zur Blüte und Frucht, der Mohnkapsel, ist nur soviel zu sagen, als
daß wir ihr in den Händen einer Göttin auf dem Goldring aus Mykene begegnen
(oben Anm. 2139), und es ferner in Kreta eine Hohlterrakotta gibt, deren Haupt mit
plastischen Mohnkapseln bekrönt ist, weshalb von der "Mohngöttin von Gazi"
gesprochen wird[2146]. Sowohl die Unzahl der kleinen Samen als auch die Erkenntnis der narkotischen Wirkung des Saftes ließen den Mohn als außerordentlich
fruchtbar und mit ungeheuren Wirkkräften ausgestattet erscheinen. Es sei ferner an
Mohnkopfnadeln erinnert, die in Südosteuropa und in den Anrainerländern des
östlichen Mittelmeeres gegen Ende der Bronzezeit Verbreitung fanden[2147]. Im
ganzen erlaubt der Fundstoff jedoch nicht, den Ursprung einer ikonographischen
Inanspruchnahme des Mohns und der damit verknüpften Ideen in einer bestimmten
Region zu suchen: In der gesamten Levante war der Opiumhandel unter Einschluß
Zyperns während der Spätbronzezeit offenkundig in Blüte[2148].

Die Gestalt der Mohnkapsel bietet die Möglichkeit zur Verwechslung mit dem
Granatapfel. Während aber in der Regel erstere auf langem starren Stengel nach
oben weist, hängt der Granatapfel meist an kurzem Stiel nach unten (z.B. auf der
Goldschale aus Ras Schamra: Abb. 4a; auf mykenischen Scherben aus Byblos: Abb.
70b, s. Anm. 1481; vgl. den Dekor eines hethitischen Goldsiegels aus Tamassos/-
Zypern: Abb. 91e). Auch in der Kultszene eines Goldringes aus Kreta sind Granat-

---

[2142]Ebenda Taf. 130a.b (SM III).

[2143]Ebenda Taf. 118b (MM III/SM I).

[2144]Ebenda Farbtaf. 49a und 51a (SH I).

[2145]Vgl. Furumark a.O. (oben Anm. 2127) 263ff. Motiv 11; J.L. Crowley, The Aegean and
the East (1989) 76ff. 435ff. Abb. 185-202 ("common to the Aegean and the East").

[2146]Marinatos-Hirmer a.O. Taf. 136 und 137 (SM III, H 77,5 cm). Zu Mohnkapseln auch W.
Pötscher, Aspekte und Probleme der minoischen Religion (1990) 140. 156. 249.

[2147]P. Jacobsthal, Greek Pins and their Connections with Europe and Asia (1956) 31 Abb. 84
(s. L.H. Jeffery, The Local Scripts of Archaic Greece [1961] 168 Nr. 14, S. 405 zu Taf.
27,14), S. 38f. (unter "Granatapfel"), S. 160ff. (unter "Vasenkopfnadeln"/"Urnenfelderna-
deln"), auch E. Bielefeld, Schmuck, in: H.-G. Buchholz, ArchHom, Lieferung C (1968) 52
Taf. 5e (archaische goldene Mohnkopfnadel aus Delos).

[2148]Vgl. hierzu oben Anm. 88 und 1656; bezüglich Ägyptens s. J. Dittmar, Blumen und
Blumensträuße als Opfergabe im alten Ägypten (1986) 29.

apfelzweige zu erkennen[2149]. Auf dem Rollsiegel des Schatzfundes von Tiryns bildet ein Granatapfel den oberen Abschluß eines Szepters (Abb. 92f) und in der Ritzzeichnung der Elfenbeinpyxis aus Assur (Abb. 100h) sind alternierend Palmen und Fruchtbäume, wohl Granatapfelbäume, dargestellt. Im zweiten vorchristlichen Jahrtausend war der Granatapfelbaum nach Ausweis der Funde und Bilder sowohl als Nutzpflanze wie als Lebenssymbol Gemeingut einer weiten Region, die den Nahen Osten, Teile Ägyptens und den ägäischen Raum umschloß[2150].

Auch die überaus charakteristischen zarten Myrtenzweige mit immergrünen lanzettförmigen Blättern und einer Fülle kleiner Blüten scheinen mir relativ leicht erkennbar zu sein, so bereits an einem SM I-Gefäß aus Pseira/Kreta[2151] und ferner im sogenannten "Rebhuhnfresko" von Knossos[2152]. V. Hehn hat in seinem Buch "Kulturpflanzen und Haustiere in ihrem Übergang aus Asien nach Griechenland und Italien sowie in das übrige Europa" (8. Aufl., 1911, Nachdruck 1963, 223ff.) ausgeführt, daß die Myrte als Strauch der "großen Naturgöttin der vorderasiatischen Semiten" früh nach Hellas gelangt sei und dort eng verbunden mit Aphrodite, auf Kreta mit Europa, auftrete[2153].

Oft bin ich mir allerdings im Zweifel, ob Büsche, Zweige und Blätter in den Darstellungen genauer bestimmt werden können, ja, ob deren botanische Festlegung überhaupt beabsichtigt gewesen ist, beispielsweise im Beiwerk auf minoischen Siegeln (Abb. 93f) oder in mykenischen Vasenbildern (Abb. 46f). Nicht einmal bei dem, was die vielzitierte "Herrin der Tiere" im minoischen Gewand auf einem Elfenbeindeckel aus Ras Schamra in den Händen hält, vermag ich sicher mit manchen Forschern Gerstenähren, mit anderen Blattwerk zu erkennen (Abb. 61a, Detail)[2154].

[2149]Marinatos-Hirmer a.O. Taf. 115d (SM I/II, Herakleion, Arch. Mus., aus einer Privatsammlung). Zur Granatapfelikonographie s. auch Jacobsthal a.O. Abb. 605-633 und bes. die Monographien von M. Lugauer, Untersuchungen zur Symbolik des Apfels in der Antike, Diss. Erlangen (1967) und F. Muthmann, Der Granatapfel, Symbol des Lebens in der Alten Welt (1982); O. Borowski, The Pomegranate Bowl from Tell Halif, in: IEJ 45, 1995, 150ff.; D. Wright-D.N. Freedman-A. Hurvitz, Pomegranates and Golden Bells, Studies in Biblical, Jewish, and Near Eastern Ritual, Law, and Literature in Honor of J. Milgrom (1995) passim.

[2150]Vgl. H.A. Hoffner, Alimenta Hethaeorum, Food Production in Hittite Asia Minor (1974) 119f. (mit Nachweisen im Sumerischen, Akkadischen, Hethitischen, Hurritischen, Ugaritischen, Hebräischen und Ägyptischen).

[2151]Marinatos-Hirmer a.O. Taf. 81 (danach Olivenzweige).

[2152]Vgl. Laser a.O. (Anm. 2133) 123 Abb. 12f, nach Möbius a.O.

[2153]Dazu ausführlich J. Murr, Die Pflanzenwelt in der griechischen Mythologie (1890/ Nachdr. 1969) 84ff.

[2154]Wenn ikonographisch einigermaßen sicher Gerstenähren gemeint sind, erweisen sich diese als trocken-starr dargestellt, z.B. in Thera: Marinatos-Hirmer Taf. 156b und 157 (SM I); M. Marthari, in: Thera and the Aegean World III Teil 1 (1990) 451 Abb. 1 und S. 455 Abb. 6. — Auch bei Marinatos' Identifizierung der Gewürzpflanze Oreganon fehlt mir die Möglichkeit zur Urteilsfindung, s. Marinatos-Hirmer a.O. Taf. 208 und 216b. "Oreganon" hieß altkretisch "Diktamon", s. U. von Wilamowitz-Moellendorff, Der Glaube der Hellenen (3.

Efeublätter sind stets, selbst bei großer Abstraktion[2155], leicht identifizierbar (vgl. z.B. Abb. 70g.h; 73c.f; 75a; 76d). In der Natur ist die Pflanze im Waldesschatten und an feuchten Felswänden sowohl im ägäischen Raum als auch in den östlichen Mittelmeerländern (Abb. 1a) zu finden. Als besonders im Dienste des Dionysos "geheiligt" galt das κισσός genannte Gewächs mit seinen schönen herzförmigen Blättern[2156]. Efeuranken in Wandbildern treten einmal blau — so über den boxenden Knaben von Thera[2157] —, dann wieder hell- oder dunkelrot auf — so in Mykene[2158]. Außer in Fresken, Vasenbildern und im Relief an Steinlampen kommen stilisierte Efeublätter als Goldplättchen und andere Schmuckformen in Elfenbein, Edelmetall oder Glas vor[2159]. Neuerdings läßt sich auf die Studie "Der Efeu und sein Symbolwert in der minoisch-mykenischen Kunst" von Frau B. Otto verweisen, wo die entsprechenden Zeugnisse zusammengestellt und interpretiert worden sind[2160]. Man darf wohl behaupten, daß das Auftreten des Efeus als Kunstmotiv in Zypern oder an der Levanteküste ägäischen Einfluß erkennen läßt.

Zum Beschluß mag ein Blick auf das Motiv des "Lebensbaumes" genügen. Es ist so häufig behandelt worden, daß sich eine Bibliographie nicht leicht auch nur annähernd vollständig geben läßt. Einige grundlegende Titel finden sich in meiner Studie "Archäologische Holzfunde aus Tamassos/Zypern" (in: APA 20, 1988, 75ff., bes. 151ff. [Literaturverzeichnis]). Zur Palme als Lebensbaum s. unten Anm. 2162. Man wird sich für den geographischen Raum von der Levante bis in die Ägäis — nach dem Erscheinungsdatum geordnet — besonders orientieren an:

> A. Evans, Mycenaean Tree and Pillar Cult and its Mediterranean Relations, in: JHS 21, 1901, 99ff.
>
> A.E. Crawley, The Tree of Life, a Study of Religion (1905).
>
> A. Wünsche, Die Sagen vom Lebensbaum und Lebenswasser, altorientalische Mythen (1905).
>
> E. Dhorme, L'Arbre de Vérité et l'Arbre de Vie, in: Revue Biblique 4, 1907, 271ff.

Aufl., 1959) 117: "Unzweifelhaft kretisch ist Diktyna, da sie von dem östlichen Berge Dikte und der Pflanze δίκταμνον, die zur Entbindung helfen sollte, nicht getrennt werden kann".

[2155] Vgl. zu den ikonographischen Möglichkeiten: Furumark a.O. (Anm. 2127) 268ff. Motiv 12, "Sacral Ivy".

[2156] "Sacral Ivy" heißt sie seit A. Evans, PM II (1928) 478; vgl. zum dionysischen Bereich: Murr a.O. 141ff. und zu weiteren bronzezeitlichen Belegen oben Anm. 1505. 1581.

[2157] Marinatos-Hirmer a.O. Farbtaf. 38.

[2158] I. Kritsele-Probide, Toichographies tou Threskeutikou Kentrou ton Mykenon (Neugriechisch, 1982) 63f. Nr. B 49 Farbtaf. 7a und Taf. 19.

[2159] Vgl. E. Bielefeld, Schmuck, in: H.-G. Buchholz, ArchHom, Lieferung C (1968) 13 Abb. 2a; S. 31 Abb. 4a.f.n.

[2160] In: Atti e Memorie del Secondo Congresso Internazionale di Micenologia, Rom und Neapel 1991 (1996) 815ff.

L. Weniger, Altgriechischer Baumkultus (1919).

Z. Mayani, L'Arbre Sacré et le Rite de l'Alliance chez les Anciens Sémites (1935).

N. Perrot, Les Représentations de l'Arbre Sacré sur les Monuments de Mésopotamie et de l'Elam (1937).

G. Contenau, Allah under the Bent Tree, in: RevAssyr 38, 1941, 44ff.

J. Sundwall, Über Schilf- und Baumkult in den Hagia Triada-Urkunden, in: Acta Academiae Aboensis, Humaniora 14 Nr. 10 (1943).

G. Widengren, The King and the Tree of Life in Ancient Near Eastern Religion (1951).

H. Schmökel, Ziegen am Lebensbaum, in: AfO 18, 1957/58, 373ff.

B. Hrouda, Zur Herkunft des assyrischen Lebensbaumes, in: Baghdader Mitteilungen 3, 1964, 41ff.

E. James, The Tree of Life (1966).

M.P. Nilsson, Der Baumkult, in: Geschichte der griechischen Religion (3. Aufl., 1967) 209ff.

T. Madhloom, Types of Trees, in: Sumer 26, 1970, 137ff.

H. Genge, Zum 'Lebensbaum' in den Keilschriftliteraturen, in: Acta Orientalia 33, 1971, 321ff.

H. Gese, Der bewachte Lebensbaum und die Heroen, zwei mythologische Ergänzungen zur Urgeschichte der Quelle J, in: Wort und Geschichte, Festschrift für K. Elliger zum 70. Geburtstag (1974) 77ff.

B. Margulis, 'Weltbaum' and 'Weltberg' in Ugaritic Literature, Notes and Observations on RS 24.245, in: ZAW 86, 1974, 1ff.

H. York, Heiliger Baum, in: RAss IV (1975) 269ff.

P. Welten, Baum, sakraler, in: K. Galling, Biblisches Reallexikon (2. Aufl., 1977) 34f. mit Abb. 11,1-5 und Lit.

E. Williams-Forte, The Snake and the Tree in the Iconography and Texts of Syria During the Bronze Age, in: L. Gorelick, Ancient Seals and the Bible (1983) 18ff.

C.P. Charalampides, The Dendrites in Pre-Christian and Christian Historical-Literary Tradition and Iconography (1995).

Chr. Kepinski, L'Arbre Stylisé en Asia Occidentale au 2e Millénaire av. J.-C. I-III (1982).

B. Rutkowski, Der Baumkult in der Ägäis, in: Visible Religion, Annual for Religious Iconography 3, 1984, 159ff.

P.J. Russell, Tracing the Routes of the Tree of Life, in: Kongreß Nikosia 1982 (1985) 195ff.

G. Höhler, Die Bäume des Lebens; Baumsymbole in den Kulturen der Menschheit (1985).

M. Meekers, The Sacred Tree on Cypriote Cylinder Seals, in: RDAC 1987, 67ff.

Ch. Sourvinou-Inwood, Boat, Tree and Shrine, the Mochlos Ring and the Makrygialos Seal, in: Kadmos 28, 1989, 97ff.

N. Marinatos, The Tree, the Stone and the Pithos, in: Aegaeum 6, 1990, 79ff.

B. Salje, Der 'Common Style' der Mitanni-Glyptik und die Glyptik der Levante und Zyperns in der späten Bronzezeit (1990) passim, bes. S. 96 und Taf.
14 (zu verschiedenen Baumtypen).

Die weltweite immense Bedeutung pflanzlicher Symbole fand ihre Krönung in
dem ikonographischen Schwerpunkt des heiligen Baumes, Lebens- und Weltenbau-
mes. Eine erschöpfende Darstellung aller nur denkbaren Formenvarianten sind
systematisch geordnet in dem Werk von Frau Kepinski zu finden. Die Dokumentation der Bearbeiterin umfaßt auch kyprische, ägyptische und kretisch-mykenische
Denkmäler. Der Lebensbaum trat demnach als Nadel-, Laub-, Frucht-Blütenbaum
oder Palme weit häufiger in stilisierter Form als in naturalistischer Wiedergabe auf,
das heißt, auf wenige charakteristische Merkmale reduziert oder bis zur Unkenntlichkeit seiner selbst entfremdet. Das gilt von prähistorischen Anfängen bis in die
heutige Volkskunst hinein. Chr. Lepinski liefert Überblicke über 'Strukturen',
Formenvarianten, einschließlich unterschiedlicher Beachtung oder Vernachlässigung
von Stamm, Wurzeln, Ästen, Früchten und Blüten, von Volutenbildungen, die sich
den Formen realer Pfeilerkapitelle annähern (Band I 29ff. 45ff.). Daran wird
überaus deutlich, wie richtig bereits A. Evans mit der Zusammenschau von vegetabilem Baum und architektonischem Pfeiler in seiner oben genannten Schrift über
"Mycenaean Tree and Pillar Cult" argumentierte.

Einen Sinnunterschied wird man zwischen Wildbäumen, also hauptsächlich
Nadelbäumen, und Obstbäumen als Kulturpflanzen machen dürfen. Wenn Baal in
ugaritischen Texten ein Gott der Zeder war — worauf mich O. Loretz aufmerksam
macht —, dann verstand man ihn als den Wettergott der wilden Natur, der durch
den Zedernwald der Gebirge wütet. Als solcher findet er sich auf einer Stele des
14./13. Jhs. v.Chr. aus Ras Schamra dargestellt[2161], nach rechts mächtig
ausschreitend, eine Keule zum Schlag schwingend und abweichend von der Regel
mit nach unten weisender Speerspitze. Eben dieser Speer ist am rückwärtigen Ende
wie ein Baum bizarr verästelt, jedoch nicht im Sinne einer Kulturpflanze, sondern
struppig-wild. Der Speerbaum bedeutet zugleich den Blitz, welchen der Gott nach
unten schleudert, bzw. in die Erde stößt.

Unter den Obstbäumen sind solche mit Granatäpfeln in besonderem Maße
Sinnbild von (Garten-) Kultur und paradiesischen Zuständen. Das Ungesichert-
Wilde ist die Welt des 'Draußen', die friedliche Gartenlandschaft mit ihrem Sym-
bolbaum bedeutet die gesicherte Welt des 'Drinnen'. Auch die Dattelpalme vertritt
als nahrungsspendendes Gewächs (z.B. Abb. 91b, Siegel aus Naxos) in besonderem

---

[2161]Louvre, Inv.-Nr. AO 15.775, s. Cl. Schaeffer, Syria 14, 1933, 122ff. Taf. 16; A. Götze,
Hethiter, Churriter und Assyrer (1936) Abb. 60; H.Th. Bossert, Altsyrien (1951) Abb. 433;
J. Wiesner, in: Frühe Randkulturen des Mittelmeerraumes (1968) 180. 189 Abb. 33b; P.
Welten, in: K. Galling, Biblisches Reallexikon (2. Aufl., 1977) 103 Abb. 30; J. Börker-
Klähn, Altvorderasiatische Bildstelen und vergleichbare Felsreliefs (1982) 238f. Nr. 284 mit
Zeichnung und vollständiger Bibliographie, sowie einer Liste schwankender Datierungen
zwischen 1900 und 1200 v.Chr.

Maße göttlich beschützte menschliche Kulturwelt[2162] (vgl. Abb. 64d.f, Elfenbein-kamm aus Assur, und Abb. 100h, Ritzzeichnung an einer Elfenbeinpyxis aus demselben Grab[2163]). Eingerahmt von zwei 'Kultknoten', repräsentiert eine Palme manchmal ein Heiligtum (Siegelabdruck aus Knossos; BSA 59, 1965, 6 Taf. 27; L. Press, Archeologia [Warschau] 29, 1978, 13 Abb. 19).

Angereichert um weitere Figuren ergaben sich kunstvolle Gebilde im Wappen-schema, das heißt etwas Zentrales (z.B. ein Pferdehalter, beiderseits je ein Pferd: Abb. 96a, mykenisches Vasenbild, Ugarit), in den von mir angesprochenen Fällen ein Baum, wird symmetrisch beiderseits von Tieren, Mischwesen oder Menschen flankiert. Freilich entspricht dies dem Bildschema mit der Gottheit in der Mitte und antithetisch angeordneten flankierenden Tieren, z.B. den Ziegen im Relief des Deckelbildes einer Elfenbeinpyxis aus Ras Schamra (Detail: Abb. 61a). So sind es häufig ebenfalls Ziegen, die sich an Heiligen Bäumen aufrichten und vom Blattwerk fressen, ein Motiv sumerischen Ursprungs, das kräftig wieder in der Eisenzeit, vor allem auf Zypern, auflebte. Die Grundelemente solcher Bilder können einander sehr ähnlich sein, und doch in der Aussage verschieden: Denn Rinder, Löwen, Greifen, Vögel und mancherlei Mischwesen, die eine zentrale Pflanze flankieren, vermögen durchaus Wächter dieser Pflanze, des Lebensbaumes, zu sein, indem sie keineswegs von diesem fressen[2164]; sie können aber auch helfen, den Baum in der Mitte als 'kosmisch' zu kennzeichnen[2165]. Wahrscheinlich haben da schamanistische Vor-

---

[2162]Vgl. H. Danthine, Le Palmier-Dattier et les Arbres Sacrés dans l'Iconographie de l'Asie Occidentale Ancienne (1937); M. Claersen, Le Palmier, symbole d'Apollon, in: Bulletin de l'Inst. hist. belge de Rome 19, 1938, 83ff.; I. Wallert, Die Palmen im Alten Ägypten, eine Untersuchung ihrer praktischen, symbolischen und religiösen Bedeutung (1962); B. Lands-berger, The Date Palm and its By-Products according to the Cuneiform Sources, in: AfO, Beiheft 17 (1967). Propyläen-Kunstgeschichte XIV (1975) Taf. 135k und 137h (akkadische Rollsiegel mit betont symbolischen Palmen); N. Marinatos, The Date-Palm in Minoan Iconography and Religion, in: OpAth 15, 1984, 115ff. — Schöne Farbabb. des Details einer Palme an der Pyxis aus Assur in Berlin, Staatl. Mus., Inv.-Nr. VA Ass 1099 (um 1400, H: 8,4 cm), s. folgende Anm., in Antike Welt, Sondernummer, Berliner Museumsinsel (1990) 55 Abb. 13 (R.-B. Wartke vermerkte: "Die dekorative Darstellung besitzt sicher einen kultischen Hintergrund"). — Ferner: P. v. Gemünden, Palmensymbolik in Joh 12,13, in: ZDPV 114, 1998, 39ff.

[2163]Zu beiden Objekten, bzw. zum gesamten Fundkomplex, bereits oben Anm. 53, 1385 und 1440. Der Kamm (Haller, WVDOG 65, 1954, 130 und 137 Abb. 163. 163a) auch in Chr. Kepinski, L'Arbre Stylisé en Asie Occidentale au 2e Mill. av. J.-C. III (1982) Nr. 418. 419 und A. Moortgat, Die Kunst des Alten Mesopotamien (1967) 118 Abb. 83a.b; Abrollung des Pyxisbildes: ebd. Abb. 84; Großaufnahme, einschließlich des Deckels: Propyläen-Kunst-geschichte XIV (1975) Taf. 256 a.b.

[2164]Derartige Kompositionen in großer Zahl von Frau Kepinski a.O. gesammelt. — Vgl. u.a. die oben im Haupttext zitierte Abhandlung von H. Gese a.O. (1973); sowie H. Schmökel, Ziegen am Lebensbaum, in: AfO 18, 1958, 373ff.

[2165]A.J. Wensinck, Tree and Bird as Cosmological Symbols in Western Asia (Akad.-Schrift Amsterdam 22, Nr. 1, 1921). In unserer Abb. 100h sitzen auf den Fruchtbäumen je zwei antithetisch angeordnete, nicht näher bestimmbare Vögel, vielleicht Tauben, und auf den

stellungen aus Innerasien eingewirkt. Ich verzichte auf Nennung der reichen Literatur zum Weltenbaum der Schamanen-Religionen. In der klar-symmetrischen Komposition auf einem Rollsiegel aus Sinda/Ostzypern im Louvre, das nicht unbedingt stilistisch, wohl aber wegen der Beigabe von kyprischen Schriftzeichen als ein lokales Produkt angesehen werden muß, sind beiderseits eines stark stilisierten Baumes, diesem zugewandt, sowohl zwei Ziegen als auch zwei im Fluge von beiden Seiten einstürmende große Vögel zu sehen[2166].

Weitere Fälle im Bereich Vorderasiens, Zyperns und der Ägäis erweisen sich sogar als in sich widersprüchlich, indem verschiedene Bildgedanken vermengt worden sind. So geht das Schema der mit gesenktem Kopf in Kampfhaltung einander zugewendeten Stiere eindeutig auf sehr frühe Duellbilder zurück, wobei freilich zwischen die Hörner der Tiere kein Baum gehörte. Doch wenn sich dann im Zuge der Tradierung solcher Bildvorstellungen das beliebte Schema mit dem zentralen Baum und den beiden flankierenden Tieren vordrängte, ergaben sich Gestaltungen der antithetisch angeordneten Stiere mit gesenkten Köpfen beiderseits eines Bäumchens oder einer Pflanze, Blume oder eines Volutenkapitells, die trotz ihrer Kampfhaltung besagter Pflanze und nicht mehr wirklich dem Gegner zugewendet sind[2167].

3. *Folgerungen*

Die Bezeichnung einer Phase der griechischen Kunst, der früharchaischen des 8./7. Jhs. v.Chr., als die des 'Orientalisierenden Stils'[2168] birgt die Gefahr der irrigen Vorstellung in sich — sofern man den Forschungsstand zum Zeitpunkt der Begriffsbildung außer acht läßt —, daß Geschichte, auch Kultur- und Kunstgeschichte, linear verlaufe, daß es ausschließlich einmalige, entscheidende Abschnitte der Begegnung mit Fremdem und Aneignung von Fremdem gebe, daß mithin die Übernahme materieller Kulturgüter, handwerklicher Fertigkeiten, technischer und wirtschaftlicher Neuerungen, wie schließlich religiös-geistiger Phänomene und von Kunstformen, Bildtypen und Kompositionsprinzipien jeweils nur einmal zu bestimmter Zeit an bestimmtem Ort erfolge. Das wäre demnach am Beispiel der

---

Palmen je zwei Hähne. Umfangreiche Sammlung von Belegen des Motivs 'Vogel-Palme/-Baum-Vogel' auf Denkmälern unterschiedlichster Art in Chr. Kepinski a.O. II 16ff.

[2166]Inv.-Nr. AM 1639; O. Masson, BCH 81, 1957, 14 Abb. 9.

[2167]H.-G. Buchholz, Wildstiere und Hausbullen im Duell, in: Tier und Museum, Mitteilungen der Gesellschaft der Freunde und Förderer des Museums Alexander König/Bonn 3, 1992, 41ff.; ders., Kämpfende Stiere, in: Festschrift N. Özgüç (1993) 91ff.

[2168]Der Terminus 'Orientalisierend' gilt auch heute, hauptsächlich zur Abgrenzung echt-orientalischer Importe in Griechenland von lokalen Nachahmungen, in diesem Sinne z.B.: F. Canciani, Bronzi Orientali e Orientalizzanti a Creta nell' VIII e VII Sec. a.C. (1970). — F. Matz kam in seiner bahnbrechenden "Geschichte der griechischen Kunst" (Band I, 1950: Die geometrische und die früharchaische Epoche) ohne den Begriff des 'Orientalisierenden' aus, und zwar deshalb, weil es ihm um 'Strukturen' ging. Und gerade die sind im Sinne der Strukturforschung 'arteigen', mithin nicht übertragbar.

griechischen Kunst im Zeitraum der 'orientalisierenden' geschehen. Doch der Vorstellung von Geschichte als einzigem gradlinigen Verlauf ist eine Wirklichkeit der unüberschaubaren verschlungenen Vielfalt kulturellen Lebens entgegenzuhalten, mit erfolgreichen und vergeblichen Lernprozessen an fremden Vorbildern, mit gekonnten Übernahmen und abgebrochenen Versuchen, die trotz positiven Angebots im Ansatz steckenblieben. Es gab gegenläufige Entwicklungen und ein mannigfaches Hinundher. Das Phänomen vom 'Ungleichzeitigen neben dem Gleichzeitigen in der Kunst' (s. W. Pinder, Das Problem der Generation in der Kunstgeschichte Europas, 1928; auch M. Wegner, Gleichzeitiges - Ungleichzeitiges, in: Antike und Universalgeschichte, Festschrift H.E. Stier [1972] 72ff.) öffnete den Blick dafür, daß nicht notwendig die Wanderung eines Mythos in literarischer Gestalt gleichzeitig mit der Wanderung von anschaubaren Bildern aus demselben Mythos gewesen sein muß, noch weniger, daß beide denselben Weg vom selben Ausgangspunkt genommen haben müssen. Und meist bleiben 'Renaissancen', auch nur im Ansatz erfolgte Rückbesinnungen auf Früheres, unbeachtet, ja, unerklärt, jedenfalls weitgehend in der hier angesprochenen prähistorischen Forschung unberücksichtigt[2169].

Was heute selbstverständlich ist, wurde in den achtziger Jahren des vorigen Jahrhunderts überhaupt erst möglich, nämlich die kräftige Betonung autochthoner Wurzeln helladischer Kunst und Kultur, erst nachdem H. Schliemanns epochale Ausgrabungen Materialien einer vielschichtigen eindrucksvollen Vorgeschichte ans Licht gefördert hatten: Auf ihnen baute einer seiner jungen gelegentlichen Mitarbeiter auf, der Archäologe A. Milchhöfer, in seiner Studie über die "Anfänge der Kunst in Griechenland" von 1883. Er schrieb: "Was Griechenland betrifft, so tritt die bildnerische Thätigkeit vielverbreiteter Meinung zufolge nicht nur verhältnismäßig spät mit eigenem Leben auf, sie erwächst auch zum Theile aus fremdländischer Saat, einem Gemisch importirter Waaren, Stilarten und Stoffe. Der Einfluss des Orients auf die griechische Cultur liegt in offenkundigen Thatsachen vor Augen ..." und damit konfrontiert: "Auf dem Boden Griechenlands finden wir von jeher, soweit das vorhandene Material uns leitet, einen festen Stamm lokaler Production vertreten ... Erst an zweiter Stelle kommen für äusserliche Formenbereicherung die Einflüsse des nicht-arischen Orients in Betracht".

Es war nur folgerichtig, wenn man daran anknüpfend nach den 'Ursprüngen' forschte und damit nicht mehr so sehr die Rückverfolgung eines kulturellen Einzelelementes, bzw. Kunstphänomens, auf den eigentlichen 'Erfinder' meinte als die Suche nach frühen weiträumigen Kulturstraten als Motor kultureller Bewegung. So konnte A. Moortgats Entdeckung der herausragenden historischen Rolle früher 'Bergvölker'[2170] zur Vorstellung von einem prähistorischen Zentrum als Mutter aller höheren Kultur entwickelt werden, von der aus viele wesentliche Güter und

---

[2169]So hat R. Hägg ein Symposium in Athen (1981) verdienstvoll dem Problem "The Greek Renaissance of the Eighth Century B.C." gewidmet.

[2170]Die bildende Kunst des alten Orients und die Bergvölker (1932); ders., Die Entstehung der sumerischen Hochkultur, in: Der alte Orient 43 (1945).

Bildgedanken sowohl nach Osten bis Mohenjo Daro wanderten[2171], als auch nach Westen, in den prähistorischen Raum von Hellas hinein[2172]. Für kunstgeschichtliche Einzelphänomene — beispielsweise den 'Fliegenden Galopp' als Ausdrucksform dynamischer Bewegung oder heraldische Bildprägungen vom Typus des Löwentors Mykenes (Abb. 50) oder die Entwicklung bestimmter Typen von Mischwesen — blieb natürlich der geschilderte methodische Ansatz unbefriedigend.

Solange die bronzezeitlich-mykenischen Schriftdenkmäler nicht viel mehr als Wirtschaftstexte darboten, bildeten Homer und Hesiod unsere frühesten griechischen Schriftquellen mit Informationen, die der Analyse einer visuellen Kunst des 2. Jts. v.Chr. nutzbar gemacht werden konnten. Und in diesem Sinne hatten sie bereits Forschergenerationen vor und nach dem oben genannten A. Milchhöfer verwendet[2173]. Doch hängen Sinn und Wert eines solchen Tuns von dem Problem der Kontinuität homerischer Sachaussagen über die Jahrtausendgrenze aus der Bronzezeit in die Eisenzeit ab. Die Frage ist hier nicht zu beantworten, doch ist in letzter Zeit präziser herausgearbeitet worden, welches historische Gewicht welchen Inhalten im frühgriechischen Epos zukommt, sofern sie offenkundig einer weitaus älteren Tradition entstammen[2174].

Im Bereich des östlichen Mittelmeeres zeigt der Vergleich von Beispielen des Helden im Zweikampf mit einem Greifen oder Löwen, daß mit diesem Bild die Grenze zwischen Bronze- und Eisenzeit bruchlos überbrückt war (Abb. 97a-c, s. oben Anm. 1428): Der nach rechts gewandte Schwertkämpfer, mit ausgestrecktem linken Arm nach dem aufgerichteten Fabelwesen oder Löwen greifend und mit hochgewinkeltem rechten Arm seine Waffe zum tödlichen Stich führend, gehört in allen drei Fällen zum gleichen Bildschema. Dabei steht der Held aus Enkomi/-Zypern (Abb. 97a: um 1200 v.Chr.) typenmäßig Mykenischem näher, seinen Schild am Telamon hängend auf dem Rücken tragend, derjenige aus Tell Halaf/Syrien weist dieselbe teigig-unorganische Wiedergabe der Beine in Schrittstellung auf, ist aber zusätzlich ebenso mit Flügeln ausgestattet (Abb. 97c: 9. Jh.v.Chr.) wie derjenige aus Kourion/Zypern (Abb. 97b: 7. Jh.v.Chr.). Doch das fällt im ganzen weit weniger ins Gewicht als es die Entsprechungen über fünfhundert Jahre hin tun.

[2171]Angeregt durch K. Schefold bemühte sich in einer Baseler Diss. dessen Schüler H. Mode um derartige Zusammenhänge: Indische Frühkulturen und ihre Beziehungen zum Westen (1944); hierzu auch K. Schefeld, Orient, Hellas und Rom (1949) 33ff.

[2172]K. Schefold, Die Bergvölker, Hellas und Palästina in frühgeschichtlichen Verbindungen, in: Schweiz. Zeitschr. für allgem. Geschichte 4, 1946, 242ff.

[2173]Vgl. hierzu meine Ausführungen "Die archäologische Forschung im Zusammenhang mit Homer, Gesamtüberblick", in: J. Latacz, Zweihundert Jahre Homer-Forschung, Rückblick und Ausblick. Colloquium Rauricum 2 (1991) 11ff.

[2174]Vgl. hierzu meine Ausführungen in "Bemerkungen zum Stand der Homerarchäologie", in: D. Musti u.a., La Transizione dal Miceneo all'alto Arcaismo, Convegno Int., Rom 1988 (1991) 67ff. und ebenso die übrigen Beiträge dieses Bandes und bes. F. Canciani, Bildkunst, Kapitel N (1984), in: H.-G. Buchholz, ArchHom II (1990) passim.

Kapitel 14

Einige religionsgeschichtliche Verknüpfungen zwischen dem östlichen Mittelmeer und Hellas in archäologischer Sicht

1. *Einführung*

Der Leser darf hier nicht eine umfassende Religionsgeschichte von Nordsyrien bis in die hintersten Winkel der Ägäis erwarten, nicht einmal eine der einen oder anderen Einzelregionen (Ras Schamra [2175], Boğazköy [2176], Zypern [2177], Kreta [2178]). Doch es wird dringend empfohlen, das vorhergehende Kapitel in die

---

[2175] Man denke allein an die unüberschaubar zahlreichen Beiträge von O. Loretz und M. Dietrich in UF und anderswo. Ferner etwa: J. Aistleitner, Die mythologischen und kultischen Texte aus Ras Schamra, in: Bibliotheca Orientalis Hungarica VIII (1959); M.H. Pope-W. Röllig, Die Mythologie der Ugariter und Phönizier, in: Wörterbuch der Mythologie (1965); P. Walcot, Hesiod and the Near East (1966); ders., The Comparative Study of Ugaritic and Greek Literatures, in: UF 1, 1969, 110ff.; 2, 1970, 273ff.; 4, 1972, 129ff. J.-M. de Tarragon, Le Culte à Ugarit, d'après les Textes de la Pratique en Cunéiformes Alphabétiques, in: Cahiers de la Revue Biblique 19 (1980), mit umfassender Bibliographie; E. Bloch-Smith, Death and Afterlife in Ugarit and Israel, in: JAOS 108, 1988, 277ff. Mit speziellem Blickpunkt: A. Brody, Maritime Religion of the Canaanites and Phoenicians; Aspects of the Specialized Sacral Reliefs and Practices of Levantine Seafarers, Diss. (PhD) Harvard (1996) und N. Wyatt, Religious Texts from Ugarit, in: The Biblical Seminar Nr. 53 (1998).

[2176] Grundlegend sind Erstpublikationen und Textinterpretationen von H.G. Güterbock und H. Otten; vgl. ferner A. Leskey, Zum hethitischen und griechischen Mythos, in: Eranos 52, 1954, 9ff.; F. Dirlmeier, Homerisches Epos und Orient, in: RheinMus 98, 1955, 18ff.; G. Steiner, Die Unterweltbeschwörung des Odysseus im Lichte hethitischer Texte, in: UF 3, 1971, 265ff. (mit J. Makkay, ActaArchAcadScientHung 44, 1992, 225); H.J. Richardson, Homer and Cyprus, in: Symposium Larnaka 1989 (1991) 125ff.; zuletzt V. Haas, Geschichte der hethitischen Religion, in: Handbuch der Orientalistik (1994). J. Glockner, Das Ritual für den Wettergott von Kuliwisna (1997). Weitere Titel bei W. Burkert, "Homerstudien und Orient", in: J. Latacz, Zweihundert Jahre Homerforschung (1991) 155ff.

[2177] Zu Zypern s. unten.

[2178] Zu grundlegenden Abhandlungen von M.P. Nilsson, F. Matz und zuletzt W. Pötscher, Aspekte und Probleme der minoischen Religion (1990) s. unten. Unter alten, neu aufgelegten Schriften mit Langzeitwirkung ragt heraus: J.E. Harrison, Prolegomena to the Study of Greek Religion (Nachdr. 1991). Ein schönes Beispiel rein archäologischer Quellennutzung: Lord William Taylour, New Light on Mycenaean Religion, in: Antiquity 44, 1970, 270ff. Zum Ansatz bei den kretischen Schriftfunden: St. Hiller, Spätbronzezeitliche Mythologie, die Aussage der Linear B-Texte, in: Tagung "Hellenische Mythologie", Ohlstadt 1994 (1996) 211ff., auch J.T. Hooker, Collected Mycenaean, Minoan and Classical Studies (1996), darin

folgenden Ausführungen einzubeziehen, beide Kapitel als eng zusammengehörig anzusehen. Der Ärchäologe hat von den einmal reicher, einmal spärlicher vorhandenen Denkmälern auszugehen, was die traditionelle, von Philologen betriebene Religionsgeschichte nur selten tut oder kann. Interpretationen und noch weniger Spekulationen, denen ausschließlich oder überwiegend Texte zugrundeliegen, sind nicht Sache des Bodenforschers. Immerhin darf er sich rühmen, Religionsphänomenen nahe zu sein, insofern diese sich real in Kultorten, -objekten und Symbolformen manifestieren und auch über ihre enge Religion hinaus zum Vergleich anstehen [2179]. Stätten des Kultes (Heiligtümer, Tempel [2180], Heroengräber [2181], heilige Haine oder Berge [2182]) sind im archäologischen Sinne

---

bes. 'Minoan Religion in the Late Palace Period'. — Mit Vorsicht ist das Buch "The Goddesses and Gods of Old Europe" (1992) von M. Gimbutas zu benutzen. Profunde Kritik übte an deren methodischen Ansätzen A. Häusler, Przeglad Archeologiczny 29, 1981, 101ff. und noch mehrfach. Ein wichtiger Gesichtspunkt ist die Frage nach 'Tradition in Greek Religion', so der Titel eines Buches von B.C. Dietrich (1986). Auch W. Burkerts, im Ansatz an Miss Harrison erinnerndes Buch "Homo Necans, Interpretationen altgriechischer Opferriten und Mythen" (1997) soll hier erwähnt sein.

[2179] M. Eliade, Patterns in Comparative Religion (1958); ders., Images and Symbols (Englisch, 1991); L. Larsson-B. Wyszomirska, Arkeologi och Religion, Rapport från Arkeologidagarna, Uppsala 1989, in: Univ. Uppsala, Institute of Archaeology, Report Nr. 34 (1989).

[2180] Zu Heiligtümern, Tempeln, Naïskoi, Tempelmodellen usw., s. oben Kapitel 'Architektur' mit Abb. 52g-k. Ferner S. Alp, Beiträge zur Erforschung des hethitischen Tempels. Kultanlagen im Lichte der Keilschrifttexte (1983). — Zu Tempelmodellen aus Selemije, Tell Halaf und den Tempelfenstern in Ugarit auch J. Wiesner, in: Frühe Randkulturen des Mittelmeerraumes (1968) 156 Abb. 4; S. 158. 162. 164 Abb. 13; zum Tempelmodell aus Archanes auch Propyläen-Kunstgeschichte XIV (1975) Taf. 444; zu einem weiteren Modell des 15. Jhs. v.Chr. mit Fenstern und Flachdach, aus Sparta-Menelaion, s. H.W. Catling, BSA 84, 1989, 171ff.; vgl. ferner B.C. Dietrich, Aegean Sanctuaries, in: D. Boitron-Oliveri, New Perspectives in Early Greek Art (1991) 141ff.

[2181] Über Zusammenhänge von Grabformen Ras Schamras und des ägäischen Raumes s. oben im Kapitel 'Architektur', von Kammergräbern mit langem Dromos in Hellas, Zypern und dem Philisterland s. J. Waldbaum, Philistine Tombs at Tell Fara and their Aegean Prototypes, in: AJA 70, 1966, 331ff. — Überhaupt muß hier der Komplex des religionshistorisch aussagestarken Bestattungswesens mit Beigaben, Klageformen, Heroenverehrung weitgehend unberücksichtigt bleiben. Ich nenne aus sehr zahlreichen Titeln: A. Schnaufer, Frühgriechischer Totenglaube. Untersuchungen zum Totenglauben der mykenischen und homerischen Zeit (1970). — Das gilt insbesondere für grundverschiedene Seelen- und Jenseitsvorstellungen bei Körperbestattung und Leichenverbrennung; zu letzterer vgl. bes. Sp. Iakovides, Perati, passim und M. Dothan, A Cremation Burial at Azor, a Danite City, in: Eretz-Israel 20 (Gedenkschr. für Y. Yadin, 1989) 164ff.; vgl. ferner M. Andronikos, Totenkult, in: H.-G. Buchholz, ArchHom, Kapitel W (1968). — Ethnographische Parallelen: U. Schlenter, Brandbestattung und Seelenglaube. Verbreitung und Ursachen der Leichenverbrennung bei außereuropäischen Völkern (1960).

[2182] Zu Kultstätten auf Bergen s. oben Anm. 60, 169, Abb. 1b (Mons Casius) und 90e (Weihgaben auf dem Berg Juktas/Kreta), vgl. ferner den Sammelband: Temples and High Places in Biblical Times, Kolloquium Jerusalem 1977 (1981). Auch P. Neve, Regenkult-

durchaus als 'Realien' zu bezeichnen.

Mich hat, als die Studie von Frau H. Reusch über den Thronsaal von Knossos neu war, außerordentlich beeindruckt, wie sie nicht allein prophetisch-visionär, sondern detailliert beobachtend aus der Komposition der Wandmalereien beiderseits des Thrones mit den zentralen pflanzlichen Elementen und den beiden auf die Mitte orientierten Wächtergreifen den leeren Thron selber zum Mittelpunkt dieses "Wappenbildes" machte. Da hier im Ritus ein lebendiges Wesen — auf Grund der Maße nach Ansicht von Frau Reusch eine Frau, Königin oder eine die Göttin vertretende Priesterin — saß, ergibt sich zugleich ein einmaliges Zusammenspiel von Ikonographie und Zeremoniell. Von einigen Objekten in diesem Raum ausgehend, schloß nun R. Hägg auf "the Last Ceremony in the Throne Room at Knossos" [2183].

Es ist einleuchtend, daß dem Archäologen aus der Gemeinsamkeit von sakraler Architektur mit Funden in Heiligtümern wertvolle Quellen zur Verfügung stehen, es ist ebenso unbestritten, daß es als Glücksfall zu bezeichnen ist, wenn Texte deren Funktion beleuchten. Daß Vergängliches sich nicht in Bodenfunden spiegelt, muß nicht diskutiert werden. Ich denke dabei beispielsweise an "The Tent of El and the Israelite Tent of Meeting" [2184].

Was größere Kultzentren und kleine Hauskapellen in Kreta, Thera, Keos [2185] und auf dem griechischen Festland angeht, verweise ich auf meine Ausführungen oben im Architektur-Kapitel (mit Abb. 52g-k; 107a) [2186]. Wir verfügen mit einer

---

anlagen in Boğazköy-Ḫattuša (1971) gehört hierzu. Zu altkretischen Höhenheiligtümern: B. Rutkowski, Untersuchungen zu bronzezeitlichen Bergheiligtümern auf Kreta, in: Germania 63, 1985, 345ff. und Neues über vordorische Tempel und Kultbilder, in: H.-G. Buchholz, Ägäische Bronzezeit (1987) 407ff. und Petsophas, A Cretan Peak Sanctuary (1991). Zum Grundsätzlichen, Religionsphänomenologischen, bereits: W. Gaerte, Kosmische Vorstellungen im Bilde prähistorischer Zeit: Erdberg, Himmelsberg, Erdnabel und Weltenströme, in: Anthropos 9, 1914, 956ff., vgl. das Kapitel 'Der Berg als Zentrum der Welt', in: D. und R. Schletzer, Alter Silberschmuck der Turkmenen (o.J.) 25ff.

[2183] In: OpAth 17, 1988, 99ff., s. bereits H. Reusch, Zum Wandschmuck des Thronsaales von Knossos, in: Minoica, Festschrift J. Sundwall (1958) 334ff. und oben, Architektur-Kapitel. Zu "Greifen am Thron" auch: E. Spartz, Das Wappenbild des Herrn und der Herrin der Tiere in der minoisch-mykenischen und frühgriechischen Kunst, Diss. München (1962). — Zu antithetischen Gruppen in der kretischen Kunst, übernommen aus der nahöstlichen bereits G. Rodenwaldt, Der Fries des Megarons von Mykene (1921) 62ff., bes. Anm. 39.

[2184] So der Titel eines Aufsatzes von R. Clifford, in: Catholic Bible Quarterly 33, 1971, 221ff.; vgl. auch F.M. Cross, The Priestly Tabernacle in the Light of Recent Research, in: Temples and High Places a.O. 169ff.

[2185] E. Vermeule, Götterkult, in: H.-G. Buchholz, ArchHom, Kapitel V (1974) 34ff. Taf. 5a-d; V.R. d'A. Desborough, The Greek Dark Ages (1972) 279 Abb. 30; endgültige Publikation: M.E. Caskey, Keos II/1 (1986). — St. Hiller, Cretan Sanctuaries and Mycenaean Palatial Administration at Knossos, in: J. Driessen-A. Farnoux, La Crète Mycénienne, BCH Suppl. 30 (1991).

[2186] Vgl. ferner Lord William Taylour a.O. (oben Anm. 2178 und unten Anm. 2188), sowie G.E. Mylonas, The Cult Center of Mycenae (1972); auch J. Schäfer, Zum Verhältnis späthelladischer Kultarchitektur zu Kultbauten Kanaans, in: Concilium Eirene XVI, 1982,

inhaltsreichen Übersicht des frühverstorbenen Klaus Kilian über genauere Kenntnis von "Mykenischen Heiligtümern der Peloponnes", welche frühere Beobachtungen, so auch solche des gleich zu nennenden Sp. Iakovides um wichtige Einzelaspekte, vor allem aus Tiryns, ergänzt [2187]. Letzterer führte zum "Kultzentrum von Mykene" aus (hier gekürzt) [2188]: Weit vom Palast entfernt wurde im frühen 13. Jh. v.Chr. auf Terrassenstufen am Südwest-Abhang der Burg ein Komplex von Tempeln, Höfen, Priesterbehausungen angelegt und mittels einer Prozessionsstraße zugänglich gemacht. Diese Anlagen wurden nach kaum mehr als einem halben Jahrhundert durch ein heftiges Erdbeben zerstört, sogleich abermals aufgebaut und darauf endgültig durch Feuer vernichtet. Wandmalereien und Kultidole zeigen an, daß hier verschiedene Gottheiten oder verschiedene Erscheinungen ein und derselben weiblichen Gottheit des Krieges, der Fruchtbarkeit und vielleicht der Unterwelt verehrt wurden.

Mit erst kürzlich bekannt gewordenen bildlichen Darstellungen mykenischer Tempel auf dem 'Kalavassos-Krater' (Abb. 97i-k), einem Neufund aus Hagios Demetrios, erweist sich nun auch Zypern auf diesem Gebiet als an der ägäischen Kultwirklichkeit beteiligt: Auf beiden Seiten des genannten mykenischen Gefäßes ist je ein Tempel zu sehen, jeweils bewohnt von einer Göttin, die das Gesicht Besuchern im Wagen zuwendet — wir dürften also auch sonst manche der in der mykenischen Malerei dargestellten Wagenfahrten als Prozessionsfahrten zu Heiligtümern verstehen: Höchst bemerkenswert, daß man sich dem Hause der Gottheit hoch zu Wagen nähern durfte und nicht ehrfürchtig zu Fuß —. Es ist jeweils zur Besucherseite hin ein kleiner Vorbau zu erkennen, den je zwei Kulthörner bekrönen, so wie auf dem flachen Dach des Hauptbaus je vier Kulthörner zu sehen sind. Zwischen diesen gibt es in der Mitte je einen kleinen Aufbau nach Art ägyptischer Naïskoi. An der rückwärtigen Cella-Wand hängt beiderseits des Kopfes der Göttin je eine Scheibe als Sonnenemblem [2189]. Die Tempelinhaberin — in den Szenen beider Gefäßseiten dieselbe — wäre demnach als Sonnengöttin gekennzeichnet so wie auf Kreta beispielsweise die "Mohngöttin" mittels der Mohnkapseln am Kopfschmuck. Die spätere griechische Sonnengottheit war männlich gedacht; die Sonnengöttin von Arinna erweist die vergöttlichte Sonne in Anatolien als weiblich. Sprachlich ist letztere im Deutschen bis heute feminin. In der ägäischen Bronzezeit scheint dies — deutlich vom Griechischen abgesetzt — nicht anders gewesen zu sein (L. Goodison, Death, Women, and the Sun; Symbolism of Regeneration in Early Aegean Religion, in: BICS, Suppl. 53, 1989).

Teil III (1983) 104ff.

[2187] In: Kotinos, Festschrift für E. Simon (1992) 10ff., s. oben Anm. 509.

[2188] In: Tagung "Mythologie, Vorgeschichte", Ohlstadt 1994 (1996) 179ff. mit Abb. und Hinweis auf Lord William Taylour und G.E. Mylonas (oben Anm. 2186).

[2189] Fund-Nr. K-AD1619 aus Grab 13/1992, s. L. Steel, BSA 89, 1994, 201ff. 206 Abb. 4 (danach unsere Abb. 97i-k) und Taf. 37.38; Th. Papadopoulos, in: Proceedings of the Int. Arch. Conference "Cyprus and the Aegean in Antiquity", Nikosia 1995 (1997) 173 Abb. 4.

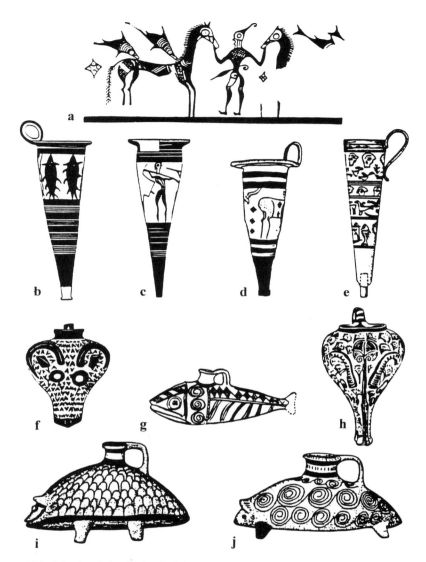

Abb. 96 a-j. Mykenische Gefäße aus Ras Schamra und Minet el Beida (a-d.f-j), Elfenbein-Rhyton aus Zypern (e): a "Kleiner Palast" (1964), amphoroïder Krater aus glimmerhaltigem Ton (wie Abb. 95 a), Ende des 13. Jhs. v.Chr. — b Nähe des "Depots der Igelrhyta"/1935 (i.j): Trichterrhyton mit Fischfries. — c "Sud Acropole", "Priesterhaus mit Lebermodellen"/1961: Trichterrhyton mit Kriegerfries. — d "Haus der Alabastren", östlich des Hauptpalastes: Trichterrhyton mit Stierdarstellungen (reifes SH III B). — e Atheainou/Zypern, Stratum III/552/637 (H 12,5 cm), oberer Metallabschluß und Henkel sind zeichnerisch ergänzt. — f-j Mykenische Tierkopf- und Ganztierrhyta des 13. Jhs. v.Chr., Ras Schamra/1935 und 1937: Widder, Igel (f.h-j), und Minet el Beida/1931: Fisch (g); Paris, Louvre

Unabhängig vom Problem mündlicher oder schriftlicher Tradierung (Homer) sind Mythen mindestens in ihrem allgemeinen Handlungsrahmen festgelegte Geschichten, Erzählbares. Das Bild vermag immer nur den einen oder anderen als wesentlich empfundenen Höhepunkt aus erzählten Handlungsabläufen herauszugreifen und sichtbar zu machen. In diesem Sinne war das Mythenbild stets ein von 'Literatur' abhängiges 'erzählendes' Phänomen mit der Tendenz zur Komprimierung des Geschehens. Gerade deshalb — weil bildliche Darstellungen die Kenntnis des frühgriechischen Epos voraussetzen und somit indirekt datieren — hat die Frage nach ihrem frühesten Auftreten in der Kunst für die klassische Archäologie eine ungewöhnlich große Rolle gespielt [2190]. Entwicklungen des gerahmten (Metopen)bildes als isoliertem Weltausschnitt hängen ebenso wie das Bedürfnis zur figurenreicheren Friesausbildung eng mit Spiegelungen von Erzählstilen zusammen. Es darf deshalb nicht irritieren, wenn umgekehrt homerische und hesiodische "Schildbeschreibungen", also Umsetzungen von Bildern in Literatur, den Eindruck erwecken, als könne letztere primär von der darstellenden Kunst abhängig sein, was indirekt allerdings möglich wäre [2191].

In Epochen, die wegen Fehlens von schriftlich fixierten Mythen, also 'Literatur', in der uns zugänglichen Überlieferung den Vergleich zwischen einer solchen und der vorliegenden Bilderwelt nicht möglich machen, ist der Versuch, Mytheninhalte zu ermitteln, fast immer zum Scheitern verurteilt, auf jeden Fall sind ihm enge Grenzen gesetzt: Auf mykenischen Vasenbildern fußende Mutmaßungen — etwa auf übergroßen Vögeln oder fischartigen Wesen hinter Streitwagen (auf Krateren im Cyprus Mus.), dem Gewirr von Strichmännlein, Vierfüßlern, Vögeln und Radsymbolen (Miniaturhydria aus Asine) oder dem Mann mit der Waage vor einem Streitwagen (Krater aus Enkomi [2192]) finden sich kritisch bei Frau C. Ahlberg-Cornell beleuchtet: Selbst wenn solche Darstellungen Interpretationsspielraum bieten, weil sie vom üblichen stereotypen Repertoire abweichen, fehlen bereits im

---

[2190] Zur Forschungsgeschichte s. H.-G. Buchholz a.O. (oben Anm. 2173. 2174). Vgl. auch W. Burkert, Die orientalisierende Epoche in der griechischen Religion und Literatur, SBHeidelberg 1984; ders., Oriental and Greek Mythology, the Meeting of Parallels, in: J. Bremmer, Interpretations of Greek Mythology (Sydney, 1987); B.C. Dietrich, Some Foreign Elements in Mycenaean Cult Places and Figures, in: Bibliothèque des Cahiers de l'Institut Linguistique de Louvain 26, 1985, 227ff. — Trotz mancher berechtigter Kritik von E. Simon/Würzburg stellt eine reich dokumentierende Abhandlung aus schwedischer Feder im ganzen ein nützliches Arbeitsinstrument dar: G. Ahlberg-Cornell, Myth and Epos in Early Greek Art Representation and Interpretation (1992), mit umfangreicher Bibliographie.

[2191] K. Fittschen, Die Geschichte der Schildbeschreibung in Antike und Neuzeit (1973), in: H.-G. Buchholz, ArchHom II (1990), Kapitel N.

[2192] Oben Anm. 1600; auch E. Simon, Die Götter der Griechen (1969) 27 Abb. 14. Neuerdings abermals hierzu W. Güntner (Kotinos, Festschrift für E. Simon [1992] 6ff.) mit kaum haltbarer Gesamtinterpretation, die völlig außer Acht läßt, daß die behandelten Bilder lediglich Nebenmotive unter einem Henkel sind, die Hauptmotive aber je ein großer Oktopos, von denen der eine neun Fangarme besitzt, weshalb J. Wiesner von der "Hochzeit des Polypus" sprach.

Ansatz alle Voraussetzungen zur Festlegung auf bestimmte Mythen. Nur ganz gelegentlich lassen sich ägäisch-bronzezeitliche Darstellungen auf Schmuckstücken und Siegelringen mythisch bestimmen (z.B. Europa auf dem Stier; Reliefbild eines mykenischen Glasschmucks aus Midea/Argolis) jedoch nur, weil die vorderasiatische Tradition aushilft, die kretisch-mykenische bis jetzt weitgehend schweigt [2193].

G. Karos "Religion des ägäischen Kreises", bereits 1925 als siebente Lieferung im "Bildatlas zur Religionsgeschichte" erschienen, darf als echte Pionierleistung gewertet werden. Nahezu lückenlos sind deren Abbildungen in M.P. Nilssons "Minoan-Mycenaean Religion" wiederholt. Nilssons Buch blieb bis heute unersetzt, höchstens durch den Autor selber im ersten Band seiner zweibändigen "Geschichte der griechischen Religion" (3. Aufl., 1967) komprimiert, ergänzt, gelegentlich berichtigt. Nilssons wesentlichste Leistung bestand, bis heute weiterwirkend, darin, für einen geistigen Zusammenhang von Mykenischem über das 'Dunkle Zeitalter' hinweg bis in die Epoche Homers erfolgreich eingetreten zu sein. So schließt denn auch der genannte Buchtitel: "... and its Survival in Greek Religion", wodurch, wie oben bereits gesagt, interpretierende Rückschlüsse vom Bekannten auf Prähistorisch-Unbekanntes methodisch ermöglicht wurden. Es sei angemerkt, daß der Minoisches und Mykenisches vereinigende Buchtitel zugleich als Bekenntnis zu dieser Einheit zu verstehen ist und nicht als bloße Resignation vor den Schwierigkeiten mit Bezug auf die Differenzierung der beiden Kreise.

Lassen wir Nilssons Kapitel 14 bis 17 beiseite, die ausnahmslos mit der Kontinuitätsfrage zu tun haben [2194], so fällt auf, daß außer Natur- und Hausheiligtümern [2195], Altären und Kulthörnern an und auf Tempelfassaden, weitere Kapitel hauptsächlich der Kultkleidung, den Tieropfern, der Doppelaxt, dem Pfeiler- und Baumkult, der Götterepiphanie, den Bildern des Hagia Triada-Sarkophags und schließlich dem minoisch-mykenischen Pantheon im ganzen gewidmet sind. Eine solche Studie konnte, weil sie von Realien ausging, lediglich eine Zusammenstellung ikonographischer, bzw. kultischer Elemente sein, von dem, was sichtbar das Göttliche im Heiligtum vertritt, von diesem als Ort der Kulthandlung und dieser

---

[2193] G. Ahlberg-Cornell a.O. 13ff., mit älterer Lit. Immerhin hat der nüchtern-kritische M.P. Nilsson (Mythological Representations in Mycenaean Art, in: Minoan-Mycenaean Religion [2. Aufl., 1968] 34ff. Abb. 1) 'Zeus mit der Schicksalswaage' als solchen anerkannt. — Vor allem ist damit methodisch, Älteres aus Jüngerem (Homer) zu interpretieren, legalisiert worden. Zur Frage ununterbrochener Traditionslinien vom 2. ins 1. Jt. v.Chr. s. B.C. Dietrich a.O. (oben Anm. 2178). Wenig Raum für Bildbeobachtungen lassen Zusammenhänge wie: "Die griechischen Theogonien und der Orient" (H. Schwabl, in: Eléments orientaux dans la religion grecque ancienne, Colloque de Strasbourg 1958 [1960] 39ff. und ders., "Weltschöpfung", in: RE Suppl. 9 [1962] 1433ff.).

[2194] Zuletzt: E. Rystedt, Approaching the Question of Bronze-to-Iron-Age Continuity in Ancient Greece, in: Current Swedish Archaeology 5, 1997, 147ff.

[2195] Ich verweise auf die wenig beachtete, aus seinem Berliner Habilitationsvortrag erwachsene Abhandlung von D. Wachsmuth, Aspekte des antiken mediterranen Hauskults, in: Numen 27, 1980, 34ff.

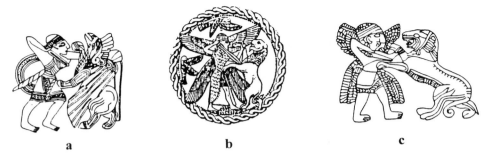

Abb. 97 a-c. Mythischer Kampf mit Greifen und Löwen: a Enkomi; London, British Museum, spätbronzezeitlicher Spiegelgriff aus Elfenbein. — b Kourion/Zypern, Innenbild einer kyprophönikischen Silberschale (1. Viertel des 7. Jhs. v.Chr.); New York, Metropolitan Museum (Slg. Cesnola). — c Tell Halaf/Syrien, Relief an einer Löwenskulptur der Palastfassade (9. Jh. v.Chr.)

Abb. 97 d-h. Siegel und Schuhgefäße: d Abdruck eines hethitischen Siegelrings, Privatbesitz. — e Hethitisches Rollsiegel aus Ialysos/Rhodos. — f Hethitisches Rollsiegel aus Theben/Böotien. — g Bemalter mykenischer Tonschuh aus Voula/Attika. — h Bemalter anatolischer Tonschuh aus Kültepe

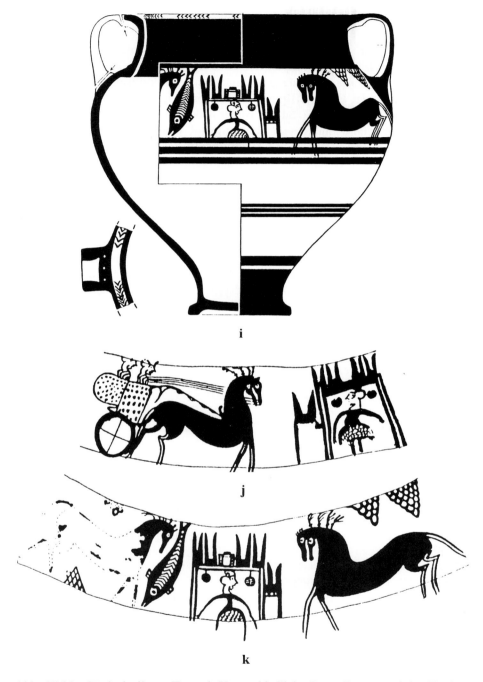

i

j

k

Abb. 97 i-k. Göttin in ihrem Tempel. Unterschiedliche Darstellungen auf der Vorder-
und Rückseite eines mykenischen Kraters aus Kalavassos/Hagios Demetrios, Zypern. Das
Bild der Rückseite hier nur im Ausschnitt (j), s. Anm. 2189

selber (Prozession, Wagenumfahrt, Kultmusik, Stierspiel, Schau-Spiel, Maskenwesen).

Reihende Bilder — sie sind, wie oben im Keramikkapitel dargelegt, kulturübergreifend im Orient, wie auf Zypern, wie im ägäischen Raum zu finden — eigneten sich im besonderen Maße zur Darstellung von kultischen Umzügen (Prozessionen). Sie waren in dem Hintereinander von Tributbringern der ägyptischen Kunst vorgebildet (Abb. 18a.b). Solche Bilder ließen sich, geringfügig abgewandelt, in Altkreta oder Thera und davon abhängig auf dem helladischen Festland zu Darstellungen von Prozessionen mit Überbringern der Opfergaben an Gottheiten umwandeln [2196]. Auch bestimmte Formen des Tanzes sind neben dem Reigen im Kreis aus der Prozession entwickelt und entsprechend dargestellt worden [2197]. Schließlich gehörte die kultische Umfahrt (Wagenprozession) als rituelles Tun hierher, zumal die benutzten Gefährte oft nicht alltägliche Gebrauchsfahrzeuge waren (vgl. beispielsweise Siegelabrollungen an Pithoi aus Alassa-Paleotaverna/-Zypern der Ausgrabungen 1992/93 [2198]). In der Bildkunst weisen ungewöhnliche Zugtiere ebenfalls auf Kultisches oder auf Götterfahrten hin (Ziegen, Löwen, Greifen und andere Fabelwesen [2199]). Es ist nicht zu erkennen, daß sich Ägäisches darin von Kyprischem oder Nordsyrischem wesentlich unterscheide; zu beachten wären lediglich differenzierende Details.

Wer 'Tanz' sagt, sagt 'Musik', und handle es sich dabei auch nur ums 'Händeklatschen' oder die Benutzung von rythmisierenden Geräusch- und Klangwerkzeugen. Ich verweise auf bronzezeitliche kyprische Eulenrasseln [2200] und überhaupt auf gegen Ende des zweiten Jahrtausends häufige Rasseln in Vogelform (in europäi-

---

[2196] N. Marinatos, Kapitel 'Processions', in: Minoan Sacrificial Ritual, Cult Practice and Symbolism (1986) 32ff. — Phänomenologisches: M.P. Nilsson, Die Prozessionstypen im griechischen Kult, in: JdI 31, 1916, 309ff.

[2197] L.B. Lawler, The Dance in Ancient Greece (1964) 28ff. (Prehistoric Crete) und 40ff. (Mycenaean and Pre-Classical Greece); R. Tölle, Frühgriechische Reigentänze, Diss. Hamburg (1964); M. Wegner, Musik und Tanz, in: H.-G. Buchholz, ArchHom, Kapitel U (1968). Phänomenologisches zu Tanz und Prozession: J. Huizinga, Homo Ludens (Deutsche Übers., 3. Aufl., o.J.) 264ff.; S. Mowinckel, Religion und Kultus (Deutsche Übers., 1953) passim (s. S. 155ff., Index, s.v. Festzug, Prozession, Tanz).

[2198] D. Christou, BCH 117, 1993, 739 Abb. 40; S. Hadjisavvas, Alasa, a Regional Centre of Alasia?, in: P. Åström-E. Herrscher, Late Bronze Age Settlement in Cyprus, Functions and Relationship (1996) 23ff. Abb. 11a.b.

[2199] J. Wiesner, Fahren und Reiten, in: H.-G. Buchholz, ArchHom, Kapitel F (1968) 23ff. und passim (Kult-, Götter-, Königs-, Reise-, Renn- und Streitwagen). Umfassend zu Zugtieren, Wagenprozessionen usw.: J. Crouwel, Chariots and other Means of Land Transport in Bronze Age Greece (1981), mit erschöpfender Bibliographie.

[2200] H.-G. Buchholz, Kyprische Eulenrasseln, in: Archaeologia Cypria. Gedenkschrift für K. Nikolaou (1990) 33ff. — Hellenistisch-römische Rasseln Zyperns haben Schweineform, s. H.-G. Buchholz, Tönerne Rasseln aus Zypern, in: AA 1966, 140ff.

schen Urnenfelderkulturen, im Seevölkerbereich Palästinas [2201]). Freilich nehmen in der bronzezeitlichen Kultmusik Tamburin (Abb. 65p, Assur, s. Anm. 1425; dazu die winzige Tamburinspielerin in Elfenbein aus Ras Schamra, Anm. 1418) und Kymbala (hauptsächlich in Zentral-Anatolien, ferner aus dem Schiffswrack von Uluburun und aus Ras Schamra bekannt, mittelbronzezeitliche bereits aus einem Grab von Tamassos/Zypern) ähnliche Funktionen wahr [2202]. Gewisse Vorlieben für bestimmte Instrumente, auch deren Zuordnung zu bestimmten Gottheiten, waren charakteristisch für kultgeographische Einzelregionen (Anm. 2332-2337 zum Blasen von Tritonschnecken). So entsprachen etwa Metall-Kymbala und schrille Flöten dem orgiastischen Kult der kleinasiatischen Kybele, bzw. ihrer bronzezeitlichen Vorläuferin, zartere, weniger wilde Klänge von Saiteninstrumenten der 'Apollonischen Sphäre' (so etwa wäre hier die Sicht Nietzsches anwendbar). Deshalb erhielt eine musizierende Figur der Wandgemälde des sogenannten Nestor-Palastes von Pylos (Messenien) die freilich unverbindliche Archäologenbezeichnung 'Lyraspielender Apollon' [2203]. Durchaus vergleichbar, zeigt unsere Abb. 98 l einen Kultmusikanten mit siebensaitigem Instrument in einem Heiligtum, das durch Kulthörner und Doppeläxte gekennzeichnet ist. Seine Töne zwingen von oben zwei adlerartige Vögel herbei, wohl Götterboten oder göttliche Epiphanien [2204]. Bei den Zeremonien, die der Hagia Triada-Sarkophag zeigt, erklingen sowohl Saiten-

---

[2201] Vgl. H.P. Rüger, in: K. Galling, Bibl. Reallexikon (2. Aufl., 1977) 234ff. s.v. Musikinstrumente, mit Lit.; H.-G. Buchholz, Rasseln und Schellen, in: ArchHom, Sport und Spiel, Kapitel T (1987) 100ff.

[2202] Oben Anm. 239. Ferner ein Kymbalapaar, in Nikosia, Cyprus Museum, ausgestellt. Ein weiteres Paar des 9.-7. Jhs. v.Chr. aus Luristan: J.A. Thompson, Hirten, Händler und Propheten (Deutsch, 1992) 256 Farbabb.

[2203] H.-G. Buchholz-V. Karageorghis, Altägäis und Altkypros (1971) Abb. 1059. Zu Saiteninstrumenten: H. Huchzermeyer, Aulos und Kithara in der Musik bis zum Ausgang der klassischen Zeit (1931); B. Aign, Die Geschichte der Musikinstrumente des ägäischen Raumes bis um 700, Diss. Frankfurt (1963); L.A. Stella, Strumenti Musicali della Lirica Greca Arcaica, in: Studie in Onore di F.M. Pontani (1984) 17ff.; M. Maas-J.M. Snyder, Stringed Instruments of Ancient Greece (1989). — Zum Vergleich mit Orientalischem: H.M. Kümmel, Zur Stimmung der babylonischen Harfe, in: Orientalia 39, 1970, 252ff.; A. Sendrey, Musik in Alt-Israel (1970); B. Dinçol, Zum hethitischen Musikinstrument GIŠhuhupal, in: Anatolica 24, 1998, 1ff.

[2204] Chania, Arch.Mus., Inv.-Nr. 2308 (SM III A/B, wohl frühes 13. Jh. v.Chr.; H 14 cm), weitere Vögel auf der Rückseite des Gefäßes, s. I. Tzedakes, AAA 2, 1969, 365 Abb. 2; ders., AAA 3, 1970, 111 Abb. 1.2; J.-P. Michaud, BCH 94, 1970, 1159 Abb. 591. 592; Marinatos-Hirmer Taf. 128b; C. Long, The Ayia Triada Sarcophagus (1974) 38 Taf. 18,48; A. Kanta, The Late Minoan III-Period in Crete (1980) Taf. 93,8.9. — Festländische Vasenbilder mit Musikinstrumenten: E. Vermeule-V. Karageorghis, Mycenaean Pictorial Vase Painting (1982) Nr. IX 14/1; XI 69; H.W. Catling, ArchRep 1979/80, 30 Abb. 53 (Grabfund, Nauplia, SH III A2-Frgt., Bildfeld mit kleinem stehenden Musikanten neben großer siebensaitiger Lyra); E. Slenczka, Tiryns VII (1974) 69 Nr. 159 Taf. 9,1d (SH IIIA-Scherbe mit Leierspieler, Argolis, Herkunft aus Tiryns nicht gesichert). — Zuletzt: J.G. Younger, Music in the Aegean Bronze Age (1998).

instrumente als auch die Flöte.

Eins der aufschlußreichsten Zeugnisse altkretischen Kultlebens stellt die sogenannte 'Schnittervase' aus Hagia Triada dar, ein ursprünglich mit Blattgold über-
zogenes Steingefäß mit figurenreichem Reliefschmuck [2205]. Anders als in streng
geordneten Prozessionsreihungen ist in ihm bewegtes, gedrängtes Leben als Umzug
lauthals singender, mit Erntegerät ausgestatteter ländlicher Arbeiter drastisch
eingefangen. Der Vorsänger bedient sich dabei eines Rasselgerätes, eines Sistrums.
Ein solches besteht aus einem Rahmen mit einer Handhabe. In ihn sind runde
Querstege eingelassen, auf denen sich scheibenförmige Metallplättchen bewegen
und beim Schütteln klirren. Diese Art der Musik ist mit dem Klang von Glöckchen
am altjüdischen Priestergewand oder von ebensolchen im christlichen liturgischen
Gottesdienst zu vergleichen. Noch heute sind in der christlich-äthiopischen Kirche
mit einem Kreuz versehene metallene Rahmensistren in Gebrauch, die in altägyptischer Tradition stehen.

Das Sistrum — der Göttin Hathor zugeodnet — galt als so ausschließlich
ägyptisch, daß die altkretische 'Schnittervase' nicht selten von der ägyptischen
Religion her interpretiert worden ist. Es kam einer archäologischen Sensation
gleich, als G. Sakellarakes bei seinen Ausgrabungen von Archanes erstmals im
ägäischen Raum ein örtlich produziertes Sistrum fand (Abb 101c [2206]). Man wird
es wohl als eine Kopie zum Zwecke der Niederlegung als Votiv/Beigabe anzusehen
haben; denn Rahmen samt Handhabe bestehen aus Ton, desgleichen die scheiben-
förmigen Klangkörper, während das Gestänge, auf dem sie sich bewegen, Kupfer-
draht ist. Wirkliche Klänge sind mit ihm kaum zu erzeugen gewesen.

Die einzige Region, in welcher — abgesehen von weit gestreuten Belegen des
Isiskultes römischer Zeit — außerhalb Ägyptens Sistren zutagekamen, ist Zentralanatolien (Horoztepe). Sie besitzen einen kunstvoll figürlich geschmückten
Rahmen aus Bronze und bezeugen dort die Existenz dieses Instruments als Grabbeigabe bereits im dritten vorchristlichen Jahrtausend [2207]. Das Beispiel 'Sistrum'
und undeutlich erkennbare Zusammenhänge Altkretas mit Inneranatolien und
ebenso mit Ägypten gemahnen zur Vorsicht bei der künftigen Betrachtung von
Musik in altägäischen Kulten und bei der Suche nach ihren Vorformen. Falls es

---

[2205] Herakleion, Arch. Mus., Inv.-Nr. 184; SM I (16. Jh. v.Chr.), s. Buchholz-Karageorghis
a.O. Abb. 1165, mit umfangreicher Lit.-Liste; s. zuletzt W. Schiering, Akustisches in der
minoischen Kunst, in: Kotinos, Festschrift für E. Simon (1992) 1ff. (mit weiterer neuerer
Lit.). — L. Klebs, Die verschiedenen Formen des Sistrums, in: ZÄS 66, 1967, 60ff.

[2206] H.W. Catling, ArchRep 1988/89, 98 Abb. 132; G. Sakellarakes, ArchEphem 1991, 186
Abb. 16-18; ders., Archanes, Funde aus 30 Jahren, in: Archaiologia (Griechisch) 53, Dez.
1994, 66f. mit Farbabb.

[2207] Durch Ankauf ins Metropolitan Mus., New York, gelangt, s. K. Bittel, Die Hethiter
(1976) 43 Abb. 25. Zum Fundort: T. Özgüç-M. Akok, Horoztepe, an Early Bronze Age
Settlement and Cemetery, in: Türk Tarih Kurumu Yayinlarindan, 5. Serie, Nr. 18 (1958),
dieser Artikel und die folgenden in türkischer und englischer Sprache; B. Tezcan, New Finds
from Horoztepe, in: Anatolia 5, 1960, 13ff.; T. Özgüç, New Finds from Horoztepe, in:
Anatolia 8, 1964, 1ff.

zutrifft, daß, wie A. Evans meinte, ein Zeichen der Linearschrift A ein Sistrum wiedergibt, hätte dieses einen ungleich festeren Platz in der kretischen Gesittung, als es die sonst spärlichen Belege ahnen lassen [2208].

Wer mit 'Horoztepe' die vorderasiatische Bergregion vom Kaukasus bis Luristan anspräche, wäre großzügig ungenau, läge allerdings im Erkenntnisbereich der 30er/40er Jahre, als der 'Religion der Bergländer Subartus' eine entscheidende Ausgangsrolle für ägäische Phänomena zugewiesen wurde [2209].

Zum Stiersprung, seinem Spielcharakter, zugleich seiner religiös-kultischen Einbindung und seiner Verbreitung — wenn auch manchmal lediglich in bildlicher Darstellung (Syrien: Abb. 92e) — verweise ich auf mein Eingangskapitel [2210]. Man ist berechtigt, nach der Arena solcher Stierspiele und dem Platz von Zuschauern zu fragen. Daß sich Zentralhöfe minoischer Paläste für eine derartige Funktion eigneten, und die umschließenden Bauten mit überhöhenden Gallerien und Veranden Zuschauern Raum boten, habe ich oben in dem Kapitel zur Architektur ausgeführt; minoische Wandfresken bestätigen dies. Neuerdings traten als Zeichen starker kretischer Präsenz Reste von Wandgemälden, in minoischem Stil Stierszenen zeigend, im ägyptischen Tell el Daba auf. Die bedeutenden neuen Entdeckungen werden österreichischen Kollegen verdankt, die Publikation der Fresken bereitet N. Marinatos vor.

Bezüglich des Maskenwesens mögen knappe Hinweise genügen. In A. Evans' gesamtem vierbändigen Werk über Knossos kommt das Stichwort "Maske" kein einziges Mal vor. Das ist für die minoische Kultur nur zum Teil symptomatisch, nämlich ohne Berücksichtigung tierköpfiger Wesen, wie des Minotaurus' in bildlichen Darstellungen, von denen niemand begründet zu sagen weiß, ob sie mythischen Zusammenhängen entstammen oder kultischen Auftritten, die dann tatsächlich als Tiere verkleidete Menschen, also Maskierte, bezeugen würden. Das Bild eines hethitischen Rollsiegels aus Ialysos/Rhodos (Abb. 97e, C. Lambrou-Phillipson, Hellenorientalia [1990] Taf. 15,573; H.-G. Buchholz, JPR 9, 1995, 31 Abb. 5a) ist indessen nicht als Kultspiel, sondern als mythische Darstellung einer Götterversammlung zu deuten: Einander sitzen gegenüber der Hirschgott und der Stiergott, beiden in Menschengestalt mit den Köpfen der sie bezeichnenden Tiere; hinter ersterem die nackte Göttin auf dem Löwen, hinter dem Stiergott ein kriegerischer Gott vom 'Reschef'-Typus (zu diesem s. unten Anm. 2504ff.).

[2208] PM IV 678 Abb. 661,9. — Ein Ritzzeichen in Ras Schamra (unsere Abb. 89 l) sieht ebenfalls wie ein Sistrum aus, doch ist die Deutung nicht sicher.

[2209] K. Schefold, Orient, Hellas und Rom (1949) 37.

[2210] Auch auf fragmentarischem mykenischen Vasenbild aus Hala Sultan Tekke/Zypern, von P. Åström mehrfach erörtert, s. K. Nikolaou, ArchRep 1980/81, 54 Abb. 17. Zu unserer Abb. 5g vgl. A. Evans, On a Minoan Bronze Group of a Galloping Bull and Acrobatic Figure from Crete, in: JHS 41, 1924, 247ff. Ferner zum Thema: J.G. Younger, Bronze Age Representations of Aegean Bull-leaping, in: AJA 80, 1976, 125ff.; D. Collon, Bull-leaping in Syria, in: Ägypten und Levante 4, 1994, 81ff. und N. Marinatos, The 'Export' Significance of Minoan Bull-leaping Scenes, ebd. 89ff.

Bei einer frontal wiedergegebenen Person auf einem kretischen Siegel des SM IIIA in Privatbesitz mit sehr großem, wie übergestülpt wirkendem Stierkopf sehe ich mich indessen veranlaßt, an Maskenwesen zu denken (I. Pini, in: Minoan and Greek Civilization from the Mitsotakis Collection [1992] 219 Nr. 294, Farbbild auf S. 197). Außerdem kommen auf Siegeln und gelegentlich in der kykladischen und kretischen Vasenmalerei frontal wiedergegebene fratzenhafte Gesichter vor, die in den Veröffentlichungen als 'Gorgoneia' bezeichnet sind. Ein solches zeigt u.a. ein 'Becherrhyton' des SM I B aus Knossos (ein milchkannenartiges Kultgefäß mit einem Loch im Boden [2211]).

Auf Zypern sind Masken nachzuweisen, nämlich in Schädelplatten von wirklichen Rindern mit ansitzendem Gehörn und an beiden Seiten angebrachten Löchern zur Aufnahme eines Riemens, mit dem sie dem menschlichen Träger an den Kopf gebunden wurden. Es handelt sich um nachbronzezeitliche Tempelfunde in der phönikischen Stadt Kition [2212]. Und aus Ugarit kennen wir ein figürliches Amulett, mit Rückenöse und Band am Hals zu tragen, wie das Stück in unserer Abb. 16b. Es besteht aus drei winzigen Gestalten, deren mittlere mit einer Rinderkopfmaske versehen ist, während die beiden Begleiter links und rechts nicht maskiert sind, wohl aber mit hohen Priestermützen bedeckt [2213]. Der Stierköpfige 'spielt' mithin einen Gott!

Auch wenn die bisher genannten kyprischen Belege nicht in lokaler, sondern in phönikischer Tradition stünden, reicht letztere, wie der Hinweis aus Ugarit bekundet, ins zweite Jahrtausend zurück. Weitere, relativ kleine tönerne Gesichtsmasken der späten Bronzezeit Zyperns wurden bisher ausschließlich in den beiden Städten Enkomi und Kition entdeckt, stets in Kultstätten, womit ihr religiöser Hintergrund unbestritten bleibt. K. Nys hat unlängst "The Use of Masks in Cyprus during the Late Bronze Age" zum Gegenstand eingehender Betrachtungen gemacht [2214]. Bezüglich Kleinasiens ist auf eine Schrift von H.Th. Bossert zu verweisen: Janus und der Mann mit der Adler- oder Greifenmaske (1959).

[2211] P. Warren, ArchRep 1980/81, 83f. Abb. 33. 34.

[2212] V. Karageorghis, Kition, Mycenaean and Phoenician Discoveries in Cyprus (1976) Taf. 79-81.

[2213] Silber, H 4 cm, s. Cl. Schaeffer, ILN 1937, 296 Abb. 13.15; Syria 18, 1937, Taf. 18; H.Th. Bossert, Altsyrien (1951) Abb. 603; Schaeffer, Ugaritica III (1956) 94f. Abb. 113a.b; 114a.b. Weiteres zu Tiermasken: H. Ringgren, Die Religionen des Alten Orients (1979) 142; B. Brentjes, Zum Verhältnis von Mischwesen und Maske im alten Orient, in: Wissensch. Zeitschrift der Martin-Luther-Universität Halle-Wittenberg 13, 1964, 667ff.; R.D. Barnett, Homme Masqué ou Dieu-Ibex?, in: Syria 43, 1966, 259ff. — Mit steinernen Masken aus Nahal Hemar/Israel gelangen wir bis in die Zeit 10000-5000 v.Chr. zurück, s. O. Bar-Yosef, A Cave in the Desert, Nahal Hemar (1985) und H.-D. Bienert, Skull Cult in the Prehistoric Near East, in: JPR 5, 1991, 9ff. bes. 15 und 17 Abb. 12. 13.

[2214] In: JPR 9, 1995, 19ff., mit der Rez. von W. Pötscher, AnzAW 49, 1996, 227ff. Vgl. eine männliche Gesichtsmaske (H 16 cm, Fund-Nr. 1961/49) aus Enkomi bei M. Yon, in: Symposium Nikosia 1985 (1986) Taf. 15,1.

Da die Ägypter tiergestaltige Götter verehrten, ergab sich, sofern letztere im Kult gegenwärtig sein sollten, auch für sie ein Bedürfnis zur Maskierung manchen Tempelpersonals. Herodot berichtet darüber (II 42): Herakles habe den Wunsch gehabt, unter allen Umständen Zeus zu sehen, doch der habe nicht gesehen werden wollen. Da habe der Gott folgendes ersonnen: Einem Widder habe er das Fell abgezogen, sich den abgeschnittenen Kopf vors Gesicht gehalten und das Vlies angelegt. Deshalb gestalteten die Ägypter Standbilder des Gottes Zeus mit einem Widderkopf.

Das im Kult ungewöhnlich kräftig blühende Maskenwesen der Phöniker ist im westlichen Kolonisationsgebiet (Karthago, Sardinien) unübersehbar. Doch daß es in Griechenland nicht fehlte, läßt sich am archaisch-klassischen Theater Athens ablesen. Womit nicht schon bewiesen wäre, daß die spätere griechische Kultur hierin aus minoischem Erbe geschöpft hätte. Ergänzungen finden sich bei J.P. Vernant, "Figures du masque en Grèce ancienne", in: J.-P. Vernant-P. Vidal-Naquet, Mythe et Tragédie II (1986) 25ff., sowie bei J.B. Carter, "Masks and Poetry in Sparta", in: R. Hägg-N. Marinatos-G.C. Nordquist, Early Greek Cult Practice, Proceedings of the 5th Int. Symposium at the Swedish Institute at Athens (1988) 89ff., und nochmals Carter mit "The Masks of Ortheia", in: AJA 91, 1987, 355ff.

Die von K. Nys behandelten kyprischen Masken sind teils menschlicher Natur, teils fratzenhaft. In jedem Falle macht einen die Maske zu jemand anderen, als der man eigentlich ist. Das trifft in erhöhtem Maße auf Tiermasken zu: Das Phänomen des Maskenwesens, die Verwandlung in ein völlig verschiedenes Wesen mittels einer Tiermaske oder eines Tierfells, ist von H. Straube in einer Schrift des Frankfurter Frobenius-Instituts gründlich analysiert worden [2215]. Das Anlegen entsprechender Masken bedeutet zunächst Identifizierung mit dem betreffenden Tier, ermöglicht dann aber in der Tat einen Schritt auf die kultische Schau-Stellung hin, letztlich einmündend in Jagdzauber, 'Bockstanz', schließlich in Komödie und Mysterienspiel.

Wiederum kann auf ein architektonisches Element hingewiesen werden, auf sogenannte 'Schautreppen' Altkretas, die jeweils Freiräume einfassen, die man als 'Bühnen', Plätze für kultische Aufführungen, auffassen kann und besagte Treppen als Ränge für die Zuschauer [2216].

Was weiterhin mittels der von der Archäologie erschlossenen Realien für unsere Zwecke greifbar wird, ist in vielen Punkten bereits von M.P. Nilsson zusammengestellt worden. So mag dieser knappe Hinweis genügen: Wenn Kultkleidung manchmal fellartig wiedergegeben ist, auch mit einem Schwanz versehen, so fällt so etwas in das besprochene Maskenwesen. Wenn andererseits steif-unorganische Priestergewänder dargestellt sind (Abb. 100e-g), handelt es sich nach Nilsson um Fremdes, Vorderasiatisches, womit sich in aller Regel die Übernahme nicht

---

[2215] Die Tierverkleidungen der afrikanischen Naturvölker (1955).

[2216] Hierzu D. Willers, Die Schautreppen in den minoischen Palästen Kretas, in: Sport und Kultur (Bern, 1983, gedruckt 1986) 45ff. und F. Stoessl, Die Vorgeschichte des griechischen Theaters (1987).

allein von Äußerlichkeiten ausdrückt. Auf einige charakteristische Beispiele von Kultgerät, auf Weih- und Opfergaben, Bestandteile der Göttermahlzeiten komme ich unten zurück. Falls man im minoisch-mykenischen Tempeldienst auch heilte, die Zukunft erforschte oder Magie ausübte, müssen wir uns eingestehen, daß uns diesbezügliche Quellen weitgehend im Stich lassen [2217].

Darstellungen von Adorierenden, 'Betern', sind in der vorderasiatischen (s. Abb. 3f), kyprischen und altägäischen Kunst sehr häufig, wenn im Gestus auch nicht identisch. Es läßt sich mindestens ein tiefes Bedürfnis von Auftraggebern und Künstlern erkennen, die in solchen Bildern 'Frömmigkeit' ausgedrückt finden wollten [2218]. Der Mensch suchte die Nähe der Gottheit, er erflehte deren Erscheinen. Dieses, die göttliche Epiphanie, war nach Ausweis von Darstellungen ein zentrales Anliegen im minoischen Kultgeschehen. Hierzu findet sich wohl die subtilste Interpretation altkretischer Kultdenkmäler in einer Akademieschrift von F. Matz: "Göttererscheinung und Kultbild im minoischen Kreta" [2219]. In ihr sind bei scheinbarer Ähnlichkeit die gravierenden Unterschiede zwischen der Vision erlebter Gotteserscheinung und bloßer Betrachtung eines Gottes in Gestalt seines Kultbildes zu fassen gesucht.

Die ovale Bildplatte des bereits oben erwähnten goldenen Fingerrings aus dem Kammergrab von Isopata bei Knossos (Anm. 2140, SM I/II) zeigt — umgekehrt wie im Orient — nicht die Gottheit übergroß, vielmehr vier das ganze Bildfeld füllende Frauen in bewegt-anbetender Ekstase. Zwei von ihnen sind mit zum Gruß

[2217] Vgl. aber bes. L. Press, The Worship of Healing Divinities and the Oracle in the 2nd Millennium B.C., from a Study in Aegean Glyptic Art, in: Archeologia (Warschau) 29, 1978, 1ff.; B.C. Dietrich, Reflections on the Origins of the Oracular Apollo, in: BICS 25, 1978, 1ff. — Verzichten muß ich hier auch auf die Einbeziehung der Magie in die Betrachtung; die hethitischen Texte sind voll davon. Selbst Verknüpfungen von Kultprozessionen und Zauberei sind überliefert: Dreimaliges Umgehen hatte magisch-bannende Wirkung, s. M.P. Nilsson, JdI 31, 1916, 319. — Vgl. F. Graf, Götternähe und Schadenzauber, die Magie in der griechisch-römischen Antike (1996).

[2218] B. Rutkowski, Prayer (Adoration) in Prehistoric Greece, in: Archeologia (Warschau) 41, 1980, 9ff.

[2219] AbhMainz 1958, Nr. 7, mit den drei Abteilungen: 1) Kultus und Göttererscheinung. 2) Kultbild und Götterbild, 3) Bildform; in der letzten Abteilung auch Beobachtungen zu zeitlich unterschiedlichen Religionsstufen Kretas.

Erläuterungen zu Abb. 98 a-m auf gegenüberliegender Seite: a.f Kythera, importierte SM I-Gefäße mit Doppelaxtdekor, u.a. mit sogenannter "Klappmuschel" (f). — b SH I-Scherben aus Hagios Stephanos/Lakonien; zum Motiv vgl. h. — c Zypern, Privatbesitz, s. bereits oben Abb. 71 e. — d Lipari, frühmykenische Scherbe. — e Bildausschnitt, Gefäß von der Insel Pseira; Herakleion, Arch. Mus. — g Enkomi, Grab 12 (englische Ausgrabungen), Detail eines SH III B-Kraters; London, British Museum. — h Thermos/Aitolien, Tüllenkrug, SH I, mit einem Dekor wie b. — i Detail eines ergänzten mykenischen Kraters von der Agora-/Athen. — j Bild an einem Tonsarkophag (SM III) aus Westkreta. — k Bemalter Tonsarkophag aus Giophyrakia/Kreta; Herakleion, Arch. Mus. — l Pyxis (SM III B) aus Kalami/Westkreta; Chania, Arch. Mus. — m Subminoische Pyxis aus Karphi/Kreta

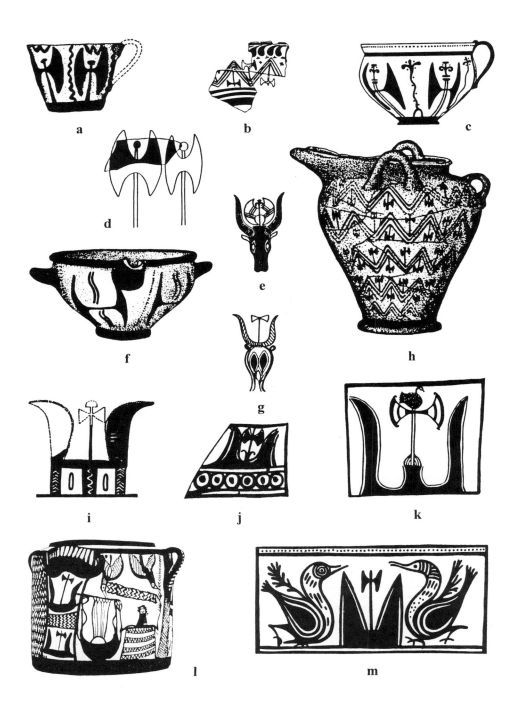

Abb. 98 a-m. Doppelaxtmotive in der minoisch-mykenischen Vasenmalerei: Erläuterungen s. gegenüberliegende Seite

einer kleinen weiblichen Gestalt am oberen Bildrand entgegengestreckten Armen wiedergegeben. Eine dritte zeigt sich, ebenfalls zur Begrüßung, im Gestus späterer Epiphanie (dazu unten), mit in den Ellenbogen gewinkelt erhobenen Armen. Wir haben es mit der Verbindung von ekstatischem Tanz und Adoration und der von oben herabschwebenden winzigen Göttin zu tun. F. Matz folgerte unter Heranziehung weiterer Darstellungen: "Durch die Stärke der zu leidenschaftlichem Tanz gesteigerten Gebärde ist also die Göttin herbeigerufen. Dieser Tanz ist ihre Beschwörung". Die zu beobachtende Kunstauffassung richtet ihr Augenmerk mehr auf die Kultbeteiligten als auf die Gottheit selber. Wie dies hier und in weiteren minoischen Epiphaniebildern geschieht, bezeichnet F. Matz als "unbefangenen Griff ins Irrationale und zugleich nach dem Ganzen, und erst recht als die für die ganze minoische Welt so bezeichnende Verbindung von primitiven, experimentierenden und raffinierten, reifen Zügen"[2220].

Lassen wir Matz sagen, worin hier das Anderssein gegenüber Vorderasiatischem liegt: "Ein Bildtypus babylonischer Rollsiegel der Sargonidenzeit fordert zum Vergleich auf[2221]. Zwei göttliche Wesen öffnen die Flügel einer Tür, zwischen denen Schamasch, der Sonnengott, sichtbar wird, über Bergen emporsteigend. Ein Beter kann an der Seite stehen. Ist dies nicht auch Epiphanie? Es ist wohl kein Zufall, daß dem orientalistischen Interpreten dieser Gedanke fernliegt. H. Frankfort hat das Bild als Wiedergabe der Situation im Tempel verstanden und gemeint, die Kultstatue habe so ausgesehen wie dieser Sonnengott. Aber selbst wenn das an der Schwierigkeit scheitern sollte, eine so bewegte Statue anzunehmen, fehlt dieser Epiphanie doch der für die minoische integrale Charakter der Verbindung von Beter und Gott. Es ist die Erzählung eines Mythos, den ein betend anwesender Mensch miterlebt. .. In Kreta ließ sich feststellen, daß die Bilder von Göttern allein Abkürzungen von Kultszenen sind. Mythologische Darstellungen sind in der minoischen Bilderwelt Fremdkörper ..."[2222].

Hierzu soll ergänzend Frau Erika Simon zitiert werden, die eins der von F. Matz beigezogenen akkadischen Rollsiegelbilder in starker Vergrößerung darbot: "Bis hin zu den Metamorphosen des Ovid (2,1ff.) sind die Tore des Sonnenpalastes, die zugleich die Tore des Himmels sind, eine feste Vorstellung in der antiken Mythologie. Sie geht, wie wichtige Züge der griechischen Apollongestalt, auf babylonische Vorstufen zurück"[2223].

[2220] Ebd. 84 (S. 444 des Gesamtbandes).

[2221] Matz verglich Siegelabdrücke aus Knossos mit der "Muttergöttin auf dem Berge" (a.O. 14 Nr. 3 Abb. 5, zentrales Dokument aller minoischen Religion). Ihm ist nunmehr ein sensationeller Neufund aus Chania/Westkreta zuzuordnen: E. Hallager, The Master-Impression, in: SIMA 69 (1985), einen mächtigen männlichen Gott über einem Bergheiligtum zeigend. Hallager a.O. 59 Abb. 20f (Abdruck mit der Berggöttin von Knossos). — Von Matz benutzte orientalische Vergleichsstücke: H. Frankfort, Cylinder Seals (1939) 98ff. Taf. 18, auch S. 126 mit Taf. 22a und S. 134 mit Taf. 23f.

[2222] Matz a.O. 65f.

[2223] New York, Pierpont Morgan Library; E. Simon, Die Götter der Griechen (1969) 134 Abb. 128.

Die mykenische Massenproduktion einfacher Tonfigürchen weiblicher Form — von den Archäologen mit dem griechischen Buchstaben Ψ gleichgesetzt und Ψ-Idole genannt — stellen meines Erachtens Göttinnen im Epiphaniegestus dar (Abb. 48b-d.f, Ras Schamra, und Abb. 49, Hellas). Sie bekunden, daß im Ellenbogen gewinkelt erhobene Arme gerade in Gebieten der Übernahme minoischen Gedanken- und Formengutes tief in die allgemeine Vorstellungswelt eindrangen und auf Zypern dann während der Eisenzeit eine Unmenge entsprechender religiöser Zeugnisse hervorgebracht haben [2224]. Gegen Ende der Brozezeit war die "Göttin mit den erhobenen Armen" als Typus sogar in großen Hohlterrakotten — beispielsweise als "Mohngöttin von Gazi" — auch auf Kreta die Standardform von Kultfiguren. Dies hat St. Alexiou bereits 1958 in seiner neugriechischen Doktorarbeit "Ή Μινωϊκή Θεά μεθ' ὑψωμένων χειρῶν" unter Berücksichtigung des gesamten damals verfügbaren Fundstoffes umsichtig ausgeführt [2225]. Seine Erkenntnisse regten die oben genannte kyprische Studie an.

2. *Das Opfer*

In Syrien [2226], Zypern, Anatolien und der Ägäis darf während der Bronzezeit die Libation, die Spende von Flüssigem — Wasser [2227] oder Wein [2228], auch von Blut — als die selbstverständlichste Form des Opfers gelten: variiert wurde vom Sprengen bis zum Schütten und Gießen, vom Überallhin zur Richtungsbezogenheit — z.B. als Heiligungs-, zugleich Schutzakt, das Verspritzen von sakralem

---

[2224] J. Karageorghis, La Grande Déesse de Chypre et son Culte (1977) Taf. 20e; 21-24; V. Karageorghis, The Goddess with uplifted Arms in Cyprus, in: Scripta Minora 1977, 785ff.; S. Sophokleous, Atlas des Représentations Chypro-Archaïques des Divinités (1985) Taf. 19,1-4; 20,1-5; 21,2.

[2225] Diss. Athen, mit reicher Bebilderung und Lit. abgedruckt in KretChron 12, 1958, 179ff. — Zur 'Mohngöttin von Gazi' s. oben Anm. 2146; zu einem minoischen Idol desselben Typs in Berlin, s. H.-G. Buchholz, in: Atti e Memorie del Secondo Congresso Int. di Micenologia, Rom-Neapel 1991 (1996) 1391ff.

[2226] J.-M. de Tarragon, Le Culte à Ugarit, in: Cahiers de la Revue Biblique 19 (1980) 121. 124; H.-G. Buchholz, in: Studies in the Archaeology and History of Ancient Israel in Honour of M. Dothan (1993) 54f.

[2227] Uns vertraute Begriffe wie 'Weihwasser', 'Taufwasser' hatten eine Vorgeschichte, s. K. Hartte, Zum semitischen Wasserkultus (vor Ausbreitung des Christentums), Diss. Tübingen 1912. Auch P. Neve, Regenkult-Anlagen in Boğazköy-Hattuša (1971), bes. 34ff. ("Das Wasser als Kultobjekt"); M. Ninck, Die Bedeutung des Wassers im Kult und Leben der Alten (1921, 2. Aufl. 1960); H. Ringgren, Die Religionen des Alten Orients (1979) passim (Index s.v. Wasser).

[2228] K. Kircher, Die sakrale Bedeutung des Weins im Altertum (RVV IX 2, 1910, Nachdruck 1970); M.-Ch. Poo, Wine and Wine Offering in the Religion of Ancient Egypt (1995).

Wasser in Richtung empfindlicher Raumöffnungen (Fenster, Türriegel [2229]) oder in alle vier Himmelsrichtungen als Symbol des Weltganzen (z.B. im Mysterienheiligtum von Eleusis) — und bis hin in dauerhaft vorgegebene Vertiefungen: Rinnen und Abläufe (z.B. in Mykene und neben dem Thron von Pylos [2230]). Letzteres weist auf unterirdische Empfänger hin, auf den chthonischen Aspekt solcher Opfer [2231].

So wie das Kultmahl zum Tieropfer gehört, sind Trinkgelage mit dem flüssigen Opfer verbunden. Trinkende Zweiergruppen gehören zu einem sehr frühen, langlebigen Bildtypus des Nahen Ostens (Abb. 72b und c, Anm. 1534). In Enkomi/-Zypern (frz. Ausgr., Grab 7,4790) gehörte ein derartiges Ritual, nämlich zweier im Stehen sich zutrinkender Gestalten (Abb. 72d), zum mykenischen Bildrepertoire [2232]. Schließlich kommen in den Wandfresken Kretas "Klappstuhl-Szenen" vor, die ebenfalls Leute, hier Frauen, beim Trinkgelage wiedergeben (I. Strøm, Graekenlands Forhistorisk Kulturer II [1982] 334 Abb. 457, unten Anm. 2327). Dem religiös-kulturgeschichtlichen Sinne nach gehören derartige Phänomena zusammen, ikonographisch gehen sie verschiedene Wege. Ob die Ägäis einer östlichen Anregung folgte, oder umgekehrt, läßt sich nicht sicher sagen. Die Trinkerszene in mykenischer (nicht minoischer) Ausprägung ist allerdings allein im östlichen Zypern überliefert und sonst nirgends in der ägäischen Welt. Von den Rhyta als zum Opfer von Flüssigem gehörig, war oben bereits die Rede; ich komme im Zusammenhang mit "Kultgerät" nochmals darauf zurück.

Opfer/Weihgaben gegenständlicher Art gehören zu den verbreiteten religiösen Allgemeinerscheinungen, so daß es nicht leicht fällt, Beeinflussungen von Ost nach West oder West nach Ost festzustellen. Es sei denn, daß man im Allgemeinen auf das Besondere stößt. Wenn W.H.D. Rouse ein ganzes Buch über "Greek Votive Offerings" (1901) geschrieben hat und die Publikationen von Ausgrabungen in griechischen Heiligtümern zu einem guten Teil aus Katalogen der in ihnen gefunde-

---

[2229] Boğazköy-Text in Istanbul, s. H.Th. Bossert, Ein hethitisches Königssiegel (1944) 48 ("Der König gießt vor dem Denkstein zweimal eine Spende aus, dem Herd einmal, dem Schild einmal, dem Thron einmal, dem Fenster einmal, dem Türriegelholz einmal, ferner dem Herd an der Seite einmal").

[2230] Zu dem gesamten religionshist. Komplex s. R. Hägg, The Role of Libations in Mycenaean Ceremony and Cult, in: Celebrations of Death and Divinity in the Bronze Age Argolid, Proceedings of the 6th Int. Symposium at the Swedish Inst. at Athens 1988 (1990) 177ff. mit Abb. 1. 2. 4 (Mykene) und 3. 9 (Pylos).

[2231] Vorzügliche Zusammenfassung: D. Wachsmuth, Trankopfer, in: Der Kleine Pauly V (1975) 922f.; s. E. Simon, Opfernde Götter und K. Patton, Gods who sacrifice, a Paradox of Attic Iconography, in: AJA 96, 1990.

[2232] Zur oben in Anm. 1533 genannten Lit. auch E. Rystedt, Mycenaean Pictorial Vases, Individual Painters and East Mediterranean Chronology and Trade, in: Acta Cypria, Acts of an Int. Congress on Cypriote Archaeology, Göteborg 1991, Teil 2 (1992) 306ff. 313 Abb. 1c. — Vgl. zum Thema den flotten Titel aus völkerkundlicher Feder: "Beer for ancestors, sun-hat for the White Lady" (A. Jacobsson-Widding, in: T. Linders-G. Nordquist, Gifts to the Gods [1987] 101ff.).

nen Votivgeschenke bestehen, wird deutlich, daß wir es mit einem uferlosen Thema zu tun haben [2233], aus dem hier ohne Vollständigkeit lediglich einige Beispiele herausgegriffen werden.

Man denke an die Unmengen weiblicher mykenischer Tonidole (Abb. 49) in Heiligtümern wie in Gräbern und Siedlungen bis hin nach Zypern und Ras Schamra, an Anker- und Waffenweihungen [2234], ferner an Gewänder und 'Kultknoten' im minoischen Kreta, greifbar in bildlichen Darstellungen und vor allem in Miniaturnachbildungen (Fayence, Elfenbein usw.) [2235]. Ersatzweihgaben im Kleinformat gab es nicht allein auf Kreta, vielmehr handelt es sich um eine verbreitete Erscheinung (z.B. in großer Menge im bronzezeitlichen Heiligtum von Atheainou/-Zypern) [2236]. Dasselbe gilt für Nachbildungen wertvoller Bronzegüsse und anderer Metallgegenstände in Ton (Gefäße, Waffen, Körperschmuck), auch sie häufig *en miniature*. Eine nach kyprischen Dreifüßen angefertigte winzige Imitation aus Sardinien vertritt dieses Phänomen. Solche Geschenke für die Götter und Grabbeigaben weisen nicht allein im ägäischen Bereich, vielmehr ebenso auf Zypern und in der Levante, Entsprechungen auf (vgl. die tönerne Nachbildung eines kyprischen Stabdreifußes aus einem früh-protogeometrischen Grab in Arkades/Kreta, s. A. Kanta-A. Karetsou, Konferenz Nikosia 1995 [1997] 159ff.).

Auf Zypern fällt unter den Opfern an heiligen Stätten der höhere Anteil an Objekten des Metallhandwerks, Bronzegusses, auf: Minaturbarren (Abb. 54a-d [2237]; vgl. die Fundverteilung von Metalldeponierungen in Relation zu Heiligtümern im Plan von Enkomi: Abb. 57), Votivamboß mit kypro-minoischer Inschrift, Werkstättenabfall, bes. Metallschlacke und Bronzeschrott [2238].

Hundertfach, ja tausendfach sind kleine konische Gefäße ungefähr gleichen Fassungsvermögens aus vielen bronzezeitlichen Heiligtümern der Ägäis bekannt, besonders aus Kreta und dem Bereich des späteren Athenatempels von Milet [2239]. Sie gehörten so sehr als typisches Opferinventar in den ägäischen Raum, daß M. Artzy in Beispielen aus Tel Nami an der israelischen Küste westlichen

---

[2233] Vgl. die aus einem Symposium in Uppsala (1985) hervorgegangenen Beiträge in "Gifts to the Gods" (vorige Anm.) und meine Rez. in JPR 3/4, 1989/90, 60ff.

[2234] Zu den Ankerweihungen in Ras Schamra und Kition s. oben Abb. 14f; zu Waffenweihungen: H.-G. Buchholz, Eine hethitische Schwertweihung, in: JPR 8, 1994, 20ff.

[2235] St. Alexiou, Contribution to the Study of the Minoan 'Sacral Knot', in: Europa, Festschrift für E. Grumach (1967) 1ff.

[2236] T. Dothan-A. Ben-Tor, Excavations at Athienou, Cyprus 1971/72 (1983).

[2237] In Zypern Kupfer; in Tel Nami/Israel im Unterschied dazu Bronze (Auskunft Michal Artzi/1997). — Rundbarren und unfertige Erzeugnisse in der Kultgrotte von Arkalochori/Kreta finden wohl eine ähnliche Deutung? Anders Sp. Marinatos, in: Kadmos 1, 1962, 87ff.

[2238] Beispielsweise im Heiligtum von Athiainou (Anm. 2236) Taf. 45-47; ferner als sog. 'Hortfunde' und 'Bauopfer' in Enkomi.

[2239] Oben Anm. 1023.

Kulteinfluß erkannte [2240]. Als einmalig-ungewöhnliches Opfergut kam hier der Bimsstein hinzu so wie in Kreta [2241]. In Hala Sultan Tekke/Zypern wurde er gefunden [2242] und ebenfalls in Ägypten im Grabe des Maket zusammen mit mykenischer Keramik [2243]. Bimsstein diente im Altertum zur Körperpflege, und zwar während der Bronzezeit, im Homerischen Zeitalter und später. Aus den Liebesgeschichten Catulls wissen wir, daß man Pergamentseiten mit Bimsstein glättete. In hellenistischer Zeit wurden auch Bronzegüsse in Korinth mit Bims geglättet [2244]. Von diesen Möglichkeiten entfiel für das zweite vorchristliche Jahrtausend das Pergament als Schreibmaterial; es bot sich aber die Benutzung in der Metall-Nachbearbeitung förmlich an. Religionsgeschichtlich scheint mir die Reinigung und Glättung mittels eines Steins als "Purifizierung" die eigentliche Bedeutung gewesen zu sein: So sei Pythagoras von einem der Idäischen Daktylen mit einem 'Donnerstein' purifiziert worden (τῇ κεραυνίᾳ λίθῳ ἐκαθάρθη, Porphyrios, V. Pyth. 17 und A.B. Cook, Zeus I 646). Hier stoßen wir auf sehr alte, offenbar bronzezeitliche Vorstellungen.

In den botanischen Bereich gehören altägäische Gaben an eine Gottheit, wie das Safranopfer von Thera [2245]. Auch zu normalen Speiseopfern hat Pflanzliches gehört, so Oliven und Obst, wovon viele Spuren in bronzezeitlichen Heiligtümern entdeckt worden sind. Ferner ist auf Honig, z.B. in Linear B-Texten, zu verweisen. Aber die Hauptsache beim Speiseopfer — dem weitaus häufigsten aller Opfer — war das Tier. Durch systematische archäologische Untersuchungen von Opferstätten des 2. Jts. v.Chr. ist die Abhängigkeit vorkommender Tierarten, auch nach ihrer Häufigkeit, von der zu Gebote stehenden Umwelt und der jeweiligen Eigenart der Tierhaltung nachgewiesen worden. Dabei geht es um Jagdwild wie um Haustiere, um kleine wie große Wiederkäuer, um Fisch- oder Vogelopfer [2246].

[2240] "Conical Cups and Punice, Aegean Cult at Tel Nami", in: Aegaeum 7, 1991, 203ff. Taf. 52 und 53; s. oben Anm. 1027 und 1104.

[2241] Oben Anm. 1022. 1024-1026; auch V. Francaviglia, in: Kolloquium "Archaeometry of Southern Europe", Delphi 1984, zur Herkunft der Bimssteinfunde vor Chania-Kastelli/Westkreta.

[2242] K. Nikolaou, AJA 77, 1973, 54.

[2243] V. Hankey, BSA 68, 1973, 111.

[2244] P.M. Fraser, JHS/ArchRep 15, 1969, 10 (Bimsstein in der Körperpflege). — P. Faure, in: Acts of the First Int. Scientific Congress on the Volcano of Thera (Athen 1971) 422ff. (vierzehn praktische Anwendungsarten des Bimssteins im Altertum).

[2245] N. Marinatos, An Offering of Saffron to the Minoan Goddess of Nature, the Role of the Monkey and the Importance of Saffron, in: T. Linders-G. Nordquist, Gifts to the Gods (1987) 123ff. und oben Anm. 2129.

[2246] Auf die zwei/drei Forschergenerationen maßgeblich beeinflußende Abhandlung von K. Meuli, "Griechische Opferbräuche", will ich nicht weiter eingehen (in: Phyllobolia, Festschrift für P. von der Mühll [1946] 185ff.). Vgl. neuerdings N. Marinatos, Minoan Sacrificial Ritual; Cult Practice and Symbolism (1986); Rez.: G. Walberg, JPR 3/4, 1990, 65ff., sowie kritisch, jedoch ohne Neues: E.F. Bloedow, Notes on Animal Sacrifices in Minoan Religion, in: JPR 10, 1996, 31ff. — Einige bildliche Darstellungen von Fischen beim rituellen Mahl

Im einzelnen ist hier nicht Raum, etwa auf Zusammenhänge bevorzugter Opfertiere im Hinblick auf bestimmte Gottestiere, Inkarnationen der jeweiligen Gottheit, einzugehen, etwa des Rindes im Heraopfer oder eben der Vorgängerin dieser Göttin [2247]. Anschaulich sind in einer Bronzegruppe auf vier Rädern aus dem kyprischen Enkomi Opferpriester mit einem Rind und weiteren Opfertieren dargestellt [2248]. Über die Vergoldung der Hörner von Opfertieren von Mari am Euphrat bis Homer berichteten wir bereits oben [2249].

Dem Schwein als Opfertier — wild und zahm — galt von jeher ein besonderes Interesse. Die hohe Wertschätzung dieses Tiers — man denke an mykenische Eberzahnhelme und viele bildliche Darstellungen auf kretisch-mykenischen Siegeln, an das Eberjagdbild der Fresken von Tiryns, aber auch an die Prunkaxt aus Ugarit mit einer Eberprotome (Abb. 87a.b) — steht im syrisch-palästinensischen Raum seiner ausgesprochenen Tabuisierung gegenüber [2250].

Der Ort des Opfers im Heiligtum war der Altar. Was ein Mykener der griechischen Inseln darunter verstand, zeigt ein Siegel aus Naxos (Abb. 91b), nämlich einen Tisch mit allerlei Kultgerät. Ins Monumentale stilisiert, finden wir ihn im Bilde eines SH III B-Kraters des späten 13. Jhs. v.Chr. aus Ras Schamra (Abb. 95a), flankiert von Männern, die auf ihm Fische ablegen. Auch wenn diese Altardokumentation aus dem Osten stammt, suchte J.-Cl. Courtois den Töpfer und Vasenmaler wegen des hohen Glimmergehalts im Ton im späteren Ionien (Milet). Ein weiterer mykenischer Krater von der Athener Agora zeigt ebenfalls einen Altar, eine Konstruktion mit Unterbau und Hörnerschmuck (Abb. 98i; weiteres zu ägäischen Altären oben Anm. 528).

(Ur, Assyrien, Zinçirli) bei G.R.H. Wright, JPR 3/4, 1990, 39 Abb. 2,1-3; reiches Quellenmaterial bei F. Dölger, Ichthys, der heilige Fisch in den antiken Religionen (1922).

[2247] Vgl. A.J. van Windekens, Hera, die 'junge Kuh', die 'Färse', in: Glotta 36, 1958, 309ff.

[2248] Beginn des 12. Jhs. v.Chr., s. nach der Restaurierung im RGZM/Mainz: BCH 91, 1970, 250f. Abb. 100; J.-Cl. Courtois-J. und E. Lagarce, Enkomi et le Bronze Récent à Chypre (1986) 80ff. ("Le petit chariot en bronze et le rôle du taureau dans la religion et le culte"), Taf. 18,16 (Zeichnung und drei Photos). Zu dieser Gruppe und weiteren s. Cl. Schaeffer, Syria 46, 1969, 267ff. Vielleicht waren derartige Stieropfergruppen Ablöseopfer anstelle von wirklichen Rindern, s. einen weiteren Opferpriester, der einen Stier führt, Bronzegruppe auf Rädern, die in Verlust geraten sind, aus Slg. Cesnola im Louvre, Inv.-Nr. MNB 336 (H 11 cm) u.a. bei R. Stucky, AA 1981, 436f. Abb. 9 und 10.

[2249] Vgl. oben Anm. 812-814. Noch in der orphischen Dichtung ist vom Gott mit zwei goldenen Stierhörnern die Rede: ταύρεα δ'ἀμφοτέρωθε δύο χρυσεῖα κέρατα.

[2250] Zur Wertschätzung des Ebers auch Bilder eines in SH III C-Tradition stehenden Kraters in Zypern: Excav. at Kition IV (1981) Taf. 2,17 (Fundnr. 1107) und Taf. 10,27 (Zeichnung). — Vgl. bes. B. Hesse, Pig Lovers and Pig Haters, Patterns of Palestinian Pork Production, in: Journal of Ethnobiology 10, 1990, 195ff. und bereits D. Urie, Sacrifice among the West Semites, in: PEQ 81, 1949, 67ff., sowie R. de Vaux, Les Sacrifices de Porcs en Palestine et dans l'Ancien Orient, in: Von Ugarit nach Qumran, Festschrift O. Eissfeldt (1958, 2. Aufl. 1961) 250ff.

Im Heiligtum des "Gottes auf dem Barren" von Enkomi bestanden zwei bescheidene Altäre aus schmucklosen Lehmsockeln (Abb. 107a, A1 und A2 im Plan). Andererseits wurde ein noch nicht veröffentlichter monumentaler Altar im Freien 1997 bei den Ausgrabungen von Hala Sultan Tekke entdeckt (Spätkypr. III A). Er besteht ebenfalls aus einem rechteckigen Block innerhalb von drei hufeisenförmig um ihn gelegten Mauern [2251].

Kleine Altäre, die dem bestimmten Zweck des Verbrennens von Weihrauch dienten, mithin funktional nicht einfach den zuvor erwähnten gleichzusetzen sind, hat S. Gitin in Ekron im Philisterland ausgegraben, bis ins 11. Jh. v.Chr. zurückverfolgen können und eindrucksvoll veröffentlicht [2252].

Wenn wir vom 'Brandopfer', von 'Brandaltären', sprechen, meinen wir freilich nicht diese kleinen transportablen Geräte, sondern Feuerstellen, auf denen Opfertiere verbrannt wurden. Man spricht auch von 'Aschealtären', weil nach uralter Vorstellung Opferreste samt der Asche 'tabu', heilig, waren und an ihrem Ort belassen werden mußten [2253]. Eindrucksvolle prähistorische Beispiele des Alpenraumes hat W. Krämer zusammengestellt und mit Aschealtären der griechischen Welt verbunden (Olympia. — Vgl. bereits Abb. 99e, einen minoischen Brandopferaltar mit geweihten bronzenen Doppeläxten) [2254]. In Nordeuropa lassen sich derartige Opferbräuche bis in die frühneolithische Zeit zurückverfolgen [2255]. V. Fritz hat sich die Kenntnis von W. Krämers Studie zunutze gemacht und Entsprechungen des Nahen Ostens aus Zentraleuropa hergeleitet [2256]. Andererseits verfaßte W. Burkert eine Schrift mit dem Titel "Rešep-Figuren, Apollon von Amyklai

---

[2251] P. Åström brieflich (14.10.1997). — Zu weiteren bronzeztl. Heiligtümern Zyperns in Hagios Iakobos (14. Jh. v.Chr.), Idalion und Hagia Irini (Spätkypr. III) s. C.G. Yavis, Greek Altars (1949) 46f. 48f. 50ff. Lediglich erwähnen möchte ich H.W. Catling, A new Sanctuary at Enkomi?, in: RDAC 1975, 50ff.

[2252] "Incense Altars from Ekron, Israel and Judah, Context and Typology", in: Eretz-Israel 20, 1989 (Yigael Yadin Memorial Volume) 52ff. bes. Abb. 2. Zur Phänomenologie s. C.-M. Edsman, Altar, in: M. Eliade, The Encyclopedia of Religion I (1987).

[2253] Nach späteren Bräuchen und archäologischen Befunden ('Heiligkeit der Opferreste') zusammenfassend behandelt von M.P. Nilsson, Geschichte der griechischen Religion (3. Aufl., 1967) 86f.

[2254] "Prähistorische Brandopferplätze", in: Helvetia Antiqua, Festschrift für E. Vogt (1966) und in Hoops Reallexikon der germanischen Altertumskunde I (1974) 451f.

[2255] L. Larsson, Acta Archaeologica 59, 1988, 143ff. (Brandopfer in Svartskylle/Südschonen). Vgl. ferner E. Hoffmann, Die Anfänge des Brandritus, Versuch einer Deutung, in: F. Schlette-D. Kaufmann, Religion und Kult in ur- und frühgeschichtlicher Zeit (1989) 99ff.

[2256] V. Fritz, Open Cult Places in Israel in the Light of Parallels from Prehistoric Europe and Pre-Classical Greece, in: Biblical Archaeology Today, 1990; Proceedings of the Second Int. Congress on Biblical Archaeology, Jerusalem 1990 (1993) 182ff. — Rückführung auf die griechischen Thysia bereits bei R.K. Yerkes, Sacrifice in Greek and Roman Religions and Early Judaism (1952).

und die 'Erfindung' des Opfers auf Zypern [2257]. Für die Ost-West-Ausbreitung erst in der Eisenzeit — und nicht umgekehrt — trat dann auch unsere klassisch-archäologische Kollegin B. Bergquist in folgender Studie ein: "Bronze Age Sacrificial Koine in the Eastern Mediterranean? A Study of Animal Sacrifice in the Ancient Near East" [2258].

In der Tat sind zahlreiche Übereinstimmungen unübersehbar [2259]. Die tierischen Brandopfer umfassen solche, bei denen nur ein Teil des Opfers verbrannt wurde, und andere, bei denen das zerstückelte Tier ohne die dem Priester zufallende Haut auf einmal ins Opferfeuer gelangte. Dies galt bereits im vorisraelitischen Kanaan. L. Rost machte dafür versuchsweise ein Griechen wie Kanaanäern gemeinsames südanatolisch-ostmediterranes Substrat verantwortlich [2260]. Ich vermag nach gegenwärtigem Stand unserer Wissenschaften ohne neue archäologische Quellen lediglich gegeneinander stehende Meinungen und deren Begründungen vorzutragen. Ein Lösung scheitert u.a. an der Frage, ob die Übertragung — in welcher Richtung auch immer — 'früh', nach der Rostschen Hypothese 'prähistorisch-vorgriechisch', oder 'spät', nach den Vorstellungen von Frau Bergquist erst im phönikischen Kolonisationszeitalter, erfolgte.

Noch heute wird im Nachleben derartiger heidnischer Bräuche bei manchen christlichen Kirchen oder Kapellen Georgiens lediglich das rechte Schulterblatt vom geopferten Tier (z.B. Schaf) am heiligen Ort belassen. Doch bereits im 12./11. Jh. v.Chr. verwahrte man in Ekron/Palästina mit Ritzzeichen versehene Schulterblätter von Rindern (*scapulae*) ebenfalls ohne die übrigen Knochen [2261]. In Küstennähe ist im nördlicher gelegenen Tel Dor eine weitere nachbronzezeitliche einzelne

---

[2257] Oben Anm. 401 (Grazer Beiträge 4, 1975) und B.C. Dietrich, Tradition in Greek Religion (1986) 14. In allgemeinerem Zusammenhang der Interpretation altgriechischer Opferriten s. auch W. Burkert, Homo Necans (2. Aufl., 1997).

[2258] In: J. Quaegebeur, Ritual and Sacrifice in the Ancient Near East, Proceedings of the Int. Conference, Löwen 1991 (Orientalia Lovaniensia Analecta 55 [1993] 11ff.). Nirgends in neuerer Zeit berücksichtigt finde ich: H. Junker, Die Schlacht- und Brandopfer und ihre Symbolik im Tempelkult der Spätzeit, in: ZÄS 48, 1911, 69ff.

[2259] Für den dritten Weg zufälliger Konvergenz sprach sich W. Pötscher aus: ΟΣΤΕΑ ΛΕΥΚΑ, zur Formation und Struktur des olympischen Opfers, in: Grazer Beiträge 21, 1995 (1997) 44 Anm. 43: "Inwieweit die Entstehung des sogenannten olympischen Opfers von östlichen Traditionen angeregt und beeinflußt wurde, läßt sich nicht sagen ... man hat wohl weit eher mit einer parallelen Entwicklung zu rechnen".

[2260] L. Rost, Erwägungen zum israelitischen Brandopfer, in: Von Ugarit nach Qumran, Festschrift für O. Eissfeldt zum 1.9.1957 (2. Aufl., 1961) 177ff.; A. Hultgård, The Burnt-Offering in Early Jewish Religion, in: T. Linders-G. Nordquist, Gifts to the Gods (1987) 83ff.; M. Ottosson, Sacrifice and Sacred Meals in Ancient Israel, ebd. 133ff.

[2261] T. Dothan, Ekron and the Philistines, in: Biblical Archaeology Review 16, 1990; T. Dothan-S. Gitin, The Anchor Bible Dictionary II (1992) 418; dies., in: Recent Excavations in Israel; Archaeol. Inst. of America, Colloquia and Conference Papers Nr. 1 (1995) 50 Abb. 3,11.

scapula mit Kerbungen gefunden worden [2262]. Schließlich sind noch zwei Fragmente dieser Knochenart mit vielen Einritzungen aus Israel bekannt, allerdings bereits chalkolithisch, aus Tell Turmus im Huleh-Tal [2263]. In Byblos ist dergleichen von der frühneolithischen bis in die nachneolithische Zeit bezeugt [2264]. Noch weiter nördlich, in Tabara al-Akrad/Syrien gibt es wiederum Fragmente aus früheisenzeitlichen Schichten [2265].

Schließlich wäre noch auf eine solche *scapula* aus einem neolithisch-frühbronzezeitlichen Mischhorizont in Tell al-Judaidah/Amuq-Ebene, und ferner auf zahlreiche halafzeitliche Exemplare aus Girikihaciyan sowie drei weitere von Schafen oder Ziegen aus Norşuntepe zu verweisen [2266]. Und schließlich haben wir zerbrochene, mit sechs bis sieben Kerben versehene Schulterblätter aus dem eisenzeitlichen Tarsos/Kilikien zu berücksichtigen [2267].

Wir sehen uns mithin vor dem merkwürdigen Befund einer großen zeitlichen Lücke zwischen einer sehr frühen, im Neolithikum einsetzenden nördlichen Gruppe und der davon isolierten anderen eisenzeitlichen (Ekron, Tel Dor, Tabara al-Akrad, Tarsos). Spätbronzezeitliches dieser Art gibt es in dem angesprochenen Großraum überhaupt nicht, andererseits jedoch auf Zypern (Spätkypr. III A: fünfmal in Tempeln und Brunnen von Kition, mehrfach in Myrtou Pigades; mehrfach auch in Enkomi, u.a. im Tempel des 'Gottes auf dem Barren' [2268]. Und allein auf Zypern erfolgte die bruchlose Fortführung der beschriebenen Opfersitte von der Bronze- in die Eisenzeit: In frühgeometrischer Zeit vor allem in Tempel 5 von

---

[2262] E. Stern, A Phoenician-Cypriote Votive Scapula from Tel Dor, in: IEJ 44, 1994, 1ff.

[2263] Y. Dayan, IEJ 19, 1969, 65ff. Offenbleiben muß zunächst, ob ein historisch-genetischer Zusammenhang mit den viel späteren Zeugnissen von der Mittelmeerküste in Frage käme.

[2264] Nachweise im einzelnen bei J.M. Webb, in: Two Cypriote Sanctuaries of the End of the Cypro-Archaic Period (1977) 74ff.; dies., in: Excavations at Kition V (1985) 317ff. bes. 323; A. von den Driesch-J. Boessneck, Madrider Mitteilungen 26, 1985, 45ff.

[2265] S. Hood, AnatStud 1, 1951, 145f. Abb. 12,9.10.

[2266] R.J. und L.S. Braidwood, Excavations in the Plain of Antioch I (1960) 133 Taf. 76,3; P.J. Watson-S.A. LeBlanc, Girikihaciyan, a Halafian Site in Southeastern Turkey (UCLA-Monograph 33 [1990] passim; mir mittels eines Arbeitspapiers von D.S. Reese/Chicago zur Kenntnis gelangt); A. von den Driesch-J. Boessneck, Über drei gekerbte Schulterblätter im archäologischen Fundgut von Norşuntepe, in: Archäologie und Naturwissenschaften 2, 1981, 72ff.

[2267] H. Goldman, Excavations at Gözlü Kule, Tarsus II (1963) 386 Abb. 178,37.38 und J.M. Webb a.O. (1985, s. oben Anm. 2264) 323. — Auf dem Boden Iraqs treten noch die Fundorte Saksche Gözü, Arpatchiye und Nuzi hinzu.

[2268] Webb a.O. (1985) passim; J. du Plat Taylor, Myrtou-Pighades, a Late Bronze Age Sanctuary in Cyprus (1957) 21. 99f. 111; P. Dikaios, Enkomi II 467, Inv.-Nr. 1107; III Taf. 135,69 und 168,60; J.-Cl. Courtois, Alasia I (1971) 109ff. 113f. 258 Abb. 97. 109. 110. 113; S. 277ff.; J.-Cl. Courtois-J. und E. Lagarce, Enkomi et le Bronze Récent à Chypre (1986) Taf. 15,6.

Kition bezeugt [2269] (etwas später in archaischer und klassischer Zeit), an weiteren Fundstellen in Kition [2270] sowie in Limassol, Palaipaphos und Marion [2271].

Bei der Behandlung von Weihgeschenken, Libationen und des Schlachtopfers von Tieren, also Speiseopfern, habe ich mich vielleicht übergroßer Knappheit befleißigt. Doch in unserer Betrachtung geht es vor allem um mögliche oder auch nicht mögliche spätbronzezeitliche Zusammenhänge in einem Spannungsbogen von Syrien bis Kreta und bis zum helladischen Festland, mit Zypern als Umschlagplatz und Schaltpunkt am Wege.

So sei zum Beschluß noch ein, wiederum weit verbreiteter religiöser Gedanke angesprochen: der von der Heiligkeit der Opferreste. Ihm verdanken wir die ehrfürchtige Bewahrung von Aschealtären mit ihrem unter profanem Blickpunkt wertlosen Abfall [2272]. Dem gleichen Gedanken, daß tabu/heilig war, was als Votiv in ein Heiligtum gelangte, verdanken wir von der Ägäis bis Zypern und Ras Schamra hin zahllose aussagekräftige Deponien keineswegs wertloser Objekte. Sie wurden durch Weihung zum Besitz der Gottheit und durften nicht weggeschafft werden. Uneinheitlich war im Verhalten lediglich, ob man den Besitz der Gottheit besser durch ein Unbrauchbarmachen sicherte, oder ob Himmlische wie Chthonische das 'Heile' bevorzugten. Das Verbiegen oder anderweitige Beschädigen von Waffen vor ihrer Weihung läßt sich in Zypern seit der frühen Bronzezeit mit vielen Beispielen belegen. Dabei zeichnen sich Parallelen zwischen Götter- und Totenkult ab, insofern auch Grabbeigaben absichtlicher Zerstörung anheimfielen [2273]. Die

---

[2269] Webb a.O. passim. — Ich lasse die Diskussion, daß alle diese Knochen womöglich Musikinstrumente gewesen sein könnten, gänzlich beiseite. Vor allem Leute, die mangels ausreichender Kenntnisse des Deutschen die Fachliteratur in dieser Sprache nicht zu überblicken vermögen, möchten Altbekanntes als neu vorführen, nämlich die Idee, daß man mit gekerbten Knochen Musik gemacht habe. Ältere Lit. hierzu bei J. Maringer,, PZ 57, 1982, 127 (zu jungpaläolitischen gekerbten Knochen); vgl. u.a. den gekerbten Fußknochen eines Wolfes, ebenfalls aus paläolithischer Zeit in Rußland (D. und R. Schletzer, Alter Silberschmuck der Turkmenen [o.J.] 23 Abb. 1a).

[2270] Webb a.O. passim; A.M. Snodgrass, in: Proceedings of the Int. Symposium "Cyprus in the 11th Cent. B.C.", Nikosia 1993 (1994) 172 Abb. 5.

[2271] Webb a.O.; Snodgrass a.O. 171 Abb. 4 (Limassol); V. Karageorghis, Tombs at Palaepaphos-Teratsoudhia (1990) 39 Nr. 88a-c Taf. 27 (aus Grab 104). Unpublizierte Fragmente von Rinderschulterblättern mit Kerben aus Marion (1986) nach mündlicher Information durch D. Reese/Chicago.

[2272] Für historische Epochen zusammengefaßt von M.P. Nilsson, Geschichte der griechischen Religion (3. Aufl., 1967) 86ff. Zum Aschealtar geometrischer Zeit in Amnisos s. J. Schäfer, in: Convegno Rom 1988 (1991) 355ff.

[2273] L. Grinsell, The Breaking of Objects as a Funerary Rite, in: Folklore 72, 1961, 475ff. — Offensichtlich gewaltsam zerbrochen ist u.a. eine bronzene Wandapplike aus Kreta, s. Abb. 103h. Zu verbogenen und zerbrochenen Waffen aus kyprischen Gräbern kommt laufend Neues, u.a. ein Griffzungendolch ägäischer Produktion in Privatbesitz (K. Severis/Nikosia), s. V. Karageorghis, BCH 98, 1974, 847ff. Abb. 44a.b.

gewaltsame Verbiegung des Griffs eines mykenischen Beuteschwertes mit der Weihinschrift eines Hethiterkönigs habe ich oben in anderem Zusammenhang wiederholt erwähnt [2274]. So wird ernsthaft zu erwägen sein, ob nicht auch im ägäischen Raum steinerne Kultgefäße uns deshalb fragmentiert vorliegen, weil ihr gewaltsames Zerbrechen rituell erforderlich war: Stierkopfrhyta, Reliefgefäße, steinerne Muschelnachbildungen, Libationstische aus Knossos, Mallia, Palaikastro, Zakros, Hagia Triada, in fragmentiertem Zustand auch aus Mykene, Tiryns, Pylos, Athen, Epidauros und Rhodos [2275].

Auch das Eß- und Trinkgeschirr — selbst das ärmlich-unverzierte einfachster Art — gehörte durch die Benutzung beim Kultmahl der Gottheit und hatte in deren Heiligtum zu bleiben [2276]. Dabei trat in vielen Kulten der alten Welt, wiederum in verschiedenen Epochen und unterschiedlichen Gegenden, der Brauch auf, benutzte Gefäße fallweise unbrauchbar zu machen, öfter jedoch umgekehrt niederzulegen, mit der Mündung zur Erde. So sollte deutlich werden, daß sie niemandem sonst als der Gottheit gehörten und kein zweites Mal benutzt werden durften (z.B. in Kreta [Chania und im Kultraum von Gypsades, Haus B], Athen, Eleusis, Zypern [Karmi, Hala Sultan Tekke, Enkomi und im nachbronzeztl. Tamassos]) [2277]. Analog hierzu fand man Eßgeschirr im Grabkult mit dem Boden nach oben, freilich ebenso häufig auch absichtlich zerschlagene Gefäße.

[2274] Vgl. den 3. Abschnitt unseres Lit.-Verzeichnisses "Anatolien-Ägäis". — Gemäß mündlicher Äußerung von Prof. A. Müller-Karpe/Marburg (1997) habe er selber die erste maßstabsgerechte Zeichnung des Schwertes, einschließlich der Inschrift, angefertigt und dem zuständigen Museumsdirektor übergeben; die erste Lesung der Inschrift habe gemäß Müller-Karpe Prof. H. Otten/Mainz vorgenommen, insoweit wäre meine Notiz in JPR 10, 1996, 74 zu ergänzen. — Anscheinend gab es ausschließlich zum Zwecke der Weihung angefertigte — also für den Kampf unbrauchbare — Waffen, die freilich nicht zusätzlich verbogen werden mußten, s. H.G. Güterbock, A Votive Sword with Old Assyrian Inscription, in: Studies in Honor of B. Landsberger; Assyriological Studies 16, 1965, 197f. mit Taf. 13-15.

[2275] P. Rehak, The Ritual Destruction of Minoan Art?, in: Archaeological News 19, 1994, 1ff. mit Listen.

[2276] Das ist wiederum weder auf die späte Bronzezeit zu begrenzen, noch auf einen einzigen Kulturraum, so wäre hier in Analogie an die aufschlußreiche Entdeckung der "Ritual Dinners in Early Historic Sardis" durch C.H. Greenwalt zu erinnern (UCLA, Classical Studies 17 [1978]) sowie an M.S. Goldstein, The Setting of the Ritual Meal in Greek Sanctuaries, 600-300 B.C. (1978).

[2277] P. Åström, Inverted Vases in Old World Religion, in: JPR 1, 1987, 7ff. mit Abb. 1-9; ders., JPR 3/4, 1990, 52 und 10, 1996, 74. Zu Gypsades s. PM II Abb. 348 und I. Strøm, Graekenlands Forhistorisk Kulturer II (1982) 108 Abb. 147. — Vgl. in Sizilien (Gela, 5. Jh. v.Chr.): W. Fuchs: AA 1964, 739f. Abb. 53; P. Orlandini, Kokalos 12, 1966, 7ff.

3. Allerlei Kultgerät

Anläßlich der Erwähnung ägyptischer Stier- und Kälberopfer (Herodot II 39-41) kommt ein Schlachtbeil nicht vor. Das Schlachten, Abhäuten, Zerlegen geschah mit dem Opfermesser. Die anschließenden Tabuvorschriften beziehen sich auf Messer, Obeloi (Bratspieße) und Fleischkessel. Weil Griechen Fleisch aßen, das den Ägyptern verboten war, durften sie keinem Griechen auf den Mund küssen, auch nicht dessen Messer, Bratspieß oder Kessel benutzen und schließlich selbst das Fleisch eines reinen Stiers nicht genießen, wenn es mit einem griechischen Messer zerschnitten worden war [2278].

Gewiß war das Opfermesser in Syrien, Zypern und Kreta-Hellas ein unentbehrliches Kultgerät (im Griechischen steht das Wort σφαγεύς für 'Opfermesser' und ebenso für 'Mörder'). Doch es gibt keine oder recht ungenügende Kriterien für die Trennung von profanen und sakralen Messern. Die Tatsache, daß die oben behandelten Ringmesser (Abb. 84a-d; 85a-l) [2279] im östlichen Mittelmeergebiet selten sind und z.T. in kostbarer Ausstattung vorliegen (mit Elfenbeingriffen), spricht für ihren Wert und vermutlich für hohes Ansehen des Besitzers, genügt jedoch nicht, die Verwendung im Opferdienst als erwiesen anzusehen. Einzigartig ist das Entenkopfmesser aus Perati/Attika (Abb. 83g [2280]) und seine kultische Verwendung keineswegs auszuschließen, andererseits ist sie ebensowenig zu beweisen. Ähnliches gilt für eine weitere Gruppe seltener mykenischer Bronzemesser mit einer Verbreitung bis nach Troja und Zypern (Abb. 83a-f [2281]) wie schließlich auch gegen Ende der Bronzezeit für die zunächst seltenen und deshalb teuren Eisenklingen, die mit Bronzenieten am Griff befestigt waren (solche Messer gehören zu den 'bimetallischen' Objekten) [2282].

Ein besonders Problem stellt die Tötungsart der Opfertiere dar: Wurden sie im ägäischen Kulturkreis auf israelische Weise 'geschächtet', also mit dem Messer an der Hauptschlagader getroffen, oder einfach mit dem Beil (der Axt, Doppelaxt) erschlagen? War mithin dies das eigentliche Opfergerät? Ich habe der Behandlung dieser Frage weiter unten im Rahmen des Abschnitts "Die Doppelaxt in West und Ost" Raum gegeben. Hinweise auf die Zubereitung des Opferfleisches — Kochen oder Braten — ergeben sich aus dem Vorkommen von Fleischkesseln [2283], wie

[2278] Vgl. zu weiteren ägyptischen Speisetabus: 1. Mose 43,32.

[2279] Oben Anm. 1837-1845.

[2280] Oben Anm. 1849-1857.

[2281] Oben Anm. 1858-1862, N.K. Sandars 'Class 4', s. "The Antiquity of the One-edged Bronze Knife in the Aegean" (PPS 21, 1955, 174ff. 180f. Abb. 3,1).

[2282] Oben Anm. 1836. In Leukandi/Euboia waren im SH III C gleichzeitig Bronzemesser und Eisenmesser mit Bronzenieten in Verwendung, s. M.R. Popham-L.H. Sackett, Excavations at Lefkandi 1964-66 (1968) 14f. Abb. 19 (Bronze), Abb. 22 (Eisen).

[2283] Zu der üblichen Lit. (Catling usw.) findet man weitere Listen von Orten mit Weihungen von Dreifußkesseln und eine Zusammenstellung von min.-myk. bildlichen Darstellungen von Kesseln bei A. Sakowski, Darstellungen von Dreifußkesseln in der griechischen Kunst bis

Herodot sagt, oder Bratspießen und den zugehörigen Feuerböcken [2284]. Zum 'liturgischen Apparat' — wie die jeweilige Tempelausstattung mit Opfergeräten auch genannt wurde — zählen Kesseluntersätze, Dreifüße [2285], Kesselwagen, teils in robuster, praktisch verwendbarer Ausführung, teils in prächtigen Schaustücken [2286]. Schließlich dienten Fleischhaken zum Greifen und Halten gekochter Fleischstücke [2287], sie hatten keinerlei Funktion beim Braten.

Weiterhin spielte sowohl beim Kochen wie beim Braten das verwendete Feuerholz eine weitaus größere Rolle, als es der moderne Mensch auch nur ahnt: Es existierten rituelle Vorschriften über erlaubte und unerlaubte Holzarten beim Opfer aus unterschiedlichen Anlässen für unterschiedliche Gottheiten. Teilweise waren derartige Tabuisierungen mit strengen Strafen im Falle der Verbotsübertretung verbunden. So gehörten Axt und Beil als Opfergerät auch zur Vorbereitung des Feuerholzes und ebenso Kohleschaufeln zur rituell vorgeschriebenen Behandlung der Holzkohle und Asche. Aus Zypern sind Beispiele mit langem gedrehten Stiel bekannt [2288].

"Zum Auflegen von Kohle und zum Entfernen der Asche beim Brandopfer" sind dem Alten Testament Bronzeschaufeln bekannt (hebräisch $y\bar{a}^{\varsigma}\bar{\imath}m$, stets im Plural, 2. Mose 27,3). Zu verweisen ist auf ein spätbronzezeitliches, 57 cm langes Exemplar aus Megiddo und auf ein ähnliches, etwa gleichzeitiges aus Beth Sche-

---

zum Beginn der klassischen Zeit, in: Europ. Hochschulschriften Reihe 38/Band 67 (1997). — Zu einem ungewöhnlichen Bronzebecken mit drei Henkeln aus Pylos, das mit Bestimmtheit keine Kesselfunktion hatte, wohl aber anderen kultischen Zwecken gedient haben mag, s. H. Matthäus, Mykenische Vogelbarken, antithetische Tierprotomen in der Kunst des östlichen Mittelmeerraumes, in: Archäolog. Korrespondenzblatt 20, 1980, 319ff. Abb. 11.

[2284] In Zypern seit geometrischer Zeit üblich, s. H.-G. Buchholz, Bemerkungen zum Stand der Homerarchäologie, in: D. Musti, La Transizione dal Miceneo all'Alto Arcaismo, Atti del Convegno Int. Rom 1988 (1991) 67ff. 77 Abb. 2a-h. Auch im mittleren und westlichen Mittelmeergebiet, s. P. Stary, Feuerböcke und Bratspieße aus eisenzeitl. Gräbern der Apennin-Halbinsel, in: Kleine Schriften aus dem vorgeschichtlichen Seminar Marburg, Heft 5 (1979).

[2285] Zu den Listen kyprischer Stabdreifüße (z.B. oben Anm. 1793 und H.W. Catling, CBMW passim) ein weiteres Fragment aus Kreta, s. J. Schäfer, Amnisos (1992) 64. 276 Taf. 75,1 und 102,9 (erh. H 6,9 cm). Zu einem kypro-mykenischen Fragment aus dem Heraion von Samos (nach U. Jantzen) s. I. Strøm, Evidence from the Santuaries, in: G. Kopcke-I. Tokumaru, Greece between East and West, Papers of the Meeting at the Inst. of Fine Arts, New York University 1990 (1992) 48 Anm. 14.

[2286] Vgl. oben "Gefäße, Untersätze, Kesselwagen", S. 504ff., sowie Anm. 695 und 1985-1987.

[2287] Zu einer mittelbronzezeitl. Gruppe kyprischer Fleischhaken s. oben Anm. 399-404 und ebenda Fundliste Nr. 1-26.

[2288] Beispielsweise aus Tamassos-Lambertis (unpubliziert) und Hala Sultan Tekke, s. P. Åström, in: Early Metallurgy in Cyprus, Acta of the Int. Archaeol. Symposium, Larnaka 1981 (1982) Taf. 18,3; weitere in H.W. Catling, CBMW 100f. Taf. 10c-e; SCE IV/1D (1972) 483 Abb. 62,4. Zu späteren Schaufeln, hauptsächlich aus Ton, s. H.-G. Buchholz, Sakralschaufeln im antiken Zypern, in: RDAC 1994, 129ff.

mesch. Es gab weitere bronzene Schaufeln mit hölzernem Stiel, u.a. in einem Grabfund in Israel zusammen mit kyprischem und mykenischem Fundgut [2289]. Spätere Schaufeln hellenistisch-römischer Zeit mit kurzem Stiel gehörten als Kultgeräte in die Synagoge und bildeten bevorzugte Motive jüdischer Kunst [2290]. Die genannten Beispiele der kanaanäischen Epoche sind in der bisherigen Forschung als kyprische Importe angesehen worden [2291], woraus man auf entsprechende Abhängigkeit der Brandopferbräuche insgesamt schließen müßte. Eine Bronzeschaufel mit langem gedrehten Stiel aus Sardinien ist dort ebenfalls als kyprischer Import angesprochen, wenn auch beim Handwerkszeug des 'Bronzeschmiedes' eingeodnet worden [2292].

Bei verschiedenartigen kultischen Vorgängen waren Mörser, insbesondere steinerne Dreifußmörser (Abb. 66a-g; 67a-u) erforderlich, teils bei der Speisebereitung (Zerstoßen von Gewürzen), magischen Praktiken (Zubereitung von Zusätzen zum Zaubertrank), teils zum Zerstampfen von Pigmenten (z.B. von Ocker im Gräberkult, s. Ras Schamra, Abb. 39a.b, mit Resten von gelbroter Farbe). Derartige typenmäßig festgelegte und gelegentlich mit Rinderprotomen ausgestattete Mörser stellten räumlich die Verbindung zwischen Syrien-Zypern und Kreta-Hellas (Rhodos, Thera, Attika) her [2293].

'Sakralrealien', d.h. Gegenstände des 'liturgischen Apparates', bezeugen auch im Libationswesen weiträumige Übereinstimmungen: Bronzezeitliche 'Schälchensteine' (Felsen und Steinplatten mit eingetieften Schüsselchen/'Kernoi') zur Aufnahme fester oder flüssiger Opfer wurden in Zypern, Anatolien und an zahlreichen Plätzen des ägäischen Raumes entdeckt [2294].

Zu mykenischen Ringgefäßen (Abb. 76a) und ihren Derivaten ('Basering' [Anm. 1549]; 'Kypr.-Whitepainted' [Anm. 1555] und philistäischen [Anm. 1554]) habe ich mich oben geäußert (Anm. 1647-1652), ebenso zu nahöstlichen 'Libationsarmen' aus Ton, deren Verbreitung Zentralanatolien, Kilikien, Zypern, Nordsyrien und das Gebiet von Haifa (Abu Hawam) umfaßt. Rhyta aller Art, in Tierkopfform und in Ganztierform, weisen eine bedeutend weitere Verbreitung auf. Sie sind oben

---

[2289] Nachweise bei H. Weippert, in: K. Galling, Biblisches Reallexikon (2. Aufl., 1977) 276 s.v. Schaufel und Buchholz a.O. 149 Anm. 45-50; neue Zusammenfassung mit Ergänzungen: W. Zwickel, Räucherkult und Räuchergeräte (1990) 161ff. mit Abb. auf S. 165, s. oben S. 504.

[2290] Beispielsweise zu beiden Seiten der Darstellung eines Thoraschreins im Mosaik von Bet Alfa, s. L. Sukenik, The Ancient Synagogue of Beth Alpha (1932) Taf. 8.

[2291] So H. Weippert a.O.

[2292] L. Vagnetti, in: Symposium Nikosia 1985 (1986) 204 Abb. 2,1; S. 206.

[2293] Hierzu ausführlich oben S. 314ff., mit Lit. Ein nachbronzezeitl. syrisches Exemplar als Importgut in Zypern (oben Abb. 66f.g) nun auch ausführlich von mir behandelt in Festschrift O. Loretz 133-150.

[2294] D. Ussishkin, Hollows, 'Cup-marks', and Hittite Stone Monuments, in: AnatStud 25, 1975, 85ff.; H.-G. Buchholz, Schalensteine in Griechenland, Anatolien und Zypern, in: Studien zur Bronzezeit, Festschrift für W.A. von Brunn (1981) 63ff., mit weiterer Lit. — Derartige Steine zur Aufnahme von Libationen sind zu trennen von früh-/mittelbronzeztl. Steinplatten mit kleinen Schälchen, die als Spieltische dienten.

unter chronologischen Gesichtspunkten und dem ihrer Zuordnung zu keramischen Gattungen besprochen worden (Abb. 5a-c; 18b; 96b-j, s. Anm. 1556 und folgende) [2295]. Vogelgefäße mit und ohne Öffnung am Schnabel (Abb. 81c.d), mithin Rhyta und Kultgefäße anderer Funktion, waren ein enges Bindeglied zwischen der mykenischen und kyprischen Bronzezeitkultur [2296]. Auf Zypern blühte diese Form sodann weiter in der Epoche des geometrischen Stils [2297].

So komme ich lediglich nochmals auf minoisch-mykenische konische Trichter zurück, eben auf jenen Typus altägäischer Rhyta, der sich über Jahrhunderte in nur geringfügig veränderten Varianten hielt [2298]. Es gibt sie mit und ohne Sieb oben am Einlauf; das ist ein Hinweis auf unterschiedliche Flüssigkeiten. Außer in kretisch-mykenischen Kerngebieten kommen sie vor allem auf den Kykladen (Thera, Melos [2299]), auch in Troja und Ephesos und auf Rhodos vor [2300], sowie im Osten (Zypern, Ugarit, Kamid el-Loz, Palästina) [2301]. In der Levante erfuhren sie

---

[2295] Nachzutragen, weil religionsgeschichtlich wichtig, ist: E. Grumach, Tierkopfrhyta in den Tontäfelchen von Hagia Triada, in: Festschrift für A.K. Orlandos III (1966) 388ff., s. dort auffallende Parallelen zu O. Carruba, Rhyta in den hethitischen Texten, Kadmos 6, 1967, 88ff. Zu philisterzeitl. Löwenkopfbechern aus Tell el Qasile und Ḥirbet Tell ed-Durur bemerkte H. Weippert: "Eine direkte Übernahme des Gefäßtyps aus der minoisch-myk. Kultur ist unwahrscheinlich" (HdbArch II/1 [1988] 389f.).

[2296] V.R. d'A. Desborough, The Greek Dark Ages (1972) 50ff. Taf. 4a-d und Abb. 11a-e.

[2297] A. Pieridou, Ὁ προτογεωμετρικὸς Ῥυθμὸς ἐν Κύπρῳ (1973) Taf. 28. 29.

[2298] Zur Entwicklungsgeschichte des Trichterrhytons s. A. Furumark, Mycenaean Pottery (1941) 71ff.; W.-D. Niemeier, JdI 95, 1980, 54 Abb. 30,1-8; S. 64 Abb. 34. 35. Verbreitungskarte: Ders., Creta, Egeo e Mediterraneo agli inizi del bronzo tardo, in: M. Marazzi-S. Tusa-L. Vagnetti, Trafici Micenei nel Mediterraneo, Atti del Convegno di Palermo 1984 (1986) 269 Abb. 24; dazu u.a. Tell Kazal an der syrischen Küste und Kamid el-Loz/Bekaa (H.-G. Buchholz, AA 1974, 408 Abb. 62; R. Hachmann, Frühe Phöniker im Libanon, 20 Jahre deutsche Ausgrabungen in Kamid el-Loz [1983] 76 Abb. 41 und 42).

[2299] Thera, *in situ*: H.W. Catling, ArchRep 1973/74, 30f. Abb. 57. — Aus Kreta importiertes Rhyton mit Krokusdekor (SM IA): Ch. Doumas, Trade in the Aegean in the Light of the Thera Excavations, in: Traffici Micenei, Tagung Palermo 1984 (1986) 233ff. 240f. Abb. 3. — Phylakopi/Melos: B. Kaiser, CVA Bonn 2 (1976) Taf. 20,1 (Fragment); W. Lamb, CVA Cambridge 2 (1936) Taf. 1,37 (lokal-kyklad., matt bemalt; desgl. in Athen, Nat.-Mus., Inv. Nr. 5791).

[2300] C. Blegen, Troy III/2 (1953) Taf. 295 (D 44); IV/2 (1958) Taf. 217 (D 44). — Ephesos: J. Muhly, Expedition 1974 (Dez.) 5 mit Sammelaufn.; F. Schachermeyr, Die ägäische Frühzeit II: Die mykenische Zeit (1976) Taf. 52c. — Zu Rhodos unten Anm. 2306, auch A. Furtwängler-G. Loeschcke, Mykenische Vasen (1886) Taf. 7,42 und 11,71 (Ialysos); H.B. Walters-E.J. Forsdyke, CVA Brit. Mus. 5 (1930) Taf. 3,12 (Ialysos); G. Jacopi, Clara Rhodos 6/7 (1932) 133 Abb. 154 und H.Th. Bossert, Altkreta (3. Aufl., 1937) Abb. 471 (Kalavarda/Kameiros); C. Mee, Rhodes in the Bronze Age (1982) Taf. 19,3.4.

[2301] In kyprischer 'Basering'-Technik, s. Anm. 1541; syrischem 'Bichrome', s. Anm. 1553; in Fayence, s. Anm. 1235, 1236 und 1538; in Elfenbein, s. Anm. 1537 und Abb. 96e; Edelmetall (Ras Schamra), s. Anm. 1546 (zu Metall und Stein in Kreta, s. Anm. 1535). —

eifrige Nachahmung in unterschiedlichen keramischen Gattungen, und dies sicher nicht ohne Gründe, welche gewiß nicht im praktisch-profanen Bereich zu suchen sind. M. Yon stellte aus Kreta importierte und aus dem mykenischen Ägäisbereich stammende Trichter einheimischen Nachahmungen Ugarits gegenüber [2302].

Bedenkt man die von Herodot mitgeteilten Tabuvorschriften der Ägypter (oben Anm. 2278), so ist die intensive Annahme ägäischer Kultformen im Osten erstaunlich — und setzt wohl eine stärkere ethnische Durchdringung voraus —, so wie sie mittels dieses einen rituellen Gerätes zwar ganz am Rande greifbar wird, aber in ihrem religiösen Kern noch gar nicht erklärt ist.

Die kretische Frühentwicklung der Rhyta von der mittel- zur spätminoischen Epoche wurde eingehend untersucht [2303]. Zu prüfen wäre, ob über die Bilderwelt und Ornamentik der Trichter weiterzukommen ist; denn bei Bildträgern, die sie sind, darf man davon ausgehen, daß ihr Schmuck nicht auf bloßer Willkür beruht. Besonders frühe Vertreter dieser Gerätegattung, wie ein wohlbekanntes Silberrhyton aus Schliemanns Schachtgräbern von Mykene (oben Anm. 1546), zeigen figurenreiche Bildszenen, im genannten Fall ein kriegerisches Kampfbild. Kriegerfriese kommen manchmal auch an mykenischen Tontrichtern aus Ugarit vor (Abb. 96c), dort ferner Menschen ohne erkennbare Funktion und auf dem kleinen konischen Elfenbeinrhyton aus Atheainou/Zypern gereihte menschliche Köpfe, wie nirgends sonst (Abb. 96e, Anm. 1537), neben Fischen, Vögeln und Vierbeinern, sämtlich in stark abgekürzter Wiedergabe, fast wie eine 'Bilderschrift'. Von diesem völlig singulären Zeugnis kann eine Deutung dieser Denkmälergruppe nicht ausgehen. Was die Tendenz der echt-mykenischen Trichter bezüglich ihrer Bemalung angeht, so fällt im 13. Jh. v.Chr., zunehmend gegen dessen Ende, eine Verarmung des Dekors auf: Gleichförmige Streifen bilden den Regelfall, älter sind horizontale Spiralbänder [2304]. Recht zahlreich sind 'Meeresbilder' an Rhyta [2305] — wiederum hauptsächlich in den frühen Phasen der Entwicklung —, jene von K. Schefold und anderen als die minoische Variante von lebenbejahender Symbolik

---

Zu Fayencerhyta ferner ein solches in Gestalt einer Tritonschnecke aus Mykene, Gräberrund A III (SM I, Athen, Nat. Mus., Inv.-Nr. 1661), s. Troy, Mycenae, Tiryns, Orchomenos, Heinrich Schliemann, the 100th Anniversary of his Death, Ausstellungskatalog, Athen 1990, 276f. Farbabb. 217.

[2302] "Instruments de Culte en Méditerranée Orientale", in: Cyprus between the Orient and the Occident, Symposium Nikosia 1985 (1986) 265ff. 274 Abb. 4a-c, s. auch oben Anm. 1533 und 1539.

[2303] F. Petit, Les rhytons minoens du Bronze moyen au Bronze récent, in: Aegaeum 3 (1989); Transition, le monde égéen du Bronze moyen au Bronze récent (Actes de la deuxième Rencontre égéenne internationale de l'Université de Liège 1988).

[2304] Nachweise bei A. Furumark, Mycenaean Pottery (1941) passim; Band III (1992) Taf. 117, Nr. 200,1 und 2; u.a. W.-D. Niemeier, in: TUAS 4, 1979, 18ff. mit Photo 1-3, ebd. Photo 4: Krokus-Rhyton, oben Anm. 2299.

[2305] R.C. Bosanquet-R.M. Dawkins, The Unpublished Objects from the Palaikastro Excavations 1902-1906, Band I (1923) 50 Abb. 38; S. 53 Abb. 41; P.A. Mountjoy, BSA 79, 1984, 161ff. Abb. 12 Taf. 22e; 23a-j; 24a-j.

bezeichnete phantastische Bewegtheit eines Miteinanders von Korallen, Algen, Muscheln, Fischen und Felsbänken. Eine große Zahl ziert allein der Tintenfisch mit seinen die Rhytonwand umspannenden Fangarmen, so auch an Beispielen aus Enkomi und Ras Schamra [2306]. Sodann gibt es Raubfische in wilder Bewegung (Abb. 95c), andere Fische in schlichter Reihung (Abb. 96b), sowie rundplastische Fischrhyta aus Kamid el-Loz und Minet el-Beida (Abb. 96g) [2307]. Von sämtlichen Schnecken und Muscheln ist es die hochgradig stilisierte, ornamental in Friesen und als Füllmuster verwendete Tritonmuschel, welche zahlreiche Trichter ziert [2308].

Zur Bemalung mykenischer Rhyta mit pflanzlichen Elementen gehören in seltenen Fällen Krokusse (min. Importe in Thera, oben Anm. 2298), oft Papyrusstauden und Palmen, auch an entsprechenden Funden aus Ugarit. An einem in Syrien in bichromer Technik nachgemachten Trichterrhyton kommt auch einmal ein plumper Granatapfelfries vor [2309]. Neben Repräsentanten des feuchten Elements (Papyrus) begegnet man immer wieder Vögeln, keineswegs nur Wasservögeln, z.B. Protome an einem Rhyton aus Enkomi (Anm. 1540), aber auch Stieren (Abb. 96d, Ras Schamra), plastischen Stierköpfen, z.B. an Trichtern der kyprischen 'Basering'-Gattung [2310] — vergleichbar hohlen Rinderkopf-Aufsätzen auf Ringkernoi (Abb. 76a) — und ferner rundplastischen Widderkopfrhyta (Abb. 96f.h, Ras Schamra).

Während viel des Aufgezählten Symbolcharakter zu besitzen scheint, verbunden mit Fruchtbarkeit und Leben, könnte man Stier- und Widderkopf auf Opfertiere beziehen und die Spendegefäße als mit deren Blut gefüllt ansehen (dazu weiteres

---

[2306] Bosanquet-Dawkins a.O. 106 Abb. 89; Cl. Schaeffer, Ugaritica II (1949) 218f. Abb. 91,7.12.13.15; Ugaritica VII (1978) 311 Abb. 37,8. Oben Anm. 1542; M. Yon a.O. (Anm. 2302) 274 Abb. 4a mit einem Nachtrag von V. Karageorghis, AA 1998, 1ff.; J.-Cl. Courtois, in: H.-G. Buchholz, Ägäische Bronzezeit (1987) 194 Abb. 51b; S. 205 Abb. 60a.b; CVA Brüssel, Mus. Cinquantenaire Taf. 3, 4a.b; CVA Italien Taf. 470 (Ialysos/Rhodos).

[2307] Aleppo, Arch. Mus., Inv.-Nr. RS 68.30.310 (mit Raubfischen, davon schönes Photo bei K. Kohlmeyer, in: E. Strommenger, Land des Baal; Syrien, Forum der Völker und Kulturen, Ausstellung Berlin 1982, 140 Nr. 129, Zeichnung in: Ugaritica VII 311 Abb. 37,12). Das Rhyton mit den gereihten Fischen auch in Courtois a.O. 206 Abb. 61b.c. Zu einem rundplastischen (nicht mykenischen) Fischrhyton vom Westhof des Tempels in Kamid el-Loz s. Hachmann a.O. (oben Anm. 2298) 70 Abb. 34.

[2308] Beispiele in Tiryns (SH III B) s. oben Anm. 1543. Vgl. ferner A.H. Smith, CVA Brit. Mus. 1 (1925) Taf. 6,8 (Zypern); Ugaritica II 218f. Abb. 91,9; VII 309ff. Abb. 36,15; 37,9; J.-Cl. Courtois, in: H.-G. Buchholz, Ägäische Bronzezeit (1987) 207 Abb. 62c (Ras Schamra). Muschelrhyton aus Fayence s. oben Anm. 2301.

[2309] M. Yon a.O. (Anm. 2302) 274 Abb. 4c. — Palmen: ebd. Abb. 4b.

[2310] Vgl. Anm. 1541, bes. M. Yon, Rhytons Chypriotes à Ougarit, in: RDAC 1980, 79ff. Taf. 13,1-5 (sämtl. im Louvre); Cl. Schaeffer, Syria 13, 1932, Taf. 4,1; ders., Ugaritica II (1949) 218f. Abb. 91,6 (keram. Gattung nicht erkannt). Ein weiteres werkstattgleiches 'Basering'-Rhyton mit Rinderkopf aus Zypern in Wien, Kunsthist. Mus., Inv.-Nr. IV 1535 (1879), als Zeichnung publiziert von M. Ohnefalsch-Richter, ZfE 31, 1899, Verh. 385f. Abb. 30,4. Dieselbe Zeichnung in seinen unpublizierten 'Formentafeln' im Archiv der Berliner Museen, Nr. 365; A. Bernhard-Walcher, CVA Wien 4 (1984) Taf. 46,1.2.

unten). Doch es gibt auch späthelladische Rhyta in Igelform (Abb. 96i.j, Ras Schamra, Kamid el-Loz), die an magische Praktiken wegen der Stacheln der Tiere denken lassen, beispielsweise im Abwehrzauber gegen mancherlei Übel und Gefahren [2311]. Im seltenen Fall der Gestaltung als Hundekopf muß offenbleiben, ob dieser in seiner Funktion als Wächter anzusprechen wäre [2312]. Bei dem Fayencetrichter aus Kition (oben Anm. 17. 1235. 1236. 1538. 2301) geht es im mittleren Fries nicht um Wildstierjagd, sondern um Tierfang. Das zeigt das benutzte Lasso an. Es scheint der 'Jäger', welcher einen Jungstier bereits am linken Hinterlauf gepackt hat, mehr als ein bloßer Mensch zu sein; denn er trägt 'Flügelschuhe', die bedeutend später den Götterboten Hermes kennzeichnen. Das Bild wird das Einfangen von Opfertieren ausdrücken wollen.

Das oben mehrfach herangezogene mykenische Siegel aus Aplomata/Naxos sagt nicht mehr aus, als daß unser Trichterrhyton mit der Spendekanne und dem Kessel oder Krater zusammen das Opfergeschirr ausmachte (Abb. 91b [2313]). In hinreichender Deutlichkeit — zumal in Farbe — zeigt indessen eine Langseite des Hagia Triada-Sarkophags einen gefesselten Stier auf dem Opfertisch liegend mit geöffneter Halsschlagader, so daß das Blut in den darunter mit einem Drittel in der Erde steckenden Trichter fließt und durch ihn in die chthonische Tiefe [2314]. Entsprechend sind konische Trichteroberteile kultisch verwendeten Ringkernoi so aufgesetzt, daß sie wie mit dem unteren Drittel in ihnen steckend erscheinen [2315]. Begrenzt ist der Aufschluß, der von Linear B ausgeht: Versuchsweise wurde *e-ku-se-we(-qe)* als *en-khus-ēwes* ("Eingießgefäße, Trichter") interpretiert, von ἐγχέω abgeleitet [2316]. Die Funktion wäre demnach terminologisch nur sehr allgemein

---

[2311] Hierzu oben Anm. 1567.

[2312] CVA Brüssel, Mus. Cinquantenaire Taf. 3,5 (Belgien 5). An den Hund als Opfertier, das im Kultmahl verspeist wurde, wie im Nahen Osten vielfach bezeugt, mag man hier nicht denken wollen, den dieser Hundekopf mit Schakalzügen erinnert mehr an Wächter- und Schäferhunde als an eßbare kleine Möpse.

[2313] Oben Anm. 1869; ferner CMS IV/2 (1975) 483 Nr. 608; E. Vermeule, Götterkult, in: H.-G. Buchholz, ArchHom, Kapitel V (1974) 39 Abb. 8a; S. 58 Anm. 134; Chr. Kardara, Aplomata Naxou (Neugriechisch, 1977) 6f. Nr. 980 Taf. 6; O. Höckmann, in: H.-G. Buchholz, Ägäische Bronzezeit (1987) 339 Abb. 88b.

[2314] Von Ch.R. Long, The Ayia Triadha Sarcophagus (1974) 63 richtig erkannt ("... the receptable for the bull's blood looks more like the upper part of a Late Minoan I conical rhyton than anything else ..."); s. Farbaufnahme 53a in Propyläen-Kunstgeschichte XIV (1975).

[2315] Vgl. M.P. Nilsson, MMR 141 Abb. 50 und Long a.O. Abb. 92 (Frgt. aus Mykene, in Athen, Nat.-Mus., Inv.-Nr. 5427).

[2316] M. Ventris-J. Chadwick, Documents in Mycenaean Greek (2. Aufl.) 543; J. Chadwick, Eranos 57, 1959, 3 und Chadwick-Baumbach, Vocabulary 257, zuletzt A. Leukart, Götter, Feste und Gefäße, in: A. Heubeck-G. Neumann, Res Mycenaeae, Akten des 7. Int. Mykenolog. Colloquiums in Nürnberg 1981 (1983) 234ff., bes. 236 mit Anm. 5 und 6. — Ferner mit anderer Fragestellung: R. Kamm, *ai-ke-u* als griechische Version des minoischen Einflusses (Rhytons), in: Orbis 29, 1980, 266f.

erfaßt [2317]. Zweifelsfrei kultisch sind die 'Trichterträger' in Prozessionszügen der Fresken von Knossos zu interpretieren [2318]. Von entscheidender Bedeutung scheint mir zu sein, daß außer dem bereits genannten Bildschmuck an Trichterrhyta auch große solare Symbole, vielfach Doppeläxte und mindestens in zwei Fällen Friese von Kulthörnern vorkommen. Sinnbilder, die für das "Heilige" stehen [2319]. So scheint mir denn auch M. Yons Definition einiger Häuser von Ugarit als Tempel, wesentlich wegen mykenischer Trichterrhyta, begründet zu sein (vgl. auch Abb. 40k) [2320].

Zum Beschluß seien Thymiaterien, Weihrauchaltärchen, Lampen, Leuchter, Fackeln und Wandarme (Abb. 102a-f; 103a-h; 104a-k) [2321] im Rahmen des 'liturgischen Apparats', falls dieser späte Ausdruck für bronzezeitliche Realien erlaubt ist [2322], wenigstens erwähnt: Neben blutigen Tieropfern, Libationen, Weihungen von Gegenständlichem wurde oben die Bedeutung des Weihrauchs betont [2323]. Neben dem Licht — man denke an die einzigartige Symbolkraft des siebenarmigen

---

[2317] Für mich abwegig, bot Trichter am Säpflug, mit durchlaufenden Körnern statt Flüssigem, als Erklärung kretisch-mykenischer Rhyta E. Specht an (AA 1981, 15ff.). — Intensive — wenn auch, wie die Diskussion (a.O. 187) zeigte, nicht allseitig befriedigende — Auseinandersetzung mit den Problemen bei R.B. Koehl, The Functions of Aegean Bronze Age Rhyta, in: R. Hägg-N. Marinatos, Sanctuaries and Cults in the Aegean Bronze Age (1981) 179ff.; ders., The Rhyta from Akrotiri and some preliminary Observations on their Functions in selected Contexts, in: Thera and the Aegean World III/1 (1990) 350ff. Zur Funktion auch oben Anm. 507 und 1545.

[2318] Nach A. Evans u.a. F. Matz, Kreta-Mykene-Troja (1956) Taf. 38; J.W. Graham, The Palaces of Crete (1962) Taf. 131b; P. Demargne, Die Geburt der griechischen Kunst (Deutsch, 1965) 138 Abb. 182; H.-G. Buchholz-V. Karageorghis, Altägäis und Altkypros (1971) Abb. 1053.

[2319] R.C. Bosanquet-R.M. Dawkins, The Unpublished Objects from the Palaikastro Excavations 1902-1906, Band I (1923) 105 Abb. 88a; F. Schachermeyr, Die ägäische Frühzeit III, Kreta zur Zeit der Wanderungen (1979) 152 Abb. 36c. — Von dem schlanken, wohl aus Zypern stammenden Rhyton mit Kulthörnerfries ("Vasen-Inv. 3135") habe ich Neuaufnahmen machen lassen, die an anderer Stelle publiziert werden; bisher nur aus R. Zahns Zeichnung bekannt (bei M.P. Nilsson, Minoan-Mycenaean Religion [2. Aufl.] 172 Abb. 74, dazu K. Davaras, Pepragmenou tou 4. Diethn. Kretologikou Synhedriou, Herakleion 1976, Band I [1980] 92 Anm. 22).

[2320] Vgl. oben Anm. 507 und 1544, meine Rez. in: Zeitschrift für Assyriologie 83, 1993, 293ff. und zustimmend auch P. Åström, JPR 3/4, 1990, 71f.

[2321] Ich klammere letztere hier aus, weil sie unten mit einem eigenen Abschnitt bedacht sind.

[2322] 'Liturgical Apparatus' steht u.a. für phönikische Thymiaterien bei W. Culican, Opera Selecta (1986) 298ff.

[2323] Vgl. oben Anm. 197 und 2252; auch P. Faure, Magie und Düfte (Deutsch, 1991) und Antike Welt 25, 1994, 282ff.

Leuchters der Juden [2324] — war Weihrauch den Göttern wohlgefällig. Im Neuen Testament bestehen die wahrhaft königlichen Gaben der 'Weisen aus dem Morgenland' aus Gold, Weihrauch und Myrrhe (Matthäus 2,11).

Das Problem besteht weniger in der Frage nach den frühest faßbaren Räucheropfern und den dazugehörigen Geräten als vielmehr darin, wann sich der Weihrauchhandel über den engeren Raum der arabischen Halbinsel, Palästinas und Syriens hinaus nach Zypern und in die Ägäis ausdehnte. Erst nach Mitte des zweiten vorchristlichen Jahrtausends kommen in Ugarit und auf Kreta Räuchergeräte in etwas größerer Menge vor [2325]. Damit stimmt überein, daß im untergegangenen Schiff von Uluburun u.a. nicht nur Teer und Harz transportiert worden waren, sondern auch 'Aromata'.

Die von Karageorghis zu bestimmten tönernen Funden alternativ gestellte Frage "Torch-Holders or Bellows?" (Φίλια ῎Επη εἰς Γ.Ε. Μυλωνᾶν II [1987] 22ff.) war bereits in derselben Festschrift mit dem sehr gehaltvollen Beitrag "Ein mykenisches Beleuchtungsgerät" von K. Kilian beantwortet (Band I [1986] 152ff.). Ob es beim Abbrennen von Harz — Kilian hat Analysen machen lassen, die Koniferenharz erwiesen — mehr um Beleuchtung oder mehr um das Räuchern ging oder um beides, ist zweitrangig. Für die Erforschung bronzezeitlicher Verbindungen

---

[2324] Zum Siebenarmigen Leuchter vgl. u.a. W. Eltester, Zeitschr. für Neutestamentl. Wiss. 26, 1960, 62ff.; G. Wirgin, The Menorah as Symbol of Judaism, in: IEJ 12, 1962, 140ff.; ders., The Menorah as Symbol of After-Life, in: IEJ 14, 1964, 102ff.; D. Sperber, The History of the Menorah, in: Journ. of Jewish Studies 16, 1965, 135ff.; A.M. Goldberg, Der siebenarmige Leuchter, zur Entstehung eines jüdischen Bekenntnissymbols, in: ZDMG 117, 1967, 232ff.; A. Negev, Die Chronologie des siebenarmigen Leuchters, in: Eretz-Israel 8, 1967, 193ff. (Hebräisch); R. North, Zechariah's Seven-Spout Lampstand, in: Biblica 51, 1970, 183ff.; J. Voss, Die Menora. Gestalt und Funktion des Leuchters im Tempel zu Jerusalem (1993), mit praktischer, nicht symbolischer Deutung. — Religionsgeschichtliches: R. Bultmann, Zur Geschichte der Lichtsymbolik im Altertum, in: Philologus 97, 1948, 1ff. Opfervorschriften für die arkadische Demeter stehen beispielhaft für Lampen und Lampenweihungen in vielen griechischen Kulten: Erlaubte Gaben waren Öl, Honigwaben, Opfergerste, 'Bilder' (Votivterrakotten) und außerdem weißer Mohn, Lampen, Räucherwerk (M.P. Nilsson, Geschichte der griechischen Religion I [3. Aufl., 1967] 480). — Für die römische Zeit vgl. u.a. Chr. Spuler, Opaion und Laterne. Zur Frage der Beleuchtung antiker und frühchristlicher Bauten ..., Diss. Hamburg (1973).

[2325] Ein imponierend große Zahl von Räuchertöpfen und -tassen Palästinas ist nachgewiesen von W. Zwickel, Räucherkult und Räuchergeräte, exegetische und archäologische Studien zum Räucheropfer im Alten Testament (1990). Räuchertöpfe mit perforierter Wandung waren seit SH IIB auf Rhodos zahlreich und traten vereinzelt in Athen, Daulis, Argos und Mykene auf. Ab SH IIIB sind sie nicht mehr nachzuweisen, d.h. der Weihrauchhandel bis in die Ägäis scheint damit hauptsächlich im 15./14. Jh. v.Chr. dokumentiert zu sein: Bereits A. Furtwängler und G. Löschcke erkannten 1886 derartige tönerne Geräte als "mykenische Dreifußgefäße zum Räuchern" (Mykenische Vasen 15 und 81), s. A. Furumark, Mycenaean Pottery III (1992) Taf. 171f. Nr. 314-316. Zu 'Late Minoan Incense Burners' s. H.S. Georgiou, AJA 83, 1979, 427ff.; zu einem Beispiel des MM I (?) s. M. Tsipopoulou, in: Minoan and Greek Civilization from the Mitsotakis Collection (1992) 105 Nr. 88 mit Farbphoto.

zwischen Ägäis und dem Ostmittelmeer ergibt der neue, durch Kilian so trefflich aufbereitete Fundstoff ein weiteres gemeinsames Element. Er faßte so zusammen: "Die Gegenüberstellung der mykenischen, zyprischen und levantinischen Exemplare — bei letzteren auch die Version mit geschlossenem Boden — macht zwar Formenunterschiede deutlich; aus der Anwendung im täglichen Leben hat man in diesem tönernen Gerät jedoch eine einfache, Harz brennende Lampe oder auch Fackelhalter (?) im gesamten östlichen Mittelmeer während der späten Bronzezeit zu erschließen ...".

Gegenstand der Verehrung konnte neben der in ihrem Bild anwesend gedachten Gottheit ein ihr gehörender Gegenstand gewesen sein. Derartiges entsprach religiösen Kultrelikten in der minoischen Hinterlassenschaft: "Deifiziert und gesondert beopfert wurden im westhurritischen Kult göttliche Attribute, göttliche Waffen und Insignien sowie Kultgeräte. So wird etwa der Thron der Ḥepat samt seinen einzelnen Teilen in einem langen Ritual beopfert. Im Osten mag das Bett der Šawuška von Ninive in ähnlicher Weise Kultobjekt gewesen sein"[2326]. Throne, Hocker, Tische, insbesondere die mehrfach diskutierten Klappstühle in bildlichen Darstellungen[2327] mit der Frage nach ihrer Herkunft, wie überhaupt alles Kultinventar dieser Art und ihm nachgebildete Miniatur-Weihgaben (wie Götterthrone und -betten aus Ton[2328]) lasse ich beiseite.

Von Kultmusik ist oben die Rede (mit Anm. 2200-2208). Instrumente, soweit erhalten, und bildliche Darstellungen erlauben den Nachweis ihrer Existenz im Sinne des liturgischen Apparates (Rassel, Schelle, Glocke, Sistrum, Tamburin, Zimbel, Klapper, Flöte, verschiedene Saiteninstrumente). Aus Ugarit besitzen wir

---

[2326] Vgl. das Kapitel "Götter, Mythen, Kulte und Magie" in G. Wilhelm, Grundzüge der Geschichte und Kultur der Hurriter (1982) 69ff., bes. 80. Auch M. Popko, Kultobjekte in der hethitischen Religion, in: Rozprawy, Univ. Warschau, 1978.

[2327] E. Rystedt, RDAC 1987, 49ff.; W. Güntner, in: Kotinos, Festschrift für E. Simon (1992) 6ff. und bes. B. Jahn, Bronzezeitliches Sitzmobiliar der griechischen Inseln und des griechischen Festlandes (1990). — Klappstühle finden sich ebenfalls im Bildrepertoire eines frühhethitischen Reliefgefäßes aus Inandik-Tepe nördlich Ankara, T. Özgüç mündlich 1987. Allerlei neues Material, unter Einschluß Zyperns, Kretas und der übrigen Ägäis (mit einem speziellen Beitrag 'Le Mobilier d'Ougarit von A. Caubet und M. Yon) hierzu und zum folgenden in: G. Herrmann, The Furniture of Western Asia, Ancient and Traditional, Papers of the Conference, London 1993 (1996). — Daß der Klappstuhl in Nordeuropa auf ein "ultimately East Mediterranean inspiration" zurückgeht, bemerkte bereits O. Montelius, neuerdings wieder H. Thrane, dessen Beobachtungen fanden ein Echo bei J. Bouzek: "Late Bronze Age Greece and the Balkans", in: BSA 89, 1994, 217ff. 224f. Abb. 6.

[2328] H.-V. Herrmann, Boreas (Münster) 5, 1982, 54ff., bes. 60ff.: "Götterthrone als Gegenstand religiöser Verehrung sind ein bekanntes und verbreitetes Phänomen". Eine größere Sammlung bei P. Amandry, Sièges Mycéniens Tripodes ..., in: Φίλια Ἔπη εἰς Γ.Ε. Μυλωνᾶν I (1986) 167ff. Taf. 7-11. — Zu einem mykenischen Terrakottabett mit zwei darauf Liegenden ('Heilige Hochzeit'), in Budapest, Mus. der bildenden Künste, s. H.-G. Buchholz-V. Karageorghis, Altägäis und Altkypros (1971) Abb. 1248e.

so etwas wie die Aufzeichnung eines Kultgesangs mit Musikbegleitung [2329]. Die nahöstliche Kultmusik fand in Israel wohl ihre schönste Ausformung [2330]. Über die Kultmusik Zyperns und des ägäischen Raumes und die verwendeten Instrumente sind wir nicht besser orientiert [2331], so daß ein Urteil über großräumige Zusammenhänge sehr schwer fällt. Zu dem zuvor Gesagten bleiben Beobachtungen zu Schnecken und Muscheln als Blasinstrumente nachzutragen, deren langgezogene Töne denen des altjüdischen Horns (*Schofar*) vergleichbar sind. In der archäologischen Literatur als 'Tritonmuscheln' bezeichnete Molusken, die ich oben als stilisiertes Zierelement mykenischer Vasenmalerei behandelt habe, waren nicht in allen Fällen als Musikinstrumente hergerichtet, vielmehr auch in natürlichem Zustand in Gräbern (E. Georgoulakes, Burial Evidence and its Religious Connections in Prepalatial and Old Palace Minoan Crete, Diss. Lüttich [1995/96] 252ff.) und Heiligtümern (z.B. in Hagia Irini/Keos) niedergelegt [2332], oft nachgebildet in Terrakotta (Knossos, Mallia, Gournia), Stein (Knossos, Mallia, Kalyvia/Messara, Rhodos) [2333] und Fayence (Pyrgos-Myrtos/Kreta, Mykene). Doch ein häufig ab-

---

[2329] H.G. Güterbock, Musical Notation in Ugarit, in: RevAssyr 64, 1970, 45ff.; D. Wulstan, The Earliest Musical Notation, in: Musik and Letters 52, 1971, 365ff.; ders., Musik from Ancient Ugarit, in: RevAssyr 68, 1974, 125ff.; A. Draffkorn-Kilmer, The Cult Song with Music from Ancient Ugarit, another Interpretation, ebd. 69ff.; M. Dietrich-O. Loretz, Kollationen zum Musiktext aus Ugarit, in: UF 7, 1975, 521f.; M. Duchesne-Guillemin, Les Problèmes de la Notation Hourrite, in: RevAssyr 69, 1975, 159ff.; A. Draffkorn-Kilmer-R.L. Crocker-R.R. Brown, Sounds from Silence, Recent Discoveries in Ancient Near Eastern Music (1976); H.-J. Thiel, Der Text und die Notenfolgen des Musiktextes aus Ugarit, in: SMEA 18, 1977, 109ff.; ders., Zur Gliederung des "Musik-Textes" aus Ugarit, Revue Hittite et Asianique 36, 1978, 189ff.; G. Wilhelm, Grundzüge der Geschichte und Kultur der Hurriter (1982) 91.

[2330] D. Wohlenberg, Kultmusik in Israel, eine forschungsgeschichtliche Untersuchung, Diss. Hamburg (1967).

[2331] Vgl. neuerdings W. Schiering, Akustisches in der minoischen Kunst, in: Kotinos, Festschrift für E. Simon (1992) 1ff.

[2332] Beispielsweise bereits in Poliochni/Lemnos (L. Karale, Shells in Aegean Archaeology [1995]) und im chalkolithischen Lemba-Mosphilia/Westzypern, s. P. Åström-D. Reese, Triton Shells in East Mediterranean Cults, in: JPR 3/4, 1990, 5ff. 7 Abb. 4, mit umfangreicher Lit.-Liste, sowie Liste ägäischer Heiligtümer mit natürlichen Triton-Muscheln (a.O. 8f.). Reese hat unterschiedliche Arten zoologisch bestimmt. In der archäologischen Lit. liest man bald von 'Triton'-, bald von 'Purpurschnecken-/Murexornamenten' (A. Furtwängler-G. Löschcke, Mykenische Vasen [1886] 23 Abb. 13; S. 83 und öfter); W. Müller, Kretische Tongefäße mit Meeresdekor (1997) 203ff. Abb. 116-121.

[2333] Liste zu Nachbildungen in Stein, Ton, Fayence von P. Darcque, als Anhang zu C. Baurain-P. Darcque, Un triton en pierre à Mallia, in: Archaeologia 211, 1986, 32ff. Graphik zur Chronologie der Tritonschnecken von P. Warren, in: M. Tsipopoulou, Minoan and Greek Civilization from the Mitsotakis Collection (1992) 156f. Abb. 7. Ferner J.F. Lloyd, A Clay Triton Shell in a Private Collection in New York, in: OpAth 20, 1994, 75ff. 79ff. (Ägäis, mit Tabelle der bekannten Stücke). — Zu Muscheln und Schnecken in der Vorgeschichte der Ägäis und Zyperns (Neugriechisch): L. Karale-Giannakopoulos, Konferenz Nikosia 1995

gebildetes Bergkristallsiegel aus der Idäischen Grotte/Kreta zeigt eine Priesterin vor einem Altar mit Kulthörnern und Zweigen, die in eine gewaltige Schneckentrompete bläst [2334]. So stellte denn auch A. Mazar bezüglich eines solchen Fundes des 11. Jhs. v.Chr. in Tell Qasile fest: "the conch was used as a trumpet in the ritual ceremonies" [2335]. So zugerichtet, daß man sie blasen kann, ist auch eine 25 cm lange Schnecke aus einer Schicht des 9. Jhs. v.Chr. in Hazor [2336]. Dergleichen gehörte demnach in Palästina frühestens in der Seevölkerzeit (SH III C, ebenso in Phylakopi/Melos) und auch auf Zypern in dieselbe Epoche (Kition, Fragmente aus Tempelschichten des 12. Jhs. v.Chr. und aus einem Brunnen der geometrischen Epoche ein vollständiges Exemplar mit Blasloch, sowie Hala Sultan Tekke aus einem Heiligtum der Phase Spätkypr. III A 1, um 1175 v.Chr. [2337]). Tatsächlich als Trompete hergerichtete Schnecken sind mithin aus Tell Qazile und Hazor sowie aus Kition und Hala Sultan Tekke bekannt. Ihnen stehen zahlreiche, vor allem frühere Stücke (seit MM III) aus Knossos, Phaistos und Kephala, Chondrou Viannou auf Kreta und in Akrotiri/Thera gegenüber (weitere große Naturschnecken, von denen ich nicht weiß, ob sie blasbar sind, aus Chamaizi, Mallia, Pseira, Palaikastro, Zakro, Kommos, Pyrgos-Myrtos und Syme Viannou), mithin auf Kreta, wo das beschriebene Siegel den Kultbrauch bereits auf die Mitte des zweiten Jahrtausends datiert. Ein importierter späthelladischer Krater (III A 2) aus einem Grab in Kalavassos-Hagios Demetrios/Zypern zeigt schließlich ein zentrales altarähnliches Gebilde, beiderseits je einen Vogel und über diesen je eine Tritonschnecke, nicht als stilisiertes Ornament, sondern als Kultsymbol, wenn auch nicht in Aktion als Blasinstrument.

(1997) 33ff. und Lloyd a.O. 83 Tabelle 2 sowie die folgende Anm.

[2334] Åström-Reese a.O. 7 (Evans, Nilsson, Boardman, Hood, Davaras usw.); die Datierung schwankt von MM IIIB bis SM IIIA; s. W. Schiering, KretChron 24, 1972, 481ff.; St. Alexiou, Minoische Kultur (1976) 127; N. Platon-I. Pini, CMS II/3 (1984) Nr. 7; Th. Papadopoulos, Konferenz Nikosia 1995 (1997) 175 Abb. 6,2. Vgl. eine Tritonschnecke als Signum eines Siegels aus Phaistos: CMS II/5 Nr. 304 und J.G. Younger, Bronze Age Aegean Seals in their Middle Phase (1993) 150 Abb. 7.

[2335] Excavations at Tell Qasile, the Philistine Sanctuary, Architecture and Cult Objects (1980) 118. 121 Taf. 40,9; A. Mazar, Tell Qazile (1983) Taf. 25. Zu allen bekannten natürlichen unbearbeiteten und bearbeiteten Tritonschnecken des Nahen Ostens s. Tabelle 3 in Lloyd a.O. 84.

[2336] Y. Yadin, Hazor (1958) Abb. 32, weitere Lit. bei Åström-Reese a.O. 11.

[2337] Åström-Reese a.O. und Åström, Dossiers d'Archéologie Nr. 205 (Juli/August 1995) 44 mit Abb.

4. *Die Doppelaxt zwischen West und Ost*

Während zahllose Phänomene sich — im Vorgriff der Überschriften — zwischen Ost und West bewegten, verdient die Doppelaxt in einem ebensolchen Vorgriff als primär 'westliches Element' bezeichnet zu werden, jedenfalls in den hier behandelten Phasen der mittel- bis spätbronzezeitlichen Epochen. Was die Doppelaxt als religiöses Zeichen in der minoischen Ikonographie angeht, hat sie eine ungewöhnlich umfangreiche Literatur hervorgerufen. Da — außer laufend neuen Denkmälern — seit langem nichts wirklich Neues im archäologischen Schrifttum hinzugekommen ist, ließe sich unser Thema knapp mit der Vorführung gegensätzlicher Grundpositionen, d.h. einer kritischen Durchsicht älterer Meinungen über Sinn und Funktion der Doppelaxt, erledigen. Deshalb will ich zunächst die hauptsächlichen Titel in chronologischer Reihenfolge nennen:

1) W.H.D. Rouse, The Double Axe and the Labyrith, in: JHS 21, 1901, 268ff.
2) A.B. Cook, The Cretan Axe-Cult outside Crete, in: Transactions of the 3rd Int. Congress for the History of Religions II (1908) 194.
3) A. Evans, Scripta Minoa I (1909) 195f. Nr. 36 ('the sacred double axesign'). In Evans' "Palace of Minos" I-IV ist die Doppelaxt an so vielen Stellen behandelt oder doch erwähnt, daß ein Verweis auf den Index-Band (S. 9-11) genügen muß.
4) B. Schweitzer, Geschichte der Doppelaxt in nachmykenischer Zeit, in: Herakles, Aufsätze zur griechischen Religions- und Sagengeschichte (1922, Nachdr. 1982) 21ff.
5) A.B. Cook, The Double Axe in Mid Air; The Double Axe in Minoan Cult; The Double Axe in Relation to Tree- or Plant-Forms; The Double Axe in Relation to Columns or Pillars; The Double Axe in Relation to Horns; The Deity of the Double Axe; The Decoration of the Double Axe; in: Zeus II (1925, Nachdr. 1965) 513ff.
6) R. Ganzyniec, La double hache est-elle un symbole religieux? (Lemberg, 1925).
7) C.F.S. Hawkes, The Double Axe in Prehistoric Europe, in: BSA 37, 1936/ 37, 141ff.
8) H.-G. Buchholz, Zur Herkunft der kretischen Doppelaxt; Geschichte und auswärtige Beziehungen eines minoischen Kultsymbols (1959), mit der Rez. von H.W. Catling, Gnomon 33, 1961, 233ff. und oben Anm. 1930. 2115.
9) H.-G. Buchholz, Die Doppelaxt eine Leitform auswärtiger Beziehungen des ägäischen Kulturkreises?, in: PZ 38, 1960, 39ff., s. oben Anm. 1930.
10) H.-G. Buchholz, Eine Kultaxt aus der Messara, in: Kadmos 1, 1962, 166ff.
11) K. Bittel, Einige Doppeläxte aus Kleinasien, in: Festschrift für W. Eilers (1967) 415ff.
12) M.P. Nilsson, The Minoan-Mycenaean Religion (2. Aufl., 1968) 194ff.; stark verkürzt "Die Doppelaxt, das Tieropfer", in: Geschichte der griechischen Religion I (3. Aufl., 1967) 275ff.
13) H.-G. Buchholz-V. Karageorghis, Altägäis (1971) 50 Nr. 716-738.
14) C.S. Briggs, Double Axe Doubts, in: Antiquity 47, 1973, 318ff.

15) C.F.S. Hawkes, Double Axe Testimonia, in: Antiquity 48, 1974, 206ff.

16) A.F. Harding, Mycenaean Greece and Europe, the Evidence of Bronze Tools and Implements, in: PPS 41, 1975, 183ff., bes. 190ff. (Double Axes).

17) G. Mylonas, Μυκηναϊκή Θρησκεία (1977) 67ff. (Zusammenstellung mykenischer Doppelaxt-Darstellungen).

18) B. O'Crotty, The Bull and the Double Axe (1977).

19) K. Mavrigiannaki, Double axe-tool with an Engraved Bucranium from the District of Amarai/Rhethymno, in: AAA 11, 1978, 198ff.

20) K. Davaras, A Double-Axe Design from Vrokastro, in: ArchEphem 1979, 114ff.

21) I. Panayotov, Bronze Rapiers, Swords and Double Axes from Bulgaria, in: Thracia 5, 1980, 173ff.

22) H.-G. Buchholz, Doppeläxte und die Frage der Balkanbeziehungen des ägäischen Kulturkreises, in: Ancient Bulgaria, Papers presented to the Int. Symposium, University of Nottingham 1981, Band I (1983) 43ff.; s. bereits oben Anm. 1930.

23) K. Mavrigiannaki, La double hache dans le monde hellénique à l'âge du bronze, in: RA 1983, 195ff.

24) B.C. Dietrich, Instruments of Sacrifice, in: R. Hägg-N. Marinatos-G.C. Nordquist, Early Greek Cult Practice, Proceedings of the 5th Int. Symposium of the Swedish Inst./Athens 1986 (1988) 35ff.

25) B. Rutkowski, An Early Minoan I double axe design?, in: Kadmos 25, 1986, 22f.

26) D.V. Sippel, Minoan Religion and the Sign of the Double Axe, in: The Ancient World 14, 1986, 87ff.

27) B.C. Dietrich, A Minoan Symbol of Renewal (the Origins and Meanings of the Double Axe), in: JPR 2, 1988, 12ff.

28) W. Pötscher, Aspekte und Probleme der minoischen Religion (1990). In nicht weniger als in acht von fünfzehn Kapiteln sind hier die kretische Doppelaxt und ihre Verbindungen mit anderen Kultobjekten bzw. Symbolformen behandelt worden (mit Bäumen oder weiteren pflanzlichen Elementen, Säulen, Kulthörnern, Stierköpfen, Vögeln). Zur Doppelaxt und dem Problem, ob sie primär dem männlichen Prinzip oder dem weiblichen zuzuordnen sei, will ich im folgenden weniger beitragen als zu bereits mehrfach erwähnten Vorkommen im östlichen Mittelmeerbereich. Ansonsten gehört es — wenigstens teilweise — zu einer romantischen Sicht des frühen 19. Jahrhunderts, vorherrschendes prähhistorisches 'Mutterrecht' im ägäischen Raum zu erkennen und seit der Entdeckung der altkretischen Kultur zu Beginn unseres Jahrhunderts die religiöse wie profane Dominanz der Frau in ihr hervorzuheben [2338] und schließlich

---

[2338] Das ist allgemein gemeint und keineswegs gegen Pötschers Konzept eingewendet. Wer sich über "die matriarchalischen Völker der Ägäis", "einige matriarchalische Gottheiten der Ägäis", vereinigt mit Gedanken zum "Urkommunismus", aus der Sicht eines Engländers in deutscher Übersetzung informieren möchte, greife zu G. Thomson, Frühgeschichte Griechenlands und der Ägäis (Deutsch, 1960) 113ff. 200ff. — Vgl. ferner E. Simon, Matriarchat und

auch die Doppelaxt derartigen Definitionen unter- bzw. einzuordnen. W. Pötscher hatte für die Gegenposition durchaus Vorläufer, welche die Sache ähnlich sahen; er formulierte lapidar: "Die Doppelaxt (λάβρυς) wurde zumindest in der minoischen Religion (und wohl auch in der mykenischen) als die dingliche Erscheinungsform des männlichen Gottes (πάρεδρος) angesehen" (AnzAW 49, 1996, 224). Doch gab es im Laufe früherer Auseinandersetzungen ebenfalls die Meinung, daß allein der Axtstiel ein phallisches Element sei, Axtköpfe, auch Doppeläxte, mit ihrem Stielloch hingegen ein weibliches und beide zusammen sexuell verstanden werden müssen. Damit sei auch das häufige Auftreten von Axtblättern/-köpfen ohne Stiel verständlich. Fragt man, worin der Fortschritt von Pötschers Studie gegenüber Nilssons Konzept liege, lese man die anerkennende Rezension von Frau Erika Simon [2339]. Im ganzen scheint mir hier ein energischer Versuch — und als 'Versuch' bezeichnet der Autor selber sein Werk — unternommen worden zu sein, die ägäische Religion stärker, als sonst geschehen, aus ihrem altvorderasiatischen Umfeld zu lösen. Ob und inwieweit die Fakten dazu zwingen, muß die künftige Auseinandersetzung mit dem Buch ergeben.

29) Th. und L. Papadapoulos, Aegean Cult Symbols in Cyprus, in: Acta Cypria, Acts of an Int. Congress on Cypriote Archaeology, Göteborg 1991, Band III (1992) 330 mit Abb. 1a-d.

Das, was der genannte W. Pötscher an anderer Stelle über die Lanze gesagt hat, muß auch für die Doppelaxt gelten: "Wenn jemand etwa eine Lanze verehrt ... kann er unter der Lanze entweder ein kraftgeladenes Ding verstehen, das (ohne Zusammenhang mit einem persönlichen Gott) direkt und quasikausal-magisch den Sieg bewirkt, oder er kann die Lanze als dingliche Erscheinungsform des Kriegsgottes ... ansehen oder aber auch die Lanze als Waffe des Kriegsgottes, welche er gleichsam als *pars pro toto* berührt oder kultisch verehrt, um damit den Gott zu verehren" [2340]. Ich meine, die Zusammenhänge liegen außerhalb modernen Verständnisses, weil derselbe Speer, Stab oder dasselbe Gerät das Genannte zugleich — und eben nicht entweder-oder — sein kann, ja, daß selbst die Grenze zwischen dem Profanen und Heiligen offen sein kann. Zumindest besitzen wir davon eine ungefähre Ahnung, seit der Entdeckung der 'Augenblicksgötter' durch H. Usener; ethnographisch bezeugt, wenn jemand seinen Wanderstab in den Boden stößt, ihn niederkniend anbetet/um etwas bittet und ihn anschließend, als sei nichts gewesen, wieder als alltägliche Stütze benutzt [2341].

Patriarchat in der griechischen Kultur, in: W. Böhm-M. Lindauer, Fünftes Würzburger Symposium der Universität (1991) 263ff.; zu 'Mutterrecht' oben Anm. 471.

[2339] AnzAW 45, 1992, 1ff.

[2340] AnzAW 46, 1993, 202. Zur Lanze als Machtsymbol s. oben Anm. 1869.

[2341] Vgl. u.a. seine Ausführungen zu römischen 'Sondergöttern' (in: Götternamen, Versuch einer Lehre von der religiösen Begriffsbildung [Bonn 1896]); dazu kritisch W. Wundt, Elemente der Völkerpsychologie (1912) 358ff. und knapp zusammengefaßt von K. Prümm,

Speer/Lanze und Doppelaxt sind mithin nicht isoliert zu betrachten, wenn es um die Möglichkeit ihres 'Heilig-Seins' geht, ebensowenig bezüglich ihrer Funktionen als profanes oder Kultgerät, Waffe oder Würdezeichen, Zeremonial-, Götter- oder Heroen-Signum. Ich erinnere an Beobachtungen zum Dreizack (Abb. 82s) [2342], Zauber-/Boten-/Hirten-Stab [2343], Keulenszepter (z.B. Achat, Zypern; Abb. 65 o) [2344], Hammer [2345], Pickel [2346] oder zur Hacke [2347]. Eine bronzene Kreuzhacke aus dem Kuppelgrab von Vapheio/Lakonien ist durch ein vergoldetes plastisches Achterschildzeichen vom alltäglichen Gebrauchsgerät unterschieden (ArchEphem 1889, Taf. 8; I. Strøm, Graekenlands Forhistorisk Kulturer II [1982]) 308 Abb. 417).

Die von Frauen als schützende Amulette getragenen 'Thorshämmer' des germanischen Nordens sind der Form nach Doppelhämmer und erinnern im Umriß durchaus an kretische Doppelaxtamulette. Die stein-/bronzezeitlichen Vorläufer Skandinaviens und Norddeutschlands waren in Bernstein gebrauchsgroßen steinernen Doppeläxten nachgebildet worden (z.B. Bernsteinkette mit derartigen Einzelelementen verschiedener Größe und Doppelkeulen-Amuletten, aus einem neolithischen Ganggrab bei Graese/Seeland im Kopenhagener Nationalmuseum [2348]. Aus späteren Nachrichten darf gefolgert werden, daß es sich um Nachbildungen der Waffe des Gottes Thor, des sowohl zerstörenden als auch befruchtenden Blitzsym-

---

Religionsgeschichtliches Handbuch für den Raum der altchristlichen Umwelt (1954) 67f. 73.

[2342] Als Götterwaffe und Schamanenstab, s. oben Anm. 1873-1902.

[2343] Zu spätbronzezeitl. 'Krummstab'-Bekrönungen Zyperns — aus dem Hirtenstab entwickelte Würdezeichen, wie später der christliche Bischofsstab —, s. H.-G. Buchholz, Bemerkungen zum Stand der Homerarchäologie, in: D. Musti, La Transizione dal Miceneo all'Alto Arcaismo, Atti del Convegno Int., Rom 1988 (1991) 67ff. Abb. 4a-b. Zur Stab-Ring-Symbolik s. oben Anm. 1146-1150; z.B. mannshoher Stab mit Granatapfelbekrönung auf dem Rollsiegel des Tirynsschatzes: Abb. 92f.

[2344] H.-G. Buchholz, Keule, in: H.-G. Buchholz-J. Wiesner, Kriegswesen, ArchHom, Kap. E2 (1980) 319ff.; vgl. oben Anm. 1926.

[2345] Ein noch keineswegs vollständig aufgearbeitetes Phänomen; z.B. Th. Eliopoulos, The Earliest Minoan Ritual Hammer? Notes on the Emergence of a Cretan Emblem, in: JPR 5, 1991, 48ff. Die Gattung vertreten repräsentative Marmorbeispiele wie H.-G. Buchholz-V. Karageorghis, Altägäis und Altkypros (1971) Abb. 234 (Palaikastro/Ostkreta, SM I); tönerne Nachbildungen kommen auf Kreta hohl, als Rhyta vor.

[2346] Abb. 28a-c, mit Nachweisen und Lit., bes. T. Solyman, Die Entstehung und Entwicklung der Götterwaffen und ihre Bedeutung (1968) passim; s. oben Anm. 1925.

[2347] Teilweise mit kypro-min. Inschriften oder heiligen Zeichen, s. Abb. 90a.c.e.i.j, vgl. wegen ihrer möglichen rituellen Verwendung den Text zu den betr. Abbildungen; zu Hacken aus Ras Schamra P. Bordreuil, in: Festschrift Loretz 127ff.

[2348] Weitere Beispiele von nordischen Bernsteinamuletten der genannten Art und Thorshämmern: H.-G. Buchholz, PZ 38, 1960, 58ff. Abb. 10d-f; auch P. Paulsen, Axt und Kreuz in Nord- und Osteuropa (2. Aufl., 1956) passim; H. Jankuhn, Axtkult, in: Reallexikon der germanischen Altertumskunde I (1976) 562ff., bereits C. Blinkenberg, The Thunderweapon in Religion and Folklore (1911).

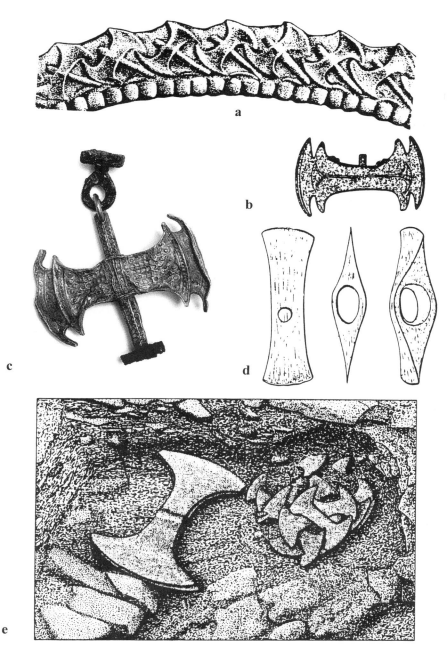

Abb. 99 a-e. Doppeläxte, Bronze (a.b.d.e) und Gold (c): a Kato Zakro/Ost-
kreta, gegossener Rand eines Bronzegefäßes (SM I). — b Epidauros/Argolis,
Heiligtum des Apollon Maleatas; spätbronzezeitliches Weihgabendepot. —
c Kreta, unkontrollierte Ausgrabung, Goldfolie auf Holzkern, Mitte des 2.
Jahrtausends v.Chr. — d Achziv/Israel, Kistengrab des 11. Jhs. v.Chr. —
e Berg Juktas/Kreta, minoischer Aschealtar

bols handelte. So ist auch hier das merkwürdige Nebeneinander von spaltender und zerschmetternder Funktion zu beobachten, so wie im Griechischen der Hammer (σφῦρα) als ῥαιστήρ ein 'Zerschmetterer' war. Die Doppelaxt in des Schmiedegottes Hephaistos Händen als 'Geburtshelfer' spaltet jedoch das Haupt des Zeus und zerschmettert es nicht. So singt denn Pindar: "Zeus, getroffen von heiliger Axt, gebar die blonde Athene" (Fragment 34, Snell). Es ist generell zu beachten, daß dieselbe Axt töten und zum Leben verhelfen kann. In diesem Sinne zielt der Titel C.B. Dietrichs "A Minoan Symbol of Renewal" (s. oben Nr. 26) auf einen beachtenswerten Punkt. Vom Beinamen her müßten wir jedoch dem Dionysos *Anthroporrhaistes* der Tenedier den Hammer als Attribut geben [2349].

So müssen also nicht allein Axt/Doppelaxt mit Hammer/Doppelhammer im — allerdings sachlich unvertretbaren — Austausch gesehen werden, sondern auch bei anderen Beilformen, Hacken (quer- und kreuzschneidigen) oder 'Fensteräxten' wären der profane Gebrauch und daneben der als Waffe/Würdezeichen und/oder die kultische Verwendung zu prüfen. Bei den Fensteräxten sei an solche — wie bereits ausgeführt — mit Goldverkleidung erinnert, mithin an fürstliche Prunkwaffen. Vor allem aber sind sie im bronzezeitlichen Kreta ikonographisch als zur Priesterausstattung gehörig nachgewiesen (Abb. 100b-g) [2350] und im phönikischen Kulturgebiet bildlich in der Hand von Göttern, selbst noch in der religiösen Tradition des 6. Jhs. v.Chr. [2351].

Weiterhin wären die nicht zum alltäglichen Gebrauch geschaffenen kyprischen Schaftrohräxte vom Typ 'Tamassos' in die Erörterung einzubeziehen [2352], ebenso nackenbewehrte anatolische Axttypen [2353], sowie die Prunkaxt mit Eisenklinge aus Ugarit (Abb. 87a.b) [2354] oder eine mit religiösen Figurenreliefs reich ausge-

---

[2349] Aelianus, De Natura Animalium 12,34.

[2350] Vgl. oben Anm. 1905-1912; M. Bietak, Ägypten und Levante 2, 1991, 58 Abb. 6; ebd. 4, 1994, 44ff. und ders., Avaris (1996) Taf. 2b. Das Knossos-Siegel auch bei F. Schachermeyr, Die minoische Kultur des alten Kreta (1964) 166 Abb. 92a-c; J.L. Crowley, The Aegean and the East (1989) 505 Abb. 532. 535; B. Otto, König Minos und sein Volk (1997) 302 Abb. 110a. Das Siegel aus Vatheia Pediados (Abb. 100e) auch in L. Stella, La Civiltà Micenea nei Documenti Contemporani (1965) Taf. 1,101.

[2351] Vgl. oben Abb. 100a (kyprophönikisches Metallschalenbild) und W. Culican, Melqart Representations on Phoenician Seals, in: Opera Selecta (1986) 195ff. Abb. 1a.b.g.h (Karthago und Ibiza. Culican vermerkte, daß dieser Axttyp zur Zeit der Siegelschneider "was a considerable anachronism").

[2352] Hierzu H.-G. Buchholz a.O. (oben Anm. 1905); auch L. Vagnetti, in: Studi Ciprioti e Rapporti di Scavo 1, 1971, 203ff. Abb. 1i; 2 und 3; P.S. de Jesus, SMEA 17, 1976, 221ff. Taf. 1 und 2; P.S. de Jesus-G. Rapp-L. Vagnetti, SMEA 23, 1982, 7ff. 20 Abb. 1,9 Taf. 1,1.

[2353] Oben Anm. 1913-1922. Nackengestaltung z.B. wie an dem Pickel mit eingerollter Spitze: Abb. 28c. Im Relief des Gottes vom sogenannten 'Königstor' in Boğazköy dargestellt, s. K. Bittel, Die Hethiter (1976) 232 Abb. 268.

[2354] Oben Anm. 849. 956. 958. 1923. Unrichtig beschrieben als "Bronzeaxt mit Eisengriff und verbindender Goldblechfigur eines Ebers" von J. Wiesner, in: Frühe Randkulturen des Mittelmeerraumes (1968) 198. 201 Abb. 41.

stattete, bronzene hethitische Zeremonialaxt aus Şarkişla/Türkei [2355], schließlich neben unseren symmetrischen Doppeläxten auch solche mit ungleichen Klingenseiten.

Es bleibt also die Frage: Woran erkennt man eine Doppelaxt als profan, rituell genutzt oder als Waffe? Die Antwort muß lauten: Bei massivem 'Normaltypus' überhaupt nicht (z.B. Abb. 25f, Iğdebağlari/Marmarameer; Abb. 26c, Karte), wenn es nicht zusätzliche Indizien gibt. Doch eben auch dieser Typus taucht als Weihgabe in Heiligtümern auf oder fungiert als Bild- und Schriftträger. Jedenfalls begegnet man ihm in unterschiedlichen Kulturen, zu verschiedenen Zeiten als profanem Werkzeug von Holzfällern, Zimmerleuten, Tischlern, Schiffsbauern und sogar Steinmetzen [2356]. Die Fundumstände einer bronzenen Doppelaxt neben Speer- oder Lanzenspitze in einem bereits erwähnten Grab des 11. Jhs. v.Chr. in Achziv an der Küste Israels (Abb. 99d) darf selbstverständlich nicht religiös gedeutet werden, auch wenn sie das Auftauchen einer ägäischen Fremdform bezeugt [2357]. In neuassyrischen Kriegsbildern ist sie eher als Pinonierwerkzeug zu bezeichnen oder allenfalls als profane 'Mehrzweckwaffe' [2358]. Es ist indessen auch sicher richtig, daß Götterdarstellungen mit der Doppelaxt durch diese als kriegerisch verstanden sein wollen. Doch beweist der kilikische Jupiter Dolichenus der Römerzeit als 'Doppelaxtgott' nichts für die Bronzezeit in Kilikien und noch weniger für den ägäischen Raum [2359]. Auch um den hellenistischen Doppelaxtgott auf einem Rasiermesser oder den Löwentöter in Tracht und Pose des Mithra, beide aus Karthago, steht es im Zeitalter des Synkretismus nicht besser [2360]. Jedenfalls ist für frühe Epochen das Vorkommen der Doppelaxt als Götterwaffe ausdrücklich verneint worden [2361].

[2355] Mit stumpf abgerundeter, unbrauchbarer Schneide, L 19,5 cm, s. Bittel a.O. 299 Abb. 341 (14./13. Jh. v.Chr.; Berlin, Privatbesitz).

[2356] Natürlich nur bei weichem Gestein, im Steinbruch oder zur Grobzurichtung von Blöcken; zu technischen Fragen s. G.R.H. Wright, Ancient Building in Cyprus II (1992) Abb. 218,1-8; 219,1-6 und öfter. — Auf die Relation 'Labrys'-Labyrinth (Steinbruch u. ähnl. im Sinne von 'Steinwörtern') will ich hier nicht eingehen, s. oben Anm. 466.

[2357] Oben Anm. 657 und 1929.

[2358] B. Hrouda, Die Kulturgeschichte des assyrischen Flachbildes (1965) Taf. 18,16.

[2359] Zu der umfangreichen Dolichenus-Lit. sind die Handbücher zu vergleichen, gesammelt u.a. von Pötscher, Aspekte und Probleme der minoischen Religion (1990) 45 Anm. 91; zur Doppelaxt in nachmykenischer Zeit ausführlich: B. Schweitzer, Herakles (1922/Nachdr. 1982) 21ff. und auch C. Blinkenberg, The Thunderweapon in Religion and Folklore (1911).

[2360] W. Culican, Opera Selecta (1986) 262ff. Abb. 14a-c.

[2361] T. Solyman, Die Entstehung und Entwicklung der Götterwaffen im alten Mesopotamien und ihre Bedeutung (1968) 49f. 102. Wo die Waffe literarisch vorkommt (inschriftl., S. 71), müßte die Übersetzung des betr. Terminus überprüft werden. Im Falle einer angebl. Nennung der Doppelaxt im Ugaritischen erfolgte auf meine Bitte eine solche Überprüfung durch M. Dietrich mit dem Ergebnis, daß die Sinngebung in den Text hinein interpretiert worden war, sich keineswegs aus dem betreffenden Ausdruck zwanglos ergibt; s. oben Anm. 1934.

Interessant sind wiederum die Fälle, in denen die Doppelaxt als bloßes Attribut vorkommt und keinerlei Funktion als Waffe oder Opfergerät erkennen läßt. So im Beispiel einer minoischen Gußform aus Palaikastro zur Erzeugung von Reliefblechen mit einer weiblichen Gestalt en face, die beide Hände erhebt und in jeder eine Doppelaxt hält [2362]. Vom Typus her ist sie die bekannte "Göttin mit erhobenen Armen". Die Doppelung schließt das funktionale Verständnis beider Doppeläxte als Opfergerät aus. Sie sind in der Darstellung Attribute, wiederholt aus Gründen der Symmetrie, der Sache nach eine Steigerung, Intensivierung der betreffenden Bildaussage. Mithin ist die weibliche Gestalt als Göttin und nicht als Priesterin anzusehen.

So wie Gußformen lediglich die Herstellungsorte und -gebiete — Kreta, Melos, Thessalien, Troja, weitere westanatolische Fundstellen, Balkanländer und Südrußland (Abb. 113) — als im wesentlichen mit denen der späteren Nutzung der mit ihrer Hilfe gegossenen Doppeläxte bezeugen [2363], so gestatten sie andererseits nicht die Unterscheidung von deren Status als säkular oder heilig. Die Verbreitung der im ägäischen Raum entwickelten Typenvarianten ist zwar bei Beobachtung von Kulturbeziehungen interessant, sagt jedoch nichts über die Weitergabe religiöser Vorstellungen aus. Außerhalb des engeren minoisch-mykenischen Kulturkreises begegnen wir dem schweren Waffen- oder Werkzeugtypus in Aitolien, Akarnanien, Epiros, Albanien und Dalmatien, in Thessalien, auf Skopelos, in Makedonien und Bulgarien (zur Verbreitung s. die Karte, Abb. 26c), weiterhin in Troja, in der weiteren Troas, an der europäischen Küste des Maramarameeres (Abb. 25f, Anm. 308 und 1927) sowie in Südrußland. Nach Osten zu sind Fundstellen auf Rhodos und Kos, in Lykien (Tlos) und in den Schiffswracks von Uluburun und Gelidonya, sowie zahlreich auf Zypern zu nennen. Außer mehreren Funden späthelladischen

---

[2362] M.P. Nilsson, MMR 225f. Abb. 112. Es ist klarzustellen, daß es sich weder um 'Götterwaffe' noch um 'Würdezeichen' handelt.

[2363] H.-G. Buchholz, Zur Herkunft der kretischen Doppelaxt (1959) Taf. 13a-f; ders., in: Ancient Bulgaria, Papers presented to the Int. Symposium, Nottingham 1981, Teil I (1983) 118 Abb. 25g (Jugoslawien); H.-G. Buchholz-H. Drescher, Einige frühe Metallgeräte aus Anatolien, in: APA 19, 1987, 44 Abb. 5; S. 50 Abb. 10a.b; S. 61f.; H.W. Catling, ArchRep 1981/82, 54f. (Mallia); Ç. Anlağan-Ö. Bilgi a.O. (oben S. 466, Anatolien, doch auch generell zu Gußformen).

Erläuterungen zu Abb. 100 a-h auf gegenüberliegender Seite: a Detail einer kyprophönikischen Silberschale aus Praeneste, Bernardinigrab (2. Viertel des 7. Jhs. v.Chr.); Rom, Villa Giulia, Inv.-Nr. 61565, Kämpfer im Schlitzrock mit syrischer Fensteraxt als Götter- oder Heroenwaffe. — b Syrische Fensteraxt, Bronze, aus Zypern, Oxford, Ashmolean Museum. — c Desgleichen, aus Palästina; Nikosia, Cyprus Museum. — d Mykenisches Kuppelgrab von Vapheio/Lakonien (vgl. g), lokal weiterentwickelter Typus, Bronze. — e-g Minoische Hämatit-Siegel mit dem Bild eines Priesters im langen, steifen "Wickelgewand", mit geschulterter syrischer Fensteraxt; aus Vatheia bei Knossos (e), Knossos (f) und dem Kuppelgrab von Vapheio (g, vgl. auch d). — h Assur, Gruft 45, zeichnerische Abrollung des Dekors einer spätbronzezeitlichen zylindrischen Pyxis aus Elfenbein (zu Funden von ebenda vgl. Abb. 64 d.f)

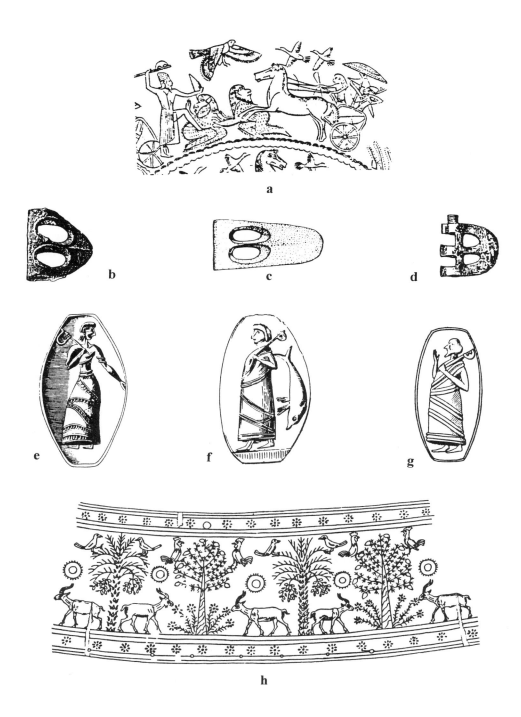

a

b

c

d

e

f

g

h

Abb. 100 a-h. Erläuterungen auf der gegenüberliegenden Seite

Typs in Ras Schamra verweise ich bezüglich weiter Vorkommen in der Levante auf Achziv (Grabungen von M.W. Prausnitz; 11. Jh. v.Chr., Abb. 99d), Tell Qasile (Philistertempel), Megiddo (Anm. 1928, i.g. 3 Exempl., s. L. Gershuny, PBF II/6 [1985] 41f.; A. Mazar, in: Symposium Nikosia 1993 [1994] 50 Abb. 2) und Gezer.

Gewiß vermögen wir bezüglich der Unbenutzbarkeit im praktischen Sinne nur zu sein, wenn uns Form und Größe (übergroße und Miniaturstücke) Indizien liefern, wie auch blechdünne (Abb. 99b und e [2364]), unstabil aus Teilen zusammengeschweißte, bzw. -genietete und aus besonderem, nicht zu normalem Gebrauch bestimmtem Material bestehende Doppeläxte (Holz mit Goldüberzug [Abb. 99c, Anm. 1933], Blei, Silber, bzw. Massivgold, Terrakotta und aus mehr oder weniger edlen Steinen). Ferner käme noch das Fehlen einer Vorrichtung zur Anbringung eines Stiels hinzu wie die deutliche Absicht, ein Doppelaxtblatt als hängend, ohne zum Gebrauch proportionierten Stiel zu konzipieren (Abb. 99b.c). Ornamentale und figürliche Gravuren können an massiven Bronze-Doppeläxten vorkommen, die ohne solchen Schmuck als Gebrauchsgegenstände gelten würden (Anm. 1932).

Die Doppelaxt kann — wie oben ausgeführt und auch von W. Pötscher neuerdings wieder verneint (in: Aspekte und Probleme a.O. 65 Anm. 162) — als Opfergerät im minoischen Kreta nicht nachgewiesen werden, wie dies oft behauptet wurde. Befürworter vermochten freilich die Rolle des Opferbeils in historischer Zeit mit einer erdrückenden Menge von Zeugnissen nachzuweisen (s. bereits B. Schweitzer, Herakles 45f.), mußten sich damit allerdings des Rückschlusses auf Prähistorisches und der Annahme einer ungebrochenen Traditionslinie über das 'Dunkle Zeitalter' hinweg bedienen. Zu berücksichtigen wäre, daß das Wort '*Pelekys*' keineswegs immer und überall die 'Doppelaxt' allein bezeichnet hat, daß vielmehr unterschiedliche Beil- und Axttypen den Tempelschlächtern als Funktionssymbol gedient haben: Ein der Hera im späten 6. Jh. v.Chr. geweihtes Bronzebeil des Schlächters Kyniskos war jedenfalls keine Doppelaxt (E. Simon, Götter der Griechen [1969] 47 Abb. 36; zur Inschrift: L.H. Jeffery, The Local Scripts of Archaic Greece [1961] 253. 260 Nr. 8; S. 410 mit Taf. 50,8). Es befindet sich im British Museum, stammt aus einer der unteritalischen Griechenkolonien und ist mit einer Weihinschrift im Alphabet der Achaier versehen: "Ich bin der Hera heilig, der in der Ebene ...". Neuerdings ist bei Behandlung derartiger Probleme in den historischen Epochen J.-L. Durand, "Sacrifice et Labour en Grèce Ancienne" (1986) zu berücksichtigen.

Die Verwendung von Doppeläxten als Votiv, als Weihung an Altären (Abb. 99e) und in Heiligtümern (Abb. 99b), ist bronzezeitlich in großer Zahl gesichert, doch in keinem Fall mit der eben beschriebenen Schlächterbeilweihung in Beziehung zu setzen. Wohl am deutlichsten läßt sich der apotropäische Charakter der minoischen Doppelaxt fassen: ihre Übel abwehrende Kraft, zugleich ihr Vermögen, Segen zu spenden. Ob diese Eigenschaften zu den ursprünglichen gehörten, läßt sich schwer ermitteln, W. Pötscher bezweifelt dies. Meine Beobachtungen schließen

---

[2364] Vgl. oben Anm. 866. 1932. Beispielsweise auch eine blechdünne Doppelaxt aus Attika in Berlin: Buchholz-Drescher a.O. 61 Abb. 14.

Doppelaxt und Trident unter den mittelminoischen Mauerzeichen ein, denen bekanntlich in der archäologischen Literatur eine vor Erdbeben schützende Funktion zugeschrieben wurde. Und die ältesten greifbaren, Gefäßen groß aufgemalten Doppeläxte — schmucklos und ohne weiteres ornamentales oder figürliches Beiwerk — lassen sich zwar bis an die Jahrtausendgrenze (um 2000 v.Chr.) zurückverfolgen, geben aber keinen Hinweis auf kultische Zusammenhänge: An einer Amphora des MM I aus Knossos ist sie von oben herabhängend gemalt (JHS 21, 1901, 86 Abb. 12; H.-G. Buchholz, Zur Herkunft der kretischen Doppelaxt [1959] 16 Abb. 3a). Ebenso zeigt eine typengleiche Amphora aus Amnisos eine riesige, fast die ganze Fläche einnehmende, aufrecht stehende Doppelaxt (J. Schäfer, Amnisos [1992] Taf. 50,4). Offenbleiben muß, ob derartige Vasenmalereien auf den Gefäßinhalt oder den Besitzer oder auf beide zu beziehen sind, etwa in dem Sinne: "Ich (mein Inhalt, Wein/Öl) gehöre dem Gott .../dem Tempel ...". Einzuwenden wäre, daß dann weitere 'Bilder' als Götter- und Tempelsignaturen an anderen minoischen Gefäßen hätten gefunden werden müssen.

Eine spätere Stufe der Entwicklung dokumentiert der Sarkophag von Hagia Triada. So wie er im Bilde zeigt, daß Doppeläxte auf Pfeilern aufgerichtet waren und vor ihnen libiert wurde, so liefern gestufte Steinsockel den realen Beweis für die Existenz derartiger Vorrichtungen [2365].

Es spielten somit Anbetung und Libation vor monumentalen Doppeläxten — als solche muß man sie wohl bezeichnen, da sie sich gedanklich weit von ihrem Ursprung, der Doppelaxt als Instrument, entfernt hatten — im minoischen Kultus eine bedeutende Rolle. Man hat ihre sichtbare Bedeutung häufig mit der des Kreuzes in christlichen Kirchen verglichen (zum ägäischen Kreuzsymbol s. Abb. 58d), doch auch von Idolotatrie gesprochen und die Sache zunächst nicht als Sinnbild eines tieferen religiösen Gedankens, als stellvertretendes Zeichen einer Gottheit aufgefaßt. Andererseits bieten sich sogenannte Standarten und andere abstrahierende Göttersymbole des alten Orients ebenfalls zum Vergleich an. Neben der dokumentierten Anbetungswürdigkeit der Doppelaxt — Verbindung mit Altären (Abb. 98i; 95a) [2366] — bleibt ihre eigene allgemeine Heiligkeit und die Heiligkeit der durch sie ausgezeichneten Gegenstände unbestritten. Jedenfalls fällt es schwer, sie überall und immer einer einzigen (weiblichen) Gottheit allein zuzuordnen. In der Gegenposition heißt es: "Der männliche Gott erscheint in der minoischen Religion a) anthropomorph als (zarter) Mann; b) theriomorph als α) Stier, β) Stierkopf (Abbreviatur), γ) Doppelhorn bzw. Doppeldoppelhorn (doppelte Abbreviatur), c) dinglich als Doppelaxt bzw. Doppeldoppelaxt" [2367]. Ich möchte

---

[2365] Oben Anm. 558; bes. Nilsson a.O. 216ff. Abb. 111 und B. Rutkowski, Minoan Double Axe Stands, in: Archeologia Warszawa 36, 1985, 7ff.

[2366] Athen-Agora, Fund-Nr. P 21564, und meine Ausführungen zu Altären allgemein: Anm. 528, s. auch E. Rystedt, OpAth 18, 1991, 173 Abb. 3b. Zu Altären außerdem B. Rutkowski, Neues über vordorische Tempel und Kultbilder, in: H.-G. Buchholz, Ägäische Bronzezeit (1987) 407ff.

[2367] W. Pötscher, Klio 76, 1994, 67ff.

lediglich anmerken, daß von anderer Seite die Doppelaxt ohne ausdrücklichen Hinweis auf Stier und Sakralhörner sexuell gedeutet wurde: der Axtstiel als phallisches Symbol, der Metallkörper mit dem Schaftloch jedoch weiblich (s. meinen Hinweis oben unter Nr. 28).

Immer wieder ist die enge ikonographische Verbindung der Doppelaxt mit 'Kulthörnern' (Abb. 52k; 98j-m) Gegenstand aufschlußreicher, wenn auch nicht unwidersprochener Beobachtungen geworden. Sieht man diese Kombination als eine formale, nicht inhaltliche Parallele zu der Doppelaxt im 'snake-frame', einem symmetrischen Gebilde aus mehreren Schlangen als Kopfaufsatz von Göttinnen auf kretisch-mykenischen Siegeln (z.B. I. Pini, Die Tonplomben aus dem Nestorpalast von Pylos [1997] 7 Nr. 10 Taf. 4), so gelangt man bis in die Jahrtausendmitte zurück, und zwar mit der Tendenz, kennzeichnende Attribute den Gottheiten auf den Kopf zu setzen. Das war längst eine Eigenart ägyptischer Ikonographie: Man denke an Darstellungen der Skorpiongöttin mit dem giftigen Tier auf ihrem Haupt. Aus einem subminoischen Heiligtum in Karphi/Diktegebirge des 11. Jhs. v.Chr. gibt es beispielsweise eine Hohlterrakotta von 67 cm Größe mit plastischen 'Heiligen Hörnern' ohne weitere Zutat auf dem Kopf über der Stirn. Sie ist somit lediglich als 'Herrin des Heiligtums' bezeichnet, nicht jedoch genauer spezialisiert (Marinatos-Hirmer Taf. 142. 143). In dem Hausheiligtum von Gazi (6 km westlich von Herakleion) zeigt eine Hohlterrakotta von 52 cm Höhe über der Stirn ebenfalls 'Heilige Hörner' und beiderseits je eine plastische Taube (Marinatos-Hirmer Taf. 134. 135). Nach Sp. Marinatos ist sie die älteste in der Reihe der Gazi-Göttinnen und gehört ins 13. Jh. v.Chr. Sie entspricht der als 'Taubengöttin' durch eine plastische Taube auf dem Scheitel (ohne Kulthörner, H 21 cm) gekennzeichneten weiblichen Figur aus dem 'Hausheiligtum der Doppeläxte' von Knossos (SM III, spät, s. Marinatos-Hirmer Taf. 138b). Es machte demnach durchaus Sinn, minoische Sakral-Architektur mit einem krönenden Abschluß aus steinernen und tönernen Kulthörnern auszustatten. Dazu ist oben das Erforderliche gesagt (Anm. 527ff.), ebenso zur Übernahme durch die kyprische Sakralarchitektur des 2. Jts. v.Chr. [2368].

Der Phantasie war in der Flächenkunst bei der Ausgestaltung von Kulthorn-Motiven ungleich größerer Spielraum vergönnt als im monumentalen Bauwesen: Ich verweise beispielsweise auf eine kleine Tasse aus Ialysos/Rhodos mit zwei Bildfriesen, im oberen mit einem zentralen plumpen Kulthorn, beidseitig von je einem Vogel flankiert, im unteren mit Fischen [2369]. Kulthörner mit aufrechter Doppelaxt und zwei antithetisch angeordneten Vögeln weist eine subminoische Pyxis aus Karphi auf (Abb. 98m [2370]). Kulthörner mit einer Doppelaxt auf einem Sockel und auf ihr hockendem Vogel sind auf einem kretischen Sarkophag in Herakleion

[2368] Oben Anm. 544-549. Zu den Gazi-Göttinnen auch unten Anm. 2467.

[2369] A. Furtwängler-G. Löschcke, Mykenische Vasen (1886) 17 Nr. 63 Taf. 10,63.

[2370] Nach BSA 55, 1960, Abb. 24a2; E. Vermeule, Götterkult, in: H.-G. Buchholz, ArchHom, Kapitel V (1974) 24f. Abb. 6; Buchholz, in: Ancient Bulgaria (oben Anm. 2363) 105 Abb. 12a. P.P. Betancourt-K. Davaras, Pseira I (1995) 293 Abb. 4 und S. 252 Nr. 251.

zu sehen (Abb. 98k) [2371], auf weiteren westkretischen Sarkophagen im Museum von Chania sind es bis zu vier und mehr Kulthörner mit Doppelaxt an den Sarkophag-Langseiten (Abb. 98j, Axtstiel mit pflanzlichen Bodenblättern wie bei einem Auferstehungssymbol) [2372]. Gelegentlich sind dort Kulthörner statt mit der Doppelaxt mit aufrecht stehenden Bäumchen versehen. Außergewöhnlich kunstvoll ist ein vielgliedriges Motiv an einem Sarkophag aus Palaikastro/Ostkreta: Aus einem v-förmig angelegten, nach beiden Seiten in stilisierten Blüten endenden pflanzlichen Gebilde erhebt sich zentral ein Pfeiler mit Sockel und Stufenkapitell, auf dem ein waagerechter Balken als Basis für eine weitere Stufenbasis mit Pfeiler und Doppelaxt dient. An beiden Enden des Querbalkens steht je ein senkrechtes Element wie bei den heiligen Hörnern die eigentlichen 'Hörner' [2373]. Wiederum fragt man: Was hat dieses komplexe Symbol aus Pflanze, Blüte, Pfeiler, Kulthörnern und Doppelaxt an einem Totendenkmal zu suchen? Bedeuten sie auch hier als Kombination kosmischer Symbole 'Heiligkeit' oder frühlingshafte 'Auferstehung'?

Eine Trennung der Grundformen und ihrer Ausschmückung läßt sich nicht nach Gebilden der Vasenmalerei und der Sarkophagmalerei durchführen: Auf pflanzlich verlebendigte Doppeläxte stoßen wir ebenso häufig an Gefäßen [2374] (z.B. Abb. 71e/98c, in Zypern gefundene SH-Tasse mit Lilien-Doppeläxten). Wellenlinien wie Wassersymbole, Punktreihen und Schnörkel oder blattartige Einrollungen begleiten öfter die ganze Doppelaxt oder nur den Stiel oder ersetzen ihn. Ein wilderes Wuchern zeichnet besonders die Endphase der Entwicklung aus (III C) [2375]. Doppelte Wellenlinien, Symbole des Wassers, anstelle eines Stiels waren andererseits im SH I zunächst die wesentlichste Veränderung der frühesten gemalten mykenischen Festlands-Doppeläxte (Abb. 98f, von der Insel Kythera) [2376]. Eine

---

[2371] A. Kanta, The Late Minoan III Period in Crete (SIMA 58, 1980) Taf. 113,1.

[2372] G. Tzedakis, AAA 4, 1971, 219 Abb. 6.7; Buchholz a.O. 105 Abb. 12c.

[2373] R.C. Bosanquet, BSA 8, 1901/02, 299 ('heilige Hörner'); A.B. Cook, Zeus II 524f. Abb. 393 ('zwei Säulen wie Zigarren').

[2374] M.P. Nilsson, MMR 204ff. Abb. 98-103; W.-D. Niemeier, JdI 95, 1980, 28f. Abb. 10,2.3.6.8.10 (sämtlich SM IA, aus Knossos, Gournia, Palaikastro und Zakro); W. Pötscher, Aspekte und Probleme der minoischen Religion (1990) passim. Zu den Lilien-Doppeläxten der Abb. 71e/98c s. oben Anm. 1513. 1514. 2140.

[2375] Vgl. z.B. K. Davaras, ArchEphem 1979, 114ff. Taf. 23 (SM IIIC-Krater aus Vrokastro-Krya/Ostkreta mit rundum von Bordüren umgebenem, ohne Standlinie 'schwebendem' Sakralhorn und von Wellengirlanden begleitetem Stiel der Doppelaxt); P. Warren, ArchRep 1982/83, 79 Abb. 43 (Knossos, IIIC-Schüssel, Doppelaxt ohne Stiel, statt dessen oben und unten mit Blütenschnörkeln); S. 82 Abb. 49a (ebd. Scherbe mit Punktbegleitung des gesamten Kontures von Stiel und Axtblatt).

[2376] Abb. 98f nach J.N. Coldstream-G.L. Huxley, Kythera (1972) Abb. 57,213 und Taf. 55; danach auch H.-G. Buchholz, in: Ancient Bulgaria (1983) 55 mit Anm. 55 und Abb. 13e. Schachtgräberzeitliche Beispiele bereits bei H. Schliemann und G. Karo, s. Nilsson a.O. 209 Abb. 104 und die Zusammenstellung in H.-G. Buchholz, Zur Herkunft der kretischen Doppelaxt (1959) 13ff. Anm. 6 (und 57). Auch F. Schachermeyr, Die ägäische Frühzeit II: Die mykenische Zeit und die Gesittung von Thera (1976) Taf. 4b (aus dem Kuppelgrab von

in Akrotiri/Thera ausgegrabene Kanne mit überbrücktem Ausguß, ein Kultgefäß, von dem nicht sicher zu sagen ist, ob es aus Kreta oder vom helladischen Festland eingeführt worden ist (SM/SH I, Fund-Nr. S 115) weist dieselben Wellenlinien auf, jedoch nicht anstelle des Axtstiels, sondern ihn nach unten beiderseits begleitend. Dieses Vasenbild ist ohne Parallele und zeigt den Stiel auf einer blockartigen Basis ruhend, doch schließt es ihn auch oben ebenso ab und führt darüber noch ein kleines Kreuz mit Punkten im Geviert (M. Marthari, in: Thera and the Aegean World III Teil 3 [1990] 57ff. Abb. 8).

Zwar läßt sich vieles funktional-praktisch erklären, so kleine knaufartige Bekrönungen von Doppelaxtstielen (Abb. 98a [Kythera])[2377], sorgfältig ausgeführt an den in Arkalochori/Kreta geweihten Miniatur-Doppeläxten aus Edelmetall[2378]. Scheibenförmig, groß und von einem Punktkreis umschlossen, sind sie freilich mehr als ein bloß technisches Element (Abb. 71f-j[2379]). Folglich fasse ich auch die Kugelscheiben der Doppelaxtdarstellungen an einer frühmykenischen Scherbe von der Akropolis der Insel Lipari als symbolhaltig auf (Abb. 98d). Auf einem SH IIA-Fragment aus Tiryns ist der obere Stielabschluß ein einfacher kleiner Querstrich, wohl aber schwebt eine Kreisscheibe, umrundet von einem Punktkreis, verselbständigt darüber[2380]. Eine als kretischer Import bezeichnete Tasse der Phase SM IA aus Thera zeigt bereits schöne schlanke Doppeläxte mit Innenzeichnungen und großer, in der Fläche gepunkteter Scheibenbekrönung[2381].

Kazarma/Argolis). — Weitere Scherben mit Resten solcher Muster aus Nauplia und Phylakopi in P.A. Mountjoy, Mycenaean Decorated Pottery (1986) 16ff. Abb. 10,2; 12,16; S. 21f. Abb. 15,9; 16,13.

[2377] Vgl. H.-G. Buchholz, Zur Herkunft der kretischen Doppelaxt (1959) 12 Abb. 2a. In manchen Fällen ist der Scherbenzustand der Art, daß über den oberen Abschluß nur Mutmaßungen möglich sind; zum ikonographischen Typus s. P.A. Mountjoy, Mycenaean Decorated Pottery (1986) 10 Abb. 1,4 (nach A. Furumark).

[2378] Buchholz a.O. 13 Taf. 1a.b.g.p.r. Zu weiteren goldenen Votivdoppeläxten des 16./15. Jh. v.Chr. aus der Arkalochorigrotte s. K. Davaras, in: Minoan and Greek Civilization from the Mitsotakis Collection (1992) 267ff. Nr. 335-338 mit Farbbild. Ein weiteres unpubliziertes Stück, wahrscheinlich gleicher Herkunft, befindet sich als Leihgabe im Mus. der Univ. Würzburg. Zu den Arkalochori-Raubgrabungen bereits Sp. Marinatos, in: Kadmos 1, 1962, 87ff.

[2379] Zu den Zeugnissen aus Hagia Irini zuletzt Th. Papadopoulos, in: Konferenz Nikosia 1995 (1997) 177 Abb. 7,3.4; vgl. oben Anm. 1517. 1518 und 2115. In den verschiedenen Museen der Welt gibt es weitere Beispiele, wie ein Tassenfragment ohne Herkunftsangabe: W. Lamb, CVA Cambridge 2, Taf. 2,38. Bei anderen Tassenfragmenten läßt allein die Zugehörigkeit zur Serie einen oberen Abschluß der sonst üblichen Art vermuten: V. Karageorghis, Tombs at Palaepaphos (1990) 71 mit Anm. 158 Taf. 4a (Grab 105, Loch C [VIII], entspr. ist die VII auf S. 71 in VIII zu ändern).

[2380] Buchholz a.O. 12 Abb. 2d. Zu der typologischen Reihung dieses Motivs im Rahmen des Zusammengehörigen s. oben Anm. 2115.

[2381] W.-D. Niemeier, JdI 95, 1980, 58f. Abb. 33,9, nach Sp. Marinatos, Excavations at Thera V (1972) Taf. 65b.

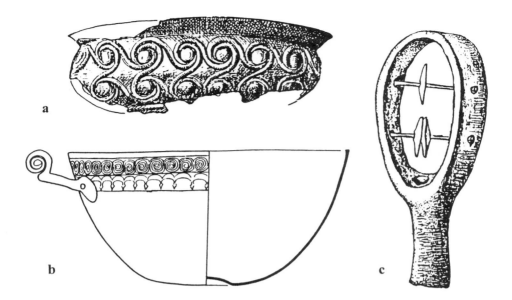

Abb. 101 a-c. a Byblos, Grabfund, Silbergefäß der mittleren Bronzezeit mit Spiraldekor. — b Mykene, Grab 47; Athen. Nat.-Mus., Inv.-Nr. 2370, Omphalostasse, Bronze,
mit Spiraldekor. — c Archanes/Kreta, minoisches Rahmensistrum aus Ton

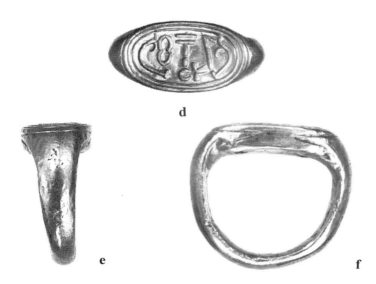

Abb. 101 d-f. Goldener Ring mit kyprominoischer
Linearinschrift aus Hala Sultan Tekke/Zypern, im
British Museum; anderthalbfache Vergrößerung

Ich darf hinzufügen, daß die bekrönenden Scheiben eines Teils der Doppeläxte an einem häufig zitierten Kultgefäß von der kleinen Insel Pseira im Golf von Mirabello/Kreta (SM I/Mitte des 16. Jhs. v.Chr., s. Seager, Pseira 26 Taf. 7 und Marinatos-Hirmer, Taf. 81) nichts anderes bedeuten können als solare Symbole.

Schließlich ist eine 15 cm lange, allerdings nicht genau datierbare, massiv gegossene Bronze-Doppelaxt in Paris aus Idalion/Zypern in der Tat von einer derartigen, in der Flächenkunst als Scheibe wiedergegebenen Kugel bekrönt [2382]. So bestätigen sich wechselseitig Bild und Realie aus Metall. Darüber hinaus ist durch den Doppelaxt-Dekor an oben eingehend besprochenen importierten Tassen aus Hagia Irini (Abb. 71g.h) und Toumba tou Skourou (Abb. 71i.j, s. Anm. 2379) die Verknüpfung frühmykenischer Töpferwerkstätten des helladischen Festlandes mit der östlichen Mittelmeerinsel bekundet (Abb. 72, Verbreitungskarte). Doch es gilt zu beachten, daß mit dem Keramiktransfer nicht zugleich die Übertragung religiöser Vorstellungen quasi automatisch erfolgte. Deshalb verweise ich auf die Ausführungen oben in den Kapiteln über Keramik und über Bildmotive, zu Kugeln, Scheiben, Kreiswirbeln, Rosetten und Radsymbolen (z.B. Abb. 42f, mykenische Scherbe aus Ugarit) als solare Zeichen im Orient wie in Zypern und dem ägäischen Kulturkreis (vgl. beispielsweise Rosetten und Wirbel an der Aufhängung von Achterschilden und an Kämmen [Abb. 62,IVb-d], auf Rinderstirnen und über Rinderköpfen [Abb. 18a; 65d], im Symboldekor von Beinschienen [Abb. 108a-h]). Ihre herausragende religiöse Bedeutung für Minoer und Mykener erkannte und würdigte bereits M.P. Nilsson.

An einem Gefäß aus Akrotiri/Thera besteht der Hauptdekor aus einer in unzähligen Beispielen als Libationskanne ausgewiesenen Darstellung, eingefügt in ein Zweigmedaillon. Diese schnabelartige Kanne selber ist durch zwei große Kreissymbole mit eingeschriebenem Kreuz gekennzeichnet (SM I, Marinatos-Hirmer, Taf. 158). Im Tempel 2 von Kition war es ein schlichteres schüsselartiges späthelladisches Gefäß, das dasselbe große 'Radkreuz' mit umschließendem Punktkreis aufweist (Kition V [1985] Taf. 127). Anzufügen wären in einem Kultraum von Hagia Irini/Nordwestzypern eine SH IIIB-Tasse mit ungewöhnlich großer Rosette, dem Dekor der SH IIIA-'Rosettenkylix' in Oxford entsprechend, deren Herkunft allerdings nicht überliefert ist (Ashmolean Mus., Inv.-Nr. 1961.530, s. H.W. Catling, OpAth 5, 1965, 1ff. Taf. 1 und 2, dort S. 6f. auch die genannte Tasse). Sonnenräder oder an ihrer Stelle Rosetten bilden häufig das zentrale Motiv in späteren griechisch-geometrischen Darstellungen mit beidseitig flankierenden Vögeln (dazu J.L. Benson, Horse, Bird and Man [1970] Taf. 20,2; 21,1). Es ist bekannt, daß derartige und entsprechende Symbolbilder weit über den griechischen Kulturkreis hinausreichten (s. beispielsweise J. Thimme, Rosette, Spirale und Fische als Seligkeitszeichen in etruskischen und unteritalischen Gräbern, in: Opus Nobile, Festschrift zum 60. Geburtstag von U. Jantzen [1969] 156ff.).

Goldene Sonnenamulette, Importe aus dem Osten in Perati/Attika (Abb. 65i-k), besitzen sehr ähnliche Entsprechungen nicht allein im südpalästinensischen Küsten-

---

[2382] Ältere Lit. zu diesem Stück in Buchholz a.O. 51 Nr. III2c Taf. 12f.

gebiet, sondern bis hin nach Nuzi/Iraq [2383]. In den Bildern des erst kürzlich bekannt gewordenen mykenischen Kraters aus Hagios Demetrios/Zypern hängen Sonnenscheiben rechts und links der Göttin im Tempel (Abb. 97i-k, Anm. 2189). Dadurch wird diese in die Nähe, zur hethitisch-kilikischen 'Sonnengöttin von Arinna' gerückt.

Auf der Platte des großen Goldrings aus Mykene schwebt über der figurenreichen Szene der unter einem Baum sitzenden Göttin mit drei Mohnkolben in der Linken und sich ihr nähernden Adorantinnen frei im Raum eine Doppelaxt, ebenso wie ein kleines Palladion, Bild der gewappneten Göttin, in der Höhe über der letzten sich Nähernden. Der Himmel darüber birgt Sonne und Mond und ist durch ein doppeltes Wellenband — Wolken darstellend oder die 'oberen Wasser', nach M.P. Nilsson: Regenbogen oder Milchstraße — vom übrigen Bild getrennt. In der Sicht von F. Matz wären Palladion und Doppelaxt in Analogie zu anderen minoischen religiösen Bildern 'Götterepiphanien' [2384]; ich füge hinzu: sie wären kosmisch zu verstehen und Sonne und Mond in einem uns nicht näher durchschaubaren Sinne zugeordnet. E. Simon widersprach entschieden: "Dies darf sicher nicht so ausgelegt werden, als käme die Gottheit in perspektivischer Verkleinerung von ferne, vom Himmel herab" [2385]. Für sie handelt es sich um eine 'Gartenszene', sind mit der Sitzenden und dem herabschwebenden Palladion Urformen von Aphrodite und Athena gegenwärtig, mit der Doppelaxt sei es Zeus als Beschützer der Ölbäume. Für mich ist die Matzsche Argumentation, sind seine bildgemäßen Beobachtungen schlüssiger als Frau Simons hauptsächlich aus viel späteren mythologischen Tatbeständen gewonnene Deutungen.

'Hängen' ist nicht mit dem soeben besprochenen 'Schweben' identisch und gelangte gewiß als Bildaussage sakraler Notwendigkeit aus dem Brauch, manche Weihgaben in Heiligtümern an Säulen, Pfeilern oder Bäumen zu befestigen, ins ikonographische Repertoire zunächst der minoischen, dann auch der mykenischen Kunst. Dieser Vorgang entsprach demnach der Übernahme der wohl viel häufiger auf ihrem Stiel, irgendeinem anderen Schaft von Pyramiden- oder Pfeilerform aufgerichteten Doppelaxt — wie am Hagia Triada-Sarkophag zu sehen — durch die Vasenmalerei. Die Denkmäler weisen letzteres aber als das Jüngere aus, das Hängen als das Ursprünglichere, was in modernen religionshistorischen Konzepten stärker berücksichtigt werden sollte. Das am ägyptischen Anchzeichen orientierte Bild des am dreiteiligen symmetrischen Kultknoten hängenden, stiellosen Doppelaxtblattes

---

[2383] Oben Anm. 854 und Cl. Schaeffer, Stratigraphie Comparée (1948) Abb. 312,9-11. Vgl. B. Goldman, An Oriental Solar Motiv and its Western Extension, in: JNES 20, 1961, 239ff. — Eine Gußform für ein derartiges Amulett aus Palaikastro/Kreta in M.P. Nilsson, MMR 282 Abb. 141.

[2384] F. Matz, Göttererscheinung und Kultbild im minoischen Kreta, in: AbhMainz 1958, Nr. 7.

[2385] E. Simon, Die Götter der Griechen (1969) 181ff. zu Abb. 164; M.P. Nilssson, MMR 347 Abb. 158 (Zeichnung nach Abdruck, spiegelbildlich gegenüber dem Photo bei Simon); A. Sakellariou, CMS I (1964) 30f. Nr. 17 (mit umfangreicher Bibliographie); Th. Corsten, Zu den sogenannten schwebenden Gottheiten, in: Kolloquium Köln 1984 (1987) 193ff.

ist ein solches, in der ersten Jahrtausendhälfte entwickeltes, langlebiges Symbol von Vasenmalern und Siegelschneidern [2386]. Weiterhin ist eine goldene Doppelaxt mit Holzkern mit ihrem über und unter dem Blatt gleichlangen Stiel und dem Ring am oberen Ende eine typische Hängeaxt (Abb. 99c, Anm. 865, Privatbesitz). Hängende Doppeläxte sind danach besonders häufig in der griechisch-geometrischen Bilderwelt über Pferden zu finden [2387]. Während Doppeläxte, bald hängend, bald aufrecht stehend, bedeutend früher wie Füllmuster in den Zwickeln von Winkelbändern erscheinen (Abb. 98b.h) [2388].

Kommen wir zum Abschluß auf die Kombination 'Doppelaxt-Rinderkopf' zurück: Sie wird allgemein mit der Kombination 'Doppelaxt-Kulthörner' gleichgesetzt, und doch gibt es Unterschiede. Zunächst vermeide ich den Begriff "Stierkopf", weil das Geschlecht der repräsentierten Tiere nicht auszumachen ist (Abb. 98e.g, Pseira/Kreta und Enkomi/Zypern) [2389]. Auch erwiesen sich Schädel mit Gehörnen im Tempelbereich von Kition, ursprünglich vom Ausgräber — wohl wegen der gewaltigen Hörner — als Stiere angesprochen, als Kuhschädel. Den Ausdruck 'Bucranium' vermeide ich auch bei dem stilisierten Rindergesicht *en face*

[2386] Nilsson, MMR 210f. Abb. 106 und 107a.b (Gournia und Mykene); H.W. Catling, in: Neue Forschungen in griechischen Heiligtümern (DAI/Athen, 1974) 77ff. 83 Abb. 3 (Sparta-Menelaion, SH IIA-Scherbe); P.A. Mountjoy, Mycenaean Decorated Pottery (1986) 35 Abb. 35,7 (Becher in der Studiensammlung des Mus. Nauplia).

[2387] Zusammengestellt von H.-G. Buchholz, in: Zur Herkunft der kretischen Doppelaxt (1959) 16 Abb. 3a-c, und in: Ancient Bulgaria, Symposium Nottingham 1981, Band I (1983) 57ff. Nr. 1-13; S. 108 Abb. 15a-h; S. 63 (Bronzezeit); B. Schweitzer, Herakles (1922/Nachdr. 1982) 17 mit Abb. (griechisch-geometrisch).

[2388] Abb. 98b, Fragmente aus Hagios Stephanos/Lakonien (SH I), s. J.B. und S.H. Rutter, The Transition to Mycenaean ... Ayios Stephanos, Laconia (1976) 56 Abb. 18,894. — Abb. 98h, SH I-Gefäß aus Thermos/Aitolien, s. ArchDelt 25, 1970, Chronika Taf. 255c. — Beide hier in Umzeichnung nach Buchholz a.O. 55. 106 Abb. 13a und c. Entsprechend an einem Pithosfragment aus Thorikos/Attika: M.P. Nilsson, MMR 200f. Abb. 94.

[2389] Beide Abbildungen nach H.-G. Buchholz, Zur Frage Gegenstand-Schriftzeichen, in: Kadmos 1, 1962, 65ff. Abb. 2 (Enkomi), 4 (nach Seager, Excavations on the Island of Pseira [1910] Taf. 7). — Abb. 98e (Pseira) auch in Marinatos-Hirmer Taf. 81; K. Mavrigiannaki, AAA 11, 1978, 200 Abb. 5 und S. 205 Anm. 20; H.-G. Buchholz, Ancient Bulgaria (oben Anm. 2387) 105 Abb. 12e. Zu engen Parallelen, was die Sonne angeht, vgl. aus Akrotiri Fund-Nr. 5997 (SM/SH I), s. M. Marthari, in: Thera and the Aegean World III Teil 3 (1990) 63 Abb. 7. — Abb. 98g (Enkomi): SH IIIB-Krater, alternierende frontale Rinderköpfe und Sakralhörner, sämtlich mit aufgerichteter Doppelaxt; BritMusCat Greek and Etruscan Vases I 82 Nr. C 401 Abb. 138; A.S. Murray, Excavations in Cyprus (1900) 398 Nr. 844 Abb. 67; A.B. Cook, Zeus II 539 Abb. 410; M.P. Nilsson, MMR 169 Abb. 70; ders., Geschichte der griechischen Religion Taf. 8,2; K. Mavrigiannaki a.O. 201 Abb. 6; S. 205 Anm. 21; auch H.-G. Buchholz, Ancient Bulgaria (oben Anm. 2387) 105 Abb. 12d; Th. Photiades, 2. Kongreß Nikosia 1982 (1985) Taf. 4,2; J.L. Crowley, The Aegean and the East (1989) 487 Abb. 458a; Th. Papadopoulos, in: Kongreß Göteborg 1991, Teil III (1992) 350 Abb. 1c. — Zum Bildschema der Doppelaxt auf bzw. über dem Rinderkopf auf Siegeln s. B. Otto, Minoische Bildsymbole, in: Kolloquium Mannheim 1986 (1987) 9ff. 19 Abb. 15 (Argos), S. 20 Abb. 16 (Knossos).

aus Enkomi, weil die Angabe der Ohren ausweist, daß nicht der nackte Knochen des Schädels gemeint sein kann, sondern der lebendige Tierkopf.

Weitere Repräsentanten von Rinderköpfen mit auf ihnen stehenden Doppeläxten sind wohlbekannte kleine Goldbleche, die H. Schliemann im Schachtgräberrund A von Mykene fand. Sie bezeugen die voll ausgebildete Existenz dieses ikonographischen Modells im ägäischen Raum bereits vor der Jahrtausendmitte. Rinderköpfe *en face* — im Beispiel aus Pseira mit liliengeschmückter Doppelaxt (Abb. 98e) — waren allerdings ohne Doppelaxt zwischen den Hörnern ein recht häufiges ikonographisches Phänomen, so in wiederholender Reihung von mehrfarbigen Metalleinlagen an Silbertassen aus Dendra in der Argolis und aus Enkomi/Zypern [2390] oder gemalt zwischen Hirschprotomen an einer mykenischen Kylix in Boston [2391] und in einem kretischen Beispiel (Distrikt Amari/Rhethymnon) auf beiden Seiten einer bronzenen Doppelaxt eingraviert [2392]. In Zypern vertritt das Fragment eines blau getönten Kalksteinbeckens aus Hala Sultan Tekke mit dem Relief eines Rinderkopfes *en face* ebenfalls diese Symbolik [2393]. Zahlreich sind dort goldene Ohrringe mit Kuhgesichtern (Abb. 65a-h.m.n). In rituell-kultischem Zusammenhang müssen wir, ebenfalls auf der Insel, rundplastische Rinderköpfe (Kuh oder Stier) an Ringkernoi (Abb. 76a), an Rhyta sowie an weiter unten behandelten Wandarmen aus Bronze oder Ton sehen (Abb. 102d; 103c.d.h; 104g.h.i.j) [2394].

So stehen wir am Ende unserer Doppelaxt-Betrachtung wieder bei der alten Frage: "Gab es einen minoischen Stiergott?" [2395], oder hat man ihn mit dem Blick des vorderasiatischen Archäologen und Religionshistorikers lediglich in Analogie zum Osten in die ägäischen Verhältnisse hineinsehen wollen? Das Problem ergab sich für F. Matz wie für L.R. Palmer [2396] angesichts der Kontroverse

---

[2390] Dendra: A.W. Persson, The Royal Tombs at Dendra near Midea (1931) Farbtaf. 1 und Taf. 12-15a. — Enkomi: Cl. Schaeffer, Enkomi-Alasia I (1952) 380ff. Taf. 116, Farbtaf. C und D; H.-G. Buchholz-V. Karageorghis, Altägäis und Altkypros (1971) Farbtaf. 4,1684; dazu auch J.L. Crowley, The Aegean and the East (1989) 500 Abb. 509; A. Demetriou, in: Konferenz Nikosia 1995 (1997) 200 Abb. 5.

[2391] Mus. of Fine Arts, Inv.-Nr. 01.8042 (am Gefäß steht 8031); H.-G. Buchholz, APA 18, 1986, 150f. mit Anm. 77, Abb. 26.

[2392] K. Mavrigiannaki, AAA 11, 1978, 198ff. Abb. 1-3; Buchholz a.O. 152 Abb. 27.

[2393] P. Åström, in: Cypriote Stone Sculpture, Proceedings of the Second Int. Conference of Cypriote Studies, Brüssel-Lüttich 1993 (1994) 43ff.

[2394] Das Bild des isolierten Kuh-/Stierkopfes in Vorderasien ist mit Konzentration auf nordsyrisches Gebiet behandelt von M. Krebernik und U. Seidl: "Ein Schildbeschlag mit Bukranion und alphabetischer Inschrift", in: ZfA 87, 1997, 101ff. — Über die vielschichtige Bedeutung des Stiers in Syrien-Palästina unlängst O. Keel, Das Recht der Bilder, gesehen zu werden (1992) 169ff.

[2395] F. Matz, Minoischer Stiergott?, in: KretChron 15/16, 1961/62, Band I, 215ff.

[2396] Studies in Mycenaean Religion, in: Festschrift für R. Muth (1983) 283ff.

von M.P. Nilsson und W.K.C. Guthrie [2397]. Ersterer faßte zusammen: "Es gibt nichts in den minoischen Denkmälern, das auf einen Stiergott oder Stierkult deutet", der andere: "There is evidence ... overwhelming strong ... for the existence of bull worship in Crete". Palmer las auf einer Linear B-Tafel aus Mykene über Gaben an Gottheiten u.a. *qowe = G**owei* (Dativ sing., 'to the Bull') und befand sich damit in Guthries Position. Matz beschränkte seine Argumentation allein auf die Denkmäler, die nach ihm ausschließlich mit Stieropfern, Opferstieren, nicht aber mit einem Gott in Stiergestalt zu tun hätten. Zuletzt schloß sich W. Pötscher wieder — ohne dies ausdrücklich zu betonen — Guthrie und Palmer an. Matzens Ausführungen zu Stierspielen, Stierfangszenen, Tierkampfgruppen, Stierkopfrhyta und Rhyta in Gestalt ganzer Stiere bleiben lesenswert, auch wenn der Ton auf Opfer liegt und somit die Doppelaxt auch von ihm als Opferaxt verstanden ist. Doch er betonte: "Betrachtet man sie (die Bilder) nicht isoliert und versucht man, sie aus ihrer Welt zu interpretieren, so sieht man, daß Heiligkeit und Bezug auf göttliche Macht hinter allen steht, aber in einem bildlich schwebenden, mittelbaren, nicht in einem symbolisch zeichenhaften, unmittelbaren Sinn" [2398]. Auf 'Heiligkeit' und 'göttliche Macht' laufen — wenn auch handfester vorgetragen — B.C. Dietrichs neue fleißige Aufarbeitung des umfangreichen Fundstoffs sowie sekundäre Äußerungen zur Doppelaxt als einem "Minoan Symbol of Renewal" hinaus [2399].

[2397] Geschichte der griechischen Religion I, passim und The Religion and Mythology of the Greeks (CAH, passim).

[2398] Matz a.O. 221.

[2399] In JPR 2, 1988, 12ff., mit umfangreicher Bibliographie.

5. *Kyprische 'Wandappliken' in Syrien-Palästina und Griechenland*

Man war und ist sich darüber einig, daß die hier unter dem neutralen Begriff 'Wandappliken' zusammengefaßten Objekte den 'Kultgeräten' zuzurechnen sind [2400]. Nicht einig ist man sich über ihren Sinn und Zweck im einzelnen. Deshalb begegnen derartige 'Wandarme' in der Literatur als Hängelampen, Lampenhalter, Fackelhalter, Räuchergefäße, Weihrauchbrenner, Kohleschaufeln. In einem hierher gehörigen Fund aus Ras Shamra hat Cl. Schaeffer Rückstände von Verbranntem und Asche beobachtet (Nr. 171ff.). An anderen Beispielen aus Zypern ist der unten von der Wand abbiegende 'Schalen'- oder 'Löffelteil' vorn zur Lampenschnauze zusammengekniffen und brandgeschwärzt (Nr. 243.247). An wieder anderen ist der Funktionsteil vorn offen, kann also nichts Flüssiges (Lampenöl) aufgenommen haben (z.B. Abb. 104h-j). An weiteren Beispielen ist die 'Schale' (der 'Löffel') zweigeteilt, ohne daß dafür bisher befriedigende Erklärungen gefunden worden sind. Sehr wahrscheinlich dienten annähernd gleiche oder doch sehr ähnliche Wandappliken verschiedenen Zwecken; jedoch stets dem Grab-, Haus- oder Tempelkult. Das ist, wenigstens zum Teil, durch kontrollierte Fundumstände nachgewiesen. Primär wird es in der Tat um Licht und Weihrauch gegangen sein.

Einer späten Entwicklung sind diejenigen Stücke zuzuordnen, bei denen die eigentliche Funktion vergessen und der 'Löffel/Schalenteil' verkümmert oder gar gänzlich fortgefallen ist, so daß ein reich mit gemalten Mustern oder halbplastischen figürlichen Bildern geschmücktes Wandbrett, so etwas wie eine 'Ikone', im Heiligtum aufhängbare Weihgabe, übriggeblieben ist (z.B. unten Nr. 276 und 277).

Wie der Konstruktionsgedanke eines 'Wandarms' aus Metall völlig unabhängig von älteren Vorbildern um 430 v.Chr. in Chalkis/Euboia aussah, zeigt ein Bronzegebilde von 35 cm Höhe im Athener Nationalmuseum (Inv.-Nr. 14486): Eine schlanke hohe Bronzeschiene ist oben mit einem Ring zum Aufhängen versehen und trägt unmittelbar unter diesem eine kleine quadratische Reliefplatte als Schmuck mit dem Bild von Demeter, Kore und Triptolemos. Unten sind drei ausgeschwenkte Arme mit Schälchen als Träger von Lampen angebracht [2401].

Unter solchen Voraussetzungen erscheint die unverfängliche Bezeichnung 'Wandappliken' ('appliques murales') für unsere bronzezeitlichen Stücke begründet (so. A. Caubet und M. Yon in ihrer grundlegenden Studie [1974]) [2402]. International vorkommende Namen wie lampes murales, hanging lamps, bracket-lamps, wall-lamps, wall-brackets, hanging-brackets, torch holders oder incense burners haben wir wegen der offensichtlichen Funktionsbreite der Geräte vermieden.

[2400] Bei H.Th. Bossert, Altsyrien, Text zu Abb. 144 und 1081 steht: "Kultgerät oder Lampenhalter".

[2401] C. Rolley, Die griechischen Bronzen (Deutsch, 1984) 239 Abb. 280; auch in B. Rutkowski, JdI 94, 1979, 180ff. Abb. 4 und 5 mit weiteren griechischen Wandlampen.

[2402] Übernommen u.a. von R. Stucky, AA 1981, 431ff. und H. Matthäus, PBF II/8 (1985) 277ff.

Andererseits würde sich eine systematische typologische Analyse lohnen. Sie wurde m.W. an der Universität Heidelberg am Beginn oder in der Mitte der 90er Jahre von H. Matthäus als Thema einer Magisterarbeit an Frau Schlipphak vergeben. Da wären etwa die schon erwähnten Besonderheiten von Schalen-/Löffelelementen zu beobachten: normal, zweiteilig, vorn offen, zur Lampenschnauze eingeknifft, mit seitlichen Zapfen versehen wie an den metallenen Beispielen (Abb. 102d-f; 103a-h). Bei den senkrechten, den Wänden anliegenden, brettartigen Teilen wären die Gesamtproportionen, der Konturzuschnitt, die Frage, ob verziert oder unverziert, zu berücksichtigen: die Ornamentik plastischer oder geritzter Muster, ein- oder mehrfarbige Bemalung, Vorhandensein von einem plastischen Rinderkopf oder von zweien, bzw. gar keinem und/oder Schmuck in Gestalt halbplastischer Figuren.

Ich will das wahrscheinliche Ergebnis einer solchen Untersuchung vorwegnehmen: Die schlichten, allenfalls mit einfacher senkrechter Schlangenlinie verzierten Formen sind die ältesten, die reich ausgeschmückten die jüngsten. Ich folge H.W. Catling in der Annahme, daß derartige Geräte zuerst in Metall erfunden waren, danach in Ton kopiert und variiert worden sind. Wenn neben Hunderten von Terrakotten heute nur vier Metallexemplare existieren (Abb. 102d-f; 103a-h) besagt das nichts für die Ursprungsfrage, auch wenn die zufällige Existenz älterer Tonappliken als Scheinargument gegen die erkennbare elementare Metallform des Gerätes an sich vorgebracht werden könnte.

Das einzige Land, in welchem nebeneinander Wandappliken in Bronze, Ton und sogar in steinerner Kopien vorkommen [2403], ist Zypern. So scheint es mir zunächst angebracht, in Gestalt eines Katalogs die von der Insel bekannten bronzezeitlichen Stücke zusammen mit den nahöstlichen und ägäischen vorzulegen:

Zypern, bronzezeitliche Metallappliken

1   (Abb. 103e-g), Sinda/Ostzypern, bronzene Wandapplik mit Spiraldekor und Durchbruchmustern (H 30,7 cm), Bestandteil eines Hortfundes des 12. Jhs. v.Chr., Slg. Hadjiprodromou/Famagusta (Verbleib unbekannt), s. V. Karageorghis, RDAC 1973, 73 Abb. 1,1 Taf. 7,1; ders., Propyläen-Kunstgeschichte XIV (1975) Taf. 474 (Großaufn.); A. Caubet-M. Yon, RDAC 1974, 120; R. Stucky, AA 1981, 435 Abb. 7.8; H. Matthäus, PBF II 8 (1985) 278f. Nr. 607.

2   (Abb. 102d; 103c.d), Zypern, Fundort unbekannt, bronzene Wandapplik mit plastischer Stierprotome (H 30 cm), Cyprus Mus., Inv.-Nr. Met 3004, s. E. Gjerstad, SCE IV 2 (1948) 149f. Abb. 27,23; N. Leipen, Annual of the Royal Ontario Mus. 1960, 23 mit Anm. 6; H.W. Catling, CBMW (1964) 162 Taf. 25b.c; H.-G. Buchholz-V. Karageorghis, Altägäis und Altkypros

---

[2403] Enkomi, Spätkypr. III, nur oberer Teil des senkrechten Elements mit plastischem Schmuck in Gestalt eines kapitelltragenden Pfeilers, s. J.-Cl. Courtois, Alasia III (1984) 104 Nr. 930; S. 203 Abb. 33,3; J.-Cl. Courtois-J. und E. Lagarce, Enkomi (1986) Taf. 28,2.

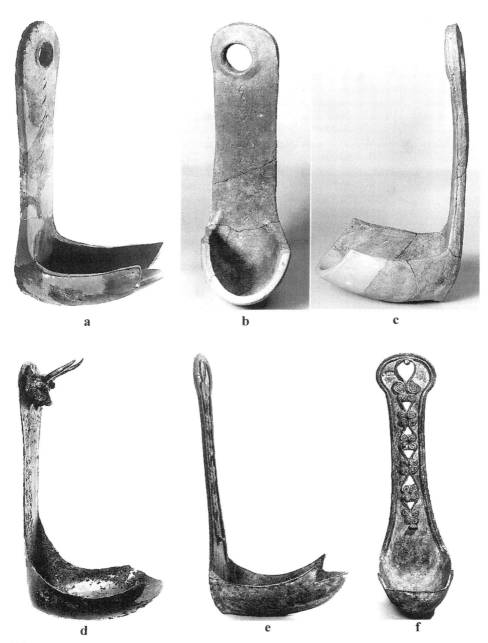

a   b   c

d   e   f

Abb. 102 a-f. Sogenannte Wandarme des 2. Jahrtausends v.Chr., Weihrauchbrenner oder Lampen, Bronze (d-f) und tönerne Nachbildungen (a-c), aus Zypern: a Apliki/Nordwestzypern, Bergbausiedlung; Nikosia, Cyprus Museum; Spätkyprisch III. — b.c Sinda/Ostzypern, Uppsala, Universitätsslg. (unpubliziert). — d Fundort unbekannt; Nikosia, Cyprus Museum, Spätkyprisch III (s. Abb. 103 c.d). — e.f Fundort unbekannt; Toronto, Royal Ontario Museum, (s. Abb. 103 a.b)

(1971) 170 Nr. 1857 mit Abb.; V. Karageorghis, RDAC 1973, 79 Abb. 3b;
A. Caubet-M. Yon, RDAC 1974, 117 Abb. 3a; B. Rutkowski, JdI 94,
1979, 189 Abb. 12; R. Stucky, AA 1981, 433 Abb. 5.6; H. Matthäus, PBF
II/8 (1985) 277ff. Nr. 606 (Lit.); Th. Papadopoulos, in: Kongreß Göteborg
1991, Teil III (1992) 355 Abb. 6d.

3   (Abb. 102e.f; 103a.b), Zypern, FO unbekannt, bronzene Wandapplik, werk-
stattgleich mit Nr. 1 (H 33 cm), um 1200 v.Chr.; Toronto, Royal Ontario
Museum, Inv.-Nr. 955/204, s. N. Leipen, Annual of the Royal Ontario
Mus. 1960, 21ff. Taf. 4.5; V. Karageorghis, RDAC 1973, 79 Abb. 3a.b; A.
Caubet-M. Yon, RDAC 1974, 120; J.W. Hayes, Greek, Roman and Related
Metalware in the ROM (1984) 9f. Nr. 12 (Lit.); H. Matthäus, PBF II/8
(1985) 279 Nr. 608. — Zu dieser und einigen tönernen Wandappliken auch
H. Matthäus-G. Schumacher-Matthäus, in: Marburger Studien zur Vor- und
Frühgeschichte 7 (1986) 164 mit Anm. 101. 102 (Ton).

Zypern, bronzezeitliche Terrakotta-Appliken

4a.b   (Abb. 104d), Enkomi, tönerne Wandarme, im senkrechten Teil mit plastischem Wellenband verziert, Löffelteil vorn abgebrochen; s. J.-Cl. Courtois,
Alasia III (1984) 93ff. Nr. 865; S. 203 Abb. 33,1, Taf. 13,1; J.-Cl. Courtois-J. und E. Lagarce, Enkomi (1986) Taf. 29,2. Ferner ein Fragment aus
einem Gießerhort, s. J. Lagarce, in: Alasia I (1971) 381ff. Abb. 9 und
10,12.

5   (Abb. 104g), Enkomi, Oberteil eines Wandarms mit senkrechter Wellen-
linie und plastischem Rinderkopf; s. J.-Cl. Courtois, Alasia III (1984) 93ff.
Nr. 867; S. 203 Abb. 33,2; S. 228 Taf. 13,1a-c; J.-Cl. Courtois-J. und E.
Lagarce, Enkomi (1986) Taf. 29,1.

6.7   Enkomi, zwei weitere Oberteile mit kleinen plastischen Rinderköpfen, s. J.-
Cl. Courtois, Alasia III (1984) 93ff. Nr. 868 Taf. 24,9; Nr. 869 Taf. 24,10.

8   Enkomi (1959), Frgt. (Spätkypr. III) mit Inschrift in großen, vor dem
Brand geritzten kyprominoischen Zeichen, s. J.-Cl. Courtois, Alasia III
(1984) 93 Nr. 866 (ohne Abb.).

9.10   Enkomi, Heiligtum des 'Barrengottes', mehrere Oberteile mit plastischer,
senkrechter Wellenlinie, s. J.-Cl. Courtois, Alasia I (1971) 250 Abb. 90d
(1112) und 90e (1183); S. 259 Abb. 98,1.2.

11-80 Enkomi, allein aus dem Grabungsabschnitt von P. Dikaios mehr als 70
Exemplare, meistens Fragmente; das früheste bekannte aus Stratum IIA, die
Mehrzahl aus IIB, IIIA und B; s. die Listen bei J.-Cl. Courtois, Alasia III
(1984) 94 Anm. 1 (nach P. Dikaios, Enkomi, passim).

81   Enkomi, Stratum IIIC, Exemplar mit plastischem Rinderkopf, verziert mit
Kreiseinstichen vor dem Brand, s. Dikaios a.O. 768 Nr. 1909 Taf. 147,53
und 177,5; Courtois a.O. 94.

82   Enkomi, Oberteil mit Loch und tief geritzter, senkrechter gerader Mit-
tellinie wie an mehreren der Beispiele aus Ras Schamra, s. P. Dikaios,
Enkomi III Taf. 218,4 (37/2201/3).

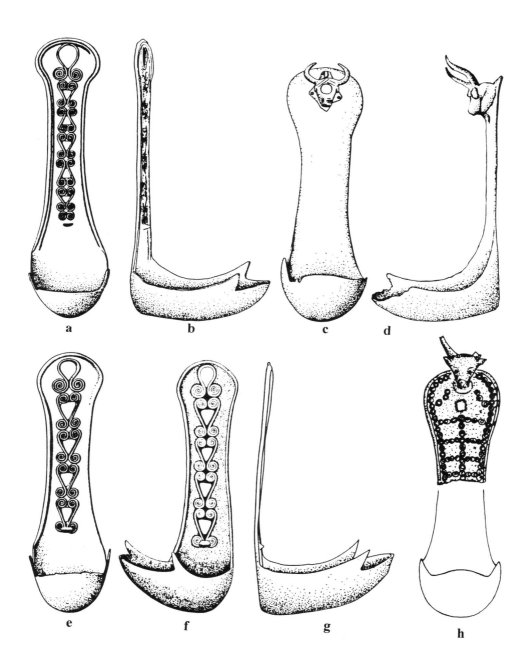

Abb. 103 a-h. Kyprische Wandarme des 2. Jahrtausends v.Chr., Bronze: a.b Zypern,
Fundort unbekannt; Toronto, Royal Ontario Museum (s. Abb. 102 e.f). — c.d Zypern,
Fundort unbekannt; Nikosia, Cyprus Museum, Spätkyprisch III (s. Abb. 102 d). — e-g
Sinda/Ostzypern, Hortfund, Cyprus Museum. — h Kreta, Schweizerische Privatsammlung

83a.b   (Abb. 104b), Enkomi (Ausgrabung P. Dikaios), Grab 11 Nr. 9 und Grab
        19, je ein vollständiges schmuckloses Exemplar ohne Rinderkopf und ein
        Fragment, P. Dikaios, Enkomi III (1969) 394 und 412 Taf. 213,18; V.
        Karageorghis, RDAC 1973, 79 Abb. 3c; A. Caubet-M. Yon, RDAC 1974,
        117 Abb. 3c.

84   Hagios Iakobos/Ostzypern, Grab 8: Kleines unverziertes Fragment mit
        Aufhängeloch; poröser hellbrauner Ton mit gleichfarbigem Überzug.
        Gemäß der Beifunde könnte dies die älteste Wandapplik Zyperns sein und
        bereits an den Übergang Mittel-/Spätbronzezeit gehören, s. P. Åström,
        OpAth 4, 1962, 211ff. Abb. 2,39.

85   (Abb. 102b.c), Sinda/Ostzypern, voll restaurierte, in kleinen Teilen ergänzte
        Wandapplik mit vorn offenem, abgeschrägtem 'Löffelteil' und flüchtiger
        senkrechter Wellenritzung; Uppsala, Gustavianum, Inv.-Nr. P 34 (H 33,7
        cm, Br 8-9 cm, Löffelteil: 13-15 cm). Unpubliziert, jedoch erwähnt (nicht
        beschrieben) von P. Åström, OpAth 4, 1962, 216 Anm. 2 und L. Åström,
        SCE IV 1D (1972) 518.

86   Hagios Sozomenos, Flurmark Ambelia: ein bronzezeitlicher Wandarm,
        Einzelheiten sind mir nicht bekannt, s. L. Åström a.O.

87a.b   Idalion: Es sind außer eisenzeitlichen auch zwei Exemplare der Periode
        Spätkypr. III (11. Jh. v.Chr.) bekannt, davon eins mit der eingeritzten
        Ornamentik denen aus Myrtou Pigades entsprechend, das zweite, frag-
        mentarische weist geritzte laufende Spiralen auf; s. E. Gjerstad, SCE II
        (1935) 541 Nr. 340; S. 543 Nr. 417 Taf. 131,23 und 181,340 (H 31 cm);
        J.-Cl. Courtois, Alasia III (1984) 95.

88-90   (Abb. 104c.e.f), Atheainou, mehrere Wandarme, mit flüchtiger senkrechter
        Wellenlinie oder gerader Ritzlinie verziert, s. T. Dothan-A. Ben-Tor,
        Excavations at Athienou/Cyprus 1971/72 (1983) 54f. Abb. 16,2-4, Taf.
        18,3a-c.

91-94   Pyla-Kokkinokremos: Mindestens vier tönerne Wandappliken, davon eine
        intakt; s. M. Demas-V. Karageorghis, Pyla-Kokkinokremos (1984) Taf.
        20,15.25.29/29a; 38 (Zeichnungen).

95   Kition, Areal II, Fund-Nr. 5272, schmucklose Wandapplik, 'Löffelteil' vorn
        offen, s. Annual Report of the Director of the Dept. of Antiquities/Cyprus
        1977 (1978) Abb. 30; M. Demas-V. Karageorghis, Excav. at Kition V
        (1985) Taf. 110,5272; Taf. 192 (Zeichnung).

96-118 Kition, zahlreiche vorphönikische Wandappliken aus Ton, hauptsächlich
        Fragmente; häufig mit geritzter senkrechter Wellenlinie; erfaßt sind 22
        bronzezeitliche und 10 eisenzeitliche Belege. Vgl. M. Demas-V. Kara-
        georghis, Excav. at Kition V (The Pre-Phoenician Levels, 1985) Taf.
        10.24.44.110.114 (und 194, Zeichnung).126 (und 200, Zeichnung).139 (und
        208, Zeichnung).148 (und 213, Zeichnungen).184 (238, Zeichnung).194
        (Zeichnung).227 (Zeichnung); V. Karageorghis, CRAI 1976, 238 Abb. 7
        (Löffel vorn offen, gravierte Wellenlinie, aus Tempel 5).

119-124 Hala Sultan Tekke: 6 oder mehr Fragmente, mehrmals mit einfacher
        Wellenritzlinie, einmal mit drei senkrechten Wellenritzlinien, sonst

schmucklos glatt; s. P. Åström, Hala Sultan Tekke III (1977) 146 Abb.
168. 169; IV (1978) 14 Abb. 34/1041; S. 94 Abb. 201a.b; 202; VIII (1983)
124. 143 Abb. 375/F 2020; IX (1989) 104 Abb. 205/N 7010; X (1998) 31
Abb. 52; S.112 Abb. 248c.

125 Alassa, Wandapplik mit Wellenlinie, s. S. Hadjisavvas, in: Late Bronze-
Age Settlement in Cyprus (ed. P. Åström-E. Herscher, 1996) 34.

126a-c Kourion, spätbronzezeitl. schmucklose Applik mit Reliefleiste als Rand-
verstärkungen, oben runder Abschluß. 'Löffelelement' vorn offen, s.
H. Wylde-Swiny, An archaeological Guide to the Ancient Kourion Area
and the Akrotiri Peninsula (1982) 43 Abb. 33. Ferner zwei weitere (Spätkypr. III): AJA 42, 1938, 270; J.L. Benson, Bamboula at Kourion (1972)
137 Taf. 37/B 1574.1575.

127 Altpaphos (Kouklia), Fund-Nr. KD 112: Intakte Wandapplik mit seitlichen
Ecken am 'Löffelteil' wie an den Metall-Beispielen, am senkrechten Ele-
ment zwei geritzte, sich kreuzende Linien (13. Jh. v.Chr.), s. F.G. Maier-
M.-L. von Wartburg, RDAC 1985, 100ff. Taf. 10,7; dies., AA 1986, 153
Abb. 14.

128.129 Altpaphos (Kouklia), spätbronzezeitl. Grab 104, Fund-Nr. P 55 und P 120,
zwei kleine Fragmente von Wandarmen mit senkrechten Wellenritzungen
(13. Jh. v.Chr.), s. V. Karageorghis, Tombs at Palaepaphos (1990) Taf. 60.

130-132 Altpaphos (Kouklia), spätbronzezeitl. Grab 105, Fund-Nr. B 71. B 74. B
110A/C 6, kleine Fragmente von Wandappliken (13. Jh. v.Chr.), s. V.
Karageorghis a.O. Taf. 72.

133-136 (Abb. 102a), Apliki/Nordwestzypern, Bergbauregion, nahezu in jedem
Raum eine solche Wandapplik, meist mit senkrechter geritzter Wellenlinie;
vier ganz restaurierte Exemplare (H 37,5 cm) und Fragmente der Phase
Spätkypr. III, jedoch teilweise zusammen mit mykenischer Keramik SH
IIIB; vgl. J. Du Plat Taylor, The Antiquaries Journal 32, 1952, 138. 162
Taf. 26e; s. auch N. Leipen, Annual of the Royal Ontario Mus., Toronto,
1960, 23 mit Anm. 8; H.-G. Buchholz-V. Karageorghis, Altägäis und
Altkypros (1971) Abb. 1856; B. Rutkowski, JdI 94, 1979, 189 Abb. 11.

137.138 Toumba tou Skourou bei Morphou, amerikanische Ausgrabungen unter der
Leitung von E. Vermeule; Morphou, Ortsmuseum: Zwei schmucklose
Oberteile mit Aufhängeloch von Wandappliken aus hellgelbem Ton (De-
zember 1997 besichtigt).

139-169 (Abb. 104a), Myrtou Pigades, bronzezeitliches Heiligtum (1300-1175
v.Chr.): 30 Exemplare, einige vollständig (H 37 cm), die meisten fragmentarisch, s. V. Seton-Williams, in: J. Du Plat Taylor, Myrtou Pighades
(1957) 77 Abb. 32,17; H.W. Catling, CBMW 162 Anm. 7; A. Caubet-M.
Yon, RDAC 1974, 117 Abb. 3b.

170 Zypern, ohne Fundortangabe; Oxford, Ashmolean Mus., Inv.-Nr. 1974.387;
Aus Teilen restaurierter Wandarm, Fehlstelle am 'Löffelteil' (H 37 cm),
Spätkypr. II/III, s. A. Brown-H.W. Catling, OpAth 13, 1980, 115f. Nr. 58
Abb. 50.

Syrien - Palästina, bronzezeitliche Terrakotta-Appliken

171   Ras Schamra (Minet el Beida), s. Cl. Schaeffer, Syria 10, 1929, 289 Abb. 3 (Sonderform).

172-193   Ras Schamra: Mehr als zwanzig Wandappliken und Fragmente, H 31 bis 36 cm im vollständigen Zustand, zahlreiche Beispiele besitzen senkrechte einfache und mehrfache Wellenritzungen, senkrechte gerade Rillen, Kreuzrillen, einmal das eingedrückte Bild einer stehenden nackten Göttin; s. Cl. Schaeffer, Ugaritica II (1949) 182f. Abb. 73,4 (mit plastischem Rinderkopf); S. 212f. Abb. 88,1-18 (vollständig sind Abb. 88,9.17.18, mit vorn geschlossenem 'Löffelteil' und seitlich abstehenden Zapfen wie an den kyprischen Metallformen).

194   Ras Schamra (Minet el Beida 1932), oberer Abschluß eines Wandarmes mit plastischem Rinderkopf, erh. H 6,5 cm, s. Cl. Schaeffer, Ugaritica II (1949) 230f. Abb. 97,6.

195-202   Ras Schamra, mindestens acht vollständige Stücke und Fragmente der Ausgrabungen 1979-1981, s. M. Yon, Ras Shamra-Ougarit III (1987) 16f. Abb. 5 (79/762); S. 56 Abb. 37 (79/186); S. 99 Abb. 80 (81/877), ferner Abb. 18 (80/5323, Frgt.), Abb. 19 und 20 (mehrere Fragmente).

203   Byblos, eine spätbronzezeitliche Applik, nach D.M. Bailey (OpAth 6, 1965, 60) denen aus Myrtou Pigades/Zypern sehr ähnlich, s. M. Dunand, Fouilles de Byblos I Taf. 139,1473.

204   Achziv, Wandappliken, Ton, nicht vor dem frühen 11. Jh. v.Chr., aus Gräbern. Anzahl und Einzelheiten sind mir unbekannt (s. M.W. Prausnitz in einem Vortrag am 21.4.1982).

204a   Akko, Areal K, mehrere Fragmente, unpubl., Auskunft D. Conrad/ Marburg.

205   Tell Keisan, Stratum 9c (Spätbronzezeit), Fund-Nr. 6.877 (kleines Frgt.), s. J. Briend-J.B. Humbert, Tell Keisan (1980) Taf. 73,11.

206a.b   Tell Abu Hawam (Haifa), Stratum V (1400-1230 v.Chr.), eine intakte Wandapplik (H 37 cm) und weitere Fragmente, s. R.W. Hamilton, QDAP 4, 1934/35, 37 Nr. 228; E. Anati, Atiqot 2, 1959, 95 Abb. 9; erwähnt von N. Leipen (Annual of the Royal Ontario Mus., Toronto, 1960, 24 mit Anm. 9) und M.W. Prausnitz in einem Vortrag am 21.4.1982.

207   (Abb. 104j), Megiddo, Stratum VIIA (13./12. Jh. v.Chr.), Raum 3043; Israel-Museum: Vollständige, dunkelrot bemalte Wandapplik mit Rindervorderteil, einschließlich der Vorderbeine, H 38, nach anderen Angaben 27 cm; Jerusalem, Israel Mus.; vgl. ILN 1937, 656 Abb. 8; G. Loud, Megiddo II (1948) Taf. 249,3; H.Th. Bossert, Altsyrien (1951) Abb. 1081a.b; A. Jirku, Die Welt der Bibel (1957) 248 Taf. 79; A. Caubet-M. Yon, RDAC 1974, 117 Abb. 3d; H. Kyrieleis, AM 92, 1977, 77 Anm. 38; A. Caubet, La Religion à Chypre dans l'Antiquité (1979) 16 Abb. 25; L. Gershuny, PBF II/6 (1985) 40f.; M. Yon, Symposium Nikosia 1993 (1994) 190 Abb. 1b.

208-221 Megiddo, aus den Schichten VIIB und A (1350-1150 v.Chr.), VI und VIA (1150-1100 v.Chr.), etwas mehr als ein Dutzend tönerner Wandappliken, bzw. Fragmente, hauptsächlich mit senkrechten geritzten Wellenlinien, s. G. Loud, Megiddo II (1948) Taf. 249 und 250; erwähnt von N. Leipen a.O. 24 mit Anm. 10 und A. Caubet, La Religion à Chypre dans l'Antiquité (1979) 16 Abb. 25 (neues Photo). Aus Stratum VI B zusammen mit Philisterkeramik: Oberteil mit Reliefbändern, s. Megiddo II Taf. 74,9; 142,12; L. Gershuny, PBF II/6 (1985) 40ff. Anm. 227.

222-224 Aschdod, mehrere Fragmente, s. M. Dothan, Ashdod I (1967) 88f. Abb. 17,11; S. 90f. Abb. 18,3 Taf. 13,13.

225   Askalon (nach N. Leipen, Annual of the Royal Ontario Mus. 1960, 24), Einzelheiten sind mir unbekannt; s. auch J.-Cl. Courtois, Alasia III (1984) 95.

Anatolische Südküste — Ägäis

226-234 Uluburun, Unterwasserfunde aus dem Schiffswrack bei Kasch in Bodrum, Archäolog. Mus.: Acht gut erhaltene, typengleiche, wahrscheinlich aus Zypern stammende Stücke. Weißgelber Ton (wie in Zypern und Ras Schamra), einige aus rötlich-braunem Ton; überwiegend glatt, unverziert. 1997 von mir in Bodrum durchgesehen, vgl. G. Bass-D. Frey-C. Pulak, IJNA 13, 1984, 271ff. 276 Abb. 6.

235.236 Mykene, zwei Exemplare, wohl kypr. Import, "untensils probably to transport the incandescent coals", s. V. Staïs, Mycenaean Coll. of the National Mus., Athen, Band II (2. Aufl. 1915, Nachdr. 1926) 118 Nr. 2633; P. Åström, SCE IV 1 D, 587 Anm. 4; V. Karageorghis, Propyläen-Kunstgeschichte XIV (1975) Text zu Nr. 474; J.-Cl. Courtois, Alasia III (1984) 95.

237-240 Tiryns, in SH III B2- und III C-Schichten, z.T. in Nordwesten außerhalb der Burg: Kyprischer Import, zusammen mit kyprischen Scherben; mehrere Fragmente, z.B. oberer Teil mit Loch zum Aufhängen und flüchtiger senkrecht geritzter Wellenlinie. Außerdem "together with what seems to be a local Tirynthian imitation" (Catling). — K. Kilian, AA 1978, 453 Abb. 7h; H.W. Catling, ArchRep 1982/83, 27 Abb. 43; K. Kilian, AA 1988, 128 Abb. 24,6; Sp. Iakovides, AM 108, 1993, 24.

241   (Abb. 103h), Kreta (angeblich von der Südküste, so P. Blome, Vortrag Mannheim 1986): Fragment einer Wandapplike aus Bronze mit plastischem Rinderkopf an langem Hals, bereits antik gewaltsam zerbrochen, vorhanden ist nur der obere Teil des 'Wandbretts' (erh. H 16 cm; ursprüngliche H 35 cm); endbronzezeitlich, nach R. Stucky (AA 1981, 431ff. Abb. 1-4) erst um die Jahrtausendwende zu datieren. Schweizer Privatbesitz; s. P. Blome, Orient und Frühes Griechenland, Basel, Antikenmuseum und Slg. Ludwig (1990) 42f. Nr. 62 mit Abb.

Als ein Fundschwerpunkt erweist sich Enkomi, im Osten der Insel, vermehrt um Hagios Iakobos und Sinda. Im Inneren Zyperns sind die Orte Idalion und Atheainou zu nennen, an der Südküste Pyla-Kokkinokremos, Kition, Hala Sultan Tekke und Kourion, landeinwärts Alassa, im Westen Palaipaphos und im Nordwesten Apliki, Toumba tou Skourou und Myrtou Pigades. Eine solche Fundverteilung bietet keine Überraschung, sie ist ausgeglichen, allerdings nicht nach Anzahl der gefundenen Appliken. Von den im Katalog der Bronzezeit erfaßten 170 Stücken gehört die Mehrzahl in den Osten und Südosten der Insel. Es wurde bereits betont, daß — soweit feststellbar und in den Katalogen angegeben — Gräber und Heiligtümer (z.B. in Enkomi das 'Heiligtum des Gottes auf dem Barren' [Abb. 107a, Grundriß]) oder in Siedlungen Räume, die 'Hausschreine' gewesen sein mögen, die hauptsächlichen Fundstellen ausmachen. Aussagen über einen etwaigen profanen Gebrauch sind nicht möglich.

Von insgesamt in meinen Katalogen erfaßten 285 Objekten (die sich wohl bei fleißiger Suche vermehren ließen, ohne daß sich dadurch die Zahlenrelationen wesentlich verschieben würden) gehören 245 der Bronzezeit an und etwa 40 nachbronzezeitlichen Perioden bis hin ans Ende der archaischen Epoche. Auf diese späteren Wandappliken werde ich am Ende zurückkommen.

Von den Nachweisen des zweiten Jahrtausends gehören gut 180 nach Zypern, etwa 55 bis 60 sporadisch an die Levanteküste zwischen dem alten Philisterland und der Orontesmündung sowie dem nahen Hinterland (z.B. Megiddo, s. Abb. 104j). Fundort mit den meisten Belegen ist Ugarit (Ras Schamra und Minet el Beida). Einzelfunde wurden aus Byblos, Achziv, Tell Keisan, Abu Hawam, Megiddo, Aschdod und Askalon bekannt.

Lediglich 15 Exemplare sind im Westen gefunden worden, in Uluburun, auf Kreta (Abb. 103h) und in der Argolis. Daß es sich somit im Ägäisbereich um östliche Importe handelt, bedarf keiner weiteren Argumente. In Tiryns wurde auf Grund lokaler Tonart und primitiverer Nachahmung in einem Fall an einen lokalen Versuch gedacht.

Festzuhalten gilt es, daß wir es mit religiös geprägtem Kultgerät zu tun haben, das in großer Konzentration auf Zypern nachgewiesen wurde — in der übrigen Levante mit weit weniger als einem Drittel —, so daß man es als 'genuin kyprisch' bezeichnen darf. Dort auch fand man die metallenen Vorbilder. Allein dort griff die Geräteform auf das Material 'Kalkstein' über (Anm. 2403) und wenn nicht allein dort, so doch ganz überwiegend dort wurde Derartiges über das 'Dunkle Zeitalter' hinweg kräftig in die Eisenzeit hinein tradiert (s. den folgenden Katalog). Daß der Verwendungs- und Bekanntheitsgrad im ägäischen Westen gering gewesen ist, sagen die Zahlen (einschließlich Uluburun nur fünfzehn ganze Stücke und Fragmente) aus.

Zur Frage religiöser Indizien, hauptsächlich ikonographischer Natur, soll zunächst der nachbronzezeitliche Fundstoff in Katalogform folgen:

Zypern, nachbronzezeitliche Terrakotta-Appliken

242   Rizokarpassos, Grab 4: Kypro-Geomtr. III, Wandarm mit plastischen Schlangen, Rinderkopf und vorn offenem Löffelteil, H 29 cm; Cypr.Mus., Inv.-Nr. 1958/IX-22/1, s. BCH 83, 1959, 340 Abb. 5; A. Caubet-M. Yon, RDAC 1974, 117 Abb. 3g; Schätze aus Zypern, Ausstellungskat. Bonn 1980, Nr. 107 Abb. 19; Highlights of Ancient Cypriote Ceramic Art, Ausstellungskat. Tel Aviv 1997, 48 Nr. 31.

243   Dem Vernehmen nach von der Karpaß-Halbinsel: Wandapplike mit plastischer Beschfigur; der 'Löffel' ist zu zwei Schnauzen zusammengeknifft, also zu einer wirklichen Lampe hergerichtet (H 24 cm); rötlicher Ton, 'bichrome' Bemalung, vor dem Brand wurde am 'Löffelrand' der Name Philotimos eingedrückt (nach J.L. Myres: 6. Jh. v.Chr.). Vgl. J.L. Myres, Handbook of the Cesnola Collection (1914) 307 Nr. 1855.

244   Gastria/Ostzypern; London, Victoria and Albert Mus., Inv.-Nr. 368/1883: Handgefertigte Wandapplik mit vorn offenem 'Löffelteil' und plastischem Rinderkopf, beide Hornspitzen abgebrochen. Gelbbrauner Ton mit viel Glimmer; mattrote Bemalung (Linien und kleine Dreiecke, spätgeometrisch II/III, 9./8. Jh. v.Chr.); s. D.M. Bailey, OpArch 6, 1965, 60 Nr. 199 Taf. 9.

245.246 Salamis, Grab 1 (frz. Ausgrabung, Fund-Nr. 1483): Zwei Wandappliken der Gattung 'Protowhitepainted', davon ein Exemplar mit kleinem plastischen Rinderkopf (11./10. Jh. v.Chr.); M. Yon, Salamine de Chypre II (1971) Taf. 40,233.234; A. Caubet-M. Yon, RDAC 1974, 117 Abb. 3f; M. Yon, in: Symposium Nikosia 1993 (1994) 190 Abb. 1a.

247   Ostzypern (Umgebung von Famagusta), Cyprus Museum, Inv.-Nr. 1965/X-22/3: Vollständig erhaltener, geometrisch bemalter Wandarm mit plastischem Rinderkopf; der 'Löffelteil' ist an diesem Stück mittels angekniffenem Dochthalter zur Lampe gestaltet, Schwärzung zeigt Benutzung an, H 18 cm; 'Bichrome II'/Kyprogeometrisch, s. V. Karageorghis, BCH 90, 1966, 307f. Abb. 22; A. Caubet-M. Yon, RDAC 1974, 119 Abb. 4a; M. Yon, Manuel de Céramique Chypriote I (1976) 28 Abb. 2b; Schätze aus Zypern, Ausstellungskat. Bonn 1980, Nr. 108 (irrtüml. als 'Whitepainted III' bezeichnet); Highlights of Ancient Cypriote Ceramic Art, Ausstellungskat. Tel Aviv (1997) 49 Nr. 32.

248   Hagios Theodoros, Region Famagusta/Zypern; vormals Privat-Slg. Hadjiprodromou (Verbleib unbekannt, zeitweilig im Cyprus Mus. ausgestellt): Tönerne Wandapplik mit plastischem Rinderkopf. Die senkrechte Platte besitzt oben und unten abgerundete Enden und geht mit ihren Seitenkanten unten weit auseinander, so daß eine große Malfläche entstanden ist, die voll von einem zweifarbig gemalten Krieger mit Doppelaxt eingenommen wird (H 28 cm); 'Bichrome IV' (7. Jh. v.Chr.), s. V. Karageorghis, Rivista di Studi Fenici 3, 1975, 161ff. Taf. 36,1.2; 38 (Zeichnung); J. Des Gagniers-V. Karageorghis, La Céramique Chypriote de Style Figuré, Suppl. (1979) 18 Nr. S IV 2.

249   Vasili-Dorf, Region Famagusta: Reich bemalte Wandapplike der Gattung
       'Bichrome III' (9./8. Jh. v.Chr.) mit zwei Rinderköpfen und halbplastischer
       stehender Figur mit in den Ellenbögen erhobenen Armen und zweigeteil-
       tem, vorn offenem 'Löffelteil' (H 70 cm), Privatslg. Hadjiprodromou,
       vormals Famagusta (Verbleib unbekannt); s. V. Karageorghis, BCH 98,
       1974, 847f. Abb. 42; ders., Rivista di Studi Fenici 3, 1975, 161 Nr. 1 Taf.
       35,1; J. Karageorghis, La Grande Déesse de Chypre et son Culte (1977)
       145 Taf. 24a; V. Karageorghis, The Goddess with Uplifted Arms, Scripta
       Minora, Reg. Soc. Hum. Litt. Lundensis (1977/78) Nr. 2, S. 42 Taf. 11,4;
       ders., Ancient Cyprus, 7000 Years of Art and Archaeology (1981) 124
       Abb. 96.

250   Tamassos, Fragment des senkrechten Teils eines Wandarmes, dunkelbaune
       Keramik, archaisch (7./6. Jh. v.Chr.); unpubliziert.

251   (Abb. 104i), wohl aus Idalion: gut erhaltene Wandapplik mit plastischem
       Rinderkopf und 'bichromer' geometrischer Bemalung, H 39 cm, ausführ-
       liche Beschreibung bei J.L. Myres; Kyprogeometr. II. Vgl. A.P. di Cesnola,
       Salaminia (2. Aufl., 1884) 234 Abb. 277a.b; I.H. Hall, A Descriptive Atlas
       of the Cesnola Coll., Metrop. Mus./N.Y., Band II (1894) Taf. 113,888; J.L.
       Myres, Handbook of the Cesnola Collection (1914, Nachdr. 1974) 70 Nr.
       543; E. Gjerstad, SCE IV 2, 170f. Abb. 37,28 (Zeichnung).

252   Wahrscheinlich aus Idalion (aus Slg. Hamilton Lang), Glasgow, Art Gal-
       lery and Museum, Inv.-Nr. 1903.185d: 'Bichrome' Wandapplike, Kypro-
       geometr. II/III (9. Jh. v.Chr.), s. E. Goring, A Mischievous Pastime, Aus-
       stellung Edinburgh (1988) 100 Nr. 101 und bereits D.M. Bailey, OpAth 6,
       1965, 60 mit Anm. 52.

253   Idalion, London, Brit. Mus., Inv.-Nr. 73/3-20/142: Kyprogeometrisches
       Fragment mit 'bichromer' Bemalung; s. D.M. Bailey, BritMusCatLamps
       (1975) 213f. Nr. Q 478b Taf. 91.

254-264 Kition (Larnaka): Zehn Exemplare, hauptsächlich Fragmente, teilweise
       bemalt oder mit geraden Ritzlinien und senkrechten Wellenritzungen.
       Einmal 'Löffel'-Formung wie an den Metallbeispielen (Sinda) mit seitlich
       angeschnittenen 'Zapfen', s. M. Demas-V. Karageorghis, Excav. at Kition
       V (1985) Taf. 33,1059/Taf. 55 (Zeichnung); Taf. 157,4149.5490/Taf. 220
       (Zeichnungen); Taf. 164,3649.4140.5496/Taf. 227 (Zeichnungen); Taf.
       171,1248/Taf. 232 (Zeichnung); Taf. 220,562.

Erläuterungen zu Abb. 104 a-k auf gegenüberliegender Seite: a Myrtou Pigades/Nord-
westzypern, spätbronzezeitliches Heiligtum. — b Enkomi, Grab 11 (Ausgrabung P. Dikaios). — c.e.f Atheainou/Südzypern, spätbronzezeitliches Heiligtum (israelische Ausgrabung).
— d.g Enkomi (französische Ausgrabungen); Cyprus Museum. — h Zypern, Fundort unbekannt (im Nordwesten der Insel erworben); Nikosia, Cyprus Museum, Inv.-Nr. 1969/I-24/1:
Kyprogeometrisch, reich bemalt. — i Idalion; New York, Metropolitan Museum, Inv.-Nr.
74.51.550 (Slg. Cesnola): Kyprogeometrisch, reichlich bemalt. — j Megiddo/Palästina,
bronzezeitliche Schicht VII A. — k Lapithos/Nordzypern, Grab 403; Nikosia, Cyprus Museum: Kyprogeometrisch, reich bemalt

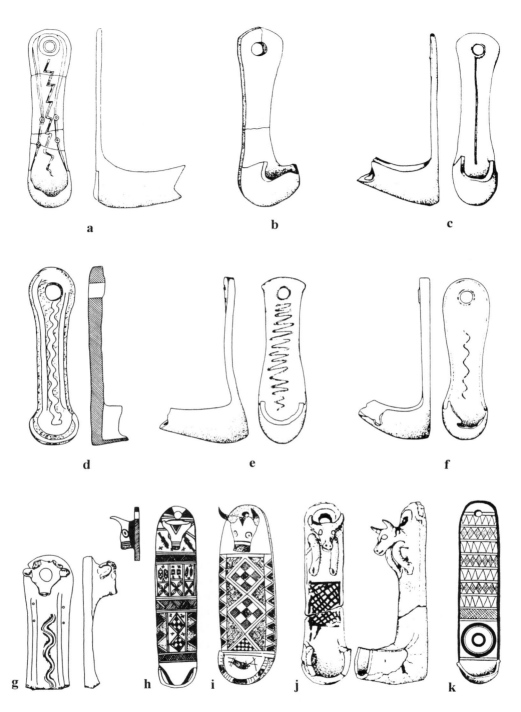

Abb. 104 a-k. Tönerne Nachbildungen von Wandarmen der Art Abb. 102 und 103, Erläuterungen s. gegenüberliegende Seite

265   Amathous, Grab 199/1980 (in Limassol, Distriktmus.): Kyproarchaische (II) Wandapplike (H 30,7 cm) mit rundplastischer weiblicher, brüstehaltender Figur, unten vortretender 'Arm' mit senkrechtem Loch statt des sonst üblichen 'Löffel- oder Schalenelementes' (6. Jh. v.Chr.), s. Annual Report of the Director of the Department of Antiquities 1980, 48 Nr. 11 Abb. 52; V. Karageorghis, Ancient Cyprus, 7000 Years of Art and Archaeology (1981) 152 Abb. 117; ders., RDAC 1981, 151ff. Taf. 25,1-3; ders., Atti del II Congresso Int. di Studi Fenici e Punici III (1991) 961 Abb. 1e; ders., La Nécropole d'Amathonte, Tombs 113-367, III 1 (The Terracottas, 1987) 6 Nr. 38 Taf. 9.

266   Amathous, Fund-Nr. 1440/77: Ein — wie an dem Beispiel aus Grab 199 — aus einer solchen Applik heraustretender Arm mit senkrechtem Loch zur Aufnahme eines Gegenstandes (L 14,7 cm); s. D. Christou, BCH 117, 1993, 725 und 727 Abb. 23 (Limassol, Distriktmus.).

267   (Abb. 104k), Lapithos, Grab 403: Reich bemalte Applik (kyprogeometr. III, H 30 cm); s. E. Gjerstad, SCE I (1934) 190 Nr. 127 Taf. 42,127 und 43 unten links, 154,18; ders., SCE IV 2, 170f. Abb. 37,27.

268   (Abb. 104h), Nordwestzypern, in Soli erworben; Cyprus Mus., Inv.-Nr. 1969/I-24/1: Reich in 'bichromer' Technik bemalter kyprogeometrischer (III), im 'Löffelteil' vorn offener Wandarm mit plastischem Rinderkopf (H 47,5 cm); s. Annual Report of the Director of the Dept. of Ant. 1969, Abb. 55; BCH 94, 1970, 198f. Abb. 9a-c.

269   Zypern, Fundort unbekannt; Louvre, Inv.-Nr. AM 1704: Bemalte Wandapplike mit einem plastischen Rinderkopf und halbplastischer weiblicher Figur mit erhobenen Armen, 'Bichrome' III (9. Jh. v.Chr.); s. A. Caubet-M. Yon, RDAC 1974, 113 Abb. 1a Taf. 18,1-3; V. Karageorghis, Rivista di Studi Fenici 3, 1975, 162 Taf. 37,2; J. Karageorghis, La Grande Déesse de Chypre et son Culte (1977) 146; A. Caubet, La Religion à Chypre dans l'Antiquité (1979) 16 Abb. 26.

270   Zypern, Fundort unbekannt, Privatslg. Chr. Phylaktou: Kleine intakte Wandapplike mit vorn offenem 'Löffelteil' und rundplastisch vorstehendem Rinderkopf mit langen Hörnern, eine Hornspitze fehlt (H 15 cm), kyprogeometrisch, nach V. Karageorghis "Whitepainted III (?)", s. BCH 102, 1978, 901f. Abb. 57.

271   Zypern (ohne Herkunftsangabe); Louvre, Inv.-Nr. AM 667: Intakt, geometrisch bemalt ('Bichrome III'), mit zwei kleinen plastischen Rinderköpfen und vorn offenem, zweigeteiltem 'Löffelteil' (H 34 cm); beschrieben als "tönernes Kultgerät aus Cypern; Lampenhalter (?), Eisenzeit", s. H.Th. Bossert, Altsyrien (1951) Abb. 144, nach Geschichte des Kunstgewerbes I (1928) 283; N. Leipen, Annual of the Royal Ontario Mus. 1960, 22 Anm. 7; A. Caubet-M. Yon, RDAC 1974, 113 Abb. 1b Taf. 18,4.5; V. Karageorghis, Rivista di Studi Fenici 3, 1975, 162 Anm. 2 Taf. 37,1.

272   Zypern, Fundort unbekannt; Cyprus Museum, Inv.-Nr. 1968/V-30/545 (aus der Privatslg. G. Michaelides): 'Geometrisch-Bichrome' bemalte Wandapplik mit plastischem Rinderkopf und Zickzackmustern (H 49,5 cm); erwähnt von D.M. Bailey, BritMusCatLamps (1975) 213.

273   Zypern, Fundort unbekannt; Privatslg. G.G. Pierides/Nikosia: Große, reich
        figürlich und ornamental bemalte Wandapplik des 7. Jhs. v.Chr. (H 51 cm)
        mit plastischem Rinderkopf und unten zweigeteiltem, nach vorn offenem
        'Kasten' ('Bichrome IV'); s. J. Des Gagniers-V. Karageorghis, La Cérami-
        que Chypriote de Style Figuré, Suppl. (1979) 22f. Nr. S VIII 2 mit Photo
        und Farbbild. Bei V. Karageorghis, Rivista di Studi Fenici 3, 1975, 163ff.
        Nr. 2 mit Abb. 1 (Zeichnung) und Taf. 35,2, war das Stück in der Privat-
        sammlung G.G. Giabra/Nikosia.

274   Zypern, Fundort unbekannt, Privatslg. D. Morris, Inv.-Nr. DM-BI-104:
        Fragment, Oberteil einer 'bichrome' bemalten Wandapplike (erh. H 17,1
        cm) mit im Relief wiedergegebenem Kopf eines Kurzhornrindes; vorge-
        wölbte Augen, eckig abgeschnittenes Maul sprechen für die archaische
        Epoche (7./6. Jh. v.Chr.), s. D. Morris, The Art of Ancient Cyprus (1985)
        200 Taf. 234; Th. Papadopoulos, Kongreß Göteborg 1991, Teil III (1992)
        336. 354 Abb. 5c.

275   Zypern, Fundort unbekannt; Louvre, Inv.-Nr. AM 333: Reich bemalte
        kyproarchaische Wandapplik mit halbplastischer weiblicher Figur, die eine
        Blume in der vorgestreckten Rechten hält. Unten fehlt ein funktionales
        Element (Lampenhalter, Weihrauchbrenner) völlig (6. Jh. v.Chr.); s. E.
        Pottier, BCH 31, 1907, 228 Taf. 22; A. Caubet-M. Yon, RDAC 1974, 119
        Abb. 4b.c und Taf. 19,2; V. Karageorghis, Rivista di Studi Fenici 3, 1975,
        162 Taf. 37,3.

276   Fundort unbekannt, Schweizer Privatbesitz: Kyproarchaische Wandapplik
        mit rot bemalter, reliefierter weiblicher Gestalt; unten zweigeteilte, kasten-
        artige Vorrichtung zur Aufnahme eines verlorenen weiteren Elements statt
        einer Schale oder eines 'Löffels'; H 42 cm, 7./6. Jh. v.Chr., s. R. Stucky,
        AA 1981, 437ff. Abb. 11; P. Blome, Orient und Frühes Griechenland.
        Antikenmus. Basel und Slg. Ludwig (1990) 22f. Nr. 30 mit Abb.

Zunächst sei wieder auf die Zahlenrelationen eingegangen: Rund 245 bronzezeitlichen Belegen stehen 36 nachbronzezeitliche gegenüber, ausnahmslos in Zypern
gefundene. Wiederum ist der Osten der Insel mit sieben Fundstellen ungewöhnlich
stark vertreten, woher mit dem Fragment aus Hagios Iakobos das älteste der Insel
überhaupt (womöglich noch vor die Mitte des 2. Jts. v.Chr. gehörig) und mit den
Belegen aus Enkomi die meisten je an einem einzigen Ort gefundenen stammen. Es
sind dies: die Karpaß-Halbinsel, Rizokarpassos, Gastria, Salamis, die Umgebung
von Famagusta, sowie ebendort Hagios Theodoros und das Dorf Vasili.

Von der Nordküste sind in meinem Katalog nur Lapithos und die Umgebung
von Soloi gemeldet, aus dem Zentrum der Insel allein Idalion und Tamassos, aus
dem Westen keine einzige Fundstelle und von der Südküste lediglich Kition und
Amathous. Die Dominanz des Raumes Enkomi-Salamis-Famagusta steht außer
Frage. Allerdings wurden aus Amathous, wenn schon nicht sehr zahlreiche, so doch
entwicklungsgeschichtlich späte, ikonographisch bedeutende Stücke bekannt.

Es wird mithin klar, daß Wandappliken — schon wegen der Menge erhaltener
Stücke — als religionsgeschichtliche Realien eine der wenigen überzeugenden

Traditionsbrücken zwischen Bronze- und Eisenzeit bilden. Zwar ist wiederholt —
wohl wegen der angeblichen chronologischen Priorität — ihr Ursprung in Syrien-
Palästina gesucht worden. Doch gelangt man mit dem Zeugnis aus Hagios Iakobos/-
Ostzypern (Nr. 84) ebenfalls bis in die Mitte des zweiten Jahrtausends zurück. Es
ist nicht auszuschließen, daß das Fragment ins 16. vorchristl. Jahrhundert gehört. In
der Enkomi-Grabung von P. Dikaios lagen die ältesten Beispiele im Stratum IIA.
Entfällt aber das Argument des Alters, gewinnt das der Fundkonzentration und
vitalen Entfaltung typologischer Variationen an Gewicht. So sprechen die Zahlen
entschieden für eine kyprische Erfindung und ein zeitweises Hinüberwirken in die
Kultwirklichkeit Syrien-Palästinas. Daß der Westen ebenfalls nehmender Teil war,
ist niemals angezweifelt worden.

Am kyprischen Fundstoff ist — wie bereits angedeutet — die religiöse Symbolik in vielfältiger Ausgestaltung anzutreffen: Während der Spätbronzezeit sind
dies vollplastische Rinderköpfe in Metall oder Ton, und zwar hoch oben im Bereich
des Lochs zum Aufhängen derartiger Appliken. Manchmal geht ein Loch mitten
durch die Stirn des Tierkopfes (Abb. 103c; 104g). Es handelt sich stets um einen
einzigen solchen Kopf (Nr. 2.5-7.81; Abb. 102d; 103c.d; 104g). Außerhalb Zyperns
ist dieselbe Erscheinung je einmal in Ras Schamra (Nr. 194) und einmal in Kreta
(Nr. 241, Abb. 103h) beobachtet worden. In Palästina handelt es sich einmal um
eine Protome einschließlich der Vorderbeine (Nr. 207, Abb. 104j). Angesichts des
Befunds wird niemand von bloßem Dekor sprechen wollen. Ferner ist an einem
Wandarm aus Enkomi eine vor dem Brand angebrachte kyprominoische Inschrift zu
erkennen, von der ein religiöser Inhalt zwar nicht beweisbar, ein profaner Text
jedoch keineswegs zu erwarten ist (Nr. 8, Spätkypr. III). Wesentlich bestärkt wird
die Einschätzung der Funktion der gesamten Gruppe als kultisch wegen des Vorkommens eines kleinen Reliefs an einer Applik aus Ras Schamra, das eine nackte
Göttin zeigt (Nr. 193).

Die nachbronzezeitlichen Funde dieser Art Zyperns bestätigen sowohl deren
Konzentration auf der Insel als auch die bisherigen symbolgeschichtlichen Aussagen: Einer der Wandarme — Hängelampe mit zwei Brennschnauzen — weist das
Relief einer Beschfigur auf (Nr. 243). An sieben Stücken handelt es sich um
halbplastisch ausgeformte und bemalte weibliche Figuren (Nr. 251. 265. 266. 268.
270. 276. 277), nämlich aus Idalion (Abb. 104i), Amathous, Nordwestzypern (Abb.
104h) und mehreren nicht benannten Fundorten der Insel. In den unmißverständli-
chen Fällen ist die 'Göttin mit den erhobenen Armen' erkannt worden, wie sie im
Epiphaniegestus sowohl auf Kreta als auf Zypern in großer Zahl anderweitig
nachgewiesen worden ist [2404]. Dem oben genannten Besch als Protektor steht
demnach eine überwältigende Menge von Bezeugungen einer weiblichen Gottheit
gegenüber. Allerdings könnte der nichtplastische, gemalte Krieger mit der Doppelaxt auf dem Wandarm einer Applike in ehemaligem Privatbesitz (Nr. 248) ebenfalls eine Gottheit bedeuten.

[2404] Alexiou a.O. (oben Anm. 2225); ferner Frau J. Karageorghis, La Grande Déesse de
Chypre et son Culte (1977) 145 zu Taf. 24a und V. Karageorghis, The Goddess with
Uplifted Arms (1977/78).

Das Bild rundet sich, wenn man die plastischen Schlangen an Nr. 242 mit berücksichtigt. Sie werfen Licht auf jene zahllosen flüchtigen Ritzungen von zeitlich vorausliegenden Schlangenlinien, die sonst als gedankenloser unbedeutender Schmuck abgetan werden müßten (Abb. 102a. 104a.d-g). Gelegentlich ist in den geometrischen Dekor Figürliches eingestreut (z.B. Nr. 268, Abb. 104h); es sind dies Fische, tablettartige Weihtäfelchen und Kammsymbole [2405]. Auch wenn im einzelnen noch nicht zu sagen ist, inwieweit sie mit der genannten kyprisch-ägäischen Göttin oder mit Schlangen und den so zahlreichen Rinderköpfen inhaltlich zusammenhängen, ist ihr teils kultisch-ritueller, teils mythisch-religiöser Bezug unverkennbar. In zwei Fällen begnügte man sich nicht mit dem obligaten einen Rinderkopf (wie an Nr. 244. 245. 248. 265. 270. 271. 273-275), sondern brachte statt dessen ein Paar derartiger Köpfe an (Nr. 249 und 272). Bei beiden Appliken handelt es sich um komplexe, religionshistorisch bedeutende Stücke, leider ohne Überlieferung der Fundumstände.

Zusammenfassend möchte ich mich der Formulierung von F. Stucky bedienen: "Stierkopf, Schlange und Göttin sind demnach nicht bedeutungsloser Dekor, sondern verkörpern Hoffnungen und Wünsche nach Kraft und Fruchtbarkeit. Vorstellungen dieser Art werden die Menschen bewogen haben, diese Geräte zu Hause aufzuhängen, Verstorbenen ins Grab mitzugeben oder einer Gottheit in ihr Heiligtum zu weihen. Da die Symbole 'Frau', 'Schlange' und 'Stier' in der kretischen Religion des 2. und frühen 1. Jts. v.Chr. ebenfalls eine zentrale Stellung innehatten, wird auch unsere aus Zypern importierte Wandapplike (Abb. 103h) auf Kreta kultischen Zwecken gedient haben" [2406].

6. *Die Verbreitung nahöstlicher Götterfiguren*

Weibliche Gottheiten

Die figürlichen Alabastergefäße unserer Abbildungen 105a-c geben im Typus gleiche nackten Frauen mit dickem Bauch und flachen, schweren Hängebrüsten, in Gebärstellung auf den Knien lastend, wieder. Das Väschen Abb. 105a stammt aus Knossos-Katsamba, Abb. 105b aus Ägypten und Abb. 105c, gewiß ein Produkt der Levante, aus Byblos. Weitere ägyptische Funde (wie Abb. 105b) sichern die Zuweisung an die Zeit der 18. und 19. Dynastien. Bereits A. Evans hatte die Werkstätten der gesamten Gefäßgruppe — und somit auch des Beispiels aus Kreta (Abb. 105a) — zutreffend im libanesisch-palästinensischen Küstensaum gesucht. Die doppelt gekehlte Gefäßmündung fand er an Erzeugnissen aus Alabaster verarbeitenden Werkstätten wieder, die u.a. Ain Schems, Gezer, Lachisch und Enkomi beliefert

---

[2405] Vgl. hierzu meine Zusammenfassung "Ägäische Kämme", in: APA 16/17, 1984/85, 91ff. und zur Kammsymbolik bereits in: JdI 83, 1968, 96ff. mit Abb. 21 und 22.

[2406] R. Stucky, AA 1981, 439.

haben [2407]. Sieht man den Vorgang phänomenologisch, so lassen sich im Nahen Osten, in Anatolien und auf Zypern, gleichermaßen im ägäischen Raum Übereinstimmungen bezüglich der Existenz einer 'Großen Muttergöttin' feststellen [2408]. Sieht man ihn jedoch unter Beachtung ikonographischer Besonderheiten, so ist mit dem östlichen importierten Belegstück aus der Umgebung von Knossos (Abb. 105a) keinerlei unmittelbare Beeinflussung der minoischen Religion erkennbar [2409].

Wie angedeutet (Anm. 2408), waren die Bild gewordenen Vorstellungen von der 'Großen Gebärerin', von der 'Leben- und Milch-Spendenden', von der 'Brüste-Haltenden', wie auch von der Mutter mit dem Kleinstkind auf dem Arm gängige und allgemein verständliche Typen lange vor der uns beschäftigenden Späten Bronzezeit, und zwar sowohl in Syrien-Palästina, wie in Zypern und Anatolien [2410].

In vielen Kulturen wurden Gefäße zur Aufnahme von Flüssigem generell als weiblich empfunden und erhielten Brüste aufgesetzt, auch menschliche Gesichter wie in Troja und ebenfalls auf Kreta. An einem spätbronzezeitlichen Krug aus Kamid el Loz/Libanon sitzen zwei applizierte weibliche, Brüste pressende Gestalten auf der Gefäßschulter, mit ihren Rücken und Köpfen jeweils an eine Seite des Gefäßhalses gelehnt; sie verkörpern denselben Bildgedanken, die Identität des Weiblichen mit dem Krug als Behältnis, nämlich des lebensnotwendigen Wassers [2411]. Bereits frühbronzezeitliche anthropomorphe Vasen, beispielsweise aus

---

[2407] Herakleion, Arch. Mus., Inv.-Nr. 2171; PM II (1928) 256ff. mit Abb. in Anm. 1 und Abb. 150. 151; P. Warren, Minoan Stone Vases (1969) 113; C. Lambrou-Phillipson, Hellenorientalia (1990) 209 Nr. 64 Taf. 67,64. — Nicht beachtet von E. Pilz, Die weiblichen Gottheiten Kanaans, eine archäologische Studie, in: ZDPV 47, 1924, 129ff.

[2408] E. Neumann, Die große Mutter, der Archetyp des großen Weiblichen (1956); Frau J. Karageorghis, La Grande Déesse de Chypre et son Culte (1977); bereits J. Przyluski, La Grande Déesse, Introduction à l'étude comparative des Religions (1950); D.R. West, Some Cults of Greek Goddesses and Female Demons of Oriental Origin (1995).

[2409] Die anthropomorphe Alabastervase aus Kreta weist im Boden ein Loch auf, sie war ein Rhyton. W. Helck meinte zu anderen kultischen Importstücken, "daß bei der Übernahme von Gegenständen die im Heimatland mit ihnen verbundenen Vorstellung und Nutzanwendungen in Vergessenheit gerieten. Sicher werden die Händler nicht die Nutzanwendung mitverkauft haben" (Die Beziehungen Ägyptens und Vorderasiens zur Ägäis bis ins 7. Jh. v.Chr. [2. Aufl., 1995] 166).

[2410] Vgl. W. Helck a.O. (unten Anm. 2426) mit zahlreichen Belegen, und U. Winter, Frau und Göttin, exegetische und ikonographische Studien zum weiblichen Gottesbild im Alten Israel und in dessen Umwelt (1983). — Die Einbindung der mykenischen φ-Idole (Abb. 49) in das orientalische Bild der 'Brüstehaltenden Göttin' steht bei W. Helck interessanter Weise unter der Überschrift "Der östliche Einfluß im materiellen Bereich" (Die Beziehungen a.O. 141f.).

[2411] Frühe Phöniker im Libanon (1983) 162 Nr. 103, S. 172 mit Farbaufnahme.

der Türkei, weisen in ihrer Gestaltung auf derartige Zusammenhänge hin [2412].

Auch Ägypten stand in der im weitesten Sinne religiös-ikonographischen Symbiose nicht völlig abseits. Das zeigen beispielsweise anstelle von mütterlichen Terrakotten mit Kleinkind Affenfigürchen aus Fayence mit ihrem Affenbaby vor der Brust, in manchem Fall mit Königskartusche, also aus einer Hofwerkstatt stammend, so unter den Tiryns-Funden eine solche Fayence des Pharao Amenophis II. (aus dem letzten Viertel des 15. Jhs. v.Chr.) [2413].

Seitdem es die von Jörg Schäfer angeregte und betreute Heidelberger Doktorarbeit "Die nackte Göttin" (1990) von Stephanie Böhm gibt, in der auch auf die bronzezeitliche Tradition eingegangen ist, erübrigt es sich, den 'Brüstehaltenden Typus' und seine Varianten langatmig zu behandeln (Liegen der einen Hand auf der Brust, der anderen auf dem Bauch oder beider Hände statt auf den Brüsten am Unterleib wie im Beispiel der bronzenen 'Bomfordgöttin' aus Zypern in Oxford, Abb. 107d [2414]).

Wenn beide Arme zwar erhoben wiedergegeben sind, jedoch die Hände zum Kopf führen, sind weder Göttinnen im Epiphaniegestus (im Sinne der Begriffsbildung von F. Matz), noch Priesterinnen im Adorationsgestus (W. Helck) gemeint, sondern 'Klageweiber' in ritueller Trauer, sich die Haare raufend. Es ist das Verdienst von Trude Dothan, die im ägäischen Raum während des letzten Jahrhunderts mykenischer Dominanz ikonographisch ausgebildete rundplastische Form (Perati/-Ostattika, Naxos, Ialysos/Rhodos), die gleichfalls in der Flächenkunst an Sarkophagen auftritt (Tanagra/Böotien), in Figürchen der Philisterkultur (Tell Aitun) wiedererkannt und damit eine weitere Brücke zwischen Hellas und Palästina entdeckt zu haben (The Philistines and their Material Culture [1982] 239ff. Abb. 10-13 Taf. 23-30). Hinzukommt ein kyprischer Fund, ein ebensolches Klageweib, ansitzend am Fragment eines Gefäßrandes (Slg. Ch. Hadjiprodromou; s. V. Karageorghis, Alaas, a Protogeometric Necropolis in Cyprus [1975] 56 Nr. 22 Taf. 38).

Am Rande sei vermerkt, daß sich mehr stilistisch als religiös widersprechende Tendenzen zeitlich oder räumlich nebeneinander auftreten können und somit keineswegs 'Kulturprovinzen' anzeigen. Ich meine das Streben nach Abstraktion und Reduktion des Körpers bis hin zur Formfindung von 'Violinkasten'- oder 'Brett'-Idolen. Beide Möglichkeiten religiöser Darstellung folgen offenbar einem Bedürfnis, das Göttlich-Weibliche gerade nicht im Volumen schwellender Körper-

---

[2412] E.-M. Bossert, in: Beiträge zur Altertumskunde Kleinasiens, Festschrift K. Bittel (1983) 136 Abb. 9a.b (im Anschluß an M. Korfmann). Vgl. "Die Geburt aus dem Gefäß" von M. Riemschneider in: Augengott und Heilige Hochzeit (1953) 126ff.

[2413] Th. Haevernick, AA 1979, 443 Nr. 30 Abb. 55a-c. Vgl. ein 'pithekomorphes Gefäß' aus Balat/Oase Dachleh (E.-M. Bossert a.O. 121ff. Abb. 6,2); aus wesentlich späterer Zeit, Ton, 'etrusko-korinthisch', s. G. Zahlhaas, Aus Noahs Arche, Tierbilder der Sammlung Miltenberg, Ausstellung München (1996/97) 78f. Nr. 61 und S. 132 mit Farbaufn.

[2414] Ashmolean Museum, Inv.-Nr. 1971.888 (H 9,9 cm, um 1200 v.Chr.); vgl. oben Anm. 651; ausführlich: H.W. Catling, Alasia I (1971) 15ff. mit Abb. 2-4 und A. Brown-H.W. Catling, OpAth 13, 1980, 117 Nr. 63 Abb. 53. Die Vorlage zu meiner Abb. 107d verdanke ich J. Boardman.

lichkeit zu begreifen. So muß die bekannte, aus mykenischer Tradition kommende, brettige und mit ihrem Sitzmöbel verschmolzene philistäische Göttin von Aschdod [2415] als wenig jüngere Parallerscheinung zur runderen kyprischen Bronzegöttin in Oxford (Abb. 107d) gesehen werden.

Es läßt sich schwer erkennen, ob der Weg vom Kultbaum über den Kultpfahl zum Brett und Brettidol geführt hat, mithin lebendiges 'Holz' wichtiger als die ihm gegebene Form gewesen sei. Jedenfalls zeigte K. Gallings Behandlung des Aschera-Begriffs enge religionshistorische Verknüpfungen des Lebensbaumes mit dem Kultidol und der Zustände auf Zypern mit denen in Kanaan [2416]. Gewiß ließen sich ähnliche Phänomene weiter nach Westen hin verfolgen [2417].

Wie bereits häufig zuvor in unserem Fundstoff, so gibt es auch in dem behandelten deutliche eisenzeitliche Ostwestverbindungen, die bronzezeitliche Vorgaben fortsetzen, beispielsweise bei den "Syrian Astarte Plaques and their Western Connections". So lautet der Titel einer lesenswerten Studie des die antike Welt von Hama und Tell Sukas bis Etrurien überblickenden dänischen Altertumsforschers P.J. Riis [2418].

Es gilt der Gesichtspunkt als beliebter methodischer Ansatz, daß Kleinstobjekte, Siegel — wie später Münzbilder — für die Weitergabe ikonographischer Bildfindungen von Kultur zu Kultur gesorgt hätten. Jedoch zeigt sich immer wieder erneut, daß diese Form der Übertragung nur eine unter vielen, wohl nicht einmal die

---

[2415] M. Dothan, Ashdod II/III Abb. 91,1; T. Dothan, The Philistines and their Material Culture (1982) 235f. Abb. 9a-d; Taf. 19,2.

[2416] Biblisches Reallexikon (2. Aufl., 1977) 12f. s.v. Aschera; vgl. die vielschichtige Behandlung der Probleme durch M. Dietrich und O. Loretz, Jahwe und seine Aschera, anthropomorphes Kultbild in Mesopotamien, Ugarit und Israel (1992); R. Kletter, Judean Pillar-Figurines and the Archaeology of Asherah, in: BAR 636 (1996).

[2417] Jedenfalls existierten, wenn auch schwache Verbindungen; so z.B. O. Negbi, A Canaanite Figurine in Late Minoan Crete, in: Akten des 4. Kongresses Herakleion 1976 (1980) 363ff.

[2418] Berytus 9, 1949, 69ff. — Zu derartigen eisenzeitlichen Terrakotten vgl. u.a. W. Albright, Astarte Plaques and Figurines from Tell Beit Mirsim, in: Mélanges offerts à R. Dussaud I (1939) 107ff.; D. Conrad, A Note on an Astarte Plaque from Tel Akko, in: Michmanim 2, 1985, 19ff. — P.J. Riis' Beobachtungen sind mit mehr Belegen und verfeinerten Methoden aufgegriffen worden von St. Böhm, Die Nackte Göttin (1990) Kapitel III: Matritzengeformte Terrakotten des 7. Jhs.

Erläuterungen zu Abb. 105 a-h auf gegenüberliegender Seite: a Knossos-Katsamba; Herakleion, Arch. Mus, Inv.-Nr. 2171. — b Kairo, Nat.-Mus., Inv.-Nr. 18418 (18./19. Dynastie). — c Byblos; London, British Mus. — d Karte nach J. Bouzek: Verbreitung von Reschef-Figürchen wie f (Signatur 1, vgl. auch Abb. 107 b.c), von Eisenmessern mit Bronzenieten (Signatur 2), weiteren Eisengegenständen des SH III C (Signatur 3) und Lage von Perati (Signatur 4). — e Nezeros am Olymp; Oxford, Ashmolean Mus., Inv.-Nr. AE 410 (Silber). — f (auch d1) Patsos-Grotte bei Rhethymon, Ashmolean Mus., Inv.-Nr. AE 13.1894.140. — g.h Tiryns (Chr. Tsountas) und Mykene (H. Schliemann), Athen, Nat.-Mus., Inv.-Nr. 1582 und 6433

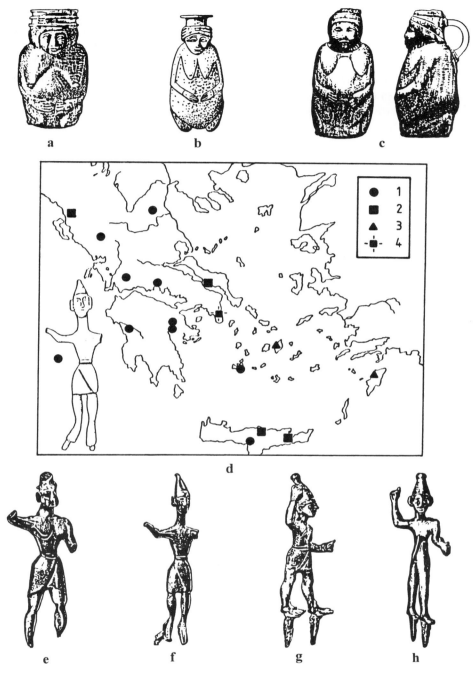

Abb. 105 a-h. Götterfiguren der Levante in Hellas: Syro-ägyptische Alabastergefäße in Gestalt einer gebärenden Muttergöttin (a-c) und kriegerische Reschef-Bronzen (f-h); weitere Erläuterungen auf gegenüberliegender Seite

häufigste gewesen war. Am konkreten Beispiel des Schiffsfundes von Uluburun ist erkennbar, was alles als Ware oder persönlicher Besitz von Seeleuten und Reisenden aus dem östlichen Mittelmeer in die Ägäis gelangte.

Als Vertreter von goldenen Amulettanhängern mit dem Bild einer stehenden nackten Göttin in Treibtechnik — einer 'Herrin der Tiere' — mit je einer Gazelle in den erhobenen Händen sei auf das unlängst bekannt gewordene Stück aus Uluburun verwiesen [2419]. Es gibt stilistisch nahe und weniger nahe Entsprechungen aus Ras Schamra/Minet el Beida, dort in einem Fall mit der Gazellen haltenden Göttin, auf einem Löwen stehend und zusätzlich als Schlangengöttin gekennzeichnet [2420]. Varianten zeigen die 'Nackte Göttin mit Schafböcken', die sie an den Hinterläufen packt (Minet el Beida) [2421]. Derselbe goldene Amulettypus trat auch auf Zypern, im Schatzfund von Hala Sultan Tekke zutage, dort mit in Ritzbildern wiedergegebenen Gottheiten, bekleidet und nackt [2422].

Die Bilder variieren, während der goldene Amulettyp und seine apotropäische Aufgabe blieben. Die Verbreitung — mit deutlicher Konzentration in Ras Schamra und Minet el Beida — umfaßt Beth Schean, Tell Abu Hawam (mit männlichem Gottesbild) und vor allem mit einem weiteren Schwerpunkt in Tell el Ajjul den Süden Palästinas. Hala Sultan Tekke und Uluburun zeigen das Ausgreifen dieser Gruppierung nach Westen an.

Die Schutzgöttin auf dem bei Uluburun untergegangenen Schiff (Anm. 237) bezeugt, daß neben Terrakotten und Goldamuletten auch rundplastische Bronzebildwerke — gelegentlich wie in Ugarit mit Goldfolie überzogen — aus mannigfachen Gründen auf die Reise gen Westen gingen. Diese mit geschlossenen Füßen aufrecht stehende syrische Göttin (H 16,4 cm) gibt zu erkennen, daß vorhandene Bildtypen in ihnen nicht angelegte Funktionen übernehmen konnten, wie im besagten Fall — wenn auch ohne Erfolg — den der Beschützerin der Seefahrt bzw. eines bestimmten Schiffes.

Wir haben demnach weniger auf unsere Typentrennung von stehenden, schreitenden, thronenden, φ- oder ψ-gestaltigen Idolen oder solchen mit im Epiphaniegestus erhobenen Armen zu achten als auf ihnen zugetraute Aufgaben: als Heil- oder Schutzgöttinnen, als solcher kriegerischer oder friedenstiftender Natur, als Beistand beim Schwur und überhaupt im Rechtswesen, doch ferner auch als Zauberinnen und

---

[2419] S. Gülçur, Antike Welt 26, 1995, 461 Farbbild 24.

[2420] C.F.A. Schaeffer, Syria 13, 1932, 8ff. Taf. 9,1. Von O. Negbi (The Hoards of Goldwork from Tell el Ajjul, SIMA 25, 1979, Taf. 4,17) zusammengestellt mit den südpalästinensischen, ebenfalls in Ugarit vorkommenden Typen, die nur den Kopf der Göttin und deren Vulva zeigen (a.O. Taf. 2,3.4; 4,11-14) und dem Typ mit dem Ritzbild einer thronenden Göttin anstelle der getriebenen 'Herrin der Tiere' (a.O. Taf. 4,20.21). Erneut einer sorgfältigen Bildanalyse unterzogen von St. Böhm, Die Nackte Göttin (1990) 67 Abb. 13b; vgl. S. 61 Abb. 11a-c.

[2421] M.-Th. Barrelet, Syria 35, 1958, 40 Taf. 2d; Negbi a.O. Taf. 4,18; Böhm a.O. 61 Abb. 11b; M. Weippert, HdbArch Palästina (1988) 302 Abb. 3/51,2 und bildliche Zusammenstellung der ganzen Gruppe.

[2422] P. Åström, Hala Sultan Tekke VIII (1983) 8ff. Abb. 7-11.

Entrückerinnen in der Narkose oder im Enthousiasmos (Mohngöttinnen [2423]), als menschliche, agrarische und animalische Fruchtbarkeit steuernde Herrinnen, über Bergbau, Metallhandwerk und -handel stehende Autoritäten und schließlich Gestirne vertretende Gottheiten (z.B. die mykenische Sonnengöttin auf einem in Zypern gefundenen Krater, Abb. 97i-k).

Beispielsweise steht die bereits unter anderem Gesichtspunkt genannte kyprische 'Bomford-Göttin' in Oxford auf einem Vierzungenbarren (Abb. 107d) wie der 'Barrengott' von Enkomi (Abb. 107b) und zeigt damit an, daß sie Herrin des Kupfers, des Bergbaus und aller metallurgischen Tätigkeiten zu sein beanspruchte. Bis hin zur heiligen Barbara, der mittelalterlichen Beschützerin der Bergleute, waren es immer wieder Herrinnen, Frauen, Göttinnen (z.B. Venus), denen man hierbei vertraute.

Wer von der 'Großen Göttin' spricht, meint die kosmische 'Übergöttin' mit ungeheuren ordnenden und weltregierenden Kräften, so wie sie seit der deutschen Romantik, seit J.J. Bachofen [2424] in der religionshistorischen Forschung existiert. Das einprägsame Bild der mit ausgreifender Herrschergebärde auf einem Gipfel das Weltganze tief unter sich überschauenden kretischen Berggöttin kommt ihm nahe [2425].

Für F. Schachermeyr bedeutet die 'Große Göttin' eine feste Größe, welche im Neolithikum mit seiner 'Vorderasiatischen Kulturtrift' aus dem Orient nach Westen gelangte; u.a. formulierte er so: "In religiöser Hinsicht traten (in den Vorderasiatischen Bergländern) die Vorstellungen von einer Großen Erd- und Muttergottheit in den Vordergrund. Diese Fortschritte führten zu einer dermaßen intensiven Sättigung, daß sie der Expansion bedurften" [2426].

Dort, wo literarische Quellen schweigen, läßt sich der Vergleich kretisch-minoischer und mykenischer Göttinnen mit kyprischen oder syro-palästinensischen, ägyptischen oder anatolischen ausschließlich über Bild gewordene Vorstellungen erreichen. Zwar ist während des letzten halben Jahrhunderts in den Bemühungen um Linear B viel geschehen, doch erstens hilft dies in Hinblick auf Linear A nicht wesentlich weiter, und zweitens bedeutet die Auffindung griechischer Götternamen in Linear B nicht notwendig, daß Inhalte historischer Epochen über Götternamen

---

[2423] Weiteres bereits oben zum großen Goldring aus Mykene mit der Mohngöttin und zur Mohngöttin von Gazi/Kreta (Marinatos-Hirmer 152f. unter Hinweis auf Odyssee 4,220ff. und auf die in den Mohnkolben [*Papaver somniferum*] realistisch angegebenen Einschnitte zur Gewinnung des Saftes, vgl. Propyläen-Kunstgeschichte XIV [1975] Text zu Taf. 445).

[2424] B. Wagner-Hasel, Matriarchatstheorien der Altertumswissenschaft (1992); mit Rez. von P. Guyot, Gnomon 68, 1996, 63ff.

[2425] Nachweise und Lit. bei B. Otto, Minoische Bildsymbole, in: Kolloquium Mannheim 1986 (1987) 9ff. 16 Abb. 7.

[2426] In: H.-G. Buchholz, Ägäische Bronzezeit (1987) 379. — Dazu aus der Sicht des Ägyptologen: W. Helck, Betrachtungen zur Großen Göttin und den mit ihr verbundenen Gottheiten, in: Religion und Kultur der alten Mittelmeerwelt in Paralleldarstellungen 2 (1971), auch oben Anm. 2410.

einfach in die Bronzezeit rückübertragbar wären [2427].

Ich vermag nicht zu sagen, ob eine kürzlich durch einen Buchtitel aufgeworfene Frage die gebildete Öffentlichkeit über einen Teil der Altertumswissenschaften hinaus berührt hat, nämlich die "Schwarze Athena" als Repräsentantin der "Afroasiatic Roots of Classical Civilization" (Martin Bernal, Black Athena [1987] und Teil 2: The Archaeological and Documentary Evidence [1991]; hierzu: M.R. Lefkowitz und G. MacLean Rogers [ed.], Black Athena Revisited [1996/97]). Es könnte der Eindruck entstehen, daß Anliegen meines Buches decke sich weitgehend mit den Thesen von M. Bernal. Doch dem ist nicht so, indem ich mich bemühe, den Quellen ohne vorgefaßte Meinung von dem, was am Ende dabei herauszukommen hat, abzulauschen, was sie für das Wann, Wie und Wo der Weitergabe von Kulturgütern — in beiden Richtungen — hergeben. Und wenn tatsächlich in der alten Literatur eine "Schwarze Göttin" auftaucht, bedeutet dies keineswegs, sie müsse mit Schwarzafrika zu tun haben; denn auch die Nacht und die Unterwelt waren 'schwarz' [2428].

Abgesehen von den wenigen am Namen und Wesen deutlich erkennbaren Göttern der griechisch sprechenden Einwanderer, ist in Hellas bei allen übrigen die Frage nach ihrem ägäisch-altmediterranen oder anatolisch-nahöstlichen oder ägyptischen Ursprung zu stellen und auch gestellt worden. Beispielsweise waren Göttertriaden weit verbreitet, etwa als Vater-Mutter-Kind-Modell. Für die bisherige Forschung gilt die Triade Zeus-Hera-Dionysos im Zentralheiligtum von Mesa/Lesbos trotz ihrer Namen als die aiolische Fortsetzung einer altanatolischen Götterdreiheit [2429]. Doch ganz anderer Art ist die Triade Demeter-Kore-Triptolemos und nirgendwo an Nahöstliches anzuknüpfen. Überzeugend ist ihr hohes Alter

---

[2427] Neben vielen anderen haben sich St. Hiller/Salzburg und der verstorbene L.R. Palmer/Innsbruck um religionshistorische Probleme in Linear B bemüht, z.B. letzterer "Some New Minoan-Mycenaean Gods", in: Innsbrucker Beiträge zur Sprachwissenschaft 26 (1981); ders., Studies in Mycenaean Religion, in: Festschrift R. Muth (1983) 283ff. (bes. zu theriomorphen Göttern); auch H. Mühlestein, Le Nom des Deux Ajax, in: SMEA 2, 1967, 41ff.; E. Vermeule, Götterkult, in: H.-G. Buchholz, ArchHom, Kap. V (1974) 59ff. ("Der mykenische Kult nach den Linear B-Dokumenten"); St. Hiller, Mykenische Heiligtümer, das Zeugnis der Linear B-Texte, in: Symposium Athen 1980 (1981) 95ff.; G. Knutzen, Matensa 'Suchende', der mykenische Name der späteren Demeter, in: Zeitschrift für Papyrologie und Epigraphik 120, 1998, 39ff. Zur bes. häufigen Auseinandersetzung mit dem Dionysosnamen in Linear B s. M.S. Ruipérez, The Mycenaean Name of Dionysos, in: A. Heubeck-G. Neumann, Res Mycenaeae (1983) 408ff., mit der älteren Lit.

[2428] H. Kronasser, Die Umsiedlung der Schwarzen Gottheit, in: SBWien 241, Lieferung 3 (1963) 30ff. — J.E. Coleman, The Case against Bernal's Black Athena, in: Archaeology 45, 1992, 77ff. — Unberührt hiervon bleibt das gelegentliche Vorkommen von Schwarzen in ägäischen Bildern, s. Sp. Marinatos, Ein Afrikaner in Thera?, in: AAA 2, 1969, 374ff. Farbtaf. 1.

[2429] Ch. Picard, La Triade Zeus-Héra-Dionysos dans l'Orient hellénique d'après les nouveaux Fragments d'Alcée, in: BCH 70, 1946, 455ff.; E. Will, Eléments orientaux dans la Religion grecque ancienne, in: Colloque de Strasbourg 1958 (1960) 170; H.-G. Buchholz, Methymna (1975) 198. 221.

erwiesen, und zwar durch die schöne späthelladische Elfenbeingruppe aus Mykene, bestehend aus zwei sitzenden, im Rücken mit einem gemeinsamen Mäntelchen [2430] verbundenen Göttinnen und einem Knaben, der sich an ihre Knie schmiegt (Abb. 61b.c [2431]). Bedeutend weniger kunstvoll, stehend, mit dem Kind auf den Schultern beider, findet sich das Motiv dieser Dreiheit auch unter den mykenischen tönernen Idolen, je einmal aus einem Kammergrab in Mykene und in Athen-Aliki [2432].

W. Pötscher hat sich jüngst in einem neuen, groß angelegten Anlauf bemüht, die Ursprünge der Triptolemos-Gestalt aufzuhellen [2433]. Er gelangt nach gründlicher Durchmusterung des Bedeutungsfeldes mit dem Namen doch zu einem 'Dreimalkrieger', vulgär 'Superkrieger'. Pötscher verbindet ihn über dessen Waffe (Dreizack > Blitz), über Pflug und Pflügen, Hieros Gamos und Regenspenden als einen ursprünglichen Fruchtbarkeitsdämon mit der Πάρεδρος-Gestalt der minoischen Religion und findet somit am Ende ebenfalls zu der Elfenbeingruppe des 15. Jhs. v.Chr. aus Mykene (Abb. 61b.c), indem er ausführt: "Daß Demeter und Persephone einerseits Dubletten sind, die ältere und die jüngere Göttin, andererseits durch den Namen bestimmt Demeter die Mutter, und Persephone als Tochter die Jahreszeitgöttin, braucht nicht weiter ausgeführt zu werden. Daß der Πάρεδρος auch der Sohn ist, gehört zu der in der minoischen Religion gängigen Vorstellung" [2434]. Dennoch sollte man, meine ich, die Augen nicht vor der Tatsache verschließen, daß das frühe Kunstwerk (Abb. 61b.c) ein nicht zeugungsfähiges, verspieltes Knäblein mit dem doch bemerkenswert vermenschlichten Frauenpaar vereint wiedergibt. Das mag allerdings weniger ein ikonographisches als vielmehr ein religionshistorisches Phänomen genannt werden.

Was die Übertragung einer Liebes- und Fruchtbarkeitsgöttin von den Küsten des östlichen Mittelmeeres nach Griechenland angeht, ist an den Mythos von 'Europa auf dem Stier' zu denken. Die Etymologie ihres Namens blieb dunkel. Sie galt als Schwester des Kadmos im böotischen Theben — Kultur- und vor allem Schriftbringers aus Phoinikien nach Hellas (καδμήια γράμματα) — und als Tochter des Phoinix (Ilias 14,321; Hesiod, Fragment 30), in späterer griechischer Tradition als Tochter des Königs Agenor von Sidon oder Tyros. Derartige Genealogien wären ohne Zögern frühestens als Indiz für die angehende Eisenzeit zu werten,

---

[2430] Hierzu H.-G. Buchholz, Das Symbol des gemeinsamen Mantels, in: JdI 102, 1987, 1ff. 9ff. Abb. 6a.b.

[2431] Hierzu Bibliographie a.O. Anm. 35 und oben Anm. 1419. Ferner E. Simon, Griechische Muttergottheiten, in: Matronen und verwandte Gottheiten, Ergebnisse eines Kolloquiums veranstaltet von der Göttinger Akademiekommission für die Altertumskunde Mittel- und Nordeuropas, gedruckt als Beiheft 44 der BonnerJb (1987) 157ff. Taf. 24 (der Knabe ist als 'Plutos[?]' angesprochen).

[2432] N. Polychronakou-Sgouritsa, AAA 19, 1986, 153ff. Abb. 1-3.

[2433] Triptolemos und die Wortbedeutung von πελεμίζειν, in: ActaAntHung 37, 1996/97, 161ff. — Ebd. weitere Lit. zu unserer Elfenbeingruppe und oben Anm. 2431.

[2434] Pötscher a.O. 178.

für jene Epoche, in der die Hafenstädte des Libanons dem Norden (Ugarit) den Rang abgelaufen hatten. Andererseits geht die Sage von der Entführung der Jungfrau Europa "zweifellos auf minoische Verhältnisse zurück: Stieropfer und Stierspiele, an denen Frauen beteiligt sind, Kult des Himmelsstiers, das Erlebnis des Meeres" [2435].

In Lebadeia/Böotien zeugt Demeters Beiname 'Europa' von deren altem Kult als Göttin (und nicht als phönikische Prinzessin). Nach dem Homerischen Hymnos 2,46 war sie in Teumessos/Böotien chthonischer Natur, von Zeus in einer Höhle verborgen. Diese zentralgriechische Europe wurde in der Antike jedoch mit der von Zeus entführten Mutter des kretischen Minos gleichgesetzt.

Während die Europa der Sage übers Meer getragen wird und es Anfangs- und Endpunkt der Reise gibt, war die 'Schaumgeborene' Aphrodite eine Göttin, die an Zyperns Küste dem Meere entstieg, ohne daß ihr 'Woher' erkennbar wäre. Nach A. Evans müßten die Kreter des zweiten Jahrtausends bereits einen Mythos von einer Göttin besessen haben, die sich von Meereswogen tragen ließ. So jedenfalls deutete er die ausgestreckte weibliche Gestalt in minoischer Tracht zwischen Schuppenmustern, die Wellen darstellen sollen, auf dem Tonabdruck eines Siegels aus Knossos (Abb. 93i) [2436].

Es bleibt die Frage, wer war Aphrodite, die 'Schaumgeborene' aus dem Meer? (s. hierzu P. Friedrich, The Meaning of Aphrodite [1978] und D. Dickmann-Boedeker, Aphrodite's Entry into Greek Epic [1974] 18ff. [the names and epithets]). Hesiod wußte um 700 v.Chr. von ihr, "... daß sie aus Aphros, dem Schaume,

---

[2435] So H. von Geisau, Der Kleine Pauly II (1975/1979) 446ff. s.v. Europe; bereits W. Bühler, Die Europe des Moschos (1960). Schöne Beobachtungen auch in: W.-H. Friedrich, Europa und der Stier, angewandte Mythologie bei Horaz und Properz, in: NachrAkad Göttingen 1959, Nr. 5; B.W. Dombrowski, Der Name Europa auf seinem griechischen und altsyrischen Hintergrund, ein Beitrag zur ostmediterranen Kultur- und Religionsgeschichte in frühgriechischer Zeit (1984).

[2436] Abb. 93i nach PM IV 956 Abb. 925. Wasser als Wellenlinien — wie auf einer Gemme im British Museum (Inv.-Nr. 1932/4-1/4) als Basis der 'Herrin der Tiere' im kretischen Volantrock mit je einem großen Wasservogel in den seitlich ausgestreckten Händen (bereits A. Milchhöfer, Die Anfänge der Kunst in Griechenland [1883] 86 Abb. 56a) — ist häufig, Wasser als Schuppenmuster höchst ungewöhnlich. Letzteres von den Minoern aus dem Nahen Osten übernommen, steht gewöhnlich für 'felsigen Boden', s. A.W. Persson, New Tombs at Dendra near Midea (1942) 137ff. ('scale pattern'). Interessanterweise besteht die Fläche der Hafenbucht auf dem bedeutenden neuen Siegelabdruck des 15. Jhs. v.Chr. aus Chania/Westkreta aus einer Kombination von Gitterraster und Schuppen, s. E. Hallager, The Master Impression (1985) 49ff. Abb. 10-12; W. Schiering, Antike Welt 25, 1994, 184 Abb. 13. — Das schöne Schwanensiegel aus Mirabello mit realistischen Wellen auch bei Hallager a.O. 58 Abb. 19c. — Nach mythischer Einschätzung barg das Meer geschlechtslose oder männliche Ungeheuer, doch ebenso — und nicht nur in der Odyssee — weibliche Dämonen, so 'Sirenen' in der Baruch-Apokalypse 10,8: "Herbeirufen will ich die Sirenen aus dem Meer". Nach Henoch 19,2 sind sie wie folgt zu identifizieren: "Die Weiber der abgefallenen Engel werden zu Sirenen werden"; s. E. Roellenbleck, Magna Mater im Alten Testament (o.J.) 113.

aufwuchs. (Menschen nennen sie) Kyprosgeborene auch, weil sie entsprossen der Brandung von Kypros" (Theogonie 194ff. 199). Woher kam die spätere Herrin von Paphos auf Zypern nun wirklich? Bereits früheste kyprische Inschriften — jedoch nicht eine, soweit lesbar, aus dem zweiten Jahrtausend — bieten die Gleichsetzung der semitischen Astarte mit der griechischen Aphrodite [2437]. Ein solcher Vorgang ist nicht vor dem ersten vorchristlichen Jahrtausend wahrscheinlich, weil erst dann verschiedene Göttinnen zu einer Einheit verschmolzen waren, die 'Astarte' hieß. Kürzlich erschien hierzu eine Zusammenfassung, die wie folgt lautet: "In den Texten des 2. Jts. sind die Göttinnen Anat, Aṯirat und Aṯtart/Astarte noch völlig verschiedene Gestalten ... Demgegenüber wird im 1. Jt. ein Zurücktreten Anats und gleichzeitig eine weitgehende Verschmelzung von Aṯirat und Aṯtart deutlich ... Es zeichnet sich eine Vereinfachung der verschiedenen Aspekte ab" [2438]. Andererseits sind Astarte und Anat bereits in einem Brief an einen ugaritischen König gemeinsam mit "allen Göttern Zyperns", also doch wohl als auf der Insel beheimatet, angerufen.

Die paphische Aphrodite war vor allem Herrin, '(W)anassa' [2439], ihres bedeutendsten Heiligtums in der damaligen Welt, zugleich Herrin mit kosmischem Aspekt, gewappnet mit kriegerischem Aspekt (u.a. in Amathous, wie im 2. Jt. Anat als Kriegsgöttin in Ugarit) [2440], dann auch Beschützerin des Kupfers, sowie der Seefahrt [2441]. Sie war vor allem der Vegetation — Blumen, Blüten, Früchten — verbunden [2442] und als solche 'Aphrodite in den Gärten' (zu ihrem Baum mit

---

[2437] H.-G. Buchholz-K. Untiedt, Tamassos (1996) 30f.

[2438] St. Böhm, Die Nackte Göttin (1990) 127f.; dazu auch M. Dietrich-O. Loretz, Jahwe und seine Aschera (1992), wo Göttinnen des 2. Jts. in den Ugarit-Texten berücksichtigt sind.

[2439] Vgl. u.a. B.C. Dietrich, Tradition in Greek Religion (1986) 80f.

[2440] Vgl. u.a. O. Broneer, The 'Armed Aphrodity' on Acrocorinth and the Aphrodite of Capua, in: University of California Publ. I/2 (1930); A. Gotsmich, Die 'grausame' Aphrodite am Gigantenfries des Pergamener Altars, in: AA 1941, 844ff.; D.L. Page, Further Greek Epigrams (1981) 15f. (zur spartanischen Aphrodite in Waffen). W.A. Daszewski, Sculptures from Nea Paphos, Aprhodite Hoplismene, in: Kongreß Nikosia 1982 (1985) 379f. mit Photo und Ergänzungszeichnung. Zuletzt: J. Flemberg, Venus Armata, Studien zur bewaffneten Aphrodite in der griechisch-römischen Kunst (1991); a.O. 18f. 29 mit Anm. 57-59 bes. zur kriegerischen Aphrodite auf Zypern. Ders., Eine neue Aphrodite mit dem Schwert, in: OpAth 20, 1994, 244ff. — Zu den syrischen Göttinnen in Waffen s. M.T. Barrelet, Les Déesses armées et ailées, in: Syria 32, 1955, 233ff.

[2441] Page a.O. Nr. 317 und 385. In Zypern stand ein Aphroditetempel an der äußersten Ostspitze der Insel. Zu Aphrodite außerhalb Zyperns s. D. Wachsmuth, Pompimos o Daimon, Untersuchungen zu den antiken Sakralhandlungen bei Seereisen (1967) passim.

[2442] C. Calame, Prairies intouchées et jardins d'Aphrodite, in: A. Moreau, L'Initiation II, Symposium Montpellier (1992) 103ff. (erwähnt von J. Latacz, in: Zweihundert Jahre Homer-Forschung [1993] 225f.). — Nach Lokalquellen soll sich das Grab der Ariadne in Zypern im Hain der Aphrodite befunden haben (u.a. F. Brommer, Theseus [1982] 129). Nach Hesych standen Aphrodite Früchte als Opfer in Amathous zu (κάρπωσις· θυσία Ἀφροδίτης ἐν Ἀμαθοῦντι). — In Paphos verstand ein Amarakos, Sohn des

goldenen Äpfeln in Tamassos s. Ovid, Metamorphosen 644ff.) wie schließlich
Göttin der Aromata, der duftenden Kräuter (reiner Myrrhe und wohlreichenden
Harzes nach Athenaios, Deipnosophistae XII 510d, s. G.B. Gulick, Athenaeus, The
Deipnosophists [1923] passim). Durchaus wichtig war ihre Funktion als Schutz-
göttin bei der Geburt, wie ihr Beiname Γενετυλλίς ausweist.

In ihrem Hauptheiligtum auf Zypern wie denen der Astarte in der Levante gab
es Tempelprostitution. Zugrundeliegt diesem merkwürdigen Brauch ein Aspekt, der
wie die 'heilige Hochzeit' Fruchtbarkeits- und Liebesgöttinnen eigen war [2443].

Tempelprostitution ist ikonographisch mit der 'Frau am Fenster' zu fassen: Es
zeigt sich in der Tür des Tempels, auf einer Art Balkon oder am Fenster die Göttin
selber oder die sie vertretende Priesterin oder eine andere zur Tempelprostitution
zugelassene Person, um männliche Besucher anzulocken. Ja, abgekürzt, konnte das
Fenster allein dasselbe aussagen.

Während im Nahen Osten kein einziges von den seit dem 9. Jh. reichlich
existierenden archäologischen Zeugnissen der 'Frau am Fenster' (abgekürzt zum
frontalen Gesicht im Fensterrahmen) aus dem 2. Jt. v.Chr. bekannt wurde, gab es
auf Zypern dieses Bildschema bereits bedeutend früher: mehrfach am sogenannten
mykenischen 'Fensterkrater' von Kourion (SH III A2, vor 1300 v.Chr.) [2444].
Kurz darauf finden wir 'Frauen am Fenster' sodann an einem bronzenen, in Durchbruchtechnik gegossenen Gefäßuntersatz aus Enkomi [2445].

Kinyras (nach Diosc. III 41), die kostbarsten Salböle für den Dienst der Göttin zu bereiten
('αμάρακος = Majoran).

[2443] Vgl. zu diesem oft behandelten Thema u.a. I. Mitchell Wheatley, The 'Hieros Gamos'
in the Ancient Near East and in Israel, Diss. Univ. of Iowa (1966); A. Avagianou, Sacred
Marriage in the Rituals of Greek Religion, in: Europaean University Studies, Serie 15, Band
54 (1991); J.S. Cooper, Sacred Marriage and Popular Cult in Early Mesopotamia, in: E.
Matsushima, Official Cult and Popular Religion in the Ancient Near East (1993) 81ff.; S.N.
Kramer, The Sacred Marriage Rite (1969); D. Reismann, Iddin-Dagan's Sacred Marriage
Hymn, in: JCS 25, 1973, 185ff., sowie die Zusammenfassung von J. Renger, RAss IV
(1972-75) 251ff. s.v. Heilige Hochzeit. Weiteres unten Anm. 2448.

[2444] Kourion-Bamboula, Grab 17/1895, nach alter Zählung Grab 102; vom selben Gefäß
Scherben im British und im Cyprus Mus., s. oben Anm. 1594 und H.B. Walters, in: Excavations in Cyprus (1900) 73 Abb. 127; F. Poulsen, JdI 26, 1911, 232f. Abb. 16; V. Karageorghis, JHS 77, 1957, 269ff. und BCH 94, 1970, 226ff. Abb. 80a.b; P. Åström, SCE
IV/1C (1972) 291 (Lit.); W.-D. Asmus, Die Kunde, N.F. 30, 1979, Taf. 44; H. Wylde-
Swiny, Ancient Kourion Area (1982) 40 Abb. 27. 28; Th. Nörling, Altägäische Architekturbilder (1995) Taf. 18,3.

[2445] Grab 97 (engl. Ausgrabungen), im British Museum, Inv.-Nr. 97/4-1/1296. Datierung in
der Lit. stark schwankend, doch Mykenisches der 1. Hälfte des 13. Jhs. spricht für diese
Zeitstellung, vgl. A. Furtwängler, SBMünchen 1899, 411ff.; A.S. Murray, Excavations in
Cyprus (1900) 10 Abb. 18; F. Poulsen, JdI 26, 1911, 231f. Abb. 15; A. Evans, PM II 602
Abb. 374; W. Lamb, Greek and Roman Bronzes (1929) Taf. 12b; E.F. Prins de Jong,
BAntBesch 24-26, 1949-1951, 4 Nr. 2; H.Th. Bossert, Altsyrien (1951) Abb. 300; H.W.
Catling, CBMW 204f. Nr. 32 Taf. 33c; ders., in: Alasis I (1971) 22f. Abb. 6 und 7 (Details);
R. Giveon, The Impact of Egypt on Canaan (1978) 41 (ohne Abb.); H. Müller-Karpe, Hdb.

Ist letzterer ein kyprisches Produkt, so könnte der 'Fensterkrater von Kourion' sehr wohl aus Hellas importiert sein und dann das Bild als mykenische Erfindung dokumentieren. Diese Sicht der Dinge erscheint insofern nicht abwegig, als es aus Grab 6 der Nekropole von Tanagra/Böotien einen mykenischen Sarkophag gibt, dessen Langseite die Darstellung dreier Fenster nebeneinander in der Wand hölzerner Architektur — eine Art Laube — mit je einem Frauenkopf aufweist [2446].

Es ist möglich, daß bereits ein Freskenfragment aus Knossos mit einer Frau auf einem Balkon genau demselben Bildgedanken diente [2447]. Absolut sicher ist dies deshalb nicht, weil der weitere Bildzusammenhang unbekannt blieb und es in Knossos genügend Darstellungen weiblicher Zuschauer bei Festveranstaltungen gibt, die aus Fenstern und von Terrassen oder Balkonen herabblicken, ohne daß erotische Absichten vorlägen.

Nehmen wir Kulthörner und mykenische Stufenkapitelle im Aphroditeheiligtum von Paphos hinzu, verstärken sich bezüglich einer 'Ur-Aphrodite' die Indizien für eine religiös-kultische West-Ost- und nicht Ost-Westbewegung.

Die im gesamten späteren griechischen Raum bis hin in die unteritalischen Kolonisationsgebiete verehrte 'Aphrodite Parakyptousa' setzte — wie ihr Name sagt — die 'Frau am Fenster' der Bronze- und frühen Eisenzeit bildlich und im praktischen Tempelkult fort [2448]. In der frühgriechischen Lyrik bezeichnet man Kourtisanen als πῶλοι Κύπριδος ("Fohlen der Aphrodite").

Die zahlreichen Elfenbeinschnitzereien mit 'Frauen am Fenster' des 9. und späterer Jahrhunderte aus Nimrud, Chorsabad, Arslan Tasch und Samaria, verstreut über viele Museen der Welt, lasse ich aus chronologischen Gründen beiseite. Im Alten Testament (Richter 5,28 und 2. Könige 9,30) kommt unser Bildmotiv indes-

---

der Vorgeschichte IV (1980) Taf. 190,2; H. Matthäus, PBF II/8 (1985) Taf. 100 und 101 Nr. 703; J. Bretschneider, Architekturmodelle in Vorderasien und der östlichen Ägäis vom Neolithikum bis in das 1. Jt. (1991) 122 Abb. 72; Th. Nörling, Altägäische Architekturbilder (1995) Taf. 18,1.

[2446] Th. Spyropoulos, AAA 3, 1970, 194 Abb. 13 und Sp. Marinatos, ebd. 62 Abb. 2.

[2447] A. Evans, PM II (1928) 603 Abb. 376; wiederholt von M. Andreadaki-Blazaki, in: AAA 21, 1988, 63 Abb. 6.

[2448] Oben Anm. 516-519. Grundlegend: W. Fauth, Aphrodite Parakyptousa, Untersuchungen zum Erscheinungsbild der vorderasiatischen Dea prospiciens, AbhMainz 1966, Nr. 6; mit der Rez. von W. Helck, Gnomon 40, 1968, 217ff. und Fauths Erwiderung in Gnomon 46, 1974, 690. Zu Fauth noch einmal S.F. Bondi, Folia Orientalia 21, 1980, 228. Betreffs Unteritalien vgl. bes. K. Schauenburg, Frauen am Fenster, in: RM 79, 1972, 1ff. und 80, 1973, 271ff. sowie in Festschrift Arias 473ff. Ferner W. Fauth, Sakrale Prostitution im Vorderen Orient und im Mittelmeerraum, in: Jb. für Antike und Christentum 31, 1988; auch einige Beiträge in: A. Bonanno, Archaeology and Fertility Cult in the Ancient Mediterranean; Papers presented at the First International Conference on "Archaeology of the Ancient Mediterranean", University of Malta 1985 (1986), sowie im weiten religionshistorischen Zusammenhang: J. De Gravelaine, La Déesse sauvage, les divinités féminines, mères et prostituées, magiciennes et initiatrices (Neudruck 1993) und G. Steiner, Die *Femme Fatale* im Alten Orient, in: La Femme dans le Proche-orient Antique (1987) 147ff. — Zuletzt A. Mehl, Akten des Int. Hellenismus-Kolloquiums, Berlin 1994 (1997) 396 mit Anm. 22.

sen literarisch vor: "Und da Jehu gen Jesreel kam und Isebel das erfuhr, schminkte sie ihr Angesicht und schmückte ihr Haupt und sah zum Fenster hinaus". Ferner weist das Prunkbett des Assyrerkönigs Assurbanipal in der Darstellung eines Gartenfestes Reliefschnitzereien mit dem Motiv der 'Frauen am Fenster' auf [2449]. Dieses Bett besaß wie der Königsthron sakrale Bedeutung, wohl auch als Ort des 'Hieros Gamos'.

Es heißt in der Regel von der 'Kypria/Aphrodite', sie sei "herself an oriental immigrant in the Homeric pantheon, probably post-Mycenaean" [2450]. Doch die Vielschichtigkeit ihres Wesens bereits im spätbronzezeitlichen Zypern und dort feststellbare SH-Komponenten habe ich oben anzudeuten versucht. Auch die Reduktion auf ein Hauptmerkmal, dem einer 'Taubengöttin', führt kaum zu befriedigenden Ergebnissen, was ihren Ursprung angeht [2451]. Während sich Raubvögel mit gekrümmtem Schnabel relativ deutlich von den in Siegel- und Vasenbildern häufig unspezifisch dargestellten Vögeln abheben (z. B. Falkenszepter von Kourion und Adlersiegel von Enkomi, Abb. 91a) [2452], sind Tauben nicht ebenso sicher auszumachen. Eindeutig Tauben kommen auf Münzen aus Paphos vor und müssen zweifelsfrei auf Aphrodite bezogen werden [2453]. Auch das archaische Tonmodell

---

[2449] Detailphoto und -zeichnung in: J. Thimme, Phönizische Elfenbeine, Möbelverzierungen des 9. Jhs. v.Chr., Bildhefte des Badischen Landesmuseums Karlsruhe (1973) S. Xf. Abb. c und d.

[2450] M.L. West, JHS 108, 1988, 171 Anm. 116. Auf die Taube der Aphrodite ging ein: A. Teske, Die Homer-Mimesis in den Homerischen Hymnen, in: Greifswalder Beiträge zur Literatur- und Stilforschung 15 (1936). — Zur kyprischen Aphrodite vgl. O. Masson, Cultes indigènes, Cultes grecs et Cultes orientaux à Chypre (Éléments Orientaux dans la Religion Grecque Ancienne, Kolloquium Straßburg 1958 [1960] 129ff.), der Aufsatz ist bezüglich Aphrodite enttäuschend; vgl. ferner J.E. Dugand, Aphrodite-Astarte (Annales de la Fac. des Lettres et Sciences Humaines de Nice 21, 1974, 80ff.); J. Rudhardt, Quelques notes sur les cultes chypriotes, en particulier sur celui d'Aphrodite, in: D. Van Berchem, Chypre des Origines au Moyen-Âge (Genf, 1975) 109ff.; G. Pugliese-Carratelli, Afrodite cretese, in: SMEA 20, 1979, 131ff.; F. Vandenabeele, Phoenician Influence in the Cypro-Archaic Terracotta Production/Astarte-Aphrodite, in: Symposium Nikosia 1985 (1986) 352f. Äußerst knappe aber den neueren Stand der Forschung repräsentierende Zusammenfassung von W. Fauth, in: Der Kleine Pauly I (1975/1979) 425ff. s.v. Aphrodite.

[2451] K. Welz, Die Tauben der Aphrodite, in: Schweizer Münzblätter 34, 1959, 33ff.; vgl. bereits B. Lorenz, Die Taube im Altertume, in: Gymnasialprogramm Wurzen in Sachsen (1886) 3ff.

[2452] Das Steatitsiegel auch bei A. Caubet-J.-Cl. Courtois, RDAC 1986, 74f. Abb. 5 Taf. 19,5; oben Anm. 1175. 1176 und 1596 zu Adler, Doppeladler, Vögeln allgemein.

[2453] O. Masson, ICS Taf. 9,6-8. — Wandlungen hin zum Heiligen Geist im Bild der Taube, zur Friedenstaube, brauchen hier nicht erörtert werden, vgl. H. Gressmann, Die Sage von der Taufe Jesu und die vorderasiatische Taubengöttin, in: ARW 20 (1920/21) 1ff. und 323ff.; F. Sühling, Die Taube als religiöses Symbol im christlichen Altertum, in: Römische Quartalschrift für christl. Altertumskunde und für Kirchengeschichte, Suppl.-Band 24 (1930); F.J. Dölger, "Unserer Taube Haus", die Lage des christlichen Kultbaus nach Tertullian, in: Antike und Christentum 2, 41ff.; H. Dittmar, Symbol der Sehnsucht aller, die Friedenstaube

eines Taubenhauses aus Idalion im Louvre gehörte der Aphrodite [2454]. Wildtau-ben-Knochen befanden sich unter den Opferresten am Aphrodite-Altar von Tamas-sos [2455]. Doch auf einigen kyprischen Rollsiegeln vermögen wir schon für die Bronzezeit (Spätkypr. II) den Zusammenhang Tempel-Taube-Göttin nachzuweisen, ohne daß sie 'Aphrodite' sein müßte. Alle derartigen Siegel sind im Bildaufbau eckig-linear ('Fadenstil') und folgen dem Prinzip, daß zwei Thronende — die Göttin auf einem Lehnstuhl, die andere Figur auf lehnenlosem Hocker —, mit den Gesichtern einander zugewandt, zwischen sich statt eines Tisches eine Tempelfassa-de haben. Sie halten eine Waffe (oder Fackel?) in der Hand. Im Beispiel aus 'Old Salamis', also Enkomi, sitzt auf dem Tempel eine Taube (Abb. 93h, von A. Evans unglücklich so publiziert, daß die Symmetrie der Komposition verlorenging) [2456]. Im Beispiel eines ähnlichen Rollsiegels aus Grab 3 von Achera könnte das undeutli-che Etwas auf der Tempelfassade ebenfalls eine Taube sein, wenn auch aus dem Zentrum gerückt, weil die auf die Göttin gerichtete Waffe (Pfeil und Bogen) den Platz über dem Tempel einnimmt [2457]. In einem weiteren Beispiel findet sich auf dem Kultbau ein Vierbeiner (Löwe oder Sphinx?), während die Taube auf der Rückenlehne des Thrones der Göttin sitzt [2458]. Eine interessante Abwandlung des Bildschemas bietet ein Rollsiegel, vormals in der Slg. Hadjiprodromou/Famagu-sta: Die zweite sitzende Person fehlt, zwischen Göttin und Kultbau steht ein Gerüst mit einem Vogel darauf — vielleicht wieder eine Taube —; auf dem zentralen Kultbau bewegt sich eine Schlange und in jenem befindet sich ein ihn charak-terisierender Vierbeiner (wohl Löwe) [2459]. In diesem Fall hätte man die Wahl, die Inhaberin des dargestellten Tempels 'Tauben'-, 'Schlangen'- oder 'Löwen'-Göttin zu nennen.

V. Haas vermerkte zur 'Ischtar vom Amanusgebirge' hoch im Norden Syriens: "Ein Charakteristikum ihres Kultes sind die Tauben. Wir hören von einer vergött-lichten Taube, von Opfern an kultisch verehrte Tauben, von taubenförmigen Gefä-

---

(1959); O. Keel, Deine Blicke sind Tauben, in: Stuttgarter Bibelstudien 114/115 (1984). — Byzantinische Gelehrsamkeit ordnete der Aphrodite das Zinn und die Taube zu.

[2454] A. Caubet, in: Studies presented in Memory of P. Dikaios (1979) 97f. Abb. 1a.b und Tauben an tönernen Tempelmodellen, s. S. 101 Abb. 2b.d.e (Jordanien, Assur und Selimiye bei Hama, zu letzterem K. Kohlmeyer, Land des Baal [1982] 116 Nr. 97, mit neuem Photo).

[2455] G. Nobis, Tierreste aus Tamassos auf Zypern, in: APA 7/8, 1976/77, 271f. 296 (*Columba palumbus*).

[2456] Abb. 93h nach A. Evans, PM IV 408 Abb. 338.

[2457] H.-G. Buchholz-V. Karageorghis, Altägäis und Altkypros (1971) Abb. 1755 und E. Porada, Late Bronze Age Seals between East and West, in: Symposium Nikosia 1985 (1986) 289ff. Taf. 18,5.

[2458] Porada a.O. Taf. 18,6; dies., Remarks on Cypriote Cylinders, in: Kongreß Göteborg 1991, Band III (1992) 360ff. 379 Abb. 17 (Löwe).

[2459] Porada a.O. (Symposium Nikosia) Taf. 19,1. — Zu Taube und Schlange als Symbole der Muttergottheit s. H. Ringgren, Die Religionen des Alten Orients (1979) 214. Vgl. St.G. Brown, The Serpent Charms of Ugarit, Diss. (PhD) Brandeis Univ./Massachusetts (1974).

ßen sowie von einem Taubenfest und einem Taubenlied in hurritischer Sprache. Die Taube, die den erotischen Aspekt der Göttin symbolisiert, verbindet die Ischtar vom Amanus mit der aus griechischer Überlieferung bekannten kyprischen Aphrodite-Urania ..." [2460].

Auch sonst ist die Ikonographie der 'Göttin mit der Taube' häufig behandelt worden [2461], meist in der Art, daß Kyprisches und Altägäisches lediglich als Ableger verstanden wurden. Nach dem soeben Gesagten kann freilich an der ins Auge fallenden religiösen Rolle der 'Taubengöttin' in der Levante kein Zweifel bestehen. Den erörterten Funden möchte ich lediglich noch eine Matrize aus Tell Mardich/-Syrien hinzufügen, die in eindrucksvoller Gleichheit eine Göttinnentrias zeigt, von denen die mittlere die Mondsichel auf dem Haupt, die beiden äußeren je eine zur Mitte blickende Taube tragen [2462].

Was den Nachweis der religiösen Bedeutung von Tauben in den ägäischen Kulturen angeht, so reicht sie mit einem Kultgefäß der ehemaligen Sammlung Giamalakis auf Kreta bis in die frühe Bronzezeit zurück: Drei vereinte hohle, mit vier Füßen, einem Einguß und Henkel versehene Taubenkörper gehören nach Ton, Brand und Farbe in die letzten Jahrhunderte des dritten Jahrtausends [2463]. Im zweiten vorchristlichen Jahrtausend zeugen Siegelbilder vielfach von der Existenz von Tauben in bedeutungsvollem Bildzusammenhang, so beispielsweise auf Abdrücken aus Hagia Triada [2464]. In einem Abdruck aus Knossos nimmt eine Taube das Zentrum — also den Platz der Gottheit — ein, flankiert von Greifen (Abb. 93a). Ein weiterer Siegelabdruck von dort bietet eine komplexere Bildkomposition mit zwei zur Mitte strebenden Tauben, darüber einer weiblichen Gestalt in langem Gewand mit Stab, rechts und links Blumenstauden (Lilien, Abb. 93f [2465]).

[2460] In: Land des Baal, Syrien, Forum der Völker und Kulturen, Ausstellung Berlin (1982) 333.

[2461] Lit. bei Urs Winter, Die Taube der fernen Götter in Psalm 56,1 und die Göttin mit der Taube in der vorderasiatischen Ikonographie, in: O. Keel, Vögel als Boten (1977) 37ff. 41 Anm. 1-3 (S. 151ff. Lit.: H. Greeven [1959]; A. Caquot [1970]; E. Lipiński [1973]); außerdem: J. Danmanville, Iconographie d'Ištar-Šaušga en Anatolie Ancienne, in: RevAssyr 56, 1962, 129ff.; B. Alster, Ninurta and the Turtle, in: JCS 24, 1972, 120ff.; V. Haas, Hethitische Berggötter und hurritische Steindämonen (1982) 32. 84. 89. 97. 99. 182. 202. — O. Keel hat zu U. Winters Dokumentation ein weiteres altsyrisches Rollsiegel mit der nackten Taubengöttin gestellt (in: J. Briend-J.-B. Humbert, Tell Keisan [1980] 272f. Abb. 83).

[2462] A. Davico u.a., Missione Arch. Ital. in Siria (1967) 92f. Taf. 66,1.2.

[2463] Marinatos-Hirmer, Taf. 9. Vgl. ferner K. Branigan, The Genesis of the Household Goddess, in: SMEA 8, 1969, 28ff. und eine polychrom bemalte Schüssel mit plastischer Taube aus Palaikastro (MM I): Altägäis Abb. 894 (Lit.).

[2464] F. Halbherr, MonAnt 13, 1903, 34ff. Nr. 6.8 Abb. 26. 28 (Nr. 6: rundliche, mehr an Rebhühner erinnernde Form; Nr. 8: trotz geraden Schnabels als Adler angesprochener fliegender Vogel). Derartig plumpe Vogelformen auch in Mykene auf Siegelabdruck (SH III A), s. W. Müller-J.-P. Olivier-I. Pini, AA 1998, 17f. Nr. 1 Abb. 1,1; Lit. zur mykenischen Vogelikonographie: Anm. 1596.

[2465] A. Evans, PM IV 609 Abb. 597B/i.

Höchst bemerkenswert ist eine rundplastische tönerne Taube auf Sakralhörnern, wiederum aus Hagia Triada [2466]. Wie weiter oben ausgeführt worden ist, gehörte das Kultbild mit Tauben und Kulthörnern zu der ältesten in der Reihe der Gazi-Göttinnen [2467].

Unter den gestanzten Goldblechen der Schliemannschen Schachtgräberfunde des 16. Jhs. v.Chr. aus Mykene befinden sich zwei mehrfach vertretene Typen, zum einen die dreigegliederte Tempelfassade mit Kulthörnern nach minoischem Muster [2468], zum anderen die 'Nackte Göttin' nach nahöstlichem Muster [2469]. Sowohl der Tempel als auch die Göttin sind durch flügelschlagende Tauben gekennzeichnet. Bei letzterer sind sie übergroß, eine auf ihrem Kopf, die beiden anderen rechts und links, im Fluge dargestellt. Bei einer dritten Typenvariante ist dieselbe Göttin mit nur einer Taube auf dem Kopf zu sehen [2470]. In historischer Zeit gab es, wie Strabon berichtet, heilige Tauben im Orakelheiligtum von Dodona.

Männliche Gottheiten

Wie bereits oben S. 329 ausgeführt, vertrat W. Helck die Meinung, Rollsiegel seien als 'Rohmaterial' in den ägäischen Raum gelangt, beispielsweise Lapislazuli in den Schatzfund des mykenischen Palastes im böotischen Theben. Daraus wäre zu folgern, daß etwa der frontal wiedergegebene, den Kopf zur Seite wendende orientalische Gott mit dem Lebenswasser zwischen zwei Bergspitzen und vier Rosetten dieses thebanischen Rollsiegeldepots (Abb. 92g [2471]) weder Beachtung fand noch die religiöse Phantasie der bronzezeitlichen Besitzer zur Nachahmung angeregt hätte. Das minoische Konzept der alles überhöhenden Gottheit — weiblich im

---

[2466] Herakleion, Arch. Mus., Inv.-Nr. 18660; s. Ch. Long, The Ayia Triadha Sarcophagus (1974) 31. 33f. Abb. 35 Taf. 16,36.

[2467] Marinatos-Hirmer, Taf. 134. 135 (H 52 cm); a.O. Taf. 138b, kleine Tonfigur mit Taube, 'Kapelle der Doppeläxte'/Knossos, Epoche der Wiederbenutzung des Palastes; Detailaufnahme der Göttin auch in H.-G. Buchholz-V. Karageorghis, Altägäis und Altkypros (1971) Abb. 1269. Zu den Kulthörnern oben Anm. 544-549 und 2368; zu den Gazi-Göttinnen und Verwandtem: H.-G. Buchholz, Ein minoisches Idol in Berlin, in: Kongreß Rom-Neapel 1991 (1996) 1391ff.

[2468] Schachtgrab IV, s. G. Karo, Die Schachtgräber von Mykenai 74 Nr. 242-244; Marinatos-Hirmer, Taf. 227b; H.-G. Buchholz-V. Karageorghis, Altägäis und Altkypros (1971) Abb. 1303 (Lit.); ferner M.C. Shaw, The Lion Gate of Mycenae Reconsidered, in: Φίλια Ἔπη εἰς Γ.Ε. Μυλωνᾶν I (1986) 114 Abb. 9.

[2469] Schachtgrab III, Karo a.O. 48f. Nr. 27. 28; Marinatos-Hirmer, Taf. 227c; als Zeichnung auch in O. Keel, Vögel als Boten (1977) 75 Abb. 28.

[2470] Es ist freilich möglich, daß die beiden seitlichen Tauben weggebrochen sind, doch stammt dieser Goldblechtyp aus einer anderen Matritze als der vorige, s. Karo a.O.; Marinatos-Hirmer, Taf. 227e. Hierzu und zu Anm. 2469 schreibt E. Simon "Gänse", statt Tauben, s. Die Götter der Griechen (1969) 239 Abb. 225.226.

[2471] Vgl. oben Anm. 1132 und 1138.

Beispiel der bekannten Herrin der Löwen auf einer Bergspitze im Bild eines Tonabdrucks aus Knossos [2472], männlich im Beispiel des großartigen Neufundes eines Siegelabdrucks aus Chania/Westkreta [2473] — bedeutete jedenfalls eine von nahöstlichen Vorbildern weitgehend unabhängige ikonographische Lösung: von der Seite gegeben und in weiteren Beispielen erkennbar in richtungsbezogener und damit dynamischer Bewegtheit.

Von der Seite in Schrittstellung ist allerdings auch der geflügelte Herr von ebenfalls geflügelten, mit den Köpfen nach unten gehaltenen Löwen auf einem Rollsiegel aus Perati/Attika dargestellt (Abb. 92j [2474]), während derselbe auf einem Rollsiegel kyprischen Stils aus Golgoi/Zypern frontal wiedergegeben ist, soweit erkennbar, mit im Stand zur Seite gedrehten Füßen (Abb. 93e [2475]). Ähnliches gilt für den orientalischen, von zwei Rosetten gerahmten 'Herrn der Tiere' mit symmetrisch an seinen beiden Seiten aufsteigenden Ziegenböcken, wiederum auf einem der Siegel aus dem Schatzfund von Theben (Abb. 92h [2476]). E. Spartz ist in einer Münchener Dissertation den minoisch-mykenischen Formenvarianten, ihrer Verbreitung und ihrem Verhältnis zur orientalischen Kunst nachgegangen, allerdings damals ohne Kenntnis des Rollsiegelfundes von Theben [2477]. Sie kam zu folgendem Ergebnis: "Neben den rein minoisch-mykenischen Darstellungen des Herrn und der Herrin der Tiere stehen einige, die aus der Verbindung der spätmykenischen mit der syrischen und kyprischen Kultur hervorgegangen sind" (a.O. 37).

Das Siegel aus Golgoi gehört mit anderen zu einer Gruppe, welche E. Porada — und nach ihr wieder I. Pini — als aus einer kyprischen Werkstatt kommend erkannt hat [2478]. Mithin ist in dieser speziellen Ausformung des Themas 'Herr der Tiere'/'Herr der Löwen' die Vermittlerrolle der Insel zwischen Ost und West evident.

Eine ungewöhnliche Version desselben Themas — bereits aus dem 17. Jh. v.Chr. — bietet ein reliefiertes und durchbrochen gearbeitetes Goldblech des sogenannten 'Aiginaschatzes' im British Museum, wohl bis jetzt älteste kretische

---

[2472] E. Vermeule, Götterkult, in: H.-G. Buchholz, ArchHom, Kap. V (1974) 13 Abb. 2a, mit Lit.

[2473] Oben Anm. 2221.

[2474] Oben Anm. 1140 und 1157.

[2475] Oben Anm. 1155.

[2476] Oben Anm. 1138.

[2477] Das Wappenbild des Herrn und der Herrin der Tiere in der minoisch-mykenischen und frühgriechischen Kunst (1962) 8ff. Vgl. die ältere Studie von J. Chittenden, The Master of Animals, in: Hesperia 16, 1947, 89ff.

[2478] Zu dem Golgoi-Siegel, s. Kenna, CMS VII Nr. 173. Zu der Gruppe s. E. Porada, A Theban Cylinder Seal in Cypriote Style with Minoan Elements, in: Symposium Nikosia 1978 (1979) 111ff. und I. Pini, Cypro-Aegean Cylinder Seals, on the Definition and Origin of the Class, ebd. 121ff. Taf. 15,1 (Golgoi). Zuletzt E. Porada, Remarks on Cypriote Cylinders, in: Kongreß Göteborg 1991, Band III (1992) 360ff.

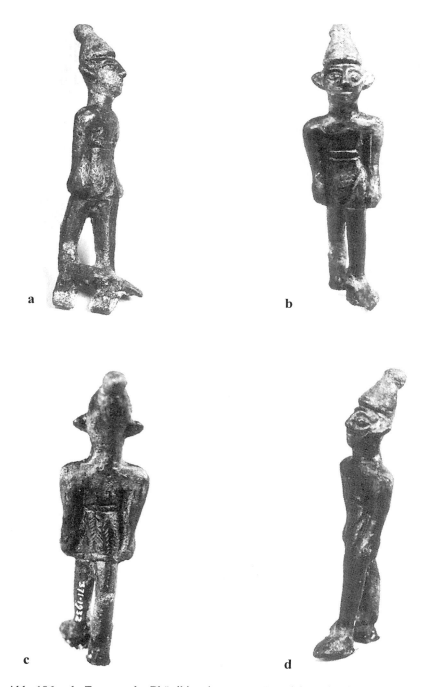

a

b

c

d

Abb. 106 a-d. Zypern oder Phönikien, bronzenes ägyptisierendes Götterfigürchen mit Helm, in Schrittstellung; angelegte, zur Faust geballte Hände, Cambridge, Fitzwilliam Museum

Wiedergabe des 'Herrn der Tiere'[2479]: Dieser ist nackt bis auf einen hohen Kopfputz und den ägyptischen Lendenschurz, der Unterkörper ist in weiter Schritt-stellung nach rechts, der Oberkörper streng frontal wiedergegeben. In den Händen hält er je einen Erpel am Hals, unter den beiden Vögeln tritt hinter seinem Rücken, nach oben einbiegend, das aus minoischen Siegeldarstellungen bekannte 'Schlan-gengestell mit und ohne Doppelaxt' ('snake-frame') hervor. Kleine goldene Zier-scheiben hängen beweglich an diesem goldenen Bild ('Klapperbleche', wie in der Frühen Bronzezeit aus Ostkreta und Troja bekannt). Gehen wir davon aus, daß das Schmuckstück einer mittelminoischen Werkstatt entstammt, dann waren dem Goldschmied das nahöstliche Bildkonzept und ägyptische Details — Schurz, Kopfputz, Enten als Symboltiere (zu verweisen ist auf die 'Enten mit zurückge-wandtem Kopf' unter den Elfenbeinschnitzereien) — geläufig, die er mit Kreti-schem ('Schlangengestell') und Nordägäisch-Anatolischem (Klapperblechen) vereinigt hat.

Weitere Veränderungen des Bildschemas — indem man die beiden Tiere groß, den Herrn/die Herrin in ihrer Mitte klein werden ließ oder durch Gegenständliches ersetzte ('Greifen am Thron' [Anm. 500], Lebensbaum zwischen Wildstieren [Abb. 4a, Ugarit] oder Säule ['Löwentor'/Mykene, Abb. 50]) — führten schließlich zur zentralen Figur des 'Pferdehalters', dem im mykenischen Bildrepertoire (Abb. 96a) beidseitig als Begleittiere Wagen-/Gespannpferde zugeordnet sind[2480]. Das weit in die griechisch-geometrische Epoche hinein fortentwickelte Motiv wurde zu einem echt 'ritterlichen': Die Tiere waren nun Reitpferde ohne Wagen. Der ursprüngliche Gott war in ein verändertes soziales Umfeld geraten. Im Falle des in Zypern gefundenen 'Klaudia-Kraters' hängt dem 'Pferdehalter' das Geschlechtsteil herab, so wie in der Bühnenverkleidung bestimmter Darsteller bei den bedeutend späteren griechischen Phlyakenspielen.

Den im 'Herrn der Tiere' des Aigina-Schatzes begegnenden dominierenden ägyptischen Formen- und Typentendenzen möge ein späteres Bronzefigürchen, wohl aus Zypern, mit entsprechender typologischer Abhängigkeit von ägyptischer Kunst zugesellt sein (Abb. 106a-d)[2481]. Jedenfalls hat letztere gerade mit Hilfe religiö-ser Medien sowohl nach Kreta als auch — und mehr noch — auf die ostmittelmee-rische Insel eingewirkt. Vor allem zeigt jedoch ein Rollsiegel aus Perati/Ostattika

---

[2479] H.-G. Buchholz-V. Karageorghis, Altägäis und Altkypros (1971) Abb. 1305 (Anhänger oder Kopf einer Gewandnadel, H 6 cm; Lit.); später nochmals R. Higgins, The Aegina Treasure, an Archaeological Mystery (1979) 23 Abb. 11; S. 62 Abb. 63 (Rückseite).

[2480] Es handelt sich um drei oben (Anm. 1592) erwähnte SH III B-Kratere aus Ras Schamra, Pyla-Kokkinokremos und Klaudia, beide Orte in Zypern. Der a.O. genannten Lit. sind hinzuzufügen: J.-Cl. Courtois, Symposium Nikosia 1972 (1973) 157f. Abb. 9 (Ras Schamra); ders., in: H.-G. Buchholz, Ägäische Bronzezeit (1987) 210ff. Abb. 66a.b; P. Càssola Guida-M. Zucconi Galli Fonseca, Nuovi Studi sulle Armi dei Micenei (1992) 170 Nr. 86, Taf. 17,86a (Pyla); I. Kilian-Dirlmeier, PBF IV/12 (1993) 135 Nr. 58 Taf. 74 (Ras Schamra); L. Schofield-R.B. Parkinson, BSA 89, 1994, 167 Taf. 22b (Klaudia, im Brit. Mus.).

[2481] Vergleichbar einer Bronzefigur im Louvre, Inv.-Nr. AM 1186, s. J.-Cl. Courtois, RDAC 1971, Taf. 6.

einen thronenden Gott in reinägyptischer Aufmachung (Krone, Szepter, Anch, s. Abb. 92i) [2482]. Sowohl dem Stil als den sonstigen inhaltlichen Merkmalen nach ist die Werkstatt dieses Fundes zweifelsfrei in Zypern zu suchen: Unter dem Thron des Gottes erscheint die Ligatur aus zwei kyprominoischen Schriftzeichen. Die Symbiose unterschiedlicher Formen und Typen im Bilde spiegelt religionshistorisch so etwas wie einen spätbronzezeitlichen Synchretismus auf der Insel wieder.

Mit dem Thronen (feierliches Sitzen) des ägyptischen Gottes auf dem Peratisiegel (Abb. 92i) korrespondiert öfter eine sitzende mykenische Göttin zwischen zwei Löwen, so auf einem Siegel im Besitz des Britischen Archäologischen Instituts/ Athen [2483]. Ein lentoïdes Steatitsiegel aus Enkomi (Spätkypr. II) zeigt deren Entsprechung im langen Schuppenkleid, ebenfalls zwischen zwei Löwen, auf einem — oben bereits in seiner kulturhistorischen Bedeutung gewürdigten — Klappstuhl statt des häufigeren Thrones mit Rückenlehne [2484].

Eine Besonderheit, welche die ägäische Religion wohl stärker mit Anatolien als mit Zypern oder Syrien verbindet, sind als 'Schnabelschuhe' gestaltete Götterschuhe: Ein mykenisches Schuhgefäß mit vorn hochgebogener Spitze darf im gesamten helladischen Gebiet als ungewöhnlich gelten; es kam in der Nekropole von Voula/Attika zutage (Abb. 97g) [2485] und ist mit seitlich aufgemalten Flügeln (Vogelschwingen) versehen, welche die 'Flügelschuhe' des griechischen Botengottes Hermes um Jahrhunderte vorwegnahmen. Fuß und Schuh waren seit frühesten Zeiten im religiös-magischen Sinne sinnträchtig, als kraftgeladen gedacht. Die safran- und purpurfarbenen Sandalen frühgriechischer Göttinnen bedeuteten nicht bloße Standeszeichen. Seit der Ilias führte beispielsweise Thetis das Epitheton ἀργυρόπεζα [2486]. Und nicht zufällig-spielerisch — wie Interpretatoren oft meinen —, vielmehr dem Wesen hellenistischer Kunst entsprechend, bewußt mehrdeutig und somit noch einen ins Erotische umgedeuteten Ursinn enthaltend, hält die Göttin ihre linke Sandale mit der erhobenen Rechten in einer Aphrodite und Pan darstellenden Marmorgruppe aus Delos im Athener Nationalmuseum (Inv.-Nr. 3335 [2487]).

[2482] Nachweise in Anm. 1140 und 1157.

[2483] N. Marinatos, Minoan-Cycladic Syncretism, in: Thera and the Aegean World III, Teil 1 (1990) 374 Abb. 6.

[2484] Cyprus Mus., Inv.-Nr. 1965/VI-1/1; H.-G. Buchholz-V. Karageorghis, Altägäis und Altkypros (1971) Abb. 1759a.

[2485] Athen, Nat.-Mus., Inv.-Nr. 8557, s. Marinatos-Hirmer Taf. 260; Altägäis Abb. 1248f; Sp. Marinatos, in: H.-G. Buchholz, ArchHom, Kap. A/B (1967) Taf. 6f; The Mycenaean World, Ausstellungskatalog Athen-Berlin (1988) Nr. 122; H.-G. Buchholz, JPR 9, 1995, 31 Abb. 5c. — Marinatos hat a.O. A59 Abb. 11b.c Taf. 6g zum Vergleich heutige nordgriechisch-balkanische Tsaruchia.

[2486] Es ließen sich zahlreiche vergleichbare Götterepitheta hinzustellen, ebenso Neuzeitliches im Aberglauben, s. beispielsweise M. Riemschneider, Schuhe in Märchen und Volksbrauch, in: Der Wettergott (1956) 111ff.

[2487] Vgl. u.a. W. Fuchs, Die Skulptur der Griechen (3. Aufl., 1983) 377 Abb. 418.

Eins der oben mehrfach genannten Rollsiegel aus dem Schatzfund von Theben/-Böotien bietet einen nach rechts bewegten Götterzug, dazwischen einen winzigen thronenden Gott und hethitische Hieroglyphenbeischriften und über dem Wettergott die Flügelsonne (Abb. 97f). Auffallend sind die Schnabelschuhe. Das aus Lapislazuli gefertigte Siegel dürfte nach Ansicht der Fachleute aus Karkemisch stammen [2488]. Ebensolche Schnabelschuhe besitzen die Figuren eines weiteren hethitischen Rollsiegels aus Ras Schamra [2489]. Ein importierter SH III B-Krater, ebenfalls aus Ras Schamra (Abb. 96a), zeigt den gerade genannten 'Pferdehalter' — je einmal auf Vorder- und Rückseite des Gefäßes — mit den östlichen Schnabelschuhen [2490]. Der Ton enthält ungewöhnlich viel Glimmer; nach J.-Cl. Courtois weise aber auch der Malstil auf eine Werkstatt im Gebiet von Milet oder auf einer der Dodekanes-Inseln. Ist das richtig, wäre die auffallende Schuhtracht indirekt für jene Gegend belegt. Auch auf einer SH III C1b-Scherbe aus Askalon ist ein Fuß mit einem Schnabelschuh erhalten (S. Wachsmann, Seagoing Ships and Manship in the Bronze Age Levant [1998] Frontispiece).

Bemalte Vergleichsstücke zu der genannten mykenischen Schuhvase aus Attika sind aus Kültepe bekannt (Abb. 97h). Sie sind älter als das SH-Gefäß (Abb. 97g) [2491]. Doch auch während der hethitischen Großreichszeit sind tönerne Schnabelschuhe aus Boğazköy mehrfach bezeugt [2492]. In einem Relief, ebenfalls aus der hethitischen Hauptstadt, sind Schnabelschuhe dargestellt [2493].

Es sei angemerkt, daß mit dem 1. Jt. v.Chr. die Mode, Götter, Herrscher und Menschen mit derartigen Schuhen zu zeigen, eher zu- als abnahm: Im phrygischen Kontext Boğazköys fand sich eine tönerne Kultschale, deren Füße in Schnabelschuhen stecken [2494]. Auf späthethitischen Reliefs des 9./8. Jhs. v.Chr. sind mehrfach Beter und Götter mit einer derartigen Fußbekleidung dargestellt (z.B. Vegetationsgott Tarḫu im Felsrelief von Ivriz [2495] oder die kriegerische Ischtar

---

[2488] Theben, Arch. Mus., Inv.-Nr. 200; s. E. Porada, AfO 28, 1981, 46ff. 77 Taf. 3,25; H.G. Güterbock, ebd. 71f. und PAPS 128, 1984; The Mycenaean World, Ausstellungskatalog Athen-Berlin (1988) Nr. 253; C. Lambrou-Phillipson, Hellenorientalia (1990) Taf. 12,350; E.H. Cline, AnatStud 41, 1991, 139 Nr. 10 Taf. 28a; H.-G. Buchholz, JPR 9, 1995, 30f. mit Anm. 46 und Abb. 5b.

[2489] Aleppo, Arch. Mus., Inv.-Nr. 2.464, s. Ugaritica III 96 Abb. 115. 116.

[2490] Oben Anm. 2480.

[2491] Beispiele aus Kültepe (19. Jh. v.Chr.) bei H.-G. Buchholz, JPR 9, 1995, 30f. mit Anm. 48 und Abb. 5d. — Für Zypern vermag ich hierzu wirklich Charakteristisches nicht zu nennen, doch s. JdI 1, 1886, 81 (Schnabelschuhe in kyprischen Denkmälern).

[2492] Nachweise bei Buchholz a.O. 30 mit Anm. 49 und neuerdings J. Seeher, AA 1998, 219f. Abb. 5.

[2493] P. Neve, AA 1994, 304 Abb. 20b; S. 322 Abb. 39.

[2494] F. Prayon, Phrygische Plastik (1987) 154 Abb. 23.

[2495] L. Messerschmidt, Corpus Inscriptionum Hetticarum (1900) 30f. Taf. 34; K. Bittel, Die Hethiter (1976) 286f. Abb. 327. 328.

von ʿAin Dara in Nordsyrien [2496]). Bereits 1944 hatte H.Th. Bossert die religionsgeschichtliche Bedeutung eines hethitischen 'Fuß'-Gottes, sowie von Fußamuletten, Fußgefäßen und -siegeln erkannt [2497]. Zu griechischen Fußgefäßen archaischer Zeit und auch solchen, die über jonische Vermittlung in Italien Eingang fanden, vermerkte er: "Es besteht für uns nach allem, was wir bis jetzt ermittelten, kein Zweifel, daß die Griechen die Schuhgefäße nur bei 'hethitischen' Völkern kennengelernt haben konnten" [2498]. Er hat und nach ihm haben andere Forscher bezüglich ihrer Form und religiös-apotropäischen Bedeutung als Frühestes auf Schuhamulette — ebenfalls mit hochgebogenen Spitzen — aus Tell Brak verwiesen [2499]. R.D. Barnett bereicherte die Diskussion unter dem Titel "Homme Masqué ou Dieu-Ibex?" um eine Statuette aus Kupfer (H 17,3 cm) im Brooklyn-Museum, die um 3000 v.Chr. zu datieren sein wird [2500]. Sie stellt einen bärtigen Gott mit Hörnermütze und gewaltigen 'Schnabelschuhen' dar, nach dem Gesamthabitus einen Bewohner der Gebirge.

Als 'Reschef'-Statuetten sind Bronzefiguren eines Kriegergottes in die Literatur eingegangen mit Helm oder ägyptischem Kopfputz, einer Waffe in der erhobenen Rechten — meist dem geschwungenen Speer, manchmal einer Keule oder einem Beil — und häufig einem kleinen Rundschild in der Linken (wie Abb. 107b). Der in historischer Zeit auf Zypern mit Apollon gleichgesetzte Reschef wird oft als 'smiting god' bezeichnet und steht als solcher dem kriegerischen Baal nahe [2501]. Bei H. Weippert findet man die ägyptische Version dieses *Ršp* auf einer Stele des Wettergottes von Ugarit in ähnlicher Pose neben einem entsprechenden Bild in kleinem Format auf einem Skarabäus aus Ḥirbet el Mšas und schließlich neben zweien der Kleinbronzen des genannten Typus' aus Tell el Mutesellim und Minet el Beida/Ras Schamra [2502]. Damit ist der übergreifende Charakter des Motivs eines 'smiting god' deutlich geworden. Ob im 2. Jt. v.Chr. ein religiöser Unter-

---

[2496] Ali Abou Assaf, ʿAin Dara, eine neu entdeckte Residenzstadt, in: K. Kohlmeyer-E. Strommenger, Land des Baal, Syrien, Forum der Völker und Kulturen (1982) 349ff. Abb. 66; ders., Zwei neue Stelenfragmente aus ʿAin Dara, in: Beiträge zur altorientalischen Archäologie und Altertumskunde, Festschrift B. Hrouda (1994) 1ff. Taf. 1b (wohl 13. Jh. v.Chr.).

[2497] Ein hethitisches Königssiegel, neue Beiträge zur Geschichte und Entzifferung der hethitischen Hieroglyphenschrift (1944) 261ff. mit Nachtrag S. 299f.

[2498] Bossert a.O. 266. Zum Balkan und Mitteleuropa s. G. Kossack, Studien zum Symbolgut der Urnenfelder- und Hallstattzeit Mitteleuropas (1954) 125 Index s.v. Schuh.

[2499] R.D. Barnett, Syria 43, 1966, Taf. 23,7.

[2500] Barnett a.O. 259ff. Taf. 19,1; 20,1; 21,1.

[2501] Dazu ausführlich I. Cornelius, The Iconography of the Canaanite Gods Reshef and Baʿal in the Later Bronze and Iron Age I Periods, 1500-1000 B.C. (1994); auch H. Ringgren, Die Religionen des Alten Orient (1979) 210; A.R. Schulman, Reshep Times Two, in: Studies in Ancient Egypt in Honor of Dows Dunham (1981) 157ff. und bereits R.H. Smith, Near Eastern Forerunners of the Striding Zeus, in: Archaeology 15, 1962, 176ff.

[2502] H. Weippert, Palästina in vorhellenistischer Zeit, in: Hdb. der Archäologie (1988) 311 Abb. 3/55,1-5 Taf. 10,5 (Ḥirbet el Mšas).

schied zwischen gegossenen Bildnissen aus Edelmetall oder Bronze (z.B. dem 'Goldenen Kalb') und aus Holz, Knochen oder Elfenbein, bzw. aus erdigem Stoff hergestellten Terrakotten bestand, ist nur unzureichend auszumachen [2503]. Freilich ist die magische Wirksamkeit bestimmter Materialien im Bildnis erkennbar, nicht jedoch ein wirtschaftlicher Gesichtspunkt wie etwa der 'Preis'.

Ora Negbi hat in ihrem umfassenden Buch "Canaanite Gods in Metal" (1976) zur Anschauung gebracht, wie umfangreich der Bestand an derartigen Figuren vom Typus eines "Male Warriors in Smiting Pose" inzwischen geworden ist (bei ihr Kat.-Nr. 1307 bis 1429). Allein aus Ugarit sind es 15 Exemplare (Nr. 1318-1332). Sie hat nach Stil, Datum und geographischer Verteilung eine 'syro-palästinensische' Gruppe von einer 'syro-anatolischen' und einer 'phönikischen' getrennt. Eine wenig später erschienene Studie von Helga Seeden (The Standing Armed Figurines in the Levant, PBF I/1 [1980] [2504] bietet manche Ergänzung. In beiden Büchern haben sich die Autorinnen um die Einordnung der außerhalb des syrisch-palästinensischen Raumes gefundenen Bronzefiguren dieser Gattung gekümmert und sie genauer als bisher datiert und gewissen Herstellungszentren, bzw. Typengruppen zugeordnet. Das betrifft besonders die in unserem Zusammenhang interessierenden Kleinbronzen aus Zypern (Abb. 107b), Kreta und Hellas. Über diesen umfassenden Untersuchungen soll nicht eine gründliche und im Sinne des Wortes grundlegende Einzelstudie von D. Collon in Vergessenheit geraten, "The Smiting God, a Study of a Bronze Figurine in the Pomerance Collection in New York" [2505], weil sie bereits der Frage nach formalen und chronologischen Zusammenhängen derartiger Figürchen aus Ras Schamra, Zypern, Anatolien und dem ägäischen Raum nachgegangen ist.

Das winzige Bronzefigürchen eines Gottes auf dem Stier in Bonn (Abb. 16c) vereinigt Elemente des hethitischen Wettergottes mit denen des syrischen Reschef (L der Basisplatte nur 5 cm) [2506]. Dieses amulettartige Objekt wird demnach in einer Region entstanden sein, wo derartige Mischungen zu erwarten sind (Kilikien, Karkemisch, Ras Schamra). Hüftschurz und hoher Helm gehören zur Grundausstattung. Allein aus südlicheren Gegenden (Palästina) hat H. Weippert über zwanzig Vertreter dieses Typus benannt [2507]. Sie betonte aber auch, daß "die Metallfigu-

---

[2503] Zur alttestamentlichen Terminologie gegossener und geschnitzter Kultbilder s. Ch.R. North, The Essence of Idolatry, in: Von Ugarit nach Qumran, Festschrift O. Eissfeldt (1961) 151ff., bes. 153f.

[2504] Vgl. u.a. die Besprechung im Jahresbericht für mitteldeutsche Vorgeschichte 68, 1985, 393f.

[2505] Levant 4, 1972, 111ff. 113f. (Ras Schamra), 120f. (Anatolien), 122ff. (Zypern und Ägäis). Hier in meinem Referat kann längst nicht die gesamte Literatur in ihrer langen Geschichte genannt werden, z.B. R.D. Barnett, British Museum Quarterly 9, 1934, 45ff. Taf. 13. 14. Bei C. Lambrou-Phillipson (Hellenorientalia [1990] passim) findet man in schöner Regelmäßigkeit jeweils ein Collon-, Negbi- und Seeden-Zitat zu den besprochenen Stücken.

[2506] Oben Anm. 140.

[2507] HdbArch a.O. 310, mit Verweisen auf H. Seeden a.O. Zu Bekanntem kommt noch ein unpubliziertes Stück aus Akko, s. M. Dothan-D. Conrad, IEJ 34, 1984, 189f. und H. Weippert a.O. 310 Anm. 20.

ren in Syrien ihren Ursprung und Hauptverbreitungsbereich haben".

Die bald wie Helme, bald eher wie ägyptische Götterkronen aussehenden Kopfbedeckungen etlicher Figuren wurden von J. Borchhardt "nur unter Vorbehalten als Helme angesprochen". Im Fall einer Statuette aus Ras Schamra mit "getrennt gearbeitetem Helm" stellte er diesen mit Helmen der Philister und dem auf der 'Kriegervase aus Mykene' dargestellten Typus zusammen [2508]. Zur Helmproblematik ist außerdem eine Studie von E. Porada zu vergleichen "The Warrior with plumed Helmet, a Study of Syrian-Cappadocian Cylinder Seals and Bronze Figurines" [2509]. C.F.A. Schaeffer hat sie — wenigstens teilweise — in Beziehung zu den Göttern der 'Nord- und Inselvölker' gesetzt [2510].

Ein 'Standard-Typus' dieser Figuren mit erhobener Rechten und Durchlochung der Hand zur Aufnahme des verlorenen Speers, auch mit dem häufigen Knaufkegelhelm, liegt mit einer Höhe von 11 cm durchaus im mittleren Maß der ägäischen Vertreter der Gruppe. Eine Bronze aus Ras Schamra besitzt unter den Füßen die ebenfalls üblichen Einlaßzapfen, doch hier noch V-förmig verbunden [2511], nicht funktionsfähig und nicht kalt nachgearbeitet. Daraus ist zu schließen, daß das Stück aus einer lokalen Werkstatt stammt und somit die ugaritische Massenproduktion vertritt [2512].

An einem weiteren qualitätsvolleren Repräsentanten der Gruppe ist die Verkleidung des Kopfes und Halses mit Goldfolie noch erhalten [2513]. Diese Statuette (H 12,2 cm) gehörte zu einem Versteckfund des 14./13. Jhs. v.Chr. unter einem Haus der Südstadt Ugarits, zusammen mit einem fast gleichen, aber nicht gußformidentischen Standbild, sowie dem goldverkleideten, bronzenen Sitzbild eines Gottes

---

[2508] J. Borchhardt, Homerische Helme (1972) 91f. Taf. 12,2 (nach Syria 17, 1936, 147 Abb. 25).

[2509] Berytus 7, 1942, 56ff. — Zur Übernahme des Helmes mit Busch aus Nordsyrien durch die Griechen im 1. Viertel des 9. Jhs. v.Chr. s. E. Porada, in: The Aegean and the Near East, Studies presented to H. Goldman (1956) 196.

[2510] Götter der Nord- und Inselvölker in Zypern, in: AfO 21, 1966, 59ff.; ders., Nouveaux Témoignages de Culte d'El et de Baal à Ras Shamra-Ugarit et ailleurs en Syrie-Palestine, in: Syria 43, 1966, 179ff.

[2511] Es handelt sich um das im Eingußloch der Form erhaltene Metall. Die Form wurde mit dem Kopf der Figur nach unten von den Füßen her gefüllt, und zwar über beide Beine, so daß zwei Gußzapfen unter den Fußsohlen in einen einzigen größeren Kanal zusammenliefen. Dadurch erklärt sich die V-Form des stehengebliebenen und nicht durch Trennung umgestalteten Elements unter den Füßen.

[2512] Fund-Nr. 18.204, s. C.F.A. Schaeffer, Ugaritica IV (1962) 98 Abb. 82a; S. 119. Zu weiteren Statuetten des behandelten Typs aus Ras Schamra und Minet el Beida, s. D. Collon, The Smiting God, in: Levant 4, 1972, 113f.

[2513] Farbaufnahme und Lit. bei K. Kohlmeyer, in: Land des Baal, Syrien, Forum der Völker und Kulturen (1982) 135f. Nr. 122, Farbtafel S. 111; Negbi a.O. 164 Nr. 132 (H 14,3 cm?). Ferner Orthmann a.O. (unten Anm. 2515) Taf. 404 (aus Ras Schamra in Paris, Bronze mit Gold- und Silberverkleidung).

und einer kleinen Rinderfigur, sämtlich zusammen in ein Leinentuch gewickelt [2514].

Es scheint mir nur insoweit erforderlich, auf einige Repräsentanten des kriegerischen Gottesbildes in Bronze einzugehen, als beispielsweise bezüglich der Herkunft des Figürchens aus Schernen/Litauen (Abb. 107c) viele Forscher Anatolien gegenüber Nordsyrien den Vorzug gaben. Dabei spielte eine Rolle, daß das früheste solcher Bildwerke in der Türkei den voll ausgebildeten Typus mehrere Jahrhunderte vor seinem ersten Auftreten in der Levante bekundet. Es handelt sich um eine Bronze von 11,4 cm Größe aus Dövlek bei Sivas im Hethitischen Museum von Ankara. K. Bittel wies sie dem 16. Jh. v.Chr. zu, "spätestens dem Beginn des 15. Jhs. (wohl um 1500)" [2515]. Er stellte zur Dövlek-Bronze einen sehr qualitätvollen Guß aus Doğantepe bei Amasya, einen weiteren von mäßiger Qualität in Tübingen sowie zwei Figuren aus Boğazköy und Lattakia, sämtlich von ihm ins 14./13. Jh. v.Chr. verwiesen [2516].

Die bereits mehrfach erwähnte, vom Ursprungsort am weitesten entfernte bronzene Kriegerfigur (Abb. 107c, Anm. 322) ist die aus dem Walde bei Schernen/Memel (Šernai/Litauen). Sie lag unter einem etwa 40 cm dicken Stein ohne weitere Mitfunde. Die Angaben des Finders (vor 1906, so das Datum der Inventarisierung im Ostpreußenmuseum) seien "klar, präzis und gaben keinem Zweifel Raum" (nach der Erstveröffentlichung von A. Bezzenberger und F.E. Peiser, in: SBPrussia [1909] 424ff. Abb. 223).

Mit einer Größe von 14,7 cm entspricht das Stück den größten der in Griechenland gefundenen Statuetten (Patsosgrotte: 15,5 cm, Phylakopi: 13,4 cm). Auf Grund von Besonderheiten der dunkel patinierten Oberfläche, die von einem Bindemittel herrühren, ist anzunehmen, daß es ursprünglich einen Belag aus Edelmetall gab, wie er in Ras Schamra häufig vorkommt. Was die Details dieser Figur angeht, die ich selber nie in Augenschein nehmen konnte, verweise ich auf vielfache Beschreibungen in der Literatur, besonders in der Erstpublikation [2517]. Unsicherheiten herrschen bezüglich der Herkunftsbestimmung (Anatolien oder Syrien) und Datierung. Als erster entschied sich F.E. Peiser für "Kleinasien" als Ursprungsland. P. Jacobsthal nannte das Figürchen schlichtweg "Hittite", obgleich ihn K. Bittel gutachterlich

---

[2514] Beschrieben von K. Kohlmeyer — mit Lit.-Nachweisen — ebd. 134 Nr. 121.

[2515] K. Bittel, in: G. Walser, Neue Hethiterforschung (1964) 124ff.; ders., Die Hethiter (1976) 146. 148 Abb. 149; W. Orthmann, Propyläen-Kunstgeschichte XIV (1975) Taf. 333a-b (Orthmann datiert 1400-1200 v.Chr.).

[2516] Bittel a.O. 147 Abb. 147 und 148 sowie Abb. 262. 263. — Zur anatolischen Gruppe s. auch D. Collon a.O. 120f. und J.L. Crowley, The Aegean and the East (1989) 462 Abb. 332 (aus Tokat in Ankara, H 11,4 cm).

[2517] Zu der oben und in Anm. 322 genannten Lit. (M. Ebert [1921/1960]; V. Müller [1929]; P. Schauer [1985]; H.-G. Buchholz [1960] und [1987]; M. Heltzer [1995]) ist zu verweisen auf P. Thompsen, Reallexikon der Vorgeschichte II (1925) 168 s.v. Bronzeguß; B. Ehrlich, ebd. IX (1927) 272 s.v. Ostpreußen; W. Gaerte, Urgeschichte Ostpreußens (1929) Abb. 50c; C. Engel, Vorgeschichte der altpreußischen Stämme I Taf. 92a; M. Heltzer, Michmanim 11, 1997, 29ff. Abb. 2; D. Collon, The Smiting God, in: Levant 4, 1972, 124f. Nr. 13 Abb. 7,13.

informiert hatte: "I should not call the figure Hittite; it belongs to a group of bronzes which originate in North Syria and Kommagene" [2518]. W. La Baume gelangte zu einem Datum "um 1500 v.Chr." [2519]; St. Przeworski, dem E. Šturms folgte, kam auf das "Ende des 13. Jhs. (um 1200 v.Chr.)" [2520]. Eine radikale Umdatierung ins 9./8. Jh. v.Chr. hat J. Wiesner — ohne zu überzeugen — versucht [2521].

Ich habe oben im Zusammenhang mit dem Bernsteinhandel bemerkt, daß die Bronze von Schernen keineswegs während der Zeit um die Jahrtausendmitte so isoliert im Norden dasteht, wie es zunächst erscheinen könnte [2522].

Doch kehren wir zunächst in ein der Levanteküste näher gelegenes Gebiet, nach Zypern, zurück. Denn dort begegnen wir einer Konzentration von mindestens zehn Bronzefiguren des 'Reschef'-Typs (O. Negbis 'phönikischer Gruppe', obgleich ich diesen ethnischen Begriff lieber auf eisenzeitliche Funde begrenzt gesehen hätte) [2523]. In vorphönikischer Epoche, nämlich schon im 14. Jh. v.Chr., werden in einem Brief an den ugaritischen König "Astarte, Anat und alle Götter von Zypern" angerufen [2524]. Es ist kein einziger männlicher Gott namentlich genannt. Die hier zu besprechenden bronzezeitlichen Figürchen sind aber typologisch am ehesten an die Reschef-Baal-Statuetten Ras Schamras anzuschließen. Es sei vermerkt, daß Cl. Schaeffer gleich nach Auffindung des 'Barrengottes' von Enkomi (Abb. 107b) für ihn die Bezeichnung 'Nergal' bevorzugte.

Der Typus des in kriegerischer Rüstung und Position wiedergegebenen Gottes war nicht der einzige auf Zypern, den es in Bronze gibt: Das herausragende Kunstwerk ist P. Dikaios' 'Gehörnter Gott' von Enkomi mit starken stilistischen, typologischen und technischen Merkmalen ägäischen Einflusses [2525].

[2518] K. Bittel, in: P. Jacobsthal, Greek Pins (1956) 213f. zu S. 133. — Die Definition als 'hethitisch' spielte für andere Bronzen abermals eine Rolle bei J.V. Canby, Some Hittite Figurines in the Aegean, in: Hesperia 38, 1969, 141ff.

[2519] Reallexikon der Vorgeschichte XI (1927/28) 228 s.v. Schernen.

[2520] St. Przeworski, Światowit 13, 1929, 56f. Abb. 18 und Opera Selecta (1967, nach Erstpublikation 1939) 304 mit Anm. 51; E. Šturms, Die ältere Bronzezeit im Ostbaltikum (1936) 100 und 146 Taf. 20a.

[2521] In: Altpreußen 6, 1941, 19.

[2522] Zwar nicht zum bronzezeitlichen Ostseehandel, doch aber zum Norden überhaupt habe ich noch auf folgenden Aufsatz hinzuweisen: B. Lundman, The Problem of Ancient Oriental Shipping on the North Sea, in: JNES 16, 1957, 105ff.

[2523] Canaanite Gods in Metal (1976) 168 Nr. 1398-1405; s. auch D. Collon, Levant 4, 1972, 122ff.

[2524] Nachweis bei J. Flemberg, Venus Armata (1991) 19 mit Anm. 59, der diese Quelle als Beweis für die Existenz des Astartenamens auf der Insel lange vor der phönikischen Kolonisation Zyperns benutzt hat.

[2525] Vollguß, gesamte Größe, mit Standzapfen und Hörnern: 54 cm, Gewicht: 11 kg; s. oben Anm. 503. Weitere Lit. in H.-G. Buchholz-V. Karageorghis, Altägäis und Altkypros (1971) S. 163 zu Abb. 1740. Technische Beobachtungen: H.-G. Buchholz, in: Symposium Nikosia

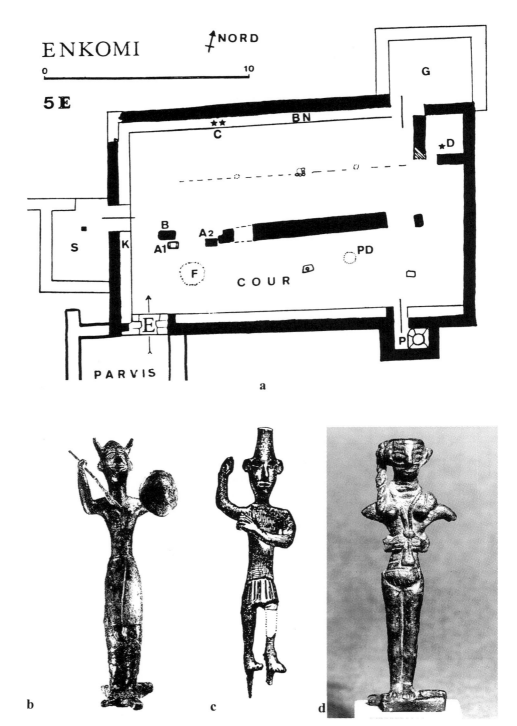

Abb. 107 a-d. Erläuterungen s. gegenüberliegende Seite

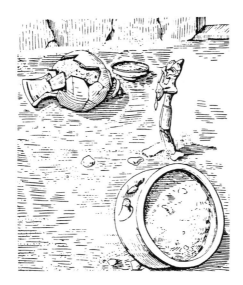

e

f

Abb. 107 e und f. Ansichtsskizze von Frau L. Courtois, Blick von Norden nach Süden
in Cella D, auf Fußboden 3 (s. Abb. 107a) und Grundriß der Cella

Erläuterungen zu Abb. 107 a-d auf gegenüberliegender Seite: a Enkomi, Plan des Tempels
mit dem "Gott auf dem Barren" (b): A 1 und A 2 = Altäre. BN = Wandbank. C = Fundstelle des zweiköpfigen Kentauren. D = "Gott auf dem Barren". F = Feuerstelle. K = Fundstelle des Kernos mit Stierkopf. P = Brunnen. PD = Wasserabfluß. — b "Gott auf dem
Barren", Bronze. — c Kriegerische Götterfigur, Bronze; orientalischer Import in Schernen
bei Memel an der Ostsee (zur Lage s. Abb. 29). — d Kyprische "Göttin auf dem Barren",
Bronze, Oxford, Ashmolean Museum (vormals Slg. Bomford)

Weiterhin sind kleine unkriegerische Bronzestatuetten mit vorgestreckten Armen (Abb. 16d.e) und andere in Schrittstellung mit seitlich angelegten Armen (Abb. 106a-d, 14./13. Jh. v.Chr.) bekannt [2526].

Auf Zypern ergibt sich wiederum eine besondere Fundkonzentration von metallenen Kultfiguren des kriegerischen Gottes mit erhobenem Wurfarm in Enkomi: Von im ganzen bekannten zehn Zeugnissen stammt die Hälfte aus der genannten bronzezeitlichen Stadt. Einen Neufund von etwa 11,5 cm Größe aus Hala Sultan Tekke stellte Paul Åström 1996 auf dem Kongreß in Nikosia vor (JPR 7, 1993, 4ff.). Das Erscheinen der Kongreßakten bleibt abzuwarten. Ich habe außer einer starken Korrosion der Oberfläche und der flachen Gestaltung des Rückens lediglich den üblichen Kegelhelm mit Knauf, Standzapfen, das Fehlen eines Beines und als besonders bemerkenswert den linken — nicht den rechten — Arm zum Wurf erhoben notiert.

Außer diesen beiden gesicherten Fundorten ist das Gebiet von Arsos (bei Atheainou) als wahrscheinliche Fundgegend eines Ankaufs des Louvre aus Ausgrabungen M. Ohnefalsch-Richters zu nennen [2527]. Auch diese Bronze (erh. H 8 cm) — Füße und der rechte Arm sind verloren — ist Linkshänder wie die aus Hala Sultan Tekke und ebenso wie diese arm an Volumen, auf der Rückseite flach. Der 'Helm' hat hier eher den Charakter der hethitischen 'Krone' mit gravierten Hörnerlinien auf der Vorderseite, mithin eine hethitische Reminiszenz.

Von vier weiteren Stücken (O. Negbi Nr. 1398-1401) gibt es nur den Hinweis auf Zypern, sonst keine Fundortangaben; die restlichen von O. Negbi erfaßten (Nr. 1403-1405) sind ausnahmslos Enkomi-Funde [2528]. Von ihr übersehen war eine an der Oberfläche stark zersetzte 'Reschef'-Figur aus Enkomi mit verbogenen Füßen und Augenhöhlen, die ursprünglich mit anderem Material gefüllt waren (wohl Knochen oder Elfenbein) [2529].

1978 (1979) 76ff. Dort habe ich mich ausführlich zum Telchinenmythos in Verbindung mit Zypern geäußert; dazu jetzt ohne Neues Chr. Doumas, in: Konferenz Nikosia 1995 (1997) 79ff.

[2526] Cambridge, Fitzwilliam-Mus., Inv.-Nr. E 371.1932, aus Zypern (Bronze, braune Patina, H 11 cm mit Zapfen). — Seitlich angelegte Arme zeigt auch eine jüngere, aus einem Tempel Kitions stammende Bronze, die um 800 (?) datiert und als phönikisch bezeichnet worden ist, s. V. Karageorghis, BCH 91, 1970, 256 Abb. 109.

[2527] J.-Cl. Courtois, RDAC 1971, 15 Taf. 6,1-4, danach bereitete die Identifizierung mit Inv.-Nr. AO 1327 des Louvre Schwierigkeiten (so im Text, doch unter den Tafelbildern: AO 1326 !); O. Negbi a.O. 168 Nr. 1402 Taf. 28.

[2528] a.O. Nr. 1403 entspricht H.-G. Buchholz-V. Karageorghis, Altägäis und Altkypros (1971) Abb. 1732.

[2529] Cl. Schaeffer, Dernières Decouvertes Archéologiques à Enkomi-Alasia, in: Kongreß Nikosia 1969 (1972) 157ff. 161 Taf. 29,3; ders., Alasia I (1971) 510ff. Abb. 4.5.

Das ungewöhnlichste Beispiel unter sämtlichen Funden dieser Gattung in Zypern ist der sogenannte 'Gott auf dem Barren' (Abb. 107b [2530]). In diesem Fall sind die Fundumstände bestens bekannt, liegen Massen von datierenden Begleitumständen vor — sofern man Weihgaben und Opferrückstände im Hauptraum und Hof des städtischen Heiligtums (Abb. 107a, Grundriß) so benennt. Denn tatsächlich sahen die prähistorischen Betroffenen das bronzene Kultbild (H 35 cm) als so schützenswert und heilig an, daß sie ihm eine winzige Kammer vom Hauptraum abtrennten (D im Plan [2531]).

Nach Ausweis der Keramik scheinen der Tempel im ganzen und der Nebenraum im besonderen nicht lange genutzt worden zu sein. Es gibt nichts Älteres als aus der zweiten Hälfte des 13. Jhs. und des ersten Viertels des 12. Jhs. v.Chr., außerdem wenig Jüngeres, so daß die Aufgabe des Gebäudes als Heiligtum erst in die Zeit nach der Jahrhundertmitte, gegen Ende der zweiten Hälfte des 12. Jhs., gefallen sein dürfte. Wenn der 'Gott auf dem Barren' hier etwa von drei Generationen verehrt wurde, kann er durchaus eine Generation zuvor gegossen worden sein. Jedenfalls gehört er in die historischen Zeitphasen überregionaler Unruhen und kriegerischer Ereignisse, die seit dem letzten Viertel des 13. Jhs. v.Chr. in die Geschichte als 'Seevölker-Stürme' eingegangen sind. Insofern hatte Cl. Schaeffer Recht, als er die Figur zu den Göttern der Seevölker zählte. Das mag sie sekundär sogar gewesen sein, wenn sie beispielsweise plündernde Seeräuber aus einem Ort an der Levanteküste nach Zypern verschleppt hätten. Doch dies muß Spekulation bleiben, während ich hier eine ausschlaggebende Einzigartigkeit des Fundstücks wiederholen möchte, auf die ich bereits früher hingewiesen habe [2532]: Die Bronzefigur vertrat ursprünglich einen völlig 'normalen' levantinischen Typus, wenn man von seiner Hörnerkappe absieht. Jedenfalls gab es nichts Auffälliges an Beinen und Füßen, keine Beinschienen, keinen Barren. Erst nachträglich ist er mit Hilfe einer Technik, die 'Überfangguß' genannt wird, mit der Barrenbasis als Zutat versehen worden. So ist lediglich der Eindruck entstanden, er trüge Beinschienen. Darauf werde ich zurückkommen. Erwähnenswert scheint mir außerdem zu sein,

---

[2530] Fund-Nr. 1145; O. Negbi a.O. 168 Nr. 1405 (mit Lit.) und S. 39 Abb. 51; s. oben Anm. 401 (zu Reschef), 650 und 1778; bes. C.F.A. Schaeffer, An Ingot God from Cyprus, in: Antiquity 39, 1965, 56f.; ders., Götter der Nord- und Inselvölker in Zypern, in: AfO 21, 1966, 59ff.; ferner P. Càssola Guida-M. Zucconi Galli Fonseca, Nuovi Studi sulle Armi dei Micenei (1992) 191f. Nr. 128 (mit weiterer Lit.) Taf. 25.

[2531] Meine Abb. 107a, e und f nach J.-Cl. Courtois, CRAI 1973, 223ff.; vgl. dessen ausführlichen Bericht "Le Sanctuaire du Dieu au Lingot d'Enkomi-Alasia", in: Alasia I (1971) 151ff. mit weiteren Plänen und Schnitten. Ferner Cl. Schaeffer, Les Peuples de la Mer et leurs Sanctuaires à Enkomi-Alasia aux 12e-11e s.av. n.è., ebd. 505ff. mit Abb. 1-3 und Abb. 10 (Schnitt, schematisierte Fundsituation in der Nebenkammer); Taf. 1-7 (Detailaufn. der Figur), Taf. 12-21 (Photos von der [z.T. nachgestellten] Bergung der Figur).

[2532] H.-G. Buchholz, Der Barrengott von Enkomi, in: Symposium Nikosia 1978 (1979) 84f.; ders., Metallurgie, in: J. Thimme, Kunst und Kultur Sardiniens, Ausstellungskat. Karlsruhe (1980) 142ff. Abb. 116; ders., Symposium Haifa 1985 (1988) 220ff. Abb. 12a und Anm. 67 (mit weiterer Lit.).

daß an der Rückseite der Figur eine rostige Korrosionsstelle zu bemerken ist (Alasia I [1971] Taf. 7a-d). Dort war ein eiserner Nagel eingelassen, offenbar der zusätzlichen — vielleicht sogar magischen — Befestigung und Sicherung des bronzenen Bildnisses dienend. Ich habe die Statuette unmittelbar nach ihrer Auffindung in der Hand gehabt und abgebrochene Teile, dabei den Nagel, anpassen können. Unter diesem Aspekt gehört das Stück zu den 'bimetallischen' Funden der Insel. Cl. Schaeffer hat den Nagel nie erwähnt und ihn auch nicht zur Restaurierung mit nach Mainz gegeben. Im folgenden publiziere ich den Untersuchungsbericht des Römisch-Germanischen Zentralmuseums vom 29.10.1976 im Wortlaut:

"Bronzegott Nergal (12. Jh. v.Chr.); Fundort: Enkomi (Zypern); Museum: Nikosia (Zypern), Inv.-Nr. 1145 (Prof. Schaeffer). Untersuchungs-Nr. des RGZM: 73/340; Röntgenbefund: R 75/298-297. Gesamt-Röntgenaufnahmen ließen deutlich erkennen, daß die Figur aus vier Teilen gefertigt ist.

1) Die ursprüngliche Statue war vollplastisch gestaltet, wobei die Beine und Füße weitgehend naturgetreu und unbekleidet geformt waren.

2) Der Schild wurde separat hergestellt und umschließt an seiner unteren Seite kapselförmig das faustförmige Ende des Armes. Die Faust war vor Anbringen des Schildes nicht naturgetreu ausgearbeitet.

3) Der Barren-Sockel und die formal primitiv ausgeführte Ummantelung der Beine (vorn bis zur Kniehöhe, hinten bis zum Oberschenkel reichend) wurde gemeinsam als Überfangguß auf die schon bestehende Statue aufgebracht. Die Bronze der ursprünglichen Statue besteht aus einem porösen Material, während der Überfangguß wesentlich homogener ist.

Nach den Röntgenaufnahmen und deren Ausdeutung ist die Statue (siehe 1) und der Schild (siehe 2) zusammengehörig hergestellt worden. Erst zu einem späteren Zeitpunkt wurde der Barren-Sockel mit der Bein-Ummantelung (siehe 3) als Überfangguß aufgebracht.

Chemische Zusammensetzung: Der Statue wurden vier kleine Proben entnommen: jeweils eine Probe stammt aus dem Körper (in Höhe der Hüfte auf der Rückseite), vom Nachguß (in Höhe der Kniekehle), vom Schild und vom Sockel. Röntgenfluoreszenzanalysen ergaben, daß in allen vier Fällen relativ reine Bronzelegierungen vorliegen, die untereinander sehr ähnlich sind: Neben dem Hauptbestandteil Kupfer kommt der Nebenbestandteil Zinn (in etwa gleicher Konzentration von 10-15 %) und vielleicht eine Spur Blei (sicher unter 1 %) vor. Silber, Nickel und Antimon waren nicht nachzuweisen. Der Materialunterschied von Statue und Nachguß ist durch unsere RF-Analysen nicht beweisbar. Mainz, 29.10.1976 gez. D. Ankner und F. Hummel".

Ein entscheidender Punkt der Ausdeutung ist in den angeblichen, nie vorhanden gewesenen Beinschienen zu sehen [2533]. Sie beruhen auf dem Mißverständnis des nachträglich aufgebrachten und oben beschriebenen Überfanggusses an den Beinen.

[2533] H.W. Catling, Beinschienen, in: H.-G. Buchholz, ArchHom, Kap. E (1977) 153. Diese Zusammenfassung ist von P. Schauer (Die Beinschienen der Späten Bronze- und Frühen Eisenzeit, in: JbRGZM 29, 1982, 100ff. 126) zutreffend als Grundlage für die heutige und künftige Forschung bezeichnet worden.

Es entfällt demnach diese Figur für weiterreichende Folgerungen zur Einführung von im Orient zuvor unbekannten Beinschienen durch 'Seevölker' [2534]. Freilich sind damit die Beinschienen nicht überhaupt aus der Welt geschafft und eine Reihe von Problemen bleibt bestehen: Beispielsweise meinte N.K. Sandars die Frage nach den Beinschienen zahlreicher Nuraghenfiguren [2535] dadurch lösen zu können, daß sie schloß, Schardanakrieger hätten die Sitte, sich damit zu rüsten, in der Levante kennen- und schätzen gelernt und sie mit nach Sardinien gebracht [2536]. Doch die Genese altsardischer Beinschienen bleibt weiterhin ungeklärt; denn die zur Diskussion stehenden Statuetten tragen — gut erkennbar — dicke gegossene und nicht blechdünne 'geschnürte' Exemplare.

Den Terminus 'Geschnürte Beinschienen' prägte G. von Merhart [2537]. Das oft genannte vollständige Beispiel des SH III B/C aus Grab 15 (engl. Ausgrabungen) in Enkomi (Abb. 108c) gehört zu einem Paar. Reste der zweiten Beinschiene wurden ebenfalls gefunden und gelangten zusammen mit der leidlich intakten (H 16,7 cm) ins Brit. Mus. [2538]. Aus Grab 18 der Phase Spätkypr. II B (Ende des 13. Jhs. v.Chr., bei einem der letzten Bestatteten in diesem Grab) gibt es ein weiteres, aus winzigen Bruchstücken zusammengefügtes, größeres Fragment [2539].

[2534] K. Galling, Goliath und seine Rüstung, in: Vetus Testamentum, Supplement 15, 1966, 150ff. (mit weiterer Lit.); H. Weippert, in: K. Galling, Biblisches Reallexikon (2. Aufl., 1977) 37 mit Abb. 13,1.2 s.v. Beinschiene (Abb. 13,1 ist irrtümlich als aus Dendra stammend deklariert, die Abb. zeigt jedoch eine Beinschiene aus Kallithea; zu beiden unten Anm. 2541 und 2542). Zu Goliaths Bewaffnung auch N.K. Sandars, The Sea Peoples (1978) 166. Ferner beiläufig: D. Barthélemy-D.W. Gooding-J. Lust, The Story of David and Goliath (1986).

[2535] Beispielsweise J. Thimme, Kunst und Kultur Sardiniens, Ausstellungskat. Karlsruhe (1980) 278ff. Abb. 102a.b; 106. 107. 111; ders., Kunst der Sarden (1983) Taf. 28. 29.

[2536] N.K. Sandars a.O. 188 (Beinschienen/Enkomi); S. 196 Abb. 129 (und Abb. 112c: 'Barrengott'/Enkomi) Abb. 130 (Bronzefigur/Sardinien); S. 199 ("the Sardinians wear 'Aegean'-style greaves").

[2537] BerRGK 37/38 (1956/57) 91ff., abgedruckt in G. von Merhart, Hallstatt und Italien, gesammelte Aufsätze zur Frühen Eisenzeit in Italien und Mitteleuropa (1969) 172ff. Zum Folgenden J. Bouzek, Die Anfänge der blechernen Schutzwaffen im östl. Mitteleuropa, in: Festschrift v. Brunn (1981) 21ff. Abb. 8,2 (Rinyaszenkirály). 3 (Kallithea). 5 (Stetten). 7 (Athen); ders., Greece, Anatolia and Europe (1997) Abb. 78,1-3 (Athen, Riyaszentkirály, Kallithea), Taf. 5 (Olympia).

[2538] Inv.-Nr. 1897/4-1/1531 und 1532; s. A.S. Murray, Excavations in Cyprus (1900) 16 Abb. 26; H.W. Catling, A Bronze Greave from a 13th Cent. B.C. Tomb at Enkomi, in: OpAth 2, 1955, 21ff. 25 Abb. 5. 6; S. 30ff.; ders., CBMW 140ff. Taf. 18c; ders., Beinschienen, in: H.-G. Buchholz, ArchHom, Kap. E (1977) 143ff. Abb. 24 Taf. 15a; R. Hampe, Gymnasium 63, 1956, Taf. 8a; A. Snodgrass, Early Greek Armour and Weapons (1964) Taf. 28; H.-G. Buchholz-V. Karageorghis, Altägäis und Altkypros (1971) Abb. 1880; Schauer a.O. 115 Abb. 2.

[2539] Schwed. Ausgrabungen, Fund-Nr. 129, s. Catling a.O. (1955) 21ff. Abb. 1-3; ders., CBMW Taf. 18a und in: H.-G. Buchholz, ArchHom, Kap. E (1977) 154f.; Buchholz-Karageorghis a.O. Abb. 1881.

Unproblematisch ist die Anbindung dieser Vorkommen auf Zypern an Entsprechungen aus einem Grab am Südhang der Akropolis von Athen (SH III C, Abb. 108b [2540]), in Kallithea/Achaia (SH III C, Abb. 108a [2541]), in einem 1994 von L. Kolonas bei Portes-Kephalobryso, südlich Patras am Fuße des Berges Skollis, entdeckten, noch nicht endgültig publizierten Grab des frühen 12. Jhs. v.Chr. (s. Kathemerini vom 28.1.1996, 7 mit Farbabb.) und in Dendra/Argolis. Letztere — bisher wurde nur eine der schmucklosen Beinschienen vollständig restauriert (H 32,5 cm) — bildet mit Abstand den frühesten Beleg für diese Schutzwaffengattung überhaupt (Ende des 15. Jhs. v.Chr.) [2542].

Sie ist in den Balkanländern (Bosnien: Abb. 108d.e.g [2543]) und Ungarn (Abb. 108f [2544]) zu finden, im Alpengebiet (Stetten/Österreich [2545]) bis hinein nach Süddeutschland und nach Tschechien (Abb. 108h-j [2546]). P. Schauer hat den Fundstoff um kleine und kleinste Fragmente im alpin-süddeutschen Raum vermehrt und auch die Funde Italiens einbezogen. Sie fügen sich in das Bild urnenfelderzeitlicher Zustände, wie sie H. Müller-Karpe in zahlreichen Veröffentlichungen entwarf. In unserem Zusammenhang zählt insbesondere seine Studie "Zur

---

[2540] Das betr. Grab liegt nicht am Nordhang der Akropolis (so auch Text und Bildunterschriften in der neugriechischen Veröffentlichung). Schauer hat offenbar ohne die nötige Sprachkenntnis und auch ohne großes topographisches Verständnis für die Athener Akropolis aus dem Süd- einen 'Nordhang' werden lassen. Auch hier handelt es sich um Reste eines Paares, s. N. Platon, ArchDelt 21, 1966, Chronika 36ff. Abb. 1.2 (danach meine Abb. 108b); A.H.S. Megaw, ArchRep 14, 1968, 5 Abb. 4; H.W. Catling, in: H.-G. Buchholz, ArchHom, Kap. E (1977) 151 Abb. 25c und S. 158 Anm. 1031a; St. Hiller, Convegno Rom 1988 (1991) 122 Abb. 3a (Abb. 3b zum Vergleich, Fragment aus Stetten/Österreich, unten Anm. 2545); Schauer a.O. 140 Anm. 152 und S. 142 Abb. 16,1.

[2541] Patras, Arch. Mus., Inv.-Nr. PMX 317a.b, Beinschienenpaar, H 25,6 cm, s. N. Gialouris, Mykenische Bronzeschutzwaffen, in: AM 75, 1960, 42ff. Taf. 28; E. Vermeule, Greece in the Bronze Age (1964) Taf. 21c; Catling a.O. 153f. Taf. 15b.c; H.-G. Buchholz, Altägäis Abb. 711 (Lit.); Th. Papadopoulos, Mycenaean Achaea (1978/1979) Abb. 312a.b; 347 (Zeichnung); ders., in Kongreß Nikosia 1982 (1985) 141ff. Taf. 6a. Vgl. auch die folgende Anm.

[2542] P. Åström, ArchDelt 16, 1960, 94; N. Verdelis, AM 82, 1967, 35ff. Abb. 8 Taf. 19; Catling a.O. 153 Taf. 14b-d. — Die von H. Weippert (Bibl. Reallex. 37 Abb. 13,1 nach K. Galling a.O. [oben Anm. 2534] 164 Abb. 14) als aus Dendra/Argolis stammend abgebildete Beinschiene wurde in Wirklichkeit in Kallithea bei Patras entdeckt (s. die vorige Anm.). Ferner P. Åström, The Cuirass Tomb and other Finds at Dendra (1977); Schauer a.O. 121 Abb. 6,1.

[2543] Catling a.O. (oben Anm. 2540) 151 Abb. 25a.b (danach unsere Abb. 108e.g); Schauer a.O. 127f. Abb. 10,1; 11,1.2 (mit älterer Lit.).

[2544] N. Åberg, Bronzezeitliche und früheisenzeitliche Chronologie V (1935) 91 Abb. 168; Schauer a.O. 114 Abb. 1.

[2545] Hiller a.O. (oben Anm. 2540) 122 Abb. 3b (nach A. Persy, Eine neue urnenfelderzeitliche Beinschiene aus Niederösterreich, in: ArchAustr 31, 1962, 37ff.); Schauer a.O. 141 Abb. 15,1.

[2546] Schauer a.O. 118 Abb. 3 (weitere Lit.).

spätbronzezeitlichen Bewaffnung in Mitteleuropa und Griechenland" [2547].

Man wird, von den ältesten Beinschienen des 15. Jhs. v.Chr. in der Argolis ausgehend, sagen dürfen, daß die waffentechnische Anregung des Beinschutzes aus dem ägäischen Raum in die angegebenen Räume hineinwirkte und dort zur Weiterentwicklung und Perfektionierung führte, mit anschließendem Rückfluß nach Hellas [2548]. Damit befinde ich mich im Einklang mit A. Snodgrass, der bemerkte, daß — selbst wenn man sämtliche reichlich hohen mitteleuropäischen Datierungen akzeptiere — "it is unlikely that priority in this field will now be taken from the Mycenaeans" [2549]. Eine weiträumige Zusammenschau archäologischer Phänomene wagte schließlich W. Kimmig unter dem Titel "Seevölkerbewegung und Urnenfelderkultur" [2550]: Bei ihm wie bei G. von Merhart findet man die kyprischen Beinschienen als Zeugnisse davon wieder, daß in Enkomi, Grab 18 "nordbalkanische Krieger liegen, über deren völkischen oder politischen Namen noch keine sichere Aussage gemacht werden kann, Fremdlinge jedenfalls, die sich für eine Weile auf der Insel eingenistet hatten" [2551]. Mich haben die vermeintlichen Beinschienen des 'Enkomi-Gottes auf dem Barren' (Abb. 107b) zu diesem Beinschienen-Exkurs geführt, von dem ich meine, daß er Licht auf den Gang und Stand der Forschung wirft.

Die bronzezeitlich-levantinischen Figürchen eines kriegerischen 'Reschef'-Typs im ägäischen Raum (Abb. 105d, Karte nach J. Bouzek) sind so oft zusammengestellt, untersucht und in ihrer kultur- und religionshistorischen Bedeutung gewürdigt worden, daß sich eine breite Wiederholung erübrigt. Vor allem hat J. Bouzek in mehreren Studien deren Zeugniswert für Verbindungen zwischen Ost und West in den Mittelpunkt des Interesses gestellt [2552]. Gegen Ende der 60er Jahre erschien sodann ein Aufsatz von J.V. Canby mit dem Titel "Some Hittite Figurines in the Aegean" [2553], womit das Problem der Herkunft erneut angesprochen war. Nach ihm haben sich u.a. in diesem Forschungszweig H. Gallet de Santerre und unlängst E. Sapouna-Sakellarakis betätigt, ersterer mit dem Artikel "Les Statuettes de Bronze Mycéniennes au type dit du 'Dieu Reschef' dans leur Contexte Egé-

[2547] Germania 40, 1962, 255f. und bereits oben Anm. 1813. 1814.

[2548] Zur Sicht kräftiger Einwirkung der Urnenfelderkulturen auf den Südosten s. V. Milojcic, Die Dorische Wanderung im Lichte der vorgeschichtlichen Funde, in: AA 1948/49, 12ff.; ders., Einige 'mitteleuropäische' Fremdlinge auf Kreta, in: JbRGZM 2, 1955, 153ff.

[2549] Early Greek Armour and Weapons (1964) 86.

[2550] Studien aus Alteuropa I, Festschrift K. Tackenberg (Beiheft 10 der BonnerJb [1964] 220ff.). Hierzu bereits oben Anm. 1816.

[2551] G. von Merhart, Hallstatt und Italien, gesammelte Aufsätze zur Frühen Eisenzeit in Italien und Mitteleuropa (1969) 219; nochmals abgedruckt von Schauer a.O. 112.

[2552] Vgl. bes. "Syrian and Anatolian Bronze Figurines in Europe", in: PPS 38, 1972, 156ff. und bereits ders., Homerisches Griechenland (1969) 34 Abb. 10 (danach meine Abb. 105d).

[2553] In: Hesperia 38, 1969, 141ff. Von J.D. Muhly ohne nützliche eigene Beobachtungen thematisch aufgegriffen: Historia 23, 1974, 138.

en" [2554], letztere mit einer neuen Zusammenfassung auch des lokal-ägäischen Fundstoffes im Rahmen der PBF-Reihe (Band I/7, 1995): "Die bronzenen Menschenfiguren auf Kreta und in der Ägäis".

Frau C. Lambrou-Phillipsons Verdienst erblicke ich in der handlichen Zusammenstellung von fast einem Dutzend solcher Figürchen des ägäischen Gebietes in Form von Kurztexten und Skizzen, durchweg mit der Feststellung, sie seien "syro-palästinensischen Ursprungs". Eingebettet sind sie alle in ihr ehrgeiziges Unternehmen, sämtliche in Frage kommenden 'Hellenorientalia' und 'Orientalia' systematisch zu erfassen und in den ihnen zukommenden Zusammenhang zu stellen [2555] (vgl. meine Auswahl: Abb. 105d-h). Jedenfalls hat es den Anschein — sofern man möglichst alle Äußerungen verschiedenster Bearbeiter berücksichtigt —, daß die bis jetzt bekannten Beispiele Importe sind und kein einziger ägäischer Versuch der Nachahmung existiert (doch s. unten Nr. 3: andere Meinungen zur Bronze aus Delos). Statt einer neuen Behandlung des Fundstoffes lasse ich eine knappe Liste der betreffenden Bronzen folgen:

Griechische Inseln, einschließlich Kretas

1   Lindos auf Rhodos; Kopenhagen, Nat.-Mus., Inv.-Nr. 10421: ägyptisierend, Füße und Arme gebrochen, erh. H 21 cm. Spätbronzezeit, nach anderen: Reschef des 9./8. Jhs. v.Chr. (B. Alroth, Visiting Gods, who and why?, in: T. Linders-G. Nordquist, Gifts to the Gods, Proceedings of the Uppsala Symposium 1985 [1987] 11 Tabelle 1). Vgl. D. Collon, The Smiting God, in: Levant 4, 1972, 122 (ältere Lit.); C. Lambrou-Phillipson, Hellenorientalia (1990) 391f. Nr. 590 Taf. 18 (Skizze, "syro-palästinensisch").

2   Samos, Heraion, Fund-Nr. B 1285/1961: Späthethitische Reschef-Statuette, nach G. Kopcke, AM 83, 1968, 290f. Nr. 114 Taf. 122; von U. Jantzen, Ägyptische und Orientalische Bronzen aus dem Heraion von Samos (Samos VIII [1972]) 66ff. Taf. 64 mit 'Hadad' identifiziert und als 'syrisch' angesprochen und u.a. mit Statuetten aus Ras Schamra verglichen. Da die dortige Zäsur im 12. Jh. v.Chr. liegt, müßte man annehmen, Jantzen hielte die Bronze aus Samos für ein altes Erbstück, doch bezeichnete er sie auch als 'geometrisch', setzte sie mithin bedeutend später an. Vgl. hierzu ferner Collon a.O. 122. — Jantzen a.O. 12ff. Nr. B 1212 Taf. 11 bietet indessen für einen prächtigen Hohlguß von 28,1 cm erhaltener Größe die Bezeichnung 'Reschef'. Das ist ein ägyptisierender Gott, den er bei den original-ägyptischen Importen von Samos eingeordnet hat.

3   Delos, Artemision, Lokalmuseum, Inv.-Nr. B 7175: Mykenische Bronze oder Import? (H 11 cm); vgl. Collon a.O. 122; P. Càssola Guida-M. Zucconi Galli Fonseca, Nuovi Studi sulle Armi dei Micenei (1992) Taf. 25,122; Lambrou-

---

[2554] In: BCH 111, 1987, 7ff.

[2555] Hellenorientalia (1990) Taf. 16 und 17, zu den einzelnen Objekten s. unten. Die meisten einschlägigen Fundstücke der Ägäis hat auch O. Negbi erfaßt, s. Canaanite Gods in Metal (1976) passim.

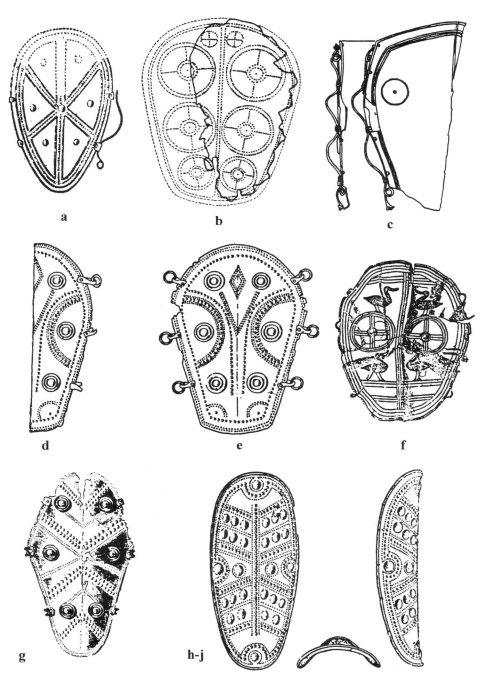

Abb. 108 a-h. Geschnürte Beinschienen, Bronze, aus Zypern (c), Hellas (a.b) und weiteren Balkanländern (d-j): a Kallithea/Peloponnes (SH III C). — b Athen/Akropolis-Süd-
hang (SH III C). — c Enkomi/Zypern (SH III B/C). — d.e.g Ilijak/Bosnien. —
f Rinyaszentkiraly/Ungarn. — h-j Kuřim/Mähren

Phillipson a.O. 374 Nr. 532 Taf. 17 (Lit., Skizze, "syro-palästinensisch", bronzezeitl.).

4   Phylakopi/Melos, Lokalmus.: Korrodierte Bronzefigur (H 12,5 cm) mit runder Helmkappe und Waffe in der erhobenen Rechten, die im abgebrochenen und verbogenen Zustand wie eine Keule aussieht, jedoch der Rest eines Speers sein könnte. Der linke Arm ist gebrochen und jetzt derartig verwinkelt, daß er so keinen Schild gehalten haben kann. Große Standzapfen unter den Füßen. Vgl. C. Renfrew, Το Μυκηναϊκὸν Ἱερόν εἰς Φυλακωπῆν, in: Ἐπετήρις τῆς Ἑταιρείας Κυκλαδικῶν Μελετῶν 1974-1978 (1978) 779ff. Abb. 5a.b; 6a; J.L. Crowley, The Aegean and the East (1989) 236 Nr. 515; S. 501 Abb. 515 ("this must be an import from the East representing a case where the motif was not accepted into Aegean art"); Lambrou-Phillipson a.O. 383 Nr. 562 Taf. 17 (Skizze, Lit., "Spätbronze/syro-palästinensisch").

5   Phylakopi, Lokalmus.: Schlanke Kriegerfigur mit spitzem Helm und in Gold eingesetzten Augen, H 13,7 cm (SH IIIC), s. Renfrew a.O. 781ff. Abb. 6b; 7a.b; Lambrou-Phillipson a.O. 383f. Nr. 563 Taf. 17 (Skizze, Lit., "syro-paläst.").

6   Knossos/Kreta: Ein an der Oberfläche undifferenzierter Guß, H 8,5 cm. Außer allgemeinen Typenmerkmalen m.E. keinerlei stilistischer Anhalt für eine Herkunftsbestimmung, unpubliziert vor Lambrou-Phillipson a.O. 226 Nr. 121 Taf. 16 (Skizze, "syro-palästinensisch").

7   Patsosgrotte (Abb. 105f und d, Skizze), 15 km südöstlich von Rhetymnon/-Kreta; Oxford, Ashmolean Mus., Inv.-Nr. AE 13.1894/140: H 15,3/15,5 cm, verbogen, nach C. Lambrou-Phillipson "syro-palästinensischer Import", nach B. Rutkowski, The Cult Places of the Aegean (1986): 14. Jh. v.Chr. — Metallanalyse bei J. Boardman, The Cretan Collection in Oxford (1961) 160: 95,9% Kupfer, 3,3% Zinn, 0,45% Arsen, 0,35% Eisen; in Spuren Wismut, Zink, Silber und Magnesium, kein Blei und Antimon. Vgl. A. Evans, PM III (1930/Nachdr. 1964) 477 Abb. 331b (mit zusätzl. Detailskizzen); Boardman a.O. 76ff. 78 Nr. 371 (mit älterer Lit.) Taf. 25,1a-c; Collon a.O. 122; Rutkowski a.O.; Lambrou-Phillipson a.O. 182f. Nr. 3 Taf. 16 (Skizze, ältere Lit.); B. Otto, König Minos und sein Volk (1997) 302 Abb. 110b.

Griechisches Festland (s. Karte, Abb. 105d)

8   Tiryns (Abb. 105g); Athen, Nat.-Mus., Inv.-Nr. 1582, eine der besterhaltenen Kleinbronzen (H 8,8 cm), nach C. Lambrou-Phillipson "syro-palästinensisch". Vgl. V. Müller, PZ 19, 1928, 310; A. Evans, PM III (1930/Nachr. 1964) 477 Abb. 331c; W. Schmied, Heinrich Schliemann, kein Troja ohne Homer (1960) 299 mit Abb.; E. Vermeule, Greece in the Bronze Age (1964) Taf. 48d ("wahrscheinlich aus Nordsyrien"); Collon a.O. 122 (mit älterer Lit.); B.C. Dietrich, Historia 29, 1980, 500 (in Anlehnung an Canby a.O.: "hethitisch"); St. Hiller, in: R. Hägg, The Greek Renaissance of the 8th Century B.C., Proceedings of the 2nd Int. Symposium at the Swed. Inst. in Athens 1981 (1983) 96 Abb. 9a,

mit Lit.; Troy, Mycenae, Tiryns, Orchomenos; H. Schliemann, the 100th Anniversary of his Death, Ausstellung Athen-Berlin (1990/91) 370 Nr. 356 mit Farbaufnahme; J.L. Crowley, The Aegean and the East (1989) 245 Nr. 521 ("the motif was not adopted") und S. 503 Abb. 521; Lambrou-Phillipson a.O. 361 Nr. 500 Taf. 17 (Skizze).

9 Mykene (Abb. 105h); Athen, Nat.-Mus., Inv.-Nr. 6433: Figur wie zuvor, H 11 cm, SH III; vgl. Chr. Tsountas, ArchEphem 1891, 21f.; V. Müller, PZ 19, 1928, 310f. Abb. 3a; Evans a.O. Abb. 331d; A.J.B. Wace, Mycenae (1949) 108 Taf. 110 c.d; B.C. Dietrich, Historia 28, 1980, 500 ("hethitisch", in Anlehnung an J.V. Canby a.O.); Collon a.O. 122; Lambrou-Phillipson a.O. 353 Nr. 479 Taf. 16 (Skizze, ältere Lit., "syro-palästinensisch").

10 Attika, ohne genaue Fundortangabe (Ankauf); Berlin, Mus. für Vor- und Frühgesch., Inv.-Nr. IVc85: Stark korrodiertes Figürchen, H mit Zapfen 10,7 cm, ohne 8,8 cm. Vgl. V. Müller, PZ 19, 1928, 307ff. 311 Abb. 3b.c; Collon a.O.; O. Negbi, Canaanite Gods in Metal (1976) 169 Nr. 1409; Lambrou-Phillipson a.O. 294 Nr. 302 Taf. 16. — Die handschriftliche Eintragung im Berliner Museumsinventar unter IVc85 lautet: "Attika, Nr. 82-88 sollen einen Depotfund bilden. Bronzefigürchen eines schreitenden Mannes, die Arme in Gebetshaltung erhoben. Mit Zapfen zum Aufstecken an den Füßen, H 10,5 cm". Als ich das Stück in Berlin studieren wollte, war es unauffindbar (Kriegsverlust?).

11 Nezeros am Fuß des Olymp (Abb. 105e); Oxford, Ashmolean Mus., Inv.-Nr. AE 410: Kleines Figürchen von 7,8 cm Größe, massiv Silber. Vgl. Evans a.O. 477 Abb. 331a; J. Boardman, The Cretan Collection in Oxford (1961) 76f. Anm. 6 Taf. 25,2a-d (mit älterer Lit.); J.V. Canby, Some Hittite Figurines in the Aegean, in: Hesperia 38, 1969, 141 ("Hittite"); Collon a.O. 122; H. Seeden a.O. ("ägäische Imitation"); Lambrou-Phillipson a.O. 321 Nr. 371 Taf. 16 (Skizze, ältere Lit., "syro-palästinensisch"); s. auch oben Anm. 950.

12 Troja VII a (12. Jh. v.Chr.), orientalische, stark korrodierte männliche Bronzefigur in Schrittstellung mit ungewöhnlich großem Kopf im Verhältnis zum Körper, offenbar ohne Helm. Die Handhaltung ist anders als beim Reschef-typus, der linke Arm zwar durchaus in Schildposition, doch der rechte so vorgestreckt, daß die Hand allenfalls einen Speer senkrecht fassen konnte. Unpubliziert, in Vorberichten von M. Siebler als "orientalische Gottheit im Typ der 'standing warrior figurines'" bezeichnet, s. Antike Welt 26, 1995, 472 Abb. 1 und Frankf. Allgem. Zeitung vom 23. Oktober 1995, S. 37.

Nur bedingt hierher gehörig

13 Sunion/Attika, rohgegossenes syrisches Figürchen, wohl des 7. Jhs. v.Chr., wenn nicht älteres Erbstück. Kriegertypus mit Kegelhelm und erhobenem rechten Arm; am Rücken Öse, also Amulett (H 6,5 cm). Athen, Nat.-Mus., Inv.-Nr. 14.926; s. A.V. Stais, ArchEphem 1917, 195 Abb. 7; G. Hanfmann, Hesperia 31, 1962, 236f. Taf. 85.

Der altkretische Polytheismus umfaßte außer Hauptgöttinnen und -göttern zahlreiche 'Dämonen'. Offenbleiben muß, ob sie als 'niedere Götter' anzusehen sind, ob sie teilweise vielleicht lokale Varianten, tierische Hypostasen, von Hauptgottheiten oder lediglich ikonographische Anleihen von Fremdformen ohne wirkliches religiöses Eigenleben darstellten. Ganz unklar bleibt, ob und wie die im altägäischen Bildrepertoire vermittelten Vorstellungen zwischen 'Gut' und 'Böse', Lebenbedrohendem und Lebenförderndem, trennten. Wir begegnen hauptsächlich positiven Kräften: Trabanten von Gottheiten, mythischen und kultischen Dienern, gelegentlich mit mehr als bloß priesterlicher Funktion, Schutzgenien des Göttlichen, sowie Grab-, Thron-, Tür- und Torwächtern.

Es empfiehlt sich nicht, hierfür die Zeugnisse nach solchen der Minosinsel von denen des übrigen ägäischen Raumes zu sondern und sie zueinander in einen Gegensatz zu bringen. Generell hat man es außerhalb Kretas mit Importen von dort oder bildlichen Ablegern der minoischen Kunst zu tun. Doch kann es Ausnahmen von dieser Regel geben, nämlich direkte Übernahmen aus dem Osten (Anatolien, Zypern, Syrien). Jedenfalls verhilft allein das Studium eines bestimmten ikonographischen Motivs oder einer ausgewählten Denkmälergattung über Zeit und Raum hinweg zu stichhaltigen Ergebnissen. Ich greife aus meinem Aufsatz über die ägäischen Elfenbeinkämme den Typus IV heraus, den ich in die Varianten Typus IVa bis IVd gegliedert habe (Abb. 62) [2556]: Der einseitig bezahnte, schmucklose Plattenkamm mit der Unterteilung der Griffplatte in zwei Zonen (IVa) ist ein häufig vorkommendes Produkt und chronologisch-typologisch die Ausgangsform für IVb, IVc und IVd. Das schließt ein langes Weiterleben von IVa neben den drei genannten Varianten und zeitlich über diese hinaus nicht aus (bis SH IIIC, Perati). Beim Typ IVb ist die Griffplatte oben mit einer zentralen achtblättrigen Rosette, einem kosmischen Symbol, wie wir bereits mehrfach ausgeführt haben, geschmückt. Diese Rosette kann nun im Typ IVc wie eine Gottheit links und rechts von je einer Sphinx 'bewacht', jedenfalls gerahmt sein. Einen Schritt weiter wird im Typ IVd aus der zentralen Rosette ein Wirbel, den die Schwänze zweier 'Krokodil-Drachendämonen' bilden, welche nun die Plätze der Sphingen einnehmen. In der Wächterfunktion sind sie offenbar als gleichwertig mit letzteren empfunden worden. Diese Symbolik ist an Kämmen sinnvoll, bewirkte sie doch magischen Schutz für das Kraft und Leben bedeutende Haar, in dem ein solcher Kamm steckte, für Haupt und Person als Besitzerin von Haar und Kamm.

Aufschlußreich ist die Verbreitung der genannten Typen: IVa ist mit etwa 30 Exemplaren in der Argolis vertreten, hingegen auf Kreta nur mit acht (s. die Karte, Abb. 63). Typ IVb kommt auf Kreta einmal vor, in der Argolis hingegen rund zehnmal, wo ich deshalb die Werkstätte für alle diese Erzeugnisse angesetzt habe. Die hier wegen der Schutzgenien (Sphingen und Krokodildrachen) interessierenden Kammtypen IVc und d sind in ihren archäologischen Vorkommen mit sechs Vertretern auf der Minosinsel und sieben in der Argolis etwa ausgeglichen.

[2556] Ägäische Kämme, in: APA 16/17, 1984/85, 91ff. bes. 135f. Rosettenkämme in Ergänzungszeichnungen: ebd. 129ff. Abb. 39-41a-i und oben Anm. 1432-1437.

'Drachen' in Krokodilsgestalt (Abb. 62/IVd) hatten deutlich im Nilland ihren Ursprung, während Flügelschlangen und Schlangendrachen der nahöstlichen Bilderwelt entstammten [2557]. Auch auf einem in der Argolis gefundenen Elfenbeindeckel kommen krokodilartige Tierdämonen vor [2558]. J.-Cl. Poursat ist dem Motiv und seinem Ursprung gründlich nachgegangen [2559].

Noch nachhaltiger beeindruckt von ägyptischen Dämonen erweist sich die Minosinsel hinsichtlich des Genius' in Nilpferdgestalt (ägyptisch *Tawaret* [2560]). In diesem Fall ist die Aneignung des Bildmotivs und seine Umwandlung zum minoischen 'Genius' in der ersten Hälfte des zweiten Jahrtausends Schritt für Schritt erfolgt, wie dies Judith Weingarten gezeigt hat [2561]. Bei M.P. Nilsson findet man die Nilpferdgenien unter der Rubrik "Daemons of the usual type" [2562].

Flügel spielten in der altorientalischen Bildsymbolik eine gewaltige Rolle: Sie machten aus einem normalen Löwen ein Fabeltier, aus einer normalen Schlange ein 'Mischwesen'. Das reicht bis hin zu komplizierten Komposita wie den biblischen Cherubim. Aus dem 'normalen' Sonnensymbol wurde bei Hethitern und ihren Nachbarn mittels zweier Vogelschwingen die 'Flügelsonne' (Abb. 91d.f.h-k; 92f [Ras Schamra und Tiryns]). Eine Sonnenrosette, beidseitig von Wächtervögeln flankiert (Abb. 93b), kann geradezu als vollständigeres Symbolbild, hingegen die 'Flügelsonne' als abgekürzte Ableitung verstanden werden.

Den kriegerischen Heros machten Flügel im Kampf gegen Löwen erst wirklich zu einer aus der Alltagswelt herausgehobenen Besonderheit (Abb. 97b.c), brachten ihn in die Nähe zur orientalischen geflügelten Gottheit (Abb. 92i.j, Rollsiegel aus Perati/Attika). Die Griechen griffen später derartige Vorstellungen und Ausdrucksmöglichkeiten bereitwillig auf: Das Pferd Pegasos bekam Flügel und wurde so zum göttlichen Roß, die Schuhe des Gottes Hermes bekamen Flügel und wurden so zu göttlichen Flügelschuhen (s. oben zu Abb. 97g) [2563].

[2557] Zum babylonischen 'Drachen' in der kretischen Kunst s. D. Levi, AJA 49, 1945, 270ff.; M.A. Gill, The Minoan Dragon, in: BICS 10, 1963, 1ff.

[2558] A.W. Persson, Asine (1938) 391 Abb. 253.

[2559] BCH 100, 1976, 461ff.

[2560] Vgl. zur Ausgangssituation: A. Behrmann, Das Nilpferd in der Vorstellungswelt der Alten Ägypter, in: Europäische Hochschulschriften, Reihe 38, Nr. 62 (1996).

[2561] The Transformation of Egyptian Tawaret into the Minoan Genius (SIMA 88, 1991) und bereits M. Gill, The Minoan Genius, in: AM 79, 1964, 1ff.

[2562] In MMR 376ff. Abb. 185-188; außerdem: J.L. Crowley, The Aegean and the East (1989) 414f. Abb. 68a. 74; S. 426ff. Abb. 133-146; S. 431 Abb. 162; S. 501 Abb. 512.

[2563] Bereits die mittelassyrische Kunst kannte das Flügelpferd, s. H.-G. Buchholz-C. von Wangenheim, Flügelpferde, in: AA 1984, 237ff. 249 Abb. 9a-c; 10a.b. — Unter den zahlreichen Flügelwesen der minoisch-mykenischen Kunst fehlen Pferde. Ich benutze die Gelegenheit, eine Korrektur vorzunehmen, die der Aufmerksamkeit von E. Vermeule verdankt wird: In meinem Buch Altägäis und Altkypros (1971) war von mir (Abb. 966) ein SH III-Gefäß in München (aus dem Kunsthandel) so aufgenommen worden, wie es R. Hackl (JdI 22, 1907, 101 Nr. 4 Taf. 2) publiziert hat. Die Nachfrage in München ergab, daß zwischenzeitlich eine Reinigung das Bild der Flügelgottheit spurlos hat verschwinden lassen: Das Gefäß

Symbolvögel, Begleittiere von Gottheiten, gaben sich aber auch durchaus in ihrer natürlichen Gestalt, wie Tauben der Aphrodite (s. oben) oder Hähne auf Lebensbäumen (Abb. 100h, Assur) und schließlich der Königsvogel des griechischen Zeus, der Adler als Wappentier (Abb. 91a, Siegel aus Enkomi) [2564], bzw. ägyptische Falken (z.B. als Bekrönung des Szepters von Kourion/Zypern) [2565]. Auch 'Urnenfeldervögel', deren symbolische Bedeutung nicht anzuzweifeln ist, lassen sich als Schwäne, Enten, Gänse, hauptsächlich als Wasservögel, erkennen. Und die im Repertoire zoologisch nicht definierbaren Arten sind jedenfalls nicht als Phantasiegebilde, nicht als Mischwesen, anzusprechen (z.B. Abb. 108f) [2566]. Sofern dort wie im ägäischen und ostmediterranen Symbolgut Wasservögel wiedergegeben sind — wie beispielsweise die Elfenbeindöschen in Entengestalt mit zurückgewandtem Kopf (oben Anm. 1389-1396) —, bezog man ihren positiven Aspekt als Lebensbringer aus ihrer Nähe zum Lebenselement Wasser, so wie dies auf Fische und Frösche primär zutrifft. Der Storch mitteleuropäischer Mythologie watet im Wasser, lebt von Fröschen und ist buchstäblich ein Lebensbringer, ein Bringer der Neugeborenen. Sein deutscher Name 'Adebar' bedeutet 'Glücksbringer' [2567].

Ich will ein weit verbreitetes schamanistisches Element nicht überbetonen, wenn ich auf die Vogelgestalt hinweise, welche Zauberer (Schamanen) einzunehmen vermochten [2568]. Im nordeuropäisch-germanischen Bereich zeigten sich primitive Dämonen als Vögel, andere hatten Gänsefüße [2569]. Die Vorstellung vom Dämonischen im Tier — wenn auch nicht in erster Linie in Vögeln — hatte ihren Ursprung in weit in die Prähistorie zurückreichenden jägerischen Erfahrungen. Das stellte H. Findeisen in seinem Buch "Das Tier als Gott, Dämon und Ahne; einer

---

ist bronzezeitlich, die Malerei war eine nachträgliche moderne Fälschung. — Zu ägäischen Flügelwesen, bes. zu den Greifen, s. Ch. Tzabella-Evjen, Τὰ πτερωτὰ ὄντα τῆς προϊστορικῆς ἐποχῆς τοῦ Αἰγαίου (1970). Die Münchener Darstellung ebd. 48 Nr. 243 Taf. 30 und A. Dessenne, Le Sphinx (1957) Taf. 28,325. Weiteres in N. Platon-W. Müller-I. Pini, CMS II/7 (1998) 160 Nr. 139; S. 162 Nr. 140.

[2564] Antithetisch-spiegelbildlich angeordnete Adler schon im Goldblechschmuck aus Schachtgräberrund A von Mykene, nach H. Schliemann und G. Karo zuletzt: J.L. Crowley, The Aegean and the East (1989) 410 Abb. 50a.

[2565] Zur älteren Lit., Farbabbildungen und unterschiedlichen Datierungen s. mein Buch Altägäis Abb. 1788a-d und neuerdings: J.L. Crowley, The Aegean and the East (1989) 96 Nr. 254 mit Anm. 3 und S. 447 Abb. 254.

[2566] Vgl. G. Kossack, Studien zum Symbolgut der Urnenfelder- und Hallstattzeit Mitteleuropas (1954) 126 Index s.v. Vogel; E. Sprockhoff, JbRGZM 1, 1954, 67ff.; hierzu, abweichend von Sprockhoff, E. Simon, in: Acta of the 2nd Int. Colloquium in Aegean Prehistory (Athen 1972) 157ff. 163.

[2567] E. Schneeweis, Handwörterbuch des deutschen Aberglaubens VIII (1937/1986) 498ff.

[2568] A. Friedrich-G. Buddruss, Schamanengeschichten aus Sibirien (Deutsch 1955/1987) 156ff. ("Baum, Tiere, Vögel in Schamanenmythen") und M. Eliade, Schamanismus und archaische Ekstasetechnik (1957) 157ff. (Vogelsymbolik). Zum griechischen Schamanismus unten Anm. 2682.

[2569] A. Taylor, in: Handwörterbuch a.O. 1679.

Untersuchung über das Erleben des Tieres in der Altmenschheit" fest (1956).

Geflügelte Genien mit Geierköpfen und männlich-menschlichen Körpern als Trabanten von Göttern, gehören durchaus in die Ikonographie nahöstlicher Rollsiegel [2570]. Doch auch umgekehrt kommen Vogelkörper mit menschlichem, meist weiblichem Gesicht vor. Solche 'Menschenvögel' bezeichnen wir als 'Sirenen'. Dem rätselhaften Wort für derartige Mischwesen wurde seitens der Sprachwissenschaftler altmediterran/vorgriechischer Ursprung bescheinigt, und manche von ihnen glaubten, den Wortstamm in Linear B wiedergefunden zu haben [2571]. Doch ikonographisch lassen sich Sirenen schwerlich vor der Vasenmalerei geometrisch-orientalisierenden Stils feststellen [2572]. Eines Hinweises betreffs der orientalischen Herkunft des Motivs in der griechischen Kunst bedarf indessen die Studie "L'Homme-oiseau et l'origine de la Sirène" von F. Chapouthier (in F. Bisson de la Roque, Le Trésor de Tod [1953] 37ff.). Vielleicht sind helladisch-vorgriechische und orientalische Vorstellungen ineinandergeflossen. Ich setze hierher die Definition, die ihnen Hugo Rahner gab: "Das griechische Wort Seirenes bedeutet etymologisch die 'Bestrickenden', die 'Fesselnden'. Sie sind ursprünglich — und gewiß vorgriechisch — vampirartige Totengespenster, die sich vom Blut der Leichen nähren. Durch die Gestalt, die ihnen Homer verlieh, noch mehr durch Hesiod und Alkman, am meisten durch die burleske attische Komödie, wurde dieses grauenhafte, vogelartige Geschlecht von Totengespenstern gleichsam verschönt und ihr Wesen gemildert ..." [2573].

Als gewaltige Großkatze hat sich der Löwe einen zentralen Platz in der menschlichen Phantasie gesichert. Unsere eigenen Märchen und Tierfabeln beweisen, daß dazu die reale Existenz der Bestie in unserem Gesichtskreis nicht einmal nötig ist. So genügen Einzelfunde von Löwenknochen keineswegs, dieses Tier in den betreffenden Perioden der Frühzeit oder späteren Antike — beispielsweise im mykenischen Griechenland oder spätbronzezeitlichen Kilikien und Zypern — als nachgewiesen anzusehen. Dort auftauchende Knochen oder Zähne können als heil- und zauberkräftig betrachtet, weit gereist und erst sekundär an den Ort ihrer Auffindung gelangt sein, z.B. nach Tiryns, in die Heiligtümer von Tegea und Delphi,

---

[2570] Beispielsweise im British Museum, publiziert von W.H. Ward, AJA 3, 1899, 21 Abb. 23; wiederholt in A.B. Cook, Zeus I (1914/Nachdr. 1964) 606 Abb. 477.

[2571] Hierzu Lit. gesammelt von H.-G. Buchholz, Bemerkungen zum Stand der Homer-Archäologie, in: D. Musti, La Transizione dal Miceneo all'Alto Arcaismo, Atti del Convegno Int., Rom 1988 (1991) 79f. mit Anm. 38.

[2572] Auch dazu zahlreiche bibliographische Notizen in Buchholz a.O. Anm. 37; ferner R.D. Barnett, in: The Aegean and the Near East, Festschrift H. Goldman (1956) 230ff.

[2573] H. Rahner, Griechische Mythen in christlicher Deutung (1957) 300ff.

nach Jonien oder Kilikien (Sirkeli Höyük) [2574]. Andererseits ist mit solchen Überlegungen das Vorkommen von Löwen in der Natur der genannten Länder zu den betreffenden Zeiten ebensowenig auszuschließen.

Wir wollen nicht der Frage nachgehen, wie aus dem zoologischen Löwen ein 'Mischwesen', die Chimäre des Bellerophonmythos, werden konnte, oder in anderem ikonographischen Milieu Flügellöwen (Abb. 92j) geworden sind, zumal sich die minoisch-mykenische Kunst realer Löwenbilder bediente. Damit sind wir bei der Frage, woher sie solche Bilder entlehnte, wenn ihren Handwerker-Künstlern die Anschauung im eigenen Land gefehlt haben sollte. Ich verweise auf Ekrem Akurgal, der sich in zahlreichen Studien um Ursprung und Weitergabe von Darstellungs-Typen bemühte und eine genaue Vorstellung vom späthethitischen Löwenbild entwickelte. Von diesem hing — soweit nicht eine altägyptische Bildprägung Einfluß nahm — die Darstellungsweise von Löwen in Zypern und im griechischen Kulturraum weitgehend ab, was in der Marburger Dissertation "Studien zum frühgriechischen Löwenbild" (1965) des verstorbenen Hans Gabelmann seine Bestätigung fand [2575].

Nicht selten sind Körper, Köpfe, Schwänze oder Liege-, bzw. Stand- oder Sprunghaltung ägäischer und kyprischer Löwen im Bilde die von Hunden. So können auf einem Rollsiegel kypro-ägäischen Stils aus Golgoi/Zypern (Abb. 93e) die Vierbeiner, welche der 'Herr der Tiere' an den Hinterläufen packt, nur im Vergleich mit anderen Darstellungen dieses Bildschemas als Löwen erkannt, bzw. erschlossen werden. Auf einem weiteren Rollsiegel aus Angastina/Zypern kann der Vierbeiner mit einem Hunderingelschwanz auch nur als Löwe angesprochen werden, weil er gewissermaßen dem Heiligtum seiner Herrin 'eingeschrieben' ist und dieses als das der 'Herrin der Löwen' (nicht Hunde) kennzeichnet [2576]. Ob die prächtigen antithetisch angeordneten Vierbeiner des noch nicht lange bekannten Goldschmucks aus Tell el Daba (Avaris), Schnauze an Schnauze und Vordertatze an Vordertatze, nicht doch Löwen sein sollen und nicht Hunde, möchte ich vorerst

---

[2574] J. Boessneck-A. von den Driesch, AA 1979, 447ff. (Tiryns); dies., AA 1981, 257f. (Peloponnes); F. Poplin, in: Beiträge zur Archäologie und prähistorischen Anthropologie, 8. Arbeitstreffen der Osteologen, Konstanz 1993 (1994) 315 Abb. 1 (Delphi und Tegea); A. von den Driesch, IstMitt 46, 1996, Taf. 4,6.7 (Sirkeli-Höyük). Vgl. zum Forschungsstand: D. Rakatsanis, Antike Quellenzeugnisse zur Existenz des Löwen in Hellas, in: Forschungen und Funde, Festschrift B. Neutsch (1980) 367ff.

[2575] Vgl. ferner C. Baurain, Recherches sur l'Iconographie Créto-Mycénienne du Lion Iliaque, in: Mélanges J. Labarbe (1987) 337ff. und Lit. oben Anm. 1601, sowie G. Mylonas, The Lion in Mycenaean Times, in: AAA 3, 1970, 421ff. Zur Löwenikonographie im Orient außer E. Akurgals Untersuchungen: H. Kantor, The Shoulder Ornament of Near Eastern Lions, in: JNES 6, 1947, 250ff.; dieselbe, A Further Comment on the Shoulder Ornament, ebd. 9, 1950, 55f.; A. Vollgraf-Roes, The Lion with Body Markings in Oriental Art, in: JNES 12, 1953, 40ff. — Zur griechischen Löwenikonographie: P. Müller, Löwen und Mischwesen in der archaischen griechischen Kunst, eine Untersuchung über ihre Bedeutung (1978).

[2576] K. Nikolaou, RDAC 1972, Taf. 18,7.

offenlassen. Die herzförmigen Ohren passen zum Löwentypus und die 'Halsbänder' könnten mißverstandene Mähnen bedeuten [2577]. In die hier angesprochene Problematik spielen von ägyptischer Seite her Schakalgottheiten, insbesondere der schakalköpfige Totengott Anubis, hinein [2578]. Als Schutzgott der Toten besaß er positive Aspekte. Nach Auffassung der Griechen war Anubis in seiner Tiergestalt ein Hund. In seiner Wächterposition wurde er stets liegend dargestellt, während die meist paarweise auftretenden *Up-uat* (Schakalgötter) stets stehend oder laufend wiedergegeben wurden. Als 'Wegöffner' waren sie Kampfgefährten, Trabanten, des Osiris, galten aber bei den Griechen als Wölfe. Die von B. Schweitzer untersuchten "Hunde auf dem Dach" im mykenischen Bildrepertoire könnten durchaus von ägyptischen Schakalen als Grabwächter inspiriert gewesen sein und sich mit den parallelen vorderasiatischen Vorstellungen vom Wächterlöwen gekreuzt haben [2579].

Kultgefäße in Gestalt von Löwenkopfrhyta gab es auf Kreta (z.B. Knossos, Kalkstein, s. H.-G. Buchholz, Altägäis [1971] Abb. 1237), kaum auf dem Festland (Delphi), solche in Form von schakalähnlichen Hundeköpfen allein im mykenischen Bereich von Hellas (Tiryns, Fuchs- oder Hundekopf, s. Altägäis Abb. 1240). Eine mykenische rundplastische Terrakotta in Gestalt eines liegenden Hundes gehört zu den Seltenheiten (Altägäis Abb. 1251). Jedenfalls sind tönerne Becher der Zeit um 1400 v.Chr. in Gestalt von Löwenköpfen aus Ras Schamra als kretischer Beeinflussung folgend interpretiert worden (u.a. von K. Kohlmeyer, in: Land des Baal [1982] Nr. 128 zu Cl. Schaeffer, Ugaritica VII [1978] 149ff. und Syria 19, 1938, Taf. 19; sowie H.Th. Bossert, Altsyrien [1951] Abb. 650): "Die Anregung für diese Gefäße ist sicherlich im Westen zu suchen. So wurden tierköpfige Rhyta mykenischen Stils in Ugarit und Minet el Beida gefunden. Schon in der vorangegangenen Zeit wurden auf Zypern und auf Kreta neben Ganztiergefäßen solche in Form eines Tierkopfes hergestellt".

Aus der Anschauung unserer eigenen Welt können wir uns gut Wächterhunde am Hoftor vorstellen, nur würden wir sie für wirkungslos halten, wenn sie aus Metall bestünden. Doch gerade das betont Homer, wenn er das Palasttor des Alkinoos von zwei Hunden aus Gold und Silber, Werken des Hephaistos, bewacht sein läßt (Odyssee 7, 90ff.). Es liegt auf der Hand, daß in dieser Nachricht die Kenntnis von monumentalen orientalischen Wächterlöwen durchscheint.

Ein Löwe kann einer Gottheit als winzige Zutat zugeordnet sein, beispielsweise wie eine Fußbank. Dafür gibt es Beispiele aus Ras Schamra in der Ikonographie der nackten Göttin als 'Herrin der Tiere'. Dieser Bildgedanke existierte ebenfalls im Großformat, etwa in Gestalt kauernder Löwenpaare als Basen aufrechtstehender

---

[2577] M. Bietak, Avaris (1996) 29 Farbtaf. 1b und Deckelbild.

[2578] Auch zum Folgenden: A. Erman, Die Religion der Ägypter (1934/Nachdr. 1978) 42f. mit Abb. 31 und 32; Chr. Seeber, Untersuchungen zur Darstellung des Totengerichts im Alten Ägypten (1976) 154ff. und 245 Index s.v. Anubis, Anubiskopf, Anubis-Schakal.

[2579] Hunde auf dem Dach, ein mykenisches Holzkästchen, in: AM 55, 1930, 107ff. Beilage 29.

Götterstatuen (z.B. im späthethitischen Bereich, auch im Cyprus Museum/Nikosia [2580]). Damit wären wir bei unserem Thema von den 'Schutzgenien', zu denen natürlich sämtliche mit Wächterfunktionen befaßten dämonischen Wesen, Genien und Tiergottheiten, zu rechnen sind, so auch Löwen. Das soeben angesprochene göttliche Attribut-/Begleit-Tier, das ohne weitere Funktionen auftreten kann, ohne in Aktion zu sein, wird deutlicher zum Wächter und Beschützer in solchen Bildern, in denen Paare, Löwenpaare, eine Bildmitte flankieren. In dieser kann sich ein Gott, eine Göttin, ersatzweise eine Säule oder ein Baum befinden, wie oben bereits im Zusammenhang mit dem Löwentor von Mykene (Abb. 50) ausgeführt worden ist [2581]. Für F. Matz vertrat die Säule die mykenische Burg und nicht die Gottheit: Die Löwen sind "Hüter der Burg oder des Herrenhauses, das wohl durch die Säule zwischen ihnen angedeutet ist, eine großartige heraldische Gestaltung, den schönsten Wappenhaltern späterer Zeiten ebenbürtig" [2582].

Nicht der Wächterlöwe, sondern der das Leben bedrohende Löwe im Kampf mit dem Stier ohne Hinzutritt eines Helden "läuft neben anderen Teilmotiven durch alle Zeitalter des Alten Orients her", so nach A. Moortgat seit der Wende von der Vor- zur Frühgeschichte Sumers. Nach ihm "reißt der Faden niemals ab, wenn er auch (gelegentlich) dünner wird" [2583]. Es handelt sich also nachweislich um eine Themenübernahme seitens kyprischer Künstler (Abb. 94b.e [2584]) und solchen der späthelladischen Welt (z.B. in Kilikien: Abb. 94c [2585]). Auch im Relief eines Elfenbeinkammes aus Megiddo trägt das Motiv "Löwe schlägt Rind" stilistisch mykenische Züge (Abb. 64g).

Existentielle Kultur-/Lebensbedrohung in derartigen Bildern zu manifestieren, setzt die Rinderzucht als wirtschaftliche Grundlage aller übrigen Lebensbereiche voraus. Es geht, wie A. Moortgat ausführte, um die Herde und ihren Schutz vor

---

[2580] H.-G. Buchholz, AA 1974, 556 Abb. 1.

[2581] P. Åström-B. Blomé, A Reconstruction of the Lion Relief at Mycenae, in: OpAth 5, 1964, 159ff. (mit vielen Beispielen ähnlicher Bildschemata in der früheren und gleichzeitigen Siegelkunst); M.C. Shaw, The Lion Gate Relief of Mycenae Reconsidered, in: Φίλια ῎Επη εἰς Γ.Ε. Μυλωνᾶν I (1986) 108ff. — E. Simon hat die Säule als anikonisches Kultidol der Hera (Metopenbild aus dem archaischen Heiligtum von Foce del Sele/Italien) in die mykenische Bildtradition gerückt (JdI 82, 1967, 285ff. Abb. 10, S. 291).

[2582] In: Die Ägäis, HdbArch II (1954) 285.

[2583] A. Moortgat, Tammuz, der Unsterblichkeitsglaube in der Altorientalischen Bildkunst (1949) 14ff. ("Stier und Löwe im Kampf"). Beispielsweise Ritzzeichnung vom Inanna-Tempel/Nippur (Schicht VIII), s. D.P. Hansen, New Votive Plaques from Nippur, in: JNES 22, 1963, 145ff. Taf. 3.

[2584] Prägungen auf einem Goldband aus Hierokepos bei Paphos, s. V. Karageorghis, BCH 89, 1965, 249 Abb. 29; H.-G. Buchholz, AA 1974, 384. 389 Abb. 49a und b; vgl. zu der betr. Nekropole (Spätkypr. II) auch K. Nikolaou, AJA 77, 1973, 432.

[2585] Von A. Evans (PM IV 534 Abb. 485) als 'Mino-Cilician' bezeichnet, von F. Schachermeyr als 'SH IIIC' (Die Levante im Zeitalter der Wanderungen vom 13. bis zum 11. Jh. v.Chr. [1982] 183 Abb. 41). Nach der Abbildung zu urteilen, müßte es sich um eine lokal-kilikische Version von SH IIIB handeln.

wilden Tieren. Der Löwe stellt die lebensfeindlichen Kräfte dar. So kann das Gegenüber des Wildstiers als Gegner des Löwen damit nicht einfach identisch sein, muß vielmehr jägerischen Vorstellungen entstammen, wenn diese auch im Laufe der Entwicklung ins Bildmotiv von Viehzüchtern eingepaßt worden sind (Abb. 92d und j mit Anm. 10). Und auch andere Varianten waren möglich, etwa als Ritzzeichnung auf einer kassitischen Platte aus ungebranntem Ton in Berlin das Gegenüber eines Löwen und eines Ebers [2586]. Die spätere griechische Kunst bediente sich ebenfalls dieser und weiterer Motivvarianten.

Bemerkenswert — weil in der Bildaussage offen — ist ein spätpalatialer Siegelabdruck aus Knossos, der einen Rinderkopf en face zeigt, beidseitig flankiert von Löwen in einer Haltung, die weder heraldisch noch Angriffsposition genannt werden kann, jedoch nicht friedlich anmutet [2587]. Ob diese Löwen als Trabanten einer Gottheit, verkörpert in jenem Rinderkopf, anzusprechen sind, muß jedenfalls offenbleiben. Die Ambivalenz wird offenbar: Einmal vertritt das Löwenbild die Leben vernichtenden Kräfte, zum andern aber auch eine positive Kraft der Gottheit selber. F. Matz sah das so: "An die Stelle der Götter tritt in dem Löwen ihr theriomorpher Ausdruck ... Das Bild des den Stier reißenden Löwen ist mythische Hypostase des Stieropfers" [2588].

Wenn es nicht gelingt, in den Darstellungen von solchen Überfällen blutgieriger Bestien auf friedliche Herdentiere, wie im Kampf des Menschen mit Raubtieren (von der Jagd [2589] bis hin zum heroischen Zweikampf), den tieferen Sinn zu finden, wird auch die Vorliebe der mykenischen Kunst für kriegerische Bildthemen wie Schlacht und Zweikampf (Abb. 94a und d [2590]) nicht zu entschlüsseln sein. Sie müssen dem modernen Betrachter geradezu als Verherrlichung des Blutvergießens erscheinen. In Wirklichkeit sind sie — wie die Kampfschilderungen Homers — Symbolbilder mit tiefgründigem Hintergrund und lassen kosmisch-schicksalhafte Zusammenhänge zwischen Götterwillen und -herrschaft und Leben und Tod des Menschengeschlechts erahnen.

[2586] Propyläen-Kunstgeschichte XIV (1975) 308 Abb. 95.

[2587] A. Evans, PM IV 609 Abb. 597/Bg.

[2588] Minoischer Stiergott?, in: KretChron 1963, 221.

[2589] I. Pini, Ein Löwenjagd-Motiv, in: AA 1982, 604ff.

[2590] Zusammenstellung von Kampfmotiven — wie in Marinatos-Hirmer Abb. 230a-d und in Minoan and Greek Civilization from the Mitsotakis Collection (1992) 215 Nr. 276 mit Abb. (um 2000 v.Chr.) — bei H. Döhl, Mykenische Kampfdarstellungen, in: Beiträge zur Archäologie Nordwest-Deutschlands und Mitteleuropas; Festschrift K. Raddatz (1980) 21ff.; V. Stürmer, Zur Ikonographie des Kampfes auf dem Siegelring CMS I Nr. 16, in: OpAth 14, 1982, 111ff. — Meine Abb. 94a nach O. Höckmann, in: H.-G. Buchholz, Ägäische Bronzezeit (1987) 339 Abb. 87, s. A. Sakellariou, AntK 17, 1974, 3ff., deren Abbildungen sind wiederholt von der kenntnisreichen und urteilsfähigen Ingrid Strøm in ihrem interessanten dänischen Buch "Graekenlands Forhistoriske Kulturer" II (1982) 277f. Abb. 380a.b. — Nicht vergleichbar sind undynamisch-primitive Kampfszenen wie in der Gefäßmalerei von Dromolaxia/Zypern, oben Abb. 79a.b.

Poesie, egal ob mündlich weitergereichte oder schriftlich fixierte, war zuerst da und suchte in anschaubaren Bildern ihren Ausdruck. Als Symbol von Kraft, Macht, ordnender Königsgewalt finden wir den Löwen literarisch im 1. Mosesbuch 49,9: "Juda ist ein junger Löwe ... Es wird das Szepter von Juda nicht entwendet werden ... bis daß der Held komme". Und im 1. Buch der Könige 10,18f. heißt es vom Thron Salomos: "Und der König machte einen großen Stuhl von Elfenbein und überzog ihn mit dem edelsten Golde. Und der Stuhl hatte sechs Stufen ... und waren Lehnen auf beiden Seiten um den Sitz, und zwei Löwen standen an den Lehnen. Und zwölf Löwen standen auf den sechs Stufen auf beiden Seiten". Doch gleichzeitig drückt der Löwe Unheil und Gefährdung aus: "Hilf mir aus dem Rachen des Löwen" (Psalm 22,22), ebenso im 1. Petrusbrief: "Seid nüchtern und wachet, denn der Teufel, euer Widersacher, geht umher wie ein brüllender Löwe und sucht, welchen er verschlinge" (5,8). In der mittelalterlich-christlichen Kunst haben beide Aspekte, durch die Bibel angeregt, reiche bildliche Auslegung erfahren (G. Kiesow, Böser Löwe — guter Löwe, in: Monumente, Magazin für Denkmalkultur in Deutschland 8, 1988, Nr. 5/6, 50f.).

In der Regel war nicht irgendein Mensch als Bezwinger von Löwen gemeint, sondern der König in seiner Vorkämpfer- und Beschützer-Funktion (Ugarit: Abb. 2b mit Anm. 10) oder ein gottähnlicher Heros bzw. ein Gott selber. In diesem Sinne gehört unser Bildkomplex zu A. Moortgats "überzeitlichen Motiven" mit vergleichbarer Bedeutung und Wirkung im Osten (z.B. bereits in Ebla, s. L. Nigro, JPR 11/12, 1998, 32 Abb. 12) wie im Westen (Ägäis). Die bereits von E. Akurgal vorgenommene Zusammenstellung der Abbildungen 97a bis c soll zeigen, daß die Schwelle zwischen Bronzezeit und Eisenzeit von unserem Bildthema nahtlos überbrückt worden ist: Das Bild des Löwenbezwingers der Abbildung 97c gehört in die Kunst des Tell Halaf des 9./8. Jhs. v.Chr., Abbildung 97b gibt das Mittelmedaillon einer Silberschale aus Kourion/Zypern wieder (zu den kypro-phönikischen Metallschalen s. oben Anm. 1910 und 2019). Der künstlerisch hervorragende mykenische elfenbeinerne Spiegelgriff aus Enkomi (Abb. 97a) zeigt zwar einen späthelladischen Heros im Zweikampf, mit der Linken die Gurgel eines aufgerichteten Greifen packend und mit dem Schwert in der Rechten zum tödlichen Stoß ansetzend. Aber ein in derselben Werkstatt geschnitzter, ähnlicher, jedoch weniger gut erhaltener Elfenbeingriff aus Altpaphos/Westzypern bildet denselben oder einen ähnlichen Heros in derselben Kampfstellung ab, dort im Duell mit einem aufgerichteten Löwen. Und seit einiger Zeit gibt es, ebenfalls aus einem Grab von Altpaphos, Fragmente eines weiteren elfenbeinernen Spiegelgriffs mit der Löwenkampfszene. Für die mykenische Kunst erweisen sich somit Löwe und Greif als austauschbar und dem Symbolgehalt nach gleich [2591]. Neuerdings gibt es unser Thema in Zy-

---

[2591] Abb. 97a aus Enkomi, Grab 24/1896; Brit. Mus., Inv.-Nr. 97/4-1/872, Rückseite: Löwe attackiert einen Stier, s. oben Anm. 1428; A.S. Murray, Excavations in Cyprus (1900) Taf. 2; J. Schäfer, AM 73, 1958, 73ff. Beilage 61. 62; H.-G. Buchholz-V. Karageorghis, Altägäis und Altkypros (1971) Abb. 1747; E. Akurgal, Aramaean and Phoenician Elements in Neo-Hittite Art, in: Temples and High Places in Biblical Times; Proceedings of the Colloquium Jerusalem 1977 (1981) 136f. Abb. 6 (danach meine Abb. 97a-c); T. Dothan, The Philistines

pern auch als Siegelbild auf Pithosfragmenten, und zwar im Fundstoff der Ausgrabungen von Alassa [2592].

Aus Grab 2 in Idalion (Zählung des Cyprus Survey) liegt ein weiterer Elfenbeingriff — nicht eines Spiegels, vielleicht eines Dolches — mit einem den vorigen ähnlichen Relief der Löwenkampfszene vor, hier jedoch als ein Werk des 7. Jhs. v.Chr. (RDAC 1964, 71 und 74 Abb. 26,38). Bereits auf einem 'spätmykenischen' Fayence-Rollsiegel aus Enkomi (Grab 12 der englischen Ausgrabungen) ist ein Gewappneter mit Helm in winzigem Format zu sehen, der mit dem Schwert gegen einen aufgerichteten Löwen angeht [2593].

Schließlich stammt aus dem 'Haus der Schilde' in Mykene der Tonabdruck eines lentoïden Siegels des SH IIIB mit dem Heros im Löwenkampf. Es ist im schnellen Lauf, kretisch gekleidet, mit langwallendem Haar dargestellt. Im Abdruck führt seine linke Hand den Dolch, demnach die rechte im Siegel selbst [2594].

Wie geringfügig das bronzezeitliche Thema in der archaischen phönikischen Kunst abgewandelt wurde, erweisen zahlreiche Siegel der ehemaligen Sammlung Henri Seyrigs, die fast ausschließlich Objekte aus dem Libanon und Syrien enthielt: Die Löwen-Ikonographie ist sich nicht immer gleich geblieben, und der Löwenbezwinger kann ein Gott mit der 'Fensteraxt' sein, ein König oder ein kraftprotzender Held nach Art des griechischen Herakles mit einer Keule als Waffe [2595]. Zwei Köcherbeschläge der geometrischen Epoche in Kreta, der eine aus Bronze der andere aus Gold, zeigen die Mischung von zwei Kompositionsschemata, dem des Löwenbezwingers, gewappnet und mit dem Schwert kämpfend, und dem Motiv des 'Herrn der Tiere'. Denn es ist dem Kampfbild, das seine Mitte in sich trägt, ein zweiter aufgerichteter Löwe hinzugefügt, der dem Helden gewissermaßen in den Rücken fällt. Dieses Schema kann seine Ruhe in der nunmehr zentralen Figur des Helden nicht finden, weil er weiter aktiv bleiben muß. J.N. Coldstream wollte in Nachfolge von J. Boardman und R.A. Higgins den Schöpfer dieser beiden Bilder als 'oriental master goldsmith', also als einen landfremden Zuwanderer, ansehen,

---

and their Material Culture (1982) 14 Taf. 1; H.-G. Buchholz, APA 16/17, 1984/85, 94 Abb. 1. — Zum entsprechenden Spiegelgriff aus Altpaphos (Kouklia-Evreti, Grab 8, Fund-Nr. 7.26.34) auf beiden Seiten mit dem Helden im Löwenkampf s. Altägäis Abb. 1748; H.W. Catling, CBMW Taf. 1c; Propyläen-Kunstgeschichte XIV (1975) Taf. 473b. Es kommt ein dritter, sehr schlecht erhaltener Elfenbeingriff mit dem Thema "Held im Löwenkampf" aus Kouklia-Teratsoudia, Grab 105 hinzu, s. V. Karageorghis, Tombs at Palaepaphos (1990) 69 Taf. 36 und 70 (Zeichnung). Zum Thema "Löwenkampf" s. bereits oben Kapitel 13.

[2592] S. Hadjisavvas, Konferenz Nikosia 1995 (1997) 147 Abb. 4.

[2593] A.S. Murray-A.H. Smith-H.B. Walters, Excavations in Cyprus (1900) Taf. 4,8; H.Th. Bossert, Altsyrien (1951) Abb. 324,8.

[2594] W. Müller-J.-P. Olivier-I. Pini, AA 1998, 23f. Nr. 10 Abb. 3,10, mit Verweis auf eine weitere minoisch-mykenische Komposition des Kampfes zwischen einem Mann und einem Löwen: CMS XI Nr. 272.

[2595] Publiziert von W. Culican, The Iconography of some Phoenician Seals and Seal Impressions, in: Australian Journal of Biblical Archaeology 1, 1968, 50ff. Wieder abgedruckt in Opera Selecta (1986) 211ff. 231 Taf. 3,1-4.

der auf Kreta eine orientalisierende Werkstatt eröffnete. Ist das richtig, würden die beiden Arbeiten Zeugnisse der phönikischen Kunst bleiben, mit Merkmalen allerdings von Konzessionen an den Geschmack örtlicher Auftraggeber behaftet [2596]. Es ist davon auszugehen, daß bereits in der Zeit der Kuppelgräber mit der Anreicherung des Bildschemas um eine dritte Figur experimentiert wurde. Damals ging es nicht darum, den Löwen zu verdoppeln, sondern dem Helden einen Nilpferdgenius zur Unterstützung beizugeben. Dies jedenfalls ist dokumentiert durch ein Siegel aus Kakovatos/Südwest-Peloponnes [2597].

Ein ruhiges Mischwesen, das in der Sphäre zwischen Menschen und Göttern angesiedelt war und meistens Schutzfunktionen innehatte, ist die Sphinx mit Löwenkörper und menschlichem, zuerst männlichem dann ausschließlich weiblichem Kopf (zweifelsfrei männlich, wenn bärtig, wie in einem kleinen Tonrelief aus Mallia [MM], s. W. Schiering, Minoische Töpferkunst [1998] 221 Taf. 76,1). Wir begegnen ihr in der ägäischen Kunst untätig stehend, auch in Schrittstellung, außerdem hockend oder mit den Vorderläufen wie Löwen und Hunde hochgestellt sowie schließlich in absoluter Ruhestellung liegend. Die prächtige Elfenbeinplatte mit den beiden Brust an Brust über einer Säule mit den Vorderbeinen höher stehenden Flügelsphingen hat dem 'Haus der Sphingen' in Mykene den Namen gegeben [2598]. M.P. Nilsson charakterisierte derartige mykenische Mischwesen wie folgt: "In the Minoan age they appear also in the same function as the lions and other animals as followers and guardians of the gods, the sacred objects, and places" [2599]. So haben wir uns die Cherubim der Bibel als Wächtersphingen vorzustellen (R. de Vaux, Les Chérubins de l'arche d'alliance, les sphinx gardiens et les trônes divins dans l'ancien Orient, in: Bible et Orient [1967] 231ff.).

An sich könnte es genügen, auf die umfassende und grundlegende Studie von A. Dessenne "Le Sphinx (1957), die Dissertation von Frau Ch. Tzabella-Evjen über "Τὰ πτερωτὰ Ὄντα τῆς προϊστορικῆς Ἐποχῆς τοῦ Αἰγαίου" (1970), einen kleineren Aufsatz von G.E. Mylonas "Κρήτο-Μυκηναϊκή Σφίγξ" [2600] und die in Anm. 1601 genannte Dissertation zu verweisen. Frau Tzabella-Evjen (s. oben und Anm. 2563) hat rund 65 bronzezeitliche ägäische

---

[2596] "Knossos, An Urban Nucleus in the Dark Age?", in: Convegno Rom 1988 (1991) 287ff. 295f. Abb. 9 und 10, mit Nachweis der älteren Lit.

[2597] Achatzylinder, s. A. Evans, PM IV 463 Abb. 387; M. Gill, The Minoan Genius, in: AM 79, 1964, 1ff. Beilage 7,2.

[2598] Athen, Nat.-Mus., Inv.-Nr. 7525, SH IIIB, s. A.J.B. Wace, Ivory Carvings from Mycenae, in: Archaeology 1954, 151 und BSA 49, 1954, Taf. 38; A. Dessenne, Le Sphinx (1957) Taf. 35,319a; A.J.B. Wace-F. Stubbings, A Companion to Homer (1962) Taf. 36; L.A. Stella, La Civiltà Micenea nei Documenti Contemporanei (1965) Abb. 91; Ch. Tzabella-Evjen a.O. Nr. 199 Taf. 24, vgl. auch S. 47 Nr. 231 Taf. 28; E. Vermeule, Götterkult, in: H.-G. Buchholz, ArchHom, Kap V (1974) 50 (mit weiteren Nachweisen in Anm. 113) Taf. 1c.

[2599] MMR 368f. Anm. 96: Liste ägäischer Sphinx-Darstellungen.

[2600] In: Akten des 4. Int. Kretologischen Kongresses, Herakleion 1976 (1980) 352ff.

Zeugnisse zusammengebracht[2601]. Schließlich erschien 1977 mit Vermehrung des Fundstoffs das Buch "Die Sphinx" von H. Demisch.

Die Beurteilung überregionaler Zusammenhänge hat sich durch Materialzuwachs nicht entscheidend geändert; denn selbst wenn im Westen oder Osten ein älterer Beleg als die bekannten auftauchen sollte, erlaubt dies methodisch noch nicht die Umkehrung erkannter Abhängigkeiten. Es scheint festzustehen, daß zuerst die Ägypter Bildwerke aus Löwenkörper und Menschenkopf schufen, um vereinigte physische und geistige Kraft ihrer Könige auszudrücken. Die ägyptische Benennung solcher Mischwesen ging als 'Sphinx' (Σφίγξ, -γγός) in die griechische Sprache über. Im Nilland wurden auch Götterfiguren als Sphingen geschaffen, besonders als Wächter vor ihren eigenen Tempeln. Mit den Mähnensphingen des Mittleren Reiches war ein Typus entwickelt, bei dem nicht das königliche Kopftuch, sondern die Löwenmähne den Übergang vom Löwenkörper zum Menschenkopf verdeckte. Die als weibliche Sphinx gestaltete Königin regte Syrer und Kreter an, daraus Erscheinungsformen ihrer eigenen weiblichen Gottheiten abzuleiten, indem sie den schreitenden Typus mit Blumenkrone schufen, der bereits während der 18. Dynastie von Syrien aus auf Ägypten zurückwirkte[2602].

Offenbar verliefen Übernahmen und Angleichungen nicht so geradlinig wie wir es aus der lückenhaften Bildüberlieferung herauslesen: Die böotische Sphinx der Oidipussage, eine Gestalt altgriechischen Volksglaubens, hatte nicht allzuviel mit der 'kanonischen' bronzezeitlichen Prägung gemein. Und in Böotien weist ein mykenischer Tonsarkophag des späten 13. Jhs. v.Chr. aus Tanagra eine Szene auf, in der eine menschliche Gestalt und ein Monstrum von zwei Seiten nach einer zentralen Säule greifen. Kopf und Kopfbedeckung des letzteren, des Mischwesens, gehören durchaus in die Typenreihe von Sphingen, der Körper ist jedoch nicht als vom Löwen herkommend zu erkennen. B. Rutkowski nannte dieses Gebilde einen 'Kentaur'[2603], L.R. Palmer setzte es mit der von ihm aus Linear B erschlossenen 'Potnia Hikweia', einer Pferdegottheit, gleich[2604]. Ich bleibe bei der Benennung 'Sphinx', zumal ein zweifelsfrei als 'stehende hochbeinige Flügelsphinx' zu bezeichnender Typus, dessen Körper ebenfalls nichts mit einem Löwen gemein hat, unter den Malereien der Tanagra-Sarkophage bezeugt ist[2605]. St. Hiller hat letzteren einer ebenso hochbeinigen Sphinx der orientalisierenden attischen Vasenmale-

---

[2601] a.O. 40ff. Nr. 179ff. Taf. 23ff.

[2602] U. Schweitzer, Löwe und Sphinx im Alten Ägypten (1940); W. Helck, Der Kleine Pauly (1975) 307f. s.v. Sphinx, und bereits ders., Die liegende und geflügelte weibliche Sphinx des Neuen Reiches, in: Mitt. des Inst. für Orientforschung 3, 1955, 1ff.

[2603] Ergon 1971, 13f.; B. Rutkowski, Antichità Cretesi 1, 148ff.

[2604] Some New Minoan-Mycenaean Gods, in: Innsbrucker Beiträge zur Sprachwissenschaft, Vorträge und Kleinere Schriften 26 (1981) 5ff. 24 Abb. 3.

[2605] Ergon 1974, 16. Zum Vergleich: K. Kübler, Altattische Malerei (1950) Taf. 21.

rei gegenübergestellt [2606]. Hochbeinig sind diese merkwürdigen Wesen in der mykenischen Vasenmalerei immer, auch der nicht löwengemäße Ringelschwanz scheint so gut wie nie zu fehlen. Besonderer Wert ist stets auf die prächtige Kopfbedeckung gelegt, so auch in der Darstellung an einem Gefäß aus Mykene, von dem G.E. Mylonas in seinem Sphingenartikel ausging (SH IIIB2, s. oben Anm. 2599, a.O. Taf. 94a). Bestätigt wird das Sphingenbild bis in die Details durch Kraterfragmente, ebenfalls der Phase SH IIIB2, aus Tiryns [2607]. Ungewöhnlich ist sodann eine langbeinig stehende Sphinx auf späthelladischen Scherben aus Leukandi/Euboia, insofern nach dem Muster von weiblichen Tieren mit einem Jungen auch dieser Sphinx ein Sphingenjunges beigegeben worden ist und vor ihr ein Mensch mit einem Kultgefäß hergeht. Es ist ein religiöser Bildkontext zu erschließen [2608].

Die beiden auf eine leere Mitte (ohne zentrales Motiv einer Gottheit, Säule, Pflanze) ausgerichteten und wie alle genannten mykenischen Repräsentanten stelzig dastehenden antithetischen Sphingen auf der Platte eines Goldringes aus Ialysos/-Rhodos [2609] zeigt an, daß wir es mit einem Bestandteil der Siegelring-Heraldik ebenso zu tun haben wie zuvor mit Motiven der Vasenmalerei und nicht zuletzt der Schnitzkunst (vgl. das vielzitierte Elfenbeinrelief aus Menidi/Attika mit je zwei gänzlich undynamisch links und rechts einer Säule stehenden Wächter-Sphingen [2610]).

Zwei wohl als männlich aufgefaßte antithetisch angeordnete, stehende Flügelsphingen mit Kronen, die wie Zylinderhüte aussehen, bilden den Hauptdekor von zwei SH IIIB-Kratern ('deep bowls') aus Enkomi, Grab 89 und Grab 48 der englischen Ausgrabungen [2611]. Sie flankieren einen Baum. Da die Gefäße nicht auf Zypern hergestellt worden sind, dokumentieren diese Sphingen eine ägäische Bildauffassung, wohl eine argivische, wenn man die Töpferei in der Argolis ansetzt. In einem dieser Fälle ist auf der Rückseite des Gefäßes das Bild variiert, indem dem rechten von zwei Mischwesen mit Geierköpfen ein Wagen angehängt worden

---

[2606] The Greek Dark Ages, Helladic Traditions, Mycenaean Traditions in Culture and Art, in: Convegno Rom 1988 (1991) 117ff. 126 Abb. 6c (Tanagra-Sarkophag, in Theben, Arch. Mus.), Abb. 6d (frühattisches Vasenbild, s. vorige Anm.).

[2607] H.W. Catling, ArchRep 1982/83, 28 Abb. 45.

[2608] M.R. Popham-L.H. Sackett, Excavations at Lefkandi 1964-66 (1968) 19 Abb. 37.

[2609] Aus Grab 61, s. G. Jacopi, ASAtene 13/14, 1930/31, 262 Abb. 8; A. Dessenne, Le Sphinx (1957) Taf. 27,324; H.W. Catling, CBMW 207f.; Ch. Tzabella-Evjen a.O. 48 Nr. 242 Taf. 30.

[2610] Athen, Nat.-Mus., Inv.-Nr. 1972; H.G. Lolling, Das Kuppelgrab von Menidi (1880) Taf. 8,10; Dessenne a.O. Taf. 27,318; Tzabella-Evjen a.O. 43 Nr. 200 Taf. 24.

[2611] Grab 89/1260; British Museum, Inv.-Nr. C 417; CVA Brit. Mus. 1 (1925) Taf. 10,1; H.Th. Bossert, Altkreta Abb. 476; ders., Altsyrien Abb. 228. Bei Frau Tzabella-Evjen findet man auch den zweiten, ähnlichen Krater aus Enkomi, Grab 48: a.O. 43 Nr. 201 und 202 Taf. 25 (Brit. Mus., Inv.-Nr. C 397). Vgl. zu beiden bereits A.S. Murray-A.H. Smith-H.B. Walters, Excavations in Cyprus (1900) 8 Abb. 14,927 und S. 49 Abb. 76,1260.

ist [2612]. Von zwei Goldblechen aus Enkomi im Cyprus Museum darf hingegen als gesichert gelten, daß es sich um lokale Erzeugnisse handelt. Sie zeigen — mit anderen Details zwar — dasselbe Bildschema der beiden link und rechts von einer stilisierten Pflanze (einem 'Lebensbaum') stehenden Sphingen [2613]. Und als völlig sicher kyprisch darf ein bronzener Kesseluntersatz auf Rädern gelten, der in Durchbruchtechnik ebenfalls die beiden stehenden Sphingen beiderseits einer Säule aufweist. Gegenüber den ägäischen sind sie etwas vereinfacht [2614].

Bezüglich einer anschließenden langen Tradition stehender Sphingen in der kyprischen Kunst soll an den Sphingenthron einer rundplastischen Terrakotta erinnert sein, einer archaischen Gottheit aus dem Heiligtum von Hagia Irini im Nordwesten der Insel [2615]. Zu verweisen ist schließlich auf den Reliefschmuck klassischer Zeit an der Fassade des im Cyprus Museum als Kopie ausgestellten Pylagrabes: Über der Tür zur Grabkammer ist die Reliefplatte eines Gorgoneions angebracht, rechts und links von ihr je eine stehende Flügelphinx mit Ringelschwanz [2616]. Die Kombination mit dem Übel abwehrenden Gorgohaupt verstärkt die Schutzfunktion, welche Sphingen seit der Bronzezeit ausübten. Hier sind sie unbestritten als Grabwächter zu bezeichnen.

So wie mykenische stehende Sphingenbilder in Enkomi den Blick auf ägäischkyprische Zusammenhänge lenken, so tun dies mit Blick nach Osten syrische oder syrisch beeinflußte Rollsiegel von der Insel mit entsprechenden Sphingendarstellungen. So zeigt ein Hämatitzylinder des 14. Jhs. v.Chr. aus Pyla als Nebenbild einer thronenden Gottheit mit Hörnermütze beiderseits eines Lebensbaumes je eine stehende und aus Platzgründen eine liegende Flügelsphinx. An beiden fallen Schwanzlosigkeit und die unägäische Kopfbedeckung auf [2617].

Ein syrischer Hämatitzylinder im Louvre zeigt außer der Hauptszene übereinander in zwei Nebenbildern — getrennt durch ein tangential verbundenes Rosettenband — unten einen Stier-Löwenkampf, bereichert um einen Geier, oben zwei sich freundschaftlich gegenüberstehende Sphingen, die wie zur Begrüßung einander

---

[2612] Murray a.O. 45 Abb. 71,927; Tzabella-Evjen a.O. 40 Nr. 175 Taf. 22 (Mischwesen mit ungewöhnlichen, geierartigen Köpfen).

[2613] Cl. Schaeffer, Enkomi-Alasia I (1952) Taf. 24a.b (beide Bleche lagen übereinander, s. Taf. 22 und 23a); H.-G. Buchholz-V. Karageorghis, Altägäis und Altkypros (1971) Abb. 1775.

[2614] Berlin, Staatl. Mus., Antikenabt., Inv.-Nr. 8947 (H 34 cm), aus Larnaka; s. Altägäis Abb. 1685a.b, mit Lit. und bereits HdbArch I 806 Taf. 191,1 (dort irrtümlich als aus Enkomi stammend, was Bossert übernommen hat); H.Th. Bossert, Altsyrien Abb. 301; Dessenne a.O. Taf. 27,329; H.W. Catling, CBMW 207f. Nr. 35 Taf. 36a; Tzabella-Evjen a.O. 48 Nr. 244.

[2615] H der ganzen Figur: 28,6 cm, L der Sphingen: 20 cm, s. SCE II (1935) Taf. 233,10 und 11; H.Th. Bossert, Altsyrien Abb. 130. 131; S. Sophokleous, Atlas des Représentations Chypro-Archaïques des Divinités (1985) Taf. 25,5.

[2616] Bossert a.O. Abb. 34, nach ILN 1935, 99 Abb. 15; vgl. ein Rollsiegel aus Ugarit, unten Anm. 2667.

[2617] Cyprus Mus., Inv.-Nr. 1950/VI-1/11, s. H.-G. Buchholz-V. Karageorghis, Altägäis und Altkypros (1971) Abb. 1751.

eine ihrer Vordertatzen entgegenstrecken. An ihnen wird offenbar, daß sie mit
ägyptisierenden Perücken versehen sind, woraus sich die 'Kopfbedeckung' des
zuvor beschriebenen Pylasiegels erklärt. Einzigartig ist, daß jeder der beiden
syrischen Sphingen ein Bäumchen aus dem Hinterteil herauswächst [2618]. Die Begrüßung der Sphingen erklärt außerdem, warum wesentlich spätere phönikische
Sphingen auch ohne Gegenüber eine Vordertatze heben [2619].

Die Vereinigung der nackten Göttin mit stehenden Begleiter-Sphingen reicht in
Ras Schamra bis ins 14. Jh. v.Chr. zurück. Ich verweise auf einen einzigartig
reliefierten Elefantenzahn, an dem Flügel-Sphingen in ihrer geschmeidigen Körper-
wiedergabe, Kopfform und Perücke eine starke Abhängigkeit von Ägyptischem
bekunden [2620]. Bemerkenswert sind auch die in ihrer Befiederung sorgfältig gestalteten, steil hochgestellten Flügel. Jedenfalls ist in solchen Bildern der Abstand
zu altägäischen Sphingenbildern beträchtlich.

Auch die hockende Variante hat die Ägäis zu Beginn der späten Bronzezeit
erreicht und dort Aufnahme gefunden. Kompositionell gibt es auf einen zentralen
Baum orientierte, wie Hunde sitzende Sphingen auf einem Goldring aus Mykene [2621] und einzeln hockende, in gläserne Schmuckplättchen eingepreßt, in Beispielen aus dem mykenischen Grab von Spata/Attika [2622]. Ungleich häufiger
kommt das Motiv der hockenden Sphinx allerdings seit dem 14./13. Jh. v.Chr. auf
Zypern vor: Zu nennen sind Prägungen auf Goldblechen [2623], vor allem jedoch
Rollsiegelbilder, u.a. ein Hämatitzylinder kypro-ägäischen Stils aus Grab 9 (Nr. 16)
in Kition/Larnaka [2624] und ein weiteres Rollsiegel aus Hagia Paraskevi (Nikosia),
letzteres mit einem sitzenden Greifen und ihm gegenüber einer ebenfalls sitzenden

---

[2618] H.Th. Bossert, Altsyrien (1951) Abb. 825 (dort als Löwe-Sphinx-Gruppe angesprochen).

[2619] Gravur auf einer in Persien gefundenen Metallschale, s. W. Culican, Syria 47, 1970, 73
Abb. 4, abgedruckt in: Opera Selecta (1986) 327 Abb. 4. — Die Sphinx einer getriebenen
phönikischen Bronzeschale aus Olympia in Oxford, Ashmolean Mus., ist zwar kompakter,
sie vereinigt dennoch in sich sämtliche Merkmale der zierlichen gravierten Sphinx, s. F.
Poulsen, Der Orient und die frühgriechische Kunst (1912) 22 Abb. 13.

[2620] R.D. Barnett, Ancient Ivories in the Middle East, in: Qedem 14, 1982, 30 Abb. 14,
danach St. Böhm, Die Nackte Göttin (1990) 62f. Abb. 12, mit weiterer Lit., ferner J.L.
Crowley, The Aegean and the East (1989) 35 Nr. 83, S. 417 Abb. 83, Hinweis auf ägäische
Flügel und Brustlocken.

[2621] Grab 55/1892; Athen, Nat.-Mus., Inv.-Nr. 2854 (SH II/III), s. CMS I 103 Nr. 87;
zahlreiche Nachweise bei Tzabella-Evjen a.O. 43 Nr. 198 Taf. 24; J.L. Crowley, The Aegean
and the East (1989) 40ff. ("Sphinx"), S. 43 Nr. 104, S. 421 Abb. 104. Umfassend: A.
Xenaki-Sakellariou, Hoi Thalamotoi Taphoi ton Mykenon (Neugriechisch, 1985) 173 Nr. X
2854 Taf. 71. — Ungewöhnlich ist eine hockende rundplastische Elfenbein-Sphinx mit
aufgestellten Flügeln, aus Mykene, Grab 5/1887, s. Xenaki-Sakellariou a.O. 60f. Nr. E 2402
Taf. 4.

[2622] Athen, Nat.-Mus., Inv.-Nr. 2175; Nachweise bei Tzabella-Evjen a.O. 46 Nr. 227 Taf. 28.

[2623] Murray a.O. (s. oben Anm. 2611) Taf. 7,473 (Brit. Mus.) und Tzabella-Evjen a.O. 48 Nr.
240; ferner SCE I Taf. 146,6 und Tzabella-Evjen a.O. Nr. 239.

[2624] Buchholz a.O. (Anm. 2613) Abb. 1750 ('Spätkypr. II').

Sphinx. Der ursprünglich zentrale Baum wäre demnach zur Nebensache geworden und erscheint bescheiden hinter dem Mischwesen [2625]. Bei Frau Salje firmiert dieses Siegel in ihrer "Zyprischen Gruppe, sorgfältig plastischer Stil, Gruppe 4, Tiere und Baum". Diese Beschreibung befriedigt in keiner Weise, doch die Sphinx des Siegels trägt unverkennbar den Kopfschmuck ägäischer Sphingen. Dennoch ist A. Moortgat zu folgen, wenn er den genannten kyprischen Beleg ikonographisch in Abhängigkeit von den syrischen sah. Sein syrisches Rollsiegel Nr. 521 weist als ähnliche Gruppe zwei hockende Greifen im Nebenmotiv auf. Ich wiederhole Moortgats Ausführung im Wortlaut:

"Mit Nr. 521 gelangen wir einen Schritt voran in der Verselbständigung syri-schen Wesens. Auch hier haben wir es noch mit einer Anbetungsszene babyloni-scher Art zu tun und selbst die Tracht des Hauptgottes ist das babylonische Falbel-kleid. Alles übrige aber, Haltung und Tracht, vor allem die in die Stirn gezogenen Haare der beiden Beter, die Hasen und das Flechtband sind unbabylonisch. Die beiden einander gegenüber hockenden Greifen erinnern an die beiden Sphingen in gleicher Stellung bei einer Abrollung auf einer Urkunde aus der Zeit des Ammisa-duqa (Louvre A 570). Sie mögen eine westsemitische Eigentümlichkeit sein ... Sphinx und Greif verweisen auch das cyprische Siegel Nr. 522 (*das ist das Stück aus Hagia Paraskevi*) in diesen Kreis" [2626].

Noch im 9. Jh. v.Chr. existierten in ganz entsprechender Funktion stehende, hockende und liegende Sphingen gleichzeitig im Repertoire von Mischwesen Syriens, so etwa die sogenannte 'verschleierte Basaltsphinx' vom Tell Halaf, stehend in ihrer Wächteraufgabe [2627], sodann auch die hockende Sphinx mit ägyptischem Kragen und ägyptischer Schürze unter den Elfenbeinarbeiten aus Arslan Tasch [2628], wie schließlich die als Sphingen gestalteten, dienenden Trä-gerfiguren eines Basaltbeckens im Cyprus Museum, einer syrischen Arbeit, auf der Insel Importgut (Abb. 66f und g [2629]).

Auf einem protokorinthischen Amphoriskos aus Samos ist das Bild einer gewappneten Göttin — wie Athena als Paladion — zu sehen, vor ihr hockt eine kleine Sphinx wie ein Hund und hebt ihr die Pfote entgegen (vor 700 v.Chr., s. unten Anm. 2677).

Die liegende Position entspricht wohl am besten den Wächteraufgaben der Sphinx wie denen des Löwen. So sind in der archaischen Kunst Griechenlands liegende Grablöwen geradezu kanonisch geworden. In dieser Funktion sind wieder-

---

[2625] Berlin, Staatl. Mus., Vorderasiatische Abt., Inv.-Nr. VA 2590, s. A. Moortgat, Vorder-asiatische Rollsiegel (1940, 2. Aufl. 1966) 132 Nr. 522 Taf. 62,522; B. Salje, Der 'Common Style' der Mitanni-Glyptik und die Glyptik der Levante und Zyperns in der Späten Bronze-zeit (1990) Taf. 25,444 und S. 331.

[2626] Moortgat a.O. 51f.

[2627] H.Th. Bossert, Altsyrien (1951) Abb. 448. 450. 451, mit älterer Lit.; vgl. auch W. An-drae, HdbArch Taf. 161, 2.3 (mit etwas zu hoher Datierung: um 1000 v.Chr.).

[2628] Bossert a.O. Abb. 681.

[2629] Vgl. oben Anm. 1175 und 2293.

um bereits im 13. Jh. v.Chr. am deutlichsten Torsphingen eines Wandfreskos aus dem sogenannten Nestorpalast von Pylos zu erkennen: Sie liegen antithetisch, weiblich im Gesichtsausdruck, mit langem Nackenhaar und ohne die übliche mykenische Kopfbedeckung auf dem Aufbau eines zweigliedrigen Portals mit Mittelsäule [2630]. Weiterhin sind liegende Sphingen auf einem Goldring [2631] und einem Goldblech aus Mykene [2632] zu erwähnen, häufig auf Elfenbeinschnitzereien aus Zafer Papoura/Kreta [2633], Mykene und Argos [2634] und aus Spata/Attika [2635]. Den mykenischen Sphingenkamm aus Spata habe ich bereits oben besprochen (Abb. 62/IVc [2636]).

Ein sehr zerknittertes oblonges Goldblech aus Ialysos/Rhodos, Grab 4/1870, ist mehrfach als ikonographisches Bindeglied zwischen der Ägäis und Zypern in Anspruch genommen worden. Es zeigt eine nach links liegende Flügelsphinx mit dem typisch mykenischen Kopfschmuck. Sämtliche neueren Erwähnungen gehen auf A. Furtwänglers Erstpublikation mit etwas verunglückter Skizze zurück [2637]; die Benutzer dieser Skizze sollten jedoch auch dessen Bemerkung zur Kenntnis nehmen: "Der Zustand des Originals machte eine getreue Abbildung sehr schwierig. Das Auge scheint nach den uns vorliegenden Photographien und Notizen einen geschlossenen mandelförmigen Contur gehabt zu haben"; denn das in der Zeichnung zustandegekommene Gesicht ist das eines modernen Skeptikers, nicht das einer bronzezeitlichen Sphinx.

Ich beschließe die Erörterung von Sphingen in Ost und West mit dem Hinweis auf einen Aufsatz von F. Matz "Zu den Sphingen von Yerkapu in Boğazköy" [2638]. In der Hauptstadt der Hethiter bewachten vier monumentale stehende Flügelsphingen innen und außen den Durchgang durch das südliche Stadttor. Das Besondere an ihnen ist der gewaltige Kopfschmuck, ein sechsgliedriger Volutenbaum auf einer Hörnerkappe. Ein so auffallendes Symbol, wie es der

---

[2630] C. Blegen, AJA 66, 1962, Taf. 40,12; danach E. Vermeule, Götterkult, in: H.-G. Buchholz, ArchHom, Kap. V (1974) 49ff. Abb. 13d; Tzabella-Evjen a.O. 47 Nr. 232 Taf. 28; Crowley a.O. (Anm. 2621) 421 Abb. 108. Denkbar ist minoische Anregung, wenn hier nicht überhaupt ein kretischer Künstler am Werke war, vgl. entsprechende Wandmalereien in Knossos: A. Evans, PM III 40f. Abb. 25d.

[2631] Grab 91/1895; Athen, Nat.-Mus., Inv.-Nr. 3182; s. CMS I 146 Nr. 129; Tzabella-Evjen a.O. Nr. 204 (mit Lit.), jetzt: A. Xenaki-Sakellariou, Hoi Talamotoi Taphoi ton Mykenon (Neugriechisch, 1985) 259f. Nr. 3182 Taf. 124.

[2632] Grabung Tsountas 1888, s. Tzabella-Evjen a.O. Nr. 206.

[2633] Tzabella-Evjen a.O. Nr. 193.

[2634] Tzabella-Evjen a.O. Nr. 211-214 (Mykene) Nr. 217 (Argos).

[2635] Tzabella-Evjen a.O. Nr. 218-220 und 223, s. auch Altägäis (oben Anm. 2613) Abb. 1284.

[2636] Oben Anm. 2556.

[2637] A. Furtwängler-G. Löschcke, Mykenische Vasen (1886) 7f. Abb. 2. Das Zitat: S. 7 Anm. 1; s. die Skizze in Tzabella-Evjen a.O. Taf. 29,238.

[2638] In: MWPr 1957, 1ff. Restaurierte Torsphinx von Nişantepe: AA 1998, 241 Abb. 26.

aus je drei, sich nach oben verjüngenden Spiralpaaren gebildete Baum ist, findet nirgends im Bereich des östlichen Mittelmeeres eine genaue Entsprechung, wohl aber im figürlichen, aus Goldblech geprägten Kopf einer Silbernadel aus dem dritten Schachtgrab von Mykene, einer mit ausgebreiteten Armen stehenden Göttin im Volantrock, mit freier Brust und mit einem aus Volutenpaaren und weiteren pflanzlichen Elementen gebildeten großen Kopfaufsatz [2639]. Es handelt sich um ein "stilistisch rein minoisches, in den Schachtgräbern durchaus vereinzeltes Werk" (G. Karo). Vor allem den minoischen Charakter und die minoische Herkunft des Volutenbaums als Ornament hat F. Matz in der genannten Studie nachgewiesen. Er kam zu folgendem Schluß: "Der mit Hilfe von Spiralelementen ausgestattete Heilige Baum tritt im Minoischen früher auf als im Orient. Auf die Spiralbäume der hethitischen Torsphingen hat er eher mittelbar durch seine in Syrien vollzogene Umformung als unmittelbar gewirkt ... Lohnend schien die ausführliche Begründung des Sachverhalts aber eigentlich erst wegen einer chronologischen Folgerung ... Die ägäischen Muster für die Spiralbäume in Boğazköy gehören in das 15. Jh. v.Chr. Selbst wenn man für die Wirkung im fernen Lande einen gewissen Spielraum freigibt, kommt man unter das erste Viertel des 14. Jhs. v.Chr. mit der Datierung der Sphingen nicht herab. Damit ist aber gesagt, daß sie und die großartige Befestigungsanlage, zu der sie gehören, gleich am Beginn des jüngeren Großreiches geschaffen wurden". Die Funktion derartiger Sphingen und Greifen ist klar: In der obigen Abb. 97d flankieren sie als Beschützer den Namen eines hethitischen Hofbeamten.

Von vogelköpfigen Fabelwesen mit menschlichem Körper, die nicht einfach als Sonderformen von Greifen zu bezeichnen sind, herrscht die Meinung vor, daß sie im babylonischen Raum ihren Ursprung haben. Sie wirkten, wenn auch nicht intensiv, auf den Westen (Zypern, Kreta, Hellas) ein. Unsere archäologische Kenntnis bleibt allerdings dem Zufall verhaftet. So muß folgender Fund aus einem archaischen Grab in Amathous/Zypern (Grab 444 der Zählung des Cyprus Survey) als aufschlußreich gelten: Insgesamt elf Figuren finden sich dort auf einem sechsseitig fasettierten Siegelprisma aus schwarzem Steatit, wovon mindestens sechs Götter in hethitischer Darstellungsweise sind. Vier weitere sind Adoranten syrohethitischen Stils, außerdem kommt der besagte vogelköpfige Flügelgenius im Knielaufschema vor. Das Stück ist nach E. Porada eine Umarbeitung aus einem älteren Rollsiegel und von ihr in die Zeit "bald nach 1600 v.Chr." datiert worden (BCH 111, 1987, 702 Abb. 71). Es wurde aber erst etwa 900 Jahre danach in dem genannten Grab niedergelegt.

Bronzezeitliche ägäische Greifen sind wie die Sphingen in der Bildsymbolik öfter mit Löwen ausgetauscht worden (s. oben Anm. 2591). Greif und Löwe kommen manchmal gleichwertig nebeneinander vor, so auf einem kyprischen Rollsiegel aus Grab 67 in Moschou Vounara/Rhodos, das in die Phase SH IIIC

[2639] G. Karo, Die Schachtgräber von Mykenai Nr. 75 (mit älterer Lit.) Taf. 30; H.Th. Bossert, Altkreta Abb. 187 und Matz a.O. Abb. 11; K.A. und D. Wardle, Cities of Legend, the Mycenaean World (1997) 92 Abb. 27.

gehört (Lit. in C. Lambrou-Phillipson, Hellenorientalia [1990] 388 Nr. 576 Taf. 15, dort ist von einer Sphinx die Rede, die Umzeichnung weist einen Greifen aus). Der Fundort bedeutet eine Station auf dem Übertragungsweg von Zypern in die Ägäis.

Greifen und Löwen wurden — zumindest partiell — als identisch empfunden. Ja, sie müssen den Löwen näher als den Sphingen gestanden haben; denn nur zum Teil treten sie in ruhender, friedlicher Funktion als Bewacher und Beschützer (Abb. 93a), Begleiter und Göttergefährten auf (Abb. 93c.d). Vielmehr sind Greifen wie Löwen angreifende, Leben bedrohende, unheimliche Wesen (Abb. 93b) [2640]. Viele Beobachtungen sind mithin bereits oben im zum Löwen und zur Sphinx Gesagten zu finden. Die umfangreiche Literatur zu ägäischen Greifen erfaßte — beginnend bei A. Furtwänglers bedeutendem Artikel in W.H. Roschers Lexikon der griechischen und römischen Mythologie, Band I, 1742ff. s.v. Gryps — alle wesentlichen Aspekte. Ein Hinweis darauf, nach den Jahren des Erscheinens geordnet, mag genügen [2641]:

K. Ziegler,	RE VII 2 (1912) 1902ff. s.v. Gryps
H. Frankfort,	Notes on the Cretan Griffin, in: BSA 37, 1936/37, 106ff.
H. Kantor,	The Aegean and the Orient in the Second Millennium (1947) passim, bes. 30
J. Leibovitch,	Griffons, in: ʿAtiqot 1, 1955, 81ff.
A. Dessenne,	Le Griffon Créto-Mycénien, in: BCH 81, 1957, 203ff.
J.L. Benson,	The Griffin in the Minoan-Myceanaean World, in: AJA 63, 1959, 186 (Zusammenfassung eines Vortrags)
B. Goldman,	The Development of the Lion-Griffin, in: AJA 64, 1960, 319ff.
A.M. Bisi,	Il Grifone, Storia di un Motivo iconografico nell'antico Oriente mediterraneo, in: Studi Semitici 13 (1965)
Ch. Delplace,	Le Griffon Crétomycénien, in: AntClass 36, 1967, 49ff. und die Monographie: Le Griffon de l'Archaïsme à l'Époque impériale (1980)
M.P. Nilsson,	MMR (1968) 368f. Anm. 96 (ältere Lit. zu kretisch-mykenischen Greifendarstellungen)
N.A. Rhyne,	The Aegean Animal Style, a Study on the Lion, Griffin, and the Sphinx, Diss. Chapel Hill/North Carolina 1970 (Ann Arbor 1982)
Ch. Tzabella-Evjen,	Τὰ πτερωτὰ Ὄντα τῆς προϊστορικῆς Ἐποχῆς τοῦ Αἰγαίου (1970) (In den Zitaten nicht immer sorgfältig)

[2640] Unten Anm. 2645. Zu kämpfenden Greifen bzw. zum Greifenkampf generell auch D'Albiac, The Griffin Combat Theme, in: J.L. Fitton, Ivory in Greece and the Eastern Mediterranean from the Bronze Age to the Hellenistic Period (1992) 105ff.

[2641] Außer oben genannter Lit. weitere in: M. Leventopoulou, LIMC VIII 1 (1997) 609ff. s.v. Gryps. Vgl. oben Anm. 446.

J. Börker-Klähn,	RAss III (1971) 633ff. s.v. Greif
W. Barta,	Der Greif als bildhafter Ausdruck einer altägyptischen Religionsvorstellung, in: Jaarbericht van het Voorazatisch-Egyptisch Genootschap "Ex Oriente Lux" (JEOL) 23, 1973/74, 335f.
I. Flagge,	Untersuchungen zur Bedeutung des Greifen (1975)
K. Ziegler,	Greif, in: Der Kleine Pauly I (1975) 876f., mit älterer Lit.
N.B. Reed,	Griffins in Post-Minoan Cretan Art, in: Hesperia 45, 1976, 365ff.
P. Welten,	Greif, in: K. Galling, Biblisches Reallexikon (2. Aufl., 1977) 224ff. s.v. Mischwesen
L. Bouras,	The Griffin through the Ages (1983)
J.G. Younger,	The Master of the Messenian Griffins, in: Kadmos 22, 1983, 136 Nr. 3.
A. Dierichs,	Das Bild des Greifen in der frühgriechischen Flächenkunst (1981) und in: Boreas 7, 1984, 15ff.
E. Akurgal,	Zur Entstehung des griechischen Greifenbildes, in: Kotinos, Festschrift für E. Simon (1992) 33ff. mit Taf. 8-14
C. D'Albiac,	The Griffin Combat Theme, in: J.L. Fitton, Ivory in Greece and the Eastern Mediterranean from the Bronze Age to the Hellenistic Period, Brit.Mus. Occ.Paper 85 (1992) 105ff.
M. Leventopoulou,	LIMC VIII 1 (1997) 609ff. s.v. Gryps, mit weiterer Lit.

Versucht man, die räumlich weit gestreuten bronzezeitlichen Greifenbilder und -szenen zu überblicken, so begegnet man diesen als kämpfenden, wildbewegten Fabelwesen weitaus häufiger in kretisch-mykenischen Darstellungen als beispielsweise in kyprischen oder syrischen. Freilich sind nicht alle in Griechenland gefundenen Zeugnisse mykenischen Ursprungs. So findet man auf einem wohl kyprischen Rollsiegel des großen Schatzfundes (SH IIIB) aus dem böotischen Theben nicht nur den kriegerischen Löwenbezwinger wieder (s. oben), sondern auch einen Greifen im heftigen Angriff auf einen Hirsch [2642]. Gleichviel, ob wir es mit eigenständigen Erfindungen der ägäischen Kunst oder mit der Weiterentwicklung entlehnter Fremdkompositionen zu tun haben, lassen z.B. die Reliefs einer Elfenbeinbüchse aus einem mykenischen Kammergrab am Athener Areopag (Abb. 19j) an Deutlichkeit nichts zu wünschen übrig: Besonders der Greif auf dem Deckel ist ein grimmiges Untier, das einen Hirsch zerfleischt [2643]. Auch in der Verfolgungsszene auf

---

[2642] S. Symeonoglou, Kadmeia I (1973) 48 Abb. 225b und J.L. Crowley, The Aegean and the East (1989) 258 Nr. 536, S. 505 Abb. 536 (nach I. Pini 'kypro-ägäisch' [JdI 95, 1980, 81], als 'kyprisch' übernommen); C. Lambrou-Phillipson, Hellenorientalia (1990) 310 Nr. 346 Taf. 11. — Vgl. das minoische Bild eines Mannes nach links im Knielauf mit zwei Hirschen, darüber ein weiterer Mann nach rechts, flankiert von zwei Greifen: I. Pini, Die Tonplomben aus dem Nestorpalast von Pylos (1997) 5f. Nr. 10 Taf. 3.

[2643] Vgl. oben Anm. 1377; viel ältere Lit. in H.-G. Buchholz, Altägäis (1971) Abb. 1281a-c, s. Erstveröffentlichung in JHS 69, 1939, 2 Taf. 14a.

einem in sehr dichtem Stil gehaltenen Rollsiegel des British Museum/London erscheint der einen Vierfüßler, vielleicht eine Wildziege, jagende Greif in kraftvoll dynamischer, ja brutaler Schnelligkeit [2644].

I. Pini ist die Kenntnis eines fragmentarischen Abdrucks der ovalen Platte eines minoischen Siegelrings des SM IIIA oder aus einer wenig früheren Phase — wahrscheinlich aus Knossos — zu verdanken, ebenfalls Greifen in wilder, kämpferischer Hirschjagd zeigend (Abb. 93b [2645]). Pini hat einen gewissen Zusammenhang der Komposition und einiger Motivdetails mit solchen des Ostmittelmeerraumes festgestellt. Als Ganzes ist das Bild jedoch eine künstlerische Leistung Kretas. Derartige Siegelringe aus Edelmetall pflegen die bedeutendsten kultisch-mythischen Szenen der kretisch-mykenischen Kultur überhaupt aufzuweisen [2646]. So hatte A. Evans mit den Einzelbildern des 'Nestorringes' [2647], den manche Forscher allerdings für eine Fälschung hielten, die religiöse Besonderheit von Greifen dokumentiert, und M.P. Nilsson hat eine der Darstellungen dieses Rings geradezu als 'Anbetungsszene des Greifen, Inkarnation einer Göttin' erklärt [2648]: "The *prima facie* impression is that of a cult of the griffin, for even if the long-robed female figure behind it — the other female figures wear the short skirts of the early period of Late Minoan I — may be a goddess, the worship is adressed to the griffin, which is evidently a form of the epiphany of the goddess. This is corroborated by the griffin-headed female figures ... Animal-worship of this kind is hitherto unknown in the Minoan world".

Wie schon gesagt, sind Wappenbilder zweier nach außen gerichteter stehender Greifen mit zurückgewandtem Kopf relativ häufig, mit und ohne ein zu schützendes Objekt in der Mitte, mit einer Säule [2649] oder im Falle unserer Abbildung 93a

---

[2644] Inv.-Nr. 1880/4-29/2, s. V.E.G. Kenna, CMS VII (1967) 132 Nr. 94; C. Lambrou-Phillipson, Hellenorientalia (1990) 224 Nr. 114 Taf. 4.

[2645] Nochmals zu einem tönernen Siegelabdruck des Museums Herakleion, in: Φιλιᾶ Ἔπη εἰς Γ.Ε. Μυλωνᾶν I (1986) 300ff. Taf. 52.

[2646] I. Pini hat den prächtigen Gold-Silberring aus Mykene (SH II/III, CMS I Nr. 102) mit dem Wappenbild zweier antithetisch nach außen gerichteter Greifen mit zurückgewandtem Kopf zum Signum des Beiheftes 3 des CMS "Fragen und Probleme der bronzezeitlichen ägäischen Glyptik", Beiträge zum 3. int. Marburger Siegel-Symposium 1985 (1989) gemacht und damit die besondere Bedeutung unserer Greifen herausgestellt.

[2647] The Ring of Nestor, in: JHS 45, 1925, 1ff. und PM III 145; vgl. G. Sakellarakes, Über die Echtheit des sogenannten Nestorringes, wieder abgedruckt in seiner Sammelschrift: Kretomykenaika 1965-74 (1992) 255ff. mit Detailaufnahmen.

[2648] M.P. Nilsson, MMR 43ff. Abb. 10, das Zitat nach a.O. S. 48f.

[2649] Wandfresko aus Knossos mit Säule und zwei stehenden, an jener festgebundenen Greifen, s. Evans, PM III (1930) 511 Abb. 355 mit Siegelvergleich: a.O. Abb. 361, auch Crowley a.O. (Anm. 2640) 432 Abb. 167. Dort zentrale Säule und zwei Greifen auf Goldring aus Prosymna: a.O. Abb. 172, nach CMS I Nr. 218. Ferner lentoïdes SH III-Siegel aus Mykene: Crowley a.O. 15 Nr. 25, S. 406 Abb. 25 und bereits G. Mylonas, Mycenae and the Mycenaean Age (1966) Taf. 124,44, s. M.C. Shaw, in: Gedenkschrift Mylonas I (oben Anm. 2645) 108ff., bes. 118f. mit Abb. 14.

mit einer Taube als bildhafter Vertretung der Gottheit. Hervorzuheben ist, daß ein Rollsiegel in einer Privatsammlung in Neuchâtel statt einer Säule eine blühende Papyruspflanze zeigt, auf die hin sich von beiden Seiten Greifen aufrichten, indem sie die Vorderpfoten auf einen Altar stellen, aus dem die Staude herauswächst. Hinter ihnen steht ein Mann im steifen Priestergewand, das von zahlreichen ägäischen Siegeln bekannt ist [2650]. Im Bilde eines hethitischen Siegelrings rahmen zwei hockende Greifen den Namen des Ringbesitzers ein (Abb. 97d).

Bereits M.P. Nilsson bemerkte zu diesem Kompositionsschema und den Greifen: "The derivation of the antithetic group from the Orient is supported by the foreign origin of the sphinx and the griffin which are associated with the heraldic scheme and often appear in it" [2651]. Das voll ausgebildete Bildschema läßt sich auf Kreta mindestens bis ins 15. Jh. v.Chr. zurückverfolgen. Weitere Greifenthemen sind schon in der kretischen Glyptik des 17. und der ersten Hälfte des 16. Jhs. v.Chr. existent [2652]. Ein in großartiger Buntheit in Resten erhaltener Greif der Wandmalereien von Akrotiri/Thera bringt uns ebenfalls bis vor den großen Vulkanausbruch der Insel zurück [2653]. Er fand in Freskofragmenten aus dem minoischen Palast von Tell el Daba, der Hyksos-Hauptstadt Avaris im östlichen Nildelta, ein ebenso farbenfrohes Pendant, ganz offensichtlich das Werk eines minoischen Künstlers [2654]. Hiermit ist die Rückwirkung eines in Kreta voll entwickelten

---

[2650] J.H. Betts, More Aegean Papyrus, in: AAA 11, 1978, 61ff. 70 Abb. 16, mit weiteren Nachweisen; denn dieser prächtige Zylinder unbekannter Herkunft wurde bald in seiner Echtheit angezweifelt, bald als ein syrisches Werk gedeutet. Es ist Betts zu folgen, der ihn für echt hält und einer minoisch-mykenischen Werkstatt zuwies.

[2651] Nilsson a.O. 387, s. auch S. 255. Ebenso F. Matz (MWPr 1957, 4) unter Berufung auf H. Frankfort: "Die ägäischen Greifen leiten sich aus Syrien ab". Die beiden Greifen sind sehr häufig auf die Mitte gerichtet, z.B. stehende Göttin mit Schlangenrahmen und Greifen in Siegelbildern aus der Psychrogrotte und einem Grab bei Knossos: a.O. 361 Abb. 173, sowie Altägäis und Altkypros Abb. 1400 (mit Lit.); abgebildet u.a. in dem ausgezeichneten Werk von I. Strøm, Graekenlands Forhistorisk Kulturer II (1982) 336 Abb. 463. — Zum Motiv im SH IIIB (13. Jh.) s. Siegelabdruck aus Pylos, mit antithetischen, zur Mitte hin liegenden Greifen mit zurückgewandten Köpfen und hohen Kopffedern, die Gottheit in der Mitte fehlt, über ihnen je ein kleiner Greif, s. CMS I Nr. 304 und J.L. Crowley, The Aegean and the East (1989) 50 Nr. 125, S. 424 Abb. 125; I. Pini, Die Tonplomben aus dem Nestorpalast von Pylos (1997) 21 Nr. 38 Taf. 16.

[2652] Vgl. J.G. Younger, Bronze Age Aegean Seals in their Middle Phase, ca. 1700-1550 B.C. (1993) 37 und passim. Es handelt sich bei diesem Buch um ein gründliches, jedoch unübersichtliches, nicht leicht zu benutzendes Katalogwerk.

[2653] Chr. Doumas, The Wall Paintings of Thera (1992) Abb. 128; wiederholt in M. Bietak, Avaris (1996) Farbtaf. 8d, vor S. 55. Vgl. einen weiteren Greifen in Freskofragmenten aus Thera: J.L. Crowley, The Aegean and the East (1989) 48f. Nr. 114 und 422 Abb. 114; M. Marthari, in: Kea-Kythnos, Historia kai Archaiologia, Praktika tou Diethnous Symposiou 1994 (1998) 137ff. Abb. 1-7. — Freskofragment aus Knossos mit einem liegenden Greifen (MM III), s. A. Evans, PM III (1930) 41 Abb. 25e, auch Crowley a.O. Nr. 113 und Abb. 113.

[2654] M. Bietak, Ägypten und Levante 4, 1994, 44ff.; ders., Avaris 52f. Farbtaf. 8c.

Greifenmotivs während einer Zeitphase noch vor der 18. Dynastie nach Ägypten konkret zu fassen. Jüngst hat W.-D. Niemeier Wandfresken mit Resten einer Papyrusdolde und eines Greifenflügels in Milet ausgegraben [2655]. Sie stammen aus der ersten Bauperiode dieser minoischen Kolonie an der kleinasiatischen Westküste und lassen nun neben den Funden von Thera und aus dem Nildelta erkennen, in wie hohem Maße außer Gemmen und Fingerringen, Elfenbeinarbeiten und Vasenbildern eben auch Vertreter der monumentalen Künste Kretas am Werke waren und für eine Verbreitung minoisch geprägter Motive, im vorliegenden Fall von Greifen ägäischer Eigenart, sorgten.

Beispiele von Greifen als bloßen Begleittieren von Göttinnen, Priesterinnen und auch männlichen Gestalten sind wiederholt zusammengestellt worden. Neu ist ein goldener Fingerring aus der Tholos B von Archanes-Phourni/Kreta mit einer Frau im Volantrock und einem Greifen. Auch in diesem Fall ist die weibliche Gestalt als Göttin anzusehen [2656]. Ein friedlich hockender, einer Person — einem Gott oder Helden — zugeordneter Greif (Abb. 93c [2657]), gelegentlich ein wie ein Haushund am Strick gehaltener (Abb. 93d [2658]), kommt neben so merkwürdigen Szenen vor, wie sie das Bild auf der Platte eines goldenen Fingerrings aus dem Kammergrab 91 von Mykene bietet: Die Darstellung zeigt einen gewaltigen hockenden Greifen, an Leine und Halsband festgemacht und von einer ihm gegenüber auf einem Lehnstuhl sitzenden Person gehalten. Sorgfältig sind Zitzen angegeben, so daß der Greif als weiblich charakterisiert ist [2659]. Der große stehende Greif auf einem lentoïden Siegel aus dem Tholosgrab von Vapheio/Lakonien wird von einem Mann im steifen Priestergewand an der Leine gehalten [2660]. Und noch ungewöhnlicher ist die Szene eines Rollsiegels des SM IIIA aus Hagia Pelagia bei Herakleion [2661]: In einem Papyrusdickicht trägt ein Minoer auf der Schulter ei-

---

[2655] B. und W.-D. Niemeier, AA 1997, 238f. Abb. 77.

[2656] G. Sakellarakes, Archaiologia 53, Dez. 1994, 59 mit Farbabb.

[2657] SH II-Rollsiegel aus Pylos-Rhoutsi, Tholosgrab 2, jetzt im Arch. Mus. von Chora, Inv.-Nr. 2719. CMS I Nr. 285; Crowley a.O. 215 Nr. 477, S. 493 Abb. 477; C. Lambrou-Phillipson, Hellenorientalia (1990) 367 Nr. 514 Taf. 14 (als kyprisch erklärt).

[2658] Fragment eines SM II-Rollsiegels aus dem Gebiet von Neapolis-Lasithi/Kreta; Herakleion, Arch. Mus., Inv.-Nr. 2242, St. Alexiou, AAA 2, 1969, 429ff. Abb. 1-3 (Zeichnung und Photos, Abrollung); Younger a.O. 23 Taf. 91 (verdruckt in 92).

[2659] Athen, Nat.-Mus., Inv.-Nr. 3181, zum betreffenden Grab 91/1895, seinem Inhalt und seiner Datierung s. A. Xenaki-Sakellariou, Hoi Thalamotoi Taphoi ton Mykenon (Neugriechisch, 1985) 254ff. Taf. 124/3181; zum Ring ferner CMS I Nr. 128; s. A. Bisi, Il Grifone, Studi di un Motivo iconografico nell'Antico Oriente mediterraneo, in: Studi Semitici 13, 1965, Taf. 14; Crowley a.O. 49f. Nr. 124; S. 424 Abb. 124 (SH II/III).

[2660] SH II, Jaspis, s. CMS I Nr. 223; Crowley a.O. 14 Nr. 22; S. 405 Abb. 22; auch bei Th. Papadopoulos, Kongreß Göteborg 1991, Band III (1992) 381 Abb. 30.

[2661] Oxford, Ashmolean Mus., Inv.-Nr. 1938/1090. Die Echtheit wurde wiederholt angezweifelt, hierzu H.-G. Buchholz (s. unten) und M.A.V. Gill, Note on the Hagia Pelagia Cylinder, in: BICS 8, 1961, 7ff. Vgl. zuerst PM IV 497 Abb. 436; Lit. in H.-G. Buchholz, The Cylinder Seal, in: G. Bass, Cape Gelidonya, a Bronze Age Shipwreck (1967) 154 Nr.

nen toten oder gefangenen Greifen, so wie ein Jäger bei der Heimkehr seine Jagdbeute trägt. Vor ihm reitet im Damensitz auf einem weiteren munteren Greifentier
eine Frau, vielleicht eine Göttin. So vertritt unser Mischwesen hier bald ein un-
profanes Reittier, bald ist es wild und als Jagdbeute gedacht.

Vom Reittier ist es zum Zugtier vor dem Wagen nicht weit. Und so finden wir
in der Tat am Hagia Triada-Sarkophag die Darstellung eines Greifenwagens, d.h.
wohldressierte Greifen statt des Pferdegespanns vor einem Prozessions-
gefährt [2662]. Somit kann auch der Greifenwagen im Bildrepertoire des Rollsiegels aus Astraki, östlich von Knossos, nicht bedeuten, daß dieses Bilddokument
als dubios zu diskriminieren wäre [2663].

Es ließe sich fragen, in welchen Bildern ein offizielles religiöses Interesse
erkennbar wird, und in welchen der Volksglaube wild wuchert. Die "Greifen am
Thron" von Knossos gehören gewiß zu den sinnfälligsten Manifestationen einer
aussagestarken, wenn auch fest gewordenen offiziellen Bildsymbolik, doch die
immer wieder auftretenden Greifen mit merkwürdig erhobenem Schnabel und
verrenktem Kopf [2664], abgeschaut an Wölfen und Hunden, wenn sie heulen,
scheinen ein Element zum Ausdruck zu bringen, das aus Vorstellungen stammt,
nach denen Wächtergreifen 'Laut geben'. Andererseits hätte eine kretische 'Hofiko-
nographie', eine Art 'Palaststil', so nachhaltig auf Syrien eingewirkt, daß dort sogar
das Thema des Thron-schützenden Greifen übernommen worden wäre. Ich habe
gegenüber der Echtheit eines überauch prächtigen Belegs — gegenüber dem Rollsiegel Inv.-Nr. X 183 im Wiener Kunstmuseum — meine Zweifel, obwohl Kenner
wie H. Seyrig und Frau E. Porada an dem Stück nichts auszusetzen hatten und es
als eine qualitätsvolle levantinische Arbeit anerkannten [2665]: Doch die aufdring-
liche Weise des Thronbeschützers, der sich dem Thronenden zugesellt, als ob er der
eigentliche Herrscher sei. Der Throninhaber mit einer merkwürdigen Schlaufe oben
auf dem ungewöhnlichen Topfhelm, ein Langschwert wie ein Szepter haltend, die
übergroße Löwenfußbank, der langgehörnte Vierfüßer als Untersatz des Greifen, die
übergenaue Genauigkeit, mit der die Eigenart des Keftiuschurzes der beiden herantretenden Kreter wiedergegeben ist, die zum Lendenschurz keineswegs passenden,
an der Hüfte getragenen Langschwerter. Auch das zusätzliche Speerpaar des vor-

---

21 mit Lit.; Tzabella-Evjen a.O. (oben Anm. 2563) 28 Nr. 77; S. 98 Taf. 11; Crowley a.O.
31 Nr. 73; S. 415 Abb. 73.

[2662] Long a.O. (oben Anm. 2199) 29ff. 82 und Abb. 26.

[2663] Herakleion, Arch. Mus., Inv.-Nr. 1460, s. PM IV 425 Abb. 351; Buchholz, Cylinder Seal
a.O. 154 Nr. 20; G. Burgfeld, in: Studien zur minoischen und helladischen Glyptik, CMS
Beiheft 1 (1981) 37ff. Abb. 1; Lambrou-Phillipson a.O. (Anm. 2657) 189 Nr. 16 Taf. 3.

[2664] Beispielsweise Siegel aus Tholos 1 in Pylos-Tragana, Chora, Arch. Mus., Inv.-Nr. 3157,
ArchRep 1981/82, 24f. Abb. 46; G. Korres, ArchEphem 1991, 132 Abb. 6a-c. — Im 13. Jh.
v.Chr. Einwirkung dieses ägäischen Bildschemas auf die Levante; zum liegenden jaulenden
Greifen s. G. Loud, The Megiddo Ivories (1939) Taf. 9,32, danach K. Galling, Biblisches
Reallexikon (2. Aufl., 1977) 226 Abb. 54,4.

[2665] H. Seyrig, in: Ugaritica VI (1969) 479ff. Abb. 1.

deren der auf den Thron recht kriegerisch und keineswegs devot zutretenden beiden Männer befremdet; es war zwar im Homerischen Zeitalter üblich ('δόρυ' wurde im Dual benutzt), ist jedoch in Keftiu-Repräsentationen als Anachronismus anzusehen.

Dämonen, Fabeltiere, Mischwesen als Möbelstützen sind zwar ebenfalls Wächter, jedoch dies nur sekundär, primär muß man ihre dienende Funktion erkennen, denn sie tragen Last. Einen Überblick vom Ursprung der Idee in Mesopotamien bis hin zu den bekannten bronzenen Stützfiguren eines urartäischen Thrones aus Toprakkale in Berlin bietet H. Kyrieleis in dem Abschnitt "Stützfiguren" seiner Marburger Dissertation (Throne und Klinen, 24. Erg.-Heft zum JdI, 1969). Danach sind unsere Fabelwesen in besagtem Fall (s. C.F. Lehmann-Haupt, Armenien einst und jetzt II [1931/Nachr. 1988] 509 mit Abb.) als 'Greifen am Thron' eine Ausdrucksmöglichkeit unter verschiedenen. An der Levanteküste gab es im späten 2. Jt. v.Chr. Vorformen; "Zentrum der Entwicklung scheint zunächst der Bereich der nordsyrischen Kleinstaaten gewesen zu sein, wobei die Architektur eine wichtige Rolle spielte. Von dort aus dringen Stützfiguren im späten 8. Jh. v.Chr. ins assyrische und urartäische Möbelhandwerk ein ..." (Kyrieleis a.O. 72).

Volkstümliches sehe ich wiederum am Werke, wenn sich ein provinzieller Vasenmaler des 13. Jhs. v.Chr. in Euboia die Freiheit nahm, aus einem Greifenpärchen eine Idylle zu machen, indem er zwischen die beiden ein Vogelnest mit zwei noch nicht flüggen Greifenküken gemalt hat [2666]. Doch ein vertrautes Verhältnis zwischen Mensch und Mischwesen weisen bereits erheblich frühere Siegelbilder aus Ras Schamra auf: Da treffen wir auf einen brav sitzenden Greifen mit der typisch syrischen S-Hakenlocke und einen herantretenden Mann mit betont erhobenem Zeigefinger, so als sage er: "Sitz! Gib Pfötchen!" Und tatsächlich hebt der Greif wie ein Hund die linke Vorderhand [2667]. Mit anderen Worten: Wir können nicht wissen, was sich zwischen den beiden abspielt; aber der Siegelschneider wollte ganz gewiß ausdrücken, daß sie miteinander kommunizieren. Und das ist wiederum nur denkbar, wenn es entsprechende Sagen gab. Ich darf anfügen, daß neben 'offiziellen' ägäischen Greifenbildern gewiß auch Volkstümliches Ugarit mit der mykenischen Vasenmalerei erreicht hat: Zu verweisen ist auf eine SH IIIA-Scherbe, die einen langschnäbeligen Greifenkopf zeigt, der Szenenzusammenhang ist verloren [2668].

Die Darstellung auf einem von A. Evans publizierten Siegel unbekannten kretischen oder festländischen Fundortes weicht insofern von den häufigen Szenen jagender Greifen ab, als hier das gejagte Tier, ein Stier, weiterhin gesund aufrecht

---

[2666] M.R. Popham-L.H. Sackett, Excavations at Lefkandi/Euboea 1964-66 (1968) Deckelbild und S. 18f. Abb. 35, SH IIIB-Pyxis ('Alabastron') mit Hell-auf-Dunkel-Bemalung aus Leukandi, in Chalkis, Arch. Mus.

[2667] Cl. Schaeffer, Ugaritica II (1949) 41 Abb. 14a. Der Autor hat dieses, noch vor die Mitte des Jahrtausends gehörende Siegelbild zum Titel-Emblem seines "Corpus I des Cylindres-Sceaux de Ras Shamra-Ugarit et d'Enkomi-Alasia" gemacht.

[2668] H.-G. Buchholz, in: Altägäis und Altkypros (1971) Abb. 973 (Kraterfragment).

steht und auf ihm in bester Symmetrie zwei Greifen hocken, die an seinem Rücken picken. Das ist keine Form des Wilderlegens, Tötens, vielmehr ein symbolischer Akt, wie das Aufhacken der Erde, das Wachstum, Fruchtbarkeit, bewirkt; denn an der betreffenden Stelle steigt aus dem Rücken des Stiers eine Pflanze auf [2669]. Richtiger gesagt: eine Pflanze, nicht in ihrer naturalistischen Wiedergabe, sondern als Ideogramm der Linear B-Schrift. Und eben dieses Ineinanderspiel von Bild und Schrift ist das Einmalige an der Darstellung. A. Evans las das Zeichen als 'Getreide', in den "Documents" von M. Ventris wird es als 'Cyperus' mit Fragezeichen geführt. Das Siegelbild, von dem ich ausgehe, ist mithin fast schon so etwas wie ein Mythenbericht.

Das Grundschema liegt indessen in einem Siegel aus dem Artemisheiligtum von Brauron/Ostattika vor: Dort ist der Stier wirklich getötet und streckt den Bauch nach oben, auf dem die beiden Jägergreifen weit weniger symmetrisch tätig sind, zwischen ihnen wächst jedoch keine Pflanze als Schriftzeichen empor [2670]. N. Marinatos hat derartige Jagdszenen — und um eine solche handelt es sich — in ihren Entwurf vom "Minoan Sacrificial Ritual, Cult Practice and Symbolism" (1986) eingebaut, indem sie den religiösen Charakter derartiger Bilder herausstrich [2671]. Und schon 1969 setzte W. Ekschmitt unter eine Zeichnung des zuvor genannten Oxford-Siegels: "kretisches Fruchtbarkeitssymbol" [2672]. Dem vergleichenden Religionshistoriker sind Vorstellungen von pflanzlichem Leben, das aus tierischem erwächst, nicht fremd. Doch die Funktion von Greifen im Kreislauf des Sterbens und Neu-Geboren-Werdens überrascht, zumal der ägäische Beleg ziemlich singulär zu sein scheint.

Kunstäußerungen, soweit sie die Greifen-Ikonographie betreffen, können nach der Bronzezeit ein ungebrochenes Weiterleben der besprochenen Motive bedeuten (vgl. oben miteinander die Abb. 97a-c) oder so etwas wie eine 'Renaissance' im 8. Jh. v.Chr. mit einer Blütezeit im siebenten, jedenfalls auf Zypern und im ägäisch-griechischen Raum. Die eisenzeitliche phönikische Kunst scheint aber nahtlos aus der älteren syrischen geschöpft und ihre Motive an ihre Kolonien des westlichen Mittelmeergebietes weitergereicht zu haben [2673]. Phönikischen Typs sind z.B.

[2669] Oxford, Ashmolean Mus., aus Slg. A. Evans, s. PM IV 624 Abb. 611; A. Dessenne, BCH 8, 1957, 205 Nr. 3; V. Kenna, Cretan Seals (1960) 137 Nr. 342 Taf. 13; Tzabella-Evjen a.O. 25 Nr. 52 Taf. 7,52.

[2670] Hellbrauner Achat, Zweigmotiv am Rücken des Stiers, jedoch ohne Zusammenhang mit den Greifen, sozusagen nach unten wachsend; aus dem Artemis-Heiligtum, nordwestlich des Tempels, s. I. Pini, CMS V, Teil 1 (1975) 171 Nr. 216; G. Sakellarakes, in: U. Jantzen, Neue Forschungen in griechischen Heiligtümern (1976) 287f. Nr. 12 Abb. 14.

[2671] N. Marinatos a.O. 43ff. "animal predators as hunters"; Brauron-Siegel ebd. Abb. 28.

[2672] W. Ekschmitt, Die Kontroverse um Linear B, 144f. Abb. 15. Seine Umdeutung des Schriftzeichens in ein Ölideogramm sollte unbeachtet bleiben.

[2673] Vgl. z.B. antithetische Greifen beiderseits eines zentralen Symbols auf der Platte eines Kammes aus Karthago, H.-G. Buchholz, APA 16/17, 1984/85, 110 Abb. 20. — Älter und typologisch abweichend, d.h. von mesopotamischer Kunst beeinflußt, ist das Greifenrelief aus Basalt vom Tell Halaf, s. H.Th. Bossert, Altsyrien (1951) Abb. 476. Vgl. E. Akurgal,

auch die sieben Greifen und vier Sphingen auf dem neu gefundenen hocharchaischen Bronzeschild aus der Idäischen Grotte auf Kreta [2674]. Ein ebenfalls phönikisches Elfenbeinrelief aus Nimrud wiederholt das aus der Bronzezeit bekannte Thema des Helden, der mit dem Schwert einen Greifen (oder Löwen, s. Abb. 97a-c) angreift; doch der Heros erscheint hier im Verhältnis zum Greifen kleiner und statt der hochformatigen Komposition ist sie mehr metopenhaft ins Quadrat gebracht [2675]. Die Variationsbreite desselben Themas ist nun größer, es kommt unterschiedlich, aber häufig an kypro-phönikischen Metallschalen vor. So tritt auf einer Silberschale aus Idalion/Zypern der Besieger eines Greifen in ägyptisierender Tracht auf, er stößt von oben auf das Fabelwesen herab, so wie der Sankt Georg christlicher Ikonographie auf den Drachen [2676].

Mit unserem modernen Begriff 'Mode' wäre die herausragende Rolle, welche nunmehr Greifenkessel in griechischen Heiligtümern einnahmen, nicht zu erklären. Gemeint sind Kessel, an denen Greifenprotomen das Wächteramt für das Gefäß selber, den Inhalt und womöglich im weiteren Sinne für den jeweiligen heiligen Ort wahrnahmen. H.-V. Herrmann hat, von dem Bild an einem protokorinthischen Krateriskos aus Samos [2677] ausgehend, hierzu folgendes ausgeführt: "Wenn man, wie es häufig geschieht, den Sinn der Kesselfiguren in ihrer 'apotropäischen' Funktion sieht, dann ist damit sicherlich nur ein Teil ihrer Bedeutung angesprochen, wahrscheinlich nicht einmal der wesentlichste. Ihr religiöser Gehalt, mag er auch im einzelnen für uns nicht mehr kenntlich sein, ist viel umfassender. Durch die geheimnisvollen Flügelwesen wurden die Kessel zu Kraftträgern, deren magische Wirkung man noch zu steigern suchte, indem man sie mit Protomen besetzte. Vielleicht können wir noch etwas ahnen von dem, was den Griechen jener Zeit ein solcher heiliger Gegenstand bedeutete, wie mächtig er ihr mythisches Denken bewegte, wenn wir auf einer Darstellung des frühen 7. Jahrhunderts einen Protomenkessel inmitten eines Frieses schreitender Tier- und Fabelgestalten erblicken" [2678].

Analyse iconographique, stylistique et structurale de l'architecture et de la sculpture de Tell Halaf, in: Florilegium Anatolicum, Mélanges offerts à E. Laroche (1979).

[2674] Nachgrabungen von G. Sakellarakes, s. ArchRep 1985/86, 91 und Deckelbild.

[2675] F. Poulsen, Zur Zeitbestimmung der Enkomifunde, in: JdI 26, 1911, 226 Abb. 10.

[2676] Paris, Louvre, Inv.-Nr. AO 20134, s. G. Perrot-Ch. Chipiez, Histoire de l'Art dans l'Antiquité III (1885) 771 Abb. 546, danach K. Galling, Biblisches Reallexikon (2. Aufl., 1977) 225 Abb. 54,1; vgl. G. Markoe, Phoenician Bronze and Silver Bowls from Cyprus and the Mediterranean (1985) 170f. Nr. Cy 1, S. 244f. mit Abb.

[2677] H. Walter, AuA 9, 1960, 65 Taf. 9,15; ders., AM 74, 1959, 57ff. Beilage 99-101; 114,1; M. Leventopoulou, LIMC VIII 1 (1997) 609ff. s.v. Gryps, Textabb.

[2678] H.-V. Herrmann, Die Kessel der orientalisierenden Zeit (OF VI, 1966) 149f. mit Abb. 25. Neuerdings: A. Sakowski, Darstellung von Dreifußkesseln in der griechischen Kunst bis zum Beginn der klassischen Zeit, in: Europ. Hochschulschriften, Reihe 38, Band 67 (1997). Grundlegend: U. Jantzen, Griechische Greifenkessel (1955).

Mag während der Bronzezeit und bei Ausbildung von Greifen als Schutzgeistern — damit verknüpft des Helden im Greifenkampf — lokalmythischer Inhalt, etwa zuerst in Syrien dann auf Kreta und in Zypern, bildproduktiv gewirkt haben, so verfestigte sich die Sage von den Gold bewachenden und gegen Räuber schützenden Greifen seit der griechisch-phönikischen Kolonialepoche im Rahmen von "Arimaspen"-Nachrichten. Das genauere, kulturverbindende Kennenlernen der damaligen mediterranen und nahöstlichen Welt führte zur Verlagerung vieler Fabelbereiche an die Ränder des Erdkreises, im vorliegenden Fall ins Irgendwo des hohen Nordens. Herodot III 116 berichtet, daß dort das meiste Gold von Greifen bewacht werde. Diese wurden jedoch von einem einäugigen Volk, den Arimaspen, deren Name skythisch sei, beraubt. Herodot schöpfte aus der Dichtung des Aristeas von Prokonnesos, unserer frühesten Quelle, wenn man von einer Erwähnung des Greifen, nicht jedoch der Arimaspen, bei Hesiod absieht [2679].

Wenn im zweiten vorchristlichen Jahrtausend zeitweilig Verbindungen zwischen der Mittelmeerwelt und den Gebieten nördlich des Schwarzen Meeres bestanden, wie oben im fünften Kapitel ausgeführt, so kann dies nicht für die Arimaspensage in Anspruch genommen werden; denn der Name ist nachweislich skythisch, so daß ethnische Verhältnisse vorauszusetzen sind, die in Südrußland erst seit der frühen Eisenzeit existierten, bzw. für uns greifbar sind [2680]. Die Darstellung des Kampfes zwischen einem mykenischen Helden und einem Greifen im Relief des mehrfach genannten Spiegelgriffs aus Enkomi (Abb. 97a, Anm. 2591) ist zwar von einem der Bearbeiter der Aristeas-Überlieferung, J.D.P. Bolton, als bronzezeitliches Zeugnis für die Existenz der Arimaspensage in Anspruch genommen worden, doch war da der Wunsch der Vater des Gedankens [2681]. Und erst seit dem 7. Jh. v.Chr. ist so etwas wie Schamanismus, also innerasiatische Religiosität, ebenfalls bei Aristeas, und nicht nur bei ihm, faßbar [2682]. So wurde einer Sammlung von Beiträgen zur zentralasiatischen Archäologie unlängst der Titel "In the Land of the Gryphons" gegeben [2683].

Nach den Kimmeriereinfällen waren für eine Belebung solcher Motive wie Arimaspen-Darstellungen in der griechischen Kunst und von schamanistischen Zügen in der griechischen Religion folgende Vorgänge die Voraussetzung: die Schwarzmeer-Kolonisation Milets, Kontakte zwischen dem nordägäisch-thrakischen Raum und östlichen Balkangebieten bis zur Donaumündung sowie weiterhin der

---

[2679] W. Tomaschek, Über das Arimaspengedicht des Aristeas, in: SBWien 1888, 715ff.; vgl. K. Meuli, Scythica, in: Hermes 70, 1935, 121ff. und R. Hennig, Herodots 'goldhütende Greifen' und 'goldgrabende Ameisen', ein Kapitel zur Klarstellung antiker Wirtschaftsgeographie, in: RhMus 79, 1930, 326ff.

[2680] Weiterhin J. Bouzek, Athènes et la Mer Noire, in: BCH 113, 1989, 249ff.

[2681] J.D.P. Bolton, Aristeas of Proconnesus (1962) Taf. 2.

[2682] W. Burkert, ΓΟΗΣ, zum griechischen Schamanismus, in: RhMus 105, 1962, 36ff.; weitere Lit. zum Schamanismus oben Anm. 2568.

[2683] A. Invernizzi (Herausgeber), In the Land of the Gryphons, Papers on Central Asian Archaeology in Antiquity (1995).

große Kriegszug der Perser in die Skythengebiete nördlich des Schwarzen Meeres. Der entscheidende inhaltliche Unterschied zwischen den bronzezeitlichen Greifen-kampfszenen und den späteren Arimaspenmotiven bleibt der Grundgedanke des ursprünglich die Herden, dann die Kulturwelt überhaupt schützenden Helden gegen angreifende Untiere des 'Draußen' und umgekehrt die Funktion von Greifen als Schutzgenien in Abwehr goldgieriger Angreifer vom Schlage 'einäugiger' Arima-spen.

Im 4. Jh. v.Chr. wurde das Interesse an diesem, im hellenischen Sinne umge-deuteten Themenkreis in den unteritalischen Griechenkolonien erheblich verstärkt, und zwar dank des Auflebens pythagoräischer Strömungen und generell dank der Wandlung im Verhältnis der Griechen zu barbarischen Kulturen und der wachsen-den Verbindungen mit dem eurasischen Steppenraum. Die bevorzugte Wahl solcher Bildmotive für die Gräberausstattung deutet auf Jenseitshoffnungen im Sinne von Entrückungsvorstellungen hin [2684], die 'schamanistisch' beeinflußt gewesen sein mögen [2685].

Auch mein vierzehntes Kapitel läßt sich in der Beobachtung zusammenfassen, daß altorientalisches, überwiegend syrisches Kulturgut — im vorliegenden Fall religiös-mythologisch-rituell-kultisches und ikonographisches — den ägäisch-südosteuropäischen Raum auf mehreren Wegen erreichte: Der Hauptstrom kam übers Meer von nordsyrisch/kilikischen und libanesischen Häfen her. Sehr häufig ist die Beteiligung Zyperns bei der Umformung und Weitergabe in den Westen zu verzeichnen. Eine archäologisch viel schwerer faßbare und wohl weniger wirksame Beeinflussung erfolgte über kleinasiatische Inlandrouten, ebenfalls von südostanato-lisch-nordsyrischen Gebieten ausgehend und/oder von gleichfalls prägenden, oder doch umprägenden inneranatolischen Ausgangs- bzw. Zwischenstationen her. Die Fundverteilung in Hellas und auf den griechischen Inseln macht deutlich, daß der Seeweg der entscheidende gewesen ist. Bronzezeitlichen Siedlungen auf der Insel Rhodos — und wohl ebenfalls Milet — kam dabei als Umschlagplätzen große Bedeutung zu.

Meine Ausführungen dürften deutlich gemacht haben, daß es sich bei dem beschriebenen Vorgang nicht um eine einseitige Beeinflussung vom Osten in Richtung Westen gehandelt hat, vielmehr um einen wirklichen Austausch. Da wir uns archäologisch an die Funde zu halten haben, die naturgemäß einen unbegrenz-ten Zugang zu geistigen Phänomenen nicht erlauben, liegt der Beurteilung dynami-scher Wechselwirkung hauptsächlich Ikonographisches zugrunde. Fresken in Kabri/Palästina und in Tell el Daba/Nildelta haben in ihrer minoischen Eigenart erstmals überzeugend die — gewiß zeitlich wie räumlich recht ungleichgewichtige

---

[2684] J. Engemann, Der Greif als Apotheosetier, in: Jahrbuch für Antike und Christentum 25, 1982, 172ff.

[2685] Diese Definitionen sind J. Wiesners "Studien zu dem Arimaspenmotiv auf Tarentiner Sarkophagen" entnommen (AA 1963, 200ff.). — Zur Herkunft einzelner Motive, zu inner-asiatischen Filz-, Leder- und Stoffmustern sowie deren Übertragung in die persische und griechische Kunst neben Wiesner a.O. auch R. Lullies, Vergoldete Terrakotta-Appliken aus Tarent, in: RM, 7. Erg.-Heft (1962), mit der älteren Literatur.

— minoische Einflußnahme in beiden Richtungen bewiesen. Frühere Beobachtungen in Tell Atschana/Nordsyrien bezüglich der Einwirkung einer hochstehenden ägäischen Palastkultur, einschließlich vieler religiöser Hinweise, finden in dem genannten neuen Fundstoff nunmehr eine Stütze.

Bei einer solchen Betrachtungsweise muß allerdings die ägyptische Komponente, die von der ersten Forschergeneration (A. Evans, J.D.S. Pendlebury) sehr hoch bewertet worden ist, zu kurz kommen. Doch sofern man sich dessen bewußt ist und beispielsweise die unermüdliche von R. Merrillees und W. Helck vorgetragenen Verknüpfungen materiell-kultureller und geistesgeschichtlicher Art zwischen dem Nilland und Zypern und der Ägäis im Auge behält, ist aus praktischen Gründen gegen mein Vorgehen zur Klärung historischer Vorgänge wohl kaum etwas einzuwenden.

Schlußbetrachtung

Wenn Archäologie überwiegend Keramikforschung bedeutet — was in der Feldpraxis unabwendbar ist —, dann könnte Keramik-Statistik womöglich 'Geschichte' ersetzen, etwa mit 47% der gesamten auf Zypern gefundenen ägäischen Importkeramik allein aus der Phase SH/SM IIIB, dem 13. Jh. v.Chr., während die verbleibenden 53% auf rund sieben Jahrhunderte aufzuteilen wären (oben Anm. 1479).

Unsere modernen Epochenvorstellungen gehen in der Tat einerseits auf Gruppierungen von Töpfererzeugnissen zurück, andererseits auf die Ablösung der Bronze durch das Eisen. Man wollte zwischen der Verwendung der ersteren als Gebrauchsmetall und dem letzteren einen tiefen Bruch erkennen, eben jenen zwischen Bronze- und Eisenzeit. In meinem Kapitel 8, Abschnitt 6, ist unter Nennung der einschlägigen Literatur ausführlich zum bronzezeitlichen Auftreten von Eisen und dem Beginn der eigentlichen 'Eisenzeit' berichtet worden, während ich im Kapitel 11 (Metallformen) nur gelegentlich auf Eisen einging. Intensiv hat sich besonders J.C. Waldbaum in Artikeln und Büchern mit Zusammenhängen zwischen "Hittites, Philistines, and the Introduction of Iron in the Eastern Mediterranean" beschäftigt. Der angeblichen Überlegenheit von Eisenwaffen gegenüber bronzenen als Grund für die Einführung des 'neuen' Metalls setzte sie die Beobachtung entgegen, daß durch den Zusammenbruch der Ordnungsmächte gegen 1200 v.Chr. eine dauerhafte Versorgung des betroffenen Großraumes mit Kupfer oder Zinn oder beidem nicht mehr funktioniert haben könnte, was zur mehr oder weniger erfolgreichen Erprobung des 'Ersatzstoffes' Eisen geführt habe. Daß — überall, wo möglich — die Herstellung von Bronzewaffen weiterlief, ist vielfach beobachtet worden, s. "The Continuity of the Canaanite Bronze-Work of the Late Bronze Age into the Early Iron Age", in: TA 1, 1974, 159ff.

Mit methodisch solidem Ansatz ist neuerdings Susan Sherratt in zwei Studien: "Commerce, Iron and Ideology, Metallurgical Innovation in 12th/11th Century Cyprus" und "'Sea Peoples' and the Economic Structure of the Late Second Millennium in the Eastern Mediterranean" nochmals derartigen Phänomenen nachgegangen [2686]. Meine, ihr verdankten Abb. 109 und 110 erweisen die gleichbleibend große eisenmetallurgische Präsenz Zyperns vom 12. zum 11. Jh. v.Chr. Sie ergeben aber außerdem wirklich auffallende Zunahmen von Eisen während desselben Zeitraums in Palästina und auf Kreta.

Vielfach müht man sich auch ab, eine saubere Grenze zwischen Vorgeschichte und Historie, zwischen Mythos und Geschichtsschreibung zu ziehen. Schliemanns Ausgrabungen in Troja sind oft zitiert worden, wenn es galt, unseren Homer als

---

[2686] In: Symposium Nikosia 1993 (1994) 59ff., und in: Mediterranean Peoples in Transition, 13th to 11th Centuries BCE, in Honor of Trude Dothan (1998) 292ff., mit umfangreicher Bibliogr. Nach ihrer Arbeit von 1993 (1994) 60 Abb. 1 und S. 72 Abb. 2 meine Abb. 109 und 110. Ferner A. Yahya, The Coming of the Iron Age in Palestine, Diss. Freie Univ. Berlin (1995).

Quelle historischer Wirklichkeit zu erweisen und die Untersuchung mit dem Spaten als deren archäologische Bestätigung. Zu Ehren des Althistorikers F. Schachermeyr wurde 1980 eine Tagung mit dem Rahmenthema "Griechenland, die Ägäis und die Levante während der 'Dark Ages'" veranstaltet (Symposium Zwettl, 1983). Und ebenfalls im Jahre 1983 veröffentlichte der Geehrte sein Buch "Die griechische Rückerinnerung im Lichte neuer Forschungen" als 404. Band der Sitzungsberichte der österreichischen Akademie der Wissenschaften. Darin hatte der Verfasser durchaus im Blick, historisch Wahrscheinliches vom Unwahrscheinlichen (Märchenhaften) zu trennen. Wie er im Nachwort sagte, ging es ihm vor allem jedoch um eine "Konfrontation der uns vorliegenden literarischen Überlieferung mit dem archäologischen Material". Das angesprochene Historisch-Literarische besteht allerdings hauptsächlich aus Erwähnungen von Wanderungsbewegungen, Städtegründungen und -gründern, aus Stammbäumen und Königslisten. Ein sich darin äußerndes 'historisches Gedächtnis' war von vitaler Bedeutung für das jeweilige Staatswesen und seine Identität. Traditionen manifestierten sich in 'Heroengräbern' und weiteren vorzeigbaren 'Gründer-Reliquien'. Beispielsweise sind verstreute Nachrichten über Lakedaimonier in Idalion und Tamassos im Inneren Zyperns (auch *Lakedaímon Kýprou mesógeios*) mit südpeloponnesischen, vor den Dorern ausweichenden Achaiern in Verbindung gebracht worden. Dann wurde aber gefolgert, daß jene "Wert darauf legten, als Kolonien des mächtig gewordenen Sparta zu gelten"[2687]. Wenn dies zutrifft, wäre über das sich i.g. äußernde archaische und spätere Geschichtsverständnis Entscheidendes gesagt: Wußte man nämlich von keinem Oikisten, so schuf man sich einen wie jenen *Chalkenor* von Idalion mit seinem sprechenden Namen, den Stephanos von Byzanz überliefert hat.

So wäre etwa zu fragen, wer ein Interesse daran gehabt haben könnte, die 'Europa auf dem Stier' nicht direkt nach Kreta, sondern zunächst nach Zypern gelangen zu lassen[2688]. Und umgekehrt finden wir die sagenhaften Telchinen als begabte Schmiede außer in ihren angestammten ägäischen Gebieten, bald auf Rhodos, bald auf Zypern[2689]. Schließlich zeigen parallele Gründungssagen an,

---

[2687] So F. Kiechle, Lakonien und Sparta (1963) 68ff., bes. 75 Anm. 2. Jedoch R. Meister, Dorer und Achäer (1904) 23f.: "Niemals hat man die an sich geringe Zahl der spartanischen Herren durch Auswanderung weiter zu verringern gesucht". Generell: E. Gjerstad, The Colonization of Cyprus in Greek Legend, in: OpAch 3, 1944, 107ff., auch: G.R. Tsetskhladze-F. de Angelis, The Archaeology of Greek Colonization, Essays dedicated to Sir John Boardman (1994); C. Baurain, Passé légendaire, archéologie et realité historique, l'hellénisation de Chypre, in: Ann. Economies, Sociétés, Civilisations 2, 1989, 463ff. S. Deger-Jalkotzy prägte den Satz: "not all newcomers were 'Achaeans to the bone'" (Symposium Nikosia 1993 [1994] 19 Anm. 11). Der anthropologische Ansatz hilft ebenfalls nicht weiter, s. M.P. Domurad, The Populations of Ancient Cyprus, Diss. Cincinnati (1986).

[2688] M. Robertson, LIMC IV (1988) 76ff. s.v. Europe. — Zur Frage nach dem Wann gehört auch der Kadmos-Komplex, s. R.B. Edwards, Kadmos the Phoenician, a Study in Greek Legends and the Mycenaean Age (1979).

[2689] Buchholz, in: Symposium Nikosia 1978 (1979) 76ff.; Ch. Doumas, in: Konferenz Nikosia 1995 (1997) 79ff.

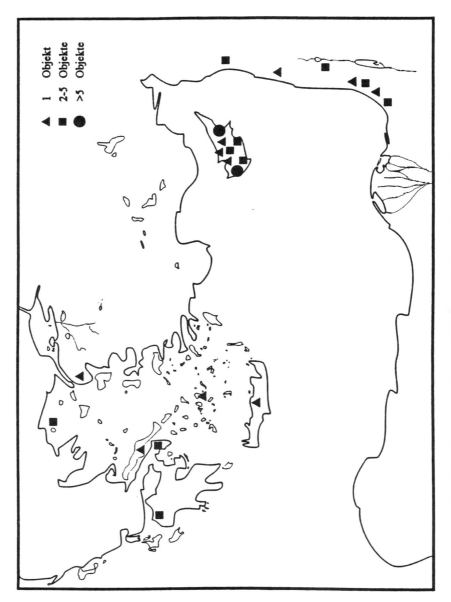

Abb. 109. Verbreitung eiserner Waffen und Geräte im 12. Jh.v.Chr. (nach einem Entwurf von S. Sherratt, in: Symposium Nikosia 1993 [1994] 60 Abb. 1)

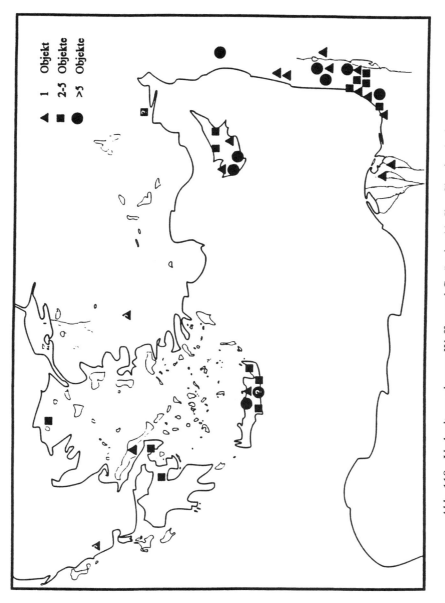

Abb. 110. Verbreitung eiserner Waffen und Geräte im 11. Jh.v.Chr. (nach einem Entwurf von S. Sherratt a.O. 72 Abb. 2)

daß die offensichtlich jüngere gegenüber der älteren einer nachträglichen Legitimierungsabsicht entsprang: Ich meine Agapenor von Tegea als Gründer von Paphos und als Erbauer des Heiligtums dere Aphrodite gegenüber Kinyras, dem nichtgriechischen Tempelgründer und König von Paphos, dem Freunde Agamemnons von Mykene [2690]. Im ganzen wird man allerdings sagen dürfen, daß Gründungen griechischer Handelsniederlassungen, von Emporien im Osten, einem geographischen Muster folgten, welches sich bereits während der späten Bronzezeit ausgebildet hatte (z.B. Al Mina, Ras el Basit, Ras Schamra, Tell Sukas). Bereits C. Blegen betonte, daß nicht so sehr die kleinasiatische Landbrücke, als vielmehr der Seeweg entlang der türkischen Südküste die vorgegebene Verbindungslinie zwischen Ost und West, und umgekehrt, bildete (in: The Aegean and the Near East, Festschr. H. Goldman [1956] 32ff.).

Auch die Kyprominoische Linearschrift läßt sich kaum unmittelbar mit der Hellenisierung Zyperns in Verbindung bringen. Denn in der Forschung ist man einhellig der Ansicht, daß auf der Insel und in Ugarit mit ihr ein oder mehrere nichtgriechische Idiome geschrieben wurden. Außerdem geht sie auf die minoische Linear A-Schrift mit ihrem unhellenischen Idiom [2691] — und nicht auf die frühgriechische Linear B-Schrift — zurück. Schließlich fanden selbst die späteren kyprischen Silbenschriften nicht allein in der griechischen, sondern ebenso und zuerst in der eteokyprischen Sprache Anwendung. Keineswegs schlüssig ist die Behauptung, mit dem griechischen Namen O-PE-Le-Ta-U, einem Bronze-Obelos aus Alt-Paphos eingeritzt, sei nicht nur das 'missing link' zwischen der kyprominoischen und der kyprischen Silbenschrift gefunden, sondern außerdem bewiesen, daß bereits mit der ersteren Griechisch geschrieben worden sei: Das Datum des Objekts (vor 1000 v.Chr.) ist nämlich ungesichert [2692] und mindestens die Form

---

[2690] Die sehr umfangreiche ältere Lit. zu Kinyras bei C. Baurain, Kinyras de Chypre, in Mélanges de l'Univ. Saint-Joseph 48 (Beirut, 1973), H. v. Gärtringen, Kinyras, in: KlPauly III (1979) 216f. und B.C. Dietrich, Tradition in the Greek Religion (1986) 124. — Kinyras entspricht in vieler Hinsicht dem ugaritischen Künstler- und Handwerkergott, s. zu diesem E. Lipiński, Éa, Kothar et El, in: UF 20, 1988, 138ff.

[2691] Das ungriechisch-kretische (minoische) Element in den Kulturbeziehungen zwischen Ägäis und dem östlichen Mittelmeer ist, einschließlich der in Frage kommenden Keramik, noch viel zu wenig geklärt. So schrieb H. Frankfort, Cylinder Seals, bereits 1939: "Minoan Art has strongly influenced Syria at the Beginning of the 2nd Millennium and again after the sack of Knossos". — So sind es auch 'minoische' (und nicht mykenische) Elemente in einem Vortragstitel von T. Dothan: "Minoan Elements in the Philistine Material Culture" (Int. Kretologischer Kongreß, Rhethymnon 25.-31.8.1991). Es liegt auf der Hand, daß bei J. Strange, Caphtor/Keftiu (1980) weitaus mehr (Eteo-)Kreter als Mykener vorkommen, s. dazu die Rez. von H.M. Niemann, ZDPV 102, 1986, 191ff. — Und schon früher gelangten Vorgriechen anstelle von Griechen in den Blick: J. Bérard, Philistines et Préhellènes, in: RA 37, 1951, 129ff. Man beachte ferner J.T. Hooker, Minoan and Mycenaean Settlement in Cyprus, in: Collected Mycenaean, Minoan and Classical Studies (1995).

[2692] I. Morris, Classical Philology 88, 1993, 73: "Karageorghis himself was away from the site when the tomb group was excavated. The assemblage was reconstructed later, from rather confused site notes, when its importance was realized." Weniger deutlich M. Egetmey-

von zweien der Zeichen spricht eher für einen späteren Zeitansatz. Das würde bedeuten, daß mit der Inschrift nicht das jüngste Dokument der bronzezeitlichen, sondern vielleicht ein nicht ganz so frühes eines archaischen Schriftsystems vorliegt, ohne daß Fragen des Wann und Wie eines Sprachwechsels wirklich geklärt wären.

Kyprominoische Zeichen wurden außerhalb Zyperns nicht allein in Ugarit, sondern auch in Palästina festgestellt, u.a. in Aschdod. Als am genannten Ort außerdem Siegel mit unbekannter Schrift ans Licht kamen, erhob sich die Frage nach einer eigenständigen Philisterschrift (R. Stieglitz, Inscribed Seals from Tell Ashdod, the Philistine Script?, in: Kadmos 16, 1977, 97). Zuvor waren bereits mehrere mit eigentümlichen Linearzeichen beschriftete Tontäfelchen aus Tell Deir 'Allā/Jordanien ebenfalls mit den Philistern in Verbindung gebracht worden (H.-G. Buchholz, Schriftsysteme 1971, 125ff. Abb. 37; s. ferner W.H. Brownlee-E. Mendenhall-Y. Oweis, Philistine Manuscripts from Palestine?, in: Kadmos 10, 1971, 102). Dennoch muß die Existenz einer Philisterschrift noch immer als ungeklärt gelten. Jedenfalls konnte bisher mittels einer solchen der Beweis der Herleitung von Seevölkern aus dem ägäischen Raum nicht erbracht werden.

Naturkatastrophen sind manchmal als Auslöser von Völkerwanderungen in Anspruch genommen worden, sei es als alleinige oder als teilweise Verursacher tiefgreifender Zäsuren im historischen Geschehen: Klimawechsel gewaltigen Ausmaßes, Dürreperioden oder ihr Gegenteil, Sintfluten, Meeresspiegelsenkungen oder -hebungen, Erdbeben, Vulkanausbrüche und Epidemien. Stämme und ganze Völkerschaften verließen ihre Heimat aus Gründen der 'Übervölkerung' oder der Einengung ihrer Ernährungsgrundlage auf Grund derartiger Vorgänge. In der Tat gab es in Mittel- und Nordeuropa während der Bronzezeit so etwas wie ein Klimaoptimum, durch die Pollenforschung ebenso bewiesen wir durch überraschend leichte Frauenbekleidung mancher Toten in skandinavischen Baumsärgen. Gleichermaßen ist gesichert, daß mit der beginnenden Eisenzeit ein wesentlich rauheres Klima einsetzte. J. Bouzek hat die plötzliche Abnahme von Fundplätzen zwischen Endbronze- und beginnender Eisenzeit in Böhmen kartiert, dieses Phänomen zu einer mitteleuropäischen Klimaverschlechterung in Beziehung gesetzt und dazu die zeitlich anschließende ebenso plötzliche Zunahme an Siedlungsplätzen in Hellas festgestellt, woraus für ihn auf eine Abwanderung in Mitteleuropa und eine Zuwanderung derselben Bevölkerungselemente im Süden zu schließen wäre [2693]. Abge-

---

er, in: Minos 29/30, 1994/95, 378ff., Rezension von A. Hintze, A Lexicon to the Cyprian Syllabic Inscriptions (1993), kritisch zur Obelosinschrift.

[2693] J. Bouzek, The Beginnings of the Protogeometric Pottery and the 'Dorian Ware', in: OpAth 9, 1969, 41ff., resümiert von dems., Greece, Anatolia and Europe, Cultural Interrelations during the Early Iron Age (1997) passim. — Zur ägäischen Katastrophentheorie: D. Vallianou, New Evidence of Earthquake Destructions in Late Minoan Crete, in: Archaeoseismology (1996) 165.

kürzt könnte man von einer exakt festgestellten 'Urnenfelderwanderung' sprechen [2694]. Wir müßten uns allerdings glücklich schätzen, wenn unsere prähistorischen und klimageschichtlichen Daten derartig nahtlos ineinandergreifen und
funktionieren würden.

Die Quellen wissen in der Tat von Hungersnot in Anatolien, Mißernten und
ägyptischen Hilfslieferungen (Getreide) gegen Ende des hethitischen Großreiches.
Doch ausschlaggebend für den Zusammenbruch waren neben inneren Spannungen
Landesfeinde von außen (Phryger bald nach oder annähernd gleichzeitig mit den
'Seevölkern') und aufrührerische kleinasiatische Völkerschaften (Kaškäer) [2695].

Aus einer großen Zahl von Titeln zu diesen Fragen nenne ich lediglich:

G.A. Lehmann, Der Untergang des hethitischen Großreiches und die neuen Texte
   aus Ugarit, in: UF 2, 1970, 40ff.
H. Otten, Zum Ende des Hethiterreiches auf Grund der Boğazköy-Texte, in: Jahres-
   berichte des Inst. für Vorgesch. Frankf./M. 1976, 22ff.
Ders., Die letzte Phase des hethitischen Großreiches, in: Symposium Zwettl 1980
   (1983) 3ff.
K. Bittel, Das Ende des Hethiterreiches auf Grund archäologischer Zeugnisse, in:
   Jahresberichte a.O. 36ff.
Ders., Die archäologische Situation in Kleinasien um 1200 v.Chr. und während der
   nachfolgenden vier Jahrhunderte, in: Symposium Zwettl a.O. 25ff.
H. Tadmor, The Decline of Empires in Western Asia ca. 1200 B.C., in: F.M. Cross,
   Symposia Celebrating the 75th Anniversary of the Foundation of the American
   Schools of Oriental Research, 1900-1975 (1979) 1ff.

Was den Zusammenbruch der internationalen Staatenordnung bald nach 1200
v.Chr. angeht, zählte vor allem im östlichen Mittelmeergebiet neben dem Ende des
Ḫattireiches die Schwächung der Großmachtstellung Ägyptens. Sie spiegelt sich
eindrucksvoll in dem Bericht von der Reise des Wen-Amun, dessen Aufnahme in
den Hafenstädten der Levante und Zyperns ihn alles andere als den Vertreter eines
Weltreichs erscheinen läßt (A. Nibbi, Wenamun and Alashiya Reconsidered
[1985]). Über die Folgen des Wegfalls ägyptischer Kontrolle in Palästina legte
unlängst M. Bietak eine Studie unter dem Titel "The Sea Peoples and the End of

---

[2694] W. Kimmig, Seevölkerbewegung und Urnenfelderkultur, ein archäologisch-historischer
Versuch, in: Studien aus Alteuropa, K. Tackenberg gewidmet. Beih. zum BonnerJb 10, 1964,
220ff.; H.-G. Buchholz, Ägäische Funde und Kultureinflüsse in den Randgebieten des
Mittelmeers, in: AA 1974, 398; J. Bouzek, The 'Sea Peoples' and the Types of Objects
ultimately of European Origin in Cyprus, in: RDAC 1975, 54ff.

[2695] E. v. Schuler, Die Kaškäer (1965), dazu Rez. von K. Bittel, APA 5/6, 1974/75, 418:
"Der Verf. vertritt die auch vom Rezensenten vorgebrachte Meinung, daß die K. am Unter-
gang des Ḫatti-Reiches nicht unbeteiligt waren und mindestens von einer ihnen günstigen
Situation profitiert haben".

the Egyptian Administration in Canaan" vor [2696]. Ein in Deir 'Allā, östlich des Jordans, ausgegrabenes Fayencegefäß mit der Kartusche der Königin Tawosret, Gemahlin Sethos II., kann als Staatsgeschenk den Namen dieser Königin allein nur nach dem Tod ihres Gemahls bzw. vor dem Regierungsantritt Ramses III. geführt haben [2697]. Die Vase zeigt demnach — neben anderen Indizien — hoheitliche ägyptische Aktivitäten in dieser Region um 1200 (vor 1194) an und ist den Archäologen wichtig, weil sie für mitgefundene SH IIIB-Keramik, nicht jedoch für IIIC, einen eingrenzbaren Synchronismus lieferte.

An die Stelle zweier gewaltiger Ordnungsmächte hatte sich eine 'Atomisierung' ordnender Gewalt, ihre Aufteilung auf viele konkurrierende Lokalkräfte, ergeben. Schon zuvor hatten weder Zypern (Alašia) [2698] noch Ugarit zu den tonangebenden Staaten gehört. Um 1200 oder bald danach wechselten die Insel und ihre Teile wohl mehrfach den bzw. die Besitzer, und Ugarit wurde gebrandschatzt. In welcher Form es von Eroberern überhaupt noch genutzt wurde, wissen wir nicht, auch wenn hier und in Ibn Hani kleine Mengen importierter SH IIIC-Keramik menschliche Anwesenheit im 12. Jh. v.Chr. bekunden. *Scherdanu* gab es, in welcher Funktion auch immer, jedenfalls bereits vorher in der Stadt [2699]. Ugarit wird für die Erforschung der Krisenjahre wegen der einzigartigen Schriftquellen weiterhin von

---

[2696] Proceedings of the 2nd Int. Congress on Biblical Archaeology, Jerusalem 1990 (1993) 292ff.

[2697] J. Yoyotte, Vetus Testamentum 12, 1962, 464ff. Weitere Lit. zu dem Stück in H.-G. Buchholz, AA 1974, 428f. Ferner V. Hankey, The Chronology of the Aegean Late Bronze Age, in: P. Åström, High, Middle, Low? Acts of an Int. Colloquium on Absolute Chronology, Göteborg 1987, Teil II (1987) 39ff. und noch mehrfach in diesem Werk. — Gemäß Information von M. Dothan stammt der einzige bisher in Israel gefundene Skarabäus der betr. Pharaonin vom Tell Akko.

[2698] Die Rolle der Insel ist überwiegend von der archäologischen Situation her behandelt worden, historisch lediglich auf Grund auswärtiger Quellen, vgl. z.B. V. Karageorghis-J. Muhly, Cyprus at the Close of the Late Bronze Age (1984); O. Negbi, The Climax of Urban Development in Bronze Age Cyprus, in: RDAC 1986, 97ff.; V. Cook, Cyprus and the Outside World During the Transition from Bronze Age to Iron Age, in: OpAth 17, 1988, 13ff.; V. Karageorghis, The End of the Late Bronze Age in Cyprus (1990). H. Matthäus, Zypern und das Mittelmeergebiet, Kontaktzone des späten 2. und frühen 1. Jahrtausends v.Chr., in: Veröffentl. der Jungius-Ges. der Wiss./Hamburg 87, 1998, 73ff.; M. Krebernik, Zypern im 3. und 2. Jt. v.Chr. aus altorientalischer Sicht, in: Kreta und Zypern, Religion und Schrift, Tagung Ohlstadt 1999 (Publikation in Vorbereitung). Weitere Lit. in der Bibliographie am Ende meines Buches. Bezüglich der Interpretation des Befunds von Maa bei Paphos gilt die Bemerkung von J.A. Todd: "... and the presence of any foreigners remains to be proved" (AJA 95, 1991, 547f.).

[2699] M. Dietrich-O. Loretz, Die Schardana in den Texten von Ugarit, in: Antike und Universalgeschichte, Festschrift H.E. Stier (1972) 39ff.; L. Aigner-Foresti, Schardana-Schakruscha-Turuscha, italische Stämme?, in: Innsbrucker Beiträge zur Kulturwissenschaft 18, 1974, 25ff.; M. Heltzer, Some Questions Concerning the Sherdana in Ugarit, in: Israel Oriental Series 9, 1983, 9ff.; zuletzt: O. Loretz, Les Šerdanū et la Fin d'Ougarit, in: Actes du Colloque (folgende Anm.) 125ff.

höchster Bedeutung bleiben [2700]. Meine Abb. 111 gibt eine Zeittabelle wieder, die hauptsächlich auf ihnen beruht und von D. Sürenhagen entwickelt worden ist [2701].

Die Forschung geht allgemein von einem tiefen Einschnitt des historischen Ablaufs in der fraglichen Zeit aus. Das besagt der Titel "Umbrüche und Zäsuren im östlichen Mittelmeerraum und Vorderasien zur Zeit der 'Seevölker'-Invasionen um und nach 1200 v.Chr., neue Quellenzeugnisse und Befunde" von G.A. Lehmann [2702]. Andererseits kommt der Archäologe nicht umhin, gelegentlich unveränderten oder sogar gesteigerten weiträumigen Handelsaustausch festzustellen, jedenfalls Widersprüche zwischen 'historischer Erkenntnis' — man hat von 'facts and fiction' gesprochen — und mancher materiellen Kulturbezeugung. Das führte zum Schluß: "But in numerous centers in Cyprus life must have gone for as before, albeit the marauders became settlers ..." [2703]. Auch in der endbronzezeitlichen Nekropole von Perati in Attika läßt sich nicht von ärmlichen Gräbern sprechen, und weitgereiste östliche Objekte gibt es dort ebenfalls in einiger Anzahl. Ferner ist der etwas spätere Bestattungsbefund von Lefkandi auf Euboia wiederholt als ein Beispiel beachtlichen Wohlstands auf griechischem Boden und von Kontakten mit dem östlichen Mittelmeer genannt worden. Es dürfte deshalb nicht falsch sein, wenn das Ehepaar S. und A. Sherratt mit einer seiner Studien auf "The Growth of the Mediterranean Economy in the Early First Millennium B.C." aufmerksam gemacht hat [2704]. Vergleiche von archäologischen Zeugnissen und schriftlichen Nachrichten werden jedenfalls immer wieder neu angestellt werden und zu einem abgewogenen Urteil führen müssen [2705].

[2700] Vgl. bereits M.C. Astour, New Evidence on the Last Days of Ugarit, in: AJA 69, 1965, 253ff. und in neuerer Zeit die Beiträge einer Tagung: M. Yon-M. Sznycer-P. Bordreuil, Le Pays d'Ougarit autour de 1200 av. J.-C., Actes du Colloque Int., Paris 1993 (1995).

[2701] D. Sürenhagen, Die Beziehungen Zyperns (Alasija) zum hethitischen Reich und seinen nordsyrischen Vasallen während der 2. Hälfte des 2. Jts. v.Chr., in: Tagung Ohlstadt 1999 (oben Anm. 2698). Ich danke Herrn Sürenhagen für die Überlassung dieser Tabelle noch bevor er sie veröffentlicht hat. Er weist auf chronologische Ansätze von G. Wilhelm und J. Boese hin, hierzu auch die Zeittabelle 'Ras Schamra-Ugarit 1402-1182' bei J.-Cl. Courtois, in: Supplement au Dictionnaire de la Bible (1979) 1299f.; für die Abfolge der ugaritischen Könige jetzt die Liste in: J. Aboud, Die Rolle des Königs und seiner Familie nach den Texten von Ugarit (1994) 40f.

[2702] HZ 262, 1996, 1ff.

[2703] R.S. Merrillees, The Crisis Years, Cyprus a Rejoinder, in: W.A. Ward-M. Sharp-Joukowsky, The Crisis Years, the 12th Century B.C. from beyond the Danube to the Tigris (1992) 87ff.

[2704] World Archaeology 24, 1993, 361ff., vgl. ferner J. Vanschoonwinkel, L'Égée et la Méditerranée Orientale à la Fin du 2e Millénaire; Témoinages archéologiques et Sources écrites (1991).

[2705] M.H. Gates, Dialogues between Ancient Near Eastern Texts and the Archaeological Record; Test Cases from Bronze Age Syria, in: BASOR 270, 1988, 63ff.

Hethitisches Großreich	Kargamiš	Ugarit	Ägypten	Alašija
Arnuwanda I / Tuthalija II (III) 1. Hälfte 14. Jahrh.				Piratenakte des Madduwatta; heth. Ansprüche
Suppiluliuma I ~ 1343-1322/18		Ammistamru II	Amenophis IV/Echnaton 1352-1336	Exilierung von Mitgliedern der heth. Königsfam.; "Bruderschaft" des Königs von A. mit Ägypten
	Pijassili/Šarri Kušuḫ ~ 1333-1313/09	Niqmaddu II	Semenḫkare Tutanḫamun	
Mursili II ~ 1321/17-1285		Arḫalbu		
Muwattalli II 1275: Schlacht von Qadeš	Sahurunuwa ~ 1313/09-?	Niqmepa V	⇑	
Urḫi-Teššup/Mursili III 1273?-1267 ± 2 Jahre			⇑	
Hattusili III 1266-1236 ± 2 Jahre 1259: Vertrag mit Ramses II	⇑	Ammistamru III	Ramses II 1279-1213	Exilierung von Mitgliedern der heth. Königsfam.; ugarit. Exulanten; Strafexpedition Tuthalijas IV, Tribut
Tuthalija IV spätestens ab 1234	Ini-Teššup ⇓	Ibiranu VI	⇒	
Arnuwanda III ± 2 Jahre / Interregnum des Kurunta v. Tarḫuntassa?		Niqmaddu IV ⇑? ⇑	⇒ Merneptah 1213-1203	
Suppiluliuma II Akzessionsjahr?: Ende von Tarḫuntassa	Talmi-Teššup	Ammurapi III ⇒ ⇒	Seti II 1203-1197; Beja Siptah 1197-1192; Beja Tausret (Regentin) 1192-1190 Sethnaḫt 1190-1187 Ramses III 1187-1156; 1180: "Seevölker"-Inschrift	Seeschlacht Suppiluliumas II
Ende des Großreiches	Kuzi-Teššup ⇒	⇒?		

Abb. 111. Chronologische Tabelle

"Die meist (west-)kleinasiatische (evtl. teilweise auch ägäische oder kaukasische oder balkanische) Herkunft der verschiedenen Seevölkergruppen ..." [2706] würde, so ausgedrückt, eine ethnisch und geographisch unbefriedigende Kombination bedeuten, wobei das Problem von Zusammenhängen des Namens der Schekeluscha mit dem Namen Siziliens oder der Schardana mit dem Sardiniens nicht einmal angesprochen wäre [2707]. Fraglos haben die Lykier (Lukku der Schriftquellen) als südwestanatolisch zu gelten [2708]. Lassen wir die Lage von Aḫḫijawa beiseite — immerhin steht die geographische Nachbarschaft zu den Lykiern ebenso zur Diskussion wie die Lokalisierung auf den vorgelagerten Inseln (Sp. Iakovides: Rhodos), faktisch nahezu auf der gesamten mittleren Inselwelt der Ägäis und dem helladischen Festland oder Teilen davon [2709] —, so bleibt die Tatsache, daß es sich bei dem sogenannten 'Seevölkersturm' in der Tat um eine an die Seewege im östlichen Mittelmeer gebundene Bewegung handelte und daß diese, von Zypern und Ugarit her gesehen, aus dem Westen kam. Sie stellt sich teilweise als regelrechte schwerfällige Völkerwanderung mit Frauen und Kindern, Alten und Gebrechlichen, Vieh und Sklaven dar — mithin streckenweise ebenfalls zu Lande im Ochsenkarren (wie Abb. 112) —, teilweise als blitzschnelle Wikingerunternehmungen reiner Kriegergruppen.

Auch wenn die letzten Nachrichten aus Ugarit nicht unkritisch auf den ganzen Zeitraum seit der Amarnazeit verwendet werden dürfen [2710], steht doch fest, daß

[2706] H.M. Niemann, ZDPV 102, 1986, 192, Rez. zu J. Strange, Caphtor/Keftiu (1980).

[2707] Oben Anm. 2699 zu den Schardana. Zu Šikila/Schekelesch u.a. E.F. Wente, JNES 22, 1963, 167ff.; M. Dietrich-O. Loretz, Das 'seefahrende Volk' von Šikila, in: UF 10, 1978, 53ff.; G.A. Lehmann, Die Šikalayu, ein neues Zeugnis zu den Seevölkern, in: UF 11, 1979, 481ff. J. Singer, The Origin of the Sea Peoples and Their Settlement on the Coast of Canaan, in: Symposium Haifa 1985 (1988) 239ff.; E. Stern, Sikils, Phoenicians and Israelites at Tel Dor, in: Eretz Israel 23, 1992, 253ff. (Hebräisch).

[2708] G. Steiner, Die historische Rolle der 'Lukka', in: Akten des 2. Int. Lykien-Symposiums, Wien 1990 (Erg.-Bd. 17 zu den Tituli Asiae Minores der Österr. Akad. der Wissenschaften [1993] 123ff.). Zur Ostägäis s. W.-D. Niemeier, The Mycenaeans in Western Anatolia and the Problem of Origin of the Sea Peoples, in: S. Gitin-A. Mazar-E. Stern, Mediterranean Peoples in Transition, Proceedings of the Int. Symposium in Honor of T. Dothan 1995 (1998) 85ff.

[2709] Hierzu Lit. der 70er und 80er Jahre bei G. Steiner, Neue Überlegungen zur Aḫḫijawa-Frage, in: 10. Türk Tarih Kongresi, Ankara 1986 (1990) 523ff., weitere Lit. bis 1990 auch bei Steiner a.O. (vorige Anm.); T. Bryce, Aḫḫiyawans and Mycenaeans, an Anatolian Viewpoint, in: OJA 8, 1989, 297ff.; O. Carruba, Aḫḫiyā e Aḫḫiyawā, la Grecia e l'Egeo, in: Th.P.J. van den Hout-J. de Roos, Studio historio ardens. Ancient Near Eastern Studies Presented to Ph. Houwink ten Cate on Occasion of his 65th Birthday (1995) 7ff.

[2710] Dazu D. Sürenhagen, s. oben Anm. 2701, und die bereits genannten, bzw. noch zu nennenden Artikel von G.A. Lehmann.

sowohl in ägyptischer Sicht [2711] wie in der des hethitischen Großreiches [2712] die Seevölkergefahr primär aus dem Westen drohte, hauptsächlich entlang der Südküste Anatoliens, und ebenso aus dem Westen, sofern sie sich im Bündnis mit Libyern entlang der Nordküste Afrikas bewegte. Wenn sich, wie die Ugarit-Texte es sagen, die ugaritische Kriegsflotte, hethitischem Oberkommando unterstellt, in lykischen Gewässern aufhielt, dann wird erkennbar, wie weit Verteidigungsanstrengungen nach Westen vorgeschoben waren und nicht allein Ura (Kilikien), s. A. Lemaire, Ougarit, Oura et la Cilicie vers la fin de 13e s. av. J.-C., in: UF 25, 1993, 191ff.), Zypern und Ugarit umfaßten, sondern zuletzt auch den oder die Häfen von Tarḫuntašša, im späteren Pamphylien gelegen, einbezogen. Bei L. Robert [2713] ist nachzulesen, daß diese Landschaft später als Mittler im Handel zwischen dem Hochland, Westkleinasien und überseeischen Gebieten (Zypern, Levante) auftrat. So brachten Boote auf dem schiffbaren Melas (Eurymedon und Kestros) z.B. Korn und Holz flußabwärts, die dann auf seetüchtige Schiffe (aus Zypern) umgeladen wurden. Seestrategisch steht freilich auf einem anderen Blatt, daß ein derartiger Sperriegel der ugaritischen Kriegsflotte vor der lykischen Küste von feindlichen Teilverbänden zu umsegeln war. Das würde nicht einmal ein wohlorganisiertes Oberkommando von 'Seevölker-Flotten' erforderlich gemacht haben [2714]. Andererseits läßt sich Ugarit nicht einfach allein als Vasall der anatolischen Großmacht oder andererseits allein als syrischer Klein- und Stadtstaat verstehen, sondern zugleich als Seemacht mit entsprechenden Möglichkeiten und Interessen (zur Weite des Umfelds der Stadt s. W. van Soldt, The Topography and Geographical Horizon of the City-State of Ugarit, in: Ugarit and the Bible [UBL 11, 1994] 363ff. und The Borders of Ugarit, in: UF 29, 1997, 683ff.).

F. Schachermeyr benutzte den Begriff einer 'Großen Wanderung', nicht weil sie über sehr weite Strecken ging, sondern weil er einen kausalen Zusammenhang zwischen der 'Dorischen Wanderung' und der 'Seevölkerbewegung' sah [2715]. Nach seinem Verständnis hätten aus dem Balkanraum in Richtung Süden abwandernde Völkerschaften gemäß dem Schneeballprinzip andere Stämme vor sich hergeschoben und ebenfalls in Bewegung gesetzt. Das würde eine gewisse ethnische Uneinheitlichkeit erklären, nicht jedoch die primäre Meeresbezogenheit solcher Wanderungen.

[2711] W. Helck, Die Seevölker in den ägyptischen Quellen, in: Jahresber. des Inst. für Vorgesch., Frankf./M. 1976, 7ff.; G. Hölbl, Die historischen Aussagen der ägyptischen Seevölkerinschriften, in: Symposium Zwettl 1980 (1983) 121ff.

[2712] Vgl. Anm. 2701 und viel Lit. bei J. Börker-Klähn a.O. (folgende Anm.) 91 Anm. 356.

[2713] Documents de Asie Mineure Méridionale (1966) 48ff., aufgegriffen von J. Börker-Klähn, Altvorderasiatische Bildstelen und vergleichbare Felsreliefs (1982) 93 Anm. 365, auch S. 90 Anm. 345 und S. 106 Anm. 430.

[2714] Zum Seewesen der Seevölker (Technisches, Historisches, einschließlich der Organisation) jetzt: S. Wachsmann, Seagoing Ships and Manship in the Bronze Age Levant (1998).

[2715] Etruskische Frühgeschichte (1929) 27ff., ders., stärker sich auf Archäologisches stützend, in: Griechenland im Zeitalter der Wanderungen (1980).

Abb. 112. Von Ochsen gezogener Bauernkarren vor dem Schulgebäude von Boğazköy (1952). Altertümliche Bauart wie die der Philisterwagen in ägyptischen Darstellungen

Daß derartige Vorstellungen nahezu Gemeingut der Forschung geworden sind, erweist u.a. ein Titel wie "Seevölkerbewegung und Urnenfelder-Kultur" (W. Kimmig, 1964, dazu bereits oben); denn geographisch gesehen, wäre mit ihm der Zusammenhang von Mitteleuropa — also weit über den Balkan hinaus — und dem östlichen Mittelmeer postuliert. Große Wirkung zeigte zuvor eine Studie "Die Dorische Wanderung im Lichte der vorgeschichtlichen Funde" von V. Milojcic (AA 1948/49, 12ff.), in welcher der Verfasser chronologisch in Frage kommende Objektgruppen Griechenlands (Metallformen und Keramik) mit mehr oder weniger genauen Entsprechungen des Balkanraumes, allerdings durchweg aus südlich der Donau gelegenen Gebieten, in Beziehung setzte und daraus schloß, daß aus ihnen jene Bevölkerung kam, die mit der 'Dorischen Wanderung' zu verbinden ist.

Das Eindringen der Dorer nach Hellas, besonders nach Lakonien, hat sich um und nach 1200 gemäß allgemeiner Vorstellung in Wellen, Schüben, vollzogen [2716]. J. Wiesner nannte diesen Vorgang: "stärker werdende Einflüsse thrakisch-illyrischer Stämme auf Mykene im 13. Jh." (AA 1939, 331), und N. Sandars, Spezialistin für 'Seevölker', sprach von Unruhe während des ausgehenden 13. und

---

[2716] F. Miltner, Die dorische Wanderung, in: Klio 27, 1934, 54ff.; F. Daniel-O. Broneer, The Dorian Invasion, in: AJA 52, 1948, 107ff.; E. Kirsten, BonnerJb 158, 1958, 17ff.; J. Boardman, BSA 58, 1963, 1ff.; F. Kiechle, Lakonien und Sparta (1963) 253, dazu Rez. von H.-G. Buchholz, HZ 200, 1965, 365f.; F. Schachermeyr, KlPauly II (1975) 145ff. s.v. Dorische Wanderung; E. Kirsten, Gebirgshirten und Seßhaftigkeit, die Bedeutung der 'Dark Ages' für die griechische Staatenwelt, in: Symposium Zwettl 1980 (1983) 355ff.

im 12. Jh. zwischen Donau und Hellas sowie der Unterwanderung und Destabilisierung der späthelladischen Bronzezeitkultur [2717]. Seitens der Vergleichenden Sprachwissenschaft ist parallel hierzu Verwandtschaft des Dorischen mit dem Illyrischen festgestellt worden [2718]. Weiterhin zeigten sich einige Sprachforscher überzeugt, daß auch die Philistersprache "im Kern illyrisch" gewesen sei [2719]. Andererseits gab der philistäische Titel *seren*/plur. *seranim* Anlaß, einen Zusammenhang mit dem aus dem 'Pelasgischen/Vorgriechischen' stammenden Ausdruck '*tyrannos*' zu suchen [2720]. Diese These führte zwar nicht in den balkanisch-nordwestgriechisch-dorischen Sprachraum, wohl aber im weiteren Sinne wiederum in die Ägäis.

Klärungsversuche bezüglich besagter kultureller Zusammenhänge, die dann ethnisch gedeutet wurden, bedienten sich seit langem und immer wieder charakteristischer Elemente wie unverwechselbarer Grabformen oder solcher der Sakralarchitektur. Ich nenne beispielsweise die Untersuchung von J. Waldbaum "Philistine Tombs at Tell Fara and Their Aegean Prototypes" [2721]. Und in der Tat sind Übereinstimmungen von mykenischen Kammergräbern der Spätstufe in Perati/-Ostattika mit denjenigen im Philistergebiet bei Gaza recht auffallend. In meinem Architekturkapitel habe ich auf die Diskussion hingewiesen, die im Vergleich von ägäischen Heiligtümern der Endbronzezeit und solchen Zyperns und beispielsweise von Tell Qasile noch im Gange ist. Amihai Mazar faßte seine Beobachtungen in einem Vortrag so zusammen: "... Though there are almost no objects (from Tell Qazile) which may be regarded as direct import from these regions (Aegean and Cyprus), we are able to point to a series of features, both in the architecture and in

---

[2717] From Bronze Age to Iron Age, a Sequel to a Sequel, in: The Europaean Community in Later Prehistory, Studies in Honour of C.F.C. Hawkes (1971) 3. 23. 25. 29. Vgl. noch: L. Baumbach, A Doric Fifth Column, in: Acta Classica 23, 1980, 1ff.

[2718] A. v. Blumenthal, Illyrische Rückstände im Dorischen, in: Glotta 18, 1929, 152f.; H. Krahe, Die Vorgeschichte des Griechentums nach den Zeugnissen der Sprache, in: Die Antike 15, 1939, 175ff.; A. Scherer, in: Μνήμης χάριν, Gedenkschrift P. Kretschmer II (1957) 136 und W. Steinhauser ebd. 156.

[2719] So H. Krahe, Ortsnamen als Geschichtsquelle (1949) passim und Literaturhinweise bei F. Schachermeyr, Klio 36, 1944, 123f. Von Alttestamentlern, wenn nicht aufgenommen, so doch zitiert, z.B. A. Jirku, Rasse 9, 1942, 284ff.; M. Noth, Geschichte Israels (6. Aufl., 1966) 428 Index s.v. Illyrisch. — 'Pamphylien' bewahrt im Osten nichts Illyrisches, wohl aber den Namen einer dorischen Phyle (dieselbe ist in Knossos nach der Dorisierung Kretas bezeugt).

[2720] G. Bonfante, Who were the Philistines?, in: AJA 50, 1946, 251ff.; zu *seren*/Tyrannos auch A. Malamat, Die altorientalischen Reiche, in: Fischer-Weltgeschichte II (1966) 200. Vgl. ferner die neue, zusammenfassende Studie von F. Woudhuizen, The Language of the Sea Peoples (1992), mit der Rez. von J.W. Jong, in: Talanta, Proceedings of the Dutch Arch. and Hist. Soc. 24/25, 1992/93.

[2721] AJA 70, 1966, 331ff. Vgl. auch Beobachtungen von P. Themelis, Frühgriechische Grabbauten (1976) 69. 77ff. 83.

various finds, which point to the existence of such cultural relations" [2722].

An mehreren Stellen habe ich oben auf Vergleichbares bei den Kultgefäßen der Seevölker-Hinterlassenschaft in der Levante, Zyperns und in der Ägäis hingewiesen (Lekanen mit weiblichen Figürchen, die sich die Haare raufen, 'Klageweiber', Perati, Naxos, Rhodos, Tell Aitun [2723]; Kernoi, insbesondere Ringkernoi mit plastischem Stierkopf [2724]). Was die Ausgrabungen in Ekron angeht, ist die Schlußpublikation abzuwarten [2725]. Und das eindrucksvoll von Cl. Schaeffer unter dem Titel "Götter der Nord- und Inselvölker in Zypern" zusammengestellte Material enthält nicht einen überzeugenden Hinweis auf die ägäische oder balkanische Herkunft desselben [2726]. Vielmehr sind die vorgestellten Götterfiguren ausnahmslos im Orient geprägten Typen zuzuordnen. Hierdurch bleibt die Frage, daß sie von 'Seevölker-Leuten' angenommen worden sein könnten, unberührt.

Naturgemäß sind die Schiffe der 'Seevölker' in der Hoffnung, sie würden Aufklärung über die Herkunft ihrer Insassen geben, auf großes Interesse gestoßen [2727] und nicht anders ihre Hafenanlagen [2728]. Häufig sind 'Vogelbarken'

[2722] A. Mazar, The 11th Century B.C. in the Land of Israel, in: Symposium Nikosia 1993 (1994) 39ff.; vgl. M. Burdajewicz, The Aegean Sea Peoples and Religious Architecture in the Eastern Mediterranean at the Close of the Late Bronze Age (BAR, Int. Ser. 558, 1990).

[2723] E. Vermeule, Greece in the Bronze Age (1964) Taf. 42f, außerdem S. 213 Abb. 37a.b Taf. 34. 35a; T. Dothan, The Philistines and their Material Culture (1982) 239ff. Abb. 10ff. Und bereits dies., Archaeological Reflections on the Philistine Problem, in: Antiquity and Survival 2, 1957, 151ff. Zu dem Werk von 1982 s. Rez. von K. Moser v. Filseck, ZDPV 102, 1986, 177ff.

[2724] M. Yon, Instruments de Culte en Méditerranée Orientale, in: Symposium Nikosia 1985 (1986) 281ff.: 'Kernoi'. Zu den genannten Beispielen gehört ein weiterer kyprischer Ringkernos in Amsterdam: RDAC 1976, 156f. Taf. 24. Interessant ist die Weitergabe dieser Form bis ins westliche Mittelmeer, s. M. Almagro-Gorbea, El Bronce Final y el Periodo Orientalizante en Extremadura (1977) Taf. 58a.b (Mérida). Vgl. oben Anm. 1551. 1554. 1647-1652.

[2725] Vgl. vorerst: S. Gitin, Seventh Century B.C.E. Cultic Elements at Ekron, in: Proceedings of the 2nd Int. Congress on Biblical Archaeology, Jerusalem 1990 (1993) 248ff.

[2726] AfO 21, 1966, 59ff. mit Abb. 1-14.

[2727] Vgl. Lit. in den Studien von M. Artzi, Unusual Late Bronze Age Ship Representations from Tel Akko, in: The Mariner's Mirror 70, 1984, 59ff.; dies. mit L. Basch, The Kition Ship Graffiti, in: Excav. at Kition V (1986) 322ff., dies., On Boats and 'Sea Peoples', in: BASOR 266, 1987, 75ff.; dies., War-Fighting Boats in the 2nd Mill. B.C. in the Eastern Mediterranean, in: RDAC 1988, 181ff.; dies., Akko and the Ships of the 'Sea Peoples', in: Studies in the Archaeology and History of Ancient Israel in Honor of M. Dothan (1993) 133ff.; auch F. Hocker-T.G. Palaima, Late Bronze Age Ships and the Pylos Tablets Vn 46 and Vn 879, in: Minos 25/26, 1990/91, 307f. Weitere Lit. bei D. Gray, Seewesen, in: H.-G. Buchholz, ArchHom, Kap. G (1974), Falttaf. nach S. 88 (Seeschlacht Ramses' III.), unten Anm. 2777.

[2728] A. Raban, The Harbor of the Sea Peoples at Dor, in: Biblical Archaeologist 50, 1987, 118ff.

im Motivschatz des Donau- und Balkanraumes [2729] zum Vergleich herangezogen worden, insoweit man hinter ihnen als Vorbild reale Schiffe mit Vogelkopfbug und/oder -heck vermutete (u.a. E. Sprockhoff, W. Kimmig, G. Sakellarakes, H. Matthäus, Sh. Wachsmann). Von ägyptischen Darstellungen ausgehend, stellte man 'Seevölkerwanderungen' nicht allein zu Wasser, sondern auch gelegentlich zu Lande fest. Die verwendeten Wagen waren schwerfällig, zweirädrige, von Rindern gezogene Karren mit Scheibenrädern und Flechtwerk an den Rändern der Ladefläche. Eine genaue Vorstellung lieferten ländliche Fahrzeuge in Zentralanatolien, welche in einem frühen Abschnitt unseres Jahrhunderts noch gebraucht wurden (In Alischar und Alaca Hüyük photographiert von Cl. Schaeffer, H.H. von der Osten, Y. Yadin und K. Bittel). Mit einer Aufnahme des Jahres 1952 vor der Dorfschule von Boğazköy möchte ich mich an der Dokumentation beteiligen (Abb. 112), zumal seit Jahrzehnten derartige Relikte archaischer Transportmittel so gut wie völlig verschwunden sind.

Regelmäßig — und so auch oben in diesem Buch — wurde das Auftreten von bronzenen Naue II-Schwertern auf Zypern und von Ringmessern im ägäischen Raum, auf Zypern wie in Palästina, von geschnürten Beinschienen in Hellas und ebenfalls auf Zypern sowie weiterer Einzelformen in einen Zusammenhang mit charakteristischen Urnenfelder-Erscheinungen gestellt und teils auf die Ägäis, teils auf Südost- und Mitteleuropa zurückgeführt. Aus Zemun in Serbien gibt es einen bronzenen Randgriffdolch mit Grifflappen [2730], eindeutig eine orientalische Waffe. Der langlebige Typus (15. bis 11. Jh. v.Chr.) ist aus Anatolien, Syrien, Westiran und dem Kaukasus bekannt [2731] und kommt in Europa sonst nicht vor. Man kann freilich aus einem Einzelstück, so auffallend es auf dem Balkan sein mag, keine großen Schlüsse ziehen. Zu Fremdformen unter den Dolchen ist außerdem auf einen großen Hortfund von der Westküste des Marmarameeres zu verweisen (Abb. 25b und c).

Wo immer man sich die besondere Form der 'Tonnenperlen' aus Bernstein vom 'Typus Tiryns' [2732] zuerst entstanden vorstellt, sie verknüpfen Ugarit mit Rhodos (Ialysos), Kreta (Diktäische Grotte), dem helladischen Festland (Tiryns, Salamis,

---

[2729] G. Kossack, Studien zum Symbolgut der Urnenfelder- und Hallstattzeit Mitteleuropas (1954) 126 Index s.v. Vogel, Barke.

[2730] Brit. Mus., Inv.-Nr. 1964/12-6/91 (L 39,4 cm), s. A. Harding, Die Schwerter im ehemaligen Jugoslawien, PBF IV/14 (1995) 65f. Nr. 212A Taf. 27. Die Verbindung zum Osten hin ergibt sich aus dem Nebeneinander mykenischer und vorderasiatischer Dolch-/ Schwertformen in Milet (B. und W.-D. Niemeier, AA 1997, 203f. Abb. 2a-d) und im Hortfund von Eriklice-Buluntusu am Marmara-Meer (N. Savaş Harmankaya, in: Reedings in Prehistory, Studies Presented to Halet Çambel [1995] 217ff. Abb. 2 und 3).

[2731] K. Maxwell-Hyslop, Iraq 8, 1946, 36ff. Typus 32; R.M. Boehmer, Die Kleinfunde von Boğazköy (1972) 43 mit Anm. 223-228 Abb. 22; ders., BaghdaderMitt 14, 1983, 101ff.

[2732] Vgl. Legende zu Abb. 29, bes. die dort genannte Verbreitungskarte bei J. Bouzek, zuletzt wiederholt in seinem Buch "Greece, Anatolia and Europe" (1997) Abb. 87,2 (Tiryns, mit Golddrahtgeflecht vom Typus 'Eberswalde'), Abb. 134 (Verbreitung), 135,1-6 (Frattesina), 136,13 (Ponte San Pietro).

Theben und Kephalonia), der dalmatinischen Küste, Italien (Frattesina Polesine, Ponte San Pietro), Lipari und Sardinien [2733]. Sowohl in Tiryns als auch in Frattesina sind sie durch Beifunde sicher in die Phase SH IIIC, den 'Seevölkerhorizont', datiert. Die sich ergebende Verbreitung ist nicht einfach mit der erheblich früheren der 'Bernsteinschieber' (Abb. 29) in Verbindung zu bringen und — bis auf den Hinweis auf die dalmatinische Küste — auch nicht mit dem Balkan. Vielmehr könnte man einen meeresbezogenen Zusammenhang von der Levante bis Sardinien herauslesen, welcher womöglich mit seefahrenden Schardana zu tun gehabt hätte. Ich erinnere an den auf Zypern völlig vereinzelten Enkomi-Kamm italischer Herkunft (Abb. 64a), welcher typengleich auch im Depotfund I von Frattesina vertreten ist [2734].

Davon bleibt freilich unberührt, daß die Existenz des Rohstoffs Bernstein im Mittelmeerraum damals nicht ohne einen baltischen Fernhandel vorstellbar ist (s. oben S. 98ff. [2735]). Von diesem war oben bereits gesagt, daß er zu einem erheblichen Teil den Flußläufen von der Ostsee zum Schwarzen Meer folgte. Prüft man weitere Indizien für die kulturgeschichtliche Rolle derartiger 'Wege', so bietet die Bindung von spätbronzezeitlichen Gußformen, mithin von Stätten der Metallproduktion, an dieselben Routen in der Ukraine und Südrußland (Abb. 113 [2736]) eine überzeugende Bestätigung. Auch wenn ich hier einzelnen geographischen Linien im Mittelgebiet und in Osteuropa nachgehe, ergibt sich aus solchen Beobachtungen, daß nicht allein mit linearen, sondern mit weiträumigen netzartigen Verflechtungen gerechnet werden muß. Zur Erklärung der genannten archäologischen Befunde ist aber deren Verknüpfung allein mit 'Seevölkern' nicht erforderlich.

Wie einzelne Grab- und Bautypen, bestimmtes Sakralgerät, Schiffs-, Waffen- und Geräteformen so haben bei dem Versuch, die Herkunft von Philistern und anderen Seevölkern zu bestimmen, endlich die eigentümlichen philistäischen Schilfkronen — wohl weniger Federkronen nach Art nordamerikanischer Indianer — eine wichtige Rolle gespielt: Der Aufsatz "Philister und Dorier" von R. Herbig [2737] ist in diesem Punkt teils akzeptiert, teils heftig kritisiert worden. 'Federkronen' tauchen auch danach in der Literatur immer wieder auf (s.

[2733] N. Negroni, L'ambra, produzione e commerci nel'Italia preromana, in: Italia, Omnium terrarum parens (1989) 656ff.

[2734] Zu der bereits genannten Lit. noch K. Jankovits, in: Studien zur Metallindustrie im Karpatenbecken und den benachbarten Regionen, Festschrift A. Mozsolics (1996) 314 Abb. 3.

[2735] C.W. Beck, The Infra-red Spectra of Amber and the Identification of Baltic Amber, in: Archaeology 8, 1965, 104ff.; ders., Greek, Roman and Byzantine Studies 11, 1970, 21ff.; A.F. Harding, Amber, in: BSA 69, 1974, passim, Tabellen 1-3. Zu Bernstein und Schwarzmeer-Mittelmeerverbindungen auch H.-G. Buchholz, PZ 74, 1999, 68ff. Die oben genannte Studie M. Heltzers in neuer Fassung: On the Origin of the New Eastern Archaeological Amber, in: Michmanim 11, 1997, 29ff.

[2736] Meine Abb. 113 nach V.S. Bočkarev-A.M. Leskov, Jung- und spätbronzezeitliche Gußformen im nördlichen Schwarzmeergebiet, PBF XIX/1 (1985) Taf. 20,1.

[2737] JdI 55, 1940, 58ff.

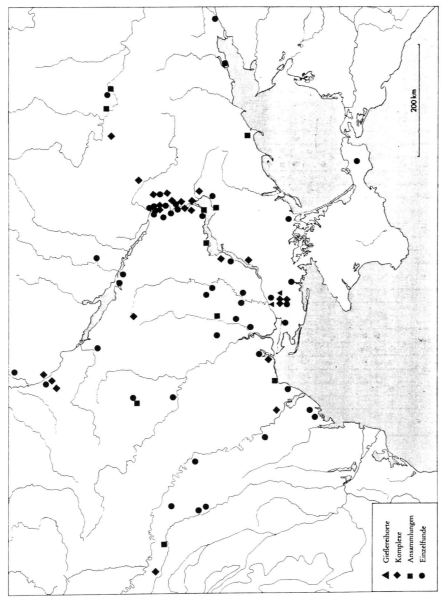

Abb. 113. Konzentrationen von Werkstätten frühen Metallgusses entlang den Flußläufen
Südrußlands. Verbreitung spätbronzezeitlicher Gußformen

F. Schachermeyr, 'Hörnerhelme' und 'Federkronen' als Kopfbedeckungen bei den
Seevölkern der ägyptsichen Reliefs [2738]). Herbigs Kerngedanke war der des historischen Zusammenhangs von Philistern und Doriern, analog zu den in einem
Atemzug genannten 'Kreti und Pleti', den 'Kretern und Philistern'. Die anschaulich-
sten Darstellungen derartigen Kopfschmucks stammen aus Zypern. Zu nennen ist
der Fußkrieger hinter dem vom Wagen aus jagenden Fürsten im Relief eines
Elfenbeinkästchens aus Enkomi im British Museum [2739] und ein ebenfalls in Enkomi von P. Dikaios ausgegrabenes Siegel mit dem Bild eines bärtigen Kriegers
oder Fürsten, der eine solche Kopfzier trägt [2740]. Nach derartigen Darstellungen
läßt sich allerdings weder ermitteln, ob wir es mit Federn, Schilf oder etwa metallenen Nachbildungen zu tun haben. Trachtenelemente pflegen an sich ein starkes
Argument in der Festlegung ethnischer Einheiten zu sein, hier reichen sie allein
jedoch nicht aus, um die Seevölker vom Balkan oder aus dem ägäischen Raum
herzuleiten.

Aus archäologischer Sicht war und ist die Keramik noch immer der zu solchen
Identifizierungen herangezogene ausschlaggebende Fundstoff. Es sind vor allem
Althistoriker und Alttestamentler, welche sich in Kombination möglichst sämtlicher
Indizien am Ende dann doch wieder hauptsächlich auf die Keramikforschung
berufen. So wird der Benutzer Unterschiede im Ansatz und in der Kompetenz bei
der Aufarbeitung archäologischer Realien zwischen dem Werk einer der führenden
Ausgräberinnen vor Ort bemerken: Trude Dothan [2741], oder einer von der europäischen Vorgeschichte herkommenden Prähistorikerin, N.K. Sandars [2742], oder
den Publikationen des seit den 80er Jahren in der historischen Bearbeitung von See-
völkerproblemen im deutschen Sprachraum besonders zuständigen Althistorikers
G.A. Lehmann [2743], wie schließlich eines Alttestamentlers (Ed Noort [2744]),

---

[2738] Ugaritica VI (1969) 451ff.; K. Galling, Die Kopfzier der Philister von Medinet Habu:
ebd. 247ff. Zum 'Kopfzeichen mit Federkrone' in der Schrift s. bereits A.J. Reinach, Le
Disque de Phaistos et les Peuples de la Mer, in: RA 15, 1910, 1ff.

[2739] Buchholz, Altägäis Abb. 1749a, mit älterer Lit.

[2740] Ebd. Abb. 1760 mit Lit., auch T. Dothan, The Philistines and their Material Culture
(1982) 277 Abb. 14.

[2741] Oben Anm. 2723, außerdem ihr Buch gemeinsam mit Moshe Dothan, People of the Sea,
the Search for the Philistines (1992). Zu verweisen ist noch auf T. Dothan, Some Aspects of
the Appearance of the Sea Peoples and Philistines in Canaan, in: Symposium Zwettl 1980
(1982) 99ff.; dies., What we know about the Philistines (BAR 8/4, 1982); dies., The Arrival
of the Sea Peoples, Cultural Diversity in Early Iron Age Canaan, in: W.G. Dever-S. Gitin,
Recent Excavations in Israel, Studies in Iron Age Archaeology (AASOR 49, 1989, 1ff.).

[2742] The Sea Peoples, Warriors of the Ancient Mediterranean, 1250-1150 B.C. (1978), dazu
die Rez. von A.M. Snodgrass, Antiquity 52, 1978, 161 und von J.D. Muhly, AJA 83, 1979,
355ff.

[2743] Die 'Seevölker'-Herrschaften an der Levanteküste, in: Jahresber. des Inst. für Vor-
geschichte/Univ. Frankfurt 1976, 78ff.; ders., Zum Auftreten von Seevölker-Gruppen im
östlichen Mittelmeerraum, eine Zwischenbilanz, in: Symposium Zwettl 1980 (1982) 79ff.;
ders., Die mykenisch-frühgriechische Welt und der östliche Mittelmeerraum in der Zeit der

der schwerlich einen anderen Zugang zum Stoff zu finden vermag, denn mit den Methoden des Geschichtsforschers, welchem aus zweiter Hand auch archäologisches Material zur Verfügung steht.

Noch vor den Anfängen einer eigentlichen 'Seevölker'-Wissenschaft erschien vor anderthalb Jahrhunderten: K.B. Stark, Forschungen zur Geschichte und Altertumskunde des hellenistischen Orients: Gaza und die philistäische Küste (Jena, 1852), demnach zu einer Zeit, als die Philister lediglich ein literarischer Begriff waren. Aus der Sicht des Ägyptologen geschrieben und bemerkenswert ausführlich war etwa der Aufsatz von T. Smolenski, "Les Peuples Septentrionaux de la Mer sous Ramsès II et Minéphtah" [2745]. Im Jahre 1928 erschienen fast gleichzeitig R. Eislers "Seevölker-Namen in den altorientalischen Quellen" [2746], F.-W. v. Bissings Studie "Die Überlieferung über die Turusha" [2747] und der Beitrag "Archäologie" zu dem für die damalige Zeit recht umfassenden Artikel "Philister" von K. Galling im Reallexikon der Vorgeschichte X (1927/28). Von den 50er bis in die 70er Jahre und danach war auf Grund neu erschlossener Quellen und einer intensiven Ausgrabungstätigkeit die Häufung weiterer 'Seevölker'-Publikationen zu verzeichnen. Außer auf bereits genannte Titel und die vor allem in den Schriften G.A. Lehmanns gesammelte Literatur verweise ich in der Reihenfolge des Erscheinens u.a. auf:

W.F. Albright, The Eastern Mediterranean about 1060 B.C., in: Studies Presented to D.M. Robinson I (1951) 223ff.

F. Schachermeyr, Die 'Seevölker' im Orient, in: Μνήμης χάριν, Gedenkschrift P. Kretschmer (1957).

G.A. Wainwright, Philistine Occupation of Cilicia, in: JEA 47, 1961, 71ff.

L. Badre, Les Peuples de la Mer à Ibn Hani?, in: Atti de 1. Congresso Int. di Studi Fenici e Punici (1963) 203ff.

B. Mazar, The Philistines and the Rise of Israel and Tyre (1964).

B.D. Rathjen, The Philistine Amphictiony, Diss. (PhD), Univ. New Jersey (1964).

G.A. Wainwright, Two Groups among the Sea People, in: Jb. für Kleinasiat. Forschung 2, Nr. 1-2 (1965), In Memoriam H.Th. Bossert, 481ff.

Seevölker-Invasion um 1200 v.Chr., in: Rhein.-Westf. Akademie der Wissenschaften, Vorträge G 276 (1985) mit Rez. in BonnerJb 187, 1987, 698f.; ders., Die 'politisch-historischen' Beziehungen der Ägäis-Welt des 15.-13. Jhs. v.Chr. zu Ägypten und Vorderasien, in: J. Latacz, Zweihundert Jahre Homerforschung (1991) 105ff.; ders., Umbrüche und Zäsuren im östlichen Mittelmeerraum und Vorderasien zur Zeit der 'Seevölker'-Invasionen um und nach 1200 v.Chr., neue Quellenzeugnisse und Befunde, in: Tagung Ohlstadt 1994 (1996) 245ff., wiederholt in: HZ 262, 1996, 1ff. — Zu einigen dieser und weiterer Titeln vgl. oben Anm. 2201. 2691. 2694. 2696. 2699. 2706-2709. 2711. 2714. 2715. 2719. 2721. 2726-2728. 2737-2742.

[2744] Die Seevölker in Palästina (1995).

[2745] ASAE 15, 1915, 49ff.

[2746] Caucasica 5, 1928, 73-130.

[2747] WZMorg 35, 1928, 177ff.

A. Malamat, The Sea-Peoples, the Present State of Research and Western Asia Minor in the Time of the 'Sea-Peoples', in: Yediqot Bahaqirat Eretz-Israel Weatiqoteha 29, 1965, 235ff. und 30, 1966, 195ff. (Hebräisch).

J.E. Pritchard, New Evidence on the Role of the Sea Peoples in Canaan at the Beginning of the Iron Age, in: W.A. Ward, The Role of the Phoenicians in the Interaction of Mediterranean Civilizations, Symposium Beirut 1967 (1968) 99ff.

R. De Vaux, La Phénicie et les Peuples de la Mer, in: Mélanges de L'Univ. St. Joseph/Beirut 45, 1969, 481ff.

C.P. Kardara, The Peoples of the Land and of the Sea, in: AAA 3, 1970, 440ff. (Neugriechisch mit engl. Zusammenfassung).

R. Hestrin-O. Yafeh-D. Gal, The Philistines and the other Sea Peoples, Ausstellungskat. des Israel Mus./Jerusalem (1970), Rez. H.-J. Zobel, OLZ 72, 1977, 37f.

J.L. Swanger, Getting to Know the Philistines, in: Carnegie Magazine 44, 1970, 49ff.

Cl. Schaeffer, Les Peuples de la Mer et Leurs Sanctuaires à Enkomi-Alasia, in: Alasia I (1971) 505ff.

Y. Yadin, And Dan, why did he remain in Ships? (Judges V 17), in: J.G. Best, The Arrival of the Greeks (1973) 55ff.

V. Fritz, Das Ende der spätbronzezeitlichen Stadt Hazor, Stratum XIII, und die biblische Überlieferung in Josua und Richter, in: UF 5, 1973, 123ff.

W.F. Albright, Syria, the Philistines and Phoenicia, in: CAH II/2 (3. Aufl., 1975) 507ff.

R. Barnett, The Sea Peoples, in: CAH II/2 (3. Aufl., 1975) 359ff., mit umfangreicher Bibliographie.

A.H. Jones, Bronze Age Civilization, the Philistines and the Danites (1975).

V. Fritz-A. Kempinski, ZDPV 92, 1976, 83ff., bes. 93 und 104 Anm. 57 (zur Chronologie der Philister).

A. Nibbi, The Sea Peoples and Egypt (Privatdruck, 1975).

A. Strobel, Der spätbronzezeitliche Seevölkersturm; ein Forschungsüberblick mit Folgerungen zur biblischen Exodusthematik (1976).

G. Edelstein, Les Philistines, Peuple de la Mer, ce que révèle le Tombe de Tal Eitun, in: Archéologie (Paris) 112, Nov. 1977, 32ff.

I. Velikovsky, Peoples of the Sea, Ages of Chaos (1977), negativ beurteilt, s. Rez. M. Delaunois, ÉtClass 46, 1978, 168.

J. Spanuth, Die Philister, das unbekannte Volk. Lehrmeister und Widersacher der Israeliten (1980).

S. Bunimovitz, Is the 'Philistine Material Culture' Really Philistine? Methodological Problems in the Study of the Philistine Culture, in: Archaeol. Bull. of the Israel Association of Archaeologists 1, 1986, 11ff. (Hebräisch)

T. und M. Dothan, People of the Sea, the Search for the Philistines (1992).

O. Negbi, Early Phoenician Presence in the Mediterranean Islands, a Reappraisal, in: AJA 96, 1992, 599ff.

Wie oben dargelegt, leitete T. Dothan mit ihrem Philisterbuch, ermöglicht durch ihre überaus erfolgreichen Ausgrabungen im Raume südlich von Gaza, eine neue Phase der 'Seevölkerliteratur' ein. Dazu zählen u.a. Beiträge von I. Singer, A. Raban und A. Mazar in: Symposium Haifa (1988) 239ff., 251ff. und 261ff., "The Origin of the Sea Peoples and Their Settlement on the Coast of Canaan", "Some Aspects of the Sea Peoples' Settlement" and "The Constructive Maritime Role of the Sea Peoples in the Levant". Ich nenne ferner, außer bereits zitierten Titeln: O. Negbi, Were there Sea Peoples in the Central Jordan Valley at the Transition from the Bronze Age to the Iron Age?, in: Tel Aviv 18, 1992, 205ff. und M. Artzy, The 'Sea Peoples' in Egypt and Israel, in: N. Qashtan, Maritime Holy Land, the Israeli Exhibition in Genoa (1992) 33ff.

So wie "der Seevölker-Sturm" als epochales Ereignis im modernen historischen Bewußtsein fest verankert ist und die Vorstellung von der Infiltration kleiner heterogener Gruppen über größere Zeiträume hinweg wenig Freunde fand, so ist für Hellas "Die Katastrophe der mykenischen Kultur" [2748] als ein ebensolches, Zäsur setzendes Geschehen aus dem historischen Gesamtbild nicht fortzudenken. Im Jahre 1962 trat P. Ålin mit dem für längere Zeit Grundlagen schaffenden Buch "Das Ende der mykenischen Fundstätten" an die wissenschaftliche Öffentlichkeit. Und noch 1989 wies der Titel einer Warschauer Studie von K. Lewartowski eine ähnliche Tendenz auf: "The Decline of the Mycenaean Civilization, an Archaeologial Study of Events in the Greek Mainland".

Bis heute ist allerdings nicht völlig geklärt, gegen wen und mit welchem Erfolg sich ein derartiger Aufwand richtete, wie ihn die bronzezeitliche kyklopische Mauer auf dem Isthmos von Korinth dokumentiert [2749]. Jedenfalls bahnt sich neuerdings eine andere Sicht der Dinge an: Gegen die Vorstellung, "daß der Zusammenbruch der mykenischen Palast-Staaten um 1200 v.Chr. zu völliger politischer Neuordnung führte ...", stellte Frau S. Deger-Jalkotzy in einem Vortrag die Ansicht, "daß für die Regionen außerhalb der Palaststaaten die Katastrophen ... keinen so tiefgreifenden Bruch und Niedergang der Lebensformen mit sich brachten wie für die palatiale Hochkultur" [2750]. Frau I. Kilian präzisierte weitergehend, ebenfalls in einem Vortrag [2751]: "Wie Ausgrabungen der letzten Jahrzehnte gezeigt haben, folgt auf die Zerstörung der mykenischen Paläste keineswegs eine Periode der Verarmung, Isolation und des völligen kulturellen Niedergangs. Bronzehandwerk, Wandmalerei

[2748] "Die Katastrophe der mykenischen Kultur im Lichte der neuesten Forschung" lautete der Titel eines Aufsatzes von F. Matz, ArchClass 1, 1961, 197ff.

[2749] O. Broneer, The Cyclopean Wall on the Isthmus of Corinth and its Bearing on the Late Bronze Age Chronology, in: Hesperia 37, 1968, 346ff.

[2750] Frau D.-J. weitete das Bild ihrer Ausgangsstudie "Fremde Zuwanderer im spätmykenischen Griechenland" (1977) mit zahlreichen nachfolgenden Arbeiten in der genannten Richtung aus, vgl. bes. "Die Erforschung des Zusammenbruchs der sogenannten mykenischen Kultur und der sogenannten dunklen Jahrhunderte", in: J. Latacz, Zweihundert Jahre Homer-Forschung (1991) 127ff.

[2751] Imma Kilian-Dirlmeier, Elitäres Verhalten vom Ende der Bronzezeit bis zum Beginn der Eisenzeit, in: Tagung Ohlstadt 1996 (1998) 305ff., mit interessanten Bildbeigaben.

und Keramikproduktion behalten ein hohes Niveau, stadtartige Großsiedlungen entstehen und Fernbeziehungen reichen ins östliche und westliche Mittelmeer. Eine wagenfahrende Elite, die über Luxusgüter, Goldschmuck und Importe verfügt, ist mit dem berühmten Grab im 'Heroon' von Lefkandi ... nachweisbar". Daß der Osthandel selbst in den Unruhezeiten um 1200 nicht zum Erliegen kam, fand sich übrigens in Ugarit bestätigt [2752].

Von der SH IIIC-Keramik als Datierungshilfe, ihren Varianten und ihrer Verbreitung ist oben S. 425ff. berichtet worden (vgl. auch Anm. 114, 144 und 1612ff.), desgleichen von ihrem unterschiedlich festgelegten Ende (Tabelle Abb. 86b: 1025, nach anderen 1075 v.Chr.). Um den Begriff des 'Submykenischen' (SH III C2) ist es still geworden [2753]. Termini wie 'Granary Style' und 'Close Style' werden weiterhin verstanden, aber zunehmend durch abstraktere Benennungen ersetzt. F. Schachermeyr hat sich um die Systematisierung zahlreicher hierher gehöriger keramischer Gattungen, deren Untergruppen und um die Erforschung von Zusammenhängen und Verbreitungen verdient gemacht; doch haben sich seine sprachlichen Neuschöpfungen nicht durchgesetzt, wie etwa 'Durchlaufkeramik', 'Zwischenware', 'Fluchtkeramik', 'Pictorial Ware', 'Nobelware', 'Phantastischer Spiralstil' oder 'Fransenstil-Keramik' [2754]. Wenn ich andererseits vom SH IIIC der Peratistufe spreche, geschieht dies mit Hinblick auf Sp. Iakovides' umfassende und wegweisende Keramikstudie in seiner endgültigen Perati-Publikation und läßt sich ohne weiteres zeitlich einordnen.

Daß die attische Nekropole von Perati eine derartig bedeutende Rolle für die Lösung von Fragen internationaler Zusammenhänge spielte, wie später dann Leukandi/Euboia, beruhte auf der Menge einschlägigen Fundstoffs. Doch, von einer alten, ursprünglich dialektgeschichtlichen Feststellung ausgehend, hat sich die Forschung dennoch auf die Peloponnes-Halbinsel zu konzentrieren. Denn wenn das kyprische Griechisch mit der arkadischen Mundart zusammenhing, sollten archäologische Einwanderungsindizien Zyperns in dieselbe Richtung weisen. Beispielsweise ist in Lakonien eine gewisse Siedlungsdichte während der mykenischen Zeit, bis gegen Ende des SH IIIB, festgestellt worden; im anschließenden SH IIIC war die Region vorübergehend bis auf wenige Orte (z.B. Sparta, das Amykleion und

---

[2752] F.C. Woudhuizen, Tablet RS 20.25 from Ugarit, Evidence of Maritime Trade in the Final Years of the Bronze Age, in: UF 26, 1994, 509ff. Allgemein zum Handel des 11. bis 8. Jhs. v.Chr. s. oben Anm. 105. 106.

[2753] Vgl. C.-G. Styrenius, Submycenaean Studies (1967); auch die oben mehrfach genannte Lit. zur Keramik des 'Dunklen Zeitalters' (u.a. V.R. d'A. Desborough, J.N. Coldstream, A.M. Snodgrass) sowie zu Kontinuitätsfragen, z.B. R.J. Hopper, The Early Greeks (1976); J. Rutter, Late Helladic III-Pottery and some Historical Implications, in: Symposium on the Dark Ages in Greece, Hunter College, Univ. N.Y. (1977) 1ff., auch P. Blome, Die dunklen Jahrhunderte aufgehellt, oder S. Deger-Jalkotzy, Die Erforschung des Zusammenbruchs der sogenannten mykenischen Kultur und der sogenannten dunklen Jahrhunderte, beide in: J. Latacz, Zweihundert Jahre Homerforschung (1991) 45ff. 127ff.

[2754] F. Schachermeyr, Griechenland im Zeitalter der Wanderungen (1980). — Zu möglichen Verbindungen Lakonien-Zypern oben Anm. 2687.

Monemvasia) fast siedlungsleer. Die Dialektkarte zeigt, wie sich eine dorisch sprechende Population dort überall der Küsten bemächtigt hatte und Arkadisch lediglich noch einem gebirgigen Rückzugsraum vorbehalten geblieben war. Die Überträger dieses Dialekts nach Zypern müssen demnach bereits zuvor das Inland verlassen haben. Ich nehme an, daß sich, wer konnte, zunächst auf vorgelagerte Insel begeben hatte. Denn auf Kephallenia läßt sich beispielsweise die Zunahme von Funden der Phase SH IIIC beobachten, besonders einer Art spätest-mykenischer Keramik, welche entartete Metopenfriese zeigt, wie sie dann ähnlich im östlichen Mittelmeerraum auftraten. Daß bei der Weitergabe von SH IIIC-Formen, -Typen und Stilrichtungen die ägäischen Inseln eine wichtige Rolle einnahmen, liegt auf der Hand: Neue Ausgrabungen auf Naxos und Paros werfen Licht auf weiträumige Zusammenhänge [2755]. Selbst im nordägäischen Raum sind wir jetzt über die Endphase der mykenischen Epoche etwas besser informiert [2756].

Wenn von den Fachleuten immer öfter C-Keramik im Osten nicht dem festländischen Späthelladikum zugewiesen wird, sondern dem kretischen Spät-minoisch III C/Subminoisch, dann kann man das sich ergebende Problem nicht einfach mit dem Sammelbegriff 'Ägäisch' aus der Welt schaffen. Jedenfalls zeichnen sich stärkere Zusammenhänge auch zwischen Kreta und dem Osten ab, etwa zwischen einem subminoischen 'Philistervogel' auf einer Scherbe aus Karphi [2757] und dem reichen Repertoire solcher Vögel in Palästina. J.L. Benson ging derartigen Zusammenhängen in dem Aufsatz "A Problem in Orientalizing Cretan Birds, Mycenaean or Philistine Prototypes?" nach [2758]. In der Studie über eine Besonderheit ebenfalls kretischer Keramik (Fortetsa bei Knossos), über eigentümliche Schlaufenfüße — wenn auch nicht ausschließlich dort —, habe ich ebenfalls nahöstliche, auch philistäische (Tell Qasile) und kyprische Vorformen nachzuweisen gesucht [2759]. Die

---

[2755] A. Blachopoulos, He Hysterohelladike IIIC-Periodos ste Naxo, ta Taphika Synola kai oi Syschetismoi tous me to Aigaio (Neugriechisch, Diss. Athen, 1995); R. Koehl, Observations on a Deposit of LH IIIC-Pottery from Koukounaries on Paros, in: J. MacGillivray-R. Barber, The Prehistoric Cyclades, Contributions to a Workshop on Cycladic Chronology, Edinburg (1984) 207ff.; D. Schilardi, The LH IIIC-Period at the Koukounaries Acropolis, Paros, ebd. 184ff.; ferner S. Cietz, Excavations and Surveys in Southern Rhodes, the Mycenaean Period, in: Lindos IV/1 (1989); B. und W.-D. Niemeier, Das Ende des bronzezeitl. Milet, in: AA 1997, 205f.

[2756] C. Podzuweit, Spätmykenische Keramik von Kastanas, in: JbRGZM 26, 1979, 203ff.

[2757] M. Seiradaki, BSA 55, 1960, 27 Abb. 20, rechts. — Bereits T.E. Peet hatte keramisches Material Kretas mit SH IIIC verglichen: "A possible Date for LM III", in: BSA 18, 1911/12, 282ff., bes. 284. — Zusammengefaßt von F. Schachermeyr, Kreta zur Zeit der Wanderungen vom Ausgang der minoischen Ära bis zur Dorisierung der Insel (1979). Neue Lit. u.a. zum Ausklang der Bronzezeit auf Kreta: P. Rehak-J.G. Younger, Review of Aegean Prehistory VII, Neopalatial, Final Palatial, and Postpalatial Crete, in: AJA 102, 1998, 91ff.

[2758] JNES 20, 1961, 73ff.; dazu u.a. J. Boardman, The Cretan Collection in Oxford (1961) 151 mit Anm. 8.

[2759] H.-G. Buchholz, Die östliche Herkunft eines griechisch-geometrischen Gefäßdetails, in: JdI 83, 1968, 58ff.

zuvor genannte Scherbe aus Karphi ist kein isoliertes Einzelstück, vielmehr gehört der Motivschatz dieser Gattung der 'Karphikeramik' eng mit der Philisterkeramik zusammen (s. unten). Weil beide deutlich jünger als die 'Peratistufe' des SH IIIC sind, wären sie als Zeichen für ein Kontinuum konkreter Verbindungen zwischen Kreta und Südpalästina über weit mehr als ein Jahrhundert hinweg zu bewerten. Oder aber man hätte mit Wellen von immer neuen Zuwanderern unterschiedlicher Herkunft im Osten zu rechnen, ggf. mit beidem. Und abermals kann in diesem Zusammenhang auf die Gemeinsamkeit von 'Kereti und Peleti' in der Leibwache König Davids hingewiesen werden.

Figurales, Ornamenten eingefügt, charakterisiert allerdings die SH IIIC-Keramik der Kykladen und der Insel vor der anatolischen Küste in besonderem Maße, während erzählende Motive überraschend im mittelgriechischen Bildrepertoire dortiger SH IIIC-Keramik auftauchten, so Darstellungen von Schiffskämpfen in Lamia-Kynos [2760] oder die Jagdszene mit einem Lockhirsch ebendort [2761]. Im Osten bietet IIIC-Keramik aus Kilikien mit dem Überfall eines Löwen auf ein Rind eine regelrechte Bildkomposition (Abb. 94c [2762]). So steht die Weitergabe mykenischer Flächenkunst zur Zeit der Seevölker an Kulturen im östlichen Mittelmeer ebenso zur Diskussion wie die "Frage der Tradierung des mykenischen Bildguts durch die geometrische Kunst" in Hellas [2763].

Die Erforschung der SH IIIC-Keramik im Osten setzte systematisch eigentlich erst 1944 mit A. Furumarks Aufsatz "The Mycenaean IIIC-Pottery and its Relation to Cypriote Fabrics" ein [2764]. Zum Verhältnis der kyprischen 'Proto White Painted'-Gattung (z.B. Abb. 77 a-f) und anderer lokaler Keramikarten zu Mykenischem IIIC äußerte sich mehrfach M. Yon [2765]. In einer Monographie behandelte sodann B. Kling die angesprochenen Probleme zusammenfassend für Zypern [2766].

[2760] Ph. Dakoronia, War Ships on sherds of LH IIIC Kraters from Kynos, in: Tropis II, 2nd Int. Symposium on Ship Construction in Antiquity, Delphi 1987 (1990) 117ff. und Tropis III (1995) 147f. (danach J. Bouzek, Greece, Anatolia and Europe [1997] Abb. 161b).

[2761] Bouzek a.O. Abb. 161a, nach Dakoronia a.O.

[2762] E.S. Sherratt-J.H. Crouwel, Mycenaean Pottery from Cilicia in Oxford, in: OJA 6, 1987, 325ff.

[2763] Ch. Grunwald, in: Beiträge zur Ikonographie und Toreutik, Festschr. N. Himmelmann (1989) 27ff. — Sehr ungewöhnlich z.B. Tänzerreihe auf der Schulter einer SH IIIC-Hydria aus Naxos, s. Blachopoulos a.O. (Anm. 2755) Taf. 199-201.

[2764] OpArch 3, 1944, 194ff.; ferner ebd. 73ff.; E. Gjerstadt, The Initial Date of the Cypriote Iron Age. Gute Beobachtungen, SH IIIC betreffend, auch bei P. Ålin, Idalion Pottery from the Swedish Cyprus Expedition, in: OpAth 12, 1978, 91ff.

[2765] Beispielsweise in Symposium Nikosia 1972 (1973) 295ff.

[2766] Mycenaean IIIC/1b and Related Pottery in Cyprus (SIMA 87, 1989); S. Sherratt, Cypriot Pottery of Aegean Type in LC II-III, Problems of Classification, Chronology and Interpretation, in: J. Barlow-D. Bolger-B. Kling, Cypriot Ceramics, Reading the Prehistoric Record (1991) 185ff.

V. Hankey weckte 1966 mit der Publikation einer bereits 1931 in Beth-Schean ausgegrabenen SH IIIC-Bügelkanne erneut das Interesse an endbronzezeitlichen Importfunden der Levante [2767]. Die ineinandergestellten dichten Winkel, bzw. Halbkreise auf der Schulter entsprechen in Griechenland Dekorprinzipien der 'Perati-Stufe', während die schraffierten Rhomben am Gefäßkörper die Herstellung dieser Bügelkanne in Zypern nahelegen. Frau Hankeys Beobachtungen hatten umso mehr Gewicht, als W.F. Albright vorher mit großer Autorität jegliches Vorkommen von Vasen der Gattungen 'Granary or Close Style' in 'Syria, Palestine or Egypt' ausgeschlossen hatte [2768].

Der Lieblingsgedanke mancher Forscher, daß nämlich mykenische IIIC-Keramik die Anwesenheit von 'Seevölkern' auf der Insel bekunde, von anderen, daß dieselbe Keramik die Einführung der griechischen Sprache auf Zypern bedeute, mußte Hypothese bleiben; denn kurzgeschlossen hieße dies: 'Seevölker' wären Griechen gewesen. Dies dürfte aber höchstens für Teile von ihnen zugetroffen haben. Wenn andererseits von manchen Archäologen mit der sogenannten 'Barbarenkeramik' [2769], einer groben, unansehnlichen handgemachten Art, in Zypern griechisch sprechendes Volkstum verknüpft wurde, wäre von der geringen Menge der Funde her die Gräzisierung der Insel kaum begründbar. Natürlich mag man sagen, wie dies in der Tat geschehen ist: 'Barbarenkeramik' vertrete eine balkanische Komponente, SH IIIC die griechische. Den Quantitäten nach hätte man es dann jedoch mit der Umkehrung dessen zu tun, was sämtliche übrigen Indizien aussagen: Daß es sich allenfalls um eine verschwindend kleine Minderheit von Griechen in einer großen heterogenen Menge andersprachiger 'Seevölker' gehandelt haben kann.

Bezüglich einer der wichtigsten endbronzezeitlichen Fundstätten, der von P. Dikaios entdeckten, archäologisch untersuchten und beschriebenen, später von V. Karageorghis abermals erforschten Halbinsel Maa, war die Versuchung groß, den befestigten Platz im Sinne lokal-griechischer Mythenüberlieferung in Anspruch zu nehmen. Dem gegenüber ist die lapidare Äußerung von J.A. Todd angesichts der keramischen Funde, daß dort die Anwesenheit von irgendeinem einzigen Fremden erst noch zu beweisen wäre, ernst zu nehmen (oben Anm. 2698).

[2767] BSA 62, 1967, 107ff. und AJA 70, 1966, 169ff. Taf. 45; s. H.-G. Buchholz, AA 1974, 416.

[2768] AJA 54, 1950, 166; The Bible and the Ancient Near East, Essays in Honor of W.F. Albright (1961) 356 Anm. 51. Andererseits hatte bereits H.Th. Bossert, Altkreta (3. Aufl., 1937) Abb. 510 aus Gezer einen Skyphos mit Spiraldekor als Vertreter von SH IIIC in seinem Buch aufgenommen und in Altsyrien (1951) Abb. 1162 wiederholt.

[2769] Gesammelt und umsichtig besprochen von D. Pilides, Handmade Burnished Wares of the Late Bronze Age in Cyprus (1994), mit umfangreicher Bibliogr. Vgl. zur Sache Schriften von I. Deger-Jalkotzy, z.B. oben Anm. 2687. 2750. 2753. Auch Handgemachtes der protogeometrischen Keramik aus Kleonai/Argolis gehört hierzu, s. R. Hägg, OpAth 10, 1971, 48f. Abb. 11. 12. — Vgl. ferner J. Seeher, Keramik des 'Dunklen Zeitalters', in: AA 1997, 329 Abb. 12,1-12 (Boğazköy).

Zum Vorkommen von SH IIIC-Keramik in Kilikien (Tarsus, Kazanli, Karatepe, oben Abb. 94c und Anm. 2762) äußerte sich bereits G. Hanfmann, indem er meinte, Myk. IIIC1 habe in Kilikien die Keramik der Philister beeinflußt [2770]. Auch im syrischen Teil der Amuq-Ebene (Chatal Hüyük, Phase N) wurde mykenischer Import der Phase SH IIIC1 angetroffen (Skyphos mit doppelter Wellenlinie) [2771]. Aus Ibn Hani liegen nunmehr zahlreiche SH IIIC1-Scherben vor, dem Vernehmen nach Importe und lokale Imitationen [2772], desgleichen aus Ras Schamra selbst [2773]. Vereinzelte Funde — Importe und örtlich Gefertigtes — wurden aus Tell Sukas, Kamid el-Loz, Sarepta und Tyros bekannt, während A. Mazar 'Myc. IIIC1 pottery' als Importe, und zwar als solche der Seevölker, bezeichnete: "The evidence from Ashdod, Tell Qazile, and other sites both in Philistia itself and along the coast further North shows that the Philistines and other 'Sea Peoples' brought with them to the Levant Myc. IIIC1 pottery" [2774]. Doch bereits M. Dothan hatte bezüglich der Vorkommen in Aschdod auf der Grundlage naturwissenschaftlicher Analysen zwischen eingeführten SH IIIC-Gefäßen und in deren Nachfolge lokal gefertigten unterschieden [2775]. Es handelt sich fast immer um Skyphoi, die nichts mit der oben erwähnten subminoischen 'Karphi-Keramik' zu tun haben. Doch deren Formen und Bildmotive kommen ebenfalls in Aschdod in der lokalen Philisterkeramik vor, beispielsweise degenerierte Doppelaxtmotive (H. Thiersch, AA 1908, 378ff. Abb. 10 [Tell es-Ṣafi]; IEJ 14, 1964, Taf. 21a-d; M. Dothan-D.N. Freedman, Ashdod I [1967] 117 Abb. 29,2.5). Importierte SH IIIC1b-Scherben des 12. Jhs. v.Chr. sind auch in Tel Miqne/Ekron ausgegraben worden [2776]. Ein Vasenfragment derselben Gattung aus Askalon weist sogar Figürliches auf: den Bug eines Schiffes, darauf die Füße eines Mannes mit Schnabelschuhen [2777]. Zu den Bemühungen der Trennung lokaler Produktion von Importen vgl. unten Anm. 2786.

Schwer zu beurteilen ist ohne naturwissenschaftliche Untersuchungen allerdings der genaue Ursprung von Einfuhren aus dem ägäischen Raum (Kreta, Festland, Inseln, Ionien/Karien) oder aus Zypern. Allein die Ausgrabungen in Tell el-Ajjul bei Gaza haben etwa 1100 kyprische Importe, hauptsächlich der mittleren Bronzezeit, ergeben. Wegen der Nähe der Insel dürfte sich im gesamten Philisterland der

---

[2770] AJA 52, 1948, 139ff. mit Anm. 20; vgl. ebd. 51, 1947, 387 mit Abb.

[2771] Chicago, Mus. des Oriental Inst., Inv.-Nr. A 26950/b 2541/1934.

[2772] A. Bounni-E. und J. Lagarce-N. Saliby, Syria 53, 1976, 241ff. Abb. 26,19-21; ebd. 55, 1978, 281 Abb. 28; J.-Cl. Courtois, in: H.-G. Buchholz, Ägäische Bronzezeit (1987) 214; A. Bounni, La Syrie, Chypre et l'Égee d'après les Fouilles de Ras Ibn Hani, in: Symposium Larnaka 1989 (1991) 110 Anm. 24.

[2773] Vgl. die vorige Anm., bes. J.-Cl. Courtois und auch Gefäße wie Ugaritica II Abb. 60,16.17.

[2774] Symposium Larnaka 1989 (1991) 95ff.

[2775] Oben Anm. 1769.

[2776] S.R. Wolff, AJA 95, 1991, 512 Abb. 22.

[2777] Sh. Wachsmann, Seagoing Ships and Manship in the Bronze Age Levant (1998) Frotispiece.

kyprische Anteil an Importen, die zeitlich den Stufen des mykenischen IIIC entsprechen, ähnlich beachtlich ausnehmen [2778].

Die Benennung der 'Philisterkeramik' als solche geht auf H. Thiersch zurück, der hauptsächlich in den Jahren 1907 bis 1909 die Berichte über Ausgrabungen in Palästina für den Archäologischen Anzeiger verfaßte (s. bes. AA 1908, 382). Im übrigen gibt es kaum einen Beitrag zur Philisterfrage ohne Hinweis auf oder ohne intensive Behandlung von Keramik (dazu oben, Listen der Seevölkerlit.). Doch betont werden muß, daß es nur im Bereich der südpalästinensischen Küste und ihrem weiteren Hinterland sogenannte 'Philisterkeramik' gibt, nicht jedoch in Zypern oder Nordsyrien, wo zwar die Anwesenheit von 'Seevölkern', aber nicht von 'Philistern' wahrscheinlich gemacht werden konnte.

Eine erste Zusammenfassung unter Berücksichtigung der Keramik legte 1911 R.A.S. Macalister — selber erfolgreicher Ausgräber — mit seiner Schrift "The Philistines, their History and Civilization" vor [2779]. Zu frühen systematischen Arbeiten gehört die Mitte der 20er Jahre erschienene Studie von E. Saussey: "La Ceramique philistine" [2780]. In der zweiten Hälfte der 20er Jahre erschienen in schneller Folge Artikel über Philisterkeramik in Eberts Reallexikon der Vorgeschichte, überwiegend unter den Stichworten archäologisch relevanter Orte (Askalon, Gaza, Lachisch, Tell Bet-Mirsim, Tell eṣ-Ṣafi, Tell Ġemmā [2781]). Im Jahre 1930 trat A.R. Burn mit dem Buch "Minoans, Philistines and Greeks" an die Öffentlichkeit, in dem die Keramik zwar nicht die Hauptrolle spielt, wohl aber Gewicht auf ägäisch-(kretisch-)philistäische Zusammenhänge gelegt wird. Im selben Jahr erschien das "Corpus of Dated Palestinian Pottery" von J.G. Duncan. W.F. Albright war seit dem Ende der 20er/Anfang der 30er Jahre als Ausgräber aktiv und maßgeblich an der Klärung keramischer Befunde, die der Philister einbeschlossen, beteiligt [2782]. Sowohl die Keramikforschung als auch die Diskussion um historisch-bibelkundliche Aspekte gelangten 1936 zunächst zu einem vorläufigen Abschluß mit W.A. Heurtleys Aufsatz "The Relationship between 'Philistine' and

---

[2778] Die archäologische Erforschung kyprisch-palästinensischer Verbindungen steht in langer Tradition, z.B. W. van Beck, Cypriote Chronology and the Dating of Iron I Sites in Palestine, in: BASOR 124, Dez. 1951, 26ff. — Von drei kyprogeometrischen 'Whitepainted I'-Fragmenten aus Tell Dor wurden unlängst zwei einer Töpferei des Raumes Kition, die dritte einer lokal-palästinensischen Werkstatt zugewiesen, s. J. Yellin, IEJ 39, 1989, 219ff. — Vgl. Kartierung mykenischer Funde Palästinas durch H. Müller-Karpe, Zum Ende der spätkanaanitischen Kultur, in: Jahresber. des Inst. für Vorgesch. Frankf./M. 1976, 57ff. 62 (Karte), 63 (Tabelle).

[2779] The Schweich Lectures 1911, Nachdruck Argonaut Inc. Publ., Chicago (1965), außerdem "The Philistines" (London, 1914), mit umfangreicher Bibliogr.

[2780] Syria 5, 1924, 169-185.

[2781] Vgl. bes. P. Thomsen, RV IV 150 s.v. Ausgrabungen.

[2782] u.a. in AASOR 12, 1930/31, 118. 144f. Taf. 24. 50. 51; ders., The Excavation of Tell Beit Mirsim I (1932) 56 und passim; ders., AJA 54, 1950, 162ff.; ders., The Archaeology of Palestine (1960) passim, auch G.E. Wright, in: The Bible and the Ancient Near East, Essays in Honor of W.F. Albright (1961) 94f.

Mycenaean Pottery" [2783] und mit O. Eissfeldts Buch "Philister und Phönizier".

Der von Burn und Heurtley betonte Gesichtspunkt einer Abhängigkeit der genannten östlichen Töpferware nach Formen, Techniken und Dekorprinzipien von minoischer, respektive mykenischer Keramik rief den endgültigen Systematiker der mykenischen Keramik, A. Furumark, auf den Plan [2784]. Seitdem bildet die Frage nach den späthelladischen Ursprüngen der Philisterkeramik eins der dauernden Kernthemen. Weil allerdings unverkennbar auch andere Einflüsse festgestellt wurden, z.B. die Vorliebe für kalkig-weiße Grundierung und stumpfe Mehrfarbigkeit in der Bemalung (wohl ein Erbe der vorderasiatisch-kyprischen 'Bichrome'-Gattungen), fiel ein Urteil über den Grad der Abhängigkeit von Ägäischem unterschiedlich aus, vgl. z.B. B. Hrouda, Die Einwanderung der Philister in Palästina [2785]. Ich nenne — wieder in zeitlicher Abfolge — in diesem Zusammenhang die Äußerungen von:

J. Naveh, IEJ 8, 1958, 87ff. 165ff. (ausführlich zur Philisterkeramik von Ḥirbet el-Muqanna).

T. Dothan, 1958 bis 1982 und danach, in zahlreichen Studien (z.B. Philistine Material Culture and its Mycenaean Affinities, in: Symposium Nikosia 1972 [1973] 187f.) und in ihrem Standardbuch "The Philistines and their Material Culture" (1982), s. oben Anm. 2740. 2741.

J.L. Benson, A Problem in Orientalizing Cretan Birds, Mycenaean or Philistine Prototypes, in: JNES 20, 1961, 73ff., s. oben Anm. 2758, und vgl. BSA 60, 1965, 84.

V.R. d'A. Desborough, The Last Mycenaeans and their Successors (1964) passim, bes. 207ff., mit kenntnisreicher, umsichtiger Ausbreitung von Argumenten und Gegenargumenten.

V. Hankey, 1966 und 1967, s. oben Anm. 2767.

R. Amiran, Ancient Pottery of the Holy Land (1969) passim (SH IIIC- und Philister-Keramik).

M. Dothan, Relations between Cyprus and the Philistine Coast in the Late Bronze Age (Tel Mor, Ashdod), in: Kongreß Nikosia 1969 (1972) 51ff., vgl. ders., Ashdod II/III (Atiqot 9/10, 1971) passim, dazu F. Asaro-I. Perlman-M. Dothan, An Introductory Study of Mycenaean IIIC/1-Ware from Ashdod, in: Archaeometry 13, 1971, 169ff.

[2783] QDAP 5, 1936, 90ff.

[2784] Oben Anm. 2764; vgl. bes. The Chronology of Mycenaean Pottery (1941) 118ff. 121f.

[2785] In: Vorderasiatische Archäologie, Studien und Aufsätze, A. Moortgat zum 65. Geburtstag (1964) 126ff. Hierzu äußerte sich C. Nylander kritisch mit "Troja-Philister-Achämeniden", in: BJbV 6, 1966, 203ff.; bes. 206-209: "Es ist wahr, daß nur etwa ein Viertel aller Gefäßformen mykenisch ist. Es darf aber nicht vergessen werden, daß der weitaus größte Teil des ganzen Philistermaterials aus eben diesen Formen besteht. Nach A. Furumark bestreiten zwei dieser mykenischen Formen mehr als 75% des ganzen Materials ...".

A.M. Snodgrass, The Dark Age of Greece (1971) 107 mit Abb. 53 ("imitating earlier Myc. IIIC-Pottery").

M. Dothan, The Significance of Some Artisans' Workshops Along the Canaanite Coast, in: Symposium Haifa 1985 (1988) 295ff. (Potter's Installations in Ashdod and Akko).

E. Noort, 1995, s. oben Anm. 2744.

A. Gilboa, Notes on Philistine Pottery in the Hecht Mus., in: Michmanim 12, 1998, 37ff.

Wie bereits M. Dothan (s. oben) bezüglich der SH IIIC- und der Philisterkeramik aus Aschdod eine Trennung von Importen und lokal Gefertigtem mit naturwissenschaftlichen Methoden veranlaßte, gab es auch für Tell Qasile und Tell Miqne (Ekron) entsprechende Untersuchungen [2786]. Von der Philisterkeramik in Ekron hieß es, sie sei "beyond doubt, manufactured locally".

Philisterkeramik tritt massenhaft — sowohl die der Frühphase als auch degenerierte — in den Küstenstädten und dem unmittelbaren Hinterland auf: z.B. in Gaza (A. Comotti, Encycl. dell'Arte Antica III [1960] 796ff.), Tell el-Ajjul und Tell Gemme (oben Anm. 2781), Askalon (Anm. 2777. 2781 und M. Avi-Yonah, Encycl. a.O. I [1958] 703f.; J.H. Iliffe, QDAP 5, 1935, 61ff.) und Aschdod/Tel Mor (AfO 21, 1966, 207; oben Anm. 2774. 2775; M. Dothan-D.N. Freedman a.O.). Auf Grund der Häufigkeit von lentoïden kretischen Siegeln im Raume Gaza schloß V.E.G. Kenna — ohne auf Keramik einzugehen — hier auf die Existenz einer kretischen Kolonie ("mit Siegelgebrauch" [2787]).

Wie bereits dargelegt, erweist sich Ekron/Tel Miqne (Ḥirbet el-Muqannaʿ) mit einer Besiedlungsfläche, die das Zehnfache von Tell Qasile ausmacht, förmlich als die 'Schlüsselgrabung', was Philisterkeramik mit Bügelkannen und tiefen Schüsseln, Ornamenten wie Malteserkreuz oder Vogel-, Rhomben-, Spiral- und Zickzackmustern angeht (J. Naveh, IEJ 8, 1958, 87ff. 165ff., oben Anm. 2776. 2786).

Weiterhin sind als ausgewählte Fundorte im judäisch-benjaminitischen Bergland zu nennen: Ḥirbet el-Mšaš (Bügelkannenfragment, s. V. Firtz-A. Kempinski, Ergebnisse der Ausgrabungen auf der Ḥirbet el-Mšaš [1983] Taf. 135, 16); Tell Bet-Mirsim (oben Anm. 2781. 2782); Lachisch (Tell ed-Duwer, Anm. 2781); Tell el-Ǧudēde (ed-Djudeida [2788]); Tell el-Hesi und Sippor (AfO 21, 1966, 208), Tell es-Ṣafi/Gat (oben Anm. 2781, bereits M.P. Nilsson, Homer and Mycenae [1933]

[2786] J. Yellin-J. Gunneweg, Provenience of Pottery from Tell Qasile, in: Excavations at Tell Qasile II (1985) 111ff.; J. Gunneweg-T. Dothan-I. Perlman-S. Gitin, On the Origin of Pottery from Tell Miqne-Ekron, in: BASOR 264, 1986, 3ff.; knapp referiert von S.R. Wolff, AJA 95, 1991, 536; vgl. ebenfalls knappes Referat zu Aschdod in R.E. Jones, Greek and Cypriot Pottery, a Review of Scientific Studies (1986) 566f.

[2787] Oxford, Ashmolean Mus., Inv.-Nr. 1935/116-123; s. Cretan Seals (1960) 65. 78 mit Anm. 9.

[2788] Zu den verschiedenen Namen bzw. deren Schreibung s. Y. Aharoni, Das Land der Bibel (Deutsch, 1984) 282ff.: "Die Philister". Zur Zusammenstellung von Philister-Fundorten bis Mitte der 70er Jahre s. meinen Bericht in AA 1974, 431ff. 435ff.

101 Abb. 19) und Gezer (Anm. 2768; H.Th. Bossert, Altsyrien, Abb. 1162), sogar bis hin in das Gebiet von Bethlehem und Jerusalem mit Fundorten wie Beth-Zur, Beth-Schemesch (E. Grant, Beth Shemeh [1929] 40ff.: "The Philistine Interlude"), En-Schemesch (E. Grant-G.E. Wright, Ain Shems Excavations V [1939] 127ff.) und Mizpeh/Tell en-Naṣbeh.

Etwas weiter nördlich, wiederum in Küstennähe, sei nochmals auf die reichen Keramikfunde der vielzitierten Ausgrabung von Tell Qasile verwiesen (Anm. 2759. 2774. 2786). Doch auch in Aphek-Antipatris und ʿIzbet Ṣarṭah/Stratum II (vielleicht Eben-Ezer) kamen laut M. Kochevi Scherben der Philisterkeramik zutage. Im Raume Haifa ist indessen diese Benennung vorsichtig durch 'Seevölkerkeramik' ersetzt worden, etwa im Hinblick auf Funde aus Abu Hawam und Tell Akko (Anm. 2727), sowie weiter landeinwärts auf solche aus Megiddo, Affula (B. Maisler [Mazar], Biblical Archaeologist 15, 1952, 22) und Beth-Schean (Anm. 2767).

Es waren keineswegs die Seevölker allein, welche die damalige ostmediterrane Welt veränderten. Einige der in Umwandlung befindlichen vormaligen Großmächte (Ägypten) waren durchaus noch oder wieder am historischen Prozeß beteiligt, andere scheinen in der Substanz und im Erscheinungsbild vollkommen abgelöst worden zu sein. Von einer dauerhaft gestaltenden Leistung der Seevölker im ganzen, der Philister im besondren, wird mithin kaum gesprochen werden können. Nicht einmal eine 'Kantonisierung' des Gebietes vom Süden Anatoliens über Zypern bis an die syrisch-palästinensische Küste würde den Zustand nach den 'Wanderungen' richtig als völlig neu beschreiben; denn Stammeslandschaften, Klein- und Stadtstaaten gab es im Gefüge neben den Großmächten dort schon lange. Eine nachhaltige Neugliederung hat in der Hauptsache das Innere der Türkei erfahren, während sich die südöstliche Peripherie des Hethiterreiches (Karkemisch) als dessen Traditionsträger verstand und als politischer Faktor weiter eine wichtige Rolle in Nordsyrien spielte.

Immerhin dürfte auch die Philister-Amphyktionie im Süden Palästinas ein funktionierendes, wirtschaftlich blühendes Gemeinwesen entwickelt haben, wenigstens nach Ausweis der beeindruckenden Ausgrabungen von Trude Dothan und S. Gitin in Tell Miqne/Ekron. Da sich gleichzeitig vom Hinterland her die Landnahme isrealischer Stämme vollzog, waren die nördlicher gelegenen Stadtstaaten an der Küste des Libanon die eigentlichen Nutznießer und wurden zum entscheidenden Faktor bei der Weiterführung bronzezeitlicher Seefahrten nach Westen mit allem, was damit zusammenhing. Es läßt sich allerdings nicht sicher sagen, ob beispielsweise die Schikuli und Schardana ursprünglich aus Sizilien und Sardinien kamen oder — wenigstens in Teilen — dorthin fuhren und diesen Inseln ihre Namen gaben. Trifft letzteres zu, wäre die Umorientierung der genannten Seevölker mit Richtung auf den Westen die Fortsetzung älterer kanaanäischer Westfahrten, die im Zusammenhang mit der Erzsuche und der gesamten Metallversorgung standen. Jedenfalls muß auch die anschließende phönikische Kolonisationsbewegung in solchen Zusammenhängen gesehen werden, mit deutlicher Wirtschafts-, Macht- und

Kulturkonzentration an der Libanon-Küste zwischen Arad-Byblos und Tyros-Sidon [2789].

Man könnte sogar so weit gehen und den allgemein als 'Katastrophe' bezeichneten Vorgängen etwas Positives abgewinnen, indem man die beträchtliche Intensivierung einer befruchtenden 'Begegnung mit dem Fremden' [2790] als Hauptergebnis der Seevölkerwanderungen ansieht. Nach allem, was man weiß, hat es in dem, was wir unter 'Handel' begreifen, weder einen Bruch noch einen einschneidenden Wandel gegeben: Das Bewerten, Wiegen, Messen von Waren besaß bereits im Osten eine lange Tradition und hatte während der Bronzezeit den ägäischen Raum voll erfaßt. Auch die Verfügbarkeit über seltene Rohstoffe und Produkte scheint sich nicht völlig verändert zu haben. Der ost-westliche Fernhandel bietet sich jedenfalls mit dem Übergang von der Bronze- zur Eisenzeit eher als intensiviert, denn als verarmt dar (Perati, Lefkandi). Formen wie der Austausch von offiziellen oder privaten Geschenken, auch Betrug und Raub, neben der allgemeinen Abhängigkeit von Angebot und Nachfrage dürften als Mechanismen weitergewirkt haben. Daß kleine Staatswesen in der Lage waren, ihre Wirtschaft erfolgreich zu organisieren und sich sogar gewisse Monopole zu verschaffen, beweist die Ölproduktion in Ekron, wofür es im 2. und beginnenden 1. Jt. v.Chr. in Zypern Parallelen gibt [2791].

Über vergängliche Waren wissen wir leider viel zu wenig. Unsere Schlüsse ziehen wir vorwiegend aus der archäologisch faßbaren Verbreitung seltener Güter, die auf geographisch begrenzte natürliche Vorkommen zurückgeführt werden können, z.B. Zinn, Obsidian, Bimsstein und Lapislazuli, oder edle Hölzer, wie Ebenholz, oder Elfenbein und Straußeneier.

Bezüglich der Weitergabe hochwertiger Pigmente (Purpur und Ägyptisch Blau [2792]) ist kein wesentlicher Bruch im Handel am Übergang vom 2. zum 1. Jt. v.Chr. festzustellen. Nur gelegentlich gelingt es, zu neuen Erkenntnissen be-

---

[2789] Vgl. H.G. Niemeyer-H. Schubart, Trayamar (1975); ferner die Beiträge in H.G. Niemeyer, Phönizier im Westen, Int. Symposium "Die phönikische Expansion im westlichen Mittelmeerraum", Köln 1979 (1982). — Zum Mutterland: E. Stern, The Beginning of Phoenician Settlement along the Northern Coast of Palestine, in: Michmanim 11, 1997, 65ff.; A. Raban, Phoenician Harbours in the Levant, ebd. 7ff.

[2790] Vgl. hierzu: M. Schuster, Die Begegnung mit dem Fremden, Wertungen und Wirkungen in Hochkulturen vom Altertum bis zur Gegenwart, Atti del Colloquium Rauricum, Augst/Castelen (1995).

[2791] M. Heltzer-D. Eitam, Olive Oil in Antiquity, Israel and Neighbouring Countries from Neolith to Early Arab Period, Konferenz Haifa (1987).

[2792] Vgl. oben S. 63, 334 und 344; s. auch C. Kiefer-A. Allibert, Pharaonic Blue Ceramics, the Process of Self-Glazing, in: Archaeology 24, 1971, und M.S. Tite-M. Bimson-M.R. Cowell, The Technology of Egyptian Blue, im Abschnitt: Identification of Early Vitreous Materials, in: J. Black, Recent Advances in the Conservation and Analysis of Artifacts (1987) 39ff.

züglich der Weitergabe von lebenden Pflanzen oder Samen, Nahrungsmitteln (Getreide [2793], Nüssen, Mandeln, Hülsenfrüchten), pflanzlichen Produkten (u.a. Öl, Wein, Essig), auch Spezereien, Textilien aller Art (u.a. Wolle, Baumwolle, Leinen), von Häuten, Pelzen, Fellen, Leder oder Seilen, Riemen, Matten, Körben, Schwämmen zu gelangen [2794]. Einiges ist davon im Schiffswrack von Ulu Burun nachgewiesen.

Minoische und theräische Fresken bezeugen den Import exotischer Tiere (Affen). Menschenraub und Sklavenhandel waren nachweislich in fast allen Teilen der damaligen Welt an der Tagesordnung. Lebendes Schlachtvieh und Milchgeber (Schafe, Ziegen, Rinder), haben sich in geringer Menge gewiß neben Pferden, Eseln und Ochsen als Transporttiere an Bord ägäischer, kyprischer und levantinischer Schiffe und denen der Seevölker befunden. Stock- und Salzfische, Hartkäse, eingelegte Oliven, Rosinen und gedörrte Feigen, sowie Salze, Gewürze und Honig wird man ebenfalls in Analogie zu später überliefertem Handelsgut bereits in der Bronzezeit verschifft haben; ebenfalls sind als Nahrung der Seeleute länger haltbare Eßwaren anzunehmen [2795].

Im bronzezeitlichen Warenaustausch der betrachteten Gebiete dürften ferner — wie oben in den betreffenden Kapiteln dargelegt — Bitumen, Pech und Schwefel, Medikamente und Salben, Kosmetika (Augenschminke und Parfüme) von Bedeutung gewesen sein. Wenigstens für einen Teil solcher und vieler anderer Waren hat uns M. Heltzer gezeigt, daß den Ugarit-Texten in wirtschaftshistorischer Hinsicht noch viel abzugewinnen ist.

In diesem Buch geht es mir nicht allein um den Handel, vielmehr um alle Formen lebendiger Begegnung und vor allem um den geistigen Austausch zwischen Menschen, soweit dies dem Archäologen zugänglich ist. In der dargestellten positiven Auseinandersetzung hatte sich — zunächst an den Gestaden und auf den Insel der Ägäis — ein Nukleus 'Europa' gebildet. Als Mittler spielte dabei Zypern eine bedeutende Rolle. Es wäre müßig zu fragen, ob es bereits während der Bronzezeit mehr zu Europa oder mehr zum Nahen Osten zu zählen ist.

Mit ungleicher Geschwindigkeit scheint in den Randgebieten des östlichen Mittelmeeres und dem ägäischen Raum nach 1200 v.Chr. eine gewisse Neuordnung und Konsolidierung nahezu aller Lebensbereiche bei starker Anknüpfung an bronze-

---

[2793] Zum Getreide als am meisten transportiertem Ladegut, z.B. aus Ägypten nach Syrien oder von Ugarit nach Ura, s. W. Helck, Die Beziehungen Ägyptens und Vorderasiens zur Ägäis bis ins 7. Jh. v.Chr. (2. Aufl., 1995) 34.

[2794] Für einen früheren Abschnitt der Bronzezeit z.B. M. Koslev-M. Artzy-E. Marcus, Import of an Aegean Food Plant to a MBIIa Coastal Site in Israel, in: Levant 26, 1993, 145ff. — Zusammenfassung über bronzezeitl.-früheisenztl. Nahrungsmittel: W. Richter und G. Bruns, in: H.-G. Buchholz, ArchHom, Kap. H (1968) und Q (1970).

[2795] Vgl. zu Stockfischen Strabo 140, 144, 156, 158f., 252, 311, 327, 764, 835; zu Salzgewinnung und -handel s. R.J. Forbes, Studies in Ancient Technology III (2. Aufl., 1965) 164ff.; u.a. zum Sklavenhandel und Handel mit seltenen Tieren späterer Zeit die Listen von Handelsartikeln bei W.H. Schoff, The Periplous of the Erythraean Sea (1912) 284ff.; J.A. Lencman, Die Sklaverei im mykenischen und homerischen Griechenland (Deutsch, 1966).

zeitliche Zustände stattgefunden zu haben. Für die Seevölkerbewegung bedeutete dies teilweise die Wahrnehmung westwärts gerichteter Rückverbindungen, vielleicht sogar den Rückfluß in die Ausgangsgebiete oder in völlig neue Lebensräume oder jedoch die Assimilierung in den Einwanderungsländern. Für den ägäischen Raum, der sich als Tor zu Europa darstellt, werden Schachermeyrsche Begriffe wie 'Konfrontation' und 'Katastrophe' nur zum kleinen Teil den tatsächlichen Vorgängen gerecht. Stimmen zu Gunsten einer Revision des Geschichtsbildes vom völligen 'kulturellen Untergang des Mykenertums' habe ich bereits erwähnt (Frau Kilian und Frau Deger-Jalkotzy, Anm. 2750. 2751). Das jeweilige Gesamtbild ist vom methodischen Ansatz abhängig. Und bereits Blaise Pascal (1623-1662) bemerkte: "Wer analytisch vorgeht, kann zwar insoweit auf den ersten Blick zuverlässiger folgern, aber er vernachlässigt alle die Entscheidungskriterien, die nur im Blick auf das Ganze erfaßt werden können. Wer analytisch, mathematisch, vorgeht, bleibt im System, soweit es bekannt ist, und findet nur Lösungen, die innerhalb des Systems möglich sind".

Jedenfalls meine ich, aufs Ganze gesehen, gezeigt zu haben, daß elementare Impulse wirtschaftlicher, technischer, künstlerischer und geistig-religiöser Art auf unseren Kontinent bereits im zweiten vorchristlichen Jahrtausend von Osten her kräftig eingewirkt haben und daß ein materiell-geistiger Zustrom danach nicht wieder völlig abriß. Daß andererseits manche Anregung und Neuerung ihren Weg in umgekehrter Richtung von Westen nach Osten nahm, habe ich ebenfalls gelegentlich zeigen können. Und dies läßt sich nicht anders denn als fruchtbare Begegnung und kulturellen Austausch verstehen.

Was das Verständnis von Epochen und Zäsuren im Ablauf der Geschichte angeht, schulde ich einem meiner akademischen Lehrer, Alfred Heuß, den kritischen Einblick in die Fragwürdigkeit aller abstrakten Systematisierungen historischen Lebens. Was eine Epoche ist und wo ihre Grenzen deutlich werden, ist mir nirgends so klar geworden wie in seinem Aufsatz "Die archaische Zeit Griechenlands als geschichtliche Epoche" [2796]. Und gerade deren obere Abgrenzung gehört für Hellas durchaus in unseren Zusammenhang! Was dort gilt, gilt im Grundsatz ebenso im Osten: "The Bronze and Iron Ages are our constructs and the eras involved are actually a continuum. Perhaps if we knew more about Early Iron Age Salamis we would find that it was not so different from Late Bronze Age Enkomi. The Canaanites were heavily involved in the metal trade in Cyprus and probably elsewhere in the Bronze Age ... There is no evidence for a disruption in the metal working tradition among the Canaanites ... Ideas of the 19/20th century, that the coastal Canaanites, and by implication, the Eteo-Cypriots were backward peoples who needed an infusion of presumably Greek 'Sea Peoples' to teach them how to sail the seas and how to work metal, should be buried permanently" [2797].

[2796] Antike und Abendland 2, 1946, 26ff.

[2797] P. Bikai, The Phoenicians and Cyprus, in: Symposium Nikosia 1993 (1994) 35.

Literatur

Die Literaturangaben in den Anmerkungen und auch in den folgenden Listen stellen nur eine Auswahl dar. Es empfiehlt sich, zu bestimmten Fragen ebenfalls die oben in den einschlägigen Abschnitten jeweils notierte Literatur zu konsultieren. Außerdem weise ich auf die in meinem Buch "Ägäische Bronzezeit" bis 1987 eingearbeitete Literatur hin. Außerordentlich umfangreich ist sodann der in dem Buch "Hellenorientalia" von Frau C. Lambrou-Phillipson und in G. Kopckes "Handel" bis 1990 ausgewertete Fundstoff mit den entsprechenden Nachweisen. Allerdings bedürfen die Zitate bei Frau C. Lambrou-Phillipson gelegentlich der Nachprüfung. Bis etwa 1987/88 findet sich einschlägige, teils ergänzende bibelarchäologische Literatur, jeweils den Abschnitten vorangestellt, in: H. Weippert, Handbuch der Archäologie, Palästina in vorhellenistischer Zeit (1988). Die Bronzezeit ist dort relativ ausführlich, einschließlich ihrer auswärtigen Beziehungen, behandelt. Die 1991 erschienenen Artikel der in Oxford veranstalteten Konferenz über "Bronze Age Trade in the Mediterranean" enthalten teilweise ebenfalls aktuelle Literatur, s. unten, Abschnitt 7: Conference Oxford 1989 (1991). S. Wachsmann hat seinem Buch "Seagoing Ships and Manship in the Bronze Age Levant" unlängst eine umfangreiche Literaturzusammenstellung - auch und gerade zu den Seeverbindungen im östlichen Mittelmeer - beigegeben (1998).

Bei der Gliederung des bibliographischen Materials waren im folgenden Überschneidungen nicht zu vermeiden. Dennoch hoffe ich, daß die Titelangaben bei der Sichtung des vielschichtigen Stoffes wenigstens eine gewisse Hilfe darstellen. Über viele Jahre hin hat der von E.L. Bennett gegründete "Nestor" für Linear B und das kulturelle Umfeld gute Informationsdienste geleistet und tut das weiterhin. Desgleichen ist in der "Archäologischen Bibliographie", Beiblatt zum Jahrbuch des Deutschen Archäologischen Instituts, laufend - zuletzt etwas verzögert - Einschlägiges zu finden. Älteres ist sorgfältig gesammelt in der fast vergessenen Bibliographie von B.E. Moon, Mycenaean Civilization, Publications 1956-1959 (1961), u.a. mit den Abschnitten "Troy, Asia Minor, Cilicia, Cyprus, Egypt, Palestine/Syria, Ras Shamra" und "Links with the Western Mediterranean". Viele der dort erfaßten Titel sind wiederholt und um neue Titel vermehrt in: I.M. Ruud, Minoan Religion, a Bibliography (1996).

Die Druckdauer von Büchern wie dem meinen beträgt, wenn's gut geht, ein Jahr, vorausgesetzt, es liegt ein fertiges Manuskript vor. Ich habe, von einem Vortrag (1993) ausgehend, für die Druckvorbereitung und -begleitung fünf Jahre (bis 1999) benötigt. Dabei war die Arbeit am umgestalteten, bzw. ganz neu geschriebenen Text lediglich durch andere terminierte Verpflichtungen unterbrochen. Sieht man derartige Zeitspannen als durchaus realistisch an, darf man wohl generell behaupten, daß archäologische Funde und Befunde bis zu ihrem Bekanntwerden rund fünf Jahre, häufig bedeutend länger, benötigen. Für ihre eventuelle Integration in bestehende Konzepte und eine mögliche Auswertung durch Nachbarfächer ist von einer weiteren Zeitverzögerung auszugehen.

Selbst die laufend verläßlich und zügig erscheinende archäologische Bibliographie des DAI trägt im Auslieferungsjahr das Datum des Vorjahres und schließt mit Titeln aus dem Vorvorjahr ab. Unter derartigen Voraussetzungen möge man mir verzeihen, wenn trotz allen Bemühens die eine oder andere neueste wichtige Studie ungenannt blieb. Ebenso möge man darüber hinwegsehen, wenn eine Arbeit, die neu und womöglich mit ansprechendem Titel versehen ist, in meinem Schriftenverzeichnis zwar Aufnahme fand, aber einer genauen Prüfung nicht standhält und bereits bei ihrem Erscheinen das Stigma des sofortigen Vergessenwerdens trägt. Ich bin überzeugt, daß der kommenden Forschergeneration auf dem dargestellten Gebiet genug zu tun bleibt, um die Spreu vom Weizen zu trennen.

Wenn manche alten und älteren Titel hier aufgenommen wurden, dann deshalb, weil eine vernünftige Bibliographie Forschungsgeschichte spiegelt und dem, der genau hinsieht, die Erkenntnis vermittelt, daß manchmal die letzte Äußerung zu einem Problem keineswegs so neu ist, wie sie sich gibt, und natürlich nicht deshalb, weil sie neu ist, auch notwendig besser sein muß als die alte. Weil manche englischsprachigen Bibliographien — aus welchen Gründen auch immer (fehlende anderweitige Sprachkenntnisse?) — nicht selten deutsche Titel überhaupt nicht registrieren, hat es mir eine stille Freude bereitet, mit zahlreichen vergessenen, in dieser Sprache abgefaßten Pionierleistungen aufwarten zu dürfen.

Max Weber bemerkte in seiner Schrift "Wissenschaft als Beruf" (7. Aufl., 1984): "... Alle Arbeiten, welche auf Nachbargebiete übergreifen, ... sind mit dem resignierten Bewußtsein belastet, daß man allenfalls nützliche Fragestellungen liefert ..., daß aber die eigene Arbeit unvermeidlich höchst unvollkommen bleiben muß". Das vorliegende Buch ist seinem Wesen nach grenzüberschreitend, ganz besonders, was räumliche Regionalgrenzen angeht, weiterhin auch im kulturhistorischen Ansatz, indem Grenzen zwischen archäologischer Prähistorie und eigentlicher Geschichte samt zugehörigen Philologien und gelegentlich naturwissenschaftlichen Disziplinen übersprungen werden. Das spiegelt sich notwendig in den anschließenden Literaturlisten.

1. Östliches Mittelmeer und Ägäis

Agourides 1997 Chr. Agourides, Sea Routes and Navigation in the Third Millennium Aegean, in: OJA 16, 1997, 1ff.

Alexiou 1987 St. Alexiou, Das Wesen des minoischen Handels, in: H.-G. Buchholz, Ägäische Bronzezeit (1987) 149ff.

Altman 1996 A. Altman, Reconsideration of the Trade Relations between Mesopotamia and Canaan during the Middle Bronze Age, in: Michmanim 9, 1996, 39ff. (u.a. zu nordsyrischen Märkten, mit Blick auf den Hafen von Ugarit und Waren aus Zypern, Anatolien, der Ägäis)

Arnaud 1997 D. Arnaud, Prolégomènes à la Rédaction d'une Histoire d'Ougarit, in: SMEA 39, 1997, 151ff.

Artzy-Perlman-Asaro 1981 M. Artzy-I. Perlman-F. Asaro, Cypriote Pottery Imports at Ras Shamra, in: IEJ 31, 1981, 37ff.

Artzy 1985 M. Artzy, Supply and Demand, a Study of Second Millennium Cypriote Pottery in the Levant, in: Knapp-Stech 1985, 93ff.

Asaro   s. Dothan-Perlman-Asaro 1971

Astour 1962 M.C. Astour, Hellenosemitica, an Ethnic and Cultural Study in West Semitic Impact on Mycenaean Greece; Ph.D.-Diss. Brandeis Univ. Massachusetts (1962, 2. Aufl. 1967)

Astour 1964 M.C. Astour, Greek Names in the Semitic World and Semitic Names in the Greek World, in: JNES 23, 1964, 193ff.

Astour 1965 M.C. Astour, An Ethnic and Cultural Study in West Semitic Impact on Mycenaean Greece (1965), s. Astour 1963

Astour 1973 M.C. Astour, Ugarit and the Aegean, in: Hoffner 1973, 17ff.

Åström, Hala Sultan Tekke 1980 P. Åström, Minoan Features at Hala Sultan Tekke, in: Akten des 4. Kongresses Herakleion 1976 (1980) 35ff.

Åström, Troy 1980 P. Åström, Cyprus and Troy, in: OpAth 13, 1980, 23ff.

Åström 1986 P. Åström, Hala Sultan Tekke, an International Harbour Town of the Late Cypriote Bronze Age, in: OpAth 16, 1986, 7ff.

Åström 1988 P. Åström, Relations between Cyprus and the Dodecanese in the Bronze Age, in: S. Dietz-I. Papachristodoulou, Archaeology in the Dodecanese (Kopenhagen 1988) 76ff.

Åström 1995 s. S. 756, Montelius 1892

Åström-Jones 1982 P. Åström-R.E. Jones, A Mycenaean Tomb and its Near Eastern Connections, in: OpAth 14, 1982, 7ff., dazu R. Koehl, OpAth 16, 1986, 125f.

Baramki 1958 D. Baramki, A Late Bronze Age Tomb at Sarafend, Ancient Sarepta, in: Berytus 12, 1956-1958, 129ff.

Baramki 1972 (1973) D. Baramki, The Impact of the Mycenaeans on Ancient Phoenicia, in: Symposium Nikosia 1972 (1973) 192ff.

Barnett 1958 R. Barnett, Early Shipping in the Near East, in: Antiquity 32, 1958, 220ff.

Bass 1967 G.F. Bass, Cape Gelidonya; a Bronze Age Shipwreck (1967)

Bass 1973 G.F. Bass, Cape Gelidonya and Bronze Age Maritime Trade, in: Hoffner 1973, 29ff.

Bass 1989 (1991) G.F. Bass, Evidence of Trade from Bronze Age Shipwrecks, in: Conference Oxford 1989 (1991) 69ff.

Bass 1999 G.F. Bass, Beneath the Wine Dark Sea, Nautical Archaeology and the Phoenicians of the Odyssey, in: J.E. Coleman-C.A. Walz, Greeks and Barbarians, Essays on the Interactions between Greeks and Non-Greeks in Antiquity and the Consequences for Eurocentrism (1999) 71ff.

Baurain 1984 C. Baurain, Chypre et la Méditerranée Orientale au Bronze Récent; Synthèse historique (1984)

Bennett 1988 J. Bennett, Problems in Understanding the Economic Geography of Mycenaean Palatial Territories, in: J.-P. Olivier-Th.G. Palaima, Texts, Tablets and Scribes. Studies in Mycenaean Epigraphy and Economy offered to E.L. Bennett. Minos-Suppl. 10, 1988, 19ff.

Bergqvist 1993 B. Bergqvist, Bronze Age Sacrificial Koine in the Eastern Mediterranean ?, in: J. Quaegebeur, Ritual and Sacrifice in the Ancient Near East, Conference Leuven 1991 (1993) 11ff.

Bermejo-Barrera 1979 J.C. Bermejo-Barrera, Sobre la Función del Comercio en la Estructura Económica Micénica, in: Gallaecia 5, 1979, 167ff., nochmals abgedruckt in: Memorias de Historia Antigua, Univ. Oviedo 3, 1979, 47ff.

Betancourt 1998 Ph. Betancourt, The Chronology of the Aegean Late Bronze Age, unanswered Questions, in: Colloquium Medford 1995 (1998) 291ff.

Biernacka-Lubańska 1980 M. Biernacka-Lubańska, The Water Supply of the Mycenaean Citadels and its Relations with the Near East, in: J. Best-N. De Vries, Interaction and Acculturation in the Mediterranean, Proceedings of the 2nd Int. Congress of Mediterranean Pre- and Protohistory, Amsterdam 1980 (1980) 181ff.

Billigmeir 1976 J.C. Billigmeir, Kadmos and the Possibility of a Semitic presence in Helladic Greece, Ph.D.-Diss. Univ. of California, Santa Barbara (1976)

Birchall s. Crossland-Birchall 1973

Blegen s. Wace-Blegen 1939

Blitzer 1990 H. Blitzer, Κορωνεϊκά, Storage-Jar Production and Trade in the Traditional Aegean, in: Hesperia 59, 1990, 675ff.

Bounni 1989 (1991) A. Bounni, La Syrie, Chypre et l'Egée d'après les Fouilles de Ras Ibn Hani, in: Symposium Larnaka 1989 (1991) 105ff.

Bouzek 1969 J. Bouzek, Homerisches Griechenland (1969)

Bouzek 1997 s. im 3. Abschnitt dieser Bibliographie

Branigan 1966 K. Branigan, Byblite Daggers in Crete and Cyprus, in: AJA 70, 1966, 123ff.

Branigan 1967 K. Branigan, Further Light on Prehistoric Relations between Crete and Byblos, in: AJA 71, 1967, 117ff.

Branigan 1988 (1989) K. Branigan, Minoan Foreign Relations, in: Rencontre Liège 1988 (1989) 65ff.

Buchholz 1954 H.-G. Buchholz, Zur Herkunft der kyprischen Silbenschrift, in: Minos 3, 1954, 133ff.

Buchholz 1958 H.-G. Buchholz, Der Kupferhandel des zweiten vorchristlichen Jahrtausends im Spiegel der Schriftforschung, in: Minoica. Festschrift zum 80. Geburtstag von J. Sundwall (1958) 92ff.

Buchholz, Doppelaxt 1959 H.-G. Buchholz, Zur Herkunft der kretischen Doppelaxt. Geschichte und auswärtige Beziehungen eines minoischen Kultsymbols. Diss. Kiel 1949 (1959)

Buchholz, Keftiubarren 1959 H.-G. Buchholz, Keftiubarren und Erzhandel im zweiten vorchristlichen Jahrtausend, in: PZ 37, 1959, 1ff.

Buchholz 1963 H.-G. Buchholz, Steinerne Dreifußschalen des ägäischen Kulturkreises und ihre Beziehungen zum Osten, in: JdI 78, 1963, 1ff.

Buchholz, Tell Halaf 1965 H.-G. Buchholz, Zu den Kleinfunden von Tell Halaf, in: Berliner Jahrbuch für Vor- und Frühgeschichte 5, 1965, 215ff.

Buchholz, Rez. Jirku 1965 H.-G. Buchholz, Rezension: A. Jirku, Geschichte Palästina-Syriens im orientalischen Altertum (1963), in: Historische Zeitschrift 201, 1965, 378

Buchholz 1966 H.-G. Buchholz, Talanta, Neues über Metallbarren der ostmediterranen Spätbronzezeit, in: Schweizer Münzblätter 16, Heft 62, 1966, 58ff.

Buchholz, Analysen 1967 H.-G. Buchholz, Analysen prähistorischer Metallfunde aus Zypern und den Nachbarländern, in: Berliner Jahrbuch für Vor- und Frühgeschichte 7, 1967, 189ff.

Buchholz, Obsidian 1967 H.-G. Buchholz, Zur Herkunftsbestimmung von Obsidianen in Frühzeit und Antike, in: Mitteilungen der Berliner Gesellschaft für Anthropologie, Ethnologie und Urgeschichte 1, 1967, 133ff.

Buchholz, Cylinder Seal 1967 H.-G. Buchholz, The Cylinder Seal. Kapitel XII in: G. Bass, Cape Gelidonya. A Bronze Age Shipwreck, in: Transactions of the American Philosophical Society, N.S. 57, Teil 8, 1967, 148ff.

Buchholz, Obsidian 1968 H.-G. Buchholz, Zur Herkunftsbestimmung von Obsidianfunden mykenischer Zeit, in: Atti e Memorie del 1. Congresso Internazionale di Micenologia, Rom 1967, Band I (1968) 64ff.

Buchholz, Schlaufenfüße 1968 H.-G. Buchholz, Die östliche Herkunft eines griechisch-geometrischen Gefäßdetails, in: JdI 83, 1968, 58ff.

Buchholz 1970 H.-G. Buchholz, Bemerkungen zu bronzezeitlichen Kulturbeziehungen im östlichen Mittelmeer, in: APA 1, 1970, 137ff.

Buchholz, Schriftsysteme 1971 H.-G. Buchholz, Die ägäischen Schriftsysteme und ihre Ausstrahlung in die ostmediterranen Kulturen, in: Frühe Schriftzeugnisse der Menschheit. Vorträge gehalten auf der Tagung der Joachim Jungius-Gesellschaft der Wissenschaften, Hamburg 1969 (1971) 88ff.

Buchholz-Karageorghis 1971 H.-G. Buchholz-V. Karageorghis, Altägäis und Altkypros (1971)

Buchholz 1972 H.-G. Buchholz, Das Blei in der mykenischen Kultur und in der bronzezeitlichen Metallurgie Zyperns, in: JdI 87, 1972, 1ff.

Buchholz, Blei 1972 (1973) H.-G. Buchholz, Das Metall Blei in der ägäischen und ostmediterranen Bronzezeit, in: Acts of the International Archaeological Symposium "The Mycenaeans in the Eastern Mediterranean", Nikosia 1972 (1973) 278ff.

Buchholz, Grey Trojan Ware 1970 (1973) H.-G. Buchholz, Grey Trojan Ware in Cyprus and Northern Syria, in: Bronze Age Migrations in the Aegean. Proceedings of the 1. International Colloquium on Aegean Prehistory. Sheffield 1970 (1973) 179ff.

Buchholz 1974 H.-G. Buchholz, Ägäische Funde und Kultureinflüsse in den Randgebieten des Mittelmeeres. Forschungsbericht über die Ausgrabungen und Neufunde 1960-1970, in: AA 1974, 325ff.

Buchholz 1979 H.-G. Buchholz, Bronzene Schaftrohräxte aus Tamassos und Umgebung, in: Studies presented in Memory of P. Dikaios (1979) 76ff.

Buchholz, Thera 1978 (1980) H.-G. Buchholz, Some Observations Concerning Thera's Contacts Overseas During the Bronze Age, in: Thera and the Aegean World. Papers and Proceedings of the Second International Scientific Congress, Santorin 1978 (1980) 227-240. 301f.

Buchholz, 1981 H.-G. Buchholz, Schalensteine in Griechenland, Anatolien und Zypern, in: Studien zur Bronzezeit; Festschrift für A.W. von Brunn 1979 (1981) 63ff.

Buchholz 1982 H.-G. Buchholz, Syrien und Zypern, Kreta, Griechenland (Kulturbeziehungen und Handel in vorhellenistischer Zeit), in: E. Strommenger, Land des Baal. Syrien, Forum der Völker und Kulturen. Ausstellungskatalog Berlin-Charlottenburg, Staatl. Museen (1982) 309ff.

Buchholz 1984 H.-G. Buchholz, Ägäische Kämme, in: APA 16/17, 1984, 91ff.

Buchholz 1986 H.-G. Buchholz, Spätbronzezeitliche Ohrringe Zyperns in Gestalt von Rinderköpfen und ihr Auftreten in Griechenland, in: APA 18, 1986, 117ff.

Buchholz, Bronzezeit 1987 H.-G. Buchholz, Ägäische Bronzezeit (1987)

Buchholz, Thera 1987 H.-G. Buchholz, Thera und das östliche Mittelmeer, in: Ägäische Bronzezeit (1987) 159ff.512ff.

Buchholz, Alaschia 1987 H.-G. Buchholz, Alaschia-Zypern (Literaturbericht), in: Ägäische Bronzezeit, 227ff.

Buchholz 1988 H.-G. Buchholz, Der Metallhandel des zweiten Jahrtausends im Mittelmeerraum, in: M. Heltzer-E. Lipiński, Society and Economy in the Eastern Mediterranean. Proceedings of the International Symposium, Haifa 1985 (1988) 187ff.

Buchholz, Fischkrater 1993 H.-G. Buchholz, A Mycenaean Fishkrater from Akko, in: Studies in the Archaeology and History of Ancient Israel in Honor of Moshe Dothan (1993) 41ff.

Buchholz, Stiere 1993 H.-G. Buchholz, Kämpfende Stiere, in: Aspects of Art and Iconography, Anatolia and its Neighbors, Studies in Honor of Nimet Özgüç (1993) 91ff.

Buchholz, Ras Shamra 1993 H.-G. Buchholz, Rezension: M. Yon, Le Centre de la Ville. Ras Shamra-Ougarit III. 38^e-44^e Campagnes 1978-1984 (1987), in: Zeitschrift für Assyriologie und Vorderasiatische Archäologie 83, 1993, 293ff.

Buchholz 1999 H.-G. Buchholz, Lasttiere und einige Landfahrzeuge (zum Transportwesen des 2. und 1. Jahrtausends vor der Zeitrechnung im östlichen Mittelmeergebiet), in: Y. Avishur-R. Deutsch, Michael, Historical, Epigraphical and Biblical Studies in Honor of Prof. M. Heltzer (1999) 75ff.

Bunimovitz 1995 S. Bunimovitz, On the Edge of Empires, Late Bronze Age (1500-1200), in: Th. E. Levy, The Archaeology of Society in the Holy Land (1995) 320ff.

Burkert 1981 (1983) W. Burkert, Oriental Myth and Literature in the Iliad, in: R. Hägg, The Greek Renaissance of the 8th Cent. B.C., Tradition and Innovation, Proceedings of the 2nd Int. Symposium at the Swed. Inst. in Athens 1981 (1983) 51ff.

Cadogan 1969 G. Cadogan, Mycenaean Trade, in: BICS 16, 1969, 152ff.

Cadogan 1969 (1972) G. Cadogan, Cypriot Objects in the Bronze Age Aegean and their Importance, in: Kongreß Nikosia 1969 Band I (1972) 5ff.

Cadogan 1972 (1973) G. Cadogan, Patterns in the Distribution of Mycenaean Pottery in the Eastern Mediterranean, in: Symposium Nikosia 1972 (1973) 166ff.

Cadogan 1978 (1979) G. Cadogan, Cyprus and Crete, c. 2000-1400 B.C., in: Symposium Nikosia 1978 (1979) 63ff.

Cadogan 1990 G. Cadogan, Thera's Eruption into our Understanding of the Minoans, in: Thera and the Aegean World III/1 (1990) 93ff.

Cadogan 1991 G. Cadogan, Cypriot Bronze Age Pottery and the Aegean, in: J. Barlow-D. Bolger-B. Kling, Cypriot Ceramics, Reading the Prehistoric Record (1991) 169ff.

Casson 1959 L. Casson, The Ancient Mariners; Seafarers and Seafighters of the Mediterranean in Ancient Times (1959)

Catling 1956 H.W. Catling, Bronze Cut-and-thrust Swords in the East Mediterranean, in: PPS 22, 1956, 1ff.

Catling 1963 H.W. Catling, Patterns of Settlement in Bronze Age Cyprus, in: OpAth 4, 1963, 129ff.

Catling, CBMW H.W. Catling, Cypriot Bronzework in the Mycenaean World (1964)

Catling 1980 H.W. Catling, Cyprus and the West 1600-1050 B.C., Ian Sanders Memorial Lecture, Sheffield 1979 (1980)

Catling, Bronzework 1985 (1986) H.W. Catling, Cypriot Bronzework — East or West, in: Symposium Nikosia 1985 (1986) 91ff.

Catling, Cape Gelidonya 1986 H.W. Catling, The Date of the Cape Gelidonya Ship and Cypriot Bronzework, in: RDAC 1986, 68ff.

Catling 1989 (1991) H.W. Catling, Bronze Age Trade in the Mediterranean, a View, in: Conference Oxford 1989 (1991) 1ff.

Catling-Karageorghis 1960 H.W. Catling-V. Karageorghis, Minoica in Cyprus, in: BSA 55, 1960, 109ff.

Catling-Millett 1965 H.W. Catling-A. Millett, A Study in the Composition Patterns of Mycenaean Pictorial Pottery from Cyprus, in: BSA 60, 1965, 212ff.

Caubet 1982 A. Caubet, Ras Shamra et la Crète, in: La Syrie au Bronze Récent (1982)

Charpin - Joannès 1991 (1992) D. Charpin - F. Joannès, La Circulation des Biens, des Personnes et des Idées dans le Proche-Orient Ancien, in: Actes de la 38. Rencontre Assyriologique Int., Paris 1991 (1992)

Cline 1994 E.H. Cline, Sailing the Wine-Dark Sea, International Trade and the Late Bronze Age Aegean, in: BAR, Int. Ser. 591 (1994). Entwickelt aus der Diss. (Univ. of Pennsylv.) "Orientalia in the Late Bronze Age Aegean, a Catalogue and Analysis of Trade and Contact between the Aegean, and Egypt, Anatolia and the Near East"

Cook 1988 V. Cook, Cyprus and the Outside World during the Transition from the Bronze Age to the Iron Age, in: OpAth 17, 1988, 13ff.

Coleman 1992 J.E. Coleman, Greece, the Aegean and Cyprus, in: R.W. Ehrich, Chronologies in Old World Archaeology I (3. Aufl., 1992) 247ff. und Band II 203ff.

Courtois 1975 J.-Cl. Courtois, L'Industrie du Bronze à Ugarit à l'Age du Bronze Récent et ses Prolongements à Chypre à l'Epoque de Transition Bronze/-Fer, in: Jahresberichte des Inst. für Vorgeschichte, Univ. Frankfurt/M. 1975, 24ff.

Courtois 1985 (1986) J.-Cl. Courtois, À Propos des Apports Orientaux dans la Civilisation du Bronze Récent à Chypre, in: Symposium Nikosia 1985 (1986) 69ff.

Courtois 1987 J.-Cl. Courtois, Enkomi und Ras Schamra, zwei Außenposten der mykenischen Kultur, in: H.-G. Buchholz, Ägäische Bronzezeit (1987) 182ff.

Craik 1979 E.M. Craik, Cyprus and the Aegean Islands, Links in Myth, in: RDAC 1979, 177ff.

Crevatin 1978 F. Crevatin, Il Mondo del Lavoro in Età Micenea nei suoi Riflessi Linguistici, in: Atti dell'Istituto Veneto di Scienze, Letteri ce Arti (1978)

Crossland-Birchall 1973 s. Kongreßakten, unten Abschnitt 7 dieser Bibliographie

Crouwel-Morris 1986 J.H. Crouwel-C.E. Morris, Mycenaean Pictorial Pottery from Tell Atchana, in: BSA 80, 1986, 85ff.

Crouwel s. Sherratt-Crouwel 1987

Crowley 1989 J.L. Crowley, The Aegean and the East. An Investigation into the Transference of Artistic Motifs between the Aegean, Egypt and the Near East in the Bronze Age, SIMA Pocket-Book 51 (1989), mit Rez. von K. Polinger-Foster, AJA 95, 1991, 347f.

Culican 1966 W. Culican, The First Merchant Venturers, the Ancient Levant in History and Commerce (1966)

Danielidou 1998 D. Danielidou, Der achtförmige Schild in der Ägäis des 2. Jts. v.Chr. (Neugriechisch, 1998), mitbehandelt sind Vorkommen in Zypern und der übrigen Levante

Davaras-Soles 1997 K. Davaras - J. Soles, A New Oriental Cylinder-Seal from Mochlos, in: ArchEph 134, 1995 (1997), 29ff. 44ff.: The Relations between Crete and Syria; S. 50ff. Tabellen und Listen von Rollsiegeln aus Kreta und Hellas

Deger-Jalkotzy 1982 S. Deger-Jalkotzy (ed.), Griechenland, die Ägäis und die Levante während der "Dark Ages" vom 12. bis zum 9. Jh. v.Chr., Akten des Symposium Zwettl 1980 (1982), s. auch unten, Abschnitt 7 dieser Bibliographie

Deger-Jalkotzy 1996 S. Deger-Jalkotzy, Die mykenische Koine, in: Der neue Pauly I (1996) 150ff. s.v. Ägäische Koine

Demargne 1936 P. Demargne, Crète et l'Orient au Temps d'Hammourabi, in: RA 1936, Heft 2, 80ff.; vgl. R. Dussaud, Syria 18, 1937, 233f.

Desborough 1964 V.R. d'A. Desborough, The Last Mycenaeans and their Successors (1964)

Dietrich-Loretz 1998 M. Dietrich-O. Loretz, Amurru, Yaman und die ägäischen Inseln nach den ugaritischen Texten, in: Israel Oriental Studies XVIII (ed. Sh. Izre'el-I. Singer-R. Zadok, 1998) 335ff.

Dikaios 1969-1971 P. Dikaios, Enkomi, Excavations 1948-1958, Band I-III (1969-1971)

Dombrowski 1984 B.W.W. Dombrowski, Der Name Europa auf seinem griechischen und altsyrischen Hintergrund. Ein Beitrag zur ostmediterranen Kultur- und Religionsgeschichte in frühgriechischer Zeit (1984)

Dothan-Perlman-Asaro 1971 M. Dothan-M. Perlman-F. Asaro, An Introductory Study of Mycenaean III C 1-Ware from Tell Ashdod, in: Archaeometry 13, 1971, 169ff.

Dothan 1957 T. Dothan, Archaeological Reflections on the Philistine Problem, in: Antiquity and Survival 2, 1957, 151ff.

Dothan 1982 T. Dothan, The Philistines and their Material Culture (1982)

Doumas 1989 (1991) Chr. Doumas, Thera and the East Mediterranean during the First Half of the 2nd Millennium B.C., in: Symposium Larnaka 1989 (1991) 25ff.

Duhoux 1976 Y. Duhoux, Aspects du vocabulaire économique mycénien; cadastre, artisanat, fiscalité (1976)

Edwards 1979 R.B. Edwards, Kadmos the Phoenician, a Study in Greek Legends and the Mycenaean Age (1979)

Erlenmeyer 1966 M.-L. und H. Erlenmeyer, Einige syrische Siegel mit ägäischen Bildelementen, in: AfO 21, 1966, 32ff.

Fabian 1966 E. Fabian, Byblos, Kypern und minoisches Kreta, in: Das Altertum 12, 1966, 3ff.

Fensham 1967 C.H. Fensham, Shipwreck in Ugarit and Ancient Near Eastern Law Codes, in: Oriens Antiquus 6, 1967, 221ff.

Forsdyke 1911 E.J. Forsdyke, Minoan Pottery from Cyprus and the Origin of the Mycenaean Style, in: JHS 31, 1911, 111ff.

French 1975 D.H. French, A Re-Assessment of the Mycenaean Pottery at Tarsus, in: AnatStud 25, 1975, 53ff.

Frost 1969 H. Frost, The Stone Anchors of Ugarit, in: Ugaritica VI (1969) 235ff.

Frost 1970 H. Frost, Stone Anchors as Indications of Early Trade Routes, in: Acts du 8e Colloque Int. d'Histoire Maritime, Beyrouth 1966 (1970)

Frost 1971 H. Frost, Anchors, the Potsherds of Marine Archaeology, in: Proceedings of the 23th Symposium of the Colston Research Society, Bristol 1971 (1971) 397ff.

Frost 1982 H. Frost, Stone Anchors as Clues to Bronze Age Trade Routes, in: Thracia Pontica 1, 1982, 280ff.

Furumark 1944 A. Furumark, The Mycenaean III C-Pottery and its Relation to Cypriot Fabrics, in: OpAth 3, 1944, 194ff.

Furumark 1950 A. Furumark, The Settlement at Ialysos and Aegean History circa 1550-1400 B.C., in: OpArch 6, 1950, 150ff., 203ff. (the Aegean und the Eastern Mediterranean)

Gale s. Zwicker-Gale 1986 und Stos-Gale 1990

Gale 1989 (1991) N.H. Gale, Copper Oxhide Ingots, their Origin and their Place in the Bronze Age Metals Trade in the Mediterranean, in: Konferenz Oxford 1989 (1991) 197ff.

Galili-Shmueli-Artzi 1986 E. Galili-N. Shmueli-M. Artzi, Bronze Age Ship's Cargo of Copper and Tin, in: IJNA 15, 1986, 25ff.

Geiss 1974 H. Geiss, Zur Entstehung der kretischen Palastwirtschaft, in: Klio 56, 1974, 311ff.

Genz-Pruß-Quack 1995 H. Genz-A. Pruß-J. Quack, Ein Puzzle, das nicht paßt; kritische Anmerkungen zu E. Zanggers Buch "Ein neuer Kampf um Troja", in: Antike Welt 25, 1994, 340ff.

Georgiou 1979 H. Georgiou, Relations between Cyprus and the Near East in the Middle and Late Bronze Age, in: Levant 11, 1979, 84ff.

Gillis u.a. 1995 C. Gillis-C. Risberg-B. Sjöberg, Trade and Production in Premonitary Greece; Aspects of Trade, Proceedings of the Third International Workshop. Athen 1993, publiziert in: SIMA 134, 1995

Gilmour 1991 G. Gilmour, Mycenaeans in the East? An Assessment of the Contacts Between the Mycenaean World and the Southern Levant in the Late Bronze Age, Magisterarbeit Jerusalem (1991)

Gilmour 1992 G. Gilmour, Mycenaean IIIA and IIIB Pottery in the Levant and Cyprus, in: RDAC 1992, 113ff.

Gjerstad 1926 E. Gjerstad, Studies on Prehistoric Cyprus (1926)

Godart 1968 L. Godart, Kupirijo dans les Textes Myceniens, in: SMEA 5, 1968, 4ff. — Von P. Dyczek, Pylos in the Bronze Age (1994) 155 als "kyprisches Rotpigment" gedeutet.

Gordon 1954 C.H. Gordon, Ugarit and Kaphtor, in: Minos 3, 1954, 126ff.

Gordon 1966 C.H. Gordon, Ugarit and Minoan Crete; the Bearing of their Texts on the Origins of Western Culture (1966); Rez.: M.C. Astour, JNES 26, 1967, 131ff.; M. Mansoor, Archaeology 20, 1967, 311ff., M. Lejeune, Classical Bulletin 44, Heft 3, 1968, 47.

Gordon 1968 C.H. Gordon, Crete and the Ugaritic Tablets, in: Pepragmena tou 2. Diethnous Kretologikou Synhedriou, Band II (1968) 44ff.

Gray, Seewesen D. Gray, Seewesen, in: H.-G. Buchholz, Archaeologia Homerica, Kap. G (1974)

Graziadio 1998 G. Graziadio, Trade Circuits and Trade-routes in the Shaft Grave Period, in: SMEA 40, 1998, 29ff.

Gregori-Palumbo 1984 (1986) B. Gregori-G. Palumbo, Presenze Micenee in Siria-Palestina, in: Tagung Palermo 1984 (1986) 365ff. (mit ausführlicher Behandlung von Abu Hawam)

Groenewegen-Frankfort 1951/1972 H.A. Groenewegen-Frankfort, Arrest and Movement, an Essay on Space and Time in the Representational Art of the Ancient Near East (1951/unveränderter Nachdruck 1972, bes. Abschnitt III: Cretan Art)

Güterbock 1967 H.-G. Güterbock, The Hittite Conquest of Cyprus Reconsidered, in: JNES 26, 1967, 73ff.

Guglielmi 1971 M. Guglielmi, Sulla Navigazione in Età Micenea, in: PP 26, 1971, 418ff.

Haldane 1993 D. Haldane, At the Crossroads of History, Nautical Archaeology in Syria, in: INA-Quarterly 20, 1993, Heft 3, 7ff.

Hallager 1983 B.P. Hallager, A New Social Class in Late Bronze Age Crete, Foreign Traders in Khania, in: Minoan Society, Proceedings of the Cambridge Colloquium 1981 (1983) 111ff.

Hallager 1988 E. Hallager, Aspects of Aegean Long-Distance Trade in the 2nd Mill.B.C., in: Monumenti Precoloniali nel Mediterraneo antico (ed. E. Acquaro, L. Godart, F. Mazza, D. Musti, 1988) 91ff.

Hankey 1967 V. Hankey, Mycenaean Pottery in the Middle East, Notes on Finds since 1951, in: BSA 62, 1967, 107ff.

Hankey 1970/71 V. Hankey, Mycenaean Trade with the South Eastern Mediterranean, in: Mélanges de l'Université Saint Joseph 46, 1970/71, 9ff.

Hankey, Aegean Finds 1972 V. Hankey, Aegean Finds at Late Bronze Age Sites in the South-Eastern Mediterranean, in: BICS 19, 1972, 143ff.

Hankey 1973 V. Hankey, Late Minoan Finds in the South Eastern Mediterranean, in: Acts of the Third Int. Cretological Symposium, Band I (1973) 104ff.

Hankey 1974 V. Hankey, A Late Bronze Age Temple at Amman, in: Levant 6, 1974, 160ff.

Hankey s. Warren-Hankey 1989

Hankey 1993 V. Hankey, Pottery as Evidence for Trade, the Levante from the Mouth of the River Orontes to the Egyptian Border, in: Konferenz Athen 1989 (1993) 101ff.

Hankey 1994 V. Hankey, A Late Bronze Age Temple at Amman Airport, the 1955 Excavations, in: S. Bourke - J.-P. Descoeudres, Trade, Contact, and the Movement of Peoples in the Eastern Mediterranean. Mediterranean Archaeology, Supplement 3 (1994)

Hankey-Warren 1974 V. Hankey-P. Warren, The Absolute Chronology of the Aegean Late Bronze Age, in: BICS 21, 1974, 142ff.

Helck 1979 W. Helck, Die Beziehungen Ägyptens und Vorderasiens zur Ägäis bis ins 7. Jh. v.Chr. (1979, 2. Aufl. 1995)

Helck 1987 W. Helck, Zur Keftiu-, Alašia- und Aḫḫijawa-Frage, in: H.-G. Buchholz, Ägäische Bronzezeit (1987) 218ff.

Heltzer 1977 M. Heltzer, The Metal Trade of Ugarit and the Problem of Transportation of Commercial Goods, in: Iraq 39, 1977, 203ff.

Heltzer 1978 M. Heltzer, Goods, Prices and the Organization of Trade in Ugarit (1978)

Heltzer 1988 M. Heltzer, Sinaranu, Son of Siginu, and the Trade Relations between Ugarit and Crete, in: Minos 23, 1988, 7ff.

Hempel 1926 J. Hempel, Westliche Kultureinflüsse auf das älteste Palästina, in: Palästina-Jahrbuch 1926

Hermann 1975 H.-V. Hermann, Reallexikon der Assyriologie und Vorderasiatische Archäologie IV (1975) 305ff. s.v. Hellas

Himmelhoch 1990/91 L. Himmelhoch, The Use of the Ethnics *a-ra-si-jo* and *ku-pi-ri-jo* in Linear B Texts, in: Minos 25/26, 1990/91, 91ff.

Hirschfeld 1997 N. Hirschfeld, Ways of Exchange in the Late Bronze Age Eastern Mediterranean, the Evidence of Marked Vases, in: BICS 1997

Hoff 1988 S.L. de Hoff, The Ivory Trade in the Eastern Mediterranean Bronze Age, Background and Preliminary Investigation, Diss. Minnesota 1988

Hoffman 1997 G.L. Hoffman, Imports and Immigrants, Near Eastern Contacts with Iron Age Crete (1997)

Hoffner 1973 s. Festschrift Gordon unten im 8. Abschnitt, Festschriften

Holmes 1969 Y.L. Holmes, The Foreign Relations of Cyprus during the Late Bronze Age, Diss. Brandeis Univ. (1969)

Holmes 1975 Y.L. Holmes, The Foreign Trade of Cyprus during the Late Bronze Age, in: N. Robertson, The Archaeology of Cyprus (1975) 90ff.

Hood 1991 M.S.F. Hood, The New Encyclopaedia Britannica 20 (15. Aufl., 1991) 205ff. s.v. Aegean Civilizations

Hooker 1996 J.T. Hooker, Collected Mycenaean, Minoan and Classical Studies (1996), u.a. Minoan and Mycenaean Settlement in Cyprus

Horon 1967 A.G. Horon, Canaan and the Aegean Sea, in: Diogenes 58, 1967, 37ff. (Auseinandersetzung mit M.C. Astour und C.H. Gordon)

Immerwahr 1960 S. Immerwahr, Mycenaean Trade and Colonization, in: Archaeology 13, 1960, 4ff.

Jensen 1963 L.B. Jensen, Royal Purple of Tyre, in: JNES 12, 1963, 104ff.

Joannès s. Charpin-Joannès 1991 (1992)

Jobling 1975 W.J. Jobling, Canaan, Ugarit and the Old Testament, a Study of Relationship, Ph.D.-Diss. Univ. of Sydney, Australia 1975

Jones s. Åström-Jones 1982 und Marthari-Markeou-Jones 1990

Kantor 1947 H. Kantor, The Aegean and the Orient in the Second Millennium B.C., in: AJA 51, 1947, 17ff.; dazu S. Immerwahr, AJA 56, 1952, 88ff.

Karageorghis s. Catling-Karageorghis 1960 und Buchholz-Karageorghis 1971

Karageorghis 1993 V. Karageorghis, Le commerce chypriote avec l'Occident au Bronze Récent, in: CRAI 1993, 577ff.

Kenna 1972 (1973) V.E.G. Kenna, Cyprus and the Aegean World, the Evidence of the Seals, in: Symposium Nikosia 1972 (1973) 290ff.

Kestemont 1977 G. Kestemont, Remarques sur les aspects juridiques du commerce dans le Proche-Orient du 14è siècle avant notre ère, in: Iraq 39, 1977, 191ff.

Klengel 1975 H. Klengel, Ugarit, eine Handelsmetropole am östlichen Mittelmeer, in: Das Altertum 21, 1975, 206ff.

Klengel 1984 H. Klengel, Near Eastern Trade and the Emergence of Interaction with Crete in the Third Millennium B.C., in: SMEA 24, 1984, 7ff.

Klengel 1990 H. Klengel, Bronzezeitlicher Handel im Vorderen Orient: Ebla und Ugarit, in: Orientalisch-Ägäische Einflüsse in der europäischen Bronzezeit. Ergebnisse eines Kolloquiums. RGZM-Monographien 15 (1990) 33ff.

Klengel 1994 H. Klengel, The Syrian Weather-God and Trade Relations, in: Proceedings einer Int. Konferenz, Aleppo 1994 (im Druck)

Knapp 1983 A.B. Knapp, An Alashiyan Merchant at Ugarit, in: Tel Aviv 10, 1983, 38ff.

Knapp s. Portugali-Knapp 1985

Knapp 1990 A.B. Knapp, Ethnicity, Entrepreneurship, and Exchange. Mediterranean Inter-Island Relations in the Late Bronze Age, in: BSA 85, 1990, 115ff.

Knapp 1996 A.B. Knapp, Near Eastern and Aegean Texts from the Third to the First Millennium B.C. (1996)

Knapp 1996 A.B. Knapp, Near Eastern and Aegean Texts, in: P.W. Wallace - A.G. Orphanides, Sources for the History of Cyprus, Band II (1996)

Knapp-Stech 1985 A.B. Knapp-T. Stech (Herausgeber), Prehistoric Production and Exchange; the Aegean and Eastern Mediterranean. UCLA-Inst. of Archaeology-Monograph 25 (1985)

Kochavi 1990 (1992) M. Kochavi, Some Connections between the Aegean and the Levant in the Second Millennium B.C., a View from the East, in: G. Kopcke - I. Tokumaru, Greece between East and West, 10th to 8th Centuries B.C., Papers of the Meeting at the Institute of Fine Arts, New York University 1990 (1992)

Kontorli-Papadopoulou 1996 L. Kontorli-Papadopoulou, Aegean Frescoes of Religious Character (SIMA 97, 1996)

Kontorli-Papadopoulou 1999 L. Kontorli-Papadopoulou, Fresco Fighting-Scenes as Evidence for Warlike Activities in the Late Bronze Age Aegaean, in: Rencontre Liège 1998 (1999) 331ff.

Kopcke 1987 G. Kopcke, The Cretan Palaces and Trade, in: R. Hägg-N. Marinatos, The Function of the Minoan Palaces (1987) 255ff.

Kopcke, Handel G. Kopcke, Handel, in: H.-G. Buchholz, Archaeologia Homerica, Kap. M (1990)

Korres 1993 G. Korres, Messenia and its commercial Connections during the Bronze Age, in: Konferenz Athen 1989 (1993) 231ff.

Kuniholm 1996 P. Kuniholm und Mitarbeiter, Anatolian Tree Rings and the Absolute Chronology of the Eastern Mediterranean, in: Nature 381, 1996, 780ff.

Kuwahara 1980 H. Kuwahara, The Source of Mycenae's Early Wealth, in: Journ. Fac. of Letters Komozawa University 38, 1980, 77ff.

Lambrou-Phillipson 1990 C. Lambrou-Phillipson, Hellenorientalia, the Near Eastern Presence in the Bronze Age Aegean (1990)

Lambrou-Philippson 1991 C. Lambrou-Phillipson, Distortion in the Material Record and the Unreability Quotient of Near Eastern Bronze Age Objects in Crete, Vortrag auf dem int. kretologischen Kongreß in Rhethymnon 25.-31.8.1991 (im Druck)

Laviosa 1969/70 C. Laviosa, La Marina Micenea, in: ASAtene 47/48, 1969/70, 7ff.

Lehmann 1985 G.A. Lehmann, Die mykenisch-frühgriechische Welt und der östliche Mittelmeerraum in der Zeit der "Seevölker"-Invasionen um 1200 v.Chr. Vorträge der Rheinisch-Westfälischen Akademie der Wissenschaften, G 276 (1985)

Lehmann 1996 G.A. Lehmann, Umbrüche und Zäsuren im östlichen Mittelmeerraum und Vorderasien zur Zeit der 'Seevölker´-Invasion um und nach 1200 v.Chr., neue Quellen und Befunde, in: Tagung Ohlstadt 1994 (1996) 245ff.

Leonard 1976 A. Leonard, The Nature and Extent of the Aegean Presence in Western Asia during the Late Bronze Age, Diss. Chicago 1976

Leonard 1981 A. Leonard, Considerations of Morphologial Variation in the Mycenaen Pottery from the Southeastern Mediterranean, in: BASOR 241, 1981, 87ff.

Leonard 1988 A. Leonard, Some Problems in Mycenaen/Syro-Palestinian Synchronisms, in: E. French-K.A. Wardle, Problems in Greek Prehistory (1988) 319ff.

Leonard 1994 A. Leonard, An Index to the Late Bronze Age Aegean Pottery from Syria-Palestine (SIMA 114, 1994)

Linder 1970 E. Linder, The Maritime Texts of Ugarit, Diss. Brandeis University 1970

Linder 1981 E. Linder, Ugarit, a Canaanite Thalassocracy, in: C.D. Young, Ugarit in Retrospect. Fifty Years of Ugarit and Ugaritic (1981) 31ff.

Love 1984 I.C. Love, From Crete to Knidos, a Minoan Sea Route via the Dodekanese, in: AJA 88, 1984, 251f.

Lurz 1994 N. Lurz, Der Einfluß Ägyptens, Vorderasiens und Kretas auf die mykenischen Fresken (1994)

MacCaslin 1980 D.E. MacCaslin, Stone Anchors in Antiquity, Coastal Settlements and Maritime Trade Routes in the Eastern Mediterranean c. 1600-1050 B.C. (1980)

Majewski 1969 K. Majewski, La Question du 'Mode de Production Asiatique' dans la Civilisation Égéenne à la Lumière des Sources Archéologiques (Warschau, 1969)

Manning 1995 St.W. Manning, Direct Links between the Southern Aegean and the Historical Near East in the EBA-Early/MBA-Periods, in: ders., The Absolute Chronology of the Aegean Early Bronze Age (1995) 104ff.

Mantzourani-Theodorou 1989 (1991) E.K. Mantzourani-A.J. Theodorou, An Attempt to Delineate the Sea-Routes between Crete and Cyprus during the Bronze Age, in: Symposium Larnaka 1989 (1991) 39ff., mit Fundliste

Mantzourani-Theodorou 1991 E.K. Mantzourani - A.J. Theodorou, Catalogue of Cypriote Finds in Crete, Appendix, in: dies., Symposium Larnaka 1989 (1991) 55f.

Maran 1987 J. Maran, Die Silbergefäße von el-Tod und die Schachtgräberzeit auf dem griechischen Festland, in: PZ 62, 1987, 221ff.

Marazzi 1997 M. Marazzi, Mykener in Vorderasien, in: Reallexikon der Assyriologie 8, 1997, 528ff.

Marfoe 1987 L. Marfoe, Cedar Forest to Silver Mountain. Social Change and the Development of Long-Distance Trade in Early Near Eastern Societies, in: M. Rowlands-M. Larsen-K. Kristiansen (ed.), Centre and Periphery in the Ancient World (1987) 117ff.

Marinatos 1933 Sp. Marinatos, La Marine Créto-Mycénienne, in: BCH 57, 1933, 170ff.

Marthari-Markeou-Jones 1990 M. Marthari-T. Markeou-R.E. Jones, Late Bronze Age I-Ceramic-Connections between Thera and Kos, in: Thera and the Aegean World III/1 (1990) 171ff.

Masson s. Meriggi-Masson 1956

Matthäus 1985 H. Matthäus, Metallgefäße und Gefäßuntersätze der Bronzezeit ... auf Zypern, in: PBF II/8 (1985)

Matthäus 1998 H. Matthäus, Zypern und das Mittelmeergebiet, Kontakthorizonte des späten 2. und frühen 1. Jts. v.Chr., in: Veröff. der J. Jungius - Gesellschaft der Wiss., Hbg. 87, 1998, 73ff.

Matthäus, Cyprus and Crete 1998 H. Matthäus, Cyprus and Crete in the Early First Millennium B.C., in: Proceedings of the International Symposium 'Eastern Mediterranean, Cyprus-Dodecanese-Crete, 16th-6th Cent.B.C.', Rhethymnon 1997 (1998) 127ff., mit umfangreicher Bibliographie

Mayer 1996 W. Mayer, Zypern und Ägäis aus der Sicht der Staaten Vorderasiens in der 1. Hälfte des 1. Jts., in: UF 28, 1996, 463ff.

Mazar 1991 A. Mazar, Minoan Elements in Near Eastern Art Artifacts, Vortrag auf dem int. kretologischen Kongreß in Rhethymnon 25.-31.8.1991 (im Druck)

Mee 1980 C.B. Mee, The first Mycenaeans in the Eastern Mediterranean, in: BICS 27, 1980, 135ff.

Mee 1982 C.B. Mee, Rhodes in the Bronze Age (1982)

Melas 1988 E.M. Melas, Minoans Overseas; Alternative Models of Interpretation, in: Aegaeum 1988, 247ff. — vgl. zu Melas ferner unten den Abschnitt 3, Anatolien-Ägäis

Melena 1983 J.L. Melena, Olive Oil and Other Sorts of Oil in the Mycenaean Tablets, in: Minos 18, 1983, 89ff.

Meriggi-Masson 1956 P. Meriggi-O. Masson, Relations entre les Linéaires A, B et le Chypro-Minoen, in: Etudes Mycéniennes (1956) 269ff.

Merrillees 1962 R.S. Merrillees, Opium Trade in the Bronze Age Levant, in: Antiquity 36, 1962, 287ff.

Merrillees 1971 R.S. Merrillees, The Early History of Late Cypriote I, in: Levant 3, 1971, 56ff.

Merrillees 1974 R.S. Merrillees, Trade and Transcendence in the Bronze Age Levant: Cypriote Relations in the Bronze Age, in: SIMA 39 (1974)

Merrillees 1985 R.S. Merrillees, A Late Cypriote Bronze Age Tomb and its Asiatic Connections, in: J.N. Tubb, Palestine in the Bronze and Iron Ages, Papers in Honour of O. Tufnell (1985) 114ff.

Merrillees 1999 R.S. Merrillees, How the Acients got High, in: Odyssey/Archaeology 2, Winter 1999, Heft 1, 21ff. (zum bronzezeitlichen Opiumhandel)

Montelius 1892 O. Montelius, Die Bronzezeit im Orient und in Griechenland (1892), s. hierzu: H.-G. Buchholz, Montelius, Griechenland und die deutsche Archäologie, in: Oscar Montelius 150 Years, Konferenser 32, Kungl. Vitterhets Historie och Antikvitets Akademien Stockholm (1995) 41ff.; ebd. 77ff.: P. Åström, An unpublished Manuscript by O. Montelius on Cyprus.

Morris 1990 S.P. Morris, Greece and the Levant, in: JMA 3, 1990, 57ff.

Morris s. Crouwel-Morris 1986

Muhly 1973 J.D. Muhly, Copper and Tin, the Distribution of Mineral Resources and the Nature of the Metals Trade in the Bronze Age, in: Transactions of the Connecticut Academy of Arts and Sciences 43, 1973, 155ff.248ff. 271ff. (auch zusammengefaßt in einem Sonderband erhältlich)

Müller-Karpe 1982 H. Müller-Karpe (Hrsg.), Zur geschichtlichen Bedeutung der frühen Seefahrt. Kolloquien zur Allgemeinen und Vergleichenden Archäologie 2 (1982)

Negbi 1981 O. Negbi, Were there Connections between the Aegean and Levant at the Period of the Shaft Graves ?, in: TUAS 6, 1981, 46f.

Nikolaou 1972 (1973) K. Nikolaou, The First Mycenaeans in Cyprus, in: Symposium Nikosia 1972 (1973) 51ff.

Nikolaou 1982 K. Nikolaou, The Mycenaeans in the East, in: Studies in the History and Archaeology of Jordan, Band I (1982) 121ff.

Nilsson 1949 M.P. Nilsson, Oriental Import in Minoan and Mycenaean Greece, in: Archiv Orientalny 2, 1949, 210ff.

Oren 1988 E.D. Oren, New Evidence for the End of the Aegean Bronze Age Imports in the East Mediterranean, in: E. French-K.A. Wardle, Problems in Greek Prehistory (1988) 33ff.

Otto 1997 Brinna Otto, König Minos und sein Volk, das Leben im alten Kreta (1997)

Pacci 1984 (1986) M. Pacci, Presenze Micenee a Cipro, in: Tagung Palermo 1984 (1986) 335ff.

Palaima 1991 Th.G. Palaima, Linear-B-Evidence for the Mycenaean Use of the Sea (Vortrag), s. AJA 95, 1991, 324f.

Papadopoulos 1982 (1985) Th. Papadopoulos, The Problem of Relations between Achaea and Cyprus in the Late Bronze Age, in: 2. Kongreß 1982 (1985) 141ff.

Papadopoulos 1998 Th. Papadopoulos, The Late Bronze Age Daggers of the Aegean / The Greek Mainland, in: PBF VI/11 (1998)

Palumbo s. Gregori-Palumbo 1984 (1986)

Patzek 1996 B. Patzek, Homer und der Orient, in: Vom Halys zum Euphrat, Gedenkschrift Th. Beran (1996) 215ff.

Perlman s. Dothan-Perlman-Asaro 1971

Philip 1991 G. Philip, Cypriot Bronzework in the Levantine World; Conservatism, Innovation and Social Change, in: Journal of Mediterranean Archaeology 4, 1991, 59ff.

Phythyon 1980 R. Phythyon, Considerations in Minoan Contacts at the Beginning of the Late Bronze Age, in: TUAS 5, 1980, 61ff.

Pini 1979 I. Pini, Cypro-Aegean Cylinder Seals, in: Symposium Nikosia 1978 (1979) 121ff.

Pini 1980 I. Pini, Kypro-Ägäische Rollsiegel, in: JdI 95, 1980, 77ff.

Pini 1983 I. Pini, Mitanni-Rollsiegel des "Common Style" aus Griechenland, in: PZ 58, 1983, 114ff.

Platon 1988 E.M. Platon, The Workshops and Working Areas of Minoan Crete; the Evidence of the Palace and Town of Zakros for a Comparative Study, Diss. Bristol 1988

Podzuweit 1986 (1987) Chr. Podzuweit, Zypern am Übergang von Spätkyprisch II C zu III A, in: Kolloquium zur ägäischen Vorgeschichte, Mannheim 1986 (1987) 185ff.

Porada 1978 (1979) E. Porada, A Theban Cylinder Seal in Cypriot Style with Minoan Elements, in: Symposium Nikosia 1978 (1979) 111ff.

Porada 1981/82 E. Porada, The Cylinder Seals found at Thebes in Boeotia, in: AfO 28, 1981/82, 1ff.

Portugali-Knapp 1985 Y. Portugali-A.B. Knapp, Cyprus and the Aegean; a Spatial Analysis of Interaction in the 17th - 14th Centuries B.C., in: A.B. Knapp-T. Stech, Prehistoric Production and Exchange, the Aegean and the Eastern Mediterranean. UCLA Inst. of Arch. Monograph 25 (1985) 44ff.

Pouilloux 1985 J. Pouilloux, Chypre entre l'Orient et l'Occident, Fondation Culturelle de la Banque de Chypre, Nicosie Nr. 1 (1985)

Poulsen 1912 F. Poulsen, Der Orient und die frühgriechische Kunst (1912, unveränderter Nachdruck 1968)

Prignaud 1964 J. Prignaud, Caftorim et Kerétim, in: Revue Biblique 71, 1964, 215ff.

Pruß s. Genz-Pruß-Quack 1994

Pulak 1997 C. Pulak, The Uluburun-Shipwreck, in: Res Maritimae, Cyprus and the Eastern Mediterranean, Symposium Nikosia 1994 (1997) 223ff.

Pulak 1998 C. Pulak, The Uluburun shipwreck, an overview, in: IJNA 27, 1998, 188ff. (mit neuester Bibliographie)

Quack s. Genz-Pruß-Quack 1994

Rainey 1963 A.F. Rainey, Business Agents at Ugarit, in: IEJ 13, 1963, 313ff.

Rainey 1963 A.F. Rainey, A Canaanite at Ugarit, in: IEJ 13, 1963, 43ff.

Rehak-Younger 1998 P. Rehak-J.G. Younger, Review of Aegean Prehistory, Neopalatial, Final Palatial and Postpalatial Crete, in: AJA 102, 1998, 91ff.

Riis 1973 P.J. Riis, The Mycenaean Expansion in the Light of the Danish Excavations at Hama and Sukas, in: Symposium Nikosia 1972 (1973) 198ff.

Rutter 1993 J. Rutter, Review of Aegean Prehistory, the Prepalatial Bronze Age of the Southern and Central Greek Mainland, in: AJA 97, 1993, 745ff.

Sandars 1978 N. Sandars, The Sea People (1978)

Sarianidi 1971 V.I. Sarianidi, The Lapis Lazuli Route in the Ancient East, in: Archaeology 24, 1971, 12ff.

Sasson, Maritime Involvement 1966 J.M. Sasson, Canaanite Maritime Involvement in the Second Millennium B.C., in: JAOS 86, 1966, 126ff.

Sasson, Economic Relations 1966 J.M. Sasson, A Sketch of North Syrian Economic Relations in the Middle Bronze Age, in: JESHO 9, 1966, 161ff.

Sayce 1927 A.H. Sayce, Crete in Babylonian and Old Testament Texts, in: Festschrift Evans 107ff.

Sayce 1931 A.H. Sayce, The Home of the Keftiu, in: JHS 51, 1931, 286ff.

Schachermeyr 1960 F. Schachermeyr, Das Keftiu-Problem und die Frage des ersten Auftretens einer griechischen Herrenschicht im minoischen Kreta, in: ÖJh 45, 1960, 44ff.

Schachermeyr 1967 F. Schachermeyr, Ägäis und Orient (1967)

Schachermeyr 1982 F. Schachermeyr, Die Ägäische Frühzeit V. Die Levante (1982)

Schäfer 1998 J. Schäfer, Die Archäologie der altägäischen Hochkulturen (1998)

Schaeffer 1937 C.F.A. Schaeffer, Die Stellung Ras Schamra-Ugarits zur kretischen und mykenischen Kultur, in: JdI 52, 1937, 139ff.

Schaeffer 1939 C.F.A. Schaeffer, Ras Schamra-Ugarit et le Monde Egéen, in: Ugaritica I (1939) 53ff.

Schaeffer 1978 C.F.A. Schaeffer-Forrer, Ex Occidente Ars, in: Ugaritica VII (1978) 475ff.

Schauer 1983 P. Schauer, Orient im spätbronze- und früheisenzeitlichen Occident, in: JbRGZM 30, 1983, 175ff.

Schefold 1955 K. Schefold, Unbekanntes Asien in Alt-Kreta, in: Die Welt als Geschichte 15, 1955, 1ff.

Schretter 1974 M.K. Schretter, Alter Orient und Hellas. Fragen der Beeinflussung griechischen Gedankengutes aus altorientalischen Quellen, dargestellt an den Göttern Nergal, Rescheph, Apollon (1974)

Segert 1958 St. Segert, Ugarit und Griechenland, in: Das Altertum 4, 1958, 67ff.

Severyns 1960 A. Severyns, Grèce et Proche-Orient avant Homère (1960)

Sherratt-Crouwel 1987 S. Sherratt-J. H. Crouwel, Mycenaean Pottery from Cilicia in Oxford, in: OJA 6, 1987, 325ff.

Sherratt 1992 S. Sherratt, Cypriot Pottery of Aegean Type in LC II/III, Problems of Classification, Chronology and Interpretation, in: Cypriot Ceramics, Reading the Prehistoric Record, Univ. Mus. Philadelphia-Monograph 74 (1992)

Sjöqvist 1940 E. Sjöqvist, Problems of the Late Cypriote Bronze Age (1940)

Smith 1965 S. Smith, Interconnections in the Ancient Near East (1965), mit Rez. H. Kyrieleis, Gnomon 40, 1968, 481ff.

Soles s. Davaras-Soles 1997

Stampolides-Karetsou 1998 N.Ch. Stampolides-A. Kartesou (Hrsg.), Anatolike Mesogeios. Kypros - Dodekanesa - Krete, 16os - 6os ai. p. Chr. (Neugriechisch, Ausstellungskatalog, Herakleion, Arch. Mus., 1998)

Stech s. Knapp-Stech 1985

Stewart 1963 J.R. Stewart, The Tomb of the Seafarer at Karmi in Cyprus, in: OpAth 4, 1963, 197ff.

Stos-Gale und Gale 1990 Z.A. Stos-Gale-N.H. Gale, The Role of Thera in the Bronze Age Trade of Metals, in: Thera and the Aegean World III/1 (1990) 72ff.

Strange, Caphtor 1980 J. Strange, Caphtor/Keftiu, a New Investigation (1980)

Strøm 1980 I. Strøm, Middle Minoan Crete, a Re-Consideration of some of its External Relations, in: Kongreß Amsterdam 1980, 105ff.

Strøm 1984 I. Strøm, Aspects of Minoan foreign Relations, LM I -LM II, in: R. Hägg-N. Marinatos, The Minoan Thalassocracy, Myth and Reality (1984) 191ff.

Stubbings 1951 F.H. Stubbings, Mycenaean Pottery from the Levant (1951)

Stubbings, CAH 1975 F.H. Stubbings, The Expansion of Mycenaean Civilization, in: CAH II 2, 3. Aufl. (1975) 165ff.

Theodorou s. Mantzourani-Theodorou 1991

Thomsen 1924 P. Thomsen, Ägäischer Einfluß auf Palästina-Syrien, in: M. Ebert, Reallexikon der Vorgeschichte I (1924) 44ff.

Uchitel 1988 A. Uchitel, The Archives of Mycenaean Greece and the Ancient Near East, in: Orientalia Lovaniensia Analecta 23, 1988, 19ff.

Vanschoonwinkel 1991 J. Vanschoonwinkel, L'Egee et la Méditerranée Orientale à la Fin du 2e Millénaire, Témoinages Archéologiques et Sources Ecrites (1991)

Vermeule-Wolsky 1978 E.T. Vermeule-F. Wolsky, New Aegean Relations with Cyprus, the Minoan and Mycenaean Pottery from Toumba tou Skourou, in: Proceedings of the American Philosophical Society 122 (1978) Heft 5, 294ff.

Vermeule 1980 E.T. Vermeule, Minoan Relations with Cyprus, the Late Minoan I Pottery from Toumba tou Skourou, in: TUAS 5, 1980, 22ff.

Villard 1986 P. Villard, Un Roi de Mari à Ugarit, in: UF 18, 1986, 387ff.

Wace-Blegen 1939 A.J.B. Wace-C.W. Blegen, Pottery as Evidence for Trade and Colonisation in the Aegean Bronze Age, in: Klio N.F. 14, 1939, 131ff.

Wace 1956 A.J.B. Wace, in: The Aegean and the Near East, Festschrift für H. Goldman (1956) 133f. (zum Schwert des Merneptah in Ras Schamra)

Warren s. Hankey-Warren 1974

Warren 1967 P. Warren, Minoan Stone Vases as Evidence for Minoan Foreign Connections in the Aegean Late Bronze Age, in: PPS 33, 1967, 37ff.

Warren 1987 P. Warren, Absolute Dating of the Aegean Late Bronze Age, in: Archaeometry 29, 1987, 205ff.

Warren-Hankey 1989 P. Warren-V. Hankey, Aegean Bronze Age Chronology (1989)

Warren, Merchant Class 1989 (1991) P. Warren, A Merchant Class in Bronze Age Crete ?, in: Conference Oxford 1989 (1991) 295ff.

Warren, Knossos 1989 (1991) P. Warren, The Destruction of the Palace of Knossos, in: Symposium Larnaka 1989 (1991) 33ff.

Warren 1998 P. Warren, The Aegean and the Limits of Radiocarbon Dating, in: K. Randsborg, ActaArch 1998 (im Druck)

Warren, Absolute Chronology 1998 P. Warren, Aegean Late Bronze Age 1-2 Absolute Chronology, Some New Contributions, in: Colloquium Medford 1995 (1998) 323ff.

Was 1977 D.A. Was, Byblos in a Minoan Text, in: Minos 16, 1977, 7ff.

Waterhouse 1965 S.D. Waterhouse, Syria in the Amarna Age, a Borderland between Conflicting Empires; Ph.D.-Diss. Univ. of Michigan (1965)

Watrous 1985 L.V. Watrous, Late Bronze Age Kommos; Imported Pottery as Evidence for Foreign Contact, in: Scripta Mediterranea 6, 1985, 7ff.

Weber 1966 C.Ph. Weber, The Foreign Relations of Ugarit; Ph.D.-Diss. Brandeis Univ., Massachusetts (1966)

Weippert 1981 M. Weippert, Kaphtor, in: RAss VI (1981) 226ff.

Werner 1967 R. Werner, Neu gesehene Zusammenhänge im Ostmittelmeerraum des zweiten vorchristl. Jahrtausends, in: Asiatische Studien 21, 1967, 82ff.

Werner 1982 R. Werner, Cypern als Kreuzungspunkt orientalisch-griechischer Kulturbegegnung, in: Begegnungsräume von Kulturen. Schriftenreihe des Zentralinstituts f. Fränk. Landeskunde und allgemeine Regionalforschung der Univ. Erlangen-Nürnberg 21, 1982, 1ff.

Whittaker 1997 H. Whittaker, Mycenaean Cult Buildings. A Study of Their Architecture and Function in the Context of the Aegean and the Eastern Mediterranean. Bergen 1997

Wiener 1991 M.H. Wiener, The Nature and Control of Minoan Foreign Trade, in: Konferenz Oxford 1989 (SIMA 90, 1991) 325ff.

Wolsky s. Vermeule-Wolsky

Yamauchi 1967 E.M. Yamauchi, Greece and Babylon; Early Contacts between the Aegean and the Near East (1967)

Yannai 1983 A. Yannai, Studies on Trade between the Levant and the Aegean in the 14th to 12th Cent. B.C., unpubl. Diss. Oxford (1983)

Yon 1997 M. Yon, La Cité d'Ougarit sur le Tell de Ras Shamra (1997)

Zouhdi 1971 B. Zouhdi, Les Influences Réciproques entre l'Orient et l'Occident, d'après les Bijoux du Musée National de Damas, in: AAS 21, 1971, 95ff.

Zwicker-Gale 1986 U. Zwicker-N.H. und Z.A. Gale, The Copper Trade in the East Mediterranean Region, in: RDAC 1986, 122ff.

2. Ausgewählte Literatur zu Ägypten — Levanteküste, Ägypten — Zypern und Ägypten — Griechenland

Hierzu sind die Anmerkungen in den betreffenden Textteilen besonders zu beachten, die anschließende Selektion ist aus Gründen des Hauptthemas stark eingeschränkt, doch verfügen viele der genannten Bücher gerade zu den ägyptischen Beziehungen über große Bibliographien. Einige räumlich übergreifende Titel finden sich auch im ersten Abschnitt "Östliches Mittelmeer und Ägäis".

Allen s. Wiener-Allen 1998

Bell 1982 M.R. Bell, Mycenaean Pottery from Deir el-Medina, in: ASAE 68, 1982, 143ff.

Bietak 1995 M. Bietak, Connections between Egypt and the Minoan World, New Results from Tell el-Daba / Avaris, in: W.V. Davies - L. Schofield, Egypt, the Aegean and the Levant, Interconnections in the Second Millennium (1995) 19ff.

Brown 1975 R.A. Brown, A Provisional Catalogue and Commentary of Egyptian and Agyptianizing Artefacts found on Greek Sites, Diss. Univ. of Minnesota 1975

Buchholz 1974 s. oben, Abschnitt 1 dieser Bibliographie

Cline 1987 E. Cline, Amenotep III and the Aegean, a Reassessment of Egypto-Aegean Relations in the 14th Century B.C., in: Orientalia 56, 1987, 1ff.

Davies-Faulkner 1947 N. de G. Davies-R.O. Faulkner, A Syrian Trading Venture to Egypt, in: JEA 33, 1949, 40ff. Taf. 8

Davies-Schofield 1995 W.V. Davies-L. Schofield (Hsg.), Egypt, the Aegean and the Levant; Interconnections in the 2nd Millennium B.C. (1995)

Edel 1966 E. Edel, Die Ortsnamenlisten aus dem Totentempel Amenophis' III. (1966); dazu Buchholz 1970 (137ff.) und Buchholz 1974 (460f.) im 1. Abschnitt dieser Bibliographie; ferner M.C. Astour, AJA 70, 1966, 313ff.; E. Edel-M. Mayrhofer, Orientalia 40, 1971, 1ff.; P. Faure, Kadmos 7, 1968, 138ff.; H. Goedicke, WZMorg 62, 1969, 285f.; W. Helck, GGA 221, 1969, 72ff.; T.G.H. James, BICS 18, 1971, 144ff.; K.A. Kitchen, BiOr 26, 1969, 198ff.; B. Sergent, La Liste de Kom El-Hetan et le Péloponnèse, in: Minos 15, 1976, 126ff.; 16, 1977, 170ff.; E. Winter, Beiträge zur Namensforschung 5, 1970, 64

Edel 1976 E. Edel, Ägyptische Ärzte und ägyptische Medizin am hethitischen Königshof, in: Rhein.-Westf. Akademie der Wiss., Vorträge G 205 (1976)

Edel 1980 E. Edel, A Kamares Vase from Qubbet el-Hawa, near Aswan, in: B.J. Kemp-R.S. Merrillees, Minoan Pottery in Second Millennium Egypt (1980) 215ff.

Faulkner s. Davies-Faulkner

Fuscaldo 1999 P. Fuscaldo, Tell el-Dab'a X. The Citadel of Avaris. The Pottery of the Hyksos Period from Area H/III, Part I, Locus 66. Denkschriften der Gesamtakademie, Bd. 17, Untersuchungen der Zweigstelle Kairo des Österreichischen Archäologischen Instituts, Bd. 16 (1999)

Haider 1988 P.W. Haider, Griechenland - Nordafrika, ihre Beziehungen zwischen 1500 und 600 v.Chr. (1988)

Haider 1989 P.W. Haider, Zu den ägyptisch-ägäischen Handelsbeziehungen zwischen ca. 1370 und 1200 v.Chr., in: Münsterische Beiträge zur Antiken Handelsgeschichte 8, 1989, 1ff.

Hankey, Aegean Deposit 1972 V. Hankey, The Aegean Deposit at El-Amarna, in: Kongreß Nikosia 1969 (1972) 128ff.

Hankey-Tufnell 1973 V. Hankey-O. Tufnell, The Tomb of Maket and its Mycenaean Import, in: BSA 68, 1973, 103ff.

Hankey 1981 V. Hankey, The Aegean Interest in El Amarna, in: Journal of Mediterranean Anthropology and Archaeology 1, 1981, Nr. 1, 38ff.

Hankey 1993 V. Hankey, A Theban 'Battle Axe´, Queen Aahotpe and the Minoans, in: Minerva 4, 1993, Nr. 3, 13f.

Helck 1970 W. Helck, Ein Indiz früher Handelsfahrten syrischer Kaufleute, in: UF 2, 1970, 35ff.

Helck 1971 W. Helck, Die Beziehungen Ägyptens zu Vorderasien im 3. und 2. Jahrtausend v.Chr. (2. Aufl., 1971)

Helck 1977 W. Helck, Ägypten und die Ägäis im 16. Jahrhundert v.Chr., Chronologisches und Archäologisches, in: Jahresbericht des Inst. für Vorgeschichte, Univ. Frankfurt/M. 1977, 7ff.

Helck 1983 W. Helck, Die Fahrt von Ägypten nach Kreta, in: MDIK 39, 1983, 81ff.

Hiller 1994/95 St. Hiller, Die Schachtgräber von Mykene in ägyptischem Kontext, in: Minos 29/30, 1994/95, 7ff.

Hölbl 1984 (1987) G. Hölbl, Zur kulturellen Stellung der Aegyptiaca in der mykenischen und frühgriechischen Welt, in: Forschungen zur ägäischen Vorgeschichte; Das Ende der myken. Welt, Akten des int. Kolloquiums in Köln 1984 (1987) 123ff.

Holmes 1973 Y.L. Holmes, Egypt and Cyprus, Late Bronze Age Trade and Diplomacy, in: H.A. Hoffner, Orient and Occident. Essays Presented to C.H. Gordon on the Occasion of his 65th Birthday (1973) 91ff.

Jacobsson 1994 I. Jacobsson, Aegyptiaca from Late Bronze Age Cyprus (SIMA 112, 1994)

Jaeger-Krauss 1990 B. Jaeger-R. Krauss, Zwei Skarabäen aus der mykenischen Fundstelle Panaztepe, in: MDOG 122, 1990, 153ff.

Karageorghis 1995 V. Karageorghis, Relations between Cyprus and Egypt, 2nd Intermediate Period and 18th Dynasty, in: Ägypten und Levante 5, 1995, 73ff.

Kemp-Merrillees 1980 B.J. Kemp-R.S. Merrillees, Minoan Pottery in Second Millennium Egypt (1980)

Kitchen 1969 K.A. Kitchen, Interrelations of Egypt and Syria, in: M. Liverani, La Siria nel Tardo Bronzo. Orientis Antiqui Collectio 9, 1969, 77ff.

Leclant 1996 J. Leclant, L'Égypte et l'Égée au 2nd millénaire, in: Kongreß Rom-Neapel 1991, Band II (1996) 613ff.

Lipiński 1977 E. Lipiński, An Ugaritic Letter to Amenophis III Concerning the Trade with Alašiya, in: Iraq 39, 1977, 213ff.

Marinatos 1998 N. Marinatos, The Tell el-Da'ba Paintings, a Study in Pictorial Tradition, in: Ägypten und Levante 8, 1998, 83ff.

Matthäus 1995 H. Matthäus, Representations of Keftiu in Egyptian Tombs and the Absolute Chronology of the Aegean Late Bronze Age, in: BICS 1995, 177ff.

Merrillees 1968 R.S. Merrillees, The Cypriote Bronze Age Pottery Found in Egypt, SIMA 18 (1968), dazu ders., in: RDAC 1975, 81ff.

Merrillees 1972 R.S. Merrillees, Aegean Bronze Age Relations with Egypt, in: AJA 76, 1972, 281ff.

Merrillees-Winter 1972 R.S. Merrillees-J. Winter, Bronze Age Trade between the Aegean and Egypt; Minoan and Mycenaean Pottery in the Brooklyn Museum, in: Miscellanea Wilbouriana 1, 1972, 101ff.

Merrillees 1980 R.S. Merrrillees-J. Evans, An Essay in Provenance, the Late Minoan IB-Pottery from Egypt, in: Berytus 28, 1980, 1ff.

Merrillees s. Kemp-Merrillees 1980

Merrillees 1998 R.S. Merrillees, Egypt and the Aegean, in: E.H. Cline - D. Harris-Cline, Symposium Cincinnati 1997 (1998) 149ff.

Muhly 1991 J. Muhly, Egypt, the Aegean and Late Bronze Age Chronology in the Eastern Mediterranean, in: Journal of Mediterranean Archaeology 4, 1991, 235ff.

Osing 1992 J. Osing, La Liste des Toponymes Égéens au Temple Funéraire d'Aménophis III, in: Aspects de la Culture Pharaonique (1992) 25ff.

Pendlebury 1930 J.D.S. Pendlebury, Aegyptiaca (1930)

Pendlebury 1951 J.D.S. Pendlebury, Egypt and the Aegean, in: Studies presented to D.M. Robinson I (1951) 184ff.

Phelps 1978 T. Phelps, A Re-Evaluation of the Mycenaean Pottery Sherds from Tell-el-Amarna. Magisterarbeit Univ. of Michigan (1978)

Phillips 1991 J.S. Phillips, The Impact and Implications of the Egyptian and Egyptianizing Material found in Bronze Age Crete, 3000-1100 B.C., 2 Bände, Diss. Toronto (1991)

Phillips, Egypt 1991 J. Phillips, Egypt in the Aegean During the Middle Kingdom, in: Studien zur altägyptischen Kultur, Beiheft 4, 1991, 319ff.

Podzuweit 1994 C. Podzuweit, Bemerkungen zur mykenischen Keramik von Tell el-Amarna, in: Festschrift für O.-H. Frey zum 65. Geburtstag (1994) 457ff.

Quack 1996 J.F. Quack, *kft'w* und *i'śy*, in: Ägypten und Levante 6, 1996, 75ff.

Rainey 1996 A.F. Rainey, Canaanite in the Amarna Tablets, a Linguistic Analysis of the Mixed Dialects used by Scribes from Canaan, in: Handbuch der Orientalistik, 1. Abt. (1996)

Roeder 1924 G. Roeder, Ägäischer Einfluß auf Ägypten, in: M. Ebert, Reallexikon der Vorgeschichte I (1924) 39ff.

Schofield s. Davies-Schofield 1995

Schofield-Parkinson 1994 L. Schofield - R.B. Parkinson, Of Helmets and Heretics, a Possible Egyptian Representation of Mycenaean Warriors on a Papyrus from El-Amarna, in: BSA 89, 1994, 157ff.

Smith s. Smith 1965 im 1. Abschnitt dieser Bibliographie

Steindorff 1892 G. Steindorff, Ägypten und die mykenische Kultur, in: AA 1892, 11ff.

Tufnell s. Hankey-Tufnell 1973

Tiradriti s. Vincentelli-Tiradriti 1984 (1986)

Uphill 1984 E. Uphill, User and his Place in Egypto-Minoan History, in: BICS 31, 1984, 213ff.

Vercoutter 1956 J. Vercoutter, L'Egypte et le Monde Égéen Préhellénique (1956)

Vincentelli-Tiradriti 1984 (1986) I. Vincentelli-F. Tiradriti, La Presenza Egea in Egitto, in: Tagung Palermo 1984 (1986) 327ff.

Wachsmann 1987 S. Wachsmann, Aegeans in the Theban Tombs (1987)

Walberg 1991 G. Walberg, A Gold Pendant from Tell el-Daba, in: Ägypten und Levante 2, 1991, 111ff.

Ward 1961 W.A. Ward, Egypt and the East Mediterranean in the Early 2nd Millennium B.C., in: Orientalia Nova Series 30, 1961, 24ff. und 120ff.

Ward 1971 W.A. Ward, Egypt and the East Mediterranean World 2200-1900 B.C. (1971), mit Rez. von W.F. Leemans, in: JESHO 21, 1978, 210ff.

Warren s. Hankey-Warren 1974 (Abschnitt 1)

Warren 1985 P. Warren, The Aegean and Egypt, Matters for Research, in: Discussions in Egyptology 2, 1985, 61ff.

Warren 1995 P. Warren, Minoan Crete and Pharaonic Egypt, in: W.V. Davies-L. Schofield, Egypt, the Aegean and the Levant (1995) 1ff.

Weinstein 1975 J. Weinstein, Egyptian Relations with Palestine in the Middle Kingdom, in: BASOR 217, 1975, 1ff.

Weinstein 1989 J. Weinstein, The Gold Scarab of Nefertiti from Ulu Burun and its Implications for Egyptian History and Egyptian-Aegean Relations, in: AJA 93, 1989, 17ff.

Wiener-Allen 1998 M.H. Wiener - J.P. Allen, Separate Lives, the Amose Tempest Stela and the Theran Eruption, in: JNES 57, 1998, 1ff.

Winter s. Merrillees-Winter 1972

3. Anatolien — Ägäis

Dier hier mitgeteilte ausgewählte Literatur findet Anschluß an meine kleine Bibliographie in Buchholz, Schwertweihung 1994, und an die relativ ausführliche Literaturzusammenstellung bei Ünal 1991 (s. unten).

Astour 1989 M.C. Astour, Hittite History and Absolute Chronology of the Bronze Age (1989)

Åström 1986 P. Åström, in: P.A. Mountjouy, Mycenaean Decorated Pottery (1986) 226ff., Bibliographie: Italien, Kleinasien, Zypern und Naher Osten

Bammer 1986/87 A. Bammer, Ephesos in der Bronzezeit, in: ÖJh 57, Beiblatt, 1986/87, 138ff.

Baran s. Gültekin-Baran 1964

Beckman 1992 G.M. Beckman, Hittite Administration in Syria in the Light of Texts from Ḫattuša, Ugarit and Emar, in Bibliotheca Mesopotamica 25, 1992, 41ff.

Bittel 1976 K. Bittel, Das zweite vorchristliche Jahrtausend im östlichen Mittelmeer und im Vorderen Orient, Anatolien und Ägäis, in: Gymnasium 83, 1976, 513ff.

Boardman 1966 J. Boardman, Hittite and Related Hieroglyphic Seals from Greece, in: Kadmos 5, 1966, 47ff. und ebendort S. 58ff.: P. Meriggi, Vermutliche hieroglyphisch-hethitische Siegel aus der Ägäis

Boysal 1967 Y. Boysal, Anatolia 11, 1967, 31ff.

Bouzek 1997 J. Bouzek, Greece, Anatolia and Europe, Cultural Interrelations during the Early Iron Age (1997)

Brice 1989a T.R. Brice, The Nature of Mycenaean Involvement in Western Anatolia, in: Historia 38, 1989, 1ff.

Brice 1989b T.R. Brice, Ahhiyawans and Mycenaeans, an Anatolian Viewpoint, in: OJA 8, 1989, 297ff.

Buchholz 1974 s. 1. Abschnitt dieser Bibliographie

Buchholz, Methymna H.-G. Buchholz, Methymna (1975) 84ff.121ff.

Buchholz, Anatolien 1987 H.-G. Buchholz, Einige frühe Metallgeräte aus Anatolien, in: APA 19, 1987, 37ff.

Buchholz, Schwertweihung H.-G. Buchholz, Eine hethitische Schwertweihung, in: Journal of Prehistoric Religion 8, 1994, 20ff., mit Bibliographie

Canby 1969 J. Canby, Some Hittite Figurines in the Aegean, in: Hesperia 38, 1969, 141ff.

Carruba 1962 O. Carruba, Wo lag Aḫḫijawa?, in: Conte Rendue, 11e Rencontre d'Assyriologie Internationale, Leiden 1962 (1964) 38ff.; dazu P. Calmeyer, BJbV 2, 1962, 245

Carruba 1995 O. Carruba, Aḫḫiya e Aḫḫiyawā, la Grecia e l'Egeo, in: Studio Historiae Ardens, Ancient Near Eastern Studies Presented to Ph.H.J. Houwink ten Cate (1995) 7ff.

Cassola 1957 F. Cassola, La Ionia nel Mondo Miceneo (1957) und Rez. von M. Mellink, AJA 63, 1959, 294f.

Cline 1991 E. Cline, A Possible Hittite Embargo Against the Mycenaeans, in: Historia 40, 1991, 1ff.

Cline 1996 E.H. Cline, Assuwa and the Achaeans, the 'Mycenaean' Sword at Hattusas and its Possible Implications, in: BSA 91, 1996, 137ff.

Crossland 1980 R.A. Crossland, The Mystery of Aḫḫiyawa, in: ILN 268, Nr. 2986, Sept. 1980, 85f.

Davies 1982 J.L. Davies, The Earliest Minoans in the South-East Aegean, in: AnatStud 32, 1982, 33ff.

De Martino 1996 S. De Martino, L'Anatolia Occidentale nel Medio Regno Ittita (1996)

Easton 1984 D.F. Easton, Hittite History and the Trojan War, in: L. Foxhall-J.K. Davies, The Trojan War (1984) 23ff. 57ff.

Forlanini 1977 M. Forlanini, L'Anatolia Nordoccidentale ..., in: SMEA 18, 1977, 197ff.

French 1973 (1978) E. French, Who were the Mycenaeans in Anatolia ?, in: Proceedings of the 10th Int. Congress of Classical Archaeology, Band I, Ankara-Izmir 1973 (1978) 165ff.

Freu 1979 J. Freu, Les Débuts du Nouvel Empire Hittite et les Origines de l'Expansion Mycénienne, in: Annales de la Faculté des Lettres et Sciences Humaines de Nice 35, 1979, 7ff.

Georgakas 1969 D.J. Georgakas, The Name "Asia" for the Continent, its History and Origin, in: Names 17, 1969, 1ff. mit Rez. von G. Neumann, Beiträge zur Namensforschung, N.F. 5, 1970, 323ff.

Gödecken 1988 K.B. Gödecken, A Contribution to the Early History of Miletus, in: E. French-K.A. Wardle, Problems in Greek Prehistory (1988) 307ff.

Gültekin-Baran 1964 H. Gültekin-M. Baran, The Mycenaean Grave Found at the Hill of Ayasoluk, Ephesos, in: TAD 13, 1964, 125

Güterbock 1983 H.G. Güterbock, The Hittites and the Aegean World, the Ahhiyawa Problem Reconsidered, in: AJA 87, 1983, 133ff.

Güterbock 1984 H.G. Güterbock, Hittites and Achaeans, in: ProcPhilSoc 128, 1984, 114ff.

Güterbock 1988 H.G. Güterbock, Gnomon 60, 1988, 360f., Rez. von F. Schachermeyr, Mykene und das Hethiterreich

Hanfmann-Waldbaum 1968 G. Hanfmann-J.C. Waldbaum, Two Sub-Mycenaean Vases and a Tablet from Stratonikeia in Caria, in: AJA 72, 1968, 51ff.

Hawkins-Easton 1996 J.D. Hawkins-Easton, A Hieroglyphic Seal from Troia, in: Studia Troica 6, 1996, 111ff.

Hiller 1975 St. Hiller, *Ra-mi-ni-ja*, mykenisch-kleinasiatische Beziehungen und die Linear B-Texte, in: Živa Antika 25, 1975, 388ff.

Holmes 1973 Y.L. Holmes, Egypt and Cyprus, Late Bronze Age Trade and Diplomacy, in: Hoffner 1973, 91ff.

Houwink ten Cate 1970 (1973) Ph.H. Houwink ten Cate, Anatolian Evidence for Relations with the West in the Late Bronze Age, in: Kongreß Sheffield 1970 (1973) 143ff. (mit ausführlicher Bibliographie)

Huxley 1960/1967 G.L. Huxley, Achaeans and Hittites (1960/1967)

Košak 1980 S. Košak, The Hittites and the Greeks, in: Linguistica 20, 1980, 35ff.

Kretschmer 1924 P. Kretschmer, Alaksandus, König von Vilusa, in: Glotta 13, 1924, 205ff.

Kretschmer 1954 P. Kretschmer, Achäer in Kleinasien zur Hethiterzeit, in: Glotta 33, 1954, 1ff.

Laroche 1955 E. Laroche, Importations Myceniennes à Boğazköy ?, in: Minos 3, 1955, 8f.

Lebrun 1980 R. Lebrun, Considerations sur l'Expansion Occidentale de la Civilisation Hittite, in: OLP 11, 1980, 69ff.

Leskey 1954 A. Leskey, Zum hethitischen und griechischen Mythos, in: Eranos 52, 1954, 9ff.

Macqueen 1968 J.G. Macqueen, Geography and History in Western Asia Minor in the 2nd Millennium, in: AnatStud 18, 1968, 185ff.

Macqueen 1986 J.G. Macqueen, The Hittites and their Contemporaries in Asia Minor (1986/1996)

Marazzi 1984 (1986) M. Marazzi, Gli 'Achei' in Anatolia, un Problema di Metodologia, in: Tagung Palermo 1984 (1986) 391ff.

Marchese 1978 R.T. Marchese, Late Mycenaean Ceramic Finds in the Lower Maeander River Valley and a Catalogue of Late Bronze Age Painted Motifs from Aphrodisias, in: ArchJ 135, 1978, 33ff.

Martino s. De Martino

Matz 1957 F. Matz, Zu den Sphingen vom Yerkapu in Boğazköy, in: MWPr 1957, 1ff.

Mee 1978 C. Mee, Aegean Trade and Settlement in Anatolia in the Second Millennium B.C., in: AnatStud 28, 1978, 121ff.

Mee 1980 s. im 1. Abschnitt dieser Bibliographie

Mee 1982 s. im 1. Abschnitt dieser Bibliographie

Melas 1983 E.M. Melas, Minoan and Mycenaean Settlement in Kasos and Karpathos, in: BICS 30, 1983, 53ff. Und bereits: Karpathos in the Bronze Age, bzw. New Evidence for the Minoan Colonization of Karpathos, in: Karpathiakai Meletai 1, 1979, 131ff. und 2, 1981, 99ff.

Melas 1985 E.M. Melas, The Islands of Karpathos, Saros and Kasos in the Neolithic and Bronze Age (1985)

Mellaart 1958 J. Mellaart, The End of the Bronze Age in Anatolia and the Aegean, in: AJA 62, 1958, 21ff.

Mellaart 1968 J. Mellaart, Anatolian Trade with Europe and Anatolian Geography and Cultural Provinces in the Late Bronze Age, in: AnatStud 18, 1968, 187ff.

Mellaart 1982 J. Mellaart, The Political Geography of Western Anatolia During the Late Bronze Age; Who lived Where?, in: AfO, Beiheft 19, 1982, 372ff.

Mellaart 1986 J. Mellaart, Hatti, Arzawa and Ahhiyawa, a Review of the Present Stalemate in Historical and Geographical Studies, in: Philia Epe, Gedenkschrift für G. Mylonas I (1986) 74ff.

Mellaart-Murray 1995 J. Mellaart-A. Murray, Late Bronze Age and Phrygian Pottery and Middle and Late Bronze Age Small Objects, in: Beycesultan III Teil 2 (Occasional Publ. 12, British Inst. of Archaeology at Ankara, 1995)

Mellink 1983 M. Mellink, The Hittites and the Aegean World, Archaeological Comments on Ahhiyawa-Achaians in Western Anatolia, in: AJA 87, 1983, 138ff.

Mellink 1993 M. Mellink, Archaeology in Anatolia, in: AJA 97, 1993, 105ff., bes. 120 (zu myken. Funden in Westanatolien)

Meriggi 1966 s. oben unter Boardman 1966

Muhly 1974 J.D. Muhly, Hittites and Achaeans, in: Historia 23, 1974, 129ff.

Mylonas 1962 G.E. Mylonas, The Luvian Invasions of Greece, in: Hesperia 31, 1962, 284ff.

Neu 1993 (1995) E. Neu, Hethiter und Hethitisch in Ugarit, Kolloquium Münster 1993 (1995), Band I 115ff.

Niemeier 1997 B. und W.-D. Niemeier, Milet / Millawanda und das Ahhijawaproblem, in: AA 1997, 200ff.

Page 1959 D.L. Page, History and the Homeric Iliad (1959) 1ff. (zu Ahhijawa)

Podzuweit 1980 (1982) Ch. Podzuweit, Die mykenische Welt und Troja, in: B. Hänsel, Südosteuropa zwischen 1600 und 1000 v.Chr., Kongreß Tutzing 1980 (1982) 65ff.

Przeworski 1927 St. Przeworski, Greece et Hittites, l'état actuel du problème, in: EOS 30, 1927, 428ff.

Puhvel 1983 J. Puhvel, Homeric Questions and Hittite Answers, in: AJP 104, 1983, 217ff.

Re 1984 (1986) L. Re, Presenze Micenee in Anatolia, in: Tagung Palermo 1984 (1986) 343ff.

Re 1986 L. Re, Testimonianze Micenee in Anatolia, in: A. Lazzari-M. Marazzi-L. Re, L'Anatolia Hittita, Repertori Archaeologici ed Epigrafici (1986) 139ff., mit Verbreitungskarten und Lit.-Nachweisen

Salvini-Vagnetti 1994 M. Salvini-L. Vagnetti, Una Spada di Tipo Egeo da Boğazköy, in: PP 276, 1994, 215ff.

Schachermeyr 1962 F. Schachermeyr, Luwier auf Kreta?, in: Kadmos 1, 1962, 27ff.

Schachermeyr 1986 F. Schachermeyr, Der kleinasiatische Küstenraum zwischen Mykene und dem Hethiterreich, in: Philia Epe, Gedenkschrift für G. Mylonas (1986) 99ff.

v. Schuler 1969 E.von Schuler, Beziehungen zwischen Syrien und Anatolien in der späten Bronzezeit, in: M. Liverani, La Siria nel Tardo Bronzo. Orientis Antiqui Collectio 9, 1969, 97ff.

Sherrat-Crouwel 1987 S. Sherrat - J.H. Crouwel, Mycenaean Pottery from Cilicia in Oxford, in: OJA 6, 1987, 352ff.

Singer 1983 I. Singer, Western Anatolia in the 13th Century B.C. according to the Hittite Sources, in: AnatStud 33, 1983, 205ff.

Sommer 1932 F. Sommer, Die Ahhijawa-Urkunden (1932)

Steiner 1964 G. Steiner, Die Ahhijawa-Frage heute, in: Saeculum 15, 1964, 365ff.

Tritsch o.J. F.J. Tritsch, Minyans and Luvians, in: Art and Archaeology Research Papers, London (o.J., vor 1976)

Ünal 1991 A. Ünal, Two Peoples on Both Sides of the Aegean Sea; Did the Achaeans and the Hittites Know Each Other ?, in: Prinz Takahito Mikasa, Essays on Ancient Anatolian and Syrian Studies in the 2nd and 1rst Millennium B.C. (1991) 16ff., mit ausführlicher Bibliographie

Vagnetti s. Salvini-Vagnetti 1994

Waldbaum s. Hanfmann-Waldbaum 1968

Yakar 1976 J. Yakar, Hittite Involvement in Western Anatolia, in: AnatStud 26, 1976, 121ff.

4. Ägäis — Westliches Mittelmeer, mit Ausblick auf England

Åström 1986 P. Åström, Italy, Asia Minor, Cyprus and the Near East, in: P.A. Montjoy, Mycenaean Decorated Pottery (SIMA 73, 1986) 226ff.

Balmuth 1992 M.S. Balmuth, Phoenician Chronology in Sardinia, Prospering, Trade and Settlement before 900 B.C., in: Studia Phoenicia, Actes du Colloque, Louvain-la-Neuve 1987 (1992) 215ff.

Biancofiore 1967 F. Biancofiore, Civiltà Micenea nell'Italia Meridionale (2. Aufl.), in: Incunabula Graeca 22, 1967, 27ff.

Bietti Sestieri 1973 A.M. Bietti Sestieri, The Metal Industry of Continental Italy and its Aegean Connections, in: PPS 39, 1973, 383ff.

Bietti Sestieri 1988 A.M. Bietti-Sestieri, The 'Mycenaean Connection' and its Impact on Central Mediterranean Societies, in: Dialoghi di Archeologia 6, 1988, 23ff.

Blázques 1985 (1990) J.M. Blázquez Martínez-M.P. García-Gelabert Pérez, Ägäische Einflüsse auf das Gebiet am oberen Guadalquivir, in: Kolloquium Mainz 1985 (1990) 109ff. (ausnahmslos späterer, nichtmykenischer Fundstoff)

Bouzek 1982 J. Bouzek, Mycenae and the Western Balkans ca. 1500-1000 B.C., in: BICS 29, 1982, 35ff.

Bouzek 1997 s. oben im 3. Abschnitt dieser Bibliographie

Branigan 1966 K. Branigan, Prehistoric Relations between Italy and the Aegean, in: BPI 75, 1966, 97ff.

Branigan 1970 K. Branigan, Wessex and Mycenae, in: The Wiltshire Arch. and Nat. History Magazine 65, 1970, 89ff.

Buchholz 1974 s. im 1. Abschnitt dieser Bibliographie

Buchholz, Sardinien 1980 H.-G. Buchholz, (zu den Anfängen der) Metallurgie (der Sarden), in: J. Thimme, Kunst und Kultur Sardiniens vom Neolithikum bis

zum Ende der Nuraghenzeit, Ausstellungskatalog Karlsruhe, Bad. Landesmuseum (1980) 142ff.

Buchholz, Minoan Relations 1980 H.-G. Buchholz, The Problem of Minoan Relations with the West at the Beginning of the Late Bronze Age, in: Temple
University Aegean Symposium 5, Philadelphia (1980) 45ff.

Buchholz, Westen 1987 H.-G. Buchholz, Spätbronzezeitliche Beziehungen der
Ägäis zum Westen, in: Ägäische Bronzezeit, 237ff.506ff.

Consani 1982 C. Consani, I Miceni in Italia, in: Aion, Annali del Sem. di Studi sul
Mondo Class. dell'Istituto Univers. Orientale di Napoli 4, 1982, 269ff.

Dunbabin 1948 T. Dunbabin, Minos and Daidalos in Sicily, in: BSR 16, 1948, 1ff.

Ferrarese-Ceruti 1979 M.L. Ferrarese-Ceruti, Ceramica Micenea in Sardegna, in:
RivistaScPreist 34, 1979, 243ff.

Ferrarese-Ceruti 1981 M.L. Ferrarese-Ceruti, Documenti micenei nella Sardegna
meridionale, in: E. Atzeni, Ichnussa, la Sardegna dalle Origini all' Età
Classica (1981)

Ferrarese-Ceruti 1987 M.L. Ferrarese-Ceruti - L. Vagnetti - F. Lo Schiavo, Mi-
noici, Micenei e Ciprioti in Sardegna nella Seconda Metà del 2. Millennio
a.C., in: M.S. Balmuth, Studies in Sardinian Archaeology, Nuraghic Sardinia and the Mycenaean World (BAR 387, 1987) 7ff.

Ferrarese-Ceruti 1988 (1991) M.L. Ferrarese-Ceruti, Creta e Sardegna in Età Post-
micenea, in: La Transizione dal Miceneo all'Alto Arcaismo. Kolloquium
Rom 1988 (1991) 587ff.

Fischer 1985 E.A. Fischer, The Trade Pattern of the Mycenaeans in Southern Italy,
in: AJA 89, 1985, 330

French 1984 E. French, Problems in Mycenaean Contact with the Western Mediterranean, in: TUAS 9, 1984, 31ff.

Gerloff 1975 S. Gerloff, The Early Bronze Age Daggers in Great Britain and a
Reconsideration of the Wessex Culture, PBF VI/2 (1975)

Gerloff 1993 S. Gerloff, Zu Fragen mittelmeerländischer Kontakte und absoluter
Chronologie der Frühbronzezeit in Mittel- und Westeuropa, in: PZ 68,
1993, 58ff.

Harding 1975 A.F. Harding, Mycenaean Greece and Europe. The Evidence of
Bronze Tools and Implements, in: PPS 41, 1975, 183ff., bes. 192 (zur
Problematik von Doppelaxtfunden in Großbritannien)

Harding 1984 A.F. Harding, The Mycenaeans and Europe (1984), Rez.: N.K.
Sandars, Antiquity 59, 1985, 230f.

Harding 1985 (1990) A.F. Harding, The Wessex Connection; Developments and
Perspectives, in: Orientalisch-Ägäische Einflüsse in der europäischen Bronzezeit. Ergebnisse eines Kolloquiums (1985). RGZM-Monographien 15
(1990) 139ff.

v. Hase 1982 F.-W. von Hase, Mykenische Keramik in Italien; Erläuterungen zu
einer Verbreitungskarte nach dem augenblicklichen Forschungsstand, in:
Beiträge zur Ägäischen Bronzezeit. Kl. Schr. aus dem Vorgesch. Sem.
Marburg 11, 1982, 13ff.

v. Hase 1987 F.-W. von Hase, Die ägäisch-bronzezeitlichen Importe in Kampanien und Mittelitalien im Licht der neueren Forschung, in: H.-G. Buchholz, Ägäische Bronzezeit (1987) 257ff.

v. Hase 1990 F.-W. von Hase, Ägäische Importe im zentralen Mittelmeergebiet in späthelladischer Zeit, in: Orientalisch-Ägäische Einflüsse in der europäischen Bronzezeit. Ergebnisse eines Kolloquiums. RGZM-Monographien 15 (1990) 80ff.

v. Hase 1995 F.-W. von Hase, Ägäische, griechische und vorderorientalische Einflüsse auf das tyrrhenische Mittelitalien, in: Beiträge zur Urnenfelderzeit nördlich und südlich der Alpen (1995) 239ff.

Hawkes 1977 Chr. Hawkes, Zur Wessex-Kultur, in: Jahresberichte des Inst. für Vorgeschichte, Univ. Frankfurt/M. 1977, 193ff.

Hawkes 1984 C.F.C. Hawkes, Ictis distangled, and the British Tin-trade, in: OxfJArch 3, 1984, 211ff.

Hennig 1932 R. Hennig, Die westlichen und nördlichen Kultureinflüsse auf die antike Mittelmeerwelt, in: Klio 25, 1932, 1ff.

Holloway 1981 R.R. Holloway, Italy and the Aegean, 3000 - 700 B.C., in: Archaeologia Transatlanta I (1981)

Jones-Day 1987 R.E. Jones-P. Day, Aegean-type Pottery on Sardinia, in: M.S. Balmuth, Studies in Sardinian Archaeology (s. oben) 257ff.

Jones-Vagnetti 1991 R.E. Jones-L. Vagnetti, Traders and Craftsmen in the Central Mediterranean, in: Konferenz Oxford 1989 (SIMA 90, 1991) 127ff., mit ausführlicher Bibliographie

Karageorghis 1993 V. Karageorghis, Le Commerce Chypriote avec l'Occident au Bronze Recent, quelques nouvelles Découvertes, in: CRAI 1993, 577ff.

Lo Porto 1984 (1986) F.G. Lo Porto, Le Importazioni Micenee in Puglia, in: Tagung Palermo 1984 (1986) 13ff.

Lo Schiavo 1978 F. Lo Schiavo, Wessex, Sardegna, Cipro; nuovi Elementi di Discussione, in: Atti XXII Riunione Scientifica Ist. Ital. Preist. e Protostoria (1978) 341ff.

Lo Schiavo 1995 F. Lo Schiavo, Cyprus and Sardinia in the mediterranean Trade routes toward the West, in: Symposium Nikosia 1993 (1995) 45ff.

Lo Schiavo-MacNamara-Vagnetti 1985 F. Lo Schiavo-E. MacNamara-L. Vagnetti, Late Cypriote Imports to Italy and their Influence on Local Bronzework, in: BSR 53, 1985, 1ff.

Lo Schiavo-Vagnetti 1980 F. Lo Schiavo-L. Vagnetti, Micenei in Sardegna ?, in: RendAccLinc 35, 1980, 371ff.

Lo Schiavo-Vagnetti 1993 F. Lo Schiavo-L. Vagnetti, Alabastron Miceneo dal Nuraghe Arrubiu di Orroli, in: RendAccLinc, Serie 9, Jahrgang 4, 1993, 121ff.

MacNamara s. Lo Schiavo-MacNamara-Vagnetti 1985

Malcus 1979 B. Malcus, Un Frammento Miceneo di San Giovenale, in: Dialoghi di Archeologia, N.S. 1, 1979, 74ff.

Manni 1962 E. Manni, Minosse ed Eracle nella Sicilia dell'Età del Bronzo, in: Kokalos 8, 1962, 6ff.

Manning 1998 S.W. Manning, Aegean and Sardinian Chronology; Radiocarbon, Calibration and Thera, in: Colloquium Medford 1995 (1998) 297ff.

Marazzi 1976 M. Marazzi, Egeo e Occidente alla Fine del 2. Millennio a.C. (1976)

Marazzi-Tusa 1976 M. Marazzi-S. Tusa, Interrelazioni dei Centri Siciliani e Peninsulari durante la Penetrazione Micenea, in: Sicilia Archeologica 9, 1976, 49ff.

Marazzi-Tusa 1976/1978 M. Marazzi-S. Tusa, Nuove Testimonianze Micenee dell'Isola di Vivara, in: PP 31, 1976, 473ff. und PP 33, 1978, 197ff.

Marazzi-Tusa 1979 M. Marazzi-S. Tusa, Die mykenische Penetration im westlichen Mittelmeerraum, in: Klio 61, 1979, 309ff.

Martín de la Cruz 1990 J.C. Martín de la Cruz, Die erste mykenische Keramik von der iberischen Halbinsel, in: PZ 65, 1990, 49ff. und bereits MM 29, 1988, 77ff.

Matthäus 1980 H. Matthäus, Italien und Griechenland in der ausgehenden Bronzezeit, in: JdI 95, 1980, 109ff.

Matthäus 1989 H. Matthäus, Cypern und Sardinien im frühen 1. Jahrtausend, in: E. Peltenburg (Hrsg.), Early Society in Cyprus (1989) 244ff.

Peroni u.a. 1994 R. Peroni-F. Trucco-C. Belardelli, Enotri e Micenei nella Sibaritide, in: Magna Grecia 8, 1994

Piggott 1938 S. Piggott, The Early Bronze Age in Wessex, in: PPS 4, 1938, 60ff.

Podzuweit 1990 Ch. Podzuweit, Bemerkungen zur mykenischen Keramik von Llanete de los Moros, Montoro, Prov. Córdoba, in: PZ 65, 1990, 53ff.

Prendi 1982 F. Prendi, Die Bronzezeit und der Beginn der Eisenzeit in Albanien, in: Südosteuropa 1982, 203ff.

Pugliese-Carratelli 1956 G. Pugliese-Carratelli, Minos e Cocalos, in: Kokalos 2, 1956, 89ff.

Re 1998 L. Re, A Catalog of Aegean Finds in Sardinia, in: Colloquium Medford 1995 (1998) 287ff.

Sakellarakes-Marić 1975 G. Sakellarakes-Z. Marić, Zwei Fragmente mykenischer Keramik von Debelo Brdo in Sarajevo, in: Germania 53, 1975, 153ff.

Schauer 1984 P. Schauer, Spuren minoisch-mykenischen und orientalischen Einflusses im atlantischen Westeuropa, in: JbRGZM 31, 1984, 137ff.

Smith 1987 T.R. Smith, Mycenaean Trade and Interaction in the West Central Mediterranean 1600 - 1000 B.C., in: BAR 371, 1987

Tagung Palermo 1984 (1986) s. unten im 7. Abschnitt dieser Bibliographie (Marazzi-Tusa-Vagnetti)

Taylor 1958 Lord William Taylor, Mycenaean Pottery in Italy and Adjacent Areas (1958)

Thimme u.a. 1968 J. Thimme - P. Åström - G. Lilliu - J. Wiesner, Frühe Randkulturen des Mittelmeerraumes: Kykladen, Zypern, Malta, Altsyrien (1968)

Tiné-Vagnetti 1967 S. Tiné-L. Vagnetti, I Micenei in Italia. Ausstellungskatalog Tarent (1967) 17ff.

Tusa s. Marazzi-Tusa

Vagnetti s. Tiné-Vagnetti; Lo Schiavo-Vagnetti 1980; Lo Schiavo-MacNamara-Vagnetti 1985

Vagnetti 1970 L. Vagnetti, I Micenei in Italia: La Documentazione archeologica, in: PP 25, 1970, 359ff.

Vagnetti 1980 L. Vagnetti, Mycenaean Imports in Central Italy, in: E. Peruzzi (ed.), Mycenaeans in Early Latium (1980) 151ff.

Vagnetti, Egeo-Calabria 1982 L. Vagnetti, L'Egeo, la Calabria e l'Ambiente Tirrenico nel tardo 2. millennio, in: G. Maddoli (ed.), Temeseo e il suo Territorio. Atti del Colloquio di Perugia e Trevi (1982) 167ff.

Vagnetti, Magna Grecia 1982 L. Vagnetti, Magna Grecia e Mondo Miceneo, Nuovi Documenti, 22. Convegno di Studi sulla Magna Grecia, Tarent 1982 (1982)

Vagnetti 1985 (1986) L. Vagnetti, Cypriot Elements Beyond the Aegean in the Bronze Age, in: Symposium Nikosia 1985 (1986) 201ff.

Vagnetti - Lo Schiavo 1989 L. Vagnetti - F. Lo Schiavo, Late Bronze Age Long Distance Trade in the Mediterranean, the Role of the Cypriotes, in: E.J. Peltenburg, Early Society in Cyprus (1989) 217ff.

Vagnetti 1989 L. Vagnetti, A Sardinian Askos from Crete, in: BSA 84, 1989, 355ff.

Vagnetti 1993 L. Vagnetti, Mycenaean Pottery in Italy, Fifty Years of Study, in: C. und P. Zerner — J. Winder, Pottery as Evidence for Trade in the Aegean Bronze Age 1939-1989, Proceedings of the Int. Conference, Athen 1989 (1993) 143ff.

5. Mittelmeer — Balkan — Schwarzes Meer — Südrußland — Ostsee

Man beachte auch die Literatur in unserem Abschnitt über den Bernsteinhandel und Abteilung 6 dieser Bibliographie.

Asmus 1979 W.-D. Asmus, Bronzezeit im Norden und östlichen Mittelmeerraum, in: Die Kunde N.F. 30, 1979, 81ff.

Bader 1985 (1990) T. Bader, Bemerkungen über die ägäischen Einflüsse auf die alt- und mittelbronzezeitliche Entwicklung im Donau-Karpatenraum, in: Kolloquium Mainz 1985 (1990) 181ff.

Beck 1974 C.W. Beck, in: A. Harding-H. Hughes-Brock, Amber in the Mycenaean World, in: BSA 69, 1974, 145ff.

Bouzek 1982 J. Bouzek, Mycenae and the Western Balkans, ca. 1500-1000 B.C., in: BICS 29, 1982, 35ff. - Weiteres im 6. Abschnitt unserer Bibliographie sowie Bouzek 1997 im 3. Abschnitt

Buchholz 1960 H.-G. Buchholz, Die Doppelaxt. Eine Leitform auswärtiger Beziehungen des ägäischen Kulturkreises?, in: PZ 38, 1960, 39ff.

Buchholz 1974 s. im 1. Abschnitt dieser Bibliographie

Buchholz 1981 (1983) s. im 1. Abschnitt dieser Bibliographie

Cambitoglou-Papadopoulos 1993 A. Cambitoglou-J.K. Papadopoulos, The Earliest Mycenaeans in Macedonia, in: Konferenz Athen 1989 (1993) 289ff.

Carpenter 1948 R. Carpenter, The Greek Penetration of the Black Sea, in: AJA 52, 1948, 1ff.

Courtois 1969 (1972) J.-Cl. Courtois, Chypre et l'Europe Préhistorique à la Fin de l'Age du Bronze, Données nouvelles sur le Monde Mycenien Finissant, in: Kongreß Nikosia 1969 (1972) 23ff.

Gerloff 1993 S. Gerloff, Zu Fragen mittelmeerländischer Kontakte und absoluter Chronologie der Frühbronzezeit in Mittel- und Westeuropa, in: PZ 68, 1993, 58ff.

Gimbutas 1956 M. Gimbutas, The Borodino Hoard and its Analogies in Mycenaean Greece and the Caucasus, in: PPS 22, 1956, 144ff.

Graham 1958 A.J. Graham, The Date of the Greek Penetration of the Black Sea, in: BICS 5, 1958, 25ff.

Hachmann 1957 R. Hachmann, Die frühe Bronzezeit im westlichen Ostseegebiet und ihre mittel- und südosteuropäischen Beziehungen (1957)

Häusler 1994 s. unten im 6. Abschnitt dieser Bibliographie

Hiller 1991 St. Hiller, The Mycenaeans and the Black Sea, in: R. Laffineur - L. Basch, Thalassa, l'Égée Préhistorique et la Mer; Actes de la troisième Rencontre Égéenne Int. 1990, in: Aegaeum 7, 1991, 207ff.

Hiller 1997 St. Hiller, Ägäis und Thrakien in der späten Bronzezeit und den 'Dunklen Jahrhunderten', in: The Thracian World at the Crossroads of Civilizations I (Bukarest 1997) 193ff.

Kilian 1976 K. Kilian, Nordgrenze des ägäischen Kulturkreises in mykenischer und nachmykenischer Zeit, in: Jahresberichte des Inst. für Vorgeschichte, Univ. Frankfurt/M. 1976, 112ff.

Kilian 1984 (1986) K. Kilian, Il Confine Settentrionale della Civiltá Micenea nella Tarda Etá del Bronzo, in: Tagung Palermo 1984 (1986) 283ff.

Kločko 1990 V.I. Kločko, 'Seevölker' und nördliches Schwarzmeergebiet, in: Archeologija Kiev 1990, Heft 1, 10ff. (in ukrainischer Sprache), zitiert nach V. Otroščenko, Hamburger Beiträge zur Archäologie 18, 1991, 22 (erschienen 1996)

Labaree 1957 B.W. Labaree, How the Greeks Sailed into the Black Sea, in: AJA 61, 1957, 29ff.

Larsson 1997 Th.B. Larsson, Materiell kultur och religiösa symboler. Mesopotamien, Anatolien och Skandinavien under andra förkristna artusendet (1997), mit Rez. G. Mandt, Fornvännen 93, 1998, 262ff.

Marić s. Sakellarakes-Marić 1975

Pare 1987 C. Pare, Wheels with thickened Spokes, and the Problem of Cultural Contact between the Aegean World and Europe in the Late Bronze Age, in: OxfJournArch 6, 1987, 43ff.

Penner 1998 S. Penner, Schliemanns Schachtgräberrund und der europäische Nordwesten (1998)

Prendi 1982 s. im 4. Abschnitt dieser Bibliographie

Press 1986 L. Press, Some Remarks on Spirals and other Patterns in the Thracian and Aegean Arts, in: Pulpudeva (Warschau) 5, 1986, 210ff.

Przeworski 1933 St. Przeworski, Die Handelsbeziehungen Vorderasiens zum vorgeschichtlichen Osteuropa, in: La Pologne au 7. Congrès de Sciences Historiques, Warschau 1933, Band I 75ff.

Randsborg 1967 K. Randsborg, ActaArch 38, 1967, 1ff. (Doppeläxte in Jütland)

Sakellarakes-Marić 1975 G. Sakellarakes-Z. Marić, Zwei Fragmente mykenischer Keramik von Debelo Brdo in Sarajevo, in: Germania 53, 1975, 153ff.

Schauer 1985 P. Schauer, Spuren orientalischen und ägäischen Einflusses im bronzezeitlichen Nordischen Kreis, in: JbRGZM 32, 1985, 123ff.

v. Stern 1921 E. v. Stern, Die Leichenverbrennung in der 'prämykenischen' Kultur Südrußlands, in: Festschrift Adalbert Bezzenberger (Göttingen, 1921) 161ff.

Vulpe 1980 (1982) A. Vulpe, Beiträge zu den bronzezeitlichen Kulturbeziehungen zwischen Rumänien und Griechenland, in: B. Hänsel, Südosteuropa zwischen 1600 und 1000 v.Chr., Kongreß Tutzing 1980 (1982) 321ff.

Wanczek 1991 B. Wanczek, Ein Gußmodel für einen Dolch mykenischen Typs von der unteren Donau, in: Zeitschr. für Archäol. 25, 1991, 1ff.

Wardle 1975 K. Wardle, The Northern Frontier of Mycenaean Greece, in: BICS 22, 1975, 206ff.

Wardle 1993 K. Wardle, Mycenaean Trade and Influence in Northern Greece, in: Konferenz Athen 1989 (1993) 117ff.

Werner 1950 (1952) J. Werner, Mykene-Siebenbürgen-Skandinavien, in: Atti del 1. Congresso Internazionale de Preistoria e Protoistoria Mediterranea, Rom 1950 (1952) 292ff.

6. *Anatolien/Hellas — Südosteuropa — Mitteleuropa*

Bader 1985 (1990) T. Bader, Bemerkungen über die ägäischen Einflüsse auf die alt- und mittelbronzezeitliche Entwicklung im Donau-Karpatenraum, in: Kolloquium Mainz 1985 (1990) 181ff.

Bartonek 1977 A. Bartonek (gemeinsam mit J. Vladár), Zu den Beziehungen des ägäischen, balkanischen und karpatischen Raumes in der mittleren Bronzezeit ..., in: Slovenská Archeológia 25, 1977, 371ff.

Bona 1975 I. Bona, Die mittlere Bronzezeit Ungarns und ihre südöstlichen Beziehungen (1975)

Bouzek 1966 J. Bouzek, The Aegean and Central Europe, an Introduction to the Study of Cultural Interrelations 1600 - 1300 B.C., in: Pamatky Archeologicke 57, 1966, 242ff.

Bouzek 1970 (1973) J. Bouzek, Bronze Age Greece and the Balkans, Problems of Migrations, in: Kolloquium Sheffield 1970 (1973) 169ff.

Bouzek 1985 J. Bouzek, The Aegean, Anatolia and Europe; Cultural Interrelations in the Second Millennium B.C. (1985)

Bouzek 1989 (1991) J. Bouzek, Cyprus and Europe, Bronze and Early Iron Ages, in: Symposium Larnaka 1989 (1991) 67ff.

Bouzek 1994 J. Bouzek, Late Bronze Age Greece and the Balkans, a Review of the Present Picture, in: BSA 89, 1994, 217ff.

Bouzek 1997 s. im 3. Abschnitt dieser Bibliographie

Buchholz 1974 s. im 1. Abschnitt dieser Bibliographie

Buchholz 1981 (1983) H.-G. Buchholz, Doppeläxte und die Frage der Balkanbeziehungen des ägäischen Kulturkreises, in: Papers presented to the International Symposium on the Ancient History and Archaeology of Bulgaria, University of Nottingham 1981 (1983) Teil 1, 43ff.

von Bülow 1980 G. von Bülow, Beziehungen der Thraker zur mykenischen Kultur, in: Ethnogr.-Arch. Zeitschr. 21, 1980, 637ff.

von Bülow 1983 G. von Bülow, Die Beziehungen zwischen der Balkanhalbinsel und Kleinasien in der Bronzezeit, in: Das Altertum 29, 1983, 49ff.

Černych 1983 E.N. Černych, Frühmetallurgische Kontakte in Eurasien, in: Beiträge zur Allgemeinen und Vergleichenden Archäologie 5, 1983, 19ff.

Childe 1939 G. Childe, The Orient and Europe, in: AJA 53, 1939, 10ff.

Childe 1958 G. Childe, The Relations between Greece and Prehistoric Europe, in: Proceedings of the 2nd International Congress of Classical Studies, Kopenhagen 1954, Band I (1958) 293ff.

Courtois 1969 (1972) s. oben im 5. Abschnitt dieser Bibliographie

Danov 1989 C.M. Danov, Zu den Anfängen der griechischen Kolonisation an der ägäischen Küste Thrakiens und den Lageverschiebungen der Thrakerstämme gegen Ende des 2. Jts. und Anfang des 1. Jts. v.u.Z., in: Thraciens and Mycenaeans, Proceedings of the 4th Int. Congr. of Thracology, Rotterdam 1984 (1989) 218ff.

David 1997 W. David, Altbronzezeitliche Beinobjekte des Karpatenbeckens ... und ihre Parallelen auf der Peloponnes und in Anatolien in frühmykenischer Zeit, in: Kongreß Bukarest 1996 (1997) 247ff.

Davis 1983 E.N. Davis, The Gold of the Shaft Graves, the Transsylvanian Connection, in: TUAS 8, 1983, 32ff.

De Boer 1991 J. De Boer, A Double Figure-Headed Boat-Type in the Eastern Mediterranean and Central Europe During the Late Bronze Ages, in: Thracia Pontica IV, Symposium Sozopol, 1988 (1991) 43ff.

Ecsedy 1982 I. Ecsedy, Some Steppic and Aegaen Components of the Early Bronze Age in South-East Europe, in: Thracia Praehistorica (Supplementum Pulpudeva 3, 1982) 119ff.

Eiwanger 1989 J. Eiwanger, Talanton, ein bronzezeitlicher Goldstandard zwischen Ägäis und Mitteleuropa, in: Germania 67, 1989, 443ff.

Feuer 1983 B. Feuer, The Northern Mycenaean Border in Thessaly, in: BAR, Int. Series 176, 1983

Fick 1987 A. Fick, Vorgriechische Ortsnamen als Quelle für die Vorgeschichte Griechenlands und Hattiden und Danubier in Griechenland (1987, Nachdr. der Ausgaben von 1905 und 1909 in einem Band)

Foltiny 1962 H. Foltiny, Mycenae and Transsylvania, in: Hungarian Quarterly 3, 1962, 133ff.

Gerloff 1993 s. im 4. Abschnitt dieser Bibliographie

Goldmann 1980/81 K. Goldmann, Die Schachtgräber Mykenes und ihre zeitlichen Entsprechungen in Mitteleuropa, in: APA 11/12, 1980/81, 134ff.

Guggisberg 1996 M. Guggisberg, Eine Reise von Knossos nach Strettweg. Tiergefäße und Kesselwagen als Ausdruck religiöser Kontakte zwischen der Ägäis und Mitteleuropa im frühen 1. Jahrtausend v.Chr., in: AA 1996, 175ff.

Harding 1972 A.F. Harding, The Extent and Effects of Contact between Mycenaean Greece and the Rest of Europe, Diss. Cambridge 1972 (unpubliziert)

Harding 1975 s. im 4. Abschnitt dieser Bibliographie

Harding 1984 s. im 4. Abschnitt dieser Bibliographie

Harding 1992 A.F. Harding, Europe and the Mediterranean in the Bronze Age; Cores and Peripheries, in: Ch. Scarre-F. Healy, Trade and Exchange in Prehistoric Europe, Proceedings of a Conference, Bristol 1992, 153ff.

Harding, Swords 1992 A.F. Harding, Late Bronze Age Swords between Alps and the Aegean, in: A. Lippert-K. Spindler, Festschrift zum 50jährigen Bestehen des Inst. für Ur- und Frühgesch., Univ. Innsbruck (1992) 207ff.

Häusler 1994 A. Häusler, Die Majkop-Kultur und Mitteleuropa, in: Zeitschr. für Archäologie 28, 1994, 191ff.

Hiller 1984 St. Hiller, Mycenaean Relations with their Northern Neighbours, in: TUAS 9, 1984, 14ff.

Hiller 1991 St. Hiller, The Mycenaeans and the Black Sea, in: Aegeum 7, 1991, 207ff.

Hopkins 1957 C. Hopkins, Oriental Elements in the Hallstatt Culture, in: AJA 61, 1957, 333ff.

Hüttel 1980 H.G. Hüttel, Ein mitteleuropäischer Fremdling in Tiryns?, in: JbRGZM 27, 1980, 159ff.

Kimmig 1964 W. Kimmig, Seevölkerbewegung und Urnenfelderkultur, ein archäologisch-historischer Versuch, in: R. von Uslar-K.J. Narr, Studien aus Alteuropa I (Festschrift K. Tackenberg, 1964) 220ff.

Lichardus-Vladár 1996 J. Lichardus-J. Vladár, Karpatenbecken-Sintašta-Mykene; ein Beitrag zur Definition der Bronzezeit als historischer Epoche, in: Slovenská Archeológia 44, 1996, 25ff.

Malinowski 1971 T. Malinowski, Über den Bernsteinhandel zwischen den südöstlichen baltischen Ufergebieten und dem Süden Europas in der frühen Eisenzeit, in: PZ 46, 1971, 102ff.

Maran 1989 J. Maran, Die Schaftlochaxt aus dem Depotfund von Theben / Mittelgriechenland und ihre Stellung im Rahmen der bronzezeitlichen Äxte Südosteuropas, in: AKorrBl 19, 1989, 129ff.

Marinatos 1962 Sp. Marinatos, The Minoan and Mycenaean Civilisation and its Influence on the Mediterranean and on Europe, in: Atti del 6. Congr. Int. Scienze Preistoriche e Protoistoriche, Rom 1962, Band I (1962) 161ff.

Matsas 1995 D. Matsas, Minoan Long-Distance Trade, a View from the Northern Aegean, in: R. Laffineur - W.D. Niemeier, Politeia. Society and State in the Aegean Bronze Age, Proceedings of the 5th Int. Aegean Conference, Heidelberg 1994 (Aegaeum 12, 1995) 235ff.

Milojcic 1955 V. Milojcic, Kulturbeziehungen zwischen Mitteldeutschland und Vorderasien, in: Germania 33, 1955, 405ff.

Montelius 1899 O. Montelius, Der Orient und Europa (1899)

Montelius 1900 O. Montelius, Die Chronologie der älteren Bronzezeit in Norddeutschland und Skandinavien (1900)

Montelius 1903 O. Montelius, Die älteren Kulturperioden im Orient und in Europa (1903)

Mozsolics 1957 A. Mozsolics, Archäologische Beiträge zur Geschichte der Großen Wanderung, in: ActaArchHung 8, 1957, 119-156

Mozsolics 1969 A. Mozsolics, Les Relations entre Mycène, l'Asie Mineure et le Bassin des Carpathes, in: Actes du Premier Congr. Int. des Études Balkaniques et Sud-Est Européennes, Sofia 1969, Band II (1969) 657ff.

Niemeier 1998 (1999) W.-D. Niemeier, Mycenaeans and Hittites in War in Western Asia Minor, in: Rencontre Liège 1998 (1999) 141ff.

Pare 1987 s. oben im 5. Abschnitt dieser Bibliographie

Sandars 1964 N. Sandars, The Last Mycenaeans and the European Late Bronze Age, in: Antiquity 38, 1964, 258ff.

Sandars 1971 N. Sandars, From Bronze Age to Iron Age; a Sequel to a Sequel, in: The European Community in Later Prehistory. Studies in Honour of C.F.C. Hawkes (1971) 3ff.

Sandars 1978 s. im 1. Abschnitt dieser Bibliographie

Sandars 1983 N. Sandars, North and South at the End of the Mycenaean Age, in: OJA 2, 1983, 43ff. (in der Bibliographie des DAI irrig unter "Ägypten")

Schuchhardt 1916 C. Schuchhardt, Jahrbuch der Preußischen Kunstsammlungen 37, 1916, 155ff. (nördlicher Einfluß in der mykenischen Vasenmalerei; s. AJA 20, 1916, 486f.)

Sprockhoff 1954 E. Sprockhoff, Nordische Bronzezeit und frühes Griechentum, in: JbRGZM 1, 1954, 28ff.

Sprockhoff 1961 E. Sprockhoff, Eine mykenische Bronzetasse von Dohnsen, in: Germania 39, 1961, 11ff.; dazu H. Matthäus, Die Kunde, N.F. 28/29, 1977/78, 51ff.

Tasić 1973 N. Tasić, The Problem of 'Mycenaean Influences' in the Middle Bronze Age Cultures in the Southeastern Part of the Carpathian Basin, in: Balcanica 4, 1973, 19ff.

Thrane 1990 H. Thrane, The Mycenaean Fascination: A Northerner's View, in: Orientalisch-Ägäische Einflüsse in der Europäischen Bronzezeit. RGZM-Monographie Band 15 (1900) 165ff.

Vladár 1973 J. Vladár, Osteuropäische und mediterrane Einflüsse im Gebiet der Slowakei während der Bronzezeit, in: Slovenská Archeológia 21, 1973, 253ff.

Vladár 1974 J. Vladár, Mediterrane Einflüsse auf die Kulturentwicklung des nördlichen Karpatenbeckens in der älteren Bronzezeit, in: Preistoria Alpina 10, 1974, 219ff.

Vladár 1979 J. Vladár, Das Karpatenbecken, das Kaukasusgebiet und das östliche Mittelmeergebiet in der mykenischen Schachtgräberzeit, in: Rapports ... tchécoslovaques pour le 4e Congr. (Int. Association of South-East European Studies) Prag 1979, 15ff.

Werner 1950 (1952) J. Werner, Mykene-Siebenbürgen-Skandinavien, in: Atti del 1. Congresso Internazionale de Preistoria e Protoistoria Mediterranea, Rom 1950 (1952) 292ff.

7. Kongreßakten

Kongreß Amsterdam 1980 (1980/82) Interaction and Acculturation in the Mediterranean; Proceedings of the 2nd International Congress of Mediterranean Pre- and Protohistory, Amsterdam 1980, Band I (1980) II (1982; ed. J. Best and N. de Vries)

Kongreß Ankara-Izmir 1973 (1978) The Proceedings of the 10th International Congress of Classical Archaeology, Ankara-Izmir 1973 (1978)

Symposium Athen 1980 (1981) R. Hägg, Sanctuaries and Cults in the Aegean Bronze Age, Proceedings of the 1rst International Symposium at the Swedish Inst. in Athens, 1980 (1981)

Symposium Athen 1981 (1983) R. Hägg, The Greek Renaissance of the 8th Century B.C., Tradition and Innovation, Proceedings of the 2nd International Symposium at the Swedish Inst. in Athens, 1981 (1983)

Konferenz Athen 1989 (1993) C. und P. Zerner — J. Winder (Herausgeber), Proceedings of the International Conference in Athens 1989: Pottery as Evidence for Trade in the Aegean Bronze Age. 1939-1989, in Memory of Wace and Blegen (1993)

Tagung Berlin 1991 (1994) R.-B. Wartke, Handwerk und Technologie im Alten Orient. Internationale Tagung Berlin, 12.-15. März 1991 (1994)

Symposium Birmingham 1997 Supply and Circulation of Metals in Bronze Age Europe. Symposium der Univ. Birmingham in Gemeinschaft mit dem RGZM/Mainz und unterstützt von der 10. Direktion der Europäischen Kommission, Juni 1997 (im Druck)

Symposium Bristol 1971 Proceedings of the 23th Symposium of the Colston Research Society, Bristol 1971 (1971)

Konferenz Bristol 1992 Ch. Scarre-F. Healy, Trade and Exchange in Prehistoric Europe, Proceedings of a Conference held at the University of Bristol 1992

Kongreß Bukarest 1996 (1997) The Thracian World at the Crossroads of Civilizations I, Proceedings of the 7th Int. Congress of Thracology. Rumänien 1996 (Bukarest 1997)

Convegno Cagliari 1986 La Sardegna nel Mediterraneo tra il Secondo e il Primo Millennio a.C., Atti del 2. Convegno di Studi "Un millennio di relazioni fra la Sardegna e i Paesi del Mediterraneo", Selargius-Vagliari (1986)

Symposium Cincinnati 1997 (1998) E.H. Cline - D. Harris-Cline, The Aegean and the Orient in the Second Millennium, Proceedings of the 50th Anniversary Symposium, Cincinnati 1997 (Aegaeum 18, 1998)

Konferenz Edinburgh 1988 (1989) E. Peltenburg, Early Society in Cyprus (1989)

Kongreß Göteborg 1991 (1991/1992) P. Åström, Acta Cypria, Teil 1-3, Acts of an Int. Congress on Cypriote Archaeology held in Göteborg 1991 (1991/1992)

Tagung Hamburg 1969 (1971) s. Buchholz, Schriftsysteme 1971 im 1. Abschnitt dieser Bibliographie

Symposion Hamburg 1990 (1993) B. Janowski-K. Koch-G. Wilhelm, Religionsgeschichtliche Beziehungen zwischen Kleinasien, Nordsyrien und dem Alten Testament, internationales Symposion Hamburg 1990 (1993)

Symposium Haifa 1985 (1988) s. Buchholz 1988 im 1. Abschnitt dieser Bibliographie

4. Kongreß Herakleion 1976 (1980) The Fourth International Cretological Congress, Herakleion 1976 (1980)

Kolloquium Köln 1984 (1987) Forschungen zur ägäischen Vorgeschichte, das Ende der mykenischen Welt. Akten des int. Kolloquiums in Köln 1984 (1987). Hrsg. E. Thomas

Kongreß Kopenhagen 1954 (1958) Proceedings of the 2nd International Congress of Classical Studies, Kopenhagen 1954, Band I (1958)

Symposium Larnaka 1981 (1982) Acts of the International Archaeological Symposium "Early Metallurgy in Cyprus 4000-400 B.C.", Larnaka 1981 (1982)

Symposium Larnaka 1989 (1991) Proceedings of an International Symposium "The Civilisations of the Aegean and their Diffusion in Cyprus and the Eastern Mediterranean, 2000-600 B.C.", Larnaka 1989 (1991)

Konferenz Leuven 1991 (1993) J. Quaegebeur, Ritual and Sacrifice in the Ancient Near East, Proceedings of the International Conference, organized by the Univ. of Leuven 1991 (1993)

Rencontre Liège 1988 (1989) Transition, le Monde Égéen du Bronze Moyen au Bronze Recent. Actes de la deuxième Rencontre Égéenne Int. de l'Univ. de Liège 1988, in: Aegaeum 3, 1989

Rencontre Liège 1990 (1991) Thalassa, l'Égée Préhistorique et la Mer. Actes de la troisième Rencontre Égéenne Int. 1990, in: Aegaeum 7, 1991

Rencontre Liège 1998 (1999) R. Laffineur (Hrsg.), Polemos, le Contexte Guerrier en Égée à l'Âge du Bronze, Actes de la 7e Rencontre Égéenne Internationale, Université de Liège 1998, in: Aegaeum 19, 1999

Kolloqium Mainz 1985 (1990) Orientalisch-Ägäische Einflüsse in der Europäischen Bronzezeit. Ergebnisse eines Kolloquiums 1985; RGZM/Mainz, Monographien 15 (1990)

Kolloquium Mannheim 1986 (1987) Kolloquium zur ägäischen Vorgeschichte, Mannheim 1986 (Schriften des deutschen Archäologenverbandes IX, 1987)

Symposium Manchester 1992 (1994) Proceedings of the International Symposium on Ugarit and the Bible, Manchester 1992 (UBL 11, 1994)

Colloquium Medford 1995 (1998) M. Balmuth-R. Tykot, Sardinian and Aegean Chronology, Proceedings of the Int. Colloquium 'Sardinian Stratigraphy and Mediterranean Chronology', Tufts University, Medford/Mass. 1995 (1998)

Kolloquium Münster 1993 (1995) M. Dietrich-O. Loretz, Ugarit, ein ostmediterranes Kulturzentrum im Alten Orient I: Ugarit und seine altorientalische Umwelt, in: Abhandlungen zur Literatur Altsyrien-Palästinas VII (1995)

Kongreß Nikosia 1969 (1972) Praktika tou Protou Diethnous Kyprologikou Synhedriou, Leukosia 1969, Band I (1972)

Symposium Nikosia 1972 (1973) Acts of the International Archaeological Symposium "The Mycenaeans in the Eastern Mediterranean", Nikosia 1972 (1973)

Symposium Nikosia 1978 (1979) Acts of the International Archaeological Symposium "The Relations between Cyprus and Crete", Nikosia 1978 (1979)

2. Kongreß Nikosia 1982 (1985) Acts of the 2nd Cypriological Congress, Leukosia 1982, Band I (1985)

Symposium Nikosia 1985 (1986) Acts of the International Archaeological Symposium "Cyprus between the Orient and the Occident", Nikosia 1985 (1986)

Symposium Nikosia 1993 (1994) Proceedings of the International Symposium "Cyprus in the 11th Century B.C.", Nikosia 1993 (1994)

Kolloquium Nikosia 1994 (1996) F. Metral - M. Yon - Y. Ioannou, Chypre hier et aujourd'hui entre Orient et Occident. Echanges et Relations en Méditerranée Orientale. Actes du Colloque, Nikosia 1994 (1996)

Symposium Nikosia 1994 (1997) Res Maritimae, Cyprus and the Eastern Mediterranean from Prehistory to Late Antiquity, Proceedings of the 2nd Int. Symposium "Cities on the Sea", held at CRAAI/Nikosia 1994 (1997), Hrsg.: St. Swiny, R.L. Hohlfelder und H. Wylde-Swiny

Konferenz Nikosia 1995 (1997) Proceedings of the International Archaeological Conference "Cyprus and the Aegean in Antiquity", Nikosia 1995 (1997)

Symposium Nottingham 1981 (1983) Papers presented at the International Symposium on the Ancient History and Archaeology of Bulgaria, University of Nottingham 1981 (1983)

Tagung Ohlstadt 1994 (1996) Tagung "Hellenische Mythologie und Vorgeschichte" Ohlstadt/Oberbayern 1994 (1996) und "Die Geschichte der hellenischen Sprache und Schrift", Ohlstadt 1996 (1998)

Konferenz Oxford 1989 (1991) Bronze Age Trade in the Mediterranean. Papers presented at the Conference held at Rewley House, Oxford, 1989 (1991)

Rencontre Paris 1980 (1982) La Syrie au Bronze Récent: Cinquantenaire d'Ougarit-Ras Shamra, Rencontre d'Assyriologie Int., Paris 1980 (Mémoire, Nr. 15, 1982)

Kolloquium Paris 1993 (1996) M. Yon-M. Sznycer-P. Bordreuil, Ras Shamra-Ougarit XI: Le Pays d'Ougarit autour de 1200 av. J.-C.; Actes du Colloque International de Paris 1993 (1996)

Tagung Palermo 1984 (1986) s. Traffici Micenei nel Mediterraneo 1984 (1986): Traffici Micenei nel Mediterraneo; Problemi Storici e Documentazione Archeologica; Atti del Convegno di Palermo 1984 (ed. M. Marazzi-S. Tusa-L. Vagnetti, 1986)

Symposium Philadelphia 1977 TUAS 2, 1977

Symposium Philadelphia 1979 TUAS 4, 1979

Symposium Philadelphia 1980 TUAS 5, 1980

Symposium Philadelphia 1981 TUAS 6, 1981

Symposium Philadelphia 1983 TUAS 8, 1983

Symposium Philadelphia 1984 TUAS 9, 1984

Kongreß Rhethymnon 1971 (1973) The Third International Cretological Congress, Rhethymnon 1971 (1973)

Kongreß Rom 1967 (1968) Atti e Memorie del 1. Congresso Internazionale di Micenelogia, Rom 1967 (1968)

Convegno Rom 1988 (1991) D. Musti u.a., La Transizione dal Miceneo all'Alto Arcaismo, dal Palazzo alla Città, Atti del Convegno Internazionale, Rom 1988 (1991)

Kongreß Rom-Neapel 1991 (1996) Atti e Memorie del Secondo Congresso Internazionale di Micenologia, Rom und Neapel 1991 (1996)

Kolloquium Salzburg 1995 (1999) S. Deger-Jalkotzy-St. Hiller-O. Panagl, Floreant Studia Mycenaea. Akten des X. Internationalen Mykenologischen Kolloquiums in Salzburg vom 1.-5. Mai 1995. Denkschriften der phil.-hist. Klasse 274, Veröffentlichungen der Mykenischen Kommission 18, Band 1-2 (1999)

Kolloquium Sheffield 1970 (1973) Bronze Age Migrations in the Aegean, Archaeol. and Linguistic Problems in Greek Prehistory; 1. International Colloquium on Aegean Prehistory, Sheffield 1970 (ed. J.R.A. Crossland-A. Birshall, 1973)

Symposium St. Catherine 1986 (1987) D.W. Rupp (ed.), Western Cypus - Connections; an Archaeological Symposium in St. Catherine/Ontario, Canada 1986 (1987)

Tagung Tarent 1982 Magna Grecia e Mondo Miceneo; Atti del Ventiduesimo Convegno di Studi sulla Magna Grecia, Tarent 1982 (ed. L. Vagnetti, 1982)

2. Kongreß Thera 1978 (1978/80) Thera and the Aegean World; Papers presented at the 2nd International Scientific Congress, Santorini 1978, Band I (1978) II (1980)

Kongreß Tutzing 1980 (1982) B. Hänsel, Südosteuropa zwischen 1600 und 1000 v.Chr., Kongreß Tutzing 1980 (1982, gedruckt als Band 1 der "Prähistorischen Archäologie in Südosteuropa")

Zerner 1993 s. Konferenz Athen 1989 (1993)

Symposium Zwettl 1980 (1983) Griechenland, die Ägäis und die Levante während der "Dark Ages" vom 12. bis zum 9. Jh. v.Chr.; Akten des Symposiums von Stift Zwettl 1980 (ed. S. Deger-Jalkotzy, 1983), Sitzungsberichte der Österreichischen Akademie der Wissenschaften 418 (1983)

8. Fest- und Gedenkschriften

Festschrift von Brunn Studien zur Bronzezeit, Festschrift für A.W. von Brunn 1979 (1981), s. Buchholz 1981 im 1. Abschnitt dieser Bibliographie

Gedenkschrift Dikaios Studies presented in Memory of P. Dikaios (1979), s. Buchholz 1979 im 1. Abschnitt dieser Bibliographie

Festschrift M. Dothan Studies in the Archaeology and History of Ancient Israel in Honor of M. Dothan (1993), s. Buchholz, Fischkrater 1993

Festschrift T. Dothan Mediterranean Peoples in Transition, 13th to Early 10th Centuries B.C., in Honor of Professor Trude Dothan, Hrsg. S. Gittin, A. Mazar, E. Stern (1998)

Festschrift Evans Essays in Aegean Archaeology Presented to Sir Arthur Evans in Honour of his 75th Birthday (1927)

Festschrift Goldman The Aegean and the Near East, Studies presented to H. Goldman (ed. S. Weinberg, 1956)

Festschrift Gordon s. Hoffner 1973: H.A. Hoffner, Orient and Occident. Essays Presented to C.H. Gordon on the Occasion of his 65th Birthday (1973)

Festschrift Grumach Europa; Studien zur Geschichte und Epigraphik der frühen Ägäis (ed. W. Brice, 1967)

Festschrift Hänsel Chronos, Beiträge zur prähistorischen Archäologie zwischen Nord- und Südosteuropa, Festschrift für B. Hänsel (Int. Arch. Studia Honoria 1997)

Festschrift Hawkes The Europaean Community in Later Prehistory, Studies for C.F.C. Hawkes (1971), mit Rez. von R. Hachmann, HZ 215, 1972, 114f.

Festschrift Hencken Ancient Europe and the Mediterranean; Studies presented in Honour of H. Hencken (1977)

Festschrift Hennessy Trade, Contact, and the Movement of Peoples in the Eastern Mediterranean; Studies in Honour of J.B. Hennessy (ed. St. Bourke-J.-P. Descoeudres, 1995)

Festschrift Hood Cretan Studies 5, 1995, dedicated to Sinclair Hood, an Outcome of the Conference "Crete and the Aegean World in the Bronze Age", held in Honour of S. Hood at Rewley House/Oxford 1994

Gedenkschrift Nikolaou Archaeologia Cypria 2, 1990

Festschrift O. Loretz "*Und Mose schrieb dieses Lied auf*". Studien zum Alten Testament und zum Alten Orient. Festschrift für Oswald Loretz zur Vollendung seines 70. Lebensjahres mit Beiträgen von Freunden, Schülern und Kollegen. Unter Mitwirkung von Hanspeter Schaudig herausgegeben von Manfried Dietrich und Ingo Kottsieper (1998)

Festschrift N. Özgüç Aspects of Art and Iconography, Anatolia and its Neighbours. Studies in Honor of N. Özgüç (1993), s. Buchholz, Stiere 1993 im 1. Abschnitt dieser Bibliographie

Festschrift T. Özgüç Anatolia and the Ancient Near East, Studies in Honor of Tahsin Özgüç (1989)

Gedenkschrift Platon Eilapine, Tomos Timetikos gia ton Kathegete N. Platona (vorwiegend Neugriechisch, 1987)

Festschrift Schachermeyr Greece and the Eastern Mediterranean in Ancient History and Prehistory; Studies Presented to F. Schachermeyr on the Occasion of his 80th Birthday (1977)

Festschrift Simon Kotinos, Festschrift für E. Simon (1992)

Festschrift Sundwall Minoica, Festschrift zum 80. Geburtstag von J. Sundwall (1958), s. Buchholz 1958 im 1. Abschnitt dieser Bibliographie

Abkürzungen

Allgemeines

Abb.	Abbildung	Jh., Jhs.	Jahrhundert, -s
Akad.	Akademie	Jt., Jts.	Jahrtausend, -s
a.O.	am (angegebenen) Ort	Kap.	Kapitel
AO	Antiquités orientales (Signatur Louvre)	Kat.	Katalog
		Lit.	Literatur
AR	Altes Reich (ägypt.)	MH	mittelhelladisch
ASOR	American School of Oriental Research	MM	mittelminoisch
		MR	Mittleres Reich (ägypt.)
AT	Altes Testament	Mus.	Museum
Aufl.	Auflage	N.F., N.S.	neue Folge, neue Serie
bes.	besonders	NR	Neues Reich (ägypt.)
Bibl.	Bibliographie	o.J.	ohne Jahr
CAARI	Cyprus American Archaeological Research Institute	Rez.	Rezension
		RGZM	Römisch-Germanisches Zentralmuseum, Mainz
Cat.	Catalogue	Rs.	Rückseite (von Schrifttafeln)
C.S.	Cyprus Survey	RS	Ras Schamra (als Teil von Inv.-Nr.)
Diss.	Dissertation		
Dyn.	Dynastie	SB	Sitzungsberichte (von Akademien)
ebd.	ebenda		
ed.	ediert, herausgegeben von	Schr.	Schrift, Schriften
FH	frühhelladisch (in engl. Titeln EH)	Sem.	Seminar
		SH	späthelladisch (in engl. Titeln LH)
FM	frühminoisch (in engl. Titeln EM)		
		Slg.	Sammlung
FO	Fundort	SM	spätminoisch (in engl. Titeln LM)
Frgt.	Fragment		
H	Höhe	SO	Südosten, südöstlich
Hdb.	Handbuch	Suppl.	Supplement
Hrsg.	Herausgeber	Taf.	Tafel
i.g.	im ganzen	u.a.	und andere, unter anderem
INA	Institute of Nautical Archaeology, Texas	UCLA	University of California/Los Angeles
Inst.	Institut, Institute, Institution	Verh.	Verhandlungen
		Vs.	Vorderseite (von Schrifttafeln)
int.	international	v.u.Z.	vor unserer Zeitrechnung
Inv. Nr.	Inventar Nummer	z.T.	zum Teil
Jb., Jahrb.	Jahrbuch	z.Zt.	zur Zeit

AA	Archäologischer Anzeiger
AAA	Archaiologika Analekta ex Athenon
AAS	Annales archéologiques arabes syriennes

AbhBerlin	Abhandlungen der Akademie der Wissenschaften in Berlin. Phil.-hist. Klasse
AbhGöttingen	Abhandlungen der Akademie der Wissenschaften in Göttingen. Phil.-hist. Klasse
AbhLeipzig	Leipzig, Mainz usw. entspricht AbhBerlin oder Göttingen
ActaArchHung	Acta Archaeologica Academiae scientiarum hungaricae
ActaArch	Acta Archaeologica (Kopenhagen)
ActaAntHung	Acta Antiqua Academiae scientiarum hungaricae
AfO	Archiv für Orientforschung
AJA	American Journal of Archaeology
AJPh	American Journal of Philology
AKorrBl	Archäologisches Korrespondenzblatt
Altägäis	H.-G. Buchholz-V. Karageorghis, Altägäis und Altkypros (1971)
AM	Mitteilungen des Deutschen Archäologischen Instituts. Athenische Abteilung
AnatStud	Anatolian Studies
AntClass	L'Antiquité classique
AntJ	The Antiquaries Journal
AntK	Antike Kunst
AnzAW	Anzeiger für die Altertumswissenschaft
AnzAkadWien	Anzeiger der österreichischen Akademie der Wissenschaften, Phil.-Hist. Klasse.
AOAT	Alter Orient und Altes Testament
AoF	Altorientalische Forschungen
APA	Acta Praehistorica et Archaeologica
ArchAustr	Archaeologia Austriaca
ArchDelt	Archaiologike Deltion, mit Chronika (Chron.)
ArchEphem	Archaiologike Ephemeris
ArchHom	Archaeologia Homerica
ArchRep	Archaeological Report
ArchRozhledy	Archeologické rozhledy
ARW	Archiv für Religionswissenschaft
ASAE	Annales du Service des Antiquités de l'Égypte
ASAtene	Annuario della Scuola Archaeologica di Atene
Åström, MCBA	P. Åström, The Middle Cypriote Bronze Age (1957)
AuA	Antike und Abendland
BA	The Biblical Archaeologist
BAntBesch	Bulletin van de Vereeniging tot Bevordering der Kennis van de Antieke Beschaving te's-Gravenhage
BAR	British Archaeological Reports, International Series
BASOR	Bulletin of the American School of Oriental Research
BerRGK	Bericht der Römisch-Germanischen Kommission
BCH	Bulletin de Correspondance Hellénique
BICS	Bulletin. Institute of Classical Studies, University of London
BiOr	Bibliotheca Orientalis
BJbV	Berliner Jahrbuch für Vor- und Frühgeschichte
BonnerJb	Bonner Jahrbücher des Rheinischen Landesmuseums in Bonn und des Vereins von Altertumsfreunden im Rheinlande
BPI	Bulletino di Paletnologia Italiana

BSA	The Annual of the British School at Athens
BSR	Papers of the British School at Rome
BZAW	Beihefte zur Zeitschrift für die Alttestamentliche Wissenschaft
CAH	Cambridge Ancient History
Catling, Bronzework/Catling, CBMW	H.W. Catling, Cypriote Bronzework in the Mycenaean World (1964)
CCM	J.L. Myres-M. Ohnefalsch-Richter, A Catalogue of the Cyprus Museum (1899)
Chron.	s. ArchDelt
CMS	Corpus der minoischen und mykenischen Siegel
CRAI	Comptes rendues de l'Académie des Inscriptions et Belles-Lettres, Paris
CVA	Corpus Vasorum Antiquorum
DevonArchSoc	Proceedings of the Devon Archaeological Exploration Society
ESA	Eurasia Septentrionalis Antiqua
ÉtCrét	Études Crétoises
FuF	Forschungen und Fortschritte
GGA	Göttingische Gelehrte Anzeigen
GM	Göttinger Miszellen, Beiträge zur ägyptologischen Diskussion
HdbArch	Handbuch der Archäologie
HZ	Historische Zeitschrift
ICS	s. Masson, ICS
IEJ	Israel Exploration Journal. Israel Exploration Society
IJNA	International Journal of Nautical Archaeology
ILN	Illustrated London News
INA-Quarterly	Institute of Nautical Archaeology, Quarterly (Texas and Bodrum)
IstForsch	Istanbuler Forschungen
IstMitt	Istanbuler Mitteilungen
JAOS	Journal of the American Oriental Society
JbRGZM	Jahrbuch des Römisch-Germanischen Zentralmuseums, Mainz
JCS	Journal of Cuneiform Studies
JdI	Jahrbuch des Deutschen Archäologischen Instituts
JEA	The Journal of Egyptian Archaeology
JESHO	Journal of the Economic and Social History of the Orient
JFA	Journal of Field Archaeology
JHS	Journal of Hellenic Studies
JMA	Journal of Mediterranean Anthropology and Archaeology
JNA	Journal of Nautical Archaeology
JNES	Journal of Near Eastern Studies
JPR	Journal of Prehistoric Religion
KBo	Keilschrifttexte aus Boghazköi (1916ff.)
KBH	M. Ohnefalsch-Richter, Kypros, die Bibel und Homer (1893)
KretChron	Kretika Chronika
KTU	M. Dietrich-O. Loretz-J. Sanmartín, Die Keilalphabetischen Texte aus Ugarit I (1976)
KUB	Keilschrifturkunden aus Boğazköy (1921ff.)
KZ	Zeitschrift für vergleichende Sprachforschung auf dem Gebiete der indogermanischen Sprachen, begründet von A. Kuhn (1852ff.)
LCM	Liverpool Classical Monthly
LfgrE	Lexikon des frühgriechischen Epos

LIMC	Lexicon Iconographicum Mythologiae Classicae
MAOG	Mitteilungen der Altorientalischen Gesellschaft
Marinatos-Hirmer	Sp. Marinatos, Kreta, Thera und das mykenische Hellas, Aufnahmen von M. Hirmer (2. Aufl., 1973); Rez. der 1. Aufl.: H. Biesantz, Gymnasium 69, 1962, 465ff.
Masson, ICS	O. Masson, Les Inscriptions Chypriotes Syllabiques (1961)
MDIK	Mitteilungen des Deutschen Archäologischen Instituts, Abteilung Kairo
MDOG	Mitteilungen der Deutschen Orient-Gesellschaft
MDP	Memoires de la Délégation en Perse
MelBeyrouth	Mélanges de l'Université Saint Joseph
MM	Mitteilungen des Deutschen Archäologischen Instituts. Madrider Abteilung
MMR	M.P. Nilsson, The Minoan-Mycenaean Religion and its Survival in Greek Religion (2. Aufl., 1968)
MonAnt	Monumenti Antichi
M(arb)WPr	Marburger Winckelmann-Programm
NGG	Nachrichten der Gesellschaft der Wissenschaften zu Göttingen
OA	Oriens Antiquus
OF	Olympische Forschungen
OIP	Oriental Institute Publications. The Oriental Institute of the Univ. of Chicago
OJA/OxfJournArch	Oxford Journal of Archaeology
ÖJh	Jahreshefte des Österreichischen Archäologischen Instituts in Wien
OLP	Orientalia Lovaniensia Periodica (Louvain / Löwen)
OLZ	Orientalistische Literaturzeitung
OpArch	Opuscula Archaeologica
OpAth	Opuscula Atheniensia
OpRom	Opuscula Romana
PBF	Prähistorische Bronzefunde
PEQ	Palestine Exploration Quarterly
PM	A.J. Evans, The Palace of Minos at Knossos I-V (1921-1936)
PP	La Parola del Passato
PPS	Proceedings of the Prehistoric Society (of East Anglia)
ProcPhilSoc	Proceedings of the Philosophical Society of America
PZ	Prähistorische Zeitschrift
QDAP	Quarterly of the Department of Antiquities in Palestine
RA	Revue Archéologique
RAss	Reallexikon der Assyriologie und Vorderasiatischen Archäologie
RBPhil	Revue Belge de Philologie et d'Histoire
RDAC	Report of the Department of Antiquities, Cyprus
RE	Paulys Realencyclopädie der classischen Altertumswissenschaft
RecSocJeanBodin	Recueil de la Societé Jean Bodin
REG	Revue de Études Grecques, Paris
RendAccLinc	Rendiconti della Accademia Naz. dei Lincei
RevAssyr	Revue d'Assyriologie et d'Archéologie Orientale
RGG	Die Religion in Geschichte und Gegenwart, 3. Aufl., herausgegeben von K. Galling in Gemeinschaft mit H. Freiherr von Campenhausen, E. Dinkler, G. Gloege und K. Løgstrup, 1957-1965
RheinMus	Rheinisches Museum für Philologie

RivistaScPreist	Rivista di Scienze Preistoriche
RM	Römische Mitteilungen = Mitteilungen des Deutschen Archäologischen Instituts, Römische Abteilung
RPhil	Revue de Philologie, de Littérature et d'Histoire anciennes
RSF	Rivista di Studi Fenici
RSO	Rivista degli Studi Orientali (Rom)
RT	Recueil des Travaux Relatifs à la Philologie et à l'Archéologie Égyptiennes et Assyriennes
RVV	Religionsgeschichtliche Versuche und Vorarbeiten
SAK	Studien zur altägyptischen Kultur
SBWien	Sitzungsberichte. Österreichische Akademie der Wissenschaften
SCE	The Swedish Cyprus Expedition
Schaeffer, Stratigraphie	C.F.A. Schaeffer, Stratigraphie Comparée et Chronologie de l'Asie Occidentale (1948)
Schmidt, SS	s. SS
SIMA	Studies in Mediterranean Archaeology
SMEA	Studie Micenei ed Egeo-Anatolici
SS	H. Schmidt, H. Schliemanns Sammlung trojanischer Altertümer (1903)
TA	Tel Aviv
TAD	Türk Arkeoloji Dergisi
TUAS	Temple University Aegean Symposium (Philadelphia)
UBL	Ugaritisch-Biblische Literatur
UCLA	University of California, Los Angeles
UF	Ugarit-Forschungen
VAT	Tafelsignaturen der Vorderasiatischen Abteilung der Berliner Museen
Wiener PZ	Wiener Prähistorische Zeitschrift
WVDOG	Wissenschaftliche Veröffentlichung der Deutschen Orientgesellschaft
WZMorg	Wiener Zeitschrift für die Kunde des Morgenlandes
ZÄS	Zeitschrift für ägyptische Sprache und Altertumskunde
ZAW	Zeitschrift für die Alttestamentliche Wissenschaft
ZDMG	Zeitschrift der Deutschen Morgenländischen Gesellschaft
ZDPV	Zeitschrift des Deutschen Palästina-Vereins
ZfA	Zeitschrift für Assyriologie
ZfE	Zeitschrift für Ethnologie, mit gesondert paginierten Verhandlungen

Abbildungsnachweise

(Vgl. die Bildlegenden und zugehörigen Anmerkungen.
Maßstabsgerechte Relationen wurden nicht angestrebt)

A. Photos

H.-G. Buchholz/Langgöns (Archivbilder und eigene Aufnahmen)
1 a.b; 7 a.b; 8 b.c; 14 a-f; 19 a.d.j; 20 a.b; 27 b.c; 31 f; 32 d; 35a-c; 38 a.b; 39
a-e; 42 a-h; 43 d.e; 44 a-e; 48; 51 a.c.d.f.g; 52 a.b.d.j; 59 b; 67 q-s.u; 112

Nach H.-G. Buchholz und V. Karageorghis, Altägäis und Altkypros (1971)
61 a-c; 79 c.e.g; 102 a.d

DAI/Abt. Athen, Photoarchiv
51 b.e

Archäol. Ephorie Olympia
59 a

I. Gesche/Berlin (s. auch unten Museumsphotos)
31 b; 32 b

Sp. Iakovides/Athen
52 c; 88 e-g

G. Jöhrens/Berlin
31 c

X. Michael, Chefphotograph des Cyprus Museum/Nikosia
2 c; 5 b; 11 a.b; 16 d-f; 31 a; 32 a.f; 66 f.g; 76 b.c; 77 d.e; 78 a.c.e; 88 a-c;
94 e; 107 b

M. Morkramer (†)
31 d.e; 45 a

G. Nobis/Bonn
2 d

S. Oppermann/Gießen
32 e; 47 a-d; 77 a.b.f; 80 a-d; 106 a-d

I. Pini/Marburg
   101 d-f

A. Raban/Haifa
   87 c

St. Sinos/Athen
   8 a

D. Vieweger/Wuppertal
   9 b

unbekannter Photograph
   81 c.d; 99 c

Museumsphotos:
   Berlin, Mus.f.Vor- und Frühgeschichte (E. Strommenger)
      83 a; 87 a.b
   Bonn, Akad.Kunstmus.
      75 i; 78 d
   Boston, Mus.of Fine Arts (durch Vermittlung von E. Vermeule)
      76 a
   Chicago, Mus. des Orientalischen Instituts der Universität
      60 e
   Erlangen, Univ., Slg. des Archäol.Inst.
      76 d; 88 d
   München, Staatl.Antikensammlungen
      31 g
   Oxford, Ashmolean Mus. (durch Vermittlung von J. Boardman)
      107 d
   Princeton, Univ., Mus. of Art
      32 c; 77 c
   Stuttgart, Württembergisches Landesmuseum
      5 a.c; 78 f
   Toledo/Ohio, Mus. of Art
      78 b
   Toronto/Kanada, Royal Ontario Museum (durch Vermittlung von N. Leipen)
      102 e.f
   Uppsala, Univ.-Mus.
      102 b.c

B.   Zeichnungen

W. Adler/Gießen
   68 a.b

H.-G. Buchholz/Langgöns
   13 a-y (nach Honor Frost); 24; 55; 68 c; 72 a (nach Vorlage von P.E. Pecorella); 72 b und c; 74 h; 97 i-k (nach L. Steel, BSA 89, 1994); 109 und 110 (nach S. Sherratt/Oxford); 113 (nach PBF XIX/1)

J.-Cl. Courtois (†)
   34 a.b; 36; 82 a-s; 107 a.e und f

L. Courtois/St. Germain (s. auch Ras Schamra-Expedition)
   2 b; 20 c-f; 40 a-j; 43 c; 89 a-o

K. Grundmann (†), nach Entwürfen von H.-G. Buchholz
   67 a-p

A. Langsdorf/Leihgestern
   33 c; 40 k; 70 l; 84 und 85 (nach Trude Dothan und H.-G. Buchholz); 86 a

G. Morano, Architekt/Rom
   50

M. Morkramer (†), nach Entwürfen von H.-G. Buchholz
   2 a; 9 a; 16 a; 17; 21-23; 25 a (nach K. Kilian); 43 a.b; 45 b.c; 49 (nach E. French); 53 a; 54 a-f.h-l; 57; 58 a-f.h; 60 c; 62; 63; 65 o-r; 75 a-h; 86 b; 91 a-k; 92 a-j; 108 a-j

C. Müller/Wetzlar
   26 c; 27 a

V. Nikolov/Sofia
   33 a

M.W. Prausnitz/Jerusalem (†)
   99 d

A. Sampson/Athen
   33 b

C.F.A. Schaeffer (†), s. auch Ras Schamra-Expedition
   52 f

R. Seidl/Langgöns (Vereinheitlichende Umzeichnungen und Bildmontagen nach Entwürfen von H.-G. Buchholz und unterschiedlichen Vorlagen: Originalen, Photos, Skizzen, Buchveröffentlichungen)

> 1 c; 3 a-f; 4 a-d; 5 d-i; 6; 10 a-f; 12 a-c; 15; 16 b.c; 18 a.b; 19 b.c.e-i; 25 b-f; 28-30; 41 a-n; 45 d; 46 a-f; 52 g-i.k; 53 b; 54 g; 56; 64 a-i; 65 a-n; 66 a-e; 67 t; 69 a-f; 70 a-k; 71 a-j; 72 d; 73 a-o; 74 a-g; 79 a.b.d.f.h; 83 b-g; 90 a-j; 93 a-i; 94 a-d; 95 a-n; 96 a-j; 97 a-h; 98 a-m; 99 a.b.e; 100 a-h; 101 a-c; 103 a-h; 104 a-k; 105 a-h; 107 c; 109 und 110 (nach Susan Sherrat/Oxford)

Patricia Sibella (INA-Quarterly 23, 1996, Heft 1, 9ff.)

> 18 c

D. Sürenhagen/Konstanz

> 111

W. Voigtländer/Darmstadt

> 52 e

Expeditionszeichnungen:
> Amerikanische Toumba tou Skourou-Expedition (E. Vermeule)
>> 75 j; 81 a.b
>
> Amerikanische Ulu Burun-Expedition (G. Bass)
>> 60 a.b
>
> Deutsche Boğazköy-Ausgrabungen (K. Bittel)
>> 60 d
>
> Deutsche Tamassos-Expedition
>> (s. oben H.-G. Buchholz, M. Morkramer und C. Müller)
>
> Deutsche Tirynsausgrabungen (DAI/Athen)
>> 58 g
>
> Französische Ras Schamra-Expedition (s. auch J.-Cl. und L. Courtois, sowie C.F.A. Schaeffer), Architekt R. Kuss/Paris
>> 37
>
> Internat. Troja-Expedition (M. Korfmann)
>> 26 a.b; 76 e

Indizes

1. Sachen

2. Namen

a) Götter

b) Personen

c) Orte

Thrakien, Goldreichtum 255
Tiryns, Bauweise 177
—, Schatzfund 516
Tokat, Kupferschmelzen 206
Torretta 79
Troja, Strömungen und Winde bei 89

Troodosgebirge, Zypern 196
Ugarit, Südakropolis 130
Ulu Burun 43, 56, 94, 98
Ura 34
Venedig, myken. Güter im Großraum 79

3. Wörter

akil kāri (akk.) 30
a-ku-ro (myk.) 266
a-ra-ku-ro-se (kypr.) 266
'āsām (hebr.) 176
'assānā (aram.) 176
barzillu (ug.) 293
biltum (akk.) 223
brr (ug.) 233
eḫlipakku 334
*eisarnom (illyr.) 292
e-ku-se-we(*-qe*) (Linear B) 597
e-re-pa(*-te-jo*) (Linear B) 358
ferrum (lat.) 292
glesum (lat.) 343
ḥrš anyt (ug.) 30
ḥtṯ (ug.) 267
ḫapalki (altkleinasiat.) 292
ḫiaruḫḫe (hurr.) 258
ḥrṣ (ug.) 258
ḫurāṣu (akk.) 258
kaspum (akk.) 267
kaspu (ug.) 267
katappu kaptarû (akk.) 468

ke-ra-(*i*)-*ja-pi* (Linear B) 361
kēsep (hebr.) 267
kkr (ug.) 222
ku-ru-so (myk.) 258
ku-ru-so-wo-ko (myk.) 258
kuu̯anna(*n*) (heth.) 344
ku-wa-no (Linear B) 344
laḫpa- (heth.) 358
maqnā (aram.) 21
mêku 334
mo-ri-wo-do (Linear B) 238
nsk ksp (ug.) 267
plumbum (*album*) (lat.) 233
scapula (lat.) 587
sella curulis (lat.) 376
seren (philist., > *tyrannos*?) 721
šen(*habbīm*) (hebr.) 358
šinnum (akk.) 358
šulai- (heth.) 222
ṣarpu (akk.) 267
ṣmd (ug.) 495
tabali (hurr.) 207
tyrannos (aus philist. *seren*?) 721

ἄργυρος 266
ἀργυροχόος 267
δίφρος ᾿ελεφάντινος 375
᾿ελεφάντινος 375
᾿ελέφας 358
ἤλεκτρον 266
κασσίτερος 233
κύανος 344
μέταλλον 207
μόλυβδος 238

νεόπριστος 361
ὄβρυζα 237
σίδη 292
σίδηρος 292
σόλος 222, 292
σφαγεύς 591
ὕαλος 343
χρυσός 258
χρυσουργός 258

4. Abbildungen